ENGLISH - TAHITIAN
TAHITIAN - ENGLISH
DICTIONARY

FA'ATORO PARAU
MARITE / PERETANE - TAHITI
TAHITI - MARITE / PERETANE

BY

SVEN WAHLROOS, Ph.D.

(Taote Tīvini)

By the same author:

Family Communication: A Guide to Emotional Health

Excuses: How to Spot Them, Deal With Them, and Stop Using Them

Mutiny and Romance in the South Seas: A Companion to the Bounty Adventure

ENGLISH-TAHITIAN
TAHITIAN-ENGLISH
DICTIONARY

FA'ATORO PARAU
MARITE/PERETANE - TAHITI
TAHITI - MARITE/PERETANE

SVEN WAHLROOS, Ph.D.

(Taote Tīvini)

This work was supported by a generous grant from

Mrs. Janet Raile in memory of her husband

Samuel Raile

Distributed for Éva Wahlroos

Text is copyright © 2002 Sven Wahlroos.

All rights reserved. No part of this book may
be reproduced or transmitted in any form or
by any means, electronic, mechanical, digital
including photocopying, recording, or by any
information storage and retrieval system, without
written permission of Dr. Wahlroos, except as
permitted by law.

Paperback edition 2022

ISBN 978-0-8248-3473-9 (hardback)

ISBN 978-0-8248-9419-1 (paperback)

Dedicated to the memory of

My close friend and mentor for many years

Ralph Gardner White
("Rūrū")

internationally acclaimed linguist and lover of Polynesian culture

and

My equally treasured friend

The Reverend Tāmuera Ra'apoto

President of the 'Ētāretia Porotetani nō te Pātitifā Apato'a
(the Protestant Synod of the South Pacific)

Table of Contents

Preface	ix
Introduction	xi
'Eiaha paha e 'ino'ino mai iā'u! (Apologies)	xxi
Mauruuru rahi roa! (Tahitian Acknowledgments)	xxiii
Mauruuru rahi roa! (English Acknowledgments)	xxv
English-Tahitian Dictionary	1
Tahitian-English Dictionary (Finder List)	551

Preface to the English-Tahitian / Tahitian-English Dictionary

The Polynesian languages are spoken within the triangle Hawai'i - Rapa Nui (Easter Island) - Aotearoa (New Zealand). In degrees of difference and similarity they can be compared with the Scandinavian languages. Just as a Swede can understand most of what a Norwegian says, a Tahitian can readily get the gist of the speech of a Tuamotuan or a Cook Islander. However, a Swede can understand very little of Icelandic, just as a Tahitian would be hard put to understand, with any degree of confidence, what a Tongan or Samoan is trying to communicate.

In some Polynesian island groups, such as Hawai'i, the indigenous language is unfortunately, for practical purposes, dying out. In the Hawai'ian islands it survives primarily in religious publications and some church services, songs and chants, place names, family and given names, and as part of Hawai'ian pidgin. It is also, to some extent, still spoken by elderly Hawai'ians and on the privately owned island Ni'ihau. Heroic efforts are made in Hawai'i and elsewhere (for example New Zealand) to revive the respective indigenous Polynesian language, but the sad fact is that once parents stop speaking their native language to their children, that language, for all practical purposes, is headed for extinction.

In some Polynesian island groups, on the other hand, such as the independent kingdom of Tonga, the indigenous Polynesian language flourishes to the point that it is not only spoken by all inhabitants, but is also used in teaching modern scientific subjects in the schools.

Any observant visitor to Tahiti will soon notice that the Tahitian language, especially on the main island, is in danger. Not only is the language contaminated by French, but many Tahitians speak exclusively French (or a mixture of French and Tahitian) with each other and - most regrettably - with their children. For many years the French authorities discouraged the children from using their native language in school and Tahitian is still not used as a language of instruction in the secular schools. As a consequence, the vast majority of Tahitian mothers speak French to their children in order to help them succeed academically. Only the religious schools continue to make an admirable effort to preserve the beautiful Tahitian language. A pitifully small percentage of radio time (almost exclusively religious services and messages to the outer islands) and a negligible time on television (15 minutes per day!) is allotted to Tahitian programming.

You can easily test the tragic consequences of this most regrettable policy by saying 'Iaorana! ("Hello!") to a Tahitian child. The odds are 99 to 1 that the child, even on the outer islands, will answer you with a "Bon jour." This depressing fact is tacitly welcomed by the French who, ever since their occupation of the islands in the middle 1800's, have tried to make them an integral part of France! The continuing efforts to consolidate this policy into an irreversibly accomplished fact include encouraging immigration of French citizens and discouraging the preservation of Polynesian culture other than for the entertainment of tourists and exhibiting artifacts in a museum.

A valiant struggle for the preservation of the Tahitian culture and language and against the policy of the colonials has been carried out by churches, especially the Protestant synod (Te 'Ētaretia Porotetani) and lately by the Tahitian Language Academy (Fare Vāna'a). A major role in the movement to revive Tahitian cultural identity was played by the great folk-hero and statesman Pouvāna'a a O'opa whose calm and peaceful, but nevertheless determined, resistance to foreign interference irritated the French goverment to such a degree that it (on trumped-up charges) imprisoned him in France for 12 years! Having failed in their attempts to break his spirit, the French finally returned this courageous man - physically frail, but spiritually as strong as ever - to Tahiti where he at least was able to die in his beloved homeland. His shining example lives on in the minds of all patriotic Tahitians to this day. *Claris obligamur exemplis.*

I hope the fact that you are reading this preface indicates your interest in these islands which, despite all foreign influences that are threatening to destroy their ancient culture and their beautiful and wonderfully expressive language, do remain a paradise, partly because of their physical beauty, but mostly because of their lovely, kind, fun-loving, intelligent, and most hospitable indigenous people. I can guarantee that your interest in them will be amply rewarded.

Introduction to the English-Tahitian / Tahitian-English Dictionary

A truly useful and reasonably complete English-Tahitian/Tahitian-English dictionary with frequent examples of how words are used in phrases has not been published before. I hope that this dictionary will fill the void and that my efforts (spanning 37 years) in creating this work will be of some help in keeping the Tahitian language alive. I also hope that it will help all visitors to Tahiti and its outlying islands communicate with these wonderful islanders in their native language. Most importantly it will help the Tahitians themselves in studying English without having to take the cumbersome route of using a French-English/English-French dictionary.

Tahitian is not only a very beautiful language, but also highly interesting and challenging. The beauty stems partly from the preponderance of vowels, a fact which you will soon recognize upon your arrival in Tahiti. To take a somewhat contrived - but by no means unrepresentative - example, let us say that you drive from the airport at Fa'a'a through the district Puna'auia to the village Aoua in the district of Paea. Altogether the proportion of vowels to consonants in these four place names is 16 to 4!

Another characteristic which adds to the beauty of Tahitian is that - as in all other Polynesian languages - two consonants cannot be next to each other (nor can a word end with a consonant) which renders the language pleasantly mellifluous and devoid of any harshness. In that sense it reflects quite well the typical Polynesian personality.

Tahitian is particularly interesting to us who speak Indoeuropean languages, because it requires us to think quite differently from the way we are used to, as you will soon notice. Any attempt to translate the Tahitian (or any other Polynesian) language word for word with exact correspondence to the words of another language is doomed to failure. And that is also what makes Tahitian and other Polynesian languages so challenging.

When you first look at this dictionary, you will note that, most of the time, the English entry contains multiple words some of which are by no means synonyms. The reason is that, in order to understand the corresponding Tahitian word, you need to "amalgamate" the meanings of the words in the English entry. Each of these words expresses a part of the meaning of the Tahitian word. Let us take the Tahitian word mana'o as a simple example. It can only be understood as an amalgam of think, feel, have an opinion.

Another example might be the Tahitian word māuruuru. To understand it, you need to see it as an amalgam of satisfied, content, grateful, pleased. In Tahiti you will hear "Māuruuru!" many times as an expression of "Thank you!" but don't think that is an exact translation. However, if you can accept that there are no exact word-for-word translations, only approximations of ideas, then you will soon feel more comfortable with Tahitian and you will gain some insight into how different Polynesian thinking (and perception!) is from ours.

In order to avoid the impression that the function of a word in English corresponds directly to a word in Tahitian, I have generally not indicated whether a word is a noun or verb or adjective, etc., unless it is absolutely necessary for clarity.

To write a detailed Tahitian grammar would require a separate volume. However, there are some essential grammatical features which will be helpful to you if you are new to the language and which I will therefore mention.

But before going into grammar, let's deal with **pronunciation** and look at how it is (or, rather, should be) indicated in correct Tahitian script. When Tahitian is written by linguists and according to the recommendations of Fare Vāna'a (the Tahitian Language Academy), it employs two markings (diacritics) which do not exist in English. They help with pronunciation and also with differentiating similar-sounding words.

One of these diacritics is a horizontal line (called a macron) over a vowel indicating that the vowel is long. To illustrate how useful it is: the Tahitian word maro means "loin cloth," marō means "dry," and mārō means "to argue!"

The other diacritic is an inverted apostrophe (called a hamzah) which indicates a "glottal stop," an almost imperceptible (to us) clicking sound which stands for the fact that - as the language evolved over hundreds of years - a consonant (usually k or ng) was dropped in that place of the word and was replaced by the glottal stop; for example, maitaki ("good") became maita'i, matangi ("wind") became mata'i, Tangaroa (god of the ocean) became Ta'aroa.

Again, consider the usefulness of the hamzah: 'āvae means "foot" while 'āva'e means "month," pua means "to bloom" while pu'a means "to wash," hu'a means "crumb" while hua means "vulva," 'aute means "hibiscus," while aute means "paper mulberry tree," and 'autī means "ti plant" (from the root of which the Bounty mutineers on Pitcairn made a strong brandy!). In English a good approximation to the glottal stop occurs twice in the exclamation "oh-oh" (said when accidentally dropping something on the floor, for example). There you can hear a glottal stop before both o's. English-speaking people tend to compensate for the lack of a hamzah in their speech by putting an "r" between a word that ends and a word that starts with a vowel: "Cuba -r- is an island," "the difference between Asia -r- and Africa."

In order to gain a thorough command of the Tahitian language you should use correct vowel lengths and glottal stops, but if your goal is simply to get along all right in ordinary conversation, you don't need to worry unduly about the diacritics. In this dictionary I have indicated those few words where you may want to pay special attention to diacritics in your pronunciation in order to avoid misunderstandings or possible embarrassment. But don't worry: if you do make a silly mistake pronouncing those words, please remember that a Tahitian will not laugh at you, he will laugh with you.

Most of the (regrettably few) Tahitian texts you will see in the islands do not employ diacritics, but the trend (primarily initiated by Fare Vāna'a) is toward increased use, so it is a good idea to become familiar with them. As is the case with all languages, there are different opinions among Tahitians on how some words should be pronounced (and therefore on how diacritics should be employed in spelling those words), but that is a purely academic question, so you don't need to be concerned about it at all, unless you are a linguist.

If you are conversant with a totally phonetic language (such as Latin or Spanish or Finnish - or Esperanto!), you will have very little trouble pronouncing Tahitian since it is pronounced exactly as it is written. This is because the early missionaries - who were the first to put Tahitian into print - used Latin as their model for transcription.

English-speaking readers may have some problems with pronunciation in the beginning. This could especially be true of Americans many of whom have not had an occasion or a need to learn a foreign language thoroughly. But if you follow the approximate guide below, you will have no significant difficulties.

a is pronounced approximately like the u in "luck"

ā is pronounced approximately like the a in "father"

a'e (no dictionary that I have seen mentions that:) a'e nowadays is pronounced like the a in "dad"

e is pronounced approximately like the e in "yes"

ē is a sound that is seldom heard in English except in some dialects; to simulate it, draw out the e in "yes" without making it sound like ay

i is pronounced approximately like the i in "win"

ī is pronounced approximately like the ee in "meet"

o is pronounced approximately like the o in "song"

ō is pronounced approximately like the oo in "door"

u is pronounced approximately like the u in "put"

ū is pronounced approximately like the oo in "soon"

Those who grew up speaking English at home, especially native-born Americans, will have some trouble with the long **ē** and the long **ō** (and also with the short **e** and the short **o** when it occurs at the end of a word). Americans have a strong and firmly rooted tendency to "glide" on these vowels and make them diphthongs. Thus, for ē (and e, especially at the end of a word) they tend to say "ay" as in "say;" for example, the French café becomes "cafay," touché becomes "touchay," a Mercedes becomes a "Mersaydes," and Pele (both the Hawai'ian goddess and the soccer-player) is distorted into Paylay! And the "capital" of Tahiti, Pape'ete, becomes a tongue-breaking

"Papayaytay"! This is something worth working on if you are serious about learning to converse in Tahitian, since - just to take an example - words like **te**, **tē**, **te'i**, and **tei** have very different meanings (only **tei** is pronounced like "tay").

Likewise, for **ō** (and **o** at the end of a word) Americans tend to say "ow" as in "know," "go," "toe," "dough, and "sew." For example, the French <u>tricot</u> becomes "tricow," <u>Tonto</u> becomes "Tontow," and the Spanish <u>taco</u> becomes "tacow." Poor Beethoven combines the two tendencies: he becomes "Baythowven!" Listening to yourself pronouncing Tahitian words on a tape recorder may be helpful in learning to minimize the gliding on the vowels.

The only consonant that presents a problem for those who grew up in an English-speaking family is **r** which in Tahitian is pronounced approximately like the Scottish r, only more softly. But again, don't worry, the gliding on the vowels will only seem quaint and, as far as r is concerned, the Tahitians are used to hearing the much worse (in their ears) French r.

As to which syllable to stress, you don't need to worry about it, because Tahitian words don't stress any particular syllable as strongly as most non-Polynesian languages. Generally there is a light stress on the next-to-the-last syllable, although there are exceptions.

Now to a few practical hints on Tahitian **grammar**. To avoid possibly embarrassing misunderstandings you should start with learning - indeed memorizing - the Tahitian **personal pronouns**.

There is no problem with the <u>singular</u> pronouns; they are as follows:

I is **vau** (after a, o, u) or **au** (after e, i,) - some careless Tahitians use only **vau**

you ("thou") is **'oe**.

he/she is **'ōna** or sometimes **'oia** (in a formal or honorific or solemn connection)

Our <u>plural</u> pronouns differ from Tahitian use in two important respects, both of which serve to make Tahitian communication much more exact than ours.

The first is that Tahitian employs not only singular and plural pronouns, but also dual. Thus there are two ways of saying <u>they</u>: rāua (the two of them) and rātou (the three - or more - of them). There are three ways of saying <u>you</u>: 'oe ("thou"), 'ōrua (you two), and 'outou (you all).

The second difference is that Tahitian differentiates between inclusive pronouns (including the person or persons spoken to) and exclusive pronouns (excluding the person or persons spoken to). Thus, as you can see from the diagram below, there are four ways of saying "we," each with an entirely different meaning!

	The person(s) spoken to	**Dual** (a total of two persons)	**Plural** (a total of three or more persons)
The speaker says "we" (<u>two</u> altogether)	is included is excluded	tāua māua	
The speaker says "we" (<u>three or more</u> altogether)	are included are excluded		tātou mātou
The speaker says "you"	<u>two</u> intended	'ōrua	
The speaker says "you"	<u>three or more</u> intended		'outou
The speaker says "they"	<u>two</u> intended	rāua	
The speaker says "they"	<u>three or more</u> intended		rātou

Let's look at the four very different ways of saying "We will go" in Tahitian. If I am with my wife when I am speaking to Eno and I say to him <u>E haere māua</u> (dual and exclusive), it means that my wife and I will go (Eno is excluded). If I say to him <u>E haere tāua</u> (dual and inclusive), it means that he and I will go together (Eno is included, but my wife is not coming along). If I have two or more people in my company when I speak to Eno and I say to him <u>E haere mātou</u> (plural and exclusive), it means that I and two or more people of my company are going (Eno is excluded). If I say to him <u>E haere tātou</u> (plural and inclusive), it means that Eno and I and one or more others are going (in other words, Eno is included).

So you can see that it is important to learn these essential distinctions in order to achieve mutual comprehension, especially since - if we count the dual - Tahitian has altogether eight plural pronouns while English has only three!

When a personal pronoun or a proper noun (a name) is the object in a phrase, it is preceded by **iā**. For example, "I admire you" would be rendered as <u>'Ua fa'ahiahia vau iā 'oe</u> and "He kissed Moana" as <u>'Ua 'apa 'ōna iā Moana</u>. You should note that, in the first person singular, "iā vau" is always contracted to <u>iā'u</u> and in the third person singular "iā 'ōna" or "iā 'oia" always becomes <u>iāna</u> (here and there you may see it written <u>iā'na</u>).

While we are on pronouns let's talk about **possessive pronouns**. Possession in Tahitian is expressed by the prefixes <u>tō</u> and <u>tā</u>, sometimes <u>nō</u> and <u>nā</u> (see further below). <u>Tō</u> indicates something you simply cannot help having, like your body and its parts or your parents, for example, but also everything you both own and can get into: your clothes, your house, your car. Interestingly, it also includes your friends (suggesting that a Tahitian sees a friend as someone for whom there is an irresistable liking and with whom there develops a permanent bond), but not acquaintances.

<u>Tā</u> indicates things you choose to possess and that can be temporary (books, furniture, equipment, money, etc.) and persons you choose to have in your life (a spouse, children, acquaintances, bosses, employees). The table below shows the possessive pronouns.

Singular:

my is	tō'u, tāu	
your ("thy") is	tō 'oe, tā 'oe	
his/her is	tōna, tāna	

Dual:

our (his/her and also my) is	tō māua, tā māua
our ("thy" and also my) is	tō tāua, tā tāua
your (the person spoken to and one other) is	tō 'ōrua, tā 'ōrua
their (two others) is	tō rāua, tā rāua

Plural:

our (three or more; the person[s] spoken to excluded) is	tō mātou, tā matou
our (three or more; the person[s] spoken to included) is	tō tātou, tā tātou
your (three or more) is	tō 'outou, tā 'outou
their (three or more) is	tō rātou, tā rātou

Nō and nā are usually translated as "for," nō indicating permanent possession and nā a temporary possession. These disctictions again show how practical and precise the Tahitian language can be. As an example, if you lend a bicycle to someone, you would say Nā 'oe ("for you" temporarily). But if you say Nō 'oe, you are actually giving the bicycle to that person to keep as his own. So you can well see that you should keep this distinction in mind.

Parenthetically, on the subject of nō and nā: when these articles are combined with mai, they mean "from," but with important distinctions. Nō + location + mai indicates that the location you came from is your permanent place of living. If you are an American and live in America and wish to communicate "I come (or stem) from America," you would say: Nō Marite mai au. Nā + location + mai indicates that the location you came from is temporary. If you are from another country, but your last stop before Tahiti was the United States, you would say Nā Marite mai au.

Here again, for a full command of the Tahitian language, you must observe these distinctions, but do not worry about it; Tahitians (unlike the stereotype Parisian French) are extremely appreciative of your trying to speak their native language, they will admire you for your effort and will understand when you make mistakes. The Tahitian who borrows your bicycle will not keep it if you mistakenly say "Nō 'oe!"

As to **nouns**, the singular, dual, and plural are indicated as follows:

Singular is indicated is indicated by **e or (e) hō'ē** before the noun if it is undetermined (see the first entry **a, an** in the English-Tahitian part of the dictionary) or by **te** before the noun if it is determined. Note that **e** also very often can be translated as "it is." Dual is indicated by **na + noun** or by **na + noun + e piti** or sometimes simply by noun + **e piti**.

xvi

Plural (more than two) is indicated by the word **e mau** (undetermined) or **te mau** (determined) before the noun. Note that **e** here very often can be translated as "they are."

Nouns can often be used as verbs and can also be created from a large number of verbs and adjectives (and even numerals) by adding the suffix **-ra'a** (somewhat similar to the English "-ing"). For example, the Tahitian verb 'ori ("to dance") can be changed into the noun 'orira'a ("dance" or "dancing").

When a noun is the object in a phrase, it is preceded by **i**. "He gave that book to me" would be rendered as 'Ua hōro'a 'ōna i terā puta iā'u.

Adjectives are placed after the nouns they qualify. For example, if you want to say that someone is an energetic (or enthusiastic) person, you would say E ta'ata itoito 'ōna (a person energetic he/she). Adjectives are also used as adverbs (placed directly after a verb) without any suffixes added: "He did the job energetically (or enthusiastically)" would be expressed in Tahitian as 'Ua rave itoito 'ōna i te 'ohipa (did do energetically he the job).

As to **verbs**, you will be happy to know that in Tahitian they are not declined. Indicating tenses, however, can sometimes be confusing, also for some Tahitians, especially those whose parents, well-meaningly, spoke to them in French rather than in their own beautiful mother-tongue when they were growing up. This practice is unfortunately common, but also quite understandable, since all parents want their children to do well in school and all teaching in the secular schools is done in French rather than in Tahitian. (The official excuse for the latter given by the French administrators is that Polynesian languages are not suitable for formal education, completely failing to recognize the fact - mentioned in the Preface - that in Tonga, for example, almost all instruction in the schools is given in Tongan, the native Polynesian language!) Those Tahitians, then, who were not taught their own language at home can, for example, have trouble in clearly expressing such concepts as before and after.

Like virtually everything else in the Polynesian languages, their tenses do not correspond exactly with ours. There are several ways of indicating tenses in Tahitian, but you can get along pretty well by using just three:

(1) **'Ua + verb + subject** specifies that an action has occurred at the time of reference - often, but not always, indicative of the past; it can also refer to a condition that is still obtaining:
'Ua haere au i te mātete. I went to the market.
'Ua to'eto'e au. I am cold.
Note that a qualifying adverb is placed after the verb, but before the subject:
'Ua haere vitiviti au i te fare utuutu ma'i. I went quickly to the infirmary.
'Ua to'eto'e roa vau. I am very cold.

(2) **Tē + verb + nei + subject** indicates an ongoing present activity, in other words, being in the process of doing something:
Tē tai'o nei au i teie puta. I am reading this book (at this moment).
Tē fa'atae atu nei o Radio Tahiti i tōna aroha. Radio Tahiti sends (is now sending) its greetings (literally: loving concern).
A qualifying adverb is placed between the verb and nei:
Tē taio maite nei au i teie puta. I am reading this book carefully.
Tē tāmata pūai roa nei 'ōna. He is trying very hard.

(3) **E + verb + subject** indicates the future and also a present action that starts right away:
E haere au i Marite i te matahiti i mua nei. I am going to America next year.
E haere māua i te fare tāmā'ara'a. We (two) are going (will now go) to the restaurant.

With these three ways of expressing time you can get along reasonably well. However, you might find it useful to be aware of a few other modes:

(4) **Tē + verb + ra + subject** indicates something that was in the process of happening or a characteristic that is a timeless fact:
Tē fa'ahoro ra vau i tō'u pereo'o. I was driving my car.
A qualifying adverb is placed between the verb and ra:
Tē fa'aro'o maite ra 'ōna i terā parau. He was listening carefully to that speech.
Tē onoono ra 'oe i te pe'ape'a. You were (or: are constantly) asking for trouble.
Tē hau'a no'ano'a ra te tiare Tahiti. The Tahitian gardenia smells wonderful.

(5) **I + verb + na + subject** indicates something that happened in the recent past, but you don't hear it used much in conversation unless a consequence is mentioned or implied:
I tārahu na vau i te pereo'o i teie po'ipo'i, nō te mea 'ua mauiui roa tō'u 'āvae. I rented the car this morning, because my leg (or foot) hurt a lot.

(6) **I + verb + iho + na (ra)** indicates the immediate past and is also seldom heard in conversation unless it is in order to give information in response to an asked or implied question: I ho'o iho mai na vau i te tīteti nō te teatara'a. I just bought a ticket to the movie.

There are also other tense constructions, but, as I said earlier, this is not meant as a grammar, only as a sketchy and yet practically useful introduction to the language.

It is interesting to note that, not only are verbs in the Tahtian language not declined, but two extremely often used verbs in the Indoeuropean languages do not exist in Tahitian: to **be** and to **have**! When you think about it, however, you can see that these verbs are quite superfluous. Before they became outdated, telegrams usually omitted them without any loss of meaning. "He is a good person" is no clearer than "A person good he" (Ta'ata maita'i 'ōna) which is how a Tahitian would express the same phrase. Similarly, "I have a car" is no clearer than "A car mine (or) in my possession". (E pereo'o uira tō'u) which is how one would express it in Tahitian. For ways to get around expressing to be and to have, please look up these entries in the English-Tahitian part of the dictionary.

Another interesting feature is the reduplication of verbs. Usually, the reduplication indicates either a repetitive action or a strengthening of the action. An example of the former would be <u>parau</u> (talk or speak) and <u>paraparau</u> or <u>parauparau</u> (talk together, converse, have a chat). An example of the latter might be <u>ha'aviti</u> (hurry) and <u>ha'avitiviti</u> (hurry very much, do something very fast, rush). A reduplication of the first part of the verb usually refers to an action being made by two people: <u>'Ua horo vau.</u> (I ran.) <u>'Ua hohoro rāua.</u> (The two of them ran.).

As in English, many nouns (work, play, love, etc.) can be used as verbs and vice versa. But a charming and also practical feature of Tahitian is that many nouns which cannot be used as verbs in English, especially those who refer to time and numbers (and even the numbers themselves!), can also be used as verbs:
E 'āva'e maua i Raroto'a-mā. (We will spend a month [literally: We will month] in the Southern Cook Islands). <u>'Ua tāpati maua i Mo'ore'a</u>. (We spent Sunday [literally: We sundayed] in Moorea). <u>Te ivara'a teie o tō māua tere i Tahiti nei</u>. (This is our ninth trip [literally: the nining this of our trip] here to Tahiti).

Most intransitive verbs - and also many adjectives and adverbs and nouns - can be made into transitive verbs by using the prefix **fa'a-** or **ha'a-** which are sometimes (but not always) interchangable. In most cases ha'a- is used with words beginning with p, m, or f and fa'a- with other words. There are, however, no hard and fast rules as to which prefix to use, so you have to look up the transitive form in the dictionary. For example, "run" (<u>horo</u>) when changed to "make run" or "drive" becomes <u>fa'ahoro</u> while "wide, broad" (<u>'a'ano</u>) when changed to "widen, broaden" becomes <u>ha'a'ano</u>.

The <u>passive</u> mode in Tahitian is expressed by adding **-hia** to the end of a transitive verb (some write **hia** separately) and putting **e** (by) in front of the agent of the action: <u>'Ua pāpa'ihia teie rata e tō'u hoa</u>. (This letter was written by my friend"). Sometimes the passive mode is indicated by an **a** in the end of a word and there are certain verbs that exist only in the passive mode.

It is a good idea to memorize Tahitian **numerals**, especially if you want to try out your Tahitian when shopping or going to restaurants. They are as follows:

1	hō'ē, tahi (now archaic, but still used by musicians)
2	piti
3	toru
4	maha, fā (also archaic, but used by musicians)
5	pae
6	ono
7	hitu
8	va'u, varu (archaic)
9	iva
10	hō'ē-'ahuru, 'ahuru
11	hō'ē-'ahuru-mā-hō'ē, 'ahuru-mā-hō'ē
12 - 19	(follow the pattern of 11)
20	piti-'ahuru

21	piti-'ahuru-mā-hō'ē
22 - 99	(follow the pattern of 21)
100	hō'ē-hānere
101	hō'ē-hānere-mā-hō'ē
111	hō'ē-hānere-'ē-hō'ē-'ahuru-mā-hō'e
1,000	hō'ē-tautini
1,001	hō'ē-tautini-mā-hō'ē
1,011	hō'ē-tautuni-'ē-hō'ē-'ahuru-mā-hō'ē
1,111	hō'ē-tautini-'ē-hō'ē-hānere-'ē-hō'ē-'ahuru-mā-hō'ē
1,000,000	hō'ē-mirioni

What I have written above is a very brief and most rudimentary "preview of coming attractions" in your learning to speak Tahitian. But if you keep in mind the few pointers I have given, you will be able to get along quite well in normal, everyday conversation. The Tahitians will admire you and doors will be opened that remain forever closed to the run-of-the-mill tourist. For a far more thorough exposition to Tahitian grammar I warmly recommend the book <u>Conversational Tahitian</u> by D. T. Tryon (Australian National University Press, Canberra, 1970).

Finally, I would like to recommend a very simple technique which I have found quite useful in learning a new language. It consists of selecting a considerable number of phrases (statements as well as questions) and learning them by heart before you leave for Tahiti. This will give you a flying start and you will soon find that you are able to substitute new words in the phrases you already know and modify them to deal with more situations (as well as creating new phrases), thus steadily building up your fluency. By the way, the same method was used by the famous archeologist Heinrich Schliemann who spoke and wrote 22 languages fluently!

You will find when you use this dictionary that the same example of the usage of a word also occurs in describing how to use other words contained in the phrase. For example, the phrase "I left my car at the airport" ('Ua vaiho vau i tō'u pereo'o i te tahu'a manureva) will be found in three entries: car, leave, and airport. I have done this deliberately in order to facilitate your "imprinting" phrases in your mind and thereby help you augment the very simple technique I described above. It will help you in memorizing the phrase and use it as a "building block" for developing new phrases. A very important factor in learning to communicate in another language is confidence, and when you have learned several phrases by being exposed to them in different contexts, you will indeed increase your confidence.

And with that final piece of advice I want to welcome you to the islands which I loved and dreamed about already as a little boy in Finland, long before I set foot in Tahiti. I was 33 years old when my dream was first realized (1964) and, because I had learned elementary Tahitian before that first trip, I formed ever-lasting friendships that have enriched all my subsequent visits and have confirmed what I had already suspected and that you, also, will soon realize, namely that God never created a finer specimen of humanity than a Polynesian.

'Eiaha paha e 'ino'ino mai iā'u!

The above rubric means approximately "Please don't be angry with me!" I am addressing this request primarily to those authors of dictionaries and grammars who may find some of their own material in this work, without a specified acknowledgment of the source.

When I started studying Tahitian in 1963, I never dreamt that a day would come when I would publish my personal, hand-written, loose-page dictionary to which I added new words and phrases every month for 38 years, especially during my eleven visits in Tahiti (most of them quite extended), but also with my frequent contacts with Tahitian friends in California. The vast majority of the examples in this work came from the persons listed in the first part of my Acknowledgments under the rubric <u>Māuruuru rahi roa</u>! Another great source of examples of how words are correctly used in phrases is the Tahitian Bible (which contains the purest Tahitian available). I have also used short "snippets" from John Martin's excellent translations of short stories by Robert Louis Stevenson.

Only a few months before finishing the manuscript I obtained a copy of the magnificent new Tahitian-French dictionary published by Fare Vāna'a, the Tahitian Language Academy, in its valiant attempt to save this beautiful language from extinction. I note with great satisfaction that their work also uses Bible quotations in addition to examples taken from daily life.

Ever since my second extended visit to Tahiti (in 1969), my friends on the island have tried to persuade me to publish my ever-expanding dictionary, but I was preoccupied with writing my three previous books: <u>Family Communication</u> (Macmillan, 1974), <u>Excuses</u> (Macmillan, 1981), and <u>Mutiny and Romance in the South Seas: A Companion to the Bounty Adventure</u> (Salem House imprint, HarperCollins, 1989). In the early 1990's, however, my mentor Ralph Gardner White started to seriously urge me to find a publisher and - having obtained a generous grant from Mrs. Janet Raile - I was fortunate in finding The Mā'ohi Heritage Press in Honolulu, the publisher of this work.

So: if an author of a previous dictionary finds some example in this book which occurs in his or her own work without credit to the source being given, I want to make it clear that I am profoundly sorry for it and that I never had any intention to deliberately use someone else's material without giving such credit.

I ask for your understanding and hope that your reaction will be the typical Tahitian "'Aita e pe'ape'a!" ("No problem!").

Māuruuru rahi roa!

'Aita vau i hina'aro i te poro'i-vaha noa atu i tā'u nei ha'amāuruura'a, ei poro'i pāpa'i a'e ra nā roto atu i teie nei 'epitetore iti, 'e mai roto roa mai ho'i i te papa o tō'u nei 'ā'au. 'Ei ha'amāuruura'a atu ia i te tā'ato'ara'a o te ta'ata tei tauturu ana'e mai iā'u i roto i tā'u nei 'ohipa, 'a hina'aro ato'a ai au i te nā roto ato'a atu i te reo mā'ohi i te poro'i atu i tā'u poro'i <u>māuruuru rahi roa</u> e au ato'a ho'i i te nā roto ato'a atu i te reo marite <u>Thank you so very much</u>.

'A 38 a'enei ho'i matahiti i teie nei i tauturu mai ai e rave rahi hoa ta'ata Tahiti iā'u mā te ha'amāramarama ato'a mai ho'i iā'u, 'a pāpū ri'i mai ai tā'u mau ta'o 'ē tō'u mau topara'a reo Tahiti. Teie te tahi o taua mau hoa ra, mai ia Nina Faua Houssaye, Tihoni Faua, Stella Temanaha Leeteg, Rauti Tahutini, Tevahine Mariterangi Blake, Tahi Maitere, Turouru Maitere, Ete Maimaro, Naomi Haoata'i, Moari'i Punuari'i, Eno 'Amaru, Fifi 'Amaru, Miriama 'Amaru, Teiho Tehei, Antoine Taimana, Toimata Taimana, Moea Voisin, Coco Tahuhuterani, Miri Tahuhuterani, Porotea Rei, Vaiura Hazama, Maco Tevane (nō Fare Vāna'a) 'ē te 'orometua (parau marite: Pastor) Tamuera Raapoto. 'Ua pohepohe haere ra ato'a ho'i vetahi o rātou. 'Ua here mau ā vau iā rātou i te here-mutu-'ore. E fāna'o rahi tō'u i te rirora'a mai rātou ato'a ei hoa nō'u, mai taua tau ra, e tae roa mai ai i teie mahana. E 'ore roa atu rātou e mo'e iā'u, 'ē nā reira ato'a ho'i vetahi'ē atu mau ta'ata i riro ana'e ato'a ei hoa nō'u.

E 'ā'au mēhara hau roa atu ihoā ra tō'u i tō'u hoa here iti nō Puna'auia 'oia ho'i iā Ralph Gardner White tei pohe iho nei. I riro ato'a na ho'i 'oia ei ta'ata 'aravihi rahi, 'ē tei pi'i noa-hia ho'i e tōna mau hoa mā'ohi e rave rahi: 'o Rūrū. I tō'u mana'o, 'o teie noa paha te ta'ata popa'ā te nehenehe e riro ei ta'ata 'aravihi mau i te ao tā'āto'a nei i tōna 'ite i te huru o te reo Tahiti. 'A 37 a'enei matahiti tō teie nei ta'ata iti ha'eha'a 'ē te 'ā'au here rahi i tōna ra ta'ata tupu i te rirora'a ei hoa nō'u, 'ē tei ha'aipoipo roa atu i te vahine huiari'i ra iā Ari'ihau a Terupe (White). 'O teie mau ho'i te ta'ata i tauturu mai, 'ē fa'aitoito mai iā'u i te ha'api'i hōhonu i teie nei reo rahi navenave. 'Aua'a maoti tāna turu māitera'a mai iā'u 'ē nā reira ato'a ho'i i tāna fa'a'oroma'ira'a rahi i tā'u mau uiuira'a tu'utu'u 'ore i manuia ai tā'u mau mā'imira'a. 'Eiaha ia nō tō'u pāpū-'ore i te reo Tahiti e pari ai au iāna i tā'u nei mau hape i te reo ... 'eiaha roa atu ia. Nō'u noa ihoā tō'u hape i te reo Tahiti.

E ha'amāuruurura'a rahi poupou ato'a tā'u i tā'u iho vahine iā Éva; māua ho'i i te ha'api'i-ana'e-ra'a i te reo Tahiti 'a tere atu ai i Tahiti na; 'ē mai reira mai ho'i tōna tauturu-pāpū-ra'a mai iā'u i roto i teie nei ha'a rahi i ravehia mai e au 'a 37 a'enei matahiti i teie nei. Nōna mau 'a i tae pāpū ai i te hōpe'ara'a maita'i o tā'u 'ōpu'ara'a. E 'ā'au mēhara rahi ato'a ho'i tō'u i tō'u mau hoa nō te tā'atira'a Te Mau Hoa Nō Tahiti. I riro na ho'i au ei mero nō teie nei tā'atira'a mai te matahiti 1963 mai ra ā. Nā te mau mero ho'i o teie nei tā'atira'a teie nei parau nō'u i te nā'ōra'a ē: "Noa atu tōna 'iri popa'ā, e māfatu mā'ohi mau ra tōna".

E 'ā'au mēhara ato'a ho'i tō'u i te vahine ra iā Janet Raile 'o tei fa'ata'a pāpū i te tahi tino moni rahi nō te nene'ira'a i teie nei 'ohipa rahi ei ha'amana'ora'a i te pohera'a o tāna iho tāne. 'Aua'a maoti tōna pāruru, 'oia ho'i te ta'ata ra 'o Gerald Curry, Esq., tei rave 'aravihi rahi māramarama pāpū mau a i te nene'ira'a 'ē i te piara'a i taua puta nei.

'Ua riro tōu hoa 'o Danee Hazama, nō te pupu The Adventurers' Club of Los Angeles, 'o tei ora tumu roa atu i Tahiti na 'ē tei ha'aipoipo roa ho'i i te tahi vahine Tahiti fa'ahiahia 'ē 'ua riro ato'a ho'i 'ōna ei ta'ata 'ana'anatae rahi ato'a i tā'u nei 'opuara'a mā te turu pāpū hau roa ato'a mai ho'i iā'u i roto i tā'u 'opuara'a, i te taime ihoā 'a hepohepo ri'i ai au mā te 'ore ho'i e ti'aturi e nehenehe mau ānei teie nei 'ohipa i te nene'ihia i te hō'ē mahana. 'Āre'atō'u tauturu 'o Kevin Kim, ta'ata 'aravihi i te pae o te roro uira (e ta'a-'ore-rahi ho'i tō'u i teie nei tuha'a 'ohipa roro uira), 'ua fa'anaho manuia hope roa ia i taua tāpura 'ohipa ra, mā te fa'atītī'aifaro haere ato'a mai ho'i i te taime e hapehape haere ri'i ai au.

Tē hina'aro ato'a nei ra vau e ha'amāuruuru i te nūna'a mā'ohi ato'a nō Porinetia nō tāna fāri'i-ta'a'ē-ra'a mai iā'u iho nei 'ē i tō'u hoa vahine ato'a ho'i, 'ē tae roa ato'a atu i tā māua feti'i tamari'i. 'A ta'a noa atu ai tō rāua i'oa popa'ā, 'ua topaato'a-hia te tahi i'oa Tahiti nō rāua: 'o 'Amaru te i'oa mā'ohi o tā māua tamaiti, 'ē 'o Miriama tō tā māua tamahine. E tāpa'o arofa ta'a'ē ato'a tā'u ia Eno rāua 'o Fifi 'Amaru tei riro na ei metua fa'a'amu nō tā māua na tamari'i nei, 'ē tae ro'a ato'a atu ho'i i te topara'a i te i'oa mā'ohi nō rāua. E'ita ato'a ho'i 'o Nina Faua Houssaye, tō mātou hoa here e mo'e iā mātou, Nina ato'a ho'i i topa i te tahi i'oa mā'ohi nō tā maua tamari'i, 'oia ho'i 'o Heifara nō te tamaiti, 'ē 'o Maire nui nō te tamahine.

'Ia 'ite mai teie nei mau hoa ato'a ē, e 'ore roa atu rātou e mo'e iā'u, i teie-nei-ra'a ra, 'ē 'aore ra ho'i 'ia reva 'ē noa atu vau i te "haerera'a-roa hōpe'a", inaha e vai noa atu ā vau i rotopū iā rātou i roto i tō rātou ra fenua hau i te fa'ahiahia, a mo'e roa atu ai paha ho'i au i te rave-'ē-hia atu e te pohe.

Granada Hills i te 'āva'e nō novema, 2001.

Taote Tīvini (Sven Wahlroos)

Māuruuru rahi roa!

Instead of using the rather stuffy word "Acknowledgments," I wish, from the bottom of my heart, to thank all who have helped me in this work and I do so by using the wonderful Tahitian expression <u>Māuruuru rahi roa</u> which in English is an amalgam of "I am so very grateful, so very satisfied, so very contented."

The list of Tahitians who over the last 38 years have helped me and been my informants in the proper use of words and phrases is long, but the following friends (some of whom are now deceased) stand out: Stella Temanaha Leeteg, Rauti Tahutini, Tevahine Mariterangi Blake, Nina Faua Houssaye, Tihoni Faua, Tahi Maitere, Turouru Maitere, Ete Maimaro, Naomi Haoata'i, Moari'i Punuari'i, Eno Amaru, Fifi Amaru, Miriama Amaru, Teiho Tehei, Antoine Taimana, Toimata Taimana, Guillaume Taimana, Moea Voisin, Coco Tahuhuterani, Miri Tahuhuterani, Porotea Rei, Vaiura Hazama, Maco Tevane at Fare Vāna'a (the Tahitian language academy), and the 'orometua a'o (Pastor) Tamuera Ra'apoto. I loved and love them all and am extremely fortunate in having had and having their friendship. I will never forget them or the others who have helped me.

Above all, I am profoundly grateful to my (recently deceased) very dear friend for 37 years, the eminent linguist Ralph Gardner White (affectionately called "Rūrū" by the Tahitians) of Puna'auia, who in my opinion was the only popa'a (white man) who could be considered the world's foremost expert on the Tahitian language. During more than a third of a century this unassuming, kind, and most generous man, a sterling gentleman of the old school (married to a beautiful and gracious lady of royal blood, Ari'ihau a Terupe White) and renowned among linguists all over the world, helped me and encouraged me to study this beautiful tongue. Without Ralph's continuous help and patient answers to my unending questions during my extended stays in Tahiti (and also by mail) I could never have accomplished this work. I need to make it very clear, however, that Ralph can in no way be considered responsible for any mistakes or deficiencies or inaccuracies that may have found their way into the text. - Finally, I want to thank Ralph's charming daughter Hilda for graciously giving me full permission to use her father's work and materials.

I want to express my undying appreciation to my wife Éva who, before our first trip to Tahiti, studied Tahitian with me and has ever since been untiring in her efforts to help and support me in this - to me - gigantic undertaking which has taken 38 years. Without her I could not have finished it. I am also grateful to the members of Te Mau Hoa Nō Tahiti (The Friends of Tahiti - an organization of which my wife and I have been members since 1963) who say that, although my skin is that of a popa'ā, my heart is that of a mā'ohi (Polynesian).

I am immensely grateful to Mrs. Janet Raile who, as a memorial to her deceased husband, has supported the publication of this work with a generous grant. Her attorney, Gerald E. Curry, Esq., negotiated the publication of this book with exquisite tact and consummate skill and fairness. Kevin Kim, my computer consultant (I am computer illiterate), went not just the extra mile, but many extra miles to set up the program and to correct it when I goofed it up.

My good friend and fellow member of the Adventurers' Club of Los Angeles Danee Hazama - who now lives in Tahiti and is married to a lovely Tahitian lady - has always shown a keen interest in this project and has been extremely helpful in more ways than I can count. In addition, he has been a great support to me whenever I started doubting that this work will ever be published.

Finally I want to thank all native-born inhabitants of eastern Polynesia who have opened their homes to my wife and myself and our children (who, in addition to their European names, have Tahitian first names: in the islands our son is called Amaru and our daughter Miriama). Especially I want to express my affection to Eno and Fifi Amaru who became our children's metua fa'a'amu (feeding parents) giving them Tahitian names and to our most dear friend Nina Faua Houssaye who independently named our son Hei Fara and our daughter Maire Nui.

May all these unforgettable island friends rest assured that wherever I may be now or after I have left on the last Great Adventure, part of me will always remain in these wonderful islands.

Granada Hills in the month of November in the year 2001.

Sven Wahlroos ("Taote Tīvini")

ENGLISH - TAHITIAN
DICTIONARY

FA'ATORO PARAU
MARITE/PERETANE - TAHITI

a, an, (actually a verb implying:) **it is a/an** or **there is a/an,** (also:) **they are** or **there are** e, (sometimes:) te   Tēri'i has ~ fast sailing canoe. E va'a tā'ie vitiviti tō Tēri'i. Teiho has ~ big and beautiful house. E fare rahi ē te nehehehe tō Teiho.   I would really like ~ cold beer right now. 'Ua hia'ai au i te pia to'eto'e i teie nei.   I prefer ~ very dim light when I sleep. E mea au a'e nā'u te mōrī mohimohi roa 'ia taoto vau. That is ~ fast sailing canoe (literally: It is ~ fast sailing canoe, that one). E va'a tā'ie vitiviti terā.   There are nine very beautiful girls there. E iva mau pōti'i purotu roa iō.

a, an (sometimes used instead of e and in the sense of "a certain") te hō'ē, hō'ē   We would like ~n inexpensive and clean hotel. Tē hina'aro nei māua i te hō'ē hōtēra māmā 'ē te mā.   I sent ~ letter to my friend. 'Ua hāpono vau i te hō'ē rata i tō'u hoa.   He staid in ~ far-away place. 'Ua fa'ae'a 'ōna i te hō'ē vāhi ātea roa. There is still ~ lighthouse there. Tē vai noa ra hō'ē fare mōrī i reira.

a, an (in the sense of "one") tahi   ~ (one) little bit of ... tahi vahi iti   (this example applies only to "a" in the sense of "one;" otherwise "a little bit of" becomes "ma'a vahi iti:")   I only know ~ little bit of Tahitian. E ma'a vāhi iti noa tā'u i 'ite i te parau Tahiti.

a few te tahi nau   We drank ~ glasses of wine. 'Ua inu māua i te tahi nau hapaina uaina.

abaft, behind, in back of nā muri mai, i muri mai, nā muri, i muri
sail with the wind from abaft (a following wind) fa'ahe'e
abandon, desert, leave behind fa'aru'e   But ~ their faith: that they could not do. 'Āre'a rā, e fa'aru'e ia i tō rātou fa'aro'o 'o te mea te 'ore roa e ti'a iā rātou 'ia rave.
abandon, leave, leave alone vaiho, vaiho noa'tu
abandon, leave, run away horo   Do not under any circumstances leave (~ the scene) after a road accident! 'Eiaha roa'tu e horo i muri a'e i te hō'ē 'ati purōmu!
abandon, shun, avoid, abjure tāponi
abandon, leave or **throw aside** ha'apae
abandoned, desolate, empty of people ano
abandoned, shunned tāponihia
abandoned, thrown aside ha'apaehia
abandoning fa'aru'era'a, vaihora'a, tāponira'a, ha'apaera'a
abashed, perplexed, nonplussed, not knowing what to do napu, rapu
abashed (by some accusation or unpleasant occurrence, for example), **perplexed, nonplussed, confounded** mae, ma'e
abashed, taken unawares ropa
abate, decline, go down topa i raro   The fever (temperature) ~d. 'Ua topa te fa'ito fīva i raro.
abate (of storm) haere i te marūra'a   The storm ~d this morning. 'Ua haere te vero i te marūra'a i teie po'ipo'i.
abbreviate ha'apoto
ABC, alphabet pī'āpā, Pī 'ā Pā
ABC book, alphabet primer te parau pī'āpā, Pī 'ā Pā
abdomen, stomach 'ōpū
lower abdomen (below the navel) tia
sail with the wind abeam, reach tā'ao'ao
aberration, anomaly, (also:) **error, mistake, fault** hape
aberration, eccentricity, strangeness

3

haere-'ē-ra'a te mana'o
aberration, abnormality, insanity, craziness, stupidity ma'ama'a
abeyance (long-term) vaihora'a
abeyance (short-term) fa'aeara'a ri'i
abhor, detest, loathe, feel disgusted about ha'afaufau, fa'afaufau
abhorrent, detestable, loathesome, disgusting faufau
abide, dwell, sit noho
abide, remain, exist, be vai And now ~th faith, hope, charity, these three; but the greatest of these is charity. 'Ē teie nei, tē vai nei te fa'aro'o, 'ē te tīa'i, 'ē te aroha, e toru ra; o tei hau ra i taua toru nei, o te aroha ia.
abide, stay pārahi ... make haste, and come down; for today I must ~ at thy house. ... 'a pou mai i tēnā na, ei tō fare ra ho'i au pārahi ai 'ā'uanei.
ability, aptitude 'ite
ability, skill 'aravihi
abjure, avoid, shun, abandon tāponi
abjure, repudiate, renounce, reproach, disown fa'ahapa
ablation, amputation, extirpation tāpū'ē-ra'a
able (having the ability, right, permission, or possibility to ...) nehenehe, ti'a Are you ~ to come and have lunch with us this noon? E nehenehe ānei tā 'oe e haere mai e tāmā'a e o māua i teie avatea? I am ~ to help you. E nehenehe tā'u e tauturu iā 'oe. (or:) E ti'a iā'u 'ia tauturu iā 'oe. I think I will never be ~ to learn Tahitian. I tō'u mana'o e 'ore roa e ti'a iāu i te tāmau i te reo tahiti.
able, capable, clever, skillful, experienced 'aravihi, 'ihi He is a very ~ person. E ta'ata 'aravihi roa 'ōna. 'Oputu is a highly skillful skipper. E ra'atira pahī 'aravihi roa o 'Oputu.
able to lift (construction with:) mā'e He was ~ the sack of copra. 'Ua mā'e tāna pūte pūhā.

not **able** to do anything about something, **helpless, perplexed** hepohepo
abnormality, aberration, eccentricity, strangeness haere-'ē-ra'a te mana'o
abnormality, deformity, aberration tupu'ino-ra'a
abnormality, disease ma'i
abnormality, insanity, craziness, stupidity ma'ama'a
aboard i ni'a i te pahi go or climb ~ pa'uma i ni'a i te pahī
abode vāhi nohora'a, nohora'a
abolish fa'a'ore
abolition fa'a'orera'a
aborigine (member of the lowest class in ancient Polynesian society), **plebeian** manahune
abort vi marua, ha'amarua
abort vi (of animals) māhīhī
abort vt ha'amarua
abortion, aborted fetus tamari'i marua
abound, multiply, stretch (when speaking of food) nanea
super**abound, overabound, teem, swarm** 'aere That place is teeming with dogs. 'Ua 'aere te 'urī i terā vahi.
about, almost, nearly fātata The store is ~ to open. 'Ua fātata te fare toa i te 'iriti.
about, approximately i te ārea nō ~ fifteen minutes past six i te ārea nō te hora 'ahuru-ma-pae miniti i mairi i te hora ono
about, a bit more than ti'ahapa a good twenty-thousand piti-'ahuru-tauatini e ti'ahapa a little more than ten hō'e'ahuru ti'ahapa
about, concerning nō We ~ talk about you. E mea pinepine tā māua parauparaura'a nō 'oe. This story is ~ Tangaroa. Nō Ta'aroa teie 'a'amu.
about to faint, giddy or **dizzy, experiencing vertigo** hihipo
about to faint, giddy or **dizzy** or **slightly drunk** āniania, āninia He is about to get drunk. 'Ua āniania 'ōna. (or:) E

about

āniania tō'na.
bring about ..., do ..., make..., effect ..., cause ..., cause to be (prefixes transforming an adjective, noun, or passive verb into an active verb) fa'a-, ha'a- (sometimes interchangeable) bring ~ a meeting fa'afārerei This is a pill that causes (brings ~) euphoria. E huero fa'aaumaita'i teie. do body exercises fa'a'eta'eta i te tino (literally: bring ~ a hardening of the body) do something on the sly ha'avarevare make noise fa'a'āhoahoa effect a renewal (renovate) fa'a'āpī
bring about, establish, bring into being, create, instigate fa'atupu, ha'atupu
care about, pay (serious) attention to, give weight to, believe in (what is said) tāu'a
be clear about a perception, recognize ta'a He recognized me as soon as he saw me. 'Ua ta'a iāna ē o vai au i te taime iho tāna i 'ite iā'u.
dig about (in search) pāheru
go walking about ori haere
grope about (in search) pāheru I am groping ~ (searching) in my briefcase. Tē pāheru vau i roto i tā'u pūtē vaira'a parau.
just about, to a certain extent, somewhat, rather, fairly, quite, almost, a fair number of, -ish huru It is just ~ the same as ever. Te huru ā te huru. There is a fair number of [somewhat of a gathering of] people inside that house. E mea huru ta'ata i roto i terā fare ra. Things are going rather well [but not very well] at this point. E mea huru maita'i i teie nei. It is fairly big (also:) There are quite a lot. E mea huru rahi.
know about 'ite e nō ni'a i
pace round about, amble ta'amino
say good things about, praise, honor 'ārue
talk about, mention, name, pronounce, announce fa'ahiti I don't know whom

abroad

you are talking ~. 'Aita vau (or: 'Aore au) i 'ite e o vai tā 'oe e fa'ahiti na.
talk evil about, talk about someone behind his back, slander 'ōhimu, 'ōhumu
think seriously about something, consider, reflect, ponder, reflect, use one's mind feruri Think seriously ~ it: drink or drive! 'A feruri: e inu 'aore ra e fa'ahoro!
turn about, face about fāriu
turn about in bed, (also:) stretch out on one's side 'o'opa
turn about (like a person in bed), (also:) sprawl, (also:) wallow ta'aviri
above i ni'a, i ni'a a'e, nā ni'a a'e The airplane is ~ the ocean. Tei ni'a a'e te manureva i te moana (or: miti).
above, exceeding, surpassing i hau The disciple is not ~ his master, nor the servant ~ his lord. 'Aita te pipi i hau i tāna 'orometua, 'aita ho'i te tāvini i hau i tōna ra fatu.
cause someone or something to be over and above or greater than fa'ahau
from above nō ni'a mai
over-and-above, greater hau a'e Pouvāna'a 'O'opa's intelligence was over and ~ that of the French politicians. 'Ua hau a'e te māramārama o Pouvāna'a a 'O'opa i tō te feiā poritita (or: feiā tōro'a) farāni.
visible above surface of water (reef), high and dry, exposed pa'apa'a, ti'afā
above all, first of all nā mua roa
above all, particularly e tei hau roa'tu ra
Abraham Aperahama
abrasion, excoriation, scratch pahure iti, pahure
abridge, shorten ha'apoto
abridged, shortened ha'apotohia
abroad, the wide world, the land(s) way beyond the horizon ara This is the news from ~. Teie te parau 'āpī nō te ara mai.

abrogation   **abuse**

go **abroad, leave one's island** fa'aru'e i tōna fenua

go **abroad, leave one's native land** fa'aru'e i tōna 'āi'a

abrogation, cancelation fa'a'orera'a

abrupt(ly), sudden(ly) tā'ue His uncle suddenly got rich. 'Ua 'ona tā'ue noa tōna pā'ino tane.

Abrus precatorius, red-seeded **creeper** (used to make necklaces) pitipiti'ō

abscess, boil fēfē

the core of an **abscess** or a **boil** fatu

abscess, hump, swelling, accumulation of pus pu'u ma'i, pu'u swelling due to an ~ ma'i pu'u lance (remove the pus from) an ~ fa'ahū i te pu'u (or simply:) fa'ahū

abscess, (also:) **tumor, fibroma** pu'aroto

abscess (cancerous) māriri, māriri 'ai ta'ata

abscess (illness causing blisters around the waist), **shingles, herpes Zoster** māriri 'ōpūpū

abscess (interior) māriri mata tāhuna

abscond, escape, run away, leave horo, hohoro, horohoro The thief ~ed. 'Ua horo te ta'ata 'eiā.

absence mo'emo'era'a, haere-ē-ra'a atu

virtual **absence, dearth, scarcity** 'orera'a

absence of mind (sudden and temporary), **distraction** mo'era'a mana'o

absent ma'iri

(be) **absent, miss, fail to appear** ma'iri I was ~ from the church service this morning. 'Ua ma'iri au i te purera'a i teie po'ipo'i. He is often ~ from his work. 'Ua ma'iri pinepine 'ōna i tāna 'ohipa.

be **absent** (from school or work out of laziness or disinterest), **miss, fail to appear, be truant** fa'atau

absolute, solid, firm 'eta'eta

absolute, undeniable, unassailable fati 'ore

absolutely, certainly pāpū, pāpū roa

Absolutely! Indeed! Yes, indeed! That's true! 'Oia mau!

absolution, pardon, acquittal matarara'a hara, matarara'a, fa'a'orera'a i te hape

absorb, learn ha'api'i

absorb permanently, learn for keeps, master tāmau

absorb, (also:) **swallow** horomi'i, momi

absorption horomi'ira'a

abstain from food or alcohol, **lay** or **leave aside, give up, abandon, repudiate** ha'apae He has ~ed from alcohol for six months (meaning that he signed the Blue Cross [anti-alcoholic league] oath six months ago). 'Ua ha'apae 'ōna e ono 'āva'e.

abstinence from food or alcohol ha'apaera'a

abstract (as opposed to concrete) vaimana'o His explanations are too ~. E tātarara'a vaimana'o roa tāna.

abundance (food), **plenty** 'auhune, auhunera'a, hotu 'auhune Behold, there come seven years of great plenty throughout all the land of Egypt. Ināha, teie a tupu na matahiti 'auhune rahi roa e hitu e 'ati noa e te fenua ato'a nei o 'Aiphiti.

time of **abundance, harvest season** 'anotau 'auhune

abundant (food) (e mea) 'auhune Mangoes are ~ this year. E mea 'auhune te vī i teie matahiti.

abundant, a lot of, numerous rahi

abundant, multiple, plentiful nanea, he'ēuri *(archaic)*

abundant, providing a big yield, productive topa

abuse (of a substance), **indulging** (to an excess) ha'apūaira'a ~ of alcohol ha'apūaira'a i te inu 'ava

abuse, mistreat rave 'ino

abuse, mistreatment ravera'a ino

abuse ..., indulge (to an excess) **in ...** ha'apūai i te ... ~ alcohol ha'apūai i te inu 'ava

sexually **abuse, violate, rape, take sexual advantage of** māfera, rave 'ino He

6

abyss

sexually ~d a woman. 'Ua rave 'ino 'ōna i te hō'ē vahine.
abyss 'āputo
abyss, deep hole or **pit** 'āpo'o hohonu
academic degree (diploma) parau tū'ite
~ of doctorate parau tahu'a tuatoru
master's ~ parau 'ai'ihi tuatoru
academician (letters and sciences) mero (nō te) hiva tahu'a
academician (member of the Tahitian language academy) mero (nō te) Fare Vāna'a
academy (letters and sciences) hiva tahu'a
naval **academy** fare ha'api'ira'a tōro'a 'ihitai
Tahitian **academy** of language Fare Vāna'a
director of the ~ vāna'a nui
Acanthaster echinites and **Acanthaster planci, crown of thorns** (kinds of highly poisonous starfish) taramea
Acanthocybium solandri (a large, swift game fish of the high seas), **wahoo** pāere
Acanthurus bleekeri, surgeonfish para'i
Acanthurus guttatus, sawfish api
Acanthurus lineatus, zebra surgeonfish maro'a
Acanthurus nigricans, surgeonfish 'ōturi
Acanthurus nigroris, tang fish, surgeonfish maito
Acanthurus triostegus, convict tang fish, surgeonfish manini
accelerate ha'apūai
acceleration (rate of) ha'apūaira'a
accelerator (in automobile) ha'apūaira'a pereo'o uira   press down on the ~ ta'ahi i te ha'apūaira'a
accent, intonation (stress on or pronunciation of syllables or words) teiahara'a reo, harurura'a reo
accent (typography), **diacritic** tāpa'o
acute **accent** (l'accent aigu) tāpa'o tāpū ti'a i muri
circumflex **accent** (l'accent circonflexe) tāpa'o ha'amaoro vauera, tāpa'o nō te tāerera'a

accident

grave **accent** (l'accent grave) tāpa'o tāpū ti'a i mua
accentuate, emphasize, punctuate, stress fa'ateiaha
accentuate, mark, (also:) **notice,** (also:) **choose** tāpa'o
accept, agree with 'āpiti, 'āpitipiti
accept, approve fa'ati'a
I **accept**. It's O.K. with me. E (mea) ti'a iā'u. (or:) 'Ua ti'a iāu.   For if I be an offender, or have committed any thing worthy of death, I refuse not [~] to die. 'Ē e hapa mau tā'u i rave, 'ē 'ua rave au i te mea e au ai iā'u te pohe, 'ua ti'a iā'u te pohe.
accept in the sense of **believe,** (also:) **accept mistakenly, believe a lie, be fooled by** vare   What? You don't ~ what I say? Eaha? 'Aita 'oe e vare ra i tā'u parau?
accept, consider as suitable fa'ariro
He became (was ~ed as) president. 'Ua fa'arirohia'ōna ei periteteni.
accept, receive fa'ari'i, fāri'i   It is very important to me that you ~ the money for ... E mea faufa'a rōa nā'u 'ia fa'ari'i 'oe i te moni nō te ...   You must ~ it (as, for example, a payment or a gift)! 'Ia fa'ari'i 'oe!
acceptable, proper (e mea) ti'a
acceptable, suitable, fitting, proper (e mea) tano
accepted or **established by usage** (referring to language and grammar) vaifauhia
access, entrance ūputa
prevent someone from having **access** to, **close, forbid, interdict, prohibit** 'ōpani   It is forbidden to enter. 'Ua 'ōpanihia 'ia tomo. (or:) 'Ua 'ōpanihia te tomora'a.
accident, calamity, disaster 'ati   I was very disturbed to hear about that ~. 'Ua horuhoru tō'u 'ā'au i te fa'aro'ora'a i terā 'ati.   I hope (literally: It would be good if) he was not hurt (wounded) in the car ~. E mea maita'i ho'i e, aita 'ōna i pēpē i te 'ati pereo'o.   Do not under any

acclaim

circumstances leave after a road ~! 'Eiaha roa'tu e horo i muri a'e i te hō'ē 'ati purōmu! collection for an ~ or misfortune 'aufaura'a 'ati
acclaim, admire ha'apōpou
acclaim, applaud, clap pōpō (i te rima), ha'apōpō (i te rima), pa'ipa'i, patupatu i te rima
acclaim, cheer, shout hurrah hūrō
acclaim, praise 'ārue, 'āruerue
acclaim, proclaim poro He was proclaimed king. 'Ua porohia 'ōna ei ari'i.
acclaim, promote fa'atōro'a
acclamation, applause ha'apōpōra'a
acclamation, cheer, cry or cries of hurrah hūrōra'a
acclamation, praise 'ārue, 'āruerue
acclimation, acclimatization ha'amātaura'a
acclimatize ha'amātau
acclimatized ha'amātauhia
accommodate, adjust, correct (for), set (like a clock) fa'atano
accommodate, adjust, fit fa'aau to ~ the binoculars in order to correct for the eye fa'aau i te hi'o fenua e tano i te mata
accommodate, adjust, get used to ha'amātau
accommodate, arrange (a matter or an affair) paiō
accommodation, adjustment, correction fa'atanora'a
accommodation, adjustment, fit fa'aaura'a
accommodation, adjustment, getting used to ha'amātaura'a
accompanied by, followed by mā te 'āpe'ehia e
accompanied (on instrument) **by** mai te 'āpitihia mai e
accompany, follow, escort, come along with 'āpe'e, pe'e
accompany (in the vernacular often:) haere nā muri The children did not ~ us. 'Aita te tamari'i i haere nā mua iā māua.

account for

accomplish, complete, finish fa'aoti
accomplish, succeed with manuia
accomplished, finished, completed oti
accomplishment, end, result hōpe'a
accomplishment, performance, finished work 'ohipa fa'aotihia
accomplishment, success manuia lack of ~ manuia 'ore
accord, agreement aura'a, fa'aaura'a, au
accord, alliance, harmony fa'atau'ara'a
accord, contract, treaty parau fa'aau
of one's own **accord, by choice, voluntary** fa'ahepo 'ore
of one's (or: its) own **accord, spontaneously, for no reason** noa
in **accordance to, like** (preposition), **just as, in the same way as** mai in ~ to this mai teie te huru Do it in ~ to your liking (Do as you like). 'A rave, mai tā 'oe e hina'aro.
according to (the) 'ia au i te ..., mai te au i te ... ~ the statements of the policemen 'ia au mai (i) te mau fa'ahitira'a parau a te mau mūto'i
accordion 'upa'upa 'ume'ume
account (credit) tārahu
account (record or statement) parau
current **account** moni vaira'a, moni vata
expense **account**, (also:) **budget** tāpura ha'amāu'ara'a
(bank) statement of **account** tāpura moni
account, story, tale 'a'amu This story is about Tangaroa. Nō Ta'aroa teie 'a'amu.
account for, explain fa'ata'a
account for, explain the meaning of tātara, heheu Explain the meaning of that word to me! A tātara mai i te aura'a o terā parau!
account for, explicate, make plain or clear tātara, hohora i te aura'a
on **account of, because of, due to** nō I am grateful to you on ~ of your great kindness. 'Ua māuruuru vau iā 'oe nō tō 'oe maita'i. I am very weak on ~ of the length of my illness. 'Ua paruparu roa

vau nō te maorora'a o tō'u ma'i. On ~ of the great number of people nō te rahi o te ta'ata   On ~ of his confidence in handling ships, Oputu became a captain. Nō tōna pāpū i te horo pahī, 'ua riro o Oputu ei ra'atira.
accounting for, explanation tātarara'a, heheura'a
accounting for, explication tātarara'a, hohorara'a i te aura'a
accumulate ha'aputu
accumulated ha'aputuhia
acccumulated, aggravated 'a'ana
accumulated, piled up pu'e
accumulated water, pond, pool, puddle vai pu'e
accumulation, pile, heap, (also:) **catch, haul** pu'era'a, pu'e   catch of fish pu'era'a i'a, pu'e i'a   pile of sweet potatoes pu'e 'umara   heap of flowers pu'e tiare
accumulation of pus, abscess, hump, swelling pu'u ma'i, pu'u   swelling due to an ~ ma'i pu'u   lance (remove the pus from) an ~ fa'ahū i te pu'u (or simply:) fa'ahū
accurate, exact, certain, clear pāpū   Speak more ~ly, clarify what you are saying! 'A ha'apāpū i tā 'oe parau!
accurate, exact, proper ti'a
accurate, exact, sincere 'āfaro
accurate, exact, true mau
accusation parira'a   false ~ parira'a ha'avare
accuse, incriminate, blame pari
accuse, reproach, condemn, blame, find fault fa'ahapa, fa'ahapahapa
accuse falsely, bear false witness pari ha'avare   Thou shalt not bear false witness against thy neighbour (literally: against someone else). 'Eiaha roa 'oe e pari ha'avare iā vetahi 'ē.
accuse rashly pari rū noa
accuse without knowing nane *(archaic)*
accustom, get someone used to
ha'amātau, ha'amātaro
accustom a person or **animal to something,** (also:) **tame, make docile, train** fa'arata
accustomed, familiar, habitual mātauhia
accustomed or **used to a task, be experienced, knowledgeable** mātaro, mātorohia, mātau, mātauhia, ha'amātarohia   I am ~ to handling (know how to handle) sailboats. 'Ua mātaro vau i te fa'atere poti tāi'e.
accustomed, (also:) **tame, docile** rata
acetone 'ātetona
ache (of body or mind), **pain, anguish, hurt** māuiui, mamae (seldom used nowadays)   My foot is in constant ~. Tē māuiui noa tō'u 'āvae.   I am in constant ~ (my heart is aching [emotionally]). Tē mamae noa nei tō'u 'ā'au.
ear**ache, otitis** tui
head**ache** hoa
migraine head**ache** 'āhoahoa
stomach **ache** māuiui 'ōpū
ache, hurt, suffer from pain māuiui, mamae (seldom used)
aching, hurting, (be) painful māuiui, mamae (seldom used)   My foot is ~. Tē māuiui nei tō'u 'āvae.   My heart is constantly ~. Tē mamae noa nei tō'u 'ā'au.
achieve, accomplish, complete, finish fa'aoti
achieve, gain, get (actually having **"gotten"** with effort involved), **have succeeded in obtaining** roa'a   I got my driver's licence. 'Ua roa'a tā'u parau fa'ati'a nō te fa'ahoro i te pereo'o.
achieve, succeed with manuia
achievement of an act or a project, **completion, closure, finish** fa'a'otira'a
achievement, success manuia
acid (chemical) 'ō'ava
acidity 'ava'avara'a
acidy, bitter, acrid, salty tō'ava'ava (less acidy than 'ava'ava)

acidy, bitter, acrid, salty 'ava'ava (more acidy than tō'ava'ava) It is very ~, you see. E mea 'ava'ava roa pa'i.
acidy, sour mamara, maramara
acknowledgment, thanks ha'amauruuru
acknowledgment of payment, receipt, quittance parau pe'era'a
acknowledgment of receipt parau fāri'i, parau maioi
acne, (or:) **pimples on the skin** huahua (caution: huahua is also an obscene expletive)
acquaint ha'amātau, ha'amātaro
acquaintance, knowledge 'ite
acquaintance, (also:) **neighbor** ta'ata tupu
be **acquainted with, know,** (also:) **be familiar with, be used to, be accustomed to** mātau, mātaro I am ~ (know) Teuira. 'Ua mātau vau iā Teuira.
acquire, buy ho'o mai
acquire, get noa'a (mai), roa'a (mai) He ~d the money. 'Ua noa'a iā'na te moni.
acquit, pardon, absolve matara, matara i te hara, fa'a'ore i te hape
acquit, render legal, free fa'ati'amā
acquittal, absolution, pardon matarara'a hara, matarara'a, fa'a'orera'a i te hape
acquitted, free ti'amā
2.471 **acres** (equivalent to **one hectare**) tā
acrid (of body odor or urine) veoveo
acrid, bitter, acidy, salty tō'ava'ava (less acrid than 'ava'ava)
acrid, bitter, acidy, salty 'ava'ava (more acrid than tō'ava'ava)
acrid, peppery tehutehu
acrocephaly (elongation of the cranium due to premature closure of the skull sutures) upo'o pae'a, upo'o tarapana
acromegaly (enlargement of the head due to dysfunction of the pituitary) ma'i 'auru rarahi
across, through māiha, nā
across the middle nā rōpū

come **across, encounter, bump into, run into** ū I came ~ Tehei this morning. 'Ua ū vau iā Tehei i teie po'ipo'i.
Acrostichum aureum, a kind of **fern** āoa
act, action, behavior, conduct, deportment 'ohipa, ravera'a, haere'a Stop behaving that way (make an end of that behavior)! 'A fa'a'ore i te reira 'ohipa!
act, document parau
act, behave (construction with:) nā reira Come now, don't ~ like that! 'Eiaha pa'i 'oe e nā reira. Why did he ~ like that? Eaha 'ōna i nā reira ai?
act, behave (oneself), pay attention to one's conduct ha'apa'o, ha'apa'o maita'i
act, do something rave, 'ohipa
act ashamed or **timid** ha'aha'amā
act bored ha'afiu
act as if **dead, play possum** ha'apohe
act as if **deaf, turn a deaf ear to** ... fa'aturituri i te tari'a
act disgusted ha'afaufau
act (or **treat as) ignorant** ha'ama'ua (note that ha'amāu'a means "spend" or "waste")
act lazy fa'ahupehupe
act odd, play the fool (construction with:) peu ma'au He ~s odd (plays the fool). E peu ma'au tāna.
act scornfully ha'avahavaha
act as go-between tāraro
act as spokesman or **master of ceremonies** 'auvaha
act or **behave** or **talk in a jerky manner** or **with fits and starts** maumau My car is running in a jerky manner. 'Ua maumau tō'u pereo'o.
action, deed, measure 'ohipa the ~s which were taken by the French government te mau 'ohipa o tei ravehia ra e te hau farani
action committed in bad faith, fraud nīnī ture
active, agile pe'epe'e
active, diligent, energetic, industrious

active

itoito ~ effort rāve'a itoito He worked industriously. 'Ua rave 'ōna i te 'ohipa mā te itoito.
active, keeping order napenape
active, vigorous, robust pāitoito
active (pertaining to grammar) ha'a ~ **verb** ihoparau ha'a
activities, practicing an activity ha'a sport ~ activities ha'a tā'aro
activity, action, work 'ohipa
activity, industriousness, energy itoito
activity (sphere of) vāhi 'ohipara'a
temporary ceasing of an **activity, intermission, rest** fa'afa'aeara'a
Acts (of the Apostles) Te 'ohipa a te mau aposetolo (pronounced apotetoro) ra
actual, normal, real mau, huru mau
actually, as a matter of fact, in fact pa'i (abbreviation of paha ho'i)
Adam Atamu And ~ called his wife's name Eve. 'Ua ma'iri ihora 'Atamu i tō te vahine ra i'oa, o Eva. In Tahitian mythology the first man on earth was Ti'i.
Adam's apple, larynx 'aratona
adapt, adjust, accommodate fa'aau
adapt, get used to ha'amātau
adaptation, adjustment, accommodation fa'aaura'a
adaptation, getting used to ha'amātaura'a
adapted, adjusted, accommodated fa'aauhia
adapted, having got used to ha'amātauhia
adaptor (electric), **plug, socket** titi female ~ (socket) titi 'ōvāhine male ~ (plug) titi 'ōtāne
add 'āmui
add (to), provide with, (also:) **make use of** tā-... ~ butter to (spread butter on) ... tāpata i te ... ~ milk to tāu ~ sugar to the coffee tātihota i te taofe ~ water (adulterate with water, dilute) tāpape provide something with a handle tā'aufau make use of a cloth (wipe) tā'ahu make

adequate

use of fire tāauahi
add on to, increase, multiply fa'ananea
add spice or **flavor, season,** (also:) **put on perfume** fa'ano'ano'a
adder's tongue fern, Ophioglossum reticulatum ti'apito
drug **addict** ta'ata o te rave tāmau i te rā'au fa'ata'ero
addicted tāmau i te rā'au fa'ata'ero
addiction, habituation mātaura'a Because of his ~ to drinking alcohol, his family life became unbearable (literally: very bad). I tōna mātaura'a i te inu i te 'ava, 'ino roa a'era te orara'a o tōna 'utuāfare.
drug **addiction** mātaura'a i te rave i te rā'au fa'ata'ero
Addison's disease ma'i Addison
addition (math.) 'āmuira'a
(and) in **addition** to that, (and) **additionally,** (and) **moreover** ('ē) nā ni'a a'e i te reira
additional hau We are going to have an ~ week in Tahiti. E roa'a iā māua hō'ē hepetoma hau i Tahiti nei.
addled, confused, mixed up tāfifi, tāfifififi, nane
addled, confused, not understanding, not clear ta'a 'ore
address, abode vāhi nohora'a, nohora'a
address (postal) nūmera fare What is your ~, so I can write you a letter? Eaha te nūmera o tō 'oe fare, ia pāpa'i au i te rata nā 'oe?
address, speech 'ōrerora'a parau
respectful term of **address to a lady** māmā rahi
address, make a speech, orate 'ōrero
address, speak to parau
adenoma uaua pu'u
adept, expert ta'ata 'ite roa, farapata
adequate rava'i, nava'i
make **adequate** or sufficient, **complete** fa'arava'i
render **adequate, provide, dole out**

adequately supplied with / **adopt**

fa'anava'i
adequately supplied with, (quite) **sufficient, enough of** nava'i
adhere, be pasted or **glued** or **cemented together** fa'atāpirihia
cause to **adhere, paste** or **glue** or **cement together** fa'atāpiri
adhering, sticky pipiri
adhesive tāpiri
Adioryx lacteoguttatus, squirrel-fish 'araoe
adipose, corpulent, fat poria
adipose, (pathologically) **obese** poria ma'i
adiposity, corpulence poria
adiposity, (pathological) **obesity** poria ma'i
adjacent, close together piri
adjacent, next to, right beside piha'i iho, i piha'i iho
adjacent, on the other side of piha'i atu, i piha'i atu
adjacent, on top of nā ni'a a'e i ...
adjective ha'apāpū i'oa
adjunctive (grammar) hīro'a 'āpiti
adjust, accommodate fa'aau to ~ the binoculars to accommodate the eye fa'aau i te hi'o fenua e tano i te mata
adjust, arrange (a matter or an affair) paio
adjust or **set correctly** (as a timepiece, for example) fa'atano
adjust, turn a dial or knob (as on a radio) tāviriviri
well **adjusted, well put together** tuitā
adjustment, accommodation fa'aaura'a
adjustment, correction fa'atanora'a
adjustment (the process or result of turning a dial or knob) tāvirivirira'a
administer, manage, direct, conduct, govern, (also:) **steer** fa'atere
administer justice, judge ha'avā
administration fa'aterera'a postal service ~ fa'aterera'a fare rata
administration, government fa'aterera'a hau, hau
administrator, director, leader ta'ata fa'atere
administrator, head of government tāvana hau
admirable fa'ahiahia That is very ~. E mea fa'ahiahia roa'tu te reira. What an ~ speech! Te fa'ahiahia o tāna 'orero! (literally: The ~ of his speech!)
admiral 'atimarara
admire, cherish ha'apōpou
admire, marvel at māere
admire, enjoy the sight(s) of, (also:) **look at, observe, visit** māta'ita'i When we arrived at the isthmus of Taravao, we ~d the new restaurant there. I tō mātou taera'a i ni'a i te 'ari'arira'a nō Taravao, 'ua māta'ita'i māua i terā fare tāmā'ara'a 'api.
admire, glorify fa'ahanahana
admire, hold in high esteem, respect fa'ahiahia He ~s Miriama. 'Ua fa'ahiahia 'ōna iā Miriama.
admire, praise 'umere
admire, praise, commend, applaud, honor, talk well of 'ārue, 'āruerue The Heiva dance group was ~d. 'Ua 'āruehia te pupu 'ōtea 'o Heiva.
admire oneself, gaze at oneself in a mirror hipa
boast **admiringly, eulogize** fa'ateni
admission, acceptance, reception fāri'ira'a
admission, confession fā'ira'a, fāira'a hara
admission (of facts) fa'a'itera'a
admit, accept, receive fāri'i
admit, confess fāi, fāi i te hara
admit (facts) fa'a'ite
admonish, reprove, scold, warn, (also:) **preach,** (also:) **advise, counsel** a'o
admonishment, reproof, warning, (also:) **advice, counsel,** (also:) **preaching** a'o
adolescent taure'are'a
adopt (a minor as one's feeding child) fa'a'amu, fa'amu
adopt (formally or legally) tavai

adopted

adopted (formally or legally) tavaihia
adopted child, feeding child tamari'i fa'a'amu
adoption (of a minor as a feeding child) fa'a'amura'a
adoption (formal or legal) tavaira'a ~ of children is a common practice among the Polynesians. E peu mātauhia te tavaira'a e te Mā'ohi.
adoptive fa'a'amu
adoptive, feeding (or foster) **father** pāpā fa'a'amu, metua tāne fa'a'amu
adoptive (or foster) **mother** māmā fa'a'amu, metua vahine fa'a'amu
adoptive (or foster) **parent (feeding parent)** metua fa'a'amu
adorable, very beautiful nehenehe roa
adoration, worship ha'amorira'a The marae was the place of worship of the ancients. 'O te marae te vāhi ha'amorira'a a tō tahito.
adore, worship ha'amori
adorn, decorate, embellish fa'ana'ona'o, na'ona'o, nana'o
adorn, decorate, beautify, clean, "pick up," set in order fa'anehenehe
adorn, decorate, bedeck with flowers and/or leaves fa'a'una'una
adorn, decorate with foliage, create a flourishing or luxuriant look fa'aruperupe
adorn, make to shine, polish fa'a'ana'ana
adorned, decorated, bedecked with flowers and/or leaves 'una'una, fa'a'una'unahia
adornment, decoration with flowers and/or leaves 'una'una
adrenaline 'oromona tāpo'i māpē
(be or go) **adrift, drift, float** pāinu His boat was ~ for three days. 'Ua pāinu tōna poti i nā mahana e toru.
set **adrift** ha'apāinu
adroit, clever, capable, skillful 'aravihi, 'ihi, amafatu (seldom used)

adventure

adroit, clever, quick at learning i'ei'e
adroit, dexterous, (also:) **robust** pāitoito
adult, mature, grown-up, wise pa'ari
adult person, grown-up ta'ata pa'ari, pa'ari
adulterate with water, dilute tāpape
adulterer ta'ata fa'aturi
adulteress, (also:) **prostitute** vahine fa'aturi
adultery fa'aturi, fa'aturira'a child of ~ tamari'i fa'aturi For from within, out of the heart of men, proceed evil thoughts, adulteries, fornications, murders, ... Nō roto mai ho'i i te 'ā'au ta'ata te mana'o 'ino, te fa'aturi, te poreneia, te taparahi ta'ata, ...
commit **adultery** fa'aturi Thou shalt not commit ~. 'Eiaha roa 'oe e fa'aturi.
(for a married woman to:) commit **adultery** with several men tīai
adulthood, (also:) **puberty** pa'arira'a He has reached his ~. 'Ua nāe'ahia tōna matahiti.
advance, progression haerera'a i mua
advance, progress haere i mua
advance notice/notification tau fa'aara
advance payment, deposit moni tāpa'o, moni piri
advanced (in age), **adult, wise** pa'ari My father is ~ in age, but not really old. E ta'ata pa'ari tō'u metua tane, e 'ere ra i te rū'au.
advanced, superior i ni'a, hau
advantage, gain, value faufa'a
advantage, interest, profit 'āpī
take **advantage** of (not necessarily in a negative sense), **manipulate, exploit** fa'afaufa'a
Seventh Day **Adventist** pētānia, 'atevenite He (literally: his mind) was converted to the ~ religion. 'Ua fāriu tōna mana'o i te ha'apa'ora'a pētānia.
adventure (a marvelous or amazing happening) 'ohipa māere
adventure (a risky undertaking) fa'aūra'a i

adventure   **affected emotionally**

te 'ati, 'ohipa fa'atūreirei (seldom used today)
adventure, happenstance (an unpredictable event) 'ohipa tupu noa
adventurer (someone who challenges or dares fate) ta'ata fa'aū i te 'ati
adventurer (someone who enjoys taking risks) ta'ata au i te 'ati, fa'atūreirei (seldom used today)
adventurer, adventure seeker ta'ata pā'imi i te 'ohipa 'āpī e tupu noa
adventurer, beachcomber 'ōtu'u (actually the name of a grey heron that used to wander the island beaches), ta'ata 'ōtu'u
adventurer, explorer ta'ata pā'imi i te fenua 'āpī, ta'ata 'imi haere
adventurer (derogatory), **vagabond, tramp** tohe pa'o
adventurer, wanderer, footloose person ta'ata 'āvaetere, 'āvaetere
adverb piri ihoparau
advertisement fa'ata'ara'a, parau fa'a'ite
advertisement (small, in newspaper) parau ri'i fa'a'ite
advice, counsel a'ora'a, 'a'o, vāna'a
advice, suggestion, recommendation, thought mana'o, mana'ora'a, ferurira'a Do you have a ~? E mana'o ānei tō 'oe? It's just a ~. E mana'o noa.
example of firm, but very polite, **advice** ("You really should ..."): May I advise that you (May I say that you should) rent a car when you arrive? E nehenehe ānei iā'u 'ia parau atu iā 'oe nō te tārahu i te pereo'o 'ia tae mai 'oe?
example of a mild **advice** ("It would be nice if ..."): May I advise that you visit Disneyland when you go to Los Angeles? E mea maita'i 'ia haere 'oe e māta'ita'i iā Disneyland 'ia tere 'oe i Los Angeles.
advice, suggestion, thought mana'o, mana'ora'a, ferurira'a Do you have some ~? E mana'o ānei tō 'oe? It's just a piece of ~. E mana'o noa.
advice, warning fa'aarara'a

advise, counsel a'o, fa'aa'o
advise, recommend, suggest, propose tu'u atu i te mana'o (e), fa'atupu i te mana'o, hōro'a i te mana'o
I **advise** this: This is my thought: Teie tō'u mana'o (mana'ora'a): (or:) Teie tō'u feruri (ferurira'a):
advise, suggest tu'u atu i te mana'o (e)
advise, warn fa'aara
advisory, consultative hōmana'o ~ vote reo hōmana'o
advocate, attorney pāruru, ta'ata pāruru
adze 'oma, pā'aro va'a
stone **adze** haoa, faoa
aerobe (bacterium dependent on air to keep alive) manumanu e ora i te mata'i ora
aerophobia taiā horora'a mata'i
aerosphere, atmosphere reva mata'i
a few te tahi nau We drank ~ glasses of wine. 'Ua inu māua i te tahi nau hapaina uaina.
affable ha'apōpou, ha'apoupou
affable, amiable, good maita'i
affable, gentle, timid māmahu (note that māhū is the word for male transvestite)
affable, soft, gentle, kind marū
affair, event, occurrence 'ohipa
settle an **affair, fix, agree on** fa'aau, he'etumu *(archaic)*
observe other people's **affairs, look around, observe with curiosity** hi'ohi'o
affectation, self-importance, snobbishness, pomposity, stuffiness, 'oru'oru
without **affectation, simple, humble, modest** ha'eha'a
affect a change, cause to become, transform fa'ariro He was made chief. 'Ua fa'arirohia 'ōna ei tāvana.
affected, eccentric, odd, having mannerisms peu
affected, putting on airs fata, ha'apeu
affected emotionally, moved, touched putapū I was deeply ~ by the church

14

affection

service this morning. 'Ua putapū tō'u 'ā'au i te purera'a i teie po'ipo'i. I was ~ by hearing that song. 'Ua putapū tō'u 'ā'au i te fa'aro'ora'a i terā hīmene. My heart was deeply touched when I heard the happy news. 'Ua putapū tō'u 'ā'au i te fa'aro'ora'a i te parau 'āpī 'oa'oa.

affection, attachment, great love here rahi, murihere (seldom used today)

affection, compassion arofa, aroha

affectionate, compassionate arofa, aroha

affectionate, loving here

affectionate and **joyful** pōpou, poupou A great big ~ thank you to my wife, Éva. E ha'amāuruurura'a rahi poupou tā'u i tā'u iho vahine iā Éva.

affiche, poster parau pia

affiliate with, enter into ō

affiliation fa'aōra'a

affiliation (religious) ha'apa'ora'a

affirm, confirm (what has been stated) ha'apāpū

affirm, make certain, establish ha'amau

affirm, make clear, make known pūhara The chief made his opinion clear. 'Ua pūhara te tāvana i tōna mana'o.

respond **affirmatively** pāhono 'aifaro

affix, glue (onto) fa'atāpiri, ha'apia

affix (a stamp), **stamp, frank** tātītiro

afflicted, diseased ma'ihia, haha'i (seldom used today)

affliction, disease ma'i

affluence, prosperity, wealth rahira'a o te faufa'a

affluent, prosperous, rich, well-to-do moni, 'ona, tao'a ~ people te feiā moni (or:) te feiā 'ona

affluent, prosperous, wealthy faufa'a ~ person ta'ata faufa'a

afire, lit 'ama

afloat, adrift pāinu

be put **afloat, be launched** topa The new ship was launched. 'Ua topa te pahī 'āpī.

go **afoot, walk** haere nā raro

afore-mentioned ia That person (whom I

after

mentioned). Terā ia ta'ata.

afraid, anxious, apprehensive taiā

afraid, frightened ataata, ri'ari'a (also means disgusted), mata'u I am not ~ of flying. 'Aita vau e ataata i te tere nā ni'a i te manureva. I am ~ of him. 'Ua mata'u vau iāna. I am ~ of spiders. 'Ua ri'ari'a vau i te mau tūtūrahonui. The mailman was ~ of dogs. 'Ua ri'ari'a te ta'ata 'āfa'i rata i te 'ūri. Fear not; for behold, I bring you good news of a great joy which will come to all the people. 'Eiaha e mata'u 'inaha ho'i e parau maita'i ta'u e hōpoi mai ia 'outou nei, o te riro ia ei 'oa'oara'a nō te ta'ata ato'a.

very **afraid, frightened, terrified, struck by fear** mehameha She is ~ of flying (traveling by plane). Tē mehameha nei 'ōna i te tere nā ni'a i te manureva. He is ~ of ghosts. E mehameha 'ōna i te tūpāpa'u. I am terrified of sharks. 'Ua mehameha roa vau i te mau ma'o.

be **afraid, shiver** or **shudder in fear or dread** hauriri'a

make **afraid,** cause to **shiver** or **tremble** (biblical) rūrūtaina Is this the man who made the earth to tremble, that did shake kingdoms? O te ta'ata teie i rūrūtaina i te fenua nei, i 'āueue ato'a i te mau basileia [pronounced patireia] ra?

afraid of doing or saying something, **not dare to** fa'aataata, fa'aatāta

Africa 'Āferita, 'Āfirita South ~ 'Āferita ('Āfirita) 'Apato'a

aft, back, stern, rear muri

after (location), **behind** nā muri Follow me! 'A haere mai nā muri iā'u!

after (time), **after** this or that moment, **just after, since then** muri, i muri, i muri iho

after, directly after, after that, next i muri iho

after, later nā muri, i muri a'e, i muri iho a little ~ that i muri iti a'e i te reira ~ ten years i muri a'e i te 'ahuru

after

matahiti   tomorrow ~ dinner ānānahi i muri aʻe i te tāmāʻaraʻa ahiahi   Do not under any circumstances leave ~ a road accident!   ʻEiaha roaʻtu e horo i muri aʻe i te hōʻē ʻati puromu!   ~ the September 1958 referendum the French held Pouvānaʻa a Oʻopa in a government prison for 12 years. I muri aʻe i te uiuiraʻa manaʻo nō tetepa i te matahiti hōʻē-tautini-ʻe-iva-hānere-ʻēpae-ʻahuru-mā-vaʻu ʻua haʻamau o farāni iā Pouvānaʻa a Oʻopa i te ʻāuri i te hau metua nō hōʻē-ʻahuru-mā-piti matahiti te maoro.
after, past   i maʻiri   Twenty minutes ~ four.   E piti ʻahuru miniti i mairi i te hora maha.
just **after**   i muri iho
just **after that**   i muri noa aʻe
after all, but then   ʻātirā noaʻtu, ʻātirā noa atu
after a while (action planned or at least contemplated), **later on, before long, soon**   ārauaʻe, ā muri aʻe   (Ārauaʻe! is also used as Good-bye! in the sense of See you soon!)
after a while, later on (action uncompleted and not definitely planned), **sometime soon, by and by**   āuʻanei, āʻunei
go or run **after** (someone), **follow, hunt for** (someone)   tāpapa, tapapa
look **after, watch out for, guard**   tīʻai   Could you ~ the children?   E nehenehe ānei tā ʻoe e tīʻai i te tamariʻi?
reach **after** with one's hands   nanao
the day **after tomorrow**   ānānahi atu, ānānahiʻtu
early **afternoon** (12-4 pm)   avatea   This (early) ~ is refreshingly cool.   E mea haumārū teie avatea.   It stopped raining early this ~.   ʻUa raumaʻi i teie avatea.
afternoon (4-6 pm)   (te) taperaʻa mahana (overlaps with:)
late **afternoon** (5 pm to 7-8 pm), **early evening**   ahiahi (for some reason often and incorrectly pronounced "heyhey")

again

afterwards, later   e muri iho, i muri iho, i muri mai   ~, we went to drink some beer.   I muri iho, ʻua haere mātou e inu i te pia.
shortly **afterwards, after which, then**   aʻera, aʻe ra   Shortly ~ he said: Parau aʻera ʻōna:
afterwards, later on, soon, before long, after a while   ʻārauaʻe
afterwards, then, at that time   ʻei reira   When I return, (at that time) we'll talk again.   ʻIa hoʻi mai au, ʻei reira tāua e paraparau faʻahou.
afterwards, and then   atura, atu ra   ... and then he said ...   ... parau atura ʻōna ...
afterworld, the here-after   te ao ʻa muri atu
again   faʻahou, ā
again, more, further   ā
again, once more   faʻahou, faʻahou ā   Will you come back ~ ?   E hoʻi faʻahou mai ā ʻoe?   I am happy to meet you ~. Māuruuru nō te fārerei-faʻahou-raʻa iā ʻoe.   We (both) are so happy that we'll meet you ~ next week.   Tē ʻoaʻoa roa nei māua i te mea e, e fārerei faʻahou tātou i teie hepetoma i mua nei.   One must not let that kind of thing happen ~.   E ʻere i te mea tiʻa ʻia tupu faʻahou i te reira huru ʻohipa.   My friends, greetings on (the occasion of) our meeting ~!   Te mau hoa, ʻiaorana tātou i te fārerei-faʻahou-raʻa!
do something **again** or **twice** or **once more, repeat, do an encore**   tāpiti   Play (or sing, etc.) it ~!   Encore!   Tāpiti!   She sang her song ~.   ʻUa tāpiti ʻōna i tāna hīmene.
go back **again, return**   hoʻi faʻahou   ... for dust thou art, and unto dust shalt thou return   ... e repo hoʻi ʻoe, ʻē e hoʻi faʻahou atu ā ʻoe i te repo
once **again** (one more time remains)   hōʻē taime toe
start over **again, recommence, do an encore**   tāpiti
You can say that **again. That's a fact.**   E paʻi.

You can say that **again! Very true!** 'Oia mau! Parau mau! E mea mau!
repeat (words) **again and again** tataʻu i te parau
against iā, i te Forgive us our sins, as we also forgive those who have sinned ~ us. E faʻaʻore mai i tā mātou hara, mai iā mātou atoʻa e faʻaʻore i tei hara iā mātou nei. In memory of the heroes of Faʻaʻa who died in 1844 during the battles ~ the French soldiers (while) defending their land and their independence. Nō te haʻamanaʻoraʻa i te mau ʻaito nō Faʻaʻa, o tei mate i te matahiti hōʻē-tautini-e-vaʻu-hānere-e-maha-ʻahuru-mā-maha nā roto i tō rātou aroraʻa i te mau faʻehau farāni nō te pāruru i tō rātou fenua e i tō rātou tiʻamāraʻa. (from a commemorative plaque in Faʻaʻa)
against, upon i niʻa The wrongdoings committed ~ the Melanesian people of New Caledonia are increasing. Tē haere rahi nei te mau ʻohipa hape o te ravehia ra i niʻa i te feiā meranetia o te fenua Taratoni.
be **against, oppose** pātoʻi During all his life Pouvānaʻa a Oʻopa opposed the colonialists. ʻA huti noa ai o Pouvānaʻa a Oʻopa i te aho (literally: As long as Pouvānaʻa a Oʻopa drew a breath), ʻua pātoʻi noa ʻoia i te feiā faʻatītī ʻaihuʻarāʻau.
hold a grudge **against, grudge, envy, be jealous (of)**, (also:) **be mutually envious, squabble** feʻiʻi
protect **against** pāruru
run up **against, confront** ū
age, epoch, generation, (period of) time uʻi In his time (generation) there was no electric lighting. I tōna uʻi, ʻaita e mōrī uira.
age, era tau, ʻanotau in an earlier ~, in bygone times i te tau i maʻiri
age, oldness paʻariraʻa
age, years matahiti What is your ~? Efea (Ehia) tō ʻoe matahiti? (literally: How many years do you have?)
old **age** rūʻauraʻa
aged, old rūʻau
agency piha tōroʻa, vāhi tōroʻa car rental ~ vāhi tārahuraʻa pereoʻo
agenda, schedule, program faʻanahoraʻa, parau faʻataʻa
stated on the **agenda, scheduled, slated** parauhia As for the tourists, they want to leave on the day stated on the ~. ʻĀreʻa te mau rātere, te hinaʻaro ra ia rātou e reva i te mahana i parauhia.
agent taʻata tōroʻa
agent, detective matatira
agglutinate, coagulate, solidify, dry up, thicken putua The blood has coagulated. ʻUa putua te toto.
agglutinated, coagulated, dried up, thickened, solid putua
agglutination, coagulation, solidification, drying up, thickening putuaraʻa
aggrandize oneself, boast faʻateitei iāʻna iho
aggravate, annoy, irritate, provoke, make fun of, mock faʻaʻoʻōʻo
aggravate, worsen faʻarahi i te ʻino
aggravated, grievous, (also:) **acccumulated** ʻaʻana, ʻōʻona ~ crime hara ʻaʻana ~ (grievous) sin hara ʻōʻona
aggregate, entirety, totality, sum total tāʻatoʻaraʻa
aggression, riot, trouble faʻahuehueraʻa
aggressive, troublesome, obstinate huehue
agile, active, nimble peʻepeʻe
agile, active, strong ʻatoro i raʻi *(archaic)*
agile, quick, rapid, fast ʻoiʻoi, vitiviti
agile, quick (in learning physical skills, dancing, boxing, etc.), **skilled** iʻeiʻe He is good (skilled) when it comes to (the task of) dancing. E mea iʻeiʻe ʻōna i te ʻohipa ʻori.
agitate (especially in the case of water), **create disorder** faʻaʻārepurepu, faʻaehu

agitate, cause disturbance tūrepu, ti'arepu
agitate, cause to move, nudge fa'aha'uti
agitate, shake 'āueue, fa'a'āueue
agitated, mentally disturbed, troubled 'āehuehu
agitated (referring to the sea), **choppy, rough** mātā'are The sea is ~ at present. E mea mātā'are te miti i teie nei. (or:) 'Ua mātā'are te miti i teie nei.
agitation, mental disturbance, trouble 'āehuehu
agitation (caused by disturbing or emotionally charged reports), **noise, commotion** 'atutu
agitation, trouble, disorder 'āueue
agitation, trouble, riot 'ārepurepura'a
agitator, disturber ta'ata 'a'a, ta'ata imi pe'ape'a, ta'ata pātiatia parau, ta'ata tūrepu, tūrepu, vahiavai (seldom used today)
agitator (in the old times), **an incendiary, a breeder of contention, one who strikes his thigh in defiance of the enemy** hūfāpapa'i *(arch.)*
Agnes 'Ataneta, 'Anieta
ago i ma'iri a'e nei, tei pau a'e nei
ago, a certain time **ago** a'enei, a'e nei I returned a week ~. Hō'ē hepetoma a'enei tōu ho'ira'a mai.
ago, a long time ago, in the beginning i te matamua
ago, very long ago i muta'a roa a'e nei
ago, a while ago inauanei
ago, a while before nā mua a'e
how long **ago?, when?** i nāfea, i nā fea, i nāhea, i nā hea How long ~ did you come back here? I nāfea ra tō 'oe ho'ira'a mai nei?
agony 'ōtu'itu'ira'a aho, 'ōtu'itu'ira'a
agony (mortal) 'umunarora'a, 'umunaro
agree, accept, authorize fa'ati'a
agree, fit, suit au
agree, be equal to, be alike, match tū We ~d. (Our thoughts matched.) 'Ua tū tō māua mana'o.
agree on, come to an agreement, settle an affair fa'aau, he'etumu *(archaic)*
agree with, back (someone) **up, second** 'āpiti, 'āpitipiti I ~d with my wife. 'Ua 'āpiti tō'u mana'o 'ē tō tā'u vahine. He backed me up. 'Ua 'āpiti 'ōna iā'u.
agree with, have the same opinion as (construction with hō'ē ā [the same]) I ~ with (have the same opinion as) you. Hō'ē ā tō'u mana'o 'ē tō 'oe.
agreeable, delightful, pleasurable, delicious nave
sensually **agreeable, delightful, pleasurable** navenave
agreeable, good maita'i, maitata'i
agreeable, pleasant, pleasing, charming, likeable, (also:) **suitable, fair** au, au maita'i, (e) mea au Being seasick is not very ~. E 'ere i te mea au roa te ma'i 'āruru.
agreeable, pretty nehenehe
agreeableness aura'a
Agreed! Done! That's decided! 'Ua oti!
agreement fa'aaura'a mana'o, fa'aaura'a, aura'a
agreement, alliance, harmony fa'atau'ara'a
agreement, contract, treaty parau fa'aau breach of ~ fa'a'orera'a i te parau fa'aau
agreement, (also:) **plot** or **conspiracy** hōno'a, hōno'a parau
break an **agreement,** (also:) **detach, loosen, untie** tāhemo, tāhemohemo
breach of **agreement, failure to keep one's word** fa'aru'e hōno'a
reach an **agreement, make a covenant** fāito And [Judas Iskariot] said unto them, What will ye give me, and I will deliver him unto you? And they covenanted with him for thirty pieces of silver. 'Ua parau atura [o Iuda Isakariota], Eaha tā 'outou e hōro'a mai nā'u, e na'u 'oia e tu'u atu iā 'outou? 'Ua fāito maira rātou i e toru

agriculture | airport

'ahuru moni 'ārio nāna.
agriculture fa'a'apura'a fenua, fa'a'apura'a hotu fenua
run **aground, run ashore, be thrown up on a beach or reef** iri The ship ran onto the reef. 'Ua iri te pahī i ni'a i te a'au.
run a ship **aground, wreck a ship** fa'airi
ahead i mua Go ~ (in front) of me! A haere 'oe na mua ia'u!
the state of being **ahead, lead** *n* 'ōmuara'a
come out **ahead, succeed,** (also:) **have luck, be lucky** manuia He came out ~ in his undertaking. 'Ua manuia 'ōna i tāna 'ohipa. He is a person who continually comes out ~. E ta'ata manuia roa 'ōna.
come out **ahead** or **on top** (as in an argument), **win over someone or something,** (also:) **conquer, overcome** upo'oti'a
dead **ahead** *(naut)*, **straight ahead** 'āfaro Keep (going) straight ahead! 'Āfaro noa!
keep **ahold** of, **hold on to, grasp, maintain, look after,** (also:) **reserve** tāpe'a, tāpe'a maita'i Could you ~ (reserve) a table for dinner tonight? E nehenehe ānei tā 'oe e tāpe'a i te hō'ē 'amura'amā'a (or: 'aira'amā'a) nō te tama'ara'a i teie pō? May he hold on to (look after) this very valuable present. 'Ia tāpe'a maita'i 'ōna i teie tao'a arofa faufa'a roa.
aid, care for, look after aupuru
aid, care for, treat utuutu Is your wife a nurse? E vahine utuutu ma'i ānei tā 'oe vahine?
aid, help, assist tauturu
aid, help, assistance tauturu
first-**aid kit** 'āfata rāve'a utuutura'a
paupers' **aid fund** 'āfata veve
aider, benefactor, patron tauturu
ailment, illness ma'i My ~ was cured. 'Ua ora tō'u ma'i.
take **aim at** fa'atano
aimed at tano, tanotano
air (breath) aho
air (to breathe) mata'i ora

air, melody pehe, pehe navenave
air, space reva
air, wind mata'i
catch in mid**air** 'apo
fill with **air, swell up, put on airs** fa'a'oru
lack **air, suffocate, be smothered by** ihuihu
launch into the **air** mā'oa The launching of the space ship. Te māo'ara'a o te pahī manureva.
air base pū manureva
air conditioner mātini fa'ato'eto'e
air current, wind current pūmata'i
air force pupu fa'ehau tō te reva
air letter rata manureva
air mail pūtērata manureva
air vent (from which air blows) 'āpo'o mata'i
compressed-**air drill, pneumatic drill, jackhammer** hāmara mata'i, hāmara pātia
be **airborn, fly** rere, rererere The airplane flew very low. 'Ua rere te manureva nā raro roa.
airline stewardess vahine (tamahine) tuati i ni'a i te manureva
airplane, plane manureva, (seldom:) manurere I have forgotten the ~ ticket. 'Ua mo'e iā'u te tīteti manureva. Did the ~ leave? 'Ua reva ānei te manureva? The ~ was leaving at 5:00 p.m. Tē reva'tu ra te manureva i te hore pae i te ahiahi. At the hour when the ~ arrived. I te hora 'a tae mai ai te manureva. Does the ~ often fly to Bora Bora? E tere-pinepine-atu ānei te manureva i Porapora? The ~ is above the ocean. Tei ni'a a'e te manureva i te moana (or: miti).
airplane, flying boat manureva miti
jet **airplane** manureva tutuha auahi
airport tahua manureva, tahua taura'a manureva, tāpaera'a manureva I left my car at the ~. 'Ua vaiiho vai i tō'u pereo'o i te tahua manureva. We must

be at the ~ at 2 o'clock. 'Ia tae ihoa mātou i te tahua manureva i te hora piti. The ~ is in Fa'a'a, (a little) farther than 'Auae. Tei Fa'a'a te tahua manureva, i 'ō atu i 'Auae.

put on **airs, be pretentious** or **vain** ha'apeu

put on **airs, be puffed up** or **cocky** or **arrogant** 'oru'oru, 'o'oru, 'oru

put(ting) on **airs, be(ing) snobbish** or **vain** fata, ha'apeu, fa'a'oru, 'oru'oru, 'o'oru, 'oru, teitei (teitei only if the tone of voice or context is derogatory; otherwise teitei means tall or of high standing) He is a man who puts on ~. He is a snob. Ta'ata fata 'ōna.

ajar, open, half-open, gaping, (also:) **widely spaced, spread** fatafata The door is ~. 'Ua fatafata te 'ōpani.

akamai (Hawai'ian loan word) savvy, streetsmart

alacrity, dispatch, promptness, quickness, swiftness, speediness 'oi'oi, vititivi

Aladdin lamp mōrī Aratini

alarm, alert ara, arara'a

alarm, apprehension tōhiuhiu (little used)

alarm, panic, scare, fear, terror mata'u rahi

alarm, sudden fear purafea (little used)

alarm, cause anxiety ha'amana'ona'o

alarm, frighten, threaten ha'amata'u

alarm by frightening fa'ahuehue

alarm by giving repeated commands fa'ahepohepo

alarm clock hora fa'aara

alarmed, frightened ha'amata'u, 'o'iri *(arch.)*, raumatea *(arch.)*

alarmed, shocked 'ete'ete (seldom used)

alas auē, āe ~! He is dead! Auē! 'Ua pohe 'ōna!

albacore, tuna, Thunnus albacarea 'ā'ahi, 'a'ahi

albacore, yellow-finned tunny, Scomber guildi papahi

Albert 'Apereto

albino, (also:) **very blond** (like the skin of a white person), **fair** pupure

Albula vulpes, mullet-like fish, bonefish 'io'io

albumin 'arapumina

alcohol, strong drink, liquor, spirits, booze 'ava, 'ava ta'ero, 'ava pa'ari I don't drink ~. 'Eita vau e inu i te 'ava taero. He has never had one drop of ~. 'Aita roa 'ōna i fa'ari'i i te hō'ē tōpata 'ava. Because of his addiction to drinking ~, his family life became unbearable (literally: very bad). I tōna mātaura'a i te inu i te 'ava, 'ino roa a'era te orara'a o tōna 'utuāfare. I really must not drink ~. 'Eiaha roa vau e inu i te 'ava ta'ero. (The word 'ava originally referred to kava, the drink made from the roots of the plant *Piper methysticum*. Although kava is still popular in Samoa, Tonga, and Fiji, it is no longer used in Tahiti.)

abstain from **alcohol** (or food) ha'apae He has abstained from ~ for six months (he signed the Blue Cross [anti-alcoholic league] oath six months ago). 'Ua ha'apae 'ōna e ono 'āva'e.

alcohol abuse ha'apūaira'a i te inu 'ava

alcohol abuser ta'ata ha'apūai i te inu 'ava

alcohol level (in the blood) toto 'ava, toto 'āno'i 'ava

alcohol test (of the amount of alcohol in the blood), **breathalyser test** fāito toto'ava

alcohol test (apparatus), **breathalyser** 'ōpūpū The drunk person was compelled to blow into the breathalyzer (literally: the balloon). 'Ua ha'apuhipuhihia te ta'ata ta'ero 'ava i roto i te 'ōpūpū.

alcoholic, addicted to alcohol tāmau i te 'ava ta'ero

alcoholic, person addicted to alcohol ta'ata o te rave tāmau i te ava fa'ata'ero

alcoholism, alcohol addiction, alcohol

habituation mātaura'a i te inu i te 'ava ta'ero Because of his ~, his family life became unbearable (literally: very bad). I tōna mātaura'a i te inu i te 'ava ta'ero, 'ino roa a'era te orara'a o tōna 'utuāfare.
Aldebaran Ta'i-rio-aitu
alert, wide awake, clearheaded viti, ara, vita (slang)
alert, awaken, warn fa'aara
Aleurites moluccana, candlenut ti'a'iri, tutu'i (obsolete)
Alexander 'Aretanetero
algae, lichen, seaweed, (also:) **moss** rimu, remu
algae, seaweed remu, rimu
fresh-water **algae** remu vai, rimu vai
alight, land (bird and airplane), **perch** tau
align, adjust fa'atano
align, arrange in order nāna'i
align, line up in a row 'āna'i
alike, the same ho'ē ā
be **alike, be equal to, be on the same level, agree, match** tū Our thoughts were ~. (We agreed.) 'Ua tū tō māua mana'o.
be **alike, match** (in capacity, length, size, weight), **be equal** fāito
treat **alike, consider equal** fa'atū
alimentary canal, digestive system haerera'a mā'a
alive (responding to sensation), **live, living** oraora, ora
alive, well ora
be **alive, live** ora
keep **alive, conserve** fa'aora (noa)
made **alive** or **lively, animated, enlivened** fa'aarahia, fa'a'ito'ito
make **alive** or **lively, animate, enliven** fa'aara, fa'a'ito'ito
all ato'a (directly after noun or pronoun) We'll ~ go. E haere tāto'u ato'a. ~ the men te mau ta'ata ato'a ~ the things te mau mea ato'a Among ~ the countries I went to, I liked Finland best. I roto i te mau fenua ato'a tā'u i haere, 'ua fa'ahiahia roa vau i te fenua Finirani.

The love of money is the root of ~ evil. 'O te nounou moni ho'i te tumu o te mau 'ino ato'a nei. Fear not; for behold, I bring you good tidings of great joy, which shall be to ~ people. 'Eiaha e mata'u 'inaha ho'i e parau maita'i ta'u e hōpoi mai iā 'outou nei, o te riro ia ei 'oa'oara'a nō te ta'ata ato'a.
(before a noun or pronoun and following a verb ato'a means also:) ... and also his parcel 'ē tāna ato'a 'āfata tauiha'a. We'll also go. E haere ato'a tātou.
  pā'āto'a (all together, also: entire, whole) ~ the men te mau ta'ata pa'āto'a Let's ~ go together! 'A haere pā'āto'a ana'e tātou! They ~ went. 'Ua haere pā'āto'a atura rātou. We ~ danced until the middle of the night. 'Ua 'ori'ori mātou pā'āto'a e tae noa'tu i te tuira'a pō. ~ of Polynesia Pōrinetia pā'āto'a While the bridegroom [previously referred to] tarried, they ~ slumbered and slept. Tē maoro ra rā taua tāne fa'aipoipo 'āpī nei, ti'aruhe pā'āto'a ihora rātou 'ē ma'iri ihora te ta'oto.
  tā'āto'a (all together, used either with animate or inanimate subjects) ~ the dogs te mau 'uri tā'āto'a
  pauroa (all together, stronger emphasis on together) ~ went to the dinner party except Ape. 'Ua haere pauroa te ta'ata i te tāmā'ara'a, maori rā o 'Ape. I am closing my letter with greetings (giving my love) to you ~. Tē fa'aoti nei au i tā'u rata mā te aroha atu iā 'outou pauroa. Then ~ the fish rush into the enclosure. 'I te reira taime 'e horo pauroa te i'a 'i roto 'i te 'aua. They gave us ~ of the breadfruits. 'Ua hōroa mai rātou pauroa te mau 'uru.
all, every, everybody, everyone ana'e Let's ~ go and eat at the Pītate restaurant. E haere ana'e tātou e tāmā'a i te fare tāmā'ara'a Pītate.
all, totally, in its entirety hope all-powerful mana hope, pūai hope

all

all (implying:) **all kinds** or **sorts (of)**   te mau huru (...) ato'a   ~ tongues of the earth were spoken there: the French, the Dutch, the Russian, the Tamil, the Chinese. E fa'aro'ohia (literally: are heard) i reira te mau huru reo ato'a o teie nei aō: te reo farāni, te reo horane, te reo rūtia, te reo 'initia (actually: Hindi, but geographically adjacent languages are often subsumed by Tahitians under one term), te reo tinitō. (from John [Tihoni] Martin's free translation of R.L. Stevenson's short story <u>The Isle of Voices</u>.)

all of it (nothing left)   pau roa   He took all the wine. 'Ua rave pau roa 'ōna i te uaina.

consume (finish) **all**   ha'apau   He drank ~ (finished) the wine. 'Ua ha'apau 'ōna 'i te uaina.

all *interj*, **that's all, that's enough, that's the end**   tīrārā   That's ~ I have to say, I am finishing this letter. Tīrārā parau, te fa'aoti nei au i teie rata nei.

all alone   noa iho

all around, throughout all   (e) 'ati noa   Behold, there come seven years of great plenty throughout all the land of Egypt. Īnaha, teie a tupu na matahiti 'auhune rahi roa e hitu e 'ati noa e te fenua ato'a nei o 'Aiphiti.

all people (of a certain category)   hui   the citizens hui ra'atira

all right, O.K., acceptable, proper   (e mea) ti'a

all right, O.K., acceptable, suitable, fitting   (e mea) tano

All right! O.K.! Done! It's a deal!   'Ua oti!

all right, O.K., that's the way   nā reira

All right. (It meets with my approval.), **O.K.**   E ti'a iā'u. (or) 'Ua ti'a.

Is it **all right** to ...? **Is it O.K. to ...? Can one ...?**   E nehenehe ānei ...   Is it ~ to (Can one) swim here or is this a place where there are sharks? E nehenehe ānei e hopu

alligator

i te miti iō nei, (e) 'aore ra e vahi ma'o teie?

after **all, but then**   atira noa'tu

be **all gone, run out**   'ore

go **all the way**   haere roa

not at **all, by no means**   'aita roa

all kinds or **sorts (of), diverse, various, varied**   rau   There are ~ of fish here (in this place). 'Ua rau te i'a i teie nei vāhi. There are ~ of flowers here. 'Ua rau te tiare iō nei..

all-powerful, almighty   mana hope

Alladin   'Aratini   ~ lamp mōrī 'aratini

allay, mitigate   (see alleviate below)

allay (thirst, hunger), **quench, relieve, satisfy**   ha'amāha

allayed, mitigated   (see alleviated below)

allergen   tao'a fa'atati

allergy   tatira'a

alleviate, help   tauturu

alleviate, mitigate, allay, calm (down)   tāmarū

alleviate, reduce (price), **lighten** (weight)   fa'amāmā, ha'amāmā

alleviate, soften, mollify, soothe, ease, moderate   ha'amarū   ~ pain ha'amarū i te māuiui

alleviated, helped, given assistance   tauturuhia

alleviated, mitigated, allayed, calmed (down)   tāmarūhia

alleviated, reduced (price), **lightened** (weight)   fa'amāmāhia, ha'amāmāhia

alleviated, relieved, assuaged, fulfilled, recovered   māha

alleviated, softened, mollified, soothed, eased, moderated   ha'amarūhia

alliance, agreement, harmony   fa'atau'ara'a

alliance, coalition   tāhō'ēra'a

alliance, concord   fafaura'a parau

alliance, group   'āmuira'a

alliance, union   'āutāhō'ēra'a

Allies   Hau 'āmui

alligator   mo'o taehae

allocate

allocate, distribute, give each his share 'ōpere
allocation (to) tuha'a fa'aotihia nō ..., tuha'a fa'aotihia nā ...
allow, give permission, permit, authorize fa'ati'a I ~ it. Tē fa'ati'a nei au i te reira.
allow, permit, (old English:) **suffer** Suffer the little children to come unto me, and forbid them not; for such is the kingdom of God. 'A tu'u mai i te tamari'i ri'i 'ia haere noa mai iā'u nei, 'ē 'eiaha e tāpe'ahia'tu; mai iā rātou ho'i tō te pātireia o te Atua ra.
not **allow** or **let, not permit, not give permission, not authorize** (construction with:) e 'ere i te mea ti'a One must not ~ that kind of thing to happen again. E'ere i te mea ti'a 'ia tupu fa'ahou i te reira huru 'ohipa.
allowable, authorized, proper e mea ti'a It is not ~ for (one must not allow) that to happen again. E 'ere i te mea ti'a ia tupu fa'ahou i te reira huru 'ohipa.
allowance, benefit(s), subsidy tuha'a moni
for children: tuha'a moni tamari'i
for pregnancy: tuha'a moni fānaura'a
for prenatal care: tuha'a moni hapūra'a
allowed, permissible e mea ti'a, e mea ti'a roa
not **allowed, forbidden** e 'ere e mea ti'a (or construction with 'eiaha) No women ~! 'Eiaha te vahine!
alloy, mix 'āno'i
copper **alloy, copper** veo
copper and zink **alloy, brass** veo re'are'a
allure, charm, sensual **pleasure,** sensual **delight** navenave
allure, charm, cause delight in, arouse sensually fa'anavenave
allurement, lure, "come-on" peu ha'avare
ally 'autāhō'ē
almanac, calendar tāpura tai'o mahana, tai'o mahana, tāpura mahana, tārena
almighty, all-powerful mana hope I am the ~ God; walk before me and be thou perfect. O vau te Atua mana hope ra; e nā mua 'oe i tā'u aro mā te hapa 'ore tā 'oe.
almost, barely, nearly, (also:) **near, close to,** (also:) **soon** fātata I ~ drowned. 'Ua fātata vau i te paremo. It is ~ daylight. 'Ua fātata i ao.
almost, just about, to a certain extent, somewhat, rather, fairly, quite, a fair number of, -ish huru It is ~ the same as ever. Te huru ā te huru. There is a fair number of [somewhat of a gathering of] people inside that house. E mea huru ta'ata i roto i terā fare ra. Things are going rather well [but not very well] at this point. E mea huru maita'i i teie nei. It is fairly big (also:) There are quite a lot. E mea huru rahi.
almost do something 'oi (or:) mai + verb + roa I almost fell. 'Oi topa roa vau. He almost died. Mai pohe roa'ōna. I almost broke my leg. Mai fati roa tō'u 'āvae. The dog almost bit me. Mai hohoni roa te 'ūrī iā'u.
almost dry, dry to touch pāpāmarō The vanilla is ~. 'Ua pāpāmarō te vānira.
almost none, very few, very little, not many 'aita re'a, 'aore re'a There is just about no one there. 'Aore re'a te ta'ata iō.
aloft i ni'a
be lifted or drift **aloft** or **upwards, be liftable, rise, ascend** mara'a The price of goods will drift upwards. E mara'a te moni tauiha'a. The sea rose. 'Ua mara'a te miti. Can you carry that heavy suitcase? (literally: Is that heavy suitcase liftable to you?) E mara'a ānei terā 'āfata taiha'a toiaha iā 'oe? I can carry this suitcase. (That suitcase is liftable to me.) E mara'a teie 'āfata taiha'a iā'u.
rise **aloft, be held up on surface** ma'e
alone 'āna'e, 'āna'e iho he ~ 'ōna āna'e

aloneness   **altar**

all **alone**   noa iho
leave **alone, leave, abandon**   vaiho, vaiho noaʻtu
remain **alone, single**   vaihōʻē
aloneness, privacy, solitude   faʻaearaʻa hōʻē
along   nā   ~ the highways of the sea   nā te ara o te moana
come **along**   haere mai   You can either come ~ or stay here a while.   E nehenehe iā ʻoe e haere mai, ʻē ʻaore ra e faʻaea riʻi iō nei.
come **along** with   haere e o ...   Can you come ~ with us?   E nehenehe ānei tā ʻoe e haere mai e o māua?
come **along** with, **follow, accompany, escort**   peʻe
drag **along**, **draw along, pull out**   huti
drag **along, proceed while dragging** (or pushing) **something, troll** (when fishing)   pūtō   I went to fish by trolling.   ʻUa haere au i te tautai pūtō.
dragging **along, slow, late**   tāere
follow **along, accompany, escort**   ʻāpeʻe
push **along,** (also:) **slide along**   faʻanuʻu
alongside, beside, near   pihaʻi aʻe, i pihaʻi aʻe   ~ the road   i pihaʻi aʻe i te poromu
come or draw **alongside** (naut.), **berth**   tāpiri i te uāhu, tāpiri   The ship came ~ the quai.   ʻUa tāpiri te pahī i te uāhu.
aloof, affected   peu, peu mā
aloof, conceited, stuck-up, snobbish   faʻaʻoru
aloof, silent   parau ʻore
aloof, stand-offish, uncaring, unwilling to help   tūmatātea
stand **aloof, not care, be unwilling to help**   tūmata
alopecia, baldness, hair loss   maʻururaʻa huruhuru
aloud   pūvaha   reading ~ taiʻoraʻa pūvaha
alphabet, (also:)   pīʻāpā, Pī ʻā Pā
alphabet primer, ABC book   te parau pīʻāpā, te parau Pī ʻā Pā
Alphitonia ziziphoides (a type of tree good for timber)   toi
already *(an action has occurred in the past)*   aʻena, aʻe na, ēna   He has ~ left.   ʻUa reva aʻena ʻōna.   I have ~ visited Huahine.   ʻUa haere aʻena vau i Huahine.   I arrived a while ago.   ʻUa tae mai aʻena vau.
already *(an action has occurred in the immediate past)*   aʻenei, aʻe nei   I have ~ eaten.   ʻUa tamaʻa āʻe nei au.   He ~ (just) left.   ʻUa haere aʻe nei ʻōna.
already   (construction with oti [finished, done])   We don't have electricity connected yet, they (those [indicated]) ~ have it.   ʻAita ā tō mātou uira i tāmauhia, ʻua oti tō verā.
also, too   atoʻa, hoʻi, ʻoia atoʻa   ...and ~ his parcel   ...ʻe tāʻna atoʻa ʻāfata tauihaʻa   There are ~ many good things here.   E rave rahi hoʻi te mau ʻohipa maitaʻi iō nei.   That, ~.   ʻOia atoʻa.   Papeete used to be the residence of the Pomare dynasty, it was ~ a port for whalers.   I te taime mātāmua tei Papeʻete te nohoraʻa o te ʻōpū ariʻi Pomare, tei reira atoʻa te tāpaeraʻa o te mau pahī pātia tohorā.   Whosoever shall smite thee on thy right cheek, turn to him the other ~.   ʻO te moto mai i tō pāpāriʻa ʻatau na, e fāriu atoʻaʻtu i te tahi.   Forgive us our sins, as we ~ forgive those who have sinned against us.   E faʻaʻore mai i tā mātou hara, mai iā mātou atoʻa e faʻaʻore i tei hara iā mātou nei.
and **also to** ...   e tae noaʻtu i ...   I send my love to you and ~ your whole family.   Te faʻatae nei au i tōʻu arofa ʻia ʻoe e e tae noaʻtu i tō ʻoe utuʻafare paʻatoʻa.
also, as well   ā   Whatsoever a man soweth, that shall he ~ reap.   ʻO tā te taʻata e ueue ra, ʻo tāna ā ia e ʻoʻoti mai.
altar   fata   high ~ fata rahi   And the priest shall burn them in the fire upon the ~.   ʻĒ nā te tahuʻa e tūtuʻi i te reira i te auahi i niʻa iho i te fata.

altar, sacrifice tūtia
alter, change, exchange, transform taui
alter, change, modify faʻahuruʻē
alteration, change, modification faʻahuru-ʻē-raʻa
alternate, delegate, deputy, substitute taʻata mono
alternately, in turn te tahi i muri i te tahi
have a doubt concerning **alternatives, hesitate between two ideas** feaʻapiti I hesitated as to whether to travel by plane to Raiatea. ʻUa feaʻapiti tōʻu manaʻo nō te tere nā niʻa i te manureva i Raʻiātea.
although, but rā he doesn't dance, ~ he sings. ʻAita ʻōna e ʻori ra, tē himene ra rā ʻōna.
although, even though, though, in spite of noʻatu, noʻatu e, noa atu, noa atu ā ~ the sun is shining, it is still cold. Noa atu ā ia te mahana, ʻe toʻetoʻe noa. He will go fishing, ~ he does not want to. E haere ʻōna e taiʻa noaʻtu e ʻaita ʻōna i hinaʻaro. Even though I would like to do it, I couldn't (literally: it would not be finished), because I don't have the time. Noaʻtu tōʻu hinaʻaro ia nā reira, eʻita e oti iāʻu nō te taime ʻore (or:) nō te mea ʻaita tāʻu e taime. In spite of the storm, the ship left. Noa atu te vero, ʻua reva te pahī. They'll return tonight in spite of their fatigue. E hoʻi mai rātou i teie pō, noaʻtu tō rātou rohirohi. Yea, though I walk through the valley of the shadow of death, I will fear no evil. ʻĒ ʻia haere noaʻtu vau nā te peho ra, o te maru pohe, e ʻore ā vau e mataʻu i te ʻino.
although, though, despite, even if ʻātīrā noaʻtu, ʻātīrā noa atu Despite what he says, I will do it. ʻĀtīrā noa atu tāna parau, e rave au.
altitude, elevation, height teiteiraʻa, teitei
altogether, completely, entirely ʻatitiʻa
always, continually, continuously, still noa, noa ra My wife is ~ telling me that ... Parau noa mai taʻu vahine ē ... He ~ has trouble with the gendarmes. ʻUa ʻati noa ʻōna i te mau mūtoʻi farāni. There is still a coral boulder there. Tē vai noa ra hoʻē ʻāoa i reira.
always, every single time te mau taime atoʻa
always, forever, eternally ʻāmuri noaʻtu, ʻā muri noa atu (at the end of a letter:) Written by your friend ~, Steven. Pāpaʻihia (e) tō ʻoe hoa ʻāmuri noaʻtu, (ʻo) Tivini.
always, forever, all of one's days e maoro noaʻtu tō ... puʻe mahana ... and I will dwell in the house of the Lord forever . ... ʻē pārahi āvau i roto i te fare o Iehova e maoro noaʻtu tōʻu puʻe mahana.
always, continually, without respit or relaxation tuʻutuʻu ʻore
Alyxia scandens (a kind of creepers or vines) tāfifi
amass haʻaputu, haʻaputuputu
amateur avatau an ~ boxer e taʻata moto avatau
amazed, astonished māere
amazed, stupefied mā te māere rahi
amazing, astonishing māere, (e) mea māere, māere roa, (e) mea māere roa
ambience, atmosphere (emotional, negative) huru ʻino
ambience, atmosphere (emotional, positive) huru navenave
ambitious (in a negative sense), **covetous, lusting after** nounou
ambitious (in a positive sense), **hardworking, striving** tūtava
amble, pace round about taʻamino
ambulance pereoʻo faʻauta maʻi, pereoʻo uta maʻi, pereoʻo maʻi
ameliorate, make good, repair, heal faʻamaitaʻi
amelioration, improvement, progress vāhi ʻāpī

amen 'āmene
amenorrhea patu
America (te) fenua marite, marite the prople of ~ tō Marite I will leave for ~ tomorrow. E reva vau i te fenua marite ānānahi.
American *adj* marite ... the three-masted ~ ship Naomi which came very close to drifting onto the reef. ... te pahī tira toru marite ra 'o Naomi 'o tei fātata roa i te 'ōpa'ihia i ni'a i te to'a.
American *n* ta'ata marite The ~, Herman Melville, was the first of them [authors using the South Seas as a background]; he who sailed (literally: voyaged) here as a seaman on a whaler. 'O te ta'ata marite ra 'O Herman Melville, tō rātou 'omua, 'oia tei tere mai na ei mātarō i ni'a i te pahī pātia tohorā.
amiable, affable, good maita'i
amidst, among i rotopū
Amomum cevuga (a kind of pleasant-smelling plant) 'avapuhi, 'ōpuhi
among, amongst, amidst, in the midst of i rotopū, i roto The chief is ~ the people. Tei rotopū te tāvana i te hui ra'atira. ~ all the countries I went to, I liked Finland best. I roto i te mau fenua ato'a tā'u i haere, 'ua fa'ahiahia roa vau i te fenua Finirani. ... and Adam and his wife hid themselves from the presence of the Lord God ~st the trees of the garden. ... 'ua tāpuni ihora Atamu raua o te vahine i te aro o te Atua ra o Iehova i roto i te ururā'au o te 'ō ra. He that is without sin ~ you, let him first cast a stone at her! Nā te ta'ata hara 'ore i roto iā 'outou na e tāora'tu na i te 'ōfa'i mātāmua iāna!
among each other rātou rātou iho
from among nō roto mai
amorphous rarerare
amortize, pay off ha'ape'e tārahu, ha'ape'e
amount rahira'a
a certain **amount, an appreciable quantity** e mea huru, huru There are a certain ~ (an appreciable number) of people in that restaurant tonight. E mea huru ta'ata i terā fare tāmā'ara'a i teie pō.
a great **amount** e mea rahi
a larger **amount** than expected hapa
a small **amount, a little bit** ma'a This is a slightly extra ~. E ma'a tuha'a hapa teie.
whole **amount, sum** tā'āto'ara'a
amounting to, reaching tae
ample, enough rava'i, nava'i
amplifier ha'apūaira'a reo
amputate, extirpate tāpū 'ē
amputation, extirpation (of a growth, organ, or part of the body), **ablation** tāpū-'ēra'a The physician performed the ~ of the leg. 'Ua rave te taote i te tāpū-'ē-ra'a o te 'āvae.
amuse, entertain, cause to have fun fa'a'ārearea
amuse, excite merriment or **laughter** pā'ata
amuse, joke, kid, have or make fun by joking hō'ata, parau ha'uti
amuse or **entertain oneself, be merry** 'ārearea, rearea (old, but still heard) I really ~d myself at the Fête. 'Ua 'ārearea maita'i au i te Tiurai. Take your ease, eat, drink, and be merry. E fa'aea māite, e 'amu, e 'inu, 'ē 'ia rearea māite.
amusement, merriment, fun 'āreareara'a, 'ārearea
amusing, entertaining 'ārearea
amusing, humorous hō'ata
anaerobe (bacterium independent of air to keep alive) manumanu e ora i te mata'i 'ore
analysis, explanation, (also:) **commentary** (on a film, for example) parau fa'ata'a, fa'ata'ara'a
analysis (grammatical) tātuha'ara'a tarame
analysis (logical) tātuha'ara'a pereota
analyze, explain, (also:) **comment** fa'ata'a

Ananas comosus, pineapple painapo
anatomy 'ānatomia, te huru no te mero tino
ancestor, precursor tupuna Ta'aroa is the ~ of all gods, it was (also) he who created all things. 'O Ta'aroa te tupuna o te mau atua ato'a, nāna ato'a te mau mea ato'a i hāmani.
ancestors hui tupuna
ancestral land te fenua tupuna
ancestry, lineage, genealogy 'aufau fēti'i, tuatāpapara'a (fēti'i)
trace a person's **ancestry** firifiriaufau
anchor, grapnel, kedge, fluke, (also:) **cast anchor** tūtau ~ chain fifi tūtau We ~ed in a sheltered place. 'Ua tūtau mātou i te vāhi ruru.
fouled **anchor cable** taura tārava
anchorage, natural harbor tūtaura'a pahī, vāhi tūtaura'a pahī, vāhi tūtaura'a **anchorage, moorage** ha'amaura'a
anchored tūtauhia
un**anchored, unfastened, loose** ta'ata'a
anchoring (of a cable to a pole, for example) ha'amaura'a
ancient tahito roa in ~ times i muta'a roa a'e nei since ~ times mai tahito mai
the **ancients, the people of ancient times** tōtahito The marae was the place of worship of the ~. 'O te marae te vāhi ha'amorira'a a tō tahito.
and 'ē Teiho has a big ~ beautiful house. E fare rahi 'ē te nehehehe tō Teiho. ~ you? 'Ē 'o 'oe? Let us eat ~ drink, for tomorrow we die. E 'amu tātou 'ē e inu ho'i, ānānahi ho'i tātou e pohe ai. ... ~ wine that maketh glad the heart of man. ... 'ē te uaina e 'oa'oa ai te 'ā'au ta'ata nei.
and (after pronoun) 'o My friend ~ I will come to the meeting. E haere mai maua 'o to'u hoa i te amuira'a. They ~ John will leave tonight. E reva'tu ratou 'o Ioane i teie pō. Enoha ~ I are going fishing. E haere maua 'o Enoha e tai'a.

and (ancient conjunction still retained in counting) mā ten ~ nine (nineteen) 'ahuru-mā-iva
and family, and company, and others, and other islands mā (after name) Tīvini ~ family Tīvini mā The Marquesas group (Nukuhiva ~ the other islands) Nu'uhivamā
... **and so on** (used instead of continuing an enumeration), **and so forth, et cetera** ... 'ē te vai atu ā, 'ē te vai atu ra
... **and so on** (used instead of continuing a story), **and so forth** ... 'ē nā reira noa atu
... **and some** (more), ... **and a little over** (e) ti'ahapa two thousand francs ~ more e piti tautini tārā 'ē e ti'ahapa
... **yet another** te tahi atu
and, and then, (also:) **then** atura, atu ra, ihora ~ the Lord said unto Satan, whence comest thou? 'Ua parau atura Iehova iā Satani [pronounced Tātani], mai hea mai 'oe? ~ [Judas Iskariot] said unto them, What will ye give me, and I will deliver him unto you? 'Ua parau atura ['o Iuda Isakariota], Eaha tā 'outou e hōro'a mai nā'u, 'ē nā'u 'oia e tu'u atu iā 'outou? [~] The captain and the first mate then looked at the island through the binoculars. Hi'o atura te ra'atira 'ē te ra'atira piti i te motu ra nā roto i te hi'o fenua. ~ the soldiers' counsel was to kill the prisoners, lest any of them should swim out, and escape. 'Ua parau ihora te mau fa'ehau e taparahi i te mau ta'ata i tāpe'ahia ra, 'oi 'au atu vetahi 'oi ora.
Andrew 'Aneterea
Andropogon tahitensis (a species of grass) 'āretu
anecdote, tale, story 'a'amu, parau 'a'amu
anemia ha'ama'e, rava'i 'ore i te toropuru 'ura
anemometer 'ānemometa
anesthesia fa'aturuhe under ~

anesthestic

fāaturuhehia
without **anesthesia** fa'aturuhe-'ore-hia
without **anesthesia, while still sensitive** oraorahia My tooth was pulled out without ~. 'Ua tātara oraorahia tō'u niho.
anesthetic, hypnotic, sleeping medication rā'au fa'ata'oto
anesthetic, sedative rā'au fa'aturuhe
anesthetize, put to sleep, hypnotize fa'ata'oto
anew, again fa'ahou
sending **anew, forwarding** or **returning something** hāpono-fa'ahou-ra'a
angel mērahi, melahi (biblical) The ~ appeared. 'Ua fā mai ra te mērahi. And, lo, the ~ of the Lord came upon them, and the glory of the Lord shone round about them; and they were sore afraid. 'Ē 'īnaha, 'ua ti'a maira te hō'ē melahi (pronounced mērahi) a te Fatu i piha'i iho iā rātou, 'ua 'ati ihora rātou i te māramarama i te 'ana'ana o te Fatu, 'ē rahi roa a'era tō rātou mata'u.
guardian **angel** mērahi (melahi) tīa'i Even though we are relatives, I am not the guardian ~ of this young man. Noa'tu e fēti'i māua, terā ra, e 'ere o vau i te mērahi tīa'i o teie nei taure'are'a.
angelfish paraharaha
anger, cantankerousness, irritability 'iriā
anger (inside), **vexation** 'ino'ino
anger (observable), **animosity, discontent** riri, ririri May the sun not set on your ~! 'Eiaha te mahana ia topa i ni'a i tō 'oe riri! My blood is up (my anger is arising). Tē tupu mai nei tō'u riri. My ~ towards that con man is unbounded. 'Ua tāhiti tō'u riri i terā ta'ata 'ōpape.
easily provoked to **anger, irascible, excitable, difficult, irritable, easily irritated** or **upset, nervous,** (also:) **rough, brusque** 'iriā The trouble was the [first] mate who was the most difficult (~) man

animal

(commander) to please (satisfy) Keola had ever met with. O te ra'atira piti te mea 'iriā a'e o te ta'ata fa'aueue māha 'ore roa a'e te reira i fārereihia e Keola. (from John [Tihoni] Martin's free translation of R.L. Stevenson's short story The Isle of Voices)
strong **anger, rage** hae
anger easily, **be** or **become angry** frequently riri hānoa
anger, make angry ha'ahae, ha'ahaehae, fa'ariri, fa'a'ino'ino
anger, make angry, vex, cause to feel jealous or envious fa'atipaupau
stir up **anger** or commotion fa'arepu, fa'arepurepu
angered riri hānoa ~ person ta'ata riri hānoa
Angiopteris erecta (a type of fern often used for decoration) nahe
angle, corner poro
be at an **angle, be bent over** 'opa
angry, cantankerous, irritable 'iriā
angry, displeased arami'i
angry, enraged hae
angry (inside), **resentful** 'ino'ino Don't be ~ (with me). Eiaha e 'ino'ino mai (iā'u)! (or:) Nohuhu! (borrowed from Hawai'ian)
angry (observable), **"mad"** riri, ririri
anguish, distress, perplexity, trouble ahoaho
anguish, pain (of body or mind), **hurt** māuiui, mamae (seldom used nowadays) I am in constant ~ (my heart is aching). Tē mamae noa nei tō'u 'ā'au.
anguished, pained mamae
anguished, troubled horuhoru
animal (domestic or exotic) 'animara
animal, bird, winged insect manu
animal, insect, microbe manumanu
animal (female) ufa, uha
animal (female of insects, crustaceans, and plants) 'ōvāhine
animal (female that has young) maia'a

animal

animal (male) oni
animal (male of insects, crustaceans, and plants) 'ōtāne
animal (male procreator, progenitor, as bull, boar, stallion) pa'e
food of **animal** origin (meat or fish) 'īna'i
young of **animal** fana'ua
lead (or drag along) an **animal** pūtō, (in the case of a specific animal, the word 'aratō [drag behind, trail] is preferred:) He led the horse to the river. 'Ua 'aratō 'ōna i te pua'ahorofenua (pronounced vernacularly pū'ārehenua) i te pae 'ānāvai.
take out the entrails of (disembowel or eviscerate) an **animal** 'ātore, 'ātoretore
animate, make alive or **lively, enliven** fa'aara
animated, made alive or **lively, enlivened** fa'aarahia
animosity, anger (inside), **vexation** 'ino'ino
animosity, (observable) **anger, discontent** riri, ririri
ankle poro 'āvae, fatira'a 'āvae I sprained my ~. 'Ua mā'o'i tō'u poro 'āvae.
ankle joint momoa 'āvae
ankylosis (abnormal adhesion of the bones of a joint; also a backbone without proper joints) mo'ohono
annihilate, destroy, exterminate, wipe out (with nothing left) ha'amou
annihilated, destroyed, exterminated, wiped out (with nothing left) mou
annihilation, destruction moura'a, ha'amoura'a
anniversary (historical or religious) 'ōro'a nō te matahitira'a
anniversary, birthday mahana fānaura'a
golden **anniversary** or **jubilee** pae'ahurura'a
Annona squamosa, custard apple, "cinnamon-apple" tapotapo
announce, affirm, state pūhara

announced

announce, mention, (also:) **pronounce, articulate** fa'ahiti
announce, proclaim, publish, broadcast poro
announce, declare, inform, tell fa'a'ite
announce, warn fa'aara
announced, broadcast tu'i The good news has been widely ~. 'Ua tu'i te parau 'āpī maita'i.
announcement, affirmation pūhara
announcement, circular, flier, handbill rata fa'a'ati
announcement, declaration, information fa'a'itera'a
announcement, notice, notification parau fa'a'ite
announcement, notice, poster, placard parau pia
announcement, proclamation poro
announcement, pronouncement fa'ahitira'a, fa'ahitira'a mana'o
announcement, publication porora'a
announcement, warning fa'aarara'a
announcer, crier, herald ta'ata poro, poro
annoy, bother, trouble ha'ape'ape'a
annoy, irritate, provoke, aggravate, make fun of, mock fa'a'o'ō'o
annoy, provoke, (also:) **act angry** fa'ahaehae, fa'ahae
annoy by making noise fa'a'āhoahoa
annoy by naggging tiani, fa'atiani
annoy by repeatedly asking for things aniani
annoyance, disturbance, trouble, bother, worry pe'ape'a, e mea pe'ape'a
annoyed, concerned, troubled, disturbed, bothered, worried pe'ape'a I am very ~ (concerned), my wife has not returned yet. 'Ua pe'ape'a roa vau, 'aita ā tā'u vahine i ho'i mai.
annoyed, irritated, aggravated, provoked, made fun of, mocked 'o'ō'o
annoyed, irritated, aggravated, worsened fa'aarahihia i te 'ino

29

annoying, bothersome e mea peʻapeʻa
annul, cancel, delete, call off, do away with, forgive (an act) faʻaʻore Because it rained, the competition was ~led. I te mea ʻua ua, ʻua faʻaʻorehia te faʻatitiāuaraʻa.
annul, cancel, call off, forgive (a punishment), **free, let loose** faʻaora
annulment of a proceeding, **cancelation** faʻaʻoreraʻa i te hororaʻa
anoint, consecrate faʻatāhinu, faʻatāvai, tāvai
anoint, oil, grease tāhinu
anoint, rub or **massage with oil, embalm** miri
anomaly, aberration, (also:) **error, mistake, fault** hape
another, the other tahi, te tahi Tetua is ~ of her names. ʻO Tetua te tahi ioʻa tōʻna. And I say to this man [to the one], Go, and he goeth; and to ~ [to the other], Come, and he cometh. ʻĒ ʻia parau atu vau i te hōʻē, ʻA haere, ʻua haere ia, ʻia parau atu hoʻi i te tahi, ʻA haere mai, ʻua haere mai ia.
another one, someone else vetahi ē For I am a man [am also] under ~'s [someone else's] authority. O vau atoʻa nei hoʻi o raro aʻe iā vetahi ē.
one **another, each other** te tahi ʻē te tahi They met ~. ʻUa fārerei rāua, te tahi ʻē te tahi.
one **another, each other** (construction by repeating the pronoun and adding iho) The children play well with ~. E haʻuti maitaʻi te (mau) tamariʻi rātou rātou iho. Let us love ~. E here tātou iā tātou iho.
still **another** fʻaʻahou, ā Do you want ~ drink? ʻE hinaʻaro ʻoe ʻi te inu faʻahou? (or:) ʻE hinaʻaro ā ʻoe ʻi te inu?
yet **another, still more** atu There are yet many others. E rave rahi atu ā. That is ten francs and no more. E piti tārā ʻaita atu ai.
and yet **another** te tahi atu
Anous stolidus, noddy, shore bird ʻoio

anoxia, oxygen deficiency taravana
answer, reply, response pāhono, pāhonoraʻa
answer, reply (to), respond (to) pāhono He did not ~ my question. ʻAita ʻōna i pāhono i tāʻu uiraʻa.
answerability, blame, responsibility hapa, hape
ant rō ~ hill ʻōfaʻaraʻa rō
antagonize, aggravate, annoy, irritate, provoke, make fun of, mock faʻaʻoʻōʻo
antenna (radio, television) ʻehā
Antennarius coccineus, stonefish, stingfish, (also:) **Synanceja verucosa** nohu
antennae (of insects, etc.) hihi
anthem, song, (also:) **sing an anthem** or **song** hīmene national ~ hīmene ʻāiʻa The national ~ was sung in unison. ʻUa hīmene-ʻāmui-hia te hīmene ʻāiʻa.
anthology puta puʻe parau māʻiti, puʻe parau māʻiti
anthrax taupō
anticipate, think ahead manaʻo nā mua, feruri nā mua, manaʻo ātea
anticipate, wait for, expect, stay for some expected event to happen, hope for tīaʻi
anticipation, expectation tīaʻiraʻa
anticipation, foresight ara māiteraʻa
anticyclone (high pressure zone) area mataʻi teiaha
antiquity tau tahito
anti- ʻaipa ~theft device rāveʻa ʻaipa ʻeiā
antonym parau huritua
anus, rectum tiho, rua ʻohure He had a descended rectum. ʻUa maʻiri tōna ʻōhure (or, more seldom:) ʻUa pou tōna ʻohure.
anxiety, confusion, worry ʻāhuehue
anxiety, worry, distress, trouble ahoaho My friend is overwhelmed by ~. ʻUa roʻohia tōu hoa i te ahoaho.
anxiety, irrational fear mehameha hānoa
severe **anxiety** possibly involving mental

anxious   **apoplexy**

disturbance and/or unnerving worries and/or agitation (huru) 'āehuehu
anxious, afraid, apprehensive taiā
anxious, anxiety-ridden mehameha hānoa
anxious, doubting a favorable outcome, concerned hepohepo
anxious, worried, tense māna'ona'o, 'ā'au taiā   Why are you always so ~? Eaha 'oe e māna'ona'o noa ai?
any, (also:) **some, certain ones** vetahi, vetahi mau, te tahi, te tahi mau   And the soldiers' counsel was to kill the prisoners, lest ~ of them should swim out, and escape. 'Ua parau ihora te mau fa'ehau e taparahi i te mau ta'ata i tāpe'ahia ra, 'oi 'au atu vetahi 'oi ora.
any time now, in a little while, later on, presently, by and by 'ā'uanei (commonly pronounced 'ā'unei)   Watch out, you'll fall ~. 'A ha'apa'o maita'i, 'ā'unei 'oe e topa ai.
anyone, all people te mau ta'ata ato'a
anyone, someone vetahi
hardly **anyone** 'aore re'a e ta'ata   There is hardly ~ in that restaurant. 'Aore re'a e ta'ata i roto i terā fare tāmā'ara'a.
anything (the Tahitian equivalent depends on the context)   I don't know ~ more. 'Aita to'a vau i 'ite. He sat there without saying ~. 'Ua noho noa 'ōna i'ō mā te parau 'ore.
anyway noa oia, noa
Aora'i is the next highest mountain in Tahiti (2,066 meters)
apart, put to the side ta'a
apart, separated ta'a'ē
apart, separated, detached, (also:) **divorced** ta'a, tata'a   The two of them are ~ (or divorced). 'Ua ta'a rāua.
being **apart, separation** ta'a-'e-ra'a
cut **apart, slice** ta'a 'ē
apart, broken, not in working condition pararī
set **apart** *adj* fa'ata'ahia

set **apart** *v* fa'ata'a
spread **apart** fa'afatafata, ha'afatafata
apartment building, high-rise fare tahua rau
ape, monkey 'urī ta'ata
ape, imitate, mimic pe'e atu, rave ei hi'ora'a
aperture, entrance 'ūputa
aperture, hole, cavity 'āpo'o
aperture, opening 'auvaha, 'auaha
(tiare) 'apetahi, Apetahia raiatensis tiare 'apetahi (A rare white flower with five petals in a half-circle like a hand, growing only on Mount Temehani in Rai'atea; the flower is unique not only in its shape but in that it has been found impossible to transplant; also it can only be picked just before sunrise when it suddenly opens with a popping sound; the shape of tiare 'apetahi has given rise to several old romantic legends well known in the Society islands; young Raiatean males, to this day, make the difficult climb up the mountain to pick the flower and present it to their sweethearts.) The ~ is a flower that can be found only with difficulty. E tiare 'imi 'atā te tiare 'apetahi. It is only on Mount Temehani that the ~ may me gathered. I ni'a ana'e i te mou'a Temehani e 'ōhitihia ai te tiare 'apetahi. The ~ is truly astonishing; it is not like other flowers that people are used to seeing. E mea maere mau te tiare 'apetahi; e 'ere te reira mai te mau tiare ato'a tei mātauhia e te ta'ata.
apologize, be sorry, confess tātarahapa   I ~ to you for the mistake I made just now. Te tātarahapa nei au iā 'oe nō tā'u hapa i rave iho nei.
apologize, beg forgiveness of sins, atone tāra'ehara
I **apologize. I am sorry for** (Please forgive) **my mistake.** 'A fa'a'ore mai (i) tō'u hape.
apoplexy, stroke ma'i pātia

31

apostate apotata
apostle aposetolo (pronounced apotetoro)
apostrophy mono reta
apparent (construction with:) pa'i It is ~ that you did not pay. 'Aita pa'i 'oe i 'aufau i te moni.
apparently, according to ... e au e ...
apparently, perhaps, maybe paha
apparition, phantom, ghost, evil spirit tūpāpa'u
apparition (religious), **vision, revelation** 'ōrama Your old men shall dream dreams, your young men shall see visions. E tā'oto'otoāhia mai tō 'outou mau ta'ata pa'ari, e 'ite tō 'outou mau ta'ata 'āpī i te 'ōrama.
appeal, attraction peu nehenehe
appeal, complaint (legal) horora'a, horofa'ahou-ra'a
appeal, entreaty ti'aorora'a
appeal to, invoke favorable judgment or **response** ti'aoro, tūoro
appeal to court, lodge a complaint against horo
appeal to reason, calm, soothe ha'amarū
appealing, likeable au, au maita'i, e mea au
appealing, interesting e mea 'ana'anatae
appear, come into view or **sight** fāura, fāura mai, fā (archaic, biblical), fā mai The angel ~ed. 'Ua fā mai ra te mērahi.
appear, seem au He ~ed not to have (It would fit [the facts] that he had not) heard the question. E au ē, 'aita 'ōna i fa'aro'o noa mai i te uira'a.
appear, seem (construction with: pa'i) It ~s that you did not go. 'Aita pa'i 'oe i haere.
appear in a dream **have a vision in a dream** fa'aheita'oto(hia) An angel of the Lord ~eth in a dream to him [Joseph], saying, ... 'Ua fā maira te hō'ē melahi [pronounced merahi] a te Fatu, fa'aheita'oto maira iāna, nā'ō maira: ...
fail to appear, be absent, miss ma'iri I failed to ~ at the church service this morning. 'Ua ma'iri au i te purera'a i teie po'ipo'i. He is often fails to ~ at his work. 'Ua ma'iri pinepine 'ōna i tāna 'ohipa.
fail to appear (at school or work out of laziness or disinterest), **be absent, miss** fa'atau
It **appears (seems)** to me that ... I tō'u mana'o ... I tō'u nei hi'ora'a ... Te mana'o nei au e ... It ~ to me that Tahitian is a very beautiful language. I tō'u mana'o e reo nehenehe roa te parau Tahiti.
appear through something aputa
appearance, arrival taera'a
appearance, coming in sight fāura
appearance, likeness, form, shape, image, facial features, aspect, (also:) **picture, photograph, portrait,** (also:) **movie** hoho'a He has the same ~ as (looks like) his father. Hō'ē ā tōna hoho'a 'ē tō tōna metua tāne.
appearance, look, face, facial characteristic, (also:) **eye** mata
appearance, revelation fāra'a ... hope to the end for the grace that is to be brought unto you at the revelation of Jesus Christ. ...'a tī'ai hua'tu ai i te maita'i e hōpoihia mai nō 'outou i te fāra'a mai o Iesu Mesia [pronounced Ietu Metia].
outward **appearance, superficial look(s), facade** te huru i rāpae au a'e Judge not according to the ~, but judge with right judgment. 'Eiaha e ha'apa'o i te huru i rāpae au a'e, e ha'apa'o rā i te parau-ti'a.
appearance of ... (what something looks like) te huru o te hoho'a o ...
appease, calm (down), quieten, cause to stop crying or complaining fa'anā
appease, pacify, calm down, make peace with fa'ahau
appease, relieve, satisfy, quench thirst or hunger ha'amāha
appeased, calmed, quietened nā
appendicitis ma'i 'ā'au pē

Bon **appétit**! Tāmā'a maita'i! (literally: Eat well!)

appetite hia'ai mā'a

(have an) excessive or insatiable **appetite** for food or drink, (be) **gluttonous** or **voracious** 'arapo'a pa'ia 'ore, 'ai'ai, kokore *(slang)* (be careful about pronunciation here, since kokoro is a slang word for penis), korekore

appetizing, mouth-watering 'āminamina, fa'atupu i te hia'ai mā'a That marinated fish is very ~. (E) Mea 'āminamina roa terā i'a ota.

applaud, admire ha'apōpou

applaud, clap pōpō (i te rima), ha'apōpō (i te rima), pa'ipa'i, patupatu i te rima

applaud, praise 'ārue, 'āruerue

applause, acclamation ha'apōpōra'a

applause, praise 'ārue, 'āruerue

apple, 'āpara, 'āpera, 'ahi'a popa'ā

Adam's **apple**, larynx 'aratona

bitter **apple**, colocynth, Lagenaria vulgaris hue

"cytherean **apple**," (indigenous Tahitian) **mango, Spondias cytherea** vī tahiti

Tahitian **apple, rose apple, jambo, Eugenia malaccensis** 'ahi'a

appliances, utensils, furniture, ordinary possessions, baggage, artifacts, objects (artificial) taiha'a, tauiha'a, tauha'a

application, request, petition anira'a

appliqué bedspread, patchwork quilt tīfaifai

apply, spread or **smear on** parai If (When) your back hurts, ~ this ointment. 'Ia māuiui tō 'oe tua, e parai 'oe i teie rā'au.

apply for, request, ask for ani

apply a craft tāmuta

apply oneself, make an **effort** (potentially exhausting) rohi

apply or **exert oneself, try hard** tapi

apply or **exert oneself, work very hard at, make an extreme effort** tūtava, tauto'o maita'i We work extremely hard. Tē tūtava nei mātou.

apply oneself, exert strength, strengthen, make an effort ha'apūai

apply oneself (to a job; dedicate oneself to it) ha'apāpū

apply rubber stamp titiro

appoint, allocate, set apart fa'ata'a

appoint, authorize fa'ati'a

appoint someone to a station, **post** or **send** someone to ..., **delegate** tono, tonotono

appointee, delegate ta'ata tonohia

appointment, meeting fārereira'a

appointment book, calendar puta tai'o mahana

apportion, distribute, give out 'ōpere

apportionment, distribution 'ōperera'a

appreciable, considerable, substantial rahi an ~ (considerable) fortune e faufa'a iti rahi

an **appreciable** quantity or amount, **a certain number** e mea huru, huru There are an ~ number (a certain amount) of people in that restaurant tonight. E mea huru ta'ata i terā fare tāmā'ara'a i teie pō.

appreciate, praise, honor 'ārue

appreciate, thank ha'amāuruuru

appreciation, gratefulness ha'amāuruuru

appreciation, praise, honor 'ārue

appreciation of capital, increase in value moni hau

appreciative, content(ed), thankful mauruuru

apprehension, alarm taiā, tōhiuhiu (little used)

apprehension, fear ri'ari'a

(be) **apprehensive,** (be) **anxious,** (be) **fearful,** (be) **afraid** taiā, 'ā'au taiā, māna'ona'o There is only one thing I am ~ about. Ho'ē noa tā'u 'ohipa e taiā. Don't be ~ (don't hesitate), come here (come in)! 'Eiaha e taiā, haere mai! ... [Keola] still had his sailor's knife, so he did not fear the sharks. ... tei iā Keola noa ra

apprentice

tāna tipi mātarō, 'aita ia 'oia e taiā ra i te ma'o. (from John [Tihoni] Martin's free translation of R.L. Stevenson's The Isle of Voices)
make someone feel **apprehensive or hesitant, discourage** fa'ataiā
apprentice ta'ata ha'api'i tōro'a, ha'api'i tōro'a
apprenticeship ha'api'ira'a tōro'a, farapatira'a
approach, appear fā, fāura the ~ing new year te matahiti 'apī e fā mai nei
approach, come close fātata roa
approach, come closer ha'afātata
approach, come near, come up fātata The ship is ~ing (coming near). Te fātata mai nei te pahī. This coming September. Teie ('āva'e) tetepa e fātata mai nei.
approach, come very close tāpiri
approach, land, dock tāpae, tīpae The ship is ~ing (docking). Te tāpae nei te pahī.
Approach! Come here! Haere mai! Mai!
approach close to fa'afātata
approach very close to tāpiri Come very close! Tāpiri mai!
approach the horizon tape
cause to **approach** fa'afātata, ha'afātata
... who **approaches** ... te haere mai nei
appropriate, agreeable au
appropriate, seize by force haru, haru mai
appropriate, take rave, rave mai
approval fa'ati'ara'a
official **approval** ha'amanara'a
approve fa'ati'a I ~. E ti'a iā'u.
approved ti'a, fa'ati'ahia ~! It's a deal! 'Ua ti'a! (also, and more commonly:) 'Ua oti!
approximately, nearly i te ārea nō ~ fifteen minutes past six i te ārea nō te 'ahuru-ma-pae miniti i mairi i te hora ono
approximately, a bit more ti'ahapa a

architect

good twenty-thousand piti-'ahurutauatini e ti'ahapa a little more than ten ho'ē 'ahuru e ti'ahapa
April 'eperera the month of ~ te 'āva'e nō 'eperera
Apura esculenta (taro-like) plant 'āpura
aquaculture fa'a'apura'a hotu moana
arbiter, arbitrator, referee ta'ata vavao, vavao
arbiter, referee, judge (sports) ta'ata hi'o
arbitrary, authoritarian mā te fa'ateiaha
arbitrary, capricious peu rau
arbitrary, disorderly, reckless, wild, impulsive pupara
arbitrary, without paying proper attention ha'apa'o 'ore
arbitrate, intervene to prevent conflict ārai, vavao The minister intervened (to prevent conflict). 'Ua ārai te 'orometua i te pe'ape'a.
arbitrate, mediate, separate opponents vavao
arbitrate, pacify fa'ahau
arbitrator, mediator ārai vavao, ta'ata ārai vavao, vavao
arbitrator, peacemaker ta'ata fa'ahau
arbitrator, referee (in sports) ta'ata hi'o
arbitrator, someone who intervenes to prevent conflict ārai, ta'ata ārai
arc, bow fana
arc, curve fefe, fefera'a
arched tāfare
arched (also describing waves), (also:) **vaulted** tāfarefare The seas (waves) are ~ when they break. E mea tāfarefare te 'aremiti 'ia fati mai.
archeologist ta'ata 'ihipapa, tahu'a 'ihipapa
archeology 'ihipapa
archer ta'atat e'a
archery te'ara'a
archipelago pu'era'a motu
architect ta'ata pāpa'i hoho'a fare ('āpī), ta'ata hāmani hoho'a fare ('āpī)

architecture te 'ohipa pāpa'ihoho'a fare ('āpī), te 'ohipa hāmani hoho'a fare ('āpī)
Ardea sacra, dark heron 'ōtu'u
ardent, energetic, active, hard-working, industrious itoito
ardent, strong pūai (an) ~ love here pūai
ardent, eager, impetuous, hasty, impatient hitahita
ardent desire, liking something very well, being very interested 'ana'anatae
area (atmospheric) āreareva high pressure ~ āreareva teiaha low pressure ~ āreareva māmā
area (fenced), **enclosure, yard** 'āua
area (land) tufa'a fenua
area (medical), **perimeter** fāito ha'atira'a
area where plants or coral grow uru- lagoon ~ with many coral boulders urupu'a flower patch urutiare
area, expanse, regional space (between objects) ārea, ārea fenua
area, region pae'au
Argentina Ra-Parata (stems from La Plata)
argue, debate, dispute, insist mārō
argue, quarrel, squabble, fight tama'i Moea ~d (together) with her husband. 'Ua tama'i Moea rāua tāna tāne.
argue loudly māniania
argument, debate, dispute mārōra'a
argument, quarrel mārō
argument (reason advanced) mārō parau
argument, squabble, fight tama'i
loud **argument** māniania
come out ahead in an **argument, win** upo'oti'a
argumentative, quarrelsome mārō
argumentative or **quarrelsome discussion** parau mārō
arise, develop tupu My anger is ~ing. Tē tupu mai nei tō'u riri.
arise, stand up ti'a
arise constantly 'ōti'ati'a

ark (a place where a god image was situated) fare atua
arm, (also:) **hand, finger** rima (actually the word rima refers to the whole area between the shoulder and the end of the fingers and the actual part meant is indicated by the content or by pointing) right ~ rima 'atau left ~ rima 'aui
fire**arm, gun** pupuhi
place one's **arm(s)** around someone's shoulders, **embrace, hug** tauahi, tauvahi
upper **arm** huha rima
arm or **tentacle** of octopus or squid 'avei
canvas **armchair** pārahira'a 'ie
armistice, (also:) **break, pause, rest period, intermission** fa'ataimera'a
armpit 'ē'e
take a baby in one's **arms, rock a baby, lull a baby to sleep** hi'i
arms, weapons moiha'a tama'i, mauha'a tama'i, ha'a nā tama'i
coat of **arms** of a country pihi 'āi'a
army, armed forces nu'u, nu'u fenua, nu'u fa'ehau
army (infantry) pupu fa'ehau tō te fenua, nu'u fa'ehau nō te fenua,
army barracks 'āua fa'ehau
army base vāhi parahirara'a pū o te nu'u fa'ehau
army officer ra'atira fa'ehau
aroma, fragrance, pleasant smell no'ano'a, hau'a no'ano'a
around, all around (a place) e 'ati noa a'e He went ~ the house. 'Ua haere 'ōna 'e 'ati noa a'e i te fare. There are Chinese (people) all ~ Tahiti. Te vai ra te Tinito 'e 'ati noa a'e o Tahiti.
around, all around, everywhere 'atiti'a
all **around, throughout all** (e) 'ati noa Behold, there come seven years of great plenty throughout all the land of Egypt. Ĩnaha, teie a tupu na matahiti 'auhune rahi roa e hitu e 'ati noa e te fenua ato'a nei o 'Aiphiti.

around   **arrive**

go **around**, **encircle**, **tour**, **make the round(s)** fa'a'ati, fā'ati, ha'a'ati Is there a district bus that goes ~ the island? E pereo'o mata'eina'a ānei te haere e fa'a'ati i te fenua ta'ato'a? We drove our car ~ Tahiti Nui. 'Ua fa'ahoro māua i tō māua pereo'o e fa'ati i Tahiti Nui.

grope **around** (in search) pāheru I am groping ~ (searching) in my briefcase. Tē pāheru vau i roto i tā'u pūtē vaira'a parau.

look **around**, **observe with curiosity, observe other people's affairs,** (also:) **look here and there** (as in trying to find a good restaurant) hi'ohi'o

look **around** for, **hunt for**, **search for**, **seek** 'imi, mā'imi

pass **around**, **distribute**, **apportion**, **give out** 'ōpere

play **around**, **joke**, **tease** ha'uti

put a lei **around** someone's neck or head fa'ahei

turn **around**, **make a turn** tāviri

turn half way **around**, facing in the opposite direction nīoi

turn **around** in bed 'o'opa

twirl **around**, **pivot**, **whirl**, **swirl** 'ohu

around, **approximately** i te ārea nō ~ fifteen minutes past six i te ārea nō te hora 'ahuru-ma-pae miniti i mairi i te hora ono

around, **a bit more** ti'ahapa a good twenty-thousand piti 'ahuru tauatini e ti'ahapa a little more than ten hō'ē 'ahuru e ti'ahapa

from **around** the world nō te ara mai This is the news from ~ the world: Teie te parau 'āpī nō te ara mai:

arouse emotion ha'aputatapū to touch the heart ha'aputapū i te 'ā'au

arouse from sleep fa'aara

arouse sensually, **charm**, **cause delight in** fa'anavenave

aroused sensually, **charmed**, sensually **delighted** navenave

arrange, **adjust** (a matter or an affair) paio

arrange, **decorate** fa'anehenehe set the table fa'anehenehe i te amura'amā'a make the bed fa'anehenehe i te ro'i

arrange, **make agreeable or pleasing** fa'aau

arrange properly pānaho

arrange, **put in good order**, **organize** fa'anahonaho ~ (or furnish) a room fa'anahonaho i te piha

arrange, **straighten out**, **settle** ha'atītī'aifaro

arrange or **put in layers, pile up** 'āpapa

dis**arrange**, **mix up** huanane

arranged in order (in a row or line) nāna'i

well **arranged**, neat, tidy, orderly, (also:) **comfortable** nahonaho

well **arranged**, **taken good care of** 'atu'atu

arranged, **worked out** tītī'aifaro

arrangement, **agreement** fa'aaura'a

arrangement, **composition** fa'anahonahora'a

arrangement, **something well taken care of** fa'a'atu'atura'a

arrest, **imprison** tāpe'a He was ~ed. 'Ua tāpe'ahia 'ōna.

arrest, **catch**, **seize by force** haru

arrival taera'a Welcome to you (all) on your ~ here in Tahiti. Mānava i tō 'outou taera'a mai i Tahiti nei.

arrival, **docking**, **landing** tāpaera'a Are you going to (be present at) the ~ of the ship? E haere ānei 'oe i te tāpaera'a pahī?

arrive tae when they ~d iā rātou i tae mai We were eating when he ~d. Te tāmā'a ra matou i tō'na taera'a mai. At what time will the plane ~? Eaha te hora te manureva e tae mai aï Thanks to you, I ~d on time. 'Aua'a 'oe i tae mai ai au i te taime ti'a. Unfortunately, I will not ~ tomorrow. E mea pe'ape'a roa, e 'ore au e tae atu ānānahi. They will never ~. E 'ore roa rātou e tae mai. When the

arrive

Bastille Day Festival ~s, the bay is full of yachts. 'Ia tae i te Tiurai, e api te 'ō'o'a i te iāti. The day will ~ when I come back. E tae noa'tu ai te mahana e ho'i mai ā vau (from the Tahitian farewell song E mauruuru ā vau).

arrive, land, dock, come in tāpae A British warship has ~d. 'Ua tāpae mai te hō'ē manuā peretāne.

arrive, sweep down (of wind) farara when the wind ~s (sweeps hither) 'ia farara mai te mata'i

arrive (referring to disturbing or emotionally arousing news), **reach** 'atutu News has ~d of that cyclone that just recently devastated Futuna. 'Ua 'atutu te parau 'āpī nō terā vero i te fa'a'ino a'e nei iā Futuna.

arrogance, conceit, cockiness, haughtiness te'ote'o, fa'a'oru, fa'ateitei Pride [~] goeth before destruction, and an haughty spirit before a fall. 'O te te'ote'o tō te pohe ra nā mua, 'ē te 'ā'au fa'ateitei tō te hi'a.

arrogant, conceited, cocky, vain, haughty, stuck-up te'ote'o, fa'a'oru, fa'ateitei

arrow, dart te'a, ihe *(archaic)*

arrowroot pia mā'a, pia

Tahitian **arrowroot plant, Tacca pinnatifida** pia

arse, buttocks, bottom tohe

arse, rear-end, behind 'ōhure

show one's **arse** by bending over (sign of contempt or disrespect) tīpou

art peu pa'ari, 'ohipa pa'ari

artery aratere (to be preferred to the vernacular uaua which can also mean vein)

artery, vein, tendon, muscle, nerve uaua

(a person who is) **artful, cunning, crafty, wily** (like a con man) ta'ata 'ōpape, 'ōpape

rheumatoid **arthritis** rūmati pu'oira'a ivi

article, object mea

as

article, story 'a'amu, 'a'ai

short **article** (especially in a newspaper), **item, paragraph, sentence** 'irava parau This ~ has been inserted in the newspaper. 'Ua piahia teie 'irava parau i roto i te ve'a.

article (grammar) parau fa'ata'a, fa'ata'a i'oa, parau fa'ata'a i'oa definite ~ fa'ata'a i'oa pāpū indefinite ~ fa'ata'a i'oa pāpū 'ore partitive ~ fa'ata'a i'oa pēha'a

articulate, pronounce, (also:) **announce, mention** fa'ahiti

articulation, diction, elocution tu'ura'a reo

articulation, joint *(anatomy)* pona

artifact, artificial object, appliance, utensil, furniture taiha'a, tauha'a, tauiha'a

artificial, "fake" ha'avare Is that a real flower or is it only an ~ flower? E tiare mau ānei terā, 'aore rā e tiare ha'avare noa?

artificial nipple, pacifier 'ote'otera'a

artisan rima'i, rima 'ihi

artisan, carpenter, mason tāmuta

artist, painter ta'ata peni hoho'a

sleight of hand **artist, conjurer, magician** ta'ata tahutahu, tahutahu

Artocarpus altilis, a species of large breadfruit 'ārāvei

Artocarpus incisa, the most common breadfruit in Eastern Polynesia 'uru, maiore *(archaic)*

arts and crafts, cottage industry ha'a rima'ī, ha'a rima 'ihi

arum taro plant

Arum costatum, large-leafed taro plant 'ape

as ..., as a ..., to serve the purpose of... ei ... He took a (an alcoholic) drink ~ medicine. 'Ua rave 'ōna i te 'ava ei rā'au.

as, because, since i te mea ~ it rained, the competition was canceled. I te mea 'ua ua, 'ua fa'a'orehia te fa'atitiāuara'a.

as, just as mai, mai iā She wishes, ~ do we, that you would come and visit us. Te hina'aro nei 'ōna, mai iā māua ato'a, ia haere mai 'ōrua e farerei ia mātou. Do it just ~ you like. 'A rave, mai tā 'oe e hina'aro. Forgive us our sins, ~ we also forgive those who have sinned against us. E fa'a'ore mai i tā mātou hara, mai iā mātou ato'a e fa'a'ore i tei hara iā mātou nei.
as, like mai, mai te au, e au ... mai ~ they wished mai te au i tō rātou ra hina'aro You are like an angel. E au 'oe mai te mērahi.
as (indicating a satisfied or fulfilled condition) i ~ you love me, you are to obey my commandments. I here mai 'outou iā'u, 'a ha'apa'o ia 'outou i tā'u mau fa'auera'a.
as ... (adjective) ... as hō'ē ā ... e ..., ia hō'ē ā ... e ..., e au ... i ... The woman is ~ intelligent ~ the man. Hō'e ā tō te vahine māramarama e tō te tane. The son is ~ able ~ the father. E au tō te tamaiti 'aravihi i tō te metua tane (pāpā).
as before, like before mai i te matamua
as far as 'e tae noa atu, 'e tae roa'tu i
as for, but as for, to get back to, let us consider 'āre'a, 'āre'a rā ~ that woman, she is very beautiful. 'Āre'a terā vahine, nehenehe roa 'ōna. ~ the tourists, they want to leave on the scheduled day. 'Āre'a te mau rātere, te hina'aro ra ia rātou e reva i te mahana i parauhia.
as a matter of fact, in fact, actually pa'i (abbreviation of paha ho'i)
as soon as, at the same time as i te taime iho He recognized me ~ he saw me. 'Ua ta'a iāna ē o vai au i te taime iho tāna i 'ite iā'u.
as well, also ā Whatsoever a man soweth, that shall he also reap [reap ~]. 'O tā te ta'ata e ueue ra, 'o tāna ā ia e 'o'oti mai.
just as ... as ..., equally ... as ... 'ua au ... 'ē tō ..., 'ua au ... i tō ... (comparing two matching or equalling qualities) au Teri'i

is just ~ intelligent ~ Teiho (Teri'i's intelligence matches Teiho's). 'Ua au tō Teri'i māramārama 'ē tō Teiho.
Asaphi tahitensis, clam 'ahi
ascend, climb, mount pa'uma, ta'uma, paiuma *(archaic)*, 'a'e, 'a'a'e It is dangerous to ~ that mountain. E mea ataata 'ia ta'uma i ni'a i terā mou'a. Can you climb that tree? E nehenehe ānei tā 'oe e pa'uma i terā tumu rā'au. Tahi climbed the coconut tree (literally: the coconut tree was climbed by Tahi). 'Ua 'a'ehia te tumu ha'ari e Tahi. He is very fast in climbing coconut trees. E ta'ata 'oi'oi roa 'ōna i te ta'uma tumu ha'ari.
ascend, rise mara'a The sea rose. 'Ua mara'a te miti.
Ascension ma'uera'a
ascertain ha'apapū It was also ~ed that ... Te ha'apapū-ato'a-hia ra e ...
ASDIC, sonar heheu moana
ash, ashes rehu, rehu auahi
the color of **ash, grey** rehu
ash blond(e) rehurehu
ash from tobacco rehu 'ava'ava
ashamed, (also:) **bashful, shy, timid, embarrassed, confused** ha'amā I sometimes get embarrassed when I try to speak Tahitian. 'Ua ha'amā ri'i au i te tahi mau taime ā tāmata vau i te paraparau nā roto i te parau tahiti. And they were both naked, the man [Adam] and his wife, and were not ~. Tē vai taha'a noa ra 'Adamu [pronounced: 'Atamu] rāua ato'a 'o te vahine, 'aita rā rāua i ha'amā.
act **ashamed** fa'aha'amā
act **ashamed** or **timid** ha'aha'amā
ashore i ni'a i te fenua, tei te fenua
go **ashore, disembark** pou mai ni'a mai i te pahī, pou i raro
run **ashore, run aground, be thrown up on the beach** iri The ship ran onto the reef. 'Ua iri te pahī i ni'a i te a'au.
ashtray vaira'a rehu auahi, fāri'i (fa'ari'i) rehu auahi, vaira'a

Asia   **assemble**

rehuʻavaʻava
Asia ʻĀtia
aside aʻe
lay **aside,** leave **aside,** throw **aside,** give up or abstain from food or alcohol haʻapae
put **aside,** cause to be farther away faʻaātea
put **aside,** (also:) collect, assess huihui
put **aside** for the future, save, reserve faʻaherehere
put **aside** or save a remainder faʻatoe
set **aside,** reserve, mark tāpaʻo I would like to have a table set ~ (reserved) for this coming Saturday night, please; there will be four of us. ʻAhani na, hinaʻaro vau ʻia tāpaʻohia te hōʻē ʻamuraʻamāʻa nō teie pō tāpati i mua nei; e maha mātou.
ask, ask a question, inquire ui   ~ me a question! ʻA ui mai!
ask or inquire repeatedly uiui
ask for, insist upon onoono, onōno You were (or: are constantly) ~ing for trouble. Tē onoono ra ʻoe i te peʻapeʻa.
ask (for), request, beseech, (also:) invite ani I ~ed him for the money. ʻUa ani au iāna i te moni. We have been ~ed to a dinner party tonight. ʻUa anihia māua i te hōʻē tāmāʻaraʻa i teie ʻahiʻahi. ~ and it shall be given you; seek, and ye shall find; knock, and it shall be opened unto you. E ani, ʻē horoʻahia mai iā ʻoutou e imi, ʻē ʻiteā iā ʻoutou e pātōtō atu, ʻē ʻiritihia mai te ʻōpani iā ʻoutou.
ask for, summon poroʻi The doctor was summoned. ʻUa poroʻihia te taote.
ask for endlessly, nag, carp tiani, faʻatiani
ask for forgiveness of sins, atone, expiate tāraʻehara
ask often (to get something), annoy aniani
You got what you asked for! Serves you right! You had it coming! ʻAitoa!
ask (pose) riddles tuʻu piri, tuʻutuʻu piri
askance mataʻē

look **askance at,** reject (someone), disavow hiʻo mataʻē That woman looked ~ at me (I was rejected by that woman). ʻUa hiʻo mataʻēhia vau e terā vahine. He was rejected by his children. ʻUa hiʻo mataʻēhia ʻōna e tōna mau tamariʻi.
aslant, at an angle, oblique hipa
aslant, swung over, listing ʻopa
asleep taʻoto He is still ~. Tē taʻoto noa nei ā ʻōna.
deeply **asleep,** dead drunk, dead to the world unuhi
fall **asleep** vareʻa, vareʻa i te taoto Your child has fallen ~. ʻUa vareʻa tō ʻoe tamariʻi.
"fall **asleep,**" become or go numb (speaking of a limb), (also:) make numb, (also:) cramp, have a cramp mōtuʻutuʻu My leg "fell asleep" (or: I had a cramp in my leg) last night. ʻUa mōtuʻutʻu tōʻu ʻāvae ināpō.
aspect, appearance, form, shape, image, picture, photograph, movie, portrait, facial features hohoʻa
asphalt, tar tā road paved with ~ purōmu (or ʻeʻa) tei tāhia
asphyxiation (from diving, process of becoming punch-drunk or "taravana" from lack of oxygen) topatari, tapatari
ass, donkey ʻāteni
assail ʻōuʻa
assassinate, murder, kill, slay taparahi pohe roa, taparahi haʻapohe, taparahi (taparahi by itself usually means kill, but can also merely mean strike or beat)
assemblage, association ruru taʻata, rururaʻa taʻata
assemble, amass, accumulate haʻaputu, haʻaputuputu
assemble, congregate, gather together ʻāmui, ʻāmuimui The members of the association The Friends of Tahiti were ~d. ʻUa ʻāmuihia te mau mero nō te tāʻatiraʻa Te Mau Hoa Nō Tahiti.
assemble, meet ʻāpoʻo, ʻāpoʻopoʻo

39

assemble, meet (especially for religious purposes) putuputu
assemble (gather together into an assemblage) ruru, tairuru
assemble (mechanical, technical), **reassemble** tāmaumau
assembly, congregation, gathering, meeting 'āmuira'a (especially referring to time and/or place) Four of them went to the ~. To'omaha rātou i te haerera'a i te 'āmuira'a.
assembly, council 'āpo'ora'a the Polynesian ~ te (fare) 'āpo'ora'a nō Porinetia
assembly, gathering, crowd naho'a, naho'a ta'ata
assembly, meeting (especially religious) putuputura'a
Territorial **Assembly** 'āpo'ora'a rahi (o te fenua)
assess, collect huihui
assess, give one's opinion, judge, criticize fa'a'ite i te mana'o
assessor (ta'ata) 'iato'ai
assist, aid, help tauturu utuutu
assist, care for, look after aupuru
assist, tend, administer treatment to utuutu
assistance, support, backing turu
social **assistance** (support for children or dependents) turu uta'a, puruta'a
associate with, mix with people, **join in** 'āmui
association, club pupu
association, cooperative tōtaiete 'ohipa 'āmui
association, league tā'otahira'a
association (of friendship or common interest), **organization** tā'atira'a, 'āmuihoara'a I am deeply grateful to my friends in the ~ The Friends of Tahiti. E 'ā'au mēhara rahi tō'u i tō'u mau hoa nō te tā'atira'a Te Mau Hoa Nō Tahiti.
assuaged, relieved, fulfilled, pleased māha My desires have been ~. 'Ua māha tō'u hina'aro.
assurance, certainty pāpū, pāpūra'a
assurance, insurance, guarantee, warranty ha'apāpūra'a
assurance, insurance, protection pāruru
assured, confident, certain pāpū
aster, star feti'a
asthma (or) **dyspnea** ahomure, ahopau, aho pau
asthma, short-windedness ahopau, aho pau
astonish, amaze ha'amāere
astonished, amazed māere
astonishing, amazing māere, (e) mea māere, māere roa, (e) mea māere roa
truly **astonishing, extraordinary** māere mau, (e) mea māere mau The 'apetahi is a truly ~ flower; it is not like other flowers that people are used to seeing. E mea māere mau te tiare 'apetahi; e 'ere te reira mai te mau tiare ato'a tei mātauhia e te ta'ata.
astonishment māerera'a And thou shalt become an ~, a proverb, and a byword, among all nations whither the Lord shall lead thee. E riro ho'i 'oe ei maerera'a, ei parabole, 'ē ei paraura'a, i te mau fenua ātoa tā Iehova e arata'i iā 'oe ra.
astral body, star feti'a
go **astray** (away from proper direction) 'ē, haere 'ē Their arrows went ~. 'Ua haere 'ē tā rātou mau te'a.
go **astray, lose one's way, stray off** ihu He went ~. 'Ua ihu 'ōna.
astronaut ta'ata tere nā roto i te ao, ta'ata fano nā te mau feti'a
astute, intelligent māramarama ~ response pāhonora'a māramarama
astute or **cunning action** rāve'a māramarama
astute or **cunning, crafty, wily** 'ōpape
astute or **cunning** in the sense of **catching on quickly, intelligent** 'a'apo
astute or **cunning** in the sense of **catching on quickly, being street-smart** akamai

astute

(slang, borrowed from Hawai'ian)
astute or **cunning** in the sense of **wise** or **ungullible**   pa'ari
insane **asylum**   fare ma'ama'a
at   i, tei   The guests are ~ the house. Tei te fare te mau manihini.   Things are going rather well ~ this point. E mea huru maita'i i teie nei.
at, during the time of ...   i te tau i ...
at ...'s, at (someone's) place   iō   ~ my place iō'u   ~ his/her place iōna   There are many sick people ~ the doctor's this week. E mea rahi te ta'ata ma'i iō te taote i teie hepetoma.
at or **in this place, here**   iō nei, iū nei, tō ō nei, i teie nei vāhi   There are many people ~ this place. E mea rahi te ta'ata iō nei,   The beautiful women are all ~ this place. Tei ō nei pauroa te mau vahine nehenehe.   There are many mosquitos here. E mea rahi te naonao tō ō nei.
at hand, imminent, near (construction with tē fātata nei)   Repent ye: for the kingdom of heaven is at hand. E tātarahapa 'outou: tē fātata mai nei ho'i te basileia (pronounced patireia) o te ao.
at present, at this time, now   i teie nei   The sky is clear in Faaa ~. E mea āteatea te ra'i i Fa'a'a i teie nei.
at that time, then, afterwards   ei reira   When I return, ~ we'll talk again. 'Ia ho'i mai au, 'ei reira tāua e paraparau fa'ahou.
... at or **in ... when** or **while ...**   ... 'a ... ai ...   ~ the hour when the airplane arrived. I te hora 'a tae mai ai te manureva.
at the same time as, as soon as   i te taime iho   He recognized me ~ he saw me. 'Ua ta'a iāna ē o vai au i te taime iho tāna i 'ite iā'u.
at what time?   eaha te hora?   ~ will the store be open? Eaha te hora e matara ai te fare toa?
not **at** all, **by no means**   'aita roa
atheist   ta'ata fa'aro'o 'ore

atomic bomb

Athens   'Ateno
athlete (general), **sportsman**   ta'ata tā'aro
athlete, body builder   ta'ata fa'a'eta'eta tino
athlete, champion, hero   'aito
athlete, (especially:) **wrestler**   mā'ona
athletes, body builders   te mau feiā fa'a'eta'eta tino
athletes, sportsmen   hui tā'aro
athlete's foot (disease)   omeo
athletic, muscular, brawny, strong   euea, pāuaua
athletic training   fa'a'eta'etara'a tino
athletics   hanamā'ona
athletics, sport   tā'aro
Atlantic   moana 'Ataranitita
atmosphere, aerosphere   reva mata'i
atmosphere, ambience (emotional, negative)   huru 'ino
atmosphere, ambience (emotional, positive)   huru navenave
atmospheric   mata'i   ~ pressure teiahara'a mata'i   low ~ pressure ā'rea mata'i
atmospheric disturbance   'ārepurepura'a
atmospheric turbulence   'āoira'a
atoll, coral atoll, low island, (also:) **islet, reef island, lagoon island**   motu, mutu   (The Tuamotu group North-East and East of the Society islands encompasses 78 atolls, the largest of which is Rangiroa.) The captain and the first mate then looked at the ~ through the binoculars. Hi'o atura te ra'atira 'ē te ra'atira piti i te motu ra nā roto i te hi'o fenua. (From R. L. Stevenson's The Isle of Voices, translated by John [Tihoni] Martin.)
encirled by **atolls** (like Takapoto in the Tuamotus)   menemene
atom (physics)   atomi
atom, particle, grain   hu'a (be careful with pronunciation since hua means vulva)
atomic bomb   tōpita atomi
be **atomized** (reduced to very small pieces)   hu'ahu'a

41

atone, expiate, ask for forgiveness of sins tāra'ehara
atonement, expiation tāra'ehara
atonement in the sense of being forgiven (construction with matara (i te) hara) And now I will go up unto the Lord; peradventure I shall make an ~ for your sin. 'Ē teie nei e haere au i ni'a iā Iehova ra; pēneia'e 'o te matara tā 'outou hara iā 'u.
atrophy *n* haerera'a 'orovī
atrophy *v* haere 'orovī His muscles are ~ing. Tē haere 'orovī nei tōna uaua'i'o.
attach, fasten, join, make fast to tāmau
attach, tie up, bind together tā'amu, tā'ai, ru'uru'u
attach with glue or paste ha'apia, pia
attach something temporarily by pinning or nailing pine
attaché case, briefcase pūtē vaira'a parau, vehi I am searching in my ~. Tē pāheru nei au i roto i tā'u pūtē vaira'a parau.
handle of an **attaché case**, briefcase, suitcase, bag, or basket feretau
attachment, affection, great love here rahi, murihere (seldom used today)
attachment, fastening tā'amura'a
attack, bout, outbreak, outburst, fit, recurrence of an illness pūaira'a, ro'ohiara'a ~ of fever pūaira'a fiva when he has an ~ of filariasis (elephantiasis) i tōna ro'ohiara'a māriri pūfe'efe'e fit of anger riri tupu tā'ue
attack, bumping into fa'aūra'a
attack, fight, engaging an enemy in combat or **war, waging war** 'arora'a
attack (or bout or fit) **of madness** or **insanity**, (also:) **dementia** fa'auru ma'ama'a He has had an ~. 'Ua fa'auru ma'ama'ahia 'ōna.
attack dog 'ūrī pāni'a
have an **attack** or **fit of madness** or **insanity, be possessed** uru
attack, bump into fa'aū
attack fiercely (referring mostly to dogs and hogs when eating, also certain fishes and birds), **pounce** (on a prey), (also:) **bite** (as fish on a bait) apu, apuapu
attack, fight, engage an enemy in combat or **war, wage war** 'aro
attain, buy ho'o mai
attain, obtain, receive (without special effort) noa'a, noa'a mai
attain, obtain, succeed, receive (with effort) roa'a, roa'a mai I received my driver's licence. 'Ua roa'a mai tā'u parau fa'ati'a nō te fa'ahoro i te pereo'o.
attain, reach tae
attained, bought ho'ohia mai
(be) **attained**, (be) **reached** nāe'a, tāe'a He has ~ his adulthood. 'Ua nāe'ahia tōna matahiti. Soon they reached Raiatea. 'Aita i maoro, 'ua tāe'a Ra'iātea iā rātou.
attained, received noa'a
attained, succeeded roa'a
attempt, effort, trial tāmatara'a He failed in his ~. 'Ua tihopu 'ōna i roto i tāna tāmatara'a.
attempt, try, try out, have a go at something tāmata
attend, pay attention, watch carefully ha'apa'o
attend to, care for, look after well aupuru
attend to, control, supervise hi'opo'a
in **attendance, present** (construction with iō:) He is in ~. Te iō nei 'ōna.
attendant, servant, maid, domestic help tāvini
attended, cared for, looked after well aupuruhia
attended, watched carefully ha'apa'ohia
well-attended ta'atahia
attention, care, vigilance ha'apa'o, ha'apa'ora'a Attention! Be careful! Watch out! Ha'apa'o maita'i! not paying proper ~ ha'apa'o 'ore
attention, caring aupuru
attention, control, supervision hi'opo'ara'a

pay attention (to)   **Austrian**

call to someone's **attention, warn** fa'aara "I tell you [call to your ~]," said Keawe, "the man who has that bottle goes to hell." (from RLS's The Bottle Imp, translated by John Martin.) Nā 'ō atura o Ke'aue: "Te fa'aara atu nei ā vau iā 'oe, te ta'ata nāna tenā mōhina, o hāte ia tōna vaira'a."

pay **attention, be vigilant** ara Take care! Be on your guard! E ara! Pay special ~ when you drive a car here in Tahiti! E ara maita'i 'oe 'ia fa'ahoro 'oe i te pereo'o i Tahiti nei! Pay ~ to dental hygiene. E ara i te 'atu'atura'a o te niho.

pay attention (to), look after, take care of, watch out (for) ha'apa'o, ha'apa'o maita'i Pay close attention when you climb down! Ha'apa'o maita'i roa 'a pou ai 'oe i raro!

pay physical **attention** or **heed to a baby,** (by taking it into one's arms, rocking it to sleep, etc.) hi'i

pay **attention to, care about, believe in what is said, take seriously** tāu'a Don't ~ what he says! 'Eiaha e tāu'a i tāna parau! ... but he thought no more of it. ... 'aita ra 'ōna i tāu'a fa'ahou.

pay **attention to, care for, tend, look after well** aupuru

pay attention to the affairs of other people hi'ohi'o

make someone pay **attention, discipline** fa'aha'apa'o   ~ to the law fa'aha'apa'o i te ture

attentively, carefully māite

attentively, intently mai te mana'o ara

attestation, certificate, document parau ha'apāpūra'a

attestation, certification, declaration fa'a'itera'a pāpū

attorney, advocate, defense lawyer ta'ata pāruru, pāruru The ~ is going to reveal the truth. Tē hua'i atu nei te ta'ata pāruru i te parau mau.

attorney, lawyer, barrister 'avaota He is a practicing ~. Tē mau nei 'ōna i te tōro'a 'avaota.

power of **attorney, proxy** parau hōmana by power of ~ tāhōmana

attract, bait, tantalize, tease fa'atīaniani

attract, entice, lure 'ume, 'ume'ume

attraction, appeal peu nehenehe

attractive, adorned, decorated 'una'una

attractive, beautiful, pretty nehenehe, purotu (mostly used with women and girls)

attractive, handsome, elegant hāviti

attribute (grammar), **complement** 'āteriputi

attribution, allocation (to) tuha'a fa'aotihia nō ..., tuha'a fa'aotihia nā ...

auction ho'o(ra'a) pātē

auction off, sell at auction ho'o pātē

auditorium, hall fare 'āmuira'a ta'ata

auger, drill, borer hou

augment, develop, cause to grow fa'atupu, fa'atupu i te rahi, fa'atupu 'ia rahi

augment, enlarge, magnify, increase fa'arahi

August 'ātete (note that 'atete means clink or tinkle) the month of ~ te 'āva'e nō 'ātete

Aulostomus valentini, trumpetfish 'aupāpā tohe tūpou

aunt metua vahine fēti'i

Austral islander ta'ata Rurutu

Austral Islands Rurutu-mā, te mau fenua Rurutu, te mau fenua tuha'a pae, te mau fenua pae 'apato'a the people of ~ tō Rurutu

Australia 'Autarāria, 'Auterāria, 'Oterāria

Australian *adj* 'autarāria, 'auterāria, 'oterāria

Australian *n* ta'ata 'autarāria, 'autarāria, ta'ata 'auterāria, 'auterāria, ta'ata 'oterāria, 'oterāria

Austria (fenua) 'otitiria

Austrian *adj* 'otitiria

Austrian *n* (ta'ata) 'otitiria

authentic, genuine, real mau This is an ~ diamond. E taiamani mau teie. You are a real friend. E hoa mau 'oe.
authentic, legitimate ti'a maita'i
authenticity, legitimacy ti'a maura'a
author ta'ata pāpa'i 'a'amu, ta'ata pāpa'i puta, tāparau Robert Louis Stevenson is a superb ~. Ta'ata pāpa'i 'a'amu fa'ahi'ahi'a roa 'o Tēri'itera. The Stevensons were received by the chief of Taravao, Teva-i-tai o Ori, and then given the name of Tēri'itera. 'Ua fāri'ihia Stevenson-mā e te tāvana 'o Teva-i-tai o Ori, 'ē hōro'ahia ihora i te i'oa o Tēri'itera.
author, write, compose fatu haerera'a popa'ā, fatu
author, writer, composer ta'ata fatu haerera'a popa'ā, ta'ata fatu
authorities, bureaucrats, officialdom (te) feiā tōro'a
authorities, powers that be (te) hui mana, feiā mana, te mau ti'a fa'atere
authoritarian, arbitrary mā te fa'ateiaha ~ government hau fa'ateiaha
authority, command, leadership, administration fa'aterera'a the mutineers under the ~ of Fletcher Christian te mau 'ōrure hau tei raro a'e i te fa'aterera'a a Fletcher Christian
authority, power of authority, power to make decisions, political power, (also:) **supernatural power** mana rural (territorial) ~ mana fenua urban (metropolitan) ~ mana hau metua
authority (civil law) tivira
delegate **authority** or **power to someone,** (also:) **exalt someone** teni, teniteni
royal or spiritual **authority, sovereignty** mana hau a'e, mana hope
authorization, permission, permit parau fa'ati'a, fa'ati'ara'a
authorize, empower, legalize, validify, notarize, record (documents) **legally** ha'amana

authorize, give permission, permit fa'ati'a I ~ it. Tē fa'ati'a nei au i te reira.
I **authorize the above** (at the end of a document, literally: by my hand) nā tā'u rima
authorized, empowered, legalized, validified, notarized, recorded legally manamana, mana
authorized, permitted fa'ati'ahia
automobile pereo'o uira (for numerous examples, see **car**)
automobile registration card parau fatura'a pereo'o
autonomy 'ōtonomi
autonomy, self-government ihofa'aterera'a
autumn (season of abundance of fruits, vegetables, fish), **fall** tau 'auhune
auxiliary, attending ha'apa'o
auxiliary, providing back-up tauturu
auxiliary (pertaining to grammar) turu ~ verb ihoparau turu ~ verb of negation ihoparau turu'aipa
auxiliary vessel, tender (small:) poti ha'apa'o, (larger:) pahī ha'apa'o
avaricious, greedy, covetous nounou tao'a
avaricious, stingy, miserly pa'ari i te moni, piri tao'a, piripiri
Ave Maria 'Iaorana e Marie ē
avenge (oneself), "pay back," retaliate, (also:) **vengeance,** (also:) **vengeful** tāho'o (This word can be both negative and positive, depending on the context, the basic meaning being to give someone his just rewards, so it can also mean **reward, recompense, remunerate.**)
avenging oneself, "paying back," retaliation tāho'o
average, common, ordinary, humble, simple ri'iri'i the ~ folk te feiā ri'iri'i
average, in the middle range rōpū, i rōpū
average, mean, the midpoint te rōpū

aversion au 'ore roa
aversion to labor, laziness, idleness, neglect of school or work fa'atau
aviation 'ohipa manureva
　meteorological service for civil ~ pū 'ohipa mēteō manureva tīvira
avocado 'āvōta
avoid, abandon, shun, abjure tāponi
avoid a blow or obstacle, avoid a subject, dodge, parry 'ape, 'ape'ape
avoid or **prevent trouble** ārea i te pe'ape'a The clergyman intervened to ~ trouble. 'Ua ārai te 'orometua ('orometua a'o) i te pe'ape'a.
await, wait for, watch out for tī'ai I waited for you. 'Ua tī'ai au iā 'oe.
awake ara
wide awake, alert, clearheaded viti, ara, vita (slang)
awake(n), become awake ara
awaken (someone), wake (someone) up fa'aara I became sick and it is important that I sleep today. Don't ~ me! 'Ua ma'ihia vau 'ē e mea ti'a ia ta'oto vau i teie mahana. 'Eiaha e fa'aara iā'u!
awaken with a start, be startled hitimahuta I ~ed with a start with a start from my dream. 'Ua hitimahuta vau nā roto i tā'u moemoeā.
awakening ara, arara'a first manifestations of intelligence in a child arara'a o te māramarama
award, prize rē
award, reward, recognition tao'a ha'amāuruuru
award a decoration or **medal** fa'afeti'a
aware, alert ha'apa'o, e mea ha'apa'o
aware, cogniscent 'ite, e mea 'ite
aware, conscious, wakeful, able to remember hiro'a
aware, informed fa'a'itehia
aware, sagacious, wise pa'ari
awareness, consciousness hiro'a
hidden from awareness, indirect 'ōmo'e
　hidden tax tute 'ōmo'e

away, absent ma'iri
away, distant, far, remote ātea
away, in another place tei te vahi 'ē
away, thither atu to go ~ haere atu
carry away, remove hōpoi 'ē
cause to be far away, keep at a distance, go far away, withdraw, retreat fa'aātea
a certain distance away, a little ways away, a little while off a'e
do away with, delete, eliminate, cancel, forgive (an act) fa'a'ore
far away, far, remote, distant ātea (roa) He stopped in a certain far-~ place. 'Ua fa'ae'a 'ōna i te hō'ē vāhi ātea roa.
farther away huru ātea atu
get away, escape, be saved ora
go away haere atu, haere 'ē
go away, disappear, no longer exist 'ore My headache has gone ~. 'Ua 'ore tō'u māuiui upo'o.
Go away! Scram! Beat it! Buzz off! Bug off! Get lost! Shove off! ('A) Fa'aātea!
pass away, die pohe, fa'aru'e roa
push away with elbow or hand patu
put away, conserve, save fa'aherehere
right away, quickly 'oi'oi We would like to pay now, because we want to leave ~. Tē hina'aro nei māua i te 'aufau i teie nei, nō te mea tē hina'aro nei māua e fa'arue 'oi'oi.
run away, abscond, escape, leave horo The thief ran ~. 'Ua horo te ta'ata 'eiā.
running away, escaping, fleeing horotāpuni
send away, send back, fire, "kick out," reject patu
slip away or **escape** (for example, from one's hands) hemo ... but Keola was past fear and courted death. 'Ua hemo ra i muri te ri'ari'a o Keola 'ē te fa'ahina'aro nei 'oia i te pohe i teie nei. (literally: Keola's fear had ~ped away [from him] and he now flirted with death.) (From John [Tihoni] Martin's free translation of R.L. Stevenson's The Isle of Voices.)

awesome

throw **away, get rid of**   tā'ue

awesome ("making your hair stick up")   fa'ahotaratara

awkward, ignorant, unskilful, maladroit   ma'ua (note that māu'a means wasted or spoiled)

awkwardness, immaturity, ignorance, incapability   ma'ua

awl (tool)   tīputa

awl, pierce a hole (especially when piercing the eye holes of a coconut)   tīputa, tīputaputa

go **awry, fail,** (also:) **be tricked**   tihopu
His effort went awry. 'Ua tihopu 'ōna i roto i tāna tāmatara'a (literally: He failed in his effort).

axe (formerly: adze), **hatchet**   to'i, ōpahi (literally: ship scooper-out) ('ōpahi is used mostly in the Leeward Islands, in the Windward Islands to'i is preferred)

babble — back door

babble, prattle, make a din pātētē a person who ~s ta'ata vaha pātete, vaha pātētē

baby, infant 'aiū, pēpe That is a very pretty ~. 'O te 'aiū (pēpe) nehenehe roa terā. The godparents gave the name Hei Fara to the ~. 'Ua topa te metua papetito i te i'oa nō te 'aiū 'o Hei Fara.

rock or lull a **baby to sleep, take a baby in one's arms, dandle** hi'i

baby bottle mōhina tītī

baby carriage, baby-buggy pereo'o tūra'ira'i

baby sitter vahine ha'apa'o tamari'i (literally: a woman who takes care of children) Do you know a ~ who could come regularly in the evenings? 'Ua 'ite ānei 'oe i te hō'ē vahine ha'apa'o tamari'i nō te mau pō ato'a?

baby tooth/teeth niho tamari'i

bachelor tane ha'aipoipo-'ore, tane ta'a noa

bachelorette vahine ha'aipoipo'-ore, vahine ta'a noa

bacillus, germ auto'o

back of body tua, tia (seldom used, tia now mostly referring to the lower belly) bent ~ tua fefe My ~ is itching. 'Ua ma'ero tō'u tua. Your ~ is peeling (from sunburn). 'Ua māhorehore tō 'oe tua. I have hurt my ~ very badly, so that I cannot bend and I can't lift anything either. 'Ua mure 'ino roa tōu tua, nō reira 'aita tā'u e nehenehe 'ia pi'o 'ē 'aita ato'a ho'i tā'u e nehenehe 'ia amo i te mau huru ato'a.

If (When) your ~ hurts, apply this ointment. 'Ia māuiui tō 'oe tua, e parai 'oe i teie rā'au. He turned on his ~. 'Ua huri tua 'ōna.

back of neck, **nape** rei

fall on one's **back** topatua

lie on one's **back, be stretched out on one's back** tīraha, tīraharaha

the small of the **back** hoperemu

hunch**back** ta'ata tia pu'u

talk about someone behind his **back,** slander 'ōhimu, 'ōhumu

back (location), **aft, rear** ... muri, ... i muri

at the **back of, behind** ... i muri mai

back, back up, go in reverse haere i muri

back vt, **support, aid, help** tauturu

back up, agree with, have the same opinion as, second 'āpiti, 'āpitipiti He backed me up. 'Ua 'āpiti 'ōna iā'u. I second your opinion. Ho'ē ā to'u mana'o e tō 'oe. I agreed with my wife. 'Ua 'āpiti to'u mana'o 'ē tō ta'u vahine.

back up, support, take the side of turu, tuturu

back door tō muri mai 'ōpani

the **back way, through the back** nā muri mai Come in the ~! Haere mai nā muri mai i te fare.

arrive **back, be back** tae We must be ~ (arrive) at the house at 7 o'clock. E mea ti'a roa 'ia tae atu māua i te fare i te hora hitu.

bounce **back,** (also:) **leap** (as fish that have just been caught) patī, pātītī

come **back, return** (from another place) ho'i, ho'i mai The space ship came ~ to earth. 'Ua ho'i mai te pahī reva i te fenua nei.

getting **back** to, **as for, considering** 'āre'a, 'āre'a rā

to get **back** to, **(but) as for, let us consider** 'āre'a, 'āre'a rā To get ~ to that woman, she is very beautiful. 'Āre'a terā vahine,

backbite   **bag**

nehenehe roa 'ōna. To get ~ to the tourists, they want to leave on the scheduled day. 'Āre'a te mau rātere, te hina'aro ra ia rātou e reva i te mahana i parauhia.

go **back**, **return** (to another place)   ho'i, ho'i atu

go **back** again, **return**   ho'i fa'ahou ... for dust thou art, and unto dust shalt thou return ... e repo ho'i 'oe, 'ē e ho'i fa'ahou atu ā 'oe i te repo

hold **back**, **dawdle**, **go slowly**   ha'amarirau

pay **back**, **reimburse**, **recompense**   fa'aho'i i te moni

paying **back**, **reimbursement**, **recompense**   fa'aho'ira'a i te moni

push **back** with elbow or hand, **keep off**   patu

put **back** together, **assemble**, **reassemble**   tāmau

send **back**, **send away**, **fire**, **"kick out,"** **reject**   patu

swim(ming) on one's **back**   'au 'ōtua

backbite, **gossip**, **tattle**, (also:) **malign**, **slander**   tihotiho

backbite, **slander**, **speak evil of**   'ōhumu, 'ōhimu

backbiter, **gossip**, **tattler**, **slanderer**   ta'ata tihitiho parau

backbiting, **slander**, **slandering**, **talking evil about**   'ōhumu, 'ōhimu

backbone   ivi tua, tuamo'o

backer, **patron**   'ona

backer, **supporter**   turu, ta'ata turu

backing, **help**, **support**   turu, tuturu, tauturu

backstroke (swimming)   'au 'ōtua

backward(s)   i muri

backward(s)   'ōfera   trip or fall ~   tītāpou 'ōfera (or:) topa 'ofera

bacon, **pork**, **ham**   pua'a, 'i'o pua'a

bacterium, **bacteria**   pāteria

~ spirit   vārua 'ino

bad, **of bad quality**   'ino

very **bad**, **lousy**   'ino roa

bad, **evil**, **immoral**, **unscrupulous**   ne'one'o (literally: foul)

bad, **evil**, **malicious**, **wicked**   'ino, (dual & plural:) 'i'ino   ~ person   ta'ata 'ino   ~ habit(s)   peu 'ino   ~ language (swear word)   parau 'ino

bad, **malicious**, **harmful**, **injurious**   tōtōā

bad, **mean**, **malicious**, **savage**   tuputupuā

bad, **poisonous**, **toxic**, **intoxicated**, **drunk**   ta'ero

bad, **troublesome**   pe'ape'a   ~ news   parau pe'ape'a

bad, **worthless**   faufa'a 'ore

have **bad** luck, **be unlucky**, **lose out**   pāoa   He had ~ luck in the lottery. 'Ua pāoa 'ōna i te tāvirira'a.

use **bad** language, **curse**, **swear**   tuhi

What **bad** luck! **Darn it!** (when losing something of value)   E mea nounou!

What a **bad** thing! **Oh boy!** (negative tone)   Auē i te mea 'ino ē!

bad (rotten) tooth   niho pē

bad odor, **dirtiness**   piro

bad odor, **stench**   hau'a ne'one'o

bad (body) odor, **acrid smell** (as of urine)   veoveo

bad-mouthed, **evil-mouthed**   vaha 'ino

bad-mouthed, **foul-mouthed**   vaha repo

bad-smelling, **dirty**   piro, piropiro   He has bad breath. E vaha piropiro tōna.

bad-smelling, **having an acrid smell** (as of urine)   veoveo

bad-smelling (especially from rottenness or decomposition), **stinking**, **foul**   ne'one'o   A dead rat has a foul smell. E mea ne'one'o te 'iore pohe.

badge, **emblem**, **insignia**   pihi

badge, **pin**, **brooch**   pine

badly   'ino   The car's tire was very ~ punctured. 'Ua puta 'ino roa te uaua pereo'o.

badly cooked, **not well done**   otaota

badly or **loosely joined**   pūvatavata

bag   pūtē   He poured the sugar into the ~. 'Ua tītō 'ōna i te tihota i roto i te pūtē.

bag, briefcase pūtē vaira'a parau, vehi I am searching in my ~. Tē pāheru nei au i roto i tā'u pūtē vaira'a parau.
(travel) **bag, suitcase** 'āfata 'ahu, pūte tere, pūte vaira'a 'ahu Is it possible to leave this ~ with you when we leave for the cruise? E nehenehe ānei 'ia vaiho mai i teie 'āfata 'ahu iā 'ōrua na 'ia reva māua nā ni'a i te pahī?
handle of a **bag**, briefcase, attaché case, suitcase, or basket feretau
net **bag** tōtō net ~ for oranges tōtō 'ānani
net **bag** on pole (to pick fruit) tētē
baggage, bale, bundle, parcel 'ōta'a
baggage, possession(s) taiha'a, tauiha'a, tauha'a
baggage, suitcase, trunk 'āfata taiha'a, 'āfata tauiha'a, 'āfata tauha'a, pūtē tere Can you carry (literally: lift) that heavy suitcase? E mara'a ānei terā pūte tere toiaha iā 'oe?
bail, scoop tatā ~ out the (bilge) water tatā i te riu
bailiff uitiē command of a ~ fa'ahepora'a uitiē
bait *n* (on hook) 'arainu, 'āinu, marainu, māinu
bank of small fish usually caught for **bait** 'ata
bait (for fishing), **lure** 'apa
bait, lure *v* paru
bait, lure, entice, tantalize, tease fa'atīaniani
bake (prepare food in the himā'a [or:] ahimā'a) 'eu Steam-~d pork is better than grilled pork. E mea maita'i a'e te pua'a 'eu i te pua'a tunu pa'a.
bake or **cook again** tihana
bake, grill tunu pā'a
bake, warm up (already cooked food in the oven) 'eu'eu
baking powder, yeast hōpue
baking powder (in a can) hōpue punu
baksheesh, bribe, graft moni tāhinu
offer **baksheesh, bribe** peta, tāhinu

balance(s), scales, equilibrium fāito, fāito teiaha, fāito toiaha, fāito Ye shall have just ~. Ei fāito au tā 'outou fāito.
lose one's sense of **balance, stagger, reel** tūtāperepere
balance, equalize fa'afāito
balance, keep on an even keel tārere
lose one's sense of **balance, reel, stagger** tūtāperepere
balanced fāitoau a ~ meal 'amura'a fāitoau
balcony, veranda, porch taupe'e
open to a **balcony** or **veranda** or **porch** fa'ataupe'e (As for) the house, it was three stories high, with great chambers and broad balconies on each. E toru tahua tō te fare, e mea piha āteatea maita'i tō roto e mea fa'ataupe'ehia nā rapae. (From Robert Louis Stevenson's The Bottle Imp, translated freely by John [Tihoni] Martin.)
bald pahure
bald-headed upo'o pahure
baldness, alopecia, hair loss ma'urura'a huruhuru
bale, bundle 'ōta'a
bale (out), scoop ~ out the bilge water tatā i te riu You two paddle (or: row), I will ~. Nā 'ōrua e hoe, nā'u e tatā i te riu.
ball (sphere, hard, for games) pōro
ball (sphere, soft, for games) pōpō kick a ~ tu'e i te pōpō foot~ (game or match) tu'era'a pōpō hand~ tirira'a pōpō (or:) tiri-pōpō volley-~ pāira'a pōpō (or:) tā'irira'a pōpō
ball, dance (European type) 'orira'a popa'ā, pō 'orira'a popa'ā (literally: dancing night in the European style) At what time does the ~ begin? Eaha te hora (Āfea) te 'orira'a popa'ā e ha'amata ai?
grand **ball** 'orira'a rahi popa'ā I went to Papeete for the grand ~ and after that I did not return. 'Ua haere au i Pape'ete nō te 'orira'a rahi popa'ā 'ē mai reira mai ā, 'aita vau i ho'i fa'ahou.
ball bearings pōro 'ohura'a

ball

ball of string or thread pōnau
ball of string or twine, (also:) roll of cloth or paper 'ōtaro
ball or roll of thread or cord or cotton, coil, bolt (of textiles) pōtaro
cannon ball 'ōfa'i pupuhi fenua
eye ball, eye socket 'āpo'o mata, 'apu mata
play ball (with a hard ball, marbles, billiards, bowling, etc.) ha'uti i te pōro
play ball (with a soft ball, soccer, handball, etc.) ha'uti i te pōpō, perē i te pōpō
ball (globe) lightning vārua 'ino (literally: "evil spirit")
ballast, weight tāumi
get all balled up, drag out 'ōta'a
balloon, (also:) ball pōpō Take the ~, but don't (be careful not to) prick it. 'A rave i te pōpō, 'eiaha rā e ha'aputa.
balloon, bubble 'ōpūpū The big ~ burst. 'Ua pararī te 'ōpūpū rahi.
ballot parau ma'īti, tīteti ma'īti
ballpoint pen pēni pāpa'i
ballroom, dancing establishment vāhi 'orira'a
balls (slang), testicles pōro
Baltic Paratita
bamboo 'ofe, 'ohe
use bamboo joints as containers tā'ofe (note that taofe means coffee), tā'ohe
wall of bamboo aligned vertically pāti'a
bamboo chair parahira'a tei hāmanihia e te ofe i rara'ahia
bamboozle, trick, con, hoodwink, "take for a ride" fa'arapu (roa) Watch out, that guy is a con man. Ha'apa'o maita'i, e ta'ata fa'arapu roa terā.
bamboozle, trick, fool tāviri I was ~d. 'Ua tāvirihia vau.
ban, eliminate, cancel fa'a'ore
ban, elimination, cancelation fa'a'orera'a, tapu
ban, prohibit, close 'opani
ban, prohibition (general), closing of 'ōpanira'a

banishment

ban, prohibition (land injunction, prohibition of the use of fruit or fish) rāhui
banana, Musa sapientum mai'a, mei'a bunch of ~s tari mai'a, tari mei'a
mountain or red banana, plantain, Musa fehi fē'ī (a small vaiety is called 'āfara) bunch of ~s tari fē'ī
the sweet gum in the blossom of the banana piapia
banana leaf rau mai'a, rau mei'a, rao'ere mai'a, rao'ere mei'a
dry banana leaf rauhuru mai'a, rauhuru
dry mountain or red banana leaf rauhuru fē'ī, rauhuru
banana stems (bruised and put into the hīmā'a [native oven] to keep the food from burning) rauai, rauari
bananas preserved by drying in the sun pīere
band, combo, group pupu 'upa'upa, pupu fa'ata'i, pupu fa'ata'i 'upa'upa
band (large), big band, orchestra 'upa'upa rahi
band, ribbon rīpene, (less often:) rīpine
band, gang, (also:) troup, (also:) flock, herd nana The ~ of thieves was arrested. 'Ua tāpe'ahia te nana 'eiā.
band, waveband, radio frequency rēni fa'atētoni
rubber band uaua tā'amu rubber ~ to tie up the hair uaua tā'amu rouru
bandage, dressing tā'amu ma'i, 'ahu viri
banded barracuda tatia
banded flag-tail pātia nato
banded jack paia
bandit, delinquent person ta'ata 'ohipa 'ino
bandit, thief (ta'ata) 'eiā
bandit, robber (ta'ata) 'eiā haru
bang, explosion haruru, haruru rahi
bang, resound haruru
banged up, battered, dented popo'a
banish, exile, expel, deport ti'avaru, tūvaru
banishment, deportation, expulsion

ti'avarura'a, tūvarura'a
bank, lending institution fare moni
Where is the ~? Teihea te fare moni? the ~ manager te ra'atira nō te fare moni The ~ mortgaged my house. 'Ua tīpe'e mai te fare moni i tō'u fare. I took out a loan at the ~. 'Ua tārahu vau i te moni i te fare moni.
savings **bank** 'āfata fa'ahotu moni
withdrawal from a **bank** 'iritira'a moni
bank check, draft, voucher parau moni (literally: money paper), parau ti'ira'a moni (i te fare moni)
bank note, bill (in the sense of paper money) moni parau
bank of fish 'aere ~ of tuna 'aere 'a'ahi
bank of small fish (usually caught for bait) 'ata
bank statement of account tāpura moni
river**bank** tahora
sand**bank** pu'u one The ship was wrecked on a sand~. 'Ua fa'airihia te pahī i ni'a i te pu'u one.
bankrupt topatari, tapatari
go through **bankruptcy** topatari
banned, eliminated, canceled fa'a'orehia
banned, forbidden tapu
banned, prohibited, closed 'ōpanihia
banner fish paraha ave
bantam (usually referring to objects), **diminutive, little, small(-scale)** na'ina'i
banter, kid, tease ha'uti
banyan (tree), Urostigma prolixum 'ōrā
baptism papetitora'a
baptismal name, first name, given name i'oa topa
baptize papetito
bar, pub, saloon, "watering hole" fare inuinura'a, fare inura'a, vāhi inuinura'a, fare 'ava
disreputable **bar** or **pub, dump, dive, hole, joint** fare (or vāhi) inuinura'a ro'o 'ino
reputable **bar** or **pub** fare (vāhi) inuinura'a ro'o maita'i
bar (cake) of soap pā pu'a, pā
barb (of fishhook or arrow) pāfao
barb, thorn tara
barbarian, ignorant, awkward ma'ua
barbarian, savage, wild 'ōviri
barbarian, dunce ta'ata ma'ua
barbarian, savage, brute, wild person ta'ata 'ōviri
"barbarian" duck, Barbary duck mo'orā perehū
barbecue, grill, cook over an open fire tunu pa'a
barbecued (on rotated spit) tāviriviri ~ pork pua'a tāviriviri
barbed wire niuniu taratara
barbel (fish of the Mullidae family), **goatfish, Parupeneus barberinus** ahuru tore
barbelled mullet, young-bait goatfish, Mulloidichtys samoensis 'ōuma, (when it reaches large size:) vete
barber ta'atapā'oti rouru
bare, naked taha'a, vaitaha'a, 'ahu-'ore
bare, shorn ma'uru
barely, almost, near, close to fātata I almost fell. 'Ua fātata vau i te topa. It is ~ daylight. 'Ua fātata i ao.
bark (thick or tough; of trees), (also:) **rind** (of fruit or vegetables), **peel,** (also:) **crust** (of bread or of sores), (also:) **shell** (of turtles or eggs or nuts), (also:) **outer skin** pa'a coconut tree ~ pa'a tumu ha'ari
bark of a young hibiscus tree more (the Tahitian "grass" skirt ['ahu more] is actually made of bleached and thinly shredded pūrau [hibiscus] bark fiber)
bark (thin), **skin** 'iri
bark, barking 'aoara'a
bark, bay, yelp 'aoa
barking 'aoa
barley pāere
Barnaby Paranapi, Paranapa
barometer pārometa
baron, nobleman iatoai

barracks (army) 'āua fa'ehau
barracks (navy) 'āua mātarō
barracuda, Sphyraena koehleri pao'e
great **barracuda, Sphyraena barracuda** ono
a kind of **barracuda, Sphyraena forsteri** ti'atao, tapato
barrel, cask, keg paero
barrel of a gun 'auvaha, 'auaha
double~ed gun pupuhi 'auvaha piti
Tahitian **barrel drum** (a length of wood hollowed out, with a slit) tō'ere
barrier, fence 'āua
barrier reef, coral reef to'a a'au, a'au
double ~ a'au piti
Barringtonia asiatica, a tree the poisonous fruit [somewhat resembling a coconut] of which is used to catch fish through its toxic action (but less toxic than the hora pāpua root) hutu, hotu
barrister, attorney, advocate, defense lawyer ta'ata pāruru, pāruru The ~ is going to reveal the truth. Tē hua'i atu nei te ta'ata pāruru i te parau mau.
barrister, attorney, lawyer 'avaota
cross-**bars** or **struts attaching outrigger to canoe** 'iato
bar-tailed goatfish faia
barter *n*, **exchange, change, trade** tauira'a, tapiho'ora'a
barter *v*, **exchange, change, trade** taui, tapiho'o I ~ed my old car for a new sailing canoe. 'Ua taui au i tō'u pereo'o tahito i te va'a tā'ie 'apī.
base, debased, immoral, vile, despicable, disgusting, repugnant faufau
pornographic book puta faufau
base, fulsome, lascivious, lewd, obscene, without shame ti'a'ā pornographic picture hoho'a ti'a'ā
base, foundation, pavement paepae
base, foundation (of stone or brick wall) niu
base, headquarters, center pū
air **base** pū manureva
base (trunk of tree or plant) tumu

at the **base** of, **just underneath** i raro iho i te
baseness faufau
bashful, shy, (also:) **ashamed, confused** ha'amā, fa'aha'amā
bashful, shy, (also:) **shy(ing) away from** hehē
bashful, shy, timid, gentle māmahu
basic, fixed, solid, firm mau
basic, fundamental, important (e) mea tumu, (e) tao'a tumu, tumu ~ reflex 'ahiti tumu
the **basic** or **fundamental point** or **reason, the basics** te tumu
basic, material, crucial, essential tītauroa-hia
the **basic** or **material** point, **the essential(s)** te mea faufa'a a'e
basics, basic principles, elements, rudiments pi'irou
basil, mint, Ocimum basilicum miri
basis, essence, cause, underlying principle tumu
basket (general) pānië market ~ pānië mātete
coconut frond, oval, long-lasting **basket** 'ara'iri
coconut frond, round, temporary **basket** 'ō'ini
pandanus or bamboo (Chinese) **basket** 'ete
handle of a **basket** or bag feretau
basket-like bamboo or wicker storage tank, creel (for keeping fish alive in water) ha'ape'e, hāpe'e
basketball taorapōpō ~ player ta'ata taorapōpō ~ players te mau feia taorapōpō
bass, deep voice hā'ū leader (with ~ voice) of hīmene tārava (traditional chants) ta'ata hā'ū
black-**bass** (a fish of the Serranidae family, especially enjoyed by the Chinese in Eastern Polynesia), **Cephalopholis argue** roi
honeycomb sea **bass, Epinephelus merra** tarao māraurau
marbled sea **bass** hāpu'u

orange sea **bass**   tarao a'au
scarlet sea **bass**   tarao matapu'u
Bastille Day festival (period usually lasting two weeks), **Fête**   Tiurai (literally: July), te ta'urua tiurai, te ta'urua nō tiurai   When the ~ arrives, the bay is full of yachts. 'Ia tae i te Tiurai, e api te 'ō'o'a i te iāti.   I really had a lot of fun at the Fête. 'Ua 'ārearea maita'i au i te Tiurai.
bat (animal)   'iore pererau
bat, stick, pole   to'oto'o
Batatas edulis, sweet potato   'umara
batfish   paraha pe'ue, paraha perue
bath in salt water   hopura'a miti, hapura'a miti
bath in fresh water   hopura'a pape, hapura'a pape, hopura'a vai, hapura'a vai
bathe   hopu, hapu
bathe (or swim) in salt water   hopu i te miti, hapu i te miti
bathe (or swim) in sweet water, (also:) **shower**   hopu i te pape, hapu i te pape   All of us went to ~ in the river. 'Ua haere pā'āto'a mātou e hopu i te 'ānāvai.
sun**bathe**   tāra'i mahana
bath house   fare hopura'a pape, farehopura'a vai
bathroom or **lavatory**   fare pape, piha pape
bathroom, restroom, toilet, latrine, outhouse   fare iti (literally: little house), fare haumiti (seldom heard today; literally: house for defecation)   Could you (please) show me (where) the ~ (is)? E nehenehe ānei tā 'oe e fa'a'ite mai iā'u i te fare iti? (or simply: Where is the ~?) Teihea te fare iti?   The ~ is clogged. 'Ua mau te pape (i roto i te fare iti), e'ita e tahe fa'ahou.
batter   faraoa fa'arapuhia, faraoa tārapuhia
mix **batter** or dough, **knead**   oi
batter, beat, mix, stir   fa'arapu, tārapu
batter, beat, hit with belt or stick, whip   tā'iri, tā'iri'iri
batter, beat, hit with closed fist   tūpa'i
batter, belt, hit repeatedly with belt   rutu
battered, beaten, hit   tā'irihia, tūpa'ihia
battered, beaten, mixed, stirred   fa'arapuhia, tārapuhia
battered, banged up, dented   popo'a
battery (dry cell)   'ōfa'i mōrī pata
battle, combat, war   tama'i, 'arora'a   In memory of the heroes of Fa'a'a who died in 1844 during the ~s against the French soldiers (while) defending their land and their independence. Nō te ha'amana'ora'a i te mau 'aito nō Fa'a'a, o tei mate i te matahiti hō'ē-tautini-e-va'u-hānere-e-maha-'ahuru-mā-maha nā roto i tō rātou arora'a i te mau fa'ehau farāni nō te pāruru i tō rātou fenua e i tō rātou ti'amāra'a. (From a memorial plaque placed in Fa'a'a.)
battle, fight, make war   tama'i, 'aro
battlefield   tahua 'arora'a
batty, nuts, nutty, wacky, flaky, loony   taravana
bawl, cry audibly, sob, weep, lament   ta'i
"bawling out," (also:) **noise, din**   māniania
bay, roadstead, (also:) **creek**   'ō'o'a   When the Bastille Day Festival arrives, the ~ is full of yachts. 'Ia tae i te Tiurai, e api te 'ō'o'a i te iāti.
deep **bay** or **creek**   ri'oa (seldom used)
bay, bark, yell   'aoa
bay, howl, whinny   'ū'ā
bayonet, sword   'o'e
be (does not exist in Tahitian; it is usually implied through the context, but can sometimes be translated by:)   vai (exist), vaivai   There is a God (God exists). Te vai nei te Atua.   There is (exists) a disease called dengue fever. Tē vai ra te hō'ē ma'i e parauhia ē, e ma'i moa.   The most beautiful Tahitian church is in Pa'ofa'i. Te fare purera'a tahiti tei hau atu i te

53

be

nehenehe te vai ra ia i te 'oire nō Pa'ofa'i ra. (usually, however, the word **be** is implied:) Here is my wife. Teie tā'u vahine. There is a big gathering in Pape'ete today. E naho'a rahi i Pape'ete i teie mahana. Don't ~ like that! 'Eiaha 'oe e nā reira! Enough said, ~ quiet! 'Ātīrā parau, māmū! I am thirsty. 'Ua po'ihā vau. How are you? Eaha tō 'oe huru? Is this not your watch? E 'ere anei nā 'oe teie uati She has not been (here) in Papeete for six months now. A ono ava'e teie nei tōna 'orera'a e fa'aea fa'ahou i Pape'ete nei. ~ not afraid; for behold, I bring you good news of a great joy which will come to all the people. 'Eiaha e mata'u 'inaha ho'i e parau maita'i ta'u e hōpoi mai ia 'outou nei, o te riro ia ei 'oa'oara'a nō te ta'ata ato'a.
be (in the limited sense of equivalence) 'o The chief of Faaa is Temaru. 'O Temaru te tāvana nō Fa'a'a. This is John (the one) from Paea. 'O Ioane tane nō Paea. The love of money is the root of all evil. 'O te nounou moni ho'i te tumu o te mau 'ino ato'a nei.
Be quiet! Māmū!
not to **be** 'ere, 'ore It is not your fault, it is his. E 'ere nā 'oe te hape, nāna ra ia hape.
let it **be** that, **it is necessary** or **required that** ei, eia Let (It is required that) wine ~ served for proper eating. Ei uaina e tano ai nō te tāmā'ara'a. It is necessary that the (speed) limits for travel on the road be observed. Ei (Eia) fa'aturahia te tā'ōti'ara'a o te tere nā ni'a i te puromu.
so **be** it 'ātīrā noa atu, 'ātīrā no'atu
(it) will **be** at (or) in ei
beach pae miti
beach, seacoast, sea shore, seaside, seaward te pae tahatai, tahatai, tātahi
beach, sand one
be thrown up on a **beach** or reef, run **aground, run ashore** iri The ship ran

bear a burden

onto the ~. 'Ua iri te pahī i ni'a i te tātahi.
beach crab (small) 'ohiti
beachcomber 'ōtu'u (actually the name of a grey heron that used to wander the island beaches), ta'ata 'ōtu'u
beachcomber, loafer, stroller ta'ata māta'ita'i noa
beacon mōrī tāpa'o, tāpa'o
beacon, guiding light tiarama, tūrama
beacon, lighthouse fare mōrī, fare tūrama ava (specifically indicating the pass through a reef)
bead, pearl poe
beak, bill, nose, snout ihu, 'utu
beam, girder ra'o, rā'au rahi (literally: big tree) And why beholdest thou the mote that is in thy brother's eye, but considerest not the ~ that is in thy own eye? E eaha 'oe i hi'o ai i te pāpa'a iti i roto i te mata o tō 'oe taea'e ra, e 'aore 'oe i 'ite i te rā'au rahi i roto i tō 'oe iho mata?
cross-**beam** support to outrigger tiatia, tietie
wind on the **beam, crosswind** mata'i tārava
bean, green bean pipi a bunch of ~s tā'amu pipi
bean, red bean pipi uteute
bear *n* pea polar ~ pea nō te poro 'apato'erau
bear, bring 'āfa'i mai
bear, carry (a heavy object), **lift up** hōpoi He carried the rice sack into the kitchen. 'Ua hōpoi 'ōna i te pūtē raiti i roto i te fare tūtu.
bear, carry, transport 'āfa'i, tari
bear, give birth fānau
bear, stand, forbear, bear suffering with patience, (also:) **be patient** fa'a'oroma'i My punishment is greater than I can ~. E rahi tā'u utu'a, e'ita e ti'a iā'u 'ia fa'a'oroma'i.
bear, take away 'āfa'i atu
bear a burden, withstand a hardship

54

bear fruit

amo i te hōpoi'a It was Pouvāna'a a O'opa's faith in God which supported him in bearing all the hardships. O te ti'aturi i te Atua tei turu iā Pouvāna'a a O'opa nō te amo i te mau hōpoi'a ato'a.
bear fruit hotu
cause to **bear fruit, inseminate, impregnate, fertilize** fa'ahotu
bear on the shoulders amo
bear up to the wind fa'atīara
tale**bearer, telltale** ta'ata 'āfa'i parau
beard huruhuru ta'a, 'umi'umi ta'a
beard, mustache huruhuru 'utu
beast, animal 'animara
beast (pejoratively), **wild person, barbarian** ta'ata 'ōviri
beast of burden, mule niuru
beat(ing) (of a drum, for example), **rhythm, cadence** tā'irira'a, tā'iri'irira'a
heart**beat, throb** hu'ira'a māfatu
hoof**beat, clop, clink** pa'a'ina, pa'apa'a'ina He heard the ~s of Robert's horse. 'Ua fa'aro'o 'ōna i te pa'apa'a'ina o te tia'a 'auri o te pua'ahorofenua (vernacular pronunciation: pū'ārehenua) a Rōpati.
beat (a raw egg or batter, for example), **scramble, mix** (for example dough or concrete), **stir** (in cooking) tārapu, fa'arapu, ha'arapu
beat with hands, **slap, spank** pa'ipa'i
beat, hit repeatedly with belt or whip, flog, thrash rutu, ruturutu
beat, hit with stick or **belt** tā'iri, tā'iri'iri ~ the drum tā'iri i te pahu, tā'iri i te tō'ere
beat (not hard), **pat** tūpa'ipa'i
beat, punch, hit with closed fist tupa'i
beat, strike (hard), **kill, murder** taparahi, (explicitly to kill:) taparahi pohe roa
beat (heart), **throb** (artery or vein), **palpitate** hu'i, hu'ihu'i
beat (irregularly, heart), **throb, palpitate** 'ōtu'itu'i

beauty spot

beat a tattoo tararā
Beat it! Go away! Scram! Buzz off! Bug off! Get lost! Shove off! ('A) Fa'aātea!
beaten, mixed, stirred rapu
beaten (in boxing or wrestling) pohe I'll beat you (literally: you will be ~ by me) E pohe 'oe ia'u!
beautiful, flourishing, luxuriant (landscape, vegetation) ruperupe
beautiful, handsome, fancy, elegant hāviti
beautiful, pretty nehenehe How ~ she is! Eaha ra 'ōna i te nehenehe! It was the most ~ woman I had ever seen. 'O te vahine nehenehe roa a'e te reira tā'u i 'ite a'e nei. It is very ~, you see. E mea nehenehe roa pa'i. Bora Bora is a very ~ island. E fenua nehenehe roa 'o Pora Pora. That is a ~ house. E fare nehenehe terā. The most ~ Tahitian church is in Pa'ofa'i. Te fare purera'a tahiti tei hau atu i te nehenehe te vai ra ia i te 'oire nō Pa'ofa'i ra.
beautiful (mostly of women and girls), **pretty** purotu pictures of very ~ women e mau hoho'a vahine purotu roa You should meet that ~ woman. 'Ia fārerei ihoa 'oe i terā vahine purotu e tīa'i.. He made love to that ~ woman. 'Ua ta'oto 'ōna i terā vahine purotu. There are six very ~ girls there. E ono mau pōti'i purotu roa iō.
beautiful (weather) maita'i This is a very ~ day. (E) Mea maita'i roa teie mahana.
find something **beautiful, look at with pleasure** māta'ita'i ... nowhere in the world are these pictures of so bright a color as those Keawe found hanging in his house. ... 'aita roa tō teie nei ao ta'ato'a e hoho'a nehenehe 'ae i teie tā Keawe e māta'ita'i nei i roto i tōna fare. (From Robert Louis Stevenson's The Bottle Imp, freely translated by John [Tihoni] Martin.)
beautify fa'anehenehe
beauty nehenehe
beauty spot, mole tūnoa

becalmed mataʻi ʻore, tā
because (construction with hoʻi [indeed, really]) I can't go there, ~ I am not free (I am occupied). Eʻita vau e tae, eʻita hoʻi au e vata. Then I commended mirth, ~ a man hath no better thing under the sun, than to eat, and to drink, and to be merry. ʻUa haʻamaitaʻi atura vau i te ʻoaʻoa; ʻaita hoʻi a te taʻata nei mea maitaʻi i te ao nei, maori rā i te ʻamu ʻē te inu ā ʻoaʻoa ʻī.
because, for nō te mea, nā roto i, i, (someimes:) hoʻi I am very grateful to you, ~ you helped me. ʻUa māuruuru roa vau iā ʻoe, nō te mea ʻua tauturu ʻoe iāʻu. Even though I would like to do it, I couldn't (literally: it would not be finished), ~ I don't have the time. Noaʻtu tōʻu hinaʻaro ia nā reira, eʻita e oti iāʻu, nō te mea ʻaita tāʻu e taime (or:) nō te taime ʻore. I did it ~ I love her. ʻUa rave au nā roto i toʻu here ʻiāna. He ran away ~ of [his] fear. ʻUa horo ʻōna i tōna riʻariʻa. Father, forgive them [their sins], for they know not what they do. E tāʻu Metua, e faʻaʻore mai i tā rātou hara, ʻaore hoʻi i ʻite i tā rātou e rave nei. For dust thou art, and unto dust shalt thou return. E repo hoʻi ʻoe, ʻē e hoʻi faʻahou atu ā ʻoe i te repo.
because of, due to, on account of nō I am grateful to you ~ your great kindness. ʻUa māuruuru vau iā ʻoe nō tō ʻoe maitaʻi. ~ his confidence in handling ships, Oputu became a captain. Nō tōna pāpū i te horo pahī, ʻua riro o Oputu ei raʻatira. I am very weak, ~ the length of my illness. ʻUa paruparu roa vau nō te maororaʻa o tōʻu maʻi. ~ the great number of people nō te rahi o te taʻata ~ his addiction to drinking alcohol, his family life became unbearable (literally: very bad). I tōna mātauraʻa i te inu i te ʻava, ʻino roa aʻera te oraraʻa o tōna ʻutuāfare. ~ his nightly debauchery that fellow contracted syphilis. Nō te ʻohipa ori pō i tupuhia ai taua taʻata ra i te tona.

because, since, as i te mea, nō te mea rā, nō te mea hoʻi ~ it rained, the competition was canceled. I te mea ʻua ua, ʻua faʻaʻorehia te faʻatitiāuaraʻa.
become riro, riroriro My friend became a doctor. ʻUa riro tōʻu hoa ei taote. You may ~ president, if enough people will vote for you. ʻE riro paha ʻoe ei peretiteni, mai te mea e ravaʻi te taʻata nō te maʻiti ia ʻoe. Except ye be converted and ~ as little children, ye shall not enter into the kingdom of heaven. ʻIa ʻore ʻoutou ia faʻahuru-ʻē-hia ʻē ʻia riro mai te tamariʻi riʻi ra, e ʻore roa ʻoutou e ō i te basileia (pronounced patireia) ra o te ao.
become, develop into, come or **get to be** haere He is becoming big(ger). Tē haere ra ʻōna i te rahi.
become, be accepted faʻariro He became (was accepted as) president. ʻUa faʻarirohia ʻōna ei perititeni.
become afraid mataʻu
become converted fāriu
become converted, change one's ways, transform faʻahuru-ʻē
become dark, darken haʻapōiri, haʻapōuri
become extinct (especially referring to hereditary succession) or **extinguished, perish, vanish** mou
become or **grow fat, gain weight** poria I gained a lot of weight last year. ʻUa poria roa vau i te matahiti i maʻiri aʻe nei.
become ill pohe i te maʻi
become or **get to be night** pō
become strong pūai The land kept coming closer and the thunder of the breakers became strong. Piri roa mai nei te fenua ʻē pūai mai nei te māniania o te fatiraʻa miti.
become suddenly giddy, stagger taʻanini
cause to **become, make** faʻariro
quick to **become irritated, excitable** ʻiriā
bed roʻi spring ~ roʻi niuniu My ~ is

very soft. E mea marū tō'u ro'i. We would like two separate ~s for the children. Tē hina'aro nei māua e piti ro'i ta'a 'ē nō te nau tamari'i. I must go to ~ (sleep) now. Ia haere au e taoto i teie nei.
turn around in **bed** 'o'opa
bed of a river, (also:) **stream** of water tahera'a pape
river**bed**, (also:) **river, stream** ānāvai
bedcover (see **bedspread**)
bedrock, bottom stone stratum papa
bedroom piha ta'oto, piha ta'otora'a
bedsheet, (also:) **bedspread** 'ahu vauvau, vauvau ro'i, 'ahu vauvau ro'i, tāpo'i ro'i
bedspread (appliqué), **bedcover, patchwork quilt** tīfaifai
bedspread (general) tāpo'i ro'i
bee manu meri, manu hāmani meri, manu pātia (actually wasp or hornet) the hum of ~s te 'uru'uru a te manu meri
bumble-**bee** (that attacks wood), carpenter-**bee** huhu
beef 'ina'i pua'atoro, pua'atoro (can of) bully ~ punu pua'atoro canned ~ pua'atoro punu first class prime ~ pua'atoro nūmera hō'ē fresh (newly slaughtered) ~ pua'atoro tupa'i salted ~ pua'atoro rapa'au The salesman made a profit of fifteen francs on each can of bully ~. 'Ua 'āpī te ta'ata ho'o e toru tārā i ni'a i te hō'ē punu pua'atoro.
beer pia Hinano is a very good ~. E mea maita'i roa te pia Hīnano. I would really like a cold ~ right now. 'Ua hia'ai au i te pia to'eto'e i teie nei. He went out to get some ~. 'Ua haere 'ōna i rapae nō te rave mai i te pia. We have got some ~ now. 'Ua noa'a tā tātou pia i teie nei. We went without ~ yesterday. 'Ua 'ere mātou i te pia inānahi ra.
home-made **beer** pia hāmani i te fare, pia hāmani
orange **beer** (seldom made in Tahiti anymore, but common in the Cook Islands), **bush**

beer pia 'ānani
beer bottle mōhina pia
beeswax, honeycomb pāia meri, pāia monamona
beetle, (also:) **cockroach, roach, Periplaneta americana** popoti
spring-**beetle** pata
before hou, hou a'e
before, earlier hou, nā mua, nā mua a'e
before, facing, in front of i mua i She disclosed her thought (or opinion) to (literally: ~ or in front of) the physician. 'Ua hōhora 'ōna i tōna mana'o i mua i te taote.
before, first, in front of nā mua I am the Almighty God; walk ~ me and be thou perfect. O vau te Atua mana hope ra; e nā mua 'oe i tā'u aro mā te hapa 'ore tā 'oe.
before (plus noun) nā mua a'e 'i sail **before** the wind (with a following wind, with the wind from abaft) fa'ahe'e
before (plus verb) hou 'a, nā mua a'e ~ you speak Hou 'oe 'a parau ai ~ they left the land hou rātou 'a fa'aru'e atu i te fenua ~ this big feast takes place hou 'a tupu ai teie tāmā'ara'a rahi ~ I could ask him another question, he left. E hou 'a tia'i ia'u ia ui atu i te tahi uira'a iāna, haere atu ra 'ōna.
before (time of day) tōe, nā mua a'e five minutes ~ six e pae miniti tōe e tae ai i te hora ono If Tihoti does not arrive ~ seven o'clock, we will go ahead and eat. Mai te mea e, eita o Tihoti e tae mai nā mua a'e i te hora hitu, e tāmā'a matou.
before long, after a while, soon āraua'e
before long, shortly, soon 'aita i maoro
as **before** mai te mātāmua
once **before** i te mātāmua
a while **before** nā mua a'e
the day **before yesterday** inānahi atu, inānahi atu ra, inānahi'tu, inānahi'tu ra
think seriously **before** choosing, **consider, use one's mind, reflect, ponder** feruri Think seriously ~ choosing: drink or drive!

before

'A feruri: e inu 'aore ra e fa'ahoro!
before, in front of, in the presence of, in (full) view of i mua i te aro nō ~ **the governor, in the governor's presence** i mua i te aro o te tāvana rahi
bring a (legal) complaint before horo Tihoni brought a complaint against Manava ~ the judge. 'Ua horo o Tihoni iā Manava i mua i te aro o te ha'avā.
extend before one's view, (also:) lie crossways tārava
befriend fa'ahoa
beg, ask for, beseech ani, aniani
beg, scrounge tāparu, ani haere
beg, mooch, sponge on people tīpe'e
beg for forgiveness of sins, atone, expiate tāra'ehara
beggar ta'ata tāparu
beggar, moocher ta'ata tīpe'e
begging tāparu
begin ha'amata, māta, 'ōmua ~! 'A māta na! ~ **your work!** 'A ha'amata na i tā 'oe 'ohipa! **At what time (When) does the movie** ~? Eaha te hora (Āfea) te teatara'a e ha'amata ai?
begin over again, recommence, encore double tāpiti Sing your song again! Encore! 'A tāpiti 'oe i tā 'oe hīmene!
begin (or lead) in choir singing fa'a'ara'ara
to begin with, for a start nō te ha'amatara'a
beginning, commencement 'ōmuara'a, ha'amatara'a
beginning, olden time, yore mātāmua **in the early days** i te tau mātāmua, i te mātāmua ra **In the ~ God created the heaven and the earth.** Hāmani ihora te Atua i te ra'i 'ē te fenua i te mātāmua ra.
beginning (construction with muta'a) **in the ~, at first, formerly** i muta'a iho **in former times** i muta'a 'e nei
beginning, first mātāmua **In the ~ was the Word, and the Word was with God, and the Word was God.** I vai na te Logo (pronounced Roto) i te mātāmua ra, i te

behind time

Atua ra ho'i te Logo, 'ē o te Atua ho'i te Logo.
beginning, start ha'amatara'a
beginning to get drunk, about to faint, dizzy, giddy āniania **He is ~.** 'Ua āniania 'ōna. (or:) E āniania tō'na.
beginning with ... mai ...
begrime, soil ha'avari
begrudge, envy, be jealous (of), hold a grudge against, (also:) be mutually envious, squabble fe'i'i
beguile, deceive, dupe, fool, gull, (also:) lie ha'avare, ha'avarevare **And the woman [then] said, The serpent ~d me, and I did eat.** 'Ua nā 'ō atura te vahine ra, I ha'avare mai te ophi ['ōfī] iā'u, 'amu ihora vau.
behave, act (construction with:) nāreira **Come now, don't ~ like that!** 'Eiaha pa'i 'oe e nā reira. **Why did he ~ like that?** Eaha 'ōna i nā reira ai?
behave (oneself), pay attention to one's conduct ha'apa'o, ha'apa'o maita'i
behave in a certain manner ha'apeu **There is that maketh himself [~s in such a manner as to appear] poor, yet hath great riches.** Tē ha'apeu veve nei ho'i vetahi, 'ē te rahi ra tāna tao'a.
stop behaving (construction with fa'a'ore:) **Stop ~ that way! No more of that behavior!** 'A fa'a'ore i te reira 'ohipa!
behavior, conduct, comportment, deportment haere'a **Behave yourselves nicely** (literally: Your ~ is to be nice). 'Ei haere'a nehenehe tō 'outou.
behind, in back of, abaft nā muri mai, i muri mai, nā muri, i muri **Follow ~ me!** 'Ape'e mai nā muri mai ia'u! **The breadfruit tree is ~ the house.** Tei muri mai te tumu 'uru i te fare.
behind time, late tāere
drag behind, trail 'aratō **He led the horse to the river.** 'Ua 'aratō 'ōna i te pua'ahorofenua (pronounced vernacularly pū'ārehenua) i te pae 'ānāvai.

behind

fall **behind** (as in a competition), **lose (to), be surpassed by** hemo
just **behind** i muri noa a'e
lag **behind** 'ōta'a His work has lagged ~. 'Ua 'ōta'a tāna 'ohipa.
leave **behind, abandon, desert** fa'aru'e
leave **behind, forget** ha'amo'e I forgot my eyeglasses here yesterday. 'Ua ha'amo'e au i tō'u titi'a mata iō nei inānahi ra (or:) 'Ua mo'ehia iā'u tō'u titi'a mata iō nei inānahi ra.
left **behind, lost, forgotten, overlooked** mo'e
remain **behind, be passed** ma'iri
talk about someone **behind** his back, **slander** 'ōhimu, 'ōhumu
behind, rear-end, butt, buttocks, arse 'ōhure, tohe
Behold! Lo! (also: **Hark!**) 'Īnaha! 'Īna'a! Fear not; for ~, I bring you good tidings of great joy, which shall be to all people. 'Eiaha e mata'u 'īnaha ho'i e parau maita'i tā'u e hōpoi mai iā 'outou nei, o te riro ia ei 'oa'oara'a nō te ta'ata ato'a. ~, there come seven years of great plenty throughout all the land of Egypt. Īnaha, teie a tupu na matahiti 'auhune rahi roa e hitu e 'ati noa e te fenua ato'a nei o 'Aiphiti.
behold, see, look hi'o And why ~est thou the mote that is in thy brother's eye, but considerest not the beam that is in thy own eye? E eaha 'oe i hi'o ai i te pāpa'a iti i roto i te mata o tō 'oe taea'e ra, e 'aore 'oe i 'ite i te rā'au rahi i roto i tō 'oe iho mata? ~ the Lamb of God which taketh away the sin of the world. 'A hi'o na i te 'Arenio a te Atua, 'o tei hōpoi 'ē atu i te hara o te ao.
being, person ta'ata
bring into **being, create, establish** fa'atupu, ha'atupu
feeling of well-**being** or being **in good condition** 'ana'anatae I feel good today. 'Ua 'ana'anatae au i teie mahana.

Bellingshausen (island)

normal state of **being,** (also:) **personal character, personality, nature** nāturara'a
well-**being, good bodily condition** aumaita'ira'a o te tino, 'aeto'erau
belay, fasten tāmau, ha'amau The outrigger was not ~ed well. 'Aita te ama i tāmau-maita'i-hia.
Belay (that)! Stop (that)! Cease (what you are doing)! 'A tāpe'a (i terā 'ohipa)! 'A fa'aea (i terā 'ohipa)!
belch, burp, heave to'o, to'oto'o
Belgian peretita
Belgium fenua Peretita, Peretita
belief, faith, creed, religion fa'aro'o
belief, trust, confidence ti'aturira'a
system of **belief, religion** ha'apa'ora'a
believe, have (religious) **faith** fa'aro'o
believe in, have faith or **confidence in, trust** ti'aturi I ~ you. Tē ti'aturi nei au iā 'oe.
have a lack of **belief** or **hope** or **faith** or **confidence in, distrust** tiaturi 'ore
believe in (what is said), **pay** (serious) **attention to** tā'ua Don't ~ (pay attention to) what he says! 'Eiaha e ta'ua i tāna parau!
believe mistakenly, **believe a lie, be fooled by,** (also:) **believe** in the sense of **accept** vare What? You don't ~ what I say? Eaha? 'Aita 'oe e vare ra i tā'u parau?
belittle, minimize, (also:) **diminish, make smaller** or **insufficient** fa'aiti
bell oe, ōē ring the ~ fa'ata'i i te oe The ship's ~ was sounded when she entered the pass. 'Ua pātē te oe o te pahī i te tomora'a i roto i te ava.
Bellingshausen (island) Temiromiro, Motu Iti *(archaic)* Despite its beauty, but perhaps because of its remoteness, Bellingshausen is one of the least visited islands (even by yachtsmen) in the Leeward group of the Societies). It lies about 40 miles north-north-east-by-north of Scilly Island (Manu'ae or Fenua Ura) and

belly

approximately 95 miles west-west-north-by-west of Maupiti).
belly, stomach, abdomen 'ōpū He is a person whose ~ is bursting out (from obesity). E ta'ata 'ōpū fētēte 'ōna
large or prominent **belly** faere (archaic; the word faere now means obesity)
lower **belly** (below the navel) tia
bellyache 'a'ati
belly button pito
belong is a word that has no precise equivalent in Tahitian, but can be "translated" or constructed with the use of nō (strong possession) or nā (weak possession).   That car does not ~ to me. 'E'ere nā'u tera pereo'o.   To whom does this sailing canoe ~? Nō vai teie va'a 'ie (va'a ta'ie)   That property ~s to the 'Amaru family. Nō 'Amaru-mā terā fenua.
beloved, darling, dear(est) hani
beloved, loved one, dear here, ipo (archaic, Hawai'ian)   Oh, the love I feel for my friends and my ~! Auē, te arofa i tō'u mau hoa 'ē tā'u i here!
below i raro i, tei raro i
right **below** (or) **beneath** (or) **under** i raro iho
belt hātua   life~ hātua pōito
belt, loin cloth, male pāreu maro
use or put on one's **belt** tāhātua
belt, hit repeatedly with belt rutu
Ben, Benjamin Peniamina
bend, knot, hitch tāpona
bend, be crooked or bent fefe
bend, cause to bend fa'afefe, ha'afefe
bend, fold 'ōfati
bend over (away from the vertical) oha
bend over, bend (one's head) **down** pi'o
I have hurt my back very badly, so that I cannot ~ and I can't lift anything either. 'Ua mure 'ino roa tōu tua, nō reira 'aita tā'u e nehenehe 'ia pi'o 'ē 'aita ato'a ho'i tā'u e nehenehe 'ia amo i te mau huru ato'a.
bend over, swing over, list *(naut.)* 'opa

bent over

bend something **over** fa'ahipa, fa'aoha
bend over a branch (with fruit) tāoha
show one's arse by **bending over** (sign of contempt or disrespect) tīpou
beneath, down, underneath i raro
beneath, below, under i raro a'e   I walked ~ the coconut palms. 'Ua ōri haere au i raro a'e i te mau tumu ha'ari.
right **beneath** (or) **below** (or) **under** i raro iho
benediction ha'amaita'ira'a   The Lord bless you and keep you. The Lord make his face shine upon you and be gracious unto you. The Lord lift up his countenance upon you and give you peace. 'Ia ha'amaita'i mai Iehova iā 'outou 'ē 'ia tīa'i iā 'outou. 'Ia fa'a'ana'ana mai Iehova i te māramārama o tōna mata i ni'a iā 'outou 'ē 'ia aroha mai iā 'outou. 'Ia nānā mai Iehova i tāna mata i ni'a iā 'outou 'ē 'ia hōro'a mai i te hau iā 'outou.
benefactor, patron, aider tauturu
benefit(s), allowance, subsidy tuha'a moni
for children: tuha'a moni tamari'i
for pregnancy: tuha'a moni fānaura'a
for prenatal care: tuha'a moni hapūra'a
benevolence, kindness, goodness, niceness maita'ira'a
benevolent, kind, good, nice maita'i, maitata'i
Bengt Penetito
Benjamin, Ben Peniamina
bent, curled up ma'e'e
bent, twisted, curved, crooked fefe
bent, warped pipi'i
bent over oha
bent over, aslant hipa
bent over, swung over, listing 'opa
become **bent over** or **inclined** (fall and lie at an angle between vertical and horizontal) farara
easily **bent, flexible, supple** fa'afefe 'ohie

bequeath to   **better**

bequeath to, will to tutu'u
bequest, legacy tutu'u
bequest, will, testament parau tutu'u
bereft, deprived, frustrate fa'a'erehia
berieve, deprive, frustrate fa'a'ere
Berlin Perorine
Bernard hermit crab 'u'a
berth, slip, dock vāhi tā'amura'a pahī, vāhi tā'aira'a pahī
berth (for repairs), **dock** vāhi tātā'ira'a pahī, tātā'ira'a pahī
berth (for repairs), **drydock** vāhi tāvirira'a pahī, tāvirira'a pahī
berth, come alongside (naut.) tāpiri i te uāhu, tāpiri The ship ~ed at the quay. 'Ua tāpiri te pahī i te uāhu.
beseech, ask for, beg ani
beseech, fall on one's knees in supplication tāhopu
beseech, implore, entreat, pray for tau
beset by problems, depressed, troubled, worried, bothered pe'ape'a roa I am ~ (troubled). Tē pe'ape'a roa nei au.
beside, adjacent, close together piri
beside, alongside, near piha'i a'e, i piha'i a'e ~ the church i piha'i a'e i te fare pure
beside, on the other side of, beyond piha'i atu, i piha'i atu
beside, on this side of piha'i mai, i piha'i mai
right **beside, next to** piha'i iho, i piha'i iho, nā piha'i iho May we sit ~ you in church or do we have to sit in a special place for visitors? E nehenehe ānei iā māua 'ia pārahi i piha'i iho iā 'ōrua, e 'aore ra, e mea ti'a ānei iā māua 'ia pārahi i te vāhi i fa'ata'ahia nō te mau rātere? The boat is ~ (next to) the coral boulder. Tei piha'i iho te poti i te to'a.
besides, after all atira noa'tu
besides, beyond nā ni'a a'e i ...
besides, extra hapa This is a slightly extra amount. E ma'a tuha'a hapa teie.
besides, in addition to i muri a'e i te

besmear (especially with mud), **splash** pahū My clothes were ~ed (splashed) with mud. 'Ua pahū tō'u 'ahu i te vari.
besmudge, make spots ha'apurepure
best (of ...) tei hau roa i te maita'i (i ...)
best (as an adverb, often implied by simply using:) roa Among all the countries I went to, I liked Finland ~. I roto i te mau fenua ato'a tā'u i haere, 'ua fa'ahiahia roa vau i te fenua Finirani.
the **best, number one, first class** nūmera hō'ē ~ in the world nūmera hō'ē o te ao nei
best liked, favorite au a'e my favorite book tā'u puta au a'e
best loved, favorite here a'e his ~ son tōna tamaiti here a'e
best man, bridesman 'āpe'e (tāne)
bestow, give hōro'a God, we bless You for the food You have ~ed on us (literally:) to help our bodies. E te Atua e, tē ha'amaita'i atu nei mātou iā 'Oe nō te mā'a tā 'Oe i hōro'a mai ei tauturu i tō mātou nei tino.
bet (especially when playing marbles), **stakes** mā'a
make a **bet, gamble, lay a wager** parie
Bethany (church) Petania
Bethlehem Peterehema
betrothed, engaged momo'ahia Tiare is ~ to Tahi. 'Ua momo'ahia Tiare iā Tahi.
betrothed, fiancé(e) momo'a Tiare is his fiancé. 'O Tiare tāna momo'a.
better maita'i a'e, huru maita'i a'e, hau atu i te maita'i Hinano beer is ~ than an American beer. (E mea) maita'i a'e te pia Hinano i te pia marite. It were ~ for him if a millstone were hanged about his neck, and he cast into the sea, than that he should offend one of these little ones. Huru maita'i a'e 'oia 'ia ta'amuhia te hō'ē 'ōfai oro i ni'a i tāna 'a'ī, 'ē 'ia tāorahia 'oia i raro i te tai, 'ia fa'ahapa 'oia i te hō'ē i teie nei mau ta'ata ri'i.
get **better, get well, recover, be cured**

61

Better not!   **bigger**

ora He will never get ~, except by stopping his smoking. E'ita roa 'ōna e ora, maori rā 'ia fa'aea 'ōna i te pupuhi i te 'ava'ava.
Better not! Don't! 'Eiaha paha!
better yet, if ... (e mea) hau roa'tu ia i tefa'ahiahia mai te peu e ...
between, across the middle nā rōpū He walked ~ the trees. 'Ua haere 'ōna nā rōpū i te mau tumu ra'au.
between, amidst i rotopū ~ what hours is the store open? Eaha te hora i rotopū e matara ai te fare toa?
between, in the middle i rōpū I am ~ the devil and the deep [blue] sea. O te tiaporo i te hō'ē pae, o te moana hohonu i te tahi pae, o vau i rōpū.
go-**between** tāraro, ta'ata tāraro
beverage inu alcoholic ~ 'ava
beware, be vigilant ara ~ of the dog! E ara i te 'uri! ~ of false prophets, which come to you in sheep's clothing, but inwardly they are ravening wolves. E ara ra i te 'orometua ha'avare, 'o tei haere mai iā 'outou mā te huru o te mamoe ra, 'āre'a 'o roto rā, e luko taehae ia.
Beware! Watch out! Ha'apa'o maita'i!
bewilder, confuse fa'atūrori
bewilderment, astonishment maere
beyond, farther i ō atu
beyond, farther, further, (also:) **on the other side of** (i) piha'i atu And the angel of the Lord went further, and stood in a narrow place, where [there] was no way to turn either to the right hand or to the left. Haere atura te melahi (pronounced mērahi) a Iehova i piha'i atu, ti'a ihora i te [hō'ē] vāhi piri, 'aita e 'ōpa'ira'a tō te pae 'atau 'ē tō te pae 'aui.
beyond, on top of nā ni'a a'e i ...
beyond the reef, on the high seas i tua
go **beyond, go over, exceed** tāhiti
the world **beyond, the wide world** ara Oh, how it hurts to leave for the vast world beyond! Auē te māuiui rahi i tō revara'a nā te ara! (The beginning words to the Tahitian farewell song E mauruuru ā vau)
biased, unjust, partial ti'a 'ore
Bible Pīpīria, Te Parau a te Atua
Bible guide (te) arata'i Pīpīria
bibulous ha'apūai i te inu 'ava
bicycle, bike pereo'o tāta'ahi ~ pump pāmu pereo'o tāta'ahi ~ spokes niuniu pereo'o tāta'ahi May I (is it proper for me to) take (here meaning: borrow) the ~? E ti'a ānei iā'u 'ia rave i te pereo'o ta'ata'ahi? Hiro took the ~. Never mind, I'll walk. 'Ua rave Hiro i te pereo'o ta'ata'ahi. 'Ātīrā noa'tu, e nā raro noa vau i te haere.
bicycle gearwheel horora'a fifi
ride (pedal) a **bicycle, cycle** tā'ahi pereo'o
bicycling tā'ahira'a pereo'o
bicyclist ta'ata tā'ahi pereo'o
bid, (also:) **sell at auction, auction off** ho'o pātē
bidding, (also:) **selling at auction** ho'o pātēra'a
big, large rahi, *(dual & plural:)* rarahi, nui *(archaic,* but still used in place names and personal names, and other combinations) That is a ~ ship. E pahī rahi terā. That is a really ~ ship. E pahī nō te rahi terā. the ~ ships te mau pahī rarahi Larger Tahiti Tahiti nui Director of the Tahitian Academy Vāna'a Nui
big, huge rahi roa
extremely **big, enormous** iti rahi, (e) mea iti rahi a ~ fortune e faufa'a iti rahi
big band, orchestra 'upa'upa rahi
big hole (in ground) 'ō'ō
big moth, mammoth moth, Chromis erotus pūrehua
big spot or **blot, polka-dot** pōta'a
No **big deal!** 'Aita e faufa'a!
big-eyed snapper paru 'utu
big-eyed tuna 'a'ahi tātumu
big-headed jack (fish) uru'ati, uru piti
bigger rahi a'e 'Amaru is ~ than Miriama. (E) Mea rahi a'e o 'Amaru iā Miriama.

biggish **birth**

get **bigger** (clothes), **stretch, be out of shape, be stretched** tō
grow **bigger** (as a child developing) tupu i te rahi
grow **bigger** (as in business) haere i te rahi, haere i te rahira'a
biggish, rather big e mea huru rahi
bigness, size, (also:) **majority** rahira'a
bike, bicycle, cycle pereo'o ta'ata'ahi, pereo'o tāta'ahi motor~ pereo'o ta'ata'ahi uira (or:) mōto
bilge, (also:) **hold of ship** hāti
bilge pump pāmu riu pahī
bilge water, (also:) **leak** riu You two paddle (or: row, I will bail out the ~. Nā 'ōrua e hoe, nā'u e tatā i te riu.
bill, beak, snout ihu, 'utu
bill, bank note moni parau (literally: paper money)
bill (statement of debt), **invoice** parau tāpa'o-ho'o, parau tītaura'a moni
Bill, William Viriamu That car has been made use of by ~. 'Ua 'ohipahia terā pereo'o e Viriamu.
billfish, needlefish, a type of **swordfish,** Esox aavere 'ā'āvere
billfish, halfbeak fish, Esox teatae ihe
billiard ball, bowling ball, (also:) **marble** pōro
billiards, pool pātiara'a pōro
play **billiards** pata pōro
billion miria
billow or **spread** or **swell out** or **fill** 'ōpū The ship's sail(s) ~ed out. 'Ua 'ōpū te 'ie o te pahī.
bind together, attach nanati, nati, natinati
bind together, tie up (bunches, bundles, packages, etc.) tā'amu
bind together with rope or cord (as the planks of a canoe), **fasten with sennit, lace up, tie** fero, fero i te nape (when done with sennit)
bind up ruru'u, ru'uru'u, tā'ai
binding, knot, (also:) **ligature, joint** pona, ponara'a
binoculars, telescope titi'a hi'o fenua, hi'o fenua You may borrow my ~, if you like. E nehenehe iā 'oe 'ia rave i tā'u titi'a hi'o fenua, 'ia hina'aro 'oe (or ... mai te mea e hina'aro 'oe). His hand seized my ~. 'Ua haru tōna rima i tā'u (titi'a) hi'o fenua. The captain and the first mate then looked at the (low) island through the ~. Hi'o atura te ra'atira 'ē te ra'atira piti i te motu ra nā roto i te hi'o fenua.
biological (mea) 'ihiora
biological parent metua fānau
biology 'ihiora
biopsy pio'oti
bird manu There are many kinds of ~s. E raverahi te huru o te manu.
bird (poetic word) manurere Oh bird, bird of Tahiti. E manurere, manu nō Tahiti.
frigate **bird** 'ōtaha
mynah **bird** maera
sea **bird** (a species of parakeet), **tropic bird,** Phaeton aethereus tava'e
bird's nest 'ōfa'ara'a manu
bird's nest fern 'ō'aha
bird trap pata
Birgus latro, coconut crab u'a vāhi ha'ari
birth, childbirth, delivery fānaura'a ~ certificate parau fānaura'a He picked up a copy of his ~ certificate. 'Ua 'iriti mai 'ōna i te hō'ē hoho'a nō tōna parau fānaura'a.
birth, childbirth, delivery, confinement (for that reason) mahutira'a pū fenua
chief by **birth** ari'i fānau
children by **birth** (as distinguished from feeding children) tamari'i fānau
first **birth** for a woman fānau mātāmua
give **birth, give birth to** fānau give ~ to a child fānau tama
land of one's **birth, native homeland** 'ā'ia fānau, fenua fānau

birthday / blacksmith

since **birth, inborn, natural** mai te fānaura'a mai
birthday, anniversary mahana fānaura'a Happy ~! 'Ia 'oa'oa 'oe i tō 'oe mahana fanāura'a! (or:) 'Iaorana i tō 'oe mahana fānaura'a!
birthmark, smudge (natural, on skin), "**wine-spot**" īra
biscuit(s), cabin biscuit(s) faraoa pa'apa'a
bishop epitopo
bishopric tōro'a epitopo
bit (of drill), **auger** hou
bit, particle, crumb hu'a (note that hua means vulva)
a **bit**, **a little** ri'i It is raining a ~. Tē ua ri'i nei.
a **bit, a bit of** (small amount) ma'a, ma'a vāhi iti This is a ~ more (a slightly extra amount). E ma'a tuha'a hapa teie. a wee ~ ma'a vāhi iti I only know a little ~ of Tahitian. E ma'a vāhi iti noa ta'u i ite i te parau Tahiti.
a little **bit of**, one little **bit of** tahi vāhi iti
bit and bridle tāvaha
bit by bit, little by little, gradually ri'iri'i, itiiti I have been drinking little by little from the glass (of alcohol). 'Ua inu ri'iri'i au i te hapaina 'ava.
bit by bit, gradually, little by little, slowly but surely ri'i māite
bitch 'urī (or: 'ūrī) ufa
son-of-a-**bitch** 'urī (literally: dog), 'ūrī
bite (from teeth) hohonira'a
bite, sting, puncture wound puta
bite hohoni
bite, chew 'au'au
bite, sting, puncture, perforate pātia
bite (of fish) 'amu
bite, pounce on a bait (of fish) apu, apuapu
biting, stinging, smarting, tingling vinivini
bitten hohonihia He was ~ by a shark. 'Ua hohonihia 'ōna e te ma'o.

bitter maramara, mamara
bitter, acrid, acidy, salty 'ava'ava (more than tō'ava'ava)
bitter, acrid, acidy, salty tō'ava'ava (less than 'ava'ava)
bitter, hurt to the soul māuiui (o) te vārua
bitter apple, colocynth, Lagenaria vulgaris hue
bitterness māuiui rahi I shall go softly in all my years in the ~ of my soul. Tō'u nei pu'e matahiti toe e haere ha'eha'a māite ā vau, nō te māuiui rahi o tā'u vārua nei.
bivouac, camp, lean-to (temporary shelter) pūhapa, pūhapara'a
bivouac, turn in at tīpa'e
bizarre huru 'ē
black 'ere'ere (also refers to deep-sea blue), pa'o My dog has a ~ spot on her ear. E pōta'a 'ere'ere tō ni'a iho i te tari'a o tā'u 'urī.
black jack (fish) ruhi
black man, negro ta'ata 'ere'ere, maraia
black marlin ha'urā
black pearl poe rava That ~ costs a lot of money. (E) Mea moni rahi terā poe rava.
black sea urchin with long spines (dangerous) vana
black unicornfish ume 'ere'ere
black-and-blue uri, uriuri
black-bar devil (fish) 'atoti
black-bass (a fish of the Serranidae family, especially enjoyed by the Chinese in Eastern Polynesia), **Cephalopholis argue** roi
black- or brown-eyed, (also:) **black-eyed** (from a blow) mata 'ere'ere
black-spot snapper tāivaiva
black-spotted jack (fish) pahuru pata
blackball, cross out, cut tāpū
blackboard 'iri pāpa'ira'a, tāpura pāpa'i(ra'a)
blacken fa'a'ere'ere
blackish mā'ere'ere, uri, uriuri
blackish pigeon, Globicera aurorae rupe
blacksmith ta'ata tupa'i 'āuri

bladder ʻōpūpū ʻōmaha, tōamimi
blade (of a knife, also of a paddle or rudder or propeller) rapa   propeller ~ rapa pererau
sharpen the **blade** of a knife   faʻaʻoiʻoi i te tipi
blade of grass or weed   huʻahuʻa, ʻaihere
blame, answerability, responsibility   hapa, hape
blame, accuse, incriminate   pari ~ falsely   pari haʻavare   ~ rashly   pari rū noa
blame, accuse, reproach, condemn, find fault   faʻahapa, faʻahapahapa
I am to **blame! Mea culpa!**   Nō tāʻu hara!
blameless, irreproachable, innocent   hapa ʻore, hape ʻore
blanche, whiten   faʻaʻuoʻuo
blanket   ʻahu (or: ʻaʻahu) taʻoto māhanahana, paraitete   Could you please give us two more ~s?   E nehenehe ānei tā ʻoe e hōroʻa mai e piti taʻoto māhanahana faʻahou nā māua?
blaspheme, (also:) **curse, swear at**   ʻaituhituhi
blaspheme, (also:) **speak badly of, malign, defame, insult**   faʻaʻino
blasphemy, (also:) **slandering, defamation, insult**   faʻaʻino   For from within, out of the heart of men, proceed evil thoughts, ... lasciviousness, an evil eye, ~, ...   Nō roto mai hoʻi i te ʻāʻau taʻata te manaʻo ʻino, ... te tiʻaʻā, te miʻimiʻi, te faʻaʻino, ...
blast, detonation   taʻū
blast, explosion   haruru, haruru rahi
blast, roar (of gun or sea or wind)   haruru
blast, blow up, bomb, bombard   tōpita, tūpita
blast or **gust** of wind before rainfall   pātua
sudden and powerful **blast** or **gust** of wind, **sudden and powerful squall**   mataʻi tāʻiri
violent **blast** or **gust** of wind, **violent squall**   mataʻi tāʻiri ʻūʻana
blaze, burn, flame   ura

blaze a trail, be in the vanguard, pioneer   faʻaineine ʻēʻa
bleach (laundry under dew)   tāhupe
bleat, low, moo   ʻumae, ʻumaemae
bleed, loose blood, shed blood   tahe te toto, tahetahe te toto
cause to **bleed, let blood**   faʻatahe i te toto
bleeding   pūtoto, taheraʻa toto
bleeding, hemorrhage   hīraʻa toto, taheraʻa toto, totomahuʻore
bleeker's surgeonfish   tiamu
blemish (natural, on skin)   īra
blemish, pimple   puʻupuʻu
blemish, smudge, stain   viʻiviʻi
blemished, pimply   puʻupuʻu
blemished or **smudged** or **stained** (both literally and morally)   viʻiviʻi
bless   haʻamaitaʻi   May you be ~ed by the Lord!   ʻIa haʻamaitaʻihia ʻoe e te Atua!   The Lord ~ you and keep you.   ʻIa haʻamaitaʻi mai Iehova iā ʻoutou ʻē ʻia tīaʻi iā ʻoutou.   God, we ~ You for the food You have bestowed on us (literally:) to help our bodies.   E te Atua e, tē haʻamaitaʻi atu nei mātou iā ʻOe nō te māʻa tā ʻOe i hōroʻa mai ei tauturu i tō mātou nei tino.
blessed (Biblical) (construction with ao [bliss])   ~ are the poor in spirit: for theirs is the kingdom of heaven.   E ao tō tei haʻehaʻa te ʻāʻau, nō rātou hoi te basileia (pronounced patireia) ra o te ao.   ~ are the meek: for they shall inherit the earth.   E ao tō tei marū, e riro hoʻi iā rātou te fenua.   ~ are the pure in heart; for they shall see God.   E ao tō tei mā te ʻāʻau; e ʻite hoʻi rātou i te Atua.
blind   matapō, mata pō
make **blind**   haʻamatapō, haʻapō i te mata
blind(ed) (also temporarily)   pō
blind(ed), having dim sight (also temporarily)   mohimohi   I was ~ed by the headlights of the car.   ʻUa mohimohi

blind man's bluff / **blow**

tō'u mata i te mōrī pereo'o.
blind man's bluff, hide-and-seek   perē tāpō
French **blinds, louvers**   hi'o varavara
Venetian **blinds**   pāruru varavara
blink, flitter of eyelid(s), quick glance, (also:) **flash, instant**   'amora'a mata
blink, cast a glance   'amo
blink, flitter one's eyelids   'amo'amo
blink (light)   patapata i te mōrī
blink, flicker, sparkle   purapura
blinking (of) **eye(s)**   mata 'amo'amo
bliss   ao
blister, pustule   'ōpūpū
blister, (also:) **be blistering**   'ōpūpū I have ~s on my hands. 'Ua 'ōpūpū tō'u rima.
blistered   'ōpūpūhia
blithe, carefree, heedless, giddy, silly   neneva
blithe, carefree, heedless, inattentive, flighty   'ōnevaneva
blithe, carefree, heedless, inattentive, not paying attention   nevaneva
blithe(ly), heedless(ly), impulsive(ly), rash(ly), unthinking(ly), without a care   pupara (note that pūpā means to have sexual intercourse)
blithe, joyful, full of joy, jubilating   pōpou, poupou   This is a ~ day for me. E mahana pōpou teie nō'u.
blithe, joyful, happy, rejoicing   'oa'oa
blithe, joyous, much pleased   mā'ue'ue
block (of coral), **coral boulder**   to'a, pu'a
block, hoist, winch, (also:) **pulley**   porotata
block and tackle, hoist, crane, winch   hīvi (from the English heave), porotata
block, clog, stop up *vi*   mau   The toilet is ~ged. 'Ua mau te pape iroto i te fare iti, eita e tahe fa'ahou.
block, clog, stop up, prevent access to   'ōpani
block, obstruct, (also:) **cancel, do away with**   fa'a'ore

blond (ash color)   rehurehu
blond (reddish)   ehu
blond (whitish)   'uo'uo   Do you think her hair is really blonde or has she ~d it? Ia mana'o 'oe e mea 'uo'uo mau ānei tōna rouru, e 'aore ra e mea pēnihia?
very **blond** (like the skin of a white person), **fair**   pupure
blood   toto   coagulated ~ toto pa'ari, toto putua   ~ group pupu toto   blood pressure nē'ira'a toto   The ~ has coagulated. 'Ua putua te toto.   flow of ~, hemorrhage tahera'a toto   My ~ is up (my anger is arising). Tē tupu mai nei tō'u riri.
flow of **blood, menstruation**   tapahi
having an unpleasant odor of **blood** (or fish or milk)   'uri'uri
menstrual **blood**   hāvari, vari
people of royal **blood**   hui ari'i
blood-pudding with pork tripe   hāvari
blood sea-bass   rari
bloodshot, bloody   pūtoto   His eyes were ~. 'Ua pūtotohia tōna mata.
bloom, flower   tiare, pua *(archaic)*
bloom, blossom, open (of flower)   pua (note that pu'a means soap or wash, also coral), 'ua'a, 'ua'ahia   The Tahitian gardenia is ~ing. Tē pua nei te tiare tahiti.
blot, big spot, mark, smudge, (also:) **dot, polka-dot**   pōta'a
blouse   teni ara
blow *n*, **strike** (from fist)   moto
blow, squall, sudden windstorm (mata'i) to'a huri   A sailor of this ship had fallen down from the bowsprit in a ~. Hō'ē mātaro nō teie pahī tei marua i roto i te miti nā ni'a mai i te tira fe'ao, nō te mata'i to'a huri.
avoid a **blow** (or obstacle), **dodge, parry**   'ape, 'ape'ape
deal a **blow** to   tūpa'i, tā'iri
give a **blow** with one's fist, **box**   moto
mark of a **blow, dent**   po'a
blow (except for wind)   puhi, puhipuhi

66

blow (like fan) tāhiri
blow (nose) faʻatē (i te ihu)
blow (wind) farara The wind is ~ing this way. Farara mai te mataʻi.
blow (wind, construction with mataʻi [wind]:) It ~s now. ʻUa mataʻi i teie nei (literally: It winds now).
blow (strong wind) paʻaʻina, paʻapaʻaʻina
blow a wind instrument or a car horn faʻataʻi i te pū
blow or **sound** a conch shell or horn or trumpet faʻaʻoto, faʻaʻoto i te pū
make someone **blow** haʻapuhipuhi The drunk was made to ~ into the alcohol testing device (literally: balloon). ʻUa haʻapuhipuhihia te taʻata taʻero ʻava i roto i te ʻōpūpū.
blow out, burst, break pararī The (car's) tire blew out (burst). ʻUa pararī te uaua (pereoʻo).
blow out, be punctured puta The (car's) tire blew out (was punctured). ʻUa puta te uaua (pereoʻo).
blow out (extinguish) a lamp pupuhi i te mōrī
blow up, blast, bomb, bombard tōpita, tūpita
blow or **exhale with a whistling sound when surfacing after diving, gasp, pant** mapu
blower, fan tāhirihiri mataʻi, mātini tāhirihiri mataʻi
blowhole haʻapauraʻa miti
(be) **blown by the wind, be scattered about, be dispersed** puehu, purehu
blue, (also:) **green** nīnamu, moana
black-and-**blue, dark, blackish** uri, uriuri
deep-sea **blue, almost black** ʻereʻere
navy-**blue** nīnamu moana
dye (a fabric) **blue** faʻanīnamu (ʻahu)
Blue Cross (anti-alcoholic league) Haʻapae He has abstained from alcohol for six months (he signed the ~ oath six months ago). ʻUa haʻapae ʻōna e ono ʻāvaʻe.
blue denim parata

blue jack (fish) paʻaihere
blue-lined sea perch taʻape
blue marlin haʻurā
blue parrotfish (female) uhu nanaʻo
blue- or **green-eyed** (literally: cat-eyed) mata mīmī
blue-spotted boxfish momoa ʻāfata
blue-spotted grouper roi
blueprint, drawing of a house hohoʻa fare
bluing faʻanīnamu (ʻahu), ʻereʻere (ʻahu)
bluish mānīnamu
blunt tūmū, mania
blur, obfuscate, obscure, dim haʻamohimohi, tāmahi
boar puaʻa paʻe
wild **boar** pāha
board, council apoʻoraʻa
board of directors pupu faʻatere
board, plank ʻiri, ʻiri rāʻau
black**board** ʻiri pāpaʻiraʻa, tāpura pāpaʻi(ra)ʻa)
ironing **board** ʻiri tāʻauriraʻa, ʻamuraʻamāʻa tāʻauriraa
surf**board** ʻiri hōruē, ʻiri faʻaheʻe
board, climb on board, embark paʻuma i niʻa (iho), taʻuma i niʻa (iho) ~ a ship paʻuma i niʻa i te pahī We saw a ship which was sailing for Papeete; we went on board and left (sailed). ʻUa ʻite māua i te hōʻē pahī tei fano atura i Papeʻete; paʻuma atura i niʻa iho ʻē fano atura māua.
on **board** i niʻa i te pahi
board member, company officer taʻata nō roto i te pupu faʻatere
boarding, climbing aboard, embarkation paʻumaraʻa i niʻa, taʻumaraʻa i niʻa ~ a ship paʻumaraʻa i niʻa i te pahi i te pahī
boarding card tīteti tomoraʻa
boast, brag ahaaha, faʻaahaaha, haʻavīvī
boast, brag (in telling a story) faʻatiʻatiʻa, faʻatiatia, faʻatietie
boast (admiringly) faʻateni, faʻateitei

boast   **bond**

boast (by aggrandizing oneself) fa'ateitei iāna iho
boast (disdainfully) vahavaha, fa'avahavaha
boastful ahaaha, ha'avīvī
boasting or **praising chant, eulogy** parau fa'ateniteni
boat poti He bumped into the quay with his ~ (literally: bumped his ~ into the quay). 'Ua fa'aū 'ōna i tōna poti i ni'a i te uāhu. His ~ was capsized by a wave. 'Ua ta'ahuri tōna poti i te mātā'are.
boat (large), **ship** pahī
boat (long, narrow), **longboat, whale boat** poti 'ōroe, 'ōroe
boat (rubber, "Zodiac") poti uaua
motor**boat** poti mātini, poti uira
boat (with outboard motor) poti mātini tāpiri
row**boat** poti hoe
sail**boat** poti tā'ie I am used to sailing (know how to sail) boats. 'Ua mātaro vau i te fa'atere i te poti tā'ie. My ~ is twentysix feet long. Piti-'ahuru-mā-ono 'āvae te roa tō'u poti tā'ie.
speed**boat** poti uira fa'ateretere
tug**boat** poti tāvere
boatswain, (also:) **foreman** ra'atira paraparau
Bob, Robert Rōpati
bobbin, reel, spool pō'ai
bodice, brassiere tāpe'a tītī
bodice, brassiere (especially when made of tapa or of thinly shredded pūrau [hibiscus] bark fiber) papatītī
body tino training of the ~ (athletic) fa'a'eta'etara'a tino God, we bless You for the food You have bestowed on us (literally: to help our bodies). E te Atua e, tē ha'amaita'i atu nei mātou iā 'Oe nō te mā'a tā 'Oe i hōro'a mai ei tauturu i tō mātou nei tino.
astral **body, heavenly body, star** feti'a
feverish **body heat** ahu (note that 'ahu means cloth or dress) I feel (literally: My head feels) feverish 'Ua ahu tō'u upo'o.
body louse tutu'a
boil, abscess fēfē
the core of a **boil** or **abscess** fatu
boil, be boiling piha'a, pihā The water is ~ing. 'Ua piha'a te pape. His teakettle is ~ing. 'Ua piha'a tāna tītata (which can also mean: He is snoring.).
boil, heat to the point of boiling ha'apiha'a, ha'apihā
boil, cook (in general) tunu
boil, heat to the point of steaming (as in preparing boiled potatoes) fa'a'ama (roa)
boil up, boil loudly, effervesce 'o'oro, 'oro'oro
boiled tunu pape, tunu pāni
boiled, steamed (especially in double boiler) tunu hou
boiled bread (dough cooked in coconut water or milk) 'īpō
Bolbometopus bicolor, two-colored parrotfish uhu tōtoke
bold, brave itoito
bold, heedless, rash pupara
bold, impudent ha'amā 'ore
bold speaker ta'ata vaha vai
Bolivia Porivia
bolster, pillow, cushion turu'a
bolster, long pillow, mattress turu'a roa
bolster, support, hold up turu
bolster, add support, reinforce pāturu
bolt, nut, (also:) **screw** farero
bolt (of textiles), **ball** or **roll** of **thread** or **cord** or **cotton, coil** pōtaro
bomb, torpedo, grenade, dynamite tōpita, tūpita, 'ōfa'i ha'apararī
bomb, bombard, blow up, blast tōpita, tūpita
Bon appétit! Tāmā'a maita'i! (literally: Eat well!)
Bon voyage! Fa'aitoito i tō 'oe ('ōrua, 'outou) tere! 'Ia maita'i tō tere!
bond, connection, joint tū'atira'a
bond, union tāhō'era'a

bond, **bind together**, **tie up** tā'amu
bond, **bind up** ruru'u, ru'uru'u, tā'ai
bond, **connect**, **join together** tū'ati
bondage, **slavery** orara'a tītī, tītīra'a
release from **bondage**, **free**, **liberate** fa'ati'ama
bone ivi   chicken ~ ivi moa   palate ~ ivi aroaro vaha   I gave the chicken ~s to the dog. 'Ua hōro'a vau i te ivi moa nā te 'ūrī.
bonefish, **mullet-like fish**, **Albula vulpes** 'io'io
bonito, **Euthynnus affinis**, **little tuna** 'ōtava
bonito, **Katsuwonus pelamis** (early stage:) 'auhopu   (middle stage:) tore   (later stage:) toheveri   In that place the ~ bite well. 'Ua apuapu te 'auhopu i terā vāhi.
bonito hook matau hī 'auhopu
bonnet, **hat** tāupo'o, taumata *(archaic)*   Although the word taumata has died out on Tahiti, it is still used on Pitcairn Island.
bonus moni ha'amāuruuru, tino moni ha'amāuruuru, tino moni fa'aitoitora'a, tao'a ha'amāuruuru
bonus work, **piece work** 'ohipa tārē, tārē
book puta   open a ~ hōhora i te puta   close a ~ tāpiri i te puta   I'll go and get a ~ for you. E haere au e rave mai i te puta nā 'oe.   I took my ~s out of the box. 'Ua tātara vau i tā'u mau puta i rāpae i te 'āfata.   Leave that ~ in its place! 'A vaiiho i terā puta i tōna vaira'a.   That is a very old ~. E puta tahito roa terā.   check ~ puta parau moni   telephone ~ puta nūmera niuniu
record **book**, **register** puta tāpa'ora'a
sheet of a **book** or newspaper 'api parau
book, **hold**, **reserve** tāpe'a   Could you ~ (literally: hold) a table for dinner tonight? E nehenehe ānei tā 'oe e tāpe'a i te hō'ē 'amura'amā'a (or: 'aira'amā'a) nō te tamā'ara'a i teie pō?
booking, **reservation** tāpe'ara'a
booklet, **brochure**, **pamphlet**, **bulletin** puta iti
boom, **loud noise**, **thud** taparuru
boom (nautical), **spar** to which a sail is attached pūmu
boom, **cross-bar** (attaching outrigger to canoe) 'iato
boom, **pole** (used to maneuver outrigger canoe instead of with a paddle) tīto'o
boom, **make a loud noise**, **resound** taparuru, tapataparuru
boorish, **heathen**, **pagan**, **uncivilized** 'etene
booth piha   telephone ~ piha niuniu paraparau
booze, **alcohol**, **strong drink**, **liquor**, **spirits** 'ava, 'ava ta'ero, 'ava pa'ari   He doesn't drink ~. 'Eita 'ōna e inu i te 'ava taero.   Because of his addiction to drinking ~, his family life became unbearable (literally: very bad). I tōna mātaura'a i te inu i te 'ava, 'ino roa a'era te orara'a o tōna 'utuāfare. (The word 'ava originally referred to kava, the drink made from the roots of the plant *Piper methysticum*. Although kava is still popular in Samoa, Tonga, and Fiji, it is no longer used in Tahiti.)
abstain from **booze** (or food) ha'apae   He has abstained from ~ for six months (he signed the Blue Cross [anti-alcoholic league] oath six months ago). 'Ua ha'apae 'ōna e ono 'āva'e.
Bora Bora, **Bora Bora of the Silent Paddles** Porapora, Porapora i te hoe māmū, (ancient name: Vava'u)   the people of ~ tō Porapora   ~ is a very beautiful island. E fenua nehenehe roa 'o Porapora.
Bora Bora, arguably the most beautiful and best known of the Leeward Islands, lies 240 kilometers (150 miles) northwest of Tahiti. At the time of writing the island has a population of approximately 5,800. It is dominated by the spectacular volcanic spire Te Manu with its flat companion Pahia and surrounded by what many consider the most

border

beautiful lagoon in the Societies. It also features the best white sand beach in the island group, Matira. Its "capital" is Vaitape.

border, boundary, frontier, limits 'ōti'a, 'ōti'a fenua

border, brim (of hat) pare taupo'o, pare

border, edge, side hiti

bore (a hole), **drill** hou

bore (a person), **be tedious** ha'afiu

bored or **fed up with, weary** or **tired of, have (had) more than enough of, find something boring** fiu Are you ~ (with what is going on)? 'Ua fiu ānei 'oe? (a common, well-meant, and very considerate question in the islands, especially during a prolonged proceeding or entertainment) One does not get ~ when looking at people with happy and smiling faces. 'Eita e fiu i te māta'ita'ira'a i te mau ta'ata mata 'oa'oa e te 'ata'ata. I am tired of French food. 'Ua fiu vau i te mā'a farāni. He got fed up with fixing his lawnmower. 'Ua fiu roa 'ōna i te tātā'i i tāna tāpū matie. I am tired of having nothing to do. 'Ua fiu vau i te fa'aea noa. I am fed up with that moocher. 'Ua fiu roa vau i terā ta'ata tīpe'e.

boredom fiu, ha'umani

borer, drill hou

boresome, bothersome ta'ahoa

boring, dull fiu, ha'umani That is a very ~ job. E 'ohipa fiu roa terā.

boring, tiresome, (also:) **weary, fatigued, bored** ha'umani I found that flight very ~. 'Ua ha'umani roa vau i terā tere manureva.

born (birth) fānauhia In what year were you ~? Eaha te matahiti i fānauhia ai 'oe? Pouvāna'a a O'opa was ~ in Fare on the island of Huahine on the 10th of May, 1895. 'Ua fānauhia o Pouvāna'a a O'opa i Fare i te fenua Huahine i te 'ahuru nō mē i te matahiti hō'ē-tautini-'ē-va'u-hānere-'ēiva-'ahuru-mā-pae.

boss

born (birth, Biblical) fānau He was ~ to the Virgin Mary. 'Ua fānau 'oia iā Māria parētēnia. For unto you is ~ this day in the city of David a Saviour, which is Christ the Lord. I nauanei ho'i i fānau ai te Ora nō 'outou i te 'oire o Davida (pronounced Tavita), 'oia ho'i te Metia ra o te Fatu.

born, carried, portable, liftable mara'a

first-**born, oldest child, eldest sibling** matahiapo

the high-**born** te hui ari'i

native-**born** mā'ohi ~ person ta'ata mā'ohi

new**born, newly-born** 'aru'aru

borrow (buy or rent on credit) rave tārahu

borrow, owe money 'aitārahu

borrow, rent, hire tārahu, rave tārahu

borrow (short or limited term, no money involved) rave (nō te hō'ē taime ri'i) May I borrow (literally: take) this corkscrew (you can add: for a short time)? E ti'a ānei iā'u ia rave i teie 'iriti mohina (nō te hō'ē taime ri'i)? May I ~ your bicycle? E ti'a ānei iā'u 'ia rave i te pereo'o ta'ata'ahi? George ~ed my car. Nā Tihoti i rave i tō'u pereo'o uira. You may ~ my binoculars, if you like. E nehenehe iā 'oe 'ia rave i tā'u titi'a hi'o fenua, 'ia hina'aro 'oe (or: ... mai te mea e hina'aro 'oe). John said I may ~ the book for as long as I wish. 'Ua parau mai Ioane e nehenehe ia'u ia rave i te puta mai te maorora'a o te taime tā'u e hina'aro.

"**borrow**" (often with no intention of paying back), **mooch, sponge on people, freeload** tīpe'e, tipara *(archaic)* He mooches on people (lives a parasitic life). E orara'a tīpe'e tōna.

bosom, breast, teats tītī, 'ōuma (Biblical)

bosom, chest 'ōuma

boss, head of staff, manager, director, person in charge ra'atira, ta'ata ha'apa'o i te ... hotel manager ta'ata ha'apa'o i te hōtēra

boss, head, superior 'ona

boss, master, owner fatu
boss, overseer, inspector, examiner ta'ata hi'opo'a
boss, superior, "higher-up" paoti
both, both together, by two's 'āpitipiti
both of them rāua, rāua piti
both of us tāua, tāua piti
both of you 'ōrua, 'ōrua piti
both parents nā metua, (sometimes:) metua
bother, annoyance, disturbance, trouble, interference, worry pe'ape'a, e mea pe'ape'a
bother, difficulty, complication fifi I am in a bit of ~ these days (usually: hard up for money) 'Ua fifi ri'i au i teie mau mahana.
bother, obstacle, hindrance, delay, interference taupupū
bother, interfere, hinder, delay taupupū
bother, interfere with (thereby delaying or dragging out) fa'ataupupū
bother, interfere with or **drag out a job** fa'atāupuupu
bother, trouble, make problems (for) ha'ape'ape'a
bothered, irritated, vexed, exasperated, preoccupied with problems pahipahi
bothered, tired of (someone) ihuihu
bothered, troubled, worried, having problems pe'ape'a I am ~ (worried). Tē pe'ape'a nei au.
bothersome, boresome, discordant, unpleasant to hear ta'ahoa
bothersome, obtrusive, oppressive, stuffy poihu, pōihuihu
bothering, obtrusive, tiresome ihuihu
Bothus mancus, flat-fish (Bothidae family), **left-eye flounder** pāti'i tere fenua, pāti'i
bottle mōhina baby ~ mōhina tītī beer ~ mōhina pia empty ~ mōhina pau full ~ mōhina 'ī plastic ~ mōhina 'ūraina The ~ is filled with red wine. 'Ua 'ī te mōhina i te uaina 'ute'ute. Could you fetch the wine bottle from the kitchen? E nehenehe ānei tā 'oe e ti'i i te mohina uaina i te fare tūtu? Let's empty this bottle! E ha'apau tāua i teie mōhina! The ~ Imp (short story by Robert Louis Stevenson). Te mōhina vāru'a 'ino (literally: the ~ with an evil-spirit). "I tell (literally: warn) you," said Keawe, "the man who has that ~ goes to hell." Nā 'ō atura o Ke'aue: "Te fa'aara atu nei ā vau iā 'oe, te ta'ata nāna tenā mōhina, o hāte ia tōna vaira'a." (from the above work, in a free translation by John [Tihoni] Martin.)
rinse out a **bottle** pūoro, pūorooro
bottle neck 'auaha, 'auvaha
bottle opener, corkscrew 'iriti mōhina
bottom (of a canoe), (also:) **keel** ta'ere
bottom (of human), **behind, rear end, arse** 'ōhure
bottom (of a human or a bottle or a vessel), **rear end, buttocks, arse** tohe ~ of a bottle tohe mōhina ~ of pants tohe piripou
bottom, base (construction with:) i raro in the ~ of the hole tei raro i te 'āpo'o His lure got caught in the ~ of the lagoon (sea). 'Ua mau tāna 'apa i raro i te miti.
bottom, far end (inland, from the sea) uta The men will sleep at the ~ (far end from the sea) of the valley. E ta'oto te mau ta'ata i uta i te fa'a.
bottom (in certain expressions) papa (actually means **bed rock** or **bottom stone stratum**) (from) the ~ of my heart papa o tō'u nei 'ā'au
boulder, rock 'ōfa'i
coral **boulder** pu'a
bounce (back or up), **leap** (like fish) patī, pātītī
bounce (up), **jump** 'ōu'a
bound, jump, leap 'ōu'a
boundary, border, frontier, limit 'ōti'a, 'ōti'a fenua
boundary marking, demarkation

boundary stone

tā'ōtir'a fenua
boundary stone or **marker** 'ōti'a
boundless, without bounds, limitless, infinite tā'ōti'a 'ore, tā'ōti'a-'ore-hia
boundless, infinite, without end hōpe'a 'ore
boundless, without equal, immeasurable fāito 'ore
bouquet pūpā (be careful with pronunciation, since pupa refers to animal [and in crude slang also to human] copulation)
bout, attack, outbreak, outburst, fit, recurrence of an illness pūaira'a, ro'ohiara'a ~ of fever pūaira'a fiva when he has an ~ of filariasis (elephantiasis) i tōna ro'ohiara'a māriri pūfe'efe'e fit of anger riri tupu tā'ue
have a **bout** or **fit** of insanity or madness, **be possessed** uru, fa'auru ma'ama'a He has had a fit of madness. 'Ua fa'auru ma'ama'ahia 'ōna.
boutique, shop, store fare toa Is the ~ open? 'Ua matara ānei te fare toa? At what time will that ~ open? Eaha te hora e matara (or: mahuti) ai terā fare toa?
bovine pua'atoro
bow (archery) fana
bow (of canoe) ihu va'a, mua
bow (of ship) ihu pahī, mua
bow (of ship), **stem** rei mua, 'oti tai
bow, knot pona, ponara'a, tāpona, tāponara'a
bow and arrow(s) te'a
bow (one's head), **bend over** pi'o
bowel(s) (in old times - and in some expressions even today - seen as the seat of emotions, corresponding to today's "heart"), **intestine(s)** 'ā'au a kind-hearted person ta'ata 'ā'au maita'i My heart rejoices. Tē pōpou nei tōu 'ā'au. I am in constant anguish (my heart is aching). Tē mamae noa nei tō'u 'ā'au.
bowel movement, (also:) **have a bowel movement** titi'o, haumiti (seldom heard

bracelet

today)
bowl, cup, dishes 'āu'a sugar ~ fāri'i tihota toilet ~ pārahira'a fare iti (large and flat) wooden **bowl** 'umete
bowl, throw a ball tāora i te pōro
bowling, (also:) **petanque** tāorara'a pōro
bowling ball, billiard ball, (also:) **marble** pōro
bowsprit tira fē'ao, fē'ao ~ stay rītini fē'ao A sailor of this ship had fallen down from the ~ in a squall. Hō'ē mātarō nō teie pahī tei marua i roto i te miti nā ni'a mai i te tira fe'ao, nō te mata'i to'a huri.
box, case, chest, trunk 'āfata I took my books out of the ~. 'Ua tātara vau i tā'u mau puta i rāpae i te 'āfata. Those ~es are of equal size. 'Ua fāito terā mau 'āfata.
box fish, (also:) **multi-spotted trunkfish, Ostracion cubicus** momoa
box of matches pōnau māti
box (space on a form or blank) 'oehā
ice **box** vaira'a pape pa'ari
post office **box** 'āfata rata
box, fight with fists moto, momoto, motomoto
box, put in box or container tā'āfata
boxer ta'ata moto
boxing, boxing match motora'a
put up one's guard in **boxing** fata
boxing ring tahua motora'a
boy tamāroa, tamari'i tamāroa The gift was given by a small ~. 'Ua hōro'ahia te tao'a arofa e te tamāroa iti.
boy, lad, son tamaiti
boy, youngster taure'are'a
page **boy** taure'are'a 'āpe'e (literally: following or escorting youngster)
Oh **boy!** (negative tone of voice; literally:) **What a bad thing!** Auē i te mea 'ino ē!
Oh **boy!** (positive tone of voice; literally:) **What a good thing!** Auē i te mea maita'i ē! Auē ho'i au ē!
bra, brassiere tāpe'a tītī
bracelet fifi rima

braces, suspenders pā'ave, pā'ave piripou
brackish taitai ~ water pape taitai
brag, boast ahaaha, fa'aahaaha, ha'avivi
brag, boast (in telling a story) fa'ati'ati'a fa'atiatia, fa'atietie
brag about oneself fa'ateitei iā'na iho
brag about someone else, boast (admiringly) fa'ateni, ta'ateitei
brag, boast (disdainfully, putting the other one down) vahavaha, fa'avahavaha
braggart ta'ata ahaaha, ta'ata vahavaha, ta'ata ha'avīvī He is a ~. E ta'ata ahaaha 'ōna. (also:) Mea āminamina tōna vaha.
bragging, boastful ahaaha, ha'avīvī
braid *n*, **plait** (hair) firira'a rouru
braid *v*, **plait** (baskets, hats, mats) ha'une
braid *v*, **twist** firi
braid, weave rara'a
brail or **gather in a sail** huhu
brain(s), cerebrum roro ~-case 'apu roro
scatter-**brained, thoughtless, fickle** neneva
brake ferēni
brake(s) ferēnira'a
braking system rāve'a ferēnira'a
branch (of a plant) 'āma'a
branch (of a company) 'āma'a nō te fare tumu
branch out vehe
branched coral farero
branches (bundle of), **firewood** ruru vahie
branches of a river vehera'a pape
young **branches of the breadfruit tree** when stripped of the bark, **catkin, cattail** of breadfruit pōpō'uru
branching, ramification 'āma'a, 'āma'ama'a, ma'ara'a, toro haerera'a
branching, tributary ma'ara'a
branching (trumpet-shaped) **coral formation** pāia

brand, firebrand, glowing coals 'ōmo'i
brass veo re'are'a
brass instrument(s) pū
brassiere, bra tāpe'a tītī
brassiere (of tapa) papa tītī
brat, "little devil," uncontrollable child tamari'i tuputupuā
brave, courageous, stouthearted itoito
brave, fearless, dauntless, unafraid, intrepid mata'u 'ore
brave, warrior, hero, champion 'aito, toa *(archaic)*
brave, face, confront fa'aū
Bravo! Maita'i roa! Fa'ahiahia ro'a!
brawny, muscular, athletic, strong euea, pāuaua
brazen, fearless fa'ataiā 'ore
breach, rupture fatira'a, 'ōfatira'a
breach, rupture, broken place vāhi pararī
breach of contract fa'a'orera'a i te parau fa'aau
bread faraoa cabin ~ or biscuit faraoa pa'apa'a French ~ faraoa farāni unleavened ~ faraoa 'ipo a little ~ ma'a faraoa spread butter on the ~ parai i te faraoa i te pata Maybe we will get the ~ we are looking for (literally: our bread) in that Chinese store. Pēneia'e e roa'a tā tātou faraoa i terā fare toa tinitō. Give us this day our daily ~! Hō mai i te mā'a e au iā mātou i teie nei mahana!
bread, wafer (sacramental) pane
boiled **bread** (dough cooked in coconut water or "milk") 'īpō
sweet-**bread, cake** faraoa monamona
unleavened **bread** pane fa'ahōpue-'orehia, (sometimes:) faraoa 'īpō Seven days [nights] shall ye eat unleavened ~. 'Ia ru'i hitu 'outou i te 'amura'a i te pane fa'ahōpue-'ore-hia.
bread crumbs hu'ahu'a faraoa (be careful here with pronunciation: huahua means vulva)
breadfruit, Artocarpus incisa (the most

breadfruit

common in Eastern Polynesia) 'uru, maiore (seldom used today)   a bunch of ~ e pe'etā 'uru   Don't cook that ~; it has been bruised. 'Eiaha 'oe e tunu i terā 'uru; 'ua hītoatoa. The European discoverer of breadfruit was Mendana de Neyra in 1595 (who, however, only saw a few of the Marquesas Islands). The fruit became world famous through the mutiny on the Bounty (1789), because the mission of the expedition was to bring breadfruit shoots to the West Indies in order to provide cheap food for the slaves. When you visit the islands, try breadfruit several times at various island feasts; it can be delicious when properly prepared (it cannot be eaten raw).

a species of large **breadfruit, Artocarpus altilis**   'ārāvei

other **breadfruit** varieties: pae'a, puero, 'uru rare, 'a'aiā (falls before maturing or ripening to an edible stage)

stages of **breadfruit:**   pī (young), maoa (ready to cook), pē (ripe)

breadfruit cooked by putting it directly in fire   'uru tunutunu

core of **breadfruit**   puo 'uru

fermented **breadfruit** preserved in a trench; Hawai'ian poi   mahi

inedible core of **breadfruit**   hune

half of a **breadfruit** (or coconut)   pēha'a

roasted **breadfruit** (cooked directly over a flame)   'uru tānina

breadfruit tree   tumu 'uru

young branches of the **breadfruit tree** when stripped of the bark, **catkin, cattail** of breadfruit   pōpō'uru

breadth, width, extent   'a'ano

break, fracture (long object broken in two pieces)   fati, fafati, fatifati, fa'afati, ha'afati   The tree was broken by the wind. 'Ua fati te tumu rā'au i te mata'i. The seas (waves) are arched when they ~. E mea tāfarefare te 'aremiti 'ia fati mai. The wave(s) broke. 'Ua fafati te 'aremiti.

breaker(s)

Big waves are ~ing onto the shore. E 'are rahi teie e fati mai nei i tātahi.

break, pause, temporary halt, intermission   fa'aeara'a

take a **break, pause**   fa'aea

take a short **break, pause**   fa'aea ri'i

break, break down, become broken or shattered, collapse, blow out   pararī, (sometimes:) pāpararī

break, smash, crash, crush   ha'apararī

break an agreement, (also:) **detach, loosen, untie**   tāhemo, tāhemohemo

break into fragments (but not by bending), **shatter, smash, crush**   tūpararī

break in pieces   'ōfatifati

break into very small pieces, **be pulverized**   pāpaparī hu'ahu'a, hu'ahu'a   He now sees all his hopes ~, in a moment, like a piece of glass. Tē 'ite nei 'oia i teie nei i tāna mau ti'aturira'a ato'a, tē pāpararī hu'ahu'a nei, mai te hi'o te huru. (From John [Tihoni] Martin's free translation of Stevenson's The Bottle Imp.)

break off, end, finish, terminate   fa'aoti

break off or **in two pieces, snap**   'ōfati   He broke the stick. 'Ua 'ōfati 'ōna i te ra'au.

break off, pick, gather by plucking   'ōhiti   It is only on Mount Temehani that the tiare 'apetahi may me gathered. I ni'a ana'e i te mou'a Temehani e 'ōhitihia ai te tiare 'apetahi.

break off, pluck or gather fruit   pāfa'i, pōfa'i, māfa'i

break up, demolish, destroy, tear down   vāvāhi

break a coconut   tūpa'i i te ha'ari

break the law   hapa

breakdown, collapse   pararīra'a

breaker(s), breaking surf, waves pounding onto a reef   fatira'a miti   The land kept coming closer and the thunder of the ~s became strong. Piri roa mai nei te fenua 'ē pūai mai nei te māniania o te fatira'a miti.

breakfast (with a very light meal, like bread and butter only) (te) inura'a taofe (or:) (te) taofe po'ipo'i
breakfast (petit déjeuner) mā'a po'ipo'i
breakfast (substantial) tāmā'ara'a po'ipo'i We would like to pay for the ~. Tē hina'aro nei maua i te 'aufau nō te tāmā'ara'a po'ipo'i.
breaking-up (of an assembly, for example), **dissolution, splitting-up** ha'apararīra'a
breast, bosom, teats tītī, 'ōuma (Biblical and anatomical)
breast, chest 'ōuma
under curve of a **breast** tape ū
breast stroke 'au honu (literally: swimming like a turtle)
breast-feed, nurse, suckle fa'a'ote
breastplate, gorget, pectoral tāumi The tāumi is crescent-shaped and usually made of mother-of-pearl, either plain or decorated with Polynesian designs. Suspended on the breast from a string around the neck, it is a beautiful and striking ornament for women as well as men. As a curiosity I can mention that one of the mutineers of the Bounty, John Millward, liked the tāumis so much that he had the likeness of one tattooed on his body!
breath aho
bad **breath** vaha piropiro (literally: badsmelling mouth) He has bad ~. E vaha piropiro tōna.
be out of **breath, have difficulty breathing** pau te aho, paupau te aho He may have been out of ~. 'Ua pau paha tōna aho.
be out of **breath, gasp, pant, exhale when surfacing after diving** mapu, mapumapu
complain under one's **breath, gripe, grumble, mutter** mutamuta
recover or regain one's **breath** (especially after diving) māpuhi Jack London used this word for the name of the pearl diver and title character in his delightful and exciting short story, The House of Mapuhi (the real heroine of which is Mapuhi's mother, Nauri).
breathalyser, alcohol test (of the amount of alcohol in the blood) fāito toto'ava
breathe huti, huti i te aho
breathe again or anew, regain breath māpuhi (i te mata'i)
breathe in, inhale ha'u
breathe out fa'aru'e i te aho
breathing hutira'a aho
stop **breathing** mure te aho
diver's **breathing tube, pipe** paipu
well-**bred, cultivated** 'ite i te mau peu maitata'i
breech (or **head**) **presentation** (medical: of childbirth) fāurara'a upo'o
breeches, trousers, pants, slacks piripou, piripou 'āvae roa
breed, race taura That is a fine ~ of dogs. E taura 'urī maitata'ī terā.
breeding, rearing, upbringing fa'a'amura'a
breeding cock moa pa'e
breeze pūva'iva'i, pūa'ia'i
night **breeze** from the mountains, **land wind** hupe
breezy, ventilated, (also:) **refreshed by wind** pūva'iva'i
brethren taea'e
bribe, baksheesh, graft moni tāhinu
offer a **bribe, offer graft** peta, tāhinu
brick piriti
brick or **stone fence** or **wall** patu
bridal couple, bride and groom nā fa'aipoipo, nā ha'aipoipo
bride vahine fa'aipoipo, vahine ha'aipoipo
bridegroom tāne fa'aipoipo, tāne ha'aipoipo
bridesmaid, maid of honor 'āpe'e vahine
bridesman, best man 'āpe'e, 'āpe'e tāne
bridge 'ē'a turu, 'ē'aturu The road is very narrow on the ~. E mea oaoa roa te porōmu i ni'a i te 'ē'a turu. He fell down from the ~. 'Ua marua 'ōna nā ni'a i te

bridge

'ē'a turu. Nowadays Greater Huahine and Smaller Huahine are joined by a ~. I teie nei, 'ua tū'atihia Huahine Nui 'ē Huahine Iti i te hō'ē 'ē'a turu.
bridge (nautical), **commando bridge** pa'e pahī, tahua pahī
brief, short poto a ~ word e parau poto make it ~ ha'apoto i te parau (to put it) ~ly 'ia ha'apoto-noa-hia time being short nō te poto o te taime
brief (as opposed to long or long-lasting), **short, coming to an end** mure
brief moment, instant, blink or **twinkling of an eye** 'amora'a mata, ma'a taime iti
briefcase, attaché case pūtē vaira'a parau, vehi I am searching in my ~. Tē pāheru nei au i roto i tā'u pūtē vaira'a parau.
handle of a **briefcase**, attaché case, suitcase, bag, or basket feretau
brig or **brigantine** or **schooner, two-master** pahī tira piti
pahī tira toru three-master
bright (like coral "sand" or gravel) 'ana'ana
bright, shining (like lamp or fire) a'ama
bright, catching on fast, quick-thinking, swift-thinking 'apo, 'a'apo, 'apo'apo
bright (aesthetically), **beautiful, colorful** nehenehe ... nowhere in the world are these pictures of so ~ a color as those Keawe found hanging in his house. ... 'aita roa tō tei nei ao ta'ato'a e hoho'a nehenehe 'ae i teie tā Keawe e māta'ita'i nei i roto i tōna fare. (From Robert Louis Stevenson's The Bottle Imp, freely translated by John [Tihoni] Martin.)
bright, intelligent, clear of mind, clever, smart māramārama You are very ~. E mea māramārama roa 'oe (or:) E upo'o māramārama roa tō 'oe.
bright, knowledgeable (e) mea 'ite roa, 'ite roa
bright, street-smart, clever akamai

bring

(slang, from Hawai'ian)
brighten, clear (color, light, sky, water) teatea The sky ~ed a little. 'Ua teatea ri'i te ra'i.
brighten, polish, shine (shoes, silver, etc.) fa'a'ana'ana
brightness, intelligence, clearness of mind māramārama Pouvāna'a 'O'opa's ~ exceeded that of the French politicians. 'Ua hau a'e te māramārama o Pouvāna'a a 'O'opa i tō te feiā poritita (or: feiā tōrō'a) fara'ni.
brightness, knowledge, learning 'ite
brightness, maturity, wisdom pa'ari
brightness, skill 'aravihi
brightness, shining, lustre 'ana'ana
brilliant, sparkling, very bright 'ana'ana roa
brilliant, very intelligent māramārama roa You are ~. E mea māramārama roa 'oe (or:) E upo'o māramārama roa tō 'oe.
brilliant, very knowledgeable (e) mea 'ite rahi roa
brilliantine, hair cream (actually scented vaseline) mono'i pa'ari
brim (of hat) pare taupo'o, pare
brim, border, edge, end, extremity hiti
bring (here) 'āfa'i (mai), 'āfa'i Could you please ~ the flashlight? E nehenehe anei tā 'oe e 'āfa'i mai i te mōrī pata?
bring, carry a heavy or important object or message hōpoi He brought (carried) the rice sack into the kitchen. 'Ua hōpoi 'ōna i te pūtē raiti i roto i te fare tūtu. Here are the things I brought you yesterday. Teie te mau mea nā'u i hōpoi mai inānahi. Fear not; for behold, I ~ you good tidings of great joy, which shall be to all people. 'Eiaha e mata'u 'inaha ho'i e parau maita'i ta'u e hōpoi mai iā 'outou nei, o te riro ia ei 'oa'oara'a nō te ta'ata ato'a.
bring, bear, carry on back or shoulders amo
bring, carry, deliver, transport by a

bring / **broadcast**

conveyance uta, faʻauta The copra sacks were transported here to Papeete by ship. ʻUa utahia mai te mau pūtē pūhā i Papeʻete nei nā niʻa i te pahī.
bring, carry, transport little by little tie, tietie This is a car which is used to ~ (carry) cargo onto the ship. E pereoʻo teie nō te tie i te mau ʻohipa i niʻa i te pahī.
go and find and bring something or someone, fetch, carry (hither), **get** tiʻi, taʻitaʻi (mai) Could you ~ the wine bottle from the kitchen? E nehenehe ānei tā ʻoe e tiʻi i te mohina uaina i te fare tūtu? Its fragrance is carried here by the mountain wind. Nā te hupe e taʻitaʻi mai tōna noʻanoʻa.
bring, take (somewhere else) ʻāfaʻi atu
bring about ..., do ..., make..., effect ..., cause ..., cause to ..., cause to be ... (prefixes transforming an adjective, noun, or passive verb into an active verb) faʻa-, haʻa- (sometimes interchangeable; usually haʻa- occurs before roots beginning with f, m, p, or v, and faʻa- before the other roots), tū- ~ a meeting faʻafārerei This is a pill that causes (brings about) euphoria. E huero faʻaaumaitaʻi teie. do body exercises (literally: ~ a hardening of the body) faʻaʻetaʻeta i te tino make noise faʻaʻāhoahoa effect a renewal (renovate) faʻaʻāpī do something on the sly haʻavarevare light (~ light) tūʻama
bring about, establish, bring into being, create, instigate, induce faʻatupu, haʻatupu
bring aid to bear, increase support pāturu
bring a (legal) **complaint, complain** horo Tihoni brought a complaint against Manava before the judge. ʻUa horo o Tihoni iā Manava i mua i te aro o te haʻavā.
bring in, cause to enter faʻatomo
bring in, import faʻahaere mai, faʻauta mai
bring into being, create, establish, instigate faʻatupu, haʻatupu
bring near, cause to approach faʻafātata
bring out (a story), **relate, recount** tuatāpapa
bring to (sailing vessels), **heave to** pāruru
bring to a close, finish, terminate (without the implication of completion) faʻahope
bring to mind, conceive faʻatupu i te manaʻo, faʻamanaʻo
bring or **call to mind, remember, think of** haʻamanaʻo
bring under control, discipline, subdue haʻavī
bristle-toothed surgeonfish maito
Britain, England (fenua) peretāne, (fenua) paretāne, (fenua) paratāne
British, English peretāne, paretāne, paratāne A ~ warship has arrived. ʻUa tāpae mai te hōʻē manuā peretāne.
the **British language** parau peretāne, reo peretāne
broad, wide, (also:) **extended,** (also:) **extensive** ʻaʻano This road is ~ now, not like it was in the past.. ʻUa ʻaʻano teie purōmu i teienei, e ʻere mai tei te mātāmua ra.
broad smile, laughter ʻata
smile **broadly, laugh** ʻata, ʻaʻata, ʻataʻata
broadcast, announcement poro
broadcast, transmission (radio and television) haʻapurororaʻa I find it very difficult to understand the Tahitian radio ~s. E mea fifi roa nāʻu te faʻaroʻoraʻa i te mau haʻapurororaʻa Rātio Tahiti nō te taʻaraʻa iaʻu i te auraʻa.
broadcast, announce, publish, proclaim, issue poro
broadcast (literally: emit words) haʻapuroro
broadcast (especially by means of radio or television), **propagate, disperse** haʻaparare The ceremony will be ~ directly. E haʻaparare tiʻaihohia te ʻōroʻa.
broadcast, scatter, disperse parare
broadcast, transmit, send, cause to arrive

broadcast fa'atae Radio Tahiti is ~ing its greetings (love) to the (people of the) outlying islands which (who) are listening to its voice, and to those who are ill (in pain) and confined in hospitals, to (the people of) 'Orofara (the leper colony in Tahiti), to the ships that sail on the ocean, and to all of Oceania: we wish you well! Te fa'atae atu nei o Rātio Tahiti i tōna arofa i tō te mau motu ātea e fa'aro'o mai i tōna reo, 'ē te feiā māuiui i tāpe'ahia i roto i te mau fare utuutura'a, i tō Orofara, i tō te mau pahī e tere nā te moana, 'ē tō 'Oteania pa'ato'a: 'Ia ora na!

broadcast, announced tu'i, porohia The good news has been widely ~. 'Ua tu'i te parau 'āpī maita'i.

broadcast, dispersed, scattered, strewn parare

broaden ha'a'a'ano, fa'a'a'ano

broadshouldered pa'ofifi 'a'ano, pa'ufifi 'a'ano

brochure, booklet, leaflet, pamphlet puta iti

broke, without money moni 'ore

broken (off or in two) fati

broken (apart, not in working condition) pararī The carafe is ~. 'Ua pararī te pita pape.

broken (in several pieces or broken slightly in a number of places) fatifati, fafati

stock **broker** fatu tuha'a taiete

brooch, pin, badge pine

brood, grieve mihi, 'oto

brood, incubate fa'ata'oto (which ordinarily means **put to sleep**) ~ing hen moa fa'ata'oto

brood, ruminate feruri maoro, feruri noa

brood, sit (set) on egg(s), lay egg(s) 'ōfa'a, fa'a'ōfa'a

brood mare pua'ahorofenua (vernacular pronunciation: pū'ārehenua) maia'a

broom, brush, besom porōmu, purūmu, purōmu

brother or male **cousin** (of female) tu'āne

brother (of male) taea'e And why beholdest thou the mote that is in thy ~'s eye, but considerest not the beam that is in thy own eye? E eaha 'oe i hi'o ai i te pāpa'a iti i roto i te mata o tō 'oe taea'e ra, e 'aore 'oe i 'ite i te rā'au rahi i roto i tō 'oe iho mata?

older **brother** (of male) tua'ana

younger **brother** (of male) teina My dad is an old man, but he has the same facial features as his ~. E ta'ata pa'ari tō'u pāpā, terā rā hō'ē ā tōna hoho'a 'ē tō tōna teina.

consider one another as **brothers, fraternize** fa'ataea'e

brotherhood autaea'e

brother-in-law tao'ete tāne

Broussonetia papyrifera, paper mulberry (tree) aute (note that 'aute refers to hibiscus) This is the tree from which most (brown) tapa was - and on many Polynesian islands still is - made.

brow, forehead rae by the sweat of thy ~ mā te hou i nia i tō rae

brown pa'ahonu, pa'atoa (note that pā'āto'a means all), 'ō'aha

brown, brownish, tawny, brown-skinned (especially the typical skin coloring of Polynesians) ravarava, rava, hiri ravarava

brown, dirty-black, dark pa'opa'o

reddish **brown** (hair) 'ehu

brown sea urchin (edible, with short spines) hāva'e

brown sugar tihota 'ute'ute

brown tang (a small sea fish) peretiti

brown unicornfish ume

brown- or black-eyed, (also:) **black-eyed** (from a blow) mata 'ere'ere

bruise, wound, injury pēpē

bruised, crushed perehū

bruised, wounded, injured pēpē

bruised and bad-tasting (of breadfruit) tao

bruised (damaged in that sense, said of

bruised before ripening / **builder**

breadfruit and mango) hītoatoa Don't cook that breadfruit; it has been ~. 'Eiaha 'oe e tunu i terā 'uru; 'ua hītoatoa.
bruised before ripening 'aupara
brunette ravarava
brush, broom, besom porōmu, purūmu, purōmu
brush (land) fenua 'aihere
brush, weeds, scrub 'aihere
patch of **brush, thicket** pū'aihere
brush, sweep porōmu, purūmu, purōmu I am going to ~ my teeth. Tē haere nei au e porōmu i tō'u niho.
brush, weed, clear (with machete) vaere
brusque, rough, (also:) **irritable, easily irritated** or **upset, excitable, nervous, emotionally thin-skinned** 'iriā
brute, violent person, savage, fiend ta'ata taehae
bubble pōpō soap ~ pōpō pu'a
bubble, balloon, blister 'ōpūpū
buck, refuse, turn down pāto'i
buck, reject, disavow mata'ē
buck up, cheer up, take courage fa'aitoito
bucket, pail pātete
buckle (for belt) pītara
bud, flower bud 'ōmou, 'imoa, 'umoa Tahitian gardenia ~ 'ōmou tiare tahiti
bud, sprout (up) 'ōteo
buddy, friend, companion, chum hoa
close **buddy, close friend** hoa rahi
buddy, fishing buddy tau'a
budge, nudge, cause to move fa'aha'uti
budge, push along fa'anu'u
budge, move slightly, move or **slide over, slide along, glide** nu'u
budge (only in negative constructions) 'āhīhī He will not ~. E'ita 'ōna e 'āhīhī.
budget, (also:) **expense account** tāpura ha'amāu'ara'a
not **budging, motionless, still** 'āhīhī 'ore
buff, polish, burnish, smooth(en) ha'amānina
buffed, polished, burnished, smooth(ened) mānina
buffet, dinnerware cabinet 'āfata vaira'a merēti
buffet, food counter, smörgåsbord ('iri) fa'ahaerehia te mā'a.
be **buffeted by winds, shake in the wind** (as a sail) repurepu
buffoon, fool, idiot, moron, dunce, simpleton ta'ata ma'au, ma'au
bug, roach, cockroach popoti
bug, insect, (also:) **microbe** manumanu The ship was full of cockroaches and copra ~s. 'Ua ī roa te pahī i te popoti 'ē te mau manumanu pūhā.
Bug off! Buzz off! Beat it! Go away! Scram! Make yourself scarce! Get lost! Shove off! ('A) Fa'aātea!
bug-eyed, having protruding eyes mata fera, fera
buggy (horse-drawn), **carriage** pereo'o pua'ahorofenua (vernacular pronunciation: pū'ārehenua)
baby-**buggy, baby carriage** pereo'o tūra'ira'i
build, erect, construct fa'ati'a The house had been built on a very pleasant point of land. 'Ua fa'ati'ahia te fare i ni'a i te hō'ē 'ōtu'e au maita'i roa.
build, make hāmani My best friend has helped me ~ this sailing canoe. 'Ua tauturu tō'u hoa rahi iā'u i te hāmanira'a i teie va'a tā'ie. How will they ~ it? E nāfea rātou i te hāmani i te reira?
build, put up logs or masonry or a stone wall patu Built by the mutineers of HMS Bounty under the command of Fletcher Christian July 10th, 1789 [inscribed on the wooden plaque at the site of Fort George on Tubuai]. Patuhia e te mau 'ōrurehau o te pahī ra Bounty i raro a'e i te fa'aterera'a a Fletcher Christian i te 10 ('ahuru) nō tiurai 1789 (hō'ē-tautini-'ēhitu-hānere-'ē-va'u-'ahuru-mā-iva).
builder ta'ata hāmani fare

builder

builder, carpenter tāmuta fare
building, house fare school ~ fare ha'api'ira'a
building in which one sleeps, **dwelling, residence** fare ta'otora'a
apartment **building, high-rise** fare tahua rau
bulb, bud 'imoa,'umoa, 'ōmou
electric **bulb** 'amapura
bulge, swelling 'oru
bulge, swell, become swollen 'oru
bull pua'atoro pa'e
bulldozer pereo'o tūra'i repo, pereo'o tūra'i pūru, pūru
bullet (and cartridge), round 'ōfa'i pupuhi   to be wounded by a ~ puta i te 'ōfa'i pupuhi
bulletin, booklet, brochure, pamphlet puta iti
information **bulletin** or **sheet**, (also:) **informative** or **enlightening report** parau ha'amāramarama
bullheaded, stubborn upo'o pa'ari
bull-rushes 'ōpaero
Bull's-eye! (Right on the mark!) 'Ua tano!
bully beef 'ina'i pua'atoro, pua'atoro   can of ~ punu pua'atoro   The salesman made a profit of fifteen francs on each can of ~. 'Ua 'āpī te ta'ata ho'o e toru tārā i ni'a i te hō'ē punu pua'atoro.
bulwark papa'i tahua
bumble-bee (that attacks wood), **carpenter bee** huhu
bump, hump, swelling pu'u
bump n, **strike, jostle** tōtēra'a
bump v, **strike, jostle, stub** tōtē, tōtētē   I ~ed my foot on the tree stump. 'Ua tōtē tō'u 'āvae i ni'a i te tumu rā'au.
bump against pātē   The boat ~ed against a coral boulder. 'Ua pātē te poti i ni'a i te pu'a.
bump or **run into, collide with** ū   His car ~ed into a tree. 'Ua ū tōna pereo'o i ni'a i te tumu rā'au.

bundle

cause to **bump** or **run into** fa'aū   He ~ed into the quai with his boat (literally: bumped his boat into the quai). 'Ua fa'aū 'ōna i tō'na poti i ni'a i te uāhu.
cause to **bump** or **run into, ram** 'ōtu'i
bumpy, covered with bumps 'ōtu'etu'e
bumpy, choppy, rough māta'are   The sea is rough today. E mea māta'are te miti i teie mahana.
bumpy, jolting 'ōtu'i
bunch or **cluster** (of bananas) tari   ~ of bananas tari mai'a, tari mei'a   ~ of plantains tari fe'ī
bunch or **cluster** (usually of flowers tied together, also of smaller fruit), **bouquet** pe'enave, pūpā (be careful with pronunciation, since pupa refers to animal [and in crude slang also to human] copulation)   ~ of grapes pe'enave vine (or:) pūpā vine
bunch, bundle (usually of fruits or vegetables tied together) 'āmui, tā'amu, 'ātā *(archaic)*   a ~ of green beans tā'amu pipi
bunch, cluster of fruit (still attached to a branch) pe'etā   a ~ of breadfruit e pe'etā 'uru   a ~ of coconuts e pe'etā ha'ari
bunch, cluster of fruit (picked from a tree) 'atari
bundle, bale, parcel, roll 'ōta'a
bundle, bunch, package (usually of fruits or vegetables tied together) 'āmui, 'ātā *(archaic)*, tā'amu   a package of taro e 'āmui taro
bundle, collection (of something tied together, like cloth), **sheaf** ruru   a ~ of firewood e ruru vahie
bundle (of something strung together) tui   a ~ (string) of fish tui i'a
bundle, package, wrapper pū'ohu
bundle or **roll** of cloth(ing) peperu, peru
bundle, sheaf pupu
make **bundles, wrap something, pack, make a package** pū'ohu

80

bundle together mui
bungalow, house fare
buoy, cork, float for fishing net pōito
~ marking the entrance to a pass pōito ava
life **buoy** faura'o
burden, hardship, load, weight hōpo'ia
It was Pouvāna'a a O'opa's faith in God which supported him in bearing all the hardships. O te ti'aturi i te Atua tei turu iā Pouvāna'a a O'opa nō te amo i te mau hōpoi'a ato'a.
burden (something carried), **load, responsibility,** (also:) **person(s) in one's charge** uta'a
beast of **burden, mule** niuru
burden, make heavy, encumber fa'ateiaha
burdensome, heavy teiaha, toiaha, taiaha, toimaha, taimaha, teimaha
not **burdensome, not heavy, light** māmā
burdock, a kind of weed that sticks to clothing pipiri
bureau, dresser 'āfata ume
bureau (general) piha tōro'a
bureau, office (building) fare ravera'a 'ohipa
bureau, office (room) piha pāpa'ira'a parau
bureau, service, bureau, department (general) piha 'ohipa
bureau, service, office, department (specific) piha —
bureau of administrative affairs piha vaira'a ture rau
bureau of communal affairs piha fa'aterera'a 'ohipa 'oire
bureau of eonomic affairs piha fa'arava'ira'a faufa'a
bureau of education piha rāve'a ha'api'ira'a
bureau of import and export piha tapiho'ora'a i te fenua 'e'ē
bureau of land surveying piha tāniuniura'a fenua
bureau of maritime affairs piha 'ohipa pahī
bureau of meteorological studies piha mēteō
bureau of territorial planning/development piha fa'anahonahora'a i te fenua
bureau of (sound) recording piha haruharura'a
bureau of sanitation piha 'ohipa pūea
bureau of social affairs piha 'ohipa turuuta'a
bureau of youth and sports affairs piha fa'atere u'i 'āpī 'ē te tā'aro
bureau, writing desk 'iri pāpa'ira'a (parau), (especiallly when equipped with drawers:) 'āfata pāpa'ira'a (parau)
burgee, (also:) **flag** reva
burial, funeral, interment hunara'a (euphemism and preferred for human beings), hunara'a ma'i, (also used:) tanura'a, tanura'a ma'i
burn vi (with a flame) ura
burn, grill (until crusty) ha'apa'apa'a, pa'apa'a
burn, heat up, make hot ve'a, vera (*archaic*)
burn, be heated or hot or lit 'ama The earth oven stones are (sufficiently) heated. 'Ua 'ama te ahimā'a. The (electric) lamp is lit. 'Ua 'ama te mōrī.
burn (something), **light, set fire to, kindle,** (also:) **turn on** (a kerosene lamp), tūtu'i, tū'ama, tānina And the priest shall ~ them in the fire upon the altar. 'E nā te tahu'a e tūtu'i i i te reira i te auahi i ni'a iho i te fata. Turn on the (kerosene) lamp! 'A tū'ama i te mōrī! The (oil or kerosene) lamp is lit. 'Ua tūtu'ihia te mōrī.
burn, make use of fire, burn down tāauahi
burn, scorch pārara
sun**burn, sun tan** pa'apa'a mahana
burned, burnt pa'apa'a somewhat ~ tōpa'apa'a
burning ve'a
burning, be afire or hot or heated 'ama

burnish, buff, polish, smooth(en) ha'amānina
burnished, buffed, polished, smooth(ened) mānina
burnt parrotfish pa'ati pa'apa'a auahi, pa'ati a'a, hō'ū nīnamu
burp, belch to'o, to'oto'o
burst, break, shatter pararī The big balloon ~. 'Ua pararī te 'ōpūpū rahi.
burst of a blister ha'afetei
burst open (of too ripe fruit) perehū
burst of laughter 'ata pahō
burst out laughing pahō, tūpā'ata
bury, plant, sow tanu, tanutanu
bury (a human being), **inter** huna
bus pereo'o rahi uta ta'ata district **bus** or "truck" (passengers and cargo) pereo'o mata'eina'a, "truck" (colloquial loan word) Is there a ~ that goes around the island? E pereo'o mata'eina'a ānei te haere e fa'a'ati i te fenua ta'ato'a? I am keeping an eye out for the district ~ ("truck") to go by. Tē moemoe nei au i te pereo'o mata'eina'a.
bush(es), brush, weeds 'aihere
bush(es), grove, orchard, cluster of vegetation uru
deep **bush, thicket, forest, woods** uru rā'au
a leguminous **bush, Bauhinia monandra** pine
a kind of treelike **bush, Xylosma lepinei** pīne
bush beer (seldom made in Tahiti anymore, but common in the Cook Islands), **orange beer** pia 'ānani
business, commerce 'ohipa ho'ora'a tao'a
business, finance 'ohipa 'imira'a moni
business, firm, company taiete
business, concern, interest 'ohipa This is none of your ~. E 'ere teie i te 'ohipa nā 'oe.
business, function, office, position, profession tōro'a They that go down to the sea in ships, that do ~ in great waters. Te feiā i nā tai i te haere i nā ni'a i te mau pahī ra, tei te moana rahi ra tō rātou ra tōro'a.
business, job, occupation, work 'ohipa lose one's ~ 'ere i tāna 'ohipa That is a very difficult ~. E 'ohipa fifi roa te reira. That is none of your ~. E 'ere terā i te 'ohipa nā 'oe.
business company, concern, corporation, enterprise tōtaiete, hiva Our ~ is growing bigger every year. Tē haere nei tā mātou tōtaiete i te rahira'a i te mau matahiti ato'a.
general **business activity, industry** (aggregate of productive or economic enterprises) tapiha'a
business deal 'ohipa fa'aauhia
bustle, commotion, stir, noise (caused by disturbing or emotionally charged reports) 'atutu
busy e mea 'ohipa roa
but (one statement with qualifier), **but on the other hand, however** terā rā, teie rā I would like to learn the Tahitian language, ~ it is not so easy to do that. Tē hina'aro nei au e ha'api'i i te parau tahiti, terā rā, e 'ere i te mea 'ohie roa ia nā reira. I am very lazy when it comes to writing letters, ~ I mailed a letter to you yesterday. E mea hupehupe roa vau nō te pāpa'ira'a rata, terā rā, 'ua hāpono vau i te hō'ē rata iā 'oe inānahi ra. I am reading this book, ~ I do not understand its meaning. Tē tai'o nei au i teie puta, terā rā, 'aitavau i ta'a maita'i i tōna aura'a. I am very lazy when it comes to writing letters, ~ I sent a letter to my friend yesterday. E mea hupehupe roa vau nō te pāpa'ira'a rata, terā rā, 'ua hāpono vau i te hō'ē rata i tō'u hoa inānahi ra. My dad is an old man, ~ he has the same facial features as his younger brother. E ta'ata pa'ari tō'u pāpā, terā rā hō'ē ā tōna hoho'a 'ē tō tōna teina. We were very tired, ~ we talked

but | **buy**

until late into the night. 'Ua rohirohi roa māua, teie rā, 'ua paraparau maoro maua i te pō.

but (two conflicting facts) 'āre'a rā   I want to go, ~ I don't have the time. E hina'aro vau e haere, 'āre'a rā e'ita e taime tō'u. He told me he would come, ~ he has not yet arrived. 'Ua parau mai 'ōna iā'u ē, e haere mai 'ōna, 'āre'a rā, 'aita 'ōna i tae mai.

but (contra-expective) rā   ~ you have not gone! 'Aita rā 'oe i haere! Don't give me any hard liquor, ~ give me some beer! 'Eiaha e horo'a i te 'ava taero iā'u, 'a horo'a rā i te pia!   ~ be of good cheer; I have overcome the world. E fa'aitoito rā, 'ua riro 'o teie nei ao iā'u.   For many are called, ~ few are chosen. E rave rahi ho'i tei parauhia, e iti rā tei ma'itihia.   The spirit indeed is willing, ~ the flesh is weak. 'Ua ti'a ho'i te varua, e paruparu rā tō te tino.   And lead us not into temptation, ~ deliver us from evil! 'Ē 'eiaha e fa'aru'e iā mātou 'ia ro'ohia-noa-hia e te 'ati, e fa'aora rā iā mātou i te 'ino.   Judge not according to the appearance, ~ judge with right judgment. 'Eiaha e ha'apa'o i te huru i rāpae au a'e, e ha'apa'o rā i te parau-ti'a.

but as for, as for, to get back to, let us consider 'āre'a, 'āre'a rā   ~ that woman, she is very beautiful. 'Āre'a terā vahine, nehenehe roa 'ōna.   ~ the tourists, they want to leave on the scheduled day. 'Āre'a te mau rātere, te hina'aro ra ia rātou e reva i te mahana i parauhia.

but, except, save for maori rā   No man cometh unto the Father, ~ by me. 'Aore roa e ta'ata e tae i te Metua ra, maori rā ei iā'u.

but, but as of now, but so far, but as yet teienei rā   You asked me to warn Utua, ~ I have not seen him as yet. 'Ua parau mai 'oe iā'u e fa'aara iā Utua, teienei rā 'aita vau i fārerei iāna.

but then, after all 'ātirā noa atu, 'ātirā noa'tu

butcher (of beef) ta'ata tupa'i pua'atoro
butcher (of pork) ta'ata tupa'i pua'a
butcher (an animal) tupa'i
butt, behind, rear-end, buttocks, arse 'ōhure, tohe

cigarette **butt** 'omo'i'ava'ava, 'omou 'ava'ava

butt, smite, strike with head or horns tui

buttter pata   conserved ~ pata tāpunu   can of ~ punu pata   fresh ~ pata 'āpī

butter, spread butter on the bread parai i te faraoa i te pata

buttered pata

butterfly, moth pepe (note that pēpe means baby)

butterfly cod tataraihau

butterfly fish, flat-fish, Pygoplites diacanthus pāraharaha

butterfly-stroke (swimming style) 'au 'ōu'a   (literally: swimming by leaping or bounding)

buttocks, butt, behind, rear-end, arse 'ōhure, tohe

button (on clothes), (also:) **switch** pitopito, pipito   ~ hole (also: hole in ~) 'āpo'o pitopito   press the ~ tāumi i te pipito

button (mechanical), **key** (of keyboard) patara'a

press a **button, turn on, release, (pull a) trigger, set going** pata   Turn on the (electric) lamp! 'A pata i te mōrī!

On the button! Right on the mark! 'Ua tano!

button (up), provide with buttons tāpitopito

buy ho'o mai, ho'o   That tiki (club, canoe) is too expensive, but if it were about half the price, I might ~ it. E moni rahi roa tō terā ti'i (rā'au poro rahi, va'a); mai te mea rā e tā'āfa-ri'i-hia te moni, e ho'o mai paha iā vau.   The lowest price for which that can be bought. Te ho'o i raro roa a'e te ti'a 'ia ho'ohia mai terā

83

buy on credit

mea ra.
buy on credit hoʻo tārahu
buyer, purchaser taʻata hoʻo mai, taʻata hoʻo
buying hoʻoraʻa mai, hoʻoraʻa
Buzz off! Beat it! Go away! Scram! Bug off! Make yourself scarce! Get lost! Shove off! (ʻA) Faʻaātea!
buzzing (in ears) varovaro
by *(agent of the passive)* e (animate), i (inanimate) The dog was hit ~ him. ʻUa tupaʻihia te ʻuri e ana. The canoe was made ~ him. ʻUa hāmanihia te vaʻa e ana. The gift was given ~ a small boy. ʻUa hōroʻahia te taoʻa arofa e te tamāroa iti. The (Robert Louis) Stevensons were received ~ the chief of Taravao, Teva-i-tai o Ori, and then given the name of Teriʻitera. ʻUa fāriʻihia Stevenson-mā e te tāvana ʻo Teva-i-tai o Ori, ʻē hōroʻahia ihora i te iʻoa o Teriʻitera. I was deeply touched ~ the church service. ʻUa putapū tōʻu ʻāʻau i te pureraʻa. My friend is overwhelmed ~ worry. ʻUa roʻohia tōu hoa i te ahoaho. I was cured ~ the medicine. ʻUa ora vau i te rāʻau.
by (geogr. location) nā te pae
by (manner), **by means of** nā niʻa come ~ means of nā niʻa mai Did you come ~ship or by airplane? Mea nā niʻa mai ānei ʻoe i te pahī, (e) ʻaore ra nā niʻa i te manureva? He left ~ plane. ʻUa reva atu ʻōna nā niʻa i te manureva.
by ... (numbers) taʻi-, tātaʻi-
by, with mā ~ the sweat of thy brow mā te hou i tō rae
by and by a muri aʻe
by the day tāmahana
by foot ʻāvae noa Did you come ~? ʻUa haere ʻāvae noa mai ānei ʻoe?
by my hand (at the end of a document, meaning **I authorize the above**) nā tāʻu rima
take **by the hand, guide, lead** arataʻi
learn **by heart, learn by rote** tāmau ʻāʻau

byword

by the inland route nā uta mai We (the two of us) came ~. Nā uta mai māua i te haeraʻa mai.
by means of, through nā roto
by way of nā
by the day tāmahana car rented ~ pereoʻo tārahu tāmahana
by the year tāmatahiti
be frightened **by** ... riʻariʻa i te ... She was frightened ~ the sound of the gun. ʻUa riʻariʻa ʻōna i te haruru o te pupuhi.
be passed **by, remain behind** maʻiri
go quickly **by, flit by** mareva, mārevareva
little **by** little itiiti, riʻiriʻi
one **by** one, **one at a time, each** tātaʻihōʻē, tātaʻitahi
Bye! (to person who leaves), **Good-bye!** (ʻA) Haere (ʻoe)!
Bye! (to person who stays), **Good-bye!** (ʻA) Pārahi (ʻoe)!
Bye! See you soon! Ārauaʻe!
in **bygone** times i mutaʻa aʻe nei, i te taime i maʻiri, i te tau i maʻiri
bylaws, charter ture tumu
byname, nickname, pet name iʻoa piʻi, iʻoa piʻi noa
byword parauraʻa And thou shalt become an astonishment, a proverb, and a ~, among all nations whither the Lord shall lead thee. E riro hoʻi ʻoe ei maereraʻa, ei parabole, ʻē ei parauraʻa, i te mau fenua ātoa tā Iehova e arataʻi iā ʻoe ra.

cab, taxi pereo'o tārahu, pereo'o uira tārahu I hailed the ~ driver. 'Ua tuō vau i te ta'ata fa'ahoro pereo'o tārahu.
cabaret, bar, pub, saloon fare inuinura'a
cabbage, (also:) **greens** or **vegetable(s)** pota
cabin, little house fare na'ina'i
cabin, very small house placed on a double canoe fare o'a
cabin bread, cabin biscuit faraoa pa'apa'a
cabinet, cupboard 'āfata
dinnerware **cabinet, kitchen cabinet, buffet** 'āfata vaira'a merēti
medicine **cabinet** or **chest** 'īhata rā'au
cable, rope, cord taura mooring ~ taura tāpe'a fouled anchor ~ taura tārava
cable, wire niuniu electric ~ niuniu uira (or:) tari uira coaxial ~ niuniu 'ao
cackle *n* totōra'a
cackle *v* totō
cadence, rhythm, beat(ing) (of a drum, for example) tā'irira'a, tā'iri'irira'a
café fare inura'a taofe, fare 'amu'amura'a It is very early in the morning, so maybe we can go to a ~ near the market. E mea po'ipo'i roa, nō reira e haere paha tātou i te hō'ē fare inura'a taofe i piha'i iho i te mātete. (Note: the market in Pape'ete opens long before sunrise.)
café au lait taofe e ū, taofe ū
cafeteria fare tāmā'ara'a fa'ahaerehia te mā'a, fare 'ai'āmui, fare 'aiāpupu
caiman, crocodile mo'o taehae
cajole, coax, wheedle tāparuparu We ~d him to go home. 'Ua tāparuparu mātou iāna 'ia ho'i i te fare.
cake (general), **sweetbread** faraoa monamona Those ~s are very appetizing. Mea (E mea) 'āminamina terā mau faraoa monamona.
cake or **gateau**, sometimes **doughnut** faraoa firifiri
cake or **pudding** (made from Tahitian chestnut) po'e māpē
cake (bar) of soap pā pu'a, pā
calabash, gourd hue
calamity, accident, disaster 'ati
calamity, distress, perplexity, trouble, worry ahoaho
calcium taratiumu
calculate, count ta'io
calculation, counting nūmera, ta'iora'a mental ~ nūmera upo'o
calculator (mechanical) mātini nūmera
calculator, computer roro uira
Caleb Tarepa
New **Caledonia** fenua Taratoni, Taratoni, Niu-Taretonia
calendar, almanac tāpura tai'o mahana, tai'o mahana, tāpura mahana, tārena
calendar, appointment book puta tai'o mahana
the ancient lunar **calendar** of the Tahitians tārena tahito
calf (anatomy) ate 'āvae, ate
calf (bovine) pua'atoro fanau'a
calico, thin white cotton cloth paruai
California(n) Tarafōnia, Tarifōnia
call, appeal, entreaty ti'aorora'a
call, calling out (especially by name) pi'ira'a
collect **call** (telephone) niuniu 'aufaua e tei anihia
telephone **call** niuniura'a
call, call by name, call out to pi'i I was startled to hear my name ~ed. 'Ua

call

hitimahuta vau i te fa'aro'ora'a i tō'u i'oa i te pi'ira'ahia.

call, call up, ring, telephone tāniuniu I will ~ you sometime soon. Ā'uanei au e tāniuniu iā 'oe. I think I should either ~ him or send him a letter. Ia mana'o vau (I tō'u mana'o) e mea ti'a iā'u ia tāniuniu iāna, 'ē 'aore ra e hapono i te rata.

call, invoke, appeal to ti'aoro, tūoro

call, give a name to topa, ma'iri The godparents gave the name Hei Fara to the baby. 'Ua topa te metua papetito i te i'oa nō te 'aiū 'o Hei Fara. And Adam ~ed his wife's name Eve. 'Ua ma'iri ihora 'Ātamu i tō te vahine ra i'oa, 'o Eva.

call, name, term parau which is called... tei parauhia ... the island which is ~ed Mehetia te motu tei parauhia o Mehetia What shall I do then with Jesus which is ~ed Christ? Eaha ho'i au iā Ietu i tei parauhia, o te Metia nei?

call, scream, yell tuōro, tuō

call, summon parau (in this sense used mostly in a biblical context) For I am not come to ~ the righteous, but sinners to repentance. 'Aore ho'i au i haere mai e parau i te feiā parau-ti'a, i te feiā hara ra 'ia tātarahapa.

call for, ask for, send for, summon poro'i, (in some contexts:) parau The doctor was summoned. 'Ua poro'ihia te taote. For many are called, but few are chosen. E rave rahi ho'i tei parauhia, e iti rā tei ma'itihia.

call off, cancel, delete, do away with, forgive (an act) fa'a'ore Because it rained, the competition was ~ed off. I te mea 'ua ua, 'ua fa'a'orehia te fa'atitiāuara'a.

call off, annul, cancel, forgive (a punishment), **free, let loose** fa'aora

call out, hail tuō I ~ed out to her. 'Ua tuō vau iāna. I hailed the taxi driver. 'Ua tuō vau i te ta'ata fa'ahoro pereo'o tārahu.

calvinist

call or **bring to mind, remember, think of** ha'amana'o

call to someone's attention, warn fa'aara "I tell you [~ to your attention]," said Keawe [then], "the man who has that bottle goes to hell." Nā 'ō atura o Ke'aue: "Te fa'aara atu nei ā vau iā 'oe, te ta'ata nāna tenā mōhina, o hāte ia tōna vaira'a." (from Robert Louis Stevenson's The Bottle Imp, translated by John [Tihoni] Martin.)

call girl, prostitute vahine taute'a, taute'a

called for, necessary 'ia rave iho-ā-hia

calm, flat, smooth, no wind stirring (of the sea) mania, manino The ocean seems very ~ tonight and there is no wind. 'Ua mania roa te miti i teie pō 'ē 'aita e mata'i.

calm, gentle, soft marū

calm down, settle marū Will the captain wait for the wind to ~? E tīa'i ānei te ra'atira 'ia marū te mata'i?

calm (down), quieten, cause to stop crying or complaining fa'anā

calm (down), soothe, allay, ease, alleviate, mitigate, soften, mollify tāmarū

calm (down), pacify, make peace with fa'ahau

calm (down), support (someone who is suffering) fa'a'oroma'i

calm, cause calmness (by decreasing wind or seas) ha'amanino

calm, alleviate, soften, mollify, soothe, ease, moderate ha'amarū

calming medicine, tranquilizer rā'au ha'amarū

Calophyllum inophyllum (a large timber tree) tāmanu, 'ati

calorie tārori

calumnate, accuse falsely, slander pari ha'avare

calumny, false accusation, slander pari ha'avare, parau tihotiho

calvinist *adj* taravina

calvinist *n* ta'ata taravina, taravina
camel tāmera
camera pata hoho'a, nene'i hoho'a, tamera movie ~ tāviri hoho'a Hold the ~ steady; don't move it when you take the picture! 'A tāpe'a maita'i i te pata hoho'a, 'eiaha ia ha'uti (ha'uti'uti) a rave ai!
camouflaged parrotfish tapio
camp, bivouac, lean-to (temporary shelter) pūhapa, pūhapara'a
camp, settle temporarily pūhapa
can, tin, metal container punu ~ opener tāpū punu, pātia punu ~ of bully beef punu pua'atoro I would like to buy a few ~s of mosquito spray. Tē hina'aro nei au i te ho'o mai i te tahi punu fa'ahī nō te tūpohe i te na'ona'o. The salesman made a profit of fifteen francs on each ~ of bully beef. 'Ua 'āpī te ta'ata ho'o e toru tārā i ni'a i te hō'ē punu pua'atoro.
can, could, able to (two constructions:)
(1) e nehenehe tā + noun or pronoun + e + verb ~ you please explain the meaning of that word to me? E nehenehe ānei tā 'oe e tātara mai iā'u i te aura'a o terā parau? ~ you carry that bag? E nehenehe ānei tā 'oe e amo mai i terā pūte? Tomorrow I ~ go sailing. Ānānahi e nehenehe tā'u e haere e tā'ie. I ~ help you. E nehenehe tā'u e tauturu ia 'oe. Could you show me the toilet? E nehenehe ānei tā 'oe e fa'a'ite mai (ia'u) i te fare iti?
(2) e nehenehe iā + pronoun + ia + verb (or:) e nehenehe i te + noun + ia + verb That person ~ bring your things. E nehenehe iā terā ta'ata ia rave mai i tā 'oe mau tauiha'a. He ~ run. E nehenehe iāna ia horo. ~ I talk with you? E nehenehe ānei iā'u ia paraparau ia 'oe? We ~ either go to Pitate (restaurant/bar) or we could go home for some drinks, whichever you like. E nehenehe iā tāua ia haere i (te) Pitate, 'ē 'aore ra, ia ho'i atu i te fare nō te inuinu, mai tā 'oe e hina'aro.

can, know how to 'ite ~ you drive a car? 'Ua 'ite ānei 'oe i te fa'ahoro i te pereo'o (uira)?
can, be able to, (also used in the vernacular as a synonym of **may**) e ti'a iā pronoun (or:) i te + noun + 'ia + verb ~ you carry this suitcase into the car? E ti'a ānei iā 'oe 'ia 'āfa'i i teie 'āfata 'a'ahu i ni'a i te pereo'o? ~ I borrow (literally: take) this corkscrew (you might add: for a short time)? E ti'a ānei iā'u ia rave i teie 'iriti mohina (nō te hō'ē taime ri'i)? But abandon their faith: that they could not do. 'Āre'a rā, e fa'aru'e ia i tō rātou fa'aro'o o te mea te 'ore roa e ti'a iā rātou ia rave.
can (in the sense of [it is] doable, manageable, possible) ti'a I ~ sail that small boat to Huahine. E ti'a iā'u 'ia fa'atere i terā poti iti e tae noa'tu iā Huahine. My punishment is greater than I ~ bear. E rahi tā'u utu'a, e'ita e ti'a iā'u 'ia fa'a'oroma'i.
can't, cannot, not able to eita or aita + tā + noun or pronoun + ia + verb I ~ climb that tree. Eita tā'u e nehenehe e pa'uma i terā tumu ra'au.
can opener tāpū punu, pātia punu
"can," toilet, outhouse fare iti
Canada fenua Tanata, Tanata
Canadian *adj* tanata
Canadian *n* ta'ata tanata, tanata
canal fa'atahera'a pape
alimentary **canal, digestive system** haerera'a mā'a
ear **canal** popo'o tari'a
Cananga odorata (a kind of bush), **ylangylang** moto'i
cancel a proceeding, **annul, delete, call off,** (also:) **forgive** (an act) fa'a'ore Because it rained, the competition was ~ed. I te mea 'ua ua, 'ua fa'a'orehia te fa'atitiāuara'a.
cancel, call off, forgive (a punishment), **free, let loose** fa'aora

cancel a stamp tāumi-tītiro or tāumi i te tītiro
cancellation (of a contract, for example), **termination** ha'apararīra'a
cancellation of a proceeding, annulment fa'a'orera'a i te horora'a
cancellation of a stamp tāumira'a-tītiro
cancer māriri 'ai ta'ata
cancerous illness, (also:) **spreading ulcer** pūfao
cancerous sore pū'o
Candace Taneta
candid, frank, honest parau ti'a, mana'o ti'a
candidly, frankly, openly hua Tell me ~ what you think! Give your candid opinion! 'A fa'a'ite (or: 'A parau) hua 'oe i tō 'oe mana'o!
candidate tino tītau
candle mōrī hinu
candleholder, candlestick vaira'a mōrī
candlenut, Aleurites moluccana ti'a'iri, tutu'i (obsolete)
candor, honesty (e) mea parau ti'a, (e) mea mana'o ti'a
candor, frankness, openness (e) mea hua
candy, sweet-meats monamona, mōmona, mona chocolate ~ mōmona tōtōrā
cane, (also:) **crutch** turu to'oto'o
sugar cane, Saccharum officinarum tō
cane sugar tō
canine, dog 'uri, 'ūri
canine tooth niho mata
cannabis, marijuana pa'aroro (usually pronounced pakalolo, as in Hawai'i) a man under the influence of ~ e ta'ata ta'ero i te pa'aroro (pakalolo).
canned, conserved, preserved in metal container tāpunu ~ beef pua'atoro tāpunu ~ butter pata tāpunu
cannibal 'ētene 'amu ta'ata, ta'ata 'amu ta'ata
cannibals feiā 'amu ta'ata

cannon pupuhi fenua ~ **ball** 'ōfa'i pupuhi fenua
canny, cautious, circumspect, wary, vigilant ara
canny, prudent, wise pa'ari
canoe, boat, kayak poti If you don't sit in the middle, the ~ will capsize. Ia 'ore 'oe e pārahi i rōpū, e ta'ahuri ia te poti. The inside of the ~ was hollowed out. 'Ua paohia (or: 'ūfaohia) te va'a.
canoe, outrigger canoe va'a If you don't sit in the middle, the ~ will capsize. 'Ia 'ore 'oe e pārahi i rōpū, e ta'ahuri ia te va'a. With my own eyes I saw him take that ~. 'Ua 'ite mata roa vau iāna i te ravera'a i terā va'a. This ~ belongs to Mr. Teri'itua, the chief of Hitia'a. Nō Teri'itua tāne, tāvana nō Hitia'a, teie va'a.
double **canoe** va'a tau'ati, va'a tū'ati, tau'ati, tū'ati The large double ~ was launched yesterday. 'Ua topa te va'a tau'ati rahi inānahi.
double **canoe** with sail va'a tā'ie tau'ati, va'a tā'ie tū'ati These are the very large sailing canoes, capable of sailing from the Tahitian islands to the Hawai'ian group and back, formerly called tipairua. You can see beautiful, authentic illustrations of these canoes in the magnificent works of Herb Kawainui Kāne.
platform on a double **canoe** pa'e, fata (archaic)
outrigger **canoe** with motor va'a mātini
outrigger **canoe** with sail va'a tā'ie I exchanged my old car for a new sailing canoe. 'Ua taui au i tō'u pereo'o tahito i te va'a tā'ie 'apī.
paddling **canoe** va'a hoe
small **canoe** for children 'āua
canoe for net fishing va'a 'upe'a
hew out a **canoe** tūpā (i te va'a), tarai i te va'a
pull or draw a **canoe** out of or into water tō
outrigger **canoe cross bars** fastening the upper sides of the hull to the outrigger

'iato
canoe outrigger ama
canoe paddle, oar hoe
canoe race faʻatitiʻāuʻaraʻa vaʻa I went to watch the ~. ʻUa haere au e mātaʻitaʻi i te faʻatitiʻāuʻaraʻa vaʻa.
canoe side(s) oa
canoe thwart huhuʻi
canoeing hoeraʻa vaʻa
can-opener pātia punu
cantaloupe, musk-melon merēni popaʻā
cantankerous, irritable, sour, angry ʻiriā
cantankerousness, irritability, sourness, anger ʻiriā
canticle, hymn hīmene rūʻau, hīmene
canteen, cafeteria fare ʻaiʻāmui, fare ʻaiāpupu
Canton Tonatona
canvas, sail ʻie
canvas armchair pārahiraʻa ʻie
cap, capsule, cork, stopper ʻōroi
cap, hat tāupoʻo
capable, able nehenehe
capable, able, clever, experienced, skillful ʻaravihi, ʻihi He is a very ~ person. E taʻata ʻaravihi roa ʻōna. ʻOputu is a highly skillful skipper. E raʻatira pahī ʻaravihi roa o ʻOputu.
capacity, ability, aptitude ʻite
capacity, function, position, role tiʻaraʻa in his ~ as mayor nā niʻa i tōna tiʻaraʻa tāvana ʻoire
capacity, mass, volume rahiraʻa
capacity, skill ʻaravihi
cape, coat, cloak, mantle pereue rahi, pereue
cape, head or **point of land, tongue of land, promontory, spit, peninsula** ʻotuʻe, ʻoutu The house had been built on a very pleasant ~. ʻUa faʻatiʻahia te fare i niʻa i te hōʻē ʻōtuʻe au maitaʻi roa.
Cape **jasmine** (jasmine-like gardenia), *Gardenia jasminoides* taina, tiare taina
capital (of country) ʻoire pū, ʻoirepū

capital (money) moni tumu
appreciation of **capital, increase in value** moni hau
depreciation of **capital, decrease in value** moni iti
invest **capital, "put money to work"** faʻaʻohipa i te moni
capital punishment utuʻa pohe
capricious, arbitrary peu rau
capricious, heedless, silly manaʻo neneva, neneva
capricious, not paying proper attention haʻapaʻo ʻore
capricious, reckless, wild pupara
capsize, keel over, tip over, overturn tahuri, huri, hurihuri If you don't sit in the middle, the canoe will ~. ʻIa ʻore ʻoe e pārahi i rōpū, e tahuri ia te vaʻa. If the ship had ~d, we would all have died. ʻAhiri te pahī i tahuri, ʻua pohe pauroa ia tātou.
capsize, overturn completely, be turned upside down taʻahuri His boat was ~d by a wave. ʻUa taʻahuri tōna poti i te mātāʻare. The car overturned (ending upside down). ʻUa taʻahuri te pereoʻo.
cause to **capsize,** cause to **overturn** faʻatahuri
cause to **capsize,** cause to **overturn completely** faʻataʻahuri
capstan, hoist, winch hīvi
capstan, windlass hutiraʻa tūtau
capsule, cap, stopper, cork, plug ʻōroi, ʻōrei
capsule, pill, tablet huero, huoro, huero (huoro) rāʻau, rāʻau huero (huoro) This is a pill that causes euphoria. E huero faʻaaumaitaʻi teie.
captain, skipper raʻatira pahī, raʻatira, tāpena (obsolete) ~ Cook Tāpena Tūte ~ Bligh Tāpena Parai pilot ~ raʻatira pairati pahī ʻOputu is a highly skillful ~. E raʻatira pahī ʻaravihi roa ʻo ʻOputu. Will the ~ wait for the wind to calm down? E tiaʻi ānei te raʻatira ʻia marū te mataʻi?

captain

The ~ and the first mate then looked at the island through the binoculars. Hi'o atura te ra'atira 'ē te ra'atira piti i te motu ra nā roto i te hi'o fenua.
captain (army) ra'atira fa'ehau
captain (navy) ra'atira nu'u moana
captivate, charm fa'anavenave
captivate, fascinate tāfifi i te mana'o
captivated, charmed fa'anavenavehia
captivated, fascinated riro roa te mana'o
captivating 'āminamina He is ~ when telling a story. E ta'ata 'āminamina 'ōna ia fa'ati'a i te 'a'amu.
capture, seize, catch haru
car (general) pereo'o
car, automobile pereo'o, pereo'o uira I left my ~ at the airport. 'Ua vaiiho vau i tō'u pereo'o i te tahua manureva. What is this dent on the car? Eaha teie po'a i ni'a i te pereo'o? I lost the key to the ~. 'Ua mo'e iā'u te tāviri pereo'o. How much is the fine if the ~ is parked (literally: left) in the wrong (prohibited) place? Ehia moni te utu'a 'ia vaihohia te pereo'o i te vāhi hape (i te vāhi 'ōpanihia)? Can you drive a ~? 'Ua 'ite ānei 'oe i te fa'ahoro i te pereo'o (uira)? May I suggest that you (May I say that you should) rent a ~ when you arrive? E nenenehe ānei iā'u 'ia parau atu iā 'oe nō te tārahu i te pereo'o 'ia tae mai 'oe? It is very easy to drive this kind of ~. E mea 'ohie roa ia fa'ahoro i teie huru pereo'o. We drove our ~ around Tahiti Nui. 'Ua fa'ahoro māua i tō māua pereo'o e fa'ati i Tahiti Nui. My ~ is running in a jerky manner. 'Ua maumau tō'u pereo'o. My ~ won't run any more. E'ita tō'u pereo'o e tere fa'ahou. The ~'s tire was very badly punctured. 'Ua puta 'ino roa te uaua pereo'o. I hope (It would be good if) he was not hurt (wounded) in the ~ accident. E mea maita'i ho'i e, aita 'ōna i pēpē i te 'ati pereo'o.

cardinal goatfish

roof of a **car** tāfare pereo'o
car dealer ti'a tāpa'o pereo'o
car (automobile) registration card parau fatura'a pereo'o
car rental agency vahi tārahura'a pereo'o I was fooled by what the (white) person at the ~ said. 'Ua vare au i te parau a te popa'ā tārahu pereo'o uira.
car tire uaua pereo'o The ~ leaks. 'Ua mā'i te uaua pereo'o.
rental **car** pereo'o tārahu ~ rented by the day pereo'o tārahu tāmahana
carafe, decanter, pitcher pita ~ of water pita pape, fāri'i pape
Carangidae (family of fish), **carangid, cavally fish, scad, jack** harehare (very small), pūharehare (slightly larger but still small), ature (small), 'aramea (larger),'ōrare (nine to twelve inches), urua or uruati or urupiti (larger than twelve inches), 'autea (with yellow fins, Caranx ignobilis), ruhi (black), 'ōmuri (cavally fish, Caranx sexfasciatus), 'ōperu (mackerel, Caranx amarui), pa'aihere (threadfish, Caranx melanpygus), uru'ati, urupiti (a kind of carangid that reaches a great size)
carapace, shell (of turtle or crab) paraha, pa'a
carbonate(d), fizz, boil piha'a
carboy (large glass bottle protected by basketwork), **demijohn** tā'ie'ie
card (general) tāreta
card, note 'api parau na'ina'i
card, playing card 'api perē, perē
automobile registration **card** parau fatura'a pereo'o
boarding **card** tīteti tomora'a
post**card** rata hoho'a
cardboard 'api parau pa'ari
cardgame perē 'api, perē
cardinal taratino
cardinal number nūmera tumu
cardinalfish upaparu
cardinal goatfish ahuru pa'a

care, attention ha'apa'ora'a
care (compassionate) aupurura'a
care, concern, rumination, worry tapitapira'a They have no ~ for the morrow (literally: their survival). 'Aita tā rātou e tapitapira'a nō tō rātou orara'a. **I don't care one way or another. So what! It doesn't really matter. Never mind!** 'Ātīrā noa'tu (noa atu).
Take care! E ara!
without a care, heedless(ly), impulsive(ly), rash(ly), unthinking(ly), blithely pupara (note that pūpā means to have sexual intercourse)
care about, pay (serious) attention to, take seriously, give weight to, believe in (what is said) tāu'a Don't ~ what he is saying! 'Eiaha e tāu'a i tāna parau!
care for, look after, receive in a friendly way, treat with kindness and love aupuru The chief took good care of the shipwrecked people. 'Ua aupuru maita'i te tāvana i te feiā pāinu.
care for, pay attention to, watch out for, take (good) care of ha'apa'o Do you know a woman who takes care of children (and) who could come regularly in the evenings? 'Ua 'ite ānei 'oe i te hō'ē vahine ha'apa'o tamari'i nō te mau pō ato'a?
care for (in a physical sense), **put (or keep) in order, keep neat or picked up** napenape Nina is keeping her house in proper order. Tē napenape nei o Nina i tōna fare.
care for (in a physical sense), **take (good) care of, maintain** 'atu'atu, 'atu'atu maita'i We (both) will be sure to take good care of your house while you (all) are away. Tē ha'apāpū atu nei māua e 'atu'atu maita'i māua i tō 'outou fare i tō 'outou haere-ē-ra'a atu, Ropati takes good care of his sailing canoe. 'Ua 'atu'atu maita'i Ropati i tōna va'a tā'ie.
care for tenderly, (also:) coddle, pamper, spoil poihere
care for, tend, nurse, administer treatment to utuutu
care, ruminate, worry tapitapi Don't worry! 'Eiaha e tapitapi! (or more commonly in the vernacular:) 'Aita pe'ape'a!
care too much (create trouble or worry) ha'ape'ape'a I am not going to ~ about it. E'ita vau e ha'ape'ape'a. (or, more commonly:) 'Aita pe'ape'a. Don't trouble your mind with it! 'Eiaha e ha'ape'ape'a i tō 'oe mana'o!
I don't care (one way or the other), it doesn't matter much, it is of minor importance, never mind 'ātīrā noa atu
careen (beach a ship, usually for the purpose of cleaning her hull) fa'atī'opa
careen (literally in Tahitian: clean a ship's hull) tāmā i te tua pahī
careen, lurch, flounder 'opa'opa
carefree, heedless, giddy, silly neneva
carefree, heedless, inattentive, flighty 'ōnevaneva
carefree, heedless, inattentive, not paying attention nevaneva
carefree, heedless(ly), impulsive(ly), rash(ly), unthinking(ly), blithe(ly) pupara (note that pūpā means to have sexual intercourse)
careful ha'apa'o maita'i (noa) He is a ~ person. E ta'ata ha'apa'o maita'i noa 'ōna. Be very ~ when you climb down! Ha'apa'o maita'i roa 'a pou ai 'oe i raro!
Be careful! Look out! Watch out! Ha'apa'o maita'i! (or:) E ara!
careful, meticulous, fastidious, particular, conscientious, (also:) **slow** (as opposed to hasty) māite, ri'i māite
careful consideration, conception, reflection ferurira'a, ferurira'a hohonu
carefully, meticulously, scrupulously, conscientiously, strictly, (also:) **slowly** (as opposed to hastily) māite Keep strictly

careless

to the right of the street! 'A tāpe'a māite (i) te pae 'atau o te purōmu!
look at **carefully, inspect, examine, oversee** hi'opo'a
careless, bungling, sloppy tā'iri pa'a, tā'iri pa'a noa
careless, hasty, impulsive, unthinking feruri 'ore
careless, inattentive, heedless 'ōnevaneva
careless, negligent, inattentive ha'apa'o 'ore (note that vahine ha'apa'o 'ore usually refers to a woman with loose morals)
careless, mindless, thoughtless, unconcerned feruri-'ore-hia
careless, uncaring, lazy fa'atau
careless, unthinking mana'o 'ore
caress *n & v*, **fondle, pet, run hands over** horomiri
caress *n & v*, **massage, rub** taurumi, taurami
caress *n & v*, **stroke** 'ōmiri
caress *n & v*, **touch** mirimiri
caress (opposite sex; erotically), **fondle, pet, cuddle, make a fuss of** tauhani, tauhanihani
caress, smooth over mānina
caress (of wind), **fan** tāhiri A refreshing wind constantly ~ed (the two of) us in Hitia'a. E mata'i haumārū tei tāhiri noa mai ia māua i Hitia'a.
caretaker, concierge, doorman ta'ata tia'i 'ōpani, ta'ata tia'i 'ūputa
caretaker, guardian, watchman ta'ata tia'i, tia'i
caretaker, manager ta'ata ti'a'au, ti'a'au
caretaker, overseer ta'ata hi'opo'a, hi'opo'a
caretaker, supervisor ta'ata ha'apa'o, ha'apa'o
cargo tao'a pahī
cargo boy, chauffeur's helper (on district bus/truck) mātarōpereo'o mata'eina'a
cargo hold, (also:) **bilge** hāti

carry

cargo ship, merchant ship, freighter pahī ho'o tao'a, pahī tao'a
super cargo ta'ata ha'apa'o tao'a pahī, ta'ata ho'o tao'a i ni'a i te pahī
Carica papaya, pawpaw 'ī'īta
caring, considerate, helpful, thoughtful hāmani maita'i
Caroline Islands Taravaina-mā
carouse, have a lot of fun 'ārearea maita'i I went ~ing (had a lot of fun) last night. 'Ua 'ārearea maitai au inapō.
carp, ask for endlessly, nag tiani, fa'atiani
carp, find fault, blame, reproach fa'ahapa (noa), fa'ahapahapa (noa)
carpenter tāmuta, tāmuta rā'au
carpenter, builder tāmuta fare
carpenter-bee (attacks wood), **bumble-bee** huhu
carpet, rug, mat vauvau tahua
carpet, rug, mat (pandanus) pe'ue
carriage (horse-drawn), **buggy** pereo'o pua'ahorofenua (vernacular pronunciation: pū'ārehenua)
baby **carriage, baby-buggy,** pereo'o tūra'ira'i
carried, lifted mā'e
carried away rara
mail **carrier, mailman** ta'ata 'āfa'i rata, ta'ata 'ōpere i te rata
carry amo (originally referring only to a weight on back or shoulders, but now generalized), amoamo I have hurt my back very badly, so that I cannot bend and I can't ~ anything either. 'Ua mure 'ino roa tōu tua, nō reira 'aita tā'u e nehenehe 'ia pi'o 'ē 'aita ato'a ho'i tā'u e nehenehe 'ia amo i te mau huru ato'a. Can you ~ that bag? E nehenehe ānei tā 'oe e amo i terā pūtē?
carry a heavy or important object or message hōpoi He carried the sack with sweet potatoes into the kitchen. 'Ua hōpoi 'ōna i te pūtē 'umara i roto i te fare tūtu.
carry by balancing on shoulder tīmau

carry (hither), **bring** ta'ita'i Its fragrance is carried here by the mountain wind. Nā te hupe e ta'ita'i mai tōna no'ano'a.
carry piggyback tūtā
carry, convey tari The food for the feast was carried to the beach. 'Ua tarihia te mā'a nō te tāmā'ara'a i tahatai.
carry, bring (here) 'āfa'i (mai), 'āfa'i
carry, take (somewhere else) 'āfa'i (atu) Can you ~ this suitcase into the car? E ti'a ānei iā 'oe 'ia 'āfa'i i teie 'āfata 'a'ahu i ni'a i te pereo'o?
carry, transport uta, fa'auta The copra sacks were transported here to Papeete by ship. 'Ua utahia mai te mau pūtē pūhā i Pape'ete nei nā ni'a i te pahī.
carry, transport little by little tie, tietie This car is used to ~ cargo onto the ship. E pereo'o teie nō te tie i te mau 'ohipa i ni'a i te pahī.
carry away, take away, remove hōpoi 'ē
carry on, buck up, cheer up fa'aitoito
carry piggyback, carry pickaback tūtā
carry young, be pregnant hapū
carrying stick or pole mauha'a, maiho'a, tīmau rā'au, tīrā'au
cart, pushing cart pereo'o tūra'i
cart, wheelbarrow pereo'o huira hō'ē, pereo'o iti
cart (two-wheeled) pereo'o huira piti
cartridge, bullet 'ōfa'i pupuhi
carve, chop, cut (into little pieces) tāpūpū
carve, hollow out, excavate pao, 'ūfao The inside of the canoe was hollowed out. 'Ua paohia te va'a.
carve, whittle, hew, sculpt tarai, nana'o
carver, sculptor ta'ata tarai, ta'ata nana'o
carving, sculpture nana'o
carving in the form of a tiki (polynesian god image) ti'i
cascade, waterfall topara'a pape, ohi teitei Teieie and Manua are the two waterfalls of Taiarapu. Teieie e o Manua nā ohi teitei ia o Taiarapu.

case, box, trunk 'āfata
case, sheath, scabbard, (also:) **envelope** vehi, vihi pillow ~ vihi tūru'a (or) vehi turu'a
brain-**case** 'apu roro
in **case ..., if ever ..., once that ...** ... anae ~ she leaves 'ua reva anae 'ōna
cash tino moni
petty **cash** moni hu'ahu'a
cask, barrel, keg paero
cassette, sound **tape** pehe
cassette recorder, tape recorder harura'a parau, harura'a reo
cast, throw tāora, tī'ūe, tā'ue He that is without sin among you, let him first ~ a stone at her! Nā te ta'ata hara 'ore i roto iā 'outou na e tāora'tu na i te 'ōfa'i mātāmua iāna! It were better for him if a millstone were hanged about his neck, and he ~ into the sea, than that he should offend one of these little ones. Huru maita'i a'e 'oia 'ia ta'amuhia te hō'ē 'ōfai oro i ni'a i tāna 'a'ī, 'ē 'ia tāorahia 'oia i raro i te tai, 'ia fa'ahapa 'oia i te hō'ē i teie nei mau ta'ata ri'i.
cast anchor tūtau
cast dice kirikiri
cast a glance, blink, flitter one's eyelid(s) 'amo, 'amo'amo
cast off, (also:) **loosen, untie, undo** ha'amatara The ship's hawsers were ~. 'Ua ha'amatarahia te taura pahī.
cast a shade or shadow over tāmaru, tāmarumaru
cast a spell or curse pīfao
cast spells, engage in magic or sleight of hand tahutahu
casting net 'upe'a tāora
castle, palace aora'i
castor oil rā'au hinu
castrate pātehe
castration pātehera'a
Casuarina equisetifolia, ironwood (tree) 'aito, toa (ancient, but still in use on many islands)

cat mīmī (modern word; note that mimi means urine or urinate), **pi'ifare** (classical Tahitian) The ~ scratched me. 'Ua pāra'u te mīmī iā'u. The ~ is under the bed. Tei raro a'e te mīmī i te ro'i.

"scaredy-**cat**," **coward, sissy** ta'ata mata'u haere noa, ta'ata vi noa

cataract (disease of the eye) mata poa ia, ma'i mata

cataract, waterfall topara'a pape

catarrh (especially when affecting the eyes), **rheuminess** vare

catarrh, running cold hūpē

catch, arrest, seizure by force harura'a

catch, haul, (also:) **accumulation, pile, heap** pu'era'a, pu'e ~ of fish pu'era'a i'a, pu'e i'a pile of sweet potatoes pu'e 'umara heap of flowers pu'e tiare

catch, arrest, seize by force haru, haruharu

catch, comprehend, "get," understand hāro'aro'a

catch, get caught or **stuck** mau His lure got caught in the bottom of the lagoon. 'Ua mau tāna 'apa i raro i te miti.

catch, hear haru My ears caught their conversation. 'Ua haru tō'u tari'a i tā rāua paraparaura'a.

catch in midair 'apo

catch in midair, juggle pei, 'apo'apo

catch in midair, play catch 'a'apo, 'apo

catch, obtain, get roa'a (mai), noa'a (mai) I caught a few fish yesterday. E tau i'a tei noa'a mai iā'u inānahi.

catch, snare, trap mārei

catch a cold (construction with puta) I have caught a cold. 'Ua puta vau i te to'eto'e.

catch rumors that, hear (something) rumored, hear it said that hāto'aro'a

catch by surprise, sneak up on totoro

catching on quickly, intelligent 'a'apo, 'apo

catching on quickly, street-smart akamai (slang, borrowed from Hawai'ian)

catechism puta ui, uira'a, ui The Catholic ~ te ui tatorita

caterpillar hē

salt-water **catfish, threadfin, Polydactylus sexfilis** moi

catgut uaua, taura uaua ~ or nylon fishing line or leader uaua hī

cathead, davit(s) hīvi poti, teve

Catholic tatorita

Catholic, "papist" (Protestant vocabulary only) This woman is a ~. E pōpe teie vahine.

catkin, cattail of breadfruit, **young branches of the breadfruit tree** when stripped of the bark pōpō'uru

caught, stuck, constrained, pressed together piri

caught, stuck, jammed mau His lure got ~ in the bottom of the lagoon. 'Ua mau tāna 'apa i raro i te miti.

caught up with, overtaken ro'ohia The ship was overtaken by the storm. 'Ua ro'ohia te pahī i te vero.

caulk 'ōtamu

causative fa'a'ohipa ~ prefix 'atiparau fa'a'ohipa ~ verb ihoparau fa'a'ohipa

cause, origin tumu

cause, cause to ..., cause to be ... bring about ..., do ..., make..., effect ... (prefixes transforming an adjective, noun, or passive verb into an active verb) fa'a-, ha'a- (sometimes interchangeable; usually ha'a- occurs before roots beginning with f, m, p, or v, and fa'a- before the other roots), tū- This is a pill that ~s (brings about) euphoria. E huero fa'aaumaita'i teie. do body exercises fa'a'eta'eta i te tino (literally: ~ a hardening of the body) make (~) noise fa'a'āhoahoa effect a renewal (renovate) fa'a'āpī do something on the sly ha'avarevare light (~ to be lit) tū'ama

cause to become, affect a change, transform fa'ariro He was made chief. 'Ua fa'arirohia 'ōna ei tāvana.

cause

cause, bring about, create fa'atupu
cause disturbance, agitate tūrepu
cause a fight tito
cause fruit to fall down ha'apuehu
cause to move, agitate, nudge fa'aha'uti
cause to stand up, erect, build fa'ati'a
cautious, canny, wary, vigilant ara
cavally fish, Caranx sexfasciatus, horseeye jack, scad 'ōmuri
(a species of) cavally fish with yellow fins, Caranx ignobilis 'autea
cave, cavern, grotto ana It echoes in the ~. E mea tavevo i roto i te ana.
(shallow) cave, hollowed-out rock tauana
cavity, hole, ditch, tomb 'āpo'o
cayote 'urī 'ōviri
cease, stop fa'aea, tāpe'a The rain has stopped. 'Ua fa'aea te ua.
cease to cry nā The baby seized crying. 'Ua nā te 'aiū.
cease to exist, be consumed or used up, spent pau
cease to exist, disappear, (also:) run out of, be all gone 'ore
without cease, ongoing noa
move without cease ha'uti'uti
temporary ceasing, rest fa'afa'aeara'a
ceiling, (also:) lining aroaro cloud ~ aroaro ata
ceiling lamp, chandelier mōrī tautau
celebrate, give joy to fa'a'oa'oa
celebrate, give glory or dignity to fa'ahanahana
celebrated, famous tu'iro'o (pronounced tuiro'o)
celebration fa'a'oa'oara'a
celebration, party 'āreareara'a
celebration (religious, sacred) 'ōro'a
dry cell, battery 'ōfa'i mōrī pata
cement, concrete tīmā
cement, paste or glue, join, press close together fa'atāpiri, tāpiri, ha'apiri
cemented, pasted or glued, joined, pressed close together fa'atāpirihia
cemetery 'āua ma'i, vahi hunara'a ma'i,

ceremony

vahi tanura'a ta'ata, mēnema (mēnema often refers to a grave or tomb) We bought flowers to take to the graves in the ~. 'Ua ho'o mai mātou i te tiare nō te 'āfa'i i ni'a i te mau mēnema nō te 'āua ma'i.
Cenchrus echinatus (plant which sticks to clothes), stick-weed pipiri, piripiri
cenobite, Coenobita perlatus, terrestrial hermit crab u'a fenua
censure, reproach, blame, contradict fa'ahapa
center, base, headquarters pū research ~ pū mā'imira'a ~ of Pacific Oceanology Pū Fa'afaufa'ara'a i te Moana Pātitifa
center, middle rōpū
centime tenetima (see also the brief article under [five] francs)
5 centimes, one sou (hō'ē) pene (from penny)
50 centimes, half-franc, 10 sou (hō'ē) raera (from the Spanish real)
100 centimes, one franc (hō'ē) toata (from quarter), (hō'ē) farane (from franc)
500 centimes, five francs (hō'ē) tārā (from dollar)
centimeter tenetimetera
centipede, Scolopendra subspinipes veri, viri
"centipede of the ocean," striped lobster, Pseudosquilla ciliata (a species of lobster, perceived by most visitors as extremely ugly, but in fact a rare and therefore expensive delicacy) varo
century hānerera'a o te matahiti, tenetere
Cephalopholis argue (a fish of the Serranidae family, especially enjoyed by the Chinese in Eastern Polynesia), black-bass roi
cerebellum roro iti, roroiti
cerebrum, brain(s) roro
ceremony, anniversary (historical or religious) 'ōro'a nō te matahitira'a
ceremony, commemoration

ceremony

ha'amana'ora'a
ceremony, festival, merry-making
ta'urua
ceremony, jubilee iupiri
ceremony, pomp peu unauna, peu hanahana
ceremony (religious) 'ōro'a
ceremony, rite(s), tradition peu
ceremony, testimonial, tribute fa'aturara'a
fire-walking **ceremony** umu tī
master of **ceremonies, orator, speaker,** (also:) **interpreter** 'auvaha, 'auaha
certain, determined, set ta'a The date has been set. 'Ua ta'a te tai'o mahana.
certain, sure pāpū I am ~. E mea pāpū iā'u. I am not ~. 'Aita e pāpū ia'u.
certain ones, some vetahi mau
certain other (ones), **some other**(s) vetahi 'ē mau on ~ islands i te vetahi 'ē mau fenua
a **certain, a particular, one** te hō'ē He stopped in a ~ far-away place. 'Ua fa'ae'a 'ōna i te hō'ē vāhi ātea roa.
a **certain amount, an appreciable quantity** e mea huru, huru There are a ~ amount (an appreciable number) of people in that restaurant tonight. E mea huru ta'ata i terā fare tāmā'ara'a i teie pō.
a **certain** distance away, **a little ways away, a little while off** a'e
of a **certain kind** or **sort, qualitative** huru
certainly, absolutely pāpū, pāpū roa
certainly, indeed, of course ho'i I ~ did go. 'Ua haere ho'i au.
Certainly! That's for sure! 'Oia mau! Te reira ihoa! He has a very beautiful house. ~! It was I who built it. E fare nehenehe roa tōna. 'Oia mau! Nā'u te reira i hāmani.
certainty, sureness, assurance pāpū, pāpūra'a
certificate parau tū'ite
birth **certificate** parau fānaura'a He picked up a copy of his birth ~. 'Ua 'iriti

chamber

mai 'ōna i te hō'ē hoho'a nō tōna parau fānaura'a.
marriage **certificate** parau fa'aipoipora'a Where is your ~? Teihea tā 'ōrua parau fa'aipoipora'a?
certification, proof, evidence ha'apāpūra'a
cerumen, earwax tāturi
cervix, neck of the womb 'auvaha vaira'a tamari'i
cessation, (also:) **respite, pause** fa'aeara'a
chagrin, disappointment fa'ati'ira'a
chagrin, disgruntlement, resentment, vexation 'ino'ino
chagrined, disappointed fa'ati'ihia
chagrined, disgruntled, resentful 'ino'ino
chain fifi anchor ~ fifi tūtau iron ~ fifi 'āuri
chain measure, surveyor's chain mētera huti
chain saw 'e'e mātini
chair, seat, (also:) **dwelling** pārahira'a canvas arm~ pārahira'a 'ie rocking-~ pārahira'a tūra'ira'i wheel ~ pārahira'a huira Is the other ~ yours? Nā 'oe ānei te tahi pārahira'a?
chalk pu'a pāpa'i, rēni white ~ pu'a pāpa'i 'uo'uo, rēni 'uo'uo
challenge n, **dare** fa'ati'ora'a
challenge (someone), **issue a challenge, dare** fa'ati'o
challenge (something), **defy, dare, court, flirt with** (a danger) fa'ahina'aro ... but Keola was past fear and courted death. 'Ua hemo ra i muri te ri'ari'a o Keola 'ē te fa'ahina'aro nei 'oia i te pohe i teie nei. (literally: Keola's fear had slipped away [from him] and he now flirted with death.) (From John [Tihoni] Martin's free translation of Robert Louis Stevenson's The Isle of Voices.)
chamber, room piha ~ of commerce piha ho'ora'a tao'a (As for) the house, it

was three stories high, with great ~s and broad balconies on each. E toru tahua tō te fare, e mea piha āteatea maita'i tō roto e mea fa'ataupe'ehia nā rapae. (From R. L. Stevenson's The Bottle Imp, translated freely by John [Tihoni] Martin.)
chamberlain ta'ata ha'apa'o piha
chameleon sea bass ho'a
champion, hero, warrior, (also:) **giant** 'aito, toa *(archaic)*
chance, luck, good fortune, serendipity fāna'o, fāna'ora'a
chance occurrence, happenstance 'ohipa tupu noa
wheel of **chance, lottery** tāvirira'a
chancel, choir (church) vahimo'a
chancellor to'ofa
chancre, syphilis tona
chandelier, ceiling lamp mōrī tautau
change, alteration, modification fa'ahuru-'ē-ra'a
change *n*, **exchange, barter, trade** tauira'a, tapiho'ora'a
change, transformation tauira'a
change, petty cash moni hu'ahu'a (be careful with pronunciation here, since huahua means vulva)
change, replacement mono The car's tires were ~d. 'Ua monohia te mau uaua o te pereo'o.
change of clothes 'a'ahu taui
change of direction, curve, turn tīpu'ura'a a precarious ~ tīpu'ura'a fifi
change, alter, modify fa'ahuru'ē
change, become different (from before or from the usual) huru 'ē You have ~d. 'Ua huru 'ē 'oe.
change *v*, **exchange, barter, trade** taui, tapiho'o I exchanged my old car for a new sailing canoe. 'Ua taui au i tō'u pereo'o tahito i te va'a tā'ie 'apī.
change, replace mono The car's tire was ~d. 'Ua monohia te uaua o te pereo'o.
change, transform taui Since you left, the island has not ~d. Mai te mahana i reva atu ai 'oe, 'aita te fenua i taui.
change abruptly ta'ahuri I am changing my mind (right now). Te ta'ahuri nei tō'u mana'o.
change direction, turn nīoi ~ to the right nīoi i te pae 'atau
change direction, turn, veer oi, tīpu'u The airplane turned left. 'Ua oi te manureva i te pae 'aui.
change direction (of wind), **veer** huri The wind has ~d to the North-North-West. 'Ua huri te mata'i i te pae to'erau.
change hands (ownership) riro, riroriro, mahere, maherehere My wallet was stolen (lit.: changed hands through theft). 'Ua riro tā'u pūtē moni i te 'eiā.
change into another likeness, modify (also grammatically), **transform** fa'ahuru'ē
change someone's **opinion, discourage** fa'afati The physician changed the opinion of his colleague. 'Ua fa'afati te taote i te mana'o o tōna hoa tōro'a.
change places, move slightly, slide over, budge, slide along, glide nu'u
change places, move to another place, move over, relocate fa'anu'u
change places in order to create distance, **move, withdraw, go far away** fa'aātea
changeable, changing, unstable, fickle 'ōfirifiri The wind is ~. Tē 'ōfirifiri noa ra te matai.
channel, pass (into lagoon or port) ava, avaava
impassable **channel** (filled with so much coral that a vessel cannot pass) āhua
chanos fish, Chanos chanos, milkfish ava (when adult), 'ōma'a (when young)
chant (general), type of **song** pehe
chant (very old, traditional), **song** hīmene tārava The tārava is a complex and rapid polyphonic chant, sometimes led by several conductors. If you are not enchanted by it - or eventually come to love it - you will, in my opinion, never develop a real understanding of Polynesia.

chant

tārava raromataʻi nine different voices, from the Leeward Islands
hīmene rūʻau six different voices
tārava tahiti eight different voices, from Tahiti
tārava tuhaʻa paʻe nine different voices, from the Austral Islands
ʻutē five different voices
chant relating the mythical origin of an island or place paripari fenua
praising (or boasting) **chant** parau faʻateniteni
chant, recite rhythmically pātaʻu, pātaʻutaʻu
chant, sing pehe, pehepehe
chapel, church fare pureraʻa
chaplain ʻorometua faʻehau, mitionare faʻehau
chapter pene See John, ~ thirteen, verse thirty-four. ʻA hiʻo na i te Ioane, pene hōʻēʻahuru-mā-toru, ʻīrava toru-ʻahuru-māmaha.
heading of a **chapter** upoʻo parau
character, inclination, mind huru, huru manaʻo
character, personality, condition, state huru, huru taʻata
character, personality, nature nāturaraʻa
written **character, letter** reta parau, reta, tiʻaraʻa reta
characteristic, quality vāhi huru
characteristics (of mind or body) huru
psychological ~ huru o te manava
physical ~ huru o te tino
charcoal, coal ʻārahu
charge, responsibility, burden hōpoʻia
person in **charge, manager, director, head of staff** raʻatira, taʻata haʻapaʻo i te ...
hotel manager taʻata haʻapaʻo i te hōtēra
persons in **charge, authorities** te feiā tōroʻa
person in one's **charge, child, dependent** utaʻa
charity, aid, help tauturu   ~ fund ʻāfata tauturu

chatterbox

charity, platonic love, pity, sympathy arofa, aroha And now abideth faith, hope, ~, these three; but the greatest of these is charity. ʻE teie nei, tē vai nei te faʻaroʻo, ʻē te tīaʻi, ʻē te aroha, e toru ra; o tei hau ra i taua toru nei, o te aroha ia.
Charles, Chuck Tāro It is ~'s turn to speak now. Nā Tāro e parau i teie nei.
charm, pleasure, delight nave
charm, allure, sensual pleasure, sensual delight navenave
charm, allure, cause delight in, arouse (sensually) faʻanavenave
charm, make (someone feel) **happy** faʻaʻoaʻoa
charmed, pleased, delighted nave
charmed, sensually aroused, sensually delighted navenave
charming, likeable, agreeable, pleasant, pleasing, good, (also:) **suitable, fair** au, au maitaʻi, (e) mea au
charming, likeable, pleasant, pleasing au maitaʻi, au, (e) mea au
charming, graceful, chic, elegant, neat, (also:) **vain** iʻeiʻe
chart (nautical map) hohoʻa moana
charter, bylaws ture tumu
chartered ship pahī tārahu
chase, hunt, pursuit aʻuraʻa
chase, expel, drive out, pursue aʻu, aʻuaʻu, aʻuoʻu
chase away tīahi
chase away, banish, excommunicate tiʻavaru, tūvaru
chat, chatter, gossip, rumor tāuʻaraʻa parau
chat, chatter, idle talk ʻāparauraʻa
chat, conversation parauparauraʻa
chat, chatter, prattle, engage in idle talk ʻāparau
chat, chatter, gossip, spread rumors tāuʻaparau
chat, converse paraparau, parauparau
chatter (of teeth), **clatter** ʻatete
chatterbox taʻata paraparau noa

chauffeur ta'ata fa'ahoro (pereo'o)
cheap, common, worthless faufa'a 'ore
cheap, inexpensive māmā, ho'o māmā
We would like a ~ and clean hotel. Tē hina'aro nei māua i te hō'e hōtēra māmā 'ē te mā. Do you have a ~er room? E piha māmā a'e ānei tā 'oe? These shirts are very ~. E mea māmā (or: ho'o māmā) teie mau 'ahu 'o'omo.
cheap, stingy piripiri, pipiri, hōro'a 'ino
cheat, lie, gull, fool ha'avare
check, bill (statement of debt) parau tītaura'a moni
check, checkup, control hi'opo'ara'a
check, draft, voucher parau moni, parau ti'ira'a moni (i te fare moni) ~ book puta parau moni
check (over or **into), examine critically, verify** hi'opo'a
check, mark, make a note of tāpa'o
check, stop tāpe'a
checkered (of cloth), **striped, streaked** toretore
checkers perē fa'anu'u, perē fānu'u
cheek(s) pāpāri'a Whosoever shall smite thee on thy right ~, turn to him the other also. 'O te moto mai i tō pāpāri'a 'atau na, e fāriu ato'a'tu i te tahi.
cheep, chirp 'io'io
be of good **cheer, be in good spirits** fa'aitoito But be of good ~; I have overcome the world. E fa'aitoito rā, 'ua riro 'o teie nei ao iā'u.
cheerful, happy 'oa'oa God loveth a ~ giver. O te ta'ata hōro'a noa ho'i tā te Atua e hina'aro.
cheerful, joyous mā'ue'ue
Cheers! Skål! Here's to success! Manuia! (When you toast with someone in Tahitian, you usually include yourself: Here's to our success! Accordingly, if you toast one other person, you say: Manuia tāua! and if you toast more than one other person, you say: Manuia tātou!)

cheese pata pa'ari
chef, cook tūtu, ta'ata tūtu, ta'ata tūtu mā'a
Cheilinus trilobatus, trilobed Maori wrasse papae mara
Cheilinus undulatus Rüppell, Napoleon fish, wrasse papae (when small), pārahirahi (when medium-sized), mara (when full grown)
Chelonia myrdas, sea turtle honu
cherish, admire fa'ahiahia
cherish, admire, applaud ha'apōpou
cherish, love here
cherish, take tender care of poihere
chest, breast, bosom 'ōuma
chest, box, case, trunk 'āfata 'ahu, 'āfata
chest of drawers, drawer, dresser 'āfata 'ume, 'āfata huti
medicine **chest** or **cabinet** 'īhata rā'au
Tahitian **chestnut** māpē grated Tahitian ~ māpē 'ui
chew 'au'au
chew food before giving it to an infant mama
chew, nibble honihoni
chew the cud (cow), **ruminate** tāmarū, 'au'au fa'ahou
swallow without **chewing, gulp down,** tāhoro
chewing gum (from the sap of the breadfruit tree) tāpau 'uru
chic, elegant, neat, graceful, charming, (also:) **vain** i'ei'e
chick moa fanau'a, fanau'a moa, moa pīnia, pīnia moa
chicken moa I gave the ~ bones to the dog. 'Ua hōro'a vau i te ivi moa nā te 'ūrī.
chicken, hen moa ufa
chicken, cock with speckled plumage moa 'oti
chicken, dwarf hen moa ha'a
chicken coop fare moa
chicken-hearted(ness) māfatu moa

chicken pox, (also:) **smallpox** 'ōhiho
chicken-run 'āua moa
chief tāvana ~ of a district tāvana mata'eina'a This canoe belongs to Mr. Teri'itua, the ~ of Hitia'a. Nō Teri'itua tane, tāvana nō Hitia'a, teie va'a. It is impossible for the ~ to meet them today. 'Aita tā te tāvana e rāve'a nō te fārerei atu iā rātou ra i teie mahana. The ~ has the final word. Tei te tāvana te parau hōpe'a. The (Robert Louis) Stevensons were received by the ~ of Taravao, Teva-i-tai o Ori, and then given the name of Tēri'itera. 'Ua fāri'ihia Stevenson-mā e te tāvana 'o Teva-i-tai o Ori, 'ē hōro'ahia ihora i te i'oa o Tēri'itera.
chief, prominent landowner, (also:) **captain** ra'atira
chief, superior ta'ata i ni'a a'e
chief of a group, head, director upo'o
high **chief, king** ari'i
child tamari'i, tama an obedient ~ e tamari'i fa'aro'o maita'i He is still just a ~. E tamari'i noa ā 'ōna. give birth to a ~ fānau tama
child, boy tamāroa, tamaiti tamāroa
child, daughter, girl, niece tamāhine
child, dependent, person in one's charge uta'a I have a dependent ~. E tama uta'a tā'u.
child, son, (also:) **little child, lad,** (also:) **nephew** tamaiti
child of adultery tamari'i fa'aturi
adopted **child, feeding child** tamari'i fa'a'amu
birth **child** tamari'i fānau
grand**child** mo'otua
great grand**child** hina
great great grand**child** hinahina, hinarere
great great great grand**child** hinatini
oldest **child, first-born, eldest sibling** matahiapo
school **child** tamari'i ha'api'i
truant **child** tamari'i tāiva i te haere ha'api'ira'a

uncontrollable **child, "little devil," brat** tamari'i tuputupuā
child (metaphorically, jokingly), **young of animal** fanau'a
to be heavy with **child, pregnant** hapū
child-in-law hunō'a
childbirth, birth, delivery fānaura'a
childbirth, delivery, confinement (for that reason) mahutira'a pū fenua
children, kids tamari'i Could you look after the ~? E nehenehe ānei tā 'oe e tī'ai i te tamari'i? Here is a little gift for your ~. Teie te hō'ē taiha'a arofa na'ina'i nō tō 'oe mau tamari'i. Suffer the little ~ to come unto me, and forbid them not; for such is the kingdom of God. 'A tu'u mai i te tamari'i ri'i 'ia haere noa mai iā'u nei, 'ē 'eiaha e tāpe'ahia'tu; mai iā rātou ho'i tō te patireia o te Atua ra.
little **children** tamari'i ri'i Except ye be converted and become as ~, ye shall not enter into the kingdom of heaven. 'Ia 'ore 'outou ia fa'ahuru-'ē-hia 'ē 'ia riro mai te tamari'i ri'i ra, e 'ore roa 'outou e ō i te basileia (pronounced patireia) ra o te ao.
Chile Tireni
chill to'eto'e
chill, shivering (often due to fever) māriri
chilled, chilly, cold to'eto'e ~ water pape to'eto'e
chill accompanied by fever māriri
chill, make cold, refrigerate fa'ato'eto'e, ha'ato'eto'e
chimney ha'apūpūra'a auahi
lamp **chimney** hi'o mōrī
chin, jaw ta'a (can encompass a larger area than the English word, including the lower part of the cheeks), poro ta'a I shaved myself (literally: my ~). 'Ua pā'e'e au i tō'u ta'a.
China fenua Tinitō, Taina
china cabinet 'āfata vaira'a merēti, 'āfatavaira'a 'āu'a
china, porcelain pōreho

Chinese tinitō ~ language (or pidgin Tahitian) parau tinitō   Maybe we will get the bread we are looking for (literally: our bread) in that ~ store. Pēneia'e e roa'a tā tātou faraoa i terā fare toa tinitō. All tongues of the earth were spoken there: the French, the Dutch, the Russian, the Tamil (see parenthesis in the translation below), the ~. E fa'aro'ohia (literally: are heard) i reira te mau huru reo ato'a o teie nei aō: te reo farāni, te reo horane, te reo rūtia, te reo 'inītia (actually: Hindi, but geographically adjacent languages are often subsumed by Tahitians under one term), te reo tinitō. (from John [Tihoni] Martin's free translation of R.L. Stevenson's short story The Isle of Voices.)
Chinese person ta'ata tinitō
chiropractor taote no te fa'a'āfaro i te ivi, taote no te fa'a'āfarora'a i te ivi
chirp 'io'io
chirp, twitter (also:) **squeak** (like an insect) māuriuri
chisel tohi
chisel out carefully tohitohi
chlorine tororō
chloroform tororofōme
chock-full (a container or a room, for example), **crammed, fully occupied** api (note that 'āpī means new), apiapi
chocolate tōtōra
chocolate (candy) mōmona tōtōrā
chocolate (drink) tōtōrā inu
chocolate (powder) tōtōrā puehu
chocolate surgeonfish maito 'ute'ute
choir (chants), **chorus** pupu hīmene the ~ from 'Orofa'a te pupu hīmene nō 'Orofa'a
choir (church), **chancel** vahimo'a
choice, choosing; (also:) **election** ma'itira'a
choice, wish hina'aro
by **choice, of one's own accord, voluntary** fa'ahepo 'ore
choke, gag, smother, suffocate pu'unena

choke(d), smother(ed), suffocate(d) ihuihu He ~d from the smoke. 'Ua ihuihu 'ōna i te auauahi.
choke, strangle, clasp 'u'umi
choose, think seriously before choosing, consider, use one's mind, reflect, ponder feruri ~: drink or drive! 'A feruri: e inu 'aore ra e fa'ahoro!
choose, elect, select mā'iti   You ~: either you finish the job or I don't pay you; . Nā 'oe e mā'iti: e fa'aoti 'oe i te 'ohipa, 'ē 'aore ra eita vau e aufau iā 'oe (or:) eita 'oe e aufauhia). They chose him as mayor. 'Ua mā'iti rātou iāna ei tāvana 'oire. For many are called, but few are chosen. E rave rahi ho'i tei parauhia, e iti rā tei mā'itihia.
choppy, rough, agitated mātā'are   The sea is ~ at present. E mea mātā'are te miti i teie nei. (or:) 'Ua mātā'are te miti i teie nei.
chorus (chants), **choir** pupu hīmene
Christ, Messiah Mesia (Protestant, pronounced Metia), Metia, Kirito (Catholic), Tirito   For unto you is born this day in the city of David a Saviour, which is ~ the Lord. I nauanei ho'i i fānau ai te Ora nō 'outou i te 'oire o Davida [pronounced Tavita], 'oia ho'i te Metia ra o te Fatu. What shall I do then with Jesus which is called ~? Eaha ho'i au iā Ietu i tei parauhia, 'o te Metia nei?
Ascension of **Christ** ma'uera'a
christen, name topa, (seldom:) tapa, ma'iri, hōro'a i te i'oa   The godparents ~ed the baby Hei Fara. 'Ua topa te metua papetito i te i'oa nō te 'aiū 'o Hei Fara.
Christian (confession) teretetiāno
Christian (name) Titaina
Christmas, X-mas Noera (Protestant usage), Noere (Catholic usage), 'Ōro'a fānaura'a (a more solemn and religious term) Merry ~! 'Iaorana 'oe ('ōrua, 'outou) i te Noera (Noere)! (or:) 'Ia 'oa'oa 'oe ('ōrua, 'outou) i teie Noera! ~

Chromis erotus — circumstance

tree tumura'a o Noera (Noere)
Chromis erotus, mammoth moth, big moth pūrehua
Chromis sindonis, humbug fish, puller (a small black fish having a strong smell when it is roasted and said to be able to destroy a shark) 'atoti
chromosome toromotoma
chronometer uāti moana
Chrysanthemum terevete
chubby, rounded, round 'ōmenemene
Chuck, Charles Tāro It is ~'s turn to speak now. Nā Tāro e parau i teie nei.
chum, buddy, companion, friend hoa
church (building) fare pure, fare purera'a May we sit together with (next to) you (two) in ~ or do we have to sit in a special place reserved for tourists? E nehenehe ānei iā māua 'ia pārahi i piha'i iho iā 'ōrua, e 'aore ra, e mea ti'a ānei iā māua 'ia pārahi i te vāhi i fa'ata'ahia nō te mau rātere? The most beautiful Tahitian ~ is in Pa'ofa'i. Te fare purera'a tahiti tei hau atu i te nehenehe te vai ra ia i te 'oire nō Pa'ofa'i ra. The Pa'ofa'i ~ is filled to overflowing with people at the Easter service. 'Ua api roa (or: 'Ua 'ī roa) te fare pure Pa'ofa'i i te ta'ata i te purera'a 'ōro'a pāta.
church (denomination, religious community, synod) 'ētāretia the Protestant ~ te 'ētāretia porotetani
church (service) purera'a When do we go to the ~ service? Eaha te hora tātou e haere atu ai i te purera'a? I was deeply touched by the ~ service this morning. 'Ua putapū tō'u 'ā'au i te purera'a i teie po'ipo'i. I missed ~ yesterday. 'Ua ma'iri au i te purera'a inānahi ra. Sunday collection in the ~ 'aufaura'a tāpati month of May collections in the Protestant ~es 'aufaura'a mē
church, temple hiero, nao (rarely used)
cigar tītā, 'ava'ava, tītā, tītā puhipuhi
cigarette 'ava'ava ~ butt 'ōmou

'ava'ava ~ holder tore 'ava'ava ~ lighter māti uira ~ package pū'ohu 'ava'ava ~ paper pāpie 'ōviri 'ava'ava light a ~ tutu'i i te 'ava'ava I have no ~s. 'Aita tā'u e 'ava'ava. He will never get better, except if he stops smoking ~s. E'ita roa 'ōna e ora, maori rā 'ia fa'aea 'ōna i te pupuhi i te 'ava'ava.
cinema (building) fare teata, fare teatara'a
cinema, movie teatara'a
"cinnamon-apple," custard apple, Annona squamosa tapotapo
circle (drawn) rēni menemene
circle, ring, wheel porota'a
circle, make the rounds fa'a'ati, fā'ati
circonflex *(accent)* tāupo'o
circular, round, spherical menemene
circular, announcement, flier, handbill rata ha'a'ati, rata fa'a'ati
circumcise (medical, biblical) peritome And ye shall ~ the flesh of your foreskin. O te 'iri ra i mua tā 'outou e peritome i tō 'outou na tino.
circumcise (Polynesian style, the correct term being:) **supercise** tehe
circumcised peritome, tehe (supercised)
uncircumcised peritome-'ore-hia
uncircumcised (an insult), **unsupercised** taioro, taiero
circumcision (biblical, medical) peritomera'a
circumcision (Polynesian style, meaning that the foreskin is merely cut on top and not removed; thus the correct term is:) **supercision** tehera'a, tehe
circumlocution fa'ananeara'a parau
circumspect, cautious, wary, vigilant ara
circumstance, happening, occurrence tupura'a
Do not under any **circumstances ...** 'Eiaha roa'tu e ... Do not under any ~ leave after a road accident! 'Eiaha roa'tu e horo i muri a'e i te hō'ē 'ati puromu!
Under no **circumstances!** 'Eiaha roa!

Cirrhitus pinnulatus (an aggressive fish which can be a danger to divers), **multicolored** or **striped hand-fish** patu'i, patu'i pata
cistern, tank, metal drum tura
citizen mero hui ra'atira
citizens hui ra'atira The chief is among the ~. Tei rotopū te tāvana i te hui ra'atira.
citizenship, nationality ti'ara'a pātireia
Citrus aurentifolia, lime (fruit) tāporo lime juice pape tāporo lime tree tumu tāporo
city 'oire For unto you is born this day in the ~ of David a Saviour, which is Christ the Lord. I nauanei ho'i i fānau ai te Ora nō 'outou i te 'oire o Davida (pronounced Tavita), 'oia ho'i te Metia ra o te Fatu.
city hall (French: mairie), **town hall** fare hau tivira (literally: house for civic government), fare ha'aipoipora'a (literally: house for weddings)
civil (law; public; as opposite to military; etc.), **civic** tivira ~ aviation 'ohipa manureva tivira
civil, polite, courteous, gracious 'ite i te peu
civil, polite, gentle, kind marū
civilian tivira
return to **civilian** life tivira
claim, demand as one's due tītau
claim (that...), **contend, express a strong opinion** parau tāmau (e...)
claim something that is not a fact, **pretend** fa'ahua, fa'ahuahua
claim biological **relationship** with someone fa'afēti'i
clam, cockle, Asaphi tahitensis 'ahi
clam, mother-of-pearl, pearl oyster pārau
clam, oyster tio
(a species of) giant **clam, giant oyster, tridacna shellfish** pāhua ~ scalded in boiling water pāhua vaipā
clam, tridacna shellfish pāhua

clamor, din, outcry, vociferousness pātētē
clamor, noise, loud arguing māniania
clamor, be noisy vevo, vevovevo
clan nāti
clandestine(ly), covert(ly), secret(ly) huna ~ (or) illegal commerce ho'o huna
clandestinely sneak(ing) into a house at night to seduce a young girl or woman, **sleep-crawl(ing)** mōtoro Moari'i tried to ~ in at night to seduce Mihi, but as he stumbled against the bed, the parents awoke. 'Ua tāmata Moari'i i te mōtoro iā Mihi, 'āre'a rā i te ūra'a i ni'a i te ro'i, ara a'era te mētua.
clap (hands) pōpō, pōpō i te rima
thunder **clap** harurura'a pātiri
clarification, affirmation pūhara
clarification, confirmation ha'apāpūra'a
for **clarification, for example** ei ha'amāramaramara'a
clarify, make clearly known, affirm pūhara
clarify or **confirm what has been stated, make something plain** ha'apāpū ~ what you said! Make it plain! Speak more plainly! 'A ha'apāpū i tā 'oe parau!
clarity, brightness 'ana'ana
clarity, clearness, intelligence, light māramarama
clasp someone's hand or arm affectionately 'umi'umi, 'u'umi i te rima
clasp, grab haru, haru mai
clasp on to, hold firmly 'u'umi
hair **clasp, hair clip** pine tāmau rouru
class, kind, sort huru
class, group, category (arranged in order) nāna'ira'a
class (school), **lesson** ha'api'ira'a I am very sorry that I forgot to pay you for the Tahitian language ~ yesterday. 'Ua pe'ape'a roa vau nō te mea 'ua mo'ehia iā'u te 'aufau atu iā 'oe nō te ha'api'ira'a reo tahiti inānahi ra. He learns quickly when it comes to dancing, but not in ~. E

class

mea i'ei'e 'ōna i te 'ohipa 'ori, 'āre'a rā i te 'ohipa ha'api'ira'a 'aita ia.
class (social) patu
member of the highest **class**, the high chiefs ari'i
member of a prominent landowner **class** ra'atira
member of a lowborn or servant **class** teuteu, manahune
First **class**! "Super!" Number one! Great! Nūmera hō'ē!
classify, sort, divide in groups ha'apupu
classify, sort, put things in order 'āna'i, pāna'i
classroom piha ha'api'ira'a
clatter, rattle 'atete
clause (grammar), **phrase** pereota, 'atira'a parau relative ~ 'atira'a parau tū'ati
claw(s), nails ai'u'u, mai'u'u
claw, scratch, injure by clawing or **scratching, rake** pāra'u, pāra'ura'u, pā'a'u The cat ~ed me. 'Ua pāra'u te mimi iā'u.
clay 'araea, paniuru (ancient)
clean, pure mā We would like an inexpensive and ~ hotel. Tē hina'aro nei māua i te hō'e hōtēra māmā 'ē te mā. It is very ~, you see. E mea mā roa pa'i.
clean (in both a literal and moral sense), **pure, unstained** vi'ivi'i 'ore The coconut water is ~ (a pure juice). E pape vi'ivi'i 'ore te pape ha'ari. an unstained woman (virgin) vahine vi'ivi'i 'ore
clean, adorn, "pick up," set in order fa'anehenehe
clean (up), clear, dust (off), (also:) **wash,** (also:) **purify** tāmā Let's ~ (up) the house since guests are arriving tomorrow. E tāmā tātou i te fare nō te mea e tae mai te mau manihini ānānahi.
clean, scrub, wash, wipe horoi, horohoroi
to **clean, soap, lather** tāpu'a
clean (out), cleanse (a sore, eyes, nose, etc.,

clear(ed)

with a finger) ti'aro
clean (out), cleanse (with water, as cleansing a fish from blood) 'opu (note that 'ōpū means stomach)
scrape **clean** (as a coconut shell) herehere (note that herehere can also refer to lovemaking)
cleaning lady vahine tāmā
clear, bright, intelligent māramarama
clear, bright, transparent (color, light, sky, water) teatea
clear, clear-cut, easily perceived, intelligible ta'a
clear, easy to understand ta'ata'a (maita'i) Your speech is ~ (easy to understand). 'Ua ta'ata'a maita'i tā 'oe parau.
clear, free of problems, restored, recovered ātati'ā
clear, pure, sincere ateate
clear(ed), uncluttered, unencumbered, open, (also:) **sparsely covered with growth** āteatea ~ space vāhi āteatea The sky is ~ in Faaa at this time. E mea āteatea te ra'i i Fa'a'a i teie nei.
clear(ed), vacant, unobstructed, empty, open vata, vatavata The entrance is ~. 'Ua vata te 'ūputa.
be **clear** about a perception, **recognize** ta'a He recognized me as soon as he saw me. 'Ua ta'a iāna ē o vai au i te taime iho tāna i 'ite iā'u.
become **clear** (as with color, light, sky, water), **brighten** teatea The sky ~ed a little. 'Ua teatea ri'i te ra'i.
become **clear** (sky), **stop raining** rauma'i It has stopped raining. 'Ua rauma'i i teie nei.
make **clear, affirm** pūhara The chief made his opinion ~. 'Ua pūhara te tāvana i tōna mana'o.
make **clear, confirm** ha'apāpū
make **clear** or **known, disclose, divulge, explain** hōhora She made ~ her thought (or opinion) to (literally: before or in front

clear

of) the physician. 'Ua hōhora 'ōna i tōna mana'o i mua i te taote.
make **clear, explain, enlighten** ha'amāramarama   I made that thing very ~ to her, so she would understand (it) well. 'Ua ha'amāramarama maita'i vau i terā mea iāna, 'ia pāpū maita'i 'ōna.
not **clear, confused, not understanding** ta'a 'ore
clear, remove, get rid of (brush and weeds) ha'amarari, vaere, marae (seldom used)
clear of mind, intelligent, clever, smart māramārama
clear up, stop raining rauma'i   It stopped raining early this afternoon. 'Ua rauma'i i teie avatea.
clear-cut, clearly perceived, clearly visible, distinct, precise ta'a maita'i
clearheaded, alert, wide awake viti, ara, vita (slang)
clearing, open space vāhi āteatea
clearly marked, well printed uri
clearness of mind, intelligence māramarama   Pouvāna'a a 'O'opa's ~ exceeded that of the French politicians. 'Ua hau a'e te māramarama o Pouvāna'a a 'O'opa i tō te feiā poritita (or: feiā tōro'a) farāni.
clearness, purity, sincerity ateate
clergyman, pastor, preacher 'orometua a'o, 'orometua   The ~ intervened to prevent trouble. 'Ua ārai te 'orometua ('orometua a'o) i te pe'ape'a.
hotel **clerk** ta'ata ha'apa'o i te hōtera
law **clerk, solicitor,** (also:) **notary** nōtēra
clever, capable, experienced, skillful, ingenious 'aravihi, 'ihi   'Oputu is a highly skillful skipper. E ra'atira pahī 'aravihi roa o 'Oputu.
clever, smart, clear of mind, intelligent māramarama, (e) mea māramārama   You are very ~. E mea māramārama roa 'oe (or:) E upo'o māramārama roa tō 'oe.
clever, savvy, street-smart, swift, quick akamai (slang, from Hawai'ian)

climbing on board

clever, swift, quick at learning i'ei'e   He is ~ when it comes to dancing, but not in school work. E mea i'ei'e 'ōna i te 'ohipa 'ori, 'āre'a rā i te 'ohipa ha'api'ira'a 'aita ia.
cleverness, manners, (also:) **know-how** 'ihi
click *n*, **pop** pa'a'ina
click, clink, clop, crackle pa'apa'a'ina
client ta'ata hōani, ta'ata 'aufau
cliff, crag mato   overhanging ~ (with a cavelike hollow underneath) mato tāfare, mato tārere
cliff, rocky wall pa'ipa'i mato
cliff overhanging the sea pari
climate 'ahuāra'i
climb, ascend, mount pa'uma, ta'uma, paiuma *(archaic)*, 'a'e, 'a'a'e   It is dangerous to ~ that mountain. E mea ataata 'ia ta'uma i ni'a i terā mou'a. Can you ~ that tree? E nehenehe ānei tā 'oe e pa'uma i terā tumu rā'au. Tahi ~ed the coconut tree (literally: the coconut tree was ~ed by Tahi). 'Ua 'a'ehia te tumu ha'ari e Tahi. He is very fast in ~ing after coconuts. E ta'ata 'oi'oi roa 'ōna i te ta'uma ha'ari.
climb(ing), creep(ing) (of plants) toro, torotoro
climb down, descend pou, pou i raro   Be very careful when you ~! Ha'apa'o maita'i roa 'a pou ai 'oe i raro!   So Robert ~ed down the mountain. Pou atura o Rōpati mai ni'a mai i te mou'a.
climb on board, embark pa'uma i ni'a (iho), ta'uma i ni'a (iho)   ~ a ship pa'uma i ni'a i te pahī   We saw a ship which was sailing for Papeete; we ~ed on board and left (sailed). 'Ua 'ite māua i te hō'ē pahī tei fano atura i Pape'ete; pa'uma atura i ni'a iho 'ē fano atura māua.
climbing on board, boarding, embarkation pa'umara'a i ni'a, ta'umara'a i ni'a   ~ a ship pa'umara'a i

climbing

ni'a i te pahi i te pahī
climbing or **creeping plant** rā'au tāfifi, rā'au torotoro
cling to, hold tight tāpi'i, tāpi'ipi'i
cling(ing) (of plants) toro, torotoro
floating object to which one can **cling** faura'o
clinic, dispensary fare utuutu ma'i, fare utuutura'a ma'i
clink, jail, prison fare 'āuri
clink, tinkle 'atete (note that 'ātete means August)
clink the glass pātē i te hapaina
clip, cut with scissors or **shears** pā'oti
hair **clip, hair clasp** pine tāmau rouru
clippers, scissors pā'oti
clipping motu, mutu
clitoris teo, (slang:) tira erection of ~ 'ī'īra'a (or:) pa'arira'a nō te teo
cloak, coat, jacket, (also:) **vest** pereue
clock, timepiece, o'clock, hour hora We'll meet again tomorrow at three o'~ in the afternoon. E farerei fa'ahou tāua ānanahi i te hora toru i te avatea. It happened at half past nine o'~ in the morning. 'Ua tupu (terā mea) i te hora iva e te 'āfa i te po'ipo'i. The movie starts at seven o'~ in the evening. E ha'amata te teatara'a i te hora hitu i te ahiahi. It is five minutes before (to) twelve. E pae miniti toe e hora 'ahurumā-piti ai. It is fifteen minutes past six. 'Ahuru miniti ma'iri nō te hora ono. It is exactly eight o'~. 'Ua hora va'u ti'a. from seven o'~ to twelve o'~ mai hora hitu e tae noa'tu i hora 'ahurumā-piti (vernacular:) mai hora hitu haere i 'ahuru-mā-piti
clog *vi*, **stop up, block** mau The toilet is ~ged. 'Ua mau te pape iroto i te fare iti, e'ita e tahe fa'ahou. Our faucet is ~ged. 'Ua mau tā māua tāvirivirira'a pape.
clog *vt*, **stop up, block, prevent free flow** 'ōpani
close, narrow piriha'o

close

close, stingy piripiri, pipiri, hōro'a 'ino
close by, over there i ō mai
close friend, real buddy hoa rahi
close to, close by, close at hand fātata, tei fātatu'i i The road is ~ my house. E mea fātata te puromu i tō'u fare. I was ~ death. 'Ua fātata vau i te pohe. The store is close by. E mea fātata te fare toa.
close together, narrow, pressed together piri
closely shaved or **shorn, smooth** moremore His face (literally: jaw) is ~. 'Ua moremore maita'i tōna ta'a.
not **close together, widely spaced, scattered** varavara
come **close** fātata
come **closer** ha'afātata
keep coming **closer** piri roa mai The land kept coming ~ and the thunder of the breakers became strong. Piri roa mai nei te fenua 'ē pūai mai nei te māniania o te fatira'a miti.
come very **close** fātata roa, tāpiri ... the three-masted American ship Sally which came very close to drifting onto the reef. ... te pahī tira toru marite ra 'o Sally 'o tei fātata roa i te 'ōpa'ihia i ni'a i te to'a.
sail **close** to the wind (closehauled, full and by) fa'atīara, tāpiri
close, end, ending hōpe'a
close, complete, finish, terminate fa'aoti, 'ōpani I am closing my letter with greetings (giving my love) to you all. Tē fa'aoti nei au i tā'u rata mā te aroha atu iā 'outou pauroa. I am closing my speech with greetings (giving my love) to you all. Tē 'ōpani nei au i tā'u parau mā te aroha atu iā 'outou pauroa.
close (without the implication of a task being completed), **end, finish, terminate** fa'ahope
close, fasten tāmau
close (in the sense of:) **make adequate or sufficient** fa'arava'i
close, prevent access to, forbid, interdict,

close   **clown**

prohibit 'ōpani It is forbidden to enter. 'Ua 'ōpanihia 'ia tomo. (or:) 'Ua 'ōpanihia te tomora'a.
close, shut, cause to be shut 'ōpani, 'ōpanipani ~ the door! 'A 'ōpani (or: 'A tāmau) i te 'ūputa!
close a book tāpiri i te puta
close one's eyes tāpō, tāpō i te mata
close one's eyes tight tāpiri i te mata
close a (fish)net fa'a'ati, fa'a'ati i te 'upe'a
close one's fist ha'amenemene i te rima, 'u'umu i te rima
close an umbrella, (also:) **gather** (cloth) huhu, huhu i te fare 'amarara
closed, complete, finished, done 'oti
closed (without implication of a task being completed), **finished, ended, terminated** hope roa
closed, shut 'ōpanihia
closed, stuck, pressed together, constrained piri
closed season (for fishing, especially pearl fishing) rāhui
sail closehauled (close to the wind, full and by) fa'atīara, tāpiri
closely shaved (shaven), closely shorn, smooth moremore He was ~. 'Ua moremore maita'i tōna ta'a.
closet (for clothes) vaira'a 'a'ahu
closing, closure fa'a'orera'a ~ of school (also: school vacation) fa'a'orera'a ha'api'ira'a
closure, achievement of an act or a project, **completion, finish** fa'a'otira'a
cloth 'ahu (note that ahu refers to heat), 'a'ahu
cloth, material mētera, 'ahu mētera, 'a'ahu mētera
cloth used for wiping horoi
gather or pucker up **cloth** when sewing huhu
large **cloth** for wall partition pāua (originally a mat plaited from coconut fronds)

thin white cotton **cloth, calico** paruai
torn piece of **cloth, rag** 'a'ahi, 'a'ahi 'ahu
clothe, dress fa'a'ahu
clothed in ... mā te 'ahuhia i te ...
clothes 'a'ahu, 'ahu That woman's ~ are very beautiful. E mea nehenehe roa te mau 'ahu o terā vahine. Could you wash my ~ today? E nehenehe ānei tā 'oe e horoi i tō'u mau 'a'ahu i teie mahana? May we wash our ~ in your washing machine? E nehenehe ānei iā māua 'ia pu'a i tō māua 'a'ahu i roto i tā 'ōrua mātini pu'ara'a 'a'ahu? Put the ~ out in the sun! 'A tāra'i (taura'i) i te 'ahu i ni'a i te mahana!
clothes for mourning 'ahu heva
change of **clothes** 'a'ahu taui
get into **clothes, dress** 'o'omo (i te 'a'ahu), 'ōmono (i te 'a'ahu)
remove one's **clothes, undress** tātara i te 'a'ahu, heuheu *(arch.)*
swaddling **clothes, diapers** pāhi'i
clothes pin tāmau 'ahu
clothing 'ahu, 'a'ahu rainproof ~ 'ahu fa'arari
clotted, gritty 'iri'iri
clotted, viscous, thick (liquid) pupuru
cloud, (also:) **shadow, reflection** ata ~ ceiling or cover aroaro ata ~ over a mountain ata mou'a
appear through the **clouds** aputa The sun is peeking through the clouds. 'Ua aputa mai te mahana.
hidden behind **clouds** (sun) marumaru
cloudburst, downpour (when sudden and short), **squall, gust** pāpape
clouded reef eel puhi
cloudy, overcast tāpo'ipo'i
cloudy, overcast, darkened, gloomy rumaruma
cloudy (when speaking of water or wine), **unclear, murky, muddy, cloudy, discolored** reru
clown ta'ata ha'ama'ama'a
clown, act like a fool, drive crazy

ha'ama'ama'a
cloying, oversweet, sickly-sweet tuhituhi
club, association, team, group, staff, crew pupu She was introduced into the ~ The Friends of Tahiti. 'Ua fa'ōhia 'ōna i te pupu Te Mau Hoa nō Tahiti.
club, society taiete
night **club** fare 'āreareara'a
night **club** (dancing establishment) vāhi 'orira'a
night **club** (hotel) hōtēra
war **club** rā'au poro rahi (be sure to pronounce it correctly, because pōro rahi is slang for big testicles), 'ōmore
club-foot(ed) 'āvae hape
clubs (in playing cards) tarapu
clumsy, awkward, ignorant ma'ua
cluster of (in area where plants or coral grow) uru- flower patch urutiare lagoon area with may coral boulders urupu'a
cluster or **bunch** of bananas or plantains tari ~ of bananas tari mai'a, tari mei'a ~ of plantains tari fē'ī
cluster or **bunch** (usually of flowers tied together, also of smaller fruit), **bouquet** pe'enave, pūpā (be careful with pronunciation, since pupa refers to animal [and in crude slang also to human] copulation) ~ of grapes pe'enave vine (or:) pūpā vine
cluster, bunch, bundle (usually of fruits or vegetables tied together) 'āmui, tā'amu, 'ātā *(archaic)* a ~ of green beans tā'amu pipi
cluster or **bunch of fruit** (still attached to a branch) pe'etā a ~ of breadfruit e pe'etā 'uru a ~ of coconuts e pe'etā ha'ari
cluster or **bunch of fruit** (picked from a tree) 'atari
cluttered hōpiri, hōpipiri, hōpiripiri His office is very ~. 'Ua hōpiri roa tāna piha pāpa'ira'a parau.
coagulate, agglutinate, solidify, dry up, thicken putua The blood has ~d. 'Ua putua te toto.
coagulated, agglutinated, dried up, thickened, solid putua
coagulation, agglutination, solidification, drying up, thickening putuara'a
coal, charcoal 'ārahu
coal oil, kerosene, (also:) **lamp** mōrī
coal oil, petroleum mōrī 'ārahu
coal tar tā
coalition, alliance tāhō'ēra'a
coals (burning, glowing), **firebrand** 'ōmo'i
coaming (around edge of canoe or outrigger) hui, huhui
coarse, rough, (also:) **prickly, thorny, spiny** taratara
coarse, rude, crude, crass, vulgar peu 'ore, ha'apeu 'ore
coarsely granulated 'iri'iri
coast hiti o te moana
coast, beach pae miti
coast, sea shore, seaside tātahi, tahatai
coaster vaira'a hapaina
coat, jacket, cloak, mantle pereue
rain**coat, mackintosh** pereue fa'arari, pereue fa'arari ua, 'ahu fa'arari, 'ahu fa'arari ua
coat of arms of a country pihi 'āi'a
coax, cajole, wheedle tāparuparu We ~ed him to go home. 'Ua tāparuparu mātou iāna 'ia ho'i i te fare.
coax or **push** (someone) **into eating** or **drinking** or otherwise **consuming** fa'atina
cobweb, spider web pū'āverevere
remove **cobwebs, dust off,** (also:) **rake (up),** (also:) **skim (off froth)** pā'a'u
Coccoloba uvifera, seaside grape vine tahatai
cock moa oni breeding ~ moa pa'e fighting ~ moa fa'atito
weather-**cock, weather-vane** tīrueta
cock's comb repe
cock's crow 'a'aoara'a moa, tōtarara'a moa
cock fight titora'a moa, fa'atitora'a moa

cock spurs tara
cockadoodledoo totere'o
cock-eyed, "nuts" taravana
cockiness, conceit, arrogance te'ote'o
cockroach, roach, Periplaneta americana, (also:) **beetle** popoti The ship was full of ~es and copra bugs. 'Ua ī roa te pahī i te popoti 'ē te mau manumanu pūhā.
cockswain ta'ata fa'atere i te poti (literally: person who steers the boat)
cocktail party inuinura'a
cocky, haughty, arrogant, conceited, stuck-up te'ote'o, fa'a'oru
coconut ha'ari, niu (ancient)

coconut (stages of growth):

coconut just starting to form pōniu
young drinking **coconut** with no pulp (meat) inside 'ōuo, 'ōua
drinking **coconut** with meat still very soft (this is a stage just before maturity in which the coconut contains almost a liter of water and very little meat; the water of the coconut, when freshly opened, is slightly effervescent and has a delicious flavor and taste, but these characteristics are lost eventually upon exposure to air) nīā
coconut with solid and firm, but not yet hard, meat (the best coconut meat is obtained at this stage) 'ōmoto
dry (less than a half pint of liquid, no longer drinkable) **coconut** with hard meat (extremely oily and no longer edible; in this stage it is used to make copra) 'ōpa'a
scrape off the fibers on a coconut shell herehere i te ōpa'a
germinating **coconut** (at this stage the oily meat has been transformed into a spongy mass which is rich in food value and used to nourish infants or convalescents) uto
coconut with yellow skin vai ha'ari
dark-green **coconut** ha'ari 'ōviri The water of this species of coconut is used as an excipient in numerous indigenous medicines.
fallen **coconut** moroati
waterless **coconut** ha'ari vavao
break a **coconut** tūpa'i i te ha'ari
bunch of **coconuts** tari ha'ari
"eye(s)" of **coconut** 'oata
grated **coconut** (after the milk has been pressed out) ota ha'ari
grated **coconut** cooked with manioc tāota
sauce made from fermented grated **coconut** taioro, taiero
half of a **coconut** (or breadfruit) pēha'a
half-**coconuts** tied to someone's feet in the manner of stilts tia'a 'apu ha'ari
open or split a **coconut** vāhi
manually finish opening a **coconut** split in half by an axe tūfera
pierce the "eye" holes of a **coconut** tīputa
split a **coconut** in halves pīta'a
spongy growth in the **coconut** when it starts to sprout uto
coconut crab, Birgus latro u'a vāhi ha'ari, 'aveu
sheath of the **coconut, coconut fiber** a'a
sheath of the **coconut flower** 'ōroe, roeroe
coconut frond ni'au house covered with plaited ~s fare nī'au
(the thick part of the) central rib of a **coconut frond** fā niu, fāniu
coconut frond matting (made from the yellowish matter attached to the bark under the bottom of the stalk of a large coconut frond) a'a
big, long basket made of **coconut fronds** ha'ape'e
fishing net made from **coconut fronds** rao'ere, rau'ere
screen or mat plaited from **coconut fronds** pāua
coconut grater (tool, formerly made of coral, but today consisting of a flat piece of steel with teeth on the end and mounted on wood, producing granules [rather than filaments] of coconut) 'ana
coconut grove uruha'ari

coconut husk puru ha'ari, puru
remove **coconut husk** 'ō
sharpened stick or rod for removing **coconut husk**, (also:) **digging stick** 'ō
cord braided from **coconut husk fiber**, **sennit** nape
coconut meat mā'a ha'ari, 'ōpa'a
grate **coconut meat** 'ana
sauce made from **coconut meat** with juice from shrimp or crayfish, fermented in a gourd miti hue
scoop out **coconut meat** from the shell pā'aro
coconut "milk" ū ha'ari (~ is an expression which usually, and incorrectly, is confused with coconut "water"; it is obtained by wringing the freshly-shredded meat of a coconut in a cloth and may be used "as is," in which case it resembles cow's cream in consistency and flavor. ~, when used as a dip or sauce, is called ufiufi)
type of fibrous sedge grass used to express **coconut "milk"** from the meat by twisting, Cyperus pennatus or Cyperus javanicus mō'ū, mō'ū ha'ari, mā'ū, mā'ū ha'ari
coconut "milk" when cooked by dipping a hot stone into it fa'arara, fa'arara tutu
raw **coconut "milk"** fa'arara ota
coconut "milk" sauce (pure) ufiufi
coconut "milk" sauce (with salt water and lime juice added, not fermented) miti ha'ari
coconut oil hinu ha'ari
scented **coconut oil** mono'i The most popular scented ~ is mono'i tiare tahiti which has a strong fragrance of the Tahitian gardenia (tiare tahiti) and is sold bottled in most stores in Tahiti.
coconut palm, Cocos nucifera tumu ha'ari, niu heart or center of the ~ puo ha'ari, 'ōroe ha'ari
The coconut palm could easily be regarded as the most useful of all tropical trees. The liquid in its fruits ("nuts") is a good-tasting nutritious drink, the coconut meat is used in numerous foods and from it can be pressed a liquid which likewise is nutritious. The meat, when dried, is called copra (from which coconut oil is extracted) and is one of the most important exports of the South Seas. The husk is used to make strong sennit rope, the fronds provide roofing, the tree itself timber - and this is only a very short list of the myriad uses made of this gift which the Polynesian gods bestowed on the islanders.
coconut palm leaf (frond) nī'au
coconut petiole and central rib fāniu, fāniu ha'ari
coconut plantation, coconut grove fa'a'apu ha'ari, uruha'ari
"coconut radio" (referring to the speed by which news and rumors travel in the islands) radio tumu ha'ari
coconut sennit nape
coconut sheath a'a
split **coconut shell** 'apu ha'ari, 'apu 'ōpa'a
scrape off the fibers on a **coconut shell** herehere i te 'ōpa'a
coconut shell receptacle 'a'ano
coconut starch pudding tāota
coconut tree, Cocos nucifera tumu ha'ari, niu ~ bark pa'a tumu ha'ari
The ~s were planted widely spaced. 'Ua tanu varavarahia te mau tumu ha'ari.
The ~ fell down. 'Ua ma'iri te tumu ha'ari i raro. (See also the brief article under coconut palm.)
insect(s) parasitic to the **coconut tree** manumanu ha'ari
coconut "water" (the liquid found in coconuts) pape ha'ari
coconut-based sauce (fermented morsels of coconut meat mixed with shrimp sauce) mitihue, miti hue
juice or sauce of fermented grated **coconuts, seawater, and shrimp** or **crayfish** taioro
orange rock-**cod** paru ho'a

coddle

rock **cod**, **honeycomb sea bass**, **Epinephelus merra** tarao, tarao māraurau
coddle, pamper, spoil, (also:) **treat with tender, loving care** poihere
code, law ture   vehicle (driving) ~ ture porōmu
coefficient nūmera fa'aarahi
Coenobita perlatus, terrestrial hermit crab, cenobite u'a fenua
coffee taofe   Would you like some ~? E hina'aro ānei 'oe i te taofe? (answer:) If you have some. Mai te mea te vai ra tā 'oe. I will pour the ~ (in the cup). E nini'i au i te taofe. Diluted ~ is for the children. Nā te tamari'i te taofe pape. It is very early in the morning, so maybe we can go to the market to have some ~. E mea po'ipo'i roa, nō reira e haere paha tātou i te mātete e inu i te taofe. (Note: the market in Pape'ete opens before sunrise.)
coffee tree tumu taofe   Plant the ~s spaced (or thinned) out. E ha'avaravara i te tumu taofe.
dried **coffee** taofe marō
roasted **coffee** taofe 'ama
unroasted **coffee** taofe ota
coffee (with a very light meal, like bread and butter only), **coffee klatch, very light breakfast** te inura'a taofe
coffee with milk, café au lait taofe e ū, taofe ū
coffee cup 'āua taofe
coffee grinder, coffee mill tāvirira'a taofe, tāviri taofe
coffee grounds (used) ota taofe
coffee plantation fa'a'apu taofe
coffee pot fāri'i taofe, tīpaoti taofe, paoti taofe
coffee spoon punu taofe
coffin 'āfata ma'i, piha (less used)
cognizance, perception 'itera'a
coil, ball (of cord or twine), **bolt** (of textile), **roll** pōtaro
coil, loop, intra-uterine device 'āti'ipā

collection

coil, roll up pōtaro, pōtarotaro
coin moni pa'ari
Coix lacryma-jobi, Job's-tear (a kind of plant) tōura
cold, chill to'eto'e   I shivered with cold. 'Ua rūrū vau i te to'eto'e.
cold, chilled, chilly to'eto'e   ~ water pape to'eto'e   My coffee is ~. E mea to'eto'e tā'u taofe.
cold, common cold with coughing hota   common running **cold** with the sniffles, (also:) **mucus** of the nose, **snot** hūpe
cold sore (and similar conditions, especially in and around the mouth) he'a
cold-blooded, calm 'āueue 'ore
cold-blooded, fearless mata'u 'ore
collaborate, cooperate, share rave 'āmui
collapse, breakdown pararīra'a
collapse n, **fall** topara'a, ma'irira'a
collapse v, **fall** topa, ma'iri
collapse, break, break down, become broken or shattered, blow out pararī
collar 'arapo'a 'ahu, 'a'ī 'ahu   Could you sew this kind of ~ on my shirt? E nehenehe ānei tā 'oe e nira i teie huru 'arapo'a nō tō'u 'a'ahu 'o'omo?
lace-**collar** or small **collar** pūva'ava'a
colleague hoa tōro'a   The physician changed the opinion of his ~. 'Ua fa'afati te taote i te mana'o o tōna hoa tōro'a.
collect, amass ha'aputu, ha'aputuputu   I ~ Tahitian postage stamps. Tē ha'aputuputu nei au i te mau titiro rata tahiti.
collect, put aside, assess huihui
collect call (telephone) niuniu 'aufaua e tei anihia
collection, accumulation, catch, haul, pile (of fish or fruit) pu'e, pu'era'a
collection of money huihuira'a moni
collection, duty, tax 'aufaura'a   Sunday ~ in church 'aufaura'a tāpati   ~ for an accident or misfortune 'aufaura'a 'ati month of May ~s in the Protestant churches

collection   **come**

'aufaura'a mē
collection, heap   pūea
garbage **collection service, sanitation department**   piha 'ohipa pūea
college   (fare) ha'api'ira'a teitei, (fare) ha'api'ira'a tuarua   technical ~ (fare) ha'api'ira'a tōro'a tuarua
collide   ū
collision   ūra'a
colloquial, common   manahune ~ language reo manahune
colloquium, seminar   rurura'a tuatāpapara'a
Colocasia esculenta, taro plant   taro
Colocasia macrorrhisa, large-leafed tarolike plant   'ape
colocynth, bitter apple, Lagenaria vulgaris   hue
"cologne," eau de Cologne, perfume   mono'i pīpī, mono'i pī
colon   'ā'au rahi
colon *(punctuation)*   toro
colonial, colonialist   ta'ata fa'atītī 'aihu'arā'au (literally: person who enslaves a dependent territory)
colonials, colonialists   (te) feiā fa'atītī 'aihu'arā'au   During all his life Pouvāna'a a O'opa opposed the ~. 'A huti noa ai o Pouvāna'a a O'opa i te aho (literally: As long as Pouvāna'a a O'opa drew a breath), 'ua pāto'i noa 'oia i te feiā fa'atītī 'aihu'arā'au.
colonist, settler   ta'ata fa'a'apu
colony, dependency, dependent territory   'aihu'arā'au, fenua fatuhia e te tahi fenua, fenua ti'amāra'a 'ore
colony, community inhabited by a certain group   vahi nohora'a (fa'aeara'a) nō te mau ...   Orofara is the name of the leper ~ in Tahiti. O 'Orofara te io'a nō te vahi nohora'a nō te mau ta'ata 'o'ovi i Tahiti.
color, dye   'ū   What is the ~ of your car? Eaha te 'ū o tō 'oe pereo'o?
color *n*, **paint**   pēni, pēnira'a, huru pēni   Won't the ~ run when you wash this dress? E'ita ānei te pēni e tahe ia pu'ahia teie 'a'ahu?   The paint has spilled on the floor. 'Ua mani'i te pēni i ni'a i te tahua.
color *v*   pēni
colored picture, painting   hoho'a pēni
colt   pua'ahorofenua (usually pronounced: pū'ārehenua) fana'ua
comb   *n & v*   pāhere
comb (out), untangle   ha'amatara   Your hair is tangled (up), I'll ~ it out. 'Ua tāfifi tō 'oe rouru, nā'u e ha'amatara.
cock's **comb**   repe
comb-wood tree, Pemphis acidula   'ā'ie
comb wrasse   pātaitai
many-colored **combfish**   po'ou pātaitai
combat, fight, war   'arora'a
combat, fight, wage war   'aro
combination, fitting or **suiting one thing to another**   fa'aaura'a
combine, fit or **suit one thing to another**   fa'aau
combo, band, group   pupu 'upa'upa, pupu fa'ata'i, pupu fa'ata'i 'upa'upa
combustion, explosion   haruharu   internal ~ engine mātini haruharu
come, come here   haere (mai)   You can either ~ to my house or stay here for a little while. E nehenehe iā 'oe e haere mai i tō'u fare, e 'aore ra e fa'aea ri'i iō nei. I hope you will ~. Maita'i ē, e haere mai 'oe. Don't ~, if you don't want to ~. 'Eiaha 'oe e haere mai, mai te peu ē 'aita 'oe e hina'aro i te haere mai. If you (two) can ~ tomorrow, we will (all) be very happy. Mai te mea ē, e nehenehe tā 'ōrua e haere mai anānahi, 'e 'oa'oa ia mātou. Did you ~ by foot? 'Ua haere 'āvae noa mai ānei 'oe? We are very happy to ~ here to Tahiti. 'Ua 'oa'oa roa māua i te haere mai i Tahiti nei. Suffer the little children to ~ unto me, and forbid them not; for such is the kingdom of God. 'A tu'u mai i te tamari'i ri'i 'ia haere noa mai iā'u nei, 'ē 'eiaha e tāpe'ahia'tu; mai iā rātou ho'i tō te patireia o te Atua ra.

Come! Haere mai! Hā mai! Mai!
~, (understood: my or our) friends! Haere mai, te mau hoa!
The hour has **come.** 'Ua hora.
come, arrive tae mai, tae This is the first time I have ~ to Tahiti. 'A tahi nei au 'a tae mai ai i Tahiti nei. At what hour will the plane arrive? Eaha te hora te manureva e tae mai ai? Thy kingdom ~, thy will be done, on earth, as it is in heaven. 'Ia tae tō 'oe ra hau, 'ia ha'apa'ohia tō 'oe hina'aro i te fenua nei, mai tei te ao ato'a na. No man ~th unto the Father, but by me. 'Aore roa e ta'ata e tae i te Metua ra, maori rā ei iā'u.
come by a certain conveyance, **come by means of** nā ni'a mai Did you ~ by ship or by airplane? Mea nā ni'a mai ānei 'oe i te pahī, (e) 'aore ra nā ni'a i te manureva?
come across, encounter, bump into, run into ū I came ~ Tehei this morning. 'Ua ū vau iā Tehei i teie po'ipo'i.
come ajar ha'afatafata
come along haere mai You can either ~ or stay here a while. E nehenehe iā 'oe e haere mai, 'ē 'aore ra e fa'aea ri'i iō nei.
come along with ... haere e o ... (in the vernacular also:) haere nā muri Can you ~ us? E nehenehe ānei tā 'oe e haere mai e o māua? The children did not ~ us this time. 'Aita te tamari'i i haere nā muri ia māua i teie taime.
Come and eat! Haere mai tā'mā'a! (a friendly greeting stemming from the "good old times," not to be taken literally nowadays)
Please **come and eat** (here in our house)! 'A haere ana'e mai e tāmā'a (i tō mātou fare nei)! (an actual invitation)
come back ho'i mai, ho'i Are you coming back here again? E ho'i fa'ahou mai ānei 'oe? When did you come back here? I nāfea ra tō 'oe ho'ira'a mai nei? Won't he ~ soon? E'ita ānei 'ōna e ho'i vave mai? The space ship came ~ to earth. 'Ua ho'i mai te pahī reva i te fenua nei. The day will arrive when I ~. E tae noa'tu ai te mahana e ho'i mai ā vau (from the Tahitian farewell song E mauruuru ā vau).
come or **get to be, become, develop into** haere He is getting big(ger). Tē haere ra 'ōna i te rahi.
come close fātata
come closer ha'afātata
come very close fātata roa, tāpiri ... the three-masted American ship Sally which came very close to drifting onto the reef. ... te pahī tira toru marite ra 'o Sally 'o tei fātata roa i te 'ōpa'ihia i ni'a i te to'a.
come from (originally), **hail from** nō ... mai I ~ Finland. Nō te fenua finirani mai au.
come from (recently) mai ... mai We have just ~ the Marquesas. Mai Nu'uhiva-mā mai māua.
come from far away haere roa mai
come (here) haere mai At what time did he ~? Eaha te hora ōna i haere mai ai? How did they ~? 'Ua nāfea rātou i te haere mai ai? And I say to this man [to the one], go, and he goeth; and to another [to the other], ~, and he ~th. 'Ē 'ia parau atu vau i te hō'ē, 'A haere, 'ua haere ia, 'ia parau atu ho'i i te tahi, 'A haere mai, 'ua haere mai ia. Seldom in Tahiti nowadays, but more often in the outlying islands, you may hear the old greeting, called out from a home: "Haere mai tāmā'a!" ("~ here and eat!") to which the polite reply is "Pa'ia vau, māuruuru!" ("I have eaten, thank you!").
Come (here)! Mai!
come in, enter tomo, tomo mai
cause to **come in,** cause to **enter** fa'aō, fa'aō mai
come in, land, reach land, dock, arrive tāpae A British warship has ~. 'Ua tāpae mai te hō'ē manuā peretāne.
come into sight fāura

come loose matara
come near, come up, approach fātata
The ship is coming near. Te fātata mai nei te pahī. This coming September. Teie ('āva'e) tetepa e fātata mai nei.
How **come**? **Could it be possible? Well! What do we have here! What do you know!** 'Āria! Well! How ~ you are late? 'Āria, eaha 'oe i maoro ai? Well! Could it be possible? This house also belongs to you? 'Āria, nō 'oe ato'a teie fare? Well, what do you know, the food is already prepared! 'Āria, 'ua ineine a'ena te mā'a!
"come-on," allurement, lure peu ha'avare
Come now! *(as a gentle reinforcement)*, **Listen! Look here!** pa'i (abbreviation of paha ho'i) ~, don't act like that! 'Eiaha pa'i 'oe e nā reira. ~, don't be lazy! 'Eiaha pa'i 'oe e fa'atau noa!
Oh, come on! *(dubitative)* Haere pahā!
come out (as a book that is published), **be issued** matara Sven Wahlroos' English-Tahitian/Tahitian-English Dictionary has just ~. I matara iho nei te puta fa'atoro reo marite (peretāne)/reo tahiti 'ē reo tahiti/reo marite (peretāne) a Taote Tīvini ("Doctor Sven").
come out ahead or **on top** (as in an argument), **win over someone or something**, (also:) **conquer, overcome, triumph** upo'oti'a He triumphed over his enemies. 'Ua upo'oti'a 'ōna i tōna mau 'enemi.
come out ahead, succeed manuia He came out ahead in his undertaking. 'Ua manuia 'ōna i tāna 'ohipa. He is a person who continually ~s out ahead. E ta'ata manuia roa 'ōna.
come to agreement fa'aau
come to an end hope, mure (biblical)
come to mind aputa That story from olden times came to my mind. 'Ua aputa mai ia'u terā 'a'amu nō te 'anotau tahito.
come undone, be disengaged from mahiti, mahuti
come undone or **unloosened** or **untied, be disentangled** matara
comely, beautiful (only of women), **fair** purotu
when it **comes** to ... (construction with nō) I am very lazy when it ~ to writing letters. E mea hupehupe roa vau nō te pāpa'ira'a rata.
comet feti'a 'ave
comet, shooting star feti'a pao
tail of a **comet** 'ave
comfort nahonahoraa
comfortable, well arranged, (also:) **neat, tidy, orderly** nahonaho
be **comfortable** or **content, take one's ease** or **leisure** fa'aea māite Take your ease, eat, drink, and be merry! E fa'aea māite, e 'amu, e inu, e ia 'ārearea māite!
be **comforted, feel warm at heart** māhanahana I was ~ by your words. 'Ua māhanahana tō'u 'ā'au i tā 'oe parau.
coming back, homecoming, return ho'ira'a mai Our voyage lasted two months, from our departure to our ~. E piti 'āva'e te maoro ia nō tō mātou tere, mai te haerera'a e tae noa'tu i tō mātou ho'ira'a mai.
coming out ahead or **on top, triumph, vindication** upo'oti'ara'a
upcoming, coming up afterwards, later i mua nei Look here, I'd like to reserve a table for this ~ Sunday night; there will be four of us. 'Āhani na, hina'aro vau 'ia tāpa'ohia te hōē 'amura'amā'a nō teie pō tāpati i mua neī e maha mātou.
keep **coming (closer)** piri roa mai The land kept ~ closer and the thunder of the breakers became strong. Piri roa mai nei te fenua 'ē pūai mai nei te māniania o te fatira'a miti.
You had it **coming! Serves you right! You got what you asked for!** 'Aitoa!
comma toma

command   **commission**

command, authority, leadership, administration fa'aterera'a the mutineers under the ~ of Fletcher Christian te mau 'ōrure hau tei raro a'e i te fa'aterera'a a Fletcher Christian

command, exertion of power fa'ahepora'a

command, order, directive fa'aauera'a

command, order, directive (specifically oral) parau fa'aue

command, exert authority or **power** fa'ahepo

command, order, dictate, direct fa'aue The captain ordered the cargo to be unloaded onto the pier. 'Ua fa'aue te ra'atira e huri te tauiha'a i ni'a i te uāhu. And they warred against the Midianites, as the Lord ~ed Moses; and they slew all the males. Tama'i atura rātou i te 'āti Midiana [pronounced Mitiana], i tā Iehova i fa'aue mai iā Mōse [pronounced Mōte] ra; hope roa a'era te mau tāne i te pohe ia rātou.

commander (title) tōmānā

commander (literally: the person who gives orders) ta'ata fa'aue, ta'ata fa'aueue The trouble was the [first] mate who was the most difficult (excitable) man (~) to please (satisfy) Keola had ever met with. O te ra'atira piti te mea 'iriā a'e o te ta'ata fa'aueue māha 'ore roa a'e te reira i farereihia e Keola. (from John [Tihoni] Martin's free translation of R. L. Stevenson's short story The Isle of Voices)

commandment, order fa'auera'a, (especially when referring specifically to God's word:) parau As you love me, you are to obey my ~s. I here mai 'outou iā'u, 'a ha'apa'o ia 'outou i tā'u mau fa'auera'a. Fear God and keep his ~s. O te Atua te mata'u atu, e ha'apa'o ho'i i tāna parau. A new ~ I give unto you, That ye love one another, ... E tu'u atu vau i te parau 'āpī nā 'outou, E aroha 'outou ia 'outou iho, ...

the ten **commandments** 'o nā ture hō'ē 'ahuru And he wrote upon the tables the words of the covenant, the ten ~. 'Ua pāpa'i ihora 'oia i te parau o te faufa'a ra, 'o nā ture hō'ē 'ahuru ra, i ni'a i te papa 'ōfa'i ra.

commando bridge pa'e pahī, tahua pahī

Commelina plant mā'apape

commemorate, (also:) **remember** ha'amana'o

commemoration, (also:) **memory** ha'amana'ora'a In ~ of the heroes of Fa'a'a who died in 1844 during the battles against the French soldiers (while) defending their land and their independence. Nō te ha'amana'ora'a i te mau 'aito nō Fa'a'a, o tei mate i te matahiti hō'ē-tautini-eva'u-hānere-e- maha-'ahuru-mā-maha nā roto i tō rātou arora'a i te mau fa'ehau farāni nō te pāruru i tō rātou fenua e i tō rātou ti'amāra'a. (from a commemorative plaque in Fa'a'a)

commence, begin, start ha'amata

commend, honor, say good things about 'ārue, 'āruerue

commend, praise, laud ha'amaita'i Then I ~ed mirth, because a man hath no better thing under the sun, than to eat, and to drink, and to be merry. 'Ua ha'amaita'i atura vau i te 'oa'oa; 'aita ho'i a te ta'ata nei mea maita'i i te ao nei, maori rā i te 'amu 'ē te inu ā 'oa'oa 'ī.

commendation, honor, praise 'ārue

comment, explain, analyze fa'ata'a

commentary (on a film, for example), **explanation, analysis** parau fa'ata'a, fa'ata'ara'a

commerce, trade 'ohipa ho'o tao'a chamber of ~ piha ho'ora'a tao'a

illegal **commerce** ho'o huna

commercial exchange, (also:) **sale** ho'ora'a

commissariat (of police) fare tōmitera

commission, committee, council tōmite

commission, office, position tōro'a

commissioner

entrust with a **commission or position** fa'atōro'a
commissioner (of police) tōmitēra mūto'i, tōmitēra high ~ tōmitēra teitei
commit, do rave, fa'a- ~ **adultery** fa'aturi ~ **a crime** hara ~ **suicide** taparahi iāna iho He ~ted suicide. 'Ua taparahi 'ōna iāna iho. Do something about that! 'A rave ri'i 'oe i terā 'ohipa.
commit adultery fa'aturi Thou shall not commit ~. 'Eiaha roa 'oe e fa'aturi.
(for a married woman to:) **commit adultery with several men** tīai
commit to memory, memorize tāmau
commit suicide by hanging, (also:) **execute by hanging** tārī
commit wrongdoings rave i te mau 'ohipa hape The wrongdoings committed against the Melanesian people of New Caledonia are increasing. Tē haere rahi nei te mau 'ohipa hape o te ravehia ra i ni'a i te feiā meranetia o te fenua Taratoni.
commitment, promise fafau
commitment to sell moni piri
committee, council tōmite ~ **of examiners** tōmite hi'opo'a
common, accustomed mātau, mātauhia, mātaro, mātarohia, ha'amātarohia
exception from what is **common** haere'a hapa
common, cheap, worthless faufa'a 'ore
common, ordinary, humble, average, simple ri'iri'i the ~ **folk** te feiā ri'iri'i
common, persistent noa
common language, lingua franca reo tā'ati
common (colloquial) language reo manahune
common (vernacular) language reo ihotupu
common market (economic association) mātete tāhō'ē
common ownership ti'arōpūra'a
common sense, proper thinking mana'o ti'a

company

common sense, straight thinking mana'o 'āfaro
common wall (separating two properties) patu ti'arōpū
commons, park 'āua nō te mau ta'ata'toa
commotion (caused by disturbing or emotionally charged reports), **agitation, noise** 'atutu
commotion, disturbance, riot 'ārepurepura'a
commotion, excitement mahutahuta stir up **commotion** or anger fa'arepu, fa'arepurepu
commune, town 'oire
communicable, contagious pe'e ~ **disease** ma'i pe'e
communicable, contagious, epidemic ma'ue ~ (epidemic) disease ma'i ma'ue
communication, conversation parau, paraparau, parauparau
communication (electronic) niuniu faura'o
communication (written), **letter, written message, epistle** rata
confidential **communication, secret** parau huna
Communion, (also:) **sacrament** 'ōro'a mo'a
Communion, Eucharist euhari
community, gathering, group, meeting 'āmuira'a ta'ata, 'āmuira'a
community, natural grouping of individuals va'ata'ata
community house fare putuputura'a
compact piri
companion, chum, buddy, friend hoa
companion, friend Henceforth I call you not servants; for the servant knoweth not what his lord doeth: but I have called you friends. E'ita atura vau e parau atu iā 'outou ē, e tāvini; 'aore ho'i te tāvini i 'ite i tā tōna ra fatu e rave ra; 'ua parau rā vau iā 'outou ē, e tau'a.
company (business), **corporation, concern**

116

company

tōtaiete, hiva Our ~ is growing bigger every year. Tē haere nei tā mātou tōtaiete i te rahira'a i te mau matahiti ato'a.
company, society, club taiete
... and company, ... and family..., and others ...-mā Steven and the others (of his household) Tīvini-mā The (Robert Louis) Stevensons were received by the chief of Taravao, Teva-i-tai o Ori, and then given the name of Teri'itera. 'Ua fāri'ihia Stevenson-mā e te tāvana 'o Teva-i-tai o Ori, 'ē hōro'ahia ihora i te i'oa o Teri'itera.
company officer ta'ata tōro'a
company officer, board member ta'ata nō roto i te pupu fa'atere
comparative (grammar) fa'afāito
compare (as in trying on dresses), **comply, agree** fa'aau
compare, liken to fa'ahoho'a
compare, measure, weigh, make equal fa'afāito
comparison fa'aaura'a
compass (tool for drawing circles) fa'arēnimenemene
compass (marine), (also:) **a mark to steer by** 'avei'a
gyroscopic **compass** 'avei'a hirohirouri
magnetic **compass** 'avei'a hirohirouri 'ore
radio **compass, radio goniometer (position finder)** 'avei'a rātio
compassion, sympathy, love, kindness, pity arofa, aroha deserve ~ au ia arofahia mai deep ~ arofa hohonu without ~ arofa 'ore Give our ~ to John! 'A hōro'a atu i tō māua arofa iā Ioane!
show **compassion to, be kind towards, sympathize with, love, pity** arofa, aroha, ārofarofa, āroharoha
compassionate, sympathizing, humane, loving, kind arofa, aroha, arofarofa, aroharoha, 'ā'au arofa, 'ā'au arofa
compensate (for), indemnify, reimburse for fa'aho'ona

complain loudly

compensation, indemnification, reimbursement fa'aho'onara'a
compensation, reward, penalty, what one deserves (good or bad) utu'a
monetary **compensation, indemnity** moni ho'ona
compete tata'u, fa'atiti'āu'a
competition (especially dancing and singing) tata'ura'a
competition (especially boating, canoeing and bicycling), **race** fa'atīti'āuara'a Tomorrow we are going to the sailing canoe ~. E haere mātou ānānahi i te fa'atīti'āuara'a va'a tā'ie. Because it rained, the ~ was canceled. I te mea 'ua ua, 'ua fa'a'orehia te fa'atīti'āuara'a. This ~ is reserved for seniors. Teie fa'atītiāu'ara'a nā te mātuatua ia.
competition (running or driving), **race** fa'ahorora'a, horora'a motorcycle ~ fa'ahorora'a pereo'o tāta'ahi uira (or:) mōto
competition for a prize tata'ura'a rē, harura'a rē He won the ~. 'Ua riro te rē iāna.
competition in javelin throwing pātia fā
complain, backbite, slander 'ōhumu, 'ōhimu
complain, bring a (legal) **complaint** horo Tihoni brought a complaint against Manava before the judge. 'Ua horo o Tihoni iā Manava i mua i te aro o te ha'avā.
complain, groan, moan autā
complain, growl, whine 'uru'uru, 'u'uru
complain, grumble fa'ahepohepo, amuamu
complain, lament, cry, weep auē, auē ... ē Oh, how I hurt! Auē au ē i te māuiui!
complain, protest, reject, oppose, refuse, contradict pāto'i, pāto'ito'i
complain, show one's displeasure fa'a'ite i tōna 'ino'ino
complain loudly, "give someone hell," squawk māniania You should either do something about it, or stop ~ing. E rave ri'i

'oe i terā 'ohipa, 'ē 'aore ra 'a fa'aea 'oe i te māniania noa.
complain under one's breath, mutter, gripe, mutamuta
complain under one's breath, gripe, (also:) **mutter, mumble** mutamuta
stop **complaining** or crying (of child) nā
cause a child to stop **complaining** or crying fa'anā
complaint (legal) horora'a John's ~ (in court) was sustained (succeeded). 'Ua manuia te horora'a a Ioane.
complaint, protest, rejection, opposition pāto'ira'a
complete, enough rava'i
complete, entire, all tā'āto'a
complete, finished, done, over with, terminated 'oti
complete, finished, ended hope, hope roa ~ dilation ha'amamara'a hope
complete, achieve, finish, terminate fa'aoti Did you ~ the work? 'Ua fa'aoti ānei 'oe i te 'ohipa?
complete in the sense of bringing to a close (without the implication of actual completion of a task), **finish** or **terminate** fa'ahope
complete, make adequate or **sufficient** fa'arava'i
completely roa I have ~ forgotten your name. 'Ua mo'e roa iā'u tō 'oe io'a.
completely, entirely, all pau roa
completely, entirely, everywhere 'atiti'a
completely, fully maita'i My sleep has ~ refreshed me. 'Ua a'a maita'i tō'u ta'oto.
completion, closure, finish, achievement of an act or a project fa'a'otira'a
complex, difficult, troublesome fifi
complexity, difficulty, trouble fifi
compliance, consent, making it so fa'ati'ara'a
compliant, obedient, submissive auraro
complicate, make difficult fa'afifi, ha'afifi
complicated, hard, difficult, troublesome

fifi The Tahitian language seems very ~ to me. E mea fifi roa iā'u te parau Tahiti.
complicated, tangled, entangled, confused tāfifi
complication, difficulty, trouble, obstacle fifi, ha'afifira'a He is facing ~s (is in difficulties or trouble). Tei roto 'ōna i te fifi.
comply, compare (as in trying on dresses), **agree** fa'aau
comply, consent, make it so fa'ati'a
comply with, obey, respect, observe, heed fa'atura ~ (the right of way of) the pedestrians! Ei (or: Ei 'a) fa'aturahia te ta'ata haere 'āvae! ~ (obey) the (speed) limits for travel on the road. Ei (or: Ei 'a) fa'aturahia te tā'ōti'ara'a o te tere nā ni'a i te puromu.
comportment, conduct, behavior, deportment 'ohipa, haere'a Stop comporting yourselves that way, make an end of that ~! 'A fa'a'ore i te reira 'ohipa! Comport yourselves nicely (literally: Your ~ is to be nice). 'Ei haere'a nehenehe tō 'outou.
compose, author, write fatu (haerera'a popa'ā)
composer, author, writer fatu (haerera'apopa'ā)
compose songs fatupehe
composer of songs ta'ata fatupehe, fatupehe
composition (in school), **essay** pāpa'ira'a parau
compound, mix different ingredients together 'āno'i, 'āno'ino'i
compound, mixture 'āno'i
compounded, mixed 'āno'i
comprehend, be familiar with, understand ta'a Do you ~? Tē ta'a ra ānei iā 'oe?
comprehend, catch, "get," understand hāro'aro'a
comprehend, know, see 'ite
comprehension, understanding

compress (medical), **dressing** ʻahu tāpiri mai
compress, press hard against, put a heavy weight on neneʻi
compressed-air drill, pneumatic drill, jackhammer hāmara mataʻi, hāmara pātia
group **comprising** (number), **council of** (number), **group of** (number) toʻo- group ~ four toʻomaha
computer roro uira (literally: electric brain)
computer science, data processing ʻapo-ʻitehō-parau
con, steer (at sea) **by oar** or **rudder** or **wheel** tāpeʻa i te hōe, faʻatere
con, trick, hoodwink, "take for a ride" faʻarapu (roa) Watch out, that guy is a con man. Haʻapaʻo maitaʻi, e taʻata faʻarapu roa terā.
concave, depressed, hollowed out poʻopoʻo
make **concave** or **hollow** haʻapoʻopoʻo
concavity, cavity ʻapu, ʻapuʻapu
conceal *vi*, **hide oneself** tāpuni, huna
conceal, hide (especially a person) faʻatāpuni
conceal, hide (a thing) tāhuna
conceal (inadvertently), **leave behind, forget** haʻamoʻe
concealed, hidden, secret huna, hunahuna
concealment, secret, secrecy ʻohipa huna
conceit, arrogance teʻoteʻo
conceit, cockiness, haughtiness faʻaʻoru
conceited, arrogant, stuck-up teʻoteʻo
conceited, cocky, vain, haughty faʻaʻoru
conceited, self-aggrandizing faʻateitei For whosoever exalteth himself shall be abased. ʻO tei faʻateitei hoʻi iāna iho ra, e faʻahaʻehaʻahia ia.
conceivable, possible, potential pāpū ʻore
conceive, bring to mind faʻatupu i te manaʻo, faʻamanaʻo
conceive, imagine faʻahohoʻa
conceive a child (used only when referring to women), (also:) **be pregnant** to
concentrate (of liquid), **essence, extract, quintessence,** (also:) **deposit** rito
concentrate one's attention, focus, aim faʻatano
concentrate, gather together in one place haʻaputu i te vahi hōʻē
concentrate, think hard, reflect feruri
concept, idea, thought manaʻo
concept, conception, reflection, careful consideration feruriraʻa, feruriraʻa hohonu Pouvānaʻa a Oʻopa was a man of honor who loved freedom (literally: PaO had a heart which loved the ~ of freedom and honor). E ʻāʻau here i te feruriraʻa tiʻamā e te faʻatura tō Pouvānaʻa a Oʻopa.
conception, conceiving a child tōraʻa Immaculate ~ Tōraʻa imaturata
concern, business company, corporation, tōtaiete, hiva Our ~ is growing bigger every year. Tē haere nei tā mātou tōtaiete i te rahiraʻa i te mau matahiti atoʻa.
concern, care, rumination, worry tapitapiraʻa They have no ~ for the morrow (literally: their survival). ʻAita tā rātou e tapitapiraʻa nō tō rātou oraraʻa.
concern, worry, trouble, annoyance, bother peʻapeʻa
concerned, doubting a favorable outcome, be in a predicament, worried hepohepo
concerned, worried, troubled, annoyed, bothered peʻapeʻa I am very ~, my wife has not returned yet. ʻUa peʻapeʻa roa vau, ʻaita ā tāʻu vahine i hoʻi mai.
conch shell, conch trumpet pū
concierge, caretaker, doorman taʻata tīaʻi ʻōpani, taʻata tīaʻi ʻūputa
conclude, come to an end hope
conclude, end, terminate faʻahope
conclude, end, finish, settle faʻaoti

conclusion   **confederation**

~ the contract fa'aoti i te parau fa'aau
conclusion, accomplishment, achievement fa'aotira'a
conclusion, end, termination, result hōpe'a
conclusion, finish, settlement fa'aotira'a
concordance, Bible guide (te) arata'i Pīpīria
concordance, dictionary puta tātarara'a parau
concrete, real, solid mau
concrete, tangible (as opposed to abstract) vaipāpū
concrete (building material) tīmā, patu tīmā
concrete (or stone) **foundation** (of wall or building) niu
concubine, debauched woman vahine tai'ata (a Protestant term)
concubine, mistress, paramour, adulteress vahine fa'aturi (Catholic use of the word fa'aturi)
concubine (with the implication of:) **prostitute** vahine fa'aturi (Protestant use of the word fa'aturi)
condemn, blame, contradict, reproach fa'ahapa, fa'ahape
condemn, convict, fine, impose penalty, punish fa'autu'a Neither do I ~ thee: go, and sin no more. E'ita ato'a vau e fa'autu'a'tu iā 'oe: 'a haere, 'eiaha rā 'ia hara fa'ahou.
condition, requirement, stipulation tītaura'a
condition, state, character huru How are you? (literally: What is your condition or state?) Eaha tō 'oe huru? the ~ of the sea te huru o te tai (miti)
good **condition, well-being** 'ana'anatae I feel good today. 'Ua 'ana'anatae au i teie mahana.
normal (true, real) **condition** huru mau
in bad **condition** (e mea) 'ino
in good **condition** (e mea) tano, tano maita'i, maita'i

keep in good **condition, take (good) care of, maintain, care for** (in a physical sense) 'atu'atu, 'atu'atu maita'i We (both) will be sure to keep your house in good ~ while you (all) are away. Tē ha'apāpū atu nei māua e 'atu'atu maita'i māua i tō 'outou fare i tō 'outou haere-ē-ra'a atu. Rōpati keeps his sailing canoe in good ~. 'Ua 'atu'atu maita'i o Rōpati i tōna va'a tā'ie.
not in working **condition, broken** pararī The car is not in working ~. 'Ua pararī te pereo'o.
conditional mode hete 'āhiri
conditioned (to), **used to** ha'amātauhia ~ reflex 'ahiti ha'amātauhia
condolence(s), sympathy, consolation 'oto rahi, 'otoha'a, 'oto, ta'iha'a Both of us send you our deepest ~s. Both of us offer you our deepest sympathy. Tē fa'atae atu nei māua iā 'oe i te tāpa'o nō tō māua 'oto rahi.
token or sign or mark of **condolence** or **sympathy** tāpa'o aroha
condom, "rubber" uaua pāruru
conduct, behavior, deportment, comportment 'ohipa, haere'a Stop behaving that way, make an end of that ~! 'A fa'a'ore i te reira 'ohipa! Conduct yourselves nicely (literally: Your ~ is to be nice). 'Ei haere'a nehenehe tō 'outou.
conduct, custom, habit peu
conduct, direct, administer, manage, govern, (also:) **steer** fa'atere
conduct, guide, lead, take by the hand arata'i, fa'aarata'i
conduct, drive (a vehicle) fa'ahoro
conduct, lead (an animal) pūtō
conductor, guide, leader arata'i
conduit, electric cable tari uira
conduit, lead or **steel pipe** tuiō main ~ tuiō metua
confectionery, cand, sweets monamona, momona
confederation 'api nui

confess, own up to fā'i
confess, repent, blame oneself for a mistake tātarahapa
confess, repent, blame oneself for a sin tātarahara, fā'i i te hara
confession (of wrongs) fā'ira'a, fā'ira'a hara
confession (religious affiliation) ha'apa'ora'a
confide, tell, inform fa'a'ite
confidence, assurance, certainty pāpū
Because of his ~ in handling ships, Oputu became a captain. Nō tōna pāpū i te horo pahī, 'ua riro o Oputu ei ra'atira.
confidence, trust, belief ti'aturira'a
have **confidence** or **faith in, trust, believe in** ti'aturi I have ~ in you. Tē ti'aturi nei au iā 'oe.
have a lack of **confidence in, distrust, lack hope** or **faith** or **belief in** tiaturi 'ore
confidence man, con man ta'ata 'ōpape
confident, assured, certain pāpū
confident, brave itoito
confident, trusting ti'aturi
confident, unafraid taiā 'ore
confidential, secret huna, hunahuna
~ communication parau huna
confine, imprison ha'amau, tāpe'a, tāpe'a i te 'āuri After the September 1958 referendum the French ~d Pouvāna'a a O'opa in a government prison for 12 years. I muri a'e i te uiuira'a mana'o nō tetepa i te matahiti hō'ē-tautini-'ē-iva-hānere'ē-pae-'ahuru-mā-va'u 'ua ha'amau o farāni iā Pouvāna'a a O'opa i te 'āuri i te hau metua nō hō'ē-'ahuru-mā-piti matahiti te maoro.
confine, imprison tāpe'a i te 'āuri
confinement (for the reason of childbirth), **childbirth, delivery** mahutira'a pū fenua
confirm or **clarify what has been stated, make something plain** ha'apāpū ~ (Clarify) what you said! Make it plain! Speak more plainly! 'A ha'apāpū i tā 'oe parau!
confirmation ha'apāpūra'a
confirmation (in a religious faith) tu'ura'a rima
confiscate, seize haru
confiscation (of property, land, house), **seizure** harura'a (... tāo'a, ... fenua, ... fare)
conflagration, burning, heat ve'a, vera (archaic)
conflagration, fire auahi
confluent (stream), **tributary** ma'ara'a pape, ma'ara'a vai
conform(ing), fit(ting) together, be(ing) congruent tuea
confounded (by some accusation or unpleasant occurrence, for example), **perplexed, abashed** ma'e
confounded, perplexed, in confusion, not knowing what to do hepohepo
confront, face fa'aruru
confront, run up against, encounter ū
confuse, bewilder fa'atūrori
confuse, embarrass, make ashamed fa'aha'amā
confuse, mix up huanane
confused, bewildered fa'atūrorihia
confused, disturbed, troubled 'ārepurepu
confused, embarrassed, ashamed ha'amā I sometimes get embarrassed when I try to speak Tahitian. 'Ua ha'amā ri'i au i te tahi mau taime ā tāmata vau i te paraparau nā roto i te parau tahiti.
confused, mixed up, addled tāfifi, tāfifififi
confused, mixed-up, in disorder nane
confused, mixed-up, not understandable, (also:) **not understanding** ta'a 'ore
confused, perplexed, (also:) **worried, troubled** tapitapi
confusion, anxiety, worry 'āhuehue
confusion, disturbance, trouble 'ārepurepu
confusion, embarrassment, shame,

ha'amāra'a
confusion, mix-up nane
confusion, shame maoaoa
in confusion, confounded, perplexed, not knowing what to do hepohepo
throw into confusion, disarrange, put in a state of disorder hue
congenital illness ma'i puna He has a ~. E ma'i puna tōna.
conger eel 'oiro
congratulate, (also:) admire ha'apōpou I ~ you. Tē ha'apōpou nei au iā 'oe.
congratulation, the act of congratulating ha'apōpoura'a
congregate, assemble, gather together 'āmui
congregation, assembly, gathering 'āmuira'a (especially referring to time and/or place)
congregation, parish paroita
congruent, conforming, fitting together tuea
conjunction *(grammatic particle)* tā'ati parau
conjurer, magician, sleight-of-hand artist ta'ata tahutahu, tahutahu
con man, confidence man ta'ata 'ōpape He told the ~: Don't set foot in my house! 'Ua parau atu 'ōna i te ta'ata 'ōpape: 'Eiaha tō 'oe 'āvae 'ia ta'ahi mai i tō'u fare! My anger towards that ~ is unbounded. 'Ua tāhiti tō'u riri i terā ta'ata 'ōpape.
connect, install tāmau We don't have electricity ~ed yet, they (those [indicated]) already have it. 'Aita ā tō mātou uira i tāmauhia, 'ua oti tō verā.
Conopoderas caffra, long-billed warbler 'ōtātare
conquer, annihilate, destroy, wipe out ha'amou
conquer, defeat, subjugate, tame, enslave ha'avī
conquer, be victorious, overcome, (also:) **come out ahead** or **on top, win** or **triumph over someone or something** (as in an argument) upo'oti'a He triumphed over his enemies. 'Ua upo'oti'a 'oia i tōna mau 'enemī.
conquer, seize by force haru
conquer, win (as in a competition) noa'a te rē
conqueror, victor, winner (in sports) (ta'ata) upo'oti'a
conscience (moral) manava
conscience, judgment mana'o ha'avā
conscientious, careful, meticulous, fastidious, particular, (also:) **slow** (as opposed to hasty) māite, ri'i māite
conscientiously, carefully, meticulously, scrupulously, strictly, (also:) **slowly** (as opposed to hastily) māite Keep ~ to the right of the street! 'A tāpe'a māite (i) te pae 'atau o te puromu!
conscious, aware, wakeful, able to remember hiro'a
consciousness, awareness hiro'a He lost ~. 'Ua mo'e tōna hiro'a.
consecrate, anoint fa'atāhinu, fa'atāvai
consecrate, inaugurate tomo
consecrate, make holy, sanctify ha'amo'a
consent, compliance, making it so fa'ati'ara'a
consent, comply, make it so fa'ati'a
consequently, therefore nō reira I have hurt my back very badly and ~ I can't lift (or carry) anything at all. 'Ua mure 'ino roa tō'u tua, nō reira aita vau e nehenehe ia amo i te mau huru ato'a.
conservatory (school of music and dance in Tahiti) fare 'upa
conserve, keep alive fa'aora (noa)
conserve, look after, guard tī'ai
conserve, maintain with care tāpe'a māite
conserve, protect pāruru
conserve, put away, save fa'aherehere
conserve, take care (of) ha'apa'o
conserve, preserve (from decay, in salt, for

example), **cure, marinate** rapa'au
conserved, canned tāpunu
consider, examine, look at, inspect
hi'opo'a
consider, honor fa'atura
consider, look at, observe hi'o
consider, look on at, watch, (also:) **visit**
(for enjoyment) māta'ita'i
consider, think seriously about something, reflect, ponder, use one's mind, ponder
feruri ~: drink or drive! 'A feruri: e inu
'aore ra e fa'ahoro!
consider, see, take knowledge of 'ite
And why beholdest thou the mote that is in thy brother's eye, but ~est not the beam that is in thy own eye? E eaha 'oe i hi'o ai i te pāpa'a iti i roto i te mata o tō 'oe taea'e ra, e 'aore 'oe i 'ite i te rā'au rahi i roto i tō 'oe iho mata?
let us **consider, to get back to, but as for, as for** 'āre'a, 'āre'a rā Let us ~ that woman, she is very beautiful. 'Āre'a terā vahine, nehenehe roa 'ōna. Let us ~ the tourists, they want to leave on the scheduled day. 'Āre'a te mau rātere, te hina'aro ra ia rātou e reva i te mahana i parauhia.
consider equal, treat alike fa'atū
considerable, significant, large, big, (also:) **a lot of, numerous, many** rahi, iti rahi, aivaiva *(archaic)* a ~ fortune e faufa'a iti rahi
considerably, a lot, really roa This photograph has faded ~; it is very old, you see. 'Ua marau roa teie hoho'a; e mea tahito roa pa'i.
considerate, caring, helpful hāmani maita'i
consideration, care, helpfulness hāmanira'a maita'i
consideration, reflection, careful thought ferurira'a hohonu
feeling deprived of due **consideration** ainanu
considering, as for, to get back to 'āre'a, 'āre'a rā

considering that, in view of that nō reira
considering the area nā ni'a i te faitora'a pae fenua ra
consolation ha'amāhanahanara'a, tāmāhanahanara'a
consolation, condolence(s), sympathy 'oto rahi, 'otoha'a, 'oto, ta'iha'a
consolation prize rē ha'amauruuru
console or **calm a child** fa'anā
console or **comfort someone who is afflicted** fa'atea
console, warm (also figuratively) ha'amāhanahana, tāmāhanahana
consonant (as opposed to vowel) piri vauera
conspiracy, plot, agreement hono'a, hono'a parau **constant, set, fastened** tāmau
constant, set, fastened, persevering, having taken hold tāmau
be **constant, persevere, take hold** tāmau
constantly noa, tāmau Pouvāna'a a O'opa ~ fought for the return of the sacred native lands to their rightful owners. 'Ua 'aro noa o Pouvāna'a a O'opa 'ia fa'aho'ihia te fatura'a tapufenua mā'ohi te hui fatu mau iho. A refreshing wind ~ fanned (the two of) us in Hitia'a. E mata'i haumārū tei tāhiri noa mai ia māua i Hitia'a. Don't turn your head ~ in church (note that head is the subject in the Tahitian sentence)! 'Eiaha e tīoioi noa te upo'o i roto i te fare purera'a!
get up **constantly,** (also:) **remain standing** 'ōti'ati'a
constellation, group of elements belonging together permanently (construction with -mā) the Gemini ~ pipiri-mā the Marquesas Islands Nu'uhiva-mā the Amarus (the 'Amaru family or household) 'Amaru-mā
constipated tumou, tumau, tumouhia, tumauhia
constipation tumou, tumau, tūtae 'āuri Because of his ~ he received an enema. Nō

tōna tumou, 'ua pāmuhia 'ōna.
constrain, domineer, subjugate, tame, (also:) **discipline** ha'avī
constrain, tyrannize fa'ahepo
constrained, constricted, close together, stuck piri
constrained, domineered, subjugated, tamed ha'avihia
constrained, tyrannized fa'ahepohia
constricted, constrained, close together, stuck piri
constricted, narrow piriha'o
construct, build, erect fa'ati'a
construct, make, build, manufacture, (also:) **repair** hāmani
construct, put up masonry or logs or a stone wall patu
construction fa'ati'ara'a, hāmanira'a, patura'a
construction, building fare
construction (grammatical) 'āpapara'a parau
consul tōnitera, tōnitara
consulate fare tonitera, fare tonitara
consult, ask, question, request information ui, ui haere
consultative, advisory hōmana'o ~ vote reo hōmana'o
consume, eat 'amu, 'ai
consume, use, expend, gobble 'amu His car ~s a lot of gasoline. E pereo'o 'amu roa tōna i te mōrī.
consume, use up, spend completely, exhaust ha'apau
consumed, used up, expended, spent, having ceased to exist pau
coax or push (someone) into **consuming, drinking,** or **eating** fa'atina
contagion pe'e o te ma'i
contagious, communicable, pe'e He has a ~ disease. E ma'i pe'e tōna.
contagious, communicable, epidemic ma'ue ~ (epidemic) disease ma'i ma'ue
contain fāri'i
container, receptacle fāri'i

neck or mouth of **container** or **receptacle** 'auaha, 'auvaha
use bamboo joints as **containers** tā'ofe (note that taofe means coffee), tā'ohe
contemplate, reflect, ponder, muse, use one's mind feruri
contemplation, reflection, pondering, musing, using one's mind ferurira'a
contempt, scorn, disdain vahavaha
treat with **contempt, scorn, despise** vahavaha
cause a person or thing to feel **treated with contempt** or **scorned** or **despised**, act scornfully ha'avahavaha
contemptible, repugnant, base, debased, vile, disgusting faufau
contemptuous, disdainful, snotty vahavaha
contend, argue mārō
contend (that...), claim, express a strong opinion parau tāmau (e...)
content, happy, joyful 'oa'oa We arrived in Papeete very ~. 'Ua tae mai māua i Pape'ete mā te 'oa'oa rahi.
content(ed), satisfied, pleased, thankful, grateful māuruuru I was really pleased to meet him. 'Ua māuruuru roa vau i te farereira'a iāna.
content(ed), satisfied, merry, joyous mā'ue'ue All (the whole group, everyone) were ~. 'Ua mā'ue'ue te ta'ato'ara'a.
be **content, take one's ease** or **leisure, be comfortable** fa'aea māite Take your ease, eat, drink, and be merry! E fa'aea māite, e 'amu, e inu, e ia 'ārearea māite!
content, contents ... roto, ... i roto
contest, competition, sporting event tata'ura'a
contest, race fa'atitiau'āra'a
continent fenua rahi
contingency, possibility, eventuality e mea pāpū 'ore
contingency fund 'āfata aufaura'a moni ~ for children 'āfata aufaura'a moni tamari'i

continually (with persistence), **ever, always, still** noa You cannot learn the Tahitian language well unless you speak it ~. 'Aita e nehenehe iā 'oe 'ia ha'api'i maita'i i te reo tahiti, maori rā 'ia paraparau noa 'oe. My wife is ~ telling me that ... Parau noa mai tā'u vahine ē ...
continually, to a great degree, a lot roa He is a person who ~ comes out ahead. E ta'ata manuia roa 'ōna.
continually, without respite or relaxation tu'utu'u 'ore
moving **continually** ha'uti'uti
continuance, deferment fa'ataimera'a
continuance, postponement fa'aroara'a
continuance, prolongation ha'amaorora'a
continue, do (something) again tu'u fa'ahou (i te ...) I then ~d speaking. Tu'u fa'ahou atura vau i te parau.
continue, go on with, keep going fa'atere noa ā
continue, persevere tāmau noa, tāmau ~ working! 'A tāmau noa i te rave i te 'ohipa!
continue, remain vai māite ā
continuous, unbroken, straight 'āfaro Never cross over a ~ (unbroken) line when you drive. 'Eiaha roa'tu e tāpū i te rēni 'āfaro 'ia fa'ahoro 'oe i te pereo'o.
contraband ho'ora'a huna
contract, agreement, treaty parau fa'aau breach of ~ fa'a'orera'a i te parau fa'aau
contract to pledge security for a debt piri firia
cancellation of a **contract** ha'apararīra'a
contract (for), come to an agreement fa'aau i te parau, fa'aau
contract (muscles) temu
contract an illness, fall ill pohe i te ma'i
contract or **be smitten by** a contagious disease pe'ehia i te For he knew the likeness (significance) of that patch (spot), and knew that he was fallen in (had ~ed) the Chinese Evil (which is also called leprosy). 'Ua 'ite 'oia i te aura'a nō te reira pōta'a, 'ua 'ite 'oia ē 'ua pe'ehia 'oia i te Ma'i Tinitō, e parau ato'ahia: e 'ō'ovi. (From John [Tihoni] Martin's free translation of R.L. Stevenson's The Bottle Imp.)
contraction temura'a
uterine **contraction** ha'apa'ararira'a vaira'a tamari'i, tū'i
contradict tauere, tauvere
contradict, condemn, blame, reproach fa'ahapa, fa'ahape, ha'ahape
contradict oneself parau vaha rau
contradict, refuse, protest, object, turn down pāto'i, pāto'ito'i
contradiction, objection, refusal, rebuttal pāto'i
contribute, help, back tauturu
contribution, gift, offering ō offer a ~ pūpū i te ō
contribution, help, backing tauturu
contribution (monetary) moni 'aufau
contrition, repentance tātarahapa
control, check, checkup, verification hi'opo'ara'a
control, discipline, subjugation ha'avīra'a
control, check (over), examine critically, verify hi'opo'a
bring under **control, discipline, subdue** ha'avī
controversy, disagreement pāto'ira'a
controversy, argument mārōra'a
convene, assemble, congregate, gather together 'āmui, 'āmuimui The members of the club The Friends of Tahiti were ~d. 'Ua 'āmuihia te mau mero nō te pupu Te Mau Hoa nō Tahiti.
convene, assemble, meet 'āpo'o, 'āpo'opo'o
convene, assemble, meet (especially for religious purposes) putuputu
convene, convoke tītau
convene, assemble (gather together into an assemblage) ruru, tairuru

convent, Catholic school for nuns (te) ha'api'ira'a a te mau paretēnia
convention rurura'a
conversation paraparau, paraparaura'a, parauparaura'a I will try to speak Tahitian, so that I get used to Tahitian ~. E tāmata vau e parau Tahiti 'ia mātau vau i te paraparau nā roto i te reo Tahiti. Teiho arrived drunk and disturbed our ~. 'Ua tae mai Teiho e tōna ta'ero 'ē 'ua fa'a'āhoahoa i tā māua paraparaura'a.
conversation, chat, prattle, idle talk 'āparaura'a
avoid a subject of **conversation, evade, dodge** 'ape
converse, discuss, have a talk paraparau, parauparau
converse, chat, prattle, engage in idle talk 'āparau
conversion fa'afāriura'a, ha'afāriura'a
convert, proselyte ta'ata fa'afāriuhia
convert, affect a change, cause to become, transform fa'ariro
convert, proselytize fa'afāriu, ha'afāriu
become **converted** fāriu He (literally: his mind) was ~ to the Mormon religion. 'Ua fāriu tōna mana'o i te ha'apa'ora'a momoni (moromoni).
become **converted, change one's ways, transform** fa'ahuru-'ē Except ye become ~ and become as little children, ye shall not enter into the kingdom of heaven. 'Ia 'ore 'outou ia fa'ahuru-'ē-hia 'ē 'ia riro mai te tamari'i ri'i ra, e 'ore roa 'outou e ō i te basileia (pronounced patireia) ra o te ao.
convey, carry hōpoi
convey, drive fa'ahoro
convey property, carry, convey for a specific purpose tari The food for the feast was carried to the beach. 'Ua tarihia te ma'a nō te tāmā'ara'a i tahatai.
conveyance, car pereo'o
conveyance (general), **vehicle** faura'o
convict, criminal ta'ata hara rahi

convict, prisoner ta'ata mau 'āuri, mau 'āuri The French ~ escaped from the prison (and went into hiding). 'Ua tāpuni te ta'ata mau 'āuri farani mai roto mai i te fare 'āuri.
labor gang **convict**, (also:) **slave** tītī
convict, condemn fa'ahapa
convict, impose a penalty, fine fa'autu'a
convict damselfish mamo
convict tang, surgeonfish, Acanthurus triostegus manini
convoke, convene tītau
convolvulaceae, creepers pōhue
convulsion(s), spasm(s) ira 'iriti
have **convulsions** or **spasms** 'iriti
Captain **Cook** Tāpena Tute
cook, chef tūtu, ta'ata tūtu, ta'ata tūtu mā'a
cook, prepare food tunu, tunu (i te) mā'a, tunutunu, tunutunu mā'a ~ with steam tunu hou I don't like to ~ unless my wife will help me. E 'ere i te mea au roa nā'u 'ia tunu i te mā'a, maori rā 'ia tauturu mai tā'u vahine iā'u. How is she ~ing the food? Tē nāfea ra 'ōna i te tunu i te mā'a? Don't ~ that breadfruit; it has been bruised. 'Eiaha 'oe e tunu i terā 'uru; 'ua hītoatoa.
cook (by heated stone) tutu
cook (in native oven [hīmā'a]) 'eu, 'eu'eu
cook (over an open fire), **grill, toast, barbecue** tunu pa'a
cook or **bake again, re-cook** tihana
re-**cook** (a food in the earth oven), (also:) **prolong the cooking** 'ōpi'o
cooked, "done" 'ama, 'ama'ama
insufficiently **cooked, not "done"** otaota
cooked on one side nia
cook over, warm up tāhana, tāhanahana
cook-house fare tūtu
cookie faraoa monamona na'ina'i
cooking tunura'a mā'a, tūtura'a mā'a Tahitian ~ (food) mā'a tahiti European ~ (food) mā'a popa'ā Chinese ~ (food) mā'a tinitō

(northern) **Cook Islands** te mau motu Manihi'i, te mau fenua Manihi'i, Manihi'i-mā (from Manihiki atoll 1,150 km north-north-west-to-north of Rarotonga), te mau fenua Raroto'a 'apato'erau I have for a very long time wanted to go to the northern ~. E mea maoro roa tō'u hina'arora'a e haere i te mau motu Manihi'i.

(southern) **Cook Islands** te mau motu Raroto'a, Raroto'a-mā, te mau fenua Raroto'a 'apato'a (The old word for the southern Cook Islands is Maniti'a-mā which comes from Mangai'a, an island in the Cook group 200 km east-south-east of Rarotonga. For the whole - southern and northern - group the Cook Islanders use the transliteration Kuki Airani.)

cool, fresh, refreshing haumārū, pūto'eto'e It is refreshingly ~ here. E mea haumārū i o nei.

very **cool, cold** to'eto'e

Keep your **cool! Be patient!** 'A fa'aoroma'i noa!

cool, chill, refrigerate fa'ato'eto'e
cooler āfata pūto'eto'e
cooler, ice box vaira'a pape pa'ari, fa'ato'eto'era'a pape
cooler, refrigerator 'āfata fa'ato'eto'era'a mā'a
cooperate, help tauturu
cooperate, share, collaborate rave 'āmui
cooperative, helpful (e) mea tauturu
cooperative, association tōtaiete 'ohipa 'āmui
cop, policeman muto'i traffic ~ mūto'i porōmu
Copenhagen Topenahe'a
copper, copper alloy veo ~ pipe tuiō veo red ~ veo 'ute'ute
copper and zink alloy, brass veo re'are'a
copra pūhā, pūfā price of ~ pene pūhā Last year 25,000 tons of ~ were sent to France. I te matahiti i ma'iri a'e nei e piti-'ahuru-māpae-tautini tane pūhā tei hāponohia i Farani. He was able to lift the sack of ~. 'Ua mā'e tāna pūte pūhā. The ~ was wet from the rain. 'Ua rari te pūhā i te ua. The ship was full of cockroaches and ~ bugs. 'Ua ī roa te pahī i te popoti 'ē te mau manumanu pūhā.

copra boat pahī fa'auta pūhā (pūfā)
copra bug manumanu pūhā, manumanu pūfā
copulate, couple, have sexual intercourse ai
copulate (animals) pupa
copulate (vernacular - tender) herehere
copulate (vernacular - coarse) reporepo
copulate (swear-word), **fuck** tītoi
copulating movements, (also:) **make movements of copulation** tātu'e
copulation, intercourse aira'a
photo**copier** mātini nene'i hoho'a
copy, sample hoho'a nō te (tao'a), hoho'a o te (tao'a), hohoa He picked up a ~ of his birth certificate. 'Ua 'iriti mai 'ōna i te hō'ē hoho'a nō tōna parau fānaura'a.
photo**copy** hoho'a nene'ia
photo**copying** nene'ira'a hoho'a
coral to'a
coral (trumpet-shaped), **honeycomb coral** pāia
coral (white, branching) 'ana'ana
branched **coral** farero
dead **coral** feo
"fire" **coral** (so called, because it causes a burning sensation on the skin when touched) 'afifa
a place filled with so much **coral** that a vessel cannot pass āhua
coral bank or **block** or **boulder** or "mushroom" pū to'a
coral cluster or **clump** pu'a
coral gravel aruaru, 'ana'ana
coral patty 'āoa
coral reef, barrier reef to'a a'au, a'au double ~ a'au piti

coral trout

coral trout tonu
cord, line, rope, (also:) **string, thread, twine** taura
bind together with **cord** or **rope** (as the planks of a canoe), **fasten with sennit, lace up, tie** fero, fero i te nape (when done with sennit)
navel **cord** pito
sennit **cord** (braided from coconut fiber) nape
strand of **cord** 'ave
umbilical **cord** taura pito
use **cord** or **rope** tātaura
cord, wire niuniu
cordage taura
cordia tree, Cordia subcordata tou Because of the vast shade cast by the ~, it is very much appreciated on the atolls; its wood is not attacked by insects and, because of its beautiful grain, it is sought after by carvers, especially in the Marquesas.
Cordyline fructicosa or **Cordyline terminalis, ti plant,** by the old missionaries called **the tree of sin** 'autī, tī The ti plant was made famous by the Bounty mutineer William McCoy who on Pitcairn Island distilled a potent brandy from its roots. It is still available today in bottled form and is in Hawai'i called okolehau.
core, center, middle rōpū
core (of an abscess or boil) fatu
core, pit (of breadfruit, inedible) hune
core, pit (of breadfruit or mango) hītoatoa, hītotoa
core (of mango), **pit, stone, seed** tu'e
Coris angulata, wrasse pātaitai
cork, cap, capsule, stopper 'ōroi
cork, float for fishing net, buoy poito
corkscrew, bottle opener 'iriti mohina May I borrow (literally: take) this ~? E ti'a ānei iā'u ia rave i teie 'iriti mohina?
corn, maize tō popa'ā, tō papa'ā
corn, wheat titona
corner, angle poro, peho street ~ poro o te poromu ~ of a table poro

correct

'amura'amā'a Many people use (literally: take) their vacation (literally: vacation days) to travel to the four corners of the world. E mea rahi te ta'ata e rave ai i tā rātou mau mahana fa'afa'aeara'a nō te reva haere i nā poro e maha o te ao nei.
cornetfish aupapa
cornflakes pa'a titona
coronary (heart) disease ma'i māfatu A ~ was the reason that he died. O te ma'i māfatu te tumu i pohe ai 'ōna.
corporation, business company, concern tōtaiete, hiva Our ~ is growing bigger every year. Tē haere nei tā mātou tōtaiete i te rahira'a i te mau matahiti ato'a.
corpse, dead body tino pohe, tino ma'i
corpse in a state of decomposition pera
corpse (euphemism) ma'i pohe, ma'i (only if the context makes it clear that a corpse rather than an ill person is meant)
embalm a **corpse** miri
corpulence, adiposity poria
corpulence, (pathological) **obesity** poria ma'i
corpulent, fat, adipose poria
corpulent, (pathologically) **obese** poria ma'i
corpuscle toropuru red ~ toropuru 'ura white ~ toropuru tea
correct, certain, sure pāpū
correct, flawless (no error or mistake) hape 'ore
correct, (also:) **just, proper, righteous** ti'a What you are saying is exactly ~. E mea ti'a roa tā 'oe parau.
correct, right, exact tano, tano maita'i, tanotano
correct, straight 'āfaro, 'āfarofaro
correct, adjust, set fa'atano
correct, arrange, straighten out fa'atītī'aifaro
correct, punish fa'autu'a
correct, set straight fa'a'āfaro Please ~ my mistakes (literally: It is proper that my mistakes be corrected) when I speak. E

mea ti'a 'ia fa'a'āfarohia tā'u mau hape 'ia paraparau ('o) vau.
correction fa'atītī'aifarora'a, fa'a'āfarora'a
correction, adjustment, setting fa'atanora'a
correction, punishment utu'a
correspond au, au maita'i She does not ~ to the description given to me in Papeete. 'Aita 'ōna e au nei i te parau fa'a'ite tei parauhia iā'u nōna ra i Pape'ete ra.
corrosive 'a'ai
corrupt, impure, (also:) **defiled, polluted, soiled** vi'ivi'i
corrupt, rotten pē, tahuti
corrupt, defile ha'avi'ivi'i
corrupt, work evil fa'a'ino
corruptible tahuti
corruption, impurity, (also:) **defilement, pollution** vi'ivi'i
corset, girdle pāpā
cortege, procession ti'a'ata'ata 'āpe'e, te mau ta'ata 'āpe'e
corvette pahī nana'i (pupuhi) hō'ē
Coryphaena hippurus, dorado of coryphene mahimahi
Cossypium hirsutum, cotton, kapok vavai, vovai
cost, expense, price moni (see also the short article under "francs" dealing with the fact that five francs equal one tārā [the Tahitian unit in stating price]) How much does that room ~ per night? Ehia (Efea) moni i te pō nō terā piha? What is the price of this shirt? Ehia (Efea) moni nō teie 'a'ahu 'o'omo? (Chinese vendors tend to say 'a'ahu 'ōmono.) How much does that dress ~? Efea (Ehia) moni nō terā 'ahu vahine?
cost of freight fereti, moni taime nō te utara'a
cost, price, monetary **value** ho'o
at no cost, free, gratis moni 'ore
costly, expensive moni rahi, (e) mea moni rahi, ho'o rahi very ~ (e) mea moni rahi roa or (e) moni rahi roa That tiki is too ~. E moni rahi roa terā ti'i.
cottage fare na'ina'i
cottage industry, arts and crafts ha'a rima'ī, ha'a rima 'ihi
cotton, kapok, Cossypium hirsutum vavai, vovai
thin white **cotton cloth, calico** paruai
couch, sofa tōfa
cough n & v hota whooping ~ hota huti ~ medicine rā'au hota
whooping **cough** hota huti
could (see: **can**)
council, assembly 'āpo'ora'a the Polynesian ~ te (fare) 'āpo'ora'a nō Porinetia
council of (number), **group of** (number), **group comprising** (number) to'o- ~ of four to'omaha Four of them went to the meeting. To'omaha rātou i te haerera'a i te 'āmuira'a.
counsel, advice, admonishment 'a'o
counsel, advise, admonish 'a'o
counsel, suggest, propose a thought tu'u atu i te mana'o e ...
counsel, warning fa'aarara'a
counsel, warn fa'aara
count, calculate tai'o The people who did not speak English were ~ed. 'Ua tai'ohia te mau ta'ata o tei 'ore i 'ite i te parau peretāne.
count, enumerate nūmera
countenance, face mata The Lord lift up his ~ upon thee and give thee peace. 'Ia nānā mai Iehova i tōna mata i ni'a iā 'oe, 'ē 'ia hōro'a mai i te hau iā 'oe.
countenance, looks, features, visage hoho'a mata
counter in a bank or post office, **window** 'ūputa iti
counter in a store, **sales counter** 'iri ho'ora'a tao'a
food **counter, buffet, smörgåsbord** ('iri) fa'ahaerehia te mā'a
counteract, oppose, refuse, reject pāto'i

counterpoison rā'au nō teta'ero
country (as opposed to city), **district** mata'eina'a ~ bus, "truck" pereo'o mata'eina'a
country, land, (also:) **high island** fenua Pouvāna'a a O'opa lies in eternal sleep enveloped by the soil of Tahiti, the ~ which he loved so much and to which he dedicated his life. 'Ua tārava o Pouvāna'a a O'opa i te ta'otonui e vehia e te repo nō Tahiti, te fenua i mureherehia e āna mā te pūpū atu iāna iho.
country, land of birth, fatherland 'āi'a, 'āi'a fānau
country, nation, state fenua Among all the countries I went to, I liked Finland best. I roto i te mau fenua ato'a tā'u i haere, 'ua fa'ahiahia roa vau i te fenua Finirani.
country, nation, (also:) **government** hau of the **country, indigenous, native, of the country, Polynesian** mā'ohi a person ~ ta'ata mā'ohi
couple, pair pea
a **couple** of ... te tahi nau ...
a **couple of** (two) **friends** nā hoa e piti
bridal **couple, bride and groom** nā fa'aipoipo, nā ha'aipoipo
married **couple** tane 'ē vahine fa'aipoipohia
couple together, unite, join 'āpiti, 'āpitipiti
couple (animals for copulation) fa'a'ōu'a, pupa
couple with 'ōu'a
courage, "pluck," "drive," **energy, energetic spirit, stamina, persistance, industriousness** itoito He won through his ~/persistance/ pluck. 'Ua roa'a iāna te rē nā roto i tōna itoito.
Have **courage!** 'A fa'aitoito! 'Ā rohi! Rohi!
courageous, strong, industrious itoito
courageously, like a real man, manfully mā te 'ā'au tane mau
couronne, flower lei hei upo'o

course, direction pae, pae'au
course, lesson ha'api'ira'a
course, way 'e'a
water **course, water flow** tahera'a pape
Of **course.** (It is true.) 'Oia mau! Te reira ihoa.
Of **course!** (Yes, you may.) E mea ti'a roa.
court, trial ha'avāra'a defer to ~ fa'ataime i te ha'avāra'a
court, tribunal tiripuna
take to **court, sue** horo
court of justice, court house fare ha'avāra'a
court proceeding, trial, inquest ha'avāra'a
court (or) **legal proceedings** (concerning a law suit) horora'a
court, yard, (also:) **royal court** māhora
court or **flirt with** (danger), **challenge, defy, dare** fa'ahina'aro ... but Keola was past fear and ~ed death. 'Ua hemo ra i muri te ri'ari'a o Keola 'ē te fa'ahina'aro nei 'oia i te pohe i teie nei. (literally: Keola's fear had slipped away [from him] and he now ~ed death.) (From John [Tihoni] Martin's free translation of R.L. Stevenson's The Isle of Voices.)
court, woo, flirt with, want, desire (a woman) fa'ahina'aro (vahine), ha'ahina'aro (vahine)
courteous, polite, civil, gracious 'ite i te peu
courtesy, help, aid tauturu
courtesy, politeness peu maita'i
courtyard, enclosure 'āua, māhora
cousin (female) taea'e vahine
cousin (male) taea'e tane
cousin (male) or **brother** of female tu'āne
covenant (biblical) faufa'a And he wrote upon the tables the words of the ~, the ten commandments. 'Ua pāpa'i ihora 'oia i te parau o te faufa'a ra, 'o nā ture hō'ē 'ahuru ra, i ni'a i te papa 'ōfa'i ra.
covenant, make a covenant, reach an

130

agreement fāito And [Judas Iskariot] said unto them, What will ye give me, and I will deliver him unto you? And they ~ed with him for thirty pieces of silver. 'Ua parau atura ['o Iuda Isakariota], Eaha tā 'outou e hōro'a mai nā'u, 'ē nā'u 'oia e tu'u atu iā 'outou? 'Ua fāito maira rātou i e toru 'ahuru moni 'ārio nāna.
cover, lid tāpo'i bed ~ tāpo'i ro'i hatch ~ tāpo'i hāti
cloud **cover** aroaro ata
cover, protect, shield tāpo'i, tāpo'ipo'i
cover, hang something **upon** something tau
cover a house with pandanus or coconut fronds, thatch ato, atoato
cover up, (also:) **cover a hīma'a** (native oven) ha'apo'i
cover with corrugated metal sheets tāpunu
cover with water or earth, inundate ninā
covered (over) po'i
covered with mud varihia
covered with white hair hinahina
covering (of hīmā'a [native oven]) 'āpiu
covert(ly), clandestine(ly), secret(ly) huna
covertly sneak(ing) into a house at night to seduce a young girl or woman, **sleep-crawl(ing)** mōtoro Moari'i tried to ~ in at night to seduce Mihi, but as he stumbled against the bed, the parents awoke. 'Ua tāmata Moari'i i te mōtoro iā Mihi, 'āre'a rā i te ūra'a i ni'a i te ro'i, ara a'era te metua.
covet, crave, lust for nounou Thou shalt not ~ thy neighbor's (literally: someone else's) wife. 'Eiaha roa 'oe e nounou i tā vetahi 'ē vahine.
covet, desire, want hina'aro
covetous, gluttonous kokore
covetous, greedy popore
covetous, insisting (upon a pleasure or a demand) onoono
covetousness, craving, lust for nounou (... moni, ... tao'a, ... etc.) The love of money is the root of all evil. 'O te nounou moni ho'i te tumu o te mau 'ino ato'a nei. For from within, out of the heart of men, proceed evil thoughts, ... murders, thefts, ~, ... Nō roto mai ho'i i te 'ā'au ta'ata te mana'o 'ino, te taparahi ta'ata, te 'eiā, te nounou tao'a, ...
covetousness, greed popore
covetousness, insistence (upon a pleasure or a demand) onoono
cow pua'atoro ufa
cow (that has a calf) pua'atoro maia'a
cow pasture 'āua pua'atoro
coward, sissy, "scaredy-cat" ta'ata mata'u haere noa
cowardly, craven, pussilanimous ha'amehameha
cowardly, sissified, overtimid, fainthearted mata'u haere noa, vi noa
cowering, sissified, pusillanimous, poltroonish taiā noa, mata'u haere noa
cowfish momoa tara
cowry, tiger shell, porcelain-shell pōreho; reho (when cut off and used as scraper or peeler)
coxswain, helmsman pōtini
crab (general) pa'apa'a
Bernard hermit **crab** u'a
coconut **crab, Birgus latro** u'a vāhi ha'ari, 'aveu
land **crab** (goes in hole on approach) tupa
land **crab** (may attack) pa'apa'a fenua
red-pincered **crab** mīmī (note that mīmī also means cat)
reef **crab** tūtū a'au, tūtūa'au
river **crab** pa'apa'a pape
sea **crab** pa'apa'a miti
small beach **crab** 'ohiti
terrestrial hermit **crab, cenobite, Coenobita perlatus** u'a fenua
crack, cut, slit, opening motu, mutu
crack n & vi, **split** 'afā, 'afāfā, 'amaha, 'āmahamaha
crack (sound) n & vi, **crackle, click, snap** pa'a'ina, pa'apa'a'ina

crack

crack, break, smash ha'aparari
cracked 'afā
arts and crafts, cottage industry ha'a rima'ī, ha'a rima 'ihi
craftsman, carpenter, mason tāmuta
(a person who is) crafty, cunning, artful, wily (ta'ata) 'ōpape
cram, overcrowd, encumber fa'aapi
(note that fa'a'āpī means renew, renovate)
crammed, chock-full (a container or a room, for example), fully occupied api, apiapi
(note that 'āpī means new)
cramp, have a cramp pipi'i I had a ~ in my leg last night. 'Ua pipi'i tō'u 'āvae ināpō.
cramp, have a cramp, (also:) become numb, go numb, "fall asleep" (speaking of a limb) I had a ~ in my leg (or: my leg "fell asleep") last night. 'Ua mōtu'ut'u tō'u 'āvae ināpō.
cramp, spasm 'iriti
cramp, stiffening of a muscle (construction with 'eta'eta) I have a ~ in my leg. E mea 'eta'eta tō'u 'āvae.
cramp, stomach spasm, belly ache 'a'ati
cramped, crowded, narrow apiapi
crane, derrick, winch, hoist, (also:) lift by means of a crane (etc.) hīvi (from the English heave)
human cranium 'apu upo'o
cranky, irritable, excitable, easily angered (huru) 'iriā
cranky (vessel), rolling from side to side, lurching, unstable 'opa'opa When we climbed on board we noticed that the ship was ~ (rolling a lot), even though it was moored at the pier. I tō maua pa'umara'a i ni'aiho, e i tō maua hi'ora'a te 'opa'opa ra te pahī, noa'tu e 'ua tā'amuhia i te uahu.
cranky, whining, crying without reason ta'i mā te tumu 'ore, ta'i haere noa
crash, collide, bump into ū
crash, break, smash, crush ha'aparari, tūparari

crazy

crash, break up, demolish, destroy, tear down vāvāhi
crass, rude, crude, rough, coarse, vulgar peu 'ore, ha'apeu 'ore
crave, desire intensely, lust for nounou
crave, have an intense desire to eat or drink what someone else has 'āminamina
crave, insist onoono The boss (owner) insists that John finish his work. Tē onoono nei te fatu 'ia fa'aoti o Tihoni i tāna 'ohipa.
craven, cowardly, pussilanimous ha'amehameha
craving, intense desire, lust nounou The lust for money is the root of all evil. 'O te nounou moni ho'i te tumu o te mau 'ino ato'a nei.
crawfish, crayfish, shrimp 'ōura, 'ōura pape
crawl (style of swimming) 'au mā'ohi (literally: swim like a Polynesian)
crawl, creep ne'e, ne'ene'e, 'ōne'ene'e
crawl, creep (of plants) toro, totoro, torotoro
crawl or creep along the ground 'ōne'ene'e
crawling sensation on skin (often resulting from being in a cramped position) mōtu'utu'u, hōpi'ipi'i
sleep-crawl(ing) (sneak(ing) into a house clandestinely at night to seduce a young girl or woman) mōtoro Moari'i tried to sneak in at night to seduce Mihi, but as he stumbled against the bed, the parents awoke. 'Ua tāmata Moari'i i te mōtoro iā Mihi, 'āre'a rā i te ūra'a i ni'a i te ro'i, ara a'era te metua.
crayfish, crawfish, shrimp 'ōura, 'ōura pape
crazy, idiotic ma'au
crazy, mad, insane, senseless, stupid ma'ama'a a ~ person ta'ata ma'ama'a That is ~ talk. E parau ma'ama'a terā. That gorgeous woman is ~ about her

132

crazy — crier

husband (or: men!). E ma'ama'a tāne tō terā vahine nehenehe roa.

crazy, nuts, cracked, cockeyed, not quite all there taravana (originally referred to the effect on the brain from oxygen deprivation in diving; usually pronounced taravanna)

crazy, off one's rocker (construction with:) upo'o 'ino He is ~. E upo'o 'ino tōna (literally: he has a bad head).

drive (someone) **crazy** ha'ama'ama'a

cream ū pa'ari

hair **cream, brilliantine** (actually scented vaseline) mono'i pa'ari

ice **cream** pape to'eto'e vanilla ice ~ pape to'eto'e vānira

cream parrotfish uhu kukina

create, bring into being, establish fa'atupu, ha'atupu

create, make hāmani In the beginning God ~ed the heaven and the earth. Hāmani ihora te Atua i te ra'i 'ē te fenua i te mātāmua ra. Ta'aroa is the ancestor of all gods, it was (also) he who ~d all things. 'O Ta'aroa te tupuna o te mau atua ato'a, nāna ato'a te mau mea ato'a i hāmani.

create disorder, agitate fa'a'ārepurepu

creation rohira'a, fa'atupura'a, ha'atupura'a

creature, thing mea And God created great whales (whale [tohorā] does not appear in the Tahitian translation) and every living ~ that moveth, which the waters brought forth abundantly, after their kind. Hāmani ihora te Atua i te mau mea rarahi o te tai 'ē te mau mea ora hā'uti'uti ato'a o te moana e rave rahi mā tō rātou huru.

credit tu'ura'a tārahu

on **credit** tārahu

buy on **credit** ho'o tārahu

letter of **credit** parau tu'utārahu

credit transfer (from account) hurira'a automatic or permanent ~ hurira'a tāmau

creditor tu'utārahu, ta'ata tu'utārahu

creek, bay 'o'o'a

deep **creek** or **bay** rio'a

creel (a basket-like bamboo or wicker storage tank for keeping fish alive in water) ha'ape'e, hāpe'e

creep, crawl ne'e, ne'ene'e, 'ōne'ene'e

creep, crawl (of plants) toro, totoro, torotoro

creep or **crawl along the ground** 'ōne'ene'e

red-seeded **creeper** (used to make necklaces), **Abrus precatorius** pitipiti'ō

creepers, convolvulaceae pōhue

creepers, vines, "running plants" tāfifi

creeping, climbing, clinging (of plants) toro, torotoro

creeping, tangled, entangled tāfifi, tāfifififi

creeping or **climbing plant** rā'au tāfifi, rā'au torotoro

Crenimugil crenilabis, mullet (when smallest and often used for frying:) 'orie (when middle-sized:) aua (when at its biggest) tehu, pārehe

crest or **ridgepole** (of house) tāhuhu

crest or **roof** (of house) tāpo'i fare

crew, team, group pupu

crew of airplane feiā horo manureva

crew of ship feiā horo pahī

crewman, sailor, seaman mātarō, māterō A ~ of this ship had fallen down from the bowsprit in a squall. Hō'ē mātarō nō teie pahī tei marua i roto i te miti nā ni'a mai i te tira fe'ao, nō te mata'i to'a huri. The American, Herman Melville, was the first of them [authors using the South Seas as a background]; he who sailed (literally: voyaged) here as a ~ on a whaler. 'O te ta'ata marite ra 'O Herman Melville, tō rātou 'omua, 'oia tei tere mai na ei mātarō i ni'a i te pahī pātia tohorā.

cricket, Gryllus oceanicus pereta'i, perete'i

crier, herald, announcer ta'ata poro, poro

crime, **sin** hara rahi, hara commit a ~ hara aggravated ~ hara 'a'ana person guilty of a ~ (culprit) ta'ata hara
criminal ta'ata hara rahi
criminal, **murderer** ta'ata taparahi ta'ata
criminal, **thief** ta'ata 'ei'ā
cripple, **disabled person**, (also:) **idiot** (ta'ata) ma'au Don't let the ~ approach me, nor one who is castrated (literally: whose testicles have been damaged). 'Eiaha te ma'au e fa'afātata mai ... 'ē tei pararī te hua.
cripple(d), **lame**, **limping** piri'o'i
cripple(d), **maimed**, **disabled** anapero
crippled, **weak** paruparu
criticize, **blame**, **contradict** fa'ahapa fa'ahapahapa
criticize, **examine critically** hi'opo'a
criticize, **judge**, **assess**, **give one's opinion** fa'a'ite i te mana'o
crocodile mo'o taehae
crocodile needlefish (a type of swordfish) 'ā'āvere, a'urepe
crook, **con man**, **confidence man** ta'ata 'ōpape He told the ~: Don't set foot in my house! 'Ua parau atu 'ōna i te ta'ata 'ōpape: 'Eiaha tō 'oe 'āvae 'ia ta'ahi mai i tō'u fare!
crook, **criminal** hara rahi
crook, **murderer** ta'ata taparahi ta'ata
crook, **thief** ta'ata 'ei'ā
crooked, **curved**, **bent**, **twisted** fefe He bent his knife. (Literally: the knife became bent for him.) 'Ua fefe te tipi iāna.
crooked, **curved**, **unequal**, **irregular**, **faulty**, (also:) **misshapen** hape
cross *n* tātauro (the) Southern ~ (te) feti'a tātauro
cross, **go through** ... haere nā roto i ...
cross out, **cross over**, **cut**, (also:) **blackball** tāpū Never cross over a continuous (unbroken) line when you drive. 'Eiaha roa'tu e tāpū i te rēni 'āfaro 'ia fa'ahoro 'oe i te pereo'o.

cross paths with ū
cross swell miti vāve'a
cross-bars, **cross-beams**, or **struts attaching outrigger to canoe** 'iato
cross-beam support to outrigger (sticks or spars which connect the cross-beams to the outrigger) tiatia, tietie
cross-dresser, **transvestite** māhū (When said about or to someone who is not a transvestite, māhū is an abusive epithet for homosexual.)
cross-eyed, **bug-eyed** mata fera, fera
river **crossing**, **ford**, **shallow place**, **shallows** pāpa'u
crossroads, (also:) **fork of a road** ma'ara'a purōmu
crossways (extended before one's view) tārava
crosswind, **wind on the beam** mata'i tārava
crow, **crowing** 'a'aoa, tōtara, totere'ō at the ~ing of the cock i te 'a'aoara'a moa At what hour does the cock crow? Hora aha te 'a'aoara'a moa?
crowbar, **steel or iron lever** 'āuri pana
crowbar (sharpened stick used in removing coconut husk) 'ō, 'ō'ō, rōpā
crowd, **assembly**, **gathering** naho'a, naho'a ta'ata
crowd, **herd** ti'a'a
crowded, **cramped**, **narrow** apiapi
crowded, **full of people** mea ī roa i te ta'ata
crowded to overflowing, **full**, **occupied** api
crowding, **mixing together** 'ano'i-noara'a, 'amui-noa-ra'a
crown (royal) hei ari'i, torona
crown (of tree) 'ōmou
crown, **wreath**, **"lei"** (of flowers placed on the head) hei tiare upo'o
crown, **wreath**, **"lei"** (of shells placed on the head) hei pūpū upo'o
crown, **put a "lei" on someone**('s head) fa'ahei (i te upo'o)

crown of thorns (kinds of highly poisonous starfish), **Acanthaster planci** and **Acanthaster echinites** taramea
crucial, essential, material tītau-roa-hia
crucifix, cross tātauro
crucifixion fa'atātaurora'a
crucify fa'atātauro Pilate saith unto them, What shall I do then with Jesus which is called Christ? They all say unto him: Let him be crucified. 'Ua parau maira Pilato iā rātou, Eaha ho'i au iā Ietu i tei parauhia, o te Metia nei? 'Ua parau atura rātou ato'a iā'na, 'Ia fa'atātaurohia ia.
crude, bad 'ino
crude, discourteous, impolite 'ite 'ore i te peu maita'i
crude, rudimentary pioa
crude, uncivilized taevao, taetaevao
crudities, swear words parau 'ino
cruel, ferocious, violent taehae
cruise, ocean voyage tere moana
cruise ship pahī fa'a'oa'oa
crumb(s) hu'a, hu'ahu'a bread ~ hu'ahu'a faraoa
crumble, (also:) **pulverize** fa'ahu'a, fa'ahu'ahu'a (note that fa'ahua means to pretend)
crumble down, fall, collapse ma'iri, topa, marua
crumble down, fall to pieces puehu i raro, purehu i raro
easily **crumbled, fragile** marū
easily **crumbled** (earth), **soft** māruhi
crumple, muss up, wrinkle ha'ami'omi'o
crumpled, wrinkled mi'omi'o
crush, break ha'apararī
crush, break by bending fa'afati, 'ōfati
crush, break up, demolish vāvāhi
crush, mash, pound, use a (stone) **pestle, pulpify** pāpāhia
crush, smash, shatter, break into fragments tūpararī
crush between fingernails 'īpa'i, 'īpa'ipa'i

crush underfoot, stamp on ta'ahi, ta'ata'ahi
crushed, broken fati, pararī
crushed, broken into many pieces fatifati
crushed, bruised, burst open (as of overripe fruit) perehū
crushed, mashed, pulpified pāpāhia
crushed gravel 'iri'iri tāviri
crust, bark, peel, shell pa'a
crutch, cane turu to'oto'o
a **cry** or **exclamation** conveying extreme emotion ranging from pain and sorrow to delight and joy, **Oh!, Alas! Oh, boy! How wonderful** or **sad!** auē Oh, how it hurts to leave for the vastness beyond! Auē te mauiui rahi i tō revara'a nā te ara! (the beginning words to the Tahitian farewell song E mauruuru ā vau) Oh boy, that food was great! Auē te mā'a i te au ē!
hue and **cry, din, noise, hubbub, racket** māniania
cry audibly, sob, bawl, weep, (also:) **whimper, yelp** ta'i What's that? Children ~ing? Eaha terā? E ta'i tamari'i (ānei)?
cry (because of missing someone), **feel the loss of, grieve, weep** mihi, mihimihi I cried over the death of my close friend. 'Ua mihi au i te pohera'a tō'u hoa rahi.
cry (from sorrow), **grieve deeply, weep, lament** 'oto Both of us offer you our deepest sympathy. Both of us send you our deepest condolences. Tē fa'atae atu nei māua iā 'oe i te tāpe'a nō tō māua 'oto I reach out to you my condolences.
cry (from physical or emotional pain), **exclaim one's sorrow, wail, weep, lament** auē Oh, how I hurt! Auē au ē i te māuiui!
cry, sob fe'u, fe'ufe'u
cry out, call out, hail tuō
cry out from birth pains tītohi
cry out, herald, announce, broadcast poro

stop **crying** or complaining (of a child) nā
cause a child to stop **crying** or complaining fa'anā
Crynum asiaticum, lilly riri
Ctenochaetus striatus, surgeonfish maito
cube tiupa
cubic meter mētera 'āfata
cuckoo, Cuculus taitiensis 'ārevareva
migratory **cuckoo, Eudynamis taitensis** 'ō'ōvea
cucumber tōtoma
chew the **cud** (cow), **ruminate** tāmarū, 'au'au fa'ahou
cuddle, caress mirimiri
cuddle, come close to tāpiri
cuddle, fondle, pet, caress horomiri
cuddle, fondle, run hands over 'ōmiri, tauhani
cuddle, massage, rub taurumi, taurami
cuddle, nuzzle, hug, embrace, place one's arms around someone tauvahi, tauahi
Culeita grex, "shark's cushion" (a species of Echinodermata) turu'a ma'o
culprit, person guilty of a crime ta'ata hara
cult, religion, faith ha'apa'ora'a
cult (strange or odd kind or offshoot of religion) ha'apa'ora'a 'ē
cultivate, bring about fa'atupu
cultivate, care for, look after aupuru
cultivate, farm, plant fa'a'apu
cultivate, improve ha'amaita'i
cultivate, sow, plant tanu ~d plant rā'au tanu
cultivated, farmed, planted fa'a'apuhia
cultivated, well-bred 'ite i te mau peu maitata'i
cultivated, well educated 'aitā'ere a ~ person ta'ata 'aitā'ere
cultivation, farm, plantation fa'a'apu, fenua fa'a'apu coffee plantation fa'a'apu taofe sweet-potato plantation fa'a'apu 'umara vanilla plantation fa'a'apu vānira

cultivation, farming, planting fa'a'apura'a pearl shell ~ fa'a'apura'a pārau oyster ~ fa'a'apura'a tio
cultivator, planter, farmer ta'ata fa'a'apu
culture (the body of knowledge and belief of a society) ta'ere our ~ tō tātou ta'ere
culture (good breeding and taste), **refinement** 'itera'a i te mau peu maitata'i
cunnilingus hoehoe, "hongehonge"
cunning, artful, crafty, wily 'ōpape
cunning in the sense of **catching on quickly, intelligent** 'a'apo
cunning in the sense of **street-smart** akamai (slang borrowed from Hawai'ian)
cunning in the sense of **wise** or **ungullible** pa'ari
cunning or **astute action** rāve'a māramarama
cunning, slyness, wiliness, craftiness ha'avarevarera'a
cup, bowl, dishes āu'a coffee ~ āu'a taofe My ~ runneth over. Tē 'ī nei tā'u āu'a.
cupboard, cabinet 'āfata
linen **cupboard** or closet 'īhata 'ahu
tall **cupboard, armoire** 'īhata
curb, restrain, rein in tāvaha
curb, sidewalk hiti porōmu, hiti purūmu, 'ē'a ta'ata
Curcuma longa, saffron re'a mā'ohi
cure, process of healing through treatment, recovery rapa'aura'a
cure, restauration of health fa'aorara'a
cure, heal, give healing medicine to rapa'au
cure, heal, save fa'aora Physician, heal thyself! E te tahu'a ra, 'a fa'aora iā 'oe iho!
cure, preserve (especially in salt), **treat with preservative(s)** rapa'au
cured, healed, saved, in good health ora, fa'aorahia I was ~ by this medicine. 'Ua ora vau i teie rā'au. I was

~ by the American doctor. 'Ua fa'aorahia vau e te taote marite. My illness was ~. 'Ua ora tō'u ma'i.

cured (especially in salt), **treated, preserved** rapa'au ~ pork pua'a rapa'au salt(ed) fish i'a rapa'au

curiosity hina'aro mā'imira'a

observe with **curiosity, observe other people's affairs, look around** hi'ohi'o

curious, inquisitive ui maere, uiui roa

curious, strange 'ē, (e) mea 'ē

(a) **curious fact** (e) mea maere

curl up pepe

curled, curly, frizzy 'ōfirifiri, 'āmi'imi'i

curly, kinky pōtītī

currency, legal tender moni

current (both salt and fresh water) 'ōpape

current of air, wind current, (also:) **quarter from which the wind blows** pūmata'i

current(ly) (i) teie nei

current account moni vaira'a, moni vata

curry kārī

curse, spell, hex pīfao

cast a **curse** or **spell, hex** pīfao

curse, swear at, blaspheme 'aituhituhi

curse, insult, swear (at), use bad language tuhi

curtain, screen, protection pāruru mosquito ~ pāruru naonao (or:) pāruru ro'i window ~ pāruru ha'amāramarama

curve, arc fefe, fefera'a

curve, turn, change of direction tīpu'ura'a a dangerous ~ tīpu'ura'a fifi

curve, bend one's head, bend over pi'o

curve, turn, change direction tīpu'u

cause to **curve** or **bend** ha'afefe, fa'afefe

curved, twisted, bent fefe ~ fingers (due to a medical condition in which certain muscles are paralysed) rima fefe

cushion, fender marū

cushion, pillow turu'a

"shark's **cushion,**" **Culeita grex** (a species of Echinodermata) turu'a ma'o

custard apple, "cinnamon-apple," Annona squamosa tapotapo

custody, caretaking, oversight 'ohipa ha'apa'o

custody, guardianship tīa'ira'a

custody, imprisonment tāpe'ara'a

custody, protection pāruru

custom, habit, manner peu That is a ~ that I have not yet heard about. E peu te reira tei 'ore ā i fa'aro'ohia e au i te paraura'ahia mai. It is a pleasant ~ to give people a warm (literally.: good) welcome. E peu au 'o te fāri'i maita'i i te ta'ata. as is the ~ of women mai te peu a te mau vahine ra

customary, usual mātau, mātaro, mātarohia At the ~ time which is two o'clock. 'O te hora mātarohia, 'oia ho'i, hora piti.

customs tuanie

customs duty tute tarifa

cut, sliced, excised, amputated tāpūhia

cut, crack, slit, opening motu, mutu

cut (of graft) 'otira'a

cut, wound pēpē

cut, (puncture) **wound, hole** puta

cut vt (in general) tāpū I would like a light haircut, but please ~ it short around the ears and in the neck. E mea hina'arohia e au te hō'ē rouru tāpū 'ohie, 'ārea rā, 'ia nehenehe iā 'oe 'ia tāpū poto nā te hiti o te nau tari'a e te 'arapo'a.

cut, amputate tāpū 'ē

cut, cross out, blackball tāpū

cut, pierce, wound ha'aputa

be **cut,** be **pierced,** be **wounded** puta He was ~ (pierced) by a speer. 'Ua puta 'ōna i te 'āuri pātia.

cut or **remove the fillets from a fish** harahara

cut, rip, tear up tūmutu

cut, slice, operate, excise, extirpate tāpū

cut, tear, rip mutu, motu, mutumutu,

cut apart

motumotu
cut apart, slice ta'a 'ē
cut in half, halve tā'āfa That tiki (club, canoe) is too expensive, but if it were about half the price, I might buy it. E moni rahi roa tō terā ti'i (rā'au poro rahi, va'a); mai te mea rā e tā'āfa-ri'i-hia te moni, e ho'o mai paha ia vau.
cut out 'oti'oti
cut to shape 'o'oti
cut with scissors 'oti
cut with shears pā'oti
cut off mutu ta'a 'ē
badly **cut** (of hair), **ragged** paopao, 'ōtitotito
cutter (sailing vessel) pahī tira hō'ē
cutting, sharp, sharp-edged 'oi
a person who makes **cutting** remarks ta'ata vaha pātētē
cutting edge of a knife (te) 'oira'a tipi
cutting (of plant), **stalk** 'ata, 'a'ata
cuttlefish, octopus, squid fe'e
cycle, bicycle, bike pereo'o ta'ata'ahi, pereo'o tāta'ahi motor~ pereo'o ta'ata'ahi uira (or:) mōto
menstrual **cycle** 'ohura'a 'āva'e
cyclone, hurricane, gusting wind with rain mata'i rorofa'i His house was destroyed by the ~. 'Ua pararī tōna fare i te mata'i rorofa'i.
cyclone, hurricane, whirlwind, "whistling wind" puahiohio News has arrived of that ~ that just recently devastated Futuna. 'Ua 'atutu te parau 'āpī nō terā puahiohio i te fa'a'ino a'e nei iā Futuna.
cyclone, full storm, tempest vero pūai
cyclone, waterspout ureuretūmoana, ureureti'amoana
anti**cyclone** (high pressure zone) area mata'i teiaha
Cygisalba candida, seagull, gull, white tern, ghost tern 'ītāta'e. 'ītāta'eta'e
Cymatium tritonis, big sea shell, conch shell pū
Cyperus pennatus or **Cyperus javanicus**,

czar

type of fibrous **sedge grass** used to express coconut "milk" from the meat by twisting mō'ū, mō'ū ha'ari, mā'ū, mā'ū ha'ari
Cypselurus simus, flying fish mārara
"cytherean apple," (indigenous Tahitian) **mango, Spondias cytherea** vī tahiti
cytobacteriology hi'opo'ara'a 'ōmaha
czar ari'i rūtia

Da capo! Encore! Do (sing, play, etc.) **it again!** Tāpiti!
dad, papa, pops pāpā My ~ is an old man, but he has the same facial features as his younger brother. E ta'ata pa'ari tō'u pāpā, terā rā hō'ē ā tōna hoho'a 'ē tō tōna teina.
Daeyatidae, stingrays fai
dam (river) ha'apahura'a, pāruru
dam, hinder, obstruction 'ōpanira'a
dam off, stop from flowing ha'apahu
make a **dam** patu
damage, injury 'ino
damage, waste mā'ua
damage, break in pieces 'ōfatifati
damage, break, smash, crash, crush ha'aparari, tūparari
damage, break up, tear down vāvāhi
damage, do harm to rave 'ino, hāmani 'ino
damage (deliberately), **inflict damage, harm maliciously, injure, ruin, sabotage** tōtōā My new canoe has been ~d [by someone]. 'Ua tōtōāhia tō'u va'a 'āpī.
damage, spoil, devastate fa'a'ino It was he who ~d your car. Nāna i fa'a'ino i tō 'oe pereo'o.
damage, spoil, waste ha'amā'ua
responsibility for **damage** tureana
damaged, broken pararī
damaged, harmed rave-'ino-hia, hāmani'ino-hia
damaged (deliberately), **harmed, ruined, sabotaged** tōtōāhia His canoe was deliberately ~. 'Ua tōtōāhia tōna va'a.

e**damaged, spoiled, devastated** fa'a'inohia
damaged, spoiled, wasted mā'ua
somewhat **damaged, of insufficient quality, imperfect** 'ino ri'i
dammed, closed up 'ōpanihia
dammed up (any liquid), **stopped up** pahu
damn, condemn fa'ahapa
damned, condemned fa'ahapahia
damp, humid, moist haumi
damp, wet rari, rarirari
dampen fa'arari
damsel, grown girl, young woman pōti'i
damselfish 'atoti
Dan, Daniel Taniera
dance n (European) 'ori po'pa'ā
dance n (Tahitian) 'ori tahiti I am interested in that kind of Tahitian ~. 'Ua 'ana'anatae au i terā huru 'ori tahiti (or:) E mea 'ana'anatae nā'u terā huru 'ori tahiti.
dance (event) 'orira'a (note that orira'a refers to a walk or a stroll)
dance, ball 'orira'a popa'ā
dance v 'ori'ori, 'ori (note that ori means to stroll or walk about) I don't know the Tahitian (kinds of) ~(ing). 'Aita vau e 'ite i te mau 'ori'ori tahiti. But you did in fact dance. 'Ua 'ori'ori rā ho'i 'oe. We all ~d until the middle of the night. 'Ua 'ori'ori mātou pā'āto'a e tae noa'tu i te tuira'a pō. go dancing fa'a'orihaere Do you still go dancing? Tē haere noa nei ā 'oe e 'ori'ori?

The Polynesians have always loved dancing, probably more than any other ethnic group in the world. When the inexperienced and quite rigid missionaries of the London Missionary Society arrived in Tahiti in 1797 on the ship Duff, they saw dancing as frivolous and sinful and tried to stamp it out. With time, however, the Tahitians themselves gradually took charge of the church and showed a much more tolerant,

(Tahitian) dances (kinds of)   dancing

and even supportive, attitude toward the preservation of the old dances and songs. The French colonial authorities, having been afraid of encouraging Tahitian language and culture lest the Tahitians refuse to become Frenchmen, finally (in the middle of the 20th century) saw the need for a revival of the old dances, albeit primarily for economic reasons (tourism). It is to the eternal credit of the Tahitian population that - incredibly - after a century and a half of foreign rule and strong discouragement from the colonials, they were still able to recreate the wonderful dances and songs of their ancestors.

(Tahitian) dances (kinds of):

'aparima (literally: to illustrate or mimic with the hands) original and beautiful dances which often recount the life and legends of old Tahiti or current themes by hand movements and song ('aparima hīmene) or hand movements only ('aparima vāvā), traditionally and usually performed by women in a sitting position

heiva a general word for Tahitian dancing events, dancing entertainment or dance assemblies

hivinau one of the oldest of the dances and therefore tending to evoke the Polynesian past, performed in two concentric circles of men and women pursuing and teasing each other in an exciting and erotic interaction; when the movement of the circles stop, the dancers form couples and dance by pairs

hurahura a name describing a variety of ancient dances

'ōte'a traditional and spectacular - originally ceremonial - group dances of a given theme or of mixed themes, often performed at official occasions with an important purpose being the welcoming and the honoring of the spectators; with strictly ordered formations and (sometimes spontaneously) choreographed movements performed by men or women, usually by both

pā'ō'ā traditional (but still relatively modern) dances (sometimes performed, at least partially, in a sitting position) involving singing and portraying themes such as fishing, hunting, cock-fighting, or tapamaking, in which the chief (ra'atira) often calls on individual performers (usually a woman dancing in a circle of men) to exhibit their skills as they dance around the drum; the pā'ō'ā is often accompanied by singing and thigh-slapping

pā'oti a certain way of dancing involving scissor-like movements of the legs, traditionally performed by men; the pā'oti taō'ere is very fast whereas the pā'oti pahu is slower.

pāta'uta'u savage and erotic dances which involve rhythmic recital of traditional texts and feature an individual performer, the rhythm is accentuated by beating the ground with the open hand

tāmūrē (or:) 'ori tahiti a Tahitian dance popular with Tahitians and foreigners alike; it takes the form of male-female duos who improvise their dancing according to the inspiration of the moment with the orchestra keeping up a continually accelerated tempo

'upa'upa the word 'upa'upa today refers primarily to music, but it used to denote an improvised, fast-moving dance in which a man and a woman would mime voluptuous erotic scenes, accompanied by handclapping from the spectators

dance floor tahua 'orira'a
dance hall fare 'orira'a
dancer (general) ta'ata 'ori
dancer (female) vahine 'ori
dancer (male) tāne 'ori
dancing 'orira'a, 'ori'ori, 'ohipa 'ori
  ballroom ~ 'orira'a popa'ā Polynesian ~ 'orira'a mā'ohi Tahitian ~ 'orira'a tahiti
  I like Tahitian ~ very much. E mea au roa

dancing establishment / **date**

nā'u te 'ori'ori tahiti. He learns quickly when it comes to ~, but not in class. E mea i'ei'e 'ōna i te 'ohipa 'ori, 'āre'a rā i te 'ohipa ha'api'ira'a 'aita ia.
dancing establishment, night club with dancing vāhi 'orira'a
dancing festival heiva
dancing lesson or **class** ha'api'ira'a 'ori I am very sorry that I forgot to pay you for the Tahitian ~ yesterday. 'Ua pe'ape'a roa vau nō te mea 'ua mo'ehia iā'u te 'aufau atu iā 'oe nō te ha'api'ira'a 'ori tahiti inānahi ra.
dancing skirt of hibiscus (pūrau) fiber 'ahu taura
dandle, rock or lull a baby to sleep, take a baby in one's arms hi'i
dandruff raha
dandy, elegant or vain person ta'ata i'ei'e
danger, frightening situation ataata, atāta (be careful about pronunciation, since 'ata'ata means "funny" or "smiling")
danger, horror ri'ari'a
danger, peril 'ati
danger, trouble pe'ape'a
face **danger, risk, be resolute** fa'aū i te 'ati
dangerous, precarious, (also:) **difficult** fifi, fifififi ~ (precarious) curve tīpu'ura'a fifi
dangerous, frightening ataata, atāta (be careful about the pronunciation, since 'ata'ata means "funny" or "smiling"), temutemu A storm is ~ on the high seas. Mea ataata te vero i tua. It is ~ to climb that mountain. E mea ataata 'ia ta'uma i ni'a i terā mou'a.
dangerous, harmful, evil, wicked tōtōā
dangerous, horrible, terrifying ri'ari'a It is very ~, you see. E mea ri'ari'ā roa pa'i.
Daniel, Dan Taniera
Danube te 'ānavai Tanupa, Tanupa
dare, defiance, challenge fa'ati'ora'a
dare (someone), **defy, challenge, issue a challenge** fa'ati'o
dare (something), **defy, challenge, court, flirt with** (a danger) fa'ahina'aro ... but Keola was past fear and courted death. 'Ua hemo ra i muri te ri'ari'a o Keola 'ē te fa'ahina'aro nei 'oia i te pohe i teie nei. (literally: Keola's fear had slipped away [from him] and he now flirted with death.) (From John [Tihoni] Martin's free translation of R.L. Stevenson's The Isle of Voices.)
dare, risk fa'aū i te 'ati, au i te 'ati
not **dare** to do or say something, **be afraid of** fa'aataata, fa'aatāta
dark, black 'ere'ere
dark, blackish, black-and-blue uri, uriuri
dark, obscure pōuri, pōiri
dark, gloomy, overcast, (also:) **somber, sullen** rumaruma, fa'arumaruma
very **dark,** very **black** pa'o
dark heron, Ardea sacra 'ōtu'u
darken, become dark ha'apōuri, ha'apōiri, fa'arumaruma
darken, dim, obfuscate ha'amohimohi, tāmohi
darkness pōuri, pōiri extreme ~ pōuri ta'ota'o, pōiri ta'ota'o ... and ~ (was) upon the face of the deep ... 'ē te pōuri ho'i i ni'a iho i te 'iriātai
darling (no romantic interest specifically implied) poihere
darling, beloved, dear(est) hani
darling (with romantic interest), **loved one, beloved, sweetheart** here, here iti, ipo (archaic, Hawai'ian) My ~! Tā'u i here! (or:) Tā'u here iti!
darn, patch tāfai
darn, patch (sewing) tīfai
Darn it! What bad luck! (when losing something of value) E mea nounou!
dart, arrow te'a
data processing, computer science 'apo-'itehō-parau
date tai'o mahana

date (fruit) ha'ari popa'ā, ha'ari papa'ā
date, rendezvous farereira'a
date, court, woo (a woman) fa'ahina'aro (vahine), ha'ahina'aro (vahine)
daub, smear on, spread on parai
daughter tamāhine Here is my ~. Teie tō'u tamāhine.
feeding **daughter** tamāhine fa'a'amu
daughter-in-law hunō'a vahine
dauntless, brave, courageous, stouthearted itoito
dauntless, fearless, unafraid, intrepid mata'u 'ore
Davallia elegans (a kind of fern) titi
David Tavita (in the Bible spelled Davida)
davit(s), cathead hīvi poti, teve
dawdle, go slowly, hold back ha'amarirau
dawdle, delay, postpone, put off, stretch out fa'aroa
dawdle, delay, prolong, take a long while ha'amaoro
dawdling, indolent ha'amarirau
dawn (stars still visible) 'a'ahiata
dawn (stars no longer visible) tātaiao
dawn (very early morning, sun visible) po'ipo'i roa
day (as distinct from hour or week or month) mahana This is a very beautiful ~. (E) Mea maita'i roa teie mahana. a ~ of rest mahana fa'aeara'a 'ohipa from this ~ on mai teie atu mahana The Lepers' Feast ~ (in Orofara) te mahana 'oro'a nō te mau repera (i Orofara) Give us this ~ our daily bread! Hō mai i te mā'a e au iā mātou i teie nei mahana! May this ~ be a source of rejoycing for us all! Ia riro teie nei mahana ei pōpoura'a nō tātou pā'āto'a! The ~ will arrive when I come back. E tae noa'tu ai te mahana e ho'i mai ā vau (from the Tahitian farewell song E mauruuru ā vau).
day (with the emphasis on **daylight** as opposed to night), **daytime** ao It is almost ~. 'Ua night fātata i ao.

In counting **days**, the old Tahitians used nights as the unit: ru'i Seven ~ (literally: nights) shall ye eat unleavened bread. 'Ia ru'i hitu 'outou i te 'amura'a i te pane fa'ahōpue-'ore-hia.
the **day after tomorrow** ānānahi atu, ānānahi'tu
the **day before yesterday** inānahi atu, inānahi atu ra, inānahi'tu, ināhi'tu ra I am very sorry that I forgot to pay you for the Tahitian language lesson the ~. 'Ua pe'ape'a roa vau nō te mea 'ua mo'ehia iā'u te 'aufau atu iā 'oe nō te ha'api'ira'a reo tahiti inānahi atu ra.
every **day** (literally: all days) te mau mahana ato'a He is in Pape'ete every ~. Tei Pape'ete 'ōna i te mau mahana ato'a.
every other **day** te piti o te mau mahana āto'a (or:) e toru taime i te hepetoma (three times a week)
from this **day** on mai teie atu mahana
mid**day, noon**time (appr. 11 a.m. to appr. 4 p.m.) avatea
this **day** (referring to a day in the past), **today** nauania For unto you is born this ~ in the city of David a Saviour, which is Christ the Lord. I nauanei ho'i i fānau ai te Ora nō 'outou i te 'oire o Davida (pronounced Tavita), 'oia ho'i te Metia ra o te Fatu.
to**day** i teie mahana, teie mahana
day by day, by the day tāmahana to do the work on a ~ basis tāmahana i te 'ohipa car rented by the day pereo'o tārahu tāmahana
present-day, of today o teie tau nei the present-~ youth, the younger generation of today te u'i 'āpī o teie tau nei
(and) until the present **day** e tae roa mai i teie mahana
from this **day** on mai teie atu mahana
day labor (work paid by the day) 'ohipa tāmahana
day of fasting mahana ha'apaera'a mā'a The Lepers' Feast **Day** Te 'ōro'a o te mau rēpera

daylight / **debate**

in the coming **days, soon**   i te mau mahana i mua nei

these **days**   (i) teie mau mahana   I am hard up for money these ~.   'Ua fifi ri'i au i teie mau mahana i te pae'au o te moni.

daylight, daytime   ao   It is almost ~.   'Ua fātata i ao.

dazzled   pura

deacon   ti'atono, tiatono

dead   pohe, pohe roa, popohe, pohepohe   A ~ rat has a foul smell.   E mea ne'one'o te 'iore pohe.   shoot ~   pupuhi pohe roa

dead (less formal)   mate

act as if **dead, play possum**   ha'apohe

dead ahead *(naut),* **straight ahead**   'āfaro   Keep (going) straight ahead!   'Āfaro noa!

dead drunk, dead to the world, deeply asleep   unuhi

deaf   tari'a turi, turi   ~ person   ta'ata tari'a turi

deafening   turituri

deafness   turi, tari'a turi

deaf-mute   vāvā   ~ person   ta'ata vāvā

deal, agreement   fa'aaura'a parau

deal, business deal   'ohipa fa'aauhia

deal, transaction, contract   parau fa'aau   It's a **deal!** Approved! Done!   'Ua ti'a!   (also:)   'Ua oti!

deal, amount   rahira'a

a great **deal** of   e mea rahi

No big **deal!**   'Aita e faufa'a!

deal a blow to, beat, hit with closed fist   tupa'i

dealer, agent, franchise holder, concessionary   ti'a   car ~   ti'a tāpa'o pereo'o

dear, beloved, loved one   here

dear, little (as a tender expression)   iti (dual and plural:) ri'i   my ~ little wife   tā'u vahine iti   Dear Tīvini family! (as in starting a letter)   E Tīvini mā ri'i e!

dear (implied in the word friend:)   My ~ friends!   E tō'u mau hoa ē!

dear(est), darling, beloved   hani

dearth, virtual absence, scarcity   'orera'a

dearth, famine   o'e

death, decease, demise, passing away   pohe, pohera'a   In the old times, a man had many names until his ~.   I te tau mātāmua, e rau io'a tō te ta'ata e tae noa'tu i tōna pohera'a. (As an example, the first "king" of Tahiti had at least five names during his lifetime: Tū, Teina, Mate, Vaira'atoa, and Pōmare.)   ... but Keola was past fear and courted ~.   'Ua hemo ra i muri te ri'ari'a o Keola 'ē te fa'ahina'aro nei 'oia i te pohe i teie nei. (literally: Keola's fear had slipped away [from him] and he now flirted with ~.) (From John [Tihoni] Martin's free translation of R.L. Stevenson's The Isle of Voices.)   Yea, though I walk through the valley of the shadow of ~, I will fear no evil.   'Ē 'ia haere noa'tu vau nā te peho ra, o te maru pohe, e 'ore ā vau e mata'u i te 'ino.

death (less formal)   mate

death, eternal sleep   ta'otonui   Pouvāna'a a O'opa lies in eternal sleep enveloped by the soil of Tahiti, the land which he loved so much and to which he dedicated his life.   'Ua tārava o Pouvāna'a a O'opa i te ta'otonui e vehia e te repo nō Tahiti, te fenua i murehereihia e āna mā te pūpū atu iāna iho.

death sentence   utu'a pohe

debase   ha'afaufau

debased, base, immoral, vile, despicable, disgusting, repugnant   faufau

debate, dispute, argument, discussion   mārōra'a

debate, dispute, argument (reason advanced)   mārō parau

debate, dispute, argumentative discussion   parau mārō

angry **debate** or dispute, loud argument   mānian ia

heated **debate** or dispute, argument, squabble, fight   tama'i

143

debate

debate, dispute, argue, insist mārō
debate angrily, argue loudly māniania
debate heatedly, argue, squabble, fight tamaʻi Teiho ~d heatedly (together) with his wife. ʻUa tamaʻi Teiho rāua tāna vahine.
come out ahead in a **debate** or argument, **win** upoʻotiʻa
debauched, wanton, lustful, lascivious, promiscuous taiʻata, tauteʻa, faʻaturi a ~ woman (prostitute) vahine taiʻata (or:) vahine faʻaturi Ye have lived in pleasure on the earth, and been wanton. ʻUa pārahi ʻoutou i te ao nei mā te navenave ʻē te taiʻata.
debauchery, (nightly) philandering ʻohipa ori i te pō Because of his nightly ~ that fellow contracted syphilis. Nō te ʻohipa ori pō i tupuhia ai taua taʻata ra i te tona.
debit ʻairaʻa tārahu, raveraʻa tārahu
Deborah Tepora
debris, garbage, rubbish, trash pehu
debris, rubble, (also:) drift waste (especially when found on the seashore or on river banks) āiha
debt, loan tārahu (be) **paid off** peʻe Have you paid off that ~? ʻUa peʻe ānei terā tārahu iā ʻoe?
be in **debt, owe** (money), **borrow** ʻaitārahu
contract to pledge security for a **debt** piri firia
pay off a **debt** haʻapeʻe
debtor ʻaitārahu, taʻata ʻaitārahu
decanter, carafe, pitcher pita
Decapterus pinnulatus, mackerel, scad ʻōperu
decay, decompose, rot faʻaʻino, haʻapē
decay, rot, decomposition ʻinoraʻa
corpse in a state of **decay** or decomposition pera
decayed, rotten, decomposed ʻino The papaya is rotten. E mea ʻino te ʻīʻītā
decayed, rotten, foul pē

deceit, fraud ʻohipa haʻavare, rāveʻa haʻavare
deceit, lie haʻavare For from within, out of the heart of men, proceed evil thoughts, ... covetousness, wickedness, ~, Nō roto mai hoʻi i te ʻāʻau taʻata te manaʻo ʻino, te nounou taoʻa, te feʻiʻi, te haʻavare,
deceit, ruse rāmā
free from **deceit, sincere, honest** parau tiʻa, manaʻo tiʻa, ʻateʻate
deceitful, sneaky haʻavarevare
deceive, beguile, dupe, fool, gull, (also:) **lie** haʻavare, haʻavarevare And the woman [then] said, The serpent beguiled me, and I did eat. ʻUa nā ʻō atura te vahine ra, I haʻavare mai te ophi [ʻōfi] iāʻu, ʻamu ihora vau.
deceive, employ a ruse or trick rāmā
deceive, tempt faʻahema
deceived, fooled, taken in by vare I was ~ by what the car salesman said. ʻUa vare au i te parau a te taʻata hoʻo pereoʻo uira.
deceived, tempted hema
deceiver, rogue, liar taʻata haʻavare
deceiver, tempter taʻata faʻahema
December titema the month of ~ te ʻāvaʻe nō titema
decent, good, agreeable maitaʻi, maitataʻi
decent, proper, neat viru, viruviru
decentralization tuhaʻaraʻa mana faʻatere
deception ʻohipa haʻavare
deception, ruse, wicked stratagem rāmā
means of **deception, trick, guile** rāveʻa haʻavare
deceptive, false haʻavare
decide, plan, determine, make up one's mind to ʻopua I ~d to travel to Tubuai by ship. ʻUa ʻopua vau i te tere i Tupuai nā niʻa i te pahī.
decide, determine, specify, set faʻataʻa
decide, finalize faʻaoti
decided upon, determined, set taʻa,

decimal number

'ōpuahia The date has been ~. 'Ua ta'a te tai'o mahana.
That's **decided!** (also:) **Agreed! Done!** 'Ua oti!
decimal number nūmera toma
decision, determination, specification fa'ata'ara'a
decision, finalization fa'aotira'a
decision, plan, intention, proposal 'opuara'a
decision by the court, judgment, sentence ha'avāra'a stern ~ ha'avāra'a 'eta'eta
power to make **decisions, authority, power of authority, political power,** (also:) **supernatural power** mana
decisive fa'aoti ~ vote reo fa'aoti 'ohipa
deck tahua pahī
declaration, affirmation, clarification pūhara
declaration, announcement, information fa'a'itera'a
declaration under oath or **on one's honor** fa'a'itera'a tapu
declare, affirm, make clear pūhara
declare, announce, inform fa'a'ite
declare, speak frankly or **squarely** parau hua The heavens ~ the glory of God; and the firmament showeth his handiwork. Tē parau hua nei te mau ra'i i te hanahana o te Atua; 'ē tē fa'a'ite nei te reva i te 'ohipa a tāna rima.
declared value faufa'a fa'a'itea
decline, fall, go down, set (sun) topa, topa i raro, tape, taha, to'o'a The sun is setting. Tē topa nei te mahana. The fever (temperature) ~d. 'Ua topa te fa'ito fīva i raro.
decode a message huri 'ē i te poro'i
decompose, decay fa'a'ino, ha'apē
decomposed, rotten, decayed 'ino The papaya is rotten. E mea 'ino te 'ī'ītā
decomposition, decay, rot 'inora'a corpse in a state of **decomposition** or decay pera
decorate, adorn, embellish fa'ana'ona'o,

dedication

nana'o, na'ona'o
decorate, beautify, clean, "pick up," set in order fa'anehenehe
decorate, bedeck with flowers and/or leaves 'una'una, fa'a'una'una
decorate, pin a medal on fa'afeti'a
decorate with foliage fa'aruperupe
decorated, bedecked with flowers and/or leaves 'una'una, fa'a'una'unahia
decorated, having been given a medal or medals fa'afeti'ahia
decoration with flowers and/or leaves 'una'una
decoration, medal feti'a
award a **decoration** or **medal** fa'afeti'a
decrease, diminish iti My money ~d (became insufficient, ran out). 'Ua iti te moni iā'u.
decrease in value, depreciation of capital moni iti
decrepit, old and feeble rū'au e te paruparu, oroua (archaic)
decrepit, worn out with age tatuatehea (archaic)
decrepit old person ta'ata rū'au e te paruparu, taipe (seldom heard today), rauhurupē (literally: old banana, also seldom heard today)
decrepitude, feeble old age paruparu rū'au, rū'auara'a
dedicate, consecrate, sanctify ha'amo'a
dedicate, honor someone fa'atura
dedicate oneself, **offer** or **sacrifice oneself** pūpū iāna iho Pouvāna'a O'opa lies in eternal sleep enveloped by the soil of Tahiti, the land which he loved so much and to which he ~d his life (literally: himself). 'Ua tārava o Pouvāna'a a O'opa i te ta'otonui e vehia e te repo nō Tahiti, te fenua i mureherehia e āna mā te pūpū atu iāna iho.
dedication (in a book, for example) pāpa'ira'a ha'amaita'i
dedication (of church), **consecration** ha'amo'ara'a

deed, action, measure 'ohipa   the ~s which were committed by the French government   te mau 'ohipa o tei ravehia ra e te hau farani
official (written) **deed**   parau mana
register a **deed, record an official document**   ha'amana
deep, (also:) **profound**   hohonu, hōhonu   ~ love   arofa hohonu   a ~ or profound thought or mind   mana'o hohonu   I am between the devil and the ~ [blue] sea.   O te tiaporo i te hō'ē pae, o te moana hohonu i te tahi pae, o vau i rōpū.
deep, concave, hollowed out   po'opo'o   ~ (soup) plate   merēti po'opo'o (or simply:) po'opo'o
become or get **deep(er)**   hohonu, hōhonu   The ulcerating sore in his foot keeps getting ~er.   Tē hohonu noa atu ra ā te fao i tō 'āvae.
the **deep, ocean**   moana
deepen   fa'ahonu
deeply asleep, dead drunk, "lost to the world"   unuhi
deeply affected emotionally, moved, touched   putapū (i te 'ā'au)   I was ~ by hearing that song.   'Ua putapū tō'u 'ā'au i te fa'aro'ora'a i tera hīmene.   I was ~ by the church service this morning.   'Ua putapū tō'u 'ā'au i te purera'a i teie po'ipo'i.   My heart was deeply touched when I heard the happy news.   'Ua putapū tō'u 'ā'au i te fa'aro'ora'a i te parau 'āpī 'oa'oa.
deeply grateful, feeling deep gratitude (construction with:) 'ā'au mēhara (literally: remembering heart)   I am profoundly ~ to my very dear friend in Puna'auia, Ralph Gardner White.   E 'ā'au mēhara hau roa atu ihoā ra tō'u i tō'u hoa here iti nō Puna'auia 'oia ho'i iā Rūrū (RGW's Tahitian name).
deer   ria
defame, insult   fa'a'ino, fa'a'ino'ino
defeat, annihilate, destroy   ha'amou

defeat (as in an argument), **come out ahead**   upo'oti'a
defeat, conquer, subjugate, tame   ha'avī
defeat, win in a competition   noa'a te rē
defeat an expectation, tantalize   fa'atīaniani
defecate   titi'o, hāmuti, haumiti (the two latter are seldom heard today)
defect, problem   hape, hapa
defective, deficient, bad   'ino
defend, protect, shield   pāruru   In memory of the heroes of Fa'a'a who died in 1844 during the battles against the French soldiers (while) ~ing their land and their independence.   Nō te ha'amana'ora'a i te mau 'aito nō Fa'a'a, o tei mate i te matahiti hō'ē-tautini-e-va'uhānere-e-maha-'ahuru-mā-maha nā roto i tō rātou arora'a i te mau fa'ehau farāni nō te pāruru i tō rātou fenua e i tō rātou ti'amāra'a.   (from a plaque in Fa'a'a)
defense, protection, shield   pāruru   ~ attorney   auvaha pāruru
defer, put off, postpone, (also:) **take a break, (take a) pause**   fa'ataime   ~ to the court   fa'ataime i te ha'avāra'a   ~ for judgment   fa'ataime i te fa'aotira'a
deferment, postponement   fa'ataimera'a   convenient time of ~   fa'ataimera'a fa'aauhia
defiance, dare, challenge   fa'ati'ora'a
deficiency (due to consumption), **shortage, deprivation**   paura'a
deficiency (in something desired or expected), **deprivation, absence**   'erera'a
deficiency, lack (construction by using a negation:)   'ere, 'ore, 'aore, 'aita   a ~ of food.   'ere i te mā'a (or:) mā'a 'ore (or:) 'aita e mā'a   ~ of energy   itoito 'ore because of a ~ of ...   nō te mea 'aita ...
make up for a **deficiency,** (also:) **ration**   fa'arava'i, fa'anava'i
suffer from oxygen **deficiency** in diving   topatari, tapatari

deficient, defective, bad 'ino
deficient, insufficient nava'i 'ore
deficient, not right, incorrect e 'ere (i) te mea tano
deficient, weak paruparu
mentally deficient, idiotic, moronic, demented ma'au
defile, pollute, soil ha'avi'ivi'i
defiled, polluted, soiled, (also:) corrupt, impure vi'ivi'i
defilement, pollution, (also:) impurity, corruption vi'ivi'i
define, explain fa'ata'a
define, translate 'iriti
definite, approved, right, proper ti'a at the right time i te hora ti'a
definite, certain, sure pāpū I am sure. E mea pāpū iā'u. I am not sure. 'Aita e pāpū ia'u.
definite, determined, set, decided on ta'a, ta'a maita'i The date has been set. 'Ua ta'a te tai'o mahana.
definite, exact, true mau That's ~! Exactly! That's true. Parau mau! (or:) E mea mau!
definite article (grammar) fa'ata'a i'oa pāpū
definitely, of course pāpū roa
definitely, really iho ā I ~ told him that. 'Ua fa'a'ite iho ā vau i terā mea iāna.
definitely not 'aita roa I ~ did not hear the horn (signal) from your car. 'Aita roa vau i fa'aro'o i te pū nō tō 'oe pereo'o.
definition, explanation fa'ata'ara'a
deflower, deflorate fa'ahara, ha'ahara
deformed, malformed, disfigured tupu 'ino
deformed (applied to legs or feet), misshapen, crooked, twisted hape ~ leg or foot, club-foot 'āvae hape
deformity, abnormality tupu-'ino-ra'a
defraud, dissimulate huna
defraud, gull, fool, lie ha'avare ~ the state or government ha'avare i te hau
defraud, steal 'eiā

defy or challenge (someone), issue a challenge, dare fa'ati'o
defy or challenge (something), dare, court, flirt with (a danger) fa'ahina'aro ... but Keola was past fear and courted death. 'Ua hemo ra i muri te ri'ari'a o Keola 'ē te fa'ahina'aro nei 'oia i te pohe i teie nei. (literally: Keola's fear had slipped away [from him] and he now flirted with death.) (From John [Tihoni] Martin's free translation of R.L. Stevenson's The Isle of Voices.)
degrade, oppress, enslave fa'afao
degree (division of a measuring scale, for example a thermometer) tēteri
degree, measure fāito
degree, position, title ti'ara'a
academic degree (diploma) parau tū'ite ~ of doctorate parau tahu'a tuatoru master's ~ parau 'ai'ihi tuatoru
to a degree, relatively, in a way, it depends tei te huru
dehusk (a coconut) 'ō, 'ō'ō
dehusking tool 'ō
delay, deferment fa'ataimera'a
delay, postponement fa'aroara'a
delay, prolongation ha'amaorora'a
delay, defer, put off, "table" fa'ataime
delay, interfere with (thereby dragging out) fa'ataupupū
delay, interfere with or drag out a job fa'atāupuupu
delay, postpone, stretch out fa'aroa
delay, prolong, take a long while ha'amaoro
delegate, appointee ta'ata tonohia
delegate, deputy, alternate, substitute ta'ata mono, (ta'ata) ti'a, raumaire (anc.)
delegate, speaker, translator 'auvaha
delegate, appoint someone to a station, post or send someone to ... tono, tonotono
delegate, appoint tono
delegate or impart power or authority to someone, (also:) exalt someone teni,

teniteni
delete, eliminate, cancel, do away with, forgive (an act) fa'a'ore Because it rained, the competition was ~ed (from the program). I te mea 'ua ua, 'ua fa'a'orehia te fa'atitiāuara'a.
deliberate(ly), on purpose mā te 'opuara'a mau
delicious, agreeable nave
delicious, (very) pleasant au, au roa Earth-baked fish is ~. E mea au roa te i'a 'eu.
delicious, good-tasting, sweet (also used to describe any good-tasting food) monamona, momona, mona
delicious, good-tasting, sweet-flavored no'ano'a
delight, enchantment navenave
delight, happiness, joy 'oa'oa, 'oa'oara'a
delight, pleasure nave
delight in, be charmed by nave
delight in, be enchanted by navenave I was enchanted by that song. 'Ua navenave au i terā himene.
delighted, happy 'oa'oa, pōpou
delighted, pleased nave
delighted (because of being lucky), **lucky** fāna'o I was ~, because I won the prize. 'Ua fāna'o vau, nō te mea 'ua riro te rē iā'u.
delightful, agreeable, delicious nave
delightful, (sensually) highly pleasurable, very enjoyable navenave
delirious, incoherent, unintelligible 'āoaoa
delirium, incoherence, (also:) **foolishness, stupidity** āoaoa
delirium tremens ma'i fa'a'āoaoa nō te ta'ero 'ava
deliver, bring, carry, transport by a conveyance uta, fa'auta The copra sacks were ~ed here to Papeete by ship. 'Ua utahia mai te mau pūtē pūhā i Pape'ete nei nā ni'a i te pahī.
deliver, hand over tu'u And [Judas Iskariot] said unto them, What will ye give me, and I will ~ him unto you? And they covenanted with him for thirty pieces of silver. 'Ua parau atura ['o Iuda Isakariota], Eaha tā 'outou e hōro'a mai nā'u, 'ē nā'u 'oia e tu'u atu iā 'outou? 'Ua fāito maira rātou i e toru 'ahuru moni 'ārio nāna.
deliver, liberate, free tātara
deliver from, save, rescue fa'aora And lead us not into temptation, but ~ us from evil! 'Ē 'eiaha e fa'aru'e iā mātou 'ia ro'ohia-noa-hia e te 'ati, e fa'aora rā iā mātou i te 'ino.
deliver a baby fa'afānau
delivered (from), saved, rescued ora
deliverer, healer, redeemer ta'ata fa'aora, fa'aora
deliverer, Savior fa'aora
delivery, childbirth, birth fānaura'a
delivery, childbirth, confinement (for that reason) mahutira'a pū fenua
delivery, freeing, liberation tu'ura'a
delivery, transport hōpoira'a
general **delivery, poste restante** 'āfata rata tīa'i
delivery (of goods) fa'autara'a
deluge (biblical) tīruvi, tīrui
deluge, heavy rain ua rahi
demand, request, application, petition anira'a
demand, request, requirement, summon tītaura'a
demand, request, ask for, apply for, petition for ani
demand, request, require, summon tītau, tītautau He did not ~ anything. 'Aita 'ōna i tītau noa'tu i te hō'e noa a'e mea ra. He ~s us to obey. Tē tītau nei 'ōna 'ia ha'apa'o tātou.
demanding, complicated, difficult, hard, troublesome fifi
demanding, exacting, laborious, draining 'ohipa rahi She is a ~ woman. E vahine 'ohipa rahi 'ōna.

demented, idiotic, moronic, mentally deficient ma'au

demented, crazy, nuts, cracked, cockeyed, not quite all there taravana (originally referred to the effect on the brain from oxygen deprivation in diving)

demented, crazy, off one's rocker (construction with:) upo'o 'ino   He is ~. E upo'o 'ino tōna (lit: he has a bad head).

demented, senseless, stupid, insane ma'ama'a   He has become ~. 'Ua ma'ama'ahia 'ōna.

dementia, (also:) **attack** (or **bout** or **fit**) **of insanity** fa'auru ma'ama'a

Demiegretta sacra, reef heron, egret 'ōtu'u

demijohn in wicker net container tā'ie'ie

democracy hau manahune, hau huira'atira

demolish, break in pieces 'ōfatifati

demolish, break off, end, finish, terminate fa'aoti

demolish, break, smash, crash, crush ha'aparari, tūparari

demolish, break up, destroy, tear down, raze vāvāhi

demolished, broken apart, shattered parari

demolished, broken off or in two fati

demolished, broken (in several pieces or broken in a number of places) fatifati

demon tēmoni (biblical)

demon, ghost tuputupuā   "little ~", "little devil" tamari'i tuputupuā

demon, ghost, fantom, spirit tūpāpa'u

demonstrate, show, explain, tell fa'a'ite

dengue fever ma'i moa   Dengue fever is a potentially dangerous viral disease transmitted by the bite of an infected mosquito. Although it is medically different from malaria, it is characterised by malaria-like symptoms including high fever with chills; also, there is no vaccine available, because of the rapid mutation of the virus which is endemic in Eastern Polynesia and in many other tropical locations in the world.

blue **denim** parata

denigrate, insult fa'a'ino

denomination, religious community, church (in that sense), **synod** 'ētāretia   the Protestant ~ te 'ētāretia porotetani

dent, mark of a blow po'a   What is this ~ on the car? Eaha teie po'a i ni'a i te pereo'o?

dental o te niho   Pay attention to ~ hygiene. E ara i te 'atu'atura'a o te niho.

dented, battered, banged up popo'a

dentifrice, toothpaste horoi niho

dentist taote niho   My tooth was pulled out by the ~. 'Ua mahuti tō'u niho e te ta'ote (ta'ote niho).

dentition tupura'a niho

denture, false tooth or **teeth** niho ha'avare, niho hāmani

denude, peel, strip hohore

depart, leave reva, rereva, revareva   I am ~ing on an ocean voyage (literally: for the ocean) Tē reva nei au nā te moana.

department (general), **service, bureau** piha 'ohipa

department (specific), **service, bureau, office** piha —

department of administrative affairs   piha vaira'a ture rau

department of communal affairs   piha fa'aterera'a 'ohipa 'oire

department of economic affairs   piha fa'arava'ira'a faufa'a

department of education   piha rāve'a ha'api'ira'a

department of health   piha 'ohipa utuutura'a ma'i

department of import and export   piha tapiho'ora'a i te fenua 'e'ē

department of land surveying   piha tāniuniura'a

department of a government (*Amer.*), **ministry** (*Brit.*) fa'aterera'a hau

department store, warehouse fare

departure   **deprivation**

ho'ora'a tao'a, fare toa rahi
registration **department** fare ha'amanara'a
departure, leaving revara'a Are you going to the ~ of the Finnish ship? E haere 'ānei 'oe i te revara'a o te pahī finirani? How painful it is when one leaves for the wide world beyond! Auē te mauiui rahi i tō revara'a nā te ara! (loose translation from the Tahitian farewell song E maururu ā vau)
depend on, trust ti'aturi
dependency, dependent territory, colony 'aihu'arā'au, fenua fatuhia e te tahi fenua, fenua ti'amāra'a 'ore
dependent, person in one's charge uta'a
dependent on ..., addicted to ... ha'apūai i te ...
dependent on ..., submissive to ... tei raro ia ..., tei raro a'e i te mana nō ...
dependent child tama uta'a I have a ~. E tama uta'a tā'u.
it **depends, it is relative** tei te huru
it **depends** (on what you say), **it's up to you** tei ia 'oe te parau
depilate, remove the hair from (hides, skin, etc), **pluck** (feathers, weeds) huti
deploy ha'amahora
deploy, spread out hohora
deployed mahora
deployed, spread out hohorahia
deport, expel, banish, excommunicate, chase away, exile ti'avaru, tūvaru
deportation, banishment, expulsion ti'avarura'a, tūvarura'a
deportment, comportment, conduct, behavior 'ohipa, haere'a Stop behaving that way, make an end of that ~! 'A fa'a'ore i te reira 'ohipa! Behave yourselves nicely (literally: Your ~ is to be nice). 'Ei haere'a nehenehe tō 'outou.
deportment, custom, habit peu
deposit, down payment moni tāpa'o
deposit, part payment moni piri
deposit, forfeit, pledge (of money) vaihora'a moni
deposit, forfeit, pledge, something pawned vaihora'a tao'a
deposit, sediment rito ~ from orange beer rito pia 'ānani
deposit, make a part payment horo'a i te moni piri
deposit, forfeit, pledge (money) vaiho i te moni
deposit, forfeit, pledge, pawn vaiho i te tao'a
depository, depot, magazine, storehouse, warehouse vaihora'a tao'a
deprecate, despise, put down ta'ahi
depreciation of capital, decrease in value moni iti
depressed, drowsy turuhe
depressed, sad, sorrowful, grieving mihi She was ~ over the death of her son. 'Ua mihi 'ōna i te pohera'a tōna tamaiti.
depressed, sad, tearful, weeping 'oto
depressed, sad, teary-eyed mata 'oto
depressed, troubled, worried, bothered, beset by problems pe'ape'a I am ~ (troubled). Te pe'ape'a nei au.
depressed (physically), **hollowed out, concave** po'opo'o
depression, hole, cavity, ditch, tomb 'āpo'o
depression, low atmospheric pressure ā'rea mata'i
depression, low point po'opo'ora'a
depression or low point **in the reef** through which the surf comes into the lagoon avaava
depression, sadness, grief, sorrow mihi
depression, trouble, worry, being beset by problems pe'ape'a
deprivation, disallowance fa'a'erera'a
deprivation (of something desired or expected), **lack, absence** 'erera'a
deprivation (due to consumption), **shortage, deficiency** paura'a
suffer from oxygen **deprivation** in diving topatari, tapatari

150

deprive of, disappoint someone in his expectation of fa'a'ere His father ~ed him of (frustrated his expectation of) his inheritance (literally: wealth). 'Ua fa'a'ere tōna metua tane iāna i tōna faufa'a.

deprived, needy, lacking adequate means of support, poor veve, nava'i 'ore

be **deprived of lack, not have** 'ere, 'ene (seldom used) He is out of (~s) work. 'Ua 'ere 'ōna i te 'ohipa.

feeling **deprived** of due consideration ainanu

depth hohonu

deputy tepute

deride, make fun of, laugh at, provoke fa'aipaupau

deride, ridicule, laugh at despisingly, mock tāhitohito, tāhito

descend, fall ma'iri He had a ~ed rectum. 'Ua ma'iri tōna 'ōhure.

descend prescipitously, fall down a slope tītāpou

cause to **descend** ha'apou

descend (hereditarily) nā roto mai

descendancy hua'ai direct ~ hua'ai fatu faufa'a

descendant, progeny, offspring huā'ai direct ~ hua'ai fatu faufa'a

descendants 'āti

descended rectum (best explained as:) 'ua ma'iri te 'ōhure

describe, show, tell, inform fa'a'ite

description parau fa'a'ite

desert, void vai 'ano

desert, wilderness, wasteland medebara (pronounced: metepara) ... and he led the flock to the backside of the ~ ... 'ē 'ua arata'i atura 'oia i taua nana ra i 'te 'ōti'a o te medebara

desert, abandon, forsake fa'aru'e

deserted, lonely 'ano

"just **deserts,**" **recompense, sanction** (actually: what one deserves or merits, whether positive or negative) utu'a

deserve au, ti'a ~ compassion or sympathy au ia arofahia mai

You got what you **deserve! That serves you right!** 'Aitoa! (or:) Tēnā tā 'oe mā'a! (literally: There's your food!)

design, conception tupura'a i te mana'o, ferurira'a

design, desire hina'aro

design, intention, plan 'opuara'a

design, intention, thought mana'o

pattern, (drawn) **design** hoho'a pāpa'i

design, (drawn and/or written) **plan** hoho'a

design, procedure rāve'a

design, conceive, bring to mind fa'atupu i te mana'o

design, intend to, plan 'opua

designate, determine, specify fa'ata'a

designate, point to with approval tohu, tohutohu

designate, set, establish, or **impose limit(s)** tā'ōti'a

designated, set, established, or **imposed limit(s)** tā'ōti'ara'a It is necessary that the ~ (speed) limits for travel on the road be observed. Ei (Eia) fa'aturahia te tā'ōti'ara'a o te tere nā ni'a i te purōmu.

desirable, admirable fa'ahiahia That is very ~. E mea fa'ahiahia roa'tu te reira.

desire, lust, covetousness nounou The lust for money is the root of all evil. 'O te nounou moni ho'i te tumu o te mau 'ino ato'a nei.

desire, wish, fancy hina'aro What is your (basic) ~? Eaha tō 'oe hina'aro? My ~(s) has (have) been fulfilled. 'Ua māha tō'u hina'aro.

strong, ardent **desire, liking something very well, being very interested** 'ana'anatae

desire, lust for, yearn for, covet nounou

desire, want, wish, like hina'aro What do you ~ (at this time)? Eaha tā 'oe e hina'aro?

desire, wish (construction with 'ia:) Have (I [we] desire you to have) a good trip! 'Ia maita'i tō tere! If only (I wish) the sun would come out! 'Ia tae mai te mahana!

desire to drink hia inu
desire to eat hia'amu
desire to eat or drink hia'ai I would really like a cold beer. 'Ua hia'ai au i te pia to'eto'e.
desk 'iri pāpa'ira'a (parau), (especially inclined and with a drawer, as in a school:) 'āfata pāpa'ira'a (parau) That book is spread out on top of the ~. 'Ua mahora terā puta i ni'a i te 'āfata pāpa'ira'a parau. His ~ is very cluttered. 'Ua hōpiri roa tāna 'āfata pāpa'ira'a parau.
desolate, abandoned, empty of people ano
despicable, base, debased, immoral, vile, disgusting, repugnant faufau
despise, contempt, disdain vahavaha
despise, deprecate, put down ta'ahi
despise, deride, mock, laugh at, ridicule tāhito, tāhitohito
despise, disdain, have contempt for vahavaha
despise, scorn ha'avahavaha
despising, deriding, mocking, ridiculing tāhitohito
despising, contemptuous, disdainful vahavaha
despite, even if, though, although 'ātīrā noa'tu, 'ātīrā noa atu ~ what he says, I will do it. 'Ātīrā noa atu tāna parau, e rave au.
despite, in spite of noa atu, noa'tu, noa'tu ā, noa'tura ~ the harsh weather noa'tu i te 'eta'eta rahi o te tau The ship left in spite of the storm. 'Ua reva te pahī noa atu te vero. ~ our being apart for so long, I have not forgotten you. Noa'tu i te maorora'a tō tāua ta'a-ēra'a, aita 'oe e mo'ehia iā'u.
dessert mā'a ri'i hōpe'a
destination vāhi fa'ata'ahia
destiny, fate fa'ata'ara'a
destitute, indigent, poor, deprived, lacking adequate means of support, having no property veve, nava'i 'ore

destroy, annihilate, exterminate, wipe out (with nothing left) ha'amou
destroy, break up, demolish, tear down vāvāhi
destroyed, annihilated, exterminated, wiped out (with nothing left) mou
destroyed, broken up, demolished, torn down vāvāhihia
destroyed, having ceased to exist pau It was ~ by the wind. 'Ua pau i te mata'i.
destruction, annihilation, extermination ha'amoura'a
destruction, death pohe Pride goeth before ~, and an haughty spirit before a fall. 'O te te'ote'o tō te pohe ra nā mua, 'ē te 'ā'au fa'ateitei tō te hi'a.
detach, loosen, untie, (also:) **break an agreement** tāhemo, tāhemohemo
detach, separate fa'ata'a, fa'ata'a 'ē
detach, untie tātara
detach shellfish (from coral) 'a'aro i te pāhua
detached, having come undone, loosened matara
detached, pulled out mahuti, mahiti
detached, out of joint ta'a
detached, separated ta'a, ta'a 'ē
detect, discern, discover heheu
detective matatira
detergent, soap pu'a
wash with **detergent** or **soap** pu'a
determine, decide, finalize fa'aoti
determine, make up one's mind to, plan, decide 'opua I ~d to travel to Tubuai by ship. 'Ua 'opua vau i te tere i Tupuai nā ni'a i te pahī.
determined, decided upon, set ta'a, 'opuahia
detest, feel disgusted about, abhor fa'afaufau, ha'afaufau
detestable, disgusting, abhorrent, loathesome faufau
detonation, blast ta'ū
sound describing **detonation** pa'ū
devastate, damage News has arrived of

develop

that cyclone that just recently ~d Futuna. 'Ua 'atutu te parau 'āpī nō terā vero i te fa'a'ino a'e nei iā Futuna.
develop, fall victim to tupu he ~ developed tuberculosis. 'Ua tupuhia 'ōna i te ma'i tūto'o.
develop, grow, germinate tupu, tupu i te rahi
develop (of organisms), **proceed in growth** māhie
develop into, become, come or **get to be** haere He is becoming big(ger). Tē haere ra 'ōna i te rahi.
develop, create, bring into being, cause to grow fa'atupu, ha'atupu
develop, cause to grow or germinate fa'atupu, fa'atupu i te rahi, fa'atupu 'ia rahi
develop, increase, enlarge fa'arahi
develop, explain, "spell out" tātara
develop, spread out, lay out, open up hohora, hōhora
develop, treat, cure, preserve rapa'au ~ a film rapa'au hoho'a
develop an idea, expand on a thought ha'amahora
develop a subject, propound a question vauvau
development, germination, growth tupura'a, tupura'a i te rahi
development (of organisms), **process of growth** māhiera'a
development (of film, etc.), **treatment, preservation** rapa'aura'a
deviation of course (due to wind or current), **drift** pāinu
device, means of doing something rāve'a anti-theft ~ rāve'a 'aipa 'eiā
devil, evil spirit vārua 'ino He is possessed by the ~. 'Ua uruhia 'ōna e te vārua 'ino.
devil, Satan, (sometimes as a euphemism:) **"imp"** ti'aporo, tiaporo, tātane, tātani, Satani (biblical spelling) the ~s frying pan (hell) te pāni a Tātane He (His mind)

diarrhea

was possessed by the ~. 'Ua 'aratōhia tōna mana'o e te ti'aporo. I am between the ~ and the deep [blue] sea. O te tiaporo i te hō'ē pae, o te moana hohonu i te tahi pae, o vau i rōpū. " Let us have one look at you, Mr. Imp." (Keawe's words to the imp in the bottle in Stevenson's The Bottle Imp, translated freely by John [Tihoni] Martin.) "E ti'aporo tāne ē, 'a fa'a'ite mai na i tō 'oe huru!" And the Lord said unto Satan, whence comest thou? 'Ua parau atura Iehova iā Satani, mai hea mai 'oe?
being possessed by a **devil** or **evil spirit,** (also:) **psychotic episode, insane fit** uru He is possessed by the ~. 'Ua uruhia 'ōna e te vārua 'ino.
"little devil," uncontrollable child tamari'i tuputupuā
devoid of contents, empty tūfarefare
devout, pious, religious paieti
dew hupe (note that hūpē means mucus or snot), tapera'a hupe, vai tape The ~ fell last night. 'Ua tape te hupe inapō.
expose clothes to dew, bleach laundry under dew tāhupe
dexterous, adroit, vigorous, robust pāitoito
diacritic, diacritical sign tāpa'o
dial (as a knob for adjusting a radio) tāvirivirira'a
dial (as in adjusting or tuning a radio) tāviriviri
dialect 'āma'a reo
dialysis rāve'a tāmā toto
diamond taiamani, taimana This is a genuine ~. E taiamani mau teie.
diamond-scaled mullet, Mugil vaigiensis nape
diamond-shape(d) taimana
diaper(s), swaddling clothes pāhi'i, pāhi'i 'ōmaha Wash the baby's ~! 'A 'opu mai i te pāhi'i 'ōmaha o 'Aiu!
diarrhea hī, 'ōhīhī, 'ōhī I have ~. E hī tō'u. The baby had ~ this morning. 'Ua hī 'Aiū i teie po'ipo'i.

153

diary **different**

diary, appointment book puta tāpa'o taime (ti'a) nō te farereira'a
diary, calendar tāpura tai'o mahana, tai'o mahana, tāpura mahana, tārena
diary, journal puta tāpa'o parau
diary, notebook puta tāpa'o mana'o
dice kirikiri, terero (biblical) game of ~ perē kirikiri
throw or play **dice** kirikiri
Dick, Richard Rītā
Dicranopteris linearis, a kind of **fern** anuhe
dictate, command fa'aue
dictate, dominate ha'avī
dictation (in school) pi'ira'a parau
diction, elocution, articulation tu'ura'a reo
dictionary (explaining the meaning of words) puta fa'a'itera'a parau, puta nō te 'iritira'a parau, puta reo
dictionary (translating from one language to another) (puta) fa'atoro reo ... / reo ..., titionare, titionari Tahitian-English ~ puta fa'atoro reo tahiti/reo marite (or: reo peretāne) Sven Wahlroos' EnglishTahitian/Tahitian-English ~ has just come out. I matara iho nei te puta fa'atoro reo marite (peretāne)/reo tahiti 'ē reo tahiti/reo marite (peretāne) a Taote Tīvini ("Doctor Sven"). This ~ was published in Hawai'i. 'Ua piahia teie puta fa'atoro parau i te fenua Vaihī. The dictionaries were transported here to Tahiti by ship. 'Ua utahia mai te mau puta fa'atoro parau i Tahiti nei nā ni'a i te pahī. She told me that this is a very good ~. 'Ua parau mai 'ōna iā'u ē e puta fa'atoro parau maita'i roa teie. I will send that new ~ to you. E hāpono vau i terā puta fa'atoro reo 'āpī iā 'oe.
dictionary, concordance puta tātarara'a parau
dictionary, lexicon rētito Tahitian ~ rētito reo tahiti
die pohe Let us eat and drink, for tomorrow we ~. E 'amu tātou 'ē e inu ho'i, ānānahi ho'i tātou e pohe ai. Those who take to the sword, shall ~ by the sword. 'O te rave ho'i i te 'o'e ra, e pohe ia i te 'o'e. (He or She) ~d suddenly. 'Ua pohe tā'ue 'ōna.
die mate (used poetically and solemnly, otherwise mostly archaic) I am dying of love for you. 'Ua mate au i te here nō 'oe. Pouvāna'a a O'opa died in Pape'ete on the 10th of January, 1977. 'Ua mate o Pouvāna'a a O'opa i Pape'ete i te 'ahuru nō tenuare i te matahiti hō'ē-tautini-'ēiva-hānere-'ē-hitu-'ahuru-mā-hitu. In memory of the ~es of Fa'a'a who ~d in 1844 during the battles against the French soldiers (while) defending their land and their independence. Nō te ha'amana'ora'a i te mau 'aito nō Fa'a'a, o tei mate i te matahiti hō'ē-tautini-eva'u-hānere-e-maha-'ahuru-mā-maha nā roto i tō rātou arora'a i te mau fa'ehau farāni nō te pāruru i tō rātou fenua e i tō rātou ti'amāra'a. (from a memorial plaque in Fa'a'a)
die (euphemism), **leave** (for good) fa'aru'e roa
die (euphemism), **pass away, be among the missing** ma'iri roa
dieresis (a diacritic consisting of two dots over a vowel), **diaeresis** toro'a'ī
diesel oil, fuel oil mōrī hinu, hinu
diet, food regimen fa'aterera'a mā'a
difference vāhi huru 'ē, vāhi ta'a 'ē, mea ta'a 'ē What is the ~ between po'e and poi? Eaha te mea ta'a 'ē i roto i te po'e 'ē te poi?
different, separate from something else, (also:) **strange, extraordinary** ta'a 'ē That's ~. E mea ta'a 'ē te reira.
different, strange, changed (from before or from the usual or expected) huru 'ē You are ~ (you have changed). 'Ua huru 'ē 'oe. Why, then, is she ~ from how she was described? Eaha ho'i te tumu i huru 'ē ai

different

'ōna i te huru o tōna fa'a'itera'ahia mai nōna ra?

different, strange, odd, eccentric, (also:) **foreign** 'ē, 'e'ē, 'ē'ē He is a very ~ (strange) person. E ta'ata 'ē roa 'ōna.

difficult, complicated, hard, troublesome, (also:) **precarious, dangerous** fifi ~ (precarious) curve tīpu'ura'a fifi The Tahitian language seems very ~ to me. E mea fifi roa iā'u te parau tahiti. It is especially ~ for me to understand Tahitian when it is spoken fast. E mea fifi roa nā'u 'ia pāpū i te parau tahiti iā parau ha'avitiviti-ana'e-hia. It is very ~ for me to speak Tahitian on the telephone and understanding it is even harder. E mea fifi roa iā'u i te parau tahiti nā roto i te niuniu 'ē te pāpūra'a i te aura'a e mea fifi roa atu a'e. It is very ~ to drive this kind of car. E mea fifi roa iā fa'ahoro i teie huru pereo'o.

difficult, complicated, tangled, entangled, confused tāfifi

difficult to believe fa'aro'o 'atā

difficult to do or take rave 'atā

difficult to find imi 'atā

difficult to get tītau 'atā

difficult to please or satisfy māha 'ore roa The trouble was the [first] mate who was the most ~ (excitable) man (commander) to please (satisfy) Keola had ever met with. O te ra'atira piti te mea 'iriā a'e o te ta'ata fa'aueue māha 'ore roa a'e te reira i fārereihia e Keola. (from John [Tihoni] Martin's free translation of Robert Louis Stevenson's short story The Isle of Voices)

make **difficult, complicate** fa'afifi, ha'afifi

difficulty, complication, trouble fifi He is in difficulties (or trouble). Tei roto 'ōna i te fifi.

difficulty, trouble, disasterous event 'ati My heart is sorrowed by the ~ (disasterous event) which happened in your family. 'Ua 'oto roa tō'u māfatu nō te 'ati i tupu i

dilute(d)

roto i tō 'oe 'utuāfare.

difficulty, trouble, worry pe'ape'a No problem! No trouble! Don't worry! 'Aita pe'ape'a!

with **difficulty** (with or without motivation to do something) Maeva is a girl who learns only with ~. E tamāhine ha'api'i 'atā o Maeva. This is a flower that can be found only with ~. E tiare 'imi 'atā teie. I don't like children who don't want to obey. E'ita vau e hina'aro i te tamari'i fa'aro'o 'atā.

diffuse, spread (on) parai

dig about (in search), **dig here and there, scratch about** pāheru

dig down in the ground, make holes in the ground, excavate 'ō

dig, excavate horizontally (as in terracing or rearranging soil in landscaping) pao

dig in the ground, grub 'eru, heru, heruheru

dig, spade up 'ūtaru, 'ūtarutaru

digestive system, alimentary canal haerera'a mā'a

digging machine, mechanical digger, excavator pereo'o heru

digging stick, spade 'ō

dignity tiara'a tura

digit(s), finger(s), toe(s) manimani

digit, numeral ti'ara'a nūmera

dilate dilate

dilation hāmamara'a complete ~ hāmamara'a hope

dilatory, lax, slack, without energy tōaruaru

diligence, industriousness, industry, energy itoito

diligent, industrious, hardworking, energetic, active itoito He is truly working ~ly. Tē rave nei 'ōna i te 'ohipa mā te itoito mau.

dilute tāpape, tarapape Do not ~ the wine! Eiaha e tāpape i te uaina!

diluted pape ~ coffee is for the children. Nā te tamari'i te taofe pape.

dilute(d), mix(ed) by beating or stirring

dim

rapu

dim, feebly lit, dull, obscure mohimohi
I prefer a very ~ light when I sleep. E mea au āe nā'u te mōrī mohimohi roa iā taoto vau.

dim, darken, obfuscate, blur ha'amohimohi, tāmohi

diminish, become smaller or insufficient, run out (of) iti My money ~ed (became insufficient, ran out). 'Ua iti te moni iā'u.

diminish, make smaller or **insufficient,** (also:) **belittle, minimize** fa'aiti

diminish, make smaller or insufficient, belittle fa'aiti

diminish sail area, reef, shorten sail rifi

diminution of value (economics), **depreciation** moni iti

diminutive (usually referring to objects), **little, small, small-scale, bantam** na'ina'i

diminutive, little, small, slender, (also:) **dear** iti

diminutive, microscopic mitorotōpī, tao'a iti ha'iha'i 'itehia e te hi'o fa'arahi

diminutive, tiny, very little, very small, minute, miniscule na'ina'i roa, hu'a (be careful with your pronunciation, since **hua** means vulva), e mea hu'a Tetua is ~er than I. E mea hu'a a'e 'o Moana iā'u.

dim-sighted mohimohi te mata

din, clamor, outcry, vociferousness pātētē

din, noise, hubbub, racket, hue and cry, (also:) **"bawling out"** māniania a continuous **din** or **noise** in the head, **migraine** 'āhoahoa

make a **din, clamor, vociferate** pātētē a person who makes a ~. ta'ata vaha pātete, vaha pātētē.

dine tāmā'a

dining room piha tāmā'ara'a, (when outside:) fare tāmā'ara'a (also means restaurant)

dining table ('iri) 'amura'amā'a, ('iri) 'aira'amā'a

dinner tāmā'ara'a ahiahi, mā'a ahiahi Could you reserve (literally: hold) a table for ~ tonight? E nehenehe ānei tā 'oe e tāpe'a i te hō'ē 'amura'amā'a (or: 'aira'amā'a) nō te tamā'ara'a i teie pō?

dinner party, feast, repast tāmā'ara'a big ~ tāmā'ara'a rahi We have been invited to a ~ tonight. 'Ua anihia māua i te hō'ē tāmā'ara'a i teie 'ahi'ahi. You are reminded that our ~ will take place on Saturday the 11th of November this year. Tē fa'amana'ohia atu nei 'outou e tupu tā tātou tāmā'ara'a i te mahana mā'a i te hō'ē-'ahuru nō Novema i teie matahiti. Everybody went to the ~ except 'Ape. 'Ua haere pauroa te ta'ata i te tāmā'ara'a, maori rā (or: 'aita rā) o 'Ape.

dinnerware, dishes 'āu'a (bowl or cup), merēti (dish, plate) wash the ~ horoi i te 'āu'a

dinnerware cabinet, kitchen cabinet, buffet 'āfata vaira'a merēti

Diodon holacanthus, Diodon hystrix, porcupine fish tōtara

Dioscorea alata, yam ufi, uhi

Dioscorea bulbifera (a creeper plant) hoi

dip, hang down, be suspended tautau

dip (something into liquid), **immerse** 'ōtuhi I ~ped my paddle into the (salt) water. 'Ua 'ōtuhi au i tā'u hoe i roto i te miti.

dip in coconut milk ufiufi, uhiuhi

dip out, scoop, ladle tāipu

Diplopoda, galley worm veri tinitō, viri tinitō

dipper, scoop, ladle tāipu

diphthong ta'i 'āmui

diploma (academic degree) parau tū'ite ~ of doctorate parau tahu'a tuatoru master's ~ parau 'ai'ihi tuatoru

direct, straight āfaro

direct, presently occurring, not previously filmed or recorded tae tino, ti'aiho a ~ program e fa'anahora'a tae tino The

ceremony will be broadcast ~ly. E ha'aparare ti'aihohia te 'ōro'a.
direct, govern, administer, conduct, manage, (also:) **steer** fa'atere
direct, instruct, teach ha'api'i
direct, show, demonstrate, explain fa'a'ite
direct the eye to an object, look at hi'o, nānā
direct heir or **heiress** huā'ai fatu faufa'a
direct tax tute 'ītea
direct towards ..., indicate the direction to take, orient, orientate 'avei
direction pae   the northern ~ te pae 'apato'erau   I am between the devil and the deep [blue] sea. 'O te tiaporo i te hō'ē pae, 'o te moana hohonu i te tahi pae, 'o vau i rōpū. (literally: The devil is in one ~, the deep sea in the other ~, I am in the middle.)
direction (compass) 'avei'a   wind ~ 'avei'a mata'i
direction, administration, leadership fa'aterera'a
direction, demonstration, explanation fa'a'itera'a
direction finder or **indicator** rāve'a tīoira'a
direction, instruction, teaching ha'api'ira'a
change **direction, turn** tīoi, nīoi   change ~ to the right tīoi i te pae 'atau
change **direction, turn, veer** oi, tīpu'u   The airplane turned left. 'Ua oi te manureva i te pae 'aui.
in the **direction** of, **toward**(s)   i te pae ...
indicate the **direction** to take, **direct towards** ..., **orient, orientate** 'avei
direction of the wind, quarter from which the wind blows pūmata'i, 'āpo'o mata'i, 'avei'a mata'i
director, administrator, leader ta'ata fa'atere
director, head, chief of a group upo'o
director, manager, head of staff, person in charge ra'atira, ta'ata ha'apa'o i te ...   hotel manager ta'ata ha'apa'o i te hōtēra
Director of the Tahitian Academy Vāna'a Nui
board of **directors** pupu fa'atere
directory (telephone) puta nūmera niuniu
"**dirt,**" **soil, dust, earth** repo, repo fenua, reporepo ... for dust thou art, and unto dust shalt thou return ... e repo ho'i 'oe, 'ē e ho'i fa'ahou atu ā 'oe i te repo
"**dirt,**" **loose soil,** (also:) **mud, mire** vari
dirtied (literally or figuratively), **unclean** vi'ivi'i   Or if a soul [person] touch any unclean thing ... he also shall be unclean, and guilty. 'Ē 'ua ti'a'ia ana'e te ta'ata i te mea vi'ivi'i ra ... 'ua vi'ivi'i ia 'oia, 'ua hara.
dirtied, soiled reporepo, repoa
dirtiness, bad odor piro
dirty, bad-smelling piro, piropiro
dirty, grimy, muddy vari
dirty, unclean repo, reporepo
very **dirty,** very **grimy** pa'opa'o
make **dirty, smudge** fa'arepo
dirty word(s) parau repo, parau faufau, parau 'ino
disability, inability, incapacity roha, rapahu'a   permanent ~ roha tāmau   temporary ~ roha taupoto
disabled, crippled, maimed, (also:) **cripple, maimed** or **disabled person** anapero
disabled, incapacitated paruparu roa, roha
disabled or **incapacitated person, invalid** rapahu'a, ta'ata rapahu'a, ta'ata paruparu roa
disabled person, cripple, (also:) **idiot** (ta'ata) ma'au   Don't let the ~ approach me, nor one who is castrated (literally: whose testicles have been damaged). 'Eiaha te ma'au e fa'afātata mai ... 'ē tei pararī te hua.
guardian of a **disabled person** or a child

disadvantaged

metua tīa'i, tīa'i
disadvantaged, handicapped, infirm huma mentally ~ huma roro physically ~ huma mero sensorially ~ huma pāparua
disagree, be in disagreement, form a schism 'amaha, 'āmahamaha
disagree, argue, debate, dispute mārō
disagree, argue loudly māniania
disagree, argue vehemently, fight tama'i Teiho and his wife ~d violently. 'Ua tama'i Teiho rāua tāna vahine.
disagree, split on an issue 'afā
disagreeable au'ore, au 'ore Being seasick is very ~. E mea au 'ore roa te ma'i 'āruru.
disagreeable, argumentative mārō
disagreement, schism 'amaha, 'āmahamaha
disagreement, split 'afā
disagreement, argument, debate, dispute mārōra'a
disagreement, argument (reason advanced) mārō parau
disagreement, vehement argument, squabble, fight tama'i
loud **disagreement,** loud **argument** māniania
come out ahead in a **disagreement,** win upo'oti'a
disallowance, deprivation fa'a'erera'a
disappear, be lost or missing (a thing) mo'e
disappear, vanish, no longer be there, be without, cease to exist, run out 'ore My headache has ~ed. 'Ua 'ore tō'u māuiui upo'o.
disappoint fa'ati'i
disappoint, make trouble for ha'ape'ape'a
disappoint someone by lying, **deceive** ha'avare, fa'ahema
disappointed, chagrined fa'ati'ihia
disappointed, deceived vare
disappointed, distressed taimatau

disciple

disappointment, chagrin fa'ati'ira'a
disappointment, deception vare, varera'a, fa'ahemara'a
disapprove, mind, object, contradict fa'ahapa
disarrange, mix up huanane
disarrange, put in a state of disorder, throw into confusion hue
disaster, accident, misfortune 'ati
disavow (someone), **reject, look askance at** (someone), hi'o mata'ē That woman ~ed me (I was rejected by that woman). 'Ua hi'o mata'ēhia vau ē terā vahine. He was ~ed by his children. 'Ua hi'o mata'ēhia 'ōna e tōna mau tamari'i.
discern, detect, discover heheu
discern from evidence, **hear it said that** (**understand** in that sense), **realize** hāro'aro'a
discernment, taste 'ite pāpū
discernment, understanding, perception hāro'aro'ara'a
discharge, dismissal tihātira'a
discharge, flow (of liquid) tahera'a
vaginal **discharge, leucorrhoea** he'a
discharge, dismiss, fire an employee tihāti
discharge (cargo), **unload** huri i raro, huri, hurihuri And this was the day of the steamer [literally: when the steamer will come in]; he could see her smoke off Kalaupapa; and she must soon arrive with [literally: ~] a month's goods. Te mahana mau ho'i teie e tapae mai ai te tima; tē 'ite ra 'oia i te auauahi o te pahī i tua mai i Kala'upapa; e'ita e maoro roa te pahī e tāpiri ai i te uāhu nō te huri mai i te mau tauiha'a nō te hō'ē 'āva'e te maoro. (From R. L. Stevenson's The Isle of Voices, freely translated by John [Tihoni] Martin).
disciple, follower 'āpe'e, ta'ata 'āpe'e
disciple, pupil, student pipi The ~ is not above his master, nor the servant above his lord. 'Aita te pipi i hau i tāna 'orometua,

158

'aita ho'i te tāvini i hau i tōna ra fatu. And upon the first day of the week, when the ~s came together to break bread, Paul preached unto them. E tae a'era i te mahana mātāmua o te hebedoma (pronounced; hepetoma) ra, 'ia ha'aputuputu mai te mau pipi e vāvāhi i te pane ra, 'ua a'o Paulo (pronounced: Pauro) iā rātou.

discipline, bring under control ha'avī

discipline, make someone pay attention fa'aha'apa'o make (someone) obey the law fa'aha'apa'o i te ture

discipline, set straight, straighten out fa'atītī'aifaro

disclose, divulge, make clear or **known, explain** hōhora She ~d her thought (or opinion) to (literally: before or in front of) the physician. 'Ua hōhora 'ōna i tōna mana'o i mua i te taote.

discolored (when speaking of water or wine), **cloudy, unclear, murky, muddy** reru

discomfort, dizziness, vertigo hihipo

discomfort, malaise huru 'ino

discomfort, minor physical pain mauiui ri'i

discontent, resentment riri, ririri

discord, schism, disagreement 'amaha, 'āmaha

discordant, schismatic 'amaha, 'āmaha, 'āmahamaha

discordant, unpleasant to hear, bothersome ta'ahoa

discourage, change someone's **opinion** fa'afati The physician changed the opinion of his colleague. 'Ua fa'afati te taote i te mana'o o tōna hoa tōro'a.

discourage, make someone feel hesitant or apprehensive fa'ataiā

discourse, speech 'orerora'a (parau)

discourse, make a speech 'orero

discover, make known fa'amāheu

discover, reveal, explain the real meaning of something heheu

discover, see, perceive 'ite

discovered, found, located 'itehia, 'itea (little used today)

discovery, revelation, explanation of the meaning of something heheura'a

discrete(ly) mai te parau 'ore

discus merēti tāpau ~ throwing tāorara'a merēti tāpau

discuss, argue, debate, dispute, insist mārō

discuss, converse, have a talk paraparau, parauparau

discuss, converse, chat, prattle, engage in idle talk 'āparau

discussion, argument, dispute mārōra'a

discussion, conversation, talk paraparaura'a, parauparaura'a

discussion, debate parau mārō

evening of discussion and prayer, exegesis (Catholic) mātutura'a

evening discussion meeting with prayer and interpretation of Scripture, **exegesis** (Protestant) tuāro'i

disdain, contempt vahavahi

disdain, have contempt for, despise vahavaha

disdainful, contemptuous vahavaha

disease (see also: **illness**), **disorder, malady, abnormality** ma'i (general term) Viriamu did not come; he is sick (literally: has a disease). 'Aita Viriamu i tae mai; e ma'i tōna. contagious ~ ma'i pe'e epidemic ~ ma'i pēe (or) ma'i rere or ma'i ma'ue fatal ~ ma'i pohe heart (coronary) ~ ma'i māfatu liver ~ ma'i ate mental ~ ma'i ma'ama'a venereal ~ ma'i purūmu He has a contagious ~. E ma'i pe'e tōna. He has an epidemic ~. E ma'i ma'ue tōna. A heart ~ was the reason that he died. O te ma'i māfatu te tumu i pohe ai 'ōna. People get vaccinated in order to eliminate ~s. E pātiahia te mau ta'ata nō te tīnai i te mau ma'i.

disembark   **dismantle**

<u>The Tahitian names for some diseases</u>:
<u>fati</u> various conditions involving broken bone(s)
<u>he'a</u> various medical conditions involving dermatological problems and/or conditions involving (usually white) excretions
<u>īra, ira</u> various medical conditions involving severe headaches and/or convulsions
<u>ma'i moa</u> dengue fever
<u>ma'i pu'upu'u</u> measles
<u>ma'i pu'upu'u hu'a</u> Rubella, German measles
<u>māriri</u> various medical conditions involving fever (often with accompanying chills)
<u>māriri pūfe'efe'e, fe'efe'e tōtōā,</u>
<u>fe'efe'e</u> elephantiasis, filariasis
<u>'ō'ovi</u> leprosy For he knew the likeness (significance) of that patch (spot), and knew that he was fallen in (had contracted) the Chinese Evil (which is also called leprosy). 'Ua 'ite 'oia i te aura'a nō te reira pōta'a, 'ua 'ite 'oia ē 'ua pe'ehia 'oia i te Ma'i Tinitō, e parau ato'ahia: e 'ō'ovi. (From John [Tihoni] Martin's free translation of R.L. Stevenson's <u>The Bottle Imp</u>.)

disembark (cargo), **discharge, unload** huri i raro, huri, hurihuri
disembark (person), **go ashore** pou mai ni'a mai i te pahī, pou i raro
disembark, muster out tihāti
disembowel, eviscerate 'ātore, 'ātoretore
disengaged from, out of, freed from mahuti
disengaged, having been **put out,** having been **set out** tu'uhia
disengagement, retreat, pull-out 'iritira'a
disentangle, open (up) in the sense of **untie, unscrew, undress,** (also:) **free (from), liberate,** (also:) **explain** tātara
disgruntled, disappointed fa'ati'ihia
disgruntled, resentful, vexed, chagrined, upset 'ino'ino
disgruntlement, disappointment fa'ati'ira'a
disgruntlement, resentment, vexation, chagrin 'ino'ino
disgust or **shock** (someone), (also:) **frighten** (someone) fa'ari'ari'a
disgusted, afraid of, apprehensive about ri'ari'a, fa'ari'aria I am ~ by dirt in a kitchen. E mea ri'ari'a nā'u te repo iroto i te fare tūtu (or) 'Ua ri'ari'a vau i te repo iroto i te fare tūtu.
disgusted, repulsed by faufauhia
disgusted with, tired of, bored fiu Are you bored? Are you tired of what is going on? (a common, well-meant, and considerate question in Tahiti, especially during a prolonged proceeding or entertainment) 'Ua fiu ānei 'oe?
disgusting, despicable, base, debased, immoral, vile faufau
disgusting, foul, evil-smelling ne'one'o
disgusting, distasteful, unappetizing ri'ari'a (the usual meaning of ri'ari'a is frightful)
disgusting, filthy, nasty, ugly hā'iri'iri
disgusting, loathsome, revolting, nauseating, sickening mānuanu
dish(es), bowl, cup, dinnerware 'āu'a wash the ~ horoi i te 'āu'a
dish, plate merēti
flat **dish, plate** merēti pārahurahu
oval **dish** merēti pūroroa
round **dish** merēti menemene
soup **dish** merēti po'opo'o
tin **dish** merēti punu
(large) wooden **dish, flat bowl** 'umete
dishonest, debased, vile faufau
dishonest, lying ha'avare
dishonest, thieving 'eiā
disinherit, thwart the expectation of inheritance, deprive of fa'a'ere
dislike *n & v* au'ore
disloyal, fickle, unfaithful tāiva
dismantle tātaratara

dismiss

dismiss, free, release tu'u, tu'utu'u
dismiss, refuse, object, reject pāto'i, pāto'ito'i
dismiss or discharge an employee tihāti
dismiss, fire, "kick out," (also:) send away, send back, reject patu She was ~ed from her job. 'Ua patuhia 'ōna i rāpae i tāna 'ohipa.
dismissal, discharge tihātira'a
dismissal, refusal, rejection fāri'i 'ore
disobedient turituri (it is) a ~ child e tamari'i turituri
disobedient, act as if deaf, turn a deaf ear fa'aturituri i te tari'a
disobedient, not paying attention when given a command ha'apa'o 'ore i te fa'auehia
disorder, confusion, mess, mix-up anger, cantankerousness, irritability 'iriā
disorder, disease, illness, malady ma'i contagious ~ ma'i pe'e fatal ~ ma'i pohe heart ~ ma'i māfatu mental ~ ma'i ma'ama'a People get vaccinated in order to eliminate ~s. E pātiahia te mau ta'ata nō te tīnai i te mau ma'i. (See also under **disease**.)
a category or syndrome of **disorder** including headaches or convulsions or seizures īra, ira
disorder, lack of orderliness nahonaho'ore-ra'a
mental **disorder** ma'i mana'o
in **disorder**, mixed-up, confused nane
put in a state of **disorder**, disarrange, throw into confusion hue
being **disordered**, being anxious or under nervous tension 'āhuehue
disorderly, in disorder, in confusion, messy, mixed-up nane
disorderly, lacking orderliness nahonaho 'ore
disown, repudiate, renounce, reproach, abjure fa'ahapa
dispatch, letter, written message or communication, epistle rata

displeased

dispatch, promptness, quickness, swiftness, speediness, alacrity 'oi'oi, vitiviti
dispatch or appoint someone to a location or station tono, tonotono
dispensary, clinic fare utuutura'a ma'i, fare utuutu ma'i
dispense, distribute, pass around, give out 'ōpere
dispense with, eliminate, cancel, delete, do away with fa'a'ore
disperse vi, scatter, broadcast parare
disperse vi, be blown away pe'e The smoke was ~d by the wind. 'Ua pe'e te auauahi i te mata'i.
disperse vi, be dispersed, be scattered purara
disperse vi, be dispersed, be scattered, be blown by the wind, fall to pieces puehu
disperse vt ha'apurara
disperse vt, clear (e.g., of brush or weeds) ha'amarari
disperse vt, propagate, broadcast (news) ha'aparare
disperse vt, scatter, distribute (randomly), cause fruit to fall ha'apuehu
dispersed, scattered purara
dispersed, scattered, broadcast parare
dispersed, scattered about, strewn puehu, purehu
dispersed, vanished pe'e The smoke was ~ by the wind. 'Ua pe'e te auauahi i te mata'i.
display, spread out ha'amahora
displease, make angry ha'ahae, ha'ahaehae, fa'ariri, fa'a'ino'ino
displease, vex, cause to feel jealous or envious fa'atipaupau
displeased, angry arami'i
displeased, discontented, unhappy au 'ore
displeased, dissatisfied, not grateful māuruuru 'ore
displeased, feeling deprived of due consideration ainanu

displeasing, distasteful, nasty, disgusting, filthy, ugly, wicked hā'iri'iri
displeasing, unpleasant (mea) au 'ore
displeasing, unsatisfying (mea) māuruuru 'ore
displeasure (observable), **anger, discontent** riri, rириri   May the sun not set on your ~! 'Eiaha te mahana ia topa i ni'a i tō 'oe riri!
displeasure (inside), **anger, vexation** 'ino'ino
displeasure, sullenness, feeling of not being duly considered ainanu
dispute, argument, debate, discussion mārōra'a
dispute, argument (reason advanced) mārō parau
dispute, argumentative discussion parau mārō
angry **dispute, loud argument** māniania
heated **dispute, argument, squabble, fight** tama'i
dispute, argue, debate, insist mārō
dispute, argue, squabble, fight tama'i   Teiho ~d heatedly (together) with his wife. 'Ua tama'i Teiho rāua tāna vahine.
dispute angrily, argue loudly māniania
come out ahead in a **dispute** or **argument, win** upo'oti'a
disrepute ro'o 'ino
disreputable ro'o 'ino   ~ bar or pub, "dive"   fare (vāhi) inuinura'a ro'o 'ino
disrespect(ful) fa'atura 'ore
indicate **disrespect** by bending over and showing one's behind   tīpou
dissemble, dissimulate huna, hunahuna
dissemble, lie, fool ha'avare, ha'avarevare
dissension, division 'āmahamaha
dissimulate, dissemble huna, hunahuna
dissimulation, fraud ravera'a huna
dissolution (of an assembly, for example), **breaking-up, splitting-up** ha'apararīra'a
dissolution (of a gas or solid in a liquid) fa'atahera'a
dissolve, melt, flow tahe, tahetahe
cause to **dissolve, cause to melt, cause to flow** fa'atahe
distance āteara'a
a certain **distance** away, **a little ways away, a little while off** a'e
keep at a **distance, cause to be far away, go far away, withdraw, retreat** fa'aātea
distant ātea   a ~ land   e fenua ātea
distant, far, remote ātea (roa)   a very ~ land   e fenua ātea roa   He stopped in a certain ~ place.   'Ua fa'ae'a 'ōna i te hō'ē vāhi ātea roa.
distant (referring to a blood relative) vaiaia
distaste, boredom, being tired of something fiu
distaste, being disgusted, finding something unappetizing ri'ari'a
distasteful, disgusting, unappetizing ri'ari'a   I find dirt in a kitchen ~.   E mea ri'ari'a nā'u te repo iroto i te fare tūtu   (or) 'Ua ri'ari'a vau i te repo iroto i te fare tūtu.
distasteful, displeasing, unpleasant (mea) au 'ore
distasteful, nasty, disgusting hā'iri'iri
distend(ed), stretch(ed) tō
distinct, clearcut, clearly perceived, clearly visible, plain ta'a maita'i
distinct, different, separate ta'a 'ē
distinction, distinguishing characteristic tāpa'o fa'ata'a
distinction, merit aura'a ia roa'a mai te utu'a
distinctive, marked, characteristic tāpa'o fa'ata'ahia
distinguish, discern, determine, specify fa'ata'a
distinguished, discerned, determined, specified fa'ata'ahia
distracted, inattentive, heedless 'ōnevaneva   You must not be ~ when driving a car.   'Eiaha e 'ōnevaneva 'ia fa'ahoro 'oe i te pereo'o.

distraction, absence of mind (sudden and temporary) moʻeraʻa manaʻo
distress, anguish, perplexity, trouble ahoaho
distress, misfortune, accident, disaster ʻati
express strong emotion of **distress, pain,** or **pleasure** auē
distressed, anguished, disturbed, troubled horuhoru
distressed, frightened huehue
distribute, apportion, pass around, give out ʻōpere
distribution, apportionment ʻōpereraʻa
district, country (as opposed to city) mataʻeinaʻa
district bus, "truck" (for passengers and cargo) pereoʻo mataʻeinaʻa, "truck" (colloquial loan word) Is there a ~ that goes around the island? E pereoʻo mataʻeinaʻa ānei te haere e faʻaʻati i te fenua taʻatoʻa? I am keeping an eye out for the ~ ("truck") to go by. Tē moemoe nei au i te pereoʻo mataʻeinaʻa.
distrust, a low or **bad opinion** (concerning) manaʻo ʻino, haʻamanaʻoraʻa ʻino
distrust, lack of confidence in, lack of hope or **faith** or **belief in** tiaturi ʻore
distrustful, having a low or **bad opinion** (concerning) manaʻo ʻino
distrustful, lacking confidence in, lacking hope or **faith** or **belief in** tiaturi ʻore
disturb (originally referring to water, now also to politics), **agitate** ʻārepu, ʻārepurepu
disturb or **agitate water** tūreru
disturb, make noise, trouble faʻaʻāhoahoa Teiho arrived drunk and ~ed our conversation. ʻUa tae mai Teiho e tōna taʻero ʻē ʻua faʻaʻāhoahoa i tā māua paraparauraʻa.
disturb, tease, play tricks on haʻuti
disturbance (originally referring to water, now also to politics), **agitation** ʻārepuraʻa, faʻaʻārepurepuraʻa

disturbance or **agitation of water** tūreruraʻa
disturbance, noise, din māniania
disturbance, riot faʻahuehueraʻa
disturbance, trouble, annoyance, bother, worry peʻapeʻa, e mea peʻapeʻa
atmospheric **disturbance** ʻārepurepuraʻa
mental **disturbance, agitation, trouble** ʻāehuehu
disturbed (originally referring to water, now also to politics), **agitated** ʻārepu, ʻārepurepu
disturbed, distressed, anguished, troubled horuhoru I was much ~ when I heard that piece of news. ʻUa horuhoru tōʻu ʻāʻau i te faʻaroʻoraʻa i terā parau ʻapī.
disturbed (of water), **muddy** reru
disturbed, troubled, annoyed, bothered, worried peʻapeʻa I am ~ (worried). Tē peʻapeʻa nei au.
mentally **disturbed, agitated** ʻāehuehu
ditch, hole, cavity, tomb, perforation ʻāpoʻo
ditty, song, a traditional style of singing ʻutē
dive, hole, joint, disreputable bar or **pub** fare (or vāhi) inuinuraʻa roʻo ʻino
dive, jump into water, bathe hopu, hapu
dive in fresh water hopu (hapu) i te pape
dive in the sea hopu (hapu) i te miti
dive (bathe) in a river naue
dive head first haʻaupoʻomiʻi
dive in a sitting position haʻapoʻohotu
diver taʻata hopu, taʻata hapu
diver with diving suit taʻata hopu (hapu) ʻōpūpū
diver's helmet ʻōpūpū
diverge (from the normal or expected) hapa
diverse, varied, being of all sorts rau There are all sorts of fish here (in this place). ʻUa rau te iʻa i teie nei vāhi.
diversion, amusement, fun ʻārearea, ʻārearearaʻa

divide, apportion, distribute, pass around, give out 'ōpere

divide, split, be in disagreement 'amaha, 'āmahamaha   If a house[hold] be ~d against itself, that house cannot stand. E te feti'i ho'i 'ia 'āmahamaha e rave iāna ihora, e 'ere ho'i te reira feti'i e mau.

divide, divide into shares, share tuha, tufa, tuhatuha, tufatufa

divide (arithmetic), (also:) **divide into shares, split** vāvāhi

divide in two tūpiti

divide, separate fa'ata'a, vehe (seldom used)   ... and he shall separate them one from another, as a shepherd ~th his sheep from the goats. ... 'ē nāna e fa'ata'a iā rātou mai te tia'i māmoe e fa'ata'a i te māmoe i te pua'aniho ra.

diving hopuraa, hapuraa, 'ohipa hopu (hapu)

helmet **diving** hopu 'ōpūpū, hapu 'ōpūpū

suffer from oxygen deprivation in **diving** topatari, tapatari

diving fins, webbed swimming shoes repe

diving goggles titi'a mata hopu (hapu)

diving suit or **helmet** 'ōpūpū   It is forbidden to dive (for mother-of-pearl) with a ~. 'Ua 'ōpanihia te hopu 'ōpūpū.

diving tube hutira'a aho

divine, godly, godlike huru atua

divine, superb, admirable fa'ahiahia

divinity atuara'a

divinity student pipi 'orometua

division (arithmetic) nūmera vāvāhi

division, dissension 'āmahamaha

division, distribution 'operera'a

division, dividing up into shares vāvahira'a

division, part, portion, share tufa'a, tuha'a

divorce, separation fa'ata'ara'a, fa'ata'a-'e-ra'a

divorce, separate fa'ata'a 'ē

divorced, separated, (also:) **detached** ta'a, tata'a   The two of them are ~ (or separated). 'Ua tata'a rāua.

divulge, disclose, make clear or **known, explain** hōhora   She ~d her thought (or opinion) to (literally: before or in front of) the physician. 'Ua hōhora 'ōna i tōna mana'o i mua i te taote.

dizziness, giddiness, vertigo, discomfort hihipo

dizzy, flighty, fickle, heedless 'ōnevaneva

dizzy, giddy, about to faint, be slightly drunk āniania, āniania te upo'o, āninia

do ..., make..., effect ..., bring about ..., cause ..., cause to be (prefixes transforming an adjective, noun, or passive verb into an active verb) fa'a-, ha'a- (sometimes interchangeable)   ~ body exercises fa'a'eta'eta i te tino (literally: harden the body)   make noise fa'a'āhoahoa   ~ something on the sly ha'avarevare   This is a pill that causes euphoria. E huero fa'aaumaita'i teie.

do (nonspecific), **practice an activity** ha'a   I did what was necessary. I ha'a noa na vau i te rave.

do (specific context), **take** rave, rarave, raverave   What are you ~ing? Eaha tā 'oe 'ohipa i rave?   That is difficult to ~ (or take). E mea rave 'atā terā 'ohipa.   How did he ~ that? 'Ua nāfea 'ōna i te ravera'a?   ~ wrong rave hara   Don't ~ evil! 'Eiaha e rave i te 'ino!   You should either ~ something about it, or stop complaining. E rave ri'i 'oe i terā 'ohipa, 'ē 'aore ra 'a fa'aea 'oe i te māniania noa.   I did it, because I love her. 'Ua rave au nā roto i tō'u here iāna.   Father, forgive them [their sins], for they know not what they ~. E tā'u Metua, e fa'a'ore mai i tā rātou hara, 'aore ho'i i 'ite i tā rātou e rave nei.

do in any manner or "in any old way" tā'iripa'a, tā'iripa'a noa

do is often implied in the context or in the use of a noun or verb: What are you ~ing here?

do away with / **dog**

Teaha ra 'oe i o nei? As women (will) ~. Mai te peu a te mau vahine ra. Go, and ~ thou likewise! E haere 'oe, e nā reira ato'a! What shall I ~ then with Jesus which is called Christ? Eaha ho'i au iā Ietu i tei parauhia, o te Metia nei?

do away with, eliminate, cancel, delete, forgive (an act) fa'a'ore

do good (things) hāmani maita'i

do in such a way, do that way, do in that manner, do thus, speak thus (before a quotation) nā 'ō, nā'o Thus spoke the captain: ... Nā 'ō maira te ra'atira ē: ...

do likewise mai te reira, mai te reira ato'a, mai te reira ho'i, nā reira ato'a Go, and ~ thou likewise. E haere 'oe, 'ē nā reira ato'a.

do not, don't 'eiaha, 'īaha ~ worry! 'Eiaha 'oe e tapitapi! ~ smoke! 'Eiaha e puhipuhi i te 'ava'ava!

do without, go without, not have, lack 'ere I am out of work. 'Ua 'ere au i te 'ohipa.

almost **do** something 'oi (or:) mai + verb + roa I almost fell. 'Oi topa roa vau. He almost died. Mai pohe roa'ōna. I almost broke my leg. Mai fati roa tō'u 'āvae. The dog almost bit me. Mai hohoni roa te 'ūrī iā'u.

have nothing to **do** fa'aea noa I am tired of having nothing to ~. 'Ua fiu vau i te fa'aea noa.

out-**do, excel, surpass, exceed** fa'ahemo

doable, manageable, possible ti'a I can sail that small boat to Huahine. E ti'a iā'u 'ia fa'atere i terā poti iti e tae noa'tu iā Huahine.

It **doesn't** matter! Noa atu!

stop **doing, cease** fa'aea The rain has stopped. 'Ua fa'aea te ua.

dock, harbor, anchorage, moorage vāhi tūtaura'a pahī, tūtaura'a pahī

dock, berth, slip vāhi tā'amura'a pahī, vāhi tā'aira'a pahī

dock (for repairs), **berth** vāhi tātā'ira'a pahī, tātā'ira'a pahī

dock, harbor, ship's landing vāhi tāpaera'a pahī, tapaera'a pahī

dock, quay, wharf uāhu

dry**dock, berth** (for repairs) vāhi tāvirira'a pahī, tāvirira'a pahī

dock, land, come in, arrive tāpae A British warship has ~ed. 'Ua tāpae mai te hō'ē manuā peretāne.

docking, arrival, landing tāpaera'a Are you going to (be present at) the ~ of the ship? E haere ānei 'oe i te tāpaera'a pahī?

doctor, physician taote You should hurry and fetch the ~. 'Ia ha'ape'epe'e 'oe i te ti'i i te taote.

native **doctor, medicine man, healer** tahu'a (still consulted today, also by popa'ās [kahuna in Hawai'ian])

doctorate (diploma) parau tahu'a tuatoru

doctrine ha'api'ira'a tumu

document (general), **piece of writing** parau **piece of writing, document** parau That ~ was torn up by him. 'Ua tūmahae e ana terā parau.

document, important paper parau faufa'a

document, informative paper parau ha'amāramārama

document, legal paper parau mana

record an official **document, register a deed** ha'amana

dodge, flinch ma'e'e (seldom used)

dodge, parry, avoid a blow or obstacle, avoid a subject 'ape, 'ape'ape

dog 'ūrī, 'urī attack ~ 'ūrī pāni'a pack of ~s taura 'ūrī walk the ~ fa'aori i te 'ūri That is a fine breed of ~s. E taura 'ūrī maitata'i terā. The ~ was scratching herself. Tē ra'ura'u ra te 'ūrī iāna. This is the ~ that guards our house. Nā teie 'ūrī e tīa'i i tō mātou fare. The mailman was afraid of ~s. 'Ua ri'ari'a te ta'ata 'āfa'i rata i te 'ūri. Don't sleep on the side of the road lest you be urinated on by the ~s!

165

dog-toothed tuna

'Eiaha e ta'oto i te hiti porōmu 'a 'ōmahahia e te 'ūrī!
dog-toothed tuna va'u
doing ravera'a
doing, happening tupura'a
doing, religious event 'ōro'a
means of **doing** something rāve'a
skilled at **doing** something, **clever** i'ei'e
He is good at dancing, but not when it comes to school work. E mea i'ei'e 'ōna i te 'ohipa 'ori, 'āre'a rā i te 'ohipa ha'api'ira'a 'aita ia.
stop **doing, cease** fa'aea
dole out, provide fa'anava'i
Dolium perdix (a kind of shellfish) vāvā
dollar tārā marite, moni marite, tārā (The word tārā stems from when the Chilenian dollar was introduced to the South Pacific in the 19th century. It was then valued at five francs. Even today, most Tahitians, when speaking Tahitian to each other, say "piti 'ahuru tārā" [twenty dollars] instead of "hānere farāni" [a hundred francs].)
dolmetscher, translator, interpreter 'au(v)aha
dolphin, porpoise 'ōu'a
dolphinfish, dorado of coryphene mahimahi
dolphinfish, tunny, tuna, Thunnus albacarea 'a'ahi
domain, large region fenua rahi
royal **domain, kingdom** hau ari'i
domestic, family-related feti'i, mea feti'i
domestic, national 'āi'a, nō te 'āi'a
domestic, domestic help, maid, servant tāvini
domesticate, tame fa'arata
dominate, discipline, constrain, tame ha'avī
domineer, exert authority or **power, tyrannize** fa'ahepo
donation, gift hōro'a
donation (by document, check, etc.) parau hōro'ara'a

double canoe

done, ended, finished, terminated oti
done (of food), **fully cooked** 'ama
Nothing can be **done** about it. **There is no way.** 'Aita e rāve'a.
donkey 'āteni, 'ātini
don't 'eiaha, 'īaha ~ do such things! 'Eiaha e nā reira! ~ sleep on the side of the road lest you be urinated on by the dogs! 'Eiaha e ta'oto i te hiti poromu 'a 'omahahia e te 'urī!
Don't mention it! (in response to Thank you!) **You are welcome!, No problem!** 'Aita (e) pe'ape'a.
Don't you think? True? E 'ere ānei?
doodle, scribble, (also:) **decorate, adorn, embellish** fa'ana'ona'o
door, gate 'ōpani key for the ~ tāviri nō te 'ōpani
door, doorway, entrance 'ūputa The ~ is open. 'Ua mahiti (or: mahuti) te 'ūputa. Close the ~! 'A tāmau (or: 'A 'ōpani) i te 'ūputa!
doorlock rota 'ōpani
dorado mahimahi
dorsal fin tara ni'a
dossier, record, file pu'era'a parau
dot, blot, big spot, polka-dot pōta'a
dot (punctuation), **period, point** periota
dot-and-dash goatfish ahuru tore
double, dual e piti, piti ~-tailed e piti aero double reef a'au piti
double, begin over again, encore tāpiti Sing your song again! Encore! 'A tāpiti 'oe i tā 'oe hīmene!
double, couple together, unite (two elements) 'āpiti They were joined together by the minister. 'Ua 'āpitihia rāua e te 'orometua a'o.
double, duplicate ha'apiti
double-barreled gun pupuhi 'auaha piti
double canoe va'a tau'ati, va'a tūati The large ~ was launched yesterday. 'Ua topa te va'a tau'ati rahi inānahi.
double canoe with sail va'a tā'ie tauati, va'a tā'ie tūati

doubt

doubt, hesitation fea'ara'a
doubt, hesitate fea'a
have a **doubt concerning alternatives, hesitate between two ideas** fea'apiti I hesitated as to whether to travel by plane to Raiatea or by ship. 'Ua fea'apiti tō'u mana'o nō te tere nā ni'a i te manureva i Ra'iātea, e 'aore ra, nā ni'a i te pahī.
doubting a favorable outcome, worried, concerned hepohepo
dough faraoa ota i oihia
mix **dough** or batter, **knead** oi
doughnut (especially a kind that is twisted into a figure 8), **cake, gateau** faraoa firifiri
dove, pigeon, Gallicolumba erythroptera 'ū'ū'aira'o
green **dove, green pigeon, Ptilinopus purpuratus,** (in the Bible:) **turtledove** 'ū'upa And to offer a sacrifice according to that which is said in the law of the Lord, A pair of turtle~s, or two young pigeons. 'Ē e hōpoi atu ho'i i te tusia (pronounced: tūtia) mai tei parauhia i te ture a te Fatu ra, E piti 'ū'upa 'ē 'aore ra e piti 'ū'ū'aira'o fanau'a.
down, beneath, below, underneath i raro Sit ~! 'A pārahi i raro! The coconut tree fell ~. 'Ua ma'iri te tumu ha'ari i raro.
down payment, deposit moni tāpa'o
down the wind, leeward, (also:) **West** i raro, i raro te mata'i
bend one's head **down, droop, bend over** pi'o, pi'o i raro
climb **down** pou, pou i raro Be very careful when you ~! Ha'apa'o maita'i roa 'a pou ai 'oe i raro!
fall **down** from, **tumble** marua He fell ~ from the bridge. 'Ua marua 'ōna nā ni'a i te 'ē'a turu. A sailor of this ship had fallen ~ from the bowsprit in a squall. Hō'ē mātarō nō teie pahī tei marua i roto i te miti nā ni'a mai i te tira fe'ao, nō te mata'i to'a huri.

drag out

gulp **down, swallow** without chewing tāhoro
hang **down, be suspended** tautau
jot **down, note down, mark repeatedly** tāpa'opa'o
lie **down, be recumbent** ta'oto (but usually ta'oto refers to actual sleeping)
make one's way **down, descend an incline** ha'apou
turn **down, reject, rebut, oppose, object, resist, protest** pāto'i, pāto'ito'i
water **down** the wine tāpape i te uaina
the way **down, slope** ha'apoura'a
worn **down** or **worn out, fine, thin** rairai
write **down, record** tāpa'opa'o
be **downcast,** (also:) appear to **be thoughtful** or **serious, be silent** fa'aturuma
be **downcast,** (also:) **scowl** ha'aturuma
downpour (sudden and short), **cloudburst, squall** or **gust** (with rain) pāpape
go **downstairs, climb down, descend** pou
downy, soft māruhi
dowry (te) tao'a nō te fa'aipoipora'a
doze, nap ta'oto'oto, ta'oto ri'i, ta'oto māmā noa
doze or **nap together** ta'o'oto
dozen tātini
draft, bank check, voucher parau moni, parau ti'ira'a moni (i te fare moni)
draft (laws, texts, etc.), **draw up** 'iriti
drag, draw, pull 'ume, 'ume'ume
drag or **draw** a canoe or boat tō
drag, pull out huti
drag along, proceed while dragging (or pushing) **something, troll** (when fishing) pūtō I went to fish by trolling. 'Ua haere au i te tautai pūtō.
drag something **behind** oneself, **lead, trail** 'aratō He led the horse to the river. 'Ua 'aratō 'ōna i te pua'ahorofenua (pronounced vernacularly pū'ārehenua) i te pae 'ānāvai.
drag one's leg, hobble, limp te'i, te'ite'i, tūte'i, tūte'ite'i
drag out (like a transaction or a proceeding),

drag out

be prolonged 'ōta'a That process is really dragging out. 'Ua 'ōta'a mau terā 'ohipa.
drag out, hinder taupupū, fa'ataupupū This work is taking too long. Tē taupupū nei teie 'ohipa.
drag out, make late fa'atāere
drag out a job, (also:) **bother** or **interfere with** fa'atāupuupu
dragging along, slow, late, long (in time) tāere
dragonfly pī'ao
drain, sift (through sieve), **strain** tūtū
drapes pāruru 'ōpani, 'ahu fa'atautau
drapes (decorative) 'ahu fa'a'una'una
drapes, (window) curtains pāruru ha'amāramarama
draw (a picture) pāpa'i hoho'a, pāpa'i i te hoho'a, pāpa'i
draw, design fa'ahoho'a
draw, pull 'ume, 'ume'ume
draw or **drag** a canoe or boat tō
"fast on the **draw**," **quick-mouthed** vaha 'oi'oi
draw milk, milk v fa'atē
draw out, last, exist for a long time, take a long time, maoro, vai maoro Our voyage lasted two months, from our departure to our homecoming. E piti 'āva'e te maoro ia nō tō mātou tere, mai te haerera'a e tae noa'tu i te ho'ira'a mai.
draw up (laws), **draft** 'iriti
drawer, chest of drawers, dresser 'āfata 'ume, 'āfata huti
drawing, picture, image, portrait hoho'a ~ of a house (or: blueprint) hoho'a fare
drawing, lottery pu'e'a I never played (participated in) the lottery. 'Aita roa vau i roto i te pu'e'a.
drawing room, living room piha fa'afa'aeara'a, piha fa'anehenehe
drawn, (also:) **written** pāpa'ihia
line **drawn** with a ruler, **stroke** (when writing) rēni

dresser

dread, be terrified of ... mehameha I ~ (am terrified of) sharks. 'Ua mehameha vau i te mau ma'o.
dreadful, bad, evil, wicked 'ino
dreadful, horrible, frightening ri'ari'a
dreadful, terrifying mehameha
dreadful, ugly, disgusting, filthy hā'iri'iri
dream n moemoeā, tā'oto'oto'ā I had a very pleasant ~ last night. E moemoeā au roa tā'u ināpō ra.
have frequent **dreams** tā'oto'otoā, tā'oto'oto
have a vision in a **dream** fa'aheita'oto(hia) An angel of the Lord appeareth in a ~ to him [Joseph], saying, ... 'Ua fā maira te hō'ē melahi [pronounced merahi] a te Fatu, fa'aheita'oto maira iāna, nā'ō maira: ...
dream v moemoeāhia I ~ed last night. 'Ua moemoeāhia vau ināpō ra.
dream frequently tā'oto'otoāhia, tā'oto'oto Your old men shall dream dreams, your young men shall see visions. E tā'oto'otoāhia mai tō 'outou mau ta'ata pa'ari, e 'ite tō 'outou mau ta'ata 'āpī i te 'ōrama.
dreamlike, mysterious moe
dregs (of wine, for example), **sediment** rito Throw away the rest of the wine, it has (wine) ~ [in it]. Fa'aru'e i te toe'a uaina, e rito uaina.
drench, soak tāpuru
drenched, soaked puru
dress n 'ahu (note that ahu refers to heat), 'a'ahu, 'ahu vahine, 'a'ahu vahine How much does that ~ cost? Efea (Ehia) moni nō terā 'ahu?
dress, get into clothes 'o'omo (i te 'a'ahu), 'ōmono (i te 'a'ahu)
dress vt fa'a'ōmono, fa'a'o'omo
be **dressed in, have on** 'ahu, 'ahuhia She is ~ a yellow gown. 'Ua 'ahu 'ōna i te 'a'ahu re'are'a.
dresser, drawer, chest of drawers 'āfata

dressing

'ume, 'āfata huti
dressing, bandage tā'amu ma'i, 'ahu viri
dried, dried out pa'apa'a
dried up, thickened, coagulated, agglutinated, solid putua
drift (because of wind or current) 'ōpa'i
... the three-masted American ship Naomi which came very close to ~ing onto the reef.
... te pahī tira toru marite ra 'o Naomi 'o tei fātata roa i te 'ōpa'ihia i ni'a i te to'a.
drift, be adrift, float pāinu His boat ~ed for three days. 'Ua pāinu tōna poti i nā mahana e toru. The coconuts ~ed towards the open sea. 'Ua pāinu te mau mā'a ha'ari i ta'i.
drift to leeward ta'anini
drift or be lifted **upwards** or **aloft, be liftable, rise, ascend** mara'a The price of goods will ~ upwards. E mara'a te moni tauiha'a. The sea rose. 'Ua mara'a te miti. Can you carry that heavy suitcase? (literally: Is that heavy suitcase liftable to you?) E mara'a ānei terā 'āfata taiha'a toiaha iā 'oe? I can carry this suitcase. (That suitcase is liftable to me.) E mara'a teie 'āfata taiha'a iā'u.
driftwood, flotsam, or **debris** found on the seashore or on river banks āiha
drill, borer, auger hou
pneumatic **drill, jack-hammer, compressed-air drill** hāmara pātia, hāmara mata'i
drill, bore, pierce hou
drill (military), **exercise** fa'aterera'a i te huru o te 'ohipa fa'ehau
drink *n & v* inu, inuinu ~ing water pape inu Enough sulking, come and have some ~s! 'Ātīrā i te fa'ariri, 'a haere mai 'a inuinu! He ~s like a fish. E ta'ata inu 'ava roa 'ōna. He is not used to ~ing. 'Aita 'ōna i mātau i te inu. Think seriously about it: ~ or drive! 'A feruri: e inu 'aore ra e fa'ahoro! He is a good man (person) if he doesn't ~. E ta'ata maita'i

drive

'ōna 'ia 'ore 'ōna e inu. I really must not ~ alcohol. 'Eiaha roa vau e inu i te 'ava ta'ero. Then I commended mirth, because a man hath no better thing under the sun, than to eat, and to ~, and to be merry. 'Ua ha'amaita'i atura vau i te 'oa'oa; 'aita ho'i a te ta'ata nei mea maita'i i te ao nei, maori rā i te 'amu 'ē te inu ā 'oa'oa 'ī.
drink (strong), **booze, alcohol, liquor** 'ava, 'ava ta'ero, 'ava pa'ari (The word 'ava originally referred to kava, a drink made from the roots of the plant *Piper methysticum*. Kava is still popular in Samoa, Tonga, and Fiji, but is no longer used in Tahiti.) Woe unto them that rise up early in the morning, that they may follow strong ~; that continue until night, till wine inflame them! E pohe te feiā e ara i te po'ipo'i ra, i te tītaura'a i te 'ava taero; 'o tei ha'amaoro i te parahira'a i te pō, 'a ta'ero rātou i te uaina.
drink, drinking, toast inuinura'a
give someone something to **drink** fa'ainu For I was hungry and you gave me food, I was thirsty and you gave me ~, I was a stranger and you welcomed me. I po'ia na ho'i au 'ē 'ua hōro'a mai 'outou i te mā'a nā'ū, i po'ihā na vau 'ē ua fa'ainu mai 'outou iā'u, e ta'ata 'ē au 'ē 'ua 'ite mai 'outou iā'u.
want to **drink, be thirsty** hia inu
drinkable, good to drink inu ~ water pape inu
drinker, (a) drunk ta'ata inu 'ava noa, ta'ata inu 'ava roa
drinking *(slang)* pīkara
coax or push (someone) into **drinking** or **eating** or otherwise **consuming** fa'atina
"drive" energy, industriousness itoito without ~, lacking energy itoito 'ore
drive, make (or **cause to**) **run** fa'ahoro Can you ~ a car? 'Ua 'ite ānei 'oe i te fa'ahoro i te pereo'o (uira)? Never cross over a continuous (unbroken) line when you ~. 'Eiaha roa'tu e tāpū i te rēni 'āfaro 'ia

drive

fa'ahoro 'oe i te pereo'o. We drove our car around Tahiti Nui. 'Ua fa'ahoro māua i tō māua pereo'o e fā'ati i Tahiti Nui. Think seriously about it: drink or ~! 'A feruri: e inu 'aore ra e fa'ahoro!

drive, send, place tono And immediately the Spirit ~th him into the wilderness. I reira te Vārua i te tonora'a iāna i te mēdēbara (pronounced mētēpara).

drive, steer, direct fa'atere Put your car in (~ your car to) a shady place! 'A fa'atere atu i tō 'oe pereo'o i te vāhi marumaru!

drive crazy ha'ama'ama'a

drive out, banish, chase away, excommunicate ti'avaru, tūvaru

drive out, chase away tīahi

drive out, expel, (also:) **chase, pursue** a'u, a'ua'u, a'uo'u

driver, chauffeur ta'ata fa'ahoro pereo'o (uira), ta'ata fa'atere pereo'o (uira) I hailed the taxi ~. 'Ua tuō vau i te ta'ata fa'ahoro pereo'o tārahu.

driver's license parau fa'ati'a nō te fa'ahoro i te pereo'o I received my ~. 'Ua roa'a tā'u parau fa'ati'a nō te fa'ahoro i te pereo'o.

screw**driver** tāviri farero

driving fa'ahorora'a pereo'o

driving (road) regulation ture purōmu, ture porōmu, ture purūmu Observe the ~s (shown on the) signs. Ei (or: Ei'a) fa'aturahia te mau tāpura o te ture purōmu.

drizzle (usually referring to a light rain) tōhu'a, tōhu'ahu'a It is drizzling. Tōhu'ahu'a te ua.

drizzle, sprinkle, fall in tiny drops tōrīrī, tōri'iri'i

drool, salivate hā'ae, fa'atahe i te hā'ae

droop, bend over pi'o, pi'o i raro

droop, be bent over oha

drooping, withered, softened maemae

drop, fall topa ~ on one's knees topa turi

drop, fall, collapse ma'iri

drop, fall down from, crumble down marua

drop, cause to collapse ha'ama'iri

drop, cause to fall fa'atopa

drop, cause to fall down, cause to crumble ha'amarua

drop n & v (liquid), (also:) **let fall drop by drop** tōpata, tōpatapata He has never had one ~ of alcohol. 'Aita roa 'ōna i fa'ari'i i te hō'ē tōpata 'ava.

fall in tiny **drops** (usually referring to a light rain), **drizzle** tōhu'a, tōhu'ahu'a It is drizzling. Tōhu'ahu'a te ua.

fall in tiny **drops, drizzle, sprinkle** tōrīrī, tōri'iri'i

drop-net (fishing instrument) tata

drop-off, run-off of water (from reef, pass, rocks) vahi topatō, topatō

drought, dryness pa'urā, pōai

drown, sink paremo I almost ~ed. 'Ua fātata vau i te paremo.

drowsiness, lethargy, dozing turuhe

drowsy, lethargic, dozing turuhe

make **drowsy, sedate** fa'aturuhe

drug, medicine, (also:) **herb, plant** rā'au

drug, poison rā'au ta'ero

drug addict ta'ata 'o te rave tāmau i te rā'au fa'ata'ero

drug addiction mātaura'a i te rave i te rā'au fa'ata'ero

toxic **drug** rā'au fa'ata'ero

addicted to **drugs** tāmau i te rā'au fa'ata'ero

drug store, pharmacy fare rā'au

drum, barrel, cask, keg paero

European-type **drum** (percussion) tariparau

snare **drum** pahu pa'a'ina

Tahitian **drum** (a length of [usually miro] wood hollowed out, with a slit) tō'ere tō'ere arata'i leading **drum** tō'ere fa'atoma basic "punctuating" **drum** tō'ere tāhape contra-tempo **drum** tōere tāmau supporting **drum**

Tahitian skin **drum** pahu The original

drunk　　　　　　　　　　　　　　　　　　　　　　　　　　　　　**due to**

pahu is carved in the stem of a coconut tree, a tamanu, or sometimes a breadfruit tree. It usually uses sharkskin, but can also use goatskin or calfskin.

smaller, round **drum** (more modern) fa'atete The fa'atete has a somewhat metallic sound and is used as a contra-tempo to the pahu.

tin can or **drum** used for percussion tō'ere punu, pahu punu

beat the **drum** tā'iri i te pahu, tā'iri i te tō'ere

drunk, intoxicated, loaded, three sheets in the wind ta'ero He is obnoxious when ~. E ta'ata huehue 'ōna 'ia ta'ero.

drunk, really loaded, staggering, smashed, six sheets in the wind pa'a'ina, 'ua oti roa (literally: very finished), taero roa, ta'ero 'ava ... as a ~en man staggereth in his vomit ... mai te ta'ero 'ava e tūrori i te rūa'ira'a ra

beginning to get **drunk** or **loaded**, (also:) **feeling one's head spinning, dizzy, giddy** āniania He is beginning to get ~. 'Ua āniania 'ōna. (or:) E āniania tō'na.

dead **drunk** (close to stupor), **severely intoxicated** or **inebriated, completely loaded**, (also:) **deeply asleep** unuhi

a little **drunk, tipsy, slightly intoxicated, mellow, "feeling a glow"** ta'ero ri'i

drunk, intoxicated person ta'ata ta'ero 'ava The ~ was made to blow into the alcohol testing device (literally: balloon). 'Ua ha'apuhipuhihia te ta'ata ta'ero 'ava i roto i te 'ōpūpū.

drunkard, stiff, alcoholic ta'ata inu noa i te 'ava, ta'ata ta'ero noa i te 'ava the (kind of) ~s who are looking for trouble te tahi mau ta'ata ta'ero noa i te 'ava tei 'imi i te pe'ape'a **dry** adj & vi maro

dry to touch, almost dry pāpāmaro The vanilla is ~. 'Ua pāpāmaro te vānira.

dry, cause to dry ha'amarō, tāmarō

dry banana leaf rauhuru mai'a, rauhuru

dry coconut (with hard meat and less than a half pint of liquid) 'ōpa'a

dry mountain or red banana leaf rauhuru fē'ī, rauhuru

high and **dry** (reef), **exposed, visible above surface of water** pa'apa'a, ti'afā

press something **dry, extract juice by pressing** 'umu, 'u'umu, 'umu'umu

the **dry** (winter) **season** in Tahiti (approximately June to September) poai, 'anotau poai (mostly Biblical)

dry up, stop flowing mahu (note that the noun mahu means transvestite) The blood has stopped flowing. 'Ua mahu te toto.

dry up, thicken, coagulate, agglutinate, solidify putua The blood has coagulated. 'Ua putua te toto.

drydock, berth (for repairs) vāhi tāvirira'a pahī, tāvirira'a pahī

dryer (for copra, vanilla, coffee, etc) pa'epa'e, pa'epa'e ha'amarō, pa'epa'e tāmarō

drying up, thickening, coagulation, agglutination, solidification putuara'a

dryness, drought pa'urā

dual (in Tahitian grammar) 'ōpiti

dual, double e piti

dub, name, give a name (to) ma'iri, topa, hōro'a i te i'oa Then she was named Maire Nui. 'Ua ma'irihia ihora tōna i'oa 'o Maire Nui. Nina gave the name Hei Fara to our son. 'Ua topa (tapa) 'o Nina i te i'oa nō tō māua tamaroa 'o Hei Fara.

dubious, suspicious tupatupa

duchess, princess tamahine hui ari'i

duck mo'orā Barbary ~ mo'orā perehū

due to, because of nō I am grateful to you ~ your great kindness. 'Ua māuruuru vau iā 'oe nō tō 'oe maita'i. I am very weak ~ the length of my illness. 'Ua paruparu roa vau nō te maorora'a o tō'u ma'i. ~ the great number of people nō te rahi o te ta'ata ~ his confidence in handling ships, Oputu became a captain.

Nō tōna pāpū i te horo pahī, 'ua riro o Oputu ei ra'atira. ~ his addiction to drinking alcohol, his family life became unbearable (literally: very bad). I tōna mātaura'a i te inu i te 'ava, 'ino roa a'era te orara'a o tōna 'utuāfare.

due to, thanks to (followed by a noun or pronoun) 'aua'a, 'aua'e ~ you, I succeeded. 'Aua'a 'oe i manuia vau.

due to, thanks to (the fact that) maori ~ your lending me the money, I could travel to my home island. Maori 'oe i horo'a mai iā'u i te moni, i nehenehe tā'u i tere atu i tōu fenua 'āi'a.

dues (annual) moni matahiti
duke, prince tamaiti hui ari'i
dull, blunt, not sharp mania, tūmū
dull, boring fiu, ha'umani That is a very ~ job. E 'ohipa fiu roa terā.
dull, obscure, dim mohimohi
dull (in mind), **slow-witted** mana'o poto
dull, blunt, cause to become dull or **blunt** ha'atūmū
dumb, ignorant, awkward, incapable ma'ua
dumb, mute vāvā
dumb, stupid, idiotic ma'au
dump, dive, hole, joint, disreputable bar fare (or vāhi) inuinura'a ro'o 'ino
dunce, idiot, moron ta'ata ma'au, ma'au
dung, manure para
dupe, gullible person ta'ata fa'aro'o 'ohie noa
dupe, patsy, sucker ta'ata hema (noa)
dupe, deceive, employ a ruse rāmā
dupe, deceive, lie, fool, gull ha'avare, ha'avarevare
dupe, tease, play tricks on ha'uti
easily **duped, gullible** fa'aro'o 'ohie noa
duration, length of time maorora'a I am very weak, because of the length of my illness. 'Ua paruparu roa vau nō te maorora'a o tō'u ma'i.
during, for (a time of ...) i roto i te āhea o nā ... 'ē ..., i roto i te āhea e ..., i roto i nā ..., i nā ...
during (a period) i te āhea nō
dusk, twilight 'ārehurehu, rehurehu, mārehurehu
dusky, "twilit" 'ārehurehu, rehurehu, mārehurehu
dust repo puehu
dust, soil, earth, "dirt" repo, repo fenua ... for ~ thou art, and unto ~ shalt thou return ... e repo ho'i 'oe, 'ē e ho'i fa'ahou atu ā 'oe i te repo
dust off, clean tāmā
dust off, (also:) **fan** tāhiri, tāhirihiri
dust off, remove cobwebs, (also:) **rake up** pā'a'u
dust off, wipe off tatahi, tahitahi
Dutch, Hollandese horane All tongues of the earth were spoken there: the French, the ~, the Russian, the Tamil, the Chinese. E fa'aro'ohia (literally: are heard) i reira te mau huru reo ato'a o teie nei aō: te reo farāni, te reo horane, te reo rūtia, te reo 'initia (actually: Hindi, but geographically adjacent languages are often subsumed by Tahitians under one term), te reo tinitō. (from John [Tihoni] Martin's free translation of R.L. Stevenson's short story The Isle of Voices.)
Dutchman, Hollander ta'ata horane
dutiful, obedient fa'aro'o
duty, debt, loan, obligation tārahu
duty, function, office, job, position tōro'a
duty, tax tute pay ~ 'aufau i te tute
duty, tax, collection 'aufaura'a
customs **duty** tute tarifa
duty, moral obligation te mea ti'a, te mea ti'a roa
have a **duty** or **moral obligation to** ... e ti'a 'ia ...
dwarf ta'ata iti poto, ta'ata poto roa, pone, ta'ata ha'a
dwarf hen moa ha'a
dwarfed, low, squat ha'eha'a
dwarfed, short-legged ha'a, ha'aha'a

dwell, live, inhabit pārahi, pārahirahi
... and I will ~ in the house of the Lord forever. ... 'ē pārahi ā vau i roto i te fare o Iehova e maoro noa'tu tō'u pu'e mahana.

dwell, stay, remain, live fa'aea
Tomorrow I will stay at home. Ānānahi e fa'aea vau i te fare. (or:) Ānānahi e fa'aea vau iō'u.

dwell, reside, stay, live noho, nonoho, nohonoho   Eno with his family resides in Pāpara. Tei Pāpara tō Eno-mā nohora'a.

dwelling, house or building in which one sleeps fare ta'otora'a

dwelling, home (including the family or household) 'utuāfare

dwelling, residence nohora'a, pārahira'a (pārahira'a also means chair or seat)   My residence is in Punaauira. Tei Puna'auira tōu nohora'a.

dwelling (as opposed to other structures on a property) fare fa'aeara'a

dye *n & v,* **color** 'ū

dye *n & v,* **paint** pēni   Do you think her hair is really blond or has she ~d it? Ia mana'o 'oe e mea 'uo'uo mau ānei tōna rouru, e 'aore ra e mea pēnihia?

dynamite tūpita, tōpita, paura tinamita

dynasty, (also:) **progeny** 'ōpū   royal ~ 'ōpū ari'i   Papeete used to be the residence of the Pomare ~, it was also a port for whalers. I te taime mātāmua tei Pape'ete te nohora'a o te 'ōpū ari'i Pomare, tei reira ato'a te tāpaera'a o te mau pahī pātia tohorā.

dysentery hī toto (literally: diarrhea with blood)

dyspnea (or) **asthma** ahomure, aho pau

each, one by one, one at a time tāta'ihō'ē, tāta'itahi

each other, one another te tahi 'ē te tahi They met ~. 'Ua fārerei rāua, te tahi 'ē te tahi.

each other, one another (construction by repeating the pronoun and adding iho) The children play well with ~. E ha'uti maita'i te (mau) tamari'i rātou rātou iho. Let us love ~. E here tātou iā tātou iho.

eager, ardent, impetuous, hasty, impatient hitahita

eager, interested 'ana'anatae That movie interests me (implying: I am ~ to see it). E mea 'ana'anatae nā'u terā hoho'a.

eager, joyful, happy 'oa'oa

eagerness, joy, happiness 'oa'oa

eagerness, cheerfulness 'ana'anatae

eagle 'aeto

eagle ray (a type of sting ray) fai manu

ear tari'a (the) hollow of the ~ po'opo'o(ra'a) tari'a (or:) pōpo'o(ra'a) tari'a ~s that stick out (or:) flapping ~s tari'a va'ava'a My dog has a black spot on her ~. E pōta'a 'ere'ere tō ni'a iho i te tari'a o tā'u 'urī.

earache, ear infection, otitis tui

ear-hole 'āpo'o tari'a

earlier, before nā mua a'e, 'oi'oi a'e a little ~ nā mua ri'i a'e

earlier, recently, a short while ago i mua a'e nei

earlobe pūtari'a

early, quickly, very soon 'oi'oi

early, soon vave (only in negative contexts) Don't go away so ~! 'Eiaha e haere vave atu!

early in the morning po'ipo'i roa It is very ~, so maybe we can go to the market to have some coffee. E mea po'ipo'i roa, nō reira e haere paha tātou i te mātete e inu i te taofe. (Note: the market in Pape'ete opens long before sunrise.)

early evening (5 to 7-8 pm), **late afternoon** ahiahi (for some reason often and incorrectly pronounced "heyhey") Let's go out for dinner early this evening. E haere tātou i rapae nō te tāmā'a i teie ahiahi.

earn, gain, achieve (with effort involved) roa'a

earn, gain, get (with no or little effort involved) noa'a

earnings, profit, gain 'āpī

earphones, headphones fa'aro'o tari'a

earring tāpe'a tari'a

earth, globe pōro fenua

earth, ground repo fenua

earth, land, terrain fenua The space ship came back to ~. 'Ua ho'i mai te pahī reva i te fenua nei. In the beginning God created the heaven and the ~. Hāmani ihora te Atua i te ra'i e te fenua i te mātāmua ra.

earth, soil, dust, "dirt" repo, repo fenua, reporepo ... for dust thou art, and unto dust shalt thou return ... e repo ho'i 'oe, 'ē e ho'i fa'ahou atu ā 'oe i te repo

earth, loose soil, mud vari

earth (planet), **world** teie nei ao, te ao nei nowhere on ~ 'aita roa tō teie nei ao ta'ato'a All tongues of the ~ were spoken there: the French, the Dutch, the Russian, the Tamil, the Chinese. E fa'aro'ohia (literally: are heard) i reira te mau huru reo ato'a o teie nei aō: te reo farāni, te reo horane, te reo rūtia, te reo 'initia (which actually means Hindi, but geographically adjacent languages are sometimes subsumed by Tahitians under one

earth oven

term), te reo tinitō. (from John [Tihoni] Martin's free translation of Robert Louis Stevenson's short story The Isle of Voices.) Glory to God in the highest, and on ~ peace, good will toward men. 'Ia ha'amaita'ihia te Atua (literally: may God be glorified) i ni'a i te ra'i teitei, ei hau tō teie nei ao, 'ē 'ia 'ite auhia mai te ta'ata nei.

red **earth, clay** 'araea

earth oven hīmā'a, ahimā'a (the original word, but now pronounced hīmā'a) Make the ~ ready (for firing up)! 'A fata i te hīmā'a.

earth-baked, baked in a hīmā'a (Polynesian earth oven) 'eu ~ fish is delicious. E mea au roa te i'a 'eu.

earthmover pereo'o ope

earthquake (literally: movement of the earth) 'āueuera'a fenua

earthworm, (also:) **intestinal worm** to'e

earwax tāturi

take one's **ease** or **leisure, be comfortable** or **content** fa'aea māite Take your ~, eat, drink, and be merry! E fa'aea māite, e 'amu, e inu, e ia 'ārearea māite!

ease, alleviate, moderate ha'amarū ~ pain ha'amarū i te māuiui

ease, soothe, allay, soften tāmarū

easier 'ohie a'e It is ~ for a camel to go through the eye of a needle, than for a rich man to enter into the kingdom of God. E fa'aō 'ohie a'e te kamela nā roto i te 'āpo'o au, i te ta'ata tao'a 'ia fa'aō i roto i te basileia [pronounced pātireia] o te Atua ra.

easiest 'ohie roa a'e

easily 'ohie ~ bent fa'efefe 'ohie ~ duped fa'aro'o 'ohie noa

easily upset or **irritated, irritable, excitable,** (also:) **rough, brusque** 'iriā The trouble was the [first] mate who was the most difficult (excitable) man (commander) to please (satisfy) Keola had ever met with. O te ra'atira piti te mea 'iriā a'e o te ta'ata fa'aueue māha 'ore roa a'e te reira

eat

i fārereihia e Keola. (from John [Tihoni] Martin's free translation of R.L. Stevenson's short story The Isle of Voices)

East hiti'a-o-te-rā (literally: sunrise), ni'a (referring to up-wind, since the tradewinds [more accurately] blow from the South-East by-East) Bear thou on! Bear on and strike where? Strike ~! The sea casts up Huahine of the fleet that adheres to the Master. 'A fa'atere ā 'oe! E fa'atere e rutu mai i hea? E rutu mai i te hiti'a-o-te-rā! 'Atō'are'are te tai, 'o Huahine nu'u piri Fatu. (From Teuira Henry's transcription of an old Ra'iātean chant giving sailing directions to Hawai'i [The Birth of New Lands, Journal of the Polynesian Society, Volume 3, 1894, pages 136 to 139].)

East wind maoa'e

Easter 'ōro'a pāta, Pāta (Protestant, usually written Pasa), Pakate (Catholic) Happy ~! 'Ia maita'i te mahana pāta! The church is filled to overflowing with people at the ~ service. 'Ua api roa te fare pure i te ta'ata i te purera'a 'ōro'a pāta.

Easter Island Rapa Nui

easy, simple 'ohie It is very ~, you see. E mea 'ohie roa pa'i. It is not ~ to do that. E 'ere i te mea 'ohie ia nā reira! 'ohie It is very ~ to (ride a) bicycle. E mea 'ohie roa 'ia ta'ahi pereo'o. It is ~ to drive this kind of car. E mea 'ohie 'ia fa'ahoro i teie huru pereo'o.

easy, not heavy, not burdensome māmā

easy to understand, clear ta'ata'a (maita'i) Your speech is ~. 'Ua ta'ata'a maita'i tā 'oe parau.

take it **easy, relax bit by bit** tu'utu'u Take it **easy! Don't hurry! Wait!** Hērū! 'Eiaha e rū!

Take it **easy! Easy does it. Go slowly!** Haere marū!

eat 'amu, 'ai, 'ai'ai (Since non-Polynesians often have difficulties with the glottal stop and since ai means to copulate, it may be

"safer" to use the more common 'amu.)
Do you often ~ Tahitian food? E 'amu pinepine ānei 'oe i te mā'a tahiti? Take your ease, ~, drink, and be merry. E fa'aea māite, e 'amu, e 'inu, 'ē 'ia rearea māite. Then I commended mirth, because a man hath no better thing under the sun, than to ~, and to drink, and to be merry. 'Ua ha'amaita'i atura vau i te 'oa'oa; 'aita ho'i a te ta'ata nei mea maita'i i te ao nei, maori rā i te 'amu 'ē te inu ā 'oa'oa 'ī.

eat (a meal) tāmā'a Where shall we (all) go and ~? E haere tātou ihea e tāmā'a ai? Are you not going to ~ with (the two of) us? E'ita ānei 'oe e tāmā'a e ō māua? I ate at half past eleven. 'Ua tāmā'a vau i te hora 'ahuru-maho'e e te 'āfa.

eat little, nibble 'amu'amu (note that amuamu means to grumble or complain)

to have had enough to **eat, be full** or **sated** pa'ia (be careful with the pronunciation, since pā'i'a means homosexual) I am full. I have had enough to ~. 'Ua pa'ia vau.

to want to **eat, be hungry** hia'amu, hia'ai

eat noisily vinivini

eat until sated, eat one's fill ha'apa'ia

Eat well! Bon appétit! Tāmā'a maita'i!

eaten (general) 'amuhia

eaten (recently) 'amua

eating tāmā'a, tāmā'ara'a It is required that wine be served for proper ~. Ei uaina e tano ai nō te tāmā'ara'a.

coax or push (someone) into **eating** or **drinking** or otherwise **consuming** fa'atina

eau de Cologne mono'i pīpī, mono'i pī

ebb *n* pāhe'era'a miti

ebb, go out or down (tide) he'e The tide has gone out. 'Ua he'e te miti i tai.

ebbtide he'e

eccentric, affected, odd, having mannerisms peu

eccentric, strange, different 'ē, 'e'ē, 'ē'ē, ta'a'ē He is a very ~ person. E ta'ata 'ē roa 'ōna.

eccentric, odd person, "nut" ta'ata 'ē roa

eccentricity, aberration, strangeness haere-'ē-ra'a te mana'o

Echenesis naucrates, remora (a fish attaching itself to sharks especially, but also to turtles and even ships) tiatiauri, tiatia uri

Echidan nebulosa, (type of) **eel** puhi

Echinus, black **sea urchin** with long spines vana

echo, reverberation vevo

echo, resound tavevo, vevovevo It ~es in this church. E mea tavevo i roto i teie fare pure.

economical, frugal ha'aputu (i te moni) He is an ~ person. E ta'ata ha'aputu (i te moni) 'ōna.

economy of a country fa'arava'ira'a faufa'a o te fenua

garden of **Eden** 'ō i Etene

edge, border, side, brim hiti

edge(s) or **sides of a canoe** oa

edge of the lagoon pae moana

be on **edge** or **shaken** or **staggered** tā'ue'ue

be set on **edge** (as teeth when eating sour fruit) mania

on **edge, excitable,** easily **irritated, irritable, nervous** 'iriā The trouble was the [first] mate who was the most difficult (excitable) man (commander) to please (satisfy) Keola had ever met with. O te ra'atira piti te mea 'iriā a'e o te ta'ata fa'aueue māha 'ore roa a'e te reira i farereihia e Keola. (from John [Tihoni] Martin's free translation of R.L. Stevenson's short story The Isle of Voices)

remove the **edge** of something causing it to become dull ha'atūmū

sharp(ened) **edge** 'oira'a the cutting ~ of a knife te 'oira'a tipi

ravel-edged, ragged, tattered pūveuveu

edit (a book), (also:) **print** (a book) fa'anene'i i te puta

editing (of film or tape) tū'atiau

educate, teach ha'api'i, ha'api'i atu
educated, knowledgeable, learned 'ite
education, cultivation, good upbringing 'ite i te peu maita'i
education, teaching ha'api'ira'a primary ~ ha'api'ira'a tuatahi   secondary ~ ha'api'ira'a tuarua   higher ~ ha'api'ira'a tuatoru   health ~ ha'api'ira'a aupuru ora   maritime ~ ha'api'ira'a tōro'a 'ihitai   maternity ~ ha'api'ira'a tamahou   orientation toward a professional ~ 'aveira'a i roto i te hō'ē ha'api'ira'a tōro'a
Edward Etuati
eel, moray eel puhi, puhi miti
eel that hides in the sand puhi hou one, puhi popo'uru
floppy-eared **eel** puhi tari'a (found in Tahiti's only lake, Vaihiria)
fresh water **eel** puhi pape
white-colored sand-**eel** ati'i
efface, erase tūmā
effect, end, result hōpe'a
in **effect, indeed, in fact** 'oia mau
effect ..., bring about ..., cause ..., cause to be, do ..., make... (prefixes transforming an adjective, noun, or passive verb into an active verb) fa'a-, ha'a- (sometimes interchangeable)   ~ a renewal (renovate) fa'a'āpī   do body exercises fa'a'eta'eta i te tino (literally: harden the body)   make noise fa'a'āhoahoa   do something on the sly ha'avarevare   This is a pill that causes euphoria. E huero fa'aaumaita'i teie.
effeminate, homosexual raerae
effervesce, boil up, boil loudly 'o'oro, 'oro'oro
effervesce, froth, foam hu'a (be careful about pronunciation, since hua means "vulva")
effort, attempt, trial tāmatara'a   He failed in his ~. 'Ua tihopu 'ōna i roto i tāna tāmatara'a
active or energetic **effort** rāve'a itoito, fa'aitoitora'a
force something by making a strong **effort** fa'auana
make a great **effort** (specific and potentially exhausting), **exert oneself** rohi   He made a great ~ at repairing the engine of my boat. 'Ua rohi 'ōna i te hāmanira'a i te mātini o tōu poti.
make an **effort, exert strength, strengthen** ha'apūai
make a real **effort** (in a general sense), **try very hard** tūtava   I (always) make a real ~. Tē tūtava nei au.
effortless, simple 'ohipa 'ore
egg, ovum huero, huoro   chicken ~ huero moa   incubated ~ huero fa'ata'oto   rotten ~ huero fa'aero   ~ shell pa'a huero   This morning we'll have ~s [for breakfast]. E huoro (or: huero) moa tā tātou i teie nei po'ipo'i.
female (ovarian) **egg, ovum** huero 'ōvāhine, huero 'ōvari   fertilization (literally: joining together) by the sperm of (with) the (ovarian) ~ tā'atira'a nō te manumanu tāne 'ē te huero 'ōvari
louse **egg(s), nit** riha
eggs, roe, fat (in fish, turtles, etc.) 'a'o
lay **egg(s), sit (set) on egg(s), brood** 'ōfa'a
scrambled **eggs** huero moa fa'arapu, huero moa tāviriviri
egoistic, selfish, possessive hi'o noa iāna iho, ha'apa'o noa iāna ana'e
egret, reef heron, Demiegretta sacra 'ōtu'u
Egypt 'Eifiti, 'Aifiti, 'Aiphiti (Biblical) Behold, there come seven years of great plenty throughout all the land of ~. Īnaha, teie a tupu na matahiti 'auhune rahi roa e hitu e 'ati noa e te fenua ato'a nei o 'Aiphiti.
Egyptian *adj* 'eifiti, 'aifiti
Egyptian *n* ta'ata 'eifiti, ta'ata 'aifiti
Eichornia crassipes, water lilly riri pape
eight va'u (note that vau means "I"), varu

(archaic) It is 25 minutes past ~. E piti 'ahuru mā pae miniti i ma'iri i te hora va'u. The Eight Islands (the Hawai'ian islands) Nā Motu e Va'u

eighteen 'ahuru-mā-va'u

eighth (in order) te va'u, 'a va'u, (or construction with -ra'a) the ~ person te va'u o te ta'ata This is our ~ trip (here) to Tahiti. Teie te va'ura'a o tō maua tere i Tahiti nei.

eighty va'u 'ahuru

either ... or ... (several possible constructions:) We could either go to Pitate (a restaurant-bar in Pape'ete) or we could go home for a drink, whichever you like. E nehenehe iā tāua ia haere i (te) Pitate, 'ē 'aore ra, ia ho'i atu i te fare nō te inu, mai tā 'oe e hina'aro. You can either come (along) to my house or stay here a while. E nehenehe iā 'oe e haere mai i tō'u fare, 'ē 'aore ra e fa'aea ri'i iō nei. Either you finish the job or I don't pay you; you choose. Nā 'oe e ma'iti, e fa'aoti 'oe i te 'ohipa, 'ē 'aore ra eita vau e aufau iā 'oe (or:) eita 'oe e aufauhia). You should either do something about it or stop complaining. E rave ri'i 'oe i terā 'ohipa, 'ē 'aore ra 'a fa'aea 'oe i te māniania noa. I think I should either call him or send him a letter. Ia mana'o vau (I tō'u mana'o) e mea ti'a iā'u ia tāniuniu iāna, 'ē 'aore ra e hapono i te rata.

either one, whichever you like (te mea) o tā 'oe e hina'aro

(not) **either one, neither one** (construction involving nā mea to'opiti) I don't want ~. (I want neither one.) 'Aita vau i hina'aro i nā mea to'opiti.

ejaculate, gush forth hīhī

elaborate (on what one has said), **augment, add on to, increase** fa'ananea

elaboration, circumlocution fa'ananeara'a parau

elastic, rubber, (also:) **rubbery** uaua (watch your pronunciation: u'au'a means hard or tough)

elbow poro rima My ~ struck against a pole. 'Ua tōtē tō'u poro rima i ni'a i te pou.

elder (as in the Mormon church) perepitero, peretiputero

eldest sibling, first-born, oldest child (in a family) matahiapo

elect, choose, select mā'iti They ~ed him mayor. 'Ua mā'iti rātou iāna ei tāvana 'oire.

elected representative ta'ata mā'iti manahōa

election ma'itira'a He lost (was beaten) in the ~. 'Ua 'ere 'ōna i te ma'itira'a.

electric uira ~ cable tari uira ~ razor hahu ta'a e mea uira ~ storm vero uira

electric terminal pou-uira

electric lamp mōrī uira, mōrī Turn on the ~ 'A pata i te mōrī (mōrī uira)! (or:) 'A tū'ama i te mōrī (mōrī uira)!

electric lamp bulb 'amapura

electrician ta'ata tāmaumau uira

electricity uira We don't have ~ connected yet, they (those [indicated]) already have it. 'Aita ā tō mātou uira i tāmauhia, 'ua oti tō verā. Put in (literally: fasten) neon lighting, it consumes (literally: eats) less ~. 'A tāmau i te mōrī neō, e mea 'amu'ore te uira.

electronic(s) 'eretorōni, tā'ireuira

elegant, chic, neat, (also:) **vain** i'ei'e

elegant, fancy, smart-looking, spiffy hāviti

elegant, graceful, vain i'ei'e

elegant, tasteful mana'o ti'a

elementary, basic, original tumu

elementary, beginning mātāmua

elementary school (fare) ha'api'ira'a nā te tamari'i na'ina'i, (fare) ha'api'ira'a tuatahi

elements, rudiments, basic principles pi'irou

expose to **elements** tāra'i, taura'i, taua'i

elephant 'erefani

elephantiasis, filariasis māriri pūfe'efe'e, fe'efe'e tōtōā, fe'efe'e Elephantiasis used to be common in the islands, but is now under control and can be seen only in a few elderly people.
elevate, lift, (also:) **eulogize** fa'ateitei
elevation, height, altitude teiteira'a, teitei
eleven 'ahuru-mā-hō'ē
eleventh (in order) 'a 'ahuru-mā-hō'ē, te 'ahuru-mā-hō'ē, (or: construction with -ra'a) This is our ~ trip (here) to Tahiti. Teie te 'ahuru-mā-hō'ē-ra'a o to māua tere i Tahiti nei.
eliminate, cancel, delete, do away with, (also:) **forgive** (an act) fa'a'ore Because it rained, the competition was ~d (from the program). I te mea 'ua ua, 'ua fa'a'orehia te fa'atitiāuara'a.
eliminate, extinguish, put out, get rid of tīnai People get vaccinated in order to ~ diseases. E pātiahia te mau ta'ata nō te tīnai i te mau ma'i.
elision of a vowel 'aivauera
elocusion, diction, articulation tu'ura'a reo
someone **else** vetahi 'ē Plant, so someone ~ may harvest! 'A tanu 'ia ti'a iā vetahi 'ē 'ia 'o'oti ra!
elsewhere, in some other place i te tahi vāhi 'ē
emaciated, thin, lean pī'ao'ao
emaciated, thin, skinny pārarai
embalm miri
embarcadero, dock, wharf, quay uāhu
embarcation, means of transportation, conveyance, vehicle faura'o
embark, climb on board pa'uma i ni'a, ta'uma i ni'a ~ on a ship pa'uma i ni'a i te pahī We saw a ship which was sailing for Papeete; we ~ed and left (sailed). 'Ua 'ite māua i te hō'ē pahī tei fano atura i Pape'ete; pa'uma atura i ni'a iho 'ē fano atura māua.
embarkation, boarding pa'umara'a i ni'a, ta'umara'a i ni'a ~ on a ship pa'umara'a i ni'a i te pahi i te pahī
embarrass, make ashamed, confuse fa'aha'amā
embarrassed, ashamed, confused, shy ha'amā I sometimes get ~ when I try to speak Tahitian. 'Ua ha'amā ri'i au i te tahi mau taime ā tāmata vau i te paraparau nā roto i te parau tahiti. I get somewhat ~ when I talk with women. 'Ua ha'amā ri'i au 'a paraparau noa ai au i te mau vahine.
embarrassed, bothered, vexed pahipahi
embarrassed, perplexed, (also:) **worried, troubled** tapitapi
embarrassment, obstacle taupupū
embarrassment, shame, confusion ha'amāra'a
embellish, beautify, decorate fa'anehenehe, fa'a'una'una, nana'o
embellish, exaggerate, overstate fa'arahi
embellishment, beautification fa'a'una'una
embellishment, exaggeration fa'arahira'a
emblem, badge, insignia pihi national ~ pihi 'āi'a
embrace, hug haru roa (watch out: haru can also mean to "seize by force" or "rape")
embrace, hug, cuddle, nuzzle, place one's arms around someone tauvahi, tauahi
embrace, place one's arm across someone's shoulders tauahi, tauvahi
emergency, a difficult or dangerous situation 'ohipa fifi
emergency, situation involving trouble or worry 'ohipa pe'ape'a
emergency, situation requiring quick action 'ohipa rū
emergency exit haerera'a fa'aora
emetic, vomative rā'au ha'apiha'e
eminent, magnificent, highly respected, highly honored tura roa Pouvāna'a a O'opa was a highly honored man in Tahiti.

emotion

E ta'ata tura roa o Pouvāna'a a O'opa i Tahiti.

emotion (there is no general word for emotion in Tahitian, only words describing various specific emotions which may not correspond exactly to what non-Polynesians experience; examples of some specific emotions for which there are approximately equivalent Tahitian expressions are:)
emotion involving hidden anger or resentment 'ino'ino
emotion involving observable anger riri
emotion involving anxiety or worry ahoaho
emotion involving compassion or non-sexual love arofa, aroha
emotion involving fearfulness taiā
emotion involving grief or sorrow over a loss mihi
emotion involving joyfulness huru fa'a'oa'oa fa'a'oa'oa
emotion involving mental disturbance and/or severe anxiety and worries and/or agitation (huru) 'āehuehu
emotion involving nervousness, being on edge, being shaken tā'ue'uera'a
emotion involving sexual love here
emotion involving rage (huru) hae
emotion involving being troubled or distressed (huru) pe'ape'a

seat of **emotions**, "heart" (originally referring only to the organ, but now also to the seat of emotions) māfatu my heart (seat of emotions, especially in poetry and songs) tā'u māfatu [my heart (organ) tō'u māfatu]
seat of **emotions**, "heart" (the Polynesians considered the intestines as being the seat of emotions, as an English-speaking person implies when saying: "I have butterflies in my stomach" or "I feel it in my guts"), **guts, intestines, entrails** 'ā'au My heart rejoiced. 'Ua pōpou tō'u 'ā'au. My heart

empty

is aching (emotionally). Tē māmae noa nei tō'u 'ā'au.
arouse **emotion** ha'aputapū to touch the heart ha'aputapū i te 'ā'au
express strong **emotion of pain, distress, or pleasure** auē
emotional or **mental obstinacy** 'ā'au 'eta'eta, mana'o 'etaeta
affected **emotionally, moved, touched** putapū I was deeply affected ~ by the church service this morning. 'Ua putapū tō'u 'ā'au i te purera'a i teie po'ipo'i. I was affected ~ by hearing that song. 'Ua putapū tō'u 'ā'au i te fa'aro'ora'a i terā hīmene. My heart was deeply touched when I heard the happy news. 'Ua putapū tō'u 'ā'au i te fa'aro'ora'a i te parau 'āpī 'oa'oa.
emotionally disturbed or troubled horuhoru I was much disturbed when I heard that piece of news. 'Ua horuhoru tō'u 'ā'au i te fa'aro'ora'a i terā parau 'āpī.
emotionally thin-skinned, irritable, nervous, excitable 'iriā
emperor 'ēmēpera
long-nosed **emperor fish, Lethrinus miniatus** 'ō'eo 'utu roa, 'ō'eo 'utu 'oe'oe, 'a'aravī (when young)
employ, give a position to fa'atōro'a
employee, worker ta'ata rave 'ohipa
employee status, occupation, profession, position, office tōro'a
employment, position tōro'a
employment, work 'ohipa
empower, legalize, validify, notarize, authorize ha'amana
empowered, legalized, validified, notarized, authorized, recorded legally mana, ha'amanahia
empty, consumed, spent, used up pau ~ bottle mōhina pau
empty, open, vacant, unobstructed, cleared vata, vatavata The road is ~. 'Ua vata te porōmu.

181

empty

empty, vacant, unobstructed vata, vatavata
empty, void of contents tūfarefare
empty. bale, bale out, scoop out tatā
empty, consume ha'apau Let's ~ this bottle! E ha'apau tāua i teie mōhina!
empty, remove contents 'iriti
empty, throw away, throw out fa'aru'e
empty the bowels by causing evacuation, purge, take a laxative fa'ahe'e, tāhe'e
enchant, charm, give pleasure to fa'anavenave
enchanted, charmed navenave I was ~ by that song. 'Ua navenave au i terā himene.
enchanting, charming navenave, (e) mea navenave That is a very ~ melody. E pehe navenave roa terā.
enchantment, spell, charm navenave a person whose speech has the power of enchantment ta'ata vaha mana
encircle, cause to turn or revolve fa'a'ohu
encircle, go around, tour, make the round(s) fa'a'ati, fā'ati, ha'a'ati Is there a district bus that goes around the island? E pereo'o mata'eina'a ānei te haere e fa'a'ati i te fenua ta'ato'a? We drove our car around Tahiti. 'Ua fa'ahoro māua i tō māua pereo'o e fa'ati i Tahiti.
encircle fish with net fa'ahei
encircled 'ati
encirled by atolls (like Takapoto in the Tuamotus) menemene
enclosure, fenced area, yard 'āua
live fish storage enclosure of bamboo or wicker ha'ape'e
encompass fa'a'ati, fā'ati, ha'a'ati
encompassed 'ati, 'a'ati, 'ati'ati
Encore! Da capo! Do it again! Tāpiti!
do an encore, play or sing again tāpiti
encounter, meet, (also:) pay a visit to fārerei
encounter suddenly or unexpectedly, meet, run into, bump into, cross paths with,

end the rahui

come across ū I ran into 'Oputu this (early) afternoon. 'Ua ū vau iā 'Oputu i teie avatea.
encounter, meeting fārereira'a
encourage fa'aitoito
encouragement fa'aitoito
encrimson, redden fa'a'ute'ute
encumber, burden, make heavy fa'ateiaha
encumber, cram, overcrowd fa'aapi (note that fa'a'āpī means renew, renovate)
end, border, edge, extremity hiti
end, purpose, objective, cause tumu
end, result, effect, conclusion hōpe'a until the ~ e tae atu i te hōpe'a a story without ~ e 'a'amu hōpe'a 'ore
in the end, finally i te hōpe'a
end, come to an end hope, mure (biblical) happiness without ~ 'oa'oa mure 'ore
end, (be) finish(ed), (have) terminate(d) oti
end, finish, complete, terminate, (also:) achieve fa'aoti Did you finish the work? 'Ua fa'aoti ānei 'oe i te 'ohipa?
end (something), finish, terminate (without the implication of a completed process or task) fa'ahope I hope he will ~ his speech soon. Tē ti'aturi nei au e fa'ahope 'oi'oi 'ōna i tāna 'ōrerora'a.
end (something by achieving completion), complete, finish, terminate fa'aoti
end, finish, finish off, close, terminate 'ōpani
end, stop, disappear, no longer exist 'ore The noise ~ed. 'Ua 'ore te māniania.
end the rahui (specific taboo [prohibition] placed by the chief on fishing during a certain time), open or inaugurate 'āvari make an end of something, cancel, eliminate fa'a'ore ~ of that conduct! Stop behaving that way! 'A fa'a'ore i te reira 'ohipa!
without end, endless(ly) hōpe'a 'ore

ended / **enjoy**

ended, finished, terminated, brought to a close hope
it is **ended**, it is enough, that's all tīrārā I am finished (that is all I have to say) tīrārā parau
endless, eternal mure 'ore eternal ~ 'oa'oa mure 'ore
endless(ly), without end hō'pe'a 'ore
endowed or **invested with supernatural, spiritual,** or **legal power(s)** mana, manamana
endurance, patience 'oroma'i
endure, bear with patience or **fortitude** fa'a'oroma'i
endure, last, be of long standing taraire
enduring, permanent tāmau
enema pāmura'a
administer or receive an **enema** pāmu Because of his constipation, he received an ~. Nō tōna tumou, 'ua pāmuhia 'ōna.
enemy 'enemi He triumphed over his enemies. 'Ua upo'oti'a 'ōna i tōna mau 'enemi. Thou preparest a table before me in the presence of my enemies. 'Ua fa'anahonaho 'oe i te tahi 'amura'amā'a na'u i mua i te aro o tā'u mau 'enemi.
energetic, active, vigorous, industrious itoito, mā te itoito He is truly working ~ally. Tē rave nei 'ōna i te 'ohipa mā te itoito mau.
a person who talks **energetically** ta'ata vaha utuutu
energy, power ito solar ~ ito rā This water heater works with solar ~. Teie ha'ave'a (ha'avera) vai e tere ia i te ito rā.
energy, energetic spirit, "drive," "pluck," courage, persistance, industriousness itoito He won through his ~/persistance/ pluck. 'Ua roa'a iāna te rē nā roto i tōna itoito.
without **energy**, lax, slack, dilatory tōaruaru
without **energy**, weak paruparu
without **energy**, without "drive" itoito 'ore

engage, employ, give a position to fa'atōro'a
engage in a fight, pounce (on), attack, wage war 'aro
engaged, betrothed momo'ahia Tiare is ~ to Tahi. 'Ua momo'ahia Tiare iā Tahi.
engine, machine, motor mātini internal combustion ~ mātini haruharu the hum (or rumble or roar) of the ~ te 'uru'uru mātini How powerful is that ~? Eaha te pūai o terā mātini? This ship has a very strong ~. E mātini pūai roa tō teie pahī. This ~ functions [only] by fits and starts. E mea 'ōtu'itu'i teie mātini. I tried hard to repair that ~. 'Ua rohi au i te hāmanira'a i terā mātini.
engineer 'ī'ite
England, Britain (fenua) peretāne, (fenua) paretāne, (fenua) paratāne
English, British peretāne, paretāne, paratāne
the **English** language (as spoken in Britain) reo peretāne, parau peretāne I will translate ~ into Tahitian. E 'auvaha vau i te reo Peretane (American English: Marite) nā roto i te reo Tahiti.
the **English** language (as spoken in the Americas) reo marite, parau marite,
engrave, decorate, embellish, tattoo nana'o
engrave, prick, make a visible mark, write or **type an impression** puta
engraved puta
engraved, decorated nana'ohia
enigma, riddle, (also:) **puzzle** piri
enjoy (oneself), **delight in** nave
enjoy (oneself), **be amused, have fun** 'ārearea I ~ed myself greatly last night. 'Ua 'ārearea maita'i au ināpō (ra).
enjoy (oneself), **be enchanted by** navenave I was enchanted by that song. 'Ua navenave au i terā himene.
enjoy (oneself), **be happy, be joyful** 'oa'oa I very much ~ visiting my Tahitian friends. E mea 'oa'oa roa nāu 'ia haere e

enjoy

farerei i tō'u mau hoa tahiti.
enjoy (oneself), rejoice pōpou My heart rejoices. Tē pōpou nei tōu 'ā'au.
enjoy something, like well 'ana'anatae I really ~ed that film. E mea 'ana'anatae roa nā'u terā hoho'a.
enjoy something, be pleased by au I really ~ (Tahitian-style) raw fish. E mea au roa nāu te i'a ota.
enjoy, be satisfied, be content māuruuru I really ~ed meeting him. 'Ua māuruuru roa vau i te farereira'a iāna.
enjoy the sight(s) of, admire, visit māta'ita'i
enjoyment, amusement 'āreareara'a
enjoyment, delight nave
enjoyment, enchantment navenave, (e) mea navenave
enjoyment, happiness 'oa'oara'a
enjoyment, joy pōpou
look at with enjoyment, watch, sightsee, take in the sight(s) māta'ita'i I went to watch the canoe race. 'Ua haere au e māta'ita'i i te fa'atiti'āu'ara'a va'a.
enlarge, magnify, make bigger, increase (also:) **multiply** fa'arahi
enlargement, magnification fa'arahira'a
enlighten, make clear, explain, (also:) **light up, shine a light on** ha'amāramārama I made that thing very clear to her, so that she would understand (it) well. 'Ua ha'amāramarama maita'i vau i terā mea iāna, 'ia pāpū maita'i 'ōna.
enlist, enroll, muster on fa'aō
enlist, enroll, register, join tihēpu
enlist, enter tomo
enmity enemira'a
enormous, immense, extremely large iti rahi, (e) mea iti rahi an ~ fortune e faufa'a iti rahi
enormous, immense, very big rahi roa
enough (but not as much or many as could be desired) huru There are ~ members in this meeting of The Friends of Tahiti (but

enough

not as many as one might have expected). E mea huru mero i teie 'āmuira'a o te Mau Hoa nō Tahiti.
enough, sufficient, (quite) enough, that's (good) enough 'ātīrā, 'ātī'ā ~ sulking, come and have some drinks! 'Ātīrā i te fa'ariri, 'a haere mai 'a inuinu! That is good ~ (sufficient). 'Ātīrā i reira. ~ said, I am finishing this letter. 'Ātīrā parau, te fa'aoti nei au i teie rata nei.
Enough! That's enough! 'Ātīrā! 'Ātī'ā!
enough (with the implication of stopping) tīrārā ~ said. That's all. Tīrārā parau.
have enough of something, (be) adequately supplied with nava'i There is ~ food. 'Ua nava'i te mā'a. Do you have ~ money to go to the movies? 'Ua nava'i ānei 'oe i te moni nō te haere i te teatara'a?
have enough of something, be well-off, suffice rava'i You may become president of our club if ~ members will vote for you. E riro paha 'oe ei peretiteni nō tā tātou pupu, mai te mea e rava'i te mero nō te ma'iti iā 'oe.
have had enough to eat, be full or **sated** pa'ia (be careful with pronunciation, because pā'i'a means homosexual)
have had (more than) enough of, be weary or **tired of, be bored** or **fed up with, find something boring** fiu Have you had ~ (of what is going on?) 'Ua fiu ānei 'oe? (a common, well-meant, and considerate question in the islands, especially during a prolonged proceeding or entertainment) One can't have ~ of looking at people with happy and smiling faces. 'Eita e fiu i te māta'ita'ira'a i te mau ta'ata mata 'oa'oa e te 'ata'ata. I have had ~ of French food. 'Ua fiu vau i te mā'a farāni. He had had ~ of fixing his lawnmower. 'Ua fiu roa 'ōna i te tātā'i i tāna tāpū matie. I have had ~ of having nothing to do. 'Ua fiu vau i te fa'aea noa. I have had ~ of that moocher. 'Ua fiu roa vau i terā ta'ata tīpe'e.

not **enough, inadequate, insufficient** iti There is not ~ food. 'Ua iti te mā'a. The money you gave me was not ~. 'Ua iti te moni tā 'oe i hōro'a mai (iā'u).

enrage, madden, infuriate fa'ahehē, fa'atupu i te hae

enrage, make angry fa'atupu i te riri

enraged, maddened, infuriated hae

enroll, enlist, enter tomo

enroll, enlist, muster on fa'aō

enroll, enlist, register, join tihēpu

ensemble, an entire group of people sharing a specific characteristic or activity or constituting a category feiā the tourists te feiā rātere the farmers te feiā fa'a'apu the fishermen te feiā tāi'a (or) te feiā tautai

enslave, imprison for labor fa'atītī

enslave, oppress, degrade fa'afao

enslave, subjugate, domineer ha'avī

entangle tāfifi

entangle, complicate, make difficult ha'afifi, fa'afifi

entangled tāfifi, tāfifififi

entangled, complicated, difficult ha'afifi, fa'afifi

entanglement, difficulty, complication fifi

enter tomo It is forbidden to ~. 'Ua 'ōpanihia 'ia tomo. The ship's bell was sounded when she ~ed the pass. 'Ua pātē te oe o te pahī i te tomora'a i roto i te ava.

enter, go into, penetrate, be able to enter, go into, or penetrate ō The (iron) spear ~ed the shark. 'Ua ō te 'auri pātia i roto i te ma'o. Moonrays ~ed into the room through the shutters. E hihi 'āva'e tei ō roa mai i roto i te piha nā roto mai i te varavarara'a o te ha'amāramarama. Except ye be converted and become as little children, ye shall not ~ into the kingdom of heaven. 'Ia 'ore 'outou ia fa'ahuru-'ē-hia 'ē 'ia riro mai te tamari'i ri'i ra, e 'ore roa 'outou e ō i te basileia (pronounced pātireia) ra o te ao.

enter or **thrust into, penetrate** ha'amure

enter something **into a book** pāpa'i i roto i te puta

enter a lagoon or port (through a pass in a reef) ava

cause to **enter, bring in,** (also:) **inaugurate** fa'atomo

cause to **enter, enter, insert, introduce into, enroll** fa'aō He was introduced into the club The Friends of Tahiti. 'Ua fa'aōhia 'ōna i te pupu Te Mau Hoa nō Tahiti. The ship has ~ed the pass. 'Ua fa'aō te pahī i roto i te ava. It is easier for a camel to go [~] through the eye of a needle, than for a rich man to ~ into the kingdom of God. E fa'aō 'ohie a'e te kamela nā roto i te 'āpo'o au, i te ta'ata tao'a 'ia fa'aō i roto i te basileia [pronounced pātireia] o te Atua ra.

clandestinely **enter(ing)** a house at night to seduce a young girl or woman, **sleep-crawl(ing)** mōtoro Moari'i tried to clandestinely ~ the house at night to seduce Mihi, but as he stumbled against the bed, the parents awoke. 'Ua tāmata Moari'i i te mōtoro iā Mihi, 'āre'a rā i te ūra'a i ni'a i te ro'i, ara a'era te mētua.

enterprise, business company, concern, corporation tōtaiete, hiva Our ~ is growing bigger every year. Tē haere nei tā mātou tōtaiete i te rahira'a i te mau matahiti ato'a.

enterprise, undertaking, mission 'ohipa, tere 'ohipa He came out ahead in his ~. 'Ua manuia 'ōna i tāna 'ohipa.

owner or leader of an **enterprise** 'ona

entertain or **amuse oneself, be merry** 'ārearea, rearea (old, but still heard) I really ~ed myself at the Fête. 'Ua 'ārearea maita'i au i te Tiurai. Take your ease, eat, drink, and be merry. E fa'aea māite, e 'amu, e 'inu, 'ē 'ia rearea māite.

entertain, amuse, cause to have fun fa'a'ārearea

entertain

entertain, amuse, excite merriment or **laughter** pā'ata

entertain, make pleasing, make interesting fa'a'ana'anatae

entertain, receive properly, formally recognize the importance of someone 'ite, 'ite maita'i The president of The Friends of Tahiti ~ed the guest from Hawai'i properly. 'Ua 'ite maita'i mai te peretiteni nō te Mau Hoa nō Tahiti i te manihini nō Vaihī mai.

entertain with music 'upa'upa

entertaining, amusing 'ārearea

entertainment, amusement 'āreareara'a, fa'a'āreareara'a, 'ārearea

entertainment, show fa'a'ana'anataera'a

enthusiastic, eager, zestful, (also:) **pleasing** 'ana'anatae

entice, lure, attract 'ume, 'ume'ume

entice, bait, tantalize, tease fa'atīaniani

entire, all (used either with animate or inanimate subjects) tā'āto'a

entire, whole, all, (also:) **all together** pā'āto'a the ~ of Polynesia Pōrinetia pā'āto'a While the bridegroom [previously referred to] tarried, they all slumbered and slept. Tē maoro ra rā taua tāne fa'aipoipo 'āpī nei, ti'aruhe pā'āto'a ihora rātou 'ē ma'iri ihora te ta'oto.

entire, all together (stronger emphasis on together) pauroa

entirely, completely pau roa

entirety, totality, all of it (nothing left) pau roa

entirety, totality, aggregate, sum total tā'ato'ara'a

entrails, intestines, bowels, guts 'ā'au take out the **entrails** of (disembowel or eviscerate) an animal 'ātore, 'ātoretore

entrance, entry, going in(to) ōra'a

entrance, entry, (also:) **inauguration** tomora'a ~ is prohibited. 'Ua 'ōpanihia te tomora'a.

entrance, entry 'ūputa, haerera'a i roto

entrance, charm, allure, cause delight in,

envy

arouse (sensually) fa'anavenave

entrance, charm, make (someone feel) **happy** fa'a'oa'oa

entranced, charmed, pleased, delighted nave

entranced, charmed, sensually **aroused,** sensually **delighted** navenave

entrancing, charming au maita'i

entreat, fall on one's knees in entreaty or **supplication** tāhopu

entrust, promote, give a position or commission to fa'atōro'a

entry, entrance, entranceway 'ūputa

entry, entrance, going in(to) ōra'a

entry, entrance, inauguration tomora'a

enumerate, count nūmera

envelop, encase, sheathe vehi, vihi

envelop, package, wrap pū'ohu

envelope, case, sheath, scabbard vihi, vehi ~ (for letter) vihi rata pillow case vihi tūru'a

envelope, pack(age), wrapper pū'ohu

enveloped vehia, vihia Pouvāna'a a O'opa lies in eternal sleep ~ by the soil of Tahiti, the land which he loved so much and to which he dedicated his life. 'Ua tārava o Pouvāna'a a O'opa i te ta'otonui e vehia e te repo nō Tahiti, te fenua i mureherehia e āna mā te pūpū atu iāna iho.

envious, covetous nounou

envious, jealous, carrying a grudge, holding a grudge against fe'i'i

envy, covetousness nounou

envy, jealousy mi'imi'i For from within, out of the heart of men, proceed evil thoughts, ... deceit, lasciviousness, an evil eye [~], ... Nō roto mai ho'i i te 'ā'au ta'ata te mana'o 'ino, ... te ha'avare, te ti'a'ā, te mi'imi'i, ...

envy, jealousy, grudge, spite, rancor fe'i'i

envy, covet nounou

envy, be jealous (of), begrudge, hold a grudge against, (also:) **be mutually**

envious, squabble fe'i'i
Ephinephelus areolatus, spotted seabass fāroa
Ephinephelus fuscuguttatus, giant jewfish hāpu'u reru
Ephinephelus merra, honeycomb sea bass tarao māraurau
Epibulus insidiator (a kind of wrasse fish), **sling-jaw** papae 'utu roa
epidemic, contagious, communicable ma'ue
epidemic (general), **spreading disease** pararera'a ma'i
epidemic, plague, pestilence ma'i ma'ue
epidermis, outer skin pa'a
epilepsy hōpi'i
epileptic hōpi'i
episode, event, affair, occurrence, happening 'ohipa
psychotic **episode, insane fit, being possessed** by a devil or spirit uru
epistle, letter, written communication or **message** rata
epistle (in the Bible, but also used colloquially)) 'epitetore (Protestant), 'epitore (Catholic)
epoch, period of time, generation u'i In his time (generation) there was no electric lighting. I tō na u'i, 'aita e mōrī uira.
epoch, age, time, season tau, 'anotau in olden times i te tau i ma'iri
equal to, almost the same as au He is just about as big as Pita. 'Ua au tōna hoho'a, 'ē tō Pita.
equal (to), identical to 'aifāito Amaru's intelligence is ~ to that of Miriama. 'Ua 'aifāito te māramarama tō Amaru 'ē tō Miriama.
equal to, alike, on the same level with, match tū
equal, reach an equilibrium fāito
consider **equal, treat alike** fa'atū
equalize fa'afāito
equalize, consider equal fa'atū
equally ... as ..., just as ... as ... 'ua au ...

'ē tō ..., 'ua au ... i tō ... (comparing two equalling or matching qualities) au Teri'i is just ~ intelligent ~ Teiho (Teri'i's intelligence equals Teiho's). 'Ua au tō Teri'i māramarama 'ē tō Teiho.
equator rēni 'ōperea, rōpūra'a o te fenua
equilibrium, balance fāito
equitable, agreeable au
equitable, proper, just, right, righteous ti'a That is ~ (right). E mea ti'a terā.
era, period, epoch, age tau from that time (~ previously referred to) until the present day mai taua tau ra e tae roa mai ai i teie mahana
erase, efface tūmā
erect, hard pa'ari
erect, standing up ti'a
erect, build, put on feet fa'ati'a
erection, erecting fa'ati'ara'a
erection of penis or clitoris 'ī'īra'a, 'ī'ī, pa'arira'a nō te mero
Erianthus floridulus, reed, rush 'ā'eho
erotic nō te here
err, make a mistake hape, hape roa I made a mistake. 'Ua hape au.
errand, job, business 'ohipa
errand, mission, trip with a purpose tere
erratic, jerky, fitful maumau
erroneous, incorrect, false, wrong, mistaken hape, hape roa My watch is wrong. 'Ua hape tā'u uāti.
error, mistake, fault, (also:) **aberration** hape Forgive my ~! ('A) Fa'a'ore mai tō'u hape! It is not your ~, it is his. E 'ere nā 'oe te hape, nāna ra ia hape.
in **error, mistaken, wrong** hape
erudite, knowledgeable, learned 'ite
Erythrina indica (a deciduous **tree** bearing scarlet flowers) 'atae
escape, flee, go into hiding tāpuni, tāponi The French convict ~d from the prison (and went into hiding). 'Ua tāpuni te ta'ata mau 'āuri farani mai roto mai i te fare 'āuri.

escape, get away, reach safety ora And the soldiers' counsel was to kill the prisoners, lest any of them should swim out, and ~. 'Ua parau ihora te mau fa'ehau e taparahi i te mau ta'ata i tāpe'ahia ra, 'oi 'au atu vetahi 'oi ora.

escape, run away, abscond, leave horo The thief ~d. 'Ua horo te ta'ata 'eiā.

escape by evaporation or **by slow degrees, leak out** (as air from a tire) mā'i The (car) tire leaks. 'Ua mā'i te uaua pereo'o.

escape or **slip away** (for example, from one's hands) hemo ... but Keola was past fear and courted death. 'Ua hemo ra i muri te ri'ari'a o Keola 'ē te fa'ahina'aro nei 'oia i te pohe i teie nei. (literally: Keola's fear had ~d [from him] and he now flirted with death.) (From John [Tihoni] Martin's free translation of Robert Louis Stevenson's The Isle of Voices.)

escaping, fleeing, running away horotāpuni

escort, follow, accompany, come/go along with 'āpe'e, 'ape'e, pe'e ~ing ship pahī 'āpe'e

Esox aavere and **Tylosorus crocodilus, swordfish, billfish, needlefish** 'ā'āvere

Esox teatae, a kind of **billfish**, and **Hyporhamphus acutus, half-beak fish** ihe

essay (in school), **composition** pāpa'ira'a parau

essence, basis, cause tumu

essence, concentrate (of liquid), **extract**, (also:) **deposit** rito

essential, principal, main tumu the ~ matter being (or: to be) discussed te tumu parau

essential, crucial, material tītau-roa-hia

essential, very important faufa'a roa, e mea faufa'a roa

not **essential, not of primary importance** 'aita e tumu ia

not **essential, not important, not necessary** 'aita e faufa'a

establish, bring about, create, instigate, institute fa'atupu, ha'atupu

establish, found, organize fa'atumu, ha'atumu

establish, make permanent, ingrain, make sure fa'amau, ha'amau

establish, set limit(s), designate tā'ōti'a

established, fixed, firm, set, solid mau, ha'amauhia, ha'amau That is an ~ fact. E mea parau mau terā.

established, set, designated, or **imposed limit(s)** tā'ōti'ara'a It is necessary that the ~ (speed) limits for travel on the road be observed. Ei (Eia) fa'aturahia te tā'ōti'ara'a o te tere nā ni'a i te purōmu.

established or **accepted by usage** (referring to language and grammar) vaifauhia

establishment, government fa'aterera'a hau, hau

establishment of (inseparable) **friendship** fa'ahoara'a

scholastic **establishment, school** (fare) ha'apira'a

estate, accumulated property pu'e faufa'a

estate, real estate, property, land fenua

esteem, praise, applause, honors 'āruera'a

esteem n, **respect, honor** fa'atura

hold in **esteem, admire, respect** fa'ahiahia

hold in **esteem, praise, honor, speak well about** 'ārue

estrogen 'eterōte

et cetera, and so on, and so forth 'ē tē vai atu ra, 'ē tē vai atu ā

eternal, without end mure 'ore the ~ life te ora mure 'ore

eternal(ly), endless(ly) hōpe'a 'ore

eternally, always, forever 'āmuri noa'tu, 'ā muri noa atu (at the end of a letter:) Written by your friend always, Steven. Pāpa'ihia (e) tō 'oe hoa 'āmuri noa'tu, ('o) Tīvini.

etiquette, good manners peu maitata'i

Eucharist euhari
Eucharist, Communion, (also:) **sacrament**
'ōroa mo'a
Eudynamis, taitensis, migratory cuckoo
'ō'ōvea
Eugenia mallaccensis, Tahitian apple, rose apple, jambo 'ahi'a
eulogize, boast admiringly fa'ateni
eulogy, praising chant parau fa'ateniteni, fa'ateniteni
euphoria, very good mood 'aeto'erau
cause **euphoria** fa'aaumaita'i, fa'a'aeto'erau This is a pill that causes ~. E huero fa'aaumaita'i teie.
Europe 'Europa, 'Europa-mā
European, white man, person of Caucasian race popa'ā, papa'ā, 'europa (when specifically from Europe)
Eudynamis taitensis, migratory cuckoo 'ō'ōvea, 'ārevareva
euphoria 'aeto'erau
Euthynnus affinis, bonito, little tuna 'ōtava
Eva, Eve Eva
evacuate, abandon, forsake fa'aru'e
evacuate, defecate titi'o
evacuate, go outside a building or an area haere i rāpae
evacuate, void, purge he'e
cause the body to **evacuate, purge** fa'ahe'e, tāhe'e
evade, dodge, parry, avoid a blow or a subject of conversation 'ape
evaluate (in terms of price/worth) fa'aau i te ho'o e au
evaluate carefully, think deeply, weigh pros and cons, reflect profoundly mānavanava
evaluate as equal, compare on an equal basis ha'afāito, fa'afāito
evaluate, measure fāito
evaluation (in terms of price/worth) fa'aaura'a i te ho'o e au
evaluation, measure fāito
Evangel, Evangelium, Gospel

'Evaneria, Te Parau a Ietu, Te Parau nō Ietu The Gospel according to Matthew Te 'Evaneria a Mataio ra
evaporate, leak out mā'i
evaporate, transform into a vapor māhu
evaporation māhura'a
Eve, Eva Eva And Adam called his wife's name ~. 'Ua ma'iri ihora 'Atamu i tō te vahine ra i'oa, o Eva. In Tahitian mythology the first woman on the earth was Hina.
the goddess of the **moon** (the first woman on earth, Ti'i's wife - Ti'i was the first man on earth) Hina
even, exact, right e mea ti'a
even, flat, level, plane pāpū
keep on an **even keel, balance** tārere
even, still more, all the more atu a'e, atu ā It is especially difficult for me to speak Tahitian on the telephone and understanding it is ~ harder. E mea fifi roa iā'u i te parau Tahiti nā roto i te niuniu 'ē te pāpūra'a i te aura'a e mea fifi roa atu a'e.
even if, despite, though, although 'ātīrā noa'tu, 'ātīrā noa atu ~ he said that, I will do it. 'Ātīrā noa atu tāna parau, e rave au.
even now, still ā He still keeps on working. Tē rave noa nei ā 'ōna i te 'ohipa.
even though, although, in spite of noa'tu, noa atu, noa'tu e, 'ātīrā noa'tu, noa atu ā ~ I would like to do it, I couldn't (literally: it would not be finished), because I don't have the time. Noa'tu tō'u hina'aro ia nā reira, e'ita e oti iā'u nō te taime 'ore (or:) nō te mea 'aita tā'u e taime. ~ the sun is shining, it is still cold. Noa atu ā ia te mahana, 'e to'eto'e noa. He will go fishing, ~ he does not want to. E haere 'ōna e tai'a noa'tu e 'aita 'ōna i hina'aro. In spite of the storm, the ship left. Noa atu te vero, 'ua reva te pahī. They'll return tonight in spite of their

even number | **evil**

fatigue. E ho'i mai rātou i teie pō, noa'tu tō rātou rohirohi.
even number nūmera pea
early **evening** (4-5 pm to nightfall) ahiahi (for some reason often and incorrectly pronounced "heyhey") Let's go out for dinner early this ~. E haere tātou i rapae nō te tāmā'a i teie ahiahi.
late **evening** (nightfall to midnight), **night** pō
Good **evening!** 'Iaorana! (You could also say: 'Iaorana 'oe ['ōrua, 'outou] i teie pō!, although only pōpa'ās would do so.)
(late) Saturday **evening, Saturday night** pō tāpati I would like to have a table reserved for this coming Saturday ~, please; there will be four of us. 'Ahani na, hina'aro vau 'ia tāpa'ohia te hō'ē 'amura'amā'a nō teie pō tāpati i mua nei; e maha mātou.
evening of prayer and discussion (Catholic) mātutura'a
evening prayer meeting with discussion and interpretation of Scripture (Protestant) tuāro'i
evenly, exactly, properly, regularly ti'a spread out **evenly** the stones of a Polynesian oven pī'ehi
event, affair, occurrence, happening 'ohipa
event, dance festival or **entertainment** heiva folkloric ~ heiva peu tumu
event, performance, show ha'utira'a
event (religious) 'ōro'a
stay for some expected **event** to happen, **expect, hope, wait for** tīa'i
ever (persistence), **always, continually, still** noa My wife is always telling me that ... Parau noa mai tā'u vahine ē ...
if **ever, once that** ana'e If he ~ leaves ... 'Ua reva ana'e 'ōna ...
ever since, since mai, mai ... mai ā ~ my youth. Mai tō'u 'āpīra'a mai ā. ~ the day you left, the island has not changed. Mai te mahana i reva atu ai 'oe, 'aita te fenua i taui. ~ the year 1963 mai te matahiti hō'ē-tautini-'ē-ivahānere-'ē-ono-'ahuru-mā-toru mai ra ā.
every (construction with: te mau ... ato'a) ~ day i te mau mahana ato'a ~ other day te piti o te mau mahana ato'a (or:) e toru taime i te hepetoma (three times a week) He is in Pape'ete ~ day. Tei Pape'ete 'ōna i te mau mahana ato'a.
every other day te piti o te mau mahana āto'a (or:) e toru taime i te hepetoma (three times a week)
everybody, everyone, all ana'e (used only after the verb), pauroa te ta'ata Let's go, everyone! Haere ana'e tātou! ~ went to the dinner party except 'Ape. 'Ua haere pauroa te ta'ata i te tāmā'ara'a, maori rā (or: 'aita rā) o 'Ape. (For other examples of everybody, everyone, see **all**.)
everything, all kinds of things te mau mea ato'a
everything, the totality te ato'ara'a
everything (activities) te mau 'ohipa ato'a
everywhere i te mau vāhi ato'a
evidence, certification, proof ha'apāpūra'a
evil, bad, wicked 'ino, 'i'ino ~ person ta'ata 'ino ~ spirit vārua 'ino For from within, out of the heart of men, proceed ~ thoughts. Nō roto mai ho'i i te 'ā'au ta'ata te mana'o 'ino.
evil, immoral, unscrupulous ne'one'o (literally: foul)
evil, malicious, harmful, injurious tōtōā
evil, mean, malicious, savage tuputupuā
evil, badness, wickedness 'ino, (dual & plural:) 'i'ino Do not return ~ for ~! 'Eiaha e tāho'o atu i te 'ino i te 'ino! The lust for money is the root of all ~. 'O te nounou moni ho'i te tumu o te mau 'ino ato'a nei. And lead us not into temptation, but deliver us from ~! 'Ē 'eiaha e fa'aru'e iā mātou 'ia ro'ohia-noa-hia e te 'ati, e fa'aora rā iā mātou i te 'ino. Yea, though

evil-smelling   **exceeding**

I walk through the valley of the shadow of death, I will fear no ~. 'Ē 'ia haere noa'tu vau nā te peho ra, o te maru pohe, e 'ore ā vau e mata'u i te 'ino.

speak **evil** of, **slander, backbite** 'ōhumu, 'ōhimu

evil-smelling, dirty piro, piropiro He has ~ breath. E vaha piropiro tōna.

evil-smelling, having an acrid smell (as of urine) veoveo

evil-smelling (especially from rottenness or decomposition), **stinking, foul** ne'one'o A dead rat is ~. E mea ne'one'o te 'iore pohe.

eviscerate, disembowel 'ātore, 'ātoretore

exact, certain, assured pāpū mau

exact, identical iho the ~ place te vāhi iho

exact, just right, right on the mark tano, tano maita'i, tanotano

exact, precise (e) mea ti'a, ti'a mau

exact, straight, correct 'āfaro, 'āfaro roa, 'āfarofaro

exactly, (also:) **indeed** iho ā   I did indeed go. 'Ua haere iho ā vau.

exact(ly), true(ly), real(ly) mau ~ly at that time i taua taime mau ra

exact(ly), precise(ly) (time of the clock) ti'a What is the ~ time? Eaha te hora ti'a? It is ~ly eight o'clock. 'Ua hora va'u ti'a.

exactly correct ti'a roa What you are saying is ~. E mea ti'a roa tā 'oe parau.

exalt oneself, be conceited fa'ateitei iāna iho For whosoever ~eth himself shall be abased. 'O tei fa'ateitei ho'i iāna iho ra, e fa'aha'eha'ahia ia.

exalt someone, (also:) **delegate power** or **authority to someone** teni, teniteni

exalted, high, powerful teniteni

exalted, tall, high, high-placed (also:) **snobbish** or **vain** (depending on the context or the tone of voice of the speaker) teitei

examination, inspection, observation hi'opo'ara'a

examination, test tuha'a hi'opo'a

examine, look at, observe hi'o

examine, look at, observe, be a spectator, (also:) **admire, enjoy the sight(s) of, visit** māta'ita'i

examine (critically), **inspect, oversee, look at carefully** hi'opo'a

examine (secretly), **peek** hi'ohi'o

examiner, inspector, overseer ta'ata hi'opo'a, hi'opo'a committee of ~s tōmite hi'opo'a

example (to follow), **guide** (biblical) 'avei'a

example (to look at) (mea) hi'ora'a

for **example** mai teie te huru

for **example, for clarification** ei ha'amāramarama'a

exasperated, irritated, vexed, bothered, preoccupied with problems pahipahi

excavate, dig, spade 'ō

excavate, dig in the ground, grub 'eru, heru, heruheru

excavate, hollow out pao The inside of the canoe was hollowed out. 'Ua paohia te va'a.

excavator, digging machine, mechanical digger pereo'o heru

exceed, surpass, be greater than hau, fa'ahemo Pouvāna'a a 'O'opa's intelligence ~ed that of the French politicians. 'Ua hau a'e te māramārama o Pouvāna'a a 'O'opa i tō te feiā poritita (or: feiā tōro'a) farāni.

exceed (usually in a negative sense), **go beyond** or **go over** (what is expected or allowed) tāhiti

exceeded (by), **out-done** (by), **outstripped** (by), **surpassed** (by), **lose to** hemo Manava was surpassed by (lost to) Amaru. 'Ua hemo o Manava iā Amaru.

exceeded, surpassed, have lost to hemo

exceeding, surpassing, above i hau The disciple is not above his master, nor the servant above his lord. 'Aita te pipi i hau i tāna 'orometua, 'aita ho'i te tāvini i hau i

excel — excommunicate

tōna ra fatu.
excel, out-do, surpass, exceed fa'ahemo
excellent, admirable, remarkable, superb, grand fa'ahiahia
excellent, first class, prime nūmera hō'ē
excema, rash pupura'a i rapae
except (for), excepting, save (for), with the exclusion of ... maori rā, maori rā iā, 'aita rā Everybody went to the dinner party ~ 'Ape. 'Ua haere pauroa te ta'ata i te tāmā'ara'a, maori rā ('aita rā) o 'Ape. He will never get better, ~ by stopping his smoking. E'ita roa 'ōna e ora, maori rā 'ia fa'aea 'ōna i te pupuhi i te 'ava'ava.
except that maori rā e, i te mea e
exception from what is common haere'a hapa
exception, exclusion fa'a'erera'a
exception, exemption fa'a'orera'a
with the **exception** of... maori rā ia ..., maori rā i te ...
excess (e) mea rahi roa
excessive (exceeding or surpassing what is sufficient), **extreme** (mea) fa'ahau
excessive (usually in a negative sense, going over or beyond what is expected or allowed), **extreme** tāhiti
(have an) **excessive** or insatiable **appetite** for food or drink, **(be) gluttonous** or **voracious** 'arapo'a pa'ia 'ore, 'ai'ai, kokore *(slang)* (be careful about pronunciation here, since kokoro is a slang word for penis), korekore
exchange *n*, **change, trade, barter** tauira'a, tapiho'ora'a ~ of ideas tapiho'ora'a mana'o
exchange *v*, **change, trade, barter** taui, tapiho'o I ~d my old car for a new sailing canoe. 'Ua taui au i tō'u pereo'o tahito i te va'a tā'ie 'apī.
commercial **exchange**, (also:) **sale** ho'ora'a
exchange rate fāito taui moni
excitable, difficult, irritable, easily irritated or **upset, nervous**, (also:) **rough,**

brusque 'iriā The trouble was the [first] mate who was the most difficult (~) man (commander) to please (satisfy) Keola had ever met with. O te ra'atira piti te mea 'iriā a'e o te ta'ata fa'aueue māha 'ore roa a'e te reira i fārereihia e Keola. (from John [Tihoni] Martin's free translation of R.L. Stevenson's short story The Isle of Voices)
excite, encourage fa'aitoito
excite or provoke an animal fa'atīhae, fa'atīhaehae
excited, eager, impatient, hasty hitahita
exciting, joyful, happy 'oa'oa
exclaim one's sorrow, cry, weep, lament auē
(an **exclamation** or **cry** conveying extreme emotion ranging from pain and sorrow to delight and joy) **Oh!, Alas! 0h, boy! How sad! How wonderful!** auē Oh, how it hurts to leave for the vastness beyond! Auē te mauiui rahi i tō revara'a nā te ara! (the beginning words to the Tahitian farewell song E mauruuru ā vau) Oh boy, that food was great! Auē te mā'a i te au ē!
exclamation (of sudden emotion or surprise), **sudden expression, interjection** reo hitirere ~ point hitirere
exclusion fa'a'erera'a
with the **exclusion** of ..., **except for ..., excepting ..., save for** maori rā ..., maori rā iā ..., 'aita rā Everybody went to the dinner party with the ~ of 'Ape. 'Ua haere pauroa te ta'ata i te tāmā'ara'a, maori rā ('aita rā) o 'Ape.
exclusive, special ta'a 'ē
exclusive privilege, monopoly mana tahi
excoriate (as the skin) fa'apahure, fa'apahurehure
excoriated (as the skin) pahure
excoriation (from insect bite) tutu'a
exhale fa'aru'e i te aho
exclamation, exclaiming, lamentation, weeping auēra'a
excommunicate, banish, chase away, exile

ti'avaru, tūvaru
excommunication, banishment, exile, deportation ti'avarura'a, tūvarura'a
excoriation, abrasion, scratch pahure iti, pahure
excrement, feces tūtae
excuse, pretext otohera'a
make **excuses** otohe
Excuse me! Don't be angry! 'Eiaha ('oe) e 'ino'ino mai!
execute, accomplish, complete, finish fa'aoti
execute, initiate, start ha'amata
execute, kill, extinguish ha'apohe
execute by hanging, (also:) **commit suicide by hanging** tārī
exegesis, evening of discussion and prayer (Catholic) mātutura'a
exegesis, evening discussion meeting with prayer and interpretation of Scripture, (Protestant) tuāro'i
exercise(s), training, practice ha'amātaura'a oral ~ ha'amātaura'a parau vaha written ~ ha'amātaura'a parau pāpa'i
exercise(s) (athletic), **training** of the body fa'a'eta'etara'a tino
exercise, train, practice ha'amātau
exercise, train the body fa'a'eta'eta i te tino
exert oneself, make an effort (potentially exhausting) rohi He ~ed himself in repairing the engine of my boat. 'Ua rohi 'ōna i te hāmanira'a i te mātini o tōu poti.
exert oneself, try hard tapi I tried hard to go to Raroia. 'Ua tapi au nō te haere i Raroia.
exert oneself, work hard at, make an extreme effort tūtava, tauto'o maita'i
exert strength, strengthen, make an effort ha'apūai
exertion, force pu'ai
use **exertion, force** fa'auana
exhale (or sigh with a whistling sound when surfacing after diving), **gasp, be out of breath, pant** mapu, mapumapu
exhaust one's strength, tire, get tired fa'arohirohi
exhausted, fatigued, very tired rohirohi roa, manunu
exhausted, used up, spent pau
exile, banishment, excommunication, deportation ti'avarura'a, tūvarura'a
exile, banish, excommunicate, deport, chase away ti'avaru, tūvaru
exist, abide, be vai, vai nei God ~s. Tē vai nei te Atua. And now abideth faith, hope, charity, these three; but the greatest of these is charity. 'Ē teie nei, te vai nei te fa'aro'o, e te tīa'i, e te aroha, e toru rā; o tei hau rā i taua toru nei, o te aroha ia.
exist, grow tupu
exist, remain vai noa
exist for a long time, take a long time, draw out, last maoro, vai maoro
cease to **exist, be consumed** or **used up** or **spent** pau
cease to **exist, disappear,** (also:) **run out of, be all gone** 'ore
cease or stop to **exist** (a hereditary line, for example), **become extinct, vanish** mou
exit, way out, door 'ōpani, haerera'a i rāpae
expand, increase, grow in numbers, become larger haere i ni'a, haere i te rahira'a, haere rahi The wrongdoings committed against the Melanesian people of New Caledonia are ~ing. Tē haere rahi nei te mau 'ohipa hape o te ravehia ra i ni'a i te feiā meranetia o te fenua Taratoni.
expanse, regional space (between objects) āarea, āarea fenua
expect, demand, request, require tītau, tītautau He did not ~ anything. 'Aita 'ōna i tītau noa'tu i te hō'e noa a'e mea ra. He ~s us to obey. Tē tītau nei 'ōna 'ia ha'apa'o tātou.
expect, wait for, anticipate, stay for some expected event to happen, hope for tīa'i

expectation

expectation, anticipation, hope tīa'ira'a, tīa'ituru, tīa'i

defeat an **expectation, tantalize** fa'atīaniani

larger amount than **expected, extra** hapa

expedition haerera'a

expel, banish, excommunicate, deport, chase away ti'avaru, tūvaru

expel, drive out, chase away tīahi

expel, drive out, chase, pursue a'u, a'ua'u, a'uo'u

expend, consume, use, gobble 'amu His car uses a lot of gasoline. E pereo'o 'amu roa tōna i te mōrī.

expend, spend, use up, waste ha'amāu'a (note that ha'ama'ua means "act ignorant" or "treat as ignorant") How much money did you ~ (or waste) on hard booze? Ehia moni tā 'oe i ha'amā'ua nō te 'ava ta'ero?

expended, consumed, used up, spent, having ceased to exist pau

expended, wasted, spoiled māu'a (note that ma'ua means "ignorant" or "awkward")

expense(s) ha'amā'uara'a

expense, cost, price moni What is the price of this shirt? Ehia moni nō teie 'a'ahu 'o'omo? (Chinese vendors tend to say 'a'ahu 'ōmono.) If that tiki were about half the price, I might buy it. Mai te mea ra e tā'āfa-ri'i-hia te moni nō terā ti'i, e ho'o mai paha ia vau.

expense, price, value ho'o

expense account, (also:) **budget** tāpura ha'amāu'ara'a

expensive, costly (e) moni rahi, (e) mea moni rahi, ho'o rahi **very ~** (e) moni rahi roa, (e) mea moni rahi roa **very (or: too) ~** (e) mea moni rahi roa or (e) moni rahi roa That hotel is very ~. E moni rahi roa terā hōtera. That tiki (club, canoe) is too ~, but if it were about half the price, I might buy it. E moni rahi roa tō terā ti'i (rā'au poro rahi, va'a); mai te mea rā e

explain

tā'āfa-ri'i-hia te moni, e ho'o mai paha ia vau.

make something less **expensive, reduce a price** fa'amāmā

experience, knowledge 'ite a man of ~ ta'ata 'ite

experience, know, see, perceive 'ite

experience sensual pleasure, enjoy with one's senses, (also:) **experience orgasm** navenave

experienced, accustomed or **used to a task** mātau, mātauhia, mātaro, mātarohia, ha'amātarohia

experienced, used to, (also:) **hardened to** tau He has become quite skillful with his hands (literally: His hands have become ~.) 'Ua tau tōna rima i teienei.

experienced, clever, able, skillful, capable, ingenious 'aravihi, 'ihi He is a highly ~ person. E ta'ata 'aravihi roa 'ōna. 'Oputu is a very skillful skipper. E ra'atira pahī 'aravihi roa o 'Oputu.

worth **experiencing, interesting, pleasing, highly likeable** 'ana'anatae

expert ta'ata fa'ata'a, anoparau Who is the recognized ~ in this field (task)? 'O vai te anoparau i fa'ata'ahia nō teie 'ohipa?

expiate, atone, ask for forgiveness of sins tāra'ehara

explain, analyze fa'ata'a

explain, explicate tātara, tātara mai Can you please ~ the meaning of that word to me? E nehenehe ānei tā 'oe e tātara mai iā'u i te aura'a o terā parau?

explain, inform, show fa'a'ite

explain, make clear, enlighten ha'amāramarama I ~ed that thing very clearly to her, so that she would understand (it) well. 'Ua ha'amāramarama maita'i vau i terā mea iāna, 'ia pāpū maita'i 'ōna.

explain, make known or **clear, disclose, divulge** hōhora She ~ed her thought (or opinion) to (literally: before or in front of) the physician. 'Ua hōhora 'ōna i tōna

194

mana'o i mua i te taote.
explain the meaning of something, reveal heheu The old man ~ed the meaning of the old legend of Tangaroa. 'Ua heheu mai te ta'ata rū'au i te 'a'amu tahito nō Ta'aroa.
explanation, analysis fa'ata'ara'a
reach an **explanation** fa'ata'a
explanation, explication tātarara'a
explanation, information fa'a'itera'a
explanation, meaning, sense, significance aura'a (note that 'aura'a means swimming) For he knew the likeness (~) of that patch (spot), and knew that he was fallen in (had contracted) the Chinese Evil (which is also called leprosy). 'Ua 'ite 'oia i te aura'a nō te reira pōta'a, 'ua 'ite 'oia ē 'ua pe'ehia 'oia i te Ma'i Tinitō, e parau ato'ahia: e 'ō'ovi. (From John [Tihoni] Martin's free translation of R.L. Stevenson's The Bottle Imp.)
explanation of the meaning of something, revelation, discovery heheura'a
explanatory, informative (e) mea fa'a'ite
explanatory report parau fa'ata'a
explicate, explain tātara, hohora i te aura'a (literally: lay out the meaning)
explication, explanation tātarara'a
explode, make a roaring sound or the sound of a blast haruru
exploit (not necessarily in a negative sense), **take advantage of, manipulate** fa'afaufa'a
explorer ta'ata pā'imi i te fenua 'āpī, ta'ata imi haere
explosion, blast haruru, haruru rahi
explosion, detonation ta'ū
set off an **explosive,** (also:) **startle, make ... jump** fa'a'ōu'a
export n fa'autara'a atu
export, send out fāauta atu
expose, discover, explain heheu
expose, display, exhibit vauvau, hōhora, tātara
expose, reveal hua'i The attorney is going to ~ the truth. Tē hua'i atu nei te ta'ata pāruru i te parau mau.
expose clothes to dew, bleach laundry under dew tāhupe
expose oneself in an indecent manner ti'amaha, ti'amahā
expose something to sun or wind, put out laundry tāra'i, taura'i, taua'i
exposed (referring to a reef), **high and dry, visible above surface of water** pa'apa'a, ti'afā, ti'amaha
indecent **exposure** or **posture** ti'amaha, ti'amahā
express, say parau
express, show, tell, inform fa'a'ite
express or **pronounce one's opinion, observe** fa'ahiti i te mana'o
express strong emotion of pain, distress, or pleasure auē
expressed, said parauhia
expressed, shown, told, informed fa'a'itehia
expressed or **pronounced opinion, observation** fa'ahitira'a mana'o
expression, phrase 'iravarava
sudden **expression, exclamation** (of emotion or surprise), **interjection** reo hitirere
verbal **expression, phrase, saying** tu'ura'a reo, topara'a reo, tu'ura'a parau
expulsion ti'avarura'a, tūvarura'a
extend, lengthen, (also:) **stretch out a hand or foot or the tongue** fa'atoro The road was ~ed. 'Ua fa'atorohia te porōmu.
extend (a hand or a foot), **reach out, put forth** toro, totoro, torotoro Give me your hand! 'A toro mai na i tō rima!
extend crossways, lie outstretched tārava
extensive, vast āteatea
extensive, wide 'a'ano
extensively, intensively (sometimes indicated by the prefix:) pā- search ~ pā'imi increase support pāturu
extent, width 'a'anora'a, 'a'ano

exterminate   eye

to a certain **extent, somewhat, rather, fairly, a fair number of, quite, almost, just about, ish** huru Things are going rather well [but not very well] at this point. E mea huru maita'i i teie nei. It is just about the same as ever. Te huru ā te huru. It is fairly big (also:) There are quite a lot. E mea huru rahi. There is a fair number of [somewhat of a gathering of] people inside that house. E mea huru ta'ata i roto i terā fare ra.

exterminate, annihilate, destroy, wipe out (with nothing left) ha'amou

exterminated, annihilated, destroyed, wiped out (with nothing left) mou

extinct, no longer existing 'ore Have you given up smoking? 'Ua 'ore ānei iā 'oe te 'ohipa pupuhi 'ava'ava?

become **extinct** (especially referring to hereditary succession) or **extinguished, perish** mou

extinguish (blow out) a lamp pupuhi i te mōrī

extinguish, put out, eliminate, get rid of tīnai, tūpohe

extinguish (fire or light), **put out** tūpohe

extinguish (not limited to fire or light), **put out** (a candle or a fire), **cause something to cease, eliminate, get rid of** tīnai

extinguished, (also:) **dead** pohe The (kerosene) lamp is ~. 'Ua pohe te mōrī.

fire **extinguisher** tūpohe auahi

extirpate, amputate tāpū 'ē

extirpation, amputation (of a growth, organ, or part of the body), **ablation** tāpū-'ē-ra'a The physician performed the ~ of the tumor. 'Ua rave te taote i te tāpū-'ē-ra'a o te pu'aroto.

extra, ... and a little more, ... and some over ti'ahapa five hundred francs and a little more e ho'e hānere tārā (e pae hānere farāni) e ti'ahapa

extra, besides, larger amount than expected hapa This is a slightly ~ amount. E ma'a tuha'a hapa teie.

extra, excess, surplus hau

extra, more fa'ahou Could you please give us two ~ blankets? E nehenehe ānei tā 'oe e hōro'a mai e piti ta'oto māhanahana fa'ahou nā māua?

extract, concentrate, quintessense rito

extract by pressing (like juice) 'umu, 'u'umu, 'umu'umu

extract, pull out 'iriti I opened (~ed the cork from) the bottle 'Ua 'iriti au i te mohina.

extraxt, scoop out contents from a hollow container or cavity (like coconut meat from a shell) hā'aro, 'a'aro, pā'aro

extract milk, milk fa'atē

extraordinary, strange, singular ta'a'ē pictures of very ~ places e mau hoho'a nō te tahi mau fenua ta'a'ē roa ~ session (meeting) rurura'a ta'a'ē

extraordinary, truly astonishing maere mau

extreme, excessive (exceeding or surpassing what is sufficient) (mea) fa'ahau

extreme, excessive (usually in a negative sense, going over or beyond what is expected or allowed) tāhiti

extreme darkness pōuri ta'ota'o, pōiri ta'ota'o

extremely, very 'ino very many people e mea rahi roa 'ino te ta'ata

extremely, "very, very" iti (placed before the word it determines) ~ ("very, very") big iti rahi He has an enormous (~ big) fishing net. E 'ūpe'a iti rahi tāna.

extremity, end, edge, border hiti, hōpe'a

eye(s), (also:) **face, look, appearance** mata I saw it with my own ~s. 'Ua 'ite mata roa vau. With my own ~s I saw him take that canoe. 'Ua 'ite mata roa vau iāna i te ravera'a i terā va'a. His ~s were bloodshot. 'Ua pūtotohia tōna mata. And why beholdest thou the mote that is in thy brother's ~, but considerest not the beam that is in thy own ~? E eaha 'oe i hi'o ai i

eye of a needle

te pāpa'a iti i roto i te mata o tō 'oe taea'e ra, e 'aore 'oe i 'ite i te rā'au rahi i roto i tō 'oe iho mata?

eye of a needle 'āpo'o au (literally: hole for sewing) It is easier for a camel to go through the ~, than for a rich man to enter into the kingdom of God. E fa'aō 'ohie a'e te kamela nā roto i te 'āpo'o au, i te ta'ata tao'a 'ia fa'aō i roto i te basileia [pronounced pātireia] o te Atua ra.

blink or twinkling of an **eye, flash, instant, moment,** (also:) **quick glance** 'amora'a mata

blinking (of) **eye(s)** mata 'amo'amo

direct the **eye** to an object, **look at** hi'o, nānā

good **eye** sight mata maita'i

keep an **eye** out for, (also:) **waylay, lie in wait, stalk** moemoe I am keeping an ~ out for the district bus ("truck") to go by. Tē moemoe nei au i te pereo'o mata'eina'a.

shut-**eye, sleep** ta'oto

visible with the naked **eye, macroscopic** 'itehia e te mata ta'ata

eye-glasses tīti'a mata, tīte'a mata, tītea mata

blue- (or) green-**eyed** (literally: cat-eyed) mata mīmī

brown- or black-**eyed,** (also:) **black-eyed** (from a blow) mata 'ere'ere

cross-**eyed, squint-eyed,** (also:) **bug-eyed** mata fera, fera

one-**eyed** matahō'ē

"sand" (rheuminess, serous or catarrhal discharge) in the **eyes** vare mata, vare

slant-**eyed** mata huti, mata piri

laughing **eyes** mata 'ata'ata (be careful with your pronunciation, since ataata means terrible or dangerous)

open one's **eyes** 'ara'ara The patient opened his ~s. 'Ua 'ara'ara mai te ta'ata tupuhia i te ma'i.

raise one's **eyes, look up** nānā (note that colloquially nānā means to wave) He raised his ~ to the skies. 'Ua nānā a'era

eyelid

tōna mata i ni'a.

staring or wide-open **eyes** mata 'ara'ara

white of **eye(s)** 'ōri'o mata 'uo'uo

"**eyes**" **of coconut** 'oata

"**eyes**" **of pineapple or potato** matamata

eyebrow(s) tu'emata, tu'e mata That white person has very thick ~s. E tu'emata me'ume'u tō terā popa'ā.

eyelash(es) hihi, hihi mata

eyelid 'iri mata

flitter one's **eyelid(s), blink, cast a glance** 'amo, 'amo'amo

turn up one's **eyelids** ferafera

upper **eyelid** tāpo'i mata

fabric, cloth 'a'ahu, 'ahu
face, look, appearance, countenance
mata   frowning ~ mata tu'atu'a   happy ~ mata 'oa'oa   kind ~ mata marū   ~ towel   horoi mata   The Lord make his ~ shine upon thee and be gracious unto thee. 'Ia fa'a'ana'ana mai Iehova i te māramārama o tōna mata i ni'a iā 'outou 'ē 'ia aroha mai iā 'outou.
face, front, presence aro   in front of the judge   i mua i te aro o te ha'avā   Thou preparest a table before me in the presence of my enemies. 'Ua fa'anahonaho 'oe i te tahi 'amura'amā'a nā'u i mua i te aro o tā'u mau 'enemi.
face, confront fa'aruru
face about, turn about, turn towards, turn facing fāriu
face danger, risk, be resolute fa'aū i te 'ati
face up to, stand up to ū
facial features, likeness hīro'a mata, hīro'a, hoho'a mata, hoho'a   I remember her ~ well. 'Ua mau maita'i iā'u tōna hīro'a mata.   He has the same ~ as (looks like) his father. Hō'ē ā tōna hoho'a 'ē tō tōna metua tāne.
facial tissue, paper handkerchief parau horoi ihu
facing, turned facing (e mea) fāriu   The front of the house is ~ the sea. E mea fāriu te muara'a fare i te pae miti.
facsimile transmission, FAX niuniura'a tūreihoho'a
fact, something true or **established** (e) mea mau, parau mau, (e) mea parau mau
in **fact** (confirmation), **as a matter of fact, actually** pa'i (abbreviation of paha ho'i)   That's a ~. You can say that again! E pa'i.
in **fact** (observation), **indeed, really** ho'i   But you did in ~ dance. 'Ua 'ori'ori rā ho'i 'oe.   In ~, he has given a judgment with the full harshness of the French law. E ha'avāhia ho'i 'ōna mā te 'ū'ana-ato'ara'a o te ture farāni.   The spirit ~ is willing, but the flesh is weak. 'Ua ti'a ho'i i te vārua, e paruparu rā tō te tino.   The spirit indeed is willing, but the flesh is weak. 'Ua ti'a ho'i i te vārua, e paruparu rā tō te tino.
a curious **fact** (e) mea maere
That's a **fact**! (confirmation), **In effect, yes!, Indeed!** 'Oia mau!
fade(d), wither(ed), soften(ed), droop(ing) maemae
faded, pale, tarnished, (also:) **worn out** (clothing) marau   This photograph has really ~; it is very old, you see. 'Ua marau roa teie hoho'a; e mea tahito roa pa'i.
fading, pale, squalid māhe'ahe'a
fail, go awry, (also:) **be tricked** tihopu   He ~ed in his effort. 'Ua tihopu 'ōna i roto i tāna tāmatara'a.
fail, not succeed 'aita e mauia, 'aore e manuia
fail to appear, be absent, be missing ma'iri   He often ~s to appear at his work. 'Ua ma'iri pinepine 'ōna i tāna 'ohipa.
failure, lack of success, lack of accomplishment manuia 'ore
failure, shortcoming, futility, uselessness faufa'a 'ore
failure to keep one's word, breach of agreement fa'aru'e hōno'a
faint, have fainted, be deeply asleep or **dead drunk** unuhi
feel about to **faint, feel giddy** or **dizzy, experience vertigo** hihipo
feel about to **faint, be giddy** or **dizzy** or

fair   **fall on one's back**

slightly drunk āniania, āninia He is beginning to get drunk. 'Ua āniania 'ōna. (or:) E āniania tō'na.

fair, agreeable, pleasing, (also:) **suitable** au, (e) mea au, au maita'i

fair, beautiful (only of women), **comely** purotu

fair, just, proper, sincere 'āfaro

fair, just, righteous ti'a

fair (complexion), **very blond** (like the skin of a white person) pupure

fairly, a fair number of, somewhat, to a certain extent, rather, quite, almost, kind of, just about, -ish huru ~ strong wind mata'i huru pūai Things are going ~ well [but not very well] at this point. E mea huru maita'i i teie nei. It is ~ big. (also:) There are quite a lot. E mea huru rahi. There is a fair number of [somewhat of a gathering of] people inside that house. E mea huru ta'ata i roto i terā fare ra. It is just about the same as ever. Te huru ā te huru.

faith, belief, confession fa'aro'o But abandon their ~: that they could not do. 'Āre'a rā, e fa'aru'e ia i tō rātou fa'ara'o: o te mea te 'ore roa e ti'a ia rātou ia rave. And now abideth ~, hope, charity, these three; but the greatest of these is charity. 'Ē teie nei, tē vai nei te fa'aro'o, 'ē te tīa'i, 'ē te aroha, e toru ra; o tei hau ra i taua toru nei, o te aroha ia.

faith, religion, cult ha'apa'ora'a

faith, trust, confidence, hope ti'aturi, ti'aturira'a It was Pouvāna'a a O'opa's ~ in God which supported him in bearing all the hardships. O te ti'aturi i te Atua tei turu iā Pouvāna'a a O'opa nō te amo i te mau hōpoi'a ato'a.

have **faith** in, **trust, hope** ti'aturi

faithful, believing, obedient fa'aro'o the ~ (people) te feiā fa'aro'o

"**fake," artificial** ha'avare Is that a real flower or is it only a ~ flower? E tiare mau ānei terā, 'aore rā e tiare ha'avare noa?

fake, feign, pretend fa'ahua (note that fa'ahu'a means to pulverize or to crumble)

fall, autumn (season of abundance of fruits, vegetables, fish) tau 'auhune

fall *n*, **plunge** topara'a

fall (from a standing position) *n*, **stumble, trip** hi'a, hi'ara'a Pride goeth before destruction, and an haughty spirit before a ~. 'O te te'ote'o tō te pohe ra nā mua, 'ē te 'ā'au fa'ateitei tō te hi'a.

fall *v*, **plunge** topa I was outside my car when the rain started to ~. Tei rapae au i tōu pereo'o 'a topa ai te ua.

fall, (also:) **collapse, crumble down** ma'iri But other [seeds] fell into good ground, and brought forth fruit. Ma'iri ihora vetahi i te vāhi repo maita'i, tupu a'era hotu ihora. The coconut tree fell down. 'Ua ma'iri te tumu ha'ari i raro.

fall asleep vare'a, vare'a i te taoto Your child has fallen ~. 'Ua vare'a tō 'oe tamari'i.

"**fall asleep," become** or **go numb** (speaking of a limb), (also:) **make numb,** (also:) **cramp, have a cramp** mōtu'utu'u My leg "fell asleep" (or: I had a cramp in my leg) last night. 'Ua mōtu'ut'u tō'u 'āvae inapō.

fall backward(s) tītāpou 'ōfera, topa 'ōfera

fall behind, be held up ma'iri

fall behind (as in a competition), **be surpassed by, lose (to)** hemo

fall diagonally (as rain in the wind) hahau

fall down from, tumble down from marua He fell down from the bridge. 'Ua marua 'ōna nā ni'a i te 'ē'a turu. A sailor of this ship had ~en down from the bowsprit in a squall. Hō'ē mātarō nō teie pahī tei marua i roto i te miti nā ni'a mai i te tira fe'ao, nō te mata'i to'a huri.

fall down from a standing position, **stumble** hi'a

fall face down 'oihu

fall on one's back topa tua

fall on one's knees topa turi
fall on one's knees in entreaty or supplication tāhopu
fall on your head, fall headlong tītāpou, tītāpoupou
fall over (from vertical to diagonal or horizontal) farara The coconut tree has fallen on the car. 'Ua farara mai te tumu ha'ari i ni'a i te pereo'o.
fall to pieces, be scattered about puehu
fall to pieces, break pararī
fall upside down 'ōfera
fallback, retreat, withdrawal ho'ira'a
fallen fruit before it is ripe 'aupara
false, deceptive ha'avare Beware of ~ prophets, which come to you in sheep's clothing, but inwardly they are ravening wolves. E ara ra i te 'orometua ha'avare, 'o tei haere mai iā 'outou mā te huru o te mamoe ra, 'āre'a 'o roto rā, e luko taehae ia.
false, mistaken hape
false, erroneous, incorrect, wrong, mistaken hape, hape roa My watch is wrong. 'Ua hape tā'u uāti.
bear **false** witness, **accuse falsely** pari ha'avare Thou shalt not bear ~ witness against thy neighbour (literally: against someone else). 'Eiaha roa 'oe e pari ha'avare iā vetahi 'ē.
false mint (mint-like plant, **peppermint** 'ōtime
"false tobacco" (a weed) 'aihere 'ava'ava
false tooth or **teeth, denture** niho ha'avare, niho hāmani
falsehood, lie, fib parau ha'avare, ha'avare
falsetto pepere
falsetto singer in hīmene tārava choir ta'ata pepere
falsify, speak falsely, lie, tell a lie or **an untruth, fib** ha'avare
falsifyer, fibber, liar, prevaricator ta'ata ha'avare, ha'avare
fame, reputation, renown, (also:) **notoriety** ro'o
familiar, accustomed, habitual, ordinary mātauhia
familiar, usual mātaro ~ word parau mātaro
be **familiar with, know, know how to, be used to, be accustomed to** mātaro I am ~ handling (know how to handle) sail boats. 'Ua mātaro vau i te fa'atere poti tāi'e.
be **familiar with, be used to, be accustomed to,** (also:) **know, be acquainted with** mātau I am acquainted with (know) Teuira. 'Ua mātau vau iā Teuira.
be fully **familiar with, know very well** ta'a I am fully ~ driving a car. 'Ua ta'a iā'u i te fa'ahoro pereo'o uira.
family, extended family, relative(s) fēti'i She is a relative of mine. E fēti'i nō'u 'ōna.
family, home, everyone living permanently in someone's home 'utuāfare, 'utuāfare fēti'i Because of his addiction to drinking alcohol, his ~ life became unbearable (literally: very bad). I tōna mātaura'a i te inu i te 'ava, 'ino roa a'era te orara'a o tōna 'utuāfare. Did this Tuamotuan islander's ~ suffer from famine? 'Ua o'e ānei te 'utuāfare nō teie ta'ata Tuamotu (Paumotu) i te mā'a?
family, members of a family mā (always placed after the name [usually:] of the head of the family), -mā Dear Tīvini ~! (as in starting a letter) E Tīvini mā ri'i e!
the royal **family** te hui ari'i
family name pa'era'a What is your ~? 'O vai tō 'oe pa'era'a? My ~ is Amaru. 'O Amaru tō'u pa'era'a.
family-related, domestic (e) mea feti'i, feti'i
famine, dearth o'e And there shall arise after them [seven years of great plenty] seven years of ~ ... and the ~ shall consume the land. 'Ē i muri a'e i te reira, o na matahiti o'e ia e hitu ... e pau roa ho'i te

famous   **"fast on the draw"**

fenua i te o'e.
suffer from **famine**   o'e i te mā'a   Did this Tuamotuan islander's family suffer from ~? 'Ua o'e ānei te 'utuāfare nō teie ta'ata Tuamotu (Paumotu) i te mā'a?
famous, celebrated, well-known   tu'iro'o (pronounced tuiro'o)
fan, blow, (also:) **dust off**   tāhiri, tāhirihiri
fan, blower   tāhirihiri mata'i, mātini tāhirihiri mata'i
fancy, smart-looking, elegant   hāviti
fanfare   fa'ata'ira'a pū
fantail (referring to:) **stern**   muri, te murira'a o te pahī, 'ōhure pahī
fantail stern, stern counter, transom   marama (note that mārama means light or intelligence)
far, far away, remote, distant   ātea (roa)   It is very ~, you see. E mea ātea roa pa'i. He stopped in a certain ~-away place. 'Ua fa'ae'a 'ōna i te hō'ē vāhi ātea roa.
cause to be **far away, go far away, withdraw, retreat, keep at a distance**   fa'aātea
as **far** as   'e tae noa atu, 'e tae roa'tu i
farewell, parting   ta'a'ēra'a
Farewell! (said by departing person)   'A parahi!
Farewell! (said by remaining person)   'A haere!
Farewell! (said by either person) **So long! See you soon!**   Āraua'e!
farm, plant, cultivate   fa'a'apu
farm, plantation, cultivation   fa'a'apu, fenua fa'a'apu
   coffee plantation   fa'a'apu taofe
   sweet-potato plantation   fa'a'apu 'umara
   vanilla plantation   fa'a'apu vānira
farmer, planter   ta'ata fa'a'apu
farmers, planters   te feiā fa'a'apu
farmhouse   fare fa'a'apu
farming, planting, cultivation   fa'a'apura'a, 'ohipa fa'a'apu   pearl shell ~   fa'a'apura'a pārau   oyster ~

fa'a'apura'a tio (or:) fa'a'apura'a 'īna'i 'apu
fart n   mata'i 'ōhure
fart *n & v*   hū   Who ~ed? 'O vai tei hū?
farther, further, beyond, (also:) **on the other side of**   (i) piha'i atu   And the angel of the Lord went further [~], and stood in a narrow place, where [there] was no way to turn either to the right hand or to the left. Haere atura te melahi (pronounced mērahi) a Iehova i piha'i atu, ti'a ihora i te [hō'ē] vāhi piri, 'aita e 'ōpa'ira'a tō te pae 'atau 'ē tō te pae 'aui.
farther away   huru ātea atu
fast, rapid, quick, alert, lively   vitiviti, viti, vita (slang)
fast, rapid, quick, (also:) **nimble, swift**   'oi'oi
fast, speedy   teretere
fast, well fastened, fixed, secure, firm, set, (also:) **jammed, wedged, stuck**   mau
fast, quickly, speedily, soon   vitiviti   Come quickly! 'A haere vitiviti mai!
fast, quickly, soon (used only in negative sentences)   vave   Don't go so soon! 'Eiaha e haere vave atu!
fast, rapidly, quickly, swiftly   mā te vitiviti, (e) mea vitiviti, (e) mea tere vitiviti   He runs ~. E mea vitiviti tāna horo. The service is ~ in this restaurant. E mea vitiviti te 'ohipa iroto i teie fare tāmā'ara'a. Time goes ~. E mea tere vitiviti te hora (hour), mahana (day), hepetoma (week), 'āva'e (month), matahiti (year).
"fast on the draw," quick-mouthed   vaha 'oi'oi
catching on **fast, quick-thinking, swift-thinking**   'apo, 'a'apo
go **fast, hurry, hasten**   ha'avitiviti, ha'aviti   Who has the ~est sailing canoe? O tō vai te va'a tā'ie ha'avitiviti a'e?
go **fast, travel with speed**   tere pūai
be or go **fast** (speaking of a clock or watch)

fast

(e) mea tere   My watch is ~. Mea tere tā'u uāti.
fast, abstain from food   ha'apae i te mā'a
fast, abstention from food   ha'apaera'a mā'a   ~ day mahana ha'apaera'a mā'a
fasten, fix firmly, establish, install   ha'amau, fa'amau
fasten, set, tighten   tāmau
fasten, tie up, bind together   tā'amu   ~ your seat belt! 'A tā'amu i tō 'oe hātua!
fasten by nailing, nail, hammer, hit repeatedly   pātiti, pātiti i te naero
fasten by pin(s), pin, (also:) **nail temporarily**   pine
fasten with sennit, lace up, tie, bind together with rope or cord (as the planks of a canoe) fero, fero i te nape (nape means sennit)
fastened, constant, set   tāmau
fastened, fixed, secure, firm, (also:) **jammed, wedged, stuck**   mau
unfastened, loose, unanchored, separated   ta'ata'a
fastening, hook   tāmaura'a   I hanged your jacket on the hook. 'Ua fa'auta vau i tō 'oe pereue i ni'a i te tāmaura'a.
fastidious, detailed or **slow to the point of boredom**   fiu
fastidious, immaculate, very clean   mā roa
fastidious, meticulous, careful, particular   māite, ri'i māite
fastidious, scrupulous, worried about   māna'ona'o
fat, corpulent   poria
fat, flabby   perehū
fat (of fish, birds, turtles, oysters, etc.)   'a'o
fat, grease (especially of pigs, but also of other four-footed mammals)   mi'i
fat, oil, wax   hinu
pork **fat** (especially lining the ribs)   to'ahua
get **fat, gain weight**   poria   I gained a lot of weight last year. 'Ua poria roa vau i te matahiti i ma'iri a'e nei.
fatal, mortal   pohe   He has a ~ illness. E ma'i pohe tōna.
fate, destiny   fa'ata'ara'a
father, dad   metua tāne, pāpā   Here is my dad. Eie tōu pāpā. My ~ is a very intelligent man. E ta'ata māramarama roa tōu metua tane.
Father, God   Metua   ~, forgive them [their sins], for they know not what they do. E tā'u Metua, e fa'a'ore mai i tā rātou hara, 'aore ho'i i 'ite i tā rātou e rave nei. No man cometh unto the ~, but by me. 'Aore roa e ta'ata e tae i te Metua ra, maori rā ei iā'u.
father-in-law   metua ho'ovai tāne
fatherland   'āi'a tupuna
fathom, six feet   'eta'eta
ten **fathoms**   'umi
fathom, know   'ite
fathom, understand   pāpū, ta'a, ta'a maita'i, ta'a pāpū
fatigue, boredom   ha'umani
fatigue, tiredness   rohirohi   That's when I noticed my (literally: the) ~. I reira vau i te 'itera'a i te rohirohi. (or:) I reira tō'u 'itera'a i te rohirohi.
fatigue, weakness   paruparu
fatigue (after an exhausting undertaking), **weariness**   manunu
fatigued, bored   ha'umani   I was very ~ by the flight. 'Ua ha'umani roa vau i te tere manureva.
fatigued, tired   rohirohi   I want to go to bed, because I am very ~. Tē hina'aro nei au e haere e taoto, nō te mea 'ua rohirohi roa vau.
fatigued, weakened   paruparu   I am very ~, because of the length of my illness. 'Ua paruparu roa vau nō te maorora'a o tō'u ma'i.
fatigued (after an exhausting undertaking), **weary**   manunu
fatten, gain weight   poria
fatten, feed, (also:) **force-feed**   ha'aporia
fatty, greasy, lipid   hinu   ~ food mā'a hinu

fatuity   **fear**

fatuity, ostentation, pretentiousness, conceit, vanity te'ote'o

fatuous, ostentatious, pretentious, conceited, vain te'ote'o

faucet, tap tāvirivirira'a pape, tāviri pape, rōpīnē   Our ~ is clogged. 'Ua mau tā māua tāvirivirira'a pape.

fault in a moral sense, for example in breaking a law   hapa

fault, error, mistake, (also:) **anomaly, aberration**   hape   Forgive my ~! ('A) Fa'a'ore mai tō'u hape! It is not your ~, it is his. E 'ere nā 'oe te hape, nāna ra ia hape (or:) nāna te hape.

fault, offense, infraction of a rule or **law, crime, sin**   hapa   For if I be an offender, or have committed any thing worthy of death, I refuse not [I accept] to die. 'Ē e hapa mau tā'u i rave, 'ē 'ua rave au i te mea e au ai iā'u te pohe, 'ua ti'a iā'u te pohe.

fault, sin   hara   Let him who is without sin cast the first stone! Nā te ta'ata hara 'ore e tāora'tu i te 'ōfa'i matamua!

find **fault, blame, accuse, reproach, condemn**   fa'ahapa, fa'ahapahapa

faulty, irregular, misshapen   hape, hapa

favor, kindness, kind action   maita'i, 'ohipa maita'i, (sometimes:) ha'amaita'ira'a

favor, a useful or important or valuable matter   (e) mea faufa'a

ask or beg for a **favor**   tāparu

favor something, **keep, save**   fa'aherehere

favorable, of good quality, agreeable   maita'i, au maita'i

favorite, most loved   here a'e   his ~ daughter **favorite, most loved**   here a'e his ~ daughter tōna tamahine here a'e ōna tamahine here a'e

favorite, preferred   au a'e   my ~ book tā'u puta au a'e

favorite object or **food** or **hobbyhorse** of a person   tari'apu'u, tari'a pu'u

favorite person, pet   huruhuru pāpāri'a

favorite, sweetheart   hoa here

FAX (document or picture)   hoho'a tāniuniu

FAX (machine)   mātini niuniu tāhoho'a

send a **FAX**   niuniu tūreihohoa

FAXing (facsimile transmission)   niuniura'a tūreihoho'a

fear, apprehension   ri'ari'a   ... but Keola was past ~ and courted death. 'Ua hemo ra i muri te ri'ari'a o Keola 'ē te fa'ahina'aro nei 'oia i te pohe i teie nei. (literally: Keola's ~ had slipped away and he now flirted with death.) (From John [Tihoni] Martin's free translation of R.L. Stevenson's The Isle of Voices.)

fear, panic, alarm, scare, terror   mata'u rahi

fear, be afraid, be frightened, have a fear of   ataata, ri'ari'a, mata'u   I am not afraid of flying. 'Aita vau e ataata i te tere nā ni'a i te manureva. I ~ (have a fear of) spiders. 'Ua ri'ari'a vau i te mau tūtūrahonui. I ~ (am afraid of) him. 'Ua mata'u vau iāna. The Lord is my light and my salvation; whom shall I ~? 'O Iehova tō'u māramarama 'ē tō'u ora: 'o vai ho'i tā'u e mata'u atu? ~ God and keep his commandments. O te Atua te mata'u atu, e ha'apa'o ho'i i tāna parau. ~ not; for behold, I bring you good tidings of great joy, which shall be to all people. 'Eiaha e mata'u 'inaha ho'i e parau maita'i ta'u e hōpoi mai iā 'outou nei, o te riro ia ei 'oa'oara'a nō te ta'ata ato'a. Yea, though I walk through the valley of the shadow of death, I will ~ no evil. 'Ē 'ia haere noa'tu vau nā te peho ra, o te maru pohe, e 'ore ā vau e mata'u i te 'ino.

fear, dread, be terrified by or **of** ...   mehameha   I ~ (am terrified by) sharks. 'Ua mehameha vau i te mau ma'o.

fear, be fearful or **apprehensive**   taiā ... [Keola] still had his sailor's knife, so he

fear to | **feel**

did not ~ the sharks. ... tei iā Keola noa ra tāna tipi mātarō, 'aita ia 'oia e taiā ra i te ma'o. (from John [Tihoni] Martin's free translation of R.L. Stevenson's The Isle of Voices)

fear to do or say something, **not dare to** fa'aataata, fa'aatāta
for **fear** that, **lest** 'ia 'ore, 'ia 'ore ra
for ~ that he steal again 'ia 'ore 'ōna e 'eiā fa'ahou
fearful, apprehensive taiā
fearful, frightening e (mea) ri'ari'a
fearful, terrifying e (mea) ri'ari'a
fearless, brave, courageous, stouthearted itoito
fearless, unafraid, dauntless, intrepid mata'u 'ore
fearless, brazen fa'ataiā 'ore
fearsome (mea) ri'ari'a, (mea) mehameha
feast, dinner, repast tāmā'ara'a big ~ tāmā'ara'a rahi You are reminded that our big ~ will take place on Saturday the 11th of November this year. Tē fa'amana'ohia atu nei 'outou e tupu tā tātou tāmā'ara'a i te mahana mā'a i te hō'ē-'ahuru nō Novema i teie matahiti.
feast, religious **festival** 'ōro'a religious ~ day mahana 'ōro'a The Lepers' ~ Day Te 'ōro'a o te mau rēpera
feast, secular **festival** ta'urua, 'oa'oara'a Bastille Day festival ta'urua tiurai (literally: July festival) secular ~ day mahana ta'urua
feast, party, shindig, merry-making 'āreareara'a
feather, (also:) **fur** huruhuru
feature(s), aspect, (also:) **movie feature(s)** hoho'a My dad is an old man, but he has the same ~s as his younger brother. E ta'ata pa'ari tō'u pāpā, terā rā hō'ē ā tōna hoho'a 'ē tō tōna teina.
features, countenance, looks, visage hoho'a mata
facial **features, likeness** hīro'a mata, hīro'a I remember her facial ~ well. 'Ua mau maita'i iā'u tōna hīro'a mata.
February fepuare the month of ~ te 'āva'e nō fepuare
feces, excrement tūtae
fed up or **bored with, weary** or **tired of, have (had) more than enough of, find something boring** fiu Are you ~ (with what is going on?) 'Ua fiu ānei 'oe? (a common, well-meant, and considerate question in the islands, especially during a prolonged proceeding or entertainment) One does not get ~ when looking at people with happy and smiling faces. 'Eita e fiu i te māta'ita'ira'a i te mau ta'ata mata 'oa'oa e te 'ata'ata. I am tired of French food. 'Ua fiu vau i te mā'a farāni. He got ~ with fixing his lawnmower. 'Ua fiu roa 'ōna i te tātā'i i tāna tāpū matie. I am ~ with having nothing to do. 'Ua fiu vau i te fa'aea noa. I am ~ with that moocher. 'Ua fiu roa vau i terā ta'ata tīpe'e.
fed up with or **tired** (especially) **of a person** ihuihu I am really ~ Jean-Claude, that cocky snob. 'Ua ihuihu roa vau iā Jean-Claude, terā ta'ata 'oru'oru.
federation 'āmuitahira'a
feeble, weak, weakened, limp paruparu
feebly lit, dim mohimohi I prefer a very dim light when I sleep. E mea au āe nā'u te mōrī mohimohi roa iā taoto vau.
feed (animals) paru
feed (humans) fa'a'amu, fa'a'ai
feeding (animals) parura'a
feeding (humans) fa'a'amura'a, fa'a'aira'a
breast **feeding** tītī māmā
feeding bottle, baby bottle mōhina tītī
feeding child(ren) tamari'i fa'a'amu
feeding daughter tamahine fa'a'amu
feeding parent metua fa'a'amu
act as **feeding** parent to fa'a'amu
feeding son tamaiti fa'a'amu
feel, reflect, ponder feruri I ~ the same

feel

way as you. Hō'eā huru ferurira'a tō'u 'ē tō 'oe.
feel, think mana'o
feel, touch, examine, (also:) **caress** mirimiri
feel, touch, test with fingers, (also:) **palpate** fāfā
feel sorrow, miss someone, feel the loss of, grieve, lament, weep mihi, mihimihi I wept over the death of my close friend. 'Ua mihi au i te pohera'a tō'u hoa rahi.
feel tingling sensation, feel "pins and needles" I have a tingling feeling in my left hand. 'Ua vanavana tō'u rima 'aui.
(feel) warm at heart, (be) comforted māhanahana I feel ~ thanks to your words. 'Ua māhanahana tō'u 'ā'au i tā 'oe parau.
I **feel** good. Mea huru maita'i au.
feeling, kind of feeling huru I had a strange ~. 'Ua huru 'ē o vau.
feeling, reflection ferurira'a I have the same ~ as you. Hō'ē ā huru ferurira'a tō'u e tō 'oe.
feeling, sentiment 'ā'au
feeling, thought mana'o
feet, foot, (also:) **leg(s), paw(s)** 'āvae (note that 'āva'e means month or moon)
be or get on one's **feet, get up, stand up** ti'a, ti'a i ni'a
use **feet** to hold something tā'āvae
feign, fake, pretend fa'ahua (note that fa'ahu'a means pulverize or crumble or lather)
fell, cause to fall (down) fa'atopa, ha'atopa, ha'ama'iri
fellow, guy, man ta'ata Watch out, that ~ is a trickster. Ha'apa'o maita'i, e ta'ata fa'arapu roa terā.
little **fellow, youngster** ta'ata hu'a (watch your pronunciation, since hua means vulva)
fellow-man, fellow human being, (also:) **neighbor** ta'ata tupu
fellowship, brotherhood autaea'e
felt, bark cloth tapa

fern

female, feminine, woman vahine
female (mammals and birds) ufa, uha
female (plants, insects, fish) 'ōvāhine
female (animal) **with nursing young** maia'a
female (ovarian) egg, ovum hueoro 'ōvāhine, huero 'ōvari fertilization (literally: joining together) by the sperm of (with) the ~ tā'atira'a nō te manumanu tāne 'ē te huero 'ōvari
female genitals auha'a (has today largely been replaced by the word for vagina:) raho
female plug (electricity), (also:) **socket** tītī 'ōvāhine
feminine (*grammatical gender*) huru 'ōvāhine
fence, enclosure, yard 'āua ~ post pou 'āua
stone or brick **fence** or **wall** patu
wire **fence** niuniu barbed-wire ~ niuniu taratara
fence, fight with a sword fa'ati'a'o'e, ti'a'o'e
fence in ha'a'āua
fencing, erecting an enclosure ha'a'āuara'a
fencing, fighting with a sword fa'ati'a'oera'a, ti'a'oera'a
fender (for ships or boats) marū
ferment hōpue
cause to **ferment** fa'ahōpue
cause to **ferment** (especially with fermented sauces) or **ripen** tāpē
fermented breadfruit preserved in the earth (similar to Hawaiian poi) mahi
fermented fish fāfaru ~ sauce miti fāfaru
to have finished **fermenting** pē
fern, Acrostichum aureum āoa
fern, Dicranopteris linearis anuhe
adder's tongue **fern, Ophioglossum reticulatum** ti'apito
fern (medicinal), **Polypodium nigrescens** metuapua'a

fern (medicinal, used to put on the wound when the infant's navel string has been cut), **Nephrolepsis exalta** 'āmo'a
fern (wonderfully fragrant and sought after for use in mono'i, also used for decoration), **Polypodium pustulatum** maire
fern (undetermined species) feretau
ferocious, fierce, savage, violent taehae
fertile hotu
fertilization, impregnation, insemination fa'ahotura'a ~ (literally: joining together) by the sperm of (with) the (ovarian) egg tā'atira'a nō te manumanu tāne 'ē te huero 'ōvari
fertilization or **pollination of plants** fa'atitora'a
fertilize, cause to bear fruit fa'ahotu
festival, religious **feast** 'ōro'a ~ day (religious feast day) mahana 'ōro'a
festival, secular feast ta'urua, 'oa'oara'a Bastille Day ~ ta'urua tiurai (literally: July festival), ta'urua nō tiurai, tiurai ~ day (secular feast day) mahana ta'urua
dance **festival** or **entertainment** heiva folkloric ~ heiva peu tumu
festivity ta'urua
fetch, get, go and find and bring something or someone ti'i Could you go and ~ the bread? E nehenehe ānei tā 'oe e haere e ti'i i te faraoa? Could you ~ the wine bottle from the kitchen? E nehenehe ānei tā 'oe e ti'i i te mohina uaina i te fare tūtu? You should hurry and ~ the doctor. 'Ia ha'ape'epe'e 'oe i te ti'i i te taote.
fetch fruit from the valleys or mountains tomo
fetch, transport little by little, carry tie, tietie This is a car which is used to transport (carry) cargo onto the ship. E pereo'o teie nō te tie i te mau 'ohipa i ni'a i te pahī.
Fête (period usually lasting two weeks), **Bastille Day festival** tiurai (literally: July), te ta'urua tiurai, te ta'urua nō tiurai, Tiurai I really had a lot of fun at the ~. 'Ua 'ārearea maita'i au i te Tiurai.
fetus fētō, fetō
feud, grudge, rancor, spite fe'i'i
feud, squabble, hold a grudge against, envy, (also:) **be** (mutually) **envious** fe'i'i
fever fīva, ahu, ahuahu, fefera (Biblical) ~ thermometer fāito fīva I have a ~ E fīva tō'u. His forehead is very hot, he has a ~. E mea ve'ave'a roa tōna rae, e fīva tōna.
dengue **fever** ma'i moa
typhoid **fever** fīva 'ā'au
feverish ahu I feel (literally: My head feels) ~. 'Ua ahu tō'u upo'o.
few mea iti, iti For many are called, but ~ are chosen. E rave rahi ho'i tei parauhia, e iti rā tei ma'itihia.
few, very few, sparse varavara, (e) mea varavara
few, very little, virtually none at all re'a, 'aita re'a, 'aore re'a There is hardly anyone here. 'Aore re'a te ta'ata iō nei.
a **few, a couple, two, both** nā, nau both parents nā mētua (nā can also refer to more than two when followed by a small number, usually up to nine:) The Eight Islands Nā Motu e Va'u We will invite four guests to our dinner tonight. E ani māua nā ta'ata e maha i tā māua tā'mā'ara'a i teie pō. for a ~ days nō nau mahana ri'i (or:) nō te tahi nau mahana ri'i.
a **few, some** tau I caught a ~ fish yesterday. E tau i'a tei noa'a mai iā'u inānahi.
a **few, a bit of** ma'a, mau ... iti, te tahi nau
a **few, a little bit of** tahi vahi iti
very few, not many, almost none, very little 'aita re'a, 'aore re'a There is just about no one there. 'Aore re'a te ta'ata iō.
fib, lie, falsehood parau ha'avare, ha'avare
fib, tell a fib or **an untruth, lie, speak falsely** ha'avare

fibber, liar, falsifyer, prevaricator ta'ata ha'avare, ha'avare
fiber (especially coconut fibre) a'a
fibroma, tumor, (also:) **abscess** pu'aroto
The physician performed the extirpation of the ~. 'Ua rave te taote i te tapu-'era-'a o te pu'aroto.
fibrous a'aa'a, a'ā'a
fickle, careless, inattentive ha'apa'o 'ore
fickle, flighty, unstable nevaneva, 'ōnevaneva
fickle, uncertain, irresolute mana'o mau 'ore
fickle, unfaithful, disloyal tāiva
fickle, unstable, changeable, changing 'ōfirifiri The wind is ~. Tē 'ōfirifiri noa ra te matai.
Ficus prolixa, banyan tree 'ōrā
Ficus tinctoria (a tree with berries from which a dye can be made) mati
fiddle, violin fīra
field, floor tahua (note: tahu'a means native doctor or healer) air~ tahua manureva (or:) tahua taura'a manureva the fourth floor of the hotel te maha o te tahua nō te hōtera
field, yard, enclosure 'āua
field glasses, binoculars, telescope titi'a hi'o fenua, hi'o fenua
fiend, violent person, brute, savage ta'ata taehae
fierce, ferocious, savage, violent taehae
fifteen 'ahuru-mā-pae
fifth (in order) te pae, 'o te pae, a pae, (or: construction with -ra'a) the ~ person te pae o te ta'ata This is our ~ trip (here) to Tahiti. Teie te paera'a o tō māua tere i Tahiti nei.
fifty pae 'ahuru
fifty centimes raera (originally from the Spanish coin real which was worth ten sous)
fifty-fifty, half-and-half, (also:) **half-caste** 'āfa'āfa
fight, boxing motora'a
fight, combat, attack, war 'arora'a

fight, dispute, squabble, (also:) **war** tama'ira'a, tama'i
fight, fencing bout fa'ati'a'oera'a, ti'a'oera'a
fight, trouble pe'ape'a
fight, wrestling taputōra'a
cock **fight** titora'a moa, fa'atitora'a moa
fight, beat, punch, give a blow to, hit or **strike with fist** tupa'i
fight, box moto
fight, combat, wage war 'aro ~ an illness 'aro i te ma'i Pouvāna'a O'opa constantly fought for the return of the sacred native lands to their rightful owners. 'Ua 'aro noa o Pouvāna'a a O'opa 'ia fa'aho'ihia te fatura'a tapufenua mā'ohi i te hui fatu mau iho.
fight, fence ti'a'oe, fa'ati'a'oe
fight (violently enough to kill), **strike down, beat up severely, assassinate** taparahi ~ (with the result being death) taparahi pohe roa
fight or **peck at each other like cocks** tito
fight, quarrel, squabble, (also:) **wage war** tama'i Moea quarreled (together) with her husband. 'Ua tama'i Moea rāua tāna tāne.
fight, thrash, beat, strike rutu
fight, wrestle taputō pictures of men ~ing [wrestling] e mau hoho'a ta'ata taputō
make **fight** (cocks) fa'atito
fighting cock moa fa'atito
figure, number nūmera
Fiji Fītī, fenua fītī
Fijian fītī
filariasis, elephantiasis māriri pūfe'efe'e, fe'efe'e tōtōā, fe'efe'e Filariasis used to be common in the islands, but is now under control and can be seen only in a few elderly people.
file (tool) faira
file (tool), (also:) **grater** i'u
file, dossier, record pu'era'a parau
file, rank, line, line-up 'āna'i, 'āna'ira'a,

file

pāna'i, pāna'ira'a
file, row 'āna'ira'a
file, grate i'u
file, use a file faira
file a complaint, take to court, sue horo
walk in single **file, walk one behind another** haere te tahi i muri i te tahi
filefish (of Balistidae family), **trigger-fish** 'ōiri maimai
fill, fill up fa'a'ī Would you please ~ up my tank with gasoline? E nehenehe ānei tā 'oe e fa'aī i tā'u tura i te mōrī pereo'o (or: gasoline)?
fill, billow or **spread** or **swell out** 'ōpū The ship's sail(s) ~ed. 'Ua 'ōpū te 'ie o te pahī.
fill, fulfill ha'a'ī
fill in and/or **cover the Tahitian earth oven** (hīmā'a) ha'apo'i
fill out, render adequate, (also:) **provide** fa'anava'i
fill with air, inflate, (also:) **put on airs, be arrogant** or fa'a'oru
filled, filled up, full 'ī The bottle is ~ with red wine. 'Ua 'ī te mōhina i te uaina 'ute'ute.
filled in and/or **covered over** (of the Tahitian earth oven [hīmā'a]) po'i
filled up, cluttered hōpiri, hōpipiri, hōpiripiri His office is very cluttered. 'Ua hōpiri roa tāna piha pāpa'ira'a parau.
cut or remove the **fillets** from a fish harahara
fillip, flick, snap pata
film (oily, greasy), **sticky residue** para
thin **film** left when a receptacle is "completely" empty parapara
film (celluloid), **filmstrip** rīpene
film, movie hoho'a, teatara'a, teata tāviri ~ reel pehe hoho'a silent ~ hoho'a vāvā sound ~ hoho'a paraparau What ~ is playing at that movie theater tonight? Eaha te hoho'a e ha'utihia i terā fare teata i teie pō? It is an old ~, the

find

sound is not clear. E hoho'a tahito, 'aita te ta'i i pāpū maita'i.
film, shoot a movie tāviri i te hoho'a
film studio piha tāvirira'a
micro**film** hoho'a pōtiti
filter *n&v* titi'a
filth, dirt repo
filth, (also:) moral **baseness** faufau
filthy, dirty repo
filthy, disgusting, nasty, ugly hā'iri'iri
filthy, disgusting, debased, vile faufau
filthy (odor), **stinking** veruveru
fin of a fish pehau
fin, spine, (also:) **horn** tara
dorsal **fin** tarani'a, orohena (Orohena is also the name of the highest mountain in Tahiti)
shark **fin** tuturu
(dorsal) shark **fin** repe
ventral **fin** taranihi
final, last in order hōpe'a The judge has the ~ word. Tei te ha'avā te parau hōpe'a.
finalization, completion, achievement, (also:) **decision, resolution** fa'aotira'a
finalize, complete, achieve, finish, terminate, (also:) **decide, resolve** fa'aoti
finalize, complete in the sense of bringing to a close (without the implication of completion of a task), **finish** or **terminate** fa'ahope
finalize, complete, make adequate or sufficient fa'arava'i
finally, if ever, once that ana'e
finally, in the end i te hōpe'a
finance, financial moni
financial payment or **contribution** moni 'aufau
financial support or **contribution** tuha'a tu'u
find, be caught up with ro'ohia
find, get, (also:) **have "gotten," have obtained** roa'a, noa'a Maybe we will ~ (get) the bread we are looking for (literally:

find

our bread) in that Chinese store. Pēneia'e e roa'a tā tātou faraoa i terā fare toa tinitō.
find (someone), **look up someone, pay a visit to someone, meet someone** fārerei
find (something concrete), **be found** (construction with:) 'itehia Did you ~ my wallet? 'Ua 'itehia ānei tōu pūtē moni? (literally: Was my wallet found?) We (all) went to look for a house for you (two) and we found one (literally: [one] was found). 'Ua haere mātou nō te 'imi i te fare nā 'ōrua, 'ē 'ua 'itehia. We (two) cannot go fishing unless the speargun is found. E'ita e nehenehe iā tāua 'ia haere e tāi'a, maori rā 'ia 'itehia te pupuhi i'a (te 'āuri pātia i'a).
find (abstract or concrete), **have found, have come to know** 'iteā Ask and it shall be given you; seek, and ye shall ~; knock, and it shall be opened unto you. E ani, 'ē horo'ahia mai iā 'outou, e imi, 'ē 'iteā iā 'outou, e pātōtō atu, 'ē 'iritihia mai te 'ōpani iā 'outou.
find, see, perceive, recognize 'ite How did you ~ (literally: manage to see) the lost (outrigger) canoe? E mea nāfea tō 'oe 'itera'a i te va'a i mo'e?
find something **beautiful, look at with pleasure** māta'ita'i ... nowhere in the world are these pictures of so bright a color as those Keawe found hanging in his house. ... 'aita roa tō tei nei ao ta'ato'a e hoho'a nehenehe 'ae i teie tā Keawe e māta'ita'i nei i roto i tōna fare. (From Robert Louis Stevenson's The Bottle Imp, translated by John [Tihoni] Martin.)
find something boring, have had (more than) enough of, be weary or **tired of, be bored** or **fed up with** fiu Do you ~ it (what is going on) boring? 'Ua fiu ānei 'oe? (a common, well-meant, and considerate question in the islands, especially during a prolonged proceeding or entertainment) One can't ~ looking at people with happy and smiling faces boring.

fingernail

'Eita e fiu i te māta'ita'ira'a i te mau ta'ata mata 'oa'oa e te 'ata'ata. I am tired of French food. 'Ua fiu vau i te mā'a farāni. He was fed up with fixing his lawnmower. 'Ua fiu roa 'ōna i te tātā'i i tāna tāpū matie. I ~ having nothing to do very boring. 'Ua fiu roa vau i te fa'aea noa. I am fed up with that moocher. 'Ua fiu roa vau i terā ta'ata tīpe'e.
find fault, blame, accuse, reproach, condemn fa'ahapa, fa'ahapahapa
search for in order to **find** pā'imi How am I going to ~ my way home? E mea nāfea vau i te pā'imi i te e'a nō te ho'ira'a fare? (or:) Eaha te e'a nō te ho'ira'a fare? (What is the way to go ~?)
fine, good, agreeable, (also:) **beautiful** (when speaking of weather) maita'i, maitata'i (intensive and/or plural) I feel ~. E mea maita'i au. The weather is very ~ now. (E) Mea maita'i roa te mahana i teie nei. The Polynesians are very ~ people. E mau ta'ata maitata'i te feiā mā'ohi (or: te feiā porinetia).
fine, thin, (also:) **worn down** or **worn out** rairai
fine, penalty utu'a moni, utu'a How much is the ~ if the car is parked in the wrong (prohibited) place? Ehia moni te utu'a 'ia vaiihohia te pereo'o i te vāhi hape (i te vāhi 'ōpanihia)?
fine, penalize fa'autu'a i te moni, fa'autu'a
finger(s) rimarima, manimani rima, rima (actually the word rima refers to the whole area between the shoulder and the end of the fingers and the actual part meant is indicated by the content or by pointing) little ~ rima na'ina'i curved ~ (due to a medical condition in which certain muscles are paralysed) rima fefe
point at with a **finger** fa'atohu, tītohu
slip through **fingers** or hands mahemo
squeeze with **fingers, pinch** 'i'iti
fingernail (also: toenail) mai'u'u, 'ai'u'u

finish

crush between **fingernails** 'īpa'i, 'īpa'ipa'i
finish, completion, closure, achievement
  of an act or project   fa'aotira'a
finish, become completed, become finalized or **accomplished**   oti
finish, become finished, end   hōpe'a
finish, bring to a close, terminate (without the implication of completion)   fa'ahope
finish, complete, terminate, (also:) **achieve**   fa'aoti   Did you ~ the work? 'Ua fa'aoti ānei 'oe i te 'ohipa?
finish (off), close, end, terminate   'ōpani
It's **finished! Done!** (also:) **Agreed!**   'Ua oti!
finished, completed, accomplished, done   oti   When will it be ~? Āfea e oti ai? It will be ~ tomorrow. Ānānahi e oti ai. The boat has been ~. 'Ua oti te poti i te hāmani.
finished, stopped, stuck   mau
finished, ended, terminated, brought to a close   hope
"finished," intoxicated, staggering drunk, six sheets in the wind   pa'a'ina, 'ua oti roa
finished work. accomplishment, performance   'ohipa fa'aotihia
Finland   Finirani, fenua Finirani   Among all the countries I went to, I liked ~ best. I roto i te mau fenua ato'a tā'u i haere, 'ua fa'ahiahia roa vau i te fenua Finirani.
Finn   ta'ata finirani, finirani
Finnish *adj*   finirani
Finnish *n*   reo finirani
fir, firtree, (also:) **pine**   paina
fire   auahi, ahi *(archaic)*   ~ **extinguisher** tūpohe auahi   ~**man** ta'ata tūpohe auahi   ~ **screen** pāruru auahi   ~ **walking** haerera'a nā ni'a i te 'ōfa'i auahi   And the priest shall burn them in the ~ upon the altar. 'E nā te tahu'a e tūtu'i i te reira i te auahi i ni'a iho i te fata.
"fire" coral (so called, because it causes a burning sensation on the skin when touched)

first

'afifa
make a fire, kindle   tahu
make a fire with a fire-plow by rubbing a stick back and forth in a groove carved in a piece of wood   hi'a
use fire   tāauahi
fire, "kick out," dismiss, (also:) **send away, reject**   patu   She was ~d from her job. 'Ua patuhia 'ōna i rāpae i tāna 'ohipa.
fire an employee, discharge, dismiss   tihāti
fire a gun, shoot with a gun   pupuhi
firearm, gun   pupuhi
firebrand, glowing coals   ōmo'i
firecracker, fireworks   ahitiri (now often pronounced:) hītiri
fire-walking ceremony   umu tī
firewood   vahie
firm, persistent, stubborn   fa'a'eta'eta
firm, resistant, solid, hard, rigid   'eta'eta
firm, set, steady   mau
be firm or **stubborn, persist**   fa'a'eta'eta
firm, company (business)   taiete
firmament, celestial space   reva   The heavens declare the glory of God; and the ~ showeth his handiwork. Tē parau hua nei te mau ra'i i te hanahana o te Atua; 'e tē fa'a'ite nei te reva i te 'ohipa a tāna rima.
firmament, sky, heaven   ra'i   My help cometh from the Lord, which made heaven and earth. Nō 'ō ia Iehova ra te tauturu iā'u, 'o tei hāmani i te mau ra'i (literally: heavens) 'ē te fenua.
firmly set or **fixed** or **fastened, established**   mau, ha'amauhia, ha'amau
hold firmly, clasp on to   'u'umi
firmness, resistance, rigidity   (e) mea 'eta'eta
lacking in **firmness** (as with fruit like taro and manioc), **insipid, spongy**   māi
lacking in **firmness, soft, tender**   marū
first (in counting numbers ordinally: first, second, third, etc.)   'a tahi   This is the ~

211

time I have come to Tahiti. 'A tahi nei au 'a tae mai ai i Tahiti nei.
first (in counting occurrences) mātāmua This is our ~ trip (here) to Tahiti. Teie tō māua tere mātāmua i Tahiti nei. (or:) Teie te mātāmuara'a o tō māua tere i Tahiti nei. Johnny got the ~ prize. Tei iā Tihoni te rē mātāmua. He that is without sin among you, let him cast the ~ stone at her! Nā te ta'ata hara 'ore i roto iā 'outou na e tāora'tu na i te 'ōfa'i mātāmua iāna!
first (in order) nā mua, nā mua a'e serve oneself **first** tapipi
first, foremost 'omua, mātāmeha'i The American, Herman Melville, was the ~ of them [the authors using the South Seas as a background to their stories]; he who sailed (literally: voyaged) here as a seaman on a whaler. 'O te ta'ata marite ra 'O Herman Melville, tō rātou 'omua, 'oia tei tere mai na ei mātarō i ni'a i te pahī pātia tohorā. the ~ white people here in Polynesia te mau popa'ā mātāmeha'i i te mau fenua mā'ohi nei (or: i Poritenia nei).
first, in the beginning i te mātāmua In the beginning God created the heaven and the earth. Hāmani ihora te Atua i te ra'i 'ē te fenua i te mātāmua ra.
first of all nā mua roa
first birth for a woman fānau mātāmua
First class! Number one! Nūmera hō'ē!
first mate (naut.) ra'atira piti (literally: second captain) The trouble was the [~] mate who was the most difficult (excitable) man (commander) to please (satisfy) Keola had ever met with. 'O te ra'atira piti te mea 'iriā a'e o te ta'ata fa'aueue māha 'ore roa a'e te reira i farereihia e Keola. (from John [Tihoni] Martin's free translation of R.L. Stevenson's short story The Isle of Voices)
first name, surname, (also:) **nickname** io'a, io'a pi'i What is your ~? 'O vai tō 'oe io'a (pi'i)? My ~ is Matahi. 'O Matahi tō 'u io'a (pi'i).
first-aid kit 'āfata rāve'a utuutura'a
firstborn matahiapo The ~ of thy sons shalt thou [also] give unto me. Tā 'oe mau tamari'i tamāroa matahiapo ra, e hō mai ato'amai ia iā'u nei.
fish n i'a I caught a few ~ yesterday. E tau i'a tei noa'a mai iā'u inānahi.
fish baked in the hīmā'a (Polynesian earth oven) i'a 'eu Earth-baked ~ is delicious. Emea au roa te i'a 'eu.
fish baked in a popa'ā (European-style) oven i'a tāumu
fish boiled i'a tunu
fish fermented in sea water fāfaru fermented fish sauce miti fāfaru
fish fried in the pan i'a faraipāni, i'a farai Do you want ~ fried in the pan or raw fish? E hina'aro ānei 'oe i te i'a faraipāni, e 'aore ra i te i'a ota?
fish raw (marinated) i'a ota I like (Tahitian) marinated (literally: raw) ~. E mea au nā'u (or, less commonly: E au vau i) te i'a ota. Do you want raw ~ or fried ~? E hina'aro ānei 'oe i te i'a ota, e 'aore ra i te i'a faraipāni?
fish (rotten) i'a pē
fish (salted) i'a rapa'au
fish wrapped in leaves for baking in the earth oven i'a pū'ohu
bat**fish** paraha pe'ue, paraha perue
bill**fish**, halfbeak **fish**, **Esox teatae** ihe
bleeker's surgeon**fish** tiamu
bone**fish**, mullet-like **fish** 'io'io
box **fish**, multispotted trunk**fish** momoa
brown unicorn**fish** ume
burnt parrot**fish** pa'ati pa'apa'a auahi, pa'ati a'a, hō'ū nīnamu
butterfly **fish**, flat-**fish** pāraharaha
cardinal**fish** upaparu
cardinal goat**fish** ahuru pa'a
cat**fish** (salt-water), **threadfin** moi
cavally **fish** 'ōmuri
(a species of) cavally **fish** with yellow fins 'autea

convict tang **fish**, **surgeon fish** manini
crocodile needle**fish** 'ā'āvere, a'urepe
cuttle**fish**, octopus, squid fe'e
dog**fish**, **shark** ma'o
dolphin**fish**, **tunny**, **tuna** 'a'ahi
emperor **fish** 'ō'eo
file-**fish**, trigger-**fish** 'ōiri maimai
flat-**fish**, butterfly **fish** pāraharaha
flat-**fish**, left-eye **flounder** pāti'i, pāti'i tere fenua
flying **fish** mārara
gar**fish**, trigger-**fish** 'ō'iri
giant jew**fish** hāpu'u reru
giant needle**fish**, **half-beak** ihe raha
globe **fish**, **striped toby** huehue
goat**fish**, **barbel** ahuru tore
(three-saddled) goat**fish** 'āti'ati'a
goldlined goat**fish** tauo, taire
greenbellied goat**fish**, **surmullet** fa'ia
halfbeak **fish**, bill**fish**, **Esox teatae** ihe
hand-**fish** patu'i
humbug **fish**, **puller**, **Chromis sindonis** (a small black fish with a strong smell when roasted and said to be able to destroy a shark) 'atoti
jelly **fish** pa'ipa'i
lagoon **fish** nanue
long-nosed emperor **fish** 'ō'eo 'utu roa
long-nosed emperor **fish** (when young) 'ā'aravī
many-colored comb**fish** po'ou pātaitai
milk**fish** ava (when adult), 'ōma'a (when young; note that 'ōmaha means to urinate)
mouse parrot**fish** uhu homohomo, uhu 'a'o
multicolored hand-**fish** (an aggressive fish which can be a danger to divers) patu'i pata
multispotted trunk**fish**, box **fish** momoa
Napoleon **fish** mara
ocean parrot**fish** (male) uhu 'ōpara
oil**fish** 'uravena
one-saddled goat**fish** 'āti'ati'a
parrot **fish** (Callyodon) rōtea, hō'ū
parrot **fish** (Scarus) uhu, pahoro

pencil star **fish** fetu'e
petroleum parrot**fish** tapio
pilot **fish** tiatia uri, uri (note that 'urī means dog)
porcupine **fish** tōtara
puffer**fish** huehue
red-**fish** (several species) 'i'ihi
red-**fish**, **Holocentrum spiniferum** 'apa'i
red globe-eye **fish** maere
red goat**fish** ahuru 'ute'ute
red-spotted surgeon**fish** (a small black fish with dangerous thorns on its tail) meha
red squirrel**fish** maunauna
river **fish** (perch) nato
sailfin surgeon**fish** iriaeo
sail**fish** (a type of swordfish) ha'urepe, a'urepe
salt-water cat**fish**, **threadfin** moi
saw**fish**, **spotted surgeonfish** api
scorpion**fish**, **rascasse** nohu tarao
sergeant major **fish** pā'e'e
seven-finger shell**fish** pae hō'ē, pū pae hō'ē
shell**fish**, **crab** pa'apa'a
shell**fish**, **lobster** 'ōura miti
shell**fish**, **mollusc** animara ivi 'ore
shell**fish**, **tridacna**, **Tridacna elonga** pāhua This particular shellfish can, especially in the Tuamotus, become very large and constitute a danger to you when diving to the bottom of the lagoon, if your feet or hands get caught in its grip.
shell**fish**, **troca**, **Trocus nitoticus** mā'oa taratoni
shell**fish**, **turbot**, **Turbo setosus** mā'oa
shortbill spear**fish**, sword**fish** ha'urā
short-nosed emperor **fish** 'ō'eu 'utu poto, 'ō'eo tiamu
short-nosed unicorn**fish** tatihi
small-toothed job**fish** paru
smooth-head unicorn**fish** ume tarei
soldier**fish**, squirrel-**fish** 'araoe, 'arave
spear**fish**, **swordfish**, **marlin** ha'urā
spotted rabbit**fish**, trigger-**fish** mārava
spotted surgeon**fish**, **sawfish** api

squirrelfish, soldierfish 'araoe, 'arave
squirrelfish snapper paru 'i'ihi
star fish, Linckia pacifica (i'a) fetū, (i'a) feti'a
starfish (highly poisonous), crown of thorns, Acanthaster echinites and Acanthaster planci taramea
starfish, Ophiocoma scolopendrina ma'ama'atai
stone fish, stingfish, Synanceja verucosa nohu A highly poisonous fish which lies buried on the bottom of the lagoon with its spikes turned upward; if you step on it [which could well happen to you, because even the Polynesians sometimes fall offer to this beast], it could well ruin your visit to the islands; therefore always wear plastic swimming sandals when you go into the water.
striped hand-fish (an aggressive fish which can be a danger to divers) patu'i
striped rabbit-fish pa'a'ura
sucking-fish (can attach itself to sharks and turtles), remora, Naucrates ductor tiatiauri, uri (note that 'urī means dog)
surgeonfish, Acanthurus bleekeri para'i
surgeonfish, white-tail lancet, Acanthurus nigricans para'i 'ōturi
surgeonfish, tang fish, Acanthurus nigroris maito
surgeonfish, tang fish, Acanthurus triostegus manini
surgeonfish, Naso unicornia ume
surgeon sailfish 'iriā'eo
swordfish, spearfish, marlin ha'urā
(a kind of) swordfish, sail-fish a'urepe
tang fish, surgeonfish, Acanthurus nigroris maito
tang fish, surgeonfish, Acanthurus triostegus manini
tattooed parrotfish (male) uhu atoa
threadfish, Caranx melanpygus pa'aihere
three-saddled goatfish 'āti'ati'a
trigger-fish, file-fish 'ōiri maimai
trigger-fish, garfish 'ō'iri

trigger-fish, spotted rabbitfish mārava
trumpetfish 'aupāpā tohe tūpou
two-colored parrotfish uhu tōtoke
two-saddled goatfish 'āti'ati'a upo'o rahi
violet swordfish 'i'ihi, 'i'ihi nato
white-tail surgeonfish 'ōturi
white-tailed squirrelfish tiere
yellow parrotfish uhu rōtea
yellow-fin surgeonfish para'i
yellow-spotted surgeonfish maito 'aero 'uo'uo
young-bait goatfish 'ōuma
zebrafish tataraihau
zebra surgeonfish maro'a
zebra unicornfish karaua
a fish that lies on sandy bottom, Sauridae gracilis mo'o 'anae, mo'o miti
a shoal of fish (te) hō'ē nana i'a
fish v (for pleasure or sport) tāi'a
fish v (professionally) rava'ai
fish v (scoop up fish with landing net or shrimping net) tāhahu, tā'au
fish v (hunt fish underwater) tautai hopu
fish v (using poison from the fish poison plant hora) hora
fish v (using a torch) rama, tautai rama
fish v (with deepsea-line with several hooks attached) tautai tāoraora
fish v (with hook, line, and pole or rod) hī Tuna is ~ed on the high seas. E hīhia te 'a'ahi i tua.
fish v (with net [any kind]) tā'upe'a
fish v (with fine landing or shrimping net) tautau
fish v (with rod and reel) tā'iri'iri
fish v (with a spear) tautai pātia
fish v, trawl pūtō
fish bait 'arainu, 'āinu, marainu
fish hook matau
fish lure 'apa
fish pen 'āua i'a
fish poison plant, Tephrosia purpurea hora
fish roe mamaru
fish roe (also:) fat of fishes, turtles, and

fish scale(s)   **fitting**

fowls 'a'o
fish scale(s) poa i'a, poa
live **fish storage enclosure** of bamboo or wicker ha'ape'e
fish trap consisting of a cage with tapered bottleneck type of entrance fa'a
fisherman (biblical and when fishing professionally) ta'ata rava'ai
fisherman (modern and when fishing for pleasure or sport) ta'ata tāi'a
fishermen feiā tāi'a
fishing (for pleasure or sport) tāi'ara'a
fishing (professionally) rava'aira'a
fishing (type or method of, a kind of tackle) tautai
fishing (underwater hunting of fish) tautai hopu
fishing (with deepsea-line with several hooks attached) tautai tāoraora
fish(ing) with **rod** and reel, **cast** tā'iri'iri
fishing rod 'ā'ira
fishing (with line and rod) tautai hī
fishing (with net [any kind]) tautai 'upe'a
fishing (with casting net) tautai 'upe'a tāora
shrimp **fishing** pātiara'a 'ōura The (freshwater) shrimp ~ season has opened. 'Ua 'āvari te pātiara'a 'ōura pape.
spear **fishing** tautai pātia
torch **fishing** tautai rama
fishing, trawling tautai pūtō Do you want to go trawling this morning? (E) Hina'aro ānei 'oe i te haere i te tautai pūtō i teie po'ipo'i?
fishing boat poti tāi'a
fishing line made of multiple-strand tightly twisted twine 'ānave, (the word for loosely twisted twine is:) tuaina
fishing line (when extra strong) rō'ā
fishing martin, kingfisher, Haleyon venerata ruro
fishing net 'upe'a casting type of ~ 'upe'a tāora
fishing net made from coconut fronds rao'ere, rau'ere

fishing net, seine 'upe'a pārava
put out a **fishing net** pārava
fishing pole or **rod** 'ā'ira
fishing spear 'āuri pātia i'a, pātia i'a
fishing tackle, fishing gear te mau 'ohipa tautai I have got my ~ ready. 'Ua fa'aineine vau i tā'u mau 'ohipa tautai.
fishtail 'itere
fishy, smelling like fish to'ato'a
fishy, having an unpleasant odor of fish (or blood or milk) 'uri'uri
fishy, suspicious (e) mea mana'o 'inohia
fissure, crack, split 'afā, 'āfāfā, 'amaha, 'āmahamaha
fist rima ha'amenemene
fist, (also:) **hammer** tupa'i
close one's **fist** 'u'umu i te rima, ha'amenemene i te rima
fight with one's **fists, box** moto
fisticuffs, boxing moto
Fistularia petimba (a small fish of the Fistulariidae family), **mouth of flute** 'aupāpā
fit, attack, bout, outbreak, outburst, recurrence of an illness pūaira'a, ro'ohiara'a ~ of anger riri tupu tā'ue (or:) riri tā'ue
have a **fit** or **attack** of insanity or madness, **be possessed** uru, fa'auru ma'ama'a He has had a fit of madness. 'Ua fa'auru ma'ama'ahia 'ōna.
fit, suit, (also:) **agree** au
cause to **fit, fit** or **suit one thing to another, set in order,** (also:) **come to an agreement** fa'aau
fit into, be inserted ō
fit(ting) together, conform(ing), be(ing) congruent tuea
fitful, jerky, erratic maumau
fitting, suitable, proper tano, tanotano
not **fitting,** not **suitable,** not **proper** (e) mea au 'ore It is not meet [~] to take the children's bread, and to cast it to dogs. E mea au 'ore 'ia rave i te mā'a a te tamari'i, 'a tītiri atu ai nā te 'ūrī.

five

five   pae, rima *(archaic)*
five francs   hō'ē tārā, tārā (see the brief article under francs)
fix, agree on, settle an affair   fa'aau, he'etumu *(archaic)*
fix, improve, make good   ha'amaita'i
fix, make it work again, make it O.K. again   ha'amaita'i fa'ahou
fix, patch, darn   tāfai
fix (sewing only), patch, darn   tīfai
fix, renovate, repair, make like new   fa'a'āpī
fix, repair, mend (major work involved)   tātā'i
fix, repair, mend (minor work involved)   hāmani, hāmani fa'ahou
fix firmly, fasten, install   tāmau, ha'amau
fixed, agreed on, settled   fa'aauhia
fixed, improved, made good   ha'amaita'ihia
fixed, repaired, darned   tāfaihia
fixed. repaired   hāmanihia
fixed, repaired, made like new   fa'a'āpīhia
fixed, solid, firm, fastened, basic   mau
fizz, bubble, (be) boil(ing)   piha'a, pihā
flabby, (also in connection with being fat)   perehū
flabby, soft, limp, (also:) rotten, spoiled   rarerare
flag, (also:) burgee   reva   hoist a ~ huti i te reva   Hoist the real Tahitian ~ (red-white-red)! 'A huti i te reva mau nō Tahiti ('ute'ute-'uo'uo-'ute'ute)!   When the ship approaches the pass and at the very moment when the pilot ~ is hoisted ... 'Ia fātata mai te pahī i te ava, 'ē tei te hutira'a i te reva pairati ...
flagging (decorating a ship with flags for festive occasions)   pu'e reva hanahana
flag-tailed sea bass, Scorpaenopsis gibbosus   nohunohu tarao
flake, particle, crumb   hu'a (note that hua means vulva)

flatten

flaking or scaling of skin, scurf   'ūnā
flaky, batty, nuts, nutty, wacky, loony   taravana
flame *n*   ura
flame, scorch   pārara
burn (*vi*) with a flame   ura
flaming bird   manu ura
flap (like a loose sail in the wind), shake   tārepa, rupo   Trim (tighten, haul in on) the jib, the sail is ~ping. 'A fa'a'eta'eta i te fē'ao, te tārepa nei te 'ie.
flap-eared, with ears that stick out   tari'a va'ava'a
flash of sparks, sparks, flicker, phosphoresence   pura
flash, glisten, spark, sparkle   'anapa, 'ānapanapa   The lightning ~ed in the sky 'Ua 'anapa te uira i roto i te ra'i.
flash, instant, moment, blink or twinkling of an eye   'amora'a mata
flash, spark(le), flicker, phosphoresce   purapura
flash, spark(le), light up, phosphoresce   pura
flashbulb   mōrī pura
flashlight   mōrī pata
flat (of sea), calm, no wind stirring   mania, manino
flat, horizontal, even, level   pāpū   ~ land   fenua pāpū
flat, smooth, not wrinkled, (also:) level, horizontal   mānina
flat (of water), smooth, stagnant   tōnino
flat, wide   pārahurahu   a ~ dish or platter (e) merēti pārahurahu   He has a ~ (wide) forehead. E rae pārahurahu tōna.
flat-fish, left-eye flounder, Bothus mancus   pāti'i tere fenua, pāti'i
flat-fish, butterfly fish, Pygoplites diacanthus   pāraharaha
flat-iron, smoothing iron   'āuri 'ahu
flat-tasting, tasteless, insipid   taitai
flatiron, iron   'āuri 'ahu, 'āuri
flatten (especially of terrain), level (off)   ha'apāpū

216

flatter, laud, glorify ha'amaita'i
flatter, praise, say good things about, honor 'ārue, 'āruerue
(use) **flatter in order to persuade** (usually in a negative sense), (also:) **beg** tāparu
self-seeking **flatterer, sycophant, hanger-on** ta'ata tārere
flatulent hōpuepue
flavor (pleasant), **odor, smell, taste** hau'a The tiare Tahiti has a wonderful smell. E hau'a no'ano'a roa tō te tiare tahiti.
add **flavor** or **spice, season,** (also:) **put on perfume** fa'ano'ano'a
flavoring, spice fa'ano'ano'a mā'a
flavorous, flavorsome, sweet-flavored, delicious no'ano'a
flea (in the vernacular), **louse** 'utu
flea, body louse tutu'a, (also, in the vernacular:) 'utu
flea-infected, lousy tutu'a, (also, in the vernacular:) 'utu a ~ head upo'o 'utu
flee, get away, escape, reach safety ora
flee, escape, go into hiding tāpuni, tāponi The French convict fled from the prison (and went into hiding). 'Ua tāpuni te ta'ata mau 'āuri farani mai roto mai i te fare 'āuri.
flee, run away, abscond, escape horo The thief fled. 'Ua horo te ta'ata 'eiā.
fleeing, escaping, running away horotāpuni
flesh, meat 'īna'i, 'i'o 'animara
flesh (in contrast to spirit), **body** tino The spirit indeed is willing, but the ~ is weak. 'Ua ti'a ho'i i te vārua, e paruparu rā tō te tino.
having goose **flesh** hōtaratara
flexible, easily bent fa'afefe 'ohie
flexible, elastic uaua (note that u'au'a means hard or tough)
(too) **flexible, limp** paruparu
flick *n*, **snap** pata
flick *v*, **snap** with finger and thumb pata snap a picture with a camera pata i te hoho'a

flicker, flash (of sparks), **sparks, phosphorescence** pura
flicker, flash, glisten, spark(le) 'anapa, 'ānapa, 'ānapanapa
flicker, flash, spark, phosphoresce pura
flicker, flash, spark(le), phosphoresce purapura
flight, act of fleeing, escape horora'a
flight (bird or plane) rerera'a
flight, fluttering, hovering, flying about marerera'a
take off in **flight, fly up, take off** (plane) ma'ue
flighty, fickle, careless ha'apa'o 'ore
flighty, fickle, unfaithful, disloyal tāiva
flighty, inattentive, heedless, unstable 'ōnevaneva, nevaneva
flinch ma'e'e (seldom used)
flinch(ing), dodge (dodging), **parry(ing), avoid(ing) something** 'ape, (when done repeatedly:) 'ape'ape
flinch out of surprise, **be startled** hitimahuta
fling (general), **cast, throw** tāora, tī'ūe, tā'ue
fling (especially a stone), **throw** hamu
flipper(s), webbed swimming shoes repe
flirt (with), **court, woo** fa'ahina'aro (vahine), ha'ahina'aro (vahine)
flirt (with a danger), **defy** or **challenge** (something), **dare, court** fa'ahina'aro ... but Keola was past fear and courted death. 'Ua hemo ra i muri te ri'ari'a o Keola 'ē te fa'ahina'aro nei 'oia i te pohe i teie nei. (literally: Keola's fear had slipped away [from him] and he now ~ed with death.) (From John [Tihoni] Martin's free translation of R.L. Stevenson's The Isle of Voices.)
flit by, whizz by, go quickly by mareva, mārevareva
float for fishing net, buoy, cork poito
float, raft, pontoon pa'epa'e
outrigger **float** ama
float, drift, go adrift pāinu

flock   **fly**

flock, bank of fish, **swarm** of insects   'aere
flock, pack, herd, horde   taura
flock, troup, band, (also:) **herd**   nana   ... and he led the ~ to the backside of the desert   ... 'ē 'ua arata'i atura 'oia i taua nana ra i 'te 'ōti'a o te medebara
flog, hit repeatedly with whip or **belt, beat, strike, thrash**   rutu, rurutu, ruturutu
flog, lash, whip, (also:) **knock hard, slam**   hui
flog, whip, spank, hit with rod or **stick**   tā'iri
flood (river)   pu'e, pape pu'e
flood (river), **deluge, inundation**   vaipu'era'a rahi
flood, floodtide, incoming tide, high tide   nanura'a miti
flood waters   vaipu'e, papepu'e
floor, story   tahua fare, tahua   (note: tahu'a means native doctor or healer)   house with a ~   fare tahua   the fourth ~ of the hotel   te maha o te tahua nō te hōtera   (As for) the house, it was three stories high, with great chambers and broad balconies on each.   E toru tahua tō te fare, e mea piha āteatea maita'i tō roto e mea fa'ataupe'ehia nā rapae. (From Robert Louis Stevenson's The Bottle Imp, translated freely by John [Tihoni] Martin.)
floppy-eared eel   puhi tari'a (found in Tahiti's only lake, Vaihiria)
floral pattern on cloth   rau-rā'au
florist (female)   vahine ho'o tiare
florist (male or female)   ta'ata ho'o tiare
left-eye **flounder, flat-fish, Bothus mancus**   pāti'i tere fenua, pāti'i
flour, (also:) **dough**   faraoa ota
flourish(ing), (be) luxuriant (vegetation), (also:) **prosper(ous)**   ruperupe
flow *n*   tahera'a
flow of blood, menstruation   tapahi
flow *v*   tahe, tahetahe
flower   tiare, pua *(archaic)*   There are many species of ~s. 'Ua rau te huru o te mau tiare. We bought ~s to take to the graves in the cemetery. 'Ua ho'o mai mātou i te tiare nō te 'āfa'i i ni'a i te mau mēnema nō te 'āua ma'i. The tiare 'apetahi is a ~ that can be found only with difficulty. E tiare 'imi 'atā te tiare 'apetahi. It is only on Mount Temehani that the 'apetahi ~ may be gathered. I ni'a ana'e i te mou'a Temehani e 'ōhitihia ai te tiare 'apetahi. The 'apetahi ~ is truly astonishing; it is not like other ~s that people are used to seeing. E mea maere mau te tiare 'apetahi; e 'ere te reira mai te mau tiare ato'a tei mātauhia e te ta'ata.
the pointed sheath of the coconut **flower**   'ōroe, roeroe
the Tahitian national **flower, Gardenia tahitensis**   tiare tahiti, tiare mā'ohi
flower *v*, **blossom**   pua (note that pu'a means soap or wash, also coral), 'ua'a, 'ua'ahia   The Tahitian gardenia ~ed. 'Ua pua te tiare tahiti.
flower-bedecked, decorated, embellished   'una'una
flower patch   urutiare
flower snapper   paru ta'ape
flu, influenza   hāpu
fluorescent   tū'ana   ~ tube   mōrī tū'ana
flute (used in the old times:) **nose-flute**   vivo
flute (modern)   vivo popa'ā, vivo
flute-mouth (a fish of the Fistulariidae family), **Fistularia petimba**   'aupāpā
flutter, fly about   marere
fly, gnat (small and with a sting like a mosquito)   nono (distinguish from mosquito = naonao)
fly, housefly   ra'o
fly-infested   ra'ora'o
fly, be airborne   rere, rererere   The airplane flew very low. 'Ua rere te manureva nā raro roa.
fly, fly about, flutter   marere
fly, fly off, take off (plane)   ma'ue,

218

ma'urere, mahuta
fly, be thrown into the air, fly fast (like an arrow) or **high up** (like a kite), **rise quickly** or **high** (like smoke) pe'e
fly, head for, travel to, go to tere Does the plane often ~ to Bora Bora? E terepinepine-atu ānei te manureva i Porapora?
fly (like a kite), **make a thing ascend** ha'ape'e
cause to **fly** ha'ama'ue
flycatcher (a singing bird about the size of a sparrow), **Musicapa nigra** 'omama'o
flying boat manureva tau i ni'a i te miti, manureva miti
flying fish mārara
foam, froth hu'a (be careful with pronunciation, since hua means vulva)
sea**foam** hu'a miti
fo'c'sle, forecastle, forepart of a ship muara'a, muara'a o te pahī
fog, haze, mist rūpehu
foghorn, siren pū, pū 'u'uru
fold tūfetu, fefetu
fold, bend 'ōfati ~ing measuring stick mētera 'ōfati
fold cloth over into a hem, hem, pleat 'opi
fold up, fold repeatedly tūfetufetu
foliate pattern on cloth rau-rā'au
folk, group, people identified with a specific category feiā, (honorific:) hui the common ~ te feiā ri'iri'i the kings (te) hui ari'i
folklore te mau peu mā'ohi
folkloric peu mā'ohi, peu tumu ~ group pupu peu mā'ohi ~ event heiva peu tumu
follow, come along with, accompany, escort 'āpe'e Who is going to ~ me? O vai tē 'āpe'e mai iā'u?
follow (as in the footsteps of a parent) pe'e May they ~ in your footsteps! 'Ia pe'e rātou i tō 'oe ta'ahira'a 'āvae! If any man serve me [wants to be a servant to me], let him ~ me. 'O te ta'ata i hina'aro ei tāvini nōu ra, 'a pe'e mai ia iā'u.
follow, pursue, hunt for (someone), **go** or **run after** (someone) tāpapa, tapapa
follower, disciple 'āpe'e, ta'ata 'āpe'e
following (afterwards): i muri iho:
following (behind) nā muri, nā muri mai during the ~ twenty years i roto i nā matahiti e piti-'ahuru-'aore o tei nā muri mai ra
following (to follow now): i muri nei: sail with a **following** wind (with the wind from abaft) fa'ahe'e
fondle, pet, caress horomiri
fondle, run hands over, cuddle 'ōmiri, tauhani
food (now general, but originally referring mostly to food of vegetable origin) mā'a (note that maha means four) Tahitian ~ mā'a tahiti European ~ mā'a popa'ā Chinese ~ mā'a tinitō ~ ration fāito mā'a Do you often eat Tahitian ~? E 'amu pinepine ānei 'oe i te mā'a tahiti? How is she cooking the ~? Tē nāfea ra 'ōna i te tunu i te mā'a? There is not enough ~. 'Ua iti te mā'a. on Thursday (the fourth day of the week) or Saturday (literally: "~ day," the day on which ~ was prepared for the Sabbath [on which no work was allowed by the missionaries]) i te mahana maha 'aore ra i te mahana mā'a God, we bless You for the ~ You have bestowed on us (literally:) to help our bodies. E te Atua e, tē ha'amaita'i atu nei mātou iā 'Oe nō te mā'a tā 'Oe i hōro'a mai ei tauturu i tō mātou nei tino. For I was hungry and you gave me ~. I po'ia na ho'i au 'ē 'ua hōro'a mai 'outou i te mā'a nā'u.
food (of animal origin or with high protein value), **meat** 'īna'i
conserved (canned) **food** mā'a tāpunu
suffer from lack of **food** or water o'e
food counter, buffet, smörgåsbord ('iri) fa'ahaerehia te mā'a

food pounder (of stone), **pestle** penu
food ration fāito māʻa
food regimen, diet faʻatereraʻa māʻa
food safe, pantry ʻāfata māʻa, pātere māʻa, vairaʻa māʻa
fool, idiot, moron, dunce (taʻata) maʻau
fool, stupid or **crazy person** taʻata maʻamaʻa
fool, trick, con, hoodwink, "take for a ride" faʻarapu (roa) Watch out, that guy is a con man. Haʻapaʻo maitaʻi, e taʻata faʻarapu roa terā.
fool, lie, deceive, dupe, gull haʻavare, haʻavarevare
fool, tease, play tricks on haʻuti
fool, trick, bamboozle tāviri I was ~ed. ʻUa tāvirihia vau.
fooled, deceived, taken in by vare I was ~ by what the (white) car salesman said. ʻUa vare au i te parau a te popaʻā hoʻo pereoʻo uira.
foolish, crazy, insane, stupid maʻamaʻa
foolish, idiotic, stupid maʻau
foolish, inane, unstable, scatter-brained, thoughtless nevaneva
foolishness, stupidity, (also:) **delirium, incoherence** āoaoa For from within, out of the heart of men, proceed evil thoughts, ... blasphemy, pride, [and] ~. Nō roto mai hoʻi i te ʻāʻau taʻata te manaʻo ʻino, ... te faʻaʻino, te teʻoteʻo, ʻē te āoaoa.
foot (also as measurement), **feet,** (also:) **leg(s), paw(s)** ʻāvae (note that ʻāvaʻe means month or moon) My ~ slipped. ʻUa heʻe tōʻu ʻāvae. My ~ hurts now. Tē māuiui nei tōʻu ʻāvae. Did you come by ~? ʻUa haere ʻāvae noa mai ānei ʻoe? He told the con man: Don't set ~ in my house! ʻUa parau atu ʻōna i te taʻata ʻōpape: ʻEiaha tō ʻoe ʻāvae ʻia taʻahi mai i tōʻu fare! My sailboat is twenty-six feet long. Piti-ʻahurumā-ono ʻāvae te roa tōʻu poti tāʻie. Thy word is a lamp unto my ~, and a light unto my path. E lamepa (pronounced rāmepa) i tōʻu nei ʻāvae, e

tiʻarama nō tōʻu nei mau ʻeʻa.
club-foot ʻāvae hape
be or **get on one's feet, get up, stand up** tiʻa, tiʻa i niʻa
football (ball for kicking) pōpō tuʻeraʻa
football (game or **match)** tuʻeraʻa pōpō
football player taʻata tuʻe pōpō
football players te (mau) feiā tuʻe pōpō
foothills, hill ʻāivi
footloose, wandering, roving ʻāvaetere
footloose person, wanderer, adventurer (taʻata) ʻāvaetere, (taʻata) ʻāvae mau ʻore
footstep, footprint taʻahiraʻa ʻāvae May they follow in your ~s! ʻIa peʻe rātou i tō ʻoe taʻahiraʻa ʻāvae!
footwear, shoe(s) tiaʻa
for (whom or what) nā, nō ~ that nō te reira ~ whom is this letter? Nā vai teie rata? ~ a few days nō te tahi nau mahana riʻi (or:) nō nau mahana riʻi This is a joyful day ~ me. E mahana. It is required that wine be served ~ proper eating. Ei uaina e tano ai nō te tāmāʻaraʻa. The sabbath was made ~ man, and not man ~ the sabbath. I haʻapaʻohia te tāpati nō te taʻata, ʻaore te taʻata i haʻapaʻohia nō te tāpati.
for, because nō te mea, nō, nā roto i, i, (sometimes:) hoʻi I am very grateful to you, because you helped me. ʻUa māuruuru roa vau iā ʻoe, nō te mea ʻua tauturu ʻoe iāʻu. Even though I would like to do it, I couldn't (literally: it would not be finished), because I don't have the time. Noaʻtu tōʻu hinaʻaro ia nā reira, eʻita e oti iāʻu, nō te mea ʻaita tāʻu e taime (or:) nō te taime ʻore. I did it ~ I love her. ʻUa rave au nā roto ʻi tōʻu here ʻiāna. Father, forgive them [their sins], ~ they know not what they do. E tāʻu Metua, e faʻaʻore mai i tā rātou hara, ʻaore hoʻi i ʻite i tā rātou e rave nei. ~ dust thou art, and unto dust shalt thou return. E repo hoʻi ʻoe, ʻē e hoʻi faʻahou atu ā ʻoe i te repo.

for, because of, due to nō I am grateful to you ~ your great kindness. 'Ua māuruuru vau iā 'oe nō tō 'oe maita'i.

for a time of ..., during ... i roto i te ārea o ...

for, for what purpose eaha What did you come ~? Eaha tā 'oe i haere mai ai?

for (construction implying a time elapsing since) We have been here ~ twelve days (literally: It is ten days since we arrived.) Hō'ē-'ahuru-mā-piti mahana a'e nei tō māua taera'a mai.

for fear that, lest 'ia 'ore, 'ia 'ore ra ~ he steal again 'ia 'ore 'ōna e 'eiā fa'ahou

as for, but as for, let us consider, to get back to 'āre'a, 'āre'a rā As ~ that woman, she is very beautiful. 'Āre'a terā vahine, nehenehe roa 'ōna. As ~ the tourists, they want to leave on the scheduled day. 'Āre'a te mau rātere, te hina'aro ra ia rātou e reva i te mahana i parauhia.

as for, but as for, to get back to, let us consider 'āre'a, 'āre'a rā ~ the tourists, they want to leave on the scheduled day. 'Āre'a i te mau rātere, te hina'aro ra ia rātou e reva i te mahana i parauhia.

forbear, bear with patience or **fortitude** fa'a'oromai

forbearance, patience fa'a'orom'a'i, fa'a'oroma'ira'a

forbid, prevent access to, interdict, prohibit, (also:) **close** 'ōpani

forbid, stop, hinder, withhold, hold back tāpe'a Suffer the little children to come unto me, and ~ them not; for such is the kingdom of God. 'A tu'u mai i te tamari'i ri'i 'ia haere noa mai ia'u nei, 'ē 'eiaha e tāpe'ahia'tu; mai iā rātou ho'i tō te patireia o te Atua ra.

forbidden, prohibited, access prevented, (also:) **closed** 'ōpanihia It is ~ to enter. 'Ua 'ōpanihia 'ia tomo. (or:) 'Ua 'ōpanihia te tomora'a. It is ~ to dive (for mother-of-pearl) with a diving suit (or helmet). 'Ua 'ōpanihia te hopu 'ōpūpū.

forbidden, sacred, taboo tapu

forbidden (construction with:) 'Eiaha ... (Do not ...) It is ~ to smoke in this place. 'Eiaha e puhipuhi i te 'ava'ava!

force, strength, power pūai

force (of wind or sea), **violence, severity,** (also:) **harshness** 'ū'ana In fact, he has judged with the full ~ of the French law. E ha'avāhia ho'i 'ōna mā te 'ū'ana-ato'ara'a o te ture farāni.

force, constrain, tyrannize fa'ahepo

force, strengthen, reinforce, accelerate ha'apūai

force, use exertion, make a strong effort fa'auana

force (as in opening a locked door or a lid of a trunk), **wrench** rore

force, break open pana Someone has broken open the padlock. 'Ua panahia te pōnao.

force something **into, insert, make place for in** fa'aō

forced, involuntary fa'ahepo(hia)

unforced, voluntary fa'ahepo 'ore

forceful, energetic, hard-working, industrious itoito

forceful, strong, powerful pūai How powerful is that engine? Eaha te pūai o terā mātini?

forceful (of wind or sea), **violent, severe,** (also:) **harsh** 'ū'ana

ford, river crossing, shallow place, shallows pāpa'u **fore, front, bow** (of vessel) mua

forecast, foresee mana'o nā mua, feruri nā mua

forecast, predict tohu, tohutohu

forecast, predict (in meteorology) mito

forecast, prediction 'ite āteara'a, tohu meteorological **forecast** mitora'a mēteō

forecastle, fo'c'sle, forepart of a ship muara'a, muara'a o te pahī

forehead rae He has wide ~. E rae pārahurahu tōna. His ~ is very hot, he has a fever. E mea ve'ave'a roa tōna rae,

e fīva tōna
foreign, (also:) **different, strange, odd, unusual** 'ē, 'e'ē, 'ē'ē
foreigner, tourist, traveler, visitor rātere, rātere 'ē
foreigner, white person popa'ā (before the white men arrived the word popa'ā was applied to the people of the Tuamotus)
foreigner, stranger, foreign person ta'ata 'ē
foreigners (as a category), **strangers** te feiā 'ē'ē
foreman, (also:) **boatswain** ra'atira paraparau
foresail (on the foremast) 'ie rōpū
foresail (on the forestay), **jib** 'ie fē'ao, fē'ao
fore-topmast staysail fotetara
foresake, relinquish, give up fa'aru'e
foresight, forethought, anticipation ara māitera'a
foresightful, provident, anticipating, thinking ahead mana'o ātea, mana'o nā mua, feruri nā mua
foresightful, provident, watchful, vigilant, wary, on one's guard ara
foreskin te 'iri i mua i te tino And ye shall circumsize the flesh of your ~. O te 'iri i mua ra tā 'outou e peritome i tō 'outou na tino.
pull back the **foreskin** tītoi
forest, jungle, grove ururā'au
forest, thicket of wood or **coral** uru
fore(topmast) staysail fotetara
forever, eternally, always 'āmuri noa'tu, 'ā muri noa atu From now on and ~ more. Mai teie nei, 'ē 'ā muri noa atu. (at the end of a letter:) Written by your friend always, Steven . Pāpa'ihia (e) tō 'oe hoa 'āmuri noa'tu, ('o) Tīvini.
foreword, forepart muara'a
foreword, introduction (to a book) ha'amatara'a
forfeit, penalty fa'aru'e hōno'a
forge tupa'i, tupa'i 'āuri

forget, leave behind, lose ha'amo'e, mo'e iā ..., mo'ehia iā ... I forgot my eyeglasses here yesterday. 'Ua ha'amo'e au i tō'u titi'a mata iō nei inānahi ra. (or:) 'Ua mo'ehia ia'u tō'u titi'a mata iō nei inānahi ra. I will never ~ you. E'ita roa atu 'oe e mo'e iā'u. (or:) E 'ore roa atu 'oe e mo'e iā'u. I am very sorry that I forgot to pay you for the Tahitian language lesson yesterday. 'Ua pe'ape'a roa vau nō te mea 'ua mo'ehia iā'u te 'aufau atu iā 'oe nō te ha'api'ira'a reo tahiti inānahi ra. The old legends are forgotten. 'Ua ha'amo'ehia te mau parau tahito.
Forget it! No problem. It doesn't matter. Nothing to worry about. 'Aita pe'ape'a.
forgivable, pardonable au 'ia fa'a'orehia
forgive, delete, cancel fa'a'ore ~ my mistake. 'A fa'a'ore mai tō'u hape. ~ us our sins, as we also ~ those who have sinned against us. E fa'a'ore mai i tā mātou hara, mai iā mātou ato'a e fa'a'ore i tei hara iā mātou nei. For if ye ~ men their trespasses, your heavenly Father will also forgive you. 'Ia fa'a'ore ho'i 'outou i tā vetahi 'ē ra hapa, e fa'a'ore ato'a mai tō 'outou Metua i te ao ra i tā 'outou.
unwilling to **forgive** and forget, **holding on to grudges, vindictive** tāmau i te 'ino'ino
be **forgiven** matara i te hara, matara And now I will go up unto the Lord; peradventure I shall make an atonement for your sin. 'Ē teie nei e haere au i ni'a iā Iehova ra; pēneia'e 'o te matara tā 'outou hara iā'u.
forgotten, overlooked, left behind, lost mo'e, aramo'e, aramoi'a, moi'a (the last three are seldom used today) I have ~ the plane ticket. 'Ua mo'e iā'u te tīteti manureva. I have completely ~ your name. 'Ua mo'e roa iā'u tō 'oe io'a. I forgot to give him the money. 'Ua mo'e iā'u te hōro'a i te moni iāna.
fork pātia, pātia mā'a

fork of a road, (also:) **crossroads** ma'ara'a purōmu
forked (of roads) ma'a The road is ~. 'Ua ma'a te purōmu.
forklift pereo'o pātia
form, shape, image, appearance hoho'a
form, make or **shape something** hāmani
form a plan, decide (on) 'opua
form a unit, join together, unite, 'ati Eno and Fīfī were joined in marriage last year. 'Ua 'atihia Eno rāua o Fīfī e te ha'aipoipora'a i te matahiti i ma'iri a'e nei.
formerly i te tau i ma'iri, i te tau mātamua, i mātamua
fornicate, commit adultery fa'aturi
fornication, (also:) **prostitution** poreneia For from within, out of the heart of men, proceed evil thoughts, adulteries, ~s, murders, ... Nō roto mai ho'i i te 'ā'au ta'ata te mana'o 'ino, te fa'aturi, te poreneia, te taparahi ta'ata, ...
forsake, abandon, desert, leave behind fa'aru'e, tāiva
forsake, leave or **throw aside** ha'apae
fort, fortress, fortification, (also:) **rampart** pā
fort, place of refuge pare *(archaic)*
forth atu go ~ haere atu
and so forth, et cetera, and so on 'ē tē vai atu ra, 'ē tē vai atu ā
fortunate, lucky, successful manuia
fortunately, thanks to + substantive au a'e, 'aua'e, 'aua'a Thanks to you I succeeded. 'Aua'a 'oe i manuia au.
fortunately, thanks to the fact that ... maori, maoti Thanks to the fact that you helped me, I arrived in time. Maori 'oe i tauturu iā'u, i tae atu vau i te taime ti'a.
fortune, luck, success manuia
fortune, wealth, possessions faufa'a
good fortune, fortunate happenstance, luck, serendipity fāna'o, fāna'ora'a
forty maha 'ahuru
forward(s), onward ei mua, i mua go ~ haere i mua
forward (things), **send, mail, post** hāpono, hāpono fa'ahou I will ~ that new dictionary to you. E hāpono vau i terā puta fa'atoro reo 'āpī iā 'oe.
forwarding (mail) hāpono-fa'ahou-ra'a
foster, act as foster or **feeding parent to** fa'a'amu
foster child(ren) tamari'i fa'a'amu
foster daughter tamahine fa'a'amu
foster father pāpā fa'a'amu, metua tāne fa'a'amu
foster mother māmā fa'a'amu, metua vahine fa'a'amu
foster or **feeding parent** metua fa'a'amu
foster son tamaiti fa'a'amu
foul, bad-smelling, acrid (as of urine) veoveo
foul, bad-smelling, (also:) **dirty** piro, piropiro He has bad breath. E vaha piropiro tōna.
foul, decayed, rotten pē
foul, disgusting, repugnant (also:) **base, debased** faufau
foul, rotten (egg) fa'aero
foul, starting to rot or **spoil** (especially fish) rarerare
foul, starting to rot or **spoil** (fruits and vegetables) 'ōpē
foul, stinking (especially from rottenness or decomposition) ne'one'o A dead rat has a ~ smell. E mea ne'one'o te 'iore pohe.
fouled, snagged tārava ~ anchor cable taura tūtau tārava
foul-mouthed vaha 'ino, vaha repo ~ person ta'ata vaha 'ino
found, discovered, located 'itehia, 'itea (little used today)
found, create, bring into being fa'atupu, ha'atupu
found, establish fa'atumu
found, institute fa'ati'a
found, lay a foundation ha'atumu
foundation, base, basis, cause tumu concrete or stone **foundation** or base of a

wall or a building niu
foundation, platform, pavement of stones pa'epa'e
founder, sink, go down tomo
fountain fa'atahera'a pape
fountain(head), spring piha'a pape, piha'a
fountain pen pēni tuira, tuira This is my ~. Tā'u tuira teie. Your ~ is out of ink. 'Ua pau te 'inita iroto i tā 'oe pēni tuira.
four maha (note that mā'a means food), fā (archaic, but still used by musicians in counting one, two, three four: tahi, piti, toru, fā), hā *(archaic)* on Thursday (the ~th day of the week) or Saturday (literally: "food day," the day on which food was prepared for the Sabbath [on which no work was allowed by the missionaries]) i te mahana maha e a'ore rā i te mahana mā'a ~-masted sailing ship pahī tā'ie e maha tira Many people use (literally: take) their vacation (literally: vacation days) to travel to the ~ corners of the world. E mea rahi te ta'ata e rave ai i tā rātou mau mahana fa'afa'aeara'a nō te reva haere i nā poro e maha o te ao nei.
group of **four** to'omaha, to'omahā Four of them went to the meeting. To'omaha rātou i te haerera'a i te 'āmuira'a.
four-hour watch on a ship uāti
fourteen 'ahuru-mā-maha
fourth (in order) te mahā, 'o te mahā, a mahā, (or: construction with -ra'a) the ~ person te mahā o te ta'ata This is our ~ trip (here) to Tahiti. Teie te mahāra'a o tō māua tere i Tahiti nei.
a **fourth** or a **quarter** of ... te hō'ē o te mahā tuha'a (o) ...
fowl moa (chicken; or the words for specific birds: mo'orā, etc.)
fracas. uproar, roar, blast haruru
fraction tuha'a
numerical **fraction** nūmera ma te tuha'a
fragile, easily crumbled marū
Fragraea berteriana (a tree with fragrant flowers) pua
fragrance, scent, very pleasant odor no'ano'a Its ~ is carried here by the mountain wind. Nā te hupe e ta'ita'i mai tōna no'ano'a.
fragrant, sweet-smelling, (wonderfully) fragrant, (also:) **savorous, delicious** no'ano'a The Tahitian gardenia smells wonderful. Tē hau'a no'ano'a ra te Tiare Tahiti.
frame of boat, **ribs** o'a
frame of house te mau rā'au tāpo'i fare
picture **frame** (There is of course no original Tahitian word for frame in this sense, but an example of a construction that can be used would be mea 'āuahia i te 'iri:) There are pictures that are hung on the walls [and] enclosed by slats of shining gold. E mau hoho'a pēni tei fa'atautauhia i ni'a i te mau papa'i, mea 'āuahia i te 'iri 'ana'ana pirū,
frame, enclose, fence (in) 'āua
framed 'āuahia i te 'iri
franc toata (from quarter [of a dollar]; seldom used today, because most prices are rounded off to the nearest five francs), farāne, farāni

(If you plan to use Tahitian when shopping or otherwise dealing with money matters, it would be well to study the section below:)

five **francs** hō'ē tārā, tārā (stemming from the word "dollar" which [very long ago] used to be worth five francs; if you ask for the price of something in Tahitian, you will most likely be given an answer using tārā instead of farani [franc] which is one fifth of a tārā, so you have to learn to multiply the price stated in tārā by five in order to translate the amount to francs:)
1 franc = 1 (hō'ē) toata (or:) 1 farāne (farāni)
5 francs = 1 (hō'ē) tārā
10 francs = 2 (e piti) tārā
25 francs = 5 (e pae) tārā

33 francs = 6 (e ono) tārā 'ē 3 (e toru) toata
50 francs = 10 ('ahuru) tārā
89 francs = 17 ('ahuru-mā-hitu) tārā 'ē 4 (e maha) toata
100 francs = 20 (piti-'ahuru) tārā
The salesman made a profit of fifteen francs on each can of beef. 'Ua 'āpī te ta'ata ho'o e toru tārā i ni'a i te hō'ē punu pua'atoro. What is the price of this shirt? - Two-thousand francs (= four-hundred tārā). Ehia (Efea) moni nō teie 'a'ahu 'o'omo? - E maha hānere tārā. How much does that dress cost? - Three-thousand-one-hundred-and-twenty-five francs (= six-hundred-and-twenty-five tārā). Efea (Ehia) moni nō terā 'ahu vahine? - Ono-hānere-'ēpiti-'ahuru-mā-hō'ē tārā.

half-franc, fifty centimes, ten sous raera (from the Spanish coin real), pae-'ahuru tenetima, hō'ē-'ahuru pene

France farāni, fenua farāni

frangipani, jasmin, Plumeria alba tīpaniē

frank, candid, honest parau ti'a, mana'o ti'a

frankly, candidly, openly, squarely hua Tell me ~ what you think. 'A fa'a'ite (or: 'A parau) hua 'oe i tō 'oe mana'o.

fraternize, consider each other as brothers fa'ataea'e

fraud, action committed in bad faith ninī ture

fraud, deceit 'ohipa ha'avare, rāve'a ha'avare

fraud, dissimulation ravera'a huna

remove or **take by fraud** or **in secret** rave huna

freckle(d) patapata ~d skin 'iri patapata

free, independent, at liberty ti'amā

free, at no cost, gratis moni 'ore

free, unoccupied, (also:) **vacant, empty, unobstructed** vata, vatavata I can't go there, because I am not ~ (I am occupied). E'ita vau e tae, e'ita ho'i au e vata. The road is ~ (unobstructed). 'Ua vata te purōmu.

free of, without 'ore He that is without sin among you, let him cast the first stone at her! Nā te ta'ata hara 'ore i roto iā 'outou na e tāora'tu na i te 'ōfa'i mātāmua iāna!

free, let go, release, (also:) **dismiss** tu'u, tu'utu'u Suffer the little children to come unto me, and forbid them not; for such is the kingdom of God. 'A tu'u mai i te tamari'i ri'i 'ia haere noa mai iā'u nei, 'ē 'eiaha e tāpe'ahia'tu; mai iā rātou ho'i tō te patireia o te Atua ra.

free, let loose, (also:) **save** fa'aora

free, liberate, set free, release from bondage fa'ati'amā You shall know the truth and the truth shall make you free. E 'ite ia 'outou i te parau mau, 'ē nā te parau mau 'outou e fa'ati'amā.

free, set free, deliver, (also:) **unloosen, untie** tātara

freedom, liberty, indpendence ti'amāra'a, ti'amā In memory of the heroes of Fa'a'a who died in 1844 during the battles against the French soldiers (while) defending their land and their ~ (independence). Nō te ha'amana'ora'a i te mau 'aito nō Fa'a'a, o tei mate i te matahiti hō'ē-tautini-e-va'uhānere-e-maha-'ahuru-mā-maha nā roto i tō rātou arora'a i te mau fa'ehau farāni nō te pāruru i tō rātou fenua e i tō rātou ti'amāra'a (from a memorial plaque in Fa'a'a). Pouvāna'a O'opa was a man of honor who loved ~ (literally: Pouvāna'a a O'opa had a heart which loved the concept of ~ and honor). E 'ā'au here i te ferurira'a ti'amā e te fa'atura tō Pouvāna'a a O'opa.

freeload, "borrow" (often without any intention to pay back), **sponge on people, mooch** tīpe'e He ~s on people (lives a parasitic life). E orara'a tīpe'e tōna.

freeloader   **friend**

freeloader, incessant "borrower" (often withouth any intention to pay back), **person sponging on people, moocher** taʻata tīpeʻe   I am fed up with that ~. ʻUa fiu roa vau i terā taʻata tīpeʻe.

freeloader, moocher, person sponging on people taʻata tīpeʻe   I am fed up with that ~. ʻUa fiu roa vau i terā taʻata tīpeʻe.

freestate, independent state hau tiʻamā

freeze, be very cold toʻetoʻe roa

freeze, make something frozen faʻapaʻari i te toʻetoʻe

Fregata minor palmerstoni, frigate bird, man-of-war bird ʻōtaha

freight (on airplane) te mau taoʻa o te manureva

freight (on ship), **goods** te mau taoʻa o te pahī

cost of **freight** fereti, moni taime nō te utaraʻa

freighter, cargo ship, merchant ship pahī hoʻo taoʻa, pahī taoʻa

French farāni   In memory of the heroes of Faʻaʻa who died in 1844 during the battles against the ~ soldiers (while) defending their land and their independence. Nō te haʻamanaʻoraʻa i te mau ʻaito nō Faʻaʻa, o tei mate i te matahiti hōʻē-tautini-e-vaʻu-hānere-e- maha-ʻahurumā-maha nā roto i tō rātou aroraʻa i te mau faʻehau farāni nō te pāruru i tō rātou fenua e i tō rātou tiʻamāraʻa. (from a plaque in Faʻaʻa)   Pouvānaʻa a ʻOʻopa's intelligence exceeded that of the ~ politicians. ʻUa hau aʻe te māramārama o Pouvānaʻa a ʻOʻopa i tō te feiā poritita (or: feiā tōroʻa) farāni.

Frenchman taʻata farāni, farāni   After the September 1958 referendum the French(men) held Pouvānaʻa a Oʻopa in a government prison for 12 years. I muri aʻe i te uiuiraʻa manaʻo nō tetepa i te matahiti hōʻē-tautini-ʻē-ivahānere-ʻē-pae-ʻahuru-mā-vaʻu ʻua haʻamau o farāni iā Pouvānaʻa a Oʻopa i te ʻāuri i te hau metua nō hōʻē-ʻahuru-mā-piti matahiti te maoro.

frequency (in science: cycles per second) pehotētoni

frequent(ly), often pinepine   We (all) ~ly talk about you. E mea pinepine tā mātou parauparauraʻa nō ʻoe.   I come here ~ly. E haere pinepine mai au iōnei.   I really like her ~ visits (coming ~ly) to the house. E mea au roa nāʻu tōna haere-pinepine-raʻa mai i te fare.   He ~ly fails to appear at his work. ʻUa maʻiri pinepine ʻōna i tāna ʻohipa.

fresh, cool, refreshing haumārū, pūtoʻetoʻe   This day is nice and cool. E mea haumārū teie mahana.

fresh, new, young ʻāpī   ~ butter pata ʻāpī   the young people te feiā ʻāpī

fresh, sweet, non-irritating to the palate māʻaro

fresh water pape, vai (seldom used today, except in combinations)   The (~) shrimp fishing season has opened. ʻUa ʻāvari te pātiaraʻa ʻōura pape.

fresh or **soft** or **sweet-tasting water** pape māʻaro

fret (especially children and old people), **whine** haʻapahi

fret, worry peʻapeʻa

Freycinetia demissa (a **plant** with wicker-like roots used for weaving baskets) ʻieʻie

Friday mahana pae, fairairē (especially when referring to a religious ceremonial) Good **Friday**, Holy **Friday** farairē ʻōroʻa

fried farai, faraihia

friend, companion tauʻa   Henceforth I call you not servants; for the servant knoweth not what his lord doeth: but I have called you ~s. Eʻita atura vau e parau atu iā ʻoutou ē, e tāvini; ʻaore hoʻi te tāvini i ʻite i tā tōna ra fatu e rave ra; ʻua parau rā vau iā ʻoutou ē, e tauʻa.

friend, mate, buddy hoa, hoa au, taio (archaic, but used when the first popaʻās [white men] arrived in Tahiti; you can hear

friends ... the word many times in the 1935 film Mutiny on the Bounty) You are my ~. Tō'u hoa ('o) 'oe. (When you consider the meaning of friend, please keep in mind that the vast majority of Polynesians, including Tahitians, are exceedingly and incredibly generous, but they also expect - as indeed they well should - that you will eventually be willing to reciprocate, not with money which could be a real insult, but with equivalent gifts and/or services.)

close **friend, real buddy, sidekick** hoa rahi

loyal **friend** hoa 'ā'au mahorahora, hoa ha'avare 'ore

romantically intimate **friend, lover** hoa hererahi-hia, hoa here

My **friend!** Tō'u tāua!

friends hōmā (= hoa mā), e hōmā

My **friends!** Te mau hoa! (Tō'u mau hoa is grammatically correct, but not idiomatic when addressing friends, as in a speech or letter.) Come, (my) ~! Haere mai, te mau hoa! My ~, greetings on (the occasion of) our meeting again! Te mau hoa, 'iaorana tātou i te fārerei-fa'ahoura'a!

Oh, **friends!** E hōmā ē! Te mau hōmā ē!

make **friends** fa'atāua

to be **friends** hoa

friendship hoara'a

establishment of (inseparable) **friendship** fa'ahoara'a

frigate pahī nana'i (pupuhi) piti

frigate bird, man-of-war bird, Fregata minor palmerstoni 'ōtaha

frighten, scare, instill fear or disgust fa'amata'u, ha'amata'u, fa'ari'ari'a

frighten, terrify ha'amehameha

frightened, afraid mata'u, ri'ari'a, ataata I am ~ of him. 'Ua mata'u vau iāna. I am ~ of spiders. 'Ua ri'ari'a vau i te mau tūtūrahonui. She was very ~ by the sound of the gun. 'Ua ri'ari'a roa 'ōna i te haruru o te pupuhi. I am not afraid of flying. 'Aita vau e ataata i te tere nā ni'a i te manureva. Fear not; for behold, I bring you good news of a great joy which will come to all the people. 'Eiaha e mata'u 'inaha ho'i e parau maita'i ta'u e hōpoi mai ia 'outou nei, o te riro ia ei 'oa'oara'a nō te ta'ata ato'a.

frightened, terrified, struck by fear mehameha She is ~ of flying (traveling by plane). Tē mehameha nei 'ōna i te tere nā ni'a i te manureva. I am ~ out of my wits by sharks. 'Ua mehameha roa vau i te mau ma'o.

easily **frightened** mehameha hānoa easily ~ person ta'ata mehameha hānoa

frightening, fearsome (e) mea ri'ari'a, (e) mea ri'ari'a roa Something ~ happened last week. E hō'ē mea ri'ari'a roa i tupu i te hō'ē hepetoma i ma'iri a'e nei.

frightening, terrifying, frightful, dreadful (e) mea mehameha

fringe(d) pūeueu, pūveuveu

frizzy, curly, curled 'ōmi'imi'i. 'ōfirifiri

frizzy, kinky pōtītī

frog mo'o popa'a, mo'o pape

from (originally) nō ... mai ~ where? (originally) nō hea mai? Where are you ~? Nō hea mai 'oe? There are many tourists ~ the United States. E raverahi mau rātere nō te fenua marite mai. I come ~ Rarotonga (am a Rarotongan). Nō Raroto'a mai au. For ~ within, out of the heart of men, proceed evil thoughts. Nō roto mai ho'i i te 'ā'au ta'ata te mana'o 'ino.

from (presently) mai ... mai He has arrived here ~ the United States. 'Ua tae mai 'ōna mai te fenua marite mai. I just came ~ Rarotonga. Mai Raroto'a mai au. I just came ~ the hospital. Mai te fare ma'i mai au. When he came back ~ the war, he had many wounds. I tōna ho'ira'a mai mai te tama'i mai, e mea rahi tōna puta.

from

from (time) mai ~ this day on mai teie atu mahana
from, as a result of i The copra was wet ~ the rain. 'Ua rari te pūhā i te ua.
from, since, starting with ... i te taera'a i te ...
from inside nā roto, mai roto mai I awakened with a start ~ from my dream. 'Ua hitimahuta vau nā roto i tā'u moemoeā.
from ... to ... mai ... e tae noa'tu i ..., mai ... e tae roa mai ai i ... from seven o'clock to twelve o'clock mai hora hitu e tae noa'tu i hora 'ahuru-mā-piti (vernacular:) mai hora hitu haere i 'ahuru-mā-piti from that time (period previously referred to) until the present day mai taua tau ra e tae roa mai ai i teie mahana
from time to time i te tahi mau taime
from where? (originally) nō hea mai?
from where? (presently) mai hea mai?
coconut **frond** nī'au
coconut **frond matting** (made from the yellowish matter attached to the bark under the bottom of the stalk of a large coconut frond) a'a
cover a house with pandanus or coconut **fronds, thatch** ato, atoato
front (of a person), **face, presence** aro in ~ of the judge i mua i te aro o te ha'avā Thou preperest a table before me in the presence of my enemies. 'Ua fa'anahonaho 'oe i te tahi 'amura'amā'a nā'u i mua i te aro o tā'u mau 'enemi.
front, front side, forepart mua, muara'a Look to the ~! 'A hi'o i mua! The ~ of the house is facing the sea. E mea fāriu te muara'a fare i te pae miti.
front *(meteorology)* aro
in **front** of ..., at the **front** of ... i mua i ..., i mua iā ..., nā mua i ..., i mua mai i ... the car in ~ of us te pereo'o i mua iā tātou Moari'i is coming into the house through the ~ door (literally: the ~ way). E haere mai o Moari'i nā mua mai i te fare. The car is in ~ of the post office. Tei mua mai te pereo'o i te fare rata.
just in **front** of i mua noa a'e
to the **front** i mua
front door tō mua 'ōpani
frontier, border, boundary, limit(s) 'ōti'a, 'ōti'a fenua
froth, foam, suds hu'a (be careful with pronunciation: hua means vulva)
frown *n & v*, **scowl, grimace** tu'atu'a (i te mata), fa'atu'atu'a (i te mata) a ~ing face (e) mata tu'atu'a
frozen pa'ari i te to'eto'e The water has ~ to ice. Tei pa'ari te pape i te to'eto'e.
fructify, bear or **produce fruit** hotu
frugal, economical ha'aputu (i te moni) He is a ~ person. E ta'ata ha'aputu (i te moni) 'ōna.
frugal, stingy 'ōpiripiri, piripiri, hōro'a 'ino
fruit hotu, mā'a hotu ~ juice vaiharo mā'a hotu But other [seeds] fell into good ground, and brought forth ~. Ma'iri ihora vetahi i te vāhi repo maita'i, tupu a'era hotu ihora.
fruit, product, result hotu
cause to bear **fruit, inseminate, impregnate, fertilize** fa'ahotu
core or pit or stone of **fruit** (general) huero, huoro
core or pit or stone of **fruit** (breadfruit) hune
core or pit or stone of **fruit** (breadfruit or mango) hītoatoa, hītotoa
core or pit or stone of **fruit** (mango) tu'e
fruition hotura'a
frustrate someone's expectation of (usually when speaking of inheritance), **deprive of** fa'a'ere
frustrated fa'a'erehia
frustration (especially due to the loss of a right or function) fa'a'erera'a
fry of fish of the Mugilidae family (mullet) 'orie

fry

fry of mullet (Crenimugil orenilabis) 'orie (seldom offered in restaurants, but very delicious)

fry of young fish of the Chanidae family 'ōma'a (be careful with pronunciation: 'ōmaha means urine or urinate)

fry, prepare food by frying farai, faraipāni Do you want fried fish or raw fish? E hina'aro ānei 'oe i te i'a faraipāni, e 'aore ra i te i'a ota?

frying pan faraipāni Turn the fish over in the ~! 'A pana i te i'a i roto i te faraipāni.

fuck (animals), **copulate** pupa

fuck (people), **screw** repo, reporepo

fuel (general) te mea e 'ama

fuel, coal, charcoal mōrī 'ārahu

fuel, firewood vahie

fuel, gasoline, petrol, kerosene mōrī pereo'o, mōrī Would you please fill up my tank with ~? E nehenehe ānei tā 'oe e fa'aī i tā'u tura i te mōrī pereo'o (or: gasoline)? His car uses a lot of ~. E pereo'o 'amu roa tōna i te mōrī.

fuel oil, coal oil, petroleum mōrī 'ārahu

fuel oil, diesel oil mōrī hinu, hinu

fugue, fugue state horotāpuni (literally: running to hide), tāpuni

fulfill, bring into being, realize fa'atupu

fulfill, cause to become fa'ariro

fulfill, fill ha'a'ī

fulfill, give satisfaction ho'ona

fulfilled, assuaged, relieved māha My desire(s) has (have) been ~. 'Ua māha tō'u hina'aro.

(be) **full**, (be) **filled** 'ī The bottle is ~ of white wine. 'Ua 'ī te mōhina i te uaina 'uo'uo. My cup runneth over (literally: is full). Tē 'ī nei tā'u āu'a. The ship was ~ of cockroaches and copra bugs. 'Ua ī roa te pahī i te popoti 'ē te mau manumanu pūhā.

full, fully occupied, chock-full (an area or a room or a container, for example), **crammed** api, apiapi (note that 'āpī means new) When the Fête arrives, the bay is ~ of yachts. 'Ia tae i te Tiurai, e api te 'ō'o'a i te iāti.

full, overflowing api roa The church is ~ to overflowing at the Easter service. 'Ua api roa te fare pure i te ta'ata i te purera'a 'ōro'a pāta.

full, sated, having had enough to eat pa'ia (be careful with your pronunciation since pā'i'a means homosexual or sodomy)

full of holes (as a bad road or a cheese), **riddled with holes** 'āpo'opo'o

full of holes (which go all the way through) putaputa

full of joy pōpou, poupou My heart is ~ of joy. 'Ua pōpou tō'u 'ā'au.

full moon 'atira'a 'āvae

sail **full and by** (closehauled, close to the wind) fa'atīara, tāpiri

fullness 'īra'a

fully, completely maita'i My sleep has ~ refreshed me. 'Ua a'a maita'i tō'u ta'oto.

be **fully familiar with, know very well** ta'a I am ~ driving a car. 'Ua ta'a iā'u i te fa'ahoro pereo'o uira.

fulsome, bad 'ino

fulsome, bad-smelling, foul-smelling piropiro

fulsome, (morally) base, debased, repugnant faufau pornographic book puta faufau

fulsome, lascivious, lewd, obscene, without shame ti'a'ā pornographic picture hoho'a ti'a'ā

fulsome, filthy, stinking veruveru, ve'uve'u

fulsome, malodorous, foul ne'one'o

fulsome, obscene, lewd, offensive, without shame tia'ā

fun, amusing 'ārearea

fun, amusement, merriment 'āreareara'a, 'ārearea

have **fun, amuse oneself** 'ārearea I really had a lot of ~ at the Fête. 'Ua 'ārearea maita'i au i te Tiurai.

have **fun, play** ha'uti
have or make **fun by joking, joke, kid** hō'ata, parau ha'uti
make **fun, cause to have fun, amuse, entertain** fa'a'ārearea
make **fun of, laugh at, deride, provoke** fa'aipaupau
make **fun of, laugh at despisingly, mock, ridicule** tāhitohito
make **fun of, mock** fa'a'ō'ō
make **fun of, tease, kid** 'a'a, hāhara ma'au, fa'ahara ma'au
make **fun of, tease, play tricks on** ha'uti I was just teasing you. Tē ha'uti ra vau iā 'oe.
function, business 'ohipa
function, office, duty, job, position tōro'a
function, operation terera'a
function, operate, run tere My engine won't run any more. E'ita tā'u mātini e tere fa'ahou.
fund 'āfata moni, 'āfata — paupers' aid ~ 'āfata veve
fundamental, principal, basic, essential, underlying, original, causal tumu
the **fundamental** or **basic point** or **reason, the material** or **essential point** te tumu
funds, money moni Do you have sufficient ~ to go to America? 'Ua nava'i ānei 'oe i te moni nō te haere i te fenua marite?
funeral, burial, interment (preferred:) hunara'a ma'i, hunara'a, (also used:) tanura'a ma'i
funeral, burial, interment hunara'a (euphemism and preferred for human beings), hunara'a ma'i, (also used:) tanura'a, tanura'a ma'i
fungus, an edible **mushroom** tari'a 'iore
fungus (which causes a dermatological disease characterised by white spots on the skin), **mycosis** (the dermatological disease caused by this fungus) tane
funnel tītō

funny 'ata'ata
funny, amusing (e) mea 'ārearea I'd like to tell you something very ~. Tē hina'aro nei au e fa'a'ite iā 'oe i te hō'ē mea 'ārearea roa.
funny, strange 'ē, (e) mea 'ē, ta'a'ē
fur, (also:) **feather** huruhuru
furl a sail, lash or **roll up** viri
furnish (arrange a room) fa'anahonaho (i te piha)
furniture te mau tauiha'a fare
piece of **furniture** tauiha'a fare
further, farther, beyond, (also:) **on the other side of** (i) piha'i atu And the angel of the Lord went ~, and stood in a narrow place, where [there] was no way to turn either to the right hand or to the left. Haere atura te melahi (pronounced mērahi) a Iehova i piha'i atu, ti'a ihora i te [hō'ē] vāhi piri, 'aita e 'ōpa'ira'a tō te pae 'atau 'ē tō te pae 'aui.
further, still, more, more and more ā, noa ā He keeps on reading (is reading ~). Tē tai'o noa ā 'ōna. He is still sleeping. Tē ta'oto noa nei ā 'ōna.
furtive(ly), sneaky, sneakily huna He went there ~ly. 'Ua haere huna noa 'ōna iō.
future te tau ā muri nei
future (tense) tauāmuri

gaff (hook at end of pole, used in fishing) tārau
gag, joke, jest parau ha'uti
gain faufa'a
gain, achievement of an act or a project, **completion, closure, finish** fa'a'otira'a
gain, achievement, success manuia
gain, profit 'āpī
gain, achieve, accomplish, complete, finish fa'aoti
gain, achieve, get (actually having "gotten" with effort involved), **have succeeded in obtaining** roa'a   I got my driver's licence. 'Ua roa'a tā'u parau fa'ati'a nō te fa'ahoro i te pereo'o.
gain, achieve, succeed with manuia
gain weight, become or **get fat** poria   I ~ed a lot of weight last year. 'Ua poria roa vau i te matahiti i ma'iri a'e nei.
gale, storm vero   The ship left in spite of the ~. 'Ua reva te pahī noa atu te vero.
gall, (also:) **spleen** au
galley piha tūtu i ni'a i te pahī
galley worm veri tinitō, viri tinitō
gallon tārani
gallop horo tāo'a
Gambiers, Gambier island group Ma'arevamā   A comparatively small island group between the Australs and Pitcairn islands the Gambiers consist of ten rocky, but beautiful islands encircled on three sides by a common reef. The largest is Mangareva where the "capital" Rikitea is located. The Gambiers owe their fame to two tragic circumstances. The first was the (37-year) dictatorship in the middle of the 1800's by the sadistic French priest, Father Laval, who virtually murdered thousands of the islanders in forced labor, forcing them to build the huge cathedral which still stands in Rikitea as a reminder of man's inhumanity to man. All in all, during his ruthless "reign," the population of the Gambiers dropped from 9,000 to 500. Still today, the Gambiers have only slightly over 1,000 inhabitants. The second tragedy was the islands' proximity to Mururoa and Fangatau where the infamous atomic explosions were conducted by the French rulers for many years.
gamble, game of chance perē 'āpī
game, match, trick perēra'a
game, playing ha'utira'a
social **game** perē
game of chance, gamble perē 'āpī
game of checkers perē fa'anu'u, perē fānu'u
game of dice perē kirikiri, terero
game of marbles, pool, or billiards perē pōro
score of a **game** rahira'a tāpa'o, rahira'a re
game, lottery tāvirira'a, tāviri
word **game, play on words** ha'uti parau, ha'utira'a parau
play a word **game, play on words** ha'uti parau
(The) Pacific **Games** (Te) Heiva Tā'aro nō Pātitifa
gang, band, (also:) **troup,** (also:) **flock, herd** nana   The ~ of thieves was arrested. 'Ua tāpe'ahia te nana 'eiā.
ganglion ponapona
gangrene ma'i roherohe
gangrenous roherohe, pē, tahuti
Ganthigaster valentini, globe-fish huehue
gap, empty space, void aore
gap, hole, cavity 'āpo'o
gap in time, **interval** ārea

231

gape

gape, open one's mouth, (also:) **yawn** hāmama
gape open, be unobstructed mātahataha
gaping, ajar, widely spaced fatafata
garage, parking structure fare vaira'a pereo'o
garbage, rubbish, trash pehu
garbage collection service, sanitation department piha 'ohipa pūea
"garcon," waiter tuati
garden (Biblical) 'ō ~ of Eden 'ō i Ētene ... and Adam and his wife hid themselves from the presence of the Lord God amongst the trees of the ~. ... 'ua tāpuni ihora Atamu raua o te vahine i te aro o te Atua ra o Iehova i roto i te ururā'au o te 'ō ra.
garden, plantation fa'a'apu flower ~ fa'a'apu tiare (or:) 'āua tiare (note that 'āu'a tiare means flower bowl) vegetable ~ fa'a'apu pota (or:) 'āua pota Did you water the ~? 'Ua pīpī ānei 'oe i te 'āua tiare?
gardener ta'ata fa'a'apu tiare
gardenia, Gardenia florida and/or **Gardenia jasminoides, Cape jasmin** tiare taina, taina
gardenia, Gardenia tahitensis (the national flower of Tahiti) tiare tahiti, tiare ma'ohi, tiare mā'ohi Tahitian ~ bud 'ōmou tiare tahiti the Tahitian ~ plant te tumu tiare tahiti
garfish, trigger-fish 'ō'iri
gargle pūpūvaha, pūoro i te vaha
gargle, (also:) **rinse out** a bottle pūoro, pūorooro
gargle, make gargling noises ta'oro'oro
gargling ta'oro'oro
garland, lei, (sometimes:) **necklace** hei flower ~ hei tiare ~ made of shells hei pūpū make a ~ (by stringing flowers) tui i te hei
hang a **garland around someone's neck** fa'ahei
garlic 'oniāni piropiro (literally: foul-smelling onion)

gather

smelling like **garlic, foul-smelling** piropiro
garment, clothing, cloth 'ahu, 'a'ahu ... they shall all wax old as doth a ~. ... e marau ana'e rātou, mai te 'ahu nei.
garnet-colored, dark red (actually:) **reddishbrown-purple** hiri
garnet red parrotfish, Scarus forsteri pahoro hohoni, pahoro a'a, hō'ū
gas, mist, fog māhu (be aware that mahu means transvestite) natural ~ (as for cooking) māhu ahi
gas lantern mōrī fare
gas (storm) lantern mōrī mata'i
neon **gas** neō
gasoline, petrol mōrī pereo'o, mōrī Would you please fill up my tank with ~? E nehenehe ānei tā 'oe e fa'aī i tā'u tura i te mōrī pereo'o (or: gasoline)? His car uses a lot of ~. E pereo'o 'amu roa tōna i te mōrī.
gasoline drum or **tank** or **cistern** tura mōrī
gasp, pant, blow or **exhale with a whistling sound when surfacing after diving, be out of breath** mapu
gasp for breath, pant, be out of breath, gasp for breath (with the implication of being tired) mapumapu
gate, door 'ōpani Who opened the ~ to the yard? Nā vai i ha'amatara i te 'ōpani 'āua?
gate (as in a canal), **lock** tāmaura'a
gate-crasher, moocher, hanger-on ta'ata tārere
gateau or **cake,** sometimes **doughnut** faraoa firifiri
gather, amass ha'aputu, ha'aputuputu
gather (people), **gather together, assemble, assemble together** ruru, tairuru
gather (people), **assemble, associate** or **join together** 'āmui, 'āmuimui
gather (people, especially for the purpose of decision-making), **assemble, meet**

'āpo'o, 'āpo'opo'o
gather (people, especially parishioners), **meet** putuputu
gather, meet together
gather, pick fa'ifa'i, pāfa'i, pōfa'i, māfa'i, māfa'ifa'i
gather, pick up 'ohi
gather, pluck 'ōhiti It is only on Mount Temehani that the 'apetahi flower may be ~ed. I ni'a ana'e i te mou'a Temehani e 'ōhitihia ai te tiare 'apetahi.
gather fruit with a hook on a long pole tārou
gather or brail in a sail huhu
gather leaves pā'ato, pā'ato'ato
gather plants (for the purpose of making mono'i) putu
gather together, be gathered together, meet putuputu, puputu
gather or **pucker up cloth when sewing** huhu
gathered together puputu, putuputu
gathering or **assemblage of people** ha'aputuputura'a, rurura'a ta'ata, tairurura'a, naho'a
gathering (especially of people with similar interests), **meeting** (of club members or parishioners), **get-together,** (also:) **reunion** 'āmuira'a, 'āmuimuira'a
gathering (especially of parishioners coming together to sing religious songs and chants [hīmene tārava] and to bear witness to their faith) putuputura'a, ha'aputuputura'a
gathering (especially of people with some authority, such as a legislature or a board of directors) 'āpo'ora'a
gauge *n & v*, **measure** fāito rain ~ fāito ua With what measure ye mete, it shall be measured to you. O te fāito ho'i tā 'outou e fāito atu, o tā 'outou ā ia e noa'a mai.
gauze 'ahu varavara, 'ahu rairai
gay, happy, joyful, rejoicing 'oa'oa, pōpou
gay, having fun 'ārearea

"gay," homosexual raerae
gayety, fun 'ārearea
gayety, joyfulness pōpou
gaze at, stare at, look at steadily tūtonu, hi'o tūtonu She (literally: her eyes) ~d at me. 'Ua tūtonu mai tōna mata i ni'a iā'u.
gaze at oneself in a mirror, admire oneself hipa
gear, tools, equipment (te mau) 'ohipa I have got my fishing ~ (tackle) ready. 'Ua fa'aineine vau i tā'u mau 'ohipa tautai.
gearwheel on bicycle horora'a fifi
gecko, lizard mo'o
Gemini constellation pipiri-mā
gendarme, French policeman mūto'i farāni He constantly has trouble with the ~s. 'Ua 'ati noa 'ōna i te mau mūto'i farāni.
gendarme fish havari (note that hāvari means menstrual blood)
gender, gender appearance huru feminine ~ huru 'ōvāhine masculine ~ huru 'ōtāne
gender characteristic of a person, **sex** huru female ~ huru vahine male ~ huru tāne
gender, sex 'āpeni [Look at the ~:] if it be a son, then ye shall kill him; but if it be a daughter, then she shall live. E hi'o 'ōrua i te 'āpeni: 'ē e tamaroa ra, e rave 'ōrua i te reira 'ia pohe; 'ē e tamāhine ra, vaiiho atu ia 'ia ora noa na.
genealogy, ancestry, lineage 'aufau fēti'i, tuatāpapara'a (fēti'i)
general, varied, of all sorts huru rau
general *(after pronoun or substantive)*, **all included** ato'a, tā'āto'a We'll all go. E haere tātou ato'a. (note: E haere ato'a tātou means We'll also go.)
general (officer) tenerara
general delivery, poste restante 'āfata rata tīa'i
generally, in general i roto i te hi'o-noara'a
generation u'i our young ~ tō tātou u'i

generator   **get rid of**

'āpī the younger ~ of today, the present-day youth te u'i 'āpī o teie tau nei
generator mātini mōrī uira, mātini hāmani uira
generous, giving hōro'a
generous, good-hearted māfatu maita'i roa
genitals (female) hua, auha'a
genitals (male) tarihua, tari hua
genitals, penis mero ha'amā, ure, (vulgar:) moa, tari, kokoro
genitals, vagina raho
gentle, soft, mild, kind, tender, meek marū ~ wind mata'i marū Blessed are the meek: for they shall inherit the earth. E ao tō tei marū, e riro ho'i iā rātou te fenua.
gentle, timid māmahu
gentle (wind only), **light** puihau ~ wind mata'i puihau
gentleman, man tāne
gentleman, refined or **well-bred man** tāne peu maita'i
genuine, authentic, real mau This is a ~ diamond E taiamani mau teie. You are a ~ friend. E hoa mau 'oe.
genuine, indigenous, native, Polynesian, Maori, Mā'oli (in Hawai'ian) mā'ohi
genuine, legitimate ti'a maita'i
George Tihoti
German *adj* purutia, heremani
German *n* ta'ata purutia, ta'ata heremani
Germany (fenua) purutia, (fenua) heremani
germinate, grow tupu
germinate, cause to grow fa'atupu
germinated coconut uto
get, catch, grab haru, haruharu
get, fetch, go and find and bring something or someone ti'i Could you go and ~ the bread? E nehenehe ānei tā 'oe e haere e ti'i i te faraoa?
get (having "gotten" with effort involved), **succeed** or **have succeeded in obtaining**

roa'a I got my driver's licence. 'Ua roa'a tā'u parau fa'ati'a nō te fa'ahoro i te pereo'o. Maybe we will ~ the bread we are looking for (literally: our bread) in that Chinese store. Pēneia'e e roa'a tā tātou faraoa i terā fare toa tinitō.
get (having "gotten" without or with little effort involved), **having obtained** noa'a We have got some beer. 'Ua noa'a tā tātou pia. I got two tickets for the movie tonight. 'Ua noa'a iā'u e piti tīteti nō te teatara'a i teie pō. You got what you ~! Tēnā tā 'oe mā'a! (literally: There's your food!)
You **got what you asked for! You had it coming! Serves you right!** 'Aitoa!
"get," comprehend, understand hāro'aro'a ta'a
get, take rave, rave mai I'll go and ~ a book for you. E haere au e rave mai te puta nā 'oe. He went out to ~ some beer. 'Ua haere 'ōna i rapae nō te rave mai i te pia.
get away from, abandon tāponi
get or **come to be, become, develop into** haere He is ~(ting) big(ger). Tē haere ra 'ōna i te rahi.
get better, get well, recover ora He will never ~, except by stopping his smoking. E'ita roa 'ōna e ora, maori rā 'ia fa'aea 'ōna i te pupuhi i te 'ava'ava.
get or **become fat, gain weight,** poria I gained a lot of weight last year. 'Ua poria roa vau i te matahiti i ma'iri a'e nei.
get into clothes 'o'omo
Get lost! Make yourself scarce! Bug off! Go away! Scram! Shove off! ('A) Fa'aātea!
get over (fatigue, hunger, thirst), **be relieved (from), have recovered (from)** māha
get ready *vi*, **prepare oneself** ineine
get ready *vt*, **prepare (for) something** fa'aineine
get rid of, eliminate tīnai
get rid of, throw away tā'ue

234

get together, **gather** 'āmui
get up, **stand up**, **be on one's feet** ti'a, ti'a i ni'a
get up constantly, (also:) **remain standing** 'ōti'ati'a
getting back to, **as for**, **considering** 'āre'a, 'āre'a rā
get-together, **gathering** 'āmuira'a
ghost, **apparition**, **spirit**, **phantom** tūpāpa'u She is very afraid of ~s. E mehameha 'ōna i te tūpāpa'u.
ghost, **demon** tuputupuā
ghost who comes back from the dead to haunt the living, **specter** 'aiārū, vārua ta'ata pohe
ghost tern, **white tern**, **gull**, **seagull**, Cygisalba candida 'ītātae, 'īta'eta'e
Holy Ghost Vārua Maita'i
illness caused by a **ghost** (tūpāpa'u) ma'i tāpiri
giant, **warrior**, **hero**, (also:) **champion** 'aito, toa (archaic)
giant clam, (a species of) **giant oyster**, **tridacna shellfish** pāhua ~ scalded in boiling water pāhua vaipā detach ~ (from coral) 'a'aro i te pāhua
giant jewfish (a fish of the Serranidae family), Ephinephelus fuscuguttatus hāpu'u reru
giant needlefish, **half-beak**, Hyporhamphus acutus Günther ihe raha
giddiness, **dizziness**, **vertigo**, (also:) **discomfort** hihipo
giddiness, **heedlessness**, **silliness** neneva
giddiness, **lightheadedness** āniania (te upo'o), aniania, āninia, āinia
giddy or **dizzy**, **about to faint**, **experiencing vertigo** hihipo, tānīnītō
giddy or **dizzy** or **slightly drunk**, **about to faint** āniania (te upo'o), āninia He is getting slightly drunk. 'Ua āniania 'ōna. (or:) E āniania tō'na.
giddy, **heedless**, **silly** neneva
become **giddy**, **reel**, **stagger** ta'anini

gift, **contribution**, **offering** ō offer a ~ pūpū i te ō
gift, **keepsake** (something you give to a person as a remembrance) fa'atauaroha
gift (to a person who is close emotionally to the giver), **present** tao'a arofa, tao'a aroha, taiha'a (tauiha'a, tauha'a) arofa (aroha) Here is a little ~ for your daughter. Teie te hō'ē taiha'a arofa na'ina'i nō tō 'oe tamahine.
gift (to a person who is not necessarily close emotionally to the giver), **present**, **present** tao'a hōro'a
giggle 'ata'ata
gills 'aumea
tropical **gilt-head** (a sparid fish sometimes referred to as **snapper**), tropical **porgy**, Monotaxis grandoculis mū
ginger, Zingeber zerumbet re'a mōruru, re'a
girder, **beam** ra'o
girdle (an old type of male pāreu; today a piece of pāreu folded around the loins and looking somewhat like jockey shorts), **loin cloth** maro
girdle, **belt** hātua
girdle, **corset** pāpā
girl (before the age of approximately 16-18), **daughter**, **niece** tamāhine, tamari'i tamāhine tease ~s ha'uti i te tamāhine
grown **girl** (between the ages of approximately 16-17 and 23-24), **young woman** pōti'i There are nine very beautiful ~s there. E iva mau pōti'i purotu roa iō.
go looking for **girls** at night (by entering a house silently for the purpose of seduction) mōtoro
girlfriend hoa here He is upset about his ~. 'Ua o'o'o 'ona i tāna hoa here. He let his ~ do what she wanted. 'Ua vaiho noa 'ōna i te hina'aro o tāna hoa here.
give hōro'a, hō ~ our love to John! 'A hōro'a atu i tō māua arofa iā Tihoni! I want to ~ you a present. Tē hina'aro nei

give

au e hōroʻa (or: hōroʻa atu) i te hōʻē taoʻa arofa iā ʻoe.   The gift was ~n by a good friend.   ʻUa hōroʻahia te taoʻa arofa e te hoʻē hoa rahi.   I'll ~ (you) a drink of rum, if you like.   Mai te peu e hinaʻaro ʻoe, e hōroʻa atu vau i te tahi maʻa rāmu iti (iā ʻoe).   I forgot to ~ him the money.   ʻUa moʻe iāʻu te hōroʻa i te moni iāna.   The money you gave me was insufficient.   ʻUa iti te moni tā ʻoe i hōroʻa mai iāʻu.   The Lord lift up his countenance upon you and ~ you peace.   ʻIa nānā mai Iehova i tāna mata i niʻa iā ʻoutou ʻē ʻia hōroʻa mai i te hau iā ʻoutou.   For I was hungry and you gave me food, I was thirsty and you gave me drink I poʻia na hoʻi au ʻē ʻua hōroʻa mai ʻoutou i te māʻa nāʻu, i poʻihā na vau ʻē ua faʻainu mai ʻoutou iāʻu.   The firstborn of thy sons shalt thou [also] ~ unto me.   Tā ʻoe mau tamariʻi tamāroa matahiapo ra, e hō mai atoʻamai ia iāʻu nei.

give, offer, make an offering to, present pūpū

give, extend, put forth (a hand or a foot) toro   ~ me your hand!   ʻA toro mai (or: mai na) i tō rima!

give, set forth   A new commandment I ~ unto you, That ye love one another, ...   E tuʻu atu vau i te parau ʻāpī nā ʻoutou, E aroha ʻoutou ia ʻoutou iho, ...

give more than would be required to please or satisfy someone   haʻamāuruuru

give (serious) **attention to, give weight to, believe in** (what is said)   tāuʻa

give birth (to)   fānau   ~ to a child   fānau tama

give a blow (blows) with one's fist, box   moto

give medication to, heal, treat, cure   rapaʻau

give a name (to), name, dub   topa, maʻiri, hōroʻa i te iʻoa   The godparents gave the name Hei Fara to the baby.   ʻUa topa te metua papetito i te iʻoa nō te ʻaiū ʻo Hei Fara.   And Adam called his wife's

give up ownership

name Eve.   ʻUa maʻiri ihora ʻĀtamu i tō te vahine ra iʻoa, ʻo Eva.   The (Robert Louis) Stevensons were received by the chief of Taravao, Teva-i-tai o Ori, and then ~n the name of Teriʻitera.   ʻUa fāriʻihia Stevenson-mā e te tāvana ʻo Teva-i-tai o Ori, ʻē hōroʻahia ihora i te iʻoa o Teriʻitera.

give an opinion, judge, assess, criticize   faʻaʻite i te manaʻo

give over, release, free, let, let free   tuʻu   Suffer the little children to come unto me, and forbid them not; for such is the kingdom of God.   ʻA tuʻu mai i te tamariʻi riʻi ʻia haere noa mai iaʻu nei, ʻē ʻeiaha e tāpeʻahiaʻtu; mai iā rātou hoʻi tō te patireia o te Atua ra.

give permission, permit, authorize, allow   faʻatiʻa   I ~ for it.   Tē faʻatiʻa nei au i te reira.

not **give permission, not permit, not let, not allow, not authorize** (construction with:) e ʻere i te mea tiʻa   One must not permit that to happen again.   Eʻere i te mea tiʻa ʻia tupu faʻahou i te reira huru ʻohipa.

give a position or an office to, employ, engage   faʻatōroʻa

give satisfaction, yield (interest)   hoʻona

give service to others, minister to others   hāmani maitaʻi

give up, foresake, relinquish   faʻaruʻe

give up, leave aside, abstain from food or alcohol   haʻapae   He gave up alcohol (signed the Blue Cross [anti-alcoholic league] oath) six months ago.   ʻUa haʻapae ʻōna e ono ʻāvaʻe.

give up (on), have had enough (of), be tired (of)   fiu   Don't ~ now! Don't lose your interest!   ʻEiaha e fiu!

give up, throw in the towel (especially in boxing)   tāora i te tauera

Don't **give up! Keep your courage! Hang right in there!**   ʻA faʻaitoito noa!

give up ownership, be taken possession of

236

give one's word   **globe**

riro I have given up ownership of (sold) my car. 'Ua riro tō'u pereo'o i te ho'o. My money was stolen from me. 'Ua riro tā'u moni i te 'eiā.

give one's word, swear to, take an oath hōreo

give weight to, give (serious) **attention to, believe in** (what is said) tāu'a

given name i'oa topa, (seldom:) i'oa tapa

(given) by my hand (at the end of a document, meaning **I authorize the above**) nā tā'u rima

giver ta'ata hōro'a God loveth a cheerful ~. O te ta'ata hōro'a noa ho'i tā te Atua e hina'aro.

giving service to others, ministering to others hāmanira'a maita'i

glad, happy, joyful, (also:) **gladden, make happy, cause joy** 'oa'oa, pōpou ... and wine that maketh ~ the heart of man. ... 'ē te uaina e 'oa'oa ai te 'ā'au ta'ata nei.

gladness, happiness, joy 'oa'oara'a, pōpou Fear not; for behold, I bring you good tidings of great joy, which shall be to all people. 'Eiaha e mata'u 'inaha ho'i e parau maita'i ta'u e hōpoi mai iā 'outou nei, o te riro ia ei 'oa'oara'a nō te ta'ata ato'a.

glance, cast a glance, (also:) **flitter one's eyelid(s), blink** 'amo, 'amo'amo

glance at, watch out of the corner of the eye matamata'iore

glance sideways at 'apetahi

gland pū fa'atahe, puna

glare, shine, be very bright 'ana'ana

glaring, shining, bright, brilliant 'ana'ana

glass (drinking) hapaina wine ~ hapaina nō te uaina Pour the wine into the ~! 'A nini'i i te uaina i roto i te hapaina! I spilled the ~ of wine. 'Ua mani'i iā'u te hapaina uaina. The Hinano ~ is the same size as the Manuia ~. 'Ua fāito noa te rahi o te hapaina Hinano i te hapaina Manuia.

glass (material) hi'o He now sees all his hopes break, in a moment, like a piece of ~. Tē 'ite nei 'oia i teie nei i tāna mau ti'aturira'a ato'a, tē pāparari hu'ahu'a nei, mai te hi'o te huru. (From John [Tihoni] Martin's free translation of Robert Louis Stevenson's <u>The Bottle Imp</u>.)

looking-glass, mirror hi'o, hi'o ta'ata

magnifying glass, microscope hi'o fa'arahi

window glass hi'o māramarama

eye-glasses titi'a mata, tite'a mata, titea mata Put on your ~! ('A) Tāmau (i) tā 'oe titi'a mata!

field glasses, binoculars, telescope titi'a hi'o fenua, hi'o fenua

sun glasses titi'a mata mahana

gleam, glow, shine 'ana'ana

gleaming, glowing, shining, brilliant 'ana'ana

glean, pick up, gather 'ohi

glib, smooth, suave, unctuous, (also:) **wily, artful, crafty** ha'avarevare, rāve'a ha'avare

glide, slide, slip he'e

glide, slide along, slide over, move nu'u

cause to glide or **slide,** (also:) **surf** fa'ahe'e

glisten, glitter, glow, shine, be very bright 'ana'ana

glistening, glittering, glowing, shining, brilliant 'anāana

gloat, boast, brag ahaaha, fa'aahaaha, ha'avīvī

gloat, boast (by aggrandizing oneself) fa'ateitei iāna iho

gloat, boast (disdainfully) vahavaha, fa'avahavaha

globe, sphere, orb 'ōpenu terrestrial ~ 'ōpenu fenua (preferred to the term given in the next entry which is in more common use)

globe, sphere, (also:) **roundness** menemenera'a (could also refer to the shape of an egg) terrestial ~ (te) menemenera'a o te fenua nei

globe-fish (of the Tetraodontidae family) huehue
Globicera aurorae, blackish pigeon rupe
gloom, gloominess, sadness rumaruma
gloomy, morose, silent, (also:) appear **thoughtful** and **serious** fa'atūruma
gloomy, overcast, dark, (also:) **sad** rumaruma
glorified, blessed ha'amaita'ihia Glory to God (literally: may God be ~) in the highest, and on earth peace, good will toward men. 'Ia ha'amaita'ihia te Atua i ni'a i te ra'i teitei, ei hau tō teie nei ao, 'ē 'ia 'ite auhia mai te ta'ata nei.
glorify, admire fa'ahanahana
glorify, bless ha'amaita'i
glorious, bright hinuhinu
glorious, splendid hanahana
glory, brightness, splendor, luster hinuhinu
glory, brilliance 'ana'ana And, lo, the angel of the Lord came upon them, and the ~ of the Lord shone round about them; and they were sore afraid. 'Ē 'īnaha, 'ua ti'a maira te hō'ē melahi (pronounced mērahi) a te Fatu i piha'i iho iā rātou, 'ua 'ati ihora rātou i te māramarama i te 'ana'ana o te Fatu, 'ē rahi roa a'era tō rātou mata'u.
glory, splendor hanahana The heavens declare the ~ of God; and the firmament showeth his handiwork. Tē parau hua nei te mau ra'i i te hanahana o te Atua; 'ē tē fa'a'ite nei te reva i te 'ohipa a tāna rima.
gloss, polish, shine (on shoes, silver, etc.) fa'a'ana'ana
glossy, shiny, bright 'ana'ana
glossy, shiny, oily hinuhinu
glottal stop, hamzah pa'a'ina
the diacritic for the **glottal stop** or **hamzah** (') 'eta
glove(s) rimarima
glow, glisten, sparkle 'anapa
glow, shine 'ana'ana
glowing coals, firebrand 'ōmo'i

glower, scowl, be downcast ha'aturuma
glucide turuto
glue, cement, adhesive tāpiri
glue, cement, join, press close together tāpiri
glue, paste pia
glue (something), paste (up) pia, ha'apia The proclamation has been pasted up everywhere in this town. 'Ua piahia (or: ha'apiahia) te fa'a'itera'a i te mau vāhi ato'a o te 'oire nei.
glue together fa'atāpiri
gluttonous, greedy, covetous popore, porepore
gluttonous, voracious 'arapo'a pa'ia 'ore, 'ai'ai, kokore (note that kokoro is a slang word for penis), korekore
swallow down **gluttonously** ha'apu'upu'u
glycemia tototihota
gnash, grind or **grate the teeth** 'au'au There shall be weeping and ~ing of teeth. Tei reira te 'oto e te 'au'aura'a niho.
gnat nono (the nonos have a painful sting and can be more annoying than mosquitos)
Gnathodentex aureolineatus, golden-lined sea perch, fish of the Lutjanidae family maene
Gnathanodon speciosus (a caranx fish), **golden jack** pa'aihere manini
gnaw, nibble honihoni
go haere, haere atu, hāre, hāre atu I am ~ing home. E haere au i te fare. I really must ~. 'Ia haere mau vau e ti'a ai. How do I ~ home? E nāfea vau i te ho'i i te fare? At six o'clock in the evening I am ~ing to the restaurant. I te hora ono i te ahiahi e haere au i te fare tāmā'ara'a. Where are you ~ing? E haere 'oe ihea? (or in the vernacular: Hāre 'oe ihia?) You did not ~ to church this morning. 'Aita 'oe i haere i te purera'a i teie po'ipo'i. ~ and do thou likewise. E haere 'oe, 'ē nā reira ato'a. And I say to this man [to the one], ~, and he ~eth; and to another [to the other], Come, and he cometh. 'Ē 'ia parau atu

vau i te hō'ē, 'A haere, 'ua haere ia, 'ia parau atu ho'i i te tahi, 'A haere mai, 'ua haere mai ia.

go, leave (on a trip) reva He went to (left for) America. 'Ua reva 'ōna i te fenua marite.

go and say hello (to) haere e arofa (iā)

go adrift, float pāinu

go all the way haere roa

go around, encircle, tour, make the round(s) fa'a'ati, fā'ati, ha'a'ati Is there a district bus that ~es around the island? E pereo'o mata'eina'a ānei e fa'a'ati (or: e haere e fa'a'ati) i te fenua ta'ato'a?

go astray (away from proper direction) 'ē, haere 'ē Their arrows went astray. 'Ua haere 'ē tā rātou mau te'a.

go astray, stray off ihu

go away haere atu, haere 'ē

go away, disappear, no longer exist 'ore My headache has gone away. 'Ua 'ore tō'u māuiui upo'o.

Go away! Scram! Beat it! Buzz off! Bug off! Get lost! Shove off! ('A) Fa'aātea!

go awry, fail, (also:) **be tricked** tihopu His effort went awry. 'Ua tihopu 'ōna i roto i tāna tāmatara'a (literally: He failed in his effort).

go back, return (to another place) ho'i, ho'i atu

go by, go quickly by, flit by mareva, mārevareva

go continuously or **often** hahaere

go dancing fa'a'orihaere

go down, lower (speaking of the sun) tape The sun is nearing the horizon. 'Ua tape te mahana.

go down a slope, (also:) **fall on your head** tītāpou, tītāpoupou

go fast, hurry, make speed ha'aviti, ha'avitiviti Time ~es fast. E mea tere vitiviti roa te mahana (hora, hepetoma, 'āva'e, matahiti).

go for a walk ōri haere

go forward haere i mua

go home ho'i i te fare It is very late now; we must ~. E mea maoro roa i teie nei; e mea ti'a iā māua 'ia ho'i i te fare.

go in reverse, back, back up haere i muri

go looking for girls at night (by entering a house silently for the purpose of seduction) mōtoro

Oh, go on! (dubitative) Haere paha!

go or **climb on board, embark** pa'uma i ni'a (iho), ta'uma i ni'a (iho), haere i ni'a (iho) ~ a ship pa'uma i ni'a i te pahī We saw a ship which was sailing for Papeete; we went (climbed) on board and left (sailed). 'Ua 'ite māua i te hō'ē pahī tei fano atura i Pape'ete; pa'uma (haere) atura i ni'a iho 'ē fano atura māua.

go on foot haere nā raro noa

go on a trip, travel tere

go on with, keep going fa'atere noa ā

go (all the way) **through, pierce** māpiha, māiha, pipiha

go to, head for, travel to, fly to (in that sense) tere Does the plane often fly to Bora Bora? E tere-pinepine-atu ānei te manureva i Porapora?

go walking about haere ōri haere

go without, do without, lack 'ere I am out of work 'Ua 'ere au i te 'ohipa.

have a go at, try (out), attempt tāmata

Let's go! Forward! Ei mua!

There we go! That's the way! Terā ia!

go-between, act as go-between tāraro

goal, objective, purpose tumu 'ohipa

goal, target, mark tāpa'o ~ keeper tīa'i tāpa'o

goat pua'aniho, pua'a niho ... and he shall separate them one from another, as a shepherd divideth his sheep from the ~s. ... 'ē nāna e fa'ata'a iā rātou mai te tīa'i māmoe e fa'ata'a i te māmoe i te pua'aniho ra.

goatee 'umi'umi

goatfish (of the Mullidae family), **barbel,**

goatfish

Parupeneus barberinus ahuru tore
goatfish (of the Mullidae family), **barbelled mullet, Mulloidichtys samoensis** (when small:) 'ōuma, (when larger:) vete
goldlined **goatfish, Mulloidichtys auriflamma** & **flavolineatus** tauo, taire
greenbellied **goatfish, surmullet, Upeneus vittatus,** (also:) **Mullus capracaroli** & **modestini** fa'ia
red **goatfish** ahuru 'ute'ute
three-saddled **goatfish** (a small black and spotted fish), **Parupeneus bifasciatus** 'āti'ati'a, 'āti'ati'a upo'o rahi
gobble, consume, use, expend 'amu His car ~s a lot of gasoline. E pereo'o 'amu roa tōna i te mōrī.
goblet, wine glass hapaina nō te uaina
goby (a small fresh-water fish of the Gobidae family) 'o'opu
God te Atua It was Pouvāna'a O'opa's faith in ~ which supported him in bearing all the hardships. O te ti'aturi i te Atua tei turu iā Pouvāna'a a O'opa nō te amo i te mau hōpoi'a ato'a. The Kingdom of ~ te patireia o te Atua In the beginning ~ created the heaven and the earth. Hāmani ihora te Atua i te ra'i e te fenua i te mātāmua ra. I am the Almighty ~; walk before me and be thou perfect. O vau te Atua mana hope ra; e nā mua 'oe i tā'u aro mā te hapa 'ore tā 'oe. Glory to ~ in the highest, and on ~ peace, good will toward men. 'Ia ha'amaita'ihia (literally: may God be glorified) te Atua i ni'a i te ra'i teitei, ei hau tō teie nei ao, 'ē 'ia 'ite auhia mai te ta'ata nei.
god atua, aitu *(ancient)*
the Tahitian **god** of the ocean was Ta'aroa (he was also considered the father of all Polynesian gods) Ta'aroa is the ancestor of all gods, it was (also) he who created all things. 'O Ta'aroa te tupuna o te mau atua ato'a, nāna ato'a te mau mea ato'a i hāmani.
the Tahitian **god** of the forests was Tāne

golf

the Tahitian **god** of war was 'Oro
Tahitian **god** sculpture, **tiki** ti'i
the **goddess of the moon** (the first woman on earth, Ti'i's wife - Ti'i was the first man on earth) Hina
godlike, godly, divine huru atua
godparent(s) metua papetito The ~ gave the name Hei Fara to the baby. 'Ua topa te metua papetito i te i'oa nō te 'aiū 'o Hei Fara.
goggles, eyeglasses titi'a mata, mata titi'a
goggles for diving titi'a mata hopu (hapu)
set **going, release, turn on, (pull a) trigger,** (also:) **press a button** pata
goings on 'ohipa strange ~ 'ohipa huru 'ē
gold digger ta'ata imi pirū, ta'ata imi 'auro
gold(en) pirū, 'auro *(archaic)* ~ medal feti'a pirū There are pictures that are hung on the walls framed in shining ~. E mau hoho'a pēni tei fa'atautauhia i ni'a i te mau papa'i, mea 'āuahia i te 'iri 'ana'ana pirū,
golden anniversary or **jubilee** pae'ahurura'a
appearing as **golden, yellowish** māre'are'a Great Tahiti of the ~ Haze (the full name of ancient Tahiti) Tahiti Nui Māre'are'a
golden jack (a caranx fish), **Gnathanodon speciosus, golden jack** pa'aihere manini
golden-lined sea perch, Gnathodentex aureolineatus maene
goldlined goatfish, Mulloidichtys auriflamma & **flavolineatus** tauo, taire
golf huira'a pōpō
to be all **gone, to no longer exist, to have disappeared** or **gone away** 'ore My headache has gone away. 'Ua 'ore tō'u māuiui upo'o.
be all **gone** (referring to something having been consumed or used up or spent)

pau
gone to sleep hōpi'ipi'i
radio goniometer (position finder), marine radio compass 'avei'a rātio
gonorrhea 'ōpī, 'ōpā
good, nice, well, of good quality maita'i, maitata'i (intensive and/or plural) You are a ~ person. (E) Ta'ata maita'i 'oe. I feel ~. Mea huru maita'i au. I am well. Mea maita'i au. The weather is very nice now. (E) Mea maita'i te mahana i teie nei. This is a book of real quality. E puta maita'i roa teie. It is very ~, you see. E mea maita'i roa pa'i. The Polynesians are very ~ people. E mau ta'ata maitata'i te feiā mā'ohi (or: te feiā porinetia).
good, agreeable, pleasant, pleasing, likeable, charming, (also:) **suitable, fair** au, au maita'i, (e) mea au
good, exact, correct, right tano, tano maita'i, tanotano
be good at ..., be skilled at..., be quick at learning, (also:) **skillful, clever** i'ei'e He is ~ dancing, but not [at learning] in class. E mea i'ei'e 'ōna i te 'ohipa 'ori, 'āre'a rā i te 'ohipa ha'api'ira'a 'aita ia.
be in good health (in contrast to before), be cured ora I was cured by this medicine. 'Ua ora (or: fa'aorahia) vau i teie rā'au.
do good (things) hāmani maita'i
have good luck, succeed manuia I had ~ luck in the lottery. 'Ua manuia vau i te tāvirira'a.
in good order, neat 'atu'atu
say good things about, honor, praise, flatter 'ārue, 'āruerue
take good care of, care well for, keep in good order, maintain 'atu'atu, 'atu'atu maita'i We (both) will be sure to take ~ care of your house while you (all) are away. Tē ha'apāpū atu nei māua e 'atu'atu maita'i māua i tō 'outou fare i tō 'outou haere-ē-ra'a atu, Rōpati takes ~ care of his sailing canoe. 'Ua 'atu'atu maita'i Rōpati i tōna va'a tā'ie.

What a **good** thing! Oh boy! (positive tone of voice) Auē i te mea maita'i ē! Auē ho'i au ē!
good manners, etiquette peu maitata'i
good sense, proper thinking mana'o ti'a
good sense, common sense, straight thinking mana'o 'āfaro
Good-bye! (said to person who leaves) ('A) Haere ('oe)!
Good-bye! (said to person who stays) ('A) Pārahi ('oe)!
Good-bye! (in the sense of:) **See you soon!** Āraua'e!
Good evening! 'Iaorana! (You could also say: 'Iaorana 'oe ['ōrua, 'outou] i teie pō!, although only pōpa'ās would do so.)
Good morning! 'Iaorana! (Here again, you could say:'Iaorana 'oe ['ōrua, 'outou] i teie po'ipo'i!, but only pōpa'ās would do it.)
good-tasting, delicious no'ano'a
good-tasting, sweet (also used to describe any good-tasting food) monamona, momona, mona
goods (of any kind), **object** (specific), (also:) **property** tao'a
goods, utensils, appliances, possessions, object (artificial) taiha'a, tauha'a, tauiha'a
goose moa 'ao, mo'orā 'ao, mo'orā māniania
(having) **gooseflesh** hōtaratara
gorgeous, very beautiful nehenehe roa That ~ woman is crazy about her husband (or: men!). E ma'ama'a tāne tō terā vahinenehenehe roa.
gorget, breastplate, pectoral tāumi The tāumi is crescent-shaped and usually made of mother-of-pearl, either plain or decorated with Polynesian designs. Suspended on the breast from a string around the neck, it is a beautiful and striking ornament for women as well as men. As a curiosity I can mention that one of the mutineers of the Bounty, John Millward, liked the tāumis so much that he

Gospel

had the likeness of one tattooed on his body!
Gospel, Evangel, Evangelium
'Evaneria, Te Parau a Ietu, Te Parau nō Ietu The Gospel according to Matthew Te 'Evaneria a Mataio ra
gossip, chatter tāu'ara'a parau
gossip, hearsay, rumor parau a te ta'ata, parau o te ta'ata
gossip, talebearing, tattle 'āfa'ifa'ira'a parau, 'āfa'ira'a parau
gossip, bear tales, tattle 'āfa'ifa'i parau, 'āfa'i parau
gossip, chatter, spread rumors tāu'aparau Maeva is being ~ed about. 'Ua tāu'aparauhia o Maeva.
be **"gotten"** (with effort involved), **be gained, having succeeded in obtaining** roa'a I have got my driver's licence. 'Ua roa'a tā'u parau fa'ati'a nō te fa'ahoro i te pereo'o.
be **"gotten"** (without or with little effort involved), **having obtained** noa'a We have got some beer. 'Ua noa'a tā tātou pia. I got two tickets for the movie tonight. 'Ua noa'a iā'u e piti tīteti nō te teatara'a i teie pō.
gouge, chisel tohi, tohitohi
gourd, calabash hue
gourd (plant), **Lageneria vulgaris** hue
gourd, pumpkin, squash mauteni
govern, direct, administer, conduct, manage, (also:) **steer** fa'atere
governing board 'āpo'ora'a, 'āpo'ora'a rahi ~ of the district 'āpo'ora'a rahi mata'eina'a ~ of the land (Territorial Assembly) 'āpo'ora'a rahi o te fenua
government, administration hau, fa'aterera'a hau ~ employee ta'ata rave 'ohipa nā te hau The ~ has been revolted against. 'Ua 'ōrure te hau. They were loyal to the ~. E mea mahorahora maita'i tō rātou 'ā'au i te hau.
national **government** hau metua After the September 1958 referendum the French held Pouvāna'a a O'opa in a ~ prison for 12

grain

years. I muri a'e i te uiuira'a mana'o nō tetepa i te matahiti hō'ē-tautini-'ē-iva-hānere-'ē-pae'ahuru-mā-va'u 'ua ha'amau o farāni iā Pouvāna'a a O'opa i te 'āuri i te hau metua nō hō'ē-'ahuru-mā-piti matahiti te maoro.
head of **government** upo'o fa'atere (i te hau)
self-**government, autonomy** ihofa'aterera'a
governmental, official nō te hau, a te hau
governor tāvana rahi
grab, catch, seize by force, arrest haru, haruharu
grab at (in order to catch) popo'i
grace, beauty nehenehe
grace, charm, elegance, vanity i'ei'e
grace (religious) karatia
grace, compassion, mercy arofa, aroha
graceful, beautiful nehenehe
graceful, charming, elegant, vain i'ei'e
gracious, compassionate, merciful arofa, aroha The Lord make his face shine upon you and be ~ unto you. 'Ia fa'a'ana'ana mai Iehova i te māramārama o tōna mata i ni'a iā 'outou 'ē 'ia aroha mai iā 'outou.
grading or **marking** (of tests or examinations) notara'a
gradual(ly), little by little ri'iri'i I have been drinking little by little from the glass (of alcohol). 'Ua inu ri'iri'i au i te hapaina 'ava.
gradually, little by little, bit by bit, slowly but surely ri'i māite
Graeffa coccophaga, praying mantis vāvā
graft, bribe, baksheesh peta, moni tāhinu
offer **graft, bribe, use baksheesh** peta, tāhinu
grain, particle, crumb, bit hu'a (pronounce carefully, since hua means vulva)

242

grain, seed, (also:) **egg, pill** huero
grammar tarame ~ book puta tarame
grammatical tarame ~ analysis tātuha'ara'a tarame ~ rule ture tarame
grand, big rahi, rarahi, nui *(archaic)*
grand, glorious, splendid hanahana
grand, wonderful, excellent, superb, admirable fa'ahiahia
grand ball 'orira'a rahi popa'ā, 'orira'a hanahana
grandchild mo'otua
great **grandchild** hina
grandeur, bigness, largeness rahira'a
grandeur, brilliance 'ana'ana
grandeur, splendor, glory hanahana
grandfather tupuna tāne, pāpā rū'au
grandmother tupuna vahine, māmā rū'au
grandparent tupuna
(the) **grande route** (te) ara nui
granulated, gritty 'iri'iri
grape vine ~ juice pape vine bunch of ~s pe'enave vine, pūpā vine
grapefruit 'ānani popa'ā, 'ānani papa'ā
grasp, hold, (also:) **reserve** tāpe'a
grass (general), **lawn** matie
grass, Andropogon tahitensis 'āretu
grass, weeds, brush 'aihere
sedge-**grass, Cyperus javanicus** or **Cyperus pennatus** (a fibrous grass used in making coconut milk strainers) mō'ū, mā'ū
"**grass**" brassiere (actually made of bleached and thinly shredded pūrau [hibiscus] bark fiber or of tapa cloth), **bodice** papatītī
"**grass**" hut fare nī'au (the roof is actually made of palm fronds)
"**grass**" skirt 'ahu taura, 'a'ahu taura, 'ahu more, 'a'ahu more (made of bleached, thinly shredded pūrau [hibiscus] bark fiber)
grasshopper vīvī
grate, bark a tree va'u
grate, rasp (for example taro and manioc, but not coconut) oro
grate, rub, scrape i'u

grate, rub, wipe out 'ui ~d Tahitian chestnut māpē 'ui
grate, scoop out meat from coconut pā'aro
grate coconut meat 'ana
grate or **grind teeth** ma'u'u
grated coconut (after the milk has been pressed out) ota ha'ari
grated manioc (after the starch has been extracted) ota māniota
grateful, thankful, satisfied, pleased, content māuruuru I am very ~ to you, because you helped me. 'Ua māuruuru roa vau iā 'oe, nō te mea 'ua tauturu 'oe iā'u. I am ~ to you for your kindness. 'Ua māuruuru vau iā 'oe nō tō 'oe maita'i.
deeply **grateful, feeling deep gratitude** (construction with:) 'ā'au mēhara (literally: remembering heart) I am profoundly ~ to my very dear friend in Puna'auia, Ralph Gardner White. E 'ā'au mēhara hau roa atu ihoā ra tō'u i tō'u hoa here iti nō Puna'auia 'oia ho'i iā Rūrū (RGW's Tahitian name). I thank my God upon every remembrance of you. Tē ha'amaita'i au i tā'u Atua 'ia mēhara'tu iā 'outou 'aita e fa'aea.
grater (tool producing filaments [rather than granules] of, for example, taro and manioc, but not cocconut) oro
grater (tool, formerly made of coral, but today consisting of a flat piece of steel with teeth on the end and mounted on wood, producing granules of coconut) 'ana
grater (tool used to bark a tree) va'u
grater, (also:) **file** i'u
gratitude (see deeply **grateful** above)
gratuity, tip moni ha'amāuruuru Tipping is totally contrary to Polynesian hospitality and can be seen as an insult. A small, useful or decorative, gift is a much nicer way to show appreciation.
grave, tomb, (also:) **cemetery** mēnema, 'āpo'o ta'ata We bought flowers to take to the ~s in the cemetery. 'Ua ho'o mai

gravel

mātou i te tiare nō te 'āfa'i i ni'a i te mau mēnema nō te 'āua ma'i.
gravel 'iri'iri crushed ~ 'iri'iri tāviri coral **gravel** (like white sand) 'ana'ana
gravel, pebble, (also:) **shingle** tu'iri
gravelly, gritty 'iri'iri
gray, the color of ash rehu
gray, grayish 'ōhina, 'ōhinahina
gray (grayish white, white) hair hinahina
gray shark ma'o raira
graze to the surface of something, rake up, dust off pā'a'u
grease, oil, fuel oil (Diesel), (also:) **wax** hinu ~ gun pāmu hinu
grease (non-liquid) hinu pa'ari
grease (of pigs and other animals), **fat** mi'i
grease, sticky residue, oily film para
grease, lubricate tāhinu, tāhinu mātini
greaser, lubricator tāhinu mātini
great, big, large rahi, rarahi, nui *(ancient)* Nowadays ~er Huahine and Smaller Huahine are joined by a bridge. I teie nei, 'ua tū'atihia Huahine Rahi (or: Nui) 'ē Huahine Iti i te hō'ē 'ē'a turu. ~ Tahiti of the Golden Haze (the full name of ancient Tahiti) Tahiti Nui Māre'are'a
great, extremely big, enormous iti rahi
great, huge rahi roa
great, vast āteatea (As for) the house, it was three stories high, with ~ chambers and broad balconies on each. E toru tahua tō te fare, e mea piha āteatea maita'i tō roto e mea fa'ataupe'ehia nā rapae. (From Robert Louis Stevenson's short story The Bottle Imp, translated freely by John [Tihoni] Martin.)
Great! First class! Number one! "Super!" Nūmera hō'ē!
great barracuda, Sphyraena barracuda ono
make a **great** effort, **exert oneself** rohi He made a ~ effort at repairing the engine of my boat. 'Ua rohi 'ōna i te hāmanira'a i te mātini o tōu poti.
a **great** number of, **a lot of, many,**

greet

numerous rahi because of the ~ number of tourists here in Pape'ete nō te rahi o te ta'ata rātere i Pape'ete nei
great grandchild hina
great great grandchild hinahina, hinarere
great great great grandchild hinatini
great waters (biblical), **ocean, the high seas** moana rahi They that go down to the sea in ships, that do business in ~. Te feiā i nā tai i te haere i nā ni'a i te mau pahī ra, tei te moana rahi ra tō rātou ra tōro'a.
greater, over-and-above hau a'e Pouvāna'a a 'O'opa's intelligence was ~ than that of the French politicians. 'Ua hau a'e te māramārama o Pouvāna'a a 'O'opa i tō te feiā poritita (or: feiā tōro'a) farāni.
cause someone or something to be **greater than** or **over-and-above** fa'ahau
greedy, covetous popore
greedy, envious, lusting (for) nounou
greedy, gluttonous kokore, korekore
greedy, stingy, selfish pipiri, piripiri
green, (also:) **blue** nīnamu
green, blue-green nīnamu matie
green, the color of grass matie
green (meaning **fresh, not dried**), **verdant** ota
green (meaning **not ripe yet**) pu'u
green-beak parrotfish (Scaridae family) uhu 'ōpera 'ute'ute
green-bellied goatfish, Mullus modestini faia
green- or blue-eyed (literally: cat-eyed) mata mīmī
greens, vegetable(s), (also:) **cabbage** pota
greet, call out to someone pi'i
greet by making a friendly signal with your hand, wave in a friendly manner tārape
greet, receive, accept fāri'i, fa'ari'i
greet, give greetings to, say hello to

Greetings!   **ground**

arofa, arofa atu, aroha, aroha atu (Give my) ~ings to your wife! Arofa atu i tā 'oe vahine! I send my ~ings to Teuira. Tē hāpono (or: fa'atae) atu nei au i tō'u arofa iā Teuira. I am closing my letter with ~ings (giving my love) to you all. Tē fa'aoti nei au i tā'u rata mā te aroha atu iā 'outou pauroa. Radio Tahiti is sending its ~ings (love) to the (people of the) outlying islands which (who) are listening to its voice: we wish you well! Te fa'atae atu nei o Rātio Tahiti i tōna arofa i tō te mau motu ātea e fa'aro'o mai i tōna reo: 'Ia ora na!

Greetings! Hello! Hi! 'Iaorana! (literally: "May you keep well!" - often pronounced 'iaoranna) My friends: ~ on (the occasion of) our meeting again! Te mau hoa: 'iaorana tātou i te fārerei-fa'ahoura'a! Seldom in Tahiti nowadays, but more often in the outlying islands, you may hear the old greeting, called out from a home: Haere mai tāmā'a! (Come here and eat!) to which the polite reply is "Pa'ia vau, māuruuru!" (I have eaten, thank you!).

grey, the color of ash rehu
grey, greyish 'ōhina, 'ōhinahina
grey (greyish white, white) hair hinahina
grey jobfish 'utu
grief, sorrow, missing someone mihi
grief, weeping, crying, tears 'oto
grieve, lament, miss someone, (also:) **weep** mihi, mihimihi I ~d over the death of my close friend. 'Ua mihi au i te pohera'a tō'u hoa rahi.
grieve, weep, cry, shed tears 'oto Both of us offer you our deepest sympathy. Both of us send you our deepest condolences. Tē fa'atae atu nei māua iā 'oe i te tāpe'a nō tō māua 'oto.
grievous, aggravated, (also:) **acccumulated** 'ō'ona, 'a'ana ~ sin hara 'ō'ona aggravated crime hara 'a'ana
grill, cook over open fire, barbecue, toast tunu pa'a
grill (until the food is crusty), **roast** ha'apa'apa'a
grilled tunu-pa'ahia, tunu pa'a ~ fish i'a tunu pa'a
grimace *n & v*, **frown, scowl** tu'atu'a (i te mata), fa'atu'atu'a (i te mata) a grimacing face (e) mata tu'atu'a
grimace in a sour manner, sulk fa'a'utu
grime, mud, loose soil vari covered with ~ varihia
grimy, dirty reporepo, repo
grimy, muddy vari, varihia
grimy, very dirty pa'opa'o
grin *n & v*, **smile** (especially with teeth showing) 'ata niho
grind or **grate** (also the sound) 'avī, 'āvīvī
grind (as with a coffee grinder), **make turns, twist** tāviri I ground the coffee this morning. 'Ua tāviri au i te taofe i teie po'ipo'i.
grind or **grate teeth, gnash** 'au'au There shall be weeping and gnashing of teeth. Tei reira te 'oto e te 'au'aura'a niho.
coffee **grinder** tāvirira'a taofe
grinding sound 'avī, 'āvīvī
gripe, grumble, complain amuamu
gripe, grumble, mutter complainingly under one's breath mutamuta
gritty, gravelly, coarsely granulated 'iri'iri
groan *n & v*, **growl, grunt** 'uru'uru, 'u'uru
groan, moan autā
grocer (ta'ata) ho'o tao'a tini
groin, inner thigh tapa
groom, bridegroom tāne ha'aipoipo, tāne fa'aipoipo
grope, touch, feel, test with one's fingers fāfā
grotto, cave, cavern ana It echoes in the ~. E mea tavevo i roto i te ana.
ground, field tahua (note: tahu'a means native doctor or healer)
ground, floor tahua fare

ground, land (as opposed to sea or air), **earth, terrain** fenua uneven ~ (e) fenua pu'upu'u

ground, soil, "dirt" repo, repo fenua, reporepo But other [seeds] fell into good ~, and brought forth fruit. Ma'iri ihora vetahi i te vāhi repo maita'i, tupu a'era hotu ihora.

ground *n* (electrical), **ground-conductor** pāuira

ground *n & v* (electrical) fa'ahoro uira fenua

coffee **grounds** (used) ota taofe

group, club, association, team, crew, staff pupu the club The Friends of Tahiti te pupu Te Mau Hoa nō Tahiti blood ~ pupu toto folkloric ~ pupu peu mā'ohi

group, folk, people of a specific category feiā, (honorific:) hui the common folk te feiā ri'iri'i the kings (te) hui ari'i

group of ... (number), **group comprising ...** (number), **council of ...** (number) to'o- ~ of four to'omaha Four of them went to the meeting. To'omaha rātou i te haerera'a i te 'āmuira'a.

group, form into groups tāpupu

group together, join together, unite tāhō'ē

group together, take refuge ha'apū

grouper (a kind of fish) ha'apu'u

grouping (together), joining, union tāhō'ēra'a, ha'apupura'a

grove, forest, jungle ururā'au

grow, germinate tupu

grow, cause to grow, create, bring into being fa'atupu

grow bigger (as a child developing) tupu i te rahi

grow bigger (as in business) haere i te rahi, haere i te rahira'a

grow or **become fat** poria

grow up, become big, grow larger rahi

growl *n & v*, **groan, grunt** 'uru'uru, 'u'uru

grown-up, mature, adult, wise pa'ari

grown-up, adult person ta'ata pa'ari, pa'ari

growth tupura'a

grub, dig heru, heruheru

grudge, spite, rancor. jealousy, envy fe'i'i

grudge, begrudge, hold a grudge against, envy, be jealous (of), (also:) **be mutually envious, squabble** fe'i'i

hold a **grudge, harbor thoughts of vengence, be vindictive** tāpa'opa'o

hold on to **grudges, be unwilling to forgive and forget, be unforgiving** tāmau i te 'ino'ino

grumble, complain fa'ahepohepo, amuamu

grumble, gripe, mutter mutamuta

grunt *n & v*, **growl, groan, grunt** 'uru'uru, 'u'uru

grunt, howl, bay, whinny 'ū'a'

speckled **grunt** (fish of the Pomadasyidae family) atara nato

Gryllus oceanicus, cricket pereta'i, perete'i

guarantee, assurance, insurance, warranty ha'apāpūra'a

guarantee, pledge, security raupe'a

guarantor ta'ata raupe'a

guard (civilian) ta'ata hi'ohi'o, ta'ata tīa'i

guard (military), **sentry** fa'ehau hi'ohi'o, fa'ehau tīa'i

guard, pay attention to, take care of ha'apa'o Do you know a woman who takes care of children (and) who could come regularly in the evenings? 'Ua 'ite ānei 'oe i te hō'ē vahine ha'apa'o tamari'i nō te mau pō ato'a?

guard, watch (over), protect from harm, (also:) **wait** tīa'i This is the dog that ~s our house. Nā teie 'ūrī e tīa'i i tō mātou fare.

on **guard, awake, alert** ara

on **guard, put up one's guard** (as in boxing or fencing) fata

put someone on his **guard, warn, alert,**

awaken fa'aara
guardian, watchman, protector ta'ata tīa'i, tīa'i
guardian (of a child or disabled adult) metua tīa'i
guardian angel mērahi Even though we are relatives, I am not the ~ of this young man. Noa'tu e feti'i māua, terā ra, e 'ere o vau i te mērahi o teie nei taure'are'a.
guardian spirit vārua ārai, ārai
guardrail, fence 'āua ~ post pou 'āua
guava, Psidium guajava tūava, tūvava
gudgeon, pintle, (also:) **thole** (serving as a substitute for a rowlock), **thole-pin** pine, pine hoe
guest manihini You (two) are our ~s now. E manihini 'ōrua nā māua i teie nei. Let's clean up the house since ~s are arriving tomorrow. E tāmā tātou i te fare nō te mea e tae mai te mau manihini ānānahi.
Guettarda speciosa (a kind of plant) tāfano
guffaw, burst out laughing tūpā'ata
guide (usually referring to a person, but can also apply to a guide book or a Bible) arata'i the Bible ~ (concordance) te arata'i Pīpīria.
guide (only biblical) 'avei'a
guide, leader ta'ata arata'i
guide, guiding light, beacon tiarama
guide, lead, take by the hand arata'i, fa'aarata'i
guide, steer, direct, administer, govern fa'atere
guide with a light or torch, illuminate tūrama, ti'arama
guiding light ti'arama Thy word is a lamp unto my feet, and a light unto my path. E lamepa (pronounced rāmepa) i tō'u nei 'āvae, e ti'arama nō tō'u nei mau 'e'a.
guile, ruse, deception rāmā
guile, trick, means of **deception** rāve'a ha'avare
guilt, fault hape

guilt, moral fault hapa
guiltless, innocent, free of sin, law-abiding, virtuous mā te hara 'ore, hara 'ore, mā, ti'ama
guiltless, innocent, without fault hapa 'ore, hape 'ore
guilty, at fault hapa, hape
guilty, sinful hara ~ person, culprit ta'ata hara
guinea pig 'iore popa'ā
guitar tītā, tītā fa'ata'i upaupa
gull, seagull, white tern, ghost tern, Cygisalba candida 'ītāta'e, 'īta'eta'e
gull, fool, lie ha'avare
gullible, easily duped fa'aro'o 'ohie noa
gullible person, dupe ta'ata fa'aro'o 'ohie noa
gulp down, swallow without chewing tāhoro
gum, sap, pitch tāpau
gum(s) tari, tari niho, tie niho, tia niho, pa'i niho, pa'i
gun pupuhi double-barreled ~ pupuhi 'auaha piti shot ~ pupuhi 'ōfa'i pūrara spear ~ pupuhi i'a She was very frightened by the sound of the ~. 'Ua ri'ari'a roa 'ōna i te haruru o te pupuhi.
grease **gun** pāmu hinu
gun powder paura ha'apupuhi, paura
gunwale (of a canoe or boat), **gunnel, sides, edges** oa
gush forth, (also:) **ejaculate** hīhī
gust, (also:) **squall, cloudburst, short sudden downpour** pāpape
gust or **blast** of wind before rainfall pātua
sudden and powerful **gust** or **blast** of wind, **sudden and powerful squall** mata'i tā'iri
violent **gust** or **blast** of wind, **violent squall** mata'i tā'iri 'ū'ana
gusting wind with rain mata'i rorofai
gut, eviscerate, disembowel 'ātore, 'ātoretore
guts, bowels, intestines, entrails 'ā'au
guts, courage, stamina, pluck itoito

guttural (pronunciation)   usually referring to the French who, with their guttural, fricative ("Parisian") r, find it extremely difficult to pronounce the Tahitian letter r in the few cases where they attempt to speak Tahitian parare   The French cannot pronounce the Tahitian letter r correctly. E reo parare tō te farāni.

guy, fellow, man   ta'ata   Watch out, that ~ is a trickster. Ha'apa'o maita'i, e ta'ata fa'arapu roa terā.

gybe, jibe   pa'e i raro

Gymnosarda unicolor, white tuna   va'u

gypsum, plaster, (also:) **cement, concrete**   tīmā   My left leg was set in ~ (in a plastercast). 'Ua tīmāhia tō'u 'āvae 'aui.

gyroscopic compass   'avei'a hirohirouri

habit

habit, custom, manner peu He has strange ~s. E peu 'ē tāna. as is the ~ of women mai te peu a te mau vahine ra That is a custom that I have not yet heard about. E peu te reira tei 'ore ā i fa'aro'ohia e au i te paraura'ahia mai. It is a pleasant custom to give people a warm (literally: good) welcome. E peu au 'o te fāri'i maita'i i te ta'ata.
habit, dress 'a'ahu, 'ahu nun in white ~ pōpe vahine 'a'ahu uouo
habitual, accustomed to, being used to mātau I am used to working. 'Ua mātau vau i te rave i te 'ohipa.
habitual, accustomed to, knowing how to mātaro I am used to sailing (know how to sail) boats. 'Ua mātaro vau i te fa'atere i te poti tā'ie.
habitual, familiar, accustomed, ordinary mātauhia
alcohol **habituation, alcohol addiction, alcoholism** mātaura'a i te inu i te 'ava ta'ero Because of his ~, his family life became unbearable (literally: very bad). I tōna mātaura'a i te inu i te 'ava ta'ero, 'ino roa a'era te orara'a o tōna 'utuāfare.
hacked, ragged, badly cut (of hair) 'ōtitotito, paopao
hail (icy particles) ua pa'ari (literally: hard rain)
hail, call out tuō I ~ed the taxi driver. 'Ua tuō vau i te ta'ata fa'ahoro pereo'o tārahu.
hair (on top of the head) rouru part one's ~ vehe i te rouru Your ~ is tangled (up),

half-coconuts tied to someone's feet

I'll comb it out. 'Ua tāfifi tō 'oe rouru, nā'u e ha'amatara.
a (single strand of) **hair** io rouru
hair (on body), (also:) **fur, feather** huruhuru
hair, goat's beard, goatee 'umi'umi
eyelash **hair** hihi
head of **hair, scalp** huruhuru upo'o
part in the **hair** vehera'a rouru
part one's **hair** vehe i te rouru
rubber band to tie up the **hair** uaua tā'amu rouru
white or whitening **hair** hina
covered with white **hair** hinahina His ~ is white now. 'Ua hinahina tōna rouru i teienei.
hair clip, hair clasp pine tāmau rouru
hair loss, alopecia, baldness ma'urura'a huruhuru
haircut rouru tāpū I would like a light ~, but please cut it short around the ears and in the neck. E mea hina'arohia e au te hō'ē rouru tāpū 'ohie, 'āea rā, 'ia nehenehe iā 'oe 'ia tāpū poto nā te hiti o te nau tari'a e te 'arapo'a.
Haleyon venerata, kingfisher, fishing martin ruro
half 'āfa
cut in **half, halve** tā'āfa That tiki (club, canoe) is too expensive, but if it were about ~ the price, I might buy it. E moni rahi roa tō terā ti'i (rā'au poro rahi, va'a); mai te mea rā e tā'āfa-ri'i-hia te moni, e ho'o mai paha ia vau.
half-and-half, fifty-fifty 'āfa'āfa
half of a breadfruit or **coconut** pēha'a
half-beak (fish of the Hemiramphidae family), **Hyporhamphus acutus** ihe
half-caste ta'ata 'āfa'āfa, ta'ata 'āfa, 'āfa'āfa, 'āfa
looking like a **half-caste** (having a skin-color between the typical white and the typical Polynesian) ta'ata ravarava, ravarava
half-coconuts tied to someone's feet in the manner of stilts tia'a 'apu ha'ari

249

half-dry   **handicapped**

half-dry, almost dry pāpāmārō
half-franc, fifty centimes, ten sous raera (from the Spanish coin real)
half-open, ajar, widely spaced, gaping fatafata The door is ~. 'Ua fatafata te 'ōpani.
half-open, partially open mātahataha His shirt is ~ (not completely buttoned). 'Ua mātahataha tōna 'a'ahu 'o'omo.
half-shell
half-way open (of a flower) pūva'ava'a
hall, auditorium fare 'āmuira'a ta'ata dance **hall** fare 'orira'a
town **hall** (French: mairie), **city hall** fare hau tivira (literally: house for civic government), fare ha'aipoipora'a (literally: house for weddings)
halt, stop, cease fa'aea
temporary **halt, break, pause, intermission** fa'aeara'a
halyard hāri'a
hoist by means of a **halyard** huti, hīvi
ham, pork, bacon pua'a, 'i'o pua'a
hammer (tool) hāmara
jack-**hammer, pneumatic drill, compressed-air drill** hāmara pātia, hāmara mata'i
hammer, fasten by hammering nail(s), nail, hit repeatedly pātiti, pātiti i te naero
hammer, strike, pound, beat, punch, forge tupa'i
hammer shark ma'o taumata
hammer-throw (sport) tāorara'a hāmara tāpau
hammock ro'i tā'ue'ue (literally: moving or shaking bed), hāmata
hamzah, glottal stop pa'a'ina
the diacritic for the **hamzah** or **glottal stop** (') 'eta
hand, (also:) **arm, finger** rima (actually the word rima refers to the whole area between the shoulder and the end of the fingers and the actual part meant is indicated by the content or by pointing) right ~

rima 'atau left ~ rima 'aui palm of ~ 'apu rima His ~ seized my binoculars. 'Ua haru tōna rima i tā'u (titi'a) hi'o fenua.
hand, fist rima ha'amenemene close one's fist ha'amenemene i te rima (or:) 'u'umu i te rima
at **hand, imminent, near** (construction with tē fātata nei) Repent ye: for the kingdom of heaven is ~. E tātarahapa 'outou: tē fātata mai nei ho'i te basileia (pronounced patireia) o te ao.
by my **hand** (below the text in a document: "I authorize it") nā tā'u rima
close at **hand, close to, close by** fātata, tei fātatu'i i
pinch or squeeze with **hand** or fingers 'i'iti
put one's **hand** into a hole tīnao
run **hands** over, **caress, stroke** mirimiri
slide or slip through **hands** or fingers mahemo
hand over, deliver tu'u And [Judas Iskariot] said unto them, What will ye give me, and I will deliver him unto you? And they covenanted with him for thirty pieces of silver. 'Ua parau atura [o Iuda Isakariota], Eaha tā 'outou e hōro'a mai nā'u, e na'u 'oia e tu'u atu iā 'outou? 'Ua fāito maira rātou i e toru 'ahuru moni 'ārio nāna.
handball tirira'a pōpō, tiri-pōpō
handbook, manual puta 'ohipa
handcart pereo'o aratō
handcuffs pōnao rima
hand-fish (an aggressive fish of the Cirrhitidae family which can be a danger to divers), **Cirrhitus pinnulatus** patu'i
handcart pereo'o putō noa e te rima ta'ata
handicap huma mental ~ huma roro motor ~ (involving limbs) huma mero sensory ~ huma pāparua
handicapped, deformed, malformed, disfigured tupu 'ino
handicapped, deformed (applied to legs or

handicapped / **harbor**

feet), **misshapen, crooked, twisted** hape ~ leg or foot, club-foot ʻāvae hape

handicapped, disadvantaged huma mentally ~ huma roro physically ~ huma mero sensorially ~ huma pāparua

handiwork ʻohipa a te rima The heavens declare the glory of God; and the firmament showeth his ~. Tē parau hua nei te mau raʻi i te hanahana o te Atua; ʻē tē faʻaʻite nei te reva i te ʻohipa a tāna rima.

handkerchief horoi ihu, horoi

paper **handkerchief, facial tissue** parau horoi ihu

handle of a suitcase, briefcase, attaché case, bag, or basket feretau

handle of a tool ʻāʻau

handle of a tool, (also:) **carrying stick** or **pole** mauhaʻa

handle of a tool or container ʻaufau

knife **handle** poro tipi, poro

handrail ʻaupoʻi

handrail, railing rērā

handsome, attractive, fancy, elegant, spiffy hāviti

hang, swing at the end of a rope, (also:) **balance, keep on an even keel** tārere

hang (down), be suspended tautau

hang (up) as on a wall faʻauta I ~ed your jacket on the hook. ʻUa faʻauta vau i tō ʻoe pereue i niʻa i te tāmauraʻa.

cause to **hang, suspend** something faʻatautau Pictures hung upon the wall in golden frames. E mau hohoʻa pēni tei faʻatautauhia i niʻa i te mau papaʻi.

hang, commit suicide by hanging, execute by hanging tārī

Hang right in there! Don't give up! ʻA faʻaitoito noa!

hanger-on (who does not pay his share), **moocher, gate-crasher** taʻata tārere

over**hanging cliff** mato tārere

Hansen's disease, leprosy ʻoʻovi , rēpera

happen, occur, take place tupu What is really ~ing here? Eaha hoʻi teie e tupu nei? A troublesome thing ~ed. ʻUa tupu te hōʻē peʻapeʻa. How did it ~? E mea nahea te reira i te tupuraʻa? One must not let that kind of thing ~ again. E ʻere i te mea tiʻa ʻia tupu faʻahou i te reira huru ʻohipa.

cause to **happen, create, bring into being** faʻatupu

happening, circumstance, occurrence tupuraʻa

happenstance, chance occurrence ʻohipa tupu noa

fortunate **happenstance, luck, good fortune, serendipity** fānaʻo, fānaʻoraʻa

happiness, joy, eagerness ʻoaʻoa eternal ~ ʻoaʻoa mure ʻore It is a joy for me to sail on the ocean. E mea ʻoaʻoa nāʻu ʻia tere nā te moana.

happiness, joy, jubilation pōpou, poupou My heart is full of ~. ʻUa pōpou tōʻu ʻāʻau.

happy, joyful, rejoycing ʻoaʻoa We (both of us) are very ~ to come here to Tahiti. ʻUa ʻoaʻoa roa māua i te haere mai i Tahiti nei. ~ birthday! ʻIa ʻoaʻoa ʻoe i tō ʻoe mahana fānauraʻa! (or:) ʻIaorana i tō ʻoe mahana fānauraʻa! ~ New Year! ʻIa ʻoaʻoa ʻoe (ʻōrua, ʻoutou) i te matahiti ʻāpī! (or:) ʻIaorana i te matahiti ʻāpī! We (both) are so happy that we'll meet you ~ next week. Tē ʻoaʻoa roa nei māua i te mea e, e fārerei faʻahou tātou i teie hepetoma i mua nei. If you (two) can come tomorrow, we (both of us) will be very ~. Mai te mea e, e nehenehe tā ʻōrua e haere mai anānahi, ʻe ʻoaʻoa ia mātou.

happy, satisfied, content, grateful māuruuru I am ~ to meet you. Māuruuru nō te fārereiraʻa iā ʻoe. I am ~ to meet you again. Māuruuru nō te fārerei-faʻahou-raʻa iā ʻoe.

harbor, anchorage, moorage vāhi tūtauraʻa pahī, tūtauraʻa pahī

harbor, dock, berth, slip vāhi

tā'amura'a pahī, vāhi tā'aira'a pahī
harbor, dock, quay, wharf uāhu
harbor, port, dock, ship's landing tapaera'a pahī, vāhi tāpaera'a pahī, tapaera'a Papeete used to be the residence of the Pomare dynasty, it was also a ~ for whalers. I te taime mātāmua tei Pape'ete te nohora'a o te 'ōpū ari'i Pomare, tei reira ato'a te tāpaera'a o te mau pahī pātia tohorā.
harbor, roadstead, bay 'o'o'a
boat **harbor** or **anchorage** or **moorage** vāhi tūtaura'a poti, tūtaura'a poti
boat **harbor** or **dock** or **berth** or **slip, marina** vāhi tā'amura'a poti, vāhi tā'aira'a poti
boat **harbor, dock, boat landing, marina** vāhi tāpaera'a poti, tapaera'a poti
entrance into a **harbor, pass through the reef** ava, avaava
harbor captain ra'atira pairati pahī
harbor police muto'i miti
harbor thoughts of vengence, be vindictive, hold a grudge tāpa'opa'o
hard, difficult, complicated fifi The Tahitian language seems very ~ to me. E mea fifi roa iā'u te parau Tahiti. It is especially ~ for me to understand Tahitian when it is spoken fast. E mea fifi roa nā'u 'ia pāpū i te parau Tahiti iā parau ha'avitiviti-ana'e-hia. It is especially ~ for me to speak Tahitian on the telephone and understanding it is even harder. E mea fifi roa iā'u i te parau Tahiti nā roto i te niuniu 'ē te pāpūra a i te aura'a e mea fifi roa atu a'e. It is very ~ to drive this kind of car. E mea fifi roa iā fa'ahoro i teie huru pereo'o. That is a ~ job. E'ohipa fifi te reira. She is a very ~ woman (to get along with). E vahine fifi roa 'ōna.
hard (mentally and physically), **resistant,** (also:) **inflated** pa'ari ~ liquor 'ava pa'ari Look here, could you please look at the left rear tire to see if it is (properly) inflated. 'Āhani na, 'a hi'o ri'i pahā i te uaua i muri i te pae 'aui, mea pa'ari ānei.
hard, solid, tough (when speaking of taro) u'au'a (note: uaua means rubber or elastic)
hard, stiff, firm, rigid 'eta'eta
try very **hard, make a real effort** (in general), tūtava I am trying very ~. Tē tūtava nei au.
hard up, short of money (construction with fifi:) I am kind of ~ for money these days. 'Ua fifi ri'i au i teie mau mahana i te pae'au nō te moni.
hard-headed, stubborn upo'o pa'ari
harden, make hard ha'apa'ari
harden, tighten, stiffen, firm up, (also:) **be stubborn** fa'a'eta'eta
hardhat, helmet tāupo'o pa'ari, tāupo'o pāruru i te upo'o
hardheaded, stubborn upo'o pa'ari
hardly, very little in the way of 'aore re'a There is ~ anyone in that restaurant. 'Aore re'a e ta'ata i roto i terā fare tāmā'ara'a.
hardness, strictness, firmness (e mea) 'eta'eta
hardship, burden, load, weight, responsibility hōpo'ia It was Pouvāna'a a O'opa's faith in God which supported him in bearing all the ~s. O te ti'aturi i te Atua tei turu iā Pouvāna'a a O'opa nō te amo i te mau hōpoi'a ato'a.
hardware (iron) tauiha'a 'āuri
hardware (metal in general) tauiha'a punu
a kind of **hardwood tree** from the twigs of which combs were made, **Pemphis acidula** 'ā'ie
hard-working, industrious, energetic, active itoito He is truly working hard. Tē rave nei 'ōna i te 'ohipa mā te itoito mau.
harlot, prostitute, whore vahine tai'ata, vahine taute'a, vahine taote'a, vahine pukarua
harm, evil 'ino Don't do ~! 'Eiaha e

harm

rave i te 'ino! He was punished for the ~ he did. 'Ua fa'autu'ahia 'ōna nō tōna 'ino.
harm, evil-doing hāmanira'a 'ino
malicious **harm** or **damage, sabotage** 'ohipa tōtōā, 'ohipa tōtōvā
protect from **harm, look after, guard, watch out for,** (also:) **wait** tīa'i
harm, do something bad or **evil, mistreat** hāmani 'ino
maliciously **harm** or **damage** or **injure, sabotage** tōtōā, tōtōvā
No **harm** done. **Forget it! No problem. It doesn't matter. Nothing to worry about.** 'Aita pe'ape'a.
harmful, dangerous, horrible, terrifying ri'ari'a
harmful, bad, evil 'ino
harmful, destructive, wicked tōtōā, tōtōvā
harmonica, accordion 'upa'upa 'ume'ume
mouth-**harmonica** 'upa'upa vaha
harmony, agreement, (also:) **alliance** fa'atau'ara'a
harness hāneti, hāhiti
harp tinura
Jew's-**harp** tītāpu
harpoon 'āuri pāti'a i'a, 'āuri pāti'a
underwater **harpoon** (gun) 'āuri pupuhi
to sharpen the (point of the) underwater ~ 'ūfao i te 'āuri pupuhi
harsh, severe, (also:) **violent** (of wind or sea), **strong** 'ū'ana
harshness, severity, (also:) **violence** (of wind or sea), **strength** 'ū'ana In fact, he has judged with the full ~ of the French law. E ha'avāhia ho'i 'ōna mā te 'ū'ana-ato'ara'a o te ture farāni.
harsh(ness), stiff(ness) 'eta'eta
harvest 'auhune
harvest season, time of abundance 'anotau 'auhune
harvest, gather, pick pāfa'i, pōfa'i, māfa'i

haul

harvest, reap, (also:) **cut, prune** 'o'oti Plant, so someone else may ~! 'A tanu 'ia ti'a iā vetahi 'ē 'ia 'o'oti ra!
haste, impatience rū
hasten, make haste, hurry, rush ha'avitiviti, ha'aviti, fa'a'oi'oi, ha'ape'epe'e (very fast) You should hurry and fetch the doctor. 'Ia ha'ape'epe'e 'oe i te ti'i i te taote.
hasty, fast, rapid, quick, swift 'oi'oi
hasty, impatient rū Don't be ~! Wait! Just a moment! 'Eiaha e rū! (usually shortened to:) Hērū! Please don't be ~! 'Eiaha paha ia e rū!
hasty, impetuous, impatient, eager, ardent hitahita
hasty (as a characteristic), **(always) impatient** rū noa You are a ~ person (You always seem to be in a hurry). E ta'ata rū noa 'oe.
hat, bonnet tāupo'o, taumata *(archaic)* (Although the word taumata has died out on Tahiti, it is still used on Pitcairn Island.) Whose ~ is this? Tō vai teie tāupo'o?
hard**hat, helmet** tāupo'o pa'ari, tāupo'o pāruru i te upo'o
hat form tohe tāupo'o, 'ōhure tāupo'o
hatch, (also:) **cargo hold,** (also:) **bilge** hāti ~ **cover** tāpo'i hāti
hatch, be hatched, incubate pātō
cause to **hatch, incubate** ha'apātō have
hatching, incubation ha'apātōra'a
hatchet, adze 'ōpahī (literally: ship scooperout)
hatchet, axe to'i
hatchet with curved blade used to finish the inside of a canoe tūpā
haughty, arrogant, conceited, stuck-up te'ote'o, fa'a'oru, fa'ateitei Pride [arrogance] goeth before destruction, and an ~ spirit before a fall. 'O te te'ote'o tō te pohe ra nā mua, 'ē te 'ā'au fa'ateitei tō te hi'a.
haul, catch, (also:) **accumulation, pile, heap** pu'era'a, pu'e ~ of fish pu'era'a

haul

i'a, pu'e i'a   pile of sweet potatoes   pu'e 'umara   heap of flowers   pu'e tiare

haul, pull, tow, tug   tāvere

haul in on, tighten, trim   fa'a'eta'eta   ~ (trim, tighten) the jib, the sail is flapping. 'A fa'a'eta'eta i te fē'ao, te tārepa nei te 'ie.

haul or **pull in** (fish)   piu

haunt   'aiārū

have (ownership)   (construction with tō, tā, nō, nā)   Teri'i has a fast sailing canoe. E va'a tā'ie vitiviti tō Teri'i.   Teiho has a big and beautiful house. E fare rahi 'ē te nehehehe tō Teiho.   The Tuamotus ~ no mountains. 'Aita tō te Tuamotu-mā e mou'a.   That ship has a very strong engine. E mātini pūai roa tō terā pahī.

have (no ownership)   (construction with [tei] iā ... nei and [tei] iā ... ra)   We ~ your car here. Tei iā mātou nei tō 'oe pereo'o uira.   We don't ~ your car here. 'Aita tō 'oe pereo'o uira iā mātou nei.   They don't ~ your car. 'Aita tō 'oe pereo'o uira iā rātou ra.   Who has my sailboat? Tei iā vai tō'u poti tā'ie?   Do you ~ my pen? Tei iā 'oe ānei tā'u pēni?   Does Ete ~ my bicycle? Tei iā Ete ānei tā'u pereo'o ta'ata'ahi?

have, take   rave   I will ~ (take) the camera tomorrow. E rave au i te pata hoho'a ānānahi.   I did not ~ (take) the camera yesterday. 'Aita vau i rave i te pata hoho'a inānahi.

have a desire fulfilled or satisfied, get over (fatigue, hunger, thirst)   māha   My desire(s) has (have) been fulfilled. 'Ua māha tō'u hina'aro.

have a go at something, try, attempt   tāmata

have available   vai   Would you like some wine? Yes, if you ~ some. Hina'aro ānei 'oe i te uaina? 'Ē, mai te mea tē vai ra tā 'oe (or:) 'Ē, mai te mea ra ē, e uaina tā 'oe e vai ra.

have bad luck, lose out, be unlucky   pāoa

Hawai'ian islands

He had bad luck in the lottery. 'Ua pāoa 'ōna i te tāvirira'a.

have good luck, succeed   manuia   I had good luck in the lottery. 'Ua manuia vau i te tāvirira'a.

have eaten fully, be sated   pa'ia

have nothing to do   fa'aea noa   I am tired of having nothing to do. 'Ua fiu vau i te fa'aea noa.

have on, be dressed in   'ahu, 'ahuhia   She has a yellow dress on. 'Ua 'ahu 'ōna i te 'a'ahu re'are'a.

not **have, lack, be deprived of**   'ere, 'ene   (seldom used)   He is out of (does not ~ any) work. 'Ua 'ere 'ōna i te 'ohipa.

have to, must   (construction with e mea ti'a)   It is very late now; we ~ go home. E mea maoro roa i teie nei; e mea ti'a iā māua 'ia ho'i i te fare.   May we sit next to you (two) in church or do we ~ sit in a special place reserved for tourists? E nehenehe ānei iā māua 'ia pārahi i piha'i iho iā 'ōrua, e 'aore ra, e mea ti'a ānei iā māua 'ia pārahi i te vāhi i fa'ata'ahia nō te mau rātere?

having gooseflesh   hōtaratara

having mannerisms   peu

Hawai'i, "the Big Island"   Vaihī, Havai'i (*archaic*), 'Aihī (*archaic*)   That is 'Aihī, land of the great fishhook, land where the raging fire ever kindles, land drawn up through the undulation of the towering waves from the Foundation! Beyond is O'ahu. (In modern Tahitian:) 'Oia 'o Vaihī, fenua o te matau rahi, te fenua e ā noa maite auahi riri, te fenua i hutihia mai nā te hapo'opo'ora'a o te 'are teitei mai te Tumu mai. I pihai'i atu o O'ahu ia. (From the ancient sailing directions mentioned in the next entry.)

Hawai'ian *adj*   vaihī   He spoke in the ~ language). 'Ua parau 'ōna nā roto i te reo vaihī.

Hawai'ian *n*   (ta'ata) vaihī

Hawai'ian islands, sometimes referred to as

254

The Eight Islands Vaihī-mā, Hawai'i-mā *(archaic)*, Nā Motu e Va'u The Hawai'ian island group was discovered by Tahitians, probably from the Leeward Islands (Ra'iātea [Havai'i] and/or Bora Bora [Vava'u]) in the seventh century A.D. (some historians say the original discoverers may have been from the Marquesas). The ancient Ra'iātean sailing directions to Hawai'i have been preserved and are recounted by Teuira Henry in her article <u>The Birth of New Lands</u> (Journal of the Polynesian Society, Volume 3, 1894, pages 186 to 189). The European "discoverer" of the Hawai'ian islands was James Cook, January 18, 1778.

hawk manu 'ai moa

hawse-hole horora'a fifi

hawser, rope taura hemp (manilla) ~ taura manira, taura rōpiani nylon ~ taura uaua ship's ~ taura pahī, steel ~ taura niuniu The ship's ~s were cast off. 'Ua ha'amatarahia (or: matara) te taura pahī.

haze, fog, mist rūpehu

he, (also:) **she** 'ōna (the usual, colloquial, vernacular word for the pronoun, especially in conversation), 'oia (formal, solemn, literary, religious, sometimes emphatic)

head (of animals, especially of fish) 'ōmi'i

head (of animals, especially land animals and birds) 'āfi'i

head (human) upo'o a person with a good ~ ("on the shoulders") ta'ata upo'o maita'i a flea-infected ~ upo'o 'utu Don't turn your ~ constantly in church (note that head is the subject in the Tahitian sentence)! 'Eiaha e tīoioi noa te upo'o i roto i te fare purera'a!

head of an octopus or squid pū fe'e

having "lost one's **head**," **being unstable** 'ua huru nevaneva

put a lei around someone's **head** or neck fa'ahei

head, boss, superior 'ona

head of government upo'o fa'atere (i te hau)

head of hair, scalp huruhuru upo'o

head of the household, master of the house te fatu 'utuāfare

head or **point of land, peninsula, cape, promontory, spit** 'otu'e, 'outu The house had been built on a very pleasant ~. 'Ua fa'ati'ahia te fare i ni'a i te hō'ē 'ōtu'e au maita'i roa.

head of staff, manager, director, person in charge ta'ata ha'apa'o (i te ...), ra'atira hotel manager ta'ata ha'apa'o i te hōtēra

head for, travel to, go to, fly to (in that sense) tere Does the plane often fly to Bora Bora? E tere-pinepine-atu ānei te manureva i Porapora?

head/breech presentation (med.) fāurara'a upo'o

headache māuiuira'a upo'o, māuiui te upo'o She had a ~ (literally: Her head was hurting), so she did not come. 'Ua māuiui tōna upo'o, nō reira 'aita 'ōna i haere mai.

headache (chronic) hoa

headache, migraine 'āhoahoa

heading of a chapter upo'o parau

headlight(s) mōrī pereo'o I was blinded by the ~s of the car. 'Ua mohimohi tō'u mata i te mōrī pereo'o.

headphones, earphones fa'aro'o tari'a

headquarters, base pū

heal, ameliorate, make good fa'amaita'i

heal, save, cure, deliver fa'aora Physician, ~ thyself! E te tahu'a ra, 'a fa'aora iā 'oe iho!

heal, treat, give medication to rapa'au

healer, deliverer, redeemer ta'ata fa'aora, fa'aora

healer, Savior fa'aora

healer, native doctor, medicine man tahu'a (still consulted today, also by popa'ās [kahuna in Hawai'ian])

healer, physician, doctor taote

255

healing fa'aorara'a

health, (also:) **be in good health** ora ~ education ha'api'ira'a aupuru ora

health, healing ea (seldom heard today except in combinations) ~ service fa'a'ohipara'a ea   World ~ Organization Tā'atira'a Ea o te Ao nei

health department or **service** piha 'ohipa utuutura'a ma'i

healthy oraora

be **healed** or **cured** or **saved** ora, fa'aorahia   I was ~ by this medicine. 'Ua ora vau i teie rā'au.   I was ~ by the American doctor. 'Ua fa'aorahia vau e te taote marite.   My illness was cured. 'Ua ora tō'u ma'i.

heap, pile, (also:) **haul, catch, accumulation** pu'era'a, pu'e   ~ of fish pu'era'a i'a, pu'e i'a   ~ of flowers pu'e tiare   ~ of sweet potatoes pu'e 'umara

heap up, amass, gather together ha'aputu

hear, listen to fa'aro'o, fa'aro'oro'o   Have you (two) ~d the news? 'Ua fa'aro'o ānei 'ōrua i te parau 'āpī?   We (two) ~d that the Aranui (the old ship) had hit a reef and had sunk. 'Ua fa'aro'o māua ē 'ua ū 'o Aranui (te pahī tahito) i ni'a i te a'au 'ē 'ua tomo.   I was very disturbed to ~ about that accident. 'Ua horuhoru tō'u 'ā'au i te fa'aro'ora'a i terā 'ati.

hear (something) rumored, catch rumors that, hear it said that hāro'a, hāro'aro'a   I have heard those things rumored (once or twice). 'Ua hāro'a vau i terā mau parau.   I have heard those things rumored (on several occasions). 'Ua hāro'aro'a vau i terā mau parau.

I hear you! (a reply to having been addressed) 'ō

hearsay, rumor, gossip (te) parau a te ta'ata

"know" (something) only by **hearsay** (construction with fa'aro'o tari'a noa)   It came to me by way of ~, 'Ua fa'aro'o tari'a noa vau (i terā mea).

hearse pereo'o ma'i

heart (originally referring only to the organ, but now also to the seat of emotions) māfatu   my ~ (organ) tō'u māfatu   my ~ (seat of emotions, especially in poetry and songs) tā'u māfatu   My ~ is aching (physically). Tē māuiui nei tō'u māfatu.

"**heart**" (the Polynesians considered the intestines as being the seat of emotions, as an English-speaking person implies when saying: "I have butterflies in my stomach" or "I feel it in my guts"), **guts, intestines, entrails** 'ā'au   to touch the ~ ha'aputapū i te 'ā'au   My ~ is full of joy. 'Ua pōpou tō'u 'ā'au.   My ~ is aching (emotionally) . Tē mamae noa nei tō'u 'ā'au.   (from) the bottom of my ~ papa o tō'u nai 'ā'au   Pouvāna'a a O'opa was a man of honor who loved freedom (literally: had a ~ which loved the concept of freedom and honor). E 'ā'au here i te ferurira'a ti'amā 'ē te fa'atura tō Pouvāna'a a O'opa.   Blessed are the pure in ~; for they shall see God. E ao tō tei mā te 'ā'au; e 'ite ho'i rātou i te Atua.   ... and wine that maketh glad the ~ of man. ... 'ē te uaina e 'oa'oa ai te 'ā'au ta'ata nei.

learn by **heart, learn by rote** tāmau 'ā'au

touch the **heart** of someone   ha'aputapū i te 'ā'au

heart of palm, center of a coconut palm puo ha'ari

heart of a plant (as the heart of a banana stalk)   'ao

heart of trees ro'a

heart (coronary) disease ma'i māfatu   A ~ was the reason that he died. O te ma'i māfatu te tumu i pohe ai 'ōna.

heart murmur tūpa'ira'a māfatu

evil-**hearted** 'ā'au 'ino   He is an ~ person. E ta'ata 'ā'au 'ino 'ōna.

kind-**hearted** māfatu maita'i, 'ā'au maita'i   My wife is a very ~ person. E ta'ata māfatu maita'i roa tā'u vahine.

heat

learn by **heart** (by rote) tāmau 'ā'au
heat ve'ave'a
radiant **heat**, (also:) feverish **body heat**
 ahu (note that 'ahu means cloth or dress)
 The (earth) oven radiates ~. 'Ua ahu te
 hīmā'a.
heat, heat up, make hot ha'ave'ave'a,
 fa'aahu (note that fa'a'ahu means to
 clothe)
heat, make warm tāmāhanahana
heat up, get hot (also:) **burn** ve'a, vera
water **heater** (mātini) ha'ave'ave'a pape,
 (mātini) tāmāhanahana pape, (mātini)
 ha'ave'a vai, ha'averavai solar water ~
 ha'ave'a-pape-ito-rā, ha'ave'a-vai-ito-rā,
 ha'averavai itorā
heathen, pagan 'etene
heave, crane, derrick, winch, hoist,
 (also:) **lift by means of a crane** (etc.) hīvi
heave, belch, burp to'o, to'oto'o
heave, throw up, vomit piha'e
heave to (sailing vessels), **bring to** pāruru
heaven (Biblical), **the heavens, the hereafter** te ao ra, te ao na, te ao (te ao nei
 means the world "here below") Thy
 kingdom come, thy will be done, on earth,
 as it is in ~. 'Ia tae tō 'oe ra hau, 'ia
 ha'apa'ohia tō 'oe hina'aro i te fenua nei,
 mai tei te ao ato'a na. Blessed are the
 poor in spirit: for theirs is the kingdom of ~.
 E ao tō tei (literally: heaven will come to
 those who are) ha'eha'a te 'ā'au, nō rātou
 hoi te basileia (pronounced pātireia) ra o
 te ao.
heaven, celestial **space** reva space ship
 pahī reva
heaven, firmament, sky ra'i (also used in
 a biblical context) He has gone to ~. 'Ua
 reva 'ōna i ni'a i te ra'i. In the beginning
 God created the ~ and the earth. Hāmani
 ihora te Atua i te ra'i 'ē te fenua i te
 mātāmua ra.
heaven, void, empty air space aore
heavenly body, star feti'a
heaviness, weight teiahara'a

held up

heavy, burdensome teiaha, toiaha,
 taiaha, teimaha, toimaha, taimaha
make less **heavy, lighten** fa'amāmā,
 ha'amāma
not **heavy, not burdensome, light** māmā
carry a **heavy object,** (also:) **lift up** hōpoi
heavy shower, squall pāpape, pāvai,
 'āvai
heavyweight (in boxing) fāito teiaha
Hebrew Hepera
hectare (equivalent to **2.471 acres**) tā
heed, observe, comply with, obey
 fa'atura ~ (observe) the speed limits for
 travel on the road. Ei (or: Ei 'a) fa'aturahia
 te tā'ōti'ara'a o te tere nā ni'a i te
 puromu.
heed, respect, submit to, obey, (also:)
 yield to, be submissive or **obedient**
 auraro
heed, take heed, watch out ha'apa'o
 maita'i
heed or pay physical attention to **a baby** (by
 taking it into one's arms, rocking it to sleep,
 etc.) hi'i
heedless, capricious, giddy, silly
 neneva, mana'o neneva
heedless, inattentive, flighty 'ōnevaneva
heedless, inattentive, not paying attention
 nevaneva
heedless(ly), impulsive(ly), rash(ly),
 unthinking(ly) pupara
heedlessness neneva, mea neneva
heel *n* poro 'āvae
heel, list, swing over 'opa
heeling, listing 'opa, 'opara'a
heifer pua'atoro ufa 'āpī
height, elevation, altitude teiteira'a,
 teitei
height of a person roa, roara'a
heir, heiress ōno faufa'a direct ~
 huā'ai fatu faufa'a testamentary ~ ōno
 faufa'a tutu'u
held back (of liquids), **dammed up** pahu
held up, having fallen behind, be passed
 ma'iri

257

held up, stopped, stuck mau
helicopter manureva tautau
hell, Hades hāte, pō auahi, pōuri (Biblical, literally: darkness), te pāni a Tātane (literally: the devil's frying pan) "I tell [warn] you," said Keawe, "the man who has that bottle goes to ~." Nā 'ō atura o Ke'aue: "Te fa'aara atu nei ā vau iā 'oe, te ta'ata nāna tenā mōhina, o hāte ia tōna vaira'a." (from Robert Louis Stevenson's The Bottle Imp, freely translated by John [Tihoni] Martin.) He descended into ~. 'Ua pou 'oia i raro i te pōuri.
Hello! Hi! Greetings! 'Iaorana! (often pronounced 'iaoranna) ~, (my) friends! 'Iaorana, te mau hoa! Seldom in Tahiti nowadays, but more often in the outlying islands, you may hear the old greeting, called out from a home: Haere mai tāmā'a! (Come here and eat!) to which the polite reply is "Pa'ia vau, māuruuru!" (I have eaten, thank you!).
go and say **hello (to)** haere e arofa (iā)
helm, rudder, tiller hoe fa'atere
helm, wheel on a ship huira tāvirira'a hoe, huira
luff the **helm** fa'atīara
helmet, hardhat tāupo'o pa'ari, tāupo'o pāruru i te upo'o Those who use two-wheeled vehicles must wear a helmet. Te feiā e fa'ahoro i te pereo'o huira piti: 'a 'o'omo atu i te tāupo'o pa'ari. ~-diving hopu 'ōpūpū (or:) hapu 'ōpūpū
diver's **helmet** 'ōpūpū
helmsman, coxswain pōtini
help, aid, assistance, backing, support tauturu, tuturu, turu
domestic **help, maid, servant** tāvini
help, do good (things) hāmani maita'i
help, aid, assist, back, support tauturu May I ~ you? E nehenehe ānei iā'u 'ia tauturu iā 'oe? My best friend has ~ed me build this sailing canoe. 'Ua tauturu tō'u hoa rahi iā'u i te hāmanira'a i teie va'a tā'ie. I don't like to cook unless my wife will ~ me. E 'ere i te mea au roa nā'u 'ia tunu i te mā'a, maori rā 'ia tauturu mai tā'u vahine iā'u.
helped, alleviated, mitigated, allayed, calmed (down) tāmaruhia
helped, alleviated, relieved māha
helped, alleviated, softened, mollified, soothed, eased, moderated ha'amarūhia
helped, given assistance tauturuhia
helpful, kind, considerate, thoughtful, giving service to others, ministering to others hāmani maita'i
helpless, perplexed hepohepo
hem *n*, **pleat** 'opira'a, 'iripiti
hem, fold over into a hem, pleat 'opi (be careful about pronunciation here, because 'ōpī means gonorrhea)
hemodialysis rāve'a tāmā toto
hemorrhage, bleeding hīra'a toto, tahera'a toto, totomahu'ore
hemorrhoids 'ōhure tō
hen moa ufa
dwarf **hen** moa ha'a
mother-**hen** moa māi'a, māi'a
hence, therefore, so nō reira She had a very bad headache, ~ she did not come. 'Ua māuiui 'ino roa tōna upo'o, nō reira 'aita 'ōna i haere mai.
hence, therefore, then (construction with:) ia ~, in my youth, I had no money at all. I tō'u 'āpīra'a 'aita roa ia tā'u i te moni.
Henry Henere
hepatitis ma'i 'ūpa'a viral ~ ma'i 'ūpa'a 'ōtiro
her *(object)* -na, iāna
her *(possessive)* tōna (implying strong possession), tāna (implying weak possession), tana (no implication of strong or weak possession)
at **her** or **his place** iōna
herald, crier, announcer ta'ata poro, poro

herb, plant, (also:) **medicine** or **drug** rā'au

herd, crowd ti'a'a

herd, flock, bank of fish, **swarm** of insects 'aere

herd, flock, gang, band, troup nana

herd, pack, horde taura

here (general: a place near the speaker) nei this big ship ~ te pahī rahi nei There are many tourists ~ in Pape'ete. E rave rahi te ta'ata rātere i Pape'ete nei.

here, at or **in this place** iō nei, iū nei, tō ō nei, i teie nei vāhi There are many people ~. E mea rahi te ta'ata iō nei, The beautiful women are ~. Tei ō nei te mau vahine nehenehe. There are all all kinds of flowers ~. 'Ua rau te tiare iō nei. There are mosquitos ~. E naonao tō ō nei. There are all sorts of fish ~. 'Ua rau te i'a i teie nei vāhi. You can either come (along) to my house or stay ~ a while. E nehenehe iā 'oe e haere mai i tō'u fare, 'ē 'aore ra e fa'aea ri'i iō nei.

Here! Present! 'Ou!, 'Ō, Ō!

here is, there is 'īnaha ~ my good friend. 'Inaha tō'u hoa rahi.

here is, this is eie, e'ie ~ Maire Nui. Eie 'o Maire Nui.

the **here-after** te ao 'a muri atu

hereditary tupuna He has a ~ E ma'i tupuna tōna.

heresy haireti

heretic *adj* haireti

heretic *n* ta'ata haireti

hermit ta'ata noho hō'ē (literally: a person who lives alone)

Bernard **hermit crab** u'a

terrestrial **hermit crab, cenobite, Coenobita perlatus** u'a fenua

Hernandia peltata (a kind of plant), **Hernandia sonora** ti'anina

hernia hua 'ā'au

hero, warrior, (also:) **champion** 'aito, toa *(archaic)* In memory of the ~es of Fa'a'a who died in 1844 during the battles against the French soldiers (while) defending their land and their independence. Nō te ha'amana'ora'a i te mau 'aito nō Fa'a'a, o tei mate i te matahiti hō'ē-tautini-'ē-va'u-hānere-'ēmaha-'ahuru-mā-maha nā roto i tō rātou arora'a i te mau fa'ehau farāni nō te pāruru i tō rātou fenua e i tō rātou ti'amāra'a. (From a memorial plaque placed in Fa'a'a.)

reef **heron** or **egret, Demiegretta sacra** 'ōtu'u

herpes zoster, shingles māriri 'ōpūpū

herself 'ōna iho, 'oia iho

herself (with her own eyes, after a verb) 'ōna ihoā

hesitant fē'ā'a

hesitate, be indecisive fē'ā'a

hesitate between two ideas, have a doubt concerning alternatives fē'ā'a piti I ~d as to whether to travel by plane to Raiatea or by ship.. 'Ua fē'ā'a piti tō'u mana'o nō te tere nā ni'a i te manureva i Ra'iātea, e 'aore ra, nā ni'a i te pahī.

hesitate, lose one's conviction and become undecided or indecisive tūrorirori

hesitation fē'ā'a He came here without ~. 'Ua haere mai 'ōna mā te fē'ā'a 'ore.

Heterosulus incanus, sandpiper 'uriri

hew, carve, whittle, sculpt tarai

hew out a canoe tūpā (i te va'a), tarai i te va'a

hex, cast a spell or curse pīfao

hexagon poro ono

hexahedron 'ōrapa ono

hexer, magician, sorcerer ta'ata pīfao

Hi! Hello! 'Iaorana! (often pronounced 'iaoranna) ~, (my) friends! 'Iaorana, te mau hoa! Seldom in Tahiti nowadays, but more often in the outlying islands, you may hear the old greeting, called out from a home: Haere mai tāmā'a! (Come here and eat!) to which the polite reply is "Pa'ia vau, māuruuru!" (I have eaten, thank you!).

hibiscus flower or tree, Hibiscus

hibiscus tree   **highway**

rosasinensis 'aute, 'aute mā'ohi (note that aute refers to the paper-mulberry tree and 'autī means ti plant)
hibiscus tree, Hibiscus tiliaceus pūrau, fau or hau (seldom used today) ~ **leaf** rau fau
bark of a young **hibiscus tree** more (the Tahitian "grass" skirt ['ahu more] is actually made of bleached and thinly shredded pūrau bark fiber)
hiccup tu'i, 'oro'oro
hiccups 'oro'oro
hidden (from awareness), **indirect** 'ōmo'e ~ **tax** tute 'ōmo'e
hidden, secret huna
hidden behind clouds (sun) marumaru
hide, leather 'iri pua'a
hide (especially a person), **conceal** fa'atāpuni, fa'atāponi
hide (a thing), **conceal** tāhuna
hide oneself, conceal tāpuni, tāponi, huna, hunahuna ... and Adam and his wife hid themselves from the presence of the Lord God·amongst the trees of the garden. ... 'ua tāpuni ihora Atamu raua o te vahine i te aro o te Atua ra o Iehova i roto i te ururā'au o te 'ō ra.
hide or **conceal** inadvertently, **leave behind, forget** ha'amo'e
hide-and-seek perē tāpō
high, tall roa
high, tall, exalted teitei ~ **commissioner** tōmitēra teitei He is an officer of ~ rank. E ra'atira ti'ara'a teitei 'ōna.
high (when referring to seas or waves) pūai The seas are very ~. E mea pūai roa te miti.
high, tipsy ta'ero ri'i
high altar fata rahi
high and dry (when speaking of a reef projecting above the surface of the water) pa'apa'a, ti'afā
high chief, king ari'i
"on **high horses**," **snobbish, vain, snotty** teitei (when said in a critical or deprecating voice; otherwise teitei can mean high-placed or of high standing)
high island fenua
high pressure (meteorology) āreareva teiaha
high school, secondary school (Britain), **lycée** ha'api'ira'a tuarua, ha'api'ira'a teitei
high seas, ocean, "great waters" (biblical) moana rahi They that go down to the sea in ships, that do business in great waters. Te feiā i nā tai i te haere i nā ni'a i te mau pahī ra, tei te moana rahi ra tō rātou ra tōro'a.
high seas, open sea tua toward or on the ~ beyond the reef i tua
high speed e tere pūai
high tide nanura'a miti, fa'ananura'a miti, pānanura'a o te miti, miti fa'a'ī
(the) **high-born** (te) hui ari'i
high-pitched teitei
high-placed (also **snobbish** or **vain**, depending on the tone of voice of the speaker) teitei
high-rise, apartment building fare tahua rau
"higher-up," superior, boss ta'ata i ni'a a'e, paoti (note that pā'oti means scissors)
highland taro taruā
highly enjoyable, delightful, pleasing navenave
highway porōmu (rahi), purōmu (rahi), purūmu (rahi), ara (literary) ~ **crossing** tīpu'ura'a purōmu (porōmu, purūmu) ~ **turn** tīpu'ura'a purōmu (porōmu, purūmu) (Observe the (speed) limits for travel on the ~. Ei (or: Ei 'a) fa'aturahia te tā'ōti'ara'a o te tere nā ni'a i te purōmu. Keep strictly to the right side of the ~. 'A tāpe'a māite (i) te pae 'atau o te purōmu. It is necessary to respect (obey) the signs indicating the ~ regulations. Ei (or: Ei 'a) fa'aturahia te mau tāpura o te ture purōmu. Do not under any circumstances leave after a ~ accident! 'Eiaha roa'tu e

hill

horo i muri a'e i te hō'ē 'ati purōmu! Don't sleep on the side of the ~ lest you be urinated on by the dogs! 'Eiaha e ta'oto i te hiti porōmu 'a 'ōmahahia e te 'urī! along the ~s of the sea nā te ara o te moana

hill, foothills 'āivi
him ana, iāna, -na
Himantura, a kind of **stingray** fai i'u
himself 'ōna iho, 'oia iho
himself (with his own eyes, after a verb) 'ōna ihoā
hinder, bother, delay, drag out, interfere with taupupū, fa'ataupupū
hinder, make trouble (for) ha'ape'ape'a
hinder, make difficult, complicate ha'afifi
hinder, prevent something (bad) from happening, **protect** against something pāruru
hinder, stop, forbid, hold back tāpe'a Suffer the little children to come unto me, and forbid them not; for such is the kingdom of God. 'A tu'u mai i te tamari'i ri'i 'ia haere noa mai iā'u nei, 'ē 'eiaha e tāpe'ahia'tu; mai iā rātou ho'i tō te patireia o te Atua ra.
Hindi, Indian 'initia
Hindi (language) parau 'initia
Hindi, Hindu ta'ata 'initia
hindrance, obstacle, bother taupupū
hinge hīnere
hippodrome (the Tahitian hippodrome is in Pehemotu) tahua fa'atitiauara'a pua'ahorofenua (pronounced pū'ārehenua)
hire, borrow, rent tārahu, rave tārahu
hire an employee tihepu
hiring, renting tārahura'a
Hirundo tahitica, swallow 'ōpe'a
his tōna (implying strong possession), tāna (implying weak possession), tana (no implication of strong or weak possession), nōna, nāna It is not your mistake, it is ~. E 'ere nā 'oe te hape, nāna ra ia hape.

hoist

at **his** or **her place** iōna
history, the story or tale or legend from the past te 'a'amu nō te tau i ma'ire, te 'a'amu nō mātāmua,
history, tracing events in order of time tuatāpapa, parau tuatāpapa
hit, strike, beat, pound, punch, hit with closed fist tūpa'i I did not ~ him. 'Aore au i tūpa'i iāna.
hit, box moto
hit, bump into, collide with ū We heard that the Aranui (the old ship) had ~ a reef and had sunk. 'Ua fa'aro'o māua ē 'ua ū 'o Aranui (te pahī tahito) i ni'a i te a'au 'ē 'ua tomo.
hit, slap pā'i, pō'ara, pā'i i te pō'ara
hit with the flat of one's hand, **slap, tap** papa'i (note that pāpa'i means to write or to draw)
hit, whip, spank, give a blow, beat tā'iri I'll go and ~ that dog with a stick. E haere au e tā'iri i terā 'urī i te 'āma'a rā'au.
hit repeatedly with one's hand, spank pa'ipa'i
hit repeatedly (especially with a hammer), **fasten by nailing** pātiti, pātiti i te naero
be **hit** (infrequently used, and then mostly when speaking of a target:) tano, tanotano You will be ~ in the head. E tano 'oe i te upo'o.
hitch, knot, bend tāpona
hitch or **tuck** or **roll** or **turn up** (shirt sleeves, for example) pepe Roll up your dress so that it does not get wet. 'A pepe i tō 'ahu 'a rari i te vai.
hither mai
hoarse, scratchy, raucus tararā ~ voice reo tararā
hobble, drag one leg, limp te'i, te'ite'i, tūte'i, tūte'ite'i
hobby, (also:) **one's favorite** (object or food or person), **fad** tari'apu'u
hoby-cat (catamaran) ama tā'ie
hoe tāpū iti
hoist, crane, winch, block and tackle

261

hīvi (from the English heave), porotata
hoist, raise with a crane or **winch**   hīvi, porotata
hoist a flag   huti i te reva, huti te reva ~ the real Tahitian flag (red-white-red)! 'A huti i te reva mau nō Tahiti ('ute'ute-'uo'uo-'ute'ute)! When the ship approaches the pass and at the very moment when the pilot flag is ~ed ... 'Ia fātata mai te pahī i te ava, 'ē tei te hutira'a i te reva pairati ...
hoist by means of a halyard   huti, hīvi
hold, cargo hold, (also:) **hatch,** (also:) **bilge**   hāti
hold, be firm, be fastened   mau
hold, cause to happen, make arrangements for   fa'atupu   ~ a meeting fa'atupu i te 'āmuira'a
hold, hold on to, grasp, keep ahold of, maintain, look after, reserve   tāpe'a, tāpe'a maita'i   Could you ~ (reserve) a table for dinner tonight? E nehenehe ānei tā 'oe e tāpe'a i te hō'ē 'amura'amā'a (or: 'aira'amā'a) nō te tamā'ara'a i teie pō? May he ~ on to (look after) this very valuable present. 'Ia tāpe'a maita'i 'ōna i teie tao'a arofa faufa'a roa.
hold, imprison   ha'amau   After the September 1958 referendum the French held Pouvāna'a a O'opa in a government prison for 12 years. I muri a'e i te uiuira'a mana'o nō tetepa i te matahiti hō'ē-tautini-'ē-iva-hānere-'ē-pae'ahuru-mā-va'u 'ua ha'amau o farāni iā Pouvāna'a a O'opa i te 'āuri i te hau metua nō hō'ē-'ahuru-mā-piti matahiti te maoro.
hold, retain, occupy (an office), **practice** (a profession)   mau
hold, seize   mau
hold back, dawdle, delay, postpone, put off, stretch out   fa'aroa
hold back, dawdle, delay, prolong, take a long while   ha'amaoro
hold back, dawdle, go slowly   ha'amarirau

hold back, prevent, protect from   ārai
hold back, stop from   tāpe'a
hold dear (with or without romantic implications), **love, cherish, be fond of** here   I love you (hold you dear). Tē here nei au iā 'oe. As you love me, you are to obey my commandments. I here mai 'outou iā'u, 'a ha'apa'o ia 'outou i tā'u mau fa'auera'a.
hold dear (without romantic implications), **love,** (also:) **spoil, pamper, coddle** poihere   She held her child dear. 'Ua poihere 'ōna i tāna tamaiti. This is a child who was spoiled by his grandmother. E tamaiti poiherehia teiee tōna māmā rū'au.
hold firmly, clasp on to, press together, pinch, (also:) **choke, strangle**   'u'umi
hold a grudge, harbor thoughts of vengence, be vindictive   tāpa'opa'o
Hold it! Wait a moment! Don't rush! 'Eiaha e rū! Hērū! (vernacular - this is what you will hear most)
hold out (a hand or foot), **extend, reach out, put forth**   toro, totoro, torotoro   Give me your hand! 'A toro mai nā i tō rima!
hold or **carry something on the shoulders**   amo
hold tight, cling to   tāpi'i, tāpi'ipi'i
hold up, cause to be late   ha'ama'iri
hold up, support, prop up, back up   turu, tuturu
holding on to grudges, unwilling to forgive and forget, vindictive   tāmau i te 'ino'ino
hole, cavity, pit, depression, ditch   'āpo'o
hole, joint, dive, dump, disreputable bar or pub   fare (or vāhi) inuinura'a ro'o 'ino
button-hole (also: **hole in button**)   'āpo'o pitopito
ear-hole   'āpo'o tari'a
full of **holes** (as a bad road or a cheese),

hole

riddled with holes 'āpo'opo'o
hole (which goes all the way through), **opening** puta
full of **holes** (which go all the way through) putaputa
make a **hole, dig** 'ō
make a **hole, pierce** fao
put one's hand into a **hole** tīnao
port**hole** 'ūporo
hawse-**hole** horora'a fifi
Holland, the Netherlands (fenua) Horane
Hollander, Dutchman ta'ata horane
Hollandese, Dutch horane All tongues of the earth were spoken there: the French, the Dutch, the Russian, the Tamil, the Chinese. E fa'aro'ohia (literally: are heard) i reira te mau huru reo ato'a o teie nei aō: te reo farāni, te reo horane, te reo rūtia, te reo 'initia (actually: Hindi, but geographically adjacent languages are often subsumed by Tahitians under one term), te reo tinitō. (from John [Tihoni] Martin's free translation of R.L. Stevenson's short story The Isle of Voices.)
hollow, hollowed out, concave po'opo'o
(make) **hollow,** (make) **concave** ha'apo'opo'o
the **hollow of the ear** po'opo'ora'a tari'a
hollow out with cutting tools 'ūfao, pao
hollowed-out rock, (shallow) **cave** tauana
hollowed out underneath, overhung, undercut tāfare, tāfarefare The waves are arched when they break. E mea tāfarefare te 'aremiti 'ia fati mai.
hollowed sphere, shell 'apu
Holocentrum spiniferum, red-fish 'apa'i
holy, sacred mo'a ~, ~, ~, is the Lord of hosts. E mo'a, e mo'a, e mo'a 'o Iehova Sabaota.
Holy Ghost Vārua maita'i
home fare, (vāhi) fa'aeara'a, (vāhi) nohora'a I am going ~. E haere au i te fare. How do I go ~? E nāfea vau i te ho'i i te fare? How am I going to find my way ~? E mea nāfea vau i te pā'imi i te e'a nō te ho'ira'a fare? (or:) Eaha te e'a nō te ho'ira'a fare? (literally: What is the way to go ~?)
home (with residing family), **household** 'utuāfare Peace be to this ~. Ei hau tō teie nei 'utuāfare.
homecoming, coming back, return ho'ira'a mai, ho'ira'a Our voyage lasted two months, from our departure to our ~. E piti 'āva'e te maoro ia nō tō mātou tere, mai te haerera'a e tae noa'tu i tō mātou ho'ira'a mai.
homeland, home island 'āi'a And when I turned around [looked behind my back], my dear ~ Huahine stretched out [behind me]. 'Ē 'ia neva a'e au i muri i tā'u tua, tē tīraha noa mai ra tā'u 'āi'a iti 'o Huahine.
(native) **homeland, land of one's birth** 'ā'ia fānau
homesteader ta'ata tārahu fenua
homicide, murder, manslaughter taparahira'a
homophone (in phonetics: a word pronounced the same as - but differing in meaning from - another) ta'itū
homosexual (especially male) raerae, (ta'ata) pā'i'a
homosexual, transvestite, cross-dresser māhū (only when said about or to someone who is not a transvestite, is māhū an abusive epithet)
homosexual man (pejorative), **transvestite, female impersonator** pētea
homosexuality pā'i'a
hone, whetstone, oilstone, (also:) **strop** 'ōfa'i tāpape, tāpape
hone (v) with a whetstone or strop tāpape
honest (ly) parau ti'a, mana'o ti'a
honestly, truly parau mau
honesty (mea) parau ti'a, (mea) mana'o ti'a
honey meri
honeycomb, beeswax pāia meri, pāia
honeycomb coral pāia

263

honeycomb sea bass, Epinephelus merra tarao māraurau
honor, glory hanahana
honor(s), praise, commendation 'ārue
honor *n*, **respect** fa'atura Pouvāna'a a O'opa was a man of ~ who loved freedom (literally: Pouvāna'a a O'opa had a heart which loved the concept of freedom and ~). E 'ā'au here i te ferurira'a ti'amā e te fa'atura tō Pouvāna'a a O'opa.
declaration on one's **honor** or **under oath** fa'a'itera'a tapu
honor, admire, glorify fa'ahanahana
honor, praise, commend, say good things about 'ārue, 'āruerue
honor *vt*, **respect** fa'atura
honorable, of good reputation ro'o maita'i
honored, respected tura Pouvāna'a a O'opa was a highly respected man in Tahiti. E ta'ata tura roa o Pouvāna'a a O'opa i Tahiti.
hoodwink, trick, con, "take for a ride" fa'arapu (roa) Watch out, that guy is a con man. Ha'apa'o maita'i, e ta'ata fa'arapu roa terā.
hoodwink, trick, fool, bamboozle tāviri I was ~ed. 'Ua tāvirihia vau.
hook, fastening tāmaura'a I hanged your jacket on the ~. 'Ua fa'auta vau i tō 'oe pereue i ni'a i te tāmaura'a.
hook, fish hook matau bonito ~ matau hī 'auhopu
hook at the end of a pole, used to gather fruit tārou
play **hooky** tāiva child who plays ~ (is truant) tamari'i tāiva i te haere ha'api'ira'a (or:) tamari'i fa'atau ha'api'ira'a
hop, bounce (back or up), **leap** (like fish) patī, pātītī
hop, hobble te'i
hop, skip, jump, leap, bound 'ōu'a, 'ōu'au'a, haere 'ōu'au'a
hope, expectation tīa'i, tīa'ira'a,

tīa'ituru And now abideth faith, ~, charity, these three; but the greatest of these is charity. 'E teie nei, tē vai nei te fa'aro'o, 'ē te tīa'i, 'ē te aroha, e toru ra; o tei hau ra i taua toru nei, o te aroha ia. And the ~ will not disappoint us: E 'ore ho'i te tīa'i e fa'aha'amā mai.
hope, hopefulness, hopes ti'aturira'a He now sees all his ~s break, in a moment, like a piece of glass. Tē 'ite nei 'oia i teie nei i tāna mau ti'aturira'a ato'a, tē pāpararī hu'ahu'a nei, mai te hi'o te huru. (From John [Tihoni] Martin's free translation of R. L. Stevenson's The Bottle Imp.)
hope, have confidence in, have faith in, trust, believe in ti'aturi
hope, plan on 'opua
hope, think mana'o
hope, wait for, expect, stay for some expected event to happen tīa'i ... ~ to the end for the grace that is to be brought unto you at the revelation of Jesus Christ. ...'a tī'ai hua'tu ai i te maita'i e hōpoihia mai nō 'outou i te fāra'a mai o Iesu Mesia [pronounced Ietu Metia].
hope, wish, desire hina'aro
hope in the sense of "It would be good if ..." (construction with:) E mea maita'i ho'i e, ... I ~ (literally: It would be good if) he was not hurt (wounded) in the car accident. E mea maita'i ho'i e, aita 'ōna i pēpē i te 'ati pereo'o.
hord, pack, herd taura
horizon, (also:) the **surface of the ocean** 'iriātai The sun is setting. Tei te 'iriātai te mahana (literally: The sun is at the ~.)
horizontal, level, flat, (also:) **smooth, not wrinkled, polished** mānina
horizontal, level, plane, even pāpū
be placed **horizontally, lie flat** tārava
hormone horomona
horn (animal) tara
horn (automobile) pū pereo'o
horn, trumpet, brass instrument, conch

pū

hornet, wasp manu pātia

horrible, frightening mehameha, mataʻu, riʻariʻa, huehue

horse puaʻahorofenua, (now "modernised" to:) pūʻārehenua ~ race faʻatitiʻāuaraʻa pūʻārehenua

horse-eye jack, scad, cavally, Caranx sexfasciatus ʻōmuri

horseman taʻata horo puaʻahorofenua (the last word has been "modernised" to:) pūʻārehenua

"on high **horses**," **snobbish, vain, snotty** teitei (when said in a critical or deprecating voice; otherwise teitei can mean high-placed or of high standing)

Hosanna! Hotana!

hose, rubber uaua (note that uʻauʻa means hard or tough)

hose, stockings, socks tōtini

hospitable fāriʻi maitaʻi

hospital fare maʻi, fare utuuturaʻa I just came from the ~. Mai te fare maʻi mai au. He has been discharged from the ~. ʻUa mahiti maiʻōna mai te fare maʻi. Radio Tahiti is sending its greetings (love) to those who are ill (in pain) and confined in ~s: we wish you well! Te faʻatae atu nei o Rātio Tahiti i tōna arofa i te feiā māuiui i tāpeʻahia i roto i te mau fare utuuturaʻa: ʻIa ora na!

mental **hospital, insane asylum** fare maʻamaʻa

hospitality ʻite i te fāriʻi i te taʻata

(the) **host** (te) taʻata fāriʻi mai

hostel, temporary shelter, lean-to, bivouac pūhapa, pūhaparaʻa

hostility, resentment, lingering anger, disgruntlement ʻinoʻino

hot veʻaveʻa It will be very ~ later on. E veʻaveʻa roa ārauaʻe. It is very ~, you see. E mea veʻaveʻa roa paʻi. His forehead is very ~, he has a fever. E mea veʻaveʻa roa tōna rae, e fīva tōna.

hot (referring to radiant heat) ahu, ahuahu The earth oven is ~. ʻUa ahu te hīmāʻa.

hot to taste, **spicy** (in general) ahu

hot to taste, **strongly spiced, peppery** tehutehu

sufficiently **hot** (referring to the earth oven when the stones are hot enough) raupohe, raipohe, rīpohe

hot-tempered, quick-tempered, excitable, easily angered ʻiriā

hotel hōtēra ~ clerk taʻata haʻapaʻo i te hōtera We would like an inexpensive and clean ~. Tē hinaʻaro nei māua i te hōʻe hōtēra māmā ʻē te mā.

hour, o'clock, (also:) **time** or **clock** hora The ~ has come. ʻUa hora. At the ~ when the airplane arrived. I te horaʻa tae mai ai te manureva.

four-**hour watch** on a ship uāti

house, building fare school ~ fare haʻapiʻiraʻa out~ (toilet) fare iti ~ with a floor fare tahua two-storeyed ~ fare tahua piti ~ house with veranda or porch fare taupeʻe cook ~ (kitchen) fare tūtu oval ~ fare pōtaʻa oven ~ fare umu nursing ~ (infirmary) fare utuutu ware~ fare vairaʻa taoʻa ~ with corrugated iron roofing fare punu pandanus-roofed ~ fare rauoro ~ covered with plaited coconut fronds fare nīʻau his own ~ tōna iho fare I lost the key to the ~. ʻUa moʻe iāʻu te tāviri fare. You can either come (along) to my ~ or stay here a while. E nehenehe iā ʻoe e haere mai i tōʻu fare, ʻē ʻaore ra e faʻaea riʻi iō nei. The front of the ~ is facing the sea. E mea fāriu te muaraʻa fare i te pae miti. We (all) went to look for a ~ for you (two) and we found one (literally: [one] was found). ʻUa haere mātou nō te ʻimi i te fare nā ʻoutou, ʻē ʻua ʻitehia. The ~ was built on a very pleasant promontory. ʻUa faʻatiʻahia te fare i niʻa i te hōʻē ʻōtuʻe au maitaʻi roa.

house, dwelling (as opposed to other structures on a property) fare faʻaearaʻa

house, household, family fetiʻi If a

house

~[hold] be divided against itself, that ~ cannot stand. E te feti'i ho'i 'ia 'āmahamaha e rave iāna ihora, e 'ere ho'i te reira feti'i e mau.

house, household, home (with residing family) 'utuāfare the head of the ~ te fatu 'utuāfare the lady (mistress) of the ~ fatu vahine Peace be to this ~. Ei hau tō teie nei 'utuāfare.

cover a **house** with pandanus or coconut fronds, **thatch** ato, atoato

occupant of a **house** or other property, **tenant** 'ōrotoroto

side of a **house** 'apa'apa fare

house of representatives 'āpo'ora'a fa'aterera'a hau

jail**house, jail, lockup** fare tāpe'ara'a

light**house** (general) fare mōrī

light**house** (for illuminating a pass through the reef) fare tūrama ava, mōrī tūrama ava (note that 'ava means liquor)

meeting **house** (especially for parishioners coming together to sing religious songs and chants [hīmene tārava] and to bear witness to their faith) fare putuputura'a

household appliance or **utensil** rāve'a 'utuāfare

housekeeper vahine ha'apa'u 'utuāfare

rear **housing** or **roof of bus** or **truck** tāfare pereo'o

how nāfea, nā fea, nāhea, nā hea, e mea nāfea, e mea nāhea ~ do you say .... in Tahitian? Nāfea 'ia parau i te reo Tahiti ....? ~ did you learn to speak Tahitian like this? Nāfea 'oe i te ha'api'i i te reo Tahiti mai teie te huru? ~ do I go home? E nāfea vau i te ho'i i te fare? ~ am I going to find my way home? E mea nāfea vau i te pā'imi i te e'a nō te ho'ira'a fare? (or:) Eaha te e'a nō te ho'ira'a fare? (What is the way to go home?) ~ did he do that? 'Ua nāfea 'ōna i te ravera'a? ~ did they come here? 'Ua nāfea rātou i te haere mai ai? ~ will they build it? E nāfea rātou i te hāmani i te reira? ~ is she cooking the food? Tē nāfea ra 'ōna i te tunu i te mā'a?

how *(past tense only),* e mea nāfea tō ... ~ did he manage to do it? E mea nāfea tōna ravera'a? ~ did you find the lost (outrigger) canoe? E mea nāfea tō 'oe 'itera'a i te va'a i mo'e?

how *(past tense only),* **by what means** or **methods** e mea nāfea tā ... ~ (by what means or methods) did he do it? E mea nāfea tāna ravera'a?

how, in what way mai teaha te huru ~ (In what way) will you learn to speak English (American English)? E ha'api'i 'oe i te reo peretane (te reo marite) mai teaha te huru? ~ (In what way) did you do it? Mai teaha tā 'oe ravera'a?

How? Eaha? ~ are you? (literally: What is your condition?) Eaha tō 'oe huru? ~ are things? Eaha te huru?

How ... ! Eaha ...! ~ beautiful she is! Eaha ra 'ōna i te nehenehe!

how many, how much ehia, efea, ehea (more common in the Tuamotus) How much does that room cost per night? Ehia (Efea) moni i te pō nō terā piha? What is the price of this shirt? Ehia (Efea) moni nō teie 'a'ahu 'o'omo? (Chinese vendors tend to say 'a'ahu 'ōmono.) How much does that dress cost? Efea (Ehia) moni nō terā 'ahu vahine? ~ chickens do you have? Efea tā 'oe moa? ~ miles? (also:) What speed? Ehia maire? How old are you (literally: ~ years do you have)? Ehia tō 'oe matahiti?

how many? (for up to nine persons) to'ohia?

How come? Could it be possible? Well! What do we have here! What do you know! 'Āria! Well! ~ you are late? 'Āria, eaha 'oe i maoro ai? Well! Could it be possible? This house also belongs to you? 'Āria, nō 'oe ato'a teie fare? Well, what do you know, the food is already prepared! 'Āria, 'ua ineine a'ena te mā'a!

however   **humorous**

however, as for 'āre'a ~ that woman, she is very beautiful. 'Āre'a terā vahine, nehenehe roa 'ōna.

however (one statement with qualifier), **but, but on the other hand** terā rā, teie rā I would like to learn the Tahitian language, ~ it is not so easy to do that. Tē hina'aro nei au e ha'api'i i te parau tahiti, terā rā, e 'ere i te mea 'ohie roa ia nā reira. I am reading this book, ~ I do not understand its meaning. Te taio nei au i teie puta, terā rā, 'aita vau i ta'a maita'i i tōna aura'a. My dad is an old man, ~ he has the same facial features as his younger brother. E ta'ata pa'ari tō'u pāpā, terā rā hō'ē ā tōna hoho'a 'ē tō tōna teina. We were very tired, ~ we talked until late into the night. 'Ua rohirohi roa māua, teie rā, 'ua paraparau maoro maua i te pō.

however (two conflicting facts), **but** 'āre'a rā, 'āre'a I want to go, ~ I don't have the time. E hina'aro vau e haere, 'āre'a rā e'ita e taime tō'u. He told me he would come, ~ he has not yet arrived. 'Ua parau mai 'ōna iā'u ē, e hare mai 'ōna, 'āre'a rā, 'aita 'ōna i tae mai.

howl, bay, grunt, whinny 'ū'ā

Huahine is one of the most interesting of the Leeward Islands, especially because of the archeological sites (excavated by Professor Sinoto from Hawai'i) in the district of Maeva. Its main community is Fare which lies on the shore of a beautiful harbor. The island has approximately 5,500 inhabitants who speak the most beautiful Tahitian you will ever hear in the islands. Huahine was among the last of the Society Islands to be allowed tourism by the French authorities, because of the steadfast spirit of independence of its inhabitants, personified by the greatest hero of Eastern Polynesia in this century, Pouvāna'a a O'opa. Nowadays greater ~ and Smaller ~ are joined by a bridge. I teie nei, 'ua tū'atihia Huahine Nui 'ē Huahine Iti i te hō'ē 'ē'a turu.

hubbub, hue and cry, noise, din, racket, (also:) "**bawling out**" māniania

hue, color, paint huru pēni, pēni, pēnira'a

hue, nuance huru ta'a 'ē

hug, embrace haru roa (watch out: haru can also mean to "seize by force" or "rape")

hug, embrace, cuddle, nuzzle, place one's arms around someone tauvahi, tauahi

huge, very big rahi roa

huge, enormous iti rahi

hull tino pahī

hull (the part which is submerged in the water) tua pahī

hum 'uru'uru, 'u'uru the ~ of bees te 'uru'uru a te manu meri

human huru ta'ata

human being, person ta'ata

humane, compassionate, kind arofa, aroha, arofarofa, aroharoha

humane, good, nice, kind maita'i

humanity, kindness, good works hāmanira'a maita'i

humanity, mankind nuna'a ta'ata, te mau ta'ata ato'a

humble, low ha'aha'a

humble, modest, simple, without affectation ha'eha'a ~ tone reo ha'eha'a

humble, ordinary, common, average, simple ri'iri'i the ~ people te feiā ri'iri'i

humbug, sweet-talk(-er, -ing), kidder vaha nave, vaha mona

humbug fish, puller, Chromis sindonis (a small black fish having a strong smell when it is roasted and said to be able to destroy a shark) 'atoti

humid, moist haumi

humid, wet rari, rarirari The copra was ~ from the rain. 'Ua rari te pūhā i te ua.

humidity haumi

humility, modesty ha'eha'a, ha'aha'a

humorous, amusing hō'ata

hump, abscess, swelling (containing pus) puʻu maʻi   swelling due to an abscess maʻi puʻu
hump, swelling, protuberance   puʻu
hunchback, humpback   tuapuʻu, tiʻapuʻu, (mai te) honu ([like a] turtle)
hunchbacked, humpbacked   tuapuʻu, tiʻapuʻu, tua fefe (literally: bent back), tua fati (literally: broken back)   ~ person taʻata tuapuʻu, taʻata tiʻapuʻu
hunchback unicornfish, Naso unicornis   ume tuapuʻu
hundred   hānere
hundreds   hānareraʻa
Hungarian *adj*   honeteria
Hungarian (language)   reo honeteria
Hungarian (person)   (taʻata) honeteria
Hungary   (fenua) honeteria
hunger   poʻia
hunger, be hungry   poʻia
hungry   poʻia (note that paʻia means full, sated), hiaʻai, hiaʻamu   I am ~ ʻUa poʻia vau. For I was ~ and you gave me food. I poʻia na hoʻi au ʻē ʻua hōroʻa mai ʻoutou i te māʻa nāʻu.
extremely **hungry, starved**   pohe i te poʻia   I am extremely ~! ʻUa pohe au i te poʻia!
cause to be **hungry** or **starved**   haʻapoʻia
hunt, pursue, chase   aʻuaʻu, aʻu
hunt energetically, search all over for   pāʻimi
hunt fish by torchlight   rama
hunt for, search for, look around for   ʻimi
hunt for, search carefully for   māʻimi
hunt for (someone), go after (someone), run after   tāpapa, tapapa
hunter   taʻata aʻuaʻu puaʻa ʻōviri
hurdles (sport)   hororaʻa ʻōuʻa pā
Hurrah!   Hūrō!
hurricane, cyclone, gusting wind with rain   mataʻi rorofaʻi
hurricane, cyclone, whirlwind, "whistling wind"   puahiohio   News has arrived of that ~ that just recently devastated Futuna. ʻUa ʻatutu te parau ʻāpī nō terā puahiohio i te faʻaʻino aʻe nei iā Futuna.
hurricane, cyclone, full storm, tempest   vero pūai
hurry, hasten, rush   haʻavitiviti, haʻaviti, faʻaʻoiʻoi, haʻapeʻepeʻe (very fast)   Hurry up! (ʻA) Haʻavitiviti! You should ~ and fetch the doctor. ʻIa haʻapeʻepeʻe ʻoe i te tiʻi i te taote.
be in a **hurry, be hasty, be in a rush, be impatient**   rū   I am in a ~. E mea rū vau (or:) Tē rū nei au!   Don't be hasty! Wait! Just a moment! ʻEiaha e rū! (usually shortened to:) Hērū!   Please don't be hasty! ʻEiaha paha ia e rū!
hurt, chagrined, upset, vexed   ʻinoʻino
hurt, chagrin, vexation   ʻinoʻino
hurt (of body or mind), **pain, ache, anguish**   māuiui, mamae (seldom used nowadays)
hurt (physically or emotionally), **ache, suffer from pain**   māuiui, mamae (seldom used)
hurt, inflict hurt, cause pain, cause to suffer (mentally or physically)   haʻamāuiui, haʻamamae
hurt, vex, upset, sadden   haʻapahi   Wherein have I wearied (~) thee? Eaha te mea i haʻapahihia ai ʻoe e au?
be or get **hurt, hurt**   mure   I have ~ my back very badly, so that I cannot bend and I can't lift anything either. ʻUa mure ʻino roa tōu tua, nō reira ʻaita tāʻu e nehenehe ʻia piʻo ʻē ʻaita atoʻa hoʻi tāʻu e nehenehe ʻia amo i te mau huru atoʻa.
get **hurt** or **injured** or **wounded**   pēpē
hurting, aching, (be) **painful**   māuiui, mamae (seldom used)   My foot is constantly ~. Tē māuiui noa nei tōʻu ʻāvae. My heart is constantly ~. Tē mamae noa nei tōʻu ʻāʻau.
husband   tāne, tāne faʻaipoipo, hoa faʻaipoipo, hoa
husband with two wives, (also:) **wife with two husbands**   punarua (ancient)

hush, shush, silence, quieten ha'amāmū
Hush! Silence! Māmū! Māniania!
(māniania means noise, so the implication here is a desire to cut down on the noise)
coconut **husk** puru ha'ari, puru
remove coconut **husk** 'ō
palm-frond **hut, "grass" hut** fare nī'au
  Do you have a ~? E fare nī'au ānei tō 'oe?
hydroelectric power te pūai o te pape nō te fa'atere i te mau mātini uira
hydrogen hōvai, hitorotene
hydroplane, seaplane manureva miti, pahī rere
hygiene 'atu'atura'a Pay attention to dental ~. E arai te 'atu'atura'a o te niho.
hygrometer (measures the humidity of the air) hitorometa
hymn, canticle hīmene rū'au, hīmene
hyperthermia fīva rahi, fīva pūai
hyphen tū'ati
hypnotic, soporific, sleeping medicine rā'au fa'ata'oto
hypnotize, (also:) **put to sleep, anesthetize** fa'ata'oto
hypophysis (endocrine gland in the brain which produces numerous hormones) hipofite
Hyporhampus acutus Günther, half-beak (fish) ihe
hypothalamus (the brain center of the sympathetic nervous system) hipotarāmu

I

I vau (after a, o, u), au (after e, i)
ice pape pa'ari ~ box vaira'a pape pa'ari ~ breaker pahī vāvāhi pape pa'ari
ice cream pape to'eto'e vanilla ~ pape to'eto'e vānira
icterus, jaundice he'atauate
idea, reasoning, reflective thought ferurira'a
idea, thought, opinion mana'o It is not your ~? E 'ere ānei tō 'oe mana'o?
identical, equal to 'aifāito Amaru's intelligence is ~ to Miriama's. 'Ua 'aifāito te māramārama tō Amaru 'ē tō Miriama.
identical, exact iho the ~ place (the very spot) te vāhi iho
identical, same tēnā na iho, hō'e ā, hō'e ā huru, 'ua fāito noa
identification card parau ti'ara'a
photo(graphic) identification hoho'a ihota'ata
identity ihota'ata
idiomatic word or **phrase** 'ītiotima
idiot, dunce, moron, simpleton ta'ata ma'au, ma'au
idiot, heedless or **silly person** ta'ata neneva, neneva
idiot, scatterbrained person ta'ata nevaneva, nevaneva
idiotic, moronic, mentally deficient ma'au
idle, lazy, averse to labor, missing school or **work** fa'atau
idle, lazy, worthless hupehupe
idleness, laziness, aversion to labor, neglect of school or work fa'atau
idleness, laziness, worthlessness hupehupe
idol itoro
idol, idol god, sculpture, traditional **statue** ti'i
idolatry ha'amorira'a itoro
idolize, worship a deity ha'amori
if (conditional, contingency for the future) mai te peu (ē), mai te mea (ē) ~ you [can] come tomorrow, we will be very happy. Mai te mea ē, e haere mai 'oe ānānahi, e 'oa'oa ia mātou. Don't come, ~ you don't want to come. 'Eiaha 'oe e haere mai, mai te peu ē 'aita 'oe e hina'aro i te haere mai. ~ you will think about it a little, you will understand the meaning. Mai te mea e feruri ri'i 'oe, e 'ite 'oe i te aura'a. Would you like some coffee? Yes, ~ you have some. Hina'aro ānei 'oe i te taofe? 'Ē, mai te mea tē vai ra tā 'oe. (or:) 'Ē. mai te mea ra ē, e taofe tā 'oe e vai ra.
if (desiderative, expressing a possibility or a wish or desire), (also:) **when** (in case it is interchangeable with if) 'ia ~ (When) your back hurts, apply this ointment. 'Ia māuiui tō 'oe tua, e parai 'oe i teie rā'au. ~ you come tomorrow, I will be very happy. 'Ia haere mai 'oe ānānahi, e 'oa'oa ia vau. He will never get better, except ~ he stops smoking cigarettes. E'ita roa 'ōna e ora, maori rā 'ia fa'aea 'ōna i te pupuhi i te 'ava'ava. He is obnoxious when (~) drunk. E ta'ata huehue 'ōna 'ia ta'ero.
if (unreal, contrary to available facts), **if it had been the case that** 'ahiri (ra), 'ahani (ra)
if it is so, if so be, peradventure, perhaps, maybe, it might be that pēneia'e
if only, let's have a look 'ahani
if, show me, let me see 'ahiri
if not 'ia 'ore He is a good man (person) if he doesn't drink. E ta'ata maita'i 'ōna 'ia 'ore 'ōna e inu.

ignorance, awkwardness, clumsiness, incapability ma'ua
ignorance, being unenlightened, being "in the dark" pōiri, pōuri
ignorant, awkward, clumsy, incapable ma'ua
ignorant, unenlightened, "in the dark" pōiri, pōuri
act or treat or cause to be **ignorant** ha'ama'ua
ill ma'ihia, tupuhia i te ma'i, ma'i an ~ person ta'ata ma'i (or:) ta'ata tupuhia i te ma'i (or:) ma'i
ill, hurting māuiui
speak **ill of, malign, slander** tihotiho
ill-looking, sickly, pale, (also:) **yellowish, jaundiced** māre'are'a, māhe'ahe'a
ill-smelling, malodorous ha'uri
illegal ti'a 'ore i te ture
illegal or **clandestine commerce** ho'o huna
illness (see also: **disease**), **malady** ma'i (general term) fight an ~ 'aro i te ma'i He was overtaken by ~. 'Ua ro'ohia 'ōna i te ma'i. People get vaccinated in order to eliminate ~es. E pātiahia te mau ta'ata nō te tīnai i te mau ma'i.
cancerous ~, (also:) spreading ulcer pūfao
congenital ~ ma'i puna
contagious ~ ma'i pe'e
fatal ~ ma'i pohe
heart (coronary) ~ ma'i māfatu
hereditary ~ ma'i tupuna
infectious ~ ma'i oreore
liver ~ ma'i ate
measles ma'i pu'upu'u
mental ~ ma'i ma'ama'a
motion ~ 'āruru
occupational ~ ma'i ro'ohia i ni'a i te 'ohipa, ma'i tōro'a
rubella, German measles ma'i pu'upu'u hu'a
social ~ ma'i tōtiare
a category or syndrome of numerous **illnesses** involving headaches and/or convulsions ira, īra
illness caused by a tūpāpa'u (ghost, spirit, living dead) ma'i tāpiri
illuminate or **guide** (by means of torch, flashlight, floodlight, spotlight, or lamp; also by means of a lighthouse beam) tūrama, ti'arama, tūramarama, ti'aramarama, fa'atūrama, fa'ati'arama, ha'atūrama, ha'ati'arama
illuminate, provide or **shed light** ha'amāramārama
illumination, (also:) **window** ha'amāramārama
llumination by a guiding light source tūrama, ti'arama (etc., see **illuminate**)
electric **illumination, electric light** mōrī uira
im- (in the sense of **without**), **in-, un-** 'ore immoral ha'apa'o 'ore imperishable mou 'ore
image, picture, appearance, photograph, movie, portrait, aspect, form, shape, facial features hoho'a
imagine, think of, bring to mind, remember ha'amanāo, fa'amana'o
imitate, mimic pe'e atu, rave ei hi'ora'a
immature, ignorant, awkward, incapable ma'ua (note that māu'a means wasted or spoiled)
immaturity, ignorance, awkwardness, incapability ma'ua
immediately, at that very moment i reira ra, i reira ihora, i te reira ihoa taime And ~ the Spirit driveth him into the wilderness. I reira te Vārua i te tonora'a iāna i te mēdēbara (pronounced mētēpara).
immediately when ..., at the very moment **when ...** (construction with:) tei te ... And straightway coming up out of the water, he saw the heavens opened, and the Spirit like a dove descending upon him. 'Ē tei te haere'a mai 'oia i ni'a, mai te pape maira, 'it a'era 'oia i te ra'i i te haeara'a, 'ē te Vārua i te poura'a mai i ni'a iāna,

immense

mai i te 'ū'upa ra.

immense, enormous, very big rahi roa

immense, extremely large, enormous iti rahi, (e) mea iti rahi an ~ fortune e faufa'a iti rahi

immense, vast, extensive āteatea

immerse, put under water, (also:) **anchor** tūtau

imminent, near, at hand (construction with tē fātata nei) Repent ye: for the kingdom of heaven is at hand. E tātarahapa 'outou: tē fātata mai nei ho'i te basileia (pronounced patireia) o te ao.

immoral, debauched, promiscuous tai'ata, taute'a, fa'aturi

immoral, having bad habits peu 'ino

immoral, having loose morals, without morals ha'apa'o 'ore

immoral, vile, disgusting, despicable, base, debased, repugnant faufau

immovables, real estate faufa'a mara'a 'ore

imp, devil, satan ti'aporo, tiaporo, tātane, tātani "Let us have one look at you, Mr. ~." (Keawe's words to the ~ in the bottle in Stevenson's The Bottle Imp, translated freely by John [Tihoni] Martin.) "E ti'aporo tāne ē, 'a fa'a'ite mai na i tō 'oe huru!"

impart or **delegate power to someone,** (also:) **exalt someone** teni, teniteni

impassable channel (filled with so much coral that a vessel cannot pass) āhua

impatience, haste rū

impatient, hasty rū Don't be ~! Wait! Just a moment! 'Eiaha e rū! (usually shortened to:) Hērū! Please don't be ~! 'Eiaha paha ia e rū!

impatient, hasty, impetuous, eager, ardent hitahita

(always) **impatient** (as a characteristic), **hasty** rū noa You are an ~ person (You always seem to be in a hurry). E ta'ata rū noa 'oe.

imperative, very important faufa'a roa

important

imperative mode (grammar) hete fa'aue

imperfect, of insufficient quality, somewhat damaged 'ino ri'i

imperfect, somewhat faulty hape ri'i

imperfect *(grammar),* **past tense** tauāhemo, mute

imperfection, insufficient quality, slight damage 'ino ri'i

imperishable, undying mou 'ore, tahuti 'ore

impertinent, insolent, impudent, saucy, petulant iripa

impetuous, hasty, impatient, eager, ardent hitahita

implant, establish, make permanent fa'amau, ha'amau

implement, tool(s), gear 'ohipa

implement, utensil(s), appliance tauiha'a

imply, mean, intimate, say, speak nā'ō You ~ (you are saying that) you don't want to sell that pearl? Tē nā'ō mai nei 'oe ē, e'ita 'oe e hina'aro e ho'o mai i terā poe?

imply, mean, intimate, signify a meaning (construction with aura'a) What are you ~ing? Eaha te aura'a o tā 'oe parau?

impolite, behaving like a savage taevao, taetaevao

impolite, rude, unpolished hahaha

impolite, uncultivated, uncivilized 'ite 'ore i te peu maita'i

import *n* fa'autara'a mai, fa'ahaerera'a mai

import, bring in fa'auta mai, fa'ahaere mai

importance, usefulness faufa'a

it is of minor **importance, never mind, it doesn't matter much** 'ātīrā no'atu

self-**importance, snobbishness, pomposity, stuffiness, affectation** 'oru'oru

with an inflated sense of **importance, snobbish, pompous** 'oru'oru

a person with an inflated sense of **importance, snob** ta'ata 'oru'oru

important, basic, essential (e) mea

273

important

tumu, (e) tao'a tumu
important, required, material tītau-roa-hia
important, useful, valuable faufa'a That is very ~. E mea faufa'a roa terā.
it is **important** 'ia + (verb) + ihoa It is ~ that you learn Tahitian. 'Ia ha'api'i ihoa 'oe i te reo tahiti.
not **important, not essential** 'aita e tumu ia
not **important, not necessary** 'aita e faufa'a
self-**important, snobbish, pompous, stuffy** 'oru'oru
un**important, not of value** faufa'a 'ore
impose, set, designate, establish, or limit(s) tā'ōti'a
impose a sentence or **punishment** fa'autu'a
imposed, set, designated, or established limit(s) tā'ōti'ara'a It is necessary that the ~ (speed) limits for travel on the road be observed. Ei (Eia) fa'aturahia te tā'ōti'ara'a o te tere nā ni'a i te puromu.
imposition of a sentence or **judgment** or **penalty, sentence** fa'autu'ara'a
impossible, "there is no way, it can't be done" 'aita e rāve'a, e 'ore roa ia e nehenehe It is ~ for the chief to meet them today. 'Aita tā te tāvana e rāve'a nō te fārerei atu iā rātou ra i teie mahana.
impotent, weak, limp paruparu
impoverish ha'aveve
impregnate, fertilize, inseminate, cause to bear fruit fa'ahotu
impregnation, fertilization, insemination fa'ahotura'a ~ (literally: joining together) by the sperm of (with) the (ovarian) egg tā'atira'a nō te manumanu tāne 'ē te huero 'ōvari
imprison, confine ha'amau, tāpe'a, tāpe'a i te 'āuri After the September 1958 referendum the French held Pouvāna'a a O'opa in a government prison for 12 years. I muri a'e i te uiuira'a mana'o nō tetepa

in

i te matahiti hō'ē-tautini-'ē-iva-hānere-'ē-pae-'ahurumā-va'u 'ua ha'amau o farāni iā Pouvāna'a a O'opa i te 'āuri i te hau metua nō hō'ē'ahuru-mā-piti matahiti te maoro.
improper ti'a 'ore
improve, progress ha'amaita'i
improvement, progress ha'amaita'ira'a
impudent, impertinent, insolent iripa
impulse itoito 'āpī
impulsively, heedlessly, rashly, unthinkingly pupara (note that pūpā means to have sexual intercourse)
impure, corrupt, (also:) defiled, polluted, soiled vi'ivi'i
impure, corrupt, rotten pē
impurity, corruption, (also:) defilement, pollution vi'ivi'i
in, at i He lives ~ in Papara. Tē fa'ae'a nei 'ōna i Papara. He is ~ Pape'ete every day. Tei Pape'ete 'ōna i te mau mahana ato'a. So he will be ~ Pape'ete tomorrow. Nā reira, ei Pape'ete 'ōna ānānahi.
in, inside, into i roto, tō roto There are fish ~ the net. E i'a tō roto i te 'upe'a. The fish is ~ the net. Tei roto te i'a i te 'upe'a. ... nowhere in the world are these pictures of so bright a color as those Keawe found hanging ~ his house. ... 'aita roa tō teie nei ao ta'ato'a e hoho'a nehenehe 'ae i teie tā Keawe e māta'ita'i nei i roto i tōna fare. (From Robert Louis Stevenson's The Bottle Imp, freely translated by John [Tihoni] Martin.)
in, in the middle of, amidst, among i rotopū The chief is amidst the people. Tei rotopū te tāvana 'i te hui ra'atira. ... and Adam and his wife hid themselves from the presence of the Lord God amongst the trees of the garden. ... 'ua tāpuni ihora Atamu raua o te vahine i te aro o te Atua ra o Iehova i roto i te ururā'au o te 'ō ra.
in or **at this place, here** iō nei, iū nei, tō ō nei, i teie nei vāhi There are many people ~ this place. E mea rahi te ta'ata iō

in a hurry nei. The beautiful women are all ~ this place. Tei ō nei pauroa te mau vahine nehenehe. There are many mosquitos here. E mea rahi te naonao tō ō nei.

in a hurry or **rush** rū, e mea rū, rū noa I am ~. E mea rū vau (or:) Tē rū nei au! Don't be ~! Wait! Just a moment! 'Eiaha e rū! (usually shortened to:) Hērū! Please don't be ~! 'Eiaha paha ia e rū!

in attendance, present (construction with iō:) He is in ~. Te iō nei 'ōna.

in effect, indeed, in fact 'oia mau

in spite of, despite noa atu, noa'tu, noa'tu ā, noa'tura ~ the harsh weather noa'tu i te 'eta'eta rahi o te tau The ship left ~ the storm. 'Ua reva te pahī noa atu te vero. ~ our being apart for so long, I have not forgotten you. Noa'tu i te maorora'a tō tāua ta'a-ē-ra'a, aita 'oe e mo'ehia iā'u.

in unison (construction with:) verb + 'āmui-hia The national anthem was sung ~. 'Ua hīmene 'āmui-hia te hīmene 'āi'a.

in- (in the sense of **without**), **im-, un-** 'ore ~attentive ha'apa'o 'ore ~definite pāpū 'ore

inability, incapacity, disability roha permanent ~ roha tāmau temporary ~ roha taupoto

inadequate, not enough, too little, too small, iti The money you gave me was ~. 'Ua iti te moni tā 'oe i hōro'a mai iā'u. There is not enough food. 'Ua iti te mā'a.

inane, foolish, crazy, stupid ma'ama'a

inane, foolish, idiotic, stupid ma'au

inane, unstable, scatter-brained, thoughtless nevaneva

inattentive, careless, negligent ha'apa'o 'ore (note that vahine ha'apa'o 'ore usually refers to a woman with loose morals)

inattentive, heedless, flighty 'ōnevaneva

inaugurate, (also:) **enter** tomo

inaugurate, (also:) **cause to enter, bring in** fa'atomo

inaugurate, open 'āvari The (freshwater) shrimp fishing season has opened. 'Ua 'āvari te pātiara'a 'ōura pape.

inauguration, (also:) **entering** tomora'a, fa'atomora'a

inauguration, opening 'āvarira'a

inborn, natural, since birth mai te fānaura'a mai

incantation, magic rahu

incapable, ignorant, awkward ma'ua

incapacitated, disabled roha, paruparu roa

incapacitated or **disabled person, invalid** rapahu'a, ta'ata rapahu'a, ta'ata paruparu roa

incapacity, disability, inability roha, rapahu'a permanent ~ roha tāmau temporary ~ roha taupoto

incessant, unending tu'utu'u-'ore Thanks to his great patience for my ~ questions I succeeded in my pursuit (also: research). 'Aua maoti tāna fa'a'oroma'ira'a rahi i tā'u mau uiuira'a tu'utu'u-'ore i manuia ai tā'u mau mā'imira'a.

inch 'initi

incline, slope 'opara'a

incline, bend over oha, hipa

incline, bend something **over** fa'aoha, fa'ahipa

incline, be bent away from a horizontal position, slope, list *(naut.)* 'opa

become **inclined** or **bent over** (fall and lie at an angle between vertical and horizontal) farara

incoherence, delirium, (also:) **foolishness, stupidity** āoaoa

incontinence (urin) 'ōmaha topa

inconvenience, make difficult(y for) ha'afifi ... if that does not ~ you. ... mai te mea 'aita te reira e ha'afifi iā 'oe.

incorrect, erroneous, false, wrong, mistaken hape, hape roa My watch is wrong. 'Ua hape tā'u uāti.

increase in value, appreciation of capital moni hau

increase, grow in numbers, expand, become larger haere i ni'a, haere i te rahira'a, haere rahi The wrongdoings committed against the Melanesian people of New Caledonia are increasing. Tē haere rahi nei te mau 'ohipa hape o te ravehia ra i ni'a i te feiā meranetia o te fenua Taratoni.

increase, complete, make sufficient, (also:) **ration** fa'arava'i

increase, enlarge, multiply (arithmetic) fa'arahi

increase, multiply, add on to fa'ananea

incredulous, unbelieving fa'aro'o 'ore, mā te fa'aro'o 'oe

incriminate, blame, accuse pari ~ falsely pari ha'avare ~ rashly pari rū noa

incubate, cause to hatch ha'apātō

incubate, hatch pātō

incubation, hatching ha'apātōra'a

indecent, offensive, disgusting, repugnant faufau

indecent exposure or **posture,** (also:) expose oneself in an **indecent** manner ti'amaha, ti'amahā

indecisive, unable to make up one's mind (between two ideas), **hesitant** fea'a piti I was ~ (had two minds) about going to Mopelia. 'Ua fea'a piti tō'u mana'o nō te haere i Maupiha'a.

indecisive, insufficient ~ vote reo rava'i 'ore

indeed, in fact, really ho'i ~ I knew that ... 'Ua 'ite ho'i au ē ... But you did ~ dance. 'Ua 'ori'ori rā ho'i 'oe. ~, he has given a judgment with the full harshness of the French law. E ha'avāhia ho'i 'ōna mā te 'ū'anaato'a-ra'a o te ture farāni. The spirit ~ is willing, but the flesh is weak. 'Ua ti'a ho'i i te vārua, e paruparu rā tō te tino.

indeed, actually, as a matter of fact pa'i (abbreviation of paha ho'i)

indeed, truly mau That is ~ just! E mea 'āfaro mau te reira!

Indeed! Yes, indeed! That's true! Absolutely! 'Oia mau!

indefinite, uncertain, unclear pāpū 'ore

indefinite article fa'ata'a i'oa pāpū 'ore

indemnification, compensation, reimbursement fa'aho'onara'a

indemnify, compensate for, reimburse for fa'aho'ona

indemnity, monetary compensation moni ho'ona

indented, punctured, pierced puta

independence, freedom, liberty ti'amāra'a, ti'amā In memory of the heroes of Fa'a'a who died in 1844 during the battles against the French soldiers (while) defending their land and their ~. Nō te ha'amana'ora'a i te mau 'aito nō Fa'a'a, o tei mate i te matahiti hō'ētautini-'ēva'u-hānere-'ē- maha-'ahuru-māmaha nā roto i tō rātou arora'a i te mau fa'ehau farāni nō te pāruru i tō rātou fenua e i tō rātou ti'amāra'a (from a memorial plaque in Fa'a'a). Pouvāna'a a O'opa was a man of honor who loved ~ (literally: Pouvāna'a a O'opa had a heart which loved the concept of ~ and honor). E 'ā'au here i te ferurira'a ti'amā e te fa'atura tō Pouvāna'a a O'opa.

independent, free, at liberty ti'amā

independent state, freestate hau ti'amā

India 'Inītia, fenua 'Inītia

Indian, Hindi 'inītia All tongues of the earth were spoken there: the French, the Dutch, the Russian, the Tamil (see parenthesis in the translation below), the Chinese. E fa'aro'ohia (literally: are heard) i reira te mau huru reo ato'a o teie nei aō: te reo farāni, te reo horane, te reo rūtia, te reo 'inītia (actually Hindi, but geographically adjacent languages are often subsumed by Tahitians under one term), te reo tinitō. (from John [Tihoni] Martin's

Indian

free translation of R.L. Stevenson's short story The Isle of Voices.)
Indian *n* ta'ata 'inītia
indicate, confirm ha'apāpū
indicate, point to (with approval), **designate** tohu, tohutohu
indicate, show, tell, inform, let (someone) know, make known fa'a'ite
indicative mode (grammar) hete pāpū
indigence, poverty, need, deprivation vevera'a
indigenous, local ihotupu
indigenous, native, genuine, Polynesian, Maori, Mā'oli (in Hawai'ian) mā'ohi
indigenous, native, of the country, Polynesian mā'ohi an ~ person ta'ata mā'ohi
indigent, poor, deprived, destitute, lacking adequate means of support, having no property veve, nava'i 'ore
indirect, bent, crooked pi'o
indirect, hidden, secret 'ōmo'e ~ tax tute 'ōmo'e
indirect, not straight ti'a 'ore
Indochina 'Inītia Taina, fenua 'Initia Taina
indolent, dawdling ha'amarirau
indolent, lazy, miss school or work fa'atau
indolent, lazy, worthless hupehupe
indolent, (also:) **soft, slow** rarerare
induce, bring about, cause, create fa'atupu
induce euphoria, cause a very good mood fa'aaumaita'i, fa'a'aeto'erau This is a pill that ~s euphoria. E huero fa'aaumaita'i teie.
indulge, give pleasure to fa'anavenave
indulge, be indulgent towards, spoil (rotten), pamper ha'apē, fa'a'ino
indulge (to an excess) **in ..., abuse ...** ha'apūai i te ... ~ in alcohol ha'apūai i te inu 'ava
indulging (to an excess), **abuse** of something ha'apūaira'a ~ in alcohol ha'apūaira'a i

infect

te 'ava
industrious, hardworking, energetic, active itoito He is truly working ~ly. Tē rave nei 'ōna i te 'ohipa mā te itoito mau.
industriousness, industry, energy, diligence itoito
industry (aggregate of productive enterprises or general business activity) tapiha'a
cottage **industry, arts and crafts** ha'a rima'ī, ha'a rima 'ihi
inebriated, intoxicated, drunk, loaded, three sheets in the wind ta'ero
inebriated, totally drunk, really loaded, staggering, smashed, six sheets in the wind pa'a'ina, 'ua oti roa (literally: very finished)
severely **inebriated** or **intoxicated** (close to stupor), **dead drunk,** (also:) **deeply asleep** unuhi
beginning to get **inebriated** or **drunk** or **loaded,** (also:) **about to faint, dizzy, giddy** āniania He is beginning to get ~. 'Ua āniania 'ōna. (or:) E āniania tō'na.
slightly **inebriated, slightly intoxicated, tipsy, mellow** ta'ero ri'i
inexpensive, cheap māmā, ho'o māmā We would like an ~ and clean hotel. Tē hina'aro nei māua i te hō'e hōtēra māmā 'ē te mā. Do you have a more ~ room? E piha māmā a'e ānei tā 'oe? These shirts are very ~. E mea māmā (or: ho'o māmā) roa teie mau 'ahu 'o'omo.
infant, baby 'aiū, pēpe That is a very pretty ~. 'O te 'aiū (pēpe) nehenehe roa terā. The godparents gave the name Hei Fara to the ~. 'Ua topa te metua papetito i te i'oa nō te 'aiū 'o Hei Fara.
take an **infant** in one's arms, **rock** or **lull an infant to sleep, dandle** hi'i
infantry pupu fa'ehau tō te fenua, nu'u fa'ehau nō te fenua,
infantry soldier (jokingly, because it also means **land crab**) tupa
infect ha'apē

277

infection (general) ma'i pē
infection (local) ha'apēra'a
ear **infection, otitis, earache** tui
infectious oreore (meaning microbe) He has an ~ disease. E ma'i oreore tōna.
infinite, boundless, without bounds, limitless tā'ōti'a 'ore, tā'ōti'a-'ore-hia
infinite, without end hōpe'a 'ore
infinitive mode (grammar) hete tumu
infirmary, clinic, dispensary fare utuutu ma'i, fare utuutura'a ma'i
inflate, cause to inflate, cause to swell fa'a'oru
inflated, hard pa'ari See here, could you please look at the left rear tire to see if it is (properly) ~. 'Āhani na, 'a hi'o ri'i pahā i te uaua i muri i te pae 'aui, mea pa'ari ānei.
with an **inflated** sense of importance, **self-important, snobbish, stuffy** 'oru'oru
a person with an **inflated** sense of importance, **snob** ta'ata 'oru'oru
inflexible, rigid, stiff, firm, hard 'eta'eta
inflexible, rigid, stubborn mana'o 'eta'eta
inflict or **cause hurt** or **pain, injure, cause to suffer** (physically or mentally) ha'amāuiui, ha'amama'e
inflict damage, harm maliciously, injure, sabotage tōtōā My new canoe has been damaged [by someone]. 'Ua tōtōāhia tō'u va'a 'āpī.
influence, moral or **material power** mana
under the **influence, intoxicated, drunk** ta'ero a man under the ~ of marijuana e ta'ata ta'ero i te pa'aroro (usually pronounced as the Hawai'ian pakalolo)
influenza hāpu (note that hapū means pregnant)
inform, give a message poro'i He ~ed me that ... 'Ua poro'i 'ōna iā'u ē ...
inform, enlighten, (also:) **light up, shine a light on** ha'amāramārama
inform, show, tell, report fa'a'ite Who told you that (gave you that information)? Nā vai i fa'a'ite iā 'oe i tenā parau?
inform, teach, instruct ha'api'i
information, enlightenment parau ha'amāramarama, ha'amāramaramara'a
information, message poro'i
information, report (parau) fa'a'itera'a
request for **information, question** uira'a, uiuira'a Thanks to his great patience for my unending requests for ~ I succeeded in my pursuit (also: research). 'Aua maoti tāna fa'a'oroma'ira'a rahi i tā'u mau uiuira'a tu'utu'u- 'ore i manuia ai tā'u mau mā'imira'a.
request **information, inquire, ask, question, interrogate** ui, uiui
transmission of **information** fa'ataera'a manao
information office fare ha'amāramārama
information bulletin or **sheet,** (also:) **informative report** parau ha'amāramarama
informer, spy, tattle-tale tiatiauri
-ing -ra'a abandon~ fa'aru'era'a, vaihora'a, tāponira'a, ha'apaera'a
infraction of a rule or **law, offense, fault crime** hapa For if I be an offender, or have committed any thing worthy of death, I refuse not [I accept] to die. 'Ē e hapa mau tā'u i rave, 'ē 'ua rave au i te mea e au ai iā'u te pohe, 'ua ti'a iā'u te pohe.
Ingalill Hinarere, Ina Lei
ingenious, clever, capable, skillful, experienced 'aravihi, 'ihi 'Oputu is a highly skillful skipper. E ra'atira pahī 'aravihi roa o 'Oputu.
ingenuity, skill, ability, experience 'aravihi
inhabit, reside, dwell, stay pārahi, pārahirahi
inhabitant(s) of the wilderness taetaevao
inhale, breathe in ha'u, huti i te aho
inheritance, legacy tutu'u
inheritance, patrimony faufa'a tupuna

inhibited, shy, embarrassed, ashamed, (also:) **confused** ha'amā I sometimes feel ~ when I try to speak Tahitian. 'Ua ha'amā ri'i au i te tahi mau taime ā tāmata vau i te paraparau nā roto i te parau tahiti.
inject, make an injection, use a syringe, (also:) **pump** pāmu
inject, (also:) **perforate, lance, prick, stick, stab, plunge into** pātia
injection pātia, pātiara'a
injure, (inflict) hurt, cause pain, cause to suffer (physically or mentally) ha'amāuiui, ha'amama'e
injure by clawing or **scratching, claw, scratch, rake** pāra'u, pāra'ura'u, pā'a'u
injured, wounded, bruised pēpē
injury, damage 'ino
injury, wound, bruise pēpē
ink 'inita Your fountain pen is out of ~. 'Ua pau te 'inita iroto i tā 'oe pēni tuira.
ink-well fāri'i 'inita
inland, hinterland uta
inland (direction), **landwards,** (also:) **in the mountains** i uta go ~ haere i uta The water is muddied, it is raining there in the mountains (literally: ~). 'Ua reru te pape, e ua terā i uta.
inland saltwater lake, (also:) **seawater from the lagoon** miti roto
in-law ho'ovai
brother-in-law tao'ete tāne
child-in-law hunō'a
daughter-in-law hunō'a vahine
father-in-law metua ho'ovai tāne
mother-in-law metua ho'ovai vahine
parent-in-law metua ho'ovai
sibling-in-law tao'ete
sister-in-law tao'ete vahine
son-in-law hunō'a tāne
inn, hotel hōtēra
inner skirt, petticoat, slip piritoti
inner thigh tapa
innocent, without (free of) sin, law-abiding, virtuous mā te hara 'ore, hara 'ore, mā, ti'amā He that is without sin among you, let him first cast the stone at her! Nā te ta'ata hara 'ore i roto iā 'outou na e tāora'tu na i te 'ōfa'i mātāmua iāna!
innocent, without fault, guiltless hapa 'ore, hape 'ore
Inocarpus fagiferus, Tahitian chestnut māpē (refers to both the nut and the tree)
inquest, trial, court proceeding ha'avāra'a
inquire, ask, question, request information, interrogate ui, uiui
inquire, investigate tītoro, tītorotoro
inquiry, investigation tītorora'a, tītoro
inquiry, question, interrogation uira'a, uiuira'a
inquisitive, curious uiui roa, ui maere
observe **inquisitively, observe other people's affairs,** (also:) **look around** hi'ohi'o
inquisitiveness, curiosity hina'aro mā'imira'a
insane, crazy, stupid ma'ama'a That's ~ talk. E parau ma'ama'a terā.
insane asylum, mental hospital fare ma'ama'a
insane fit, psychotic episode uru
insanity, madness, craziness, abnormality, stupidity ma'ama'a
attack (or bout or fit) of **insanity** or **madness,** (also:) **dementia** fa'auru ma'ama'a He has had an attack of ~. 'Ua fa'auru ma'ama'ahia 'ōna.
have an attack or fit of **insanity** or **madness, be possessed** uru
insatiable, (have an excessive appetite for food or drink), **gluttonous, voracious** 'arapo'a pa'ia 'ore, 'ai'ai, kokore *(slang)* (be careful about pronunciation here, since kokoro is a slang word for penis), korekore
inscribe, sign, mark tāpa'o, tāpa'opa'o
inscribed puta

insect, bug, (also:) **microbe** manumanu Moorea was infested by ~s. 'Ua manumanuhia o Mo'orea.
insect, cockroach, roach, Periplaneta americana popoti
insect, gnat nono
insect, kind of **grasshopper** māuriuri
insect, mosquito naonao
large-winged **insect** manu
insect spray fa'ahī nō te tūpohe i te manumanu
inseminate, impregnate, fertilize, cause to bear fruit fa'ahotu
insemination, impregnation, fertilization fa'ahotura'a ~ (literally: joining together) by the sperm of (with) the (ovarian) egg tā'atira'a nō te manumanu tāne 'ē te huero 'ōvari
inseparable ta'a 'ore
(establishment of) **inseparable friendship** fa'ahoara'a
insert, cause to enter, introduce into, force into fa'aō
insert (especially in the sense of **include,** as in a newspaper), (also:) **paste** pia
inserted (especially in the sense of **incorporated** or **included**), (also:) **pasted** piahia This article has been ~ in the newspaper. 'Ua piahia teie 'irava parau i roto i te ve'a.
insert one's hand in a hole tānao, tīnao
inserted, having fitted (into something) ō
insertion (as in a newspaper), **inclusion** piara'a
inside roto
inside, in, into i roto, iroto, i roto i, iroto i Do not smoke ~ the house! 'Eiaha e puhipuhi i te 'ava'ava i roto i te fare! There is a smallish group of (somewhat of a gathering of) people ~ that house. E mea huru ta'ata iroto i terā fare ra.
from **inside** mai roto mai, nā roto
inside-out, be turned inside-out 'āhure
be or turn **inside out** 'ōfera
insignia, sign, mark tāpa'o

insipid, flat-tasting, tasteless taitai
insipid (especially of taro and manioc), **spongy** māi
insist, argue, be obstinate or **stubborn** or **persevering** mārō
insist (on), ask for onoono, onōno I ~ that you come to my house. Tē onoono nei au 'ia haere mai 'oe i tō'u fare. You were just asking for trouble. Tē onoono ra 'oe i te pe'ape'a.
insistent, persevering, obstinate mārō
insolent, impudent, impertinent, saucy, petulant iripa
inspect, examine, look at, observe hi'o
inspect, examine (critically), **oversee, look at carefully** hi'opo'a
inspect, admire, enjoy the sight(s) of, visit māta'ita'i
inspection, examination, test, observation hi'opo'ara'a
inspector, examiner, overseer ta'ata hi'opo'a, hi'opo'a committee of ~s tōmite hi'opo'a
inspiration fa'aūrūra'a
inspire fa'aūrū
inspired ūrū
install, fasten, fix firmly, connect tāmau, ha'amau We don't have electricity ~ed yet, they (those [indicated]) already have it. 'Aita ā tō mātou uira i tāmauhia, 'ua oti tō verā.
instant, brief moment, blink or **twinkling of an eye** 'amora'a mata, ma'a taime iti
for an **instant, for a moment** nō te tahi ma'a taime
instead of ... ei monora'a i te ... Instead of saying "Don't!," I will say "May you succeed!" Ei monora'a atu i te parau: "'Eiaha!' e parau ia vau: "Manuia iā 'oe!"
instigate, cause to happen, bring into being, create fa'atupu, ha'atupu
institute, scientific institution pū mā'imira'a

medical research **institute** fare mā'imira'a ma'i
institute, establish, bring into being, bring about, create, instigate fa'atupu, ha'atupu
institute, establish, found fa'atumu, ha'atumu
institute, establish, make permanent, ingrain, make sure fa'amau, ha'amau
instituted, established, fixed, firm, set, solid mau, ha'amauhia, ha'amau
lending **institution, bank** fare moni
instruct, inform, tell, show fa'a'ite
instruct, teach ha'api'i, ha'api'i atu
instructor, teacher 'orometua ha'api'i, 'orometua ha'api'ira'a
instrument, device, means of doing something rāve'a
musical **instrument** 'upa'upa to play a musical ~ fa'ata'i i te 'upa'upa
to sound a musical **instrument** 'oto
insufficiency rava'i 'ore, nava'i 'ore
insufficient, inadequate, not enough, diminished iti There is ~ food. 'Ua iti te mā'a. The money you gave me was ~. 'Ua iti te moni tā 'oe i hōro'a mai (iā'u).
insufficient, indecisive rava'i 'ore indecisive vote reo rava'i 'ore
of **insufficient** quality, **imperfect, somewhat damaged** 'ino ri'i
insult n parau fa'a'ino
insult vt fa'a'ino
insult, swear (at), **curse, use bad language** tuhi
insurance, guarantee ha'apāpūra'a pārurura'a, pārurura'a, pāruru ~ policy parau ha'apāpūra'a pārurura'a
intellectual, mental mana'o, upo'o
intellectual (person) ta'ata mana'o
intellectual work 'ohipa upo'o
intelligence, brightness māramarama Pouvāna'a a 'O'opa's ~ exceeded that of the French politicians. 'Ua hau a'e te māramarama o Pouvāna'a a 'O'opa i tō te feiā poritita (or: feiā tōro'a) farāni.

intelligence, knowledge, learning 'ite
intelligence, maturity, wisdom pa'ari
intelligence, skill 'aravihi
intelligent, catching on fast, quick-thinking, swift-thinking 'apo, 'a'apo, 'apo'apo
intelligent, bright, clear of mind, smart, (also:) **judicious, prudent** māramarama, (e) mea māramarama Tahi is more ~ than Tihoti. (E) Mea māramarama a'e o Tahi iā Tihoti. Tēri'i is just as ~ as Teiho (Tēri'i's intelligence equals Teiho's). 'Ua au tō Tēri'i māramarama 'ē tō Teiho. This is the only ~ way. Teie ana'e te rāve'a māramarama.
intelligent, brilliant, very bright māramarama roa, (e) mea māramarama roa You are very ~. E mea māramārama roa 'oe (or:) E upo'o māramarama roa tō 'oe.
intelligent, savvy, clever, street-smart akamai (slang, from Hawai'ian)
intelligent, knowledgeable, learned (e) mea 'ite roa, 'ite roa
intelligent, highly knowledgeable, very learned (e) mea 'ite rahi roa
intelligent, mature wise pa'ari
intelligent, skillful, clever 'aravihi
intelligent, street-smart akamai (slang, from Hawai'ian)
intelligent, used to thinking feruri 'ohie
intelligible, plain ta'a maita'i
intend for, make for ha'apa'o The sabbath was made for man, and not man for the sabbath. I ha'apa'ohia te tāpati nō te ta'ata, 'aore te ta'ata i ha'apa'ohia nō te tāpati.
intense rahi roa
desire **intensely** (also: **intense desire**), **lust for, covet** nounou The lust for money is the root of all evil. 'O te nounou moni ho'i te tumu o te mau 'ino ato'a nei.
intensively, extensively (occasionally indicated by the prefix:) pā- search ~

pā'imi increase support pāturu
intent, intention, thought, idea, opinion mana'o
intent, intention, wish, desire hina'aro
intention, plan, project 'ōpuara'a His ~s were realized (successful). 'Ua manuia tāna mau 'ōpuara'a.
intently, attentively mai te mana'o ara
intercourse, sexual relations aira'a, 'āpitira'a, 'atira'a
have **intercourse, copulate, couple** ai
have **intercourse, copulate** (animals) pupa
have **intercourse, copulate, make love** (vernacular, tender) herehere
have **intercourse, copulate** (vernacular; coarse) reporepo
have **intercourse** (without tender feelings), **copulate, fuck** tītoi
motions of **intercourse, copulating movements** tātu'e
interdict, forbid, prohibit, close 'ōpani It is forbidden to enter. 'Ua 'ōpanihia 'ia tomo. (or:) 'Ua 'ōpanihia te tomora'a.
interest, importance, usefulness faufa'a
interest, profit, gain 'āpī, moni 'āpī
interest, yield moni taime
interest rate(s) fāito taime
interested, liking something a lot 'ana'anatae I am ~ in that kind of Tahitian dance. 'Ua 'ana'anatae au i terā huru 'ori tahiti (or:) E mea 'ana'anatae nā'u terā huru 'ori tahiti.
interesting, agreeable, pleasant e mea au roa It is very ~, you see. E mea au roa pa'i.
interesting (especially to hear), **desireable, intriguing** 'ana'anatae
interesting (especially to see), **remarkable, admirable** fa'ahiahia
interesting, valuable, important e mea faufa'a
interfere, bother or **trouble** (someone) ha'ape'ape'a
interfere, complicate, make difficult ha'afifi

interfere, hinder, delay, drag out taupupū
interfere with (thereby delaying or dragging out), **bother** fa'ataupupū
interference, bother, annoyance, disturbance, trouble, worry pe'ape'a, e mea pe'ape'a
interference, obstacle, hindrance, delay taupupū
interior, inside roto towards the **interior** of the island i uta
interjection, exclamatory or **expressive word or phrase, sudden expression** reo hitirere
interment, burial, funeral hunara'a (euphemism and preferred for human beings), hunara'a ma'i, (also used:) tanura'a, tanura'a ma'i
intermission, break, temporary halt, pause fa'aeara'a
intermission, pause, rest period, (also:) **armistice** fa'ataimera'a
intermission, rest, temporary ceasing of an activity fa'afa'aeara'a
intermittently maumau The rain starts and stops all day. 'Ua maumau te ua i te mahana ta'atoa.
internal roto
internal combustion engine mātini haruharu
international nuna'a rau
interpret, translate 'auvaha, 'auaha I will translate English into Tahitian. E 'auvaha vau i te reo Peretane (American English: Marite) nā roto i te reo Tahiti.
interpreter, translator, (also:) **speaker, orator** 'auvaha, ta'ata 'auvaha, 'auaha, ta'ata 'auaha an American ~ e auvaha marite
interplanetary vehicle, spaceship pahī reva teitei
interrogate, ask, question, request information ui, uiui
interrogation uira'a, anianira'a
interrogative word parau uira'a

282

intersect

put into an **interrogative** form fa'aui
put into a negative **interrogative** form fa'aui'aipa
intersect, cross, go through ... haere nā roto i ...
intersect, cross paths with ū
intersect (in the case of roads) ma'a
intersection (of roads) ma'ara'a, ma'ara'a purōmu
interval, interstice, space between objects ārea
intervals, interstices, spaces between objects ārearea
intervene, mediate, prevent, (also:) **protect** ārai The clergyman ~d to avoid trouble. 'Ua ārai te 'orometua ('orometua a'o) i te pe'ape'a.
interview, interrogation uiuira'a
interview, question repeatedly, request information repeatedly, interrogate uiui
intestine(s), entrails, bowels, guts 'ā'au
intimate friend, close friend, real buddy hoa rahi
(romantically) **intimate friend, lover** hoa here-rahi-hia
intimate, imply, mean, say, speak nā'ō You ~ (you are saying that) you don't want to sell that pearl? Tē nā'ō mai nei 'oe ē, e'ita 'oe e hina'aro e ho'o mai i terā poe?
intimate, imply, mean, signify a meaning (construction with aura'a) What are you intimating? Eaha te aura'a o tā 'oe parau?
into i roto I threw the rock ~ the sea. 'Ua tāora vau i te 'ōfa'i i roto i te miti.
fit **into, be inserted** ō
introduce into, cause to enter, insert fa'ao
introduce into a container, (also:) **get into clothes** 'o'omo
make **into, cause to become** fa'ariro
intoxicant, toxic drug rā'au fa'ata'ero
intoxicate, make drunk, (also:) **poison** fa'ata'ero

invalid

intoxicated, drunk, loaded, three sheets in the wind ta'ero
intoxicated, really loaded, staggering drunk, six sheets in the wind pa'a'ina, 'ua oti roa (literally: "very finished")
beginning to get **intoxicated** or **drunk,** (also:) **feeling one's head spinning, dizzy, giddy** āniania He is beginning to get ~. 'Ua āniania 'ōna. (or:) E āniania tō'na.
severely **intoxicated** or **inebriated** (close to stupor), **dead drunk,** (also:) **deeply asleep** unuhi
slightly **intoxicated, tipsy, mellow, a little drunk** ta'ero ri'i
intoxicating ta'ero
intra-uterine device, I.U.D., coil, loop 'āti'ipā
intransitive (pertaining to grammar) pono'ore ~ verb ihoparau pono'ore
intrepid, brave, courageous, stouthearted itoito
intrepid, fearless, unafraid, dauntless mata'u 'ore
intricacy, difficulty, complication fifi
intricate, difficult, complicated, hard fifi, fifififi
introduce, cause to meet fa'afārerei
introduce into, cause to enter, insert fa'aō She was ~d into the club The Friends of Tahiti. 'Ua fa'ōhia 'ōna i te pupu Te Mau Hoa nō Tahiti.
introduce into a container, (also:) **get into clothes** 'o'omo
introduction, beginning ha'amatara'a
introduction, preface 'ōmuara'a, 'ōmuara'a parau
inundate, cover with water or earth ninā
inundation nināra'a
invalid, not correct tano 'ore
invalid, not just 'āfaro 'ore
invalid, not proper, not right ti'a 'ore
invalid, crippled, lame, limping piri'o'i ~ person ta'ata piri'o'i
invalid, crippled, maimed anapero ~ person ta'ata anapero

283

invalid, ill pohe ma'i ~ person ta'ata pohe ma'i
invalid, weak paruparu ~ person ta'ata paruparu
invalid, incapacitated or **disabled person** rapahu'a, ta'ata rapahu'a, ta'ata paruparu roa
inversion, reversal, reversion, turning upside down tahurira'a, hurira'a
temperature **inversion** tauira'a anuvera
invert, reverse, (also:) **turn upside down** huri
invest capital, "put money to work" fa'a'ohipa i te moni
invest with office fa'atōro'a
invest with royal office fa'aari'i
invested or **endowed with supernatural** or **spiritual power** mana, manamana
investigate, inquire tītoro, tītorotoro The police ~d to find out who stole the money. 'Ua tītorotoro te mau mūto'i nō te 'ite ē nā vai te moni i 'eiā.
investigate, engage in research mā'imi'imi, mā'imi
investigation, inquiry tītorora'a, tītoro
investigation, research mā'imi'imira'a, mā'imira'a, 'imira'a
invitation tītaura'a, parau tītaura'a
invite, ask ani, ani atu We have been ~d to a dinner party tonight. 'Ua anihia māua i te hō'ē tāmā'ara'a i teie 'ahi'ahi.
invite, convoke, convene tītau
invoice, bill parau tāpa'o-ho'o, parau tītaura'a moni
invoke (favorable judgment or **response), appeal to** ti'aoro, tūoro
involuntary, forced fa'ahepo(hia)
inward(ly) i roto, 'o roto (literally: the inside) Beware of false prophets, which come to you in sheep's clothing, but ~ly they are ravening wolves. E ara ra i te 'orometua ha'avare, 'o tei haere mai iā 'outou mā te huru o te mamoe ra, 'āre'a 'o roto rā, e luko taehae ia.
irascible, easily provoked to anger, excitable, difficult, irritable, easily irritated or **upset, nervous,** (also:) **rough, brusque** 'iriā The trouble was the [first] mate who was the most difficult (~) man (commander) to please (satisfy) Keola had ever met with. O te ra'atira piti te mea 'iriā a'e o te ta'ata fa'aueue māha 'ore roa a'e te reira i fārereihia e Keola. (from John [Tihoni] Martin's free translation of R.L. Stevenson's short story The Isle of Voices)
iris (eye) pōro mata
iris, pupil 'ōri'o
iron, steel 'āuri
flat-**iron, smoothing iron** 'āuri 'ahu
to **iron clothes** tā'āuri, 'āuri
to **iron clothes lightly, press lightly** tāmānina
ironing tā'āurira'a ~ board 'iri tā'āurira'a, 'amura'amā'a tā'āuriraa
ironwood 'aito, toa (ancient, but still in use on many islands)
ironwood tree, Casuarina equisetifolia tumu 'aito, 'aito, toa (ancient, but still in use on many islands)
irregular, different, separate from something else, (also:) **strange, extraordinary** ta'a 'ē That's ~. E mea ta'a 'ē te reira.
irregular, different, strange, changed (from before or from the usual or expected) huru 'ē
irregular, different, strange, odd, foreign, unusual, eccentric 'ē, 'e'ē, 'ē'ē He is a very ~ (strange) person. E ta'ata 'ē roa 'ōna.
irregular, crooked, faulty, wrong, (also:) **misshapen** hape, hapa
irregular (pertaining to grammar) ture'ore ~ **verb** ihoparau ture 'ore
irreproachable, blameless, innocent hapa 'ore, hape 'ore
irritable, easily irritated or **upset, excitable, nervous, emotionally thin-skinned,** (also:) **rough, brusque** 'iriā

irritate

The trouble was the [first] mate who was the most difficult (excitable) man (commander) to please (satisfy) Keola had ever met with. O te ra'atira piti te mea 'iriā a'e o te ta'ata fa'aueue māha 'ore roa a'e te reira i fārereihia e Keola. (from John Martin's free translation of R.L. Stevenson's short story The Isle of Voices)

irritate, aggravate, annoy, provoke, make fun of, mock fa'a'o'ō'o

irritate, aggravate, worsen fa'arahi i te 'ino

irritate, make nervous fa'a'iriā

irritated, aggravated, provoked, made fun of, mocked 'o'ō'o

irritated, aggravated, worsened fa'arahihia i te 'ino

irritated, vexed, bothered, exasperated, preoccupied with problems pahipahi

easily **irritated** (see **irritable**)

is (usually implied in:) e He ~ a good person. E ta'ata maita'i 'ōna.

it **is** (specification or reference, often in the sense of equivalence) 'o The chief of Faaa ~ Temaru. 'O Temaru te tāvana nō Fa'a'a. This ~ (It ~) John (the one) from Paea. 'O Ioane tane nō Paea. The love of money ~ the root of all evil. 'O te nounou moni ho'i te tumu o te mau 'ino ato'a nei.

It's me! (a reply to being addressed, on the telephone, for example) 'ō

That **is** it! 'Oia! 'Oia ia!

That **is** to say ... 'Oia ho'i ...

- ish (especially when modifying color) mā-redd~ mā'ute'ute whit~ mā'uo'uo

-ish, somewhat ..., rather ..., fairly bigg~ e mea huru rahi There is a small~ group of (somewhat of a gathering of) people inside that house. E mea huru ta'ata i roto i terā fare ra. Things are fairly good. E mea huru maita'i.

island, high island fenua, in a poetic sense sometimes motu Bora Bora is a very beautiful ~. E fenua nehenehe roa 'o Pora Pora. Maupiti is not a large ~. E 'ere i te mea rahi te fenua Maupiti. The Eight Islands (the Hawai'ian islands) Nā Motu e Va'u

island, low island, islet, reef island, atoll motu, mutu, motu ha'eha'a, motu ha'aha'a The captain and the first mate then looked at the ~ through the binoculars. Hi'o atura te ra'atira 'ē te ra'atira piti i te motu ra nā roto i te hi'o fenua. (From Robert Louis Stevenson's The Isle of Voices, freely translated by John [Tihoni] Martin.)

home **island, homeland** āi'a And when I turned around [looked behind my back], my dear home ~ Huahine stretched out [behind me]. 'Ē 'ia neva a'e au i muri i tā'u tua, tē tīraha noa mai ra tā'u 'āi'a iti 'o Huahine.

neighboring **island** fenua fātata mai, motu fātata mai

isolated, solitary mo'emo'e Pitcairn is an ~ island. E fenua mo'emo'e 'o Pētānia.

Isometrus maculatus, scorpion pata pātia (There are extremely few scorpions in Tahiti; in eleven extended visits to the island I have never seen one.)

Israel Iteraera, fenua Iteraera

Israeli *adj* iteraera

Israeli (person) ta'ata iteraera

issue, matter 'ohipa, mea This is an important ~. E 'ohipa faufa'a teie (or:) E mea faufa'a teie.

issue, distribute. pass around, apportion 'ōpere

issue, publish, announce, broadcast, proclaim poro

issued, announced, broadcast porohia

issued, distributed, passed around, apportioned 'ōperehia

issued, produced mahuti, mahiti New kinds of passports were ~ last year. 'Ua mahuti te mau puta rātere huru 'āpī i te matahiti i ma'iri a'e nei.

be **issued, come out** (as a book that is published) matara Sven Wahlroos'

isthmus   **I.U.D.**

EnglishTahitian/Tahitian-English Dictionary has just been ~. I matara iho nei te puta fa'atoro reo marite (peretāne)/reo tahiti 'ē reo tahiti/reo marite (peretāne) a Taote Tīvini ("Doctor Sven").
isthmus 'ari'arira'a fenua
Istiompax indicus, swordfish ha'urā
Istiophorus greyi (a type of swordfish), **sailfish** a'urepe, ha'urepe
it te reira, 'ōna, 'oia, ia He has a very beautiful house. Certainly! It was I who built ~. E fare nehenehe roa tōna. 'Oia mau! Nā'u te reira i hāmani.
(it) is (specification or reference, often in the sense of equivalence) 'o It is Temaru who is the chief of Faaa. 'O Temaru te tāvana nō Fa'a'a. It is (This is) John (the one) from Paea. 'O Ioane tane nō Paea.
here **is, there is** 'īnaha Here ~ my good friend. 'Inaha tō'u hoa rahi.
here **is, this is** eie, e'ie Here ~ Maire Nui. Eie 'o Maire Nui.
It doesn't matter! Noa atu!
That's **it! Of course! Yes!** 'Oia!
That's **it! That's the truth!** 'Oia mau!
That's **it! That's the way!** Nā reira! Nā reira ia!
That's **it. That's what I mean.** Te reira ia.
It's me! (a reply to being addressed, on the telephone, for example) 'ō
Italian *adj* 'itāria
Italian (person) ta'ata 'itāria
Italy 'Itāria
itch *n* ma'ero
itch ma'ero My back is ~ing. 'Ua ma'ero tō'u tua.
itch from salt water taihei
cause to **itch** ha'ama'ero
itch-producing ma'ero
item, thing mea
item (especially in a newspaper), **short article, paragraph, sentence** 'irava parau This ~ has been inserted in the newspaper. 'Ua piahia teie 'irava parau i roto i te ve'a.

itinerary, route rēni haerera'a, huru o te tere
I.U.D., intra-uterine device, coil 'āti'ipā

Jack, John, Johnny Tihoni
"jack off," masturbate tītoitoi
jacket, coat, cloak, mantle perēue Tahi has put on his ~. 'Ua 'ō'omo Tahi i tōna perēue.
a person who wears two **jackets** (meaning: belongs to two parties) (E) Ta'ata perēue piti.
jack-hammer, pneumatic drill, compressed-air drill hāmara pātia, hāmara mata'i
jackknife tipi tāfati
Jacob, Jake Iatopo, (biblical:) Iakobo
jail, jailhouse, lockup fare tāpe'ara'a
jail, prison fare 'āuri
Jake, Jacob Iatopo, (biblical:) Iakobo
jambo, Tahitian apple, rose apple, Eugenia mallaccensis 'ahi'a
James, Jim, Jimmy Timi What kind of work did ~ do? Eaha tā Timi 'ohipa i rave? ~ is still a child. E tamari'i noa ā o Timi.
January tenuare the month of ~ the 'āva'e nō tenuare
Japan fenua Tāpōnē, Tāpōnē
Japanese *adj* tāpōnē
Japanese (person) ta'ata tāpōnē
jar (earthenware) mōhina repo
jasmine, frangipani, plumeria, Plumeria rubra tiare tīpaniē, tīpanie
jasmine, Jasminum sambac tiare pītate, pītate (Pītate is also the name of a very good restaurant in Pape'ete.)
Cape **jasmine** (jasmine-like gardenia), **Gardenia jasminoides** taina, tiare taina

jaundice, icterus he'atauate
jaundiced, yellowish, (also:) **ill-looking, sickly, pale** māre'are'a, māhe'ahe'a
jaundiced, yellowish, yellowed māre'are'a
javelin ta'o
javelin, spear pātia
javelin throwing (competition over distance thrown) verora'a ta'o javelin thrower ta'ata vero ta'o
javelin (actually spear) **throwing** (competition in hitting a target, usually a coconut on top of a very tall pole) pātiara'a fā
jaw(s) ta'a
jealous(y) pohehae
jealous, envious fe'i'i
be **jealous** or **envious, feud, squabble** fe'i'i Maeva is always ~ of her younger sister. E fe'i'i noa Maeva i tōna teina.
jealousy, envy fe'i'i
jeer, provoke, tease, taunt, insult 'a'a
jellyfish, medusa pa'ipa'i
jerk, bad person ta'ata 'ino
jerk, fool ta'ata ma'ama'a
arrogant or stuck-up **jerk** ta'ata te'ote'o
jerky, fitful, erratic maumau
speak in a **"jerky" manner, stammer, stutter** maumau
jest, joke, gag parau ha'uti
Jesus Ietu What shall I do then with ~ which is called Christ? Eaha ho'i au iā Ietu i tei parauhia, o te Metia nei?
Jesus Christ Ietu Mesia (Protestant, pronounced Metia), Ietu Kirito (or:) Ietu Tirito (Catholic)
Ascension of **Jesus Christ** ma'uera'a
jet plane manureva tutuha auahi
jet stream 'ōmata'i
Jew ta'ata ati-Iuta, ta'ata hepera
Jewish ati'Iuta, hepera
Jew's harp tītāpu
jib, foresail 'ie fē'ao. fē'ao
jibe, gybe pa'e i raro
Jim, Jimmy, James Timi What kind of

work did ~ do? Eaha tā Timi 'ohipa i rave? ~ is still a child. E tamari'i noa ā o Timi.
job, position, status, rank tōro'a
job, work, business, occupation 'ohipa lose one's ~ 'ere i tāna 'ohipa That is a very difficult ~. E 'ohipa fifi roa te reira.
job-work, piece work 'ohipa tārā
Joe, Joseph Iotepa
John Tihoni, Ioane
Johnny Tihoni
join, become associated with a group, mingle (with) 'āmui
join, bind or **fasten together, attach** tā'amu
join, enlist, enroll, register tihēpu
join, get together, unite tāhō'ē
join (together), unite, form a unit 'ati, 'a'ati, 'ati'ati Eno and Fīfī were ~ed in marriage last year. 'Ua 'atihia Eno rāua o Fīfī e te ha'aipoipora'a i te matahiti i ma'iri a'e nei.
(cause to) join or **unite together** tā'ati Eno and Fīfī were ~ed together by the Protestant minister. 'Ua tā'atihia Eno rāua o Fīfī e te 'orometua porotetani.
join, press close together, cement or **glue** or **stick together** tāpiri, ha'apiri
join, paste or **glue** or **cement together, cause to be close together** fa'atāpiri
join or **unite** something **together, connect** tū'ati, fa'atū'ati, fa'a'ati (seldom used in this sense) Nowadays Greater Huahine and Smaller Huahine are ~ed by a bridge. I teie nei, 'ua tū'atihia Huahine Nui 'ē Huahine Iti i te hō'ē 'ē'a turu.
join together, make a joint pū'oi
join together, make as one, unite tāhō'ē
loosely or poorly **joined** pūfatafata, pūvatavata
joint pū'oira'a
joint (the joining of two bones) tū'atira'a ivi, pū'oira'a ivi
joint, binding, ligature pona, ponara'a
joint, dive, hole, dump, disreputable bar fare (or vāhi) inuinura'a ro'o 'ino
joint possession or **ownership** faufa'a 'āmui
joke, jest, gag parau ha'uti
joke, kid, have or **make fun by joking** hō'ata, parau ha'uti
joke, tease hāhara ma'au
joke, tease, kid, try to get one's goat fa'ahara ma'au
joke, tease, play around ha'uti
joke, tease, (also:) **be pugnacious** 'a'a
joking, teasing 'a'a
jolt(ed), have (or **have had**) **a jolt** or **shock** 'ōtu'i
Joseph Iotepa
jostle, bump, strike n tōtēra'a
jostle, bump, strike v tōtē
jot down, note down, mark repeatedly tāpa'opa'o
journal, magazine, newspaper, periodical, (also:) **messenger** ve'a the official ~ te ve'a a te hau
journalist, reporter ta'ata pāpa'i ve'a
journey, voyage haere'a
journey or **voyage** or **trip with a purpose,** (also:) **purpose of a voyage, mission** tere What is the purpose of your ~? Eaha tō 'oe tere?
journey, voyage haere'a
journey, voyage, trip with a purpose, **mission** tere
joy, happiness, eagerness 'oa'oa eternal ~ 'oa'oa mure 'ore It is a ~ for me to sail on the ocean. E mea 'oa'oa nā'u 'ia tere nā te moana.
joy, happiness, jubilation pōpou, poupou My heart is full of ~. 'Ua pōpou tō'u 'ā'au.
joyful, full of joy, jubilating pōpou, poupou This is a ~ day for me. E mahana pōpou teie nō'u.
joyful, happy, eager, rejoicing 'oa'oa
joyous, much pleased mā'ue'ue
jubilating joyful, full of joy pōpou, poupou

jubilation, joy, happiness pōpou, poupou
jubilee, anniversary iupiri
golden **jubilee** or **anniversary** pae-'ahurura'a
Juda Iuta
judge, magistrate ha'avā, ta'ata ha'avā The ~ has the final word. Tei te ha'avā te parau hōpe'a.
judge, give a judgement, administer justice ha'avā In fact, he has ~d with the full harshness of the French law. E ha'avāhia ho'i 'ōna mā te 'ū'ana-ato'a-ra'a o te ture farāni.
judge, assess, give an opion, criticize fa'a'ite i te mana'o
judge, decide, determine, specify fa'ata'a
judge, excercise judgment on, pay attention to ha'apa'o ~ not according to the appearance, but judge with right judgment. 'Eiaha e ha'apa'o i te huru i rāpae au a'e, e ha'apa'o rā i te parauti'a.
judgment, decision fa'aotira'a defer to ~ fa'ataime i te fa'aotira'a
judgment, opinion mana'o
judgment, sentence, decision by the court ha'avāra'a stern ~ ha'avāra'a 'eta'eta
judgment, sentence, imposition of a penalty fa'autu'ara'a
judiciary te mau 'ohipa ha'avāra'a
judiciary, justice ha'avāra'a
judicious, prudent, intelligent māramarama This is the only ~ way. Teie ana'e te rāve'a māramarama.
juggle, catch in midair pei, 'apo'apo
juice (of fruit or vegetables) vaiharo (but colloquially more often:) pape (followed by a qualifier) fruit ~ vaiharo mā'a hotu vegetable ~ vaiharo mā'a tupu grape ~ pape vine lemon or lime ~ pape tāporo orange ~ pape 'ānani
juice or **sauce of fermented grated coconuts, seawater, and shrimp** or **crayfish** taioro

juicy pape This mango is ~. (E) Mea pape teie vī.
July tiurai the month of ~ te 'āva'e nō tiurai Built by the mutineers of HMS Bounty under the command of Fletcher Christian ~ 10th, 1789 [inscribed on the wooden plaque at the site of Fort George on Tubuai]. Patuhia e te mau 'ōrurehau o te pahī ra Bounty i raro a'e i te fa'aterera'a a Fletcher Christian i te 10 ('ahuru) nō tiurai 1789 (hō'ē-tautini-'ē-hitu-hānere-'ē-va'u-'ahurumā-iva).
jump *n & v*, **leap, bound, vault** 'ōu'a parachute ~ 'ōu'a 'āmarara ~ (or skip) rope 'ōu'a taura
jump (fish), **leap** patī
jump into (river) **water** in a sitting position nāue
jump up and down 'ōu'au'a
jump(ing) or **skip(ping) rope** 'ō'ua taura
jump(ing) or **skip(ping) rope using the pōhue vine** tā'iri pōhue, pōhue
junction or **juncture** (of speech), **pause in intonation** tomara'a reo, tomara'a
June tiunu the month of ~ te 'āva'e nō tiunu
jungle ha'apūra'a nō te mau rā'au
jungle, forest ururā'au
junior (a youngster between 13 and 15, in sports) piriteina
junior (a youngster between approximately 17 and 20), **older teenager** taure'are'a, taure'a (in sports)
jurisdiction, government, administration fa'aterera'a
juror 'imiroa, ta'ata 'imiroa, mero tōmite hi'opo'a
jury tōmite 'imiroa, tōmite hi'opo'a
jury members hui 'imi roa
just, exact, right, correct tano, tanotano
just, exact, true, real mau ~ (exactly) at that time i taua taime mau ra
just, just recently iho nei, a'e nei Sven Wahlroos' English-Tahitian/Tahitian-English

just

Dictionary has ~ come out. I matara iho nei te puta fa'atoro reo marite (peretāne)/reo tahiti 'ē reo tahiti/reo marite (peretāne) a Taote Tīvini ("Doctor Sven"). I ~ finished the work. I fa'aoti iho nei au i te 'ohipa. News has arrived of that cyclone that ~ recently devastated Futuna. 'Ua 'atutu te parau 'āpī nō terā vero i te fa'a'ino a'e nei iā Futuna.

just ... (a moment earlier, a little while ago), **just very recently** ... hōnei (abbreviation of iho nei, indicating a recent past) I have just gotten to sleep. I ta'oto hōnei au.

just, only ana'e There were only Frenchmen at that meeting. E mau ta'ata farāni ana'e i terā 'āmuira'a.

just, merely, only, (also:) **simply** noa ~ in front of i mua noa a'e He is still ~ a child. E tamari'i noa ā 'ōna. He ~ (simply) did that job by hand. 'Ua rave rima noa 'ōna i terā 'ohipa.

just, simply noa He simply did that job by hand. 'Ua rave rima noa 'ōna i terā 'ohipa.

just, a moment ago a'enei, a'e nei She ~ left. 'Ua haere a'enei 'ōna.

just, proper, equitable, right ti'a, au May I (is it proper for me to) take (here meaning: borrow) the bicycle? E ti'a ānei iā'u 'ia rave i te pereo'o? That is very ~ (right), you see. E mea ti'a roa pa'i terā. Ye shall have ~ balances (scales). Ei fāito au tā 'outou fāito.

just, sincere 'āfaro, 'āfarofaro That is indeed ~! E mea 'āfaro mau te reira!

Just ...! (command) ... noa! ~ stay there! 'A pārahi noa 'oe i reira! ~ write it down! Pāpa'i noa!

Just a moment! Wait! Hold it! Don't hurry! 'Eiaha e rū! Hērū!

just about, to a certain extent, somewhat, rather, fairly, quite, almost, a fair number of, -ish huru It is ~ the same as ever. Te huru ā te huru. There is a fair number of [somewhat of a gathering of] people inside that house. E mea huru ta'ata i roto i terā fare ra. Things are going rather well [but not very well] at this point. E mea huru maita'i i teie nei. It is fairly big (also:) There are quite a lot. E mea huru rahi.

just after i muri iho

just as, as mai, mai iā She wishes, ~ we do, that you would come and visit us. Te hina'aro nei 'ōna, mai iā māua ato'a, ia haere mai 'ōrua e farerei ia mātou. Forgive us our sins, (just) ~ we also forgive those who have sinned against us. E fa'a'ore mai i tā mātou hara, mai iā mātou ato'a e fa'a'ore i tei hara iā mātou nei.

just as ... as ..., equally ... as ... 'ua au ... 'ē tō ..., 'ua au ... i tō ... (comparing two matching or equalling qualities) au Tēri'i is just as intelligent as Teiho (Tēri'i's intelligence matches Teiho's). 'Ua au tō Tēri'i māramārama 'ē tō Teiho.

Just as you wish! Tei iā 'oe te hina'aro!

"just deserts," recompense, reward, sanction (actually: what one deserves or merits, whether positive or negative) utu'a

just like that, similar tei au i te reira

just outside rāpae'au

just right tano maita'i

justice, judiciary ha'avāra'a court of ~ fare ha'avāra'a

justice, truth, righteousness parau ti'a

justifiable, legitimate e mea fa'ati'a

justify, permit, authorize fa'ati'a

kahuna, medicine man, native doctor, healer tahu'a (still consulted today, also by popa'ās)

kapok, cotton, Cossypium hirsutum vavai, vovai

Katsuwonus pelamis, bonito (early stage:) 'auhopu (middle stage:) tore (later stage:) toheveri

kava kava (The current word 'ava [strong drink, alcohol] originally referred to kava, the drink made from the roots of the plant *Piper methysticum*. Although kava is still popular in Samoa, Tonga, and Fiji, it is no longer used in Tahiti.)

keel, (also:) **bottom of a canoe** ta'ere

keep, **keep safe**, **guard**, **preserve** tīa'i The Lord bless you and ~ you. 'Ia ha'amaita'i mai Iehova iā 'outou 'ē 'ia tīa'i iā 'outou.

keep, **hold**, **keep hold of**, **reserve** tāpe'a Could you ~ (reserve) a table for dinner tonight? E nehenehe ānei tā 'oe e tāpe'a i te hō'ē 'amura'amā'a (or: 'aira'amā'a) nō te tamā'ara'a i teie pō? ~ strictly to the right side of the road! 'A tāpe'a māite (i) te pae 'atau o te purumu!

keep, **save**, **favor** fa'aherehere

keep, **set**, **fasten**, (also:) **keep back**, **restrain** tāmau

keep or **obey** (a commandment or order) ha'apa'o Fear God and ~ his commandments. O te Atua te mata'u atu, e ha'apa'o ho'i i tāna parau.

keep coming (closer) piri roa mai The land kept coming closer and the thunder of the breakers became strong. Piri roa mai nei te fenua 'ē pūai mai nei te māniania o te fatira'a miti.

keep at a distance, **keep** (or **cause to be**) **far away**, **go far away**, **retreat** fa'aātea

keep doing something, **be in the habit of doing something**, **be used to** ... mātau

keep an eye out for, (also:) **waylay**, **lie in wait**, **stalk** moemoe I am ~ing an eye out for the district bus ("truck") to go by. Tē moemoe nei au i te pereo'o mata'eina'a.

keep on, **keep doing** or **saying something** (construction with noa) She keeps on (is still) sleeping Tē ta'oto noa ra 'ōna. My wife keeps telling me that ... Parau noa mai tāu vahine ē ...

keep from laughing, **suppress laughter** nene'i i te 'ata

keep in memory, **memorize** tāmau

keep (or) **put in order**, **keep neat or picked up**, **care for** (in a physical sense) napenape Nina is ~ing her house in proper order. Tē napenape nei o Nina i tōna fare.

keep in good condition, **take (good) care of**, **maintain**, **care for** (in a physical sense) 'atu'atu, 'atu'atu maita'i We (both) will be sure to keep your house in good condition while you (all) are away. Tē ha'apāpū atu nei māua e 'atu'atu maita'i māua i tō 'outou fare i tō 'outou haere-ē-ra'a atu. Rōpati keeps his sailing canoe in good condition. 'Ua 'atu'atu maita'i o Rōpati i tōna va'a tā'ie.

keep off, **push back** with elbow or hand patu

Keep out! No trespassing! Tapu!

Keep your mouth shut! Māmū!

goal **keeper** tīa'i tāpa'o

learn **for keeps**, **master**, **absorb permanently** tāmau

play for **keeps** fa'ariro

keg, **barrel**, **cask**, **drum** paero

kerchoo, **sneeze** ma'itihe

kernel or **pit** or **stone** of fruit, (also:) **seed**,

kernel

(also:) **egg** huero, huoro
kernel or **pit** or **stone** of large fruit tu'e
kerosene, gasoline, petrol, (also:) **lamp** mōrī ~ (or oil) lamp mōrī teitei (or:) mōrī fare
kerplunk pa'ū
kettle, pot, pan pāni
tea-**kettle** tītata spout of ~ 'auaha tītata, 'auvaha tītata His ~ is boiling. 'Ua piha'a tāna tītata (which can also mean: He is snoring.).
key tāviri ~ for the door tāviri nō te 'ōpani house ~ tāviri fare I lost the ~ to the car. 'Ua mo'e iā'u te tāviri pereo'o.
key (on a keyboard), **button** patara'a
key, lagoon island, low island, reef island, atoll motu, mutu, motu ha'eha'a, motu ha'aha'a The captain and the first mate then looked at the ~ through the binoculars. Hi'o atura te ra'atira 'ē te ra'atira piti i te motu ra nā roto i te hi'o fenua.
kick, (also:) **"kick out," send away, fire, reject** patu He was ~ed out of his job. 'Ua patuhia 'ōna i rāpae i tāna 'ohipa.
kick (forward) tu'e, tu'etu'e ~ a ball tu'e i te pōpō
kid, child tamari'i, tama
kid, joke, tease, ridicule hō'ata
kid, joke with in a friendly manner, have or **make fun by playful joking** ha'uti
kid, make fun of, laugh at, deride, provoke fa'aipaupau
kid, make fun of, tease 'a'a, hāhara ma'au, fa'ahara ma'au
kid, make fun of, tease, play tricks on ha'uti I was just ~ding you. Tē ha'uti ra vau iā 'oe.
kidder, humbug, sweet-talk(-er) vaha nave, vaha mona
kidding, friendly teasing, playful joking parau ha'uti
kidding, joking with, making fun of parau hō'ata
kidney(s) māpē

kind

kill, butcher tūpa'i
kill, cause to die, (also:) **extinguish** ha'apohe
kill, murder, slay, assassinate taparahi pohe roa, taparahi ha'apohe (taparahi by itself usually means kill, but can also merely mean strike or beat) Thou shalt not ~. 'Eiaha roa 'oe e taparahi noa i te ta'ata. And the soldiers' counsel was to ~ the prisoners, lest any of them should swim out, and escape. 'Ua parau ihora te mau fa'ehau e taparahi i te mau ta'ata i tāpe'ahia ra, 'oi 'au atu vetahi 'oi ora.
kill fish, to fish using poison from the fish poison plant hora hora
kill time tūpa'i mahana
kilo(gram) tiro
kilohertz tirohereti
kilometer tirometera square ~ tirometera tuea
kilt pāreu etotia (literally: Scottish pāreu)
kind, compassionate, sympathizing, loving, humane arofa, aroha, arofarofa, aroharoha
kind, mild, meek, gentle, soft, tender, (also:) **calm, polite, moderate** marū ~ face mata marū marū Blessed are the meek: for they shall inherit the earth. E ao tō tei marū, e riro ho'i iā rātou te fenua.
kind, giving service to others, ministering to others, helping, helpful hāmani maita'i
kind, good, nice maita'i, maitata'i
kind, helpful, helping, giving service to others, ministering to others hāmani maita'i You are a ~ person. (E) Ta'ata hāmani maita'i 'oe.
kind, likeable, pleasing au maita'i
kind, sort, nature, type, variety, species huru There are many ~s of cars in America. E mea rahi te huru o te mau pereo'o i te fenua marite. There are many ~s of birds. E raverahi te huru o te manu. There are many species of flowers. 'Ua rau te huru o te mau tiare. And God

kind of

created great whales (whale [tohorā] does not appear in the Tahitian translation of the Bible) and every living creature that moveth, which the waters brought forth abundantly, after their ~. Hāmani ihora te Atua i te mau mea rarahi o te tai 'ē te mau mea ora hā'uti'uti ato'a o te moana e rave rahi mā tō rātou huru.

kind of, a little ri'i I am ~ hard up for money these days. 'Ua fifi ri'i au i teie mau mahana i te pae'au nō te moni.

kind of, sort of, somewhat, rather, fairly, almost, just about, quite, to a certain extent, a fair number of, -ish huru ~ strong wind mata'i huru pūai Things are going ~ well [but not very well] at this point. E mea huru maita'i i teie nei. It is ~ the same as ever. Te huru ā te huru. It is ~ big (also:) There are quite a lot. E mea huru rahi. There is a fair number of (~ a gathering of) people inside that house. E mea huru ta'ata i roto i terā fare ra. But then it could indeed have been quite a while ago. Mea huru tahito ra paha ho'i ia.

be of all **kinds, be of all sorts, be varied** rau There are all ~ of flowers here. 'Ua rau te tiare iō nei.

of many **kinds, miscellaneous** huru rau

kind-hearted 'ā'au maita'i, māfatu maita'i ~ person ta'ata 'ā'au maita'i (or:) ta'ata māfatu maita'i

kindle, make a fire tahu

kindly, tender, soft, peaceful marū

kindness, compassion, sympathy, love arofa, aroha, ārofarofa, āroharoha deserve ~ au ia arofahia mai

kindness, great kindness, goodness, much goodness maita'i She is a person of great ~. E ta'ata 'ōna nō te maita'i. I am grateful to you for your ~. 'Ua māuruuru vau iā 'oe nō tō 'oe maita'i.

kindness, service, ministry, help (in an abstract sense:) hāmani-maita'i-ra'a, (in a concrete sense:) hāmanira'a maita'i

kindred, people, nation nuna'a

kite

king ari'i the ~s hui ari'i

kingdom (religious), **realm** pātireia (spelled basileia in the Bible) The ~ of God te pātireia o te Atua Blessed are the poor in spirit: for theirs is the ~ of heaven. E ao tō tei (literally: heaven will come to those who are) ha'eha'a te 'ā'au nō rātou ho'i te basileia [pronounced pātireia] ra o te ao. Is this the man who made the earth to tremble, that did shake ~s? O te ta'ata teie i rūrūtaina i te fenua nei, i 'āueue ato'a i te mau basileia [pronounced pātireia] ra?

kingdom (secular), **royal domain, monarchy** hau ari'i

kingdom (secular and religious), **realm, nation, country,** (also:) **government,** (also:) **peace** hau Thy ~ come, thy will be done, on earth, as it is in heaven. 'Ia tae tō 'oe ra hau, 'ia ha'apa'ohia tō 'oe hina'aro i te fenua nei, mai tei te ao ato'a na.

kingfish matavai

kingfisher, fishing martin, Haleyon venerata ruro

kinky pōtītī

kinky, curly, frizzy 'ōmi'imi'i

kinsman, relative fēti'i Is he a ~ of yours? E fēti'i nō 'oe ānei 'ōna?

kiss n & v 'āpā (I send) Many ~es to all of you (used in ending a letter). Tē 'āpā maita'i atu nei au iā outou pā'āto'a.

kiss each other 'āpāpa

"**kiss**" by pressing or rubbing noses (in the old Polynesian manner) ho'i

"**kiss**" **each other** by pressing or rubbing noses (in the old Polynesian manner) ho'iho'i

kitchen fare tūtu Could you fetch the wine bottle from the ~? E nehenehe ānei tā 'oe e ti'i i te mohina uaina i te fare tūtu?

kite pāuma, 'uo Pull in your ~, it is straying to the side. 'A huti i tā 'oe pāuma, tē 'ōpaepae ra.

kitten mīmī fanau'a
"knack," technique, skill 'aravihi
knead nane
knead, (also:) mix batter or dough oi
knee turi, turi 'āvae
the hollow or fold of the leg behind the knee 'arapo'a 'āvae
fall on one's knees topa turi
kneel tūturi
kneel before, fall on one's knees in entreaty or supplication tāhopu
knell (as when a bell strikes), toll, ring pātē
knife tipi jack~ tipi tāfati sailor's ~ tipi mātarō the cutting edge of a ~ te 'oira'a tipi sharpen the blade of a ~ fa'a'oi'oi i te tipi He bent his ~. (Literally: the ~ became bent for him.) 'Ua fefe te tipi iāna. ... [Keola] still had his sailor's ~, so he did not fear the sharks. ... tei iā Keola noa ra tāna tipi mātarō, 'aita ia 'oia e taiā ra i te ma'o. (from John [Tihoni] Martin's free translation of R.L. Stevenson's The Isle of Voices)
use a knife tātipi
knight, warrior, hero 'aito
knock (on the door) pātōtō
knock, strike tā'iri
knock forcefully (on the door) tūtū
knock hard, slam, (also:) whip hui
knot, binding, (also:) ligature, joint pona (note that pona also can mean turd), ponara'a
knot, hitch, bend tāpona I untied the ~ in the rope. 'Ua ha'amatara vau i te tāpona taura.
loose knot, slip knot, loop ha'avaro
knot, tie into a knot tāpona, tāponapona
knot(s) in wood 'ōri'o, pona
knotty ponapona
know, know how to, be familiar with, be used to, be accustomed to mātaro I ~ how to handle (am used to handling) sail boats. 'Ua mātaro vau i te fa'atere poti tāi'e.

know, be used to, be accustomed to, be familiar with, (also:) be acquainted with mātau I ~ (am acquainted with) Teuira. 'Ua mātau vau iā Teuira. You and I have ~n each other for 21 years. 'Ua mātau tāua e piti-'ahuru-mā-hō'e matahiti te maorora'a.
know, understand, recognize, (also:) see, perceive 'ite I don't ~ whom you are talking about. 'Aita vau (or: 'Aore au) i 'ite e o vai tā 'oe e fa'ahiti na. For he knew the likeness (significance) of that patch (spot), and knew that he was fallen in (had contracted) the Chinese Evil (which is also called ~). 'Ua 'ite 'oia i te aura'a nō te reira pōta'a, 'ua 'ite 'oia ē 'ua pe'ehia 'oia i te Ma'i Tinitō, e parau ato'ahia: e 'ō'ovi. (From John [Tihoni] Martin's free translation of R.L. Stevenson's The Bottle Imp.)
the people in the know te feiā 'ite
know about 'ite e nō ni'a i
know very well, be fully familiar with ta'a I ~ how to drive a car. 'Ua ta'a iā'u i te fa'ahoro pereo'o uira.
What do you know! Well! Could it be possible? How come? What do we have here? 'Āria! Well, what do you ~, the food is already prepared! 'Āria, 'ua ineine a'ena te mā'a! Could it be possible? This house also belongs to you? 'Āria, nō 'oe ato'a teie fare? Well! How come you are late? 'Āria, eaha 'oe i maoro ai?
not knowing what to do, abashed, nonplussed napu
know-how, (also:) manners 'ihi
not knowing what to do, abashed napu
not knowing what to do, in confusion, confounded, perplexed hepohepo
knowledge, certainty, confidence pāpū because of his ~ of (confidence in) handling ships, Oputu became a captain. Nō tōna pāpū i te horo pahī, 'ua riro 'o Oputu ei ra'atira.
knowledge, experience, learning, science

   'ite
knowledge, wisdom pa'ari
knowledgeable, learned, erudite, educated 'ite
knowledgeable, wise pa'ari
known 'itehia, 'itea
make **known, inform** fa'a'ite
knuckle(s) momoa rima
Koran Torana, puta fa'aro'o mahometa
Koro (Polynesian god, in ancient Tahiti the god of war) 'Oro
Kuhlia rupestris, a kind of **river fish, perch** nato
Kyphosus cinerascens, lagoon fish nanue

labor, work, job 'ohipa   day ~ (work paid by the day) 'ohipa tāmahana
averse to **labor, lazy, idle, missing school or work** fa'atau
aversion to **labor, laziness, idleness, neglect of school or work** fa'atau
lace *n* hitihiti
small **lace collar** pūva'ava'a
lace *v*, **string, thread** tui
lace up, tie, fasten with sennit, bind together with rope or cord (as the planks of a canoe) fero, fero i te nape (nape means sennit)
lack, deficiency (construction by using a negation:) 'ere, 'ore, 'aore, 'aita   a ~ of food. 'ere i te mā'a (or:) mā'a 'ore (or:) 'aita e mā'a   ~ of energy itoito 'ore   ~ of respect fa'atura 'ore   You show a ~ of respect for him. 'Aita 'oe i fa'atura iāna. because of a ~ of ... nō te mea 'aita ...
suffer from **lack** of food or water o'e
lack, be absent, be missing ma'iri
lack, not have, be deprived of, miss 'ere, 'ene (seldom used)   He is out of (~s) work. 'Ua 'ere 'ōna i te 'ohipa.
lack(ing) adequate means of support, indigent, poor veve, nava'i 'ore
lack industriousness or **diligence** or **energy, be lazy** fa'atau
for **lack** of time (literally: **time being short**) nō te poto o te taime
lacking in firmness of flesh and in taste (in the case of fruits and vegetables, especially manioc and taro) māi
lad, young man, (also:) **son, nephew** tamaiti
ladder 'e'a pa'umara'a, 'e'a
ladder, stairway 'e'a fa'ata'umara'a
step of a **ladder** or **stairs** ta'ahira'a 'āvae
ladle *n & v* tāipu mā'a
ladling spoon punu tāipu
lady, woman vahine   ~ (mistress) of the house fatu vahine   cleaning ~ vahine tāmā
lady, refined or **well-bred woman** vahine peu maita'i
lag (behind), drag out 'ōta'a   His work has ~ged behind. 'Ua 'ōta'a tāna 'ohipa.
Lagenaria vulgaris, bitter apple, colocynth hue
lagoon tairoto, roto, miti (when the stress is on the water itself rather than its location) deep ~ roto miti   His lure got caught in the bottom of the ~. 'Ua mau tāna 'apa i raro i te miti.
lagoon (completely surrounded with minimal access to salt water), **lake** roto pape
lagoon (long strip of water) tairoto, tai
edge of the **lagoon** pae moana
seawater from the **lagoon,** (also:) **inland saltwater lake** miti roto
towards the **lagoon** (if you are on land) i tai
lagoon fish, Kyphosus cinerascens nanue
lagoon island, low island, islet, reef island, atoll motu, mutu, motu ha'eha'a, motu ha'aha'a   The captain and the first mate then looked at the ~ through the binoculars. Hi'o atura te ra'atira 'ē te ra'atira piti i te motu ra nā roto i te hi'o fenua.
laid out, opened out, spread out mahora
lake, pool, pond roto
inland saltwater **lake,** (also:) **seawater from the lagoon** miti roto
lamb māmoe fanau'a, māmoe 'āpī, pīnia māmoe, 'arenio (Biblical)   Behold the ~ of God which taketh away the sin of the world. 'A hi'o na i te 'Arenio a te Atua, 'o tei hōpoi 'ē atu i te hara o te ao.
lame, limping, crippled piri'o'i

lament (general), **mourn, cry, weep,** (also:) **express strong emotion of pain, distress, or pleasure** auē
lament, cry, weep, grieve mihi
lament (because of missing someone), **miss someone, experience sorrow,** (also:) **weep** mihi, mihimihi I ~ed the death of my close friend. 'Ua mihi au i te pohera'a tō'u hoa rahi.
lament (because of deep sorrow), **cry, weep, grieve** 'oto We ~ your loss (literally: We send you our condolences). Tē fa'atae atu nei māua i tō māua 'oto rahi iā 'oe.
lament, cry audibly, sob, bawl, weep ta'i
lamentation auēra'a
lamp, (also:) **kerosene, gasoline, petrol** mōrī, rāmepa (lamepa, biblical) ~ chimney hi'o mōrī Alladin ~ mōrī 'aratini electric ~ mōrī uira oil (or kerosene) ~ mōrī teitei (or:) mōrī fare pump ~ (or lantern) mōrī gaz storm ~ (or lantern) mōrī mata'i The ~ is lit. 'Ua 'ama te mōrī. The ~ is extinguished. 'Ua pohe te mōrī. Thy word is a ~ unto my feet, and a light unto my path. E lamepa (pronounced rāmepa) tā 'oe parau i tō'u nei 'āvae, e ti'arama nō tō'u nei mau 'e'a.
light an oil **lamp** tutu'i, tutu'i i te mōrī
turn on an electric **lamp** pata (literally: press the button) i te mōrī (mōrī uira), tū'ama i te mōrī (mōrī uira)
ceiling **lamp, chandelier** mōrī tautau
lamp, torch, (also:) **guide** tiarama
guide with a **lamp** or **torch, illuminate** tūrama, tiarama
lance, harpoon, spear 'āuri pātia
lance, spear, javelin 'ōmore
lance, spear, javelin, (also:) **fork** pātia
lance, stab, plunge something **into, inject, prick, perforate** pātia
lance (remove the pus from) **an abscess** fa'ahū i te pu'u (or simply:) fa'ahū
land, high island, terrain, earth, real estate, country fenua plot or parcel of ~ tuha'a fenua (or:) vaeha'a fenua a very distant ~ e fenua ātea roa uneven ~ (e) fenua pu'upu'u Do you own any ~? E fenua (ānei) tō 'oe? My ~ was mortgaged last year. 'Ua pirihia tō'u fenua i te matahiti i ma'iri a'e nei. The ~ kept coming closer and the thunder of the breakers became strong. Piri roa mai nei te fenua 'ē pūai mai nei te māniania o te fatira'a miti.
cultivate the **land, plant, farm** fa'a'apu
father**land** 'āi'a tupuna
native home**land** 'āi'a fānau
native **land** 'āi'a
point or head of **land, tongue of land, cape, promontory, spit, peninsula** 'otu'e, 'outu The house had been built on a very pleasant point of ~. 'Ua fa'ati'ahia te fare i ni'a i te hō'ē 'ōtu'e au maita'i roa.
sacred **land** tapufenua Pouvāna'a a O'opa constantly fought for the return of the sacred native lands to their rightful owners. 'Ua 'aro noa o Pouvāna'a a O'opa 'ia fa'aho'ihia te fatura'a tapufenua mā'ohi i te hui fatu mau iho.
towards the **land** i uta
land area tufa'a fenua
land area, region pae'au
land of one's birth, native homeland 'ā'ia fānau, fenua fānau
land crab (goes in hole on approach) tupa
land crab (may attack) pa'apa'a fenua
land enclosed by fence, yard 'āua
land turtle honu 'ōfa'i
land wind (night breeze from the mountains) hupe
land, alight, come down (bird or airplane) tau
land, reach land, dock, come in tāpae, tīpae
landing, docking, arrival tāpaera'a Are you going to (be present at) the ~ of the ship? E haere ānei 'oe i te tāpaera'a pahī?

landing field for airplanes   tahua taura'a manureva
landing net   tāhahu
landing place   taura'a
landlord   fatu fare
landlord, lord, owner   fatu, fatu fenua (if land), fatu fare (if dwelling), 'ona   The disciple is not above his master, nor the servant above his lord. 'Aita te pipi i hau i tāna 'orometua, 'aita ho'i te tāvini i hau i tōna ra fatu.
landslide   horo, horo fenua
language, tongue, speech, way of talking, (also:) **voice**   reo   You cannot learn the Tahitian ~ well unless you speak it continually. 'Aita e nehenehe iā 'oe 'ia ha'api'i maita'i i te reo tahiti, maori rā 'ia paraparau noa 'oe.   He spoke in the native (Polynesian) ~.   'Ua parau 'ōna nā roto i te reo mā'ohi.   colloquial ~   reo manahune   international ~   reo nuna'a rau   literary ~   reo vana'a   local (vernacular) ~   reo ihotupu   modern ~   reo tau 'āpī   national ~   reo 'āi'a   common ~ (lingua franca)   reo tā'ati   All tongues of the earth are spoken there: the French, the Dutch, the Russian, the Tamil, the Chinese.   E fa'aro'ohia (literally: are heard) i reira te mau huru reo ato'a o teie nei aō: te reo farāni, te reo horane, te reo rūtia, te reo 'inītia (actually: Hindi, but geographically adjacent languages are often subsumed by Tahitians under one term), te reo tinitō. (from John [Tihoni] Martin's free translation of R.L. Stevenson's short story The Isle of Voices.)
language, talk, speech, (also:) **conversation,** (also:) **word**   parau   Tahitian ~   parau tahiti   Chinese ~ (or pidgin Tahitian)   parau tinitō
common **language, lingua franca**   reo tā'ati
common (colloquial) **language**   reo manahune
common (vernacular) **language**   reo ihotupu
modern **language**   reo tau'āpī
lanky, slender, thin, slim, lean   pī'ao'ao
lantana (grass), Lantana camara   rā'au taratara, taratara   Samoan ~   taratara hāmoa
kerosene **lantern**   mōrī fare
pump **lantern** or **lamp**   mōrī gaz
storm **lantern** or **lamp**   mōrī mata'i
lapse (in time), **interval,** (also:) **intervening space**   ārea
larboard, port, portside   pae ama (literally: toward the outrigger side; in Eastern Polynesia the outrigger is always on the port side of the hull)
lard, fat, oil   hinu
large, big   rahi, *(dual & plural:)* rarahi, nui *(archaic)*   That is a ~ ship.   E pahī rahi terā.   That is a really ~ ship.   E pahī nō te rahi terā.   the ~ ships   te mau pahī rarahi   the ~ part of Tahiti   Tahiti nui
large, big, huge   rahi roa
large, vast, extensive   āteatea
extremely **large, enormous, immense**   iti rahi, (e) mea iti rahi   a ~ fortune   e faufa'a iti rahi
larynx, Adam's apple   'aratona
lascivious, lewd, fulsome, obscene, (morally) **base, without shame**   ti'a'ā   pornographic picture   hoho'a ti'a'ā
lascivious, lustful, libidinous, sensuous   tuihēhai
lascivious, wanton, debauched, lustful, promiscuous, vulgar   tai'ata, taute'a, fa'aturi   a ~ woman (prostitute)   vahine tai'ata (or:) vahine fa'aturi   Ye have lived in pleasure on the earth, and been wanton.   'Ua pārahi 'outou i te ao nei mā te navenave 'ē te tai'ata.
lasciviousness   ti'a'ā   For from within, out of the heart of men, proceed evil thoughts, ... wickedness, deceit, ~, ...   Nō roto mai ho'i i te 'ā'au ta'ata te mana'o 'ino, ... te fe'i'i, te ha'avare, te ti'a'ā, ...
lash *n*, **whip**   tā'iri

lash

lash, spank, whip, hit with a rod or a stick, beat tā'iri, ta'iri'iri
lash, tie up, bind together tā'amu
lash or **roll up, furl a sail** viri
lasso *n & v*, **snare with a running knot** mārei, māhere (less used)
last (in order), **final** hōpe'a The judge has the ~ word. Tei te ha'avā te parau hōpe'a.
last (in the past) i ma'iri a'e nei My land was mortgaged ~ year. 'Ua pirihia tō'u fenua i te matahiti i ma'iri a'e nei.
last name pa'era'a What is your ~? 'O vai tō 'oe paera'a? My ~ is Maitere. 'O Maitere tō'u paera'a.
last night ināpō, ināpō ra, inānahi i te pō, inānahi pō
last, be of long standing, endure taraire
last, exist for a long time, take a long time, draw out maoro, vai maoro Our voyage ~ed two months, from our departure to our homecoming. E piti 'āva'e te maoro ia nō tō mātou tere, mai te haerera'a e tae noa'tu i tō mātou ho'ira'a mai.
make **last, stretch out** (when speaking of food), **cause not to run out of** nanea
make something **last, ration** fa'arava'i
late (referring to duration, especially in acting on time), **exceeding time expected** maoro He is ~ for work today. 'Ua maoro 'ōna i tāna 'ohipa i teie mahana. It is very ~, you see. E mea maoro roa pa'i. I slept ~ this morning. 'Ua ta'oto maoro vau i teie po'ipo'i.
late, slow, long (in time), **dragging along** tāere
late afternoon (5 pm to 7-8 pm), **early evening** ahiahi (for some reason often and incorrectly pronounced "heyhey")
late evening (8 pm to midnight), **night** pō
later, after nā muri, i muri a'e a little ~ than that i muri iti a'e i te reira ~ than ten years i muri a'e i te 'ahuru matahiti
later, afterwards e muri iho, i muri iho, i muri mai ~, we went to drink some

laughter

beer. I muri iho, 'ua haere mātou e inu i te pia.
later, coming up afterwards i mua nei
later on (action uncompleted and not definitely planned), **sometime soon, by and by, after a while** āu'anei, ā'unei
later on, from now on into the future āmuriatu
later on (action planned or seriously contemplated), **soon, before long, after a while** 'āraua'e
See you **later! So long! Good-bye!** (in the sense of:) **See you soon!** Āraua'e!
a little while **later on** (speaking of the past) maoro iti a'e ra
lather, suds hu'a pu'a (be careful with pronunciation, since hua means vulva)
lather, launder, wash with soap tāpu'a
lather, make suds fa'ahu'a
latitude rēni tārava, rātitu
latrine, toilet, restroom, outhouse fare iti, fare haumiti (seldom heard today; literally: house for defecation) Could you (please) show me (where) the ~ (is)? E nehenehe ānei tā 'oe e fa'a'ite mai iā'u i te fare iti? (or simply: Where is the ~?) Teihea te fare iti? The toilet in the ~ is clogged. 'Ua mau te pape i roto i te fare iti, e'ita e tahe fa'ahou.
laud, praise, pay tribute to, glorify ha'amaita'i
laugh, smile broadly 'ata, 'a'ata, 'ata'ata
laugh at, make fun of, deride, provoke fa'aipaupau
laugh at, make fun of, tease, kid 'a'a, hāhara ma'au, fa'ahara ma'au
laugh at, make fun of, tease, play tricks on ha'uti I was just teasing you. Tē ha'uti ra vau iā 'oe.
laugh at despisingly, mock, ridicule tāhitohito
laughing 'ata'ata (be careful with your pronunciation, since ataata means terrible or dangerous) ~ eyes mata 'ata'ata
laughter, broad smile 'ata burst of ~

launch

'ata pahō
suppress **laughter, keep from laughing** nene'i i te 'ata
launch (into the air) māo'a, ha'ape'e the ~ing of the space ship te māo'ara'a o te pahī reva
launch (of ships) fa'a'āra'ara'a
launched (of ships) 'āra'ara'a
launched (and usually christened, of ships) topa The large double canoe was ~ yesterday. 'Ua topa te va'a tau'ati rahi inānahi.
launder, clean, rinse tāmā
launder, wash, clean, scrub horoi, horohoroi Could you ~ (wash) my clothes today? E nehenehe ānei tā 'oe e horoi i tō'u mau 'a'ahu i teie mahana?
launder, wash with soap pu'a May we ~ our clothes in your washing machine? E nehenehe ānei iā māua 'ia pu'a i tō māua 'a'ahu i roto i tā 'ōrua mātini pu'ara'a 'a'ahu?
laundering, laundry pu'ara'a 'ahu
laundress vahine pu'a 'ahu
lavatory, bathroom fare pape, piha pape
lavatory, toilet, restroom, outhouse fare iti
lavatory, washroom piha horohoroira'a
law, rule, code ture
driving (road) **law(s)** or **regulation(s)** ture purōmu, ture porōmu, ture purūmu Observe the ~s (shown on the) signs. Ei (or: Ei'a) fa'aturahia te mau tāpura o te ture purōmu.
law clerk, solicitor, (also:) **notary** nōtēra
lawful, legal au i te ture Is it ~ for a man to put away his wife for every cause? E au ānei i te ture 'ia ha'a pae noa te tāne i tāna vahine i te mau hapa ri'i ato'a nei?
lawn vāhi matie, matie
lawn, open space, yard, (also:) **court, public square** māhora
lawnmower (mātini) tāpū matie He got fed up with fixing his ~. 'Ua fiu roa 'ōna i

lazy

te tātā'i i tāna tāpū matie.
lawyer, attorney, barrister 'avaota
defense **lawyer, barrister, attorney, advocate** ta'ata pāruru, pāruru The ~ is going to reveal the truth. Tē hua'i atu nei te ta'ata pāruru i te parau mau.
lax, lacking energy itoito 'ore
lax, loose matara
lax, limp, supple, flexible paruparu
lax, slack, without energy, dilatory, (also:) **nonchalant** tōaruaru
laxative (medicine), **purgative** rā'au fa'ahe'e, rā'au tāhe'e
laxative (salts), **purgative** miti fa'ahe'e
lay, put, place, set tu'u
lay eggs, (also:) **set up a nest** for that purpose 'ōfa'a
lay aside, leave aside, throw aside, repudiate, give up or **abstain from food** or **alcohol** ha'apae He has ~ed aside (abstained from) alcohol for six months (meaning that he signed the Blue Cross [anti-alcoholic league] oath six months ago). 'Ua ha'apae 'ōna e ono 'āva'e.
lay or **lie on the side, cause to lean over** fa'a'opa, fa'a'o'opa. fa'a'opa'opa
lay down, lay out, spread out hōhora
lay something **out horizontally** fa'atārava
lay up (nautical term: lay up an old ship, for example) tā'amu That ship is completely rotten, it must be laid up. 'Ua pē roa terā pahī, 'ia tā'amuhia e ti'a ai.
layer meumeura'a
put or arrange in **layers, pile up** 'āpapa
laziness, idleness, aversion to labor, neglect of school or work fa'atau
laziness, idleness, worthlessness hupehupe
lazy, idle, averse to labor, missing school or **work** fa'atau
lazy, worthless hupehupe I am very ~ when it comes to writing letters, but I sent a letter to my friend yesterday. E mea hupehupe roa vau nō te pāpa'ira'a rata, terā rā, 'ua hāpono vau i te hō'ē rata i

301

lead   **learn**

tō'u hoa inānahi ra.
lead (metal) tāpau
lead or **steel pipe, conduit** tuiō
lead pellet (for a birdgun), **shot** 'ōfa'i pupuhi manu
lead, the state of **being ahead** 'ōmuara'a
lead, guide, take by the hand arata'i He ~eth me in the paths of righteousness for His name's sake. E arata'i 'oia iā'u nā te 'ē'a tītī'aifaro, nō tōna ra i'oa. And thou shalt become an astonishment, a proverb, and a byword, among all nations whither the Lord shall ~ thee. E riro ho'i 'oe ei maerera'a, ei parabole, 'ē ei paraura'a, i te mau fenua ātoa tā Iehova e arata'i iā 'oe ra.
lead (or **begin**) in choir singing fa'a'ara'ara
lead an animal pūtō, pūta'i
leader, chief tāvana chief of a district tāvana mata'eina'a
leader, director, administrator ta'ata fa'atere
leader, head (of group or team), **foreman** upo'o head of government upo'o fa'atere (i te hau)
leader, manager, officer, captain ra'atira
leader, owner of an enterprise 'ona
leader, ruler ti'a
leadership, authority, command, (also:) **administration** fa'aterera'a the mutineers under the ~ of Fletcher Christian te mau 'ōrure hau tei raro a'e i te fa'aterera'a a Fletcher Christian
-leaf *adj* rau —
leaf of a plant rao'ere, rau'ere
banana **leaf** rau mai'a
banana **leaves** shielding the food from the hot stones in the Tahitian earth oven rauai
hibiscus (pūrau) **leaf** (from Hibiscus tiliaceus) rau fau
pandanus **leaf** rau fara
leaf of a book or newspaper, **sheet, page** 'api parau (note that 'api pārau refers to the valve of a mother-of-pearl shell and that parau 'āpī means news)
leaf mat (as cover for the earth oven) rau-'a'ai
leaf through (a book or newspaper) ferafera
leaf-covered (as in a Tahitian earth-oven) raupo'i
leaflet, brochure, booklet, pamphlet puta iti
leafstalk, petiole hī'ata
league, association tā'otahira'a
leak *n*, (also:) **bilge water** riu
leak (in), take in water, (also:) **drop** (as in the case of a leaking thatch roof) mama, riu This ship is ~ing. 'Ua mama teie pahī.
leak (out) (as air from a tire), **evaporate, escape** mā'i The (car) tire ~s. 'Ua mā'i te uaua pereo'o.
leaky mama, riu
lean, bony, skinny ivi
lean, thin, emaciated, spindly pī'ao'ao
lean, thin, skinny pārarai
lean, heel 'opa
lean against, lean on turu'i
cause to **lean over,** cause to **heel** fa'a'opa, fa'a'o'opa, fa'a'opa'opa
leaning fa'a'opa, fa'a'o'opa, fa'a'opa'opa
lean-to, sloping roof (for shade), **veranda** tāmaru
lean-to, temporary shelter, hostel, bivouac pūhapa, pūhapara'a
leap, jump, bound 'ōu'a
leap (as fish that have just been caught), (also:) **bounce back** patī, pātītī
leap year matahiti 'ōu'a
learn, (also: **teach**) ha'api'i, (If it is not clear from the context that you mean learn rather than teach, you can add mai:) ha'api'i mai How did you ~ to speak Tahitian like this? Nāfea 'oe i te ha'api'i i te reo Tahiti mai teie te huru? You cannot ~ the Tahitian language well unless you speak it continually. 'Aita e nehenehe

learn

iā 'oe 'ia ha'api'i maita'i i te reo tahiti, maori rā 'ia paraparau noa 'oe.

learn, memorize, learn thoroughly or **"for keeps"** tāmau I think I will never be able to ~ Tahitian. I tō'u mana'o e 'ore roa e ti'a iāu i te tāmau i te reo tahiti.

learn by heart, learn by rote tāmau 'ā'au

learned, erudite, knowledgeable, educated 'ite ~ man (scholar) ta'ata 'ite

learned, scientific, scholarly 'aivāna'a

learning, knowledge 'ite

act of **learning** ha'api'ira'a

quick at **learning, clever, swift, skilled** i'ei'e He is quick at ~ how to dance, but not in school work. E mea i'ei'e 'ōna i te 'ohipa 'ori, 'āre'a rā i te 'ohipa ha'api'ira'a 'aita ia.

leather 'iri pua'a

figured **leather jacket** pāreva

leave, abscond, run away horo, hohoro, horohoro Do not under any circumstances ~ after a road accident! 'Eiaha roa'tu e horo i muri a'e i te hō'ē 'ati puromu! The thief ran away. 'Ua horo te ta'ata 'eiā.

leave, depart reva, rereva, revareva (The date for a departure is extremely important to Polynesians, sometimes even more so than the date for an arrival. To be present at a friend's departure is a <u>must.</u> One of the first questions a Polynesian may ask you upon your arrival is "When are you leaving?" This may sound impolite to westerners, but it is in fact a compliment indicating that the questioner may want to invite you during your stay and/or will want to pay his or her respects at your departure.) When will the two of you ~? Next Sunday. / We will ~ next month. Afea 'ōrua e reva ai? I te tāpati i mua nei. (or:) A tāpati. / Ei te 'āva'e i mua (nei) māua e reva ai. Did the plane ~? 'Ua reva ānei te manureva? The plane was leaving at 5:00 p.m. Tē reva'tu ra te manureva i te hora

leave aside

pae i te ahiahi. In am leaving on an ocean voyage (literally: for the ocean). Tē reva nei au nā te moana. As for the tourists, they want to ~ on the scheduled day. 'Āre'a te mau rātere, te hina'aro ra ia rātou e reva i te mahana i parauhia. The ship has left (sailed away). 'Ua reva (atu) te pahī. The ship has left (to sail towards the speaker). 'Ua reva mai te pahī. Since you left, the island has not changed. Mai te mahana i reva atu ai 'oe, 'aita te fenua i taui.

leave, set sail 'ie

leave, leave behind (deliberately) vaiiho, vaiho I left my car at the airport. 'Ua vaiiho vau i tō'u pereo'o i te tahua manureva. How much is the fine if the car is left in the wrong (prohibited) place? Ehia moni te utu'a 'ia vaiihohia te pereo'o i te vāhi hape (i te vāhi 'ōpanihia)? Is it possible to ~ this suitcase with you when we leave on the cruise? E nehenehe ānei tā maua e vaiiho mai i teie 'āfata 'a'ahu iā o'e 'ia reva atu māua nā ni'a i te pahī? ~ that book in its place! 'A vaiiho i terā puta i tōna vaira'a.

leave, leave behind, abandon, foresake, desert, (also:) **leave out, omit** fa'aru'e And Jesus left that place and went back to his own country with all his disciples. Fa'aru'e ihora Iesu (pronounced Ietu) i taua vāhi ra, haere atura i tōna iho fenua ma tāna mau pipi ato'a.

leave, leave behind, forget ha'amo'e I left my eyeglasses here yesterday. 'Ua ha'amo'e au i tō'u titi'a mata iō nei inānahi ra (or:) 'Ua mo'ehia ia'u tō'u titi'a mata iō nei inānahi ra.

leave or **sail** or **travel** (specifically) **by sea** fano We saw a ship which was leaving for Papeete; we climbed on board and left (sailed). 'Ua 'ite māua i te hō'ē pahī tei fano atura i Pape'ete; pa'uma atura i ni'a iho 'ē fano atura māua.

leave aside, give up, abstain from food or

303

lecture   **lending-house**

alcohol ha'apae
lecture, speech 'ōrerora'a, 'ōrerora'a parau
lecture, make a speech 'ōrero
leeward, down the wind, (also:) **West** i raro, i raro te mata'i
The Leeward Islands te mau motu raro mata'i, te fenua-raro-mata'i-mā The Leeward Islands from the Tahitian perspective are: Huahine, Ra'iatea, Taha'a, Porapora (Bora Bora), Maupiti, Tupai, Temiromiro or Motu One (Bellingshausen), Manuae (Scilly), and Maupiha'a (Mopelia or Lord Howe Island).
drift to **leeward** ta'anini
left (direction) pae 'aui, 'aui to the ~ i te pae 'aui See here, could you please look at the ~ rear tire to see if it is (properly) inflated (literally: hard). 'Āhani na, 'a hi'o ri'i pahā i te uaua i muri i te pae 'aui, mea pa'ari ānei. My ~ leg was set in a plaster-cast. 'Ua tīmāhia tō'u 'āvae 'aui. I have a tingling sensation in my ~ hand. 'Ua hōpi'ipi'i tō'u rima 'aui.
to have **left, be discharged** or **detached from** mahiti, mahuti He has ~ (been discharged from) the hospital. 'Ua mahiti mai 'ōna mai te fare ma'i.
left behind, lost, forgotten, overlooked mo'e
left-eye flounder, flat-fish, Bothus mancus pāti'i tere fenua, pāti'i
left-over, remainder toe'a, tōe'a
left over, remaining toe
leg(s), foot, feet, paw(s) 'āvae (note that 'āva'e means month or moon) My left ~ was set in a plaster-cast. 'Ua tīmāhia tō'u 'āvae 'aui. My right ~ tingles (or: has "gone to sleep"). 'Ua hōpi'ipi'i tō'u 'āvae 'atau. I have varicose veins in my ~s. E 'āvae uaua totoroma'a tō'u.
the hollow or fold of the **leg** behind the knee 'arapo'a 'āvae
short-**legged, dwarfed** ha'a
legacy, bequest, inheritance tutu'u

legal, endowed with power mana ~ (or legalized) paper parau mana
legal, lawful au i te ture
legal, legitimate ti'amā
legal tender, currency moni
legalize, empower, validify, notarize, authorize, record legally ha'amana
legalize, render legal fa'ati'amā
legalized, empowered, validified, notarized, authorized, recorded legally mana, ha'amanahia
recognize **legally** 'ite
recognized **legally** 'itehia
legend, tale, story (usually fictitious) parau tahito, 'a'amu, parau 'a'amu, parau 'a'ai, 'a'ai The old man explained the meaning of the old ~ of Tangaroa. 'Ua heheu mai te (ta'ata) rū'au i te 'a'amu tahito nō Ta'aroa. The old ~s are forgotten. 'Ua ha'amo'ehia te mau parau tahito.
short-**legged, low-set, stunted** ha'a
legislature 'āpo'ora'a rahi o te fenua
legitimacy, authenticity ti'a maura'a
legitimate, authentic ti'a maita'i
legitimate, justifiable e mea fa'ati'a
legitimate, legal, (also:) **legitimately married** ti'amā a ~ly married person ta'ata ti'amā
legitimate, legal, endowed with power mana This is a ~ (legal) document. E parau mana teie.
legitimate, logical, valid ti'a
legitimate, right, correct tano maita'i, tanotano
legitimate, straight, sincere 'āfaro
lei (Hawai'ian)**, garland, wreath** hei
to put a **lei** around someone's neck or on someone's head fa'ahei
lemon tāporo popa'ā, (also, especially in Pape'ete:) remone (or) remene
lend, loan tu'u tārahu, hōro'a tārahu
lend, loan, give for a short time hōro'a nō te taime poto
lending-house 'āfata — (purpose stated

after 'āfata) ~ for the poor 'āfata veve
lending institution, bank fare moni
length (space, sometimes also time), **height of a person** roa, roara'a The ~ of that ship is fifty-five meters. E pae-'ahurumāpae mētera te roa o terā pahī. The ~ of that boat is six meters. E ono mētera te roa o terā poti.
length (time, but in the Bible also space), **duration** maoro, maorora'a
lengthen, extend, (also:) **stretch out a hand or foot or the tongue** fa'atoro The road was ~ed. 'Ua fa'atorohia te porōmu.
lengthen, stretch out, put off (in time), **delay** fa'aroa
leopard mīmī taehae pōta'ata'a (literally: spotted cannibal-cat; note that mimi means urine)
leopard sea bass atara
leper ta'ata 'ō'ovi, 'ō'ovi, rēpera (mostly Biblical and solemn) The ~s' Feast Day Te 'ōro'a o te mau rēpera
leper colony vāhi nō te feiā 'o'ovi The name of the leper colony in Tahiti is 'Orofara and it is situated in a beautiful little vale in Mahina, 13 kilometers from Pape'ete. Because of the spectacular progress in arresting and controlling Hansen's disease, there are at the time of writing only about 50 patients left in the village and the incidence in the Eastern Polynesian islands is about 2 in 1,000.
lepromatose (referring to being in a contagious stage of leprosy) 'ō'ovi pe'e, rēpera pe'e
leprosy ma'i 'ō'ovi, 'ō'ovi, ma'i rēpera, rēpera (mostly Biblical) In the old times leprosy was often referred to as the Chinese evil or Chinese disease:) ma'i tinitō. For he knew the likeness (significance) of that patch (spot), and knew that he was fallen in (had contracted) the Chinese Evil (which is also called ~). 'Ua 'ite 'oia i te aura'a nō te reira pōta'a, 'ua 'ite 'oia ē 'ua pe'ehia

'oia i te Ma'i Tinitō, e parau ato'ahia: e 'ō'ovi. (From John [Tihoni] Martin's free translation of R.L. Stevenson's The Bottle Imp.)
leprous 'o'ovi (some Tahitians use the word pupure which means spotted or mottled)
lesion ma'i tupatupa
less iti a'e I have ~ E mea iti a'e tā'u moni i tā 'oe.
-less 'ore blame~ hapa 'ore motion~, not budging 'āhīhī 'ore motion~, not shaking 'aueue 'ore worth~ faufa'a 'ore
lesson ha'api'ira'a my Tahitian ~ tā'u ha'api'ira'a reo tahiti
lest, for fear that, for fear of 'ia 'ore, 'ia 'ore ra, 'a, 'oi (biblical, but no longer used vernacularly) ~ he steal again 'ia 'ore 'ōna e 'eiā fa'ahou Don't sleep on the side of the road ~ you be urinated on by the dogs! 'Eiaha e ta'oto i te hiti poromu 'a 'ōmahahia e te 'urī! Don't go there, ~ you fall. 'Eiaha e haere iō, 'a topa. And the soldiers' counsel was to kill the prisoners, ~ any of them should swim out, and escape. 'Ua parau ihora te mau fa'ehau e taparahi i te mau ta'ata i tāpe'ahia ra, 'oi 'au atu vetahi 'oi ora.
let, allow, permit, give permission, authorize fa'ati'a
not **let, not allow, not permit, not give permission, not authorize** (construction with:) e 'ere i te mea ti'a One must not ~ that happen again. E'ere i te mea ti'a 'ia tupu fa'ahou i te reira huru 'ohipa.
let, leave unattended vaiho He ~ his girlfriend do what she wanted. 'Ua vaiho noa 'ōna i te hina'aro o tāna hoa here.
let, let go, deliver, set free tu'u, tu'utu'u Suffer the little children to come unto me, and forbid them not; for such is the kingdom of God. 'A tu'u mai i te tamari'i ri'i 'ia haere noa mai iā'u nei, 'ē 'eiaha e tāpe'ahia'tu; mai iā rātou ho'i tō te patireia o te Atua ra.
let go by little and little, release bit by bit,

let it be that   **libel**

slacken   tuʻutuʻu
let it be that, it is necessary or **required that**   ei, eia   Let (It is required that) wine be served for proper eating. Ei uaina e tano ai nō te tāmāʻaraʻa. It is necessary that the (speed) limits for travel on the road be observed. Ei (Eia) faʻaturahia te tāʻōtiʻaraʻa o te tere nā niʻa i te puromu.
let loose, free, (also:) **save**   faʻaora
let's, let us   e   ~ go fishing. E haere tāua e taiʻa.
Let's go!   Mai haere!
Let's go, let's go!   Reva reva! (slang)
Let's go! Forward!   Ei mua!
Let s see (implying **Please ...**), **... Look here, ...**   ʻĀhani, ..., ʻĀhani na, ..., ʻAhani, ..., ʻAhani na, ...
Let us consider ..., As for ..., But as for ..., To get back to ...   ʻāreʻa, ʻāreʻa rā   ~ that woman, she is very beautiful. ʻĀreʻa terā vahine, nehenehe roa ʻōna. ~ the tourists, they want to leave on the scheduled day. ʻĀreʻa te mau rātere, te hinaʻaro ra ia rātou e reva i te mahana i parauhia.
lethargic, sad   turuhe
Lethrinus miniatus, long-nosed emperor fish   ʻōʻeo ʻutu roa, ʻōʻeo ʻutu ʻoeʻoe, ʻāʻaravī (when young)
letter, written character   reta, reta parau, tiʻaraʻa reta, rētera
letter, written message or **communication, epistle, dispatch**   rata   Could you write me a ~? E nehenehe ānei tā ʻoe e pāpaʻi i te rata iāʻu? I will write you a ~. E pāpaʻi au i te rata iā ʻoe. He was writing some ~s this morning. Tē pāpaʻi ra ʻōna i te tahi mau rata i teie poʻipoʻi. I am closing my ~ with greetings (giving my love) to you all. Tē faʻaoti nei au i tāʻu rata mā te aroha atu iā ʻoutou pauroa. I am very lazy when it comes to writing ~s, but I sent a letter to my friend yesterday. E mea hupehupe roa vau nō te pāpaʻiraʻa rata, terā rā, ʻua hāpono vau i te hōʻē rata i tōʻu hoa inānahi ra.

short, informal **letter, note**   rata iti
leucorrhoea, vaginal discharge   heʻa
level, flat, horizontal, (also:) **smooth, not wrinkled, polished**   mānina
level, flat, horizontal, plane, even   pāpū
level (carpenter's accessory)   tuea
level, assure, make understand   haʻapāpū
level, make flat, make horizontal, (also:) **smooth out**   haʻamānina
level off, make flat, make plane, even out   haʻapāpū
lever   pana
lever up   pana
lewd, filthy, base, debased, vile   faufau   pornographic book puta faufau
lewd, lascivious, obscene, without shame   tiʻaʻā   pornographic picture hohoʻa tiʻaʻā
lexicography   ʻāpaparaʻa parau
lexicology   ʻihiparau
lexicon   rētito   Tahitian ~ rētito reo tahiti
lexicon (translating from one language to another), **dictionary**   titionare, titionari, puta faʻatoro reo ... /reo ... Tahitian-English ~ puta faʻatoro reo tahiti/reo marite (or: reo peretāne) Sven Wahlroos' English-Tahitian/Tahitian-English ~ has just come out. I matara iho nei te puta faʻatoro reo marite (peretāne)/reo tahiti ʻē reo tahiti/reo marite (peretāne) a Taote Tīvini ("Doctor Sven").
liable, responsible   tumu   He was ~ for the ship going on the reef. ʻŌna te tumu i ū ai te pahī i niʻa i te aʻau.
liaison, connection   tūʻatiraʻa
liaison, friendship   hoaraʻa
liaison (phonetic)   tūʻatiraʻa reo
liana, (also:) **stalk(s)** or **stem(s)** of plants   ʻata, ʻaʻata
liar, fibber, falsifyer, prevaricator   taʻata haʻavare, haʻavare
libel, false accusation, calumny, slander   pari haʻavare, parau tihotiho
libel, false statement, lie   parau haʻavare

liberate, free, set free, release from bondage fa'ati'amā   You shall know the truth and the truth shall make you free. E 'ite ia 'outou i te parau mau, 'ē nā te parau mau 'outou e fa'ati'amā.

liberate, deliver, free, set free, (also:) **unloosen, untie** tātara

liberate, let go, deliver, set free tu'u, tu'utu'u

liberty, independence, freedom ti'amāra'a, ti'amā   In memory of the heroes of Fa'a'a who died in 1844 during the battles against the French soldiers (while) defending their land and their ~. Nō te ha'amana'ora'a i te mau 'aito nō Fa'a'a, o tei mate i te matahiti hō'ē-tautini'ē-va'u-hānere-'ē- maha-'ahuru-mā-maha nā roto i tō rātou arora'a i te mau fa'ehau farāni nō te pāruru i tō rātou fenua e i tō rātou ti'amāra'a (from a memorial plaque in Fa'a'a). Pouvāna'a a O'opa was a man of honor who loved ~ (literally: Pouvāna'a O'opa had a heart which loved the concept of ~ and honor). E 'ā'au here i te ferurira'a ti'amā e te fa'atura tō Pouvāna'a a O'opa.

libidinous, lascivious, lustful, sensuous tuihēhai

libido, sensuality pirira'a i te mau mea e navenave ai te tino

libido, sexuality te mau 'ohipara'a a te uira o te tino nei

library (building)   fare vaira'a puta
library (room)   piha vaira'a puta
licence, permission parau fa'ati'a   liquor ~ parau fa'ati'a ho'o inu (or in the vernacular:) pātana 'ava

lichen, algae, seaweed, (also:) **moss** rimu, remu

lick miti, mitimiti
lid, cover tāpo'i
lie, falsehood, fib parau ha'avare, ha'avare
lie, bear false witness, accuse falsely pari ha'avare   Thou shalt not bear false witness against thy neighbour (literally: against someone else). 'Eiaha roa 'oe e pari ha'avare iā vetahi 'ē.

lie, tell a lie or **an untruth, speak falsely, falsify, fib** ha'avare

lie down, be recumbent ta'oto (but usually ta'oto refers to actual sleeping)

lie horizontally, lie flat (on back or stomach), (also:) **lie or stretch out in front of a person** (as a landscape)   tārava

lie on one's back, be stretched out on one's back tīraha, tīraharaha

lie on one's stomach, be stretched out on one's stomach, (also:) **prostrate oneself** tīpapa

lieutenant tāpa'o piti, fa'ehau tāpa'o piti

life, living orara'a, ora   the eternal ~ te ora mure 'ore   I am the way, the truth and the ~. 'O vau te ē'a, 'ē te parau mau, 'ē te ora.

long life, (also:) **perseverance** ahomaoro
life belt hātua pōito
life buoy faura'o
life vest 'ahu pōito
lift, carry amo   I have hurt my back very badly, so that I cannot bend and I can't ~ anything either. 'Ua mure 'ino roa tōu tua, nō reira 'aita tā'u e nehenehe 'ia pi'o 'ē 'aita ato'a ho'i tā'u e nehenehe 'ia amo i te mau huru ato'a.

lift, elevate, (also:) **eulogize** fa'ateitei

lift or **take off, remove, pull out** or **down** 'īriti   ~ (take) off the lid of the (cooking) pot! 'A 'īriti i te tāpo'i pāni.

lift up, (also:) **carry a heavy object** hōpoi, hōpoi i ni'a

lift up by using a lever, (also:) **turn over** with a hand spike, (also:) **pick** by means of some instrument such as a stick, (also:) **poke** in order to hunt for something   pana, panapana

lift up one's face, look at nānā (used in that sense in the Tahitian Bible; today nānā means to wave one's hand to someone)

liftable   **like**

The Lord ~ his countenance upon thee and give thee peace. 'Ia nānā mai Iehova i tōna mata i ni'a iā 'oe, 'ē 'ia hōro'a mai i te hau iā 'oe.

liftable, portable, movable mā'e, mara'a He was able to carry (literally: lift) the sack of copra. 'Ua mā'e tāna pūtē pūhā. Can you carry (literally: lift) that heavy suitcase? E mara'a ānei terā pūtē tere toiaha iā 'oe?

lifted mara'a

ligature, joint, binding, (also:) **knot** pona, ponara'a

light (in shading or color) māramarama

light (opposite of heavy), (also:) **cheap, inexpensive** māmā

light, clear (as of sky or water), **transparent** teatea

light (opposite of dark), (also:) **light source,** (also:) **clarity** māramarama, mārama (obsolete) The Lord is my ~ and my salvation; whom shall I fear? 'O Iehova tō'u māramarama 'ē tō'u ora: 'o vai ho'i tā'u e mata'u atu?

light, lamp, (also:) **kerosene, gasoline, petrol** mōrī electric ~ mōrī uira flash~ mōrī pata red ~ mōrī 'ute'ute It is necessary that the Stop (signs) and the red (traffic) lights be obeyed (literally: respected). Ei (or: Eia) fa'aturahia te "Stop" e te mau mōrī 'ute'ute.

guiding **light, torch, beacon, guide** ti'arama, tūrama And God made two great ~s; the greater ~ to rule the day, and the lesser ~ to rule the night. Hāmani ihora te Atua i nā ti'arama rarahi e piti ra, 'o te ti'arama rahi ra, ei ha'apa'ora'a ia nō te ao, 'ē te ti'arama iti, ei ha'apa'ora'a ia nō te rui. Thy word is a lamp unto my feet, and a ~ unto my path. E lamepa (pronounced rāmepa) tā 'oe parau i tō'u nei 'āvae, e ti'arama nō tō'u nei mau 'e'a.

navigational **lights** mōrī pahī

turn-signal **light(s)** (on automobiles) mōrī 'amo'amo

light, illuminate or **guide** (by means of torch, flashlight, floodlight, spotlight, or lamp; also by means of a lighthouse beam) fa'atūrama, fa'ati'arama, ha'atūrama, ha'ati'arama, tūrama, ti'arama, tūramarama, ti'aramarama

light, light a lamp, turn on an electric light tū'ama, tū'ama i te mōrī (mōrī uira), pata (literally: press the button) i te mōrī (mōrī uira)

light, light an oil lamp tūtu'i, tūtu'i i te mōrī

light or **kindle a fire** tahu, tūtu'i i te auahi, tutu'i

light or **strike a match** 'ui i te māti

light with a torch, (also:) **fish with torch** rama

light up, shine a light on, (also:) **enlighten, inform** ha'amāramārama

light up, spark, phosphoresce pura, purapura

lighted, lit māramārama

lighten, make less heavy fa'amāmā, ha'amāmā

cigarette **lighter** māti uira

lighthouse, beacon fare mōrī, fare tūrama ava (specifically indication the pass through a reef)

lamp**light(ing)** mōrī Put in (literally: fasten) neon ~, it consumes (literally: eats) less electricity. 'A tāmau i te mōrī neō, e mea 'amu'ore te uira.

lightning, (also:) **electricity** uira The ~ flashed in the sky 'Ua 'anapa te uira i roto i te ra'i.

lightning, thunderclap pātiri, pātiri uira

lightweight (in boxing) fāito māmā

like *(preposition)*, **just as, in the same way as, in accordance to** mai, mai te huru, mai te au ~ a flower mai te tiare ~ this mai teie te huru John speaks Tahitian ~ the Tahitians themselves. 'Ua 'ite 'o Ioane i te parau Tahiti mai te ta'ata Tahiti ihoa te huru. How did you learn to speak

Tahitian ~ this? Nāfea 'oe i te ha'api'i i te reo Tahiti mai teie te huru? He lives ~ a Polynesian. Tē ora nei 'ōna mai tā te mā'ohi. Do as you ~ (literally: Do ~ you like). 'A rave, mai tā 'oe e hina'aro. He now sees all his hopes break, in a moment, ~ a piece of glass. Tē 'ite nei 'oia i teie nei i tāna mau ti'aturira'a ato'a, tē pāpararī hu'ahu'a nei, mai te hi'o te huru. (From John [Tihoni] Martin's free translation of R.L. Stevenson's The Bottle Imp.)

like (resemblance) mai te hoho'a Your son looks ~ you. Mai iā 'oe ato'a te hoho'a o tā 'oe tamaiti.

like that mai terā, (in the vernacular:) miterā I want someting like that (vernacular). Hina'aro vau hō'ē mea miterā.

just like that, similar tei au i te reira

like this nā reira How do you say ..... in Tahitian? You say it ~: ..... Nāfea 'ia parau i te parau Tahiti .....? Nā reira 'ia parau: .....

look like, resemble (construction with:) hi'ora'a That canoe looks ~ mine. Hō'ē ā te hi'ora'a o terā va'a mai tō'u.

look like, resemble (construction with:) hoho'a That canoe looks ~ mine. E hoho'a terā va'a mai tō'u. You look ~ your father. E au tō 'oe hoho'a 'ē tō 'oe pāpā (or: tō 'oe metua tāne).

like, as for instance mai ia

like, similar to tei au i te reira

like a real man, manfully, courageously mā te 'ā'au tane mau

like that, likewise mai te reira, mai te reira ato'a, mai te reira ho'i, nā reira ato'a Go, and do thou likewise. E haere 'oe, 'ē nā reira ato'a.

Don't be **like that!** 'Eiaha 'oe e nā reira!

like, enjoy, take pleasure in au I ~ (Tahitian) marinated (literally: raw) fish. E au vau i (or, more commonly: E mea au nā'u) te i'a ota.

not to **like** or **enjoy** or **take pleasure in** (construction with:) e 'ere te mea au (literally: it is not a pleasant thing) I don't ~ to cook unless my wife will help me. E 'ere i te mea au roa nā'u 'ia tunu i te mā'a, maori rā 'ia tauturu mai tā'u vahine iā'u.

like, want, desire, covet hina'aro What would you ~ (at the moment)? Eaha tā 'oe e hina'aro? What would you (basically) like? (What is your [innermost] wish?) Eaha tō 'oe hina'aro? I'll give (you) a drink of rum, if you ~. Mai te peu e hina'aro 'oe, e hōro'a atu vau i te tahi ma'a rāmu iti (iā 'oe). You may borrow my binoculars, if you ~. E nehenehe iā 'oe 'ia rave i tā'u titi'a hi'o fenua, 'ia hina'aro 'oe (or ... mai te mea e hina'aro 'oe). Would you ~ some coffee? E hina'aro ānei 'oe i te taofe? (answer:) If you have some. Mai te mea te vai ra tā 'oe. Look here, I'd ~ to reserve a table for this coming Sunday night; there will be four of us. 'Āhani na, hina'aro vau 'ia tāpa'ohia te hōē 'amura'amā'a nō teie pō tāpati i mua neī e maha mātou.

like a lot, admire fa'ahiahia Among all the countries I went to, I liked Finland best. I roto i te mau fenua ato'a tā'u i haere, 'ua fa'ahiahia roa vau i te fenua Finirani.

like a lot, be interested in 'ana'anatae I like that kind of Tahitian dance a lot. 'Ua 'ana'anatae au i terā huru 'ori tahiti (or:) E mea 'ana'anatae nā'u terā huru 'ori tahiti.

likeable, agreeable, pleasant, pleasing, charming, good, suitable au, au maita'i, (e) mea au

well **liked** auhia a well ~ person ta'ata auhia

liken (to), compare with, (also:) **use a metaphor** fa'ahoho'a

likeness, facial features hīro'a mata, hīro'a, hoho'a mata, hoho'a I remember her facial features well. 'Ua mau maita'i iā'u tōna hīro'a mata. He

likeness

has the same facial features as (looks like) his father. Hō'ē ā tōna hoho'a 'ē tō tōna metua tāne.
likeness, kind, sort huru
likeness, picture, image, photograph, portrait hoho'a
change into another **likeness, modify** (also grammatically), **transform** fa'ahuru'ē
liking, preference hina'aro
likewise, also, too ato'a (after substantive) ato'a, ho'i, 'oia ato'a Forgive us our sins, as we also (~) forgive those who have sinned against us. E fa'a'ore mai i tā mātou hara, mai iā mātou ato'a e fa'a'ore i tei hara iā mātou nei.
likewise, like that, in the same way mai te reira, mai te reira ato'a, mai te reira ho'i, nā reira ato'a Go, and do thou ~. E haere 'oe, 'ē nā reira ato'a.
lilac tree, Melia azedarach tīra, (on Rapa Nui [Easter Island] referred to as:) miro tahiti
lilly, Crynum asiaticum riri
water-**lilly, Eichhornia crassipes** riri pape
lime (caustic), (also:) **coral** pu'a
lime (fruit), **Citrus aurentifolia** tāporo ~ juice pape tāporo ~ tree tumu tāporo
limit(s), boundary, border, frontier 'ōti'a, 'ōti'a fenua
set, designate, establish, or impose **limit(s)** tā'ōti'a
set, designated, established, or imposed **limit(s)** tā'ōti'ara'a Observe (respect) the (speed) ~s for travel on the road. Ei (or: Ei 'a) fa'aturahia te tā'ōti'ara'a o te tere nā ni'a i te puromu.
limitless, boundless, without bounds, infinite tā'ōti'a 'ore, tā'ōti'a-'ore-hia
limp, flexible, supple, (also:) **weak impotent** paruparu
limp, out of shape, stretched tō
limp, soft, flabby, (also:) **rotten, spoiled** rarerare
limp, hobble, drag one leg te'i, te'ite'i,

liqueur

tūte'i, tūte'ite'i
limping, crippled, lame piri'o'i
Linckia pacifica, star fish (i'a) fetū, (i'a) feti'a
line, line-up, file, rank 'āna'i, 'āna'ira'a, pāna'i, pāna'ira'a
line, line drawn with a ruler, line of text, stroke (when writing) rēni Never cross over a continuous (unbroken) ~ when you drive. 'Eiaha roa'tu e tāpū i te rēni 'āfaro 'ia fa'ahoro 'oe i te pereo'o.
line, rope, cord, (also:) **string, thread, twine** taura
line, row 'āna'ira'a
be or stand in **line** i muri roa
line (writing), **stroke,** (also:) **scratch** rēni
fishing **line** made of multiple-strand tightly twisted twine 'ānave, (the word for loosely twisted twine is:) tuaina
fishing **line** (when extra strong) rō'ā
line or **patch** clothing 'apa
line up in a row 'āna'i
line up in a row, align, rank pāna'i, 'āna'i
lineage, genealogy, ancestry 'aufau fēti'i, tuatāpapara'a (fēti'i)
lingua franca, common language reo tā'ati
liniment, lotion mono'i tāvai
lining, ceiling aroaro
lining (of clothes), (also:) **patch** 'apa
lion riona
lip(s) 'utu lower ~ 'utu raro upper ~ 'utu ni'a Her ~s were trembling with cold. 'Ua 'ami'ami tōna 'utu i te to'eto'e.
lipid, greasy, fatty hinu
lipid (one of substances belonging to a certain group of organic compounds feeling greasy to the touch) rīpita
lipstick fa'a'ute'ute put on ~ fa'a'ute'ute 'utu
liquefaction, dissolution fa'atahera'a
liquefy, dissolve, melt, cause to run or flow fa'atahe
liqueur 'ava monamona

liquid

liquid (thin, non-viscous), **water** pape
liquidate (assets) hoʻo haʻapau
liquidation (of assets) hoʻo haʻapau
liquor, alcohol, strong drink, spirits, booze ʻava, ʻava taʻero, ʻava paʻari ~ licence parau faʻatiʻa hoʻo inu (or in the vernacular:) pātana ʻava That kind of ~ is very strong. E mea pūai roa terā huru ʻava (ʻava taʻero). He doesn't drink ~. ʻEita ʻōna e inu i te ʻava taʻero. Because of his addiction to drinking ~, his family life became unbearable (literally: very bad). I tōna mātauraʻa i te inu i te ʻava, ʻino roa aʻera te oraraʻa o tōna ʻutuāfare. (The word ʻava originally referred to kava, the drink made from the roots of the plant *Piper methysticum*. Although kava is still popular in Samoa, Tonga, and Fiji, it is no longer used in Tahiti.)
  abstain from **liquor** (or food) haʻapae He has abstained from ~ for six months (he signed the Blue Cross [anti-alcoholic league] oath six months ago). ʻUa haʻapae ʻōna e ono ʻāvaʻe.
list, (also:) **blackboard** tāʻpura, tāpura pāpaʻi, tāpura pāpaʻiraʻa passenger ~ tāpura horopātet
list (of the crew on a ship, for example), **roll(s)** tāpura tihēpuraʻa
list, heel, roll (of ships), **swing over** ʻopa, ʻopaʻopa
listen (to), hear faʻaroʻo, faʻaroʻoroʻo Have you (two) ~ed to the news? ʻUa faʻaroʻo ānei ʻōrua i te parau ʻāpī? We (two) heard that the Aranui (the old ship) had hit a reef and had sunk. ʻUa faʻaroʻo māua ē ʻua ū ʻo Aranui (te pahī tahito) i niʻa i te aʻau ʻē ʻua tomo.
Listen (implying **Please** ...), **...Look here, ... See here, ... Let's see, ...** ʻĀhani, ʻĀhani na, ʻAhani, ʻAhani na ~, I'd like to reserve a table for this coming Sunday night; there will be four of us. ʻĀhani na, hinaʻaro vau ʻia tāpaʻohia te hōē ʻamuraʻamāʻa nō teie pō tāpati i mua nei; e maha mātou. ~, could you please look at the left rear tire to see if it is (properly) inflated (literally: hard). ʻĀhani na, ʻa hiʻo riʻi paha i te uaua i muri i te pae ʻaui, mea paʻari ānei.

Listen! (as a gentle reinforcement), **Come now! Look here!** paʻi (abbreviation of paha hoʻi) ~, don't act like that! ʻEiaha paʻi ʻoe e nā reira. ~, don't be lazy! ʻEiaha paʻi ʻoe e faʻatau noa!

listing *n*, **heeling, rolling** (of ships), **swinging over** ʻoparaʻa, ʻopaʻoparaʻa, ʻopa

lit, afire ʻama
lit, lighted māramārama
lit (an electric light), **turned on** tūʻamahia
lit (an oil lamp) tuʻtuihia
liter ritera
literary vānaʻa ~ language reo vanaʻa ~ style of speech haereʻa parau vānaʻa
literature (of a country) te mau parau pāpaʻi (o te hōʻē fenua)
little (as a tender expression), **dear** iti (dual and plural:) riʻi my dear ~ wife tāʻu vahine iti Dear Tīvini family! (as in starting a letter) E Tīvini-mā riʻi e!
little, puny, thin, stunted, sickly ʻaʻao
little, small iti my ~ son tāʻu tamaiti iti
little (dual and plural), **small** riʻi It were better for him if a millstone were hanged about his neck, and he cast into the sea, than that he should offend one of these ~ ones. Huru maitaʻi aʻe ʻoia ʻia taʻamuhia te hōʻē ʻōfai oro i niʻa i tāna ʻaʻī, ʻē ʻia tāorahia ʻoia i raro i te tai, ʻia faʻahapa ʻoia i te hōʻē i teie nei mau taʻata riʻi.
little (usually referring to objects), **small, smallscale, bantam** naʻinaʻi (for some reason often and incorrectly pronounced "neyney")
very little, not many, almost none ʻaita reʻa, ʻaore reʻa There is just about no one there. ʻAore reʻa te taʻata iō.
very little, very small, minute, miniscule, diminutive, tiny naʻinaʻi roa

little devil, uncontrollable child tamari'i tuputupuā
little fellow, youngster ta'ata hu'a (be careful with pronunciation since hua means vulva)
a **little, a small quantity** ma'a, ma'a ... iti   a ~ bread ma'a faraoa   a ~ water ma'a pape   a ~ rain e ma'a ua (or) ma'a ua iti
a **little, kind of, somewhat** ri'i   I am a ~ hard up for money these days. 'Ua fifi ri'i au i teie mau mahana i te pae'au nō te moni.   We must speak Tahitian a ~. 'Ia paraparau ri'i ihoa tāua nā roto i te reo tahiti.
a **little (bit)** ma'a vāhi iti, ri'i, i te ma'a vāhi iti noa iho ra   I only know a ~ bit of Tahitian. E ma'a vāhi iti noa tā'u i 'ite i te parau tahiti.   The sky cleared a ~. 'Ua teatea ri'i te ra'i.
a **little ways away, a little while off, a certain distance away** a'e
little by little, gradually ri'iri'i, itiiti   I have been drinking ~ from the glass (of alcohol). 'Ua inu ri'iri'i au i te hapaina 'ava.
little by little, gradually, bit by bit, slowly but surely ri'i māite
little by little ri'i māite
let go **little by little, release slowly, slacken, ease** (a rope) tu'utu'u
little tuna, bonito, Euthynnus affinis 'ōtava
liturgy rituria
live adj (responding to sensation), **alive, living** oraora, ora
live, be alive ora, ora noa   I cannot ~ without love. E'ita e nehenehe tā'u e ora mā te here 'ore.   He ~s like a Polynesian. Tē ora nei 'ōna mai tā te mā'ohi.
live, dwell, inhabit, stay pārahi, pārahirahi   Ye have ~d in pleasure on the earth, and been wanton. 'Ua pārahi 'outou i te ao nei mā te navenave 'ē te tai'ata.   ... and I will dwell in the house of the Lord forever. ... 'ē pārahi ā vau i roto i te fare o Iehova e maoro noa'tu tō'u pu'e mahana.
live, make one's residence, reside ti'a   Where do you ~? E ti'a 'oe ihea?   I ~ (make my residence) in America. E ti'a vau i te fenua marite.
live, reside, stay noho, nonoho, nohonoho   Where do you ~? I ~ on Huahine. Tē noho nei 'oe ihea? Tē noho nei au i Huahine.   Eno ~s in Pāpara. Tei Pāpara tō Eno nohora'a.
live, stay, dwell, remain fa'aea   Tomorrow I will stay at home. Ānānahi e fa'aea vau i te fare. (or:) Ānānahi e fa'aea vau iō'u.
long-lived, (also:) **long-winded** ahomaoro
livelihood, personal sustenance orara'a
livelihood, pursuit of (specifically **financial**) **sustenance** imira'a moni
lively, quick, alert, rapid viti, vita (slang)
liver (of animals, especially fish, but sometimes also referring to the human liver or spleen) ate   He has a ~ disease. E ma'i ate tōna.
liver (of humans or animals) 'upa'a, araia (obsolete)
living, life ora, orara'a
living place fare fa'aeara'a
living room (when kept primarily for show or for guests), **salon** piha fa'anehenehe, piha fārereira'a
living room (when used primarily by the family), **parlor** piha fa'afa'aeara'a
lizard, gecko mo'o
lizardfish mo'o miti
Lo! Behold! (also:) **Hark!** 'Īnaha! 'Ina'a!   And, ~, the angel of the Lord came upon them, and the glory of the Lord shone round about them; and they were sore afraid. 'Ē 'īnaha, 'ua ti'a maira te hō'ē melahi (pronounced mērahi) a te Fatu i piha'i iho iā rātou, 'ua 'ati ihora rātou i te māramarama i te 'ana'ana o te Fatu, 'ē rahi roa a'era tō rātou mata'u.

loach a ferocious, reddish fish, often poisonous, of the Serranidae family), **rock cod, Plectropomus leopardus** tonu

loach (a fish of the Serranidae family), **Variola louti** ho'a

load (something carried), **burden, responsibility,** (also:) **person(s) in one's charge** uta'a

load, hardship, burden, weight hōpo'ia It was Pouvāna'a a O'opa's faith in God which supported him in bearing all the hardships. O te ti'aturi i te Atua tei turu iā Pouvāna'a a O'opa nō te amo i te mau hōpoi'a ato'a.

load, lade, stow (also:) **overload** fa'atomo

load, put on board huri (hurihuri) i ni'a i te pahī

fully **loaded** tomo The car is ~. 'Ua tomo te pereo'o.

loaded, drunk, intoxicated, three sheets in the wind ta'ero

loaded, drunk, staggering, six sheets in the wind pa'a'ina, 'ua oti roa (literally: very finished)

completely **loaded, dead drunk, totally intoxicated,** (also:) **deeply asleep** unuhi

getting **loaded, beginning to get drunk,** (also:) **about to faint, dizzy, giddy** āniania He is beginning to get ~. 'Ua āniania 'ōna. (or:) E āniania tō'na.

a little **loaded** or **drunk, tipsy, slightly intoxicated** ta'ero ri'i

loaf faraoa hōpue, pane (Biblical) round ~ faraoa hōpue menemene sugared ~ (wrapped in banana leaf) mamahu po'e

loafer, stroller ta'ata māta'ita'i noa

loan, debt tārahu Have you paid off that ~? 'Ua pe'e ānei terā tārahu iā 'oe?

loan, rental hōro'a tārahu

loan, lend, rent out hōro'a tārahu, tārahu atu

take out a **loan, borrow** tārahu, rave tārahu, tārahu mai I took out a ~ at the bank. 'Ua tārahu vau i te moni i te fare moni.

lobster 'ōura

reef **lobster, Paliuurus penicillatus** 'ōura miti

striped **lobster, "centipede of the ocean," Pseudosquilla ciliata** (a species of lobster, perceived by most visitors as extremely ugly, but in fact a rare and therefore expensive delicacy) varo

local, indigenous ihotupu ~ **language** reo ihotupu

local, regional fenua, pae fenua

location, locality, place, spot vāhi

location or **place** to put something vaira'a

locative (grammar) fa'a'ite ti'ara'a

lock rota

lock (as in a canal), **gate** tāmaura'a

door**lock** rota 'ōpani

pad**lock** pōnau

lock, fasten, close (a door) tāmau

lock up (with a key) tāviri

lockup, jail, jailhouse fare tāpe'ara'a

locust, (also:) **praying mantis, phasma, Graeffa coccophaga** vāvā

locution, clause, phrase 'atira'a parau relative clause 'atira'a parau tū'ati

lodge, hostel, (also:) **camping place, bivouac** pūhapa

lodge, provide lodging ha'apārahi (literally: cause to stay), iri *(archaic)*

lodge a complaint (in court), **sue** horo

lodger, tenant ta'ata tārahu

log (nautical) fāito maire

logical 'āfaro, mana'o 'āfaro

loincloth tīhere

loincloth, male pāreu (tied around the loins) maro (note that marō means dry)

loins tauupu

London Ronetona

lonely, solitary, isolated mo'emo'e

long (referring to length in space and sometimes in time), (also:) **high, tall** roa ~ **vowel** vauera roa That boat is five meters ~. E pae mētera te roa o terā pahī.

long

long (time) maoro He said I may borrow the book for as ~ as I wish. 'Ua parau mai 'ōna e nehenehe tā'u e rave i te puta mai te maorora'a o te time tā'u e hina'aro. I have for a very ~ time wanted to go to the northern ~. E mea maoro roa tō'u hina'arora'a e haere i te mau motu Manihi'i.

be **long, take long** maoro He was there a ~ time. 'Ua maoro 'ōna i reira.

before **long, after a while, soon** āraua'e

before **long, shortly, soon** 'aita i maoro

So **long! See you later! Good-bye!** (in the sense of:) **See you soon!** Āraua'e!

long ago i muta'a roa a'e nei

long life, perseverance, long-lived, (also:) **long-winded** ahomaoro

long-billed warbler, Conopoderas caffra 'ōtātare

long-horn unicornfish, Naso unicornis ume herepoti

long-nosed emperor fish, Lethrinus miniatus 'ō'eo 'utu roa, 'ō'eo 'utu 'oe'oe, 'ā'aravī (when young)

long-tailed parakeet, Phaeton lepturus petea

long-term nō te tau maoro

long for, desire, want, wish hina'aro

long for, lust for, covet nounou The lust for money is the root of all evil. 'O te nounou moni ho'i te tumu o te mau 'ino ato'a nei.

long for, miss mihi

longbill (fish) paraha 'utu roa

longboat, whaleboat poti 'ōroe, 'ōroe

longer than necessary, slow, dragging along, late tāere

longitude rēni ti'a, rōnitu

look, face, facial characteristic, appearance, (also:) **eye** mata

look, image, aspect, appearance, form, shape, (also:) **picture, photograph, portrait, movie** hoho'a He has the same ~s as his father. Hō'ē ā tōna hoho'a 'ē tō tōna metua tāne.

look at

look, likeness, semblance, appearance, view, observation hi'ora'a

superficial **look(s), outward appearance, facade** te huru i rāpae au a'e Judge not according to the appearance, but judge with right judgment. 'Eiaha e ha'apa'o i te huru i rāpae au a'e, e ha'apa'o rā i te parau-ti'a.

look after, aid, care for aupuru

look after, aid, help, back up tauturu

look after, guard, protect from harm, watch out for, (also:) **wait** tīa'i

look after, maintain, hold on to, keep ahold of, grasp, (also:) **reserve** tāpe'a maita'i, tāpe'a May he ~ (hold on to) this very valuable present. 'Ia ta'pe'a maita'i 'ōna i teie tao'a arofa faufa'a roa. Could you reserve a table for dinner tonight? E nehenehe ānei tā 'oe e tāpe'a i te hō'ē 'amura'amā'a (or: 'aira'amā'a) nō te tamā'ara'a i teie pō?

look after, pay attention to, take care of, watch out (for) ha'apa'o, ha'apa'o maita'i

look after (well), pay attention to, care for, tend, treat with kindness and love aupuru

look around, observe with curiosity, observe other people's affairs, (also:) **look here and there** (as in trying to find a good restaurant) hi'ohi'o

look around for, hunt for, search for, seek 'imi, mā'imi We (all) went to ~ a house for you (two) and we found one (literally: [one] was found). 'Ua haere mātou nō te 'imi i te fare nā 'ōrua, 'ē 'ua 'itehia.

look askance at, reject (someone), **disavow** hi'o mata'ē That woman looked askance at me (I was rejected by that woman). 'Ua hi'o mata'ēhia vau ē terā vahine. He was looked askance at by his children. 'Ua hi'o mata'ēhia 'ōna e tōna mau tamari'i.

look at, direct the eye to an object nānā

look at, examine, inspect, oversee, scrutinize hi'opo'a

314

look (at), watch, observe hi'o, hihi'o, hi'ohi'o ~ at that, what do you see there? 'A hi'o na, eaha tā 'oe i 'ite ra? The captain and the first mate then ~ed at the island through the binoculars. Hi'o atura te ra'atira 'ē te ra'atira piti i te motu ra nā roto i te hi'o fenua.

look at, watch, look at with enjoyment, find something to be **beautiful,** (also:) **sightsee, take in the sight(s)** māta'ita'i I went to ~ the canoe race. 'Ua haere au e māta'ita'i i te fa'atiti'āu'ara'a va'a. ... nowhere in the world are these pictures of so bright a color as those Keawe found hanging in his house. ... 'aita roa tō teie nei ao ta'ato'a e hoho'a nehenehe 'ae i teie tā Keawe e māta'ita'i nei i roto i tōna fare. (From Robert Louis Stevenson's The Bottle Imp, freely translated by John [Tihoni] Martin.)

take a **look at, stick one's head out to look** fā'ao

look at steadily, gaze at, stare at tūtonu, hi'o tūtonu

look for, search, seek 'imi the (kind of) drunks who are ~ing for trouble te tahi mau (ta'ata) ta'ero 'ava tei 'imi i te pe'ape'a

look all over for, make a thorough search pā'imi

Look here (implying **Please** ...), ... **See here,** ... **Let's see,** ... **Listen,** ... 'Āhani, 'Āhani na, 'Ahani, 'Ahani na ~, I'd like to reserve a table for this coming Sunday night; there will be four of us. 'Āhani na, hina'aro vau 'ia tāpa'ohia te hōē 'amura'amā'a nō teie pō tāpati i mua nei; e maha mātou. See here, could you please look at the left rear tire to see if it is (properly) inflated (literally: hard). 'Āhani na, 'a hi'o ri'i paha i te uaua i muri i te pae 'aui, mea pa'ari ānei.

Look here! (as a gentle reinforcement) **Come now!, Listen!** pa'i (abbreviation of paha ho'i) ~, don't act like that! 'Eiaha pa'i 'oe e nā reira. ~, don't be lazy! 'Eiaha pa'i 'oe e fa'atau noa!

(look,) there (... **is,** ... **are**) erā (Look,) There is Tahi waving to us. Erā 'o Tahi e tārape mai ra iā tāua.

look like, resemble (construction with hi'ora'a) That canoe ~s like mine. Hō'ē ā te hi'ora'a o terā va'a mai tō'u.

look like, resemble (construction with hoho'a) That canoe ~s like mine. E hoho'a terā va'a mai tō'u. You ~ your father. E au tō 'oe hoho'a 'ē tō 'oe pāpā (or: tō 'oe metua tāne).

look out, peek out fā'ao, fā'ao'ao

look up, raise one's eyes nānā (note that colloquially nānā means to wave) He ~ed up to the skies. 'Ua nānā a'era tōna mata i ni'a.

look up someone, **pay a visit to, meet, find** fārerei

look up something (as in using a dictionary), **search out** something fa'atoro

look-out ta'ata hi'ohi'o

ill-looking, sickly, pale, (also:) **yellowish, jaundiced** māre'are'a, māhe'ahe'a

looking-glass, mirror hi'o, hi'o ta'ata

looks, features, countenance, visage hoho'a mata

loom paepae rara'ara'a 'ahu

loony, flaky, batty, nuts, nutty, wacky loony taravana

loop, intra-uterine device, coil 'āti'ipā

loop, loose knot, slip knot ha'avaro

loose, having come undone, open, (also:) **forgiven** matara

loose, not close together varavara

loose, unfastened, unanchored, separated ta'ata'a This tooth is ~. 'Ua ta'ata'a teie niho. That screw is ~. 'Ua ta'ata'a terā farero. The wheel is ~. 'Ua ta'ata'a te huira.

loose knot, slip knot, loop ha'avaro

loose soil or **"dirt,"** (also:) **mud, mire** vari

loosely or **poorly joined** pūfatafata,

loosen

pūvatavata
loosen, be pulled out, come out, (also:) **be opened,** (also:) **be disengaged from** mahuti, mahiti
loosen, let loose, free, (also:) **save** fa'aora
loosen, untie, detach, (also:) **break an agreement** tāhemo, tāhemohemo
loosen, come loose, come undone, (also:) **be forgiven,** (also:) **be opened** matara
loosen, unfasten, separate fa'ata'ata'a
loosen, untie, undo, (also:) **cast off** ha'amatara The ship's hawsers were cast off. 'Ua ha'amatarahia te taura pahī.
loosen, untie, unscrew, (also:) **undress,** (also:) **free, liberate,** (also:) **explain** tātara
loosen up, relax bit by bit tu'utu'u
loosened, loose, undone, (also:) **forgiven,** (also:) **opened** matara
loosened, partially open mātahataha
loosened, pulled out, (also:) **opened,** (also:) **disengaged from** mahiti, mahuti
lord, landlord, owner fatu The disciple is not above his master, nor the servant above his ~. 'Aita te pipi i hau i tāna 'orometua, 'aita ho'i te tāvini i hau i tōna ra fatu.
the Lord Iehova, te Fatu The ~ bless you and keep you. 'Ia ha'amaita'i mai Iehova iā 'outou 'ē 'ia tīa'i iā 'outou. The ~ is my light and my salvation; whom shall I fear? 'O Iehova tō'u māramarama 'ē tō'u ora: 'o vai ho'i tā'u e mata'u atu? And thou shalt become an astonishment, a proverb, and a byword, among all nations whither the ~ shall lead thee. E riro ho'i 'oe ei maerera'a, ei parabole, 'ē ei paraura'a, i te mau fenua ātoa tā Iehova e arata'i iā 'oe ra. For unto you is born this day in the city of David a Saviour, which is Christ the ~. I nauanei ho'i i fānau ai te Ora nō 'outou i te 'oire o Davida (pronounced Tavita), 'oia ho'i te Metia ra o te Fatu.

lose to

the **Lord, God** te Atua It was Pouvāna'a O'opa's faith in the ~ which supported him in bearing all the hardships. O te ti'aturi i te Atua tei turu iā Pouvāna'a a O'opa nō te amo i te mau hōpoi'a ato'a. May he be blessed by the ~! 'Ia ha'amaita'ihia 'oia e te Atua! In the beginning God created the heaven and the earth. Hāmani ihora te Atua i te ra'i e te fenua i te mātāmua ra. I am the Almighty God; walk before me and be thou perfect. O vau te Atua mana hope ra; e nā mua 'oe i tā'u aro mā te hapa 'ore tā 'oe. Glory to God in the highest, and on earth peace, good will toward men. 'Ia ha'amaita'ihia (literally: may God be glorified) te Atua i ni'a i te ra'i teitei, ei hau tō teie nei ao, 'ē 'ia 'ite auhia mai te ta'ata nei.
Lord Howe Island, Mopelia Maupiha'a
lose, lose out on, (also:) **lack, not have** 'ere ~ one's job 'ere i tāna 'ohipa He lost (was beaten) in the election. 'Ua 'ere 'ōna i te ma'itira'a. What is a man profited, if he shall gain the whole world, and ~ his own soul? Eaha tā te ta'ata faufa'a i noa'a, 'ia noa'a iāna te tao'a ato'a o teie nei ao, 'ia 'ere 'oia i te ora?
lose, (also:) **forget,** (also:) **leave behind** ha'amo'e I lost my eyeglasses here yesterday. 'Ua ha'amo'e au i tō'u titi'a mata iō nei inānahi ra (or:) 'Ua mo'ehia ia'u tō'u titi'a mata iō nei inānahi ra.
lose, (also:) **squander, waste, overspend** ha'amāu'a
lose (in playing a game) mute, pau i te perē
lose one's sense of balance, reel, stagger tūtāperepere
lose one's way, go astray, stray off ihu He lost his way. 'Ua ihu 'ōna.
lose out, have bad luck pāoa He lost out in the lottery. 'Ua pāoa 'ōna i te tāvirira'a.
lose petals māfa'i, māfa'ifa'i
lose to (as in a competition), **be surpassed**

316

lose weight — **love**

by, fall behind, be out-done or out-stripped or exceeded by hemo Manava lost to Amaru. 'Ua hemo o Manava iā 'Amaru.
lose weight pārarai, ivi
loss (through consumption), having run out, there being no more paura'a
loss (not necessarily through consumption), lack, (no longer) having something 'erera'a
feel the loss of, feel sorrow, miss someone, grieve, lament, weep mihi, mihimihi I wept over the death of my close friend. 'Ua mihi au i te pohera'a tō'u hoa rahi.
hair loss, alopecia, baldness ma'urura'a huruhuru
lost, be lost, (also:) forgotten, overlooked mo'e I ~ the key to the car. 'Ua mo'e iā'u te tāviri pereo'o.
Get lost! Make yourself scarce! Buzz off! Beat it! Go away! ('A) Fa'aātea!
lot, destiny, fate fa'ata'ara'a
lot, plot of land tuha'a fenua
parking lot vaira'a pereo'o
a lot (construction with:) roa That matters a ~ (is very important). E mea faufa'a roa terā. His car uses a ~ of gasoline. E pereo'o 'amu roa tōna i te mōrī. This photograph has faded ~; it is very old, you see. 'Ua marau roa teie hoho'a; e mea tahito roa pa'i.
a lot of, a great number of, many, numerous rahi because of the great number of tourists here in Pape'ete nō te rahi o te ta'ata rātere i Pape'ete nei
like a lot, admire fa'ahiahia Among all the countries I went to, I liked Finland best. I roto i te mau fenua ato'a tā'u i haere, 'ua fa'ahiahia roa vau i te fenua Finirani.
lotion, liniment mono'i tāvai
lottery, drawing pu'e'a I never played (participated in) the ~. 'Aita roa vau i roto i te pu'e'a.
lottery, wheel of chance tāvirira'a
loud, strong pūai ~ voice reo pūai

loud(ly), noisy, noisily māniania
argue loudly māniania
speak loudly and strongly, reinforce ha'apūai i te parau
loudness, noise māniania The land kept coming closer and the ~ of the breakers became very strong. Piri roa mai nei te fenua 'ē pūai mai nei te māniania o te fatira'a miti.
loudspeaker ha'aparare reo
Louis, Louise Rui
louse 'utu
louse egg(s), nit riha
body louse, flea tutu'a, (also, in the veracular:) 'utu
lousy, very bad 'ino roa
lousy, full of lice, flea-infected tutu'a, (also, in the vernacular:) 'utu a flea-infected head upo'o 'utu
louvers hi'o varavara
love, covetousness, lust nounou The lust for money is the root of all evil. 'O te nounou moni ho'i te tumu o te mau 'ino ato'a nei.
love, endearment (also:) loved one, dear here undying ~ here-mutu-'ore
love, sympathy, kindness, compassion, charity arofa, aroha And now abideth faith, hope, charity, these three; but the greatest of these is charity. 'Ē teie nei, tē vai nei te fa'aro'o, 'ē te tīa'i, 'ē te aroha, e toru ra; o tei hau ra i taua toru nei, o te aroha ia.
make love (to) (construction with ta'oto) Let's ~! E haere tāua ta'oto! He made ~ to that beautiful woman. 'Ua ta'oto 'ōna i terā vahine purotu.
love (with or without romantic implications), cherish, be fond of here I ~ you. Tē here nei au iā 'oe. I cannot live without ~. E'ita e nehenehe tā'u e ora mā te here 'ore. As you ~ me, you are to obey my commandments. I here mai 'outou iā'u, 'a ha'apa'o ia 'outou i tā'u mau fa'auera'a.
love (without romantic implications), hold

dear, (also:) **spoil, pamper, coddle** poihere She ~d her child. 'Ua poihere 'ōna i tāna tamaiti. This is a child who was spoiled by his grandmother. E tamaiti poiherehia teiee tōna māmā rū'au.

love, show compassion to, be kind towards, sympathize with, pity arofa, aroha, ārofarofa, āroharoha A new commandment I give unto you, That ye ~ one another, ... E tu'u atu vau i te parau 'āpī nā 'outou, E aroha 'outou ia 'outou iho, ...

love, desire, want hina'aro God ~th a cheerful giver. O te ta'ata hōro'a noa ho'i tā te Atua e hina'aro.

love song hīmene hereherera'a

loved, desired, wanted hina'arohia

most loved, favorite, here a'e his most ~ daughter tōna tamahine here a'e

loved one, dear here

lovely, pleasing, likeable, agreeable au

loving here mau, here

low, below, underneath, down i raro, nā raro The airplane flew very ~, 'Ua rere te manureva nā raro roa.

low, unelevated, squat, (also:) **humble, modest** ha'eha'a, ha'aha'a

low and smooth (when speaking of the sea and therefore also meaning:) **high and dry** (when speaking of a reef) pa'apa'a

low island, islet, lagoon island, reef island, atoll motu, mutu, motu ha'eha'a, motu ha'aha'a The captain and the first mate then looked at the ~ through the binoculars. Hi'o atura te ra'atira 'ē te ra'atira piti i te motu ra nā roto i te hi'o fenua. (From Robert Louis Stevenson's The Isle of Voices, freely translated by John [Tihoni] Martin.)

low tide pāhe'era'a miti. pāhe'era'a o te miti

low, bleat, moo 'umae, 'umaemae

low-set, stunted, short-legged ha'a

low-toned, subdued ha'eha'a, ha'aha'a

lower, less elevated ha'eha'a a'e, ha'aha'a a'e

lower than i raro a'e

lower, go down, sink (speaking of the sun) tape

lower abdomen (below the navel) tia

lowest i raro roa a'e The ~ price for which that can be bought. Te ho'o i raro roa a'e te ti'a 'ia ho'ohia mai terā mea ra.

loyal, faithful mahorahora ~ friend hoa 'ā'au mahorahora, hoa ha'avare 'ore They were ~ to the government. E mea mahorahora maita'i tō rātou 'ā'au i te hau.

loyal, truthful ha'avare 'ore, parau ti'a

lozenge, pill, capsule. tablet huero, huoro

Lucas, Luke Ruta (spelled Luka in the Bible)

luck, chance, happenstance, good fortune, serendipity fāna'o, fāna'ora'a

luck, success manuia

have **luck, have good fortune** fāna'o

have **luck, succeed** manuia He has ~. E manuia tōna.

Good **luck! Here's to success! Cheers!** Manuia!

lucky, fortunate fāna'o

lucky, successful manuia He is a very ~ person (he always comes out ahead). (E) Ta'ata manuia roa 'ōna.

luff (nautical), **luff the helm** fa'atīara

Luke, Lucas Ruta (spelled Luka in the Bible)

lukewarm pūmāhanahana

lumbago tua mure

lumber, wood rā'au ~ merchant ta'ata ho'ora'a rā'au ~ store fare ho'ora'a rā'au

lunatic, "nut" ta'ata ma'ama'a

lunch, midday meal tāmā'ara'a avatea (or:) 'amura'a avatea

lung(s) māhāhā

lurch (of ships), **pitch, roll, rock, toss** 'opa'opa

lurching (of ships), **pitching, rolling,**

rocking, tossing 'opa'opara'a, 'opa'opa
lure, allurement, "come-on" peu ha'avare
lure, bait 'āinu, 'arainu, marainu, māinu
lure (small morsels of bait thrown out to lure fish), bait paru
lure *n & v*, bait paru
artificial lure, (originally:) **fishhook with two feathers attached** 'apa His ~ got caught in the bottom of the lagoon. 'Ua mau tāna 'apa i raro i te miti.
spoon-shaped **lure** punu
lure, attract, entice 'ume, 'ume'ume
lure, bait, tantalize, tease fa'atīaniani
lust, covetousness, desire nounou The ~ for money is the root of all evil. 'O te nounou moni ho'i te tumu o te mau 'ino ato'a nei.
lust, debauchery (e) mea tai'ata, tai'ata
lust, lewdness, obscenity, lack of shame tia'ā
luster, brightness, brilliance, shining 'ana'ana
lustful, lascivious, libidinous, sensuous tuihēhai
lustful, wanton, debauched, lascivious, promiscuous, vulgar tai'ata, taute'a, fa'aturi a ~ woman (prostitute) vahine tai'ata (or:) vahine fa'aturi Ye have lived in pleasure on the earth, and been wanton. 'Ua pārahi 'outou i te ao nei mā te navenave 'ē te tai'ata.
Luther Rutero
lutheran ruterani
Lutjanidae family of fish:
  Lutjanus bohar ha'amea
  Lutjanus gibbus, paddle-tail snapper tāea, tūhara
  Lutjanus kasmira ta'ape
  Lutjanus monostigmus (a kind of "sea monster") tāivaiva, tā'inifa
  Lutjanus rivulatus hāputu
  Lutjanus vaigiensis, sea snapper to'au
luxuriant (speaking of vegetation), flourishing, (also:) **prosperous** ruperupe
luxurious (negative connotation) peu ahaaha
luxurious (positive connotation) 'una'una rahi
luxury (negative connotation) (e) mea peu ahaaha
luxury (positive connotation) (e) mea 'una'una rahi

machine   mail

machine, motor, engine mātini sewing ~ aura'a rahi washing ~ mātini pu'ara'a 'ahu This ~ functions [only] by fits and starts. E mea 'ōtu'itu'i teie mātini.
mackerel, scad, Caranx amarui 'ōperu
mackerel, a scombroid fish, Scomber amarui pa'ere
mackintosh, raincoat (pereue) fa'arari, (pereue) fa'arari ua, 'ahu fa'arari, 'ahu fa'arari ua He tore his ~ on a nail. 'Ua mahae tōna fa'arari iāna i ni'a i te naero.
macroscopic, (object) **visible with the naked eye** matarotōpi, (tao'a) 'itehia e te mata ta'ata
mad, angry riri
mad, crazy, insane, senseless, stupid ma'ama'a That woman is ~ about men. E ma'ama'a tāne tō terā vahine.
madden, infuriate fa'ahehē, fa'atupu i te hae
madden, make angry fa'atupu i te riri
maddened, infuriated hae
attack (or bout or fit) of **madness** or **insanity,** (also:) **dementia** fa'auru ma'ama'a He has had an attack of ~. 'Ua fa'auru ma'ama'ahia 'ōna.
have an attack or fit of **madness** or **insanity, be possessed** uru
magazine, newspaper, journal, periodical, (also:) **messenger** ve'a
magazine, storehouse, warehouse, depot, depository vaihora'a tao'a
maggot tu'a
magic(al) tahutahu

magic spell peu tahutahu
magic spell, curse, hex pīfao
magic words parau manamana
magic, incantation rahu
magic, sorcery (e) mea tahutahu
magician, conjurer, sleight-of-hand artist ta'ata tahutahu, tahutahu
magician, sorcerer, hexer ta'ata pīfao
dangerous **magician** capable of destroying or killing by sorcery ta'ata rahupohe, rahupohe, ta'ata rahumate, rahumate
magnetic compass 'avei'a hirohirouri 'ore
magnification, enlargement fa'arahira'a
magnificent, admirable fa'ahiahia
magnificent, eminent, highly respected or **honored** tura roa Pouvāna'a O'opa was a highly respected man in Tahiti. E ta'ata tura roa o Pouvāna'a a O'opa i Tahiti.
magnificent, gorgeous, very beautiful nehenehe roa
magnificent, great rahi
magnify, enlarge, make bigger, increase (also:) **multiply** fa'arahi
magnifying glass, microscope hi'o fa'arahi
maid, domestic help, servant pōti'i tāvini, tāvini
maiden, virgin ti'amā, paretēnia
maiden plantain orea
mail *n,* **post** te mau rata
mail, post, send, forward hāpono ~ a letter hāpono i te rata package for ~ing pū'ohu hāpono I will ~ that new dictionary to you. E hāpono vau i terā puta fa'atoro reo 'āpī iā 'oe. I am very lazy when it comes to writing letters, but I ~ed a letter to you yesterday. E mea hupehupe roa vau nō te pāpa'ira'a rata, terā rā, 'ua hāpono vau i te hō'ē rata iā 'oe inānahi ra.
air **mail** pūtērata manureva
surface **mail** (by ship, of course!) pūtērata pahī

mail wrapper pūʻohu hāpono

mailman, mail carrier taʻata ʻāfaʻi rata, taʻata ʻōpere i te rata The ~ was afraid of dogs. ʻUa riʻariʻa te taʻata ʻāfaʻi rata i te ʻūri.

main, essential tumu the ~ matter being (or: to be) discussed te tumu parau

main part (of a house, ship, vehicle, etc.) tino

main, center, midsection pū

main, mainsail ʻie rahi

mainsail sheet taura pūmu

maintain, fix firmly, fasten, make fast, (also:) **establish** haʻamau, tāmau

maintain, hold, keep ahold of tāpeʻa

maintain, keep in good condition, take good care of ʻatuʻatu Rōpati ~s his sailing canoe well. ʻUa ʻatuʻatu maitaʻi o Rōpati i tōna vaʻa tāʻie. We (both) will be sure to keep your house in good condition while you (all) are away. Tē haʻapāpū atu nei māua e ʻatuʻatu maitaʻi māua i tō ʻoutou fare i tō ʻoutou haere-ēraʻa atu.

maintain with care, conserve tāpeʻa māite

maintained, set, steady, (also:) **stopped, stuck, held up** mau

maintenance ʻatuʻaturaʻa

maize, corn tō popaʻā, tō papaʻā

majority pae rahi, ʻāfa rahi, tuhaʻa rahi, te rahi the ~ of those people te pae rahi o terā mau taʻata

the **majority (of),** the **most (of),** the **greatest (of),** te rahiraʻa the ~ of Tahitians te rahiraʻa o te mau taʻata tahiti

Makaira alleida, Makaira audax, Makaira nigricans, swordfish haʻurā

make, build, construct, manufacture, (also:) **repair** hāmani My best friend has helped me ~ this sailing canoe. ʻUa tauturu tōʻu hoa rahi iāʻu i te hāmaniraʻa i teie vaʻa tāʻie. How will they build (or: repair, depending on context) it? E nāfea rātou i te hāmani i te reira?

make or **build a palisade** (or a **stone wall**) or

a dam patu Built by the mutineers of HMS Bounty under the command of Fletcher Christian July 10th, 1789 [inscribed on the wooden plaque at the site of Fort George on Tubuai]. Patuhia e te mau ʻōrurehau o te pahī ra Bounty i raro aʻe i te faʻatereraa a Fletcher Christian i te 10 (ʻahuru) nō tiurai 1789 (hōʻē-tautini-ʻēhitu-hānere-ʻē-vaʻu-ʻahuru-mā-iva).

make..., bring about ..., cause ..., cause to ..., cause to be ..., do ..., effect ... (prefixes transforming an adjective, noun, or passive verb into an active verb) faʻa-, haʻa- (sometimes interchangeable; usually haʻa- occurs before roots beginning with f, m, p, or v, and faʻa- before the other roots), tū- ~ noise faʻaʻāhoahoa This is a pill that ~s one feel euphoric (causes euphoria). E huero faʻaaumaitaʻi teie. do body exercises faʻaʻetaʻeta i te tino (literally: harden the body) effect a renewal (renovate) faʻaʻāpī do something on the sly haʻavarevare ~ something light up, to light something tūʻama

make, make into, cause to become faʻariro

make (nonspecific)**, do, perform an activity** haʻa I did what was required. I haʻa noa nā vau i te rave.

make an aperture, pierce haʻaputa

make clear, explain haʻamāramarama I made that thing very clear to her, so she would understand (it) well. ʻUa haʻamāramarama maitaʻi vau i terā mea iāna, ʻia pāpū maitaʻi ʻōna.

make clear or **known, disclose, divulge, explain** hōhora She made clear her thought (or opinion) to (literally: before or in front of) the physician. ʻUa hōhora ʻōna i tōna manaʻo i mua i te taote.

make a din, clamor, vociferate pātētē a person who ~s a din taʻata vaha pātēte, vaha pātētē

make the earth oven ready (for firing up)! fata i te hīmāʻa

make an effort, **exert strength, strengthen** ha'apūai

make a great effort (specific and potentially exhausting), **exert oneself** rohi He made a great effort at repairing the engine of my boat. 'Ua rohi 'ōna i te hāmanira'a i te mātini o tōu poti.

make a pause in speech, punctuate fa'atoma

make a real effort (in a general sense), **try very hard** tūtava I always ~. Tē tūtava nei au.

make fast to, attach, fix firmly (also:) **tighten** tāmau, ha'amau

make a fire, kindle tahu

make a fire with a fire-plow by rubbing a stick back and forth in a groove carved in a piece of wood hi'a

make for, intend for ha'apa'o The sabbath was made for man, and not man for the sabbath. I ha'apa'ohia te tāpati nō te ta'ata, 'aore te ta'ata i ha'apa'ohia nō te tāpati.

make fun of, laugh at, deride, provoke fa'aipaupau

make fun of, tease, play tricks on ha'uti

make grow, (also:) **create** ha'atupu

make a hole or **holes, pierce** fao

"make it," succeed manuia We made it! 'Ua manuia tātou!

make known, affirm, state, declare pūhara

make known or **clear, disclose, divulge, explain** hōhora She made known her thought (or opinion) to (literally: before or in front of) the physician. 'Ua hōhora 'ōna i tōna mana'o i mua i te taote.

make known, inform fa'a'ite

make last, stretch out (when speaking of food), **cause not to run out of** nanea

make love, have intercourse, copulate, couple ai

make love (to), have intercourse, copulate (construction with ta'oto) Let's ~! E haere tāua ta'oto! He made love to that beautiful woman. 'Ua ta'oto 'ōna i terā vahine purotu.

make love, have intercourse, copulate (vernacular; coarse) reporepo

make love, have intercourse (without tender feelings), **copulate, fuck** tītoi

make movements of copulation tatu'e

make a net, form the mesh of a net pāpa'i, pāpa'i i te 'upe'a

make like new fa'a'āpī

make noise, disturb, trouble fa'a'āhoahoa Teiho arrived drunk and disturbed (made noise, disturbing) our conversation. 'Ua tae mai Teiho e tōna ta'ero 'ē 'ua fa'a'āhoahoa i tā māua paraparaura'a.

make a noise, pop po'o'a

make a lot of noise māniania

make a note or **mark of, mark, check** tāpa'o

make as one, join together, unite tāhō'ē

make one's own way, manage by oneself, muddle through, mā I ~ my own way. Tē mā nei au iā'u iho.

make peace fa'ahau

make place for in ..., insert, force into fa'aō

make a resolution fa'aoti

make smaller or **insufficient, diminish,** (also:) **belittle, minimize** fa'aiti

make a speech 'ōrero

make speed, go fast, hasten, hurry ha'aviti, ha'avitiviti

make up one's mind, **decide** 'opua

make up for a deficiency, (also:) **ration** fa'arava'i, fa'anava'i

be unable to **make up** one's mind, **hesitate, be undecided** tūrori, tūrorirori

be unable to **make up** one's mind, **hesitate between alternatives** fea'a piti I couldn't ~ my mind as to whether to travel by plane to Raiatea or by ship. 'Ua fea'a piti tō'u mana'o nō te tere nā ni'a i te manureva i Ra'iātea, e 'aore ra, nā ni'a i te pahī.

make use of, (more often meaning:) add to, provide with tā-... ~ a cloth (wipe) tā'ahu ~ fire tāauahi add milk to tāū provide something with a handle tā'aufau ~ butter (spread butter on) ... tāpata i te ... ~ milk (add milk) tāū add sugar to the coffee tātihota i te taofe add water (adulterate with water, dilute) tāpape
make way under sail tā'ie
make one's way down, descend ha'apou
Make yourself scarce! Bug off! Buzz off! Beat it! Go away! Scram! Get lost! Shove off! ('A) Fa'aātea!
maladroit, ignorant, awkward, unskilful, incapable ma'ua
malady, illness, disease, disorder, abnormality ma'i (general term) contagious ~ ma'i pe'e fatal ~ ma'i pohe fati various conditions involving broken bone(s)
he'a various medical conditions involving dermatological problems and/or conditions involving (usually white) excretions
īra, ira various medical conditions involving severe headaches and/or convulsions
māriri various medical conditions involving fever (often with accompanying chills)
male (animal) oni ox pua'atoro oni
male (animal, capable of reproduction) pa'e bull pua'atoro pa'e
male *adj & n* (man) tāne And they warred against the Midianites, as the Lord commanded Moses; and they slew all the ~s. Tama'i atura rātou i te 'āti Midiana [pronounced Mitiana], i tā Iehova i fa'aue mai iā Mōse [pronounced Mōte] ra; hope roa a'era te mau tāne i te pohe ia rātou.
male (trees, plants, insects, fish, crustaceans) 'ōtāne
male (grammatical gender) 'ōtāne
male cousin of female tu'āne
male plug (electricity) tītī 'ōtāne
malicious, bad, evil, harmful, injurious tōtōā
malicious, bad, evil, wicked 'ino, 'i'ino ~ person ta'ata 'ino bad habit(s) peu 'ino bad language (swear word) parau 'ino
malicious, bad, mean, savage tuputupuā
maliciously harm or **injure** tōtōā, tōtōvā
malign, slander, speak ill of tihotiho
malodorous, bad-smelling, rank piropiro
malodorous (referring primarily to fish or blood or milk), **ill-smelling** ha'uri
mammoth moth, big moth, Chromis erotus pūrehua
man, male person tāne In Tahitian mythology the first man on earth was Ti'i.
man (general), **person** ta'ata (if the person in question is female the word vahine is used instead of ta'ata) Polynesian ~ ta'ata mā'ohi learned ~ (scholar) ta'ata 'ite No ~ cometh unto the Father, but by me. 'Aore roa e ta'ata e tae i te Metua ra, maori rā ei iā'u.
man with two wives, (also:) **woman with two husbands** punarua (ancient)
man (a piece that is moved in a game) perē
black **man, negro** ta'ata 'ere'ere, maraia
fellow **man, neighbor** ta'ata tupu, ta'ata piri mai
medicine **man, native doctor, healer** tahu'a (still consulted today, also by popa'ās)
white **man, European, person of Caucasian race** popa'ā, papa'ā (more common in Rarotonga), 'europa (when specifically from Europe)
manage, administer, direct, conduct, govern, (also:) **steer** fa'atere
manage by oneself, make one's own way, muddle through, mā I manage by myself. Tē mā nei au iā'u iho.
manageable, doable, possible ti'a I can (manage to) sail that small boat to Huahine. E ti'a iā'u 'ia fa'atere i terā poti iti e tae noa'tu iā Huahine.

manager, director, head of staff, person in charge, boss raʻatira, taʻata haʻapaʻo i te ... the bank ~ te raʻatira nō te fare moni the hotel ~ te taʻata haʻapaʻo i te hōtēra

mandatory, necessary, required, obligatory, to be obeyed (construction with ei or ei ʻa) It is ~ to respect [the rights of] the pedestrians. Ei ʻa faʻaturahia te taʻata haere ʻāvae. It is ~ to respect [obey] the signs indicating the road regulations. Ei ʻa faʻaturahia te mau tāpura o te ture purōmu.

manfully, like a real man, courageously mā te ʻāʻau tane mau

Mangareva (main island in the Gambiers) Maʻareva Mangareva is the closest (inhabited) island to Pitcairn, approximately 310 nautical miles to the northwest. In the middle 1800's a French priest, Father Laval, managed to kill half of the population of the Gambiers (close to 5,000 out of about 9,000) by forcing them to build a Notre Dame-like church (still standing), and not allowing them to tend their gardens or to fish. All in all, during his ruthless "reign," the population of the Gambiers dropped from 9,000 to 500. Mangareva still today has only slightly over 1,000 inhabitants. The people from ~ heartily welcomed the Pitcairners. ʻUa faʻariʻi maitaʻi tō Maʻareva i te feiā Pētānia.

mango, Mangifera indica vī the ~ tree te tumu vī the ~ season te ʻanotau vī This ~ is juicy. (E) Mea pape teie vī.

(indigenous Tahitian) **mango, "cytherean apple," Spondias cytherea** vī tahiti

manioc, Manihot utilissima māniota grated **manioc** (after the starch has been extracted) ota māniota

manipulate, disturb, tease haʻuti

manipulate (not necessarily in a negative sense), **exploit, take advantage of** faʻafaufaʻa

manipulate, tamper with raverave

manly, masculine tane

manner, custom, habit peu in the ~ of women mai te peu a te mau vahine ra That is a custom that I have not yet heard about. E peu te reira tei ʻore ā i faʻaroʻohia e au i te parauraʻahia mai. It is a pleasant custom to give people a warm (literally: good) welcome. E peu au ʻo te fāriʻi maitaʻi i te taʻata.

manner, style huru

in that **manner, thus, in such a way, that way** nāʻō This is what that man said (Thus spoke that man) to him: Nāʻō te taʻata ra iāna:

good **manners, etiquette** peu maitataʻi

manners, cleverness, (also:) **know-how** ʻihi

man-oʻ-war, warship manuā, pahī tamaʻi, pahī nuʻu A British ~ has arrived. ʻUa tāpae mai te hōʻē manuā peretāne.

man-of-war bird, frigate bird, Fregata minor palmerstoni ʻōtaha

manslaughter, homicide, murder taparahiraʻa

manta ray, Manta alfredi fāfā piti

praying **mantis, phasma, Graeffa coccophaga,** (also:) **locust** vāvā

mantle, cloak, coat, jacket, (also:) **vest** pereue

mantle, overcoat pereue tāpoʻi

mantle, shawl ʻahu puʻu

mantle (of an oil lamp), (also:) **wick** ʻuiti

manual, handbook puta ʻohipa

manual, textbook puta haʻapiʻiraʻa

manufacture, make, build, construct, (also:) **repair** hāmani

manure, dung para

many (e) rave rahi, (e) mea rahi There are ~ tourists here in Papeʻete. E rave rahi te taʻata rātere i Papeʻete nei. and ~ more ʻē rave rahi atu ā There are ~ mistakes in that book. E rave rahi te hape i roto i terā puta. For ~ are called, but few are chosen. E rave rahi hoʻi tei parauhia,

325

many

e iti rā tei ma'itihia.

many, numerous, a lot of, a great number of rahi because of the great number of tourists here in Pape'ete nō te rahi o te ta'ata rātere i Pape'ete nei

many kinds or **varieties of, all sorts of** rau, rave rau There are ~ of flowers here. 'Ua rau te tiare iōnei.

of **many kinds, miscellaneous** huru rau

how many?, how much? efea?, ehia?, ehea? (more common in the Tuamotus) How ~ chickens do you have? Efea tā 'oe moa? How ~ miles? (also:) What speed? Ehia maire? How old are you (literally: how ~ years do you have)? Ehia tō 'oe matahiti? How much does that room cost per night? Ehia (Efea) moni i te pō nō terā piha? What is the price of this shirt? Ehia (Efea) moni nō teie 'a'ahu 'o'omo? (Chinese vendors tend to [incorrectly] say 'a'ahu 'ōmono.) How much does that dress cost? Efea (Ehia) moni nō terā 'ahu vahine?

how **many?** (for up to nine persons) to'ohia?

(I send you) **Many kisses** (as a way of closing a letter). Tē 'āpā maita'i nei au (iā 'oe, iā 'ōrua, iā 'outou).

not **many, almost none, very few, very little,** (also:) **not at all** 'aita re'a, 'aore re'a There is just about no one there. 'Aore re'a te ta'ata iō.

many-colored combfish po'ou pātaitai

Maori, Mā'oli (in Hawai'ian), **Polynesian, indigenous, native, genuine** mā'ohi

Maori snapper, Ephinephelus fuscuguttatus hāpu'u

map hoho'a fenua, tāpura fenua, puta fenua

marble (sphere), (also:) **billiard ball, bowling ball** pōro play ~ perē poro, pata pōro

marble (stone) maramora, maremora

marbled seabass hāpu'u

March māti the month of ~ te 'āva'e nō māti

march, marching, walk, walking haerera'a, haereā

march, walk haere

Marcus, Mark Mareto (spelled **Mareko** in the Bible)

mare pua'ahorofenua (usually pronounced pū'ārehenua) ufa

Margaret, Margarita Materita

marijuana, cannabis pa'aroro (usually pronounced pakalolo, as in Hawai'i) a man under the influence of ~ e ta'ata ta'ero i te pa'aroro (pakalolo).

marinate with vinegar tāvinita ~d fish i'a ota tāvinita

marine, maritime nō te moana

marine compass 'avei'a

marine radio rātio tapiho'a

mariner, sailor 'ihitai

mariner, sailor, crewman mātarō

mark, marker, trade mark, sign, token, insignia, (also:) **beacon** (often in the sense of a warning sign), (also:) **goal, target** tāpa'o punctuation ~ tāpa'o tomara'a

mark, blot, big spot, smudge, (also:) **dot, polka-dot** pōta'a

mark of a blow, dent po'a

mark, make a mark, notice, make a note of, inscribe, (also:) **select, reserve** tāpa'o, tāpa'opa'o

Mark, Marcus Mareto (spelled **Mareko** in the Bible)

marked, noted, inscribed, (also:) **selected, reserved** tāpa'ohia

marked by a blow, dented, battered, banged up popo'a

market(place) mātete ~ basket pānie mātete It is very early in the morning, so maybe we can go to the ~ to have some coffee. E mea po'ipo'i roa, nō reira e haere paha tātou i te mātete e inu i te taofe. (Note: the market in Pape'ete opens long before sunrise.)

common **market** (economic association) mātete tāhō'ē

marking

marking or **grading** (of tests or examinations) notara'a
marlin, swordfish, spearfish, Xyphias gladius ha'urā
Marquesan matuita, nu'uhiva
Marquesan person ta'ata matuita, ta'ata nu'uhiva
Marquesas Matuita, fenua matuita, Nu'uhiva-mā, te mau fenua nu'uhiva, Hiva Nui (ancient), Te Henua Enata (literally: land of the people, the name the Marquesans use for their island group)
marriage fa'aipoipora'a Where is your ~ certificate? Teihea tā 'ōrua parau fa'aipoipora'a?
married fa'aipoipohia, fa'aipoipo
legitimately **married** ti'amā a legitimately ~ person ta'ata ti'amā
marrow puo
marry fa'aipoipo, ha'aipoipo
Mars feti'a 'ura
Martinique Matinita
martyr maratiri, ta'ata i taparahihia nō te fa'aro'o, ta'ata i pohe nō te fa'aro'o, ta'ata i hāmani-'ino-hia
marvel, wonder, wonderment (e) mea māere
marvel (at), be astonished, be amazed māere
marvelous, admirable, excellent fa'ahiahia
marvelous, astonishing, amazing māere
truly **marvelous, extraordinary, truly astonishing, truly amazing** māere mau
Mary Māria He was born to the Virgin ~. 'Ua fānau 'oia iā Māria parētēnia.
masculine (grammatical gender) huru 'ōtāne
masculine, manly tane
mash, crush, pound, use a (stone) **pestle** pāpāhia
mason tāmuta tīmā
mass (of people), **crowd** ti'a'a
mass (quantity), **accumulation, pile** pu'era'a

mat

mass (religious) tūtia pure
massage, rubdown, (also:) **caress** taurumi, taurami
massage, rub (also:) **caress** taurumi, taurami therapeutic ~ table tahua taurumi (note that tahu'a means native healer)
massage lightly, **caress,** (also:) **touch** mirimiri
massage lightly, **stroke,** (also:) **caress** 'ōmiri
masseur ta'ata taurumi
masseuse vahine taurumi
mast tira ship with three ~s pahī tira toru
telegraph **mast** pou niuniureva
master, owner, lord fatu Pouvāna'a a O'opa constantly fought for the return of the sacred native lands to their rightful ~s. 'Ua 'aro noa o Pouvāna'a a O'opa 'ia fa'aho'ihia te faturaa tapufenua mā'ohi i te hui fatu mau iho. The disciple is not above his ~, nor the servant above his lord. 'Aita te pipi i hau i tāna 'orometua, 'aita ho'i te tāvini i hau i tōna ra fatu.
master of ceremonies, orator, speaker, (also:), **interpreter** 'auvaha, 'auaha
the **master of the house,** the **head of the household** te fatu 'utuāfare
school**master, teacher** 'orometua ha'api'i
master, learn ha'api'i mai, ha'api'i How did you ~ Tahitian like this? Nāfea 'oe i te ha'api'i i te reo Tahiti mai teie te huru?
master, learn "for keeps" tāmau
master's degree or **diploma** parau 'ai'ihi tuatoru
masturbate tītoitoi
mat pe'ue (usually, but not always, referring to a mat made from pandanus fronds) pe'ue
leaf **mat** (used as a cover for an earth oven) rau'a'ai
plaited **mat** or **screen** (made of coconut

match   **Maupiti**

fronds) pāua
match (used to produce a flame) māti ~box pōnau māti strike a ~ 'ui i te māti
match, game, trick perēra'a
boxing **match** motora'a
football **match** tu'era'a pōpō
match, agree, be alike, equal, be on the same level tū We agreed. 'Ua tū tō māua mana'o (literally: our thought matched).
match (in capacity, length, size, weight), **equal, be alike, be identical to** 'āifāito, fāito, fa'afāito Amaru's intelligence ~es Miriama's. 'Ua 'aifāito te māramārama tō Amaru 'ē tō Miriama.
match (comparing two qualities), **equal** au Teri'i is just as intelligent as Teiho (Tēri'i's intelligence ~es Teiho's). 'Ua au tō Tēri'i māramārama 'ē tō Teiho.
matched tū
mate, friend (see the "snippet" under friend) hoa, hoa au
first **mate** (naut.) ra'atira piti (literally: second captain) The trouble was the [first] ~ who was the most difficult [easily excitable] man to please [satisfy] Keola had ever met with. O te ra'atira piti te mea 'iriā a'e o te ta'ata fa'aueue māha 'ore roa a'e te reira i farereihia e Keola. (from John [Tihoni] Martin's free translation of R.L. Stevenson's short story The Isle of Voices)
material, bodily, corporeal pae tino
material, crucial, essential tītau-roa-hia
the **material** point, **the basic** or **fundamental point** or **reason** te tumu
the **material** point, **the essential(s)** te mea faufa'a a'e
material, cloth mētera, 'ahu mētera, 'a'ahu mētera
material, matter materia
matter, affair, business 'ohipa
matter, content, substance tino
matter, material materia
matter, trouble pe'ape'a What's the ~?
Eaha te pe'ape'a?
matter, have importance (construction with:) faufa'a That ~s a lot (is very important). E mea faufa'a roa terā.
It doesn't **matter. No problem. Forget it!** 'Aita pe'ape'a.
It doesn't really **matter. It is of little importance. So what! Never mind! I don't (really) care one way or another.** 'Ātīrā noa atu. 'Ātīrā noa'tu. Hiro took the bicycle. Never mind, I'll walk. 'Ua rave Hiro i te pereo'o ta'ata'ahi. 'Ātīrā noa'tu, e nā raro noa vau i te haere.
Matthew Mataio
matting (made from the yellowish matter attached to the bark under the bottom of the stalk of a large coconut frond) a'a
matting (made of pandanus, formerly used for sails and still used as matting) pe'ue
mattress marū ro'i, marū
mature, adult, wise, reasonable pa'ari
mature, ripe, (also, in the case of fruit only:) **yellowed** para
mature, become an adult, get more reasonable or **wise** pa'ari
mature or **ripe coconut** (no longer drinkable, used to make copra) 'ōpa'a
maturity pa'ari
Maui A Polynesian man-god who "fished up" the islands from the ocean's depths, but he is most probably an "amalgam" of ancient Polynesian explorers/discoverers who - in nautical language - indeed raised these islands.
maul, tear up, savage haehae
Maupiti Maupiti, (old name:) Maurua ~ is not a large island. E 'ere i te mea rahi te fenua Maupiti. Maupiti lies 45 kilometers west of Bora Bora in the Society group and has a population of around 1,100. It is a small island and you can walk around it in about three hours. At the time of writing there is no real hotel on Maupiti, but you will have no problem in finding accommodations at a reasonable rate. You

mauve, reddish-brown-purple hiri
mauve, violet vare'au
May (month) mē   the month of ~ te 'āva'e nō mē
may, might   There is no specific word in Tahitian for **may** or **might**, but the approximate meaning can be expressed by using constructions involving concepts like perhaps or involving permission):
(1) construction with <u>perhaps</u>   paha (perhaps):   You ~ want ... E hina'aro paha 'oe ...   That tiki (club, canoe) is too expensive, but if it were about half the price, I might buy it.   E moni rahi roa tō terā ti'i (rā'au poro rahi, va'a); mai te mea rā e tā'āfa-ri'i-hia te moni, e ho'o mai paha ia vau.   He might leave on Sunday.   E reva paha 'ōna i te mahana tāpati.   He ~ become president, if enough people will vote for him.   E riro paha 'ōna ei peretiteni, mai te mea e rava'i te ta'ata nō te ma'iti iāna.
(2) various constructions involving the concept of <u>permission</u>   e ti'a (e mea ti'a) iā + pronoun (or:) e ti'a (e mea ti'a) i te + noun + ia + verb, fa'ati'a, parau fa'ati'a   ~ I borrow (literally: take) this corkscrew (you might add: for a short time)?   E ti'a ānei iā'u ia rave i teie 'iriti mohina (nō te hō'ē taime ri'i)?   ~ I tell him that you said I ~ steer the boat?   E mea ti'a ānei iā'u ia fa'a'ite iāna e 'ua hōro'a mai 'oe i te parau fa'ati'a iā'u nō te tāpe'ara'a i te hoe?   Yes, you certainly ~.   'Ē, e mea ti'a roa.   Plant, so someone else ~ harvest!   'A tanu 'ia ti'a iā vetahi 'ē 'ia 'o'oti ra!
may or **might** used in the vernacular as a synonym of **can** or **could**   nehenehe
(1) e nehenehe tā + noun or pronoun + e + verb   He said I ~ borrow the book for as long as I wish.   'Ua parau mai 'ōna e nehenehe tā'u e rave i te puta mai te maorora'a o te time tā'u e hina'aro.
(2) e nehenehe iā + pronoun + ia + verb (or:) e nehenehe i te + noun + ia + verb   ~ we sit together with you (two) in church or do we have to sit in a special place for visitors?   E nehenehe ānei iā māua 'ia pārahi i piha'i iho iā 'ōrua, e 'aore ra, e mea ti'a ānei iā māua 'ia pārahi i te vāhi i fa'ata'ahia nō te mau rātere?
may expressing a hope or wish or desire   'ia   ~ you be blessed by the Lord!   'Ia ha'amaita'ihia 'oe e te Atua!   Have a good trip (literally: May the trip be good)!   'Ia maita'i te tere!
maybe, perhaps   paha   (see the examples under may, might)
maybe, perhaps, peradventure, perchance, it might be that ...   pēneia'e   ~ we will find (get) the bread we are looking for (literally: our bread) in that Chinese store.   Pēneia'e e roa'a tā tātou faraoa i terā fare toa tinitō.   And now I will go up unto the Lord; peradventure I shall make an atonement for your sin.   'Ē teie nei e haere au i ni'a iā Iehova ra; pēneia'e 'o te matara tā 'outou hara iā'u.
maybe and **perhaps** (paha) can also be employed to convey the sense of the English word **please**   ~ repeat what you said!   'A tāpiti paha i tā 'oe parau!   ~ go!   'A haere paha!
mayor   tāvana 'oire   Our ~ is a respected man (a man deserving respect).   E ta'ata tura tō mātou tāvana 'oire.
me   iā'u, -'u   (me is often implied by the word mai:)   You mean you don't want to sell that pearl to ~?   Tē nā'ō mai nei 'oe ē, e'ita 'oe e hina'aro e ho'o mai i terā poe (iāu)?
Mea culpa! I am to blame!   Nō tā'u hara!
meadow parrotfish (family of Scaridae)   uhu mamaria
meal (a course or set of courses)   'amura'a   balanced ~ 'amura'a fāitoau

meal

meal, food māʻa   Tahitian ~ māʻa tahiti
European ~ māʻa popaʻā   Chinese ~
māʻa tinitō
meal, feast, dinner tāmāʻaraʻa
meal, repast, mess ʻamuraʻamāa
mealtime taime ʻamuraʻamāʻa
mean, malicious, evil, harmful, injurious
tōtōā
mean, malicious, bad, evil, wicked ʻino,
ʻiʻino   ~ person taʻata ʻino   bad habit(s)
peu ʻino   bad language (swear word)
parau ʻino
mean, malicious, savage tuputupuā
mean, stingy, niggardly pipiri, hōroʻa
ʻino
mean, average, the midpoint te rōpū
mean, imply, intimate, say, speak nāʻō
You ~ (you are saying that) you don't want
to sell that pearl? Tē nāʻō mai nei ʻoe ē,
eʻita ʻoe e hinaʻaro e hoʻo mai i terā poe?
mean, imply, intimate, signify a meaning
(construction with auraʻa)   What do you
~? Eaha te auraʻa o tā ʻoe parau?
mean-spoken vaha taʻero
meaning, idea manaʻo
meaning, significance, sense, explanation
auraʻa (note that ʻauraʻa means
swimming)   What is the ~ of this word?
Eaha te auraʻa o teie parau?   That is not
the real ~. E ʻere te auraʻa mau.   For he
knew the likeness (~) of that patch (spot),
and knew that he was fallen in (had
contracted) the Chinese Evil (which is also
called leprosy). ʻUa ʻite ʻoia i te auraʻa nō
te reira pōtaʻa, ʻua ʻite ʻoia ē ʻua peʻehia
ʻoia i te Maʻi Tinitō, e parau atoʻahia: e
ʻōʻovi. (From John [Tihoni] Martin's free
translation of R.L. Stevenson's The Bottle
Imp.)
explain the meaning of something, reveal
heheu   The old man explained the ~ of the
old legend of Tangaroa. ʻUa heheu mai te
taʻata rūʻau i te ʻaʻamu tahito nō Taʻaroa.
**explanation of the meaning of something,
revelation, discovery** heheuraʻa

medal

means (of accomplishing something, a **way** of
achieving a solution), (also:) **procedure**
rāveʻa   This is the only prudent ~. Teie
anaʻe te rāveʻa māramarama.
means, possessions, wealth faufaʻa
means, aid, backing tauturu,
tautururaʻa
means of transportation, **conveyance,
vehicle** frauaʻo
by **means** of, **through** nā roto
meanwhile (long period)   i roto i te reira
ārea tau
meanwhile (medium period)   i roto i te
reira taime
meanwhile (short period)   i roto i te reira
taime poto
measles maʻi puʻupuʻu   vaccination
against ~ pātia ārai maʻi puʻupuʻu
German **measles, rubella** maʻi puʻupuʻu
huʻa (be careful in pronouncing huʻa since
hua means testicles)
measure, action, deed ʻohipa   the ~s
which were taken by the French government
te mau ʻohipa o tei ravehia ra e te hau
farani
measure, gauge *n* & *v* fāito   With what ~
ye mete, it shall be ~d to you. O te fāito
hoʻi tā ʻoutou e fāito atu, o tā ʻoutou ā ia
e noaʻa mai.
measuring stick mētera   folding ~
mētera ʻōfati
meat, flesh ʻiʻo (ʻanimara), ʻīnaʻi,
(beef) ~ ʻiʻo puaʻatoro (or:) ʻīnaʻi
puaʻatoro   (pork) ~ ʻiʻo puaʻa (or:) ʻīnaʻi
puaʻa
mechanic taʻata hāmani mātini, taʻata
haʻapaʻo mātini   chief ~ on a ship
(taʻata) faʻatere mātini   second or
assistant ~ on a ship (taʻata) tauturu
faʻatere mātini
medal, medallion, decoration fetiʻa
(literally: star)   golden ~ fetiʻa pirū
silver ~ fetiʻa moni
award a **medal** or **decoration, decorate** in
that sense faʻafetiʻa

mediate

mediate, intervene, prevent (trouble), (also:) **protect** ārai The clergyman ~d to avoid trouble. 'Ua ārai te 'orometua ('orometua a'o) i te pe'ape'a.

mediator, intervener, (also:) **protector** ta'ata ārai, ārai, āraivavao

mediator, peacemaker ta'ata fa'ahau

a certain kind of **medicinal plant, Vandellia crustacea** ha'eha'a

medical research institute fare mā'imira'a ma'i

medicine rā'au, rā'au rapa'au ma'i cough ~ rā'au hota sleeping ~ rā'au fa'ata'oto vial of ~ 'ō'ohe rā'au You should take that ~ from this day on until you get well. 'Ia rave 'oe i terā rā'au mai teie atu mahana e tae noa'tu i tō 'oe maita'ira'a.

give **medicine to, nurse, treat, heal, cure** rapa'au

medicine man, native doctor, healer tahu'a (still consulted today, also by popa'ās [kahuna in Hawai'ian])

meditate, reflect, ponder, (also:) **use one's mind** feruri, feruri i te mana'o

meditate, think mana'o

medusa, jellyfish pa'ipa'i

meek, mild, tender, kind, gentle, soft, (also:) **calm, polite** marū Blessed are the ~: for they shall inherit the earth. E ao tō tei marū, e riro ho'i iā rātou te fenua.

meet, meet with, encounter, (also:) **pay a visit to** fārerei We (both) are so happy that we'll ~ you again next week. Tē 'oa'oa roa nei māua i te mea e, e fārerei fa'ahou tātou i teie hepetoma i mua nei. (I am) Happy to ~ you again. Mauruuru nō te fārerei-fa'ahou-ra'a iā 'oe. You should ~ that beautiful woman. 'Ia fārerei ihoa 'oe i terā vahine purotu e tīa'i. It is impossible for the chief to ~ them today. 'Aita tā te tāvana e rāve'a nō te fārerei atu iā rātou ra i teie mahana. The trouble was the [first] mate who was the most difficult (excitable) man (commander)

meeting again

to please (satisfy) Keola had ever met with. 'O te ra'atira piti te mea 'iriā a'e o te ta'ata fa'aueue māha 'ore roa a'e te reira i fārereihia e Keola. (from John [Tihoni] Martin's free translation of R. L. Stevenson's short story The Isle of Voices)

meet, encounter suddenly or unexpectedly, run into, bump into, cross paths with, come across ū I ran into 'Oputu this (early) afternoon. 'Ua ū vau iā 'Oputu i teie avatea.

meet in competition, compete with tata'u

meet together (especially for the purpose of decision-making), **gather, assemble** 'āpo'o, 'āpo'opo'o

meet together, gather, assemble, associate or **join together** 'āmui

meet together, gather together, assemble together ruru, tairuru

meet together (especially when speaking of parishioners), **gather together** putuputu

meeting, encounter, visit fārereira'a

meeting, gathering or **asseblage of people** rurura'a ta'ata, tairurura'a, naho'a

meeting (especially of people with similar interests or of club members or parishioners), **gathering, get-together,** (also:) **reunion** 'āmuira'a, 'āmuimuira'a Four of them went to the ~. To'omaha rātou i te haerera'a i te 'āmuira'a.

meeting, gathering (especially of parishioners coming together to sing religious songs and chants [hīmene tārava] and to bear witness to their faith) putuputura'a

meeting, gathering (especially of people with some authority, such as a legislature or a board of directors) 'āpo'ora'a

bring about a **meeting** between ..., (also:) **reconcile** fa'afārerei

meeting again fārerei-fa'ahou-ra'a My friends, greetings on (the occasion of) our ~! Te mau hoa, 'iaorana tātou i te fārereifa'ahou-ra'a!

meeting hall fare 'āmuira'a (especially in a parish)
meeting house (especially for parishioners) fare putuputura'a
Megalops cyprinoides, tropical tarpon (a large game fish) rōpā
megaphone, (also:) **microphone** paraparaura'a
Melanesia Meranitia, Meranitia-mā, te mau fenua Meranitia
Melanesian (ta'ata) meranitia, (plural:) te feiā meranitia The wrongdoings committed against the ~s on New Caledonia are increasing. Tē haere rahi nei te mau 'ohipa hape o te ravehia ra i ni'a i te feiā meranitia o te fenua Taratoni.
Melia azedarach, lilac tree tīra, (on Rapa Nui [Easter Island] referred to as:) miro tahiti
mellow (fruit), **ripe** para
mellow, soft marū ~ wine uaina marū
mellow, tipsy, slightly inebriated ta'ero ri'i
melodious, (also:) **delightful, charming, enchanting** navenave
melody, song, chant pehe That is a very enchanting ~. E pehe navenave roa terā.
melon, watermelon merēni
musk-**melon, cantaloupe** merēni popa'ā
melt *vi*, **dissolve,** (also:) **flow, run** (color) tahe, tahetahe
melt *vt*, **dissolve,** (also:) **make flow, make run** (color) fa'atahe
member mero ~ of the Tahitian Language Academy mero (nō te) Fare Vāna'a the ~s of the club The Friends of Tahiti te mau mero nō te pupu Te mau hoa nō Tahiti
(extended) family **member, relative** fēti'i
members of a family -mā (always placed after the name [usually:] of the head of the family), mā Dear Tīvini [and members of your family]! (as in starting a letter) E Tīvini-mā ri'i e!
membership ti'ara'a mero
memorize, learn thoroughly or "for keeps" tāmau
memorize, learn by heart, learn by rote tāmau 'ā'au
memory, (also:) **commemoration** ha'amana'ora'a In ~ of the heroes of Fa'a'a who died in 1844 during the battles against the French soldiers (while) defending their land and their independence. Nō te ha'amana'ora'a i te mau 'aito nō Fa'a'a, o tei mate i te matahiti hō'ē-tautini-e-va'u-hānere-e- maha-'ahurumā-maha nā roto i tō rātou arora'a i te mau fa'ehau farāni nō te pāruru i tō rātou fenua e i tō rātou ti'amāra'a. (from a plaque in Fa'a'a)
stick in one's **memory, remember well** mau maita'i The features of her face stick in my memory. 'Ua mau maita'i iā'u tōna hīro'a mata.
menace, annoyance, bother, trouble pe'ape'a
menace, danger ataata, atāta (be careful about pronunciation, since 'ata'ata means "funny" or "smiling")
menace, frightening circumstance ha'amata'ura'a
menace, frighten ha'amata'u, fa'ari'ari'a
menace, scold, warn a'o hua
menacing, dangerous ataata, atāta (be careful about pronunciation, since 'ata'ata means "funny" or "smiling")
menacing, frightening mata'u, ri'ari'a
mend, fix, make it work again, make it O.K. again ha'amaita'i fa'ahou
mend, fix, patch, darn tāfai
mend (sewing only), **fix, patch, darn** tīfai
mend, fix, renovate, repair, make like new fa'a'āpī
mend (major work involved), **repair** tātā'i
mend (minor work involved), **fix, repair, mend** hāmani, hāmani fa'ahou
meningitis ira tuiroro
menstrual blood hāvari, vari

menstrual cycle ʻohuraʻa ʻāvaʻe
menstrual period, menstruation, menses, "monthly sickness" maʻi ʻāvaʻe, pohe ʻāvaʻe   She is having her ~. E pohe ʻāvaʻe tōna.
menstruation, flow of blood   tapahi
mental, pertaining to the mind   upoʻo
   ~ calculation nūmera upoʻo   ~ work ʻohipa upoʻo
mental, pertaining to thought and thinking   manaʻo
mental illness   maʻi maʻamaʻa   He has a ~. E maʻi maʻamaʻa tōna.
mention, name, talk about, pronounce, announce   faʻahiti   I don't know whom you are talking about. ʻAita vau (or: ʻAore au) i ʻite e o vai tā ʻoe e faʻahiti na.
Don't **mention it!** (in response to Thank you!) **You are welcome! No problem!**   ʻAita (e) peʻapeʻa.
menu   (te) tāpura māʻa o te tāmāʻaraʻa
meow   miāu
merchandise   taoʻa hoʻo, taoʻa
merchant   taʻata hoʻo taoʻa
pearl shell **merchant**   taʻata rave pārau
pearl shell **merchants**   feiā rave pārau
merchant ship, cargo ship   pahī hoʻo taoʻa
merely, only, just   noa   He is still ~ a child. E tamariʻi noa ā ʻōna.
merrily, happily   mā te ʻoaʻoa
merriment, amusement, fun ʻāreareaʻa, ʻārearea
merry, eager, in the right mood ʻanaʻanatae
merry, happy, joyful ʻoaʻoa, pōpou, poupou   ~ Christmas! ʻIa ʻoaʻoa ʻoe (ʻōrua, ʻoutou) i teie Noera! (or:) Iaorana ʻoe (ʻōrua, ʻoutou) i te Noera! This is a joyful day for me. E mahana pōpou teie nōʻu.   Then I commended mirth, because a man hath no better thing under the sun, than to eat, and to drink, and to be ~. ʻUa haʻamaitaʻi atura vau i te ʻoaʻoa; ʻaita hoʻi a te taʻata nei mea maitaʻi i te ao nei, maori rā i te ʻamu ʻē te inu ā ʻoaʻoa ʻī.
be **merry, amuse** or **entertain oneself** ʻārearea, rearea (old, but still heard) Take your ease, eat, drink, and be ~. E faʻaea māite, e ʻamu, e ʻinu, ʻē ʻia rearea māite.   I really amused myself at the Fête. ʻUa ʻārearea maitaʻi au i te Tiurai.
merry-go-round   pāpio
mesh(es) of a net   omata
form the **mesh** of a net, **make a net**   pāpaʻi, pāpaʻi i te ʻupeʻa
mess, disorder   haʻapaʻo-ʻore-raʻa
in a **mess, in a confused state**   hue
in a **mess, in disorder, all mixed up**   nane
mess, meal, feast, dinner   tāmāʻaraʻa
mess, meal, repast ʻamuraʻamāa
message   poroʻi   ~ by telephone poroʻi tāniuniu, poroʻi niuniu   decode a ~ huri ʻē i te poroʻi
message, wire, telegram   niuniu
messenger, (also:) **newspaper, journal**   veʻa
Messiah, Christ   Metia   Let us unite in the true love of our ~ in Heaven. ʻIa tāhōʻē tātou i te here mau o tō tātou Metia i te raʻi ra.   What shall I do then with Jesus which is called Christ? Eaha hoʻi au iā Ietu i tei parauhia, ʻo te Metia nei?
metal   mētara
sheet **metal,** (also:) **tin, tin can, metal container**   punu   sheet ~ roofing punu fare
metal drum, cistern, tank   tura
metaphor   parau faʻahohoʻa (literally: statement creating a picture)
use a **metaphor, liken something to something else,** (also:) **compare with**   faʻahohoʻa
mete, gauge, take the measure of   fāito, fāito atu   With what measure ye ~, it shall be measured to you. O te fāito hoʻi tā ʻoutou e fāito atu, o tā ʻoutou ā ia e noaʻa mai.
meteorological   mēteō   ~ forecast

meteorological observation or report

mitora'a mēteō ~ observation(s) (general) hi'opo'ara'a mēteō ~ satellite pe'e'utari māo'a a te mēteō ~ station teihana mēteō ~ warning fa'aarara'a mēteō
meteorological observation or report te huru o te mata'i 'ē te miti (literally: the condition of the wind and the sea)
meteorological service (general) piha mēteo ~ for civil aviation pū 'ohipa mēteō manureva tīvira
meteorology mēteō
meter (100 centimeters) mētera square ~ mētera tuea cubic ~ mēterea 'āfata
meter, measuring device fāito
method, means or **way of doing something, procedure, process** rāve'a
meticulous, careful, (also:) **slow** mā'ite, rave māite, ri'i māite
meticulously, carefully, (also:) **slowly** māite, ri'i māite search ~ 'imi ri'i māite Keep ~ to the right side of the road! 'A tāpe'a māite (i) te pae 'atau o te purōmu!
metropolitan, urban nō te 'oire
metropolitan or **urban authority** mana hau metua
microbe oreore
microbial, infectious oreore ~ disease ma'i oreore
microfilm hoho'a pōtiti
microphone, (also:) **megaphone** paraparaura'a
microscope mitorotōpī
microscopic mitorotōpī, tao'a iti ha'iha'i 'itehia e te hi'o fa'arahi
catch in **midair** 'apo
catch in **midair, juggle** pei, 'apo'apo
catch in **midair, play catch** 'a'apo, 'apo
midday, noontime (appr. 11 a.m. to appr. 4 p.m.) avatea
middle, center rōpū, rōpūra'a across the ~ nā rōpū in the ~ i rōpū the ~ te rōpū The ship is in the ~ of the pass (in the reef). Tei rōpū te pahī i te ava. If

military

you don't sit in the ~, the canoe will capsize. 'Ia 'ore 'oe e pārahi i rōpū, e ta'ahuri ia te va'a.
middle (when speaking of time) 'āfara'a In the ~ of winter. I te 'āfara'a o te tau to'eto'e.
in the **middle, between** i rōpū I am between (in the ~ of) the devil and the deep [blue] sea. 'O te tiaporo i te hō'ē pae, 'o te moana hohonu i te tahi pae, 'o vau i rōpū.
midget, (also: very short person) tātāio
midnight, middle of the night tu'ira'a pō (the correct spelling is tu'ira'a, but the vast majority now say tuira'a) We all danced until ~. 'Ua 'ori'ori mātou pā'āto'a e tae noa'tu i te tuira'a pō.
midst rotopū a~, in the ~ of, among i rotopū The chief is in the ~ of the people. Tei rotopū te tavana 'i te hui ra'atira.
midwife vahine fa'afānau, ta'ata fa'afānau
midwife, deliver a woman of her baby fa'afānau
might (see **may**)
migraine 'āhoahoa
migratory cuckoo, Eudynamis taitensis 'ō'ōvea, 'ārevareva
mild, compassionate 'ā'au arofa, 'ā'au arofa
mild, diluted with water tarapape
mild, meek, gentle, soft, kind, tender, (also:) **calm, polite, moderate** marū It is very ~, you see. E mea marū roa pa'i. marū Blessed are the meek: for they shall inherit the earth. E ao tō tei marū, e riro ho'i iā rātou te fenua.
mild, indulgent, putting a problem **aside** fa'aherehere
mild, patient, supporting fa'aoroma'i
mildew, mold nīnaemoa, (some Tahitians say: nīninaimoa), pi'avere
mildewed, moldy pi'avere
mile (1,852 meters) maire
military, pertaining to the army nu'u

military, soldierly fa'ehau ~ guard or sentry fa'ehau hi'ohi'o (or:) fa'ehau tīa'i ~ service 'ohipa fa'ehau period of ~ service tau fa'ehau
military, armed forces, army nu'u
milk ū
coconut "milk" (see **coconut "milk"**)
milk, draw (or) **suck milk** fa'atē ~ cow pua'atoro fa'atē
the quantity of (mother's) **milk** the infant sucks during one feeding fa'a'otera'a
milkfish, Chanos chanos, Mugil chanos ava, (when young:) 'ōma'a (note that 'ōmaha means to urinate)
Milky Way maoroaheita
mill tavirira'a coffee ~ tāvirira'a taofe, tāviri taofe
millennium manohiti The early foreign visitors to Tahiti were suprised by the advanced state of civilization existing there. Unlike most other societies lacking written language they had terms in counting going all the way up to a million ('iu). Their word for a thousand was mano and the word for a year was matahiti. The word for millennium did not exist, but the Tahitian Language Academy (Fare Vāna'a), a guardian (together with the churches) of the preservation of the beautiful Tahitian language, has coined a most logical word for it: manohiti.
million mirioni, 'iu (archaic)
millstone 'ōfa'i oro It were better for him if a ~ were hanged about his neck, and he cast into the sea, than that he should offend one of these little ones. Huru maita'i a'e 'oia 'ia ta'amuhia te hō'ē 'ōfai oro i ni'a i tāna 'a'ī, 'ē 'ia tāorahia 'oia i raro i te tai, 'ia fa'ahapa 'oia i te hō'ē i teie nei mau ta'ata ri'i.
mimic with the hands, **pantomime** 'apa (note that 'āpā means to kiss), 'apa'apa
Mimosa pudica, sensitive plant pohe ha'avare
mince, cut up or **grind up into little pieces** tāpūpū
mind, intelligence, knowledge 'ite
mind, reason, thought, opinion mana'o Don't trouble your ~ [with that]! (Don't worry!) Eiaha e ha'ape'ape'a i tō 'oe mana'o!
absence of **mind** (sudden and temporary), **distraction** mo'era'a mana'o
bring or call to **mind, remember, think of** ha'amana'o
make up one's **mind, decide** 'opua
be unable to make up one's **mind, be undecided** tūrori, tūrorirori
be unable to make up one's **mind, hesitate between alternatives** fea'a piti I couldn't make up my ~ as to whether to travel by plane to Raiatea or by ship. 'Ua fea'a piti tō'u mana'o nō te tere nā ni'a i te manureva i Ra'iātea, e 'aore ra, nā ni'a i te pahī.
use one's **mind, reflect, contemplate, ponder, muse** feruri
using one's **mind, reflection, contemplation, pondering, musing** ferurira'a
mind, spirit, soul vārua
mind, obey, listen to fa'aro'o
mind, obey, comply with, respect, observe, heed fa'atura ~ the (speed) limits for travel on the road. Ei (or: Ei 'a) fa'aturahia te tā'ōti'ara'a o te tere nā ni'a i te puromu.
mind, obey, listen to fa'aro'o
mind, obey, submit to, be obedient, (also:) **be submissive** auraro
mind, object, contradict, disapprove fa'ahapa
mind, pay attention, take care ha'apa'o
never **mind, no problem** 'aita pe'ape'a
Never **mind. It is of minor importance. It doesn't matter much.** 'Ātīrā noa atu. 'Ātīrā no'atu Hiro took the bicycle. Never ~, I'll walk. 'Ua rave Hiro i te pereo'o ta'ata'ahi. 'Ātīrā noa'tu, e nā raro noa vau i te haere.

335

mine (source of minerals) 'āpo'o ..., 'ōra'a ... copper ~ 'āpo'o veo   gold ~ 'āpo'o pirū, 'ōra'a 'auro

mine, booby trap, (also:) **bomb, torpedo** tōpita, tūpita

miner ta'ata heru repo fenua   copper ~ ta'ata heru i te veo   gold ~ ta'ata heru i te pirū

mineral repo faufa'a rahi

mingle (with), become associated with a group, join (in) 'āmui

mingle, mix (in with) nane

minimize, make smaller or **insufficient,** (also:) **diminish, belittle** fa'aiti

miniscule, minute, tiny, very small, very little na'ina'i roa

minister (in a government)   (ta'ata) fa'atere hau, fa'aterehau   prime ~ fa'aterehau rahi, fa'aterehau nui

minister (non-Catholic, usually Protestant) clergyman) 'orometua a'o, 'orometua   'Anania is the replacement for the ~ of this church. 'O 'Anania te mono o te 'orometua nō teie fare pure.

minnow, (kind of) **small fish** īna'a, 'ō'opu

minor, not of (mature) **age** tāe'a-'ore-hia e te matahiti

minor, small iti, na'ina'i, ri'i (plural)

minor, unimportant faufa'a 'ore

minor, youngster, teenager taure'are'a   it is of **minor** importance, **never mind, it doesn't matter much** 'ātīrā no'atu

mint, basil, Ocimum basilicum miri

mint-like plant, false mint, peppermint 'ōtime

sort of a wild, medicinal **mint, Polygonum imberbe** tamore (note that tāmūrē is a kind of dance the real name of which is 'ori tahiti)

minute, miniscule, tiny, very small, very little na'ina'i roa

minute (60 seconds) miniti, minuti   It is 25 ~s past eight. E piti 'ahuru mā pae miniti i ma'iri i te hora va'u.

miracle (biblical), **miraculous** temeio

mire, mud, (also:) **loose soil** or **"dirt"** vari

mirror hi'omata, hi'o, hi'ohipa, hi'o ta'ata   gaze at oneself in a **mirror, admire oneself** hipa

mirth, joy, gladness 'oa'oa   Then I commended ~, because a man hath no better thing under the sun, than to eat, and to drink, and to be merry. 'Ua ha'amaita'i atura vau i te 'oa'oa; 'aita ho'i a te ta'ata nei mea maita'i i te ao nei, maori rā i te 'amu 'ē te inu ā 'oa'oa 'ī.

misanthrope, person who does not like people ta'ata au 'ore i te ta'ata, (sometimes:) (undomesticated person)

misanthrope, person easily irritated by others ta'ata 'iriā

misanthropic au 'ore i te ta'ata

misanthropic, easily irritated by others 'iriā

miscellaneous, of many kinds huru rau

miser ta'ata pa'ari

miserly, avaricious, stingy, greedy pa'ari, piripiri   ~ with money pa'ari i te moni

misfortune, trouble, predicament, need, (also:) **accident** 'ati

misfortune, trouble, accident 'ati   experience **misfortune, have trouble** 'ati   He constantly has trouble with the gendarmes. 'Ua 'ati noa 'ōna i te mau mūto'i farāni.

miss, be absent, fail to appear, (also:) **be passed, fall behind,** (also:) **skip** ma'iri   I ~ed the church service this morning. 'Ua ma'iri au i te purera'a i teie po'ipo'i. It is fifteen minutes past six (literally: Fifteen minutes have been passed since six o'clock.) 'Ahuru miniti ma'iri nō te hora ono. (See also: **miss** toe.)

miss (school or work out of laziness or disinterest), **be absent, be truant** fa'atau

miss, lack, not have or **not obtain**

miss

something, **be out of** 'ere, 'ene (seldom used) He is out of work. 'Ua 'ere 'ōna i te 'ohipa.
miss, feel grief or sorrow over a loss, (also:) **weep** mihi, mihimihi I ~ you. Tē mihi nei au iā 'oe.
miss, be left behind fa'aru'ehia I ~ed the ship (literally: I was left behind by the ship). 'Ua fa'aru'ehia vau e te pahī.
miss, be missing toe It is ten minutes to nine (Ten minutes are ~ing until it will be ten o'clock). E 'ahuru miniti toe e hora iva ai. (See also: miss mā'iri.)
misshapen, deformed hape
misshapen, out of shape, stretched tō
mission, errand, trip with a purpose tere His ~ will succeed. E manuia tōna tere.
mission, undertaking, enterprise 'ohipa, tere 'ohipa
mission (religious) mitioni
mission (building) fare mitioni, nohora'a mitionare (some say mitinare)
missionary mitionare, mitinare
mist, fog, haze rūpehu
mistake, error, fault, (also:) **anomaly, aberration** hape Please correct my ~s (literally: It is proper that my ~s be corrected) when I talk. E mea ti'a 'ia fa'a'āfarohia tā'u mau hape 'ia paraparau ('o) vau. Forgive my ~! ('A) Fa'a'ore mai i tō'u hape! It is not your ~, it is his. E 'ere nā 'oe te hape, nāna ra ia hape. They are making a ~. Tei roto rātou i te hape. There are many ~s in that book. E rave rahi te hape i roto i terā puta.
mistaken, incorrect, in error, at fault hape ~ opinion mana'o hape You are ~, I did not say any such thing (literally: that kind of talk does not belong to me). 'Ua hape 'oe, e 'ere nā'u te reira parau.
mistreat, harm hāmani 'ino
mistress (lady) of the house fatu vahine
mistress, paramour, concubine vahine fa'aturi (Catholic use of the word fa'aturi)

mixed-up

mistress (with the implication of:) **prostitute** vahine fa'aturi (Protestant use of the word fa'aturi)
school **mistress** 'orometua vahine
misunderstand, mishear fa'aro'o pāpū 'ore
misunderstanding (e) mea ta'a 'ore, (e) mea pāpū 'ore, mana'o hapehape
misunderstanding, disagreement, argument, debate, dispute mārōra'a
misunderstanding, disagreement, argument (reason advanced) mārō parau
misunderstanding, error hape
misunderstood, misheard fa'aro'opāpū-'ore-hia
mitigate, relieve, alleviate, allay, mollify, calm (down) tāmarū
mitigate, soften, mollify, soothe, ease, moderate ha'amarū
mix different ingredients together, mix up, compound 'āno'i, 'āno'ino'i
mix with people, join in, associate with 'āmui
mix (for example dough or concrete), **beat** (a raw egg or batter, for example), **stir** (in cooking) tārapu, fa'arapu, ha'arapu
mix batter or **dough, knead** oi
mix up, disarrange huanane
mix-up, confusion, anxiety, worry 'āhuehue
mix-up, confusion, disturbance, trouble 'ārepurepu
mix up, confuse huanane
mixed, beaten, stirred, (also:), **diluted** rapu
mixed, compunded 'āno'i
mixed-up, complicated fifi, fifififi
mixed-up, confused, addled tāfifi, tāfifififi
mixed-up, confused, bewildered fa'atūrorihia
mixed-up, confused, in disorder nane
mixed-up, confused, disturbed, troubled 'ārepurepu
mixed-up, confused, not understandable,

mixed-up

not clear, (also:) **not understanding** ta'a 'ore

mixed-up, confused, perplexed, worried, troubled tapitapi

moan, groan autā

moan, make incoherent sounds 'āoaoa

mock, laugh at, deride, scorn, provoke fa'aipaupau

mock, laugh at despisingly, make fun of tāhitohito, tāhito

mock, ridicule, make fun of, provoke fa'a'ō'ō

mockery, ridicule, provocation parau fa'a'o'ō'o, fa'a'o'ō'o

mode (in grammar) hete conditional ~ hete 'āhiri imperative ~ hete fa'aue indicative ~ hete pāpū infinitive ~ hete tumu participal ~ hete 'āpiti subjunctive ~ hete auraro

model hoho'a fāito ship ~ hoho'a pahī fāito

moderate, mild, gentle marū

moderate, patient, unhurried rū 'ore

moderate, soften ha'amarū

moderation marū

speak with **moderation** parau mā te au, parau mā te marū

moderator (ta'ata) arata'i parau

modern tau'āpī ~ language reo tau'āpī

modest, embarrassed, timid, (also:) **ashamed** ha'amā

modest, humble ha'eha'a

modest, humble, low ha'aha'a

modesty, humility ha'eha'a

modification, transformation fa'ahuru'ēra'a

modifier (grammatical) parau fa'ahuru'ē

modify (also grammatically), **transform, change into another likeness** fa'ahuru'ē

modulation (of the amplitude, intensity, or frequence of a signal) 'ume'umera'a pehotētoni

moist, humid haumi

moist, wet rari, rarirari The copra was ~ from the rain. 'Ua rari te pūhā i te ua.

money

moisten, dampen fa'arari

moisten, soak tāpuru

molar (tooth) niho po'a, po'a

mold, mildew nīnaemoa, (some Tahitians say: nīninaimoa)

mole, beauty spot tūnoa

mollify, soothe, allay, mitigate, soften, calm (down) tāmarū

mollusk (living in hollows in the reef) u'a'ō

molt, moult, shed (like a crab shedding a shell) ha'amāruhi, māruhi

mom, mother māmā

moment, instant, flash, blink or **twinkling of an eye** 'amora'a mata, ma'a taime iti

at that **moment** or **time, then** i reira, i te reira taime It was at that ~ that I met him. I reira tō'u fārereira'a iāna. It was at that ~ that she came. I reira tōna haerera'a mai.

at the very **moment** when ... (construction with:) tei te ... When the ship approaches the pass and at the very ~ when the pilot flag is hoisted ... 'Ia fātata mai te pahī i te ava, 'ē tei te hutira'a i te reva pairati ...

for a **moment, for an instant** nō te tahi ma'a taime

Wait (Just) a **moment! Don't hurry!** 'Eiaha e ru! (vernacular:) He'erū! Hērū!

monarch, king ari'i

monarchy, kingdom hau ari'i

Monday monire, monirē

money, currency used in Tahiti See the article under **franc**

money, cash moni my ~ tā'u moni sum of ~ tino moni How much ~ for that shirt? Ehia moni terā 'a'ahu 'o'omo? That black pearl costs a lot of ~. (E) Mea moni rahi terā poe rava. I am kind of hard up for ~ these days. 'Ua fifi ri'i au i teie mau mahana i te pae'au nō te moni. Therefore, in my youth, I had no ~ at all. I tō'u 'āpīra'a 'aita roa ia tā'u i te moni. He has just about no ~ left (literally: There money order | Mopelia

is a hole in his pocket). 'Ua puta tōna pūtē. The lust for ~ is the root of all evil. 'O te nounou moni ho'i te tumu o te mau 'ino ato'a nei.
paper **money** moni parau
supply **money** for, **finance** something, **pay for** tāmoni
withdrawal of **money** 'iritira'a moni
money order (Amer.), **postal order** (Brit.) rata money   ~ in letter form rata moni vehi   ~ in postcard form rata moni tāreta ~ per telegraph rata moni niuniureva ~ per telephone rata moni niuniu
monk monahi, ta'ata euhe
monkey 'uri ta'ata
"monkey around," play, have fun ha'uti
monopoly, exclusive privilege mana tahi
Monotaxis grandoculis, tropical gilt-head (a sparid fish sometimes referred to as **snapper), tropical porgy** mū
month 'āva'e   the ~ of March te 'āva'e nō māti   I have waited three ~s now for a ship to Pitcairn. 'A toru 'āva'e i teienei te tia'i au i te hō'ē pahī nō Pētānia.
monthly 'āva'e, tā'āva'e   ~ newspaper ve'a 'āvae
monument 'ōfa'i tāpa'o
moo (like a cow) 'ūmō
mooch, "borrow" (often without any intention to pay back), **mooch, sponge on people, freeload** tīpe'e   He ~es on people (lives a parasitic life). E orara'a tīpe'e tōna.
moocher, freeloader, person sponging on people ta'ata tīpe'e   I am fed up with that ~. 'Ua fiu roa vau i terā ta'ata tīpe'e.
mood, condition huru   good ~ huru maita'i   be in the right ~ 'ana'anatae
very good **mood, euphoria** 'aeto'erau
cause a very good **mood, induce euphoria** fa'aaumaita'i, fa'a'aeto'erau   This is a pill that causes a very good ~. E huero fa'aaumaita'i teie.
moon 'āva'e
moon, moonlight marama (seldom heard in this sense nowadays)
the goddess of the **moon** (the first woman on earth, Ti'i's wife - Ti'i was the first man on earth) Hina
moor (a ship), **make fast, tie up** tā'amu i te pahī, tā'ai i te pahī
Mo'orea, 'Aimeo (the ancient name) Mo'orea competes with Bora Bora for the title of the most beautiful island, not only in the South Seas, but in the world. It is situated very close to the North coast of Tahiti (only 12 nautical miles distant) and is famous among tourists as well as the Tahitians themselves for its unbelievably beautiful sunsets. It has six mountain peaks, the two highest being Tohivea (1,207 meters, slightly less than 4,000 feet) and Rotui (899 meters or 2,967 feet), the latter separating Paopao Bay (Cook's Bay) from Opunohu Bay. Mo'orea has a population of only about 12,000, but its coast has become inundated with hotels (fortunately no high-rises as yet). You will soon notice that one of the mountains, Mou'aputa, has a hole through it. It was caused by a Tahitian prince named Pai who threw a spear at it with such force that it not only pierced the peak of the mountain, but landed on the island of Ra'iātea, over a hundred miles to the North-West.
Mopelia, Lord Howe Island, Cecilieninsel (so named by Count von Luckner, the commander of the raider Seeadler, in honor of the German Crown Princess Cecilie) Maupiha'a, Mopiha'a   Mopelia is a beautiful and still rather inaccessible (except for yachts) atoll about 100 nautical miles West of Maupiti. It is well known in the history of the first world war, because it was here that the famous sailing raider (the only one in the 20th century) <u>Seeadler</u>, commanded by the gallant and chivalrous war hero Captain Count von Luckner, beloved by his crew, respected and treasured for the rest of his life by his prisoners, was

moral

wrecked on August 2, 1917, after having sunk or captured a large number of enemy ships without the loss of a single life! One of the cannons of the Seeadler is displayed to this day in Bougainville park in Papeʻete. I tried hard to go to ~. ʻUa tapi au nō te haere i Maupihaʻa.

moral *a & n* morare

moray eel puhi, puhi miti

more *(comparative)* aʻe   Tahi is ~ intelligent than Tihoti. (E) Mea māramārama aʻe o Tahi iā Tihoti.

more, extra faʻahou   Could you please give us two ~ blankets? E nehenehe ānei tā ʻoe e hōroʻa mai e piti taʻoto māhanahana faʻahou nā māua?

more, more and more, further, (also:) **still** ā, noa ā   and many ~ e raverahi atu ā   He is still reading (is reading ~ and ~). Tē taiʻo noa ā ʻōna. He keeps on sleeping. Tē taʻoto noa nei ā ʻōna.

more, other te tahi atu ā

be **more** or **greater than, exceed, surpass** hau, hau aʻe   Pouvānaʻa a ʻOʻopa's intelligence exceeded that of the French politicians. ʻUa hau aʻe te māramārama o Pouvānaʻa a ʻOʻopa i tō te feiā poritita (or: feiā tōroʻa) farāni.   The alaskans have ~ private airplanes per person than the people of any other state. Nā niʻa i te rahiraʻa o te taʻata ra, ʻua hau atu te mau taʻata Alaska tei fatu i te hōʻē manureva i tō te tahi noaʻtu tufaʻa fenua ra.

no **more** ʻaita faʻahou, eʻita faʻahou, ʻaore atu aʻe

... no **more** ʻeiaha ... faʻahou   Neither do I condemn thee: go, and sin no ~. Eʻita atoʻa vau e faʻautuʻaʻtu iā ʻoe: ʻa haere, ʻeiaha rā ʻia hara faʻahou.

No **more! Cancel (it)! Eliminate it! Do away with it! Stop it!** (ʻA) Faʻaʻore!   No ~ of that behavior! Stop behaving that way! ʻA faʻaʻore i te reira ʻohipa!

No **more! Cease! Stop!** (ʻA) Faʻaea!

No **more! Hold it! Stop!** (ʻA) Tāpeʻa!

morning

once **more, again** tāpiti, faʻahou, faʻahou ā   Will you come back once ~? ʻE hoʻi faʻahou mai ā ʻoe? Play (or sing, etc.) it once ~! Encore! Tāpiti! I am happy to meet you once ~. Māuruuru nō te fārerei-faʻahou-raʻa iā ʻoe. We (both) are so happy that we'll meet you once ~ next week. Tē ʻoaʻoa roa nei māua i te mea e, e farerei faʻahou tātou i teie hepetoma i mua nei. My friends, greetings on (the occasion of) our meeting once ~! Te mau hoa, ʻiaorana tātou i te fārerei-faʻahouraʻa!

once **more** (one more time remains) hōʻē taime toe

... and some **more,** ... **and a little over**   (e) tiʻahapa   two thousand francs and some ~ e piti tautini tārā ʻē e tiʻahapa

more than ... ʻua rahi atu i te ...

any**more** (construction with ʻaita ... faʻahou)   I am not so certain ~ about going to New Caledonia. ʻAita i pāpū faʻahou iāʻu te haereraʻa atu i te fenua Taratoni.

(and) **moreover, (and) additionally, (and) in addition to that** (ʻē) nā niʻa aʻe i te reira

Morinda citrifolia (a small tree; its leaves are used to wrap fish in the earth oven) nono

Mormon momoni (the Mormon missionaries prefer the word moromoni, but you will seldom hear it in conversation)

morning (6 to 10-11 am) poʻipoʻi   tomorrow ~ ānānahi i te poʻipoʻi (or:) ānānahi ʻia poʻipoʻi yesterday ~ inānahi i te poʻipoʻi This ~ we'll have eggs [for breakfast]. E huoro (or: huero) moa tā tātou i teie nei poʻipoʻi. He was writing some letters this ~. Tē pāpaʻi ra ʻōna i te tahi mau rata i teie poʻipoʻi. Woe unto them that rise up early in the ~, that they may follow strong drink; that continue until night, till wine inflame them! E pohe te feiā e ara i te poʻipoʻi ra, i te tītauraʻa i te ʻava taero; ʻo tei haʻamaoro i te parahiraʻa i te pō, ʻia taʻero rātou i te

moron

uaina.
early morning (approximately the hour after sunrise) po'ipo'i roa
very early morning (before sunrise, stars still visible), **dawn** 'a'ahiata
very early morning (before sunrise, but stars no longer visible), **dawn** tātaiao
the **Morning Star** te feti'a tātaiao, te feti'a po'ipo'i
moron, fool, idiot, dunce ma'au
appear **morose** or **silent**, (also:) **appear thoughtful** or **serious** fa'atūruma
mortal, fatal pohe He has a ~ illness. E ma'i pohe tōna.
mortar (pharmaceutical or for mashing food) 'umete
mortgage *n & v*, **loan** tīpe'e, tārahu, piri The bank ~d my house. 'Ua tīpe'e mai te fare moni i tō'u fare. I took out a loan at the bank. 'Ua tārahu vau i te moni i te fare moni. My land was ~d last year. 'Ua pirihia tō'u fenua i te matahiti i ma'iri a'e nei.
mosquito naonao, ramu, namu ~ net pāruru naonao (or:) pāruru ro'i (literally: bed net) ~ spray rā'au fa'ahī naonao (or:) rā'au tūpohe naonao
mosquito coil rā'au naonao tutu'i (to be understood clearly you might add "that thing that gives off smoke:" terā mea auauahi)
moss, (also:) **algae, lichen**, (also:) **seaweed** rimu, remu
the **most**, (the) adjective + -est te hau atu (i te mau ...), te roa'tu (i te mau ...), te roa a'e (i ...) The most beautiful Tahitian church is in Pa'ofa'i. Te fare purera'a tahiti tei hau atu i te nehenehe te vai ra ia i te 'oire nō Pa'ofa'i ra. It was the ~ beautiful woman I had ever seen. 'O te vahine nehenehe roa a'e te reira tā'u i 'ite a'e nei.
(the) **most**, (the) **greatest**, (the) **majority** te rahira'a ~ Tahitians te rahira'a o te mau ta'ata tahiti
most loved, favorite, here a'e his ~

motor

daughter tōna tamahine here a'e
mote pāpa'a And why beholdest thou the ~ that is in thy brother's eye, but considerest not the beam that is in thy own eye? E eaha 'oe i hi'o ai i te pāpa'a iti i roto i te mata o tō 'oe taea'e ra, e 'aore 'oe i 'ite i te rā'au rahi i roto i tō 'oe iho mata?
moth, butterfly pepe (note that pēpe means baby)
moth (large), **Chromis erotus** pūrehua
mother metua vahine, māmā
mother (of an animal) maia'a ~ hen moa maia'a sow pua'a maia'a
mother-in-law metua ho'ovai vahine
mother-of-pearl shell or oyster, **Pinctada margaritifera** pārau (note that parau means talk) ~ shell farming fa'a'apura'a pārau
mother superior tāvana vahine paretēnia
mother's milk ū tītī
motherland hau metua
motif, subject, theme tumu ~ of speech tumu parau
motion, agitation, shaking 'āueue
be in (continual) **motion, move** without stopping, (also:) **shake** a lot ha'uti'uti
motion sickness, seasickness ma'i 'āruru I suffer from ~, even though I sailed for many years. E ma'i 'āruru tō'u, noa'tu ē, e mea rahi te mau matahiti tā'u i tere haere i ni'a i te pahi.
motionless, still, not budging 'āhīhī 'ore
motionless, still, unshakable 'āueue 'ore
motionsick, seasick 'āruru
motive, intention, plan 'opuara'a
motive, reason, cause, basis tumu, nō reira te tumu, nō te reira te tumu, nō reira That is the ~. Nō reira te tumu. (or just:) Nō reira. That is the ~ for my coming. Nō reira vau i haere mai ai. That is the ~ for my not having written to you. Nō te reira te tumu 'aita vau i pāpa'i atu iā 'oe.
motor, machine, engine mātini electric

341

motor ~ mātini uira   outboard ~ mātini tāpiri   outrigger canoe with ~ va'a mātini   This ~ functions [only] by fits and starts. E mea 'ōtu'itu'i teie mātini.
motor (as an adjective only) uira   ~ vehicle pereo'o uira
motor ship pahī mātini
motorboat poti uira, poti mātini
motorcycle pereo'o tāta'ahi uira, pereo'o tāta'ahi mōto   ~ race horora'a pereo'o tāta'ahi uira
motorized tāmātini, mātini
mottle, cover with spots or smudges ha'apurepure
mottled, covered with spots or smudges, (also:) **many-colored** ha'apurepurehia, purepure, pupure
mottled, speckled, spotted patapata, 'ōpatapata
mould, mildew nīnaemoa (some Tahitians say: nīninaimoa), pi'avere
mouldy, mildewed pi'avere
moult, molt, shed (like a crab shedding a shell) ha'amāruhi, māruhi
mount, climb, ascend pa'uma, ta'uma, paiuma *(archaic)*, 'a'e, 'a'a'e   It is dangerous to climb that mountain. E mea ataata 'ia ta'uma i ni'a i terā mou'a. Can you climb that tree? E nehenehe ānei tā 'oe e pa'uma i terā tumu rā'au. Tahi climbed the coconut tree (literally: the coconut tree was climbed by Tahi). 'Ua 'a'ehia te tumu ha'ari e Tahi. He is very fast in ~ing coconut trees. E ta'ata 'oi'oi roa 'ōna i te ta'uma tumu ha'ari.
mount, rise mara'a   The sea ~ed. 'Ua mara'a te miti.
mountain mou'a, mau'a (seldom heard)   cloud over a ~ ata mou'a   It is dangerous to climb that ~. E mea ataata 'ia ta'uma i ni'a i terā mou'a.
mountain or **red banana, plantain, Musa fehi** fē'ī   bunch of ~s tari fē'ī
mountain top tupua'i
mountain wind hupe   Its fragrance is carried here by the ~. Nā te hupe e ta'ita'i mai tōna no'ano'a.
mourn, lament, cry, weep, (also:) **express extreme emotion of pain, distress, or pleasure** auē
(be in a state of) **mourning** heva   ~ clothes 'ahu heva
mouse (literally: small rat) 'iore na'ina'i
mouse-ear (a kind of edible mushroom) tari'a 'iore
mouse parrotfish uhu homohomo, uhu 'a'o
moustache huruhuru 'utu
mouth vaha   my ~ tō'u vaha   babble-~ ta'ata vaha pātētē, vaha pātētē
mouth of flute (a small fish of the Fistulariidae family), **Fistularia potimba** 'aupāpā
mouth of a river muriāvai
external **mouth, lip(s)** 'utu
roof of the **mouth** aroaro vaha
Keep your **mouth** shut! Māmū!
open one's **mouth, gape** hāmama i te vaha
mouth-organ or **-harmonica** 'upa'upa vaha
mouth-watering, appetizing 'āminamina, fa'atupu i te hia'ai mā'a   That marinated fish is very ~. (E) Mea 'āminamina roa terā i'a ota.
bad-**mouthed** vaha 'ino
foul-**mouthed** vaha repo
loud-**mouthed** vaha māniania
quick-**mouthed, "fast on the draw"** vaha 'oi'oi
movable, liftable, portable mā'e, mara'a   He was able to carry (literally: lift) the sack of copra. 'Ua mā'e tāna pūtē pūhā.   Can you carry (literally: lift) that heavy suitcase? E mara'a ānei terā pūtē tere toiaha iā 'oe?
movable personal **property** tauiha'a fare, taiha'a fare
movables, movable possession or property faufa'a mara'a

move, change one's place in order to create distance fa'aātea
move, come haere mai, haere
move, go haere atu, haere
move, shake 'āueue
move slightly, **slide over, budge, slide along, glide** nu'u
move to another place, **move over, relocate** fa'anu'u
move continuously, (also:) **keep shaking, rock** back and forth ha'uti'uti And God created great whales (whale [tohorā] does not appear in the Tahitian translation) and every living creature that ~th, which the waters brought forth abundantly, after their kind. Hāmani ihora te Atua i te mau mea rarahi o te tai 'ē te mau mea ora hā'uti'uti ato'a o te moana e rave rahi mā tō rātou huru.
move out of reach, (also:) **slide** or **slip through hands** or **fingers** mahemo
cause to **move**, (also:) **nudge** fa'aha'uti
moved, touched, affected emotionally putapū I was deeply ~ by the church service this morning. 'Ua putapū tō'u 'ā'au i te purera'a i teie po'ipo'i. I was ~ by hearing that song. 'Ua putapū tō'u 'ā'au i te fa'aro'ora'a i terā hīmene. My heart was deeply touched when I heard the happy news. 'Ua putapū tō'u 'ā'au i te fa'aro'ora'a i te parau 'āpī 'oa'oa.
movement, agitation, shaking 'āueue
movement, coming haerera'a mai, haerera'a
movement, going haerera'a atu, haerera'a
movement of the earth, **earthquake** 'āueuera'a fenua
continuous **movement** or **shaking, rocking** back and forth ha'uti'utira'a
movie teatara'a, hoho'a teata, hoho'a, tienema (from cinema) ~ night pō teatara'a ~ theater fare teatara'a, fare teata, fare tienema silent ~ hoho'a vāvā sound ~ hoho'a paraparau project a ~ ha'apura i te hoho'a What ~ is playing at the ~ theater tonight? Eaha te hoho'a e ha'utihia i te fare teata i teie pō? At what time does the ~ start? Eaha te hora (or: Āfea) te teatara'a e ha'amata ai?
movie camera tāviri hoho'a
movie (or **slide**) **projector** ha'apurara'a hoho'a
movie studio piha tāvirira'a hoho'a
movies hoho'a teata, teata, tienema (from cinema)
lawn**mower** (mātini) tāpū matie He got fed up with fixing his ~. 'Ua fiu roa 'ōna i te tātā'i i tāna tāpū matie.
Mr. tāne (after last name) ~ Smith Smith tāne
Mrs. vahine (usually after husband's first name, but can also be after the last name) Stephen's wife Tīvini vahine Mr. Smith's wife Smith vahine
much (augments the emphasis of the preceding word), **very, great,** (etc.) roa, nui (archaic) That tiki (war club, canoe) costs too ~. E moni rahi roa tō terā ti'i (rā'au poro rahi [or: 'ōmore], va'a). (Try to pronounce poro rahi correctly, because pōro rahi is slang for big testicles.)
mucous, snotty hūpē
Mucuna gigantea (a kind of plant) tūtaepua'a
mucus of the nose, **snot,** (also:) **phlegm,** (also:) **common cold** with sniffles hūpē
mucus in the trachea of infants interfering with breathing nanu
mud, mire, (also:) **loose soil** or **"dirt"** vari thin ~ vari paruparu The ~ splashed on (or: over) the road. 'Ua pahū te vari i ni'a i te porōmu. My car got stuck in the ~. 'Ua mau tō'u pereo'o i roto i te vari.
muddle through, make one's own way, manage by oneself mā I manage by myself. Tē mā nei au iā'u iho.
muddy, covered with mud varihia
muddy (referring to water), **discolored,**

mug   **muse**

murky, unclear, (also:) **cloudy** when speaking of wine   reru   The water is ~, it is raining there in the mountains (literally: inland). 'Ua reru te pape, e ua terā i uta.

mug, cup, bowl   'āu'a ('āua means fence)

Mugil chanos, Chanos chanos, milkfish   ava, (when young:) 'ōma'a (note that 'ōmaha means to urinate)

mulberry tree, paper mulberry tree, Broussonetia papyrifera   aute (note that 'aute refers to hibiscus)   This is the tree from which most tapa was - and on many Polynesian islands still is - made.

mule, beast of burden   niuru

fry of **mullet** (Crenimugil orenilabis)   'orie (seldom offered in restaurants, but delicious)

kinds of **mullet:**
    Mugil cephalus   anae
    Mugil tearlachi, Mugil vaigiensis   nape
    Mugil tehu, Crenimugil crenilabis (when smallest and often used for frying:) 'orie   (when medium-sized:) aua   (when at its biggest = warty-nosed ~) tehu, pārehe

mullet-like fish, bonefish, Albula vulpes   'io'io

Mulloidichtys auriflamma & **flavolineatus, goldlined goatfish**   tauo, taire

Mulloidichtys samoensis, Mullus koeheleri, barbelled mullet (when small:) 'ōuma, (when larger:) vete

Mullus capracaroli & **modestini, surmullet, greenbellied goatfish**   faia

Mullus manae, Mullus scarpellonis, barbel, goatfish   ahuru

multicolored hand-fish, Cirrhitus pinnulatus (an aggressive fish of the Cirrhitidae family which can be a danger to divers)   patu'i pata, patu'i

multiparous (producing or having produced many, or more than one, at birth) fānautama

multiple, varied, of all kinds   rau

multiply, abound, stretch (when speaking of food)   nanea

multiply, increase, add on to   fa'ananea

multiply, proliferate, swarm, teem, superabound   'aere   That place is teeming with dogs. 'Ua 'aere te 'urī i terā vahi.

multiply (in arithmetic)   fa'arahi

multi-spotted trunkfish, box fish, Ostracion cubicus   momoa

mumble, murmur, whisper   'ōmuhu, 'ōmuhumuhu

mumble, mutter, (also:) **grumble, gripe, complain under one's breath**   mutamuta

murder, homicide, manslaughter   taparahira'a, taparahi ta'ata   For from within, out of the heart of men, proceed evil thoughts, adulteries, fornications, ~s, ... Nō roto mai ho'i i te 'ā'au ta'ata te mana'o 'ino, te fa'aturi, te poreneia, te taparahi ta'ata, ...

murder, kill, slay, assassinate   taparahi pohe roa, taparahi ha'apohe, taparahi (taparahi by itself usually means kill, but can also merely mean strike or beat)   Thou shalt not kill. 'Eiaha roa 'oe e taparahi noa i te ta'ata.

murderer, killer, slayer, assassin   ta'ata taparahi ta'ata

murex sea-snail, Murex ramossus   pūtara, pūtaratara

murky, muddy, unclear, (also:) **cloudy** when speaking of wine   reru

murmur, mutter, (also:) **grumble, gripe, complain under one's breath**   mutamuta

murmur, whisper   'ōmuhu, 'ōmuhumuhu

Musa fehi, mountain or **red banana, plantain**   fē'ī (a small variety is called 'āfara)   bunch of plantains tari fē'ī

muscle, sinew   uaua'i'o   His ~s are atrophying. Tē haere 'orovī nei tōna uaua'i'o.

muscular, athletic, brawny, strong   euea, pāuaua

muse, contemplate, ponder, reflect, use one's mind   feruri

344

museum fare manaha (manaha was originally the name of a house dedicated to the god 'Oro)

mushroom (edible) tari'a 'iore (literally: "mouse ear")

coral **"mushroom," block** or **boulder of coral** pū to'a, pu'a

music 'upa'upa to play ~ fa'ata'i i te 'upa'upa

music, sound, (also:) **to sound an instrument** 'oto

musical instrument 'upa'upa

musical note nota

Musicapa nigra (a singing bird about the size of a sparrow), **flycatcher** 'omama'o

musk-melon, cantaloupe merēni popa'ā

mussed up, rumpled up, wrinkled mi'omi'o, mimi'o, 'ōmi'omi'o

mussel 'u'u

must Tahitian does not have a corresponding word, but there are at least three ways of achieving a degree of equivalence:

(1) 'ia (or:) e + verb (+ mau) + subject ... e ti'a ai

I really ~ go home. 'Ia haere mau vau i te fare e ti'a ai. You ~ give me back my book. 'Ia fa'aho'i mai 'oe i tā'u puta e ti'a ai. That ship is completely rotten, it ~ be laid up. 'Ua pē roa terā pahī, 'ia tā'amuhia e ti'a ai. God is a Spirit: and they that worship him ~ worship him in spirit and in truth. E Vārua te Atua, 'ē te feiā e ha'amori iāna ra, e ha'amori ia ma te vārua 'ē te parau mau e ti'a ai.

(2) (construction with:) e mea ti'a or e mea ti'a roa

We ~ be back at the house at 7 o'clock. E mea ti'a roa 'ia tae atu māua i te fare i te hora hitu.

(3) 'ia + verb + ihoa + subject

We ~ speak Tahitian a little. 'Ia paraparau ri'i ihoa tāua nā roto i te reo tahiti. We ~ be at the airport at 2 o'clock. 'Ia tae ihoa mātou i te tahua manureva i te hora piti.

must not, really should not (construction with:) 'eiaha roa I really ~ drink alcohol. 'Eiaha roa vau e inu i te 'ava ta'ero.

must not, not allow or **let** (construction with:) e 'ere i te mea ti'a One ~ let that happen again. E'ere i te mea ti'a 'ia tupu fa'ahou i te reira huru 'ohipa.

mustache huruhuru 'utu

mustard mūtā

muster on, enlist, enroll fa'aō

muster on, enter tomo

muster out, disembark tihāti

mutineer, rebel, revolutionary 'ōrurehau the ~s of HMS Bounty te mau 'ōrurehau o te pahī ra Bounty

mutiny 'ōrurera'a

mutiny, rebellion, revolution 'ōrurera'a hau

mutiny, bring on a mutiny, revolt 'ōrure

mutiny, bring on a revolution fa'a'ōrure i te hau

mutter, murmur, (also:) **grumble, gripe, complain under one's breath** mutamuta

mutton 'i'o māmoe, māmoe

muzzle ihu, 'utu

my tō'u, tā'u (for the difference, please see *possessive pronouns* in the Introduction) ~ body tō'u tino ~ book tā'u puta

mycosis (a dermatological disease characterized by white spots on the skin), the **fungus** which causes mycosis tane

mynah bird maera

Myripristis kuntee, violet swordfish 'i'ihi nato

myself o vau nā iho

by **myself** nā'u iho I did it ~. Nā'u iho i rave.

mysterious mai te hō'e miterio te huru

mysterious, astonishing, marvelous maere

mysterious, dreamlike moe

mysterious, secret, hidden huna, hunahuna

mystery miterio

mystery, something dreamlike   moe, parau moe
mystery, something unknown or **not understood**   aro, parau aro
Myliobatidae, stingray family   fai
Myripristis murdjan (a red fish of the Holocentridae family)   'i'ihi
Mytilus species of **mussel**   'u'u

nag, carp, ask for endlessly tiani, fa'atiani
nail (finger- or toe-) mai'u'u, 'ai'u'u
nail (metal) naero He tore his raincoat on a ~. 'Ua mahae tōna fa'arari iāna i ni'a i te naero.
nail, fasten by nailing, hammer, hit repeatedly pātiti, pātiti i te naero
nail temporarily, pin, fasten by pin(s) pine **naked** taha'a, (e) mea taha'a
naked, nude, unclothed taha'a, 'ahu 'ore
be (or remain) **naked, nude, unclothed** vai taha'a noa, (e) mea vaitaha'a And they were both ~, the man [Adam] and his wife, and were not ashamed. Tē vai taha'a noa ra 'Adamu [pronounced: 'Atamu] rāua ato'a 'o te vahine, 'aita rā rāua i ha'amā.
(visible with) the **naked eye, macroscopic** 'itehia e te mata ta'ata
name (general), in the case of persons usually referring to the **first name, surname** i'oa What is your ~? 'O vai tō 'oe i'oa? My ~ is Steven. 'O Tīvini tō'u i'oa (or:) 'O Tīvini au. in the ~ of ... i ni'a i te i'oa o ... In the old times, a man had many ~s until his death. I te tau mātāmua, e rau io'a tō te ta'ata e tae noa'tu i tōna pohera'a. (As an example, the first "king" of Tahiti had at least five names during his lifetime: Tū, Teina, Mate, Vaira'atoa, and Pōmare.) He leadeth me in the paths of righteousness for His ~'s sake. E arata'i 'oia iā'u nā te 'ē'a tītī'aifaro, nō tōna ra i'oa.
(specifically) **first (given, proper, baptismal)** **name** i'oa topa ~ of a person io'a topa nō te ta'ata
(specifically) **baptismal name** i'oa papetito
last **name, family name, patronym** pa'era'a What is your last ~? O vai tō 'oe pa'era'a? My last ~ is Amaru. 'O Amaru tō'u pa'era'a.
married **name** i'oa fa'a'ipo'ipo
nickname, pet name, byname i'oa pi'i, i'oa pi'i noa
collective **name** io'a pu'e'a
common **name** io'a noa common ~ of a person io'a noa nō te ta'ata
hyphenated **name** io'a tā'ati'ati
(Note that **names of ships and boats** are treated as names of persons:) What is the name of that ship? Her name is (She is called) Aranui. 'O vai terā pahī? (or:) 'O vai te i'oa o terā pahī? 'O Aranui tōna i'oa.
(The same is true of the **names of countries**:) What country? 'O vai te fenua? It is Finland. 'O Finirani.
name, give a name, dub ma'iri He was ~d John. 'Ua ma'irihia tōna i'oa 'o Ioane.
name, give a name to topa, ma'iri, hōro'a i te i'oa The godparents ~d the baby Hei Fara. 'Ua topa te metua papetito i te i'oa nō te 'aiū 'o Hei Fara. And Adam called his wife's ~ Eve. 'Ua ma'iri ihora 'Ātamu i tō te vahine ra i'oa, 'o Eva. The (Robert Louis) Stevensons were received by the chief of Taravao, Teva-i-tai o Ori, and then given the ~ of Teri'itera. 'Ua fāri'ihia Stevensonmā e te tāvana 'o Teva-i-tai o Ori, 'ē hōro'ahia ihora i te i'oa o Teri'itera.
name, mention, announce, (also:) **pronounce** fa'ahiti
namely, that is to say, in other words, to wit 'oia ho'i, maori rā I am profoundly grateful to my very dear friend in Puna'auia, ~ Ralph Gardner White. E 'ā'au mēhara hau roa atu ihoā ra tō'u i tō'u hoa here

nap

iti nō Puna'auia 'oia ho'i iā Rūrū (RGW's Tahitian name). The sisters of Ete, ~ Hina, Toimata, and Tevahine. Nā tuahine o Ete, 'oia ho'i (or: maori rā), 'o Hina, 'o Toimata, 'ē 'o Tevahine.

nap, doze ta'oto'oto, ta'oto ri'i, ta'oto māmā noa

nap or **doze together** ta'o'oto

nape, back of neck rei

napkin, diapers pāhi'i

paper **napkin** parau horoi 'utu

table **napkin** tauera tāmā'ara'a, tauera 'aira'amā'a, horoi 'utu, horoi mata

ring for a ~ tāpe'a tauera tāmā'ara'a

Napoleon fish, wrasse, Cheilinus undulatus Rüppeli (when small:) papae mara, (when medium-sized:) pārahirahi, (when full-grown:) mara

narrow, (sometimes also:) **thin** oaoa (note that 'oa'oa means happy) ~ **road** porōmu oaoa The road is very ~ on the bridge. E mea oaoa roa te porōmu i ni'a i te 'ē'a turu.

narrow, close together, pressed together piri And the angel of the Lord went further, and stood in a ~ place, where [there] was no way to turn either to the right hand or to the left. Haere atura te melahi (pronounced mērahi) a Iehova i piha'i atu, ti'a ihora i te [hō'ē] vāhi piri, 'aita e 'ōpa'ira'a tō te pae 'atau 'ē tō te pae 'aui.

narrow, constricted piriha'o

narrow, cramped, crowded apiapi

narrow down, make narrow fa'aoaoa (note that fa'a'oa'oa means: make happy)

nasal sound, nasality (referring to speech) reo fa'o, fa'o

person who speaks **nasally** fa'o

Naso unicornia, a kind of **surgeonfish** ume

nasty, foul, evil-smelling ne'one'o

nasty (in a moral sense), **immoral, vile, base, debased, repugnant** faufau

nasty, wicked, disgusting, distasteful, filthy, ugly hā'iri'iri

Nauclea forsteri

nation, country, fatherland hau United ~s Hau 'āmui

nation, (kindred) **people** nuna'a

nation, kingdom, realm hau ari'i

nation, land fenua And thou shalt become an astonishment, a proverb, and a byword, among all ~s whither the Lord shall lead thee. E riro ho'i 'oe ei maerera'a, ei parabole, 'ē ei paraura'a, i te mau fenua ātoa tā Iehova e arata'i iā 'oe ra.

nation, native land 'āi'a

national, of the native land 'āi'a, nō te 'āi'a ~ **emblem** pihi 'āi'a The ~ **anthem** was sung in unison. 'Ua hīmene-'āmuihia te hīmene 'āi'a.

nationality, citizenship ti'ara'a pātireia

native, indigenous, genuine, Polynesian, Maori, Mā'oli (in Hawai'ian) mā'ohi a ~-born person ta'ata mā'ohi

native, indigenous, of the country, Polynesian mā'ohi Pouvāna'a a O'opa constantly fought for the return of the sacred ~ lands to their rightful owners. 'Ua 'aro noa o Pouvāna'a a O'opa 'ia fa'aho'ihia te fatura'a tapufenua mā'ohi i te hui fatu mau iho.

native doctor, medicine man, healer tahu'a (still consulted today, also by popa'ās)

native homeland, land of one's birth 'āi'a fānau

natural, genuine huru mau

natural, inborn, since birth mai te fānaura'a mai

natural, normal 'āfaro It is very ~, you see. E mea 'āfarō roa pa'i.

natural, pure, as found in nature mā'ohi

natural, unaffected ha'apeu 'ore, peu 'ore, ha'eha'a

nature nātura

nature, kind, sort, type, variety, species huru

nature, personality huru nātura

Nauclea forsteri, a **tree** with very hard and heavy wood mara

348

Naucrates ductor, remora, sucking-fish (can attach itself to sharks and turtles) tiatiauri, uri (note that 'urī means dog)
nausea manuanu, 'ino'ino te 'ōpū
nausea, motion sickness, seasickness ma'i 'āruru Seasickness is not very pleasant. E 'ere i te mea au roa te ma'i 'āruru.
nauseated pū'are'are, tō'are'are, hina'aro e piha'e I am ~. (literally: My stomach is upset.) 'Ua pū'are'are tō'u 'ōpū. (or:) E mea tō'are'are tō'u 'ōpū. (or:) Hina'aro vau e piha'e (I want to throw up, vernacular).
nauseated, motionsick, seasick 'āruru
nauseating, sickening māanuanu
naval escort (ship) pahī 'ape'e
navel, navel cord pito
navigate, (also:) **steer** fa'atere, teretere, tere
navigational lights mōrī pahī
navigator, sailor 'ihitai
navy nu'u moana, pupu fa'ehau tō te tai ~ officer ra'atira nu'u moana
navy barracks 'āua mātarō
navy-blue nīnamu moana, moana
near, alongside, beside piha'i a'e, i piha'i a'e ~ the road i piha'i a'e i te poromu
near, close to, almost, (also:) **soon** fātata It is ~ daylight. 'Ua fātata i ao.
near, next to, right beside piha'i iho, i piha'i iho May we sit ~ you (two) in church or do we have to sit in a special place for tourists? E nehenehe ānei iā māua 'ia pārahi i piha'i iho iā 'ōrua, e 'aore ra, e mea ti'a ānei iā māua 'ia pārahi i te vāhi i fa'ata'ahia nō te mau rātere?
near, at hand, imminent (construction with tē fātata nei) Repent ye: for the kingdom of heaven is at hand. E tātarahapa 'outou: tē fātata mai nei ho'i te basileia (pronounced patireia) o te ao.
near, bring near, get nearer to, approach, cause to approach fa'afātata, ha'afātata

nearly, almost, barely fātata I ~ drowned. 'Ua fātata vau i te paremo.
to **nearly** do something 'oi (or:) mai + verb + roa I ~ fell. 'Oi topa roa vau. He ~ died. Mai pohe roa 'ōna. I ~ broke my leg. Mai fati roa tō'u 'āvae. The dog ~ bit me. Mai hohoni roa te 'urī iā'u.
neat, chic, elegant, graceful, (also:) **vain** i'ei'e
neat, clean, pure mā
neat, decent, proper viru, viruviru
neat, kept in good order, well cared for 'atu'atu
neat, tidy, orderly, well-arranged, (also:) **comfortable** nahonaho **necessary, called for** 'ia rave iho-ā-hia
necessary, obligatory, to be obeyed (construction with ei or ei 'a) It is ~ to respect [the rights of] the pedestrians. Ei 'a fa'aturahia te ta'ata haere 'āvae. It is ~ to respect [obey] the signs indicating the road regulations. Ei 'a fa'aturahia te mau tāpura o te ture purōmu.
do what is **necessary** (construction with:) ha'a I did what was ~. I ha'a noā na vau i te rave.
not **necessary, not essential, not of primary importance** 'aita e tumu ia
not **necessary, not important, not of particular value** 'aita e faufa'a
longer than **necessary, slow, dragging along, late** tāere
the whole (human) **neck** 'a'ī
back of **neck, nape** rei
front of **neck, throat** 'arapo'a
neck of a bottle 'oata
neck of the womb, cervix 'auvaha vaira'a tamari'i
neck opening of a dress, (also:) **neck or opening of a container** 'auaha, 'auvaha
necklace tāhere
necklace, garland hei flower ~ or garland hei tiare shell ~ hei pūpū string flowers to make a ~ tui i te hei

necktie tā'amu 'arapo'a

need, poverty, indigence, deprivation vevera'a

need, predicament, misfortune, trouble, (also:) **accident** 'ati
be in **need** e au 'ia tauturuhia, e veve, e 'ati, e 'ere
there is no **need** for it 'aita e faufa'a
there is no **need** to ... 'aita e faufa'a 'ia ...

need, have a need for ei ... e ti'a ai, e au iā, e mea faufa'a roa iā I ~ it, but I don't want it. E mea ti'a iā'u 'ia rave, āre'a ra, 'aita vau e hina'aro. It will be ~ed (used) for at least three more days. E 'ohipahia i teie mau mahana e toru i mua nei.

needle nira

needlefish, billfish, a type of **swordfish, Esox aavere** and **Tylosorus crocodilus** 'ā'āvere

needy, deprived, lacking adequate means of support, poor veve, nava'i 'ore

negative (electrical term) nēnati

negative (grammatical term) 'aipa

respond **negatively, say no** 'aipa

negligent, inattentive, careless ha'apa'o 'ore (note that vahine ha'apa'o 'ore usually refers to a woman with loose morals)

negligent, lazy, idle, missing school or work fa'atau

negro, black man ta'ata 'ere'ere, maraia

neighbor, fellow man ta'ata tupu, ta'ata piri mai Thou shalt love thy ~ as thyself. E aroha 'oe i te ta'ata tupu mai tō aroha 'ia 'oe iho na.

neighborhood fenua tāpiri mai

neighboring fātata mai ~ island fenua fātata mai, motu fātata mai

neither e 'ore ato'a, 'aitato'a, e'ita ato'a But if ye forgive not men their trespasses, ~ will your Father forgive your trespasses. 'Ia 'ore rā 'outou 'ia fa'a'ore i tā vetahi 'ē ra hapa, e 'ore ato'a tō 'outou Metua e fa'a'ore mai i tā 'outou hapa. ~ do I condemn thee: go, and sin no more. E'ita ato'a vau e fa'autu'a'tu iā 'oe: 'a haere, 'eiaha rā 'ia hara fa'ahou.

neither ... nor e 'ere ... e 'ere ato'a ho'i

neon, neon gas neō ~ lamp or tube mōrī neō Put in (literally: fasten) ~ lighting, it consumes (literally: eats) less electricity. 'A tāmau i te mōrī neō, e mea 'amu'ore te uira.

Neothunnus albacora macropterus, tuna, tunny 'a'ahi

nephew, (also:) **son, lad, young man** tamaiti

Nephrolepsis exalta, a medicinal fern which is put on the infant's wound when the navel string has been cut 'āmo'a

Nerim oleander, oleander, rose laurel tārona

nerve uauauira, a'auira, sometimes simply uaua, if the context makes the meaning clear

nervous, nervy, excitable, irritable, easily irritated, on edge 'iriā The trouble was the [first] mate who was the most difficult (excitable) man (commander) to please (satisfy) Keola had ever met with. O te ra'atira piti te mea 'iriā a'e o te ta'ata fa'aueue māha 'ore roa a'e te reira i farereihia e Keola. (from John [Tihoni] Martin's free translation of R.L. Stevenson's short story The Isle of Voices)

nervous system 'ōperera'a uauauira, a'auirara'a

bird's **nest** 'ōfa'ara'a manu, 'ōfa'ara'a

bird's **nest fern** 'ōaha

n'est pas? don't you think? true? e 'ere ānei?

net, fish net 'upe'a casting ~ 'upe'a tāora

net, seine 'upe'a pārava

mosquito **net** pāruru naonao (or:) pāruru ro'i (literally: bed net)

fish(ing) with a **net** (any kind) tā'upe'a

fish(ing) with a **net** tautai 'upe'a

fish(ing) with a casting **net** tautai 'upe'a

350

net bag tāora
fish(ing) with fine landing or shrimping **net** tautau
to make or form the mesh of a **net** pāpa'i
drop-**net** (fishing instrument) tata
net bag tōtō ~ for oranges tōtō 'ānani
~ on a pole (to pick fruit) tētē
radio **network** pū nui fa'atorora'a rātio
never 'aita roa'tu, 'aita roa atu, e'ita roa'tu, e'ita roa atu, 'aore ā, e 'ore roa atu, e'ita āmuri no'atu I will ~ forget you. E'ita roa'tu 'oe e mo'e ia'u. (or:) E 'ore roa atu 'oe e mo'e iā'u. I think I will ~ be able to learn Tahitian. I tō'u mana'o e 'ore roa e ti'a iāu i te tāmau i te reo tahiti. They will ~ arrive. E 'ore roa rātou e tae mai. I have ~ seen it. 'Aita roa vau i 'ite. He will ~ get better, except by stopping his smoking. E'ita roa 'ōna e ora, maori rā 'ia fa'aea 'ōna i te pupuhi i te 'ava'ava. He has ~ had one drop of alcohol. 'Aita roa 'ōna i fa'ari'i i te hō'ē tōpata 'ava.
never (until now), **never yet** 'aita ā
Never mind. It is of minor importance. It doesn't matter much. 'Ātīrā noa atu. 'Ātīrā no'atu. Hiro took the bicycle. ~, I'll walk. 'Ua rave Hiro i te pereo'o ta'ata'ahi. 'Ātīrā noa'tu, e nā raro noa vau i te haere.
Never mind. No problem. 'Aita pe'ape'a.
new, (also:) **fresh, young** 'āpī, hou (archaic) I will send that ~ dictionary to you. E hāpono vau i terā puta fa'atoro reo 'āpī iā 'oe. I traded (exchanged) my old car for a ~ sailing canoe. 'Ua taui au i tō'u pereo'o tahito i te va'a tā'ie 'āpī.
make like **new** fa'a'āpī
New Caledonia (fenua) Taratoni The wrongdoings committed against the Melanesian people of ~ are increasing. Tē haere rahi nei te mau 'ohipa hape o te ravehia ra i ni'a i te feiā meranitia o te fenua Taratoni.

New Caledonian (ta'ata) taratoni, (plural:) te feiā taratoni
New Guinea, (also:) **Papua** (fenua) Pāpua
New Year matahiti 'āpī Happy ~! 'Iaorana i te matahiti 'āpī! (or:) 'Ia 'oa'oa 'oe ('ōrua, 'outou) i te matahiti 'āpī!
New Year's Eve te pō matahiti
New Zealand (fenua) Niuterani (or:) Niutirani (or:) Nūterani, (the New Zealand Maori name for N.Z. is:) Aotearoa or Nu'uroa (ancient)
New Zealander (ta'ata) Niuterani (or:) Niutirani (or:) Nūterani
newborn, newly-born 'aru'aru
news, piece of news parau 'āpī What's the ~? Eaha te parau 'āpī? good ~ parau 'āpī maita'i bad ~ parau pe'ape'a There is no ~. 'Aita e parau 'āpī. This is the ~ from around the world: Teie te mau parau 'āpī nō te ara mai. ~ has arrived of that cyclone that just recently devastated Futuna. 'Ua 'atutu te parau 'āpī nō terā vero i te fa'a'ino a'e nei iā Futuna. The ~ spread far and wide. 'Ua tu'i te parau 'āpī. It is that piece of ~ that has troubled the politicians. Nā terā te parau 'āpī i fa'ahoruhoru i te 'ā'au o te feiā poritita.
newspaper, journal, (also:) **messenger** ve'a monthly ~ ve'a 'āva'e the Protestant ~ (in Tahiti) Ve'a Porotetani
next fātata i mua nei, i mua nei, i mua ~ time i te taime i mua nei (or:) i te mea i mua nei We (both) are so happy that we'll meet you again ~ week. Tē 'oa'oa roa nei māua i te mea e, e fārerei fa'ahou tātou i teie hepetoma i mua nei. We will both leave ~ week. Ei te hepetoma i mua e reva ai māua.
next, after, after that, directly after i muri iho
(the) **next day** te mahana i muri a'e
next day, tomorrow ānānahi
next morning i te po'ipo'i a'e 'Ape sold

next morning

his car and bought it back ~. 'Ua ho'o o 'Ape i tōna pereo'o, 'ē 'ua ho'o fa'ahou mai 'ōna i te po'ipo'i a'e.

next morning, tomorrow morning ānānahi i te po'ipo'i

next to, close together piri

next to, right beside (i) piha'i iho   May we sit ~ you (two) in church or do we have to sit in a special place reserved for tourists? E nehenehe ānei iā māua 'ia pārahi i piha'i iho iā 'ōrua, e 'aore ra, e mea ti'a ānei iā māua 'ia pārahi i te vāhi i fa'ata'ahia nō te mau rātere?

nibble, eat little 'amu'amu

nibble (at), gnaw (at) honihoni

nibble at, peck at (speaking of birds) tito

nibble at, peck at (like fish nibbling at a bait without biting) titotito

nice, good maita'i   It would be ~ if you visited Disneyland when you go to Los Angeles. E mea maita'i 'ia haere 'oe e māta'ita'i 'ia Disneyland 'ia tere 'oe i Los Angeles.

nice, kind, helpful, helping, giving service to others, ministering to others hāmani maita'i   You are a ~ (kind) person. (E) Ta'ata hāmani maita'i 'oe.

nickname, pet name, byname i'oa pi'i, i'oa pi'i noa

niece, (also:) **daughter,** (also:) **girl** tamāhine

niggardly, stingy, (also:) **stick, stick to, be sticky** pipiri, piripiri

night pō, ru'i (ancient)   movie ~ pō teatara'a   Woe unto them that rise up early in the morning, that they may follow strong drink; that continue until ~, till wine inflame them! E pohe te feiā e ara i te po'ipo'i ra, i te tītaura'a i te 'ava ta'ero; 'o tei ha'amaoro i te parahira'a i te pō, 'ia ta'ero rātou i te uaina.   Seven days [~s] shall ye eat unleavened bread. 'Ia ru'i hitu 'outou i te 'amura'a i te pane fa'ahōpue'ore-hia.

become **night** pō

ninth

last **night** ināpō, ināpō ra, (often heard:) ianāpō (ra)   The dew fell last ~. 'Ua tape te hupe ināpō.

middle of the **night, midnight** tuira'a pō (the correct spelling used to be tu'ira'a, but the vast majority say tuira'a) We all danced until the middle of the ~. 'Ua 'ori'ori mātou pā'āto'a e tae noa'tu i te tuira'a pō.

Saturday **night, (late) Saturday evening** pō tāpati (actually meaning the night before Sunday)   I would like to have a table reserved for this coming Saturday ~, please; there will be four of us. 'Ahani na, hina'aro vau 'ia tāpa'ohia te hō'ē 'amura'amā'a nō teie pō tāpati i mua nei; e maha mātou.

tomorrow **night** ānānahi 'ia pō, ānānahi i te pō

to**night, this night** i teie pō, ānāpō

night breeze from the mountains, **land wind** hupe

night club fare 'āreareara'a

night club (dancing establishment) vāhi 'orira'a

night club (hotel) hōtēra

(nightly) philandering, debauchery 'ohipa ori i te pō   Because of his ~ that fellow contracted syphilis. Nō te 'ohipa ori pō i tupuhia ai taua ta'ata ra i te tona.

nighttime pō, āru'i (ancient)   At ~ the stars shine in the sky. 'Ia pō, e mea 'ama te feti'a i ni'a i te ra'i).

nimble, agile, active pe'epe'e

nimble, swift, (also:) **rapid, quick** 'oi'oi

nine iva   the ~ beautiful girls te mau pōti'i e iva

nineteen 'ahuru-mā-iva

ninety iva 'ahuru

ninth 'a iva, te iva, ('o) te iva, (or construction with -ra'a)   the ~ person te iva o te ta'ata   This is our ~ trip (here) to Tahiti. Teie te ivara'a o tō maua tere i Tahiti nei.

nip

nip, (also:) **use pincers** or **pliers** tāhohoni
nipple, teat 'ōata tītī, 'ōata ū
artificial **nipple, pacifier** 'ote'otera'a
nit (speaking of the egg[s] of a louse) riha
nitrogen 'ātote
no 'aita, (future tense:) e'ita ~! 'Aita! I have ~ cigarettes. 'Aita tā'u e 'ava'ava. There will be ~ person there. E'ita e ta'ata iō. ~big deal! 'Aita e faufa'a!
no (in the sense of **has no** or **is without**) 'ore That thing has ~ value. E mea faufa'a 'ore terā mea.
no in the sense of **that's not so** or **it is not**) 'ere, (also, but seldom heard:) 'ene ~, that's not so. E 'ere. ~, it was not I who took that tool. E 'ere nā'u i rave i terā taiha'a tāmuta. ~, Maupiti is not a large island. E 'ere i te mea rahi te fenua Maupiti. That is ~ business of yours. E 'ere terā i te 'ohipa nā 'oe.
No! Don't! 'Eiaha! 'Īaha! ~ smoking (Don't smoke!) 'Eiaha e puhi i te 'ava'ava! ~ women (allowed). 'Eiaha te vahine. Don't come closer! 'Eiaha e tāpiri mai!
say **no, make a negative response** 'aipa
there is **no** or **none** 'aore There is ~ person there. 'Aore e ta'ata (or 'Aita'tu e ta'ata) iō.
no more 'aita fa'ahou, e'ita fa'ahou, 'aore atu a'e
... **no more** 'eiaha ... fa'ahou Neither do I condemn thee: go, and sin ~. E'ita ato'a vau e fa'autu'a'tu iā 'oe: 'a haere, 'eiaha rā 'ia hara fa'ahou.
No more! Cancel (it)! Eliminate it! Do away with it! Stop it! ('A) Fa'a'ore! ~ of that behavior! Stop behaving that way! 'A fa'a'ore i te reira 'ohipa!
No more! Cease! Stop! ('A) Fa'aea!
No more! Hold it! Hold back! Stop! ('A) Tāpe'a!
nobody 'aore e ta'ata, 'aita'tu e ta'ata
(a) **nobody,** (a) **nonentity** (said about a person), **a "wash-out"** (ta'ata) faufa'a 'ore

none

nod, give a signal with the head tū'ou, tū'ou'ou, natu He ~ded his head. 'Ua tū'ou'ou 'ōna i tōna upo'o.
nod (head), **wag** (speaking of the tail of a dog), **cast repeatedly** (in fishing) tā'iri'iri
noddy (an aquatic bird), **Sterna solida** o'a
noddy (a shore bird), **Anous stolidus** 'oio (onomatopoetic)
noise, din, (also:) "bawling out" māniania
noise, roar (of sea or wind), **blast** (of a gun), (also:) **fracas, uproar** haruru
noise (caused by disturbing or emotionally charged reports), **stir, commotion** 'atutu
noise, thud taparuru
noise (buzzing) varovaro
noise (clicking or cracking) pa'a'ina
noise (when eating) vinivini
noise (when gargling) ta'oro'oro
noise (muddled or confused) 'āoaoa
noise (rattling) ta'oro
noise (of sea, wind, rain) vavā
noise, din of (loud) talking muhu
make **noise, disturb, trouble** fa'a'āhoahoa Teiho arrived drunk and disturbed (made ~, disturbing) our conversation. 'Ua tae mai Teiho e tōna ta'ero 'ē 'ua fa'a'āhoahoa i tā māua paraparaura'a.
make a lot of **noise** māniania
make a popping **noise** (like the tiare 'apetahi when its flower opens up) po'o'a
Stop the **noise!** Māniania! Turituri!
noisy, loud māniania
be **noisy, clamor,** (also:) **echo** vevo, vevovevo
nonchalant, (also:) **lax, slack, dilatory, unenergetic** tōaruaru
nonconformist, offbeat, strange 'ē ~ religion (sect) fa'aro'o 'ē
none (negation) 'ere That is ~ of your business. E 'ere terā i te 'ohipa nā 'oe.
almost **none, very few, very little, not**

353

none

many 'aita re'a, 'aore re'a   There is just about no one there. 'Aore re'a te ta'ata iō.
none (quantity) 'aore   How many bottles of beer? ~. Efea (or ehia) mōhina pia? 'Aore.
(a) **nonentity** (said about a person), **a nobody, a "wash-out"**   (ta'ata) faufa'a 'ore
nonexistent 'ore
nonirritating to the palate, **fresh, sweet** mā'aro
nonplussed, abashed   napu
nonsense, (also:) **nonsensical**   ma'au   He talks ~. E parau ma'au tāna.
non-viscous, liquid, thin(ned out)   pape
noon, noontime, midday (appr. 11 a.m. to appr. 4 p.m.)   avatea
noose, snare, slip knot   here (note that here also means love or loved one), mārei
normal, actual, real   mau, huru mau
normal, correct, proper   'āfaro
normal, right, just   ti'a, e mea ti'a
normal school   (fare) ha'api'ira'a 'orometua ha'api'i
normal state of being, (also:) **personal character, personality, nature** naturara'a
diverge (in a negative sense) from the **normal, behave immorally, break a law**   hapa
north (also: wind from)   to'erau
north (also: wind from), (actually:) **northnorth-east-to-north**   'apato'erau
wind from the **north-north-east**   pāha'apiti
wind from the **north-east**   ha'apiti, fa'arua
wind from **north-east-to-east**   hiti'a o te rā (literally: the rising of the sun)
wind from the east-**north-east**   niuhiti, niufiti
wind from the west-**north-west**   pārapu
wind from **north-west-to-west**   to'o'a o te rā (literally: the setting of the sun)
wind from the **north-west**   pāfā'ite (Davies' dictionary says pāfa'ite means north-northeast)
North pole   (te) poro 'apato'erau

not many

nose ihu   your ~ tō 'oe ihu   Tetua's ~ te ihu o Tetua
nose-flute   vivo
blow one's **nose**   fa'atē (i te ihu)
rub **noses**   ho'iho'i
touch or press or rub **noses** (the old Polynesian equivalent of kissing as a greeting)   ho'i, hoho'i
nostalgia (missing one's island or country)   mihi fenua, 'oto fenua
nostril   'āpo'o ihu
not (a general expression of negation)   'aita   I did ~ study the Tahitian langauage. 'Aita vau i ha'api'i i te reo tahiti. Don't come, if you do ~ want to come. 'Eiaha 'oe e haere mai, mai te peu ē 'aita 'oe e hina'aro i te haere mai.
not (a verb of negation)   'ore, e 'ore   They have ~ been here in Tahiti for two years now. 'A piti matahiti i teie nei tō rātou 'orera'a e fa'aea fa'ahou i Tahiti nei. Why do you ~ dance? Nō te aha 'oe e 'ore ai e 'ori?   I am ~ coming back again. E 'ore au e ho'i fa'ahou mai.
not (a negation for the future)   e'ita   I will ~ go home tonight! E'ita vau e haere i te fare i teie pō.
not (a denial)   'ere, e 'ere, (e) 'ene (also heard colloquially)   We are ~ Americans. E 'ere māua i te ta'ata marite. He is ~ a dumb person. E 'ere 'ōna i te ta'ata ma'au. It was ~ I who drove this car. E 'ere nā'u i fa'ahoro i teie pereo'o. It is ~ your fault, it is his. E 'ere nā 'oe te hape, nāna ra ia hape. Maupiti is ~ a large island. E 'ere i te mea rahi te fenua Maupiti.
not (a prohibiting command or discouraging advice)   'eiaha   Do ~ smoke in this restaurant! 'Eiaha e puhipuhi i te 'ava'ava i roto i teie fare tāmā'ara'a! Do ~ come, if you do not want to come. 'Eiaha 'oe e haere mai, mai te peu ē 'aita 'oe e hina'aro i te haere mai.
not many, almost none, very few, very

354

little, (also:) **not at all** 'aita re'a, 'aore re'a There is just about no one there. 'Aore re'a te ta'ata iō.
not (even) one, not a single one, null, zero 'aore ~ came. 'Aore ta'a'ita i tae mai.
not have, lack, be deprived of, miss 'ere, 'ene (seldom used) He does ~ any (is out of) work. 'Ua 'ere 'ōna i te 'ohipa.
not to be 'ere, 'ore, 'ene
not yet, still not 'aita e ā (usually pronounced 'aiteā), 'aita ā, 'aore ā I am very worried, my wife has ~ returned. 'Ua pe'ape'a roa vau, 'aita ā tā'u vahine i ho'i mai. The ship has ~ arrived. 'Aiteā ('Aita e ā) te pahī i tae mai. We don't have electricity connected yet, they (those [indicated]) already have it. 'Aita ā tō mātou uira i tāmauhia, 'ua oti tō verā. She has not seen snow yet. 'Aore ā 'ōna i 'ite i te hiona.
do not ..., ... is forbidden, ... is not allowed, ... is not advisable 'eiaha ~ smoke! 'Eiaha e puhipuhi i te 'ava'ava! ~ worry! 'Eiaha 'oe e tapitapi!
Why not? E aha e 'ore ai?
notarize, register, record officially, **validate,** (also:) **authorize** ha'amana
notary, (also:) **law clerk, solicitor** nōtēra
notary public ta'ata ha'amana parau
notation (of symbols in written language) tāpa'ora'a i te reo
note, short, informal **letter** rata iti
note, mark, trade mark, sign tāpa'ora'a
musical **note** nota
note, mark, make a note of, inscribe tāpa'o
nothing 'aore
have **nothing to do** fa'aea noa I am tired of having ~. 'Ua fiu vau i te fa'aea noa.
Nothing can be done about it. There is no way. 'Aita e rāve'a.
Nothing to worry about. No problem. No harm done. Forget it! It doesn't matter. 'Aita pe'ape'a.
nothingness, void, vacuum, empty space, (also:) **sky** (higher than indicated by the Tahitian word ra'i), **canopy of heaven** aore
notice/notification, announcement parau fa'a'ite
advance **notice/notification** tau fa'aara
notice, sign tāpura
notice or **sign** (indicating) **driving (road) law(s)** or **regulation(s)** tāpura o te ture purōmu (porōmu, purūmu) Observe the ~s. Ei (or: Ei'a) fa'aturahia te mau tāpura o te ture purōmu.
notice, observe 'ite
notice, pay attention to ha'apa'o I haven't ~d. 'Aita vau i ha'apa'o.
notoriety, (also:) **reputation, renown, fame** ro'o
noun, (also:) **name** i'oa common ~ i'oa noa
nourishment, food, meal mā'a (mā'a is sometimes used to specify food of vegetable origin, as opposed to 'īna'i which means meat)
November novema, noema the month of ~ te 'āva'e nō novema
now, (also:) **nowadays** i teie nei, teie nei ~ I understand. Tē ta'a nei iā'u i teie nei. ~adays Greater Huahine and Smaller Huahine are joined by a bridge. I teie nei, 'ua tū'atihia Huahine Nui 'ē Huahine Iti i te hō'ē 'ē'a turu.
now, at this time, nowadays i teie taime
now (only at the place of the person addressed), **presently** tēnā na
right **now** i teie nei iho
nowhere on earth 'aita roa i teie nei ao ta'ato'a
nudge, (also:) **cause to move** fa'aha'uti
Nukuhiva (the main island in the Marquesas) Nu'uhiva
null, zero, not a single one, not even one 'aore
numb, sluggish, sleepy, drowsy, (also:) **become numb** (etc.), **"fall asleep"** (speaking of a limb), (also:) **make numb**

numb

(etc.), (also:) **cramp, have a cramp** mōtu'utu'u, meumeu My leg "fell asleep" (or: I had a cramp in my leg) last night. 'Ua mōtu'ut'u tō'u 'āvae ināpō.

numb *v*, **desensitize, put under anesthesia** fa'aturuhe

numbed, desensitized, under anesthesia fāaturuhehia

number nūmera cardinal ~ nūmera tumu decimal ~ nūmera toma even ~ nūmera pea fractional ~ nūmera ma te tuha'a odd (uneven) ~ nūmera pea'ore ordinal ~ nūmera nāna'i His telephone number is 07 13 56. E aore, hitu, 'ahurumā-toru, pae-'ahuru-mā-ono tōna nūmera niuniu.

number, quantity rahira'a

number one, the best, first class nūmera hō'ē ~ in the world nūmera hō'ē o te ao nei

a fair **number** of, **just about, to a certain extent, somewhat, rather, fairly, quite, almost, -ish** huru There is a fair ~ of [somewhat of a gathering of] people inside that house. E mea huru ta'ata i roto i terā fare ra. Things are going rather well [but not very well] at this point. E mea huru maita'i i teie nei. It is just about the same as ever. Te huru ā te huru. It is fairly big (also:) There are quite a lot. E mea huru rahi.

to the **number of ..., group of ..., council of ...** to'o... ~ four to'omaha Four of them went to the meeting. To'omaha rātou i te haerera'a i te 'āmuira'a.

numbness, sluggishness, sleepiness, drowsiness, feeling heavy mōtu'utu'u, meumeu, fa'ateiahara'a

induced **numbness, desensitization, anesthesia** fa'aturuhe(ra'a)

numerous, many rave rahi, (e) mea rahi There are ~ tourists here in Pape'ete. E rave rahi te ta'ata rātere i Pape'ete nei.

numerous, many, a lot of rahi because of the ~ tourists here in Pape'ete nō te rahi o te ta'ata rātere i Pape'ete nei

numerous kinds or **varieties of, all sorts of, diverse** rau, rave rau There are ~ flowers here. 'Ua rau te tiare iōnei.

nun, (in a religious sense:) **sister,** (also:) **virgin** paretēnia

nun (in white habit) pōpe vahine 'a'ahu uouo

nurse tuati ma'i, vahine tuati (i te fare ma'i), tuati, vahine utuutu ma'i, utuutu ma'i

nurse, breast-feed, suckle fa'a'ote

nurse, treat, heal, cure, give medicine to rapa'au

nursery school fare ha'api'ira'a tamahou

nursing, suckling fa'a'otera'a ū

nursing home fare utuutu, fare utūtu

nut (metal), **bolt,** (also:) **screw** farero (although farero more often refers to either bolt or screw)

nut (botanical) mā'a

nut, peanut aratita

nut, eccentric ta'ata 'ē roa

nut, lunatic ta'ata ma'ama'a

nuthouse, mental hospital fare ma'ama'a

nuts, nutty, wacky, flaky, batty, loony taravana

nut-tree 'autera'a, 'autara'a

nuzzle, cuddle, hug, embrace, place one's arms around someone tauvahi, tauahi

nuzzle, touch (kiss with) **noses** ho'i, hoho'i, ho'iho'i

nymphomaniac, promiscuous (married) **woman** tīai, vahine tīai (for a woman to:) commit adultery with several men

oar, paddle hoe
oarblade, blade rapa
oath (sacred), **vow** parau tapu
oath (solemn), (also:) **swear to, take an oath** hōreo
declaration under **oath** or **on one's honor** faʻaʻiteraʻa tapu
oath (swearword), (also:) **to swear** or **curse** tuhi
obedient, dutiful faʻaroʻo
obedient, submissive, compliant auraro
obese; obesity ʻōpū fētētē
somewhat **obese, very fat** poria roa
obesity (as an abnormal condition) faere (originally referring to a large and prominent belly) He is a person who has developed ~. E taʻata faere ʻōna. (or:) E taʻata ʻōpū fētēte ʻōna (literally: He is a person whose belly is bursting out.)
obey, behave haʻapaʻo As you love me, you are to ~ my commandments. I here mai ʻoutou iāʻu, ʻa haʻapaʻo ia ʻoutou i tāʻu mau faʻaueraʻa.
obey, respect, observe, comply with, heed faʻatura unwilling to ~ faʻaroʻo ʻore ~ (Respect) the road (driving) regulations (shown on the) signs. Ei (or: Eiʻa) faʻaturahia te mau tāpura o te ture purōmu. ~ the (speed) limits for travel on the road. Ei (or: Ei ʻa) faʻaturahia te tāʻōtiʻaraʻa o te tere nā niʻa i te purōmu.
obey, mind, listen to faʻaroʻo
obey, submit to, observe, heed, respect, comply with, obey, yield auraro
obfuscate, obscure, dim, blur haʻamohimohi, tāmohi
object (artificial), **utensil, appliance, furniture, artifact** taihaʻa, tauhaʻa, tauihaʻa
object (general), **thing** mea
object (specific), **thing, goods** (of any kind), (also:) **property** taoʻa What is that ~? Eaha terā taoʻa?
object, argue, insist mārō
object, contradict, reproach, disapprove faʻahapa
object, rebut, reject, turn down, refuse, protest pātoʻi, pātoʻitoʻi
objection, rebuttal, rejection, refusal, rebuttal, protest pātoʻiraʻa
obligatory, necessary, to be obeyed (construction with ei or eiʻa) It is ~ to respect [the rights of] the pedestrians. Ei ʻa faʻaturahia te taʻata haere ʻāvae. It is ~ to respect [obey] the signs indicating the road regulations. Ei ʻa faʻaturahia te mau tāpura o te ture purōmu.
payment is **obligatory** e mea tāmoni
oblique, aslant, at an angle hipa
obliterate, annihilate, wipe out haʻamou
obliterate, cause to disappear haʻamoʻe
obliterate, eliminate, do away with, (also:) **cancel** faʻaʻaore
(be in a state of) **oblivion, being forgotten** aramoiʻa, aramoina, aramoʻe
obnoxious, obstinate, troublesome, aggressive huehue He is ~ when drunk. E taʻata huehue ʻōna ʻia taʻero.
obstinate, troublesome huehue
obscure, dark pōiri, pōuri
obscurity, darkness pōiri, pōuri
obscure, dim mohimohi
observation, close look, examination, inspection hiʻopoʻaraʻa meteorological ~ hiʻopoʻaraʻa mēteō
observation, (also:) **looks** hiʻoraʻa
observation, opinion manaʻo
observation, pronounced or **expressed opinion** faʻahitiraʻa manaʻo
observation, careful attention, (also:)

observe

religious belief or affiliation ha'apa'ora'a

observe, heed, respect, comply with, obey, submit to, yield auraro

observe the needs of, heed, or pay physical attention to a baby (by taking it into one's arms, rocking it to sleep, etc.) hi'i

observe, look at with enjoyment, visit, sightsee, be a spectator at māta'ita'i I went to ~ the canoe race. 'Ua haere au e māta'ita'i i te fa'atiti'āu'ara'a va'a.

observe, look at closely, examine, inspect, oversee hi'opo'a

observe, pay attention to the affairs of other people hi'ohi'o

observe, pay careful attention or be attentive to, take care ha'apa'o

observe, pronounce or express one's opinion fa'ahiti i te mana'o

observe, respect fa'atura ~ (respect) the (speed) limits for travel on the road. Ei (or: Ei 'a) fa'aturahia te tā'ōti'ara'a o te tere nā ni'a i te puromu.

observe, see, look hi'o

obstacle, complication, difficulty fifi, ha'afifira'a He is facing ~s (is in difficulties or trouble). Tei roto 'ōna i te fifi.

obstacle, hindrance, delay, bother taupupū

obstacle, trouble, worry ha'ape'ape'ara'a

obstinacy, resistance, hardness, rigidity 'eta'eta

emotional obstinacy 'ā'au 'eta'eta

mental obstinacy mana'o 'eta'eta

obstinate, resistant, rigid, hard, unbending 'eta'eta

obstinate, stubborn, argumentative, insisting, persevering mārō

obstinate, troublesome, aggressive, obnoxious huehue

obstruct, block, (also:) cancel, do away with fa'a'ore

obtain (with effort involved), get, succeed or have succeeded in obtaining roa'a I ~ed my driver's licence. 'Ua roa'a tā'u parau fa'ati'a nō te fa'ahoro i te pereo'o. Maybe we will succeed in getting the bread we are looking for (literally: our bread) in that Chinese store. Pēneia'e e roa'a tā tātou faraoa i terā fare toa tinitō.

obtain (by chance, or without - or with little - effort), get (actually having obtained) noa'a We've got some beer. 'Ua noa'a tā tātou pia. I ~ed two tickets for the movie tonight. 'Ua noa'a iā'u e piti tīteti nō te teatara'a i teie pō.

obtrusive, bothersome poihu, pōihuihu

obtrusive, tiresome ihuihu

occident, west to'o'a o te rā

occasion, circumstance, happening, occurrence tupura'a

occasion, season, period, time tau

occupant of a house or other property, tenant 'ōrotoroto

occupation, job, work 'ohipa

occupation, profession, position, office, employee status tōro'a

occupational illness ma'i ro'ohia i ni'a i te 'ohipa, ma'i tōro'a

occupied, fully occupied, crammed, chock-full (a container or a room, for example) api, apiapi (note that 'āpī means new)

occupy a certain place in the sense of remain at vai She remained at (continued to ~) her house. 'Ua vai noa 'ōna i tōna fare.

occupy an office or position mau i te tōro'a

occur, happen, take place tupu What is really ~ring here? Eaha ho'i teie e tupu nei? A troublesome thing ~red. 'Ua tupu te hō'ē pe'ape'a. How did it ~? E mea nahea te reira i te tupura'a? One must not let that kind of thing ~ again. E 'ere i te mea ti'a 'ia tupu fa'ahou i te reira huru 'ohipa.

cause to occur or happen, bring into being, create fa'atupu

It **occurred** to me that ... Mai te mea ra iā'u ē ...

ocean, sea, "great waters" (biblical) moana Pacific ~ moana Patitifa I am leaving now by ship (literally: by means of the ~). Tē reva nei au nā te moana. The airplane is above the ~. Tei ni'a a'e te manureva i te moana (or: i te miti). They that go down to the sea in ships, that do business in great waters. Te feiā i nā tai i te haere i nā ni'a i te mau pahī ra, tei te moana rahi ra tō rātou ra tōro'a.

ocean, sea, seawater miti His lure got caught in the bottom of the sea (lagoon). 'Ua mau tā'na 'apa i raro i te miti.

ocean, sea, seawater tai (little used today, except for indicating locality or direction - see next entry)

ocean, sea *n (indicating locality or direction)* tai towards the lagoon (if you are on land), towards the ~ if you are on the reef) i tai at the bottom of the ~ i raro i te tai (or:) i raro i te miti

toward the **ocean, on the high seas** beyond the reef i tua

ocean parrotfish (male) uhu 'ōpara

Oceania 'Oteania Radio Tahiti is sending its greetings (love) to the ships that sail on the ocean, and to all of ~: we wish you well! Te fa'atae atu nei o Rātio Tahiti i tōna arofa i tō te mau pahī e tere nā te moana, 'ē tō 'Oteania pa'ato'a: 'Ia ora na!

Ocimum basilicum, mint, basil miri

o'clock hora We'll meet again tomorrow at three ~ in the afternoon. E farerei fa'ahou tāua ānanahi i te hora toru i te avatea. It happened at half past nine ~ in the morning. 'Ua tupu (terā mea) i te hora iva e te 'āfa i te po'ipo'i. The movie starts at seven ~ in the evening. E ha'amata te teatara'a i te hora hitu i te ahiahi. It is exactly eight ~. 'Ua hora va'u ti'a. from seven ~ to twelve ~ mai hora hitu e tae noa'tu i hora 'ahuru-mā-piti (vernacular:) mai hora hitu haere i 'ahuru-mā-piti

October 'ātopa the month of ~ te 'āva'e nō 'ātopa

octopus, squid fe'e

tentacle of **octopus** or **squid** 'avei

odd, different, strange, eccentric, (also:) **foreign** 'ē, 'e'ē, 'ē'ē He is a very ~ (strange) person. E ta'ata 'ē roa 'ōna.

odd, eccentric, having unusual **mannerisms, affected** peu

odd (uneven) number nūmera pea'ore

odd-mannered ha'apeu

odor (general word), **smell** hau'a

foul **odor, stench** ne'one'o, hau'a ne'one'o, piropiro, piro

pleasant **odor, aroma, fragrance** no'ano'a, hau'a no'ano'a

odor of fish or **of stale blood** or **meat** to'ato'a, hau'a to'ato'a

odor of urine, acrid body odor veoveo, hau'a veoveo

of (strong possession - see the "minigrammar") o, nō

of (weak possession - see the "minigrammar") a, nā

of course, indeed, certainly ho'i ~ I went. 'Ua haere ho'i au.

Of course! That's it! That's the truth! 'Oia mau!

Of course! That's it! That's the way! Nā reira! Nā reira ia!

Of course. That's for sure. (e) Mea pāpū roa.

Of course! That's it. That's what I mean. Te reira ia.

Of course! That's it! Yes! 'Oia! Aren't you writing that letter? ~ I am. 'Aita'nei ('Aita ānei) 'oe e pāpai i terā rata i teie nei? 'Oia! Tē nā reira nei au,

Of course! Yes, you may. (E) mea ti'a roa.

off, a little way off, some distance away a'e

(be) **paid off** pe'e Have you paid ~ that debt? 'Ua pe'e ānei terā tārahu iā 'oe?

offbeat

put **off**, **delay**, (also:) **stretch out** fa'aroa
Shove off! Get lost! Make yourself scarce! Buzz off! Beat it! ('A) Fa'aātea!
offbeat, nonconformist, strange 'ē ~ religion (sect) fa'aro'o 'ē
offend fa'atupu 'i te 'ino'ino
offend, hurt, cause mental or **physical pain** ha'amāuiui, fa'ahapa (mostly biblical in this sense - fa'ahapa usually means to condemn) It were better for him if a millstone were hanged about his neck, and he cast into the sea, than that he should ~ one of these little ones. Huru maita'i a'e 'oia 'ia ta'amuhia te hō'ē 'ōfai oro i ni'a i tāna 'a'ī, 'ē 'ia tāorahia 'oia i raro i te tai, 'ia fa'ahapa 'oia i te hō'ē i teie nei mau ta'ata ri'i.
offend, insult fa'a'ino
offend, ruffle someone's pride mi'omi'o
offended turori And blessed is he, whosoever shall not be ~ in me [on my account]. 'O te 'ore e turori iā'u nei, e ao tōna.
offended, hurt, angry riri, ririri
offended, hurt, upset, vexed, disgruntled 'ino'ino He was very ~ by Teiho's words. 'Ua 'ino'ino roa 'ōna i te parau a Teiho.
offense, fault, infraction of a rule or **law, crime** hapa For if I be an offender, or have committed any thing worthy of death, I refuse not [I accept] to die. 'Ē e hapa mau tā'u i rave, 'ē 'ua rave au i te mea e au ai iā'u te pohe, 'ua ti'a iā'u te pohe.
offensive, disgusting, repugnant, indecent faufau
offer, proposition tu'ura'a
offer, give hōro'a
offer, give, donate, make a present of, sacrifice pūpū, pūpū i te ō ~ oneself pūpū iāna iho
offer, propose tu'u
offer a bribe or **pay-off** peta
offering pūpū, tao'a pūpū, ō
offering to a god or gods after a voyage marotai

officer

office (place of work, room) piha tōro'a
office (site of work, building) fare ravera'a 'ohipa
office, bureau, service, department (general) piha 'ohipa
office, service, bureau, department (specific) piha —
office of administrative affairs piha vaira'a ture rau
office of communal affairs piha fa'aterera'a 'ohipa 'oire
office of economic affairs piha fa'arava'ira'a faufa'a
office of education piha rāve'a ha'api'ira'a
office of import and export piha tapiho'ora'a i te fenua 'e'ē
office of land surveying piha tāniuniura'a fenua
office of maritime affairs piha 'ohipa pahī
office of meteorological forecast piha mēteō
office of territorial planning/development piha fa'anahonahora'a i te fenua
office of (sound) recording piha haruharura'a
office of sanitation piha 'ohipa pūea
office of social affairs piha 'ohipa turuuta'a
office of youth and sports development piha fa'atere u'i 'āpī 'ē te tā'aro
office, position, standing (in a hierarchy) ti'ara'a
office, profession, occupation, business, (also:) **employee status** tōro'a occupy an ~ mau i te tōro'a
give an **office or a position to, employ, engage** fa'atōro'a
post **office** fare rata post ~ administration fa'aterera'a fare rata
registry **office** fare ha'amanara'a parau
tourist **office** fare manihini
officer, leader ra'atira army ~ ra'atira fa'ehau navy ~ ra'atira nu'u moana police ~ ra'atira mūto'i He is an ~ of

officer   old

high rank. E ra'atira ti'ara'a teitei 'ōna.
officer, lieutenant tāpa'o piti
officer, orderly 'e'e
company officer ta'ata tōro'a
company officer, board member ta'ata nō roto i te pupu fa'atere
police officer (sergeant and above:) ra'atira mūto'i (rookie) mūto'i
superior officer (commander) tōmānā
superior officer (five-star general) tāpa'o pae
official, endowed with power mana   an ~ (written) deed   parau mana
official, governmental a te hau, nō te hau   the ~ journal   te ve'a a te hau
elected official, representative ta'ata mā'iti manahōa
officialdom, the authorities, the bureaucrats te feiā tōro'a
officials (te) hui mana
offspring, progeny, descendant huā'ai
offspring (of animal), **young** fanau'a
often, frequent(ly) pinepine, e mea pinepine   We (all) ~ talk about you. E mea pinepine tā mātou parauparaura'a nō 'oe. I come here ~ E haere pinepine mai au iōnei. I really like her coming ~ (her frequent visits) to the house. E mea au roa nā'u tōna haere-pinepine-ra'a mai i te fare. He ~ fails to appear at his work. 'Ua ma'iri pinepine 'ōna i tāna 'ohipa. Do you ~ eat Tahitian food? E 'amu pinepine ānei 'oe i te mā'a tahiti? Does the plane ~ fly to Bora Bora? E terepinepine-atu ānei te manureva i Porapora?
do often ha'apinepine
not often, seldom, rarely (e mea) varavara
oh, o e ... ē   Oh, mother! E māmā ē!
Oh yeah! 'Oia!
oil, grease, fat, wax, (also:) **fuel oil** (Diesel) hinu   coconut ~ hinu ha'ari
oil, petroleum mōrī 'ārahu
coal oil, lamp oil, kerosene mōrī

perfumed coconut **oil** mono'i
rubbing **oil** mono'i tāvai
oil v, **grease** tāhinu
oil tanker pahī fa'auta mōrī   What is that ship? That is an ~. Eaha terā pahī? E pahī fa'auta mōrī terā.
oilfish, Ruvettus incanus 'uravena
oilstone, whetstone, hone, (also:) **strop** 'ōfa'i tāpape, tāpape
oily, glossy, shiny, (also:) **slippery-smooth** hinuhinu
oily or **greasy film** or **residue** para
ointment rā'au hinu
O.K., all right, acceptable, proper (e mea) ti'a   Is it ~ with you if I take a picture of your sailing canoe? Yes, it's ~ with me. E ti'a ānei iā 'oe 'ia pata vau i te hoho'a nō tō 'oe fare? 'Ē, 'ua ti'a iā'u.
O.K., all right, acceptable, suitable, fitting (e mea) tano
O.K.! All right! Done! 'Ua oti!
O.K. (It meets with my approval.) E ti'a iā'u. (or) 'Ua ti'a.
O.K., all right, that's the way nā reira   Is it **O.K.** to ...? **Is it all right to ...? Can one ...?** E nehenehe ānei ...?   Is it ~ to (Can one) swim here or is this a place where there are sharks? E nehenehe ānei e hopu i te miti iō nei, (e) 'aore ra e vahi ma'o teie?
old (pertaining to a person), **aged** rū'au   ~ woman (also: grandmother) māmā rū'au   That ~ woman is afraid of ghosts. E mehameha terā māmā rū'au i te tūpāpa'u. The ~ man explained the meaning of the old legend of Tangaroa. 'Ua heheu mai te (ta'ata) rū'au i te 'a'amu tahito nō Ta'aroa.
old, adult, grown-up, mature, wise pa'ari
old (pertaining to a thing) tahito   This photograph has really faded; it is very ~, you see. 'Ua marau roa teie hoho'a; e mea tahito roa pa'i.
old, worn out, fading, faded, pale

old hand   **once**

marau
How old are you? (literally: How many years do you have?) Efea (Ehia) tō 'oe matahiti? I am thirty-five years ~. E toru-'ahuru-mā-pae matahiti tō'u.
old hand, senior, experienced elderly person, elder mātuatua This competition is reserved for ~s. Teie fa'atītīāu'ara'a nā te mātuatua ia.
olden times te 'anotau tahito
older brother (of male) tua'ana
oldness, age pa'arira'a
olive oriveta
omelette, (also:) **fried egg** huero moa farai
omit, leave or **throw out, forsake, abandon** fa'aru'e
omit, skip, (also:) **forget** ha'amo'e
on (referring to place), **up on, up above** i ni'a, i ni'a iho The book is ~ the desk. Tei ni'a iho te puta i te 'āfata pāpa'ira'a parau.
on, above, over, atop ni'a (actually a noun indicating locality)
on, by, in (a conveyance) nā ni'a Did you come by sea (literally: ~ a ship)? Mea nā ni'a mai ānei 'oe i te pahī? In the sun (referring to a place ~ which the sun is shining). I ni'a i te mahana.
on, onward(s) mai ... atu from this day ~ mai teie atu mahana
on (referring to continuation) ā I went ~. 'Ua haere ā vau.
on (referring to doubt) pahā (Oh, go on! Oh, come on!) Haere pahā!
on (referring to continuation or reiteration or repetition) noa My wife keeps ~ telling me that ... Parau noa mai tā'u vahine ē ...
right on (in contact with) i ni'a iho
on edge, nervous, (easily) **excitable, irritable** 'iriā The trouble was the [first] mate who was the most difficult (excitable) man (commander) to please (satisfy) Keola had ever met with. O te ra'atira piti te mea 'iriā a'e o te ta'ata fa'aueue māha 'ore roa a'e te reira i farereihia e Keola. (from John Martin's free translation of R.L. Stevenson's short story <u>The Isle of Voices</u>)
on edge, nervous, shaken tā'ue'ue
be set on edge (referring to teeth being "set on edge," as by eating sour fruit) mania
... and so on (used instead of continuing an enumeration), **and so forth, et cetera** 'ē te vai atu ā, 'ē te vai atu ra
... and so on (used instead of continuing a story), **and so forth** ... 'ē nā reira noa atu
come out on top or **ahead** (as in an argument), **win over someone or something,** (also:) **conquer, overcome** upo'oti'a
from this day on mai teie atu mahana
have on, be dressed in 'ahu, 'ahuhia She has a yellow dress ~. 'Ua 'ahu 'ōna i te 'a'ahu re'are'a.
put on (clothes) 'ō'omo, 'ōmono Tahi has put ~ his jacket.. 'Ua 'ō'omo Tahi i tōna perēue.
once (one time only) hō'ē taime
once again, again, once more fa'ahou, fa'ahou ā, tāpiti Will you come back ~? 'E ho'i fa'ahou mai ā 'oe? Play (or sing, etc.) it ~! Encore! Tāpiti! I am happy to meet you ~. Māuruuru nō te fārerei-fa'ahou-ra'a iā 'oe. We (both) are so happy that we'll meet you ~ next week. Tē 'oa'oa roa nei māua i te mea e, e fārerei fa'ahou tātou i teie hepetoma i mua nei. One must not let that kind of thing happen ~. E 'ere i te mea ti'a 'ia tupu fa'ahou i te reira huru 'ohipa. My friends, greetings on (the occasion of) our meeting ~! Te mau hoa, 'iaorana tātou i te fārerei-fa'ahou-ra'a!
once, in former times, at first, in the beginning i muta'a iho, i muta'a iho ra In former times the Polynesians did not eat European food. I muta'a iho ra 'aita te mau feiā mā'ohi i 'amu i te mā'a popa'ā.
once, in other times, formerly i muta'a

a'e nei
one   hō'ē
one   tahi (today used in counting primarily by musicians in starting: "one, two ...," in other contexts referring either to one [person or thing] or to the other) (also used in certain phrases:) ~ little bit of tahi vahi iti

one and the other   te tahi 'ē te tahi

one (or the other)   te tahi   ~ person (or the other person, depending on the context) te tahi ta'ata   ~ to the other te tahi i te tahi   ~ saw the other. 'Ua 'ite te tahi i te tahi.

one, a certain, a particular   te hō'ē   We would like an inexpensive and clean hotel. Tē hina'aro nei māua i te hō'ē hōtēra māmā 'ē te mā. He stopped in ~ far-away place. 'Ua fa'ae'a 'ōna i te hō'ē vāhi ātea roa.

one, someone, anyone, (also:) some, certain ones, others   vetahi

one another, each other   te tahi 'ē te tahi   They met ~. 'Ua fārerei rāua, te tahi 'ē te tahi.

one another, each other   (construction by repeating the pronoun and adding iho) The children play well with ~. E ha'uti maita'i te (mau) tamari'i rātou rātou iho. Let us love ~. E here tātou iā tātou iho.

one by one, one at a time, each   tāta'ihō'ē, tāta'itahi, ta'itahi

another one, someone else   vetahi ē   For I am a man [am also] under another ~'s [someone else's] authority. O vau ato'a nei ho'i o raro a'e iā vetahi ē.

make as one, unite, join together   tāhō'ē

not (even) one, not a single one, null, zero   'aore   Not ~ came. 'Aore ta'ata i tae mai.

number one, the best, first class   nūmera hō'ē   ~ in the world nūmera hō'ē o te ao nei

one-eyed   matahō'ē

one-saddled goatfish   'āti'ati'a

certain ones, others, some   vetahi

oneself   'ōna iho, 'oia iho
serve oneself first   tapipi
onion   'oniāni

only, just, alone   ana'e, ana'e iho   There were ~ children. E tamari'i ana'e. This is the ~ prudent way. Teie ana'e te rāve'a māramarama. It is ~ they. 'O rātou ana'e. He came back, ~ he. 'Ua ho'i mai 'ōna, 'ōna ana'e.

only, merely, just   noa   Jimmy is still ~ a child. E tamari'i noa ā o Timi. Is that a real flower or is it ~ an artificial flower? E tiare mau ānei terā, 'aore rā e tiare ha'avare noa?

only, only one   noa iho   There is ~ one Tarita. Ho'ē noa iho Tarita e vai nei.

if only, let's see   'ahani, 'ahani na

onward(s), on   mai ... atu   ~ this day on mai teie atu mahana

ooze, (also:) sweat (referring to condensation on various substances)   tahetahe

open, opened, (also:) pulled out   matara, mahiti, mahuti   At what time will the store be ~? Eaha te hora e matara ai te fare toa? The store is ~. 'Ua matara te fare toa. The door is ~. 'Ua mahiti te 'ūputa.

open, clear(ed), without obstacles, unencumbered, (also:) sparsely covered with growth   āteatea   ~ space vāhi āteatea   The sky is cloudless in Faaa at this time. Mea āteatea te ra'i i Fa'a'a i teie nei.

open (to traffic, for example), empty, vacant, unobstructed, clear(ed)   vata, vatavata   The road is ~. 'Ua vata te porōmu.

open sea, high seas   tua   Tuna is fished on the ~. E hīhia te 'a'ahi i tua.

half-open, ajar, widely spaced, gaping   fatafata   The door is ~. 'Ua fatafata te 'ōpani.

half-open, partially open   mātahataha   His shirt is ~ (not completely buttoned). 'Ua mātahataha tōna 'a'ahu 'o'omo.

open vt, (also:) **be opened**, (also:) **be untied, be unloosened, be disentangled** matara At what time will this store ~? Eaha te hora e matara ai teie fare toa? The shops are ~ now. 'Ua matara te mau fare toa i teie nei.

open, be opened, (also:) **be drawn or pulled out** or **up, come undone** (also:) **come out** in the sense of **be issued, be produced** mahiti, mahuti At what time will this store ~? Eaha te hora e mahiti ai teie fare toa?

open, be opened or **spread out** mahora That book is ~ed (spread out) on top of the desk. 'Ua mahora terā puta i ni'a i te 'āfata pāpa'ira'a parau.

open, be opened, bloom, blossom pua (note that pu'a means soap or wash, also coral), 'ua'a, 'ū'ā The Tahitian gardenia blossomed. 'Ua pua te tiare tahiti.

open vt (referring to almost anything, except for the mouth, for which the verb is hāmama = gape or yawn and a book for which the verb is hōhora [i te puta]), (also:) **remove, take off,** (also:) **draw** or **take out, extract** (also:) **translate** 'īriti

open (by piercing), **penetrate,** (also:) **enter into a place** ō

open (by turning something, as a key), **unlock,** (also:) **lock** (with a key), (also:) **wind up** (a clock, for example) tāviri (the basic meaning is to turn or twist)

open, begin ha'amata At what time does the ball ~? Eaha te hora (Āfea) te 'orira'a e ha'amata ai?

open an already split **coconut by hand** tūfera

open (one's ears) ha'afatafata te tari'a, fa'aro'o maita'i, fa'afatafata (could also refer to opening a gap or a wound

open (one's eyes) 'ara'ara, 'ara'ara te mata The patient ~ed his eyes. 'Ua 'ara'ara mai te ta'ata tupuhia i te ma'i.

open one's hand with the palm turned upward hōhora, hōhora i te rima He ~ed his hand (literally: his hand ~ed) and he showed me a (or: the) pearl. 'Ua hōhora tōna rima 'ē 'ua fa'a'ite maira 'ōna i te poe.

open (one's mouth), (also:) **gape** or **yawn** hāmama, fa'ahāmama, hāmama i te vaha He is ~ing his mouth (or yawning). Tē hāmama nei 'ōna i te vaha.

open (a coconut, for example), **split** vāhi

open, spread apart ha'afatafata

open, inaugurate tomo

open, start, inaugurate, (originally:) **open a season by revoking a restriction** (on certain types of fishing, for example) 'āvari

open, (also:) **untangle, comb out,** (also:) **untie, undo** (knots) ha'amatara Who ~ed the gate to the yard? Nā vai i ha'amatara i te 'ōpani 'āua? Your hair is tangled (up), I'll comb it out. 'Ua tāfifi tō 'oe rouru, nā'u e ha'amatara.

open (up) in the sense of **disentangle, untie, unscrew, loosen, undress,** (also:) **free (from), liberate,** (also:) **explain** tātara

opened, (also:) **drawn out** or **up,** (also:) **having come out** in the sense of **having been issued** or **produced** mahiti, mahuti

opened or **spread out** mahora

opened, (also:) **untied, unloosened, disentangled** matara

bottle **opener** 'iriti mohina

opening, beginning ha'amatara'a

opening, crack, fissure, split 'afā

opening, doorway, entrance 'ūputa

opening, first day (of a season, for example) 'āvarira'a

opening, hole, pit, cavity 'āpo'o

opening, a **hole** or **puncture** going through something puta There is a hole in his pocket (he has just about no money left). 'Ua puta tōna pūtē.

opening, inauguration tomora'a

opening in a dress or in a net 'aua'a, 'auvaha

operate

manually finish **opening** a coconut split in half by an axe tūfera
operate (an instrument or any sound equipment, such as a radio or a tape recorder), **play** fa'ata'i
operate (any kind of machinery) fa'atere
operate (in surgery) tāpū
operate (a vehicle or any kind of conveyance), **make run** fa'ahoro
Ophiocoma scolopendrina, starfish ma'ama'atai
Ophioglossum reticulatum, adder's tongue fern ti'apito
ophthalmologist taote mata
opinion, thought, thinking mana'o
Please explain your ~! 'A fa'ata'a mai na i tō 'oe mana'o. I agree with your ~. Hō'ē ā tō'u mana'o 'ē tō 'oe.
oppose, reject, resist tati
oppose, reject, resist, protest, refuse, turn down, object, rebut pāto'i, pāto'ito'i
opposition, rejection, resistance tati
opposition, rejection, resistance, protest, refusal, objection, rebuttal pāto'ira'a
oppress, degrade, enslave fa'afao
oppressive, stuffy, stifling poihu, pōihuihu
or, (also:) **otherwise** 'aore ra, e 'aore ra
on Thursday ~ Saturday i te mahana maha 'aore ra i te mahana mā'a the good ~ the bad te maita'i e 'aore ra te 'ino the dog ~ the cat te 'urī 'aore ra te mīmī (note that mimi means urine) Do you want raw fish ~ fried fish? E hina'aro ānei 'oe i te i'a ota, e 'aore ra i te i'a faraipāni? You can either come to my house ~ or stay here for a little while. E nehenehe iā 'oe e haere mai i tō'u fare, e 'aore ra e fa'aea ri'i iō nei.
orange (color) re'are'a 'ānani, huru 'ānani
orange (fruit) 'ānani ~ rind pa'a 'ānani ~ tree tumu 'ānani rotten ~ 'ānani 'ino Maeva's ~s te mau 'ānani a Maeva

order

orange beer (seldom made in Tahiti anymore, but common in the Cook Islands), **bush beer** pia 'ānani
orange grove (wild) uru'ānani
orange plantation (cultivated) fa'a'apu 'ānani
orange rock-cod paru ho'a
orange sea bass tarao a'au
orate, make a speech 'ōrero
oration, speech 'ōrerora'a parau
orator, interpreter, translator, speaker 'auvaha, 'auaha
orator, speaker ta'ata 'ōrero (parau)
orb, sphere, globe 'ōpenu
orchestra pupu 'upa'upa, pupu fa'ata'i
order, arrangement 'āna'ira'a
order, booking, reservation tāpe'ara'a
order, command fa'auera'a
order (commercial), **requisition** poro'i
order, book, hold, reserve tāpe'a
Could you ~ (literally: hold) a table for dinner tonight? E nehenehe ānei tā 'oe e tāpe'a i te hō'ē 'amura'ama'a (or: 'aira'amā'a) nō te tamā'ara'a i teie pō?
order, give an order, command fa'aue
order (commercially), **make an order** poro'i
order (in a restaurant what you would:) **like to have** (Tahitians never "order" anything in a restaurant, they say what they would like to have.) hina'aro I would like to have the fried fish and the banana pudding. E hina'aro vau i te i'a faraipāni 'ē i te po'e mai'a.
in good **order, neat, well taken care of** 'atu'atu
in good **order, orderly, well arranged** nahonaho
in **order to ..., for the purpose of ...** nō te + verb He went out in ~ to get some beer. 'Ua haere 'ōna i rapae nō te rave mai i te pia.
keep in good **order, take good** care of, **care well for, maintain** 'atu'atu, 'atu'atu maita'i, napenape We (both) will be

sure to keep your house in good ~ while you (all) are away. Tē ha'apāpū atu nei māua e 'atu'atu maita'i māua i tō 'outou fare i tō 'outou haere-ēra'a atu, Rōpati keeps his sailing canoe in good ~. 'Ua 'atu'atu maita'i Rōpati i tōna va'a tā'ie.
money **order** (Amer.), **postal order** (Brit.) rata moni   money ~ in letter form rata moni vehi   money ~ in postcard form rata moni tāreta   money ~ per telegraph rata moni niuniureva   money ~ per telephone rata moni niuniu
put in (arrange in) **order**   fa'anahonaho, fa'anaho
put in (arrange in) **order, set the table**   tānaho
religious **order**   pupu euhe
set in **order, make beautiful, decorate**   fa'anehenehe
set in **order, take care of**   fa'a'atu'atu
ordering (in a line or row), **rank**   'āna'i, pāna'i
orderly, in good order, well arranged   nahonaho
orderly (in the military)   'e'e
ordinal number   nūmera nāna'i
ordinarily, often, frequently   pinepine
ordinary, common, humble, average, simple   ri'iri'i   the ~ people te feiā ri'iri'i
ordinary, accustomed, familiar, habitual   mātauhia, ha'amātarohia
ordinary (in contrast to sacred), **common, customary, regular, simple**   noa   ~ session rurura'a noa
ordinary possessions, utensils, appliances, furniture   taiha'a, tauiha'a, tauha'a
organ (musical instrument)   'ōtapa
organ, periodical, newspaper, journal   ve'a
sexual **organ, genitals**   mero ha'amā
organization (of friendship or common interest), **association**   tā'atira'a, 'āmuihoara'a   I am deeply grateful to my friends in the ~ The Friends of Tahiti. E 'ā'au mēhara rahi tō'u i tō'u mau hoa nō te tā'atira'a Te Mau Hoa Nō Tahiti.   World Health ~   Tā'atira'a Ea o te Ao nei
organization, association, assembly, (political) **group, meeting**   'āmuira'a
organization, club, group, team, crew, (also:) **staff**   pupu
organization, program, schedule   fa'anahora'a
organization, union, alliance, coalition   tāhō'ēra'a
organize, bring about, bring into being, create, instigate   fa'atupu, ha'atupu
organize, establish, found   fa'atumu, ha'atumu
organize, establish or **set** or **impose limit(s), designate**   tā'oti'a
organize, guide, lead   arata'i
organize, place something to best effect   fa'anaho
organize, set in good order, arrange well, prepare   fa'anahonaho   ~ (or furnish) a room   fa'anahonaho i te piha
organize, set up, erect, build   fa'ati'a
organized, in good order, well arranged   nahonaho
organizing, arranging, programming, scheduling, (also:) **organization, arrangement, program, schedule**   fa'anahora'a, fa'anahonahora'a   This is how the (religious) feast is organized. 'O te huru ia te mau fa'anahora'a nō te 'ōro'a.
orgasm   navenavera'a
experience **orgasm**   navenave
orient, east   hiti'a o te rā
orient, orientate, direct towards ...   'avei
orientation   'aveira'a   ~ toward a professional education   'aveira'a i roto i te hō'ē ha'api'ira'a tōro'a
origin, beginning   ha'amatara'a
origin, cause, basis, essence   tumu
original, causal, basic, essential, main   tumu
Orion   Urumeremere
ornament, decoration, embellishment

fa'a'una'una, (e) mea fa'a'una'una, 'una'una (especially when referring to natural ornamentation using flowers and foliage), (e) mea 'una'una

'Orofena, 'Orohena The highest mountain on Tahiti (2,241 meters, approximately 7,400 feet).

orphan(ed) 'ōtare Moari'i's parents died, he is now an ~. 'Ua pohe nā metua o Moari'i, e tamaiti 'ōtare 'ōna i teie nei.

orthodox fa'aro'o mau

orthopedic(s) fāatītī'aifaro mero

orthopedist taote nō te fa'a'āfaro i te ivi, taote fa'atītī'aifaro mero

oscillator fa'a'ārorirori

oscillation 'ārorirori

ostentation, pretentiousness, conceit, vanity te'ote'o

ostentatious, pretentious, conceited, vain te'ote'o

Ostracion cubicus, box fish, multispotted trunkfish momoa

other tahi, tetahi the ~ te tahi on the ~ side i te tahi pae and yet an~ te tahi atu Is the ~ chair yours? Nā 'oe ānei te tahi pārahira'a. One is called Amaru, the ~ Miriama. 'O Amaru te i'oa o te hō'ē, 'o Miriama te io'a o te tahi. Whosoever shall smite thee on thy right cheek, turn to him the ~ also. 'O te moto mai i tō pāpāri'a 'atau na, e fāriu ato'a'tu i te tahi.

other (after: **more than**) te tahi no'atu ra, te tahi atu ā The alaskans have more private airplanes per person than the people of any ~ state. Nā ni'a i te rahira'a o te ta'ata ra, 'ua hau atu te mau ta'ata Alaska tei fatu i te hō'ē manureva i tō te tahi noa'tu tufa'a fenua ra.

some (compared to) **other** vetahi mau ... te tahi They are not in trouble as (some) ~ men; neither are they plagued like (some) ~ men. E 'ere ho'i te 'ati rahi tō rātou mai tō vetahi mau ta'ata; 'aore ho'i rātou i ma'ihia mai te tahi pae ta'ata ra.

each **other, one another** (construction by repeating the pronoun and adding iho) The children play well with each ~. E ha'uti maita'i te (mau) tamari'i rātou rātou iho. Let us love each ~. E here tātou iā tātou iho.

every **other** day te piti o te mau mahana āto'a (or:) e toru taime i te hepetoma (three times a week)

in **other** words, that is to say, namely maori rā, 'oia ho'i

just on the **other** side of i ō mai

one and the **other** te tahi 'ē te tahi

one (or the **other**) te tahi one person (or the ~ person, depending on the context) te tahi ta'ata one to the ~ te tahi i te tahi One saw the ~. 'Ua 'ite te tahi i te tahi.

others, certain ones, some vetahi, vetahi 'ē, etahi, etahi 'ē He saved ~; himself he cannot save. 'Ua fa'aora 'oia iā vetahi 'ē; e'ita e ti'a 'ia fa'aora iāna iho.

... and (the) **others,** ... **and company,** ... **and family** ...-mā Tīvini and the ~ (of his household) Tīvini-mā Eno and his family reside in Pāpara. Tei Pāpara tō Eno-mā nohora'a. The (Robert Louis) Stevensons were received by the chief of Taravao, Teva-i-tai o Ori, and then given the name of Teri'itera. 'Ua fāri'ihia Stevenson-mā e te tāvana 'o Teva-itai o Ori, 'ē hōro'ahia ihora i te i'oa o Teri'itera.

otherwise 'aita ra

otherwise, if not mai te peu e 'aita

otherwise, lest 'ia 'ore ra

otitis, ear infection, earache tui

out rāpae, i rāpae He went ~ to get some beer. 'Ua haere 'ōna i rapae nō te rave mai i te pia.

be **out of breath, have difficulty breathing** pau te aho, paupau te aho He may have been ~. 'Ua pau paha tōna aho.

be **out of breath, gasp, pant, exhale** or **sigh with a whistling sound when surfacing after diving** mapu, mapumapu

outboard motor / **over there**

be **out of joint,** (also:) **separated, detached from** ta'a

call **out, hail** tuō I called ~ to her. 'Ua tuō vau iāna. I hailed the taxi driver. 'Ua tuō vau i te ta'ata fa'ahoro pereo'o tārahu.

come **out** (as a book that is published), **be issued** matara Sven Wahlroos' EnglishTahitian/Tahitian-English Dictionary has just come ~. I matara iho nei te puta fa'atoro reo marite (peretāne)/reo tahiti 'ē reo tahiti/reo marite (peretāne) a Taote Tīvini ("Doctor Sven").

come **out** ahead, **succeed,** (also:) **have luck, be lucky** manuia He came ~ ahead in his undertaking. 'Ua manuia 'ōna i tāna 'ohipa. He is a person who continually comes ~ ahead. E ta'ata manuia roa 'ōna.

come **out** ahead (as in an argument), **win** upo'oti'a

leave **out, throw out, omit,** (also:) **leave behind, forsake, abandon, desert** fa'aru'e

pull **out, extract, remove, take off,** (also:) **open** 'iriti

run **out of, be all gone, cease to exist, disappear** 'ore

run **out of** (referring to something having been consumed or used up or spent) pau

take **out, draw out, pull out,** (also:) **open** 'iriti I took my books ~ of the box. 'Ua tātara vau i tā'u mau puta i rāpae i te 'āfata.

take **out, remove, set free from entanglement** tātara

worn **out, old, pale, fading, faded** marau

outboard motor mātini tāpiri boat with ~ poti mātini tāpiri

out-do, excel, surpass, exceed fa'ahemo

be **out-done** (by), **outstripped** (by), **exceeded** (by), **surpassed** (by), **lose to** hemo Manava was ~ by (lost to) Amaru. 'Ua hemo o Manava iā Amaru.

outer skin, epidermis pa'a

outhouse, (also inside the house:) **toilet** fare iti Could you show me the ~? E nehenehe ānei tā 'oe e fa'a'ite mai (iā'u) i te fare iti?

output, utility, usefulness faufa'a

output, yield, proceeds hotu (which means fruit)

outrigger boom 'iato

outrigger canoe va'a ~ with motor va'a mātini ~ with sail va'a tā'ie

outrigger float ama, ama va'a

outside rāpae, i rāpae, i rāpae noa'tu The nets are ~. Tei rāpae te mau 'upe'a. The guests went ~. 'Ua haere te mau manihini i rāpae.

just **outside** rāpae'au

outstripped (by), **out-done** (by), **exceeded** (by), **surpassed** (by), **lose to** hemo

oval pūrōroa

oval house fare pōta'a, fare pōte'e

ovarian egg, ovum hueoro 'ōvāhine, huero 'ōvari fertilization (literally: joining together) by the sperm of (with) the ~ tā'atira'a nō te manumanu tāne 'ē te huero 'ōvari

ovary (gland) punare'a, 'ōvari

oven (European type) umu

oven (Polynesian type), **earth oven** hīmā'a, ahimā'a Make the earth ~ ready (for firing up)! 'A fata i te hīmā'a!

oven, huge **kiln** in the earth for baking breadfruit in large quantities 'ōpi'o

prepare food in the **oven** (hīmā'a or umu), **bake** 'eu (originally used only when referring to baking in the hīmā'a)

oven house fare umu

over, above, on top of i ni'a a'e The airplane is ~ the ocean. Tei ni'a a'e te manureva i te moana (or:) miti.

over there i ō na

over there (but still close by) i ō mai

over there (farther away) i ō ra

get **over** (fatigue, hunger, thirst), **have a desire satisfied or fulfilled** māha My

368

desire(s) has (have) been fulfilled. 'Ua māha tō'u hina'aro.
run **over, be full** or **filled**   'Ī   My cup runneth ~ (literally: is full).   Tē 'ī nei tā'u āu'a.
start **over** again, **recommence, do an encore**   tāpiti
repeat (words) **over and over** again   tata'u i te parau
over-and-above, greater   hau a'e   Pouvāna'a a 'O'opa's intelligence was ~ that of the French politicians. 'Ua hau a'e te māramārama o Pouvāna'a a 'O'opa i tō te feiā poritita (or: feiā tōro'a) farāni.
cause someone or something to be **over-and-above** or **greater than**   fa'ahau
say (repeat) the same thing **over and over** again, (also:) **warm over** (food)   tāhana, tāhanahana   He says (or: repeats) the same thing ~ again. E tāhana noa 'ōna i tāna parau.
overcast   tāpo'ipo'i   The sky is ~. E mea tāpo'ipo'i te ra'i.
overcast, dark, gloomy   rumaruma, fa'arumaruma   The sky is ~ at present. 'Ua fa'arumaruma te ra'i i teie nei.
overcome (by worry or concern)   ro'ohia i te ahoaho   She was ~ by worry. 'Ua ro'ohia 'ōna i te ahoaho.
overcome, annihilate, wipe out   ha'amou
overcome, come out on top, win over someone or something (as in an argument), (also:) **conquer**   upo'oti'a
overcome, win   (construction with riro te rē)   But be of good cheer; I have ~ the world. E fa'aitoito rā, 'ua riro 'o teie nei ao iā'u.
overcrowd, fill up to overflow   fa'api   (note that fa'a'āpī means to renew)
overflow, spill over   mani'i   (note that māni'i means pour)
overflow the banks of a river   pararī
overhang   tāfare
overhang (especially with reference to the overhanging crests of large waves)   tāfarefare
overhanging, (also:) **swinging**   tārere
overload (especially in with respect to canoes, boats, or ships), **load to** at least **full capacity**   fa'atomo
overlook, forget, lose, leave behind   ha'amo'e
overlooked, forgotten, lost, left behind   mo'e
oversee, inspect, examine, scrutinize, look at closely   hi'opo'a
overseer, inspector, examiner   ta'ata hi'opo'a
over-small, smaller than adequate, too small   iti, (e) mea iti
oversweet, sickly-sweet, cloying   tuhituhi
overtaken (by), struck (by), surprised (by)   ro'ohia, noa'a, roa'a   They were ~ by difficulties. 'Ua ro'ohia rātou i te fifi. I was ~ by the rain. 'Ua ro'ohia vau i te ua.
overturn, capsize, keel over, tip over   tahuri, huri, hurihuri   If you don't sit in the middle, the canoe will ~. 'Ia 'ore 'oe e pārahi i rōpū, e tahuri ia te va'a. If the ship had ~ed, we would all have died. 'Ahiri te pahī i tahuri, 'ua pohe pauroa ia tātou.
overturn completely, be turned upside down, capsize   ta'ahuri   The car ~ed (ending upside down). 'Ua ta'ahuri te pereo'o.
cause to **overturn,** cause to **capsize,**   fa'atahuri
cause to **overturn completely,** cause to **capsize**   fa'ata'ahuri
overturn *vi*, **turn over, turn upside down**   huri
overturn *vi*, **turn over and over,** (also:) **roll** (of waves and ships)   hurihuri
overturn *vi*, **turn part-way over**   tī'opa
overturn *vt*, **turn something on its side**   fa'atī'opa
overturned, capsized   tahuri
overturned completely, capsized   ta'ahuri
ovum, egg   huero

ovum, **female (ovarian) egg** huero 'ōvāhine, huero 'ōvari
owe (money), **be in debt, borrow** 'aitārahu
owe, (also:) **rent, hire** tārahu
own *adj* iho   my ~ house tō'u iho fare   I make my way on my ~. Tē mā nei au iā'u iho.   No one is a prophet in his ~ country. 'Aita e perofeta i 'itehia mai i tōna iho fenua mau.   He was afraid of his ~ shadow. 'Ua mata'u noa 'ōna i tāna iho ata ra.
see with one's **own** eyes 'ite mata   I saw it with my ~ eyes. 'Ua 'ite mata vau.   With my ~ eyes I saw him take that canoe. 'Ua 'ite mata roa vau iāna i te ravera'a i terā va'a.
own, possess fatu   ~ the (extended) family property fatu i te fenua fēti'i
owner, head of an enterprise 'ona
owner, master fatu   Pouvāna'a a O'opa constantly fought for the return of the sacred native lands to their rightful ~s. 'Ua 'aro noa o Pouvāna'a a O'opa 'ia fa'aho'ihia te fatura'a tapufenua mā'ohi i te hui fatu mau iho.
owner, proprietor fatu, fatu faufa'a
ownership fatura'a
common **ownership** ti'arōpūra'a
give up **ownership, be taken possession of** riro   I have given up ~ of (sold) my car. 'Ua riro tō'u pereo'o i te ho'o.   My money was stolen from me. 'Ua riro tā'u moni i te 'eiā.
joint **ownership** faufa'a 'āmui
ox pua'atoro
oxcart pereo'o tei 'umehia e te pua'atoro
oxygen hō'ō'ava, 'otitene (scientific term)
oxygen (in daily speech), **air** mata'i (literally: wind), mata'i ora
suffer from **oxygen** deprivation in diving topatari, tapatari
oyster tio   ~ farm(ing) fa'a'apura'a tio (or:) fa'a'apura'a 'ina'i 'apu
mother of pearl **oyster** or shell, **Pinctada margaritifera** pārau (note that parau means talk)
(a species of) giant **oyster, giant clam, tridacna shellfish** pāhua   ~ scalded in boiling water pāhua vaipā   detach ~ (from coral) 'a'aro i te pāhua

pace, step ma'ara'a, ma'ara'a 'āvae Four ~s ([Take] four steps) back! E maha ma'ara'a 'āvae i muri!
pace, (also:) **take big steps** ma'a (note that mā'a means food)
pace round about, amble ta'amino
Pacific Pātitifa (seldom: Pātitifita) ~ ocean moana patitifa South ~ Pātitifa 'Apato'a (The) ~ Games (Te) Heiva Tā'aro nō Pātitifa
pacified, peaceful, reconciled hau
pacifier, artificial nipple 'ote'otera'a
pacify, make peace, reconcile fa'ahau
pack, bundle, bale 'ōta'a
pack, herd, flock, horde taura
pack, package pū'ohu ~ of cigarettes pū'ohu 'ava'ava
pack of twenty-five pandanus roofing units tāti'a rauoro
pack, make a package, (also:) **wrap something, make bundles** pū'ohu
package, parcel, (also:) **wrapper** pū'ohu ~ for mailing pū'ohu hāpono small ~, petit paquet pū'ohu na'ina'i Send (or mail) the ~ here to me. 'A hāpono mai i te pū'ohu iō nei.
paddle, oar hoe Bora Bora of the Silent ~s Porapora i te hoe māmū
paddle, row hoe, hoehoe You two ~ (or: row), I will bail. Nā 'ōrua e hoe, nā'u e tatā i te riu.
paddle-blade (plant) rapahoe
paddle-tail snapper, Lutjanus gibbus tāea, tūhara
padlock pōnao Someone has broken open the ~. (The ~ was broken open.) 'Ua panahia te pōnao.
pagan, heathen 'etene
page (in a book, journal, etc.) 'api parau turn the ~! 'A huri i te 'api parau!
page boy taure'are'a 'āpe'e (literally: following or escorting youngster)
page, sheet, leaf (of a book or newspaper) 'api parau (note that 'api pārau refers to the valve of a mother-of-pearl shell and that parau 'āpī means news), 'api turn a/the ~(s) huri i te 'api parau
paid 'aufauhia
paid for, financed tāmonihia
(be) **paid off** pe'e Have you ~ that debt? 'Ua pe'e ānei terā tārahu iā 'oe?
without being **paid** tāmoni-'ore-hia
pail, bucket pātete
pain (of body or mind), **hurt, ache,** (also:) **anguish** māuiui, mamae (seldom used) My foot is in constant ~. Tē māuiui noa tō'u 'āvae. I am in constant ~ (my heart is aching [emotionally]). Tē mamae noa nei tō'u 'ā'au.
painful, hurting, aching māuiui, mamae
paint n pēni, pēnira'a, huru pēni The ~ has spilled on the floor. 'Ua mani'i te pēni i ni'a i te tahua. Your ~ is too thin. 'Ua tarapape roa tā 'oe pēni.
paint v pēni
paint, daub, smear on, spread on parai
paintbrush porōmu pēni
painter (artist) ta'ata pēni hoho'a, ta'ata pāpa'i hoho'a
house **painter** ta'ata pēni fare
painting (art) (te) 'ohipa pēni hoho'a
painting, picture hoho'a pēni, hoho'a Pictures hung upon the wall in golden frames - pictures of ships, and men fighting, and of the most beautiful women, and of singular places; nowhere in the world are these pictures of so bright a color as those Keawe found hanging in his house. E mau hoho'a pēni tei fa'atautauhia i ni'a i te mau papa'i, mea 'āuahia i te 'iri 'ana'ana

pirū, e hohoʻa pahī, e hohoʻa taʻata taputō, e hohoʻa vahine purotu, e hohoʻa nō te tahi mau fenua taʻaʻē roa; ʻaita roa tō teie nei ao taʻatoʻa e hohoʻa nehenehe ʻae i teie tā Keawe e mātaʻitaʻi nei i roto i tōna fare. (From R. L. Stevenson's The Bottle Imp, freely translated by John [Tihoni] Martin.)

pair pea (loan word from English)
pair, two piti
palace aoraʻi (Aoraʻi is also the name of one of the highest mountains in Tahiti)
palace, royal residence fare ariʻi
Palaemon eupalaemon, fresh water shrimp ʻōura pape
palate aroaro vaha ~ **bone** ivi aroaro vaha
pale, fading, faded, worn out, old marau
pale, ill-looking, sickly, (also:) **yellowish, jaundiced** māreʻareʻa, māheʻaheʻa
Paliuurus penicillatus, salt water shrimp, reef lobster ōura miti
palm (of hand) ʻapu rima
palm (tree) tumu haʻari
heart of **palm, center of a coconut palm** puo haʻari
palpate, tap or **test with fingers, feel, touch** fāfā
palpitate, throb (artery or vein), **beat** (heart) huʻi, huʻihuʻi
pamper, coddle, spoil, (also:) **treat with tender, loving care** poihere
pamphlet, brochure, booklet, leaflet puta iti
pan, (also:), **kettle, pot** pāni frying ~ farai pāni the devil's frying ~ (hell) te pāni a Tātane
pancreas rama
pandanus flower hīnano
pandanus tree, Pandanus odoratissimus, (also:) **pandanus fruit** fara, paeʻore (the leaves of this variety are used for making mats)
pandanus tree leaf rauoro, rau-fara

(another variety, Pandanus tectorius)
pandanus-roof house fare rauoro
pack of twenty-five **pandanus roofing units** tātiʻa rauoro
panic, alarm, scare, fear, terror mataʻu rahi
Don't **panic! Don't be hasty! Wait!** ʻEiaha e rū! (usually abbreviated to:) Hērū!
pant, be out of breath, gasp for breath (with the implication of being tired) mapumapu
pant, blow or **whistle** or **exhale loudly** (like divers when coming to the surface) mapu
panties piripou vahine
pantomime, mimic with the hands ʻapa (note that ʻapā means to kiss), ʻapaʻapa
pantry vairaʻa māʻa,, ʻāfata māʻa, pātere, pātere māʻa
pantry (separate building for storing food) fare vairaʻa māʻa
pants, slacks, trousers piripou, piripou ʻāvae roa
papa, dad pāpā
papaya, pawpaw, Carica papaya ʻīʻitā
paper (in general) parau ~ **handkerchief** (facial tissue) parau horoi ihu ~ **napkin** parau horoi ʻutu **sand-~** parau taratara
paper (nowadays seldom seen or heard other than in the Bible) pēpa (English loan word, now referring to pepper)
paper (for certain specific purposes) pāpie (French loan word) cigarette ~ pāpie (or: pāpie ʻavaʻava) toilet ~ pāpie (nō te) fare iti
paper mulberry (tree), Broussonetia papyrifera aute (note that ʻaute means hibiscus) This is the tree from which most (brown) tapa was - and on many Polynesian islands - still is made.
papist pōpe
Papua, (also:) **New Guinea** (fenua) Pāpua
Papuan (taʻata) pāpua
parable parapore

372

parachute, (also:) **umbrella** 'āmarara ~ 'ōu'a 'āmarara
parade (general), **procession** porotēra'a, porotē   members of a ~ te feiā porotē
parade (not military), **procession** hivavaevae
parade, walk in procession porotē   The soldiers ~d. 'Ua porotē te mau fa'ehau.
paradise parataito
paraffin, wax uēfa
paragraph paratarāfa
paragraph, verse, stanza 'irava
(Tahitian) **parakeet, Vini peruviana** vini
long-tailed **parakeet, Phaeton lepturus** petea
parallel hō'ē huru haerera'a
parallellepiped 'āfata 'opa   rectangular ~ 'āfata
paralysis hapepa, ma'i hapepa, ha'aparuparura'a
paralytic hapepa
paralyze, cause weakening ha'aparuparu
paralyzed (sometimes referring to legs only) hapepa
(practically) **paralyzed, weak(ened), feeble** paruparu   his weak or (practically) ~ hand tōna rima paruparu
become **paralyzed** tupu i te ma'i hapepa   He became ~. 'Ua tupu 'ōna i te hapepa (or:) i te ma'i hapepa.
parasite, moocher ta'ata tīpe'e   He is a habitual moocher (lives like a ~). E orara'a tīpe'e tōna.
parasitic, mooching or **sponging on people** tīpe'e
parcel, bundle, pack, bale, roll 'ōta'a
parcel, package, (also:) **wrapper** pū'ohu
parcel of land   tuha'a fenua, vaeha'a fenua
parched, very dry marō roa
parched with thirst, very thirsty pūhā, pūhā i te pape   I am ~ with thirst. 'Ua pūhā roa vau i te pape.
pardon, acquit, give absolution ha'amatara, fa'a'ore i te hara, fa'a'ore i te hape
pardon, acquittal, absolution matarara'a hara, matarara'a, fa'a'orera'a i te hape
pardonable, forgivable au 'ia fa'a'orehia
pardoned, forgiven matara
pare, peel, remove skin, strip hohore
parent (often also: **uncle** or **aunt**) metua
parent-in-law metua ho'ovai, meti'a ho'ovai
biological **parent** metua fānau
feeding **parent** metua fa'a'amu
parenthesis pāruru
parents (two people) na metua
parents (as a group) hui metua
parish paroita
park, commons 'āua   public ~ 'āua nō te mau ta'ata'toa
park (a vehicle), **place, station** tu'u (i te pereo'o), vaiho (i te pereo'o)
parking lot vaira'a pereo'o
parking structure fare vaira'a pereo'o
parlor (when used primarily by the family), **living room** piha fa'afa'afa'aera'a
parlor (when kept primarily for show or for guests), **salon** piha fa'anehenehe, piha fārereira'a
parlor game (cards) perē
parlor game (general) ha'utira'a
paroxysm, seizure pūai-roa-ra'a
Parribacus antarcticus, sand lobster, (also:) **military tank** ti'ane'e
parrot manu parau ta'ata
pigeon **parrot, Ptilinopus purpuratus purpuratus** 'u'upa
Tahitian green **parrot, Psittacus zealandicus** 'ā'ā
parrot fish (Callyodon) rōtea, hō'ū
parrot fish (Scarus) uhu, pahoro
part, portion, piece, (also:) **place, spot** vāhi
part, portion, (also:) **place, spot** vaeha'a
part, portion, share, division tufa'a, tuha'a   divide in two ~s vāhi e piti tufa'a
part, side pae

part of a whole, **portion, side** 'apa'apa
divide **into parts,** (also:) **share, partake** vāhi, vāvāhi
a **part** of ... tetahi pae o te ...
a great **part (the majority)** of them te pae rahi o rātou
part (mechanical) 'āuri, tufa'a 'āuri
part (in the hair) vehera'a rouru
part, leave, depart reva, rereva, revareva
part from, leave, leave behind, abandon, foresake, desert fa'aru'e
part one's hair vehe i te rouru
the **parts of speech** te mau 'āna'ira'a parau
partake, share, divide up vāhi
partial (part of a whole) paetahi
partial, unjust, biased ti'a 'ore
participate in (construction with roto) I never ~d in (played) the lottery. 'Aita roa vau i roto i te pu'e'a.
participle hete 'āpiti past ~ hete 'āpiti tauāhemo present ~ hete 'āpiti taunei
particle, atom, grain hu'a (be careful with pronunciation since hua means vulva)
particle (grammar) ireire
particularly, above all e tei hau roa'tu ra
partisan, supporter, backer, patron (ta'ata) turu
partition, wall, siding papa'i
party (cocktail) inuinura'a, inuinura'a 'ārearea
party (dinner) tāmā'ara'a, tāmā'ara'a rahi
party (political) pae, pae'au, pupu the Republican ~ te pae repupirita
party, side, direction pae'au
Parupeneus barberinus, barbel, goatfish ahuru tore
Parupeneus bifasciatus (a small black and spotted lagoon-fish), **two-saddled goatfish** 'āti'ati'a upo'o rahi
Parupeneus trifasciatus, three-saddled goatfish 'āti'ati'a
pass through a mountain 'ē'a piriha'o

pass through a reef, **entrance into a harbor** ava, (if small:) avaava, avāva buoy marking the entrance to a ~ pōito ava The ship has entered the ~. 'Ua fa'aō te pahī i roto i te ava. The ship's bell was sounded when she entered the ~. 'Ua pātē te oe o te pahī i te tomora'a i roto i te ava.
pass, passport parau fa'ati'a tere, parau tere
pass, slip by mahemo, pahemo
pass, surpass hemo Ete's boat has ~ed Moari'i's. 'Ua hemo tō Ete va'a i tō Moari'i.
pass on, go by (quickly) mareva
pass without stopping, skip haere noa
pass to another, change hands or **ownership** riro
come to **pass, happen, occur, take place** tupu
pass (speaking of time) ma'iri
pass, elapse, (also:) **be set free** tu'u Not one day ~es but ... 'Aita e mahana tu'u ā ...
pass around, distribute 'ōpere
passage, street, road, route aroā
be **passed, consumed, spent, used up, taken away** pau
be **passed by, remain behind** ma'iri
passenger horopātete ~ list tāpura horopātete
passenger, tourist (ta'ata) rātere
passive suffix -hia, hia, -a
passive verb ihoparau ha'ahia
Passover (biblical), **Easter of Jews, pascal festival/celebration** Pāta (usually written Pasa by Protestants)
passport, pass puta rātere, parau fa'ati'a tere, parau tere New kinds of ~s were issued last year. 'Ua mahuti te mau puta rātere huru 'āpī i te matahiti i ma'iri a'e nei.
past, times past te tau i ma'iri (a'e nei)
in the **past, in the beginning** i te mātāmua This road is wide now, not like

it was in the ~. 'Ua 'a'ano teie purōmu i teienei, e 'ere mai tei te mātāmua ra.
in the **past, in bygone days** i muta'a a'e nei
past *(preposition)* i ma'iri It is 25 minutes ~ eight. E piti 'ahuru mā pae miniti i ma'iri i te hora va'u.
past *(tense)* tauāhemo definite ~ tauāhemo tu indefinite ~ tauāhemo tu'ore narrative ~ tauāhemo fa'ati'a
past participle hete 'āpiti tauāhemo
past tense 'ua
paste, batter, (also:) **paste pudding, poi** pōpoi
to **paste** (with starch) pia
paste together tāpia
paste or **glue** or **cement together** fa'atāpiri, tāpiri
paste pudding (with a plantain or breadfruit or taro base), (also:) **paste, batter** pōpoi
pastor, minister 'orometua, 'orometua a'o
pasture vāhi matie, vāhi mā'a
cow **pasture** 'āua pua'atoro
pat (with hand on shoulder or back), (also:) **slap** pā'i, pā'ipā'i, papa'i
pat, fondle, run hands over horomiri, 'ōmiri
pat (opposite sex), **fondle, caress, cuddle** tauhani, tauhanihani
patch, (also:) **lining** 'apa
patch, sew a patch, (also:) **provide with lining** 'apa (note that 'āpā means to kiss)
taro **patch** pa'i, pa'i taro
patchwork quilt, appliqué bedspread, bedcover tīfaifai
pâté pātē
patent pātana
path, pathway, way, road, route, (also:) **ladder** 'ē'a, 'e'a, ara (literary), haere'a He leadeth me in the ~s of righteousness for His name's sake. E arata'i 'oia iā'u nā te 'ē'a tītī'aifaro, nō tōna ra i'oa. Prepare ye the way of the Lord, make his ~s straight. E ha'amaita'i 'outou i te 'ē'a o Iehova, e fa'atiti'aifaro i tōna haere'a.
patience, forbearance fa'a'oroma'i, fa'a'oroma'ira'a Thanks to his great ~ for my unending questions I succeeded in my pursuit (also: research). 'Aua'a maoti tāna fa'a'oroma'ira'a rahi i tā'u mau uiuira'a tu'utu'u-'ore i manuia ai tā'u mau mā'imira'a. And beside this, giving all diligence, add to you faith virtue; and to virtue knowledge; and to knowledge temperance; and to temperance ~; and to ~ godliness. E 'ia tupu te reira, e fa'aitoito hua i te 'āpiti ato'a tō 'outou fa'aro'o i te mata'u 'ore; te mata'u 'ore ho'i i te 'ite; te 'ite ho'i i te hitahita 'ore; te hitahita 'ore ho'i i te fa'a'oromai; te fa'a'oromai ho'i i te paieti.
patience, self-control, moderation, temperance hitahita 'ore
be or have **patience** or **forbearance** fa'a'oroma'i
patient, forbearing (e) mea fa'a'oroma'i
patient, in control of oneself, unhasty, unhurried (mā te) hitahita 'ore
Be **patient!** 'A fa'a'oroma'i noa!
patient, sick person ta'ata tupuhia i te ma'i, ta'ata ro'ohia e te ma'i
patrimony faufa'a tupuna
patron, backer, supporter turu, tuturu
patron, benefactor, aider tauturu
patronym, family name pa'era'a
patsy, sucker, dupe ta'ata hema (noa)
pattern, (drawn) **design** hoho'a pāpa'i
floral **pattern on cloth** rau-rā'au
pause, break, temporary halt, intermission, rest fa'afa'aeara'a, fa'aera'a
make a **pause** in speech, **punctuate** fa'atoma
pause, take a break fa'aea
pause, take a short break fa'aea ri'i
pave (with asphalt), **tar** tā ~ a road tā i te purōmu (or 'e'a)
pave (with stones) hāmani i te tahua 'ōfa'i

375

paved (with asphalt), **tarred** tāhia road ~ with asphalt purōmu (or 'e'a) tei tāhia
paved (with stones) hāmanihia i te tahua 'ōfa'i
pavement (of asphalt), **paved surface** tahua, tahua tei tāhia
pavement (of stones) paepae
pawpaw, papaya 'ī'ītā
pawpaw (papaya) tree, Carica papaya tumu 'ī'ītā, ninita (anc.)
pay 'aufau, 'aufau i te moni four times that which you paid him tā tai maha i ni'a a'e i muri a'e i tō 'aufaura'a'tu iāna ra
pay for, supply money for, finance something tāmoni
pay attention, be alert or **vigilant** or **wary, be on one's guard** ara
Pay attention! Be on your guard! E ara!
pay attention, be careful ha'apa'o Pay close attention when you climb down! Ha'apa'o maita'i roa 'a pou ai 'oe i raro!
Pay attention! Watch out! Be careful! Ha'apa'o maita'i!
pay (serious) **attention to, give weight to, care about, take seriously, believe in** (what is said) tāu'a Don't ~ what he is saying! 'Eiaha e tāu'a i tāna parau! ... but he paid no more attention to it. ... 'aita ra 'ōna i tāu'a fa'ahou.
pay back, reimburse, recompense fa'aho'i i te moni
paying back, reimbursement, recompense fa'aho'ira'a i te moni
pay someone back (in a positive sense), **recompense**, (also:) "pay someone back" (in a negative sense), **retaliate, take revenge, avenge onself** tāho'o
"**paying back," retaliation, avenging oneself** tāho'o
pay off, give a return, satisfy ho'ona I did not waste my time. (My time paid off.) 'Ua ho'ona tō'u taime. My tiredness from (My effort in) remodeling my house paid off. 'Ua ho'ona tō'u rohirohi i te fa'a'āpīra'a i tō'u fare.

pay off a debt ha'ape'e
paying off a debt ha'ape'era'a
payment 'aufaura'a (moni)
payment, recompense, remuneration tāmoni ~ is necessary e mea tāmoni work (n) for ~ 'ohipa tāmoni
down **payment, deposit** moni tāpa'o
pea pipi
peace hau ~ be to this household. Ei hau tō teie nei 'utuāfare.
make **peace** fa'ahau
peaceable, gentle, timid māmahu (be careful with pronunciation: māhū is the word for male transvestite)
peaceable, soft, gentle, kind, easy, affable marū
peaceably, in peace mā te hau
peaceably, without trouble mā te pe'ape'a 'ore
peaceful, at peace, not worried, (also:) **pacified, reconciled** hau
peaceful, trouble-free 'aita pe'epe'a
peach pīti
peak, top of a mountain tupua'i
pear pea
pearl poe (pārau) black ~ poe rava To whom did you give the very beautiful black ~? 'Ua hōro'a 'oe i te poe rava nehenehe roa iā vai ra?
pearl, (also:) **bead** poe He opened his hand (literally: his hand opened) and he showed me a (or: the) ~. 'Ua hōhora tōna rima 'ē 'ua fa'a'ite maira 'ōna i te poe. (Perhaps the most famous islands yielding natural pearls are Hikueru in the Tuamotus and Tongareva [Penrhyn] in the northern Cook Islands.)
pearl shell pārau ~ merchant ta'ata rave pārau ~ merchants feiā rave pārau
pebble, gravel, (also:) **shingle** tu'iri
peck (at) tito
peck, nibble at (like fish wary of the hook) titotito
pectoral, breastplate, gorget tāumi The tāumi is crescent-shaped and usually made

376

of mother-of-pearl, either plain or decorated with Polynesian designs. Suspended on the breast from a string around the neck, it is a beautiful and striking ornament for women as well as men. As a curiosity I can mention that one of the mutineers of the Bounty, John Millward, liked the tāumis so much that he had the likeness of one tattooed on his body!

pedagogic(s) 'ihiha'api'i
pedagogue tā'i'hi ha'api'i
pedal (of a bicycle) tāta'ahira'a, ta'ata'ahira'a
pedal (riding a bicycle, originally: **tread under foot**) tāta'ahi
pedestrian ta'ata haere 'āvae, (colloquially:) ta'ata haere nā raro Respect (give the right of way to) the ~s! Eia fa'aturahia te ta'ata haere 'āvae!
peek out, look out fā'ao, fā'ao'ao
peek through (like the sun through clouds) aputa
peel (of fruit or vegetables), **rind**, (also:) **bark** (of trees), (also:) **crust** (of bread or of sores), (also:) **shell** (of turtles or eggs or nuts), (also:) **outer skin** pa'a
peel *vi*, **be peeling** (like the skin after a sunburn) mahore, māhorehore Your back is ~ing. 'Ua māhorehore tō 'oe tua.
peel *vt*, **peel off, skin, strip** hohore
peel (with a knife) tipi
peel (with a knife), **cut into pieces** tipitipi
peeled mahore
peeler (of cowry shell), **scraper** reho
peep, (also:) **look around** or **about, look here and there** hi'ohi'o
peeping Tom, voyeur ta'ata hi'ohi'o
peer out, look out fā'ao, fā'ao'ao
lead **pellet** (for a birdgun), **shot** 'ōfa'i pupuhi manu
Pemphis acidula, hardwood tree from the twigs of which combs used to be made 'ā'ie
pen, enclosure 'āua fish ~ 'āua i'a
pen (ink), **fountain pen** pēni fountain ~ pēni tuira, tuira This is my fountain ~.

Tā'u tuira teie. Your ~ is out of ink. 'Ua pau te 'inita iroto i tā 'oe pēni tuira.
ballpoint **pen** pēni pāpa'i
penalize, punish, fine, (also:) **condemn** fa'autu'a
penalty, punishment, fine, (also:) **reward, just deserts** (can therefore also be good) utu'a How much is the ~ (fine) if the car is parked in the wrong (prohibited) place? Ehia moni te utu'a 'ia vaihohia te pereo'o i te vāhi hape (i te vāhi 'ōpanihia)?
impose a **penalty, return a verdict, sentence, punish** fa'autu'a
pencil pēni tara Maeva's ~ te pēni tara a Maeva
pencil sea urchin or **star fish** (the needles were once used as slate pencils) fetu'e
penetrate, open by piercing, (also:) **enter into a place** ō
penetrate, thrust or **enter into** ha'amure
penile erection 'ī'īra'a, pa'arira'a o te mero
peninsula, point or **head of land, cape, promontory, spit** 'otu'e, 'outu The house had been built on a very pleasant ~. 'Ua fa'ati'ahia te fare i ni'a i te hō'ē 'ōtu'e au maita'i roa.
penis, phallus ure, mero tāne, mero ha'amā, (vulgar:) moa, tari, tari hua, kokoro
pull back the foreskin of the **penis** tītoi
penny (five sous) pene
Penrhyn island (one of the northern islands in the Cook group, known for its beautiful pearls) Tongareva, Mangarongaro (anc.)
pension, inn, hotel hōtēra
pension, school fare ha'api'ira'a
pension, state subsidy moni tufa'a
pensioned, retired fa'atufa'ahia
pensive, thoughtful, worried about, anxious about māna'ona'o What are you always worrying about?/Why are you always so worried? Eaha 'oe e

māna'ona'o noa ai?
pentagon poropae
pentahedron 'orapapae
people, citizens hui ra'atira The chief is among the ~. Tei rotopū te tāvana i te hui ra'atira.
people, nation nuna'a
people, persons te mau ta'ata, ta'ata
people (belonging to a certain category or group) feiā
peopled ta'atahia
pep pill, stimulant fa'a'aeto'erau
pepper pēpa
red **pepper, pimento, Solanum anthropophagorum** 'ōporo
peppermint (mint-like plant), **false mint** 'ōtime
peppery, spicy, hot tehutehu
per (does not exist in Tahitian, but can be circumscribed without loss of meaning:) The alaskans have more private airplanes ~ person than the people of any other state. Nā ni'a i te rahira'a o te ta'ata ra, 'ua hau atu te mau ta'ata Alaska tei fatu i te hō'ē manureva i tō te tahi noa'tu tufa'a fenua ra.
per cent, percent nā ni'a i te hānere, i ni'a i te hānere
per cent, percent, profit, gain 'āpī
percentage rahira'a i ni'a i te hānere
peradventure, perchance, if it is so, perhaps, maybe, it might be that ... pēneia'e And now I will go up unto the Lord; ~ I shall make an atonement for your sin. 'Ē teie nei e haere au i ni'a iā Iehova ra; pēneia'e 'o te matara tā 'outou hara iā'u.
perceive, see, witness, (also:) **know,** (also:) **know by sight, recognize** 'ite I ~d (it) with my own eyes. 'Ua 'ite mata roa vau.
percentage, rate fāito (i ni'a i te hānere) rate of interest fāito taime rate of exchange fāito taui moni
perception, cognizance 'itera'a

perception, discernment, understanding hāro'aro'ara'a
be clear about a **perception, recognize** ta'a He ~d me as soon as he saw me. 'Ua ta'a iāna ē o vai au i te taime iho tāna i 'ite iā'u.
perch n & v, **roost** 'āpa'e
perch, place to land, landing taura'a
perch, alight, land (as an airplane) tau
perch (a kind of small fresh-water fish), "trout," **Kuhlia rupestris** nato
perch, wrasse po'ou
yellow margined sea **perch, sea snapper, Lutjanus vaigiensis** to'au
perchance, perhaps, maybe, if it is so, it might be that ... pēneia'e
perfect, very good maita'i roa
perfect, without fault mā te hapa 'ore I am the almighty God; walk before me and be thou ~. O vau te Atua mana hope ra; e nā mua 'oe i tā'u aro mā te hapa 'ore tā 'oe.
That's **perfectly** true! 'Oia mau!
perfect tense hīro'a hope
prepositive particle indicating **perfect tense** 'ua ...
perforate, prick, stab, lance, plunge into, (also:) **inject** pātia
perforations, (also:) **full of** or **riddled with holes** (as a bad road or a cheese) 'āpo'opo'o
perform, work rave i te 'ohipa
perform, do, practise (an activity) ha'a (nowadays referring mostly to work performed by women)
perform a task attentively ha'apa'o
perform (as entertainment), **play** ha'uti
perform a trick, trick ha'a
performance, accomplishment, finished work 'ohipa fa'aotihia
performance, show ha'utira'a
theater **performance,** (also:) **stageplay** teatara'a ta'ata ora
perfume (in bottle) rā'au no'ano'a
perfume (in spray bottle) mono'i pāmu

perfume (scented coconut oil) mono'i
perfume (sprinkled) mono'i pīpī
apply **perfume, render fragrant,** (also:) **add spice** or **flavor, season** fa'ano'ano'a
perfumed, sweet-smelling, fragrant no'ano'a
perfumed coconut oil mono'i
perhaps in the sense of **may** or **might** paha, e paha ~ you want ... E hina'aro paha 'oe ... ~ he is leaving on Sunday. E reva paha 'ōna i te mahana tāpati. ~ he will become president, if enough people will vote for him. E riro paha 'ōna ei peretiteni, mai te mea e rava'i te ta'ata nō te ma'iti iāna.
perhaps, maybe, peradventure, perchance, if it is so, it might be that... pēneia'e We will ~ find (get) the bread we are looking for (literally: our bread) in that Chinese store. Pēneia'e e roa'a tā tātou faraoa i terā fare toa tinitō.
perimeter 'atira'a (note that 'atira'a also means sexual relations)
period, duration maorora'a
period, era, epoch, age tau from that time (~ previously referred to) until the present day mai taua tau ra e tae roa mai ai i teie mahana
period, interval ārea in the ~ of... (during ...) i te ārea nō ...
period, season, time 'anotau
period (grammar), **point** periota
menstrual **period** ma'i 'āva'e, tapahi
have a menstrual **period** tapahi
periodical, newspaper, journal, organ ve'a
Periplaneta americana, roach, cockroach, (also:) **beetle** popoti
perish, become extinct (especially referring to hereditary succession) or **extinguished, vanish** mou
perish, die pohe All they that take the sword shall ~ with the sword. 'O te rave ho'i i te 'o'e ra, e pohe ia i te 'o'e.
perishable tahuti

permanent, enduring tāmau ~ disability roha tāmau
permanent, established, firmly fixed ha'amau, fa'amau
permanent, set, having taken hold mau
permission, permit, authorization parau fa'ati'a, fa'ati'ara'a
permit , allow, (old English:) **suffer** Suffer the little children to come unto me, and forbid them not; for such is the kingdom of God. 'A tu'u mai i te tamari'i ri'i 'ia haere noa mai iā'u nei, 'ē 'eiaha e tāpe'ahia'tu; mai iā rātou ho'i tō te pātireia o te Atua ra.
permit, give permission, authorize, allow fa'ati'a I ~ it. Tē fa'ati'a nei au i te reira.
not **permit, not allow, not give permission, not authorize** (construction with:) e 'ere i te mea ti'a One must not ~ that kind of thing to happen again. E 'ere i te mea ti'a 'ia tupu fa'ahou i te reira huru 'ohipa.
perpetuate, preserve fa'ariro ei mea (or: 'ohipa) tāmau, fa'ariro ei mea tumu
perplexed, abashed, nonplussed, not knowing what to do napu, rapu
perplexed (by some accusation or unpleasant occurrence, for example), **abashed, nonplussed, confounded** ma'e
perplexed, confounded, not knowing what to do, (also:) **worried, concerned** hepohepo
perplexed, embarrassed, (also:) **worried, troubled** tapitapi
perplexed, hesitating between two possibilities fea'a piti
perplexed, worried, anxious māna'ona'o
perplexity, distress. trouble, worry, calamity ahoaho
Perris trifoliata, a plant the poisonous root of which (more toxic than that of the hutu fruit) is used to catch fish through its toxic action hora pāpua

perseverance, long life, (also:) **persevering, long-lived** ahomaoro
persevere, be constant, take hold tāmau
persevere, proceed, continue tāmau noa ~ in working! 'A tāmau noa i te rave i te 'ohipa!
persevering, constant, set, fastened, having taken hold tāmau
persevering, insistent, obstinate mārō
persist, be firm or **stubborn** fa'a'eta'eta
persist, maintain, hold firmly tāpe'a māite, tāpe'a
persist (at or **in), persevere** tāmau, tāmau i te tāpe'a
persistent, firm, stubborn fa'a'eta'eta
person, man ta'ata (usually if the person in question is female the word vahine is used instead of ta'ata) very good ~ ta'ata maita'i roa
person in charge, manager, director, head of staff ra'atira, ta'ata ha'apa'o i te ... hotel manager ta'ata ha'apa'o i te hōtēra
persons in charge, authorities te feiā tōro'a
person in one's charge, dependent uta'a
in **person** tino roa It is I who will go in ~. 'O vau tē haere tino roa atu.
rich or wealthy **person** 'ona
the **person** (in songs) tā'u tino (I), tō tino (you = thou)
personal, private (construction with:) iho (postpositive article expressing identity) I have a ~ (private) car. Nō'u iho tō'u pereo'o.
personal, private (construction with:) fatu (indicating ownership) The alaskans have more ~ (private) airplanes per person than the people of any other state. Nā ni'a i te rahira'a o te ta'ata ra, 'ua hau atu te mau ta'ata Alaska tei fatu i te hō'ē manureva i tō te tahi noa'tu tufa'a fenua ra.
personal property taiha'a, tauha'a, tauiha'a
personality, nature huru nātura

perspiration, sweat, (also:) **perspire, sweat** hou He is wet with ~ (He is sweating). 'Ua rari 'ōna i te hou.
persuade (usually in a negative sense), **use flatter in order to persuade,** (also:) **beg** tāparu
pest, insect (creeping), **roach, cockroach, beetle** popoti
pest, insect (flying) manumanu
pestilence, plague, epidemic ma'i ma'ue
pestle (of stone), **food-pounder** penu
pestle, pound, mash, crush, use a (stone) **pestle** (penu) pāpāhia
pet, favorite huruhuru pāpāri'a
pet, favorite, most loved here a'e his ~ daughter tōna tamahine here a'e
pet, sweetheart hoa here
pet, caress, fondle hanihani
Peter, Pete Pīta (note that pita means pitcher, decanter, carafe)
petiole, leafstalk hī'ata
petit paquet, small package pū'ohu na'ina'i
petite (of a woman), **small** na'ina'i
petite, graceful, beautiful nehenehe
petition, request anira'a
petition for, request, ask for ani
petrol, gasoline, kerosene mōrī pereo'o, mōrī Would you please fill up my tank with ~? E nehenehe ānei tā 'oe e fa'aī i tā'u tura i te mōrī pereo'o (or: gasoline)? His car uses a lot of ~. E pereo'o 'amu roa tōna i te mōrī.
petroleum, coal oil mōrī 'ārahu
petroleum, diesel oil mōrī hinu, hinu
petroleum parrotfish tapio
petticoat, inner skirt, slip piritoti
petty thief ta'ata raverave, rima raverave
petulant, saucy, insolent, impudent, impertinent iripa
Phaeton aethereus (a species of parakeet), **sea bird, tropic bird** tava'e
Phaeton lepturus, long-tailed parakeet petea

phallus, penis ure, (vulgar:) moa, tari, tari hua, kokoro
phantom, ghost, apparition tūpāpa'u
pharmacy fare rā'au, fare ho'ora'a rā'au
phasma, praying mantis, Graeffa coccophaga, (also:) **locust** vāvā
phial (of serum or medicine), **vial** 'ōpūpū, 'ō'ohe ~ of medicine 'ō'ohe rā'au
(nightly) **philandering, debauchery** 'ohipa ori i te pō Because of his nightly ~ that fellow contracted syphilis. Nō te 'ohipa ori pō i tupuhia ai taua ta'ata ra i te tona.
philantropist ta'ata here ta'ata
phlegm, snot, mucus hūpē
phlegm, spittle, mucus tare
phobia, fear taiā
phone (set), telephone niuniu paraparau, niuniu ~ **booth** piha niuniu paraparau ~ **directory** puta nūmera niuniu
phone, call, give a ring tāniuniu
phonograph, record player 'upa'upa tari'a, 'upa'upa fa'ata'i
phonograph record pehe 'upa'upa, pehe
phony, glib, smooth, unctuous ha'avarevare
phosphoresce, flash, spark, light up pura
phosphoresce, flash, spark(le), flicker purapura
phosphorescence, (also:) **flash of sparks, spark(s)** pura
phosphorescence, (also:) **phosphorescent, flashing, flickering** purapura
phosphorescent (as the sea at night), **sparkling** maremare
phosphorescent mushroom pura
photocopier mātini nene'i hoho'a
photocopy nene'ira'a hoho'a, hoho'a nene'ia
photocopying nene'ira'a hoho'a
photograph, (also:) **likeness, image, picture, appearance, portrait** hoho'a, (also:) hōho'a This ~ has really faded; it is very old, you see. 'Ua marau roa teie hoho'a; e mea tahito roa pa'i.
photograph, take a picture pata i te hoho'a, nene'i i te hoho'a, nene'i
photo(graphic) identification hoho'a ihota'ata
phrase (grammar), **clause** pereota
phrase (a group of words), **stanza, verse** 'iravarava (parau), 'irava (parau)
phrase, expression, saying topara'a reo, tu'ura'a reo, tu'ura'a parau
phrase, locution huru parau
phrase, speech parau
turn of **phrase, form** tu'ura'a parau
phrasing topara'a reo
physical (bodily) tino ~ **characteristics** huru o te tino
physician, doctor taote, tahu'a (biblical) I want a ~. Tē hina'aro nei au i te taote. ~, heal thyself! E te tahu'a ra, 'a fa'aora iā 'oe iho!
native **physician, medicine man, healer** tahu'a (still consulted today, also by popa'ās)
Phyllanthus simplex (a medicinal plant, a species of native grass) moemoe
physiology fitiorotia
piano piāna
pick, break off a stem with fruit or flowers in order to pick them 'ōfati, 'ōfatifati
pick, gather or **pluck off fruit** or **leaves** māfa'i, māfa'ifa'i, pāfa'i, pōfa'i, pāfa'ifa'i, pōfa'ifa'i
pick, pluck off 'ōhiti, 'ōhitihiti It is only on Mount Temehani that the 'apetahi flower may be ~ed. I ni'a ana'e i te mou'a Temehani e 'ōhitihia ai te tiare 'apetahi.
pick by means of some instrument such as a stick, (also:) **poke in order to hunt for something,** (also:) **lift up by using a lever,** (also:) **turn over with a hand spike** pana, panapana
pick for the purpose of digging tāpū repo
pick up (firewood, for example), **gather** 'ohi, 'ohi mai
pick up, withdraw 'iriti He ~ed up a

copy of his birth certificate. 'Ua 'iriti mai 'ōna i te hō'ē hoho'a nō tōna parau fānaura'a.
picture, likeness, image, form, shape, appearance, facial features, (also:) **painting, photograph, portrait** hoho'a draw a ~ pāpa'i i te hoho'a ~s hung upon the wall in golden frames - ~s of ships, and men fighting, and of the most beautiful women, and of singular places; nowhere in the world are these ~s of so bright a color as those Keawe found hanging in his house. E mau hoho'a pēni tei fa'atautauhia i ni'a i te mau papa'i, mea 'āuahia i te 'iri 'ana'ana pirū, e hoho'a pahī, e hoho'a ta'ata taputō, e hoho'a vahine purotu, e hoho'a nō te tahi mau fenua ta'a'ē roa; 'aita roa tō teie nei ao ta'ato'a e hoho'a nehenehe 'ae i teie tā Keawe e māta'ita'i nei i roto i tōna fare. (From Robert Louis Stevenson's The Bottle Imp, freely translated by John [Tihoni] Martin.)
picture, specifically **portrait** hoho'a mata, hoho'a ta'ata
take a **picture/photo** pata i te hoho'a Is it O.K. with you if I take a ~ of your sailing canoe? Yes, it's O.K. with me. E ti'a ānei iā 'oe 'ia pata vau i te hoho'a nō tō 'oe fare? 'Ē, 'ua ti'a iā'u.
pidgin Tahitian parau tinitō (can also mean Chinese [talk, language])
pie, tart pai, faraoa pai
piece, a split-off **part, portion, share,** (also:) **place, spot** vāhi, vaeha'a
piece, morcel, bit, (also:) **half of a breadfruit** or **coconut** pēha'a
piece, share, part, portion tuha'a, tufa'a
piece in a (board) game perē
piece of writing, document parau That ~ was torn up by him. 'Ua tūmahae e ana terā parau.
a **piece** or **bit** of ... ma'a a ~ of wood ma'a rā'au
a cut **piece, slice** tāpū a cut ~ of wood tāpū rā'au
piece-work, bonus work 'ohipa tārē, tārē
break into very small **pieces, be pulverized** hu'ahu'a He now sees all his hopes break, in a moment, like a piece of glass. Tē 'ite nei 'oia i teie nei i tāna mau ti'aturira'a ato'a, tē pāpararī hu'ahu'a nei, mai te hi'o te huru. (From John [Tihoni] Martin's free translation of Stevenson's The Bottle Imp.)
pier, quay, dock, wharf uāhu
pierce, bore, drill hou
pierce, go all the way **through** māpiha, māiha, pipiha
pierce, make an aperture ha'aputa
pierce, make a hole or **holes** fao
pierce a hole (especially when piercing the eye holes of a coconut), **awl** tīputa, tīputaputa
be **pierced** or **punctured** or **wounded** puta The car's tire was very badly punctured. 'Ua puta 'ino roa te uaua pereo'o.
piety, devotion, (also:) **pious, devout** paieti (primarily a Catholic term), huru paieti
piety, sanctimoniousness, selfrighteousness faritea, huru faritea
pig, (also:) **pork** pua'a barbecued ~ pua'a tāviriviri
Guinea **pig** 'iore popa'ā
treat someone like a **pig** ha'apua'a
pigeon, fly-eating pigeon, dove, Gallicolumba erythroptera 'ū'ū'aira'o
green **dove,** green **pigeon, pigeon parrot, Ptilinopus purpuratus,** (in the Bible:) **turtledove** 'ū'upa And to offer a sacrifice according to that which is said in the law of the Lord, A pair of turtledoves, or two young pigeons. 'Ē e hōpoi atu ho'i i te tusia (pronounced: tūtia) mai tei parauhia i te ture a te Fatu ra, E piti 'ū'upa 'ē 'aore ra e piti 'ū'ū'aira'o fanau'a.
blackish **pigeon, Globicera aurorae** rupe
carry **piggyback,** carry **pickaback** tūtā

piglet

piglet pua'a fanau'a
pigtail, queue pōtarora'a rouru
pile, heap 'āpapara'a
pile, heap, accumulation, (also:) **haul, catch** pu'era'a, pu'e, ha'apu'era'a ~ of fish pu'era'a i'a, pu'e i'a ~ of sweet potatoes pu'e 'umara ~ of books ha'apu'era'a puta heap of flowers pu'e tiare
pile up in a heap ha'apu'e
pile up, pile up in layers 'āpapa (note that 'āpāpā means to kiss each other)
pile up firewood and stones in the earth oven fata
piled up pu'e
pilfer, pinch, snatch raverave I don't want people ~ing (or: to ~) in my house. 'Aita vau i hina'aro i te ta'ata 'ia raverave i roto i tōu fare.
pilgrim pererina
Pilgrim's Progress Te Tere o Pererina
pilgrimage pererinara'a
pill huero rā'au, huero, huoro, rā'au huero, rā'au huoro
pep **pill, stimulant** fa'a'aeto'erau
pillar (general), **pole, post** pou
supporting **pillar, pole, post** turu fare, arati'a
pillow, cushion turu'a
pillowcase vihi turu'a, vehi turu'a
pilot (nautical) pairati (can also mean pirate!) When the ship approaches the pass and at the very moment when the ~ flag is hoisted ... 'Ia fātata mai te pahī i te ava, 'ē tei te hutira'a i te reva pairati ...
pilot (aeronautical) ta'ata fa'atere manureva, pairati manureva
pilot, guide arata'i
pilot, (also:) **chauffeur** ta'ata fa'ahoro
pilot, (also:) **drive** fa'ahoro
pilot fish tiatia uri, uri (note that 'urī means dog)
pimento, red pepper, Solanum anthropophagorum 'ōporo
pimple, blemish pu'upu'u

pipe

pimply, blemished, spotty pu'upu'u
pin, (also:) **brooch, badge** pine
pin, attach something temporarily pine
"pins-and-needles," tingling sensation hōpi'ipi'i I have a tingling sensation in my left leg. 'Ua hōpi'ipi'i tō'u 'āvae 'aui.
pincers, pliers, tongs fa'ahohoni, tāhohoni, hohoni (the basic meaning of hohoni is to bite)
use **pincers** or **pliers** or **tongs,** (also:) **nip** tāhohoni
pinch, bit, small quantity ma'a, ma'a iti ~ of salt ma'a miti iti
pinch, clasp, press together, hold tight or **firmly,** (also:) **choke, strangle** 'u'umi
pinch, pilfer, snatch raverave I don't want people ~ing (or: to ~) [anything] in my house. 'Aita vau i hina'aro i te ta'ata 'ia raverave i roto i tōu fare.
pinch, squeeze with fingers or **hand** 'i'iti
Pinctada margaritifera, mother of pearl shell or **oyster** pārau (note that parau means talk) mother-of-pearl shell farming fa'a'apura'a pārau
pine, pinetree, (also:) **fir** paina
pineapple painapo
ping-pong, table tennis tā'irira'a pōpō tīpera, tā'irira'a pōpō i ni'a i te 'iri
pink, rose-colored, rosy tārona
pintle, gudgeon, (also:) **thole** (serving as a substitute for a rowlock), **thole-pin** pine, pine hoe
pioneer, trailblazer, scout ta'ata fa'aineine 'ē'a
pioneer, blaze a trail, be in the vanguard fa'aineine 'ē'a the ~ing spirit te mana'o fa'aineine 'ē'a
pious, devout, religious paieti
pious, pharisaic, sanctimonious, selfrighteous huru faritea, faritea
pipe (for smoking) paipu
copper **pipe** tuiō veo
plastic **pipe** tuiō 'ūraina
steel or lead **pipe, conduit** tuiō
water **pipe** 'āuri pape, 'āuri fa'ahaerera'a

383

pipe-stem

pape, tuiō
pipe-stem tore paipu
Pipturus argentus, a small tree the bark of which was once used to make cordage, fishing line, nets, etc. rōʻā
pirate pairati (can also mean pilot!)
piss, urinate ʻōmaha, mimi (seldom heard) Don't sleep on the side of the road lest you be ~ed on by the dogs! ʻEiaha e taʻoto i te hiti porōmu ʻa ʻōmahahia e te ʻūrī!
piss, urine ʻōmaha, mimi (seldom heard) smelling like **piss** veoveo, ʻōveoveo
pistol, revolver pupuhi tiriʻumu, tiriʻumu
pit or core or stone of **fruit** (general) huero, huoro
pit or core or stone of **fruit (breadfruit)** hune
pit or core or stone of **fruit (breadfruit or mango)** hītoatoa, hītotoa
pit or core or stone of **fruit (mango)** tuʻe
pit, hole, cavity, depression, ditch ʻāpoʻo
Pitcairn (Island) Pētānia (current name), Hiti-au-revareva (ancient name) I have waited three months now for a ship to ~. ʻA toru ʻāvaʻe i teienei te tīaʻi au i te hōʻē pahī nō Pētānia.
Pitcairner taʻata Pētānia
Pitcairners te feiā Pētānia The people from Mangareva heartily welcomed the ~. ʻUa faʻariʻi maitaʻi tō Maʻareva i te feiā Pētānia.
pitch, sap, gum tāpau
pitch, lurch, roll, rock, toss ʻopaʻopa
pitch, throw tāora, tāʻue, tīʻue
pitch, throw, launch into the air māoʻa, haʻapeʻe
high-**pitched** (sound), **sharp** teitei
pitcher, decanter, carafe pita (note that Pīta means Peter)
pitching, lurching, rolling, rocking, tossing ʻopaʻoparaʻa, ʻopaʻopa
pitching, reeling tītāpoupou, ʻōihuihu

places we cannot see

pith or "heart" of trees or plants, **marrow** puo
pitiless, ruthless, unscrupulous arofa ʻore, aroha ʻore
pity, compassion, charity, love, sympathy, kindness arofa, aroha
pity, show compassion to, be kind towards, sympathize with, love arofa, aroha, ārofarofa, āroharoha
pivot, turn tāviri
pivot, whirl, twirl around, swirl ʻohu
placard, poster, affiche parau pia
place, location, spot, "part" (as "in those parts of the country") vāhi, vaehaʻa, ʻō (as in i ʻō nei [here at this place] or i ʻō atu [over at that place]), fēʻau (seldom heard today) the very ~ (or) spot te vāhi iho May we sit next to you (two) in church or do we have to sit in a special ~ reserved for tourists? E nehenehe ānei iā māua ʻia pārahi i pihaʻi iho iā ʻōrua, e ʻaore ra, e mea tiʻa ānei iā māua ʻia pārahi i te vāhi i faʻataʻahia nō te mau rātere? The marae was the ~ of worship of the ancients. ʻO te marae te vahī haʻamoriraʻa a tō tahito.
place, position, situation (in that sense) tiʻaraʻa
place of residence, dwelling nohoraʻa
place of residence (with a slight implication of less permanence), **stop** faʻaearaʻa
place, temporary shelter, tent tiʻahapa
place selected for a specific purpose, **station** teihana meteorological ~ teihana mēteō
camping **place, temporary lodging** pūhapa
at his/her **place** iōna
at my **place** iōʻu
places we cannot see (beyond the horizon) ara
change **places, move slightly, slide over, budge, slide along, glide** nuʻu
change **places, move to another place, move over, relocate** faʻanuʻu
change **places** in order to create distance,

move, withdraw, go far away fa'aātea
leave something in its place vaiho
make place for something in ..., insert, force into fa'aō
take place, happen tupu
take someone's place, replace, substitute for mono   You shall take my ~. E mono 'oe iā'u.
place, put, set, (also:) **let go of something** tu'u, tu'utu'u
place or **set** or **arrange in order, prepare** fa'anohonaho
placenta pūfenua
plague, disaster, calamity 'ati
plain, clear, clearcut, clearly perceived, clearly visible, distinct, intelligible, understandable ta'a maita'i
plain, smooth, level, flat, horizontal mānina
make something plain, confirm or **clarify what has been stated** ha'apāpū   Make it ~! Speak more ~ly! Clarify what you said! 'A ha'apāpū i tā 'oe parau!
plain, prairie, flat land fenua pāpū
plait (baskets, mats, hats, etc.) ha'une
plait, braid firi
plait flat surfaces (with strips of bamboo, for example), (also:) **weave** rara'a
plaited mat or **screen** (made of coconut fronds) pāua
plan, project, intention, proposal 'ōpuara'a   I am trying hard to make that ~ succeed. Tē tūtava nei au i terā 'ōpuara'a 'ia manuia. His ~s were realized (successful). 'Ua manuia tāna mau 'ōpuara'a.
plan, plan on, decide, determine, make up one's mind to 'opua   I ~ned to travel to Tubuai by ship. 'Ua 'opua vau i te tere i Tupuai nā ni'a i te pahī.
plane, flat, even pāpū
plane, airplane manureva   I have forgotten the ~ ticket. 'Ua mo'e iā'u te tīteti manureva. Did the ~ leave? 'Ua reva ānei te manureva? The ~ was leaving at 5:00 p.m. Tē reva'tu ra te manureva i te hore pae i te ahiahi. At the hour when the ~ arrived. I te hora 'a tae mai ai te manureva. Does the ~ often fly to Bora Bora? E terepinepine-atu ānei te manureva i Porapora? The ~ is above the ocean. Tei ni'a a'e te manureva i te moana (or: miti).
jet plane manureva tutuha auahi
sea plane, hydroplane manureva miti, pahī-rere
plane (tool), (also:) **razor, scraper** hahu
plane, use a plane, (also:) **shave, scrape** hahu
plank, board 'iri rā'au, 'iri
plant, (also:) **tree** rā'au, rā'au ri'i   cultivated ~ rā'au tanu   climbing or creeping ~ rā'au tāfifi (or) rā'au torotoro
plant, farm, cultivate fa'a'apu
plant, sow, cultivate tanu, tanutanu   ~, so someone else may harvest! 'A tanu 'ia ti'a iā vetahi 'ē 'ia 'o'oti ra!
plantain, mountain or **red banana, Musa fehi** fē'ī   bunch of ~s tari fē'ī
maiden plantain orea
small variety of plantain 'āfara
plantation, farm, cultivation fa'a'apu, fenua fa'a'apu   coffee ~ fa'a'apu taofe   sweet-potato ~ fa'a'apu 'umara   vanilla ~ fa'a'apu vānira
planter, farmer, cultivator ta'ata fa'a'apu
planting tanura'a   the ~ season te taime tanura'a
plasma pārama, pape toto
plaster, gypsum, (also:) **cement, concrete** tīmā   My left leg was set in ~ (in a plastercast). 'Ua tīmāhia tō'u 'āvae 'aui.
plastic 'ūraina   ~ bottle mohina 'ūraina   ~ tube or pipe tuiō 'ūraina
plate, dish merēti, mereiti, meriti   flat ~ merēti pārahurahu   oval ~ merēti pūroaroa   soup (deep) ~ merēti po'opo'o
plate, platter merēti fāri'i mā'a

platform

platform, scaffolding pa'epa'e
platform, floor tahua, tahua fare (note that tahu'a means native healer [kahuna in Hawai'ian])
platform on a double canoe pa'e, fata (archaic)
play, amusement, entertainment ha'utira'a
stage**play, theater performance** teatara'a ta'ata ora
play, have fun, "monkey around," (also:) **play in a movie** or **on stage, perform,** (also:) **tease** ha'uti The children ~ well with each other. E ha'uti maita'i te (or te mau) tamari'i rātou rātou iho. What movie is ~ing at that theater tonight? Eaha te hoho'a e ha'utihia i terā fare teata i teie pō?
play a game (cards or chess, for example) perē ~ of marbles or billiards perē pōro
play a musical instrument or a melody fa'ata'i
play (or sound) **a wind instrument** fa'a'oto
play a big drum (usually sharkskin) tā'iri i te pahu
play a barrel drum (a hollow wooden tube with a slit) tā'iri i te tō'ere
play or sing an encore tāpiti
play politics poritita
play possum, act as if you were dead, (also:) **kill, extinguish** ha'apohe
play tricks on (mischievously or maliciously), **harm, spoil, sabotage** tōtōā
play by splashing water on one another when bathing pā'ū
playground fenua ha'utira'a
pleasant, pleasing, agreeable, likeable, good au ~ wind mata'i au noa
please There is no close Tahitian equivalent for this word when it is used for social lubrication, but the following constructions can be employed to approximate the popa'ā meaning.
(1) e mea ti'a 'ia ... ~ correct my mistakes

please

when I talk. E mea ti'a 'ia fa'a'āfarohia tā'u mau hape 'ia paraparau (o) vau.
(2) ... 'ia ti'a iā 'oe (approximately: "... if it is O.K. with you")
(3) E ti'a ānei iā 'oe? (approximately: "Is it O.K. with you?")
(4) construction with ana'e ~ come and eat (here in our house)! 'A haere ana'e mai e tāmā'a (i tō mātou fare nei)!
(5) construction with na or mai na (which essentially serves to soften a request) Would you ~ wait a little for us here, only for five minutes or so? 'A ti'ai ri'i na 'oe iā maua iō nei, 'eita e maoro, e pae miniti noa paha. ~ come in! 'A haere mai na i roto! ~ give me a beer! 'A hōro'a mai na i te pia! ~ explain your opinion! 'A fa'ata'a mai na i tō 'oe mana'o. Would you ~ show me that very beautiful pearl. Fa'a'ite mai na 'oe i terā poe nehenehe roa! ~ talk slowly (to me)! 'A fa'atāere mai na i tā 'oe parau! (You,) ~ come here! Haere mai na ('oe)! (or simply:) Mai na ('oe)!
(6) construction with paha (meaning perhaps or maybe) ~ repeat (Perhaps you could repeat) your words! 'A tāpiti paha i tā 'oe parau! ~ (Maybe you should) go. 'A haere paha.
(7) construction with 'ahani or 'ahani na ("listen, ..." or "let's see, ..." or "look (or see) here, ..." roughly corresponding to:) "Could I please have your attention for a moment?" Listen, would you ~ make that steak well done. 'Ahani na, 'ia tunuhia paha taua pua'atoro e 'ia ama maita'i. Look here, I would like to reserve a table for this coming Sunday evening, there will be four of us. 'Ahani na, hina'aro vau 'ia tāpa'ohia te hō'ē 'amura'amā'a nō teie pō tāpati i mua nei, e maha mātou.
(8) 'Ahani na and paha can be combined to make the request even more polite: See here, could you ~ look at the left rear tire to see if it is (properly) inflated (literally:

hard). 'Āhani na, 'a hi'o ri'i paha i te uaua i muri i te pae 'aui, mea pa'ari ānei.

please, satisfy (construction with:) māha (having a desire satisfied or fulfilled) The trouble was the [first] mate who was the most difficult (excitable) man (commander) to ~ (satisfy) Keola had ever met with. 'O te ra'atira piti te mea 'iriā a'e o te ta'ata fa'aueue māha 'ore roa a'e te reira i farereihia e Keola. (from John [Tihoni] Martin's free translation of R.L. Stevenson's short story The Isle of Voices)

pleased, grateful, thankful, satisfied, content māuruuru

pleased, happy, filled with joy, rejoicing 'oa'oa

pleasing, charming, delightful, highly enjoyable, sensually pleasurable navenave

pleasing, interesting, highly likeable, worth experiencing 'ana'anatae

pleasing, pleasant, agreeable, likeable, good au

pleasurable (especially sensually), **pleasing, charming, delightful, highly enjoyable** navenave

pleasure (especially sensual), **delight** navenave, nave Ye have lived in ~ on the earth, and been wanton. 'Ua pārahi 'outou i te ao nei mā te navenave 'ē te tai'ata.

pleasure, happiness 'oa'oa

pleat *n*, **hem** 'opira'a, 'iripiti

pleat, fold into a hem 'opi, 'o'opi, 'opi'opi

plebeian manahune

Plectropomus leopardus, rock cod, loach (a reddish fish of the Serranidae family that is often poisonous) tonu

pledge, guarantee, security raupe'a

Pleiades Matari'i

plenary session rurura'a (or 'āpo'ora'a) mero hope

plenty (food), **abundance** 'auhune, auhunera'a, hotu 'auhune Behold, there come seven years of great ~ throughout all the land of Egypt. Īnaha, teie a tupu na matahiti 'auhune rahi roa e hitu e 'ati noa e te fenua ato'a nei o 'Aiphiti.

plenty of (food), **abundant** (e mea) 'auhune There are ~ mangoes this year. E mea 'auhune te vī i teie matahiti.

plenty of, a lot of, numerous rahi

plenty, abundant, multiple, plentiful nanea, he'ēuri *(archaic)*

pliers, pincers, tongs fa'ahohoni, tāhohoni, hohoni (the basic meaning of hohoni is to bite)

plough 'ārote

plover (a shore bird having a shrill cry), **tattler, Pluvialis dominoa fulva** tōrea

plow 'ārote

"pluck," "drive," courage, energy, energetic spirit, stamina, persistance, industriousness itoito He won through his ~/persistance/ energy. 'Ua roa'a iāna te rē nā roto i tōna itoito.

pluck, pluck off, pluck out 'ōhiti

pluck, pull out, draw up, (also:) **hoist** (a flag) huti

pluck off fruit or **leaves, pick, gather** māfa'i, māfa'ifa'i, pāfa'i, pōfa'i, pāfa'ifa'i, pōfa'ifa'i

plug, stopper, capsule, cap, cork 'ōroi, 'ōrei

plug (in electricity), (also:) **socket** tītī female ~ (or socket) tītī 'ōvāhine male ~ tītī 'ōtāne

plug in, set, fasten, (also:) **install** tāmau

plug up, stop up 'ōroi, 'ōrei

plumber ta'ata tāmaumau 'āuri pape

plumeria, frangipani, jasmine, Plumeria rubra tiare tīpaniē, tīpaniē

plunge, dive in a sitting position ha'apo'ohotu

plunge something into, inject, perforate, stab, lance pātia

plural 'ōtini restricted ~ 'ōtini iti unlimited ~ 'ōtinitini

plural prefix

plural prefix placed between article and noun mau the persons te mau ta'ata the things te mau mea

plural prefix referring to people fitting a certain category hui (the) people of royal blood hui ari'i (the) ancestors hui tupuna

definite (restricted) **plural article from two to nine** nā The sisters of Ete, namely: Hina, Toimata, and Tevahine. Nā tuahine o Ete, 'oia ho'i: 'o Hina, 'o Toimata, 'ē 'o Tevahine. And so he that had received five talents came and brought other five talents. 'Ua haere maira tei rave i nā tarēnī e pae ra, hōpoi ato'a maira i nā tarēnī 'ē e pae.

Pluvialis dominoa fulva, plover (a shore bird having a shrill cry), **tattler** tōrea

pluviometer, rain gauge fāito ua

pneumatic drill, compressed-air drill, jackhammer hāmara pātia, hāmara mata'i

pocket, (also:) **bag, sack** pūtē I searched in my ~. 'Ua pāheru vau i roto i tō'u pūtē.

poem, song, chant pehe

poet rohipehe

poetry pehepehe

poi (Hawai'ian), **paste, batter** pōpoi

poi, starch pudding po'e (in Tahiti usually having a banana or plantain or breadfruit base)

point (punctuation), **period** periota

exclamation **point** hitirere

point (sharp), **spur, thorn, spine** 'oe'oera'a, tara

point or **head of land, peninsula, cape, promontory** 'otu'e, 'outu The house had been built on a very pleasant ~. 'Ua fa'ati'ahia te fare i ni'a i te hō'ē 'ōtu'e au maita'i roa.

point of scissors fao

point, aim at fa'atano

point, point at with a finger fa'atohu, tītohu

police(man)

point, point out or **to with approval, designate** tohu, tohutohu

at this **point, now** i teie nei Things are going rather well at this ~. E mea huru maita'i i teie nei.

pointed, sharp-pointed (as a needle) 'oe'oe

poison, poisonous drug rā'au ta'ero

poison, (also:) **cause to be drunk** fa'ata'ero

poisonous, poisoned ta'ero He choked from the ~ smoke. 'Ua ihuihu 'ōna i te auauahi ta'ero.

poke or **root** (in the ground), **dig** heru

poker (game) perē tō

polar bear pea nō te poro 'apato'erau

pole (general), **pillar, post** pou My elbow struck against a ~. 'Ua tōtē tō'u poro rima i ni'a i te pou. He wound the rope around the ~. 'Ua 'ōfiri 'ōna i te taura i ni'a i te pou.

pole used to maneuver a canoe through shallow waters to'o, to'oto'o, tīto'o

pole, to maneuver a canoe through shallow waters by means of a pole to'o, to'oto'o, tīto'o, tūto'o

fishing **pole** or **rod** 'ā'ira

long **pole** with a hook used for gathering fruit from high branches rou

North **pole** (te) poro 'apato'erau

South **pole** (te) poro 'apato'a

supporting **pole, pillar** turu fare, arati'a

telegraph **pole** pou niuniureva

pole vaulter (ta'ata) 'ōu'a to'o

pole vaulting 'ōu'a to'o

police(man) mūto'i Tahitian ~ mūto'i tahiti French ~ mūto'i farāni ~ officer ra'atira mūto'i ~ station fare mūto'i according to the statements of the ~men 'ia au mai te mau fa'ahitira'a parau a te mau mūto'i The car whizzed past in front of the ~. 'Ua mareva te pereo'o nā mua i te mūto'i. The ~ investigated to find out who stole the money. 'Ua tītorotoro te mau mūto'i nō te 'ite ē nā vai te moni i

388

'eiā.
police commissioner tōmitēra (mūto'i)
insurance **policy** parau ha'apāpūra'a pārurura'a
polish, gloss, shine (on shoes, silver, etc.) fa'a'ana'ana
polish, brighten, shine (shoes, silver, etc.) fa'a'ana'ana
polish, burnish, smooth(en) ha'amānina
polished, bright(ened), shining 'ana'ana
polished, buffed, smooth(ened) mānina
polite, courteous, civil, gracious 'ite i te peu, peu maita'i, peu nehenehe
polite, gentle, kind marū, peu marū
political poritita
political power, power of authority (also:) **supernatural power** mana
politician ta'ata poritita
politicians te feiā poritita (or:) te mau ta'ata poritita It is that piece of news that has troubled the ~. Nā terā te parau 'āpī i fa'ahoruhoru i te 'ā'au o te feiā poritita.
politics 'ohipa poritita
polka dot pōta'a
polka-dotted pōta'ata'a ~ material 'ahu pōta'ata'a
pollen hu'a ri'i nō te tiare, re'a
pollinate fa'atito
pollute, soil, defile ha'avi'ivi'i
polluted, soiled, defiled, (also:) **corrupt, impure** vi'ivi'i
pollution, defilement, (also:) **impurity, corruption** vi'ivi'i
Polydactylus sexfilis, salt-water catfish, threadfin moi
polygon porofanu
Polygonum imberbe, a medicinal plant, sort of a wild mint tamore (note that tāmūrē is a kind of dance the real name of which is 'ori tahiti)
polyhedron 'ōrapafanu
Polynesia Pōrīnetia, te mau fenua mā'ohi
Polynesian *adj* mā'ohi, pōrīnetia the ~ Assembly te (fare) 'āpo'ora'a nō Pōrīnetia He lives like a ~. Tē ora nei 'ōna mai tā te mā'ohi.
Polynesian *n* ta'ata mā'ohi, ta'ata Porinetia
the **Polynesians** te feiā mā'ohi, te feiā Porinetia
Polynesian oven, earth oven hīmā'a, ahimā'a
Polypodium nigrescens (a medicinal fern) metuapua'a
Polypodium pustulatum, a wonderfully fragrant fern, much sought after for use in mono'i and also used for decoration) maire
pomegranate, Punica granatum remuna
poncho tīputa (tīputa means to make a hole and was once the name of a garment similar to the poncho)
pond, accumulated water vai pu'e
pond, pool, puddle hōpuna, vai hōpuna
pond, lake roto, roto pape
ponder, contemplate, muse, reflect, use one's mind, ruminate feruri I ~ed over that matter for a long time. 'Ua feruri maoro vau i terā 'ohipa.
pontoon, raft pa'epa'e
pool, pond, lake roto, roto pape
pool, pond, puddle hōpuna, vai hōpuna
swimming **pool** 'āpo'o pape hopu, vai 'aura'a olympic ~ vai 'aura'a nui
pool (game), game of **billiards** or **marbles** pātiara'a pōro
pool table 'amura'amā'a pātia poro
play **pool** or **billiards** or **marbles** pātia pōro
poop (superstructure at the **stern** of a vessel) rei muri
poor, indigent, deprived, destitute veve, nava'i 'ore There is that maketh himself ~, yet hath great riches. Tē ha'apeu veve nei ho'i vetahi, 'ē te rahi ra tāna tao'a.
pop, click, crack pa'a'ina
pop, make a noise (like the tiare 'apetahi when it opens just before the dawn) po'o'a

pope pāpa (Catholic term), pōpe (Protestant term)
popular auhia e te hui ra'atira
popular, vernacular haere'a parau manahune
population te hui ra'atira
population of a particular **group** or **party** 'āmuira'a
porcelain, plate, dish merēti
porcelain-shell, tiger shell, cowry pōreho; reho (when cut off and used as scraper or peeler)
porch, veranda, balcony taupe'e
open to a **porch** or **veranda** or **balcony** fa'ataupe'e (As for) the house, it was three stories high, with great chambers and broad balconies on each. E toru tahua tō te fare, e mea piha āteatea maita'i tō roto e mea fa'ataupe'ehia nā rapae. (From Robert Louis Stevenson's The Bottle Imp, translated freely by John [Tihoni] Martin.)
porcupine 'iore taratara
porcupine fish, Diodon holacanthus, Diodon hystrix tōtara
tropical **porgy** (a sparid fish sometimes referred to as **snapper**), **tropical gilt-head, Monotaxis grandoculis** mū
pork, ham, bacon pua'a, 'i'o pua'a
barbecued ~ pua'a tāviriviri salted ~ pua'a rapa'au
pork fat (especially lining the ribs) to'ahua
pornography (book or magazine) puta faufau
pornography (picture) hoho'a ti'a'ā (note that tia'a means shoe)
porpoise 'ōu'a
port, harbor, dock, ship's landing tapaera'a pahī, vāhi tāpaera'a pahī, tapaera'a Papeete used to be the residence of the Pomare dynasty, it was also a ~ for whalers. I te taime mātāmua tei Pape'ete te nohora'a o te 'ōpū ari'i Pomare, tei reira ato'a te tāpaera'a o te mau pahī pātia tohorā.
port, portside, larboard pae ama (literally: toward the outrigger side; in Eastern Polynesia the outrigger is always on the port side of the hull)
port tack (wind from the port side) mata'i 'aui
portable, liftable, movable mā'e, mara'a
He was able to carry (literally: lift) the sack of copra. 'Ua mā'e tāna pūtē pūhā. Can you carry (literally: lift) that heavy suitcase? E mara'a ānei terā pūtē tere toiaha iā 'oe?
portable (not attached) mā'e 'ē
porter ta'ata 'āfa'i tauiha'a
portion, part, piece, (also:) **place, spot** vāhi
portion, part, (also:) **place, spot** vaeha'a
portion, part, share, division tufa'a, tuha'a divide in two ~s vāhi e piti tufa'a
portion, part, side pae
portion or **part** of a whole, **side** 'apa'apa
divide **into portions,** (also:) **share, partake** vāhi, vāvāhi
a **portion** or **part** of ... tetahi pae o te ...
a great **portion** or part **(the majority)** of them te pae rahi o rātou
portrait hoho'a mata, hoho'a ta'ata
Portugal (fenua) Pōtītī
Portuguese *adj* pōtītī
Portuguese *n* (ta'ata) pōtītī
Porzana tabuensis tabuensis, a small oceanic bird, a **rail** with short wings and a harsh cry meho
position, office, profession, occupation, rank, (employee) **status** tōro'a
position, standing, situation ti'ara'a
radio **position finder (goniometer), marine radio compass** 'avei'a rātio
possessed by a devil or spirit, **being under a spell, having an episode of insanity** uru ~ by the devil uruhia e te tiaporo
possession, property, object, goods tao'a
ordinary **possessions,** utensils, appliances, furniture taiha'a, tauiha'a, tauha'a
valuable **possessions,** means, wealth faufa'a

possessive   **pound**

to be taken **possession** of, **give up ownership** riro I have given up ownership of (sold) my car. 'Ua riro tō'u pereo'o i te ho'o. My money was stolen from me. 'Ua riro tā'u moni i te 'eiā.

possessive, selfish, egoistic hi'o noa iāna iho, ha'apa'o noa iāna ana'e

possessive (grammar) fa'afatura'a

possibility ti'a, ti'ara'a

possibility, means of doing something rāve'a It is impossible (it can't be done, there is no way). 'Aita e rāve'a.

possible, doable ti'a, (e) mea ti'a I think it will never be ~ for me to learn Tahitian. I tō'u mana'o e 'ore roa e ti'a iāu i te tāmau i te reo tahiti.

possible (having the possibility, ability permission, or right to ...) nehenehe Is it ~ to leave this suitcase with you when we leave for the cruise? E nehenehe ānei 'ia vaiho mai i teie 'āfata 'ahu iā 'ōrua na 'ia reva māua nā ni'a i te pahī? Is it ~ for you to come and have lunch with us this noon? E nehenehe ānei tā 'oe e haere mai e tāmā'a e o māua i teie avatea? I can help you. E nehenehe tā'u e tauturu iā 'oe. (or:) E ti'a iā'u 'ia tauturu iā 'oe.

Could it be **possible? Well! How come? What do we have here? What do you know!** 'Āria! Could it be ~? This house also belongs to you? 'Āria, nō 'oe ato'a teie fare? Well! How come you are late? 'Āria, eaha 'oe i maoro ai? Well, what do you know, the food is already prepared! 'Āria, 'ua ineine a'ena te mā'a!

play **possum, act as if you were dead,** (also:) **kill, extinguish** ha'apohe

post, function, profession tōro'a

post, pillar, pole pou

military **post** pārahira'a fa'ehau

supporting **post, pillar, pole** turu fare, arati'a

erect a **post** or **pillar** or **pole** fa'ati'a

post something, **mail, send, forward** hāpono ~ a letter hāpono i te rata I will ~ that new dictionary to you. E hāpono vau i terā puta fa'atoro reo 'āpī iā 'oe. I am very lazy when it comes to writing letters, but I ~ed a letter to you yesterday. E mea hupehupe roa vau nō te pāpa'ira'a rata, terā rā, 'ua hāpono vau i te hō'ē rata iā 'oe inānahi ra.

post or **send** (a person), **appoint** someone to a location or station, **dispatch, delegate** tono, fa'atono, tonotono That teacher was ~ed on Hikueru. 'Ua tonohia terā metua ha'api'i i Hikueru.

post office fare rata

postage stamp titiro rata, titiro

poste restante, general delivery 'āfata rata tīa'i

poster, affiche parau pia

postpone, delay, prolong, take a long time in doing something ha'amaoro

postpone, leave something undone vaiho, vaiho ri'i He left the weeds growing in his yard. 'Ua vaiho noa 'ōna 'ia tupu te 'aihere i roto i tōna 'āua.

postpone, let something slide fa'anu'u

pot, pan pāni

pot, teapot, coffee pot paoti

potassium pōtātiūmu

potato (Irish), **Solanum tuberosum** 'umara pūtete

sweet **potato, Batatas edulis** 'umara ~ plantation fa'a'apu 'umara

potent, strong, powerful pūai

pounce (on), attack, engage in a fight 'aro

pounce (on a prey, referring mostly to dogs and hogs when eating, also certain fishes and birds), **attack fiercely,** (also:) **bite** (as fish on a bait) apu, apuapu

pound (currency) moni peretāne

pound (weight) paunu

pound, punch, strike, beat, hit with a closed fist tūpa'i, tupa'i

pound (as in a mortar), **crush, mash, use a** (stone) **pestle** or **pounder** (penu) pāpāhia

food-**pounder,** stone **pestle** penu

391

pour nini'i, māni'i Pour the wine into the glass! 'A nini'i i te uaina i roto i te hapaina!

pour (from one receptacle into another), **fill, funnel** tītō He ~ed the sugar into the bag. 'Ua tītō 'ōna i te tihota i roto i te pūtē.

pour out, spill, shed ha'amāni'i

poverty vevera'a

powder, talcum powder ueue

gun **powder** paura ha'apupuhi, paura

reduce to **powder, pulverize** hu'a (note that hua means vulva), hu'ahu'a

powdered, pulverized hu'a, hu'ahu'a

power of attorney, proxy parau hōmana by ~ tāhōmana

power of authority, political power, power to make decisions, (also:) **spiritual** or **supernatural power** mana

power, force, strength pūai

power, way, means, resource rāve'a

be endowed with spiritual or supernatural **power** mana, manamana a person who has great power) e ta'ata mana

having **power** (and therefore the **possibility**) to do something ti'a Can you (Is it possible for you to) lift that heavy bag? E ti'a ānei iā 'oe 'ia amo i terā pūte toiaha?

powerful, strong, potent pūai How ~ is that engine? Eaha te pūai o terā mātini?

all-**powerful** mana hope

powerless, lacking authority or **spiritual strength** mana 'ore

powerless, lacking physical strength pūai 'ore

pox, smallpox, (also:) **chicken pox** 'ōhiho

practical rāve'a 'ohie

practically, almost, nearly, (also:) **near, close to,** (also:) **soon** fātata I ~ drowned. 'Ua fātata vau i te paremo. It is ~ daylight. 'Ua fātata i ao.

practically or **almost dry, dry to touch** pāpāmarō The vanilla is ~. 'Ua pāpāmarō te vānira.

practically or **almost none, very few, very little, not many** 'aita re'a, 'aore re'a There is just about no one there. 'Aore re'a te ta'ata iō.

practically paralyzed, weak, feeble, limp paruparu His ~ hand Tōna rima paruparu

practice, exercise(s), training ha'amātaura'a oral ~ ha'amātaura'a parau vaha written ~ ha'amātaura'a parau pāpa'i

practice, exercise(s) (athletic), **training** of the body fa'a'eta'etara'a tino

practice, prepare, make ready fa'aineine

practice, train, exercise ha'amātau

practice, train the body, exercise fa'a'eta'eta i te tino

practice an activity or skill, (also:) **put into practice** ha'a (this word is especially used in reference to "ladies' work," such as sewing clothes)

practice a vocation or profession mau I am practicing the vocation of taxi driving. Tē mau nei au i te tōro'a fa'ahoro pereo'o tārahu. He is a practicing attorney. Tē mau nei 'ōna i te tōro'a 'avaota.

religious **practices** peu paieti

prairie te fenua i tupu te matie

praise, admiration fa'afa'ahiahiara'a, 'umere

praise, admiration, tribute, glorification ha'amaita'ira'a

praise, commendation, applause, honors, great appreciation 'ārue

praise, admire 'umere

praise, admire, hold in esteem, respect fa'ahiahia He ~d Miriama. 'Ua fa'afa'ahiahia 'ōna iā Miriama.

praise, admire, laud, pay tribute to, glorify ha'amaita'i

praise, commend, applaud, honor, talk well of 'ārue, 'āruerue The Heiva dance group was ~d. 'Ua 'āruehia te pupu 'ōtea 'o Heiva.

praise, exalt, "put on a pedestal" fa'ateitei

pray pure, 'upu (archaic, directed to the gods of olden times) ~ for me! 'A pure nōu! Watch and ~ that ye enter not into temptation. E ara 'ē e pure ho'i, 'ia 'ore 'outou 'ia ro'ohia e te 'ati. Even while I ~ed in the temple, I was in a trance [had a vision]; and saw him saying unto me ... Iā'u rā ho'i i pure i roto i te hiero, tārehua maira vau; 'ite atura vau iā Iesu [pronounced Ietu] i te paraura'a mai iā'u ē ...

prayer pure, purera'a (more often referring to church worship), 'upu (archaic, directed to the gods of olden times)

prayer meeting (with old chants) tuputupura'a

praying mantis, Graeffa coccophaga vāvā

preach, counsel, advise, admonish a'o

preach, proclaim the Gospel (used mostly in the Mormon church) poro, poro haere

preacher, pastor 'orometua, 'orometua a'o

precarious, dangerous, (also:) difficult fifi, fifififi ~ (difficult) curve tīpu'ura'a fifi

precarious, dangerous, (also:) terrible ataata, atāta

prechew food (to make it tender for infants) mama

precise, clear-cut, distinct, well discriminated ta'a maita'i

precise, just right, proper, correct, exact ti'a at the ~ time i te hora ti'a

precise, perfect, well understood pāpū

precisely, exactly, really iho ā

precisely, right there, right then iho

precursor, ancestor tupuna Ta'aroa is the ~ of all gods, it was (also) he who created all things. 'O Ta'aroa te tupuna o te mau atua ato'a, nāna ato'a te mau mea ato'a i hāmani.

predict, forecast tohu, tohutohu

pre-emption ti'ara'a hau a'e

preface parau fa'aara

preface, beginning ha'amatara'a

preface, introduction 'ōmuara'a, 'ōmuara'a parau

prefix 'atiparau 'ōmua causative ~ 'atiparau fa'a'ohipa

pregnancy hapūra'a, hapū (note that hāpu means influenza) extra-uterine ~ hapūra'a rāpae i te vaira'a tamari'i

(be) pregnant hapū

be pregnant, (also:) conceive (used only when referring to women) tō

She is **pregnant** (colloquial; literally: She has a big stomach). E 'ōpū rahi tōna.

prejudice (favorable) (te) fa'ati'a pae tahi

prejudice (unfavorable) (te) fa'ahapa ātea, (te) mana'o fa'ahapa

preoccupied with problems, exasperated, irritated, vexed, bothered pahipahi

prepaid response (letter or telegram) pāhono 'aufaua

preparation, making something ready fa'aineinera'a

prepare, improve, make better ha'amaita'i ~ ye the way of the Lord, make his paths straight. E ha'amaita'i 'outou i te 'ē'a o Iehova, e fa'atiti'aifaro i tōna haere'a.

prepare, make something ready fa'aineine

prepare, organize, arrange in proper order fa'anahonaho Thou ~st a table before me in the presence of my enemies. 'Ua fa'anahonaho 'oe i te tahi 'amura'amā'a nā'u i mua i te aro o tā'u mau 'enemi.

prepare (make ready) the hīmā'a (pile up firewood and stones in the earth oven) fata ~ the hīmā'a! 'A fata i te hīmā'a!

prepare food in the hīmā'a or umu, bake 'eu

prepared, ready ineine

just about prepared, more or less ready 'oineine

prepared, in good order, well arranged nahonaho
preposition nāmuai'oa
prescription parau rā'au
presence (of a person) aro
in the **presence** of ..., **in front of** ..., **in the face of** ... i mua i te aro o ..., i mua i te aro nō ... in the ~ of the minister i mua i te aro o te 'orometua Thou preparest a table before me in the ~ of my enemies. 'Ua fa'anahonaho 'oe i te tahi 'amura'amā'a nā'u i mua i te aro o tā'u mau 'enemi.
present, in attendance (construction with iō:) He is ~. Te iō nei 'ōna.
at **present, at this time, now** i teie nei The sky is clear in Faaa at ~. E mea āteatea te ra'i i Fa'a'a i teie nei. The sea is rough at ~. E mea mātā'are te miti i teie nei.
present (to a person who is close emotionally), **gift** tao'a arofa, tao'a aroha, taiha'a (tauiha'a, tauha'a) arofa (aroha) Here is a little ~ for your daughter. Teie te hō'ē taiha'a arofa na'ina'i nō tō 'oe tamahine.
present (to a person who is not necessarily close emotionally to the giver), **gift** tao'a hōro'a
(the) **present**, (the) **current time** i teie nei taime, i teienei, i teie nei-ra'a
present, give hōro'a
present, offer, make an offering to pūpū
present (a message or greeting or program, for example), **transmit** fa'atae
Present! Here! 'Ou!, 'Ō, Ō!
present participle hete 'āpiti taunei
present (tense) taunei
present-day, of today o teie tau nei the ~ youth, the younger generation of today te u'i 'āpī o teie tau nei
head/breech **presentation** (med.) fāurara'a upo'o
presently (at the place of the person addressed), **now** tēnā na

presently, sometime soon, shortly, later on, by and by ā'uanei I will call you ~. Ā'uanei au e tāniuniu iā 'oe.
preservation, protection pārurura'a
preserve, perpetuate fa'ariro ei mea (or: 'ohipa) tāmau, fa'ariro ei mea tumu
preserve, protect pāruru
preserve, shore up, fasten, tighten tāmau
preserve in memory, memorize, learn by heart tāmau 'ā'au
preserve (from decay, in salt, for example), **cure, marinate, conserve** rapa'au
preside peretiteni
preside over, direct, govern, administer fa'atere
president peretiteni The ~ is unable to meet them. 'Aita tā te peretiteni e rāve'a nō te fārerei atu iā rātou ra.
press, newspapers te mau ve'a
printing **press** nene'ira'a parau
rotary **press** ruro
press, push against ne'i ~ the (electric) button! 'A ne'i i te pitopito!
press down (on), weigh down, (also:) **serve as ballast** tāumi ~ on this button (switch)! Tāumi i teie pitopito!
press or **push hard against, squeeze,** (also:) **print,** (also:) **photograph** nene'i
press or **push against repeatedly** ne'ine'i
press (close) together, join, glue tāpiri
press with hands or fingers, clasp, pinch 'u'umi ~ or clasp a hand 'u'umi i te rima
press the arm or neck of someone affectionately 'umi'umi
press with one's hands, **massage, rub down, caress** taurumi, taurami, tauromi
press a button, turn on, release, (pull a) trigger, set going pata Turn on the (electric) lamp! 'A pata i te mōrī!
press or **iron clothes** tā'āuri
press or **iron clothes lightly** tāmānina
press or **touch** or **rub noses** (the old Polynesian equivalent of kissing as a

press

greeting) ho'i, hoho'i
press or **wring until dry, extract juice by pressing** 'umu, 'u'umu, 'umu'umu
pressure, force, strength pu'ai
pressure, (also:) **tension** nē'ira'a blood ~ nē'ira'a toto electric tension nē'ira'a uira
pressure, weight teiahara'a, teiaha atmospheric ~ teiahara'a mata'i
pretend, make-believe, appear to be acting, feign fa'ahua, ha'avare There is that maketh himself rich, yet hath nothing. Tē ha'avare nei vetahi mai te mea e ta'ata tao'a, 'ē 'aita āna.
pretentious, vain, putting on airs ha'apeu
pretext, excuse otohera'a
use a **pretext, make an excuse** otohe
pretty nehenehe How ~ she is! Eaha ra 'ōna i te nehenehe! Bora Bora is a ~ island. E fenua nehenehe 'o Pora Pora. That is a ~ house. E fare nehenehe terā.
pretty (mostly of women and girls) purotu pictures of very ~ women e mau hoho'a vahine purotu roa He made love to that ~ woman. 'Ua ta'oto 'ōna i terā vahine purotu. There are six very ~ girls there. E ono mau pōti'i purotu roa iō.
pretty, beautiful, handsome, fancy, elegant nehenehe roa, hāviti It was the most beautiful woman I had ever seen. 'O te vahine nehenehe roa a'e te reira tā'u i 'ite a'e nei. The most beautiful Tahitian church is in Pa'ofa'i. Te fare purera'a tahiti tei hau atu i te nehenehe te vai ra ia i te 'oire nō Pa'ofa'i ra.
prevaricate, lie ha'avare
prevent, avoid or **parry a blow, avoid an obstacle, dodge** 'ape
prevent, avoid by leaping or **jumping out of the way** ma'ue 'ē
prevent, protect pāruru
prevent (possible harm), **protect,** (also:) **intervene** ārai
prevent or **close access to,** (also:) **forbid**

pride

'ōpani
prevent, stop tāpe'a
prevent, warn or **protect against** fa'aara
prevention, protection pārurura'a
prevention, protection, (also:) **intervention** āraira'a
previously, before nā mua a'e
prey, (also:) **prize, stakes** rē
Priacanthus cruentatus, red globe-eye fish maere
price moni ho'o, ho'o, moni That tiki (club, canoe) is too expensive, but if it were about half the ~, I might buy it. E moni rahi roa tō terā ti'i (rā'au poro rahi, va'a); mai te mea rā e tā'āfa-ri'i-hia te moni, e ho'o mai paha iā vau. What is the ~ of this shirt? Ehia (Efea) moni nō teie 'a'ahu 'o'omo? The lowest ~ for which that can be bought. Te ho'o i raro roa a'e te ti'a 'ia ho'ohia mai terā mea ra.
price of copra te moni o te pūhā, pene pūhā The ~ has risen. 'Ua mara'a te moni o te pūhā.
prick, hole, aperture, (also:) **wound** or **puncture from a piercing instrument** puta
prick (vulgar slang for **penis**) moa, tari, tari hua, kokoro
prick, pierce, wound ha'aputa Take the balloon, but don't (be careful not to) ~ it. 'A rave i te pōpō, 'eiaha rā e ha'aputa.
prick, stab, plunge into, lance, perforate, (also:) **inject** pātia
prick, etc., several times pātiatia
pricked, punctured, (also:) **wounded, stung, pierced** puta
pricking, stinging tara
prickly, thorny, spiny, rough taratara
prickly skin eruption deriving from heat houhou
pride, arrogance, conceit te'ote'o For from within, out of the heart of men, proceed evil thoughts, ... an evil eye, blasphemy, ~ ... Nō roto mai ho'i i te 'ā'au ta'ata te mana'o 'ino, te mi'imi'i, te

pride

fa'a'ino, te te'ote'o, ... ~ goeth before destruction, and an haughty spirit before a fall. 'O te te'ote'o tō te pohe ra nā mua, 'ē te 'ā'au fa'ateitei tō te hi'a.
pride, vanity ha'apeu
priest (Catholic) perepitero
priest (general), **clergyman** 'orometua a'o, 'orometua
priest (native or Biblical), **native healer, kahuna** tahu'a And the ~ shall burn them in the fire upon the altar. 'Ē nā te tahu'a e tūtu'i i te reira i te auahi i ni'a iho i te fata.
priesthood autahu'ara'a
prig, snob, stuck-up person ta'ata te'ote'o
prig, snob, vain person ta'ata fata
priggish, snobbish, stuck-up te'ote'o
priggish, snobbish, vain fata
prime, excellent, first class nūmera hō'ē
prime minister fa'aterehau rahi, fa'aterehau nui
alphabet **primer, ABC book** te parau pī'āpā, te parau Pī 'ā Pā
primipara, first birth for a woman fānau mātāmua
prince, duke tamaiti hui ari'i
princess, duchess tamahine hui ari'i
principal, basic, essential, fundamental, underlying, original, causal tumu
principal, central, main pū
principal, exceeding or **surpassing in importance** hau a'e, hau
principal, first mātāmua
principally, mainly e rahi atu rā, 'ia hau atu rā
principle, basic reason, essence, foundation tumu
print *n* nene'ira'a
print *v* nene'i ~ing press nene'ira'a parau
print, publish pia This dictionary was ~ed in Hawai'i. 'Ua piahia teie fa'atoro parau i te fenua Vaihī.
printing, publishing piara'a

problem

priority ti'ara'a hau a'e
prison fare 'āuri
prison, jail, jailhouse fare tāpe'ara'a
prisoner ta'ata mau 'āuri, mau 'āuri, ta'ata i tāpe'ahia And the soldiers' counsel was to kill the ~s, lest any of them should swim out, and escape. 'Ua parau ihora te mau fa'ehau e taparahi i te mau ta'ata i tāpe'ahia ra, 'oi 'au atu vetahi 'oi ora.
privacy, secrecy parau huna
privacy, solitude, aloneness fa'aeara'a hō'ē
private, personal iho my ~ secret tō'u iho parau huna I have a ~ car. Nō'u iho tō'u pereo'o.
private, personal (construction with:) fatu (to own) The alaskans have more ~ airplanes per person than the people of any other state. Nā ni'a i te rahira'a o te ta'ata ra, 'ua hau atu te mau ta'ata Alaska tei fatu i te hō'ē manureva i tō te tahi noa'tu tufa'a fenua ra.
privilege faufa'a ta'a 'ē, maita'i ta'a 'ē
exclusive **privilege, monopoly** mana tahi
prize rē consolation ~ rē ha'amāuruuru. He won the ~. 'Ua riro iāna te rē. Johnny got the first ~. Tei iā Tihoni te rē mātāmua.
pro bono, without remuneration mā te taime 'ore
probability (construction with:) paha in all ~ (apparently) paha
probable, apparent (construction with:) pa'i It is ~ that you did not pay. 'Aita pa'i 'oe i 'aufau i te moni.
probably, apparently, according to ... e au e ...
probably, apparently, perhaps, maybe paha
probably, perchance, perhaps, maybe, if it is so, it might be that ... pēneia'e
problem, defect hape, hapa
problem, difficulty, complication fifi
problem, imperfection 'ino ri'i

problem, trouble, worry pea'pe'a
No **problem**. No harm done. Forget it! It doesn't matter. Nothing to worry about. 'Aita pe'ape'a.
preoccupied with **problems, exasperated, irritated, vexed, bothered** pahipahi
resolve or straighten out or settle **problems** fa'atītī'aifaro
procedure, means, process, (also:) **project, plan** rāve'a
procedure, undertaking, operation, process ravera'a
proceed, continue, do (something) again tu'u fa'ahou (i te ...) I then ~ed to speak. Tu'u fa'ahou atura vau i te parau.
proceed, go, move haere, hahaere
proceed, go on with, keep going, continue fa'atere noa ā
proceed, persevere, continue tāmau noa, tāmau ~ working! 'A tāmau noa i te rave i te 'ohipa!
court **proceeding, trial, inquest** ha'avāra'a
court (or) legal **proceedings** (concerning a law suit) horora'a
process, procedure, means, (also:) **project, plan** rāve'a
process, procedure, undertaking, operation ravera'a
procession, cortege ti'a'a ta'ata 'āpe'e, te mau ta'ata 'āpe'e
procession, parade porotera'a, porote members of a ~ or parade te feiā porote
procession (religious, general) haerera'a mo'a
procession (Catholic) 'āfa'ira'a euhari, 'āfa'ira'a fata
torchlight **procession** tūramara'a
proclaim, announce, publish, issue a proclamation poro
proclaim, make known, inform fa'a'ite
proclamation, announcement porora'a
proclamation, information fa'a'itera'a
procreator, progenitor, uncastrated male of animals pa'e

produce, food, (also:) **vegetable(s)** mā'a
produce, fruit or **vegetable(s)** hotu
produce, bear fruit hotu
produce, cause something to grow or **happen, create, bring into being** fa'atupu
produce, cause to bear fruit or **be fruitful**
produced, issued, brought out mahuti New kinds of passports were ~ last year. 'Ua mahuti te mau puta rātere huru 'āpī i te matahiti i ma'iri a'e nei.
product (as for example a utensil, an appliance, or furniture) tauiha'a, taiha'a, tauha'a
productive (like crops and fish), **abundant** topa
productivity, output, yield hotu
profession, occupation, position, employee status tōro'a
professional (in contrast to amateur) tāmau
professional secret vaha pāpani (approximate equivalent: sealed mouth)
professor 'orometua tuatoru
profit, gain, interest 'āpī
profit, gain, make money 'āpī
profit, value faufa'a For what does it ~ [What value is there to] a man if he gains the whole world and loses or forfeits himself? Eaha ho'i tā te ta'ata nei faufa'a, 'ia roa'a noa'tu iāna te mau mea'toa o teie nei ao; 'ia pohe 'oia iho, 'ē 'ia 'ere i te ora?
profitability, yield, (also:) **reimbursement** ho'ona
profound, deep hohonu a ~ or deep thought or mind mana'o hohonu
profoundly grateful, feeling deep gratitude (construction with:) 'ā'au mēhara (literally: remembering heart) I am ~ to my very dear friend in Puna'auia, Ralph Gardner White. E 'ā'au mēhara hau roa atu ihoā ra tō'u i tō'u hoa here iti nō Puna'auia 'oia ho'i iā Rūrū (RGW's Tahitian name).

progenitor, procreator, uncastrated male of animals pa'e
progeny, descendants 'āti
progeny, offspring, seed huā'ai
progeny of one single couple 'ōpu' (note that 'ōpū also means stomach)
progesterone porotetā
program, planning opuara'a
program, schedule fa'anahora'a, parau fa'ata'a
program (as on a sign or announcement), **list,** tāpura work ~ tāpura 'ohipa
progress(ion) (general term) vāhi 'āpī
progress(ion), advance haerera'a i mua
progress(ion), development tupura'a i te rahi
progress(ion), improvement ha'amaita'ira'a
progress(ion), increase haerera'a i te rahi
progress(ion) (on a journey or voyage) terera'a
progress, advance, go forward haere i mua
progress, develop tupu i te rahi
progress, improve ha'amaita'i
progress, increase, become larger haere i te rahi
progress (on a journey or voyage) tere
prohibit, forbid, interdict, prevent access to, (also:) **close** 'ōpani
prohibited, forbidden, access prevented, (also:) **closed** 'ōpanihia It is ~ to enter. 'Ua 'ōpanihia 'ia tomo. Entrance is ~. 'Ua 'ōpanihia te tomora'a.
project, plan, intention 'ōpuara'a I am trying hard to make that ~ succeed. Tē tūtava nei au i terā 'ōpuara'a 'ia manuia. His ~s were successful. 'Ua manuia tāna mau 'ōpuara'a.
project (a film), **screen** teata
project (a picture or film) ha'apura i te hoho'a
projector (of pictures or film) ha'apurara'a hoho'a

proliferate, multiply, (also): **swarm** 'aere
promiscuous, wanton, lascivious, debauched, lustful, vulgar tai'ata, taute'a, fa'aturi a ~ woman (prostitute) vahine tai'ata (or:) vahine fa'aturi Ye have lived in pleasure on the earth, and been wanton. 'Ua pārahi 'outou i te ao nei mā te navenave 'ē te tai'ata.
promiscuous (married) **woman, nymphomaniac** tīai
promise, agreement fa'aaura'a
promise, commitment fafau, parau fafau
promise, contract parau fa'aau
promise, oath hōreo
promise, assure someone of something that has been said, confirm ha'apāpū maita'i
promise, come to an agreement fa'aau
promise, commit to something fafau
promise, swear (to), take an oath hōreo
promontory, peninsula, point or **head of land, cape, spit** 'ōtu'e, 'ōutu The house had been built on a very pleasant ~. 'Ua fa'ati'ahia te fare i ni'a i te hō'ē 'ōtu'e au maita'i roa.
promote, (also:) **give a position to** fa'atōro'a, fa'ahaere i mua
promotion fa'atōro'ara'a, fa'ahaerera'a i mua
promotion of a product ho'otiani
promulgate, broadcast, publish poro
promulgate, preach, spread the Gospel (especially in the Mormon church) poro haere
pronoun mono i'oa personal ~ mono i'oa tūiho first person ~ mono i'oa tūiho mātāmua second person ~ mono i'oa tūiho rua third person ~ mono i'oa tūiho toru relative ~ mono i'oa fa'ahiti
pronounce, announce, mention fa'ahiti
pronunciation fa'ahitira'a What is the ~ of that word? (E) Mea nāfea te fa'ahitira'a i terā parau?
guttural **pronunciation** (usually referring to

the French not being able to pronounce the Tahitian letter r)   parare   The French cannot pronounce the Tahitian letter r.   E reo parare tō te farāni.
proof, evidence, certification   ha'apāpūra'a
prop, support, backing, assistance, (also:) **side post of a house**   turu
prop (to hold open a window shutter)   tīto'o
prop, (render) support, back, assist   turu
propagate, disperse, broadcast   ha'aparare
propeller   pererau   ~ blade   rapa pererau
proper, correct, exact, (also:) **straight, sincere, just**   'āfaro, 'āfarofaro
proper, fitting, right, correct, right, exact   tano, tanotano   It is very ~, you see.   E mea tano roa pa'i.
proper, just, right, righteous   ti'a
very **proper, just right**   tano maita'i
property, land   fenua   The ~ is located inland in the valley of Hopa.   Tei uta te fenua, i roto i te fa'a i Hopa.
property, possession, object, goods   tao'a
property, ordinary possessions, utensils, appliances, furniture   taiha'a, tauiha'a, tauha'a
property, valuable possessions, means, wealth   faufa'a
property title   tōmite
prophecy   parau tohu, parau fa'a'iteāteahia
prophet   perofeta, ta'ata tohu (sometimes in the Bible:) 'orometua   No one is a ~ in his own country.   'Aita e perofeta i 'itehia mai i tōna iho fenua mau.   Beware of false ~s, which come to you in sheep's clothing, but inwardly they are ravening wolves.   E ara ra i te 'orometua ha'avare, 'o tei haere mai iā 'outou mā te huru o te mamoe ra, 'āre'a 'o roto rā, e luko taehae ia.
proposal, plan, intention, project   'ōpuara'a   I am trying hard to make that ~ succeed.   Tē tūtava nei au i terā 'ōpuara'a 'ia manuia.
proposal, suggestion, thought   mana'o, mana'ora'a, ferurira'a   What is your ~?   Eaha tō 'oe mana'o?   This is my ~:   Teie tō'u mana'o: (or:) Teie tō'u ferurira'a:
example of a polite but firm proposal ("You really should ...":)   May I suggest that you (May I say that you should) rent a car when you arrive?   E nenenehe ānei iā'u 'ia parau atu iā 'oe nō te tārahu i te pereo'o 'ia tae mai 'oe?
example of a mildly phrased proposal ("It would be nice if ...":)   I suggest that (It would be nice if) you visit Disneyland when you go to Los Angeles.   E mea maita'i 'ia haere 'oe e māta'ita'i 'ia Disneyland 'ia tere 'oe i Los Angeles.
propose, plan (to), make up one's mind to, decide   'ōpua
propose, suggest   fa'atupu i te mana'o, hōro'a i te mana'o
propound a question, bring up a subject   vauvau i te parau
proprietor, owner   fatu faufa'a, fatu
proprietor, owner, master   fatu   Pouvāna'a a O'opa constantly fought for the return of the sacred native lands to their rightful ~s.   'Ua 'aro noa o Pouvāna'a a O'opa 'ia fa'aho'ihia te faturaa tapufenua mā'ohi te hui fatu mau iho.
prosperity, success   manuiara'a
prosperity, wealth   rahira'a o te faufa'a
prosperous, flourishing   ruperupe
prosperous, rich   moni, 'ona, tao'a   ~ people   te feiā moni (or:) te feiā 'ona
prosperous, successful   manuia
prosperous, wealthy, affluent   faufa'a   ~ person   ta'ata faufa'a
prosthesis   mono mero
prostitute, debauched woman   vahine tai'ata
prostitute, promiscuous woman   vahine
prostitute, whore   vahine tai'ata, vahine taute'a
prostitute, woman of the street   vahine

poromu, vahine puromu
"prostitute," **adulterous woman** vahine fa'aturi
prostitute (slang) vahine pukarua
prostitute or **debauch oneself** tai'ata haere
prostitute oneself, engage in adultery fa'aturi
prostitution tai'atara'a
prostitution, adultery fa'aturi
prostrate oneself, bend over pi'o
prostrate oneself, lie down on face and stomach tīpapa
protect, defend, (also:) **preserve** pāruru
protect oneself (from), seek or take shelter (against) pāruru He protected himself from (took shelter against) the rain. 'Ua pāruru 'ōna iāna i te ua.
protect, prevent (possible harm), **intervene** ārai
protected, saved oraora
protected, shielded pāruruhia
protection, (also:) **preservation** pārurura'a, pāruru
protectorate hau tāmaru
protein porote'ina
protein food, meat (also fish) 'īna'i
protest, resistance, rejection, refusal, objection, opposition, rebuttal pāto'ira'a
protest, resist, reject, refuse, turn down, object, oppose, rebut pāto'i, pāto'ito'i
Protestant porotetani the ~ church (denomination or religious community) te 'ētāretia porotetani the ~ newspaper Ve'a Porotetani
protrude, extend, stick out toro i rapa'e
protruding or **swollen** (of veins) toroma'a, totoroma'a I have ~ (varicose) veins in my legs. E 'āvae uaua totoroma'a tō'u.
protuberance, swelling, hump pu'u
proud (of), (also:) **vain** (about) ha'apeu (nō)
proud, conceited, arrogant te'ote'o
be **proud** of someone fa'ahiahia I am very ~ of you. 'Ua fa'ahiahia roa vau iā 'oe.
proverb materi, parabole (pronounced parapore) And thou shalt become an astonishment, a ~, and a byword, among all nations whither the Lord shall lead thee. E riro ho'i 'oe ei maerera'a, ei parabole, 'ē ei paraura'a, i te mau fenua ātoa tā Iehova e arata'i iā 'oe ra.
provide, make adequate fa'anava'i
provide, stipulate fa'a'ite pāpū
provide, stipulate, come to an agreement fa'aau
provide, supply, give hōro'a
provide with a handle tā'ā'au, tā'aufau
provide (furniture) **with legs** tā'āvae
provide with a strap or **sling, hang** or **suspend something by a string** tā'ave
provident, foresightful, anticipating, thinking ahead mana'o ātea, mana'o nā mua, feruri nā mua
provident, watchful, vigilant, wary ara
province, district, country (as opposed to city) mata'eina'a
provisions, supply ha'aputura'a
amass **provisions** (food), **create a supply** ha'aputu i te mā'a
provoke, annoy, (also:) **act angry** fa'ahaehae, fa'ahae
provoke, exasperate fa'ariri roa
provoke, irritate fa'ariri
provoke, make angry ha'ahaehae, ha'ahae, fa'atupu i te riri
provoke, make fun of, mock, ridicule fa'ao'ō'o
provoke, make jealous or **envious, vex** fa'atīpaupau
provoke, tease, taunt, jeer 'a'a
easily **provoked to anger, irascible, excitable, difficult, irritable,** (also:) **rough, brusque** 'iriā The trouble was the [first] mate who was the most difficult (~) man (commander) to please (satisfy) Keola had ever met with. O te ra'atira piti te mea 'iriā a'e o te ta'ata fa'aueue māha

400

provoking

'ore roa a'e te reira i fārereihia e Keola. (from John [Tihoni] Martin's free translation of R.L. Stevenson's short story The Isle of Voices)
provoking, teasing, taunting, (also:) **pugnaceous** 'a'a
proximity (noun indicating locality) piha'i
(proximity), **a little way off** piha'i tīiho
(proximity), **alongside, beside, near** piha'i a'e, i piha'i a'e ~ the road i piha'i a'e i te poromu
(proximity), **by the side of, next to** piha'i iho
(proximity), **on this side of** piha'i mai
(proximity), **on the other side of, beyond** piha'i atu
proxy, power of attorney parau hōmana by ~ tāhōmana voting by ~ mā'itira'a tāhōmana
prudent, judicious, intelligent māramarama This is the only ~ way. Teie ana'e te rāve'a māramarama
prune, cut, trim, (also:) **shape** (like hedges or hair) 'o'oti
prune, trim tope, topetope
pry, dig for, thoroughly search for paheru
pry, use some object to hunt for or **lift up** or **turn over** pana
Pseudosquilla ciliata, striped lobster, "centipede of the ocean" (a species of lobster, perceived by most visitors as extremely ugly, but in fact a rare and therefore expensive delicacy) varo
Psidium guajava, guava tūava, tūvava
psychological, pertaining to the "interior man" (situated in the 'ā'au, the seat of feelings, sentiments, and certain characteristics and virtues, the psychological state or functioning of a person) manava ~ characteristics huru o te manava
psychologist ta'ote manava, tahu'a manava remedial school ~ tahu'a manava 'ihi ha'api'i school ~ tahu'a manava ha'api'ira'a

puddle

psychotherapy group pupu tauturu, pupu manava
Pterocaesio tile, tricolored fusilier (fish) 'urio, 'urie
Pterocera bryona, seven-finger shellfish pae hō'ē, pū pae hō'ē
Pterois antennata, zebrafish tataraihau
Ptilinopus purpuratus purpuratus, pigeon parrot 'u'upa
ptomaine poisoning (from fish that is stale or not sufficiently fresh) tōmea
pub, bar, saloon, "watering hole" fare inuinura'a, fare inura'a, vāhi inuinura'a, fare 'ava
disreputable **pub** or **bar, dump, dive, hole, joint** fare (or vāhi) inuinura'a ro'o 'ino
reputable **pub** or **bar** fare (vāhi) inuinura'a ro'o maita'i
puberty, (also:) **adulthood** pa'arira'a, pa'ari a girl in ~ e tamahine pa'ari
pubic hair huruhuru
public, the citizens hui ra'atira inform the ~ fa'a'ite i te hui ra'atira
public, the people te mau ta'ata, ta'atato'a in ~ i te vāhi ta'ata
public place or **square** māhora
public school ha'api'ira'a nā te hau ~ teacher 'orometua ha'api'i(ra'a) nā te hau
publication, announcement porora'a
publication, information fa'a'itera'a
publication, newspaper ve'a
publish, broadcast, announce poro
publish, inform, let something be known fa'a'ite
publish, print pia This dictionary was ~ed in Hawai'i. 'Ua piahia teie fa'atoro parau i te fenua Vaihī.
publish, propagate (news or information), **broadcast** (news or messages) ha'aparare
pucker (up) temu Her mouth ~ed up. 'Ua temu tōna vaha.
pucker or **gather up cloth when sewing** huhu
puddle, pool, pond pape hōpuna, vai

puff up   **pure**

hōpuna, hōpuna
puff up, swell, become swollen 'oru
be **puffed up** or **cocky** or **arrogant, put on airs** 'oru'oru, 'o'oru, 'oru
pufferfish, globe fish huehue
pugnacious, (also:) **teasing, taunting, provoking** 'a'a
puke, vomit piha'e
"**pukes**", **vomit** rū'aira'a ... as a drunken man staggereth in his ~ ... mai te ta'ero 'ava e tūrori i te rūa'ira'a ra
pull, drag, draw along huti, hutihuti, 'ume, 'ume'ume
pull, tow, haul, tug tāvere
pull, trail, drag something **behind oneself** 'aratō
pull or **draw a canoe out of** or **into water** tō
pull a trigger, release, press a button, (also:) **set going, turn on** pata
pull or **haul in** (fish) piu
pull or **tuck up** (a dress) tūfera
pull along, (also:) **lead an animal** pūtō, pūta'i
pull back the foreskin of the penis tītoi
pull out, remove, (also:) **open** 'iriti
pull out, pluck huti, hutihuti
pull out, (also) **open** mahuti, mahiti, mahini My tooth was ~ed out by the dentist. 'Ua mahuti tō'u niho e te ta'ote (ta'ote niho).
pulled out, (also:) **opened** mahuti, mahiti, mahini
puller, humbug fish, Chromis sindonis (a small black fish having a strong smell when it is roasted and said to be able to destroy a shark) 'atoti
pulley, (also:) **block, hoist, winch** porotata
pull-out, retreat, disengagement 'iritira'a
pullover perēue māhanahana
pulpit purupiti
pulverize, reduce to powder hu'a (note that hua means vulva), hu'ahu'a

pulverized, reduced to powder hu'a, hu'ahu'a
pump *n&v* pāmu bicycle ~ pāmu pereo'o tāta'ahi bilge ~ pāmu riu pahī
pump lamp or **lantern** mōrī gaz
pump up, inflate fa'a'oru
pumpkin, squash mautini, mauteni, mautene
punch, strike, pound, hit with a closed fist tūpa'i, tupa'i
punctuate tāpa'o i te tomara'a
punctuate, accentuate fa'ateiaha
punctuate, make a pause in speech fa'atoma
punctuation tomara'a
punctuation mark toma
puncture or **wound from a piercing instrument,** (also:) **prick, hole** puta
puncture, pierce ha'aputa
puncture, stab, lance, perforate, plunge into, (also:) **inject** pāti'a
punctured, pierced puta This tire was ~. 'Ua puta teie uaua (pereo'o).
punish, sentence, impose a sentence or **punishment** fa'autu'a He was ~ed for his wickedness. 'Ua fa'autu'ahia 'ōna nō tōna 'ino.
punishment, fine utu'a My ~ is greater than I can bear. E rahi tā'u utu'a, e'ita e ti'a iā'u 'ia fa'a'oroma'i.
puny, little, small iti
puny, thin, stunted, sickly 'a'ao
pupil, student, disciple pipi divinity student pipi 'orometua
pupil of the eye 'ōri'o mata, 'ōri'o
pupils, students tamari'i ha'api'i
puppy (of a dog) 'uri fanau'a
pure, clean, (also:) **unencumbered** mā ~ heart 'ā'au mā Blessed are the ~ in heart; for they shall see God. E ao tō tei mā te 'ā'au; e 'ite ho'i rātou i te Atua.
pure, clear, (also:) **sincere** 'ate'ate
pure, native, not foreign mā'ohi
pure (in both a literal and moral sense), **unstained** vi'ivi'i 'ore ~ woman

purgative

(virgin) vahine vi'ivi'i 'ore The coconut water is ~ (a ~ juice). E pape vi'ivi'i 'ore te pape ha'ari.
purgative (medicine), **laxative** rā'au fa'ahe'e, rā'au tāhe'e
purgative (salts), **laxative** miti fa'ahe'e
purge, cause the body **to evacuate** fa'ahe'e, tāhe'e
purge, evacuate, void he'e
purify, clean, cleanse, rinse, wash, (also:) **dust off** tāmā
purity, clearness, (also:) **sincerity** 'ate'ate
purple, violet vare'au pa'opa'o
purplish, mauve, violet hiri
purpose, basis, cause tumu
purpose, goal, objective tumu 'ohipa
purpose, intent, wish, desire hina'aro
purpose of a trip, mission tere What is the ~ of your trip? Eaha tō 'oe tere?
on **purpose, deliberately** mā te 'opuara'a mau
bump into on **purpose** fa'aū
what is the **purpose**? **for what purpose?** "what's this?" (construction with:) eaha teie? For what ~ is this waste? Eaha teie i ma'uahia'i?
purse pūtē moni
pursue, chase, hunt a'u, a'ua'u, a'uo'u
pursuit, search, research mā'imira'a Thanks to his great patience for my unending requests for information I succeeded in my ~ (also: research). 'Aua'a maoti tāna fa'a'oroma'ira'a rahi i tā'u mau uiuira'a tu'utu'u- 'ore i manuia ai tā'u mau mā'imira'a.
pus pirau
push, shove, (also:) **push from, resist, repulse** tūra'i, tura'i, tūra'ira'i
push or **press hard against, squeeze,** (also:) **print,** (also:) **photograph** nene'i
push or **press against repeatedly** ne'ine'i
push along, (also:) **slide along** fa'anu'u
push along, (also:) **lead an animal** pūtō, pūta'i

put in (arrange in) order

push aside grass or leaves while searching, separate, lay open vevete, vetevete
push or **press down on, weigh down,** (also:) **serve as ballast** tāumi
push or **coax** (someone) **into eating** or **drinking** or otherwise **consuming** fa'atina
push over nu'u
Push over! Fa'anu'u!
pusilanimous, cowardly, craven ha'amehameha
pusillanimous, cowering, sissified, poltroonish taiā noa, mata'u haere noa
pusillanimous, indolent, soft rarerare
pustular, pimply, spotty pu'upu'u
pustule, pimple pu'upu'u
put (general), **put down, place, set,** (also:) **let go, deliver, set free** tu'u, tu'utu'u
put, leave vt vaiho I ~ (left) my car at the airport. 'Ua vaiho vai i tō'u pereo'o i te tahua manureva. How much is the fine if the car is ~ (left) in the wrong (prohibited) place? Ehia moni te utu'a 'ia vaihohia te pereo'o i te vāhi hape (i te vāhi 'ōpanihia)? ~ (leave) that book in its place! 'A vaiho i terā puta i tōna vaira'a.
put aside for the future, **save** fa'aherehere
put or **lay aside, leave aside, throw aside, abstain from food** or **alcohol** ha'apae
put aside, cause to be farther away fa'aātea
put aside, (also:) **collect, assess** huihui
put aside or **save** a remainder fa'atoe
put or **bring in** fa'atomo
put clothes out in the sun to dry tāra'i i te 'ahu i ni'a i te mahana
put forth (a hand or a foot), **extend, reach out** toro, totoro, torotoro Give me your hand! 'A toro mai na i tō rima!
put in bags or **sacks** tāpūte
put in a container, (also:) **put on** clothing 'ōmono
put in at, stay or **stop over at** tāpae, tīpae
put in (arrange in) order fa'anahonaho, fa'anaho

403

put in (arrange in) order, set the table tānaho
put in hiding, hide something   tāhuna
put into storage, store, (also:) **amass, collect**   ha'aputu, ha'aputuputu
put or **keep in order, maintain in good order** or **running condition**   napenape
put off, delay, (also:) **stretch out**   fa'aroa
put on airs, be pretentious or **vain**   ha'apeu
put on airs, be puffed up or **cocky** or **arrogant**   fa'a'oru, 'oru'oru, 'o'oru, 'oru
put on (or **get into**) **clothes**   'ō'omo, 'ōmono   Tahi has ~ his jacket. 'Ua 'ō'omo Tahi i tōna perēue.
put on, put into place, wear   tāmau   ~ your (eye) glasses! ('A) Tāmau (i) tā 'oe titi'a mata!
put on lipstick   fa'a'ute'ute 'utu
put on tape, record   fa'aharuharu reo
put out (fire or light), **extinguish**   tūpohe
put out (not limited to fire or light), **extinguish, eliminate, get rid of**   tīnai
put out a net   pārava
put out bait (without hooks, just to attract the fish)   tūparu
put one's **hand into a hole**   tīnao
put out laundry, expose something **to sun** or **wind**   tāra'i, taura'i, taua'i
put up posts or **poles**   fa'ati'a i te pou, ha'apou
putting on airs, pretentious, vain   ha'apeu
putting on airs, puffed up, arrogant, cocky   fa'a'oru, 'oru'oru, 'o'oru, 'oru
putty *n & v*   pate
puzzle, (also:) **riddle, enigma**   piri
Pygoplites diacanthus, butterfly fish, flatfish   pāraharaha

quadrilateral — quick(ly)

quadrilateral poromaha
qualifier *(grammatical term)* fa'ata'a (parau)
qualitative, of a certain kind or **sort** huru
quality, characteristic huru, vāhi huru
quality, goodness maita'i, maita'ira'a
quantity rahira'a
small **quantity, a little, a few** ma'a a little bread ma'a faraoa a little water ma'a pape
a little rain e ma'a ua
small **quantity, a little bit of** ma'a vāhi iti, ri'i, i te ma'a vāhi iti noa iho ra I only know a little bit of Tahitian. E ma'a vāhi iti noa tā'u i 'ite i te parau tahiti. The sky cleared a ~. 'Ua teatea ri'i te ra'i.
quarrel, argument mārō
quarrel, argument, debate mārōra'a
quarrel, argument (reason advanced) mārō parau
quarrel, argument, fight tama'i
quarrel(ing), trouble, squabble pe'ape'a Their ~ is unending. E pe'ape'a hau 'ore tō rāua. stop a ~ fa'ahau i te pe'ape'a
loud **quarrel** or **argument** māniania
come out ahead in a **quarrel** or an **argument, win** upo'oti'a
quarrel, argue, debate, dispute mārō
quarrel, fight, argue, squabble tama'i Moea ~ed (together) with her husband. 'Ua tama'i Moea rāua tāna tāne.
quarrel or **argue loudly** māniania
quarrelsome, argumentative mārō
quarrelsome or **argumentative discussion** parau mārō

quart, quarter toata
quarter, section of a town tuha'a 'oire
a **quarter** or a **fourth** of ... te hō'ē o te mahā tuha'a (o) ...
quarter from which the wind blows, (also:) **wind current** pūmata'i
sail with a **quarterly** wind, **run** fa'atere
quartz 'ōfa'i hi'o
quay, dock, wharf uāhu
queen (in her own right) vahine ari'i
queen (as the wife of the king) ari'i vahine
quench (thirst, hunger), **allay, relieve, satisfy** ha'amāha
quest, search, hunt, exploration 'imira'a
quest, search, hunt (for), explore 'imi
question, request for information uira'a, uiuira'a The ~ took me by surprise. E hitimahuta atura vau i te reira uira'a. Thanks to his great patience for my unending ~s I succeeded in my pursuit (also: research). 'Au'aa maoti tāna fa'a'oroma'ira'a rahi i tā'u mau uiuira'a tu'utu'u'ore i manuia ai tā'u mau mā'imira'a.
question, request (for a favor), **application** anira'a
question, ask, request information ui, uiui
question, request (a favor), **apply** ani
question mark ui
queue, pigtail pōtarora'a rouru
be or stand in a **queue** or **line** i muri roa
quick, clever, street-smart, quick akamai (slang, from Hawai'ian)
quick, fast, rapid, lively viti, vita (slang)
quick at learning, **clever, swift, skilled** i'ei'e He is ~ at learning how to dance, but not in school work. E mea i'ei'e 'ōna i te 'ohipa 'ori, 'āre'a rā i te 'ohipa ha'api'ira'a 'aita ia.
quick(ly), fast, (also:) **very soon** vitiviti My watch is fast. E mea vitiviti tā'u uati. Come ~! 'A haere vitiviti mai!
quick(ly) (only used in a negative sense), **soon** vave Don't go so soon! 'Eiaha e

quick(ly)   **quorum**

haere vave atu!
quick(ly), fast, rapid(ly), swift(ly), nimble, nimbly 'oi'oi They will ~ly come back to the ship. E ho'i-'oi'oi-mai rātou i te pahī.
quick-tempered, hot-tempered, excitable, easily angered 'iriā
tobacco **quid** ota 'ava'ava
quiet, peaceful, tranquil hau
quiet (of a person), **silent** parau 'ore
quiet, soft, gentle, mild marū It is very ~, you see. E mea marū roa pa'i.
quiet, timid, gentle māmahu
quiet down (of a child), **stop crying** nā The baby ~ed down. 'Ua nā te 'aiū.
Be **quiet! Don't talk! Shut up!** Māmū!
Be **quiet! Stop making noise!** Māniania!
quieten, hush, shush, silence ha'amāmu
quieten, cause to stop crying fa'anā
patchwork **quilt, appliqué bedspread, bedcover** tīfaifai
quit, cease, stop fa'aea
quit (temporarily), **cease,** (also:) **cause to cease** or **stop** fa'afa'aea
quit, stop, hold (it) tāpe'a
quit or **cease** or **stop raining** rauma'i
quit, become extinct, be done away with, vanish mou
quit, stop flowing, dry up mahu
quite, almost, just about, somewhat, rather, fairly, a fair number of, -ish huru It is ~ the same as ever. Te huru ā te huru. There is ~ a fair number of [somewhat of a gathering of] people inside that house. E mea huru ta'ata i roto i terā fare ra. Things are going ~ well [but not very well] at this point. E mea huru maita'i i teie nei. It is ~ big (also:) There are ~ a lot. E mea huru rahi. But then it could indeed have been ~ a while ago. Mea huru tahito ra paha ho'i ia.
quite, (quite) enough, that's enough 'ātīrā Enough said, I am finishing this letter. 'Ātīrā parau, te fa'aoti nei au i teie rata nei.

quite, entirely, all pauroa
quite, sufficient rava'i
quite, sufficient, enough of, adequately supplied with nava'i
quite, that's all, that's enough, that's the end tīrārā That's all I have to say, I am finishing this letter. Tīrārā parau, te fa'aoti nei au i teie rata nei.
That's **quite** true. 'Oia mau.
quoin or **wedge** (wooden, used in circumcising) 'autā
quorum hapanui

406

the Tahitian letter **r** The French cannot pronounce the Tahitian ~. E reo parare tō te farāni.
rabbit rāpiti, rāpeti
race (of people) feiā The people of the Polynesian ~ are very fine. E mau ta'ata maitata'i te feiā mā'ohi (or:) te feiā porinetia.
race, breed taura That is a fine ~ of dogs. E taura 'urī maitata'i terā.
race (especially boating, canoeing and bicycling), **competition** fa'atiti'āuara'a, fa'atitiahemora'a Tomorrow we are going to the sailing canoe ~. E haere mātou ānānahi i te fa'atiti'āuara'a va'a tā'ie. Because it rained, the ~ was canceled. I te mea 'ua ua, 'ua fa'a'orehia te fa'atiti'āuara'a.
race (running or driving), **competition** fa'ahorora'a, horora'a motorcycle ~ fa'ahorora'a pereo'o tāta'ahi uira (or:) mōto
race track pehemotu
racket, noise, din māniania
racket, uproar, tumult 'aue
racket (in sport) rā'au tā'iri pōpō
radar rātio hi'ohi'o
radiate hihi
radiation, (also:) **ray** hihi
radiation (from the sun) mahana
radio rātio ~ receiver 'āfata rātio
marine **radio** rātio tapiho'a
radio goniometer (position finder), marine radio compass 'avei'a rātio
radio network pū nui fa'atorora'a rātio
radio sonde rātio 'ōpūpū, 'ōpūpū rātio
radio telegram rātio anitauturu
radio telegrapher tāniuniu
radio transmitter/receiver (on a ship, for example) tāniuniura'a, niuniu
raffle, lottery tāvirira'a
raft, float pa'epa'e
rafter 'aho
rag, torn piece of cloth 'a'ahi, 'a'ahi 'ahu
rage, strong anger hae
rage, be enraged or **very angry** hae
fit of **rage** or **anger** riri tupu tā'ue, riri tā'ue
ragged, ravel-edged, tattered pūveuveu
ragged, unevenly cut (often referring to hair) or **hacked** 'ōtitotito
Raiatea Ra'iātea, (ancient name:) Havai'i. Ra'iātea was once one of the most important islands not only in the Societies but in all of Polynesia, because of the holiness of its main marae, Taputapuātea, to which Polynesians came to worship from as far away as Aotearoa (New Zealand). Its main mountain Temehani (792 meters, 2,598 feet) is the home of the beautiful and romantic flower Tiare 'Apetahi. Ra'iātea's population is about 10,000; its "capital" is the picturesque community of Uturoa.
rail (of a ship) rea
rail (a small oceanic bird with short wings and a harsh cry), **Porzana tabuensis tabuensis** meho
rain *n & v* ua The water is muddied, it is ~ing there in the mountains (literally: inland). 'Ua reru te pape, e ua terā i uta.
rain gauge, pluviometer fāito ua
rainbow ānuanua, anuanua
raincoat, mackintosh (pereue) fa'arari, (pereue) fa'arari ua, 'ahu fa'arari, 'ahu fa'arari ua He tore his ~ on a nail. 'Ua mahae tōna fa'arari iāna i ni'a i te naero.
rainy season te mau mahana ua, (in the Bible:) 'anotau ua
raise, cause to stand (up), erect, build fa'ati'a

raise, make rise ha'amara'a
raise or **hoist a flag** huti i te reva, huti te reva ~ the real Tahitian flag (red-white-red)! 'A huti i te reva mau nō Tahiti ('ute'ute'uo'uo-'ute'ute)!
raise one's eyes, look up nānā (note that colloquially nānā means to wave) He ~d his eyes to the skies. 'Ua nānā a'era tōna mata i ni'a.
raise plants fa'a'apu ~ vanilla fa'a'apu i te vānira
raised, risen mara'a, mā'e, ma'e The price of copra has been ~. 'Ua mara'a te moni o te pūhā.
raisin mā'a vine, vine marō, vine
rake, (also:) **claw, scratch** pāra'u (note that parau means talk), pāra'ura'u, pā'a'u The cat ~d me. 'Ua pāra'u te mimi iā'u.
rake (up), (also:) **skim (off froth)**, (also:) **dust off, remove cobwebs** pā'a'u
ramification, branching 'āma'a, 'āma'ama'a, ma'ara'a, toro haerera'a
ramification, complexity fifi
rampart, (also:) **fort, fortress** pā
rancor, grudge, spite fe'i'i
rancorous, grudging, spiteful fe'i'i
rank, bad-smelling, malodorous piropiro
rank (in a hierarchy) ti'ara'a He is an officer of high ~. E ra'atira ti'ara'a teitei 'ōna.
rank, file, line 'āna'i
rank, position, office, profession tōro'a
rank, align, line up in a row pāna'i, 'āna'i
rape, deflower faru
rape, violate, sexually abuse, take sexual advantage of māfera, rave 'ino He ~d a woman. 'Ua rave 'ino 'ōna i te hō'ē vahine.
rape, (also:) **seize by violence** haru, haruharu
rapid vitiviti, viti, vita (slang)
rapid, quick, soon vave (only used in a negative sense) Don't come back soon! 'Eiaha e ho'i vave mai!
rapid(ly), swift(ly) 'oi'oi
rapid(s) tahera'a pūai o te mau pape
rare, scarce, sparse, (also:) **scattered, widely spaced, not close together** varavara It is very ~, you see. E mea varavara pa'i.
rare(ly), not often occurring, seldom pinepine 'ore, varavara
rare (in preparing meat), **lightly cooked** pāotaota
Rarotonga (te fenua) Raroto'a Rarotonga is the main island of the Cook group. Its main community/town is Avarua and the harbor is Avatiu. Few people know that Rarotonga was discovered by Fletcher Christian after the mutiny on the Bounty when he first sailed west to find a suitable island for the other mutineers and himself.
rascal, arrogant jerk ta'ata te'ote'o
rascal, bad person ta'ata 'ino
rascal, playful person ta'ata ha'uti noa
rascal, worthless person ta'ata hupehupe
rascasse (a scorpionfish), Scorpaenopsis gibbosus nohu tarao
rash, bold, heedless pupara
rash, hasty rave rū noa
rash, thoughtless (rave) mā te feruri 'ore
rash, excema pupura'a i rapae
rasp, grate oro
rat 'iore
"rat-a-tat," "tah-dah-dah," beat a tattoo tararā
rate, percentage fāito (i ni'a i te hānere) ~ **of interest** fāito taime ~ **of exchange** fāito taui moni
rather, somewhat, fairly, to a certain extent, quite, almost huru Things are going ~ well [but not very well] at this point. E mea huru maita'i i teie nei. It is ~ big (also:) There are quite a lot. E mea huru rahi. It is just about the same as ever. Te huru ā te huru.

rather (preference) e mea maita'i a'e, hau a'e
ration, (also:) **measure,** (also:) **balance, scales** fāito   food ~ fāito mā'a
ration, (also:) **add on to, increase** fa'ananea
ration, (also:) **make up for a deficiency** fa'arava'i, fa'anava'i
rattle, clatter, chatter (of teeth) 'atete
rattle, make a rattling or **rumbling sound in one's throat,** (also:) **gargle** ta'oro'oro
ravel-edged, fringed, (also:) **tattered** pūveuveu
raw, uncooked ota ~ fish i'a ota
ray, radiation hihi   sun's ~s hihi mahana
manta **ray** fāfā piti
sting-**ray** fai
raze, tear down, demolish vāvāhi
razor hahu ta'a, hahu, reta   electric ~ hahu ta'a e mea uira
reach, arrive, attain tae
reach (speaking of emotionally arousing news) 'atutu
reach (out), cause to arrive, send, transmit fa'atae   Radio Tahiti is sending its greetings (love) to the (people of the) outlying islands which (who) are listening to its voice, and to those who are ill (in pain) and confined in hospitals, to (the people of) 'Orofara (the leper colony in Tahiti), to the ships that sail on the ocean, and to all of Oceania: we wish you well! Te fa'atae atu nei o Rātio Tahiti i tōna arofa i tō te mau motu ātea e fa'aro'o mai i tōna reo, 'ē te feiā māuiui i tāpe'ahia i roto i te mau fare utuutura'a, i tō 'Orofara, i tō te mau pahī e tere nā te moana, 'ē tō 'Oteania pa'ato'a: 'Ia ora na!
reach, sail with the wind abeam tā'ao'ao
reach after with one's hands nanao
reach an explanation fa'ata'a
reach safety, survive, (also:) **be cured** ora
(be) **reached,** (be) **attained** nāe'a, tāe'a

He has ~ his adulthood. 'Ua nāe'ahia tōna matahiti.   Soon they ~ Raiatea. 'Aita i maoro, 'ua tāe'a Ra'iātea iā rātou.
read, (also:) **count, calculate** tai'o
ready, prepared ineine
ready (like a table or a bedroom), **waiting to be used** nahonaho
get something **ready, prepare** fa'aineine
more or less **ready,** just about **prepared** 'ōineine
real, true, established mau
real (biological as opposed to feeding) **parent** metua fānau
reality te huru mau, te mea mau
in **reality, to speak the truth** te parau mau rā
realize, make real fa'atupu, fa'atupu mau
realize, discern from evidence hāro'aro'a
realize, see, perceive 'ite   I saw it with my own eyes. 'Ua 'ite mata roa vau.
realize, understand, be clear about ta'a, ta'a maita'i   Now I ~. Tē ta'a nei iā'u i teie nei.
realized, made real fa'atupuhia, fa'atupu-mau-hia
be or become **realized** or **successful** manuia   His plans were ~ (successful). 'Ua manuia tāna mau 'ōpuara'a.
really, actually, as a matter of fact pa'i (an abbreviation of paha ho'i)
really, definitely ihoā, iho ā   I ~ told him that. 'Ua fa'a'ite ihoā vau i terā mea iāna.   I am ~ profoundly grateful to my very dear friend in Puna'auia, Ralph Gardner White. E 'ā'au mēhara hau roa atu ihoā ra tō'u i tō'u hoa here iti nō Puna'auia 'oia ho'i iā Rūrū (RGW's Tahitian name).
really, indeed ho'i   I knew ~ that ... 'Ua 'ite ho'i au ē ...
really, considerably, a lot roa   This photograph has ~ faded; it is very old, you see. 'Ua marau roa teie hoho'a; e mea

really

tahito roa pa'i.
really, yes, that's really it 'oia   It is ~ true! 'Oia mau!
Really? Is that really it? 'Oia ānei?
Really? Is that true? E parau mau ānei?
realm, kingdom, nation, country, (also:) **government,** (also:) **peace**   hau
reap, gather, pick, pluck   pāfa'i, pōfa'i
reap, harvest, (also:) **prune, cut to shape**   'o'oti   Whatsoever a man soweth, that shall he also ~.   'O tā te ta'ata e ueue ra, 'o tāna ā ia e 'o'oti mai.
rear, back part, (also:) **behind, after, afterwards**   muri
rear end, behind, arse   'ōhure
rear end, bottom (also of a bottle or a vessel)**, buttocks, arse**   tohe
rear housing or **roof** (of a bus or truck)   tāfare
reason, cause, root, basis, origin   tumu, nō reira te tumu, nō te reira te tumu, nō reira   That is the ~.   Nō reira te tumu (or just:) Nō reira.   That is the ~ I came.   Nō reira vau i haere mai ai.   That is the ~ I have not written to you.   Nō te reira te tumu 'aita vau i pāpa'i atu iā 'oe.   Aha! That is the ~ for his illness.   'Ā! Nō reira te tumu nō tōna ma'i.
for no **reason, spontaneously, of one's own accord**   noa
given or advanced **reason, argument**   mārō parau
reasonable, sensible   mana'o ti'a
reasonable, wise   pa'ari
reassemble, put back together   tāmaumau, tāmau
rebel, revolutionary, mutineer   'ōrurehau, ta'ata 'ōrurehau
rebel v, **revolt, mutiny**   'ōrure, 'ōrurehau
rebuild, remake   hāmani fa'ahou
rebut, object, reject   pāto'i, pāto'ito'i
rebuttal, objection, rejection   pāto'i, pāto'ito'i
recalcitrant, unwilling, stubborn, tough   'atā   (used after a verb)   difficult to teach

recollect

(unwilling to learn) ha'api'i 'atā   tough to control (disobedient) fa'aro'o 'atā
recall (see recollect and recollection below)
receipt, acknowledgment of receipt   parau fāri'i
receipt, quittance, acknowledgment of payment   parau pe'era'a
receive, (also:) **greet, admit, entertain**   fāri'i, fa'ari'i
receive (well), welcome, recognize or **accept** someone   'ite   I was a stranger and you welcomed me.   E ta'ata 'ē au 'ē 'ua 'ite mai 'outou iā'u.
receiver (of signals: radio, television)   'āfata 'apoparau
radio **receiver**   'āfata rātio
radio **receiver/transmitter** (on a ship, for example)   tāniuniura'a, niuniu
television **receiver**   'āfata rātio teata
receptacle, bowl   'āu'a
receptacle, container   fāri'i
neck or mouth of a **receptacle** or **container**   'auaha, 'auvaha
reception   fa'ari'ira'a, fāri'ira'a   ~ area vāhi fa'ari'ira'a
recipient   fāri'i
rhythmic **recital** (of traditional chants)   pāta'uta'u
recognition, remembrance, gratitude   'ā'au mehara
recognize, know by sight, (also:) **perceive, see, witness,** (also:) **know,** (also:)
recognize legally   'ite   I ~d (it) with my own eyes.   'Ua 'ite mata roa vau.
recognize, be clear about a perception   ta'a   He ~d me as soon as he saw me.   'Ua ta'a iāna ē o vai au i te taime iho tāna i 'ite iā'u.
recognized legally   'itehia
recollect, recall, think of, remember, bring to mind   ha'amana'o
recollect (with permanence and/or depth implied)**, recall, think of, remember**   mēhara   I ~ with gratitude my very dear friend in Puna'auia.   E 'ā'au mēhara tō'u i

recollection

tō'u hoa here iti nō Puna'auia.

recollection, recall, remembrance, thought of (construction with:) **mēhara** I thank my God upon every remembrance of you. Tē ha'amaita'i au i tā'u Atua 'ia mēhara'tu iā 'outou 'aita e fa'aea.

recommence, start over again, do an encore tāpiti

recommend, suggest, propose tu'u atu i te mana'o (e), fa'atupu i te mana'o, hōro'a i te mana'o

recommend, suggest (construction with:) E mea maita'i 'ia ... (It would be nice if ...)   I ~ that (It would be nice if) you go and enjoy Disneyland when you travel to Los Angeles. E mea maita'i 'ia haere 'oe e māta'ita'i 'ia Disneyland 'ia tere 'oe i Los Angeles.

I **recommend** this: This is my thought: Teie tō'u mana'o (mana'ora'a): (or:) Teie tō'u feruri (ferurira'a):

recommendation, suggestion, thought mana'o, mana'ora'a, ferurira'a   Do you have a ~? E mana'o ānei tō 'oe? It's just a ~. E mana'o noa.

example of a firm, but very polite, **recommendation** ("You really should ..."): May I recommend that you (May I say that you should) rent a car when you arrive? E nehenehe ānei iā'u 'ia parau atu iā 'oe nō te tārahu i te pereo'o 'ia tae mai 'oe?

example of a mild **recommendation** ("It would be nice if ..."): May I recommend that you visit Disneyland when you go to Los Angeles? E mea maita'i 'ia haere 'oe e māta'ita'i iā Disneyland 'ia tere 'oe i Los Angeles.

recompense, reimburse, pay back fa'aho'i i te moni

recompense, reimbursement, paying back fa'aho'ira'a i te moni

recompense, remuneration, salary taime

recompense, reward, (also:) **vengeance, revenge** ("paying someone back") tāho'o

rectangle

recompense, sanction, "just deserts" (actually: what one deserves or merits, whether positive or negative) utu'a

reconcile, bring about a meeting between fa'afārerei

reconciled, pacified, (also:) **peaceful, at peace, not worried, tranquil** hau

re-cook (a food in the earth oven), (also:) **prolong the cooking** 'ōpi'o

record, dossier, file pu'era'a parau

record, explanative **report** parau fa'ata'a

record, informative **report** parau ha'amāramarama

record player, phonograph 'upa'upa tari'a, 'upa'upa fa'ata'i

phonograph **record** pehe 'upa'upa, pehe

record (songs and/or music) **for listeners** (literally: **for the** [listening] **friends**) pehe nā te mau hoa

record, put on tape haruharu reo, haruharu

record, write down tāpa'opa'o

record officially, **notarize, register, validate,** (also:) **authorize** ha'amana

tape **recorder, sound recorder, cassette recorder** harura'a parau, harura'a reo, haruharura'a reo, fa'aharura'a reo

recording tape ripene haruharura'a reo

recount, relate, trace history back to tuatāpapa

recover, get better, become cured ora He will never ~, except by stopping his smoking. E'ita roa 'ōna e ora, maori rā 'ia fa'aea 'ōna i te pupuhi i te 'ava'ava.

recover, regain noa'a fa'ahou

recover or **regain one's breath** (especially after diving) māpuhi   Jack London used this word for the name of the pearl diver and title character in his delightful and exciting short story, The House of Mapuhi (the real heroine of which is Mapuhi's mother, Nauri).

recovered, relieved, assuaged, satiated as to food or drink māha

rectangle 'oeha

411

rectum rua 'ōhure, pou 'ōhure
descended **rectum** (best explained as:) 'ua ma'iri te 'ōhure
be **recumbent, lie down** ta'oto (but usually ta'oto refers to actual sleeping)
red (general) 'ute'ute, ('ura and 'ura'ura are archaic) the ~ Sea te Miti 'Ute'ute I would like some ~ wine. Tē hina'aro nei au i te uaina 'ute'ute.
red (complexion), (also:) **reddish blond,** (also:) **red-brown** (hair) 'ehu
redden, become red or **reddish** 'ute'ute
redden, cause to be red or **reddish** 'ō'ute'ute
red-fish, Holocentrum spiniferum 'apa'i
red globe-eye fish, Priacanthus cruentatus maere
red goatfish ahuru 'ute'ute
red pepper 'ōporo
red-pincered crab mīmī (note that mīmī also means cat)
red snapper, Lutjanus bohar ha'amea
red-spotted surgeonfish (a small black fish with dangerous thorns on its tail) meha
red squirrelfish maunauna
reddish mā'ute'ute, 'ō'ute'ute
reddish-brown-purple hiri
reduce, make smaller, (also:) **diminish, belittle** fa'aiti
reduce to bits and pieces, (also:) **pulverize** fa'ahu'a
reduce a price, make something less expensive fa'amāmā
to be **reduced** to very small pieces hu'ahu'a
reed, rush, Erianthus floridulus 'ā'eho
reef, coral reef, barrier reef to'a a'au, a'au double ~ a'au piti He was responsible for the ship going on the ~. 'Ōna te tumu i ū ai te pahī i ni'a i te a'au.
reef, coral rock, block of coral, coral boulder to'a ... the three-masted American ship Naomi which came very close to drifting onto the ~. ... te pahī tira toru marite ra 'o Naomi 'o tei fātata roa i te 'ōpa'ihia i ni'a i te to'a.
reef *n &* (sail) rifi
take in a **reef** on a sail rifi
reef crab tūtū a'au, tūtūa'au
reef heron or **egret, Demiegretta sacra** 'ōtu'u
reel (for a tape recorder) pehe film ~ pehe hoho'a
reel (for string or thread), **spool, bobbin** pō'ai
reel, stagger, become giddy ta'anini
reel, stagger, lose one's sense of balance tūtāperepere
reeling, pitching tītāpoupou, 'ōihuihu
referendum uiuira'a mana'o After the September 1958 ~, the French held Pouvāna'a O'opa in a government prison for 12 years. I muri a'e i te uiuira'a mana'o nō tetepa i te matahiti hō'ē-tautini-'ē-iva-hānere-'ē-pae'ahuru-māva'u, 'ua ha'amau o farāni iā Pouvāna'a a O'opa i te 'āuri i te hau metua nō hō'ē-'ahuru-mā-piti matahiti te maoro.
refinish, renovate, renew fa'a'āpī
reflect (heat or sound) fa'aho'i
reflect (light) fa'aho'i i te māramarama
reflect mentally, contemplate, ponder, muse, consider, use one's mind feruri
reflect profoundly, weigh pros and cons, evaluate carefully, think deeply mānavanava
reflection (of heat or sound) fa'aho'ira'a
reflection (of light or of an object) ata
mental **reflection, contemplation, pondering, musing, using one's mind** ferurira'a
reflector rāve'a 'apa
reflex 'ahiti conditioned ~ 'ahiti ha'amātauhia
reform, improvement, a change for the better tauira'a nō te ha'amaita'i
reform, resolution of a problem fa'atītī'aifarora'a
reform, mend or **correct one's ways** fa'aru'e i te mau hape

reform, create something anew fa'atupu fa'ahou
reform, resolve a problem fa'atītī'aifaro
reformed (Protestant) **church** ha'apa'ora'a porotetani
a member of the **reformed church** of the Latter Day Saints tānītō
refreshing, fresh, cool pūto'eto'e, haumārū
refrigerate fa'ato'eto'e
refrigerator 'āfata fa'ato'eto'era'a mā'a
refrigerator, cooler 'āfata pū'to'eto'e,
refrigerator, ice box vaira'a pape pa'ari, fa'ato'eto'era'a pape
refuge, retreat ha'apūra'a
refuge, retreat, safe place vāhi ha'apūra'a
take **refuge, group together** ha'apū
refusal, objection, rebuttal, protest pāto'i, pāto'ito'i
refuse, object, rebut, contradict, protest pāto'i, pāto'ito'i
refusal, dismissal, rejection fāri'i 'ore
regain, recover noa'a fa'ahou
regain or **recover one's breath** (especially after diving) māpuhi Jack London used this word for the name of the pearl diver and title character in his delightful and exciting short story, The House of Mapuhi (the real heroine of which is Mapuhi's mother, Nauri).
region, land area tufa'a fenua
region, section pae'au
register, record book puta tāpa'ora'a
register, enter into a record book pāpa'i i roto i te puta tāpa'ora'a
register a deed, record an official document ha'amana
registered, legally recognized 'itehia
registry office fare ha'amanara'a parau
regret, feel sorrow, grieve, miss mihi, mihimihi
regret (only as a reaction to losing something of value) nounou (otherwise the meaning of nounou is to covet or lust for)

regular(ly), even(ly), proper(ly) ti'a
regulation, rule, code, law ture
driving (road) **regulation** ture purōmu, ture porōmu, ture purūmu Observe the driving ~s (shown on the) signs. Ei (or: Ei'a) fa'aturahia te mau tāpura o te ture purōmu.
rehearsal fa'aineinera'a
rehearse fa'aineine
reign hau
reimburse fa'aho'i i te moni
reimbursement fa'aho'ira'a moni
reimbursement, yield, profitability ho'ona
reinforce, strengthen ha'apūai
reject (someone), **look askance at, disavow** hi'o mata'ē, mata'e That woman ~ed me. 'Ua hi'o mata'ēhia vau ē terā vahine. He was looked askance at by his children. 'Ua hi'o mata'ēhia 'ōna e tōna mau tamari'i.
reject, oppose, resist tati
reject, oppose, resist, protest, refuse, turn down, object pāto'i, pāto'ito'i
reject, send away, send back, "kick out," fire patu
rejection, opposition, resistance tati
rejection, opposition, resistance, protest, refusal, objection, rebuttal pāto'ira'a
rejoice, be delighted pōpou
rejoice, be glad, be happy 'oa'oa
relate, recount, trace history back to tuatāpapa
relate, tell a story fa'ati'a (i te parau), fa'ati'ati'a
sexual **relations, intercourse** aira'a, 'āpitira'a, 'atira'a (consummation in marriage), tātu'e (copulation movements), tehetehe (vulgar)
have sexual **relations, copulate** ai, haratu'e
relative in the sense of **it depends** tei te huru
relative, kinsman fēti'i Is he a ~ of yours? E fēti'i nō 'oe ānei 'ōna?

relatively   **removal**

relatively, it depends, to a degree, in a way   tei te huru
relax bit by bit, loosen up, take it easy   tu'utu'u
relay *n* (electrical)   turumono
relay something   mono te tahi i te tahi
release, (pull a) trigger, set going, turn on, (also:) **press a button**   pata   Turn on the (electric) lamp! 'A pata i te mōrī!
release bit by bit, slacken, let go by little and little   tu'utu'u
release mechanism, switch, trigger   patara'a
relic   ha'amana'ora'a
relieve, allay, quench thirst or hunger   ha'amāha   ~ the thirst   ha'amāha i te po'ihā
relieved, allayed, assuaged, satisfied   māha
religion, belief, faith   fa'aro'o
religion, system of belief   ha'apa'ora'a   nonconformist **religion, sect**   fa'aro'o 'ē
religious, pious, devout   paieti
religious order   pupu euhe
religious practices   peu paieti
relinquish, give up, forsake   fa'aru'e
relinquish, lay aside, throw aside, abstain from food or alcohol   ha'apae   He has ~ed alcohol for six months (meaning that he signed the Blue Cross [anti-alcoholic league] oath six months ago). 'Ua ha'apae 'ōna e ono 'āva'e.
relinquishment   fa'aru'era'a, fāri'i-'orera'a
remain, abide, exist, be   vai   And now abideth faith, hope, charity, these three; but the greatest of these is charity. 'Ē teie nei, tē vai nei te fa'aro'o, 'ē te tīa'i, 'ē te aroha, e toru ra; o tei hau ra i taua toru nei, o te aroha ia.
remain, dwell, (also:) **stop doing something, rest**   fa'aea   Tomorrow I'll ~ at home. Ānānahi e fa'aea vau iō'u.
remain, be left, be left over, be left out   toe

remain alone or **single**   vaihō'ē
remain behind, be passed by   ma'iri
remain naked   vaitaha'a noa, vaitaha'a
remain standing, (also:) **get up constantly**   'ōti'ati'a
remainder, left-over   toe'a
remainder, rest, residue   toe
remainder (a remaining amount added), **a little more than expected** or **asked for,** ... **and some more,** ... **and a little over**   ti'ahapa, e ti'ahapa   two thousand francs and a little over   e piti tauatini tārā e ti'ahapa
remaining, left over   toe'a
remake, rebuild   hāmani fa'ahou
remarkable, excellent, superb   fa'ahiahia
remedial, restorative   roa'a fa'ahou
remedial school psychologist   tahu'a manava 'ihi ha'api'i
remember, bring or **call to mind, think of**   ha'amana'o
remember (with permanence and/or depth implied), **recollect, recall, think of**   mēhara   I ~ with gratitude my very dear friend in Puna'auia. E 'ā'au mēhara tō'u i tō'u hoa here iti nō Puna'auia.
remember well, stick in one's memory   mau maita'i   I ~ the features of her face. 'Ua mau maita'i iā'u tōna hīro'a mata.
remembrance, recollection, recall, thought of   (construction with:) mēhara   I thank my God upon every ~ of you. Tē ha'amaita'i au i tā'u Atua 'ia mēhara'tu iā 'outou 'aita e fa'aea.
remittance   hāpono 'aufau 'ia tae mai
remodel, make like new, repair   fa'a'āpī   My tiredness from (My effort in) ~ing my house paid off. 'Ua ho'ona tō'u rohirohi i te fa'a'āpīra'a i tō'u fare.
remora (a fish with a sucking disk on its head with which it can attach itself to sharks, turtles, ships, etc.)   tiatiauri
remote, far, distant   ātea
removal   'īritira'a

414

remove, carry away hōpoi 'ē
remove, pull out mahuti, mahiti My tooth was ~d by the dentist. 'Ua mahuti tō'u niho e te taote (taote niho).
remove, take off, draw out, open, (also:) **translate** 'īriti
remove (a bolt or nut, for example), **loosen, untie, free from entanglement** tātara
remove husks (from coconuts) 'ō
remove one's clothes, undress tātara i te 'a'ahu, heuheu *(arch.)*
remove cobwebs, dust off, (also:) **rake (up),** (also:) **skim (off froth)** pā'a'u
remove the edge of something causing it to become dull ha'atūmū
remove or **cut fillets from a fish** harahara
remove or **take by fraud** rave huna
remove the hair from (hides, skin, etc), **depilate, pluck** (feathers, weeds) huti
remove hair from a pig with boiling water inaina
remuneration, salary taime without ~, pro bono mā te taime 'ore
rend, tear, rip tūmahae
rend or **tear** or **rip forcefully** pīhae, pāhae, pīhaehae, pāhaehae
rend or **tear in two pieces** hahae
cause to **rend, tear, rip,** mahae He tore his raincoat on a nail. 'Ua mahae tōna fa'arari iāna i ni'a i te naero.
render service, help, aid, back up tauturu
renew, renovate fa'a'āpī
renown, fame, reputation ro'o
rent, rental, loan, debt house for ~ fare tārahu rental car (rented by the day) pereo'o tārahu tāmahana
rent, borrow, (also:) **lend** tārahu May I suggest that you ~ a car when you arrive? E nenenehe ānei iā'u 'ia parau atu iā 'oe nō te tārahu i te pereo'o 'ia tae mai 'oe?
repair (general) hāmani I tried hard to ~ the engine. 'Ua rohi au i te hāmanira'a i te mātini.
repair (major) tātā'i

repair, make good, ameliorate, heal fa'amaita'i
repair, make like new, remodel fa'a'āpī
repair (cloth), **mend, darn, patch** tāfai, tīfai
repair nets ene
repast, dinner, feast tāmā'ara'a
repeat (once), **recommence, begin over again, do an encore** tāpiti Please repeat what you said! 'A tāpiti paha tā 'oe parau!
repeat (words) **again and again** tata'u i te parau
repeat frequently ha'apinepine
repeat, say again parau fa'ahou
repeat the same thing over and over again, (also:) **warm over** (food) tāhana, tāhanahana He ~s the same thing over and over again. E tāhana noa 'ōna i tāna parau.
repeatedly ha'apinepine
repent tātarahapa, tātarahara ~ ye: for the kingdom of heaven is at hand. E tātarahapa 'outou: tē fātata mai nei ho'i te basileia (pronounced patireia) o te ao.
repentance tātarahapa, tātarahara For I am not come to call the righteous, but sinners to ~. 'Aore ho'i au i haere mai e parau i te feiā parau-ti'a, i te feiā hara ra 'ia tātarahapa.
repentant tātarahapa, tātarahara
replace, substitute for, (also:) **become a successor** mono, monomono
replacement, successor, substitute, (also:) **spare** mono 'Anania is the ~ for the minister of this church. 'O 'Anania te mono o te 'orometua nō teie fare pure.
reply, answer, response pāhonora'a, pāhono
reply (to), answer, respond (to) pāhono He did not ~ to my question. 'Aita 'ōna i pāhono i tā'u uira'a.
explanatory **report** parau fa'ata'a
informative or educational **report** parau fa'a'ite John's ~ te mau parau fa'a'ite a

report   **request**

Ioane
informative or enlightening **report**, (also:) **information bulletin** or **sheet** parau ha'amāramarama
weather **report** te huru o te mata'i 'ē te miti
report, explain fa'ata'a
report, inform, enlighten, shed light upon ha'amāramarama
report, inform, tell fa'a'ite
represent (as through a drawing) fa'ahoho'a
represent, show fa'a'ite
represent, stand in for, take the place of mono, monomono
representative, stand-in, substitute ta'ata ti'a, ti'a
repress, eliminate, do away with, cancel, annul fa'a'ore
repress, subdue, tame, discipline ha'avī
repress or **suppress laughter, keep from laughing** nene'i i te 'ata
reprimand, reproach, scold āvau
reprisal, vengeance, retaliation tāho'o
reproach, blame, censure, renounce, repudiate, contradict fa'ahapa
reproach, reprimand, scold 'āvau
reproof, warning, admonishment, (also:) **advice, counsel**, (also:) **preaching** a'o
reprove, warn, admonish, (also:) **advise, counsel**, (also:) **preach** a'o
republic repupirita
repudiate, lay or **leave aside, abandon, give up, abstain from** food or alcohol ha'apae He has ~d alcohol for six months (meaning that he signed the Blue Cross [anti-alcoholic league] oath six months ago). 'Ua ha'apae 'ōna e ono 'āva'e.
repudiate, reproach, blame, censure, renounce, contradict fa'ahapa
repugnant, disgusting, despicable, base, debased, immoral, vile, repulsive, indecent faufau, (also: very strongly, meaning foul or evil-smelling) ne'one'o
repugnant, disgusting, distasteful, unappetizing ri'ari'a (the usual meaning of ri'ari'a is frightful)
repugnant, disgusting, filthy, nasty, ugly hā'iri'iri
repugnant, disgusting, loathsome, revolting, nauseating, sickening mānuanu
repulsed (by), (also:) **frightened (by)** ri'arī'a
repulsive, repugnant, disgusting, base, debased, despicable, immoral, vile faufau (also: very strongly, meaning foul or evil-smelling) ne'one'o
repulsive, (also:) **frightful** ri'ari'a
reputation, renoun, fame ro'o
request, application, petition anira'a
request (for information), **question** uira'a, uiuira'a Thanks to his great patience for my unending ~s for information I succeeded in my pursuit (also: research). 'Aua maoti tāna fa'a'oroma'ira'a rahi i tā'u mau uiuira'a tu'utu'u- 'ore i manuia ai tā'u mau mā'imira'a.
request, beseech, ask for, apply for, petition for, solicit, (also:) **invite** ani He ~ed money from me. 'Ua ani 'ōna iā'u i te moni. We have been invited to a dinner party tonight. 'Ua anihia māua i te hō'ē tāmā'ara'a i teie 'ahi'ahi. Ask and it shall be given you; seek, and ye shall find; knock, and it shall be opened unto you. E ani, 'ē horo'ahia mai iā 'outou e imi, 'ē 'iteā iā 'outoū e pātōtō atu, 'ē 'iritihia mai te 'ōpani iā 'outou.
request, require, demand, (also:) **invite, convoke, convene** tītau
request information, ask a question or **questions, inquire** ui Ask me a question! 'A ui mai!
request information or **ask** or **inquire repeatedly** uiui
request often (in order to get something), **annoy** aniani
request or **ask for endlessly, nag, carp** tiani, fa'atiani

request or **ask for forgiveness of sins, atone, expiate** tāra'ehara

request, ask for, summon poro'i   The doctor was summoned. 'Ua porōihia te taote.

require, demand, request, (also:) **invite, convoke, convene** tītau

require, need, have a need for ei ... e ti'a ai, e au iā, e mea faufa'a roa iā   I ~ (need) it, but I don't want it. E mea ti'a iā'u 'ia rave, āre'a ra, 'aita vau e hina'aro. It will be ~d (used) for at least three more days. E 'ohipahia i teie mau mahana e toru i mua nei.

require help, be in need e au 'ia tauturuhia, e veve, e 'ati, e 'ere

required, necessary, called for 'ia rave iho-ā-hia

required, necessary, obligatory, mandatory (construction with ei or ei 'a) It is necessary to respect [the rights of] the pedestrians. Ei 'a fa'aturahia te ta'ata haere 'āvae. It is necessary to respect [obey] the signs indicating the road regulations. Ei 'a fa'aturahia te mau tāpura o te ture purōmu.

do what is **required** or **necessary** (construction with:) ha'a   I did what was ~. I ha'a noā na vau i te rave.

give in excess of what is **required** in order to please ha'amāuruuru

not **required** or **necessary, not essential, not of primary importance** 'aita e tumu ia

not **required** or **necessary, not important, not of particular value** 'aita e faufa'a

longer than **required** or **necessary, slow, dragging along, late** tāere

requirement, demand, request tītaura'a
requirement, need, want vevera'a
requirement, condition tītaura'a
legal **requirement** ture
rescue, save, deliver (from) fa'aora
rescued, saved, delivered (from) ora
research *n*, **investigation** mā'imira'a, mā'imi'imira'a, 'imira'a   ~ center pū mā'imira'a   Thanks to his great patience for my unending requests for information I succeeded in my ~ (also: pursuit). 'Aua'a maoti tāna fa'a'oroma'ira'a rahi i tā'u mau uiuira'a tu'utu'u- 'ore i manuia ai tā'u mau mā'imira'a.

research (especially in history), **study** tuatāpapara'a

research *v*, **search** mā'imi'imi, mā'imi
resemblance huru hō'ē ā
resemble, look like (construction with hi'ora'a) That canoe ~s mine. Hō'ē ā te hi'ora'a o terā va'a mai tō'u.

resemble, look like (construction with hoho'a) That canoe ~s mine. E hoho'a terā va'a mai tō'u. You ~ your father. E au tō 'oe hoho'a 'ē tō 'oe pāpā (or: tō 'oe metua tāne).

resent, be inwardly angry, be hurt or **vexed** or **chagrined** 'ino'ino   Manava ~ed greatly Rōpati's words. 'Ua 'ino'ino roa Manava i te parau a Rōpati.

resentment, disgruntlement, hurt, vexation, chagrin 'ino'ino
reserve *n*, **supply** fa'ahereherera'a
reserve, hold tāpe'a   Could you ~ a table for dinner tonight? E nehenehe ānei tā 'oe e tāpe'a i te hō'ē 'amura'amā'a (or: 'aira'amā'a) nō te tamā'ara'a i teie pō?

reserve, save, put aside fa'aherehere ~d seat pārahira'a fa'aherehere

reserve, set aside, mark tāpa'o   I would like to have a table ~d for this coming Saturday night, please; there will be four of us. 'Ahani na, hina'aro vau 'ia tāpa'ohia te hō'ē 'amura'amā'a nō teie pō tāpati i mua nei; e maha mātou.

reserve, set aside for the purpose of separation fa'ata'a   May we sit next to you (two) in church or do we have to sit in a special place ~d for tourists? E nehenehe ānei iā māua 'ia pārahi i piha'i iho iā 'ōrua, e 'aore ra, e mea ti'a ānei iā māua 'ia pārahi i te vāhi i fa'ata'ahia nō te

mau rātere?
reside, stay, live, dwell pārahi, pārahirahi ... and I will stay in the house of the Lord forever. ... 'ē pārahi ā vau i roto i te fare o Iehova e maoro noa'tu tō'u pu'e mahana.
reside, live, dwell, (also:) **stop** or **stay at** fa'aea Tomorrow I will stay at home. Ānānahi e fa'aea vau i te fare. (or:) Ānānahi e fa'aea vau iō'u.
reside, live, stay noho, nonoho, nohonoho Where do you ~? I ~ on Huahine. Tē noho nei 'oe ihea? Tē noho nei au i Huahine.
reside, make one's residence, live, stay, dwell noho, nonoho, nohonoho, ti'a Where do you ~? I ~ (make my residence) in America. E ti'a 'oe ihea? E ti'a vau i te fenua marite.
residence (general) fare royal ~ (palace) fare ari'i
residence (including the family or household), **dwelling, home** 'utuāfare
residence, house nohora'a My ~ is in Puna'auia. Tei Puna'auia tōu nohora'a. Eno's ~ is in Pāpara. Tei Pāpara tō Eno nohora'a.
residue (solid) ota (note that ota also means raw)
residue, remaining stain(s) or **particles of food** (especially on cooking utensils or on hands) para, parapara
residue, remainder, rest toe
resist, oppose, reject tati
resist, oppose, reject, protest, refuse, turn down, object pāto'i, pāto'ito'i
resistance, opposition, rejection tati
resistance, opposition, rejection, protest, refusal, objection, rebuttal pāto'ira'a
resistant (mentally or physically), **hard, tough,** (also:) **stubborn** pa'ari
resolute, having a definite plan 'opua pāpūhia
resolute, having a determined mind mana'o pāpū

be **resolute, face danger, risk** fa'aū i te 'ati
resolution fa'aotira'a
make a **resolution** fa'aoti
resolve or **straighten out** or **settle** (problems) fa'atītī'aifaro
resound, echo tavevo, vevo, vevovevo It echoes in this church. E mea tavevo i roto i teie fare pure.
resound (as of sea, wind, thunder), **roar, reverberate, blast** (speaking of guns) haruru
resound, thud, boom taparuru, tapataparuru
resound, thunder pātiri
resound, be transmitted or **repeated widely** (like spreading news) tui The news spread far and wide. 'Ua tu'i te parau 'āpī.
respect, esteem, praise, applause, honors 'āruera'a
respect, honor, regard, observance tura, fa'atura
respect, admire, cherish ha'apōpou
respect, admire, hold in esteem fa'ahiahia
respect, observe, heed, comply with, obey, (also:) **show respect for, honor** fa'atura ~ (give the right of way to) the pedestrians! Ei (or: Ei 'a) fa'aturahia te ta'ata haere 'āvae! ~ (Observe) the (speed) limits for travel on the road. Ei (or: Ei 'a) fa'aturahia te tā'ōti'ara'a o te tere nā ni'a i te purōmu. ~ (Observe) the road (driving) regulations (shown on the) signs. Ei (or: Ei'a) fa'aturahia te mau tāpura o te ture purōmu.
respect, observe, heed, comply with, obey, (also:) **submit to** auraro
respect, praise, honor, speak well about 'ārue
respect, scruple hirahira
respected, honored tura Our major is a ~ man (a man deserving respect). E ta'ata tura tō mātou tāvana 'oire.

respectful fa'atura
respectful, scrupulous hirahira
respiration, breathing hutira'a aho
respire, breathe huti i te aho
respite, pause, (also:) **cessation** fa'aeara'a   a moment of ~ e taime fa'aeara'a
without **respite** or **pause** or **stopping** mā te fa'aea 'ore
without **respite** or **relaxation, continually, always** tu'utu'u 'ore
respond (to), answer, reply (to) pāhono   He did not ~ to my question. 'Aita 'ōna i pāhono i tā'u uira'a.
respond affirmatively, say yes pāhono 'aifaro
respond negatively, say no 'aipa
response, answer, reply pāhonora'a, pāhono   an astute ~ e pāhonora'a māramarama   prepaid ~ (letter or telegram) pāhono 'aufaua
responsibility, blame hapa, hape
responsibility, burden hōpoi'a
responsibility (for damage) tureana
responsibility (for a person in one's charge, especially, but also in a general sense) uta'a
responsible, in charge (construction with fa'atere [guide, direct])   You are ~ (in charge). 'O 'oe te ta'ata fa'atere. (or:) Nā 'oe te fa'aterera'a.
responsible, paying attention, taking care (construction with ha'apa'o [pay attention, take care])   You are ~. 'O 'oe te ta'ata ha'apa'o. (or:) Nā 'oe e ha'apa'o.
responsible, liable tumu   He was ~ for the ship going on the reef. 'Ōna te tumu i ū ai te pahī i ni'a i te a'au.
responsible, trustworthy (construction with ti'aturi)   He is a ~ person (literally: You can have confidence in him.). E nehenehe 'oe e ti'aturi iāna.
rest, pause, break, temporary halt fa'afa'aeara'a, fa'aearaa   day of ~ mahana fa'aeara'a 'ohipa

rest, remainder, left-over toe'a
rest, remainder, residue toe
rest, pause, take a break, make a temporary halt fa'afa'aea, fa'aea
rest, relieve tiredness ha'amāha i te rohirohi
rest period, intermission, break fa'ataimera'a
rested, relieved, having had enough māha
restaurant fare tāmā'ara'a   The service is fast in this ~. E mea vitiviti te 'ohipa iroto i teie fare tāmā'ara'a.
restore, heal, save fa'aora
restore, put back in place, (also:) **send back, return** fa'aho'i
restrain, set or **establish** or **impose limit(s)** tā'ōti'a
restrain, stop, keep a hold of, (also:) **arrest, imprison** tāpe'a
restraint, set or established or imposed limit(s) tā'ōti'ara'a
restraint, complication, difficulty, obstacle ha'afifira'a
restraint, trouble, problem ha'ape'ape'ara'a
without **restraint** (construction with:) noa   My wife keeps telling me that ... Parau noa mai tāu vahine ē ...
restroom, lavatory (no toilet implied) piha horohoroira'a
restroom, toilet, latrine, outhouse fare iti, fare hāmuti, fare haumiti (the last two are seldom heard today; literally they mean house for defecation)   Could you (please) show me (where) the ~ (is)? E nehenehe ānei tā 'oe e fa'a'ite mai iā'u i te fare iti? (or simply: Where is the ~?) Teihea te fare iti?   The toilet in the ~ is clogged. 'Ua mau te pape i roto i te fare iti, e'ita e tahe fa'ahou.
result, end, termination, conclusion hōpe'a
result, fruit, product hotu
resume rave fa'ahou

resume rave fa'ahou
résumé (of a text), **summary** ha'apotora'a parau
resumption rave-fa'ahou-ra'a
retain, cause to stay, (also:) **lodge** ha'apārahi
retain, hold on to, keep hold of tāpe'a noa
retain, stop tāpe'a
retain or **hold** or **occupy** a position or an office, **practice a profession** mau I ~ an office (position) as attorney. Tē mau nei au i te tōro'a 'avaota.
retaliate, "pay back," avenge oneself, take revenge, (also:) **recompense** tāho'o
retaliation, "paying back," avenging oneself, revenge, (also:) **recompense** tāho'o
retch, throw up, vomit piha'e
cause to **retch** or **vomit** ha'apiha'e
retinue, (also:) **member of a retinue** 'āpe'e
retired, pensioned fa'atufa'ahia
retirement (with monetary support), **pension** moni tufa'a
retreat, disengagement, pull-out 'iritira'a
retreat, return ho'ira'a
retreat, withdrawal, fallback 'otohera'a i muri
retreat, refuge, sanctuary vāhi ha'apūra'a
religious **retreat** ferurira'a mā te pure
retreat, fall back, pull back 'otohe i muri
retreat, keep a distance, cause to be far away fa'aātea
retreat, return ho'i
retreat, run away horo
return, coming back, homecoming ho'ira'a mai, ho'ira'a Our voyage lasted two months, from our departure to our ~. E piti 'āva'e te maoro ia nō tō mātou tere, mai te haerera'a e tae noa'tu i tō mātou ho'ira'a mai.
return, come back ho'i mai They ~ed with joy. 'Ua ho'i mai rātou ma te 'oa'oa.
return, go back ho'i atu At what time will you (all) ~ to your homes? Eaha te hora 'outou e ho'i atu ai i tō 'outou mau fare?
return, go back again ho'i fa'ahou ... for dust thou art, and unto dust shalt thou ~ ... e repo ho'i 'oe, 'ē e ho'i fa'ahou atu ā 'oe i te repo
return, take or **send back** fa'aho'i
return to civilian life tivira
return a verdict, sentence, impose a penalty, punish fa'autu'a
reveal, uncover, (also:) **uncover** the earth oven hua'i I will ~ his story. E hua'i atu vau i tōna parau.
reveal, explain the meaning of something heheu The old man ~ed the meaning of the old legend of Tangaroa. 'Ua heheu mai te ta'ata rū'au i te 'a'amu tahito nō Ta'aroa.
revelation (religious), **appearance** fāra'a ... hope to the end for the grace that is to be brought unto you at the ~ of Jesus Christ. ...'a tī'ai hua'tu ai i te maita'i e hōpoihia mai nō 'outou i te fāra'a mai o Iesu Mesia [pronounced Ietu Metia].
revelation (religious), **vision** 'ōrama Your old men shall dream dreams, your young men shall see ~s. E tā'oto'otoāhia mai tō 'outou mau ta'ata pa'ari, e 'ite tō 'outou mau ta'ata 'āpī i te 'ōrama.
revelation, discovery, explanation of the meaning of something heheura'a
revenge, vengeance, retaliation, "paying back," (also:) **take revenge, "pay back,"** (also:) **revengeful** tāho'o (This word can be both negative and positive, depending on the context, the basic meaning being to give someone his just rewards, so it can also mean **reward, recompense, remuneration**.)
revengeful, harboring thoughts of

revengeful

vengeance, vengeful, vindictive tāpaʻopaʻo   Watch out: he is a very ~ person. E ara, e taʻata tāpaʻopaʻo roa.
revengeful, holding on to grudges, unwilling to forgive and forget   tāmau i te ʻinoʻino
reverberate, rumble   haruru
reversal, reversion, inversion, turning upside down   tahuriraʻa, huriraʻa
reverse, be turned upside down, capsize, overturn   tahuri, huri, hurihuri
review of a lesson   tāhanahana
revolt *n*, **mutiny**   ʻōrureraʻa
revolt *v*, **mutiny**   ʻōrure   The government has been ~ed against. ʻUa ʻōrure te hau.
revolting, disgusting, despicable, base, debased, immoral, vile, repugnant   faufau (also: very strongly, meaning foul or evil-smelling) neʻoneʻo
revolting, disgusting, distasteful, unappetizing   riʻariʻa (the usual meaning of riʻariʻa is frightful)
revolting, disgusting, filthy, nasty, ugly   hāʻiriʻiri
revolting, disgusting, loathsome   mānuanu
revolution, mutiny   ʻōrureraʻa hau
revolutionary, mutineer   ʻōrurehau, taʻata ʻōrurehau
revolve *vi*, **rotate, roll, twirl around** (like a wheel, for example), **whirl, swirl,** (also:) **roll about** on the ground or on a floor   ʻohu
cause to **revolve** or **turn** or **rotate** or **twirl,** (also:) **encircle**   faʻaʻohu
revolver, pistol   pupuhi tiriʻumu, tiriʻumu
reward, recompense, (also:) **punishment, penalty, fine, "just deserts"**   utuʻa (actually: whatever good or bad one may deserve or merit)
reward, expression of thanks   haʻamāuruururaʻa
reward, recompense, pay someone **back** (in a positive sense), (also:) **take revenge,**

rid clothing of folds

avenge onself, "pay someone **back"** (in a negative sense)   tāhoʻo
reward, express thanks   haʻamāuruuru
rewrapping   pūʻohu faʻahouraʻa
rheumatism   rūmati
rheumatoid arthritis   rūmati puʻoiraʻa ivi
rheuminess (especially when affecting the eyes), **catarrh**   vare
rheuminess, rhinitis, catarrh, running cold, (also:) **snotty; snot, mucus**
rhythmic recital (of traditional chants)   pātaʻutaʻu
rib (of a human or animal)   ivi ʻaoʻao
rib (of a leaf)   fā   ~ of a coconut frond   fā niu
ribs or **frame** (of boats)   oʻa
ribbon   ripene, ripine
rice   raiti   ~ can (be used to) stretch out other food. E mea nanea te raiti.
rich   moni, ʻona, taoʻa   ~ person   taʻata moni (or:) taʻata taoʻa   ~ people   feiā moni (or:) feiā ʻona   There is that maketh himself ~, yet hath nothing. Tē haʻavare nei vetahi mai te mea e taʻata taoʻa, ʻē ʻaita āna. It is easier for a camel to go through the eye of a needle, than for a ~ man to enter into the kingdom of God. E faʻaō ʻohie aʻe te kamela nā roto i te ʻāpoʻo au, i te taʻata taoʻa ʻia faʻaō i roto i te basileia [pronounced pātireia] o te Atua ra.
rich, wealthy   faufaʻa   ~ person   taʻata faufaʻa
rich, well-off, financially secure   ravaʻi   get **rich**   ʻona   Keʻaue's uncle had suddenly got ~. ʻUa ʻona tāue noa o te pāʻino tāne o Keʻaue (from R. L. Stevenson's The Bottle Imp, freely translated by John [Tihoni] Martin).
Richard, Dick   Rītā
ricochet, bounce back, splatter   pātītī
get **rid** of, **throw away**   tāʻue   I got ~ of all my old things. ʻUa tāʻue pauroa vau i tāʻu mau tauihaʻa.
rid clothing of folds, unpleat   ferafera

riddle

riddle, puzzle, enigma piri Seek (the answer to) my ~! 'A 'imi i tā'u piri!
ride, go haere
ride the waves (as on a surfboard) fa'ahe'e miti
ridge aroa, tupuai mou'a
ridgepole or **crest** of a house tāhuhu
ridicule, mockery, provocation parau fa'a'o'ō'o, fa'a'o'ō'o
ridicule, kid, joke with hō'ata
ridicule, make fun of, mock fa'a'o'ō'o
ridicule, kidding parau hō'ata
ridicule, laugh at despisingly, deride tāhitohito, tāhito
ridiculous, nonsensical, idiotic ma'au
ridiculous, stupid, crazy ma'ama'a
a **ridiculous(ly** small) **sum** tino moni na'ina'i roa
right (versus left) 'atau ~ hand(ed) rima 'atau ~ side pae 'atau Keep strictly to the ~ side of the road. 'A tāpe'a māite (i) te pae 'atau o te purōmu. My ~ leg tingles (or: has "gone to sleep"). 'Ua hōpi'ipi'i tō'u 'āvae 'atau. Whosoever shall smite thee on thy ~ cheek, turn to him the other also. 'O te moto mai i tō pāpāri'a 'atau na, e fāriu ato'a'tu i te tahi.
right, correct, proper, fitting tano, tanotano
right below (or) **beneath** (or) **under** i raro iho
right on (in contact with) i ni'a iho
just **right** tano maita'i
Serves you **right! You had it coming! You got what you asked for!** 'Aitoa!
right, exact, correct, proper, straight, going or **proceeding well** 'āfaro, 'āfarofaro
right, exact, even (e) mea ti'a
right, just, equitable, (also:) **righteous** ti'a
right, true mau That's perfectly ~ (That's quite true.) 'Oia mau.
right, prerogative, privilege ti'ara'a,

ring

ti'ara'a mana pre-emptive ~ (also: ~ of way) ti'ara'a hau a'e ~s of man ti'ara'a mana ta'ata
right after that i muri noa a'e
right now i teie nei iho
All right. So be it. It doesn't really matter. It is of minor importance. Never mind. 'ātīrā noa'tu, 'ātīrā noa atu
give the **right** to ..., **authorize, permit** fa'ati'a
make something **right** or **correct, adjust, set** (a clock) fa'atano
It serves you **right! That's what you deserve!** 'Aitoa! (or:) Tēnā tā 'oe mā'a! (literally: There's your food!)
right of way arati'a
righteous, (also:) **right, just, equitable** ti'a Thou art weighed in the balances, and art found wanting [not found righteous]. 'Ua fāitohia 'oe i te fāito 'ē 'aita i ti'a.
righteousness, the righteous path, the right way arati'a, ara ti'a, 'ē'a ti'a, 'ē'a tītī'aifaro He leadeth me in the paths of ~ for His name's sake. E arata'i 'oia iā'u nā te 'ē'a tītī'aifaro, nō tōna ra i'oa.
rigid, rigorous, firm, stiff 'eta'eta
rigid, rigorous, hard pa'ari
rigidify, stiffen, strengthen, tighten, harden fa'a'eta'eta
rigidity, rigor, firmness, stiffness (e) mea 'eta'eta
rigidity, rigor, hardness (e) mea pa'ari
rind (of fruit or vegetables), **peel,** (also:) **bark** (of trees), (also:) **crust** (of bread or of sores), (also:) **shell** (of turtles or eggs or nuts) pa'a orange ~ pa'a 'ānani
ring (for finger or ear or napkin) tāpe'a — ~ for a finger tāpe'a rima wedding ~ tāpe'a fa'aipoipora'a ear~ tāpe'a tari'a ~ for a napkin tāpe'a tauera tāmā'ara'a
ring (drawn), **circle** rēni menemene
ring, circle, wheel porota'a
ring n & v, **sound** ta'i The telephone is ~ing. Tē ta'i mai ra te niuniu.
ring v, **sound, toll, knell** pātē The ship's

422

bell was sounded when it entered the pass. 'Ua pātē te oe o te pahī i te tomora'a i roto i te ava.
ring, cause to ring, sound fa'ata'i ~ the bell fa'ata'i i te oe
ring (call someone up on the telephone) tāniuniu
rinse, clean, wash, (also:) **cleanse** (as a fish from blood) 'opu (note that 'ōpū means stomach) ~ (Clean) the baby's diaper(s)! 'A 'opu mai i te pāhi'i 'ōmaha o 'Aiu!
rinse, clean, wash, (also:) **dust off** tāmā
rinse in water 'uhi
rinse out (the inside of a calabash or a bottle, for example) pūoro, pūorooro
riot, aggression, trouble fāahuehuera'a
riot, commotion, agitation, disturbance 'ārepurepura'a ~s took place in France. 'Ua tupu te 'ārepurepura'a i te fenua Farani.
incite a riot, create trouble, engage in aggressive behavior fa'ahuehue
rip, tear, rend tūmahae
rip or tear or rend forcefully pīhae, pāhae, pīhaehae, pāhaehae
rip, be torn up, be cut mutu
rip, tear up, cut tūmutu
rip, tear, cause to rend mahae He ripped his raincoat on a nail. 'Ua mahae tōna fa'arari iāna i ni'a i te naero.
rip, tear forcefully pāhae, pīhae, pāhaehae, pīhaehae
rip or rend or tear to pieces, tear up tūmahae, tūmāhaehae That piece of writing was torn up by him. 'Ua tūmahae e ana terā parau.
rip or rend or tear in two pieces hahae
ripe para
ripe, adult, old pa'ari
ripe, soft pē
ripe (of breadfruit at a stage when it can be cooked, between the pī and pē stages) maoa
ripe or mature coconut with solid and firm, but not yet hard, meat (the best coconut meat is obtained at this stage) 'ōmoto
over-ripe, rotten pē
over-ripe and dry coconut (less than a half pint of liquid, no longer drinkable) with hard meat (extremely oily and no longer edible; in this stage it is used to make copra) 'ōpa'a
ripen, cause to ripen ha'apara, tāpara
ripen, cause to ripen or ferment tāpē
ripen, cause to ripen or spoil ha'apē
ripped, cut mutu, mutumutu
ripple(s) tōaheahe
rippled, wavy, undulated, (also:) **wrinkled** 'ōmi'omi'o
rise, rise up, get up, ascend, drift upwards mara'a i ni'a, mara'a The price of copra has risen. 'Ua mara'a te moni o te pūhā.
rise, stand up ti'a i ni'a, ti'a ~! (Stand up!) 'A ti'a i ni'a!
rise (of dough), **ferment** hōpue
rise (of sun or other stars or planets) hiti
rise (of tide or sea) nanu
rise in the air (like smoke or a kite) pe'e
rise aloft, be lifted or carried or held up mā'e
rise (up), wake up ara Woe unto them that ~ up early in the morning, that they may follow strong drink; that continue until night, till wine inflame them! E pohe te feiā e ara i te po'ipo'i ra, i te tītaura'a i te 'ava ta'ero; 'o tei ha'amaoro i te parahira'a i te pō, 'ia ta'ero rātou i te uaina.
sunrise hiti'a o te rā
risk, attempt, try tāmata, tāmata noa
risk, face danger, be resolute fa'aū i te 'ati
river, stream 'ānāvai pape, 'ānāvai
riverbank tahora
riverbed, (also:) **river, stream** ānāvai
roach, cockroach, Periplaneta americana, (also:) **beetle** popoti The ship was full of ~es and copra bugs. 'Ua ī roa te pahī i te popoti 'ē te mau manumanu pūhā.

sea **roach** popoti miti
road, street, highway purōmu, porōmu, purūmu   turn of the ~ tīpu'ura'a purōmu (porōmu, purūmu)   The ~ is forked. 'Ua ma'a te purōmu.   Observe the (speed) limits for travel on the ~. Ei (or: Ei 'a) fa'aturahia te tā'ōti'ara'a o te tere nā ni'a i te purōmu.   Keep strictly to the right side of the ~. 'A tāpe'a māite (i) te pae 'atau o te purōmu.   It is necessary to respect (obey) the signs indicating the ~ regulations. Ei (or: Ei 'a) fa'aturahia te mau tāpura o te ture purōmu.   Do not under any circumstances leave after a ~ accident! 'Eiaha roa'tu e horo i muri a'e i te hō'ē 'ati purōmu!   Don't sleep on the side of the ~ lest you be urinated on by the dogs! 'Eiaha e ta'oto i te hiti porōmu 'a 'ōmahahia e te 'urī!
road (specifically referring to **highway**) purōmu rahi, porōmu rahi, purūmu rahi
road, path 'e'a, 'ē'a   Thy word is a lamp unto my feet, and a light unto my path. E lamepa (pronounced rāmepa) i tō'u nei 'āvae, e ti'arama nō tō'u nei mau 'e'a.
road, route, passage, avenue aroā
road (nowadays usually figuratively), **way,** (also:) **"the wide world"** ara   the right way (the righteous path) te ara ti'a   This is the news from around the world: Teie te mau parau 'āpī nō te ara mai:
road sign, traffic sign tāpura o te ture purōmu (porōmu, purūmu)
pave a **road** tā i te purōmu (or 'e'a)
paved **road** purōmu (or 'e'a) tei tāhia
roads, natural harbor, anchorage tūtaura'a pahī, vāhi tūtaura'a pahī
cross**roads,** (also:) **fork of a road** ma'ara'a purōmu
roar (of sea, wind, or thunder), **loud noise, blast,** (also:) **uproar, fracas** haruru
roar, make a loud noise, blast haruru
roast *n & v* rōtī
roast directly over a flame   tānina

roast, grill, (also:) **cook** tunu   grilled fish i'a tunu pa'a
roast, grill until the food is crusty ha'apa'apa'a
roast in an earth oven, bake eu
roasted rōtī
roasted directly over a flame   tānina, tāninahia   ~ breadfruit 'uru tānina
rob, steal 'eiā
robber, bandit (ta'ata) 'eiā haru
robber band or **gang, band of thieves** nana 'eiā
Robert, Bob Rōpati
robust tino (usual meaning: body)   ~ person ta'ata tino
robust, vigorous, adroit, dexterous pāitoito
rock, stone 'ōfa'i
coral **rock, block of coral, coral boulder** to'a
rock *vi*, **roll, toss, pitch, lurch** 'opa'opa
rock *vt*, **roll, toss, pitch** fa'a'opa'opa
rock, shake, constantly move ha'uti'uti
rock a baby, lull a baby to sleep, take a baby in one's arms hi'i
rock cod, honeycomb sea bass, Epinephelus merra tarao
rock cod (a reddish fish of the Serranidae family that is often poisonous), **loach, Plectropomus leopardus** tonu
rock wall papa'i mato
rocking chair pārahira'a tūra'ira'i
rocky, stony matomato
the Rocky Mountains te mau Mou'a 'Ōfa'i
rod (a long pole with a hook used to facilitate gathering fruit) rou
rod, piece of wood, timber rā'au
fish(ing) with **rod** and reel, **cast** tā'iri'iri, tāoraora
fishing **rod** 'ā'ira
fish **roe** mamaru
fish **roe** (also:) **fat** of fishes, turtles, and fowls 'a'o
roiled, annoyed, irritated, aggravated,

provoked, made fun of, mocked 'o'ō'o
roiled, annoyed, irritated, aggravated, worsened fa'arahihia i te 'ino
roiled, disturbed, troubled, bothered, worried pe'ape'a
roiled (when speaking of water or wine), **unclear, murky, muddy, cloudy, discolored** reru
role, function 'ohipa
role, part tūha'a
roll of cloth or paper, (also:) **ball of string** or **twine** 'ōtaro
roll or **ball** of thread or cotton, **coil, bolt** (of textiles) pōtaro
roll or **bundle** of cloth or clothing peperu, peru
roll of thunder haruru pātiri
roll(s) (list of the crew on a ship, for example) tāpura tihēpura'a
roll, toss, rock, pitch, lurch 'opa'opa, tī'opa'opa, hurihuri, tāhurihuri When we climbed on board we noticed that the ship ~ed a lot, even though it was moored at the pier. I tō maua pa'umara'a i ni'aiho, e i tō maua hi'ora'a te 'opa'opa ra te pahī, noa'tu e 'ua tā'amuhia i te uahu. I will not travel on that ship, it ~s too much. E'ita vau e tere nā ni'a i terā pahī, e pahī hurihuri roa.
roll (or **toss** or **rock** or **pitch** or **lurch**) **dangerously** ta'ahurihuri And we being exceedingly tossed with a tempest, the next day [as day(light) came] they lightened the ship. E ao a'era, huri atura rātou i te tao'a i raro i te tai, nō te mea 'ua rahi tō mātou ta'ahurihuri i taua vero ra.
roll or **fold up** *vi* fetu
roll *vi*, **roll** or **tumble down roll over and over** down a slope ta'a
roll *vi*, **rotate, twirl around** (like a wheel, for example), **whirl, swirl**, (also:) **roll about** on the ground or on a floor 'ohu
roll *vi* (like a ship in a storm), **toss** tāhurihuri
roll *vi*, **turn around, make turns, twist** tāviri, tāviriviri
roll *vi*, **turn over part way, almost overturn** tī'opa
roll (over) *vi* & *vt*, **capsize, overturn, turn upside down** huri, (repeatedly) hurihuri
roll or **fold up** *vt* tūfetu
roll or **lash up** *vt*, **furl a sail** viri
roll *vt*, **roll up** (a mat, for example), **coil, twist** pōtaro, pōtarotaro
roll *vt*, **roll up, wind (up)** (thread or string or twine on a reel or spool) 'ōtaro
roll or **hitch** or **tuck** or **turn up** (shirt sleeves, for example) pepe ~ up your dress so that it does not get wet. 'A pepe i tō 'ahu 'a rari i te vai.
roll *vt*, **turn, twist** (as in making a rope) tāviri, tāviriviri
roll *vt* (a cigarette, for example), **wrap** in paper 'ōviri
roller (used to harden or smooth down a surface), (also:) **rotary press** ruro
rolling *adj* 'opa'opa, tāhurihuri
rolling *n*, **listing, heeling, swinging over** 'opara'a, 'opa'opara'a, 'opa
romance herehere
roof, (also:) **roofing** tāpo'i fare
roof, crest of house tāhuhu fare
roof of a car tāfare pereo'o
roof of the mouth aroaro vaha
pandanus-**roof** house fare rauoro
sloping **roof** (for shade), **lean-to, veranda** tāmaru
roofing, sheet of metal punu fare
pack of twenty-five pandanus **roofing units** tāti'a rauoro
room piha
bed**room** piha ta'oto (or) piha ta'otora'a
dining **room** piha tāmā'ara'a, (when outside:) fare tāmā'ara'a (also means a restaurant)
living **room** (when kept primarily for show or for guests), **salon** piha fa'anehenehe, piha fārereira'a
living **room** (when used primarily by the family), **parlor** piha fa'afa'aeara'a

roost *n*, **perch** 'āpa'era'a
roost, perch, landing place, landing taura'a
roost *n & v*, **perch** 'āpa'e
rooster moa oni
root (of plants) a'a
root of the ti plant ('autī) tī This is the root from which the Bounty mutineers on Pitcairn made the strong liquor (brandy) which contributed to the unrest and conflicts which came to dominate their settlement. In Hawai'i ti root brandy is called Okolehau.
root, cause, origin, basis tumu The lust for money is the ~ of all evil. 'O te nounou moni ho'i te tumu o te mau 'ino ato'a nei.
root in the ground (like a pig) 'etu
root in the ground, **grub, dig** heru (note that "Hēru" means "Wait a minute!"), heruheru
root in the ground to look for something, **scratch** (as a hen), **dig about** when searching, **search thoroughly** pāheru
rootlet a'aa'a, a'ā'a
rope, cord, line, thread, string taura
rope made of pūrau (hibiscus) bark fiber taura more
jump(ing) or skip(ping) **rope** 'ō'ua taura
jump(ing) or skip(ping) **rope** using the pōhue vine tā'iri pōhue, pōhue
use **rope** or **cord** tātaura
rose (plant) rōtī (note that rōtī means roast or roasted)
rosewood (tree), **Thespesia populnea** 'āmae, miro
rose-colored, rosy, pink tārona
rot *vi* pē
cause to **rot** ha'apē, fāa'ino
rotary press, (also:) **roller** ruro
rotate *vi*, **roll, revolve, twirl around** (like a wheel, for example), **whirl, swirl,** (also:) **roll about** 'ohu
rotate, spin around tānīnītō
rotation (around an axle), **rolling** 'ohura'a
rotation, spinning tānīnītōra'a

rotisserie eura'a mā'a, mātini eura'a mā'a
rotten, bad 'ino ~ orange 'ānani 'ino
rotten, decayed, foul, (also:) **over-ripe** pē ~ fish i'a pē ~ tooth niho pē That ship is completely ~, it must be laid up. 'Ua pē roa terā pahī, 'ia tā'amuhia e ti'a ai.
rotten, decayed, spoiled rarerare, rare
rotten (eggs) fa'aero
rotten (fruit, meat, vegetables) 'ōpē
smelling **rotten, foul-smelling, stinking** ne'one'o
rotting 'ōpē
rotund openu
rough, brusque, (also:) **irritable, excitable, emotionally thin-skinned, easily upset, nervous** 'iriā The trouble was the [first] mate who was the most difficult (excitable) man (commander) to please (satisfy) Keola had ever met with. O te ra'atira piti te mea 'iriā a'e o te ta'ata fa'aueue māha 'ore roa a'e te reira i fārereihia e Keola. (from John [Tihoni] Martin's free translation of R. L. Stevenson's short story The Isle of Voices)
rough, coarse, (also:) **prickly, thorny, spiny** taratara
rough, coarse, rude, crude, crass, vulgar peu 'ore, ha'apeu 'ore
rough (referring to the sea), **choppy, agitated** mātā'are, tō'are'are The sea is ~ at the present. E mea mātā'are te miti i teie nei.
rough, pimply, spotty pu'upu'u
rough, ragged, rude vanavana
round menemene (menemene is also used to describe atolls encircling a lagoon, as for example Takapoto in the Tuamotus)
make something **round** ha'amenemene
round(ed) 'ōmenemene
round, shot, bullet, cartridge 'ōfa'i pupuhi
make the **round(s) of, tour, visit** fa'a'ati, fā'ati, hā'ati We toured (drove our car around) Tahiti Nui. 'Ua fa'ahoro māua i

route

tō māua pereo'o e fā'ati i Tahiti Nui.
route, itinerary rēni haerera'a, huru o te tere
route, road, passage, (also:) **avenue** aroā
route, road, way 'e'a
by a **route** (construction with:) nā By what ~ did you come? I came by the seashore. Nā hea mai 'oe? Nā tahatai mai au.
row, line 'āna'ira'a, 'āna'i
line up in a **row** 'āna'i
row, paddle, scull hoe, hoehoe
paddle, row hoe, hoehoe You two ~ (or: paddle), I will bail. Nā 'ōrua e hoe, nā'u e tatā i te riu.
royal ari'i ~ residence fare ari'i
royal or **spiritual authority, sovereignty** mana hau a'e, mana hope
invest with **royal** office fa'aari'i
royal (in a square-rigger, the sail set next above the topgallant sail) 'ie fanā rōpū
royalty, the royal family te hui ari'i
rub tioro I ~bed my eyes. 'Ua tioro vau i tō'u mata.
rub, grate, wipe out 'ui, 'u'ui, 'ui'ui
rub, massage, press with one's hands, **caress** taurumi, taurami, tauromi, taurumirumi
rub or **massage** with oil miri
rub, scrape, grate, (also:) **rasp, file** i'u
rub or **press** or **touch noses** (the old Polynesian equivalent of kissing as a greeting) ho'i, hoho'i
rubber, elastic, (also:) **vein, artery** uaua ~ band uaua tā'amu ~ band to tie up the hair uaua tā'amu rouru ~ boat poti uaua
"**rubber,**" **condom** uaua pāruru
rubber stamp, (also:) **apply a rubber stamp** titiro
rubble, debris, (also:) **drift waste** or **flotsam** (especially when found on the seashore or on river banks) āiha
rubble, trash, garbage pehu
volcanic **rubble, scree** 'ārā
rubella, German measles ma'i pu'upu'u

rumple

hu'a (be careful in pronouncing hu'a since hua means vulva)
rudder, tiller, helm hoe fa'atere
rude, crude, rough, coarse, crass, vulgar peu 'ore, ha'apeu 'ore
rude, impolite, behaving like a savage taevao, taetaevao
rude, impolite, uncultivated, uncivilized 'ite 'ore i te peu maita'i
rude, rough, ragged vanavana
rule, regulation, code, law ture grammatical ~ ture tarame
driving (road) **rule(s)** or **regulation(s)** ture purōmu, ture porōmu, ture purūmu Observe the driving ~s (shown on the) signs. Ei (or: Ei'a) fa'aturahia te mau tāpura o te ture purōmu.
ruler, chief tāvana
ruler, governor tāvana rahi
ruler, king ari'i
rum rāmu
rumble, groan, grunt, growl 'u'uru, 'uru'uru
rumble, reverberate haruru
rumble (stomach), (also:) **snore** 'o'oro, 'oro'oro
ruminate (cow), **chew the cud** tāmarū, 'au'au fa'ahou
ruminate, ponder, contemplate, muse, reflect, use one's mind feruri
rumor, chat, chatter, gossip tāu'ara'a parau
rumor, gossip, hearsay parau a te ta'ata, parau o te ta'ata
rumor, tale, story 'a'amu
rumor, talk parauparaura'a
hear in the form of a **rumor** that, **hear it said that, catch rumors that** hāro'aro'a, hāro'a I have heard those things ~ed. 'Ua hāro'a vau i terā mau parau.
spread **rumors** tāu'aparau There have been ~ spread about ... 'Ua tāu'aparauhia o ...
spreading **rumors** tāu'ara'a parau
rumple, wrinkle, muss up 'ōmi'omi'o

427

rumpled (up), **wrinkled**, **mussed up** 'ōmi'omi'o, mi'omi'o, mimi'o

run or **bank** of very small fish good for bait, (also:) **bait thrown to fish** 'ata

run, **running** horora'a

run, (also:) **run away**, **abscond**, **leave** horo Do not under any circumstances ~ away after a road accident! 'Eiaha roa'tu e horo i muri a'e i te hō'ē 'ati puromu!

run (like a motor) tere, teretere My new engine does not ~ any more. E'ita tā'u mātini 'āpī e tere fa'ahou.

run (referring to colors on cloth), **flow**, **dissolve** tahe I was sweating. (my sweat was ~ning.) 'Ua tahe tō'u hou.

run, **govern**, **direct**, **guide**, **administer** fa'atere, fa'ateretere

run, **make run**, **drive**, (also:) **pilot** fa'ahoro

run, **sail with a quarterly wind** fa'atere

run about horohoro

run aground, **run ashore**, **be thrown up on a beach or reef** iri The ship ran onto the reef. 'Ua iri te pahī i ni'a i te a'au.

run a ship **aground**, **wreck** a ship fa'airi The ship was ~ aground on a sandbank. 'Ua fa'airihia te pahī i ni'a i te pu'u one.

run away, **escape**, **flee** horo

run one's hands over, **stroke**, **caress** mirimiri

run out, **be used up** or **spent** or **consumed** pau

run out, **disappear**, **vanish**, **no longer be there**, **cease to exist** 'ore My headache has disappeared. 'Ua 'ore tō'u mauiui upo'o.

run in pairs, (also:) **run twice** hohoro

run or **bump into** or **onto**, **collide with** ū His car ran into a tree. 'Ua ū tōna pereo'o i ni'a i te tumu rā'au.

cause to **run** or **bump into** fa'aū He ran his boat into the quay. 'Ua fa'aū 'ōna i tona poti i ni'a i te uāhu.

cause to **run** or **bump into**, **ram**, **push away** 'ōtu'i

running horora'a

running away, **escaping**, **fleeing** horotāpuni

running knot, **slip knot** ha'avaro snare with a **running knot** *n & v*, **lasso** mārei, māhere (less used)

rupture, **breach** fatira'a, 'ōfatira'a

rupture, **breach**, **broken place** vāhi pararī

rupture *vi*, **break** fati, fafati, fatifati cause to **rupture** or **break** fa'afati, fa'afafati, fa'afatifati

rupture *vi*, **break**, **shatter** pararī cause to **rupture** or **break** or **shatter** ha'apararī

rural, **territorial** fenua ~ authority mana fenua

ruse, **deception**, **wicked stratagem** rāmā

rush, **reed**, *Erianthus floridulus* 'ā'eho

rush, **haste**, **hurry**, **urgency**, (also:) **impatience**, (also:) **be in a rush** or **hurry** rū Don't be in a ~! (or:) There is no urgency! (or:) Wait a moment! (or:) Hold it! (or:) Don't be impatient. 'Eiaha e rū! (vernacularly almost always shortened to:) Hērū!

Russia Rūtia, fenua Rūtia

Russian *adj* rūtia

Russian *n* ta'ata rūtia, rūtia

rust tūtae 'āuri

ruthless, **pitiless**, **unscrupulous** arofa (aroha) 'ore

sabbath tapati, sabati (in the Bible) The ~ was made for man and not man for the ~. I ha'apa'ohia te sabati [tapati] nō te ta'ata, 'aore te ta'ata i ha'apa'ohia nō te sabati [pronounced tapati].
sabotage, malicious harm or **damage** 'ohipa tōtōā, 'ohipa tōtōvā
sabotage, maliciously harm or **damage** tōtōā, tōtōvā
Saccharum officinarum, sugar cane tō
sack, bag, (also:) **pocket** pūtē
sacrament, (also:) **Communion, Eucharist** 'ōro'a mo'a
sacred, holy mo'a, tapu (the old word, but now obsolete) Holy, holy, holy is the Lord of hosts. E mo'a, e mo'a, e mo'a 'o Iehova Sabaota.
sacrifice, (also:) **altar** tūtia (in the Bible written tusia) And to offer a ~ according to that which is said in the law of the Lord, A pair of turtledoves, or two young pigeons. 'Ē e hōpoi atu ho'i i te tusia (pronounced: tūtia) mai tei parauhia i te ture a te Fatu ra, E piti 'ū'upa 'ē 'aore ra e piti 'ū'ū'aira'o fanau'a.
human **sacrifice** or **offering** pūpūra'a ta'ata
sacrifice, offer a sacrifice pūpū i te tūtia
sad, grieved, sorrowful mihi, mihimihi I grieved over my close friend's death. 'Ua mihi au i te pohera'a o tō'u hoa rahi.
sad, lethargic turuhe
sad, tearful, weeping 'oto
sad, teary-eyed mata 'oto
sad, troubled, worried pe'ape'a I am ~ (troubled). Tē pe'ape'a nei au.
sadden, upset, vex, hurt ha'apahi Wherein have I wearied (~ed) thee? Eaha te mea i ha'apahihia ai 'oe e au?
saddle pārahira'a pu'ahorofenua, (more commonly:) pārahira'a pū'ārehenua
sadness, gloom, gloominess rumaruma
safe, saved, healed ora
safe, secure 'ati 'ore
safe, strongbox 'āfata moni
safe place, refuge, retreat vāhi ha'apūra'a
be (or:) become **safe** or **saved** or **healed** ora
safety, salvation ora
safety, security 'ati 'orera'a
safety belt hātua pāruru
safety measure(s) rāve'a tāe'a
reach **safety** ora
saffron, Curcuma longa re'a mā'ohi
sagatious, wise pa'ari
sage, wise man ta'ata pa'ari, Metua Metua (literally: Parent) is what the Tahitians affectionately called their national hero, Pouvāna'a a 'O'opa, who in his personality embodied the best characteristics and values of Polynesian tradition and culture. Because of his patriotism and devotion to Tahitian self-rule, the French arrested him on trumped-up charges and imprisoned him in France for several years, hoping to break his spirit. In this they failed and eventually Pouvāna'a returned to his beloved island, old in years but unbroken in spirit, a symbol of freedom and a shining example for freedom-loving people everywhere.
sail, (also:) **sailcloth, canvas** 'ie ~ of a sailing canoe 'ie va'a ~ of a boat 'ie poti ~ of a ship 'ie pahī fore~ ('ie) fē'ao main~ 'ie rahi royal ~ 'ie fanā rōpū studding ~ 'ie pāruru top~ 'ie fanā rahi make way under ~ tā'ie The (ship's) ~ billowed out. 'Ua 'ōpū te 'ie pahī.
furl or lash or roll up a **sail** viri
reef a **sail** rifi

sail   **same**

set **sail** tā'ie, 'ie
sail, travel tere
sail, travel (specifically) **by sea** fano We saw a ship which was ~ing for Papeete; we climbed on board and left (~ed). 'Ua 'ite māua i te hō'ē pahī tei fano atura i Pape'ete; pa'uma atura i ni'a iho 'ē fano atura māua.
sail with a following wind (with the wind from abaft) fa'ahe'e
sail with a quarterly wind, run fa'atere
sail with the wind abeam, reach tā'ao'ao
sail close to the wind (closehauled, full and by) fa'atīara, tāpiri
sailboat poti tā'ie
sailfin surgeonfish iriaeo
sailfish (a type of swordfish), **Istiophorus greyi** a'urepe, ha'urepe
surgeon **sailfish, Zebrasoma veliferum** 'iriā'eo
sail-surf, wind-surf hōrue tā'ie
sailing tā'ie
sailing canoe va'a tā'ie (or:) va'a 'ie
sailing ship pahī tā'ie four-masted ~ pahī tā'ie e maha tira The ship was a ~ bound for Rarotonga. Te pahī ra, 'o te hō'ē ia pahī tā'ie e fano atura i Raroto'a.
sailor, seaman, crewman mātarō, māterō A ~ of this ship had fallen down from the bowsprit in a squall. Hō'ē mātarō nō teie pahī tei marua i roto i te miti nā ni'a mai i te tira fe'ao, nō te mata'i to'a huri. The American, Herman Melville, was the first of them [authors using the South Seas as a background]; he who sailed (literally: voyaged) here as a ~ on a whaler. 'O te ta'ata marite ra 'O Herman Melville, tō rātou 'omua, 'oia tei tere mai na ei mātarō i ni'a i te pahī pātia tohorā.
sailor, seaman, mariner, navigator 'ihitai
saint mo'a (note that moa means chicken) the ~s te feiā mo'a
salary moni 'ohipa, moni
salary, remuneration taime without ~, pro bono mā te taime 'ore
sale ho'ora'a ~ at auction ho'o pātē ~ on credit ho'o tārahu ~ (reduced price) ho'ora'a tao'a māmā
sale with an offer of repurchase ho'ora'a rēmere
salesman, trader, vendor ta'ata ho'o tao'a, ta'ata ho'o
saleswoman vahine ho'o tao'a, vahine ho'o
saline, (also:) **sour** 'ava'ava
saline sauce miti
saliva, spittle hā'ae
salivate, drool hā'ae, fa'atahe i te hā'ae
saloon, bar, pub, "watering hole" fare inuinura'a, fare inura'a, vāhi inuinura'a, fare 'ava
disreputable **saloon** or **pub** or **bar, dump, dive, hole, joint** fare (or vāhi) inuinura'a ro'o 'ino
reputable **saloon** or **pub** or **bar** fare (vāhi) inuinura'a ro'o maita'i
salt *n* miti popa'ā, miti
salt *v* tāmiti
salt *v*, **cure, preserve with salt** rapa'au
salt shaker vaira'a miti popa'ā
salt water miti
salt-water catfish, threadfin, Polydactylus sexfilis moi
salted tāmitihia
salted, cured in salt rapa'au ~ fish i'a rapa'au ~ pork pua'a rapa'au
saltwater, seawater, sea tai (seldom used)
salty tō'ava'ava, taitai (ancient) It is very ~, you see. E mea tō'ava'ava roa pa'i.
salvation fa'aorara'a, ora The Lord is my light and my ~; whom shall I fear? 'O Iehova tō'u māramarama 'ē tō'u ora: 'o vai ho'i tā'u e mata'u atu?
salvo haruru pupuhi
same, the same hō'ēā, hō'ē ā (it is) the ~ thing (or kind) hō'ēā huru I feel the ~ way as you. Hō'ēā huru ferurira'a tō'u 'ē tō 'oe.
same, equal fāito, fāito noa The Hinano

glass is the ~ size as the Manuia glass. 'Ua fāito noa te rahi o te hapaina Hinano i te hapaina Manuia, Those boxes are the ~ size. 'Ua fāito terā mau 'āfata.

the (very) **same** iho   the (very) ~ place te vāhi iho

the **same, likewise** nā reira ato'a, nā reira   I did the ~ thing. 'Ua nā reira ato'a vau.   And the same to you! 'Ē nā reira ato'a 'oe!

Samoa Hāmoa

Samoan *adj* hāmoa

Samoan *n* ta'ata hāmoa

sample, copy hoho'a o te tao'a, hoho'a nō te (tao'a), hoho'a

sanction, punishment, fine utu'a

sanctuary, refuge, retreat vāhi ha'apūra'a

sand *n* one

sandbank pu'u one   The ship was wrecked on a ~. 'Ua fa'airihia te pahī i ni'a i te pu'u one.

sand-eel (white colored) buries itself in the sand of lagoons) ati'i

sand lobster, Parribacus antarticus, (also:) **military tank** ti'ane'e

"sand" (rheuminess, serous or **catarrhal discharge) in the eyes** vare mata, vare

sand, make smooth, (also:) **shave off** ha'amoremore

sandal(s), shoe(s) (actually any footwear) tia'a, tama'a (biblical)

sandalwood, Santalum insulare ahi

sandpaper parau taratara

sandpiper, Heterosulus incanus 'uriri

sandy oneone

sanitation department, garbage collection service piha 'ohipa pūea

Sanito (church, faith) Tanito

sap, gum, pitch tāpau

sarong pāreu

Satan, devil, (sometimes as a euphemism:) **"imp"** tātane, tātani, **Satani** (biblical spelling), ti'aporo   ~s frying pan (hell) te pāni a Tātane   He (His mind) was possessed by ~. 'Ua 'aratōhia tōna mana'o e te ti'aporo.   " Let us have one look at you, Mr. Imp." "E ti'aporo tāne ē, 'a fa'a'ite mai na i tō 'oe huru!" (Keawe's words to the imp in the bottle in Stevenson's The Bottle Imp translated freely by John [Tihoni] Martin.)   And the Lord said unto ~, whence comest thou? 'Ua parau atura Iehova iā Satani, mai hea mai 'oe?

sated, full, having had enough to eat pa'ia (be careful with your pronunciation since pā'i'a means homosexual or sodomy)

satellite (artificiell) tao'a pe'e'utari

meteorological **satellite** pe'e'utari māo'a a te mēteō

satisfaction, contentedness, gratefulness māuruuru

satisfaction, pay-off, yield ho'onara'a

give **satisfaction, yield (interest)** ho'ona

satisfactory (mea) māuruuru

satisfied, pleased, content(ed), thankful, grateful māuruuru   I am grateful to you for your kindness. 'Ua māuruuru vau iā 'oe nō tō 'oe maita'i.

satisfied, content(ed), merry, joyous mā'ue'ue   All (the whole group, everyone) were ~. 'Ua mā'ue'ue te ta'ato'ara'a.

satisfied, relieved, assuaged māha   My desire has been ~. 'Ua māha tō'u hina'aro.

satisfied, sated, full, having had enough to eat pa'ia (be careful with pronunciation, because pā'i'a means homosexual)

satisfy, make contented, (also:) **thank** (someone) ha'amāuruuru

satisfy, pay off, give a return ho'ona

satisfy, relieve, assuage ha'amāha

saturated with water, **soaked** puru

Saturday mahana mā'a   on Thursday (the fourth day of the week) or ~ (literally: "food day," the day on which food was prepared for the Sabbath [on which no work was allowed by the missionaries]) i te mahana

sauce

maha 'aore ra i te mahana mā'a
(late) **Saturday evening, Saturday night**
pō tāpati I would like to have a table reserved for this coming ~, please; there will be four of us. 'Ahani na, hina'aro vau 'ia tāpa'ohia te hō'ē 'amura'amā'a nō teie pō tāpati i mua nei; e maha mātou.

sauce (general, saline) miti

sauce made from coconut meat with juice from shrimp or crayfish, fermented in a gourd miti hue

sauce made from fermented grated coconut taioro, taiero

coconut "milk" **sauce** (pure) ufiufi

coconut "milk" **sauce** with salt water and lime juice added (not fermented) miti ha'ari

fermented fish **sauce** miti fāfaru

Sauridae gracilis (a fish that lies on sandy bottom) mo'o 'anae, mo'o miti

savage, living in the wilderness, not accustomed to society taetaevao

savage, violent, ferocious taehae

savage, wild, untamed, undomesticated 'ōviri, rata 'ore

savage living in the wilderness unaccustomed to society ta'ata taetaevao

savage, violent person, brute, fiend ta'ata taehae, taetaevao (if living in the wilderness)

savage, wild (in the sense of **undomesticated) person** ta'ata 'ōviri, ta'ata rata 'ore

savage, tear up, maul haehae

savage, tear or **rend in two pieces** hahae

save, pile up, amass ha'aputu

save, put aside, conserve fa'aherehere

save, rescue, deliver (from) fa'aora He ~d others; himself he cannot save. 'Ua fa'aora 'oia iā vetahi 'ē; e'ita e ti'a 'ia fa'aora iāna iho.

save (for), with the exception of, except, excepting maori rā Everybody went to the dinner party ~ 'Ape. 'Ua haere pauroa te ta'ata i te tāmā'ara'a, maori rā ('aita rā) o 'Ape. He will never get better, ~ by stopping his smoking. E'ita roa 'ōna e ora, maori rā 'ia fa'aea 'ōna i te pupuhi i te 'ava'ava.

saved, rescued, delivered (from) ora

savings moni fa'aherehere

savings bank 'āfata fa'ahotu moni

savior fa'aora, ta'ata fa'aora

Savior (biblical) Ora For unto you is born this day in the city of David a ~, which is Christ the Lord. I nauanei ho'i i fānau ai te Ora nō 'outou i te 'oire o Davida [pronounced Tavita], 'oia ho'i te Metia ra 'o te Fatu.

savor haua

savorous, delicious, (also:) **fragrant, sweet-smelling** no'ano'a

savorous, savory, sweet, tasty monamona, momona

savvy, street-smart, swift akamai (Hawai'ian loan word)

saw *n & v* 'e'e

chain **saw** 'e'e mātini

sawdust hu'ahu'a rā'au

sawfish, spotted surgeonfish, Acanthurus guttatus api

saxophone pū fefe (literally: bent horn)

say (general), **speak, talk** parau How do you ~ ..... in Tahitian? Nāfea 'ia parau i te parau Tahiti .....? You ~ it like this: ..... Nā reira 'ia parau: .....

say, mention, announce, (also:) **pronounce** fa'ahiti

say something in a low voice muhu Don't ~ anything! 'Eiaha e muhu! Don't ~ anything about that! 'Eiaha e muhu atu!

that is to **say, in other words** maori rā ...

that is to **say, namely** 'oia ho'i I am profoundly grateful to my very dear friend in Puna'auia, that is to ~ Ralph Gardner White. E 'ā'au mēhara hau roa atu ihoā ra tō'u i tō'u hoa here iti nō Puna'auia 'oia ho'i iā Rūrū (RGW's Tahitian name).

You can **say** that again! **That's a fact!** E pa'i!

You can **say** that again! **That's for sure! Very true!** 'Oia mau! Parau mau! E mea mau!

say ..., saying ..., thus saying ... nā 'ō, nā'ō "This is a strange thing," said Keawe [then]. Nā 'ō atura 'o Ke'aue: "Eaha ra te māere 'ē!" (from R. L. Stevenson's The Bottle Imp, freely translated by John [Tihoni] Martin) An angel of the Lord appeareth in a dream to him [Joseph] in Egypt, ~ing, ... 'Ua fā maira te hō'ē melahi [pronounced merahi] a te Fatu, fa'aheita'oto maira iāna [iā Iotepa], nā'ō maira: ...

... then said 'Ua nā 'ō (nā'ō) atura ... And the woman [then] ~, The serpent beguiled me, and I did eat. 'Ua nā 'ō atura te vahine ra, I ha'avare mai te ophi ['ōfī] iā'u, 'amu ihora vau.

that is to **say, namely, in other words, to wit:** 'oia ho'i, maori rā I am profoundly grateful to my (recently deceased) very dear friend in Puna'auia, namely Ralph Gardner White. E 'ā'au mēhara hau roa atu ihoā ra tō'u i tō'u hoa here iti nō Puna'auia, 'oia ho'i iā Ralph Gardner White (tei pohe iho nei). Three persons left, that is to ~: Eno, Manava, and Ape. 'Ua reva atu e toru ta'ata, maori rā: 'o Eno, 'o Manava, 'ē 'o Ape.

saying, saying expression, phrase tu'ura'a reo, topara'a reo, tu'ura'a parau

saying, proverb parau pa'ari

scabbard, sheath vehi

scad, cavally fish, horse-eye jack, Caranx sexfasciatus 'ōmuri

scad, mackerel, Caranx amarui 'ōperu

silver **scad, Selar crumenophthalmus** ature

scald vaipā giant oyster ~ed in boiling water pāhua vaipā

scale, scrape off scales of a fish aunahi, 'ūnahi

scale off, peel, be peeled or **skinned, peeling** (as after a sunburn) mahore

scales, fish scales poa i'a, poa

scales (measuring weight), **balance(s)** fāito toiaha, fāito teiaha, fāito Ye shall have just balances. Ei fāito au tā 'outou fāito.

scaling or **flaking of skin, scurf** 'ūnā

scallop 'ōtu'era'a

scalloped 'ōtu'etu'e

scalp, head of hair huruhuru upo'o

scandal peu hā'iri'iri

scanty, scantily, sparse(ly), in short supply iti, iti roa the scantily populated country te fenua tei iti roa te ta'ata

scar pāira

scarce, sparse, rare, scattered varavara Make yourself **scarce! Bug off! Buzz off! Beat it! Go away!** ('A) Fa'aātea!

scare, frighten, make afraid fa'amata'u

scared, afraid, frightened mata'u, ri'ari'a

scarlet sea bass tarao matapu'u

Scarus, parrot fish uhu

scary, frightening, fearful (e) mea ri'ari'a

scatter vi, **be scattered, be strewn** parare

scatter vi, **be scattered about, be dispersed, be blown by the wind** puehu, purehu

scatter vt, **disperse** ha'apuehu, ha'apurehu, ha'apurara

scatter, sow (seeds) ueue

scatter, throw or **fling off** things titiri

scatter-brained, thoughtless, silly, giddy, fickle neneva

scattered, dispersed, blown by the wind puehu, purehu

scattered, strewn, sown parare

scattered, widely spaced, not close together, (also:) **scarce, sparse, rare** varavara

scavenge, eat someone else's leftovers, (also:) **eat fallen fruit** 'aihamu

schedule, program, agenda

scheduled

fa'anahora'a, parau fa'ata'a
work **schedule** tāpura 'ohipa
scheduled, stated on the agenda, slated
parauhia As for the tourists, they want to
leave on the ~ day. 'Āre'a te mau rātere,
te hina'aro ra ia rātou e reva i te mahana
i parauhia.
schism, discord, disagreement 'amaha,
'āmaha
schismatic, discordant 'amaha, 'āmaha,
'āmahamaha
scholar, learned man ta'ata 'ite
scholarship 'aivāna'a
scholarly, scientific, learned 'aivāna'a
school (general) ha'api'ira'a Sunday ~
ha'api'ira'a 'evaneria high ~
ha'api'ira'a teitei normal (teacher-
training) ~ ha'api'ira'a 'orometua
ha'api'i Catholic ~ for nuns (convent)
(te) ha'api'ira'a a te mau paretēnia ~
psychologist tahu'a manava ha'api'ira'a
~ teacher 'orometua ha'api'i(ra'a)
Sunday ~ teacher 'orometua ha'api'i nō
te 'evaneria public ~ teacher 'orometua
ha'api'i nā te hau
school (**building** or **institution**) fare
ha'api'ira'a, ha'api'ira'a
schooner or **brig** or **brigantine, two-master**
pahī tira piti
science, learning 'aivāna'a
science, knowledge 'ite
Scilly Island Manu'ae (or) Fenua Ura
scissors pā'oti
scold, reproach, reprimand 'āvau
scold, reprove, admonish, warn, (also:)
preach, (also:) **advise, counsel** a'o
scold (each other), **squabble** tama'i
Scolopendra subspinipes, centipede veri,
viri
Scomber alletteratus, a kind of bonito
'ōtava
Scomber amarui, a kind of mackerel
pa'ere
Scomber guildi, a kind of albacore,
yellowfinned tunny papahi

scramble

scoop, bail (out) a canoe or boat tatā bail
out the bilge water tatā i te riu
scoop, ladle tāipu
scoop, skim off tāhahu
scoop out, extract contents from a cavity,
detach (from coral, for example) 'a'aro,
hā'aro, pā'aro detach shellfish (from
coral) 'a'aro i te pāhua
scoop up, (also:) **fish with a fine landing**
net tautau
scorch, burn slightly pārara
scorched, slightly burned tōpa'apa'a
score (twenty, ten pair) ta'au
ten **score** (two hundred, one hundred pair)
ti'aope, tīope two hundred coconuts
hō'ē ti'aope ha'ari
score (of a game) rahira'a tāpa'o, rahira'a
rē
scorn, contempt, disdain vahavaha
scorn, treat with contempt, despise
vahavaha
cause a person or thing to feel **scorned** or
treated with contempt or **despised, act**
scornfully ha'avahavaha
scornful, contemptuous, disdainful
vahavaha
Scorpaenopsis cirrhosus, stonefish nohu
pua
Scorpaenopsis gibbosus, stonefish nohu
tarao
scorpion, Isometrus maculatus pata
pātia (There are extremely few scorpions in
Tahiti; in eleven extended visits to the island
I have never seen one.)
scorpionfish, rascasse, Scorpaenopsis
gibbosus nohu tarao
scow (flat-bottomed, rectangular vessel) kau
scowl, glower, (also:) **be downcast**
ha'aturuma
Scram! Go away! Beat it! Buzz off! Bug
off! Get lost! Shove off! ('A) Fa'aātea!
scramble (eggs, for example), **beat** (a raw
egg or batter, for example), **stir** (in
cooking), **mix** (for example dough or
concrete) fa'arapu, tārapu, ha'arapu

434

scrambled eggs huero moa faʻarapu, huero moa tāviriviri
scrape (into ribbons or filaments), **grate** (taro or manioc, but not coconut, in which case the word ʻana is used), **rasp** oro
scrape, grate, rub iʻu
scrape or **grate coconut meat** ʻana
scrape or **scratch** (in the ground), **root, grub, dig** heru, heruheru
scrape off (the skin of a breadfruit, for example) ʻutere, ʻūteretere
scrape off, scrape clean herehere, ʻutere, ʻūteretere ~ the fibers on a coconut shell herehere (or: ʻutere) i te ōpaʻa
scrape off (the skin of a pig, for example), **shave (off)** pāʻeʻe I shaved (myself, literally: my chin) ʻUa pāʻeʻe au i tōʻu taʻa.
scraper (of cowry shell), **peeler** reho
scratch, abrasion, excoriation pahure iti, pahure
scratch, claw, injure by clawing or **scratching** pāraʻu (note that parau means talk), pāraʻuraʻu, pāʻaʻu The cat ~ed me. ʻUa pāraʻu te mimi iāʻu.
scratch (oneself) raʻuraʻu The dog was ~ing herself. Tē raʻuraʻu ra te ʻuri iāna.
scratch (in the ground, like a hen) tuferu, tuheru
scratch about, root in the ground or in a pocket, **dig about when searching for something** pāheru, heru I searched in my pocket. ʻUa pāheru vau i roto i tōʻu pūtē.
scratches or **wounds on the skin, whiplashings** ʻāravarava
scrawl, scribble nanaʻo, naʻonaʻo
scream, call out, hail tuō I called out to her. ʻUa tuō vau iāna. I hailed the taxi driver. ʻUa tuō vau i te taʻata faʻahoro pereoʻo tārahu.
scream, shout, yell tuō roa
scree, volcanic rubble ʻārā
screen pāruru fire ~ pāruru auahi

screen or **mat plaited from coconut frond** pāua
screw, (also:) **bolt, nut** farero ~driver tāviri farero That ~ is loose. ʻUa taʻataʻa terā farero.
screw (sexual slang; of animals), **copulate** pupa
screw (sexual slang; of people), **fuck** repo, reporepo
scribble nanaʻo, naʻonaʻo
scribe (taʻata) pāpaʻi parau
the **Scriptures** te mau pāpaʻiraʻa moʻa
scrub, weeds, brush, bushes ʻaihere
scrub, brush, sweep purūmu
scrub, grate, rasp oro, orooro
scrub, rub, wipe out ʻui
scrub, wash, clean horoi
sculpt, carve nanaʻo
sculpt, whittle, (also:) **hew** tarai
sculptor, carver taʻata nanaʻo, taʻata tarai, taʻata tarai tiʻi (specializing in carving tikis)
sculpture (sculptured object) nanaʻo, tiʻi
the art of **sculpture** or **sculpting** te ʻohipa tarai, te ʻohipa nanaʻo
scurf, flaking or **scaling of skin** ʻūnā
scythe tipi fefe
sea, ocean, "great waters" (biblical) moana the Pacific ocean te moana Patitifa I am leaving now by ship (literally: by means of the ~). Tē reva nei au nā te moana. The airplane is above the ~. Tei niʻa aʻe te manureva i te moana (or: i te miti).
sea, seawater, saltwater, (also:) **salt, saline sauce** miti the Red ~ te Miti ʻUteʻute The ~ is rough at the present. E mea mātāʻare te miti i teie nei. The ~s are very high. E mea pūai roa te miti. His lure got caught in the bottom of the ~. ʻUa mau tana ʻapa i raro i te miti.
sea, seawater tai (little used today, except in the Bible and to indicate locality or direction - see next entry) They that go down to the ~ in ships, that do business in

sea

great waters. Te feiā i nā tai i te haere i nā ni'a i te mau pahī ra, tei te moana rahi ra tō rātou ra tōro'a. It were better for him if a millstone were hanged about his neck, and he cast into the ~, than that he should offend one of these little ones. Huru maita'i a'e 'oia 'ia ta'amuhia te hō'ē 'ōfai oro i ni'a i tāna 'a'ī, 'ē 'ia tāorahia 'oia i raro i te tai, 'ia fa'ahapa 'oia i te hō'ē i teie nei mau ta'ata ri'i.

sea *(noun indicating locality or direction)* **tai** towards the lagoon (if you are on land), towards the high ~ if you are on the reef) **i tai** at the bottom of the ~ i raro i te tai (or:) i raro i te miti

seas, waves 'aremiti, 'are The ~ broke. 'Ua fafati te 'aremiti. The ~ are arched when they break. E mea tāfarefare te 'aremiti 'ia fati mai. Big ~ are breaking onto the shore. E 'are rahi teie e fati mai nei i tātahi. And in the fourth watch of the night Jesus went unto them, walking on the sea [waves]. E tae a'era i te maha o te arara'a o te ru'i ra, haere atura Iesu [pronounced: Ietu] iā rātou ra nā ni'a i te 'are.

high seas, open sea tua (little used today, except to indicate locality or direction - see next entry)

high seas *(indicating locality or direction)*, **open sea** tua toward or on the high ~ beyond the reef i tua Tuna is fished on the high ~. E hīhia te 'a'ahi i tua.

travel by sea, sail fano We saw a ship which was sailing for Papeete; we went on board and left (sailed). 'Ua 'ite māua i te hō'ē pahī tei fano atura i Pape'ete; pa'uma atura i ni'a iho 'ē fano atura māua.

sea snapper, yellow margined sea perch, Lutjanus vaigiensis to'au

honeycomb **seabass, Epinephelus merra** tarao māraurau

spotted **seabass, Epinephelus areolatus** fāroa

sea bird (a species of parakeet), **tropic bird, Phaeton aethereus** tava'e

seaplane, hydroplane manureva miti, pahī rere

sea shell pūpū garland of ~s hei pūpū

sea slug, sea snail 'au

sea snapper, Lutjanus vaigiensis to'au

sea turtle, Chelonia myrdas honu

black **sea urchin** with long spines (dangerous) vana

brown **sea urchin** (edible, with short spines) hāva'e

white-and-black **sea urchin** 'ina

sea wave(s) 'are miti, 'aremiti The ~ are arched when they break. E mea tāfarefare te 'are miti 'ia fati mai. The ~ broke. 'Ua fafati te 'are miti.

the **seacoast** te hiti o te moana

seacoast, seashore, seaside, seaward, beach te pae tahatai, tahatai, tātahi

seal (animal) hūmī

seal, (postage) stamp, stamp-pad stamp titiro

seal, stamping device 'āti'a tītīrō, tāpa'o, tītiro ~ of the homeland 'āti'a 'āi'a

seal, confirm, validate, certify, establish ha'amau

seal, stamp, fasten tītiro

seam, (also:) sewing nirara'a, aura'a

seaman, sailor, crewman mātarō, māterō A ~ of this ship had fallen down from the bowsprit in a squall. Hō'ē mātarō nō teie pahī tei marua i roto i te miti nā ni'a mai i te tira fe'ao, nō te mata'i to'a huri. The American, Herman Melville, was the first of them [authors using the South Seas as a background]; he who sailed (literally: voyaged) here as a ~ on a whaler. 'O te ta'ata marite ra 'O Herman Melville, tō rātou 'omua, 'oia tei tere mai na ei mātarō i ni'a i te pahī pātia tohorā.

seaman, sailor, mariner, navigator 'ihitai

seamstress vahine nira 'a'ahu, vahine au 'a'ahu

seaplane, hydroplane manureva miti, pahī rere

search, searching, hunt, quest, exploration 'imira'a

energetic or thorough **search** pā'imira'a

unsystematic **search, looking around for** mā'imira'a

search (for), seek, hunt (for), quest, explore 'imi

search (for) energetically or thoroughly, look all over for pā'imi

search meticulously or very carefully 'imi ri'i māite

search (for), look around for mā'imi I ~ed my mind for that woman's name. 'Ua mā'imi au i te i'oa o terā vahine.

search, hunt for, go and get, fetch ti'i

search out something (as in using a dictionary), **look up something** fa'atoro

soul-**searching, bringing something to one's mind** ha'amana'ora'a

soul-**searching, reflexion, pondering** ferurira'a

seashore, seacoast, seaside, seaward, beach (te pae) tahatai, tahatai, tātahi By what route did you come? I came by the ~. Nā hea mai 'oe? Nā tahatai mai au.

seasick 'āruru I get ~ very easily, even though I sailed for many years. E mea 'āruru 'ohi noa vau, noa'tu ē, e mea rahi te mau matahiti tā'u i tere haere i ni'a i te pahi.

seasickness, motion sickness ma'i 'āruru, 'āruru

seaside, seacoast, seashore, beach, (also:) **seaward** te pae tahatai, tahatai, tātahi

seaside grape, Coccoloba uvifera vine tahatai

season, age, era, time tau the era that has passed te tau i mā'iri

season, period, time 'anotau dry ~ 'anotau poai rainy ~ 'anotau ua harvesting ~ 'anotau 'auhune mango ~ 'anotau vī

season, time taime planting ~ taime tanura'a

season, add spice or **flavor,** (also:) **put on perfume** fa'ano'ano'a

season with pepper tāpepa

season with salt tāmiti

season with vinegar tāvineta, tāvinita

closed **season** (for certain kinds of fishing, especially pearl fishing) rāhui

seasoning fa'ano'ano'ara'a mā'a

seat, chair, (also:) **dwelling** pārahira'a, nohora'a (archaic) canvas ~ pārahira'a 'ie reserved ~ pārahira'a fa'aherehere Is the other ~ yours? Nā 'oe ānei te tahi pārahira'a?

seat someone, (also:) **to lodge** ha'apārahi

seat belt, belt hātua

seated pārahi

seawater, sea, saltwater, (also:) **salt, saline sauce** miti

seawater from the lagoon, (also:) **inland saltwater lake** miti roto

sebum (secretion on new-born infants) para, parapara

second (in order) te piti, 'a piti the ~ world war te piti o te tama'i rahi

second (in order) (construction with pitira'a) This is our ~ trip here to Tahiti. Teie te pitira'a o tā maua tere i Tahiti nei.

second (1/60 minute) tetoni, titoni

second (in boxing and other sports) ta'ata raverave

second, agree, back up 'āpiti, 'āpipiti, 'āpitipiti

secret, hidden, concealed huna, hunahuna

secret, confidential communication parau huna

secret, secrecy, concealment 'ohipa huna

professional **secret** vaha pāpani (approximate equivalent: sealed mouth)

secretly, clandestinely, covertly huna

secretly sneak(ing) into a house at night to seduce a young girl or woman

sleepcrawl(ing) mōtoro Moari'i tried to

437

~ in at night to seduce Mihi, but as he stumbled against the bed, the parents awoke. 'Ua tāmata Moari'i i te mōtoro iā Mihi, 'āre'a rā i te ūra'a i ni'a i te ro'i, ara a'era te metua.
secret-service agent mūto'i huna
secretary (ta'ata) pāpa'i parau, putu parau
secretion or **sebum** on new-born infants
sect, nonconformist religion fa'aro'o 'ē
section, side pae
section, side, region pae'au
section of bamboo (between the knots or joints) pona
section, cut into pieces tapahi
secure, safe ora
secure, solid, firm, hard, rigid 'eta'eta
secure, in a safe place or **sanctuary** i te hō'ē vāhi ha'apūra'a
secure, at peace, not worried, tranquil, (also:) **pacified** hau
security, guarantee raupe'a
security, safety 'ati-'ore-ra'a
security measure(s) rāve'a tāe'a
sedge grass (the fibers of which are used to make coconut-milk strainers), **Cyperus pennatus** or **javanicus** mō'ū, mō'ū ha'ari, mā'ū, mā'ū ha'ari
sediment (of wine, for example), **dregs** rito Throw away the rest of the wine, it has (wine) ~s. Fa'aru'e i te toe'a uaina, e rito uaina.
seduce (or:) **seducing** a young girl or woman by sneaking into a house at night, **sleepcrawl(ing)** mōtoro Moari'i tried to sneak in at night to ~ Mihi, but as he stumbled against the bed, the parents awoke. 'Ua tāmata Moari'i i te mōtoro iā Mihi, 'āre'a rā i te ūra'a i ni'a i te ro'i, ara a'era te metua.
see, look (at), observe hi'o, hihi'o, hi'ohi'o Look, what do you see there? 'A hio na, eaha tā 'oe i 'ite ra? The captain and the first mate then looked at the island through the binoculars. Hi'o atura te ra'atira 'ē te ra'atira piti i te motu ra nā roto i te hi'o fenua. ~ John, chapter thirteen, verse thirty-four. 'A hi'o na i te Ioane, pene hō'ē-'ahuru-mā-toru, 'īrava toru-'ahuru-mā-maha.
see, perceive, witness, (also:) **know,** (also:) **know by sight, recognize** 'ite Look, what do you ~ there? 'A hi'o na, eaha tā 'oe i 'ite ra? I saw (it) with my own eyes. 'Ua 'ite mata roa vau. Blessed are the pure in heart; for they shall ~ God. E ao tō tei mā te 'ā'au; e 'ite ho'i rātou i te Atua.
See here (implying **Please** ...), ... **Let's see,** ... **Listen,** ...**Look here,** ... 'Āhani, 'Āhani na, 'Ahani, 'Ahani na ~, I'd like to reserve a table for this coming Sunday night; there will be four of us. 'Āhani na, hina'aro vau 'ia tāpa'ohia te hōē 'amura'amā'a nō teie pō tāpati i mua nei; e maha mātou. ~, could you please look at the left rear tire to see if it is (properly) inflated (literally: hard). 'Āhani na, 'a hi'o ri'i paha i te uaua i muri i te pae 'aui, mea pa'ari ānei.
See you later! Good-bye (in the sense of:) **See you soon! So long!** Āraua'e!
"..., **you see**", **actually, as a matter of fact** pa'i That is my boat, you ~. Terā pa'i tōu va'a. It is very new, you ~. E mea 'āpī roa pa'i. It is not damaged, you ~. 'Aita pa'i i pararī.
seed, (also:) **pit** or **stone** of fruit, (also:) **egg** huero, huoro
seed or **pit** or **stone** or **kernel** of large fruit tu'e
seek, look for, search 'imi ~ (the answer to) my riddle! 'A 'imi i tā'u piri!
seek, look around for, hunt for mā'imi
seek painstakingly, look all over **for, make a thorough search** pā'imi
seek, request, send for, summon, (also:) **require, demand** tītau
seek (fish, especially) **with a torch** rama
hide-and-seek, blind man's bluff perē

tāpō

seem, appear (construction with:) au He ~ed not to have (It would fit [the facts] that he had not) heard the question. E au ē, 'aita 'ōna i fa'aro'o noa mai i te uira'a. He ~s to look like you. 'Ua au tōna hoho'a, 'ē tō 'oe.

seem, appear (construction with:) pa'i It ~s that you did not go. 'Aita pa'i 'oe i haere.

seemingly e au ē

It seems (appears) to me that... I tō'u mana'o... I tō'u nei hi'ora'a... Te mana'o nei au e... It ~ to me that Tahitian is a very beautiful language. I tō'u mana'o e reo nehenehe roa te parau Tahiti.

seer, visionary ta'ata moerurua

seesaw, teeter-totter, (also:) **swing** tā, tirare

seine 'upe'a pārava

seize, seize by force, grab, catch, (also:) **arrest,** (also:) **rape** haru, haruharu His hand ~ed my binoculars. 'Ua haru tōna rima i tā'u (titi'a) hi'o fenua.

seize, hold mau

seizure (of property, land, house), **confiscation** harura'a (... tāo'a, ... fenua, ... fare)

seizure, paroxysm pūai-roa-ra'a

Selar crumenophthalmus, silver scad, ature

seldom, not often occurring, rarely pinepine 'ore, (e) mea varavara

select, choose, elect, vote mā'iti They ~ed him as mayor. 'Ua mā'iti rātou iāna ei tāvana 'oire. For many are called, but few are chosen. E rave rahi ho'i tei parauhia, e iti rā tei mā'itihia.

selection, choice, election ma'itira'a

self, selfsame, (also:) **own** iho him~ 'ōna iho the ~same ship (the very ship) te pahī iho his own car tōna iho pereo'o my own daughter tō'u iho tamāhine No one is a prophet in his own country. 'Aita e perofeta i 'itehia mai i tōna iho fenua mau.

oneself 'ōna iho, 'oia iho

self-aggrandizing, conceited, vain fa'ateitei For whosoever exalteth himself shall be abased. 'O tei fa'ateitei ho'i iāna iho ra, e fa'aha'eha'ahia ia.

self-sufficient mā He is ~ (works things out himself). Tē mā nei 'ōna iāna iho.

sell ho'o, ho'o atu (or:) ho'o 'ē atu (to someone else), ho'o mai (to the speaker) I sold the canoe. 'Ua ho'o (atu) vau i te va'a. He sold me his canoe. 'Ua ho'o mai 'ōna tōna va'a (iā'u). 'Ape sold his car and bought it back next morning. 'Ua ho'o o 'Ape i tōna pereo'o, 'ē 'ua ho'o fa'ahou mai 'ōna i te po'ipo'i a'e. ~ at auction ho'o pātē

sell, barter, trade (in), exchange tapiho'o, taui I traded (exchanged) my old car for a new sailing canoe. 'Ua taui au i tō'u pereo'o tahito i te va'a tā'ie 'āpī.

commitment to **sell** moni piri

semantics aura'a nō te mau parau

semen tātea, pape o te tāne, piapiatāne

semicolon temitoro

seminar, colloquium rurura'a tuatāpapara'a

seminarian (ta'ata) ha'api'i 'evaneria

seminary (Catholic) fare ha'api'ira'a perepitero

seminary (Protestant) fare ha'api'ira'a 'orometua a'o

senator tenatore

send (things), **forward, mail, post** hāpono I will ~ that new dictionary to you. E hāpono vau i terā puta fa'atoro reo 'āpī iā 'oe. ~ the package here to me. 'A hāpono mai i te pū'ohu iō nei.

send or **post** (a person), **appoint** someone to a location or station, **dispatch, delegate** tono, fa'atono, tonotono That teacher was posted on Hikueru. 'Ua tonohia terā metua ha'api'i i Hikueru.

send (by means of radio or television),

transmit ha'apuroro

send, transmit, broadcast, (also:) **cause to arrive** fa'atae   Radio Tahiti is ~ing its greetings (love) to the (people of the) outlying islands which (who) are listening to its voice, and to those who are ill (in pain) and confined in hospitals, to (the people of) 'Orofara (the leper colony in Tahiti), to the ships that sail on the ocean, and to all of Oceania: we wish you well! Te fa'atae atu nei o Rātio Tahiti i tōna arofa i tō te mau motu ātea e fa'aro'o mai i tōna reo, 'ē te feiā māuiui i tāpe'ahia i roto i te mau fare utuutura'a, i tō Orofara, i tō te mau pahī e tere nā te moana, 'ē tō 'Oteania pa'ato'a: 'Ia ora na!

send away, (also:) **reject, dismiss, fire, "kick out"** patu

send or **take back, return** something or someone   fa'aho'i

send for, call, summon poro'i   The doctor was sent for. 'Ua poro'ihia te taote.

send for, order something **commercially, request, require** tītau

sending anew, forwarding or **returning** something   hāpono-fa'ahou-ra'a

senior, first-born matahiapo

senior, older brother of a male or **older sister of a female** tua'ana

senior, old hand, experienced elderly person, elder mātuatua   This competition is reserved for ~s. Teie fa'atītīāu'ara'a nā te mātuatua ia.

senior (sportsman over 20 years old)   piri'a

sennit, sennit cord (braided from coconut husk fiber)   nape

fasten with **sennit** (as the planks of a canoe), **bind together with rope or cord, lace up, tie**   fero, fero i te nape

sense, meaning, significance, explanation aura'a (note that 'aura'a means swimming)   What is the meaning of this word? Eaha te aura'a o teie parau? That is not the real ~. E 'ere te aura'a mau. For he knew the likeness (meaning) of that patch (spot), and knew that he was fallen in (had contracted) the Chinese Evil (which is also called leprosy). 'Ua 'ite 'oia i te aura'a nō te reira pōta'a, 'ua 'ite 'oia ē 'ua pe'ehia 'oia i te Ma'i Tinitō, e parau ato'ahia: e 'ō'ovi. (From John [Tihoni] Martin's free translation of R.L. Stevenson's The Bottle Imp.)

common sense, good sense, proper thinking mana'o ti'a

common sense, straight thinking mana'o 'āfaro

sense (organ)   tumu 'ite

senseless, stupid, crazy ma'ama'a

sensible, reasonable, wise pa'ari

sensitive, aware (of), responsive (to) 'ite   ~ to heat 'ite i te ve'ave'a

sensitive, easily provoked to anger, irascible, excitable, difficult, irritable, easily irritated or **upset, nervous,** (also:) **rough, brusque** 'iriā, riri 'oi'oi   The trouble was the [first] mate who was the most difficult (irascible) man (commander) to please (satisfy) Keola had ever met with. O te ra'atira piti te mea 'iriā a'e o te ta'ata fa'aueue māha 'ore roa a'e te reira i fārereihia e Keola. (from John [Tihoni] Martin's free translation of R.L. Stevenson's short story The Isle of Voices)

sensitive, easy to take offence 'ino'ino haere noa

sensitive, moved or **touched emotionally** putapū   My heart was deeply touched upon hearing the very good news. 'Ua putapū tō'u 'ā'au (or: māfatu) i te fa'arorora'a i te parau 'āpī maita'i roa.

sensitive, troubled, worried hiatai

sensitive (in a medical sense: able to react to stimulation, to pain, for example)   oraora   still **sensitive** as opposed to desensitized, **without anesthesia** oraorahia   My tooth was pulled out without ~. 'Ua tātara oraorahia tō'u niho.

sensitive plant, Mimosa pudica pohe ha'avare

sensual, fleshly, bodily tino
sensual, pleasingly arousing navenave
sensual pleasure 'ārearea tino
sensual pleasure or **enchantment** navenave Ye have lived in [sensual] pleasure on the earth, and been wanton. 'Ua pārahi 'outou i te ao nei mā te navenave 'ē te tai'ata.
sensual pleasure, (also:) **to feel sensual pleasure** 'i'i
sensuality, being engrossed with the pleasures of the body pirira'a i te mau mea e navanaveai te tino
sensuous navenave
sentence, phrase mana'o parauhia, parau mana'o, tu'ura'a parau
sentence, (also:) **verse, paragraph** 'irava
sentence, judgment ha'avāra'a stern ~ ha'avāra'a 'eta'eta
sentence, verdict, penalty, punishment fa'autu'ara'a death ~ utu'apohe
sentence, return a verdict, impose a penalty, punish fa'autu'a
sentiment, feeling 'ā'au
sentiment, opinion mana'o
sentry, civilian **guard** (ta'ata), tīa'i, ta'ata hi'ohi'o
sentry, sentinel, military **guard** fa'ehau tīa'i, fa'ehau hi'ohi'o
separate, special, set apart ta'a 'ē, ta'a'ē We would like two ~ beds for the children. Tē hina'aro nei māua e piti ro'i ta'a 'ē nō te nau tamari'i.
separate *vi,* (also:) **divorce** ta'a, tata'a
separate *vt,* **divide,** (also:) **divorce** fa'ata'a, vehe (seldom used) ... and he shall ~ them one from another, as a shepherd divideth his sheep from the goats. ... 'ē nāna e fa'ata'a iā rātou mai te tīa'i māmoe e fa'ata'a i te māmoe i te pua'aniho ra.
separate or **split a coconut in halves** pīta'a
separated, apart ta'a'ē
separated, detached, (also:) **divorced** ta'a, tata'a The two of them are ~ (or divorced). 'Ua tata'a rāua.
separated, loose, unfastened, unanchored ta'ata'a
separation fa'ata'a'ēra'a
separation, detachment ta'ara'a
separation, being apart ta'a'ēra'a
September tetepa the month of ~ te 'āva'e nō tetepa
sequence (especially in film) tuha'a hoho'a
serendipity, chance, happenstance, good fortune fāna'o, fāna'ora'a
sergeant major fish pā'e'e
serious mana'o pa'ari
appear **serious** or **thoughtful,** (also:) **be morose** or **silent** fa'atūruma
sermon a'ora'a fa'aro'o, a'ora'a
serpent, snake 'ōfī And the woman [then] said, The ~ beguiled me, and I did eat. 'Ua nā 'ō atura te vahine ra, I ha'avare mai te ophi ['ōfī] iā'u, 'amu ihora vau.
serum terumu
servant, maid, domestic help tāvini Henceforth I call you not ~s; for the ~ knoweth not what his lord doeth: but I have called you friends. E'ita atura vau e parau atu iā 'outou ē, e tāvini; 'aore ho'i te tāvini i 'ite i tā tōna ra fatu e rave ra; 'ua parau rā vau iā 'outou ē, e tau'a.
serve, act as servant for tāvini
serve oneself first tapipi
Serves you right! You had it coming! You got what you asked for! 'Aitoa!
service, bureau, department (general) piha 'ohipa
service, bureau, office, department (specific) piha —
administrative affairs **service** piha vaira'a ture rau
archival **service** piha fa'ahereherera'a parau tahito
economic affairs **service** piha fa'arava'ira'a faufa'a
education **service** piha rāve'a ha'api'ira'a

health **service** piha 'ohipa utuutura'a ma'i
import and export **service** piha tapiho'ora'a i te fenua 'e'ē
land surveying **service** piha tāniuniura'a fenua
maritime affairs **service** piha 'ohipa pahī
meteorological **service** piha mēteō
planning/development **service** of the territory piha fa'anahonahora'a i te fenua
(sound) recording **service** piha haruharura'a
sanitation **service** piha 'ohipa pūea
social affairs **service** piha 'ohipa turuuta'a
urban affairs **service** piha fa'aterera'a 'ohipa 'oire
youth and sports **service** piha fa'atere u'i 'āpī 'ē te tā'aro
service, business fa'a'ohipara'a, 'ohipa, ravera'a 'ohipa The ~ is fast in this restaurant. E mea vitiviti te 'ohipa iroto i teie fare tāmā'ara'a. twenty years of ~ e piti 'ahuru matahiti 'ohipa
church **service** purera'a When do we go to the ~? Eaha te hora tātou e haere atu ai i te purera'a? I was deeply touched by the ~ this morning. 'Ua putapū tō'u 'ā'au i te purera'a i teie po'ipo'i. I missed the church ~ yesterday. 'Ua ma'iri au i te purera'a inānahi ra. Sunday collection in the ~ 'aufaura'a tāpati month of May collections in the Protestant ~s 'aufaura'a mē
judicial **service** te mau 'ohipa ha'avāra'a
military **service** 'ohipa fa'ehau
be of **service, take care of** ti'a'au
render **service, help, aid** tauturu
secret-**service agent** mūto'i huna
serving spoon punu tāipu
session, meeting rurura'a extraordinary ~ rurura'a ta'a'ē ordinary ~ rurura'a noa plenary ~ rurura'a (or 'āpo'ora'a) mero hope
set (box, appliance, receiver) 'āfata

television ~ 'āfata rātio teata
(be) **set**, (be) **steady**, (also:) (be) **clogged** mau
(be) **set**, (be) **specified**, (be) **determined**, (be) **decided upon** ta'a
set, brood, incubate fa'ata'oto
set, determine, make clear, confirm ha'apāpū The time has been ~. 'Ua ha'apāpūhia te hora (or: te taime).
set, make fast, fasten, tighten tāmau
set, put, place tu'u, tu'itu'u
set, put in order, arrange properly fa'anahonaho, pānaho
set, select ma'iti
set, specify, determine, decide fa'ata'a
set (speaking of eggs) fa'a'ōfa'a, 'ōfa'a The chicken is ~ting. 'Ua fa'a'ōfa'a te moa.
set (sun, moon, stars) topa, taha
set (a table) fa'anehenehe, fa'anahonaho, pānaho, tānaho
set (a watch or clock), **adjust** fa'atano
set apart, set aside fa'ata'a
(be) **set apart, be set aside** fa'ata'ahia
set fire to tutu'i i te auahi, tutu'i, tānina
set free, free, liberate tu'u, tu'utu'u
set going, release, turn on, (pull a) **trigger,** (also:) **press a button** pata
set in cement or **plaster** tīmā
set off an explosive (also:) **startle, make ... jump** fa'a'ōu'a
set sail tā'ie
set up, organize, (also:) **erect** fa'ati'a
set up a nest 'ōfa'a
settle, arrange, straighten out, resolve fa'atītī'aifaro, ha'atītī'aifaro, fa'a'āfaro
settle, calm down marū Will the captain wait for the wind to ~? E tia'i ānei te ra'atira 'ia marū te mata'i?
settler, colonist ta'ata fa'a'apu
seven hitu
seventeen 'ahuru-mā-hitu
seventh (in order) 'a hitu, te hitu, (or construction with ra'a) This is our ~ trip (here) to Tahiti. Teie te hitura'a o to māua

Seventh Day Adventist

tere i Tahiti nei.
Seventh Day Adventist pētānia, 'atevenite
seventy hitu-'ahuru
sever, cut (up), tear (up), rip tūmutu
several nā ... (e) rave rahi, rau, tau
severe, harsh, (also:) **violent** (of wind or sea), **strong** 'ū'ana
severe, (also:) **severity** 'eta'eta
severed, cut, torn, ripped mutu, motu, mutu ta'a'ē
severity, harshness, (also:) **violence** (of wind or sea), **strength** 'ū'ana In fact, he has judged with the full ~ of the French law. E ha'avāhia ho'i 'ōna mā te 'ū'ana-ato'ara'a o te ture farāni.
sew, stitch nira, au, auau
sewing machine 'āuri nira(ra'a) 'ahu, 'āuri au 'ahu
sewing thread taura nira 'ahu, taura au 'ahu
sex (gender characteristic of a person) huru female ~ huru vahine male ~ huru tāne
sex, gender 'āpeni [Look at the gender:] if it be a son, then ye shall kill him; but if it be a daughter, then she shall live. E hi'o 'ōrua i te 'āpeni: 'ē e tamaroa ra, e rave 'ōrua i te reira 'ia pohe; 'ē e tamāhine ra, vaiiho atu ia 'ia ora noa na.
sex of newborn baby tāpa'o
female sex (animal) ufa, uha
male sex (animal) oni, 'ōtāne, pa'e
sextant hi'o mahana
sexual organ, genitals mero ha'amā
sexual relations aira'a, 'āpitira'a, 'atira'a (consummation in marriage), tātu'e (copulation movements), tehetehe (vulgar)
have **sexual relations, copulate** ai, haratu'e
sexually abuse, violate, rape, take sexual advantage of māfera, rave 'ino He ~d a woman. 'Ua rave 'ino 'ōna i te hō'ē vahine.
shade, shadow, (also:) **be in shade** maru,

shallow

marumaru the shadow of death te maru o te pohe Yea, though I walk through the valley of the shadow of death, I will fear no evil. 'Ē 'ia haere noa'tu vau nā te peho ra, o te maru pohe, e 'ore ā vau e mata'u i te 'ino.
sloping roof for **shade, lean-to, shelter,** (also:) **veranda** tāmaru
shade, provide shade tāmaru, tāmarumaru, ha'amarumaru
shaded, shady maru, marumaru Put your car in (Drive your car to) a ~ place! 'A fa'atere atu i tō 'oe pereo'o i te vāhi marumaru!
shadow, (also:) **cloud,** (also:) **reflection** ata He was afraid of his own ~. 'Ua mata'u noa 'ōna i tāna iho ata ra.
cast a **shadow** ata
shake, agitate, move 'āueue, ueue Is this the man who made the earth to tremble, that did ~ kingdoms? O te ta'ata teie i rūrūtaina i te fenua nei, i 'āueue ato'a i te mau basileia [pronounced patireia] ra?
shake (like a loose sail in the wind), **flap** tārepa, rupo Trim (tighten, haul in on) the jib, the sail is shaking. 'A fa'a'eta'eta i te fē'ao, te tārepa nei te 'ie.
shake *vi* & *vt* (body), **tremble, make tremble** rūrū, rūrūtaina
shake (off) (like dirt from shoes), **shake (out)** (like dust from rugs) tūtū
shake one's head tā'iri'iri i tōna upo'o
shaken 'āueue
be **shaken** or **staggered** or **on edge** tā'ue'ue
shaking (body), **trembling** rūrū
shaking (object) 'āueue
shall (future), **will** e She ~ (will) come tomorrow. E haere mai 'ōna ānānahi.
shall not (future, also unaccomplished presence), **will not** e'ita I ~ (will) not go to Papara today. E'ita vau e haere i Papara i teie mahana.
shallow, (also:) **shallow place, shallows** pāpa'u

443

shame ha'amā
shamefaced fa'aha'amā
shameful (causing shame), (also:) **act ashamed** fa'aha'amā
shape, form, appearance, image hoho'a **be out of shape, be stretched,** (also:) **get bigger** (clothes) tō
share, part, portion, piece tufa'a, tuha'a
share, partake, divide up vāhi
share out, divide into shares tuha, tufa, tuhatuha, tufatufa
shark, dogfish ma'o gray ~ ma'o raira hammer ~ ma'o taumata tiger ~ ma'o toretore Is it O.K. to (literally: Can one) swim here or is this a place where there are ~s? E nehenehe ānei e hopu i te miti iō nei, (e) 'aore ra e vahi ma'o teie? ... [Keola] still had his sailor's knife, so he did not fear the ~s. ... tei iā Keola noa ra tāna tipi mātarō, 'aita ia 'oia e taiā ra i te ma'o. (from John [Tihoni] Martin's free translation of R.L. Stevenson's The Isle of Voices)
shark, Carcharinus longimanus parata
"shark's cushion," Culeita grex, a species of **Echinodermata** turu'a ma'o
sharp, sharp-edged, cutting 'oi
sharp, sharp-pointed 'oe'oe
sharp (sound), **high-pitched** teitei
sharp repetition of (cracking) **sounds** pāpā'ina, pāpa'a'ina
sharpen (a blade) fa'a'oi ~ a knife fa'a'oi'oi i te tipi
sharpen (especially a point) 'ūfao ~ (the point of) a harpoon 'ūfao i te 'āuri pāti'a i'a
sharpen, make something pointed fa'a'oe'oe
sharpened edge 'oira'a
shatter, smash, crush, break into fragments (but not by bending) tūpararī
shattered, broken pararī
shave, scrape, (also:) **plane, use a plane** hahu

closely **shaved** or **shorn, smooth** moremore His face (literally: jaw) is closely ~. 'Ua moremore maita'i tōna ta'a.
shave, (also:) **scrape off the skin of a pig** pā'e'e
shawl tāhei
shawl, cape, cloak pereue rahi
shawl, mantle 'ahu pu'u
she, (also:) **he** 'ōna (the usual, colloquial, vernacular word for the pronoun, especially in conversation), 'oia (formal, solemn, literary, religious, sometimes emphatic)
sheaf, bundle pupu
shear, clip, cut with scissors or shears pā'oti
shears, scissors, clippers pā'oti
sheath, case, scabbard, (also:) **envelope** vehi, vihi
sheath of coconut a'a
sheath or **spathe** of coconut flowers roeroe, 'ōroe
sheathe, envelop, wrap vehi, vihi
sheep māmoe ... and he shall separate them one from another, as a shepherd divideth his ~ from the goats. ... 'ē nāna e fa'ata'a iā rātou mai te tīa'i māmoe e fa'ata'a i te māmoe i te pua'aniho ra.
sheet (on bed), (also:) **bedspread** vauvau ro'i, 'ahu vauvau, 'ahu vauvau ro'i, tāpo'i ro'i
sheet (on a sailing vessel) taura mainsail ~ taura pūmu
sheet of paper 'api parau
sheet of paper or **cloth** 'api
shelf pa'epa'e
shell (hollow sphere) 'apu, 'apu'apu split coconut ~ 'apu ha'ari (or) 'apu 'ōpa'a tridacna ~ 'apu pāhua
shell (of turtle, tortoise, egg, nut) pa'a turtle ~ pa'a honu
shell (mother of pearl, oyster), **Pinctada margaritifera** pārau (note that parau means talk) mother-of-pearl ~ farming fa'a'apura'a pārau

shell (turtle, crab), **carapace** paraha
shell, sea shell pūpū garland made of ~s (light-weight) hei pūpū garland made of ~s (heavy) tārere
shellfish, crab pa'apa'a
shellfish, lobster 'ōura miti
shellfish, mollusc animara ivi 'ore
shellfish, tridacna, Tridacna elonga pāhua This particular ~ can, especially in the Tuamotus, become very large and constitute a danger to you when diving to the bottom of the lagoon, if your feet or hands get caught in its grip.
shellfish, troca, Trocus nitoticus mā'oa taratoni
shellfish, turbot, Turbo setosus mā'oa
shelter, lean-to, temporary lodging, camping place, lodge, bivouac pūhapa
shelter, sloping roof (for shade), **lean-to,** (also:) **veranda** tāmaru
shelter, tent ti'ahapa
shelter, wind-break, protection, shield pāruru
shelter, protect, shield, harbor, (also:) **defend** pāruru
shelter, refuge ha'apūra'a
seek or take **shelter (against), protect oneself (from)** pāruru He took ~ against (protected himself from) the rain. 'Ua pāruru 'ōna iāna i te ua.
sheltered (from wind and waves) ruru We anchored in a ~ place. 'Ua tūtau mātou i te vāhi ruru.
shepherd (ta'ata) tīa'i māmoe ... and he shall separate them one from another, as a ~ divideth his sheep from the goats. ... 'ē nāna e fa'ata'a iā rātou mai te tīa'i māmoe e fa'ata'a i te māmoe i te pua'aniho ra.
shield, shelter, wind-break, protection pāruru
shield, shelter, protect, harbor, (also:) **defend** pāruru
shine, glow, be very bright (like coral sand) 'ana'ana

cause to **shine** (like shoes or silver), **shine, polish** fa'a'ana'ana
shingle, pebble, gravel tu'iri
shingles, herpes zoster māriri 'ōpūpū
shiny, glowing, glittering, sparkling 'ana'ana
ship pahī I have waited three months now for a ~ to Pitcairn. 'A toru 'āva'e i teienei te tīa'i au i te hō'ē pahī nō Pētānia. We saw a ~ which was sailing for Papeete; we went on board and left (sailed). 'Ua 'ite māua i te hō'ē pahī tei fano atu i Pape'ete ra; pa'uma atura i ni'a iho 'ē fano atura māua. ... the three-masted American ~ Naomi which came very close to drifting onto the reef. ... te pahī tira toru marite ra 'o Naomi 'o tei fātata roa i te 'ōpa'ihia i ni'a i te to'a. A sailor of that ~ had fallen down from the bowsprit in a squall. Hō'ē mātaro nō terā pahī tei marua i roto i te miti nā ni'a mai i te tira fe'ao, nō te mata'i to'a huri. They that go down to the sea in ~s, that do business in great waters. Te feiā i nā tai i te haere i nā ni'a i te mau pahī ra, tei te moana rahi ra tō rātou ra tōro'a.
ship's landing, dock, harbor vāhi tāpaera'a pahī, tapaera'a pahī
cargo **ship, merchant ship, freighter** pahī ho'o tao'a, pahī tao'a
motor **ship** pahī mātini
sailing **ship** pahī tā'ie four-masted sailing ~ pahī tā'ie tira maha (or:) pahī tā'ie e maha tira The ship was a sailing ~ bound for Rarotonga. Te pahī ra, 'o te hō'ē ia pahī tā'ie e fano atura i Raroto'a.
rocket **ship** pahī pao
space **ship** pahī reva teitei
steam **ship** tima, pahī tima, pahī auahi
war**ship, man-o'-war** manuā, pahī manuā, pahī nu'u
shipwreck (event) tomora'a o te hō'ē pahī
shipwreck, wrecked ship pahī pāinu
shipwrecked people (te) feiā pāinu The

shirt   **should not have**

chief took good care of the ~. 'Ua aupuru maita'i te tāvana i te feiā pāinu.
shirt 'a'ahu 'o'omo, 'a'ahu 'ōmono (slang often used by Chinese vendors) What is the price of this ~? Ehia (Efea) moni nō teie 'a'ahu 'o'omo? My ~ was torn on a nail. 'Ua mahae tō'u 'a'ahu 'o'omo i ni'a i te naero.
shit, excrement, feces tūtae
shit, take a shit, defecate titi'o
shiver, shudder, tremble rūrū I ~ed with cold. 'Ua rūrū vau i te to'eto'e.
shiver or **shudder in fear or dread** hauriri'a
cause to **shiver** or **shudder** or **tremble** (biblical), **make afraid** rūrūtaina Is this the man who made the earth to tremble, that did shake kingdoms? O te ta'ata teie i rūrūtaina i te fenua nei, i 'āueue ato'a i te mau basileia [pronounced patireia] ra?
a **shoal** of fish (te) hō'ē nana i'a
shock, impact ūra'a, fa'aūra'a
shock(ed), jolt(ed) 'ōtu'i
shocked, startled, suddenly surprised hitimahuta, hitima'ue
shocking, horrible, frightening ri'ari'a
shocking, disgusting, offensive faufau
shocking, terrible ataata
shoe, footwear tia'a My ~s are very (too) tight. E tia'a vī roa tō'u.
shoot (gun) pupuhi
shoot (bow and arrows) te'a
shooting star feti'a pao
shop, store fare toa, toa fare ho'ora'a Is the ~ open? 'Ua matara ānei te fare toa? At what time will that ~ open? Eaha te hora e matara (or: mahuti) ai terā fare toa?
shop, go shopping ho'o haere
shore, seashore, seaside, beach, (also:) **seaward** te pae tahatai, tahatai, tātahi Big waves are breaking onto the ~. E 'are rahi teie e fati mai nei i tātahi.
shore bird, noddy, Anous stolidus 'oio (onomatopoetic)

shorn (as a tree without branches) moremore
short, brief, (also:) **small** in stature poto, popoto, potopoto ~ person ta'ata poto a ~ word e parau poto ~ vowel vauera poto make it ~. ha'apoto i te parau (to put it) briefly 'ia ha'apoto-noa-hia time being ~ nō te poto o te taime
short (as opposed to long or long-lasting), **brief, coming to an end** mure
short story 'a'amu ri'i
shortbill spearfish, swordfish, Makaira alleida or **audax** or **nigricans** ha'urā
short-legged, stunted, low-set, dwarfed ha'a, ha'aha'a, ha'eha'a
short-nosed emperor fish 'ō'eu 'utu poto, 'ō'eo tiamu
short-nosed unicornfish tatihi
shorten, abridge ha'apoto
shortly, before long, soon 'aita i maoro
shortly, sometime soon, in a little while, later on, presently, by and by ā'uanei I will call you ~. Ā'uanei au e tāniuniu iā 'oe.
shorts piripou poto
shot, round, bullet 'ōfa'i pupuhi
shot (for a birdgun), **lead pellet** 'ōfa'i pupuhi manu
shot (for a cannon) 'ōfa'i pupuhi fenua
shot (for a shotgun) 'ōfa'i purara
shotgun pupuhi 'ōfa'i purara
should (construction with:) 'ia ... e tīa'i (or simply:) 'ia You ~ meet that beautiful woman. 'Ia fārerei ihoa 'oe i terā vahine purotu e tīa'i. You ~ take that medicine from this day on until you get well. 'Ia rave 'oe i terā rā'au mai teie atu mahana e tae noa'tu i tō 'oe maita'ira'a.
should not (construction with e'ita e ti'a) Why did you do it? You ~ do such things. Nō teaha 'oe i nā reira ai? E'ita e ti'a (iā 'oe) 'ia rave i terā mau huru 'ohipa.
should not have (construction with 'aita i ti'a) You ~ done something like that. 'Aita i ti'a (iā 'oe) 'ia rave i terā huru

shoulder

'ohipa.
shoulder (including back and neck) tapono
shoulder, shoulder blade pa'ofifi, pa'ufifi, po'ofifi
carry on one's **shoulders** or back amo
shoulder strap pā'ave
shout, call (by name) pi'i
shout, call out, hail tuō
shout, scream, yell tuō roa
shove, push tura'i, tūra'i, tūra'ira'i
Shove off! Scram! Go away! Beat it! Buzz off! Bug off! Get lost! ('A) Fa'aātea!
shovel *n & v*, **spade** ope
show (entertainment) fa'a'ana'anataera'a
show, movie teatara'a
show, play, performance ha'utira'a
show, sight hi'ora'a
show, play, theater performance teatara'a ta'ata ora
show, tell, inform fa'a'ite Could you (please) show me (where) the toilet (is)? E nehenehe ānei tā 'oe e fa'a'ite mai i te fare iti? (or simply: Where is the ~?) Teihea te fare iti? The heavens declare the glory of God; and the firmament ~eth his handiwork. Tē parau hua nei te mau ra'i i te hanahana o te Atua; 'ē tē fa'a'ite nei te reva i te 'ohipa a tāna rima.
show off, be vain ha'apeupeu, fa'aha'apeu
show off, have an inflated sense of importance fa'a'oru
show one's arse by bending over (sign of contempt or disrespect) tīpou
shower (bath) hopura'a pape, hapura'a pape, hopura'a vai, fa'ahīra'a pape
shower, cloudburst, short sudden downpour pāpape
shrew vahine 'iriā
shrewish, cantankerous, irritable 'iriā
fresh water **shrimp, Palaemon eupalaemon,** (also:) **crayfish** 'ōura pape The ~ fishing (season) has opened. 'Ua 'āvari te pātiara'a 'ōura pape.

sick

salt water **shrimp, reef lobster, Paliuurus penicillatus** 'ōura miti
shrivel ma'e'e
shroud (on a sailing vessel), **stay, standing rigging** rītini
shrubs, weeds 'aihere
shudder, shiver, tremble rūrū I ~ed with cold. 'Ua rūrū vau i te to'eto'e.
shudder or **shiver in fear** hauriri'a
cause to **shudder** or **shiver** or **tremble** (biblical), **make afraid** rūrūtaina Is this the man who made the earth to tremble, that did shake kingdoms? O te 'ata teie i rūrūtaina i te fenua nei, i 'āueue ato'a i te mau basileia [pronounced patireia] ra?
shun, be afraid (of) fa'ātāta, fa'aataata
shun, withdraw (from) fa'aātea
shun or **reject** (someone), **disavow** hi'o mata'ē, mata'e That woman ~ned me. 'Ua hi'o mata'ēhia vau ē terā vahine. He was ~ned by his children. 'Ua hi'o mata'ēhia 'ōna e tōna mau tamari'i.
shun, reject, refuse, turn down pāto'i, pāto'ito'i
shush, hush, silence, quieten ha'amāmū
Shush! Hush! Silence! Māniania! Māmū! (māniania means noise, so the implication here is a desire to cut down on the noise)
shut (door, window, lid, etc.), **close** 'ōpani
shut, closed 'ōpani, 'ōpanihia
Shut up! Māmū!
shy, bashful, embarrassed, (also:) **ashamed, confused** ha'amā, fa'aha'amā
shy, bashful, (also:) **shy(ing) away from** hehē
shy, bashful, timid, (also:) **gentle** māmahu
shy, timid, (also:) **unsociable,** (also:) **wild** hāhape
sibling-in-law tao'ete
eldest **sibling, first-born child** matahiapo
sick, ill ma'i, pohe ma'i, ma'ihia, tupuhia i te ma'i

sick, in pain, aching, hurting māuiui
sick, **nauseated** pūʻareʻare
get **sick** tupu i te maʻi, maʻi
make **sick**, **cause to suffer**, **hurt** haʻamāuiui
sickening, **nauseating** māanuanu
sickle tipi fefe (literally: bent knife)
sickly maʻimaʻi, tino maʻi
sickly (complexion), **pale**, **jaundiced** māreʻareʻa
sickly (referring to fruit, especially mangoes and oranges) ʻotate
sickly-looking hiʻoraʻa maʻi
sickness, **illness** maʻi
side, (also:) **region**, **section** paeʻ, paeʻau, taha *(archaic)* on the ~ of ... i te pae o ... on the other ~ i tahi pae A house has four ~s. E maha pae tō te fare.
side (of a person or animal or thing) ʻaoʻao
side, **border**, **edge** hiti Don't sleep on the ~ of the road lest you be urinated on by the dogs! ʻEiaha e taʻoto i te hiti porōmu ʻa ʻōmahahia e te ʻurī!
side, **portion**, **part** ʻapaʻapa
be on someone's **side**, **back someone up**, **support** turu, tuturu, turuturu
side(s) of a canoe oa
just on the other **side** of i ō mai
siding, **wall**, **partition** papaʻi
sidekick, **close friend**, **real buddy** hoa rahi
sift (through sieve), **strain**, **drain** tūtū
Siganus rivulatus, **trigger-fish**, **spotted rabbitfish** mārava
sigh, **exhale** like divers exhaling loudly on coming to the surface, (also:) **gasp**, **be out of breath**, **pant** mapu, mapumapu
sight, sense of **vision**, (also:) **view** hiʻoraʻa
come into **sight** or **view**, **appear** fāura, fāura mai, fā (archaic, biblical) The angel appeared. ʻUa fā mai ra te mērahi.
good eye **sight** mata maitaʻi
just out of **sight**, **just the other side of** iō mai
sightseeing, enjoyment of (the) **sights**, **visit** (for that purpose) mātaʻitaʻiraʻa
go **sightseeing**, **enjoy the sights**, **visit** (for that purpose) mātaʻitaʻi I suggest that (It would be nice if) you go and enjoy Disneyland when you travel to Los Angeles. E mea maitaʻi ʻia haere ʻoe e mātaʻitaʻi ʻia Disneyland ʻia tere ʻoe i Los Angeles.
sign, **mark**, **marker**, **trade mark**, **token**, **insignia**, (also:) **beacon** (often in the sense of a warning **sign**), (also:) **goal**, **target** tāpaʻo
sign, **program**, **list** tāpura road~ (traffic ~) tāpura o te ture puromu Respect (Observe) the road (driving) regulations (shown on the) ~s. Ei (or: Eiʻa) faʻaturahia te mau tāpura o te ture purōmu.
sign, **affix one's signature** tuʻurima
signal (general) tāpaʻo, tāpaʻo faʻaʻite sound ~ tāpaʻo taʻi visual ~ tāpaʻo ʻitea
signal, (also:) **blinking**, **winking** ʻamoʻamo
signal, (also:) **blink**, **wink** ʻamoʻamo
signal, **inform**, **tell**, **show** faʻaʻite
turn-**signal lights** (on automobiles) mōrī ʻamoʻamo
signature rima affix one's ~ e tuʻu i tōna rima, tuʻurima
significance, **meaning**, **sense**, **explanation** auraʻa (note that ʻauraʻa means swimming) What is the meaning of this word? Eaha te auraʻa o teie parau? That is not the real meaning. E ʻere te auraʻa mau. For he knew the likeness (~) of that patch (spot), and knew that he was fallen in (had contracted) the Chinese Evil (which is also called leprosy). ʻUa ʻite ʻoia i te auraʻa nō te reira pōtaʻa, ʻua ʻite ʻoia ē ʻua peʻehia ʻoia i te Maʻi Tinitō, e parau atoʻahia: e ʻōʻovi. (From John [Tihoni] Martin's free translation of R.L. Stevenson's The Bottle Imp.)
significant, **considerable**, **large**, **big**, (also:) **a lot of**, **numerous**, **many** rahi, iti rahi, aivaiva *(archaic)* a ~ sum of money e tino moni rahi a ~

significant (considerable) fortune e faufa'a iti rahi
significant, important, valuable, useful (e) mea faufa'a, faufa'a It is very ~ (very important). E mean faufa'a roa.
significant (referring to people), **important, endowed with power** mana a ~ person (having ~ power) ta'ata mana
silence, absence of noise muhu 'ore
silence, absence of talking parau 'ore
silence, hush, shush, quieten ha'amāmū
Silence! Hush! Māmū! Māniania! (māniania means noise, so the implication here is: Cut down on the noise!)
silent māmū, māniania 'ore, muhu 'ore Bora Bora of the ~ Paddles Porapora i te hoe māmū
silent movie hoho'a vāvā
appear to be **silent** or **morose**, (also:) **appear serious** or **thoughtful** fa'atūruma
silly, crazy, stupid ma'ama'a
silly, giddy, fickle, scatter-brained, thoughtless, heedless neneva
silk tirita
silver moni (metal), 'ārio (primarily biblical) ~ medal feti'a moni ~ tooth niho moni And [Judas Iskariot] said unto them, What will ye give me, and I will deliver him unto you? And they covenanted with him for thirty pieces of ~. 'Ua parau atura ['o Iuda Isakariota], Eaha tā 'outou e hōro'a mai nā'u, 'ē nā'u 'oia e tu'u atu iā 'outou? 'Ua fāito maira rātou i e toru 'ahuru moni 'ārio nāna.
silver scad, Selar crumenophthalmus ature
silver-tongued (literally:) **sweet-mouthed, sweet-talking (person)** (ta'ata) vaha monamona
silvery mullet auoa
similar, just like that tei au i te reira
similar to, looking like, resembling (construction with:) hi'ora'a That canoe is ~ mine. Hō'ē ā te hi'ora'a o terā va'a mai tō'u.
similar to, looking like, resembling (construction with:) hoho'a That canoe is ~ mine. E hoho'a terā va'a mai tō'u. You look like your father. E au tō 'oe hoho'a 'ē tō 'oe pāpā (or: tō 'oe metua tāne).
similarity aura'a
simple, coarse, rude, crude, crass, vulgar peu 'ore, ha'apeu 'ore
simple, easy, (also:) **simply, easily** 'ohie It is very ~, you see. E mea 'ohie roa pa'i. It is not ~ (easy) to do that. E 'ere i te mea 'ohie ia nā reira! It is very ~ to (ride a) bicycle. E mea 'ohie roa 'ia ta'ahi pereo'o. It is ~ to drive this kind of car. E mea 'ohie 'ia fa'ahoro i teie huru pereo'o.
simple, effortless 'ohipa 'ore
simple, humble, low ha'aha'a
simple, humble, modest ha'eha'a
simple, humble, ordinary, common, average ri'iri'i the ~ people
simple-minded, idiotic, stupid ma'au
simpleton, idiot, fool ta'ata ma'au, ma'au
simply, just noa He ~ did that job by hand. 'Ua rave rima noa 'ōna i terā 'ohipa.
sin, crime, (also:) **to sin** or **commit a crime** hara grievous ~ hara 'ō'ona You have ~ned. 'Ua harahia 'oe. He that is without ~ among you, let him first cast a stone at her! Nā te ta'ata hara 'ore i roto iā 'outou na e tāora'tu na i te 'ōfa'i mātāmua iāna!
sin, mistake, error hapa, hape
sin, commit a crime hara, fa'ahara, ha'ahara Neither do I condemn thee: go, and ~ no more. E'ita ato'a vau e fa'autu'a'tu iā 'oe: 'a haere, 'eiaha rā 'ia hara fa'ahou.
since, because, as nō te mea, i te mea, nō te mea ho'i, ... rā Let's clean up the house ~ guests are arriving tomorrow. E tāmā tātou i te fare nō te mea e tae mai te mau manihini ānānahi. ~ it rained,

since / **skilled at**

the competition was canceled. I te mea 'ua ua, 'ua fa'a'orehia te fa'atitiāuara'a.
since, ever since mai, mai ... mai ā Ever ~ my youth. Mai tō'u 'āpīra'a mai ā. ~ the day you left, the island has not changed. Mai te mahana i reva atu ai 'oe, 'aita te fenua i taui. ~ the year 1963 mai te matahiti hō'ētautini-'ē-iva-hānere-'ē-ono-'ahuru-mātoru mai ra ā.
since ..., from ..., starting with ... i te taera'a i te ...
sincere, honest, free from deceit parau ti'a, mana'o ti'a, 'ate'ate
sincere, straight 'āfaro, 'āfarofaro
sincere, truthful parau mau, ha'avare 'ore, mau
sincerity, honesty parau ti'a, mana'o ti'a
sincerity, truthfulness parau mau full of ~ tei ī i te parau mau
sing (general), (also:) **song** hīmene The national anthem was sung in unison. 'Ua hīmene-'āmui-hia te hīmene 'āi'a.
sing, chant pehe, pehepehe
sing (of birds) 'oto, ta'i
sing (of insects) ta'i
sing a ditty 'utē (a traditional way of singing)
singing in the ancient manner, **chanting** hīmene tārava
(be) single, remain(ing) alone vaihō'ē
single, unmarried ha'aipoipo 'ore
singular, extraordinary, strange ta'a'ē pictures of very ~ places e mau hoho'a nō te tahi mau fenua ta'a'ē roa
sink (vessel), (also:) **(be) sunk** tomo
sink into mure
sink into, (also:) **thrust into** ha'amure
sink under water, drown paremo
sinner ta'ata rave hara
sinners feiā rave hara
sinuous, winding 'ōtu'etu'e
siren, (also:) **foghorn** pū 'u'uru
Sirius Rehua
sister (of a male) tuahine
older **sister** (of a female) tua'ana

younger **sister** (of a female) teina Maeva is always jealous of her younger ~. E fe'i'i noa Maeva i tōna teina.
sister (religious), **nun, virgin** paretēnia
sister-in-law tao'ete vahine
sit, abide, dwell noho
sit, sit down, be seated, (also:) **stay** pārahi, pārahirahi ~ down! 'A pārahi! (or:) 'A pārahi i raro! If you don't ~ in the middle, the canoe will capsize. 'Ia 'ore 'oe e pārahi i rōpū, e ta'ahuri ia te va'a.
sit in a squatting position, squat pārahi tūte'ite'i
situated tei vai
situation, standing, position ti'ara'a
situation, state, the way something is going haerera'a 'ohipa
six ono I bought six bottles of beer. 'Ua ho'o mai au i nā mōhina pia e ono.
sixth 'a ono, te ono, te onora'a This is our ~ trip here to Tahiti. Teie te onora'a o tō māua tere i Tahiti nei.
sixteen hō'ē-ahuru-mā-ono
sixty ono 'ahuru
sixty-nine (sexual practice) 'amu repo
size rahira'a, rahi He is the same ~ as I. 'Ua au tōna rahi 'ē tō'u.
size, measure fāito
size (dress) nūmera 'a'ahu, nūmera
size v, **starch** tāpia
skeleton pohe ivi
skeptical 'o tei 'ore i ti'aturi noa a'e
skid, slide, glide he'e
cause to **skid** or **slide** or **glide, surf** fa'ahe'e
skid, slip, trip rara
skill, ability, experience, ingenuity 'aravihi
skilled, skillful 'aravihi, 'ihi 'Oputu is a highly ~ skipper. E ra'atira pahī 'aravihi roa o 'Oputu.
skilled at..., good at ..., skillful, clever i'ei'e He is ~ dancing, but not [at learning] in class. E mea i'ei'e 'ōna i te 'ohipa 'ori, 'āre'a rā i te 'ohipa ha'api'ira'a 'aita ia.

skim (off), scoop tāhahu
skim (off froth), (also:) **rake (up),** (also:) **dust off, remove cobwebs** pā'a'u
skimmer, scoop tāhahu
skin, (also:) thin **bark** 'iri   freckled or mottled ~ 'iri patapata
thick or tough **skin, rind, bark, shell** pa'a ~ of an orange pa'a 'ānani
skin, remove skin, peel, pare, strip hohore
skinned mahore, pahore, pahure
skinned, bald pahure
skinny, bony ivi
skinny, thin, lean, emaciated pārarai
skip, abandon, omit, forsake fa'aru'e
skip, cancel, eliminate, do away with fa'a'ore
skip, jump, leap, hop, bound 'ōu'a, 'ōu'au'a, haere 'ōu'au'a
skip, omit, (also:) **forget, leave behind** ha'amo'e
skip, pass without stopping haere noa
skip(ping) or **jump(ing) rope** 'ō'ua taura
skip(ping) or **jump(ing) rope using the pōhue vine** tā'iri pōhue, pōhue
skipper, captain ra'atira pahī   'Oputu is a highly skillful ~. E ra'atira pahī 'aravihi roa o 'Oputu.
skirt, dress 'a'ahu, 'a'ahu vahine
skirt made of tapa cloth more
"**grass**" **skirt** 'ahu taura, 'a'ahu taura, 'ahu more, 'a'ahu more (skirt made of bleached, thinly shredded pūrau [hibiscus] bark fiber)
inner **skirt, slip, petticoat** piritoti
sky, firmament, celestial vault, (also:) **atmospheric sky,** (also:) **heaven** ra'i   The lightning flashed in the ~. 'Ua 'anapa te uira i roto i te ra'i.   In the beginning God created the heaven and the earth. Hāmani ihora te Atua i te ra'i 'ē te fenua i te mātāmua ra.
sky, celestial space, heaven reva   space ship pahī reva
sky (higher than indicated by the Tahitian word ra'i), **canopy of heaven,** (also:) **empty space, void, vacuum, nothingness** aore
slack, slacken, give slack, ease (a rope), **let go little by little, release slowly** tu'utu'u
slacks, trousers, pants piripou, piripou 'āvae roa
slam, knock hard, (also:) **whip** hui
slander, accuse falsely pari ha'avare, fa'a'ino mā te ha'avare
slander, backbite, malign, (also:) **gossip, tattle** tihotiho
slander, speak evil of, backbite 'ōhumu, 'ōhimu
slander, slandering, backbiting, talking evil about 'ōhumu, 'ōhimu
slanderer, backbiter, (also:) **gossip, tattler** ta'ata tihitiho parau
on a **slant, aslant, swung over, listing** 'opa
slant-eyed (Mongolian fold) mata huti, mata piri
slap *n* 'āpa'i, 'īpa'i
give a **slap** to   pā'i i te pō'ara
slap *v* 'āpa'i, 'īpa'i, 'āpa'ipa'i, 'īpa'ipa'i
slap, box, smite moto   Whosoever shall smite thee on thy right cheek, turn to him the other also. 'O te moto mai i tō pāpāri'a 'atau na, e fāriu ato'a'tu i te tahi.
slap, tap, hit with the flat of one's hand papa'i (note that pāpa'i means to write or to draw)
slap (especially the face), (also:) **box the ears** pō'ara
slap, tap (with hand on shoulder or back) pā'i
slash, cut tāpū
slash, cut up into little pieces tāpūpū
slash up, tear up, tear to pieces haehae
slaughter taparahira'a
slaughter house fare taparahira'a, taparahira'a
slave, (also:) **labor gang convict** tītī   ~

slavery   **slipknot**

market mātete ta'ata tītī
slavery te rave tītīra'a i te ta'ata
sleep *n* ta'oto
sleep *v*, (also:) **lie down, be recumbent,** (also:) **sleep with someone** ta'oto, ta'oto'oto   A little later he went to ~. 'Ua haere a'e ra 'ōna e tā'oto. He slept with that very beautiful woman. 'Ua ta'oto 'ōna i terā vahine purotu roa. Don't ~ on the side of the road lest you be urinated on by the dogs! 'Eiaha e ta'oto i te hiti poromu 'a 'ōmahahia e te 'urī!
fall **asleep** vare'a i te ta'oto
put to **sleep, anesthetize, hypnotize** fa'ata'oto
sleep-crawl(ing) (sneak(ing) into a house clandestinely at night to seduce a young girl or woman) mōtoro   Moari'i tried to sneak in at night to seduce Mihi, but as he stumbled against the bed, the parents awoke. 'Ua tāmata Moari'i i te mōtoro iā Mihi, 'āre'a rā i te ūra'a i ni'a i te ro'i, ara a'era te mētua.
sleeping medicine, soporific, hypnotic rā'au fa'ata'oto
sleepy fātata vare'a ta'oto
sleepy, drowsy, lethargic, dozing turuhe
sleepy, tired rohirohi
sleepy, wanting to sleep hiamo'e
sleeve rima 'ahu
sleight of hand 'ohipa tahutahu, tahutahu
sleight of hand artist, conjurer, magician ta'ata tahutahu, tahutahu
slender, thin, lean, close to being wasted away pārarai
slender, thin, lanky, slim, lean pī'ao'ao
slender (as a result of illness), **thin** aravī
having **slept well** a'a   I slept so well [that I feel completely refreshed]. 'Ua a'a maita'i tō'u ta'oto.
slice, cut, slash tāpū
slide, (also:) **slip** he'e, pahe'e
slide along, (also:) **push along** fa'anu'u
slide over, (also:) **push over** (speaking of persons) nu'u
slide over waves, surf, (also:) **cause to slide** or **slip** fa'ahe'e
slide through one's hands, slip through one's fingers, (also:) **move out of reach** mahemo
slightly, a bit ri'i   I have heard those things ~ rumored now and again. 'Ua hāro'aro'a ri'i au i tenā mau parau.
slightly (especially denoting attenuation before a color), **somewhat, -ish** mā-   ~ yellow, yellowish māre'are'a   ~ red, reddish mā'ute'ute
slightly, very little 'aita re'a
move **slightly, budge** nu'u
slim, slender, thin, lanky, lean pī'ao'ao
slim, slender, thin, lean, close to being wasted away pārarai
slim, slender (as a result of illness), **thin** aravī
slime, mud vari
slimy, badly soiled (like with excrement and such) havahava
slimy, soiled havahava
sling (with which to throw stones), **slingshot** ma'a
sling-jaw (a kind of wrasse fish), **Epibulus insidiator** papae 'utu roa
slip, inner skirt, pettycoat piritoti
slip or **cutting of a plant** 'ata, 'a'ata
slip, skid, trip rara
slip, (also:) **slide** he'e, pāhe'e   My foot ~ped. 'Ua he'e tō'u 'āvae.
slip off (as the handle of a tool) hemo, himo
slip out (as the handle from a tool), **slip through one's fingers, slide through one's hands,** (also:) **move out of reach** mahemo
cause to **slip** or **slide,** (also:) **slide over waves, surf** fa'ahe'e
slipknot, loose knot, loop ha'avaro
slipknot, noose, snare here
snare with a **slipknot** (as with a lasso) mārei, māhere (less used)

slippery pāheʻeheʻe, pāheʻe
very **slippery** paʻiʻa (be careful with your pronunciation since pāʻiʻa means homosexual or sodomy)
slippery-smooth, (also:) **oily** hinuhinu
sliver, thorn, (also:) **spine, stinger, horn** tara
sliver (of wood) ʻāpaʻapaʻa (note that ʻāpāpā means to kiss [each other])
slope, incline ʻoparaʻa
slope, (also:) **the way down** haʻapouraʻa
sloping roof (for shade), **lean-to, veranda** tāmaru
sloppy, slovenly, squalid, untidy ʻōreporepo, ʻahu au ʻore, haʻapaʻo ʻore
slow, slowly, (also:) **soft** marū
slow, slowly, dragging along, (also:) **late, behind time** tāʻere My watch is ~. E mea tāʻere tāʻu uāti. He drinks ~ly. E mea tāʻere tāna inuraʻa. You have been kind of ~ in doing your work. ʻUa tāʻere riʻi ʻoe i te rave i tā ʻoe ʻohipa.
slow down *vi*, **go slowly, take it easy** haere marū
slow down *vt* faʻatāʻere Please talk (a little more) slowly to (~ your speech [a little] for) me! ʻA faʻatāere riʻi mai na i tā ʻoe parau! (mai implies to me).
slowly, (also:) **carefully, meticulously** māite
slut, prostitute, whore vahine taiʻata
sly (general), **cunning** ʻōpape ~ person taʻata ʻōpape
sly (in a positive sense), **clever, ingenious** ʻaravihi, ʻihi
sly (in a positive sense), **cunning** in the sense of **catching on quickly, intelligent** ʻaʻapo
sly (in a positive sense), **cunning** in the sense of **ungullible** or **wise** paʻari
sly (neutral), **cunning** in the sense of **street-smart** akamai (slang borrowed from Hawaiʻian)
sly (in a negative sense), **wily, artful, crafty**, (also:) **suave, glib** haʻavarevare, rāveʻa haʻavare
do something on the sly haʻavarevare
sly or **cunning** or **astute action** rāveʻa māramarama
slyness, wiliness, cunning, craftiness haʻavarevareraʻa
small (usually referring to objects), **little, small-size, small-scale, bantam** naʻinaʻi (for some reason often and incorrectly pronounced "neyney") I would like to have a ~ beer. Tē hinaʻaro nei au i te pia naʻinaʻi.
small, little, (also:) **over-small, insufficient** iti (dual and plural: riʻi) That is a ~ person. E taʻata iti terā. Nowadays greater Huahine and ~er Huahine are joined by a bridge. I teie nei, ʻua tūʻatihia Huahine Nui ʻē Huahine Iti i te hōʻē ʻēʻa turu.
small (dual and plural of **iti**), **little** riʻi It were better for him if a millstone were hanged about his neck, and he cast into the sea, than that he should offend one of these little ones. Huru maitaʻi aʻe ʻoia ʻia taʻamuhia te hōʻē ʻōfai oro i niʻa i tāna ʻaʻī, ʻē ʻia tāorahia ʻoia i raro i te tai, ʻia faʻahapa ʻoia i te hōʻē i teie nei mau taʻata riʻi.
small, diminutive huʻa (be careful with your pronunciation, since hua means vulva), e mea huʻa Tetua is ~er than I. E mea huʻa aʻe ʻo Moana iāʻu.
small (slang), **tiny** kone, kokone, konekone
very small, very little, minute, miniscule, diminutive, tiny naʻinaʻi roa
very small (humoristically and metaphorically), **very young** fanauʻa (literally meaning young of an animal)
make smaller faʻanaʻinaʻi
be reduced to very small pieces huʻahuʻa
smallness naʻinaʻi
small lace collar pūvaʻavaʻa
smallpox, (also:) **chicken pox** ōhiho
small-toothed jobfish paru

smart — smudge

smart, elegant, spiffy, fancy hāviti
smart, intelligent māramarama
street-smart (slang, Hawai'ian), **clever** akamai
smart, hurt, be in pain māuiui
smarting, stinging, (also:) **tingling** vinivini
smash, break ha'apararī
smash, break (an object by bending) fa'afati, 'ōfati
smash, break up, tear down, raze, demolish vāvāhi
smash, crush, break into fragments (but not by bending) tūpararī
smashed, drunk, intoxicated, loaded, three sheets in the wind ta'ero
smashed, drunk, really loaded, staggering, six sheets in the wind pa'a'ina, 'ua oti roa (literally: very finished)
beginning to get **smashed** or **drunk** or **loaded**, (also:) **about to faint, dizzy, giddy** āniania He is beginning to get ~. 'Ua āniania 'ōna. (or:) E āniania tō'na.
smashed, dead drunk, completely loaded, (also:) **deeply asleep** unuhi
smegma taioro, taiero (synonyms; the usual meaning is fermented coconut sauce)
smell *n & v* (general) hau'a The Tahitian gardenia smells wonderful. Tē hau'a no'ano'a ra te tiare Tahiti.
smell, sniff, touch noses (the old Polynesian way of "kissing") ho'i, ho'iho'i
smell, bad smell, stench hau'a 'ino, piropiro (garlic-like)
acrid **smell** (as of body odor or urine or goats) veoveo, 'ōveoveo (usually of urine)
filthy or stale **smell** veruveru
foul or rotten **smell** ne'one'o
persistent and unpleasant **smell** of fish or blood ha'uri, 'uri'uri
smile *n & v* 'ata'ata ri'i
smile (with teeth showing) *n & v*, **grin** 'ata niho

smile, broad smile, laugh 'ata
smile, smile broadly, laugh 'ata
smiling 'ata'ata
smite, slap, box moto Whosoever shall ~ thee on thy right cheek, turn to him the other also. 'O te moto mai i tō pāpāri'a 'atau na, e fāriu ato'a'tu i te tahi.
smite, slap (especially the face), (also:) **box the ears** po'ara
smith ta'ata tūpa'i 'āuri
smithy fare tūpa'ira'a 'āuri
smoke, (also:) **vapor** auauahi He choked from the ~. 'Ua ihuihu 'ōna i te auauahi.
smoke tobacco puhipuhi i te 'ava'ava Do you ~? E puhipuhi ānei 'oe i te 'ava'ava? Do not ~ inside the house! 'Eiaha e puhipuhi i te 'ava'ava iroto i te fare!
smooth, flat, unwrinkled, (also:) **polished** mānina
smooth, slippery-smooth, (also:) **oily** hinuhinu
smooth (of the surface of the sea), **calm, flat, unruffled** mania, manino
smooth, pleasant au maita'i
smooth, straight 'āfaro
smooth, suave, glib, unctuous, (also:) **sly, crafty, wily** ha'avarevare
smooth, velvety huru terevete
smooth(ly), closely shaved or **shorn** moremore His face (literally: jaw) is ~ly shaved. 'Ua moremore maita'i tōna ta'a.
smooth *v*, level (out) ha'amānina
smooth (especially of terrain) *v*, **flatten, level (off)** ha'apāpū
smooth-head unicornfish ume tarei
smother, choke, gag, suffocate pu'unena
smother(ed), choke(d), suffocate(d) ihuihu He choked from the smoke. 'Ua ihuihu 'ōna i te auauahi.
smudge, big spot, big blot, mark, (also:) **dot, polka-dot** pōta'a
smudge, spot, stain tafeta
smudge, stain, blemish vi'ivi'i
smudge (natural, on skin), a kind of

454

smudge birthmark, "wine-spot" īra
smudge, make dirty fa'arepo
smudge, soil with dirt or **mud** ha'avari
smudged or **stained** or **blemished** (both literally and morally) vi'ivi'i
smudged (up), dirtied, soiled reporepo, repoa
snack 'amu'amura'a
snack, have a snack 'amu'amu
snag(ged), foul(ed) tārava ~ed anchor cable taura tūtau tārava
snail pūpū fenua
snake, serpent 'ōfī And the woman [then] said, The serpent beguiled me, and I did eat. 'Ua nā 'ō atura te vahine ra, I ha'avare mai te ophi ['ōfī] iā'u, 'amu ihora vau.
snap *vi*, **break** pararī
snap *vt*, **break off** or **in two pieces** 'ōfati He broke the stick. 'Ua 'ōfati 'ōna i te rā'au.
snap with finger and thumb, **flick** pata
sea **snapper, yellow margined sea perch,** *Lutjanus vaigiensis* to'au
make **snapping** sound(s), **click, crackle** pa'apa'aina
snare, noose, lasso mārei
snare, slip-knot trap, noose here
snare, spring trap here pata
snare, (use a) **lasso** mārei, māhere (less usual)
snare, catch in a snare here
snare, catch, trap, (also:) **seize by force** haru
snare drum pahu pa'a'ina
snatch, pinch, pilfer raverave I don't want people ~ing (or: to ~) [anything] in my house. 'Aita vau i hina'aro i te ta'ata 'ia raverave i roto i tōu fare.
sneak, spy, informer, tattle-tale tiatiauri, tiatia uri
sneak, crawl ne'e
sneak(ing) into a house clandestinely at night to seduce a young girl or woman, **sleepcrawl(ing)** mōtoro Moari'i tried to ~ in at night to seduce Mihi, but as he stumbled against the bed, the parents awoke. 'Ua tāmata Moari'i i te mōtoro iā Mihi, 'āre'a rā i te ūra'a i ni'a i te ro'i, ara a'era te mētua.
sneak closer (not necessarily by crawling) fa'ane'ene'e
sneak up (especially on animals) **to catch by surprise** totoro
sneakily, furtively huna He went there ~. 'Ua haere huna noa 'ōna iō.
sneaky, deceitful ha'avarevare
sneaky, furtive huna
sneeze, (also:) **sneezing** ma'itihe
sneeze, "kerchoo" tihe (slang: atchung)
sniff, smell, touch noses (the old Polynesian way of "kissing") ho'i, ho'iho'i
snob, stuck-up person ta'ata te'ote'o
snob, vain person ta'ata fata
(cocky) **snob, a person with an inflated sense of importance** ta'ata 'oru'oru I am really fed up with Jean-Claude, that cocky ~. 'Ua ihuihu roa vau iā Jean-Claude, terā ta'ata 'oru'oru.
snobbish, self-important, pompous, stuffy, snotty 'oru'oru
snobbish, stuck-up te'ote'o
snobbish, vain fata
snobbish, vain, snotty, "on high horses" teitei (when said in a critical or deprecating voice or context; otherwise teitei can mean high-placed or of high standing)
snobbishness, self-importance, pomposity, stuffiness, snottiness 'oru'oru
snore 'o'oro, 'oro'oro He ~d. (or:) He usually ~s. 'Ua 'o'oro tōna ihu (literally: His nose ~d). He is snoring. 'Ua piha'a tāna tītata (literally: His teakettle is boiling).
snot, mucus of the nose, (also:) **phlegm,** (also:) common **cold** with sniffles hūpē
snottiness, snobbishness (see: **snobbishness** above)
snotty, contemptuous, disdainful vahavaha

snotty   **soften**

snotty, mucous hūpē
snotty, snobbish (see: **snobbish** above)
snout, nose, (also:) **beak, bill** ihu
snout (especially of certain fish), **lip,** (also:) **beak, bill** 'utu
snow hiona
so, thus, therefore, hence nō reira She had a very bad headache, ~ she did not come. 'Ua māuiui 'ino roa tōna upo'o, nō reira 'aita 'ōna i haere mai.
It is **so!** 'Oia ia!
It is definitely **so!** 'Oia mau!
so (that) ... 'ia + verb I made that thing very clear to her, ~ she would understand (it) well. 'Ua ha'amāramarama maita'i vau i terā mea iāna, 'ia pāpū maita'i 'ōna.
so that, for fear that 'a Roll up your dress ~ it does not get wet. 'A pepe i tō 'ahu 'a rari i te vai.
so, and therefore nā reira, 'ē nā reira He asked me to come, ~ I did. 'Ua ani 'ōna iā'u 'ia haere mai au, 'ē nā reira vau.
so, very rahi, roa It is ~ expensive. E mea moni rahi terā. That woman is ~ beautiful. E mea purotu roa terā vahine.
so very rahi roa It is ~ expensive. E mea moni rahi roa terā.
so-and-so (substitute for a proper name) mea It is ~. 'O mea. They are ~es. 'O meamā.
so-so e mea au ri'i, e 'ere rā i te mea fa'ahiahia roa
So long! See you later! Good-bye! (in the sense of:) **See you soon!** Āraua'e!
So what! It doesn't matter. No problem. Forget it! 'Aita pe'ape'a.
So what! It doesn't really matter. It is of little importance. Never mind! 'Ātīrā noa'tu (noa atu)!
... **and so on** ... 'ē nā reira noa atu
soak *vi*, **be soaked** or **saturated with water** puru
soak, drench tāpuru
soak, moisten, dampen fa'arari

soak, put under water tūtau
soaked, drenched puru
soap, detergent pu'a ~ **bubble** pōpō pu'a
bar or cake of **soap** pā pu'a, pāpu'a, pā
soap, wash with soap, lather tāpu'a, pu'a
sob fe'u, fe'ufe'u (Sobbing is partly ritual in Polynesia, especially at departings and funerals, but it is not therefore ungenuine. Even today it can be rather loud.)
s. o. b. 'urī (literally: dog), 'ūrī
sober, clear-minded, sensible mana'o ti'a
sober, not drunk 'aita e ta'ero
sober, self-controlled, moderate hitahita 'ore
sobs fe'u, fe'ufe'u
society, (also:) **association, club** taiete member of a ~ mero taiete
Society Islands te mau motu tōtaiete
sock(s) tōtini, tōtini poto thick ~ tōtini me'ume'u
socket (electric) titi 'ōvāhine
sodium tōtiumu
sodomy, (also:) **homosexual** pā'i'a (note that pa'i'a means very slippery and pa'ia means full [sated])
sofa, couch tōfa
soft, flabby, (also:) **rotten, spoiled** rarerare
soft, ripe pē
soft, ripe, (also:) **over-ripe** or **spoiled** (of fish) maemae
soft, tender, mild, gentle, kind, meek (also:) **calm, polite** marū ~ wind mata'i marū Blessed are the meek: for they shall inherit the earth. E ao tō tei marū, e riro ho'i iā rātou te fenua.
soft (of earth), (also:) **crumbly, fragile** māruhi
soft center (of bread) puo faraoa, puo
soft or **fresh** or **sweet-tasting water** pape mā'aro
soften ha'amarū
soften, mollify, soothe, allay, ease,

softened

alleviate, mitigate, calm (down) tāmarū
softened (of fish), **spoiled** maemae
soil, earth, dust, "dirt" repo, repo fenua, reporepo ... for dust thou art, and unto dust shalt thou return ... e repo hoʻi ʻoe, ʻē e hoʻi faʻahou atu ā ʻoe i te repo
soil, ground, terrain, land fenua
loose **soil**, (also:) **mud, mire** vari
soil, pollute, defile haʻaviʻiviʻi
soil with **dirt** or **mud, smudge** haʻavari
soiled, dirtied reporepo, repoa
soiled, polluted, defiled, (also:) **corrupt, impure** viʻiviʻi
badly **soiled** (like with excrement and such), **slimy** havahava
sojourn *n*, **stay, stop, visit** faʻaearaʻa, faʻafaʻaearaʻa
sojourn *v*, **stay, stop, visit** faʻaea I ~ed a few weeks in Rarotonga before I returned (here) to Tahiti. ʻUa faʻaea vau i Rarotoʻa i te tahi tau hepetoma, ʻa hoʻi mai ai i Tahiti nei.
Solanum anthropophagorum, red-fruited plant porohiti
Solanum tuberosum, potato (Irish) ʻumara pūtete
solar (getting energy from the sun) ito rā, itorā ~ water heater haʻaveʻa-papeitorā, haʻaveʻa-vai-ito-rā, haʻaveravai itorā
soldier faʻehau unit of ~s (troop) pupu faʻehau The wounded ~s were decorated (with medals). ʻUa faʻafetiʻahia te mau faʻehau pāparu. And the ~s' counsel was to kill the prisoners, lest any of them should swim out, and escape. ʻUa parau ihora te mau faʻehau e taparahi i te mau taʻata i tāpeʻahia ra, ʻoi ʻau atu vetahi ʻoi ora.
soldierfish, squirrelfish, Adioryx lacteoguttatus ʻaraoe, ʻarave
solely, only, alone anaʻe It is ~ they (they alone, only they).
solicit, request, beseech, ask for, apply for, petition for ani He ~ed money

some

from me. ʻUa ani ʻōna iāʻu i te moni.
solid (not easily broken), **firm, rigid, stiff, hard** ʻetaʻeta
solid (mentally and physically), **hard,** (also:) **wise** paʻari
solid, coagulated, agglutinated, dried up, thicken(ed) putua
solid, fixed, firm, established, real, true mau
render **solid, fix firmly, establish,** (also:) **fasten** haʻamau
solid residue ota (note that ota also means raw)
solidification, coagulation, agglutination, drying up, thickening putuaraʻa
solidify, coagulate, agglutinate, dry up, thicken putua The blood has coagulated. ʻUa putua te toto.
solitary, lonely, isolated moʻemoʻe
solution, means, way, device rāveʻa
solve, reach an explanation faʻataʻa
solve, straighten out, settle, arrange haʻatitiʻaifaro, faʻatitiʻaifaro
somber, dark, gloomy, sullen, (also:) **overcast** rumaruma, faʻarumaruma
some, a few nau, tau ~ six sailing canoes arrived. E hitu nau (or: tau) vaʻa tāʻie i tae mai. Look at these few books. ʻA hiʻo na i terā nau puta.
some, certain ones, (also:) **any** vetahi, vetahi mau, te tahi, te tahi mau And the soldiers' counsel was to kill the prisoners, lest any (~) of them should swim out, and escape. ʻUa parau ihora te mau faʻehau e taparahi i te mau taʻata i tāpeʻahia ra, ʻoi ʻau atu vetahi ʻoi ora.
some other(s), **certain other** (ones) vetahi ʻē mau on ~ islands i te vetahi ʻē mau fenua
some ..., [but, and, while] others ... tahi ..., vetahi ... And some [seeds] fell among thorns; and the thorns sprung up, and choked them; But other[s] fell into good ground, and brought forth fruit. Maʻiri ihora hoʻi e tahi pae i roto i te ʻaihere,

457

tupu a'era te 'aihere apiapi ihora. Ma'iri ihora vetahi i te vāhi repo maita'i, tupu a'era hotu ihora.
some, several tau He caught ~ fish this morning. E tau i'a tei noa'a nāna i teie po'ipo'i.
some (usually 2-9) nā, nā e ~ five people left in his little plane. 'Ua reva nā ta'ata e pae nā ni'a i tōna manureva iti.
some (other) vetahi mau, te tahi They are not in trouble as [~] other men; neither are they plagued like [~] men. E 'ere ho'i i te 'ati rahi tō rātou mai tō vetahi mau ta'ata; 'aore ho'i rātou i ma'ihia mai te tahi pae ta'ata ra.
... and some (more), **... and a little over** (e) ti'ahapa two thousand francs and ~ more e piti tautini tārā 'ē e ti'ahapa
someone, somebody, anyone, one te tahi, te tahi ta'ata, te hō'ē ta'ata
someone, somebody, anyone, one (also:) vetahi (Usually vetahi is used in a plural sense, but there are times when it can be used to indicate the singular:) There is [~] that maketh himself rich, yet hath nothing; there is [~] that maketh himself poor, yet hath great riches. Tē ha'avare nei vetahi mai te mea e ta'ata tao'a, 'ē 'aita āna; tē ha'apeu veve nei ho'i vetahi, 'ē te rahi ra tāna tao'a.
someone (construction with the passive suffix:) -hia ~ has broken open the padlock. 'Ua panahia te pōnao.
someone else vetahi 'ē Thou shalt not covet thy neighbor's (literally: ~'s) wife. 'Eiaha roa 'oe e nounou i tā vetahi 'ē vahine.
something (te) mea I want ~ like that. Hina'aro vau (or: Tē hina'aro nei au) i te hō'ē mea mai terā te huru.
something else (te) tahi mea I want ~ like that. Hina'aro vau (or: Tē hina'aro nei au) i te tahi mea mai terā te huru.
sometimes i te tahi mau taime
somewhat, rather, fairly, almost, kind of, **just about, quite, to a certain extent, a fair number of, -ish** huru There is a fair number of [~ of a gathering of] people inside that house. E mea huru ta'ata i roto i terā fare ra. Things are going rather well [but not very well] at this point. E mea huru maita'i i teie nei. It is just about the same as ever. Te huru ā te huru. It is fairly big (also:) There are quite a lot. E mea huru rahi. But then it could indeed have been quite a while ago. Mea huru tahito ra paha ho'i ia.
son, (also:) **little child, lad,** (also:) **nephew** tamaiti my little ~ tā'u tamaiti iti If thou be the ~ of God, command that these stones be made bread. E Tamaiti 'oe nā te Atua ra, 'a parau i teie nei mau 'ōfa'i 'ia riro ei mā'a.
son-in-law hunō'a tāne
son-of-a-bitch 'urī (literally: dog), 'ūrī
sonar, ASDIC heheu moana
sond, depth sond fāito hōhonu
song (general), anthem, (also:) **sing** hīmene The national anthem was sung in unison. 'Ua hīmene-'āmui-hia te hīmene 'āi'a She sang her ~ twice. 'Ua tāpiti 'ōna i tāna hīmene.
song, (also:) **chant,** (also:) **phonograph record** pehe ~ writer ta'ata pāpa'i pehe ~ writing 'ohipa pāpa'i pehe
song, chant (very old, traditional) hīmene tārava The tārava is a complex and rapid polyphonic chant, sometimes led by several conductors. If you are not enchanted by it - or eventually come to love it - you will, in my opinion, never develop a real understanding of Polynesia.
tārava raromata'i nine different voices, from the Leeward Islands
hīmene rū'au six different voices
tārava tahiti eight different voices, from Tahiti
tārava tuha'a pa'e nine different voices, from the Austral Islands
'utē five different voices

song or chant relating the mythical origin of an island or place paripari fenua
praising (or boasting) song or chant parau fa'ateniteni
song (referring to a bird or insect) 'oto, ta'i
soon vave
soon, before long, shortly 'aita i maoro
soon, in a short time i te hō'ē taime poto
soon, in a while, a little later, before long āraua'e
soon, close in time (also close in place), almost at hand, near fātata, 'ua fātata, 'ua fātata roa It is ~ daylight. 'Ua fātata i ao.
soon, in the coming days i te mau mahana i mua nei
very soon, fast vitiviti
very soon, now tēnā na
very soon, right now i teie nei iho
soon (in the present), (also:) today 'ā'uanei ... make haste, and come down [now]; for today [~] I must abide at thy house. ... 'a pou mai i tēnā na, ei tō fare ra ho'i au pārahi ai 'ā'uanei.
soon (referring to the past), (also:) that day ina'uanei He ~ arrived. 'Ua tae mai 'ōna ina'uanei.
soothe, mitigate, allay, alleviate, calm (down) tāmarū
soothe, soften, mollify, moderate, allay, alleviate, ease (pain) ha'amarū ~ pain ha'amarū i te māuiui
soothed, mitigated, allayed, alleviated, calmed (down) tāmarūhia
soothed, softened, mollified, moderated, allayed, alleviated, eased (pain) ha'amarūhia
soporific, sleeping medicine rā'au fa'ata'oto
sorcerer, magician ta'ata tahutahu 'ē hi'ohi'o
sorcerer (who causes someone to enter into a trance), hypnotist ta'ata fa'auru
sorcerer (who does harm, for example by casting a spell or curse) ta'ata pīfao
sorcery, hypnosis 'ohipa fa'auru
sorcery, magic 'ohipa tahutahu
sorcery, voodoo 'ohipa pīfao, pīfao
sore, wounded, bruised pēpē
perforating or ulcerating sore or wound fao The ~ in his foot keeps getting deeper. Tē hohonu noa atu ra ā te fao i tō 'āvae.
sore (especially injury to the skin, for example by scratching an insect bite) tutu'a
cancerous sore, ulcer pū'ō
cold sore (and similar conditions, especially in and around the mouth) he'a
sorrow, grief, crying, weeping, tears 'oto
sorrow, missing someone mihi
experience sorrow, miss someone, lament, (also:) weep mihi, mihimihi I lamented the death of my close friend. 'Ua mihi au i te pohera'a tō'u hoa rahi.
experience sorrow, grieve, cry, weep, shed tears 'oto We grieve over your loss (literally: We send you our condolences). Tē fa'atae atu nei māua i tō māua 'oto rahi iā 'oe.
sorry, be sorry There is no exactly corresponding word for this concept in Tahitian, but it can be conveyed approximately as in the following examples:
be sorry (asking the other to forgive and forget) I am ~ (literally: Forgive me [or, even more literally:) Neglect my mistake. 'A fa'a'ore mai (i) tō'u hape.
be sorry (confessing the deed and apologizing) tātarahapa I am ~ for (literally: I apologize and confess to you) the mistake I made just now. Te tātarahapa nei au iā 'oe nō tā'u hapa i rave iho nei.
be sorry (begging forgiveness of sins, atoning) tāra'ehara
be sorry (being troubled and/or consoling, [also:] being worried) pe'ape'a I am ~ (troubled about it). Tē pe'ape'a nei au. We were very ~ to hear that your mother

sort

died. 'Ua pe'ape'a roa mātou i te fa'aro'ora'a e 'ua pohe (roa) tō 'oe metua vahine (or: tō 'oe māmā). I am very ~ that I forgot to pay you for the lesson yesterday. 'Ua pe'ape'a roa vau nō te mea 'ua mo'ehia iā'u te aufau atu iā 'oe nō te ha'api'īra'a inānahi ra.

be **sorry** (asking the other not to be angry) I am ~ (Don't be angry.) 'Eiaha 'oe e 'ino (or: 'ino'ino) mai.

sort, kind, type, variety, species, nature huru There are many ~s (kinds) of cars in America. E mea rahi te huru o te mau pereo'o i te fenua marite. There are many ~s of birds on that island. E raverahi te huru o te manu nō terā fenua ra. There are many species of flowers. 'Ua rau te huru o te mau tiare. And God created great whales (whale [tohorā] does not appear in the Tahitian translation) and every living creature that moveth, which the waters brought forth abundantly, after their kind. Hāmani ihora te Atua i te mau mea rarahi o te tai 'ē te mau mea ora hā'uti'uti ato'a o te moana e rave rahi mā tō rātou huru.

sort, arrange in order nāna'i
sort, divide in groups, classify ha'apupu
sort, fit or **suit, set in order** fa'aau
sort, put things in order, classify 'āna'i, pāna'i
sort, sort out, analyze fa'ata'a
sort of, kind of, somewhat, rather, fairly, almost, just about, quite, to a certain extent, a fair number of, -ish huru, (e) mea huru Things are going ~ well [but not very well] at this point. E mea huru maita'i i teie nei. It is ~ the same as ever. Te huru ā te huru. It is ~ big. (also:) There are quite a lot. E mea huru rahi. There is a fair number of [~ a gathering of] people inside that house. E mea huru ta'ata i roto i terā fare ra. But then it could indeed have been quite a while ago. Mea huru tahito ra paha ho'i ia.

sound

all **sorts** of, **various, varied** rau There are all ~ of flowers in that place. E rau te tiare i terā vāhi.

so-so e mea au ri'i, e 'ere rā i te mea fa'ahiahia roa

sou (five centimes) pene

soul, spirit vārua, vaite *(archaic)* I shall go softly in all my years in the bitterness of my ~. Tō'u nei pu'e matahiti toe e haere ha'eha'a māite ā vau, nō te māuiui rahi o tā'u vārua nei.

soul (also used biblically in the sense of **salvation** of the soul) What is a man profited, if he shall gain the whole world, and lose his own ~? Eaha tā te ta'ata faufa'a i noa'a, 'ia noa'a iāna te tao'a ato'a o teie nei ao, 'ia 'ere 'oia i te ora?

soul-searching, reflection, hard thinking ferurira'a

soul-searching, remembering, bringing to mind ha'amana'ora'a

sound, correct, exact 'āfaro, (e) mea 'āfaro

sound, fitting, suitable, right, proper tano

sound, of good quality maita'i, huru maitāi

sound, healthy oraora
sound, orthodox fa'aro'o mau
sound, practical rāve'a 'ohie
sound, proper, just ti'a, (e) mea ti'a
sound, whole, entire tā'āto'a
sound, whole, unbroken 'aita i pararī, huru maita'i
sound, set, steady, firm mau

sound (general), (also:) **ring** ta'i, 'oto the ~ of the bell te ta'i oe ~ signal tāpa'o ta'i It is an old film, the ~ is not clear. E hoho'a tahito, 'aita te ta'i i pāpū maita'i.

sound, noise, din, (also:) "**bawling out**" māniania

sound, noise, din of loud talking muhu
sound, noise, thud taparuru
sound, noise (buzzing) varovaro
sound, noise (clicking or crackling or

snapping) pa'a'ina, pa'apa'aina
sound, noise (when eating) vinivini
sound, noise (when gargling) ta'oro'oro
sound, noise (muddled or confused, moaning) 'āoaoa
sound, noise (rattling) ta'oro
sound or **noise of wind** or **sea** or **rain** vavā, vovā The wind made a very loud ~ (was shrieking) at that time. 'Ua pūai roa te vavā o te mata'i i taua taime ra.
sound or **noise** (caused by disturbing or emotionally charged reports), (also:) **stir, bustle, commotion** 'atutu
sound, roar, blast, explosion haruru
make a popping **sound** (like the tiare 'apetahi when its flower opens up) po'o'a
nasal **sound** reo fa'o
sound *vi* (as an instrument or a bell, for example), **ring** ta'i, 'oto, pātē The trumpet ~ed. 'Ua 'oto te pū. The ship's bell was ~ed when she entered the pass. 'Ua pātē te oe o te pahī i te tomora'a i roto i te ava.
sound (an instrument), **play an instrument,** (also:) operate **sound** equipment fa'ata'i ~ or blow a wind instrument or a car horn fa'ata'i i te pū
sound or **blow** a conch shell or horn or trumpet fa'a'oto, fa'a'oto i te pū, pūpū
sound asleep, deeply asleep, (also:) **dead drunk** unuhi
sound like (construction with mai te mea rā) This sentence sounds to me as if the real meaning were ——. Teie tu'ura'a parau mai te mea rā iā'u e te aura'a mau —— ia.
sound movie hoho'a paraparau
sound out (someone regarding his or her intentions) fāfā
sound studio piha haruharura'a
soup tihōpu   ~ **spoon** punu tihōpu Let's all go and have some ~ at the Pītate restaurant. E haere ana'e tātou e inu i te tihōpu i te fare tāmā'ara'a Pītate.
soup plate, deep plate merēti po'opo'o

sour, acidy, bitter, salty tō'ava'ava, 'ava'ava (this word also means tobacco)
cause something to be **sour** or **bitter** or **acidy** or **salty** tō'ava'ava
sour, cantankerous, irritable, excitable, quick to temper outbursts 'iriā The trouble was the [first] mate who was the most difficult [easily excitable] man to please [satisfy] Keola had ever met with. O te ra'atira piti te mea 'iriā a'e o te ta'ata fa'aueue māha 'ore roa a'e te reira i farereihia e Keola. (from John [Tihoni] Martin's free translation of R.L. Stevenson's short story The Isle of Voices)
soured, acidy (especially when referring to oranges or raw fish when the taste indicates beginning fermentation) mamara, maramara
sourness (taste), **acidity, bitterness, saltiness** (e) mea tō'ava'ava, (e) mea 'ava'ava
sourness, sour-temperedness 'iriā
soused, drunk, intoxicated, loaded, three sheets in the wind ta'ero
soused, drunk, really loaded, staggering, smashed, six sheets in the wind pa'a'ina, 'ua oti roa (literally: very finished)
soused, dead drunk, completely loaded, totally intoxicated, (also:) **deeply asleep** unuhi
beginning to get **soused** or **loaded,** (also:) **about to faint, dizzy, giddy** āniania He is beginning to get ~. 'Ua āniania 'ōna. (or:) E āniania tō'na.
south (also: **wind from**) to'a (usually 'apato'a [which is actually slightly to the east from true south] is used to denote south)
wind from the east-**south**-east pāmaoa'e, tārava
wind from the **south**-east, trade wind mara'amu, mara'ai
wind from the **south**-east-to-south mara'ai'aru

wind from the **south-south-east-to-south** 'apato'a, hiti'a o te rā
wind from the **south** to'a
wind from the **south-south-west** 'ārueroa
wind from the **south-west** urupā, anahoa
wind from the **south-west-to-west** 'apato'a, to'o'a o te rā
wind from the west-**south-west** uru
South Africa 'Aferita ('Afirita) A'apato'a
South Pacific Patitifa 'Apato'a
South Pole (te) poro 'apato'a
Southern Cross (te) feti'a tātauro, tauhā *(archaic)*
souvenir, remembrance ha'amana'ora'a, tao'a fa'atau aroha, fa'atau aroha
sovereign, king ari'i
sovereignty, royal or **spiritual authority** mana hau a'e, mana hope
sow, female pig pua'a maia'a
sow, scatter parare, ueue Whatsoever a man ~eth, that shall he also reap. 'O tā te ta'ata e ueue ra, 'o tāna ā ia e 'o'oti mai.
sown, strewn, scattered parare
soy sauce miti tinitō (literally: Chinese salt)
space (between objects), **interval**, (also:) **time lapse**, (also:) **area** ārea (the word may have come from Latin through the missionaries and replaced the now archaic vā)
space, openness ātea
space between ārea, ārearea
celestial **space** reva ~ **ship** pahī reva teitei
empty **space, void, vacuum, nothingness**, (also:) **sky** (higher than indicated by the Tahitian word ra'i), **canopy of heaven** aore
space, make a space or **interval** fa'aārea
space out (as plants, for example), **thin out** ha'avaravara Plant the coffee trees ~d (or thinned) out. E ha'avaravara i te tumu taofe.
widely **spaced, spread**, (also:) **gaping, ajar** fatafata
widely **spaced**, (also:) **sparce, scarce, rare** The coconut trees were planted widely ~. 'Ua tanu varavarahia te mau tumu ha'ari.
spacious ārea
spacious, open, vast ātea
spade *n & v*, **shovel** ope
spade, spade up, dig 'ūtaru, 'utaru, 'ūtarutaru, 'utarutaru
Spain (fenua) Paniora
span *n & v* (measure) ti'apana, tūpana
Spaniard (ta'ata) paniora
Spanish paniora
spank, hit repeatedly with one's hand pa'ipa'i
spank, whip, hit with a rod or **a stick, beat** tā'iri, tā'iri'iri
spare, replacement, substitute, (also:) **successor** mono
spark(s), flash of sparks, (also:) **phosphorescence** pura, purapura ~(s) of a fire pura auahi
spark, make or **strike sparks** ha'apura
spark plug mōrī hinu (approximately "fuel-oil light") would come closest in translation, but Tahitians universally use the French word bougie
sparkle (continuously), **emit sparks, twinkle, flash** purapura
sparkle, glisten, flash 'anapa, 'ānapanapa
sparkle, shine, glow, be very bright (like the white coral sand) 'ana'ana
sparkling, brilliant, bright 'ana'ana There are pictures hanging on the walls framed in ~ gold. E mau hoho'a pēni tei fa'atautauhia i ni'a i te mau papa'i, mea 'āuahia i te 'iri 'ana'ana pirū.
sparkling, (also:) **phosphorescent** (as the sea at night) maremare
sparse, scarce, rare, scattered varavara
sparse(ly), scanty, scantily, in short supply iti, iti roa the ~ly populated country te fenua tei iti roa te ta'ata

spasm (especially of a dying animal), (also:) **have a spasm**   taparuru, tapataparuru
spasm(s), convulsion(s)   ira 'iriti
spasms, tetanus   ma'i iriti
have **spasms** or **convulsions**   'iriti
coconut **spathe, sheath** of coconut flowers   roeroe, 'ōroe
spatter, splatter, (also:) **ricochet**   pātītī
spatter, sprinkle   pīpī, pī
speak, talk   parau, pararau, paraparau, parauparau   ~ more plainly (understandably)! 'A ha'apāpū i tā 'oe parau!   Do you want to ~ with her? E hina'aro ānei 'oe i te parau atu iāna?   You cannot learn the Tahitian language well unless you ~ it continually. 'Aita e nehenehe iā 'oe 'ia ha'api'i maita'i i te reo tahiti, maori rā 'ia paraparau noa 'oe.
speak, make a speech   'ōrero, 'ōrerorero
speak, interpret, translate   'auaha, 'auvaha
speak complainingly under one's breath, **mutter, grumble, gripe**   mutamuta
speak in a low voice   muhu   Don't ~! 'Eiaha e muhu!   Don't ~ of that! 'Eiaha e muhu atu!
speaker, orator   (ta'ata) 'ōrero parau
speaker in a conversation   hoa paraparau
speaker, (also:) **interpreter, translator**   'auvaha (parau), 'auaha (parau)
loud**speaker**   ha'aparare reo
spear (modern)   pātia   ~ of iron or steel 'āuri pātia   fishing ~ 'āuri pātia i'a   wooden ~ (javelin) pātia fā   ~ used in war ta'o   fishing with a ~ tautai pātia   The ~ went through it. 'Ua mapiha te pātia.
spear (traditional), **lance, javelin**   'ōmore   Utua threw his ~. 'Ua vero Utua i tāna 'ōmore.
spear intended for **war**   tao
throw a **spear** (intended for war)   vero i te tao
spear gun   pupuhi i'a
spearfish, swordfish, marlin, Xyphias gladius   ha'urā
special, different, exclusive   ta'a 'ē
species, sort, kind, type   huru   There are many ~ of flowers. 'Ua rau te huru o te mau tiare.
specify, determine, set, (also:) **explain**   fa'ata'a
speckle, mottle, cover with smudges   ha'apurepure
speckled, spotted, dotted, covered with polka-dots   pōta'ata'a
speckled, spotted, mottled   patapata, 'ōpatapata
speckled, spotted, mottled, (also:) **streaked**   purepure
speckled, stained, covered with stains   tāfetafeta
speckled grunt (fish of the Pomadasyidae family)   atara nato
speckled jack (a cavally fish with yellow fins), **Caranx ignobilis**   'autea
speckle-plumed cock   moa 'oti
spectator   ta'ata māta'ita'i
speech, language, (also:) **way of talking**   reo   He spoke in Hawai'ian (in the Hawai'ian language). 'Ua parau 'ōna nā roto i te reo vaihī.
speech, talk, word, language   parau   literary style of ~ haere'a parau vāna'a   vernacular style of ~ haere'a parau manahune   vulgar style of ~ (street talk) haere'a parau purūmu   I am closing my ~ with greetings (giving my love) to you all. Tē 'ōpani nei au i tā'u parau mā te aroha atu iā 'outou pauroa.
speech, oration   'orero, 'ōrerora'a parau   What an admirable ~! Te fa'ahiahia o tāna 'orero! (literally: The ~ of his speech!)   She translated the ~ into (American) English. 'Ua 'iriti 'ōna i te 'ōrerora'a parau nā roto i te reo marite.
deaf-mute (unintelligible) **speech**   vāvā
make a **speech, orate**   'ōrero, 'ōrerorero
the parts of **speech**   te mau 'āna'ira'a parau

speed

speed, rapidity ʻoiʻoi
speed, velocity, (also:) **travel(ing)** tere   high ~ e tere pūai
speed, go fast, (also:) **travel** tere, teretere
make **speed, hurry, hasten** haʻaviti, haʻavitiviti
with **speed** mā te vitiviti
speedboat poti uira faʻateretere
speedily, fast, quickly (e) mea vitiviti, vitiviti   He runs fast. E mea vitiviti tāna horo.
speedily, fast, quickly, soon (used only in negative sentences) vave   Don't go so soon! ʻEiaha e haere vave atu!
speedy, fast, rapid, quick, (also:) **alert, lively** vitiviti, viti, (e) mea vitiviti, (e) mea tere vitiviti, vita (slang)   The service is ~ in this restaurant. E mea vitiviti te ʻohipa iroto i teie fare
speedy, fast, rapid, quick, (also:) **nimble, swift** ʻoiʻoi
speedy, speedily, fast, quickly, (also:) **very soon** vitiviti   Come quickly! ʻA haere vitiviti mai!
speedy, fast(going) (e) mea tere, tere, teretere (not often heard in this meaning; the usual word is vitiviti)   My watch is fast. (E) Mea tere (more commonly:) (E) Mea vitiviti tāʻu uāti.
spell, enchantment, charm navenave
spell (incantation), **curse, hex** pīfao
cast a **spell** or **curse** pīfao
spell, magic (e) mea tahutahu
magic **spell** peu tahutahu
spell (words) pīapa
spend or **expend** excessively, **use up,** (also:) **waste, spoil** haʻamāʻua (note that haʻamaʻua means "act ignorant" or "treat as ignorant")   How much money did you ~ (or waste) on hard booze? Ehia moni tā ʻoe i haʻamāʻua nō te ʻava taʻero?
spend (completely), **use up** haʻapau   ~ all one's money haʻapau i te moni
spend a month ʻāvaʻe   We (two) will ~ on Tubuai. E ʻāvaʻe māua i Tupuai.
spend (a) Sunday tāpati   They (the two of them) spent Sunday in Taravao. ʻUa tāpati rāua i Taravao.
spent, consumed, used up, empty pau
sperm, spermatozoon manumanu tāne, manumanu tātea
sphere, orb, globe ʻōpenu
sphere, globe, orb ʻōpenu   terrestrial ~ ʻōpenu fenua (preferred to the term given in the next entry which is in more common use)
sphere, globe, (also:) **roundness** menemeneraʻa (could also refer to the shape of an egg)   terrestrial ~ (te) menemeneraʻa o te fenua nei
sphere (hollow), **shell** ʻapu
sphere or **place of activity** vāhi ʻohiparaʻa
spherical, sphere-shaped ʻōpenu
spherical, (also:) **round** menemene
spherical, rounded, chubby ʻōmenemene
Sphyraena barracuda, great barracuda ono
Sphyraena forsteri (a kind of **barracuda**) tiʻatao, tapato
Sphyraena koehleri, barracuda paoʻe
spice, flavoring (rāʻau) faʻanoʻanoʻa māʻa
spice, add spice faʻanoʻanoʻa
spicy (in general), **hot** to taste   ahu (note that ʻahu means clothing)
very **spicy, peppery, hot** to taste   tehutehu
spider (large) tūtūrahonui
spider (small) hina
spiderweb pūʻāverevere
spiffy, fancy, smart, elegant hāviti
spill, (also:) **overflow** maniʻi   I ~ed the glass of wine. ʻUa maniʻi iāʻu te hapaina uaina.   The paint has ~ed on the floor. ʻUa maniʻi te pēni i niʻa i te tahua.
spill, pour out haʻamaniʻi, faʻamaniʻi
spilled maniʻi
spin (cordage) nino

spinach pota popaʻā
spinach-like dish made from taro leaves and/or taruā (a kind of turnip) fāfā, pota
spindly (of people), **thin, lean** pīʻaoʻao
spindly (as a tree without branches), **shorn** moremore
spine (of the back) tuamoʻo, ivi tua
the lower part or tip of the **spine** hoperemu
spine, thorn, stinger, needle, horn tara
spiny, thorny, rough taratara, pūtaratara
spirit, courage, guts ʻāʻau
spirit, energy, "drive," courage, industriousness, strength itoito
spirit, soul vārua, vaite *(archaic)*
guardian ~ vārua ārai The ~ indeed is willing, but the flesh is weak. ʻUa tiʻa hoʻi i te vārua, e paruparu rā tō te tino.
evil **spirit, ghost, phantom** tūpāpaʻu
be in good **spirits, be of good cheer** faʻaitoito But be of good cheer; I have overcome the world. E faʻaitoito rā, ʻua riro ʻo teie nei ao iāʻu.
spiritual (or secular) **power** mana
spiritual or **royal authority, sovereignty**, mana hau aʻe, mana hope
spit tuha, tutuha
spite, grudge, rancor feʻiʻi
spiteful, grudging, rancorous feʻiʻi
spitted (on a rotated spit) tāviriviri
~ (barbecued) pork puaʻa tāviriviri
spittle, saliva hāʻae
splash, (also:) **besmear** pahū The mud ~ed on (or: over) the road. ʻUa pahū te vari i niʻa i te porōmu.
splash with the spray of the sea pāuru
splash the water to wet a person pāhi
splatter, spatter, (also:) **ricochet** pātītī
spleen, (also:) **gall** au
splendor, brightness, luster, glory hinuhinu
splendor, decorativeness ʻunaʻuna
splendor, elegance, spiffiness hāviti
splendor, glory, triumph hanahana The heavens declare the glory of God; and the firmament showeth his handiwork. Tē parau hua nei te mau raʻi i te hanahana o te Atua; ʻē tē faʻaʻite nei te reva i te ʻohipa a tāna rima.
splice, joint puʻoiraʻa
splice, (also:) **loop** varo
splice, join together pūʻoi
split, broken (up), divided up vāvāhia
split, cracked ʻafā
split up, cracked up ʻāfāfā
split, crack, fissure ʻafā
split in pieces, divided ʻāmahamaha
split up, splintered, cracked (like a canoe left in the sun too long) pītaʻataʻa
split *vi*, (also:) **be in disagreement** ʻamaha, ʻāmahamaha
split, divide up, (also:) **open** (a coconut, for example) vāhi
split, divide up into shares, (also:) **break (up), demolish, tear down, raze** vāvāhi
split, rip, tear, rend pīhae (note that pihaʻe means to vomit)
split (especially breadfruit) pāhi
split in half (especially breadfruit), **cut into pieces** tapahi
split in half (especially coconuts) pītaʻa
knife of stone or wood used to **split** breadfruit in half tapahi
splitting-up (of an assembly, for example), **breaking-up, dissolution** haʻapararīraʻa
spoil, go bad ʻino
spoil, rot pē
cause to **spoil**, (also:) **cause to ripen** haʻapē
spoil, waste, (also:) **spend** haʻamāʻua (note that haʻamauʻa means to act ignorant or "to treat as ignorant")
spoil (children), **pamper, coddle**, (also:) **love** (without romantic implications), **hold dear, treat with tender, loving care** poihere This is a child who was ~ed by his grandmother. E tamaiti poiherehia teiee tōna māmā rūʻau. She loved her child. ʻUa poihere ʻōna i tāna tamaiti.
spoiled, flabby, soft, rotten rarerare

spoiled, gone bad 'ino
spoiled, rotten pē
spoiled, wasted māu'a
spoiled (fish) maemae
spokesman, act as spokesman, (also:) **interpreter** 'auaha, 'auvaha
Spondias cytherea, (indigenous Tahitian) mango, "cytherean apple" vī tahiti
sponge *n* rimu
sponge *n*, **self-seeking flatterer, sycophant, hanger-on** ta'ata tārere
sponge on people, "borrow" (often without any intention to pay back), **mooch, freeload** tīpe'e He ~s on people (lives a parasitic life). E orara'a tīpe'e tōna.
person **sponging on people, moocher, freeloader** ta'ata tīpe'e I am fed up with that person ~. 'Ua fiu roa vau i terā ta'ata tīpe'e.
spongy (especially of taro and manioc), **insipid** māi
spongy growth in the coconut when it starts to sprout uto
spontaneously, of (one's/its) **own accord, for no reason** noa
spook, ghost, evil spirit tūpāpa'u
spool, reel, bobbin pō'ai
spoon punu serving ~ punu tāipu table ~ pūnu tāipu rahi tea ~ punu tāipu na'ina'i
use a **spoon** tāpunu
sport (general) tā'aro
sport (competition) fa'atitiāuara'a (especially boating, canoeing, and bicycling), tata'ura'a
sport (excercising the body) fa'aitoitora'a tino, fa'a'eta'etara'a tino
sport activities ha'a tā'aro
sporting event tata'ura'a
sportsman, athlete ta'ata tā'aro
sportsmen, athletes hui tā'aro
spot, place, location vāhi the very ~ te vāhi iho
spot, place, part, portion vaeha'a
spot (not from dirt), **big blot,** (also:) **dot, polka-dot** pōta'a My dog has a black ~ on her ear. E pōta'a 'ere'ere tō ni'a iho i te tari'a o tā'u 'urī.
spot (from dirt), **stain** repo pōta'a There is a black ~ (stain) on my shirt. E repo pōta'a 'ere'ere tei ni'a iho i tō'u 'a'ahu 'o'omo.
"wine-**spot**," (on the skin, a kind of birthmark) īra
spotted, speckled, dotted, covered with polka-dots pōta'ata'a
spotted, speckled, mottled patapata, 'ōpatapata My dog has black-~ ears. E tari'a patapata 'ere'ere tō tā'u 'urī.
spotted, speckled, mottled, (also:) **streaked** purepure, pupure
spotted rabbitfish, triggerfish, Siganus rivulatus mārava
spotted seabass, Epinephelus areolatus fāroa
spotted surgeonfish, saw-fish, Acanthurus guttatus api
spotty, pimply, pustular pu'upu'u
spouse hoa fa'aipoipo
spout (of a kettle) 'auaha (or) 'auvaha tītata
spout, squirt hī
water**spout** ureureti'amoana, ureuretūmoana
sprain, (also:) **strain** 'o'i
sprained (referring to the ligaments of a joint) mā'o'i, 'o'i I ~ my ankle. 'Ua mā'o'i tō'u poro 'āvae.
sprawl, turn about (like a person in bed), (also:) **wallow** ta'aviri
spray of the sea vīvī miti, pāhi
spray of fresh water vīvī pape
spray, squirt fa'ahī mosquito ~ rā'au fa'ahī naonao (or:) rā'au tūpohe naonao
splash with the **spray of the sea** pāuru
spread (open), opened out mahora
spread (out), widely spaced fatafata
spread *n* (as on bread) parai
spread *vi*, **extend** āne'e, ātere
spread (out), come out in the sense of **be**

spread   **squeak**

issued, be produced mahiti, mahuti, māhitihiti
spread or **swell** or **billow out, fill** 'ōpū The ship's sail(s) ~ out. 'Ua 'ōpū te 'ie o te pahī.
spread (on food) parai ~ the bread with butter parai i te faraoa i te pata
spread *vt*, **extend** toro, totoro, torotoro
spread (usually referring to one's legs) hāma'a
spread (disease) pe'e
spread apart fa'afatafata, ha'afatafata
spread out (as on the ground or on a table) vauvau
spread out evenly the stones of a Polynesian oven pī'ehi
spread out, display ha'amahora
spread out (render flat), (also:) **unfold** hōhora, hohora, horahora She ~ the tablecloth on the table. 'Ua hōhora 'ōna i te tīvau i ni'a i te 'amura'amā'a.
spread out bait in water for fish paru
spread rumors tāu'aparau There have been ~ spread about ... 'Ua tāu'aparauhia o ...
spreading rumors tāu'ara'a parau
bedspread (appliqué) tīfaifai
bedspread (general) tāpo'i ro'i
spreading ulcer, (also:) **cancerous illness** pūfao
spring (metal) niuniu ~ bed ro'i niuniu
spring (season) te tau tupura'a rā'au
spring, fountainhead piha'a pape, piha'a
spring (stagnant), **waterhole** pape hōpuna
spring, water source vai tumu
spring trap, snare here pata
spring water pape piha'a
spring-beetle, Isometrus maculatus pata
sprinkle, drizzle, fall in tiny drops tōrīrī, tōri'iri'i
sprinkle *vt*, **spatter** pīpī, pī
sprout *n & v*, **bud** 'ōteo
sprout, shoot, (also:) **bud** ohi
sprout, shoot, bough, (also:) **branching** 'āma'ama'a
(cock) **spurs** tara
spurt, squirt hī
spy ta'ata mata huna
spy (police intelligence) mūto'i mata huna
spy, informer, sneak, tattle-tale tiatiauri, tiatia uri
spy on tāmoemoe
squabble *n*, **feud, grudge** fe'i'i
squabble, squabbling, quarrel, trouble pe'ape'a Their ~ is unending. E pe'ape'a hau 'ore tō rāua. stop a ~ fa'ahau i te pe'ape'a
squabble *v*, (usually because of a grudge or envy or jealousy), **feud** fe'i'i
squabble, fight, (also:) **war** tama'i Jim ~d with his friend. 'Ua tama'i Timi rāua ('o) tōna hoa.
squalid, dirty repo, reporepo
squalid, slovenly, untidy, sloppy 'ōreporepo, 'ahu au 'ore, ha'apa'o 'ore
squall or **gust** (with rain), **cloudburst, short and sudden downpour** pāpape
squall, sudden blow, sudden windstorm (mata'i) to'a huri A sailor of this ship had fallen down from the bowsprit in a ~. Hō'ē mātaro nō teie pahī tei marua i roto i te miti nā ni'a mai i te tira fe'ao, nō te mata'i to'a huri.
square(d) 'ōrapa, 'ōraparapa, raparapa
square (carpentry, geometry), (also:) **level** tuea ~ kilometer tirometera tuea
squarely, frankly, candidly, openly hua Tell me ~ what you think. 'A fa'aite (or: 'A parau) hua mai 'oe i tō 'oe mana'o.
squash, gourd, pumpkin mauteni, mautini
squash, reduce to smithereens, pulverize fa'ahu'ahu'a
squat, low, unelevated, (also:) **humble, modest** ha'eha'a, ha'aha'a
squat, sit in a squatting position pārahi tūte'ite'i
squat-legged chicken moa ha'a
squeak, make a grounding or **grating**

467

squeak   **stand**

sound   'avī, 'āvīvī
squeak (like an insect), (also:) **chirp, twitter**   māuriuri
squeeze, press or push hard against, (also:) **print**, (also:) **photograph**   nene'i
squeeze, press together, choke, strangle, hold tight or firmly   'u'umi
squeeze, press the arm or neck of someone to show affection   'umi'umi
squid, (also:) **octopus**   fe'e
tentacle of **squid** or **octopus**   'avei
squint-eyed, cross-eyed, (also:) **bug-eyed**   mata fera, fera
squirrel   'iore popa'ā
squirrelfish, soldierfish, Adioryx lacteoguttatus   'araoe, 'arave
squirrelfish snapper   paru 'i'ihi
squirt, spout   hī
squirt, gush forth, (also:) **ejaculate**   hīhī
stab, plunge into, inject, perforate   pātia
staff, cane, (also:) **crutch**   turu to'oto'o
staff, crew, team, group   pupu
staff, personnel (construction with te mau ...) the teaching ~ te mau 'orometua ha'api'i
stage   tahua ha'utira'a
stageplay, theater performance   teatara'a ta'ata ora
stagger, reel, become giddy   ta'anini
stagger, reel, lose one's sense of balance   tūtāperepere
stagger, tottter, (also:) **be drunk**   pa'a'ina, tūroni ... as a drunken man ~eth in his vomit ... mai te ta'ero 'ava e tūrori i te rūa'ira'a ra
stagger, totter, (also:) **stumble**   peretete
stagger, be unsteady, roll from side to side, lean one way and then another   'opa'opa
be **staggered** or **shaken** or **on edge**   tā'ue'ue
staggering, shaken, on edge   tā'ue'ue
stagnant or still (fresh water)   tōnino
stain, dirt   repo
stain, smudge, spot   tafeta

stain, smudge, blemish   vi'ivi'i
stain (from dirt), spot   repo pōta'a There is a black ~ on my shirt. E repo pōta'a 'ere'ere tei ni'a iho i tō'u 'a'ahu 'o'omo.
stain *v*   tafeta, táfetafeta
stained   tāfetafeta Wash your dress, it is ~. 'A 'opu na i tō 'oe 'ahu, 'ūa tāfetafeta.
stained or smudged or blemished (both literally and morally)   vi'ivi'i
stairway, (also:) **ladder**   'e'a fa'ata'umara'a
go down**stairs, climb down, descend**   pou
stake, pole, post   pou
stakes (in gambling), bet (especially at a game of marbles)   mā'a
stakes, prize   rē He won the prize. 'Ua riro te rē iāna.
stalk(s) (of plants)   'ata, 'a'ata
stalk (central rib of a leaf or frond)   fā
stammer   'au'au
stammer, stutter   'ōtu'itu'i He ~ed. (literally: his voice ~ed). 'Ua 'ōtu'itu'i tōna reo.
stammer, stutter, speak in a "jerky" manner   maumau
stamp, (also:) **stamp pad** type of **stamp**, (also:) **seal**   tītiro postage ~ tītiro rata
stamp of validation, visa   tītiromana
stamp (an envelope), apply a rubber stamp   tītiro
stamp or step on, crush underfoot   ta'ahi, ta'ahi'ahi
stamp with the feet, shake off (dirt from shoes)   tūtū
stand, be standing   ti'a
stand up   ti'a i ni'a, ti'a
stand, endure, hold up   mau If a house[hold] be divided against itself, that house cannot ~. E te feti'i ho'i 'ia 'āmahamaha e rave iāna ihora, e 'ere ho'i te reira feti'i e mau.
stand, endure, bear with patience or fortitude   fa'a'oroma'i
cause to **stand (up), raise, erect, build**   fa'ati'a

standing, position, situation ti'ara'a
standing (up) ti'a
stanza, verse, phrase 'irava
star feti'a, fetū *(archaic)* (the) Morning ~ ta'urua, te feti'a tātaiao (or:) te feti'a po'ipo'i Aldebaran Ta'i-rio-aitu Mars feti'a 'ura Orion Urumeremere Pleiades Matari'i Sirius Rehua
star fish, Linckia pacifica (i'a) fetū, (i'a) feti'a
starboard pae 'atau ~ tack mata'i 'atau (literally: wind from ~)
starfish (highly poisonous), **crown of thorns, Acanthaster echinites** and **Acanthaster planci** taramea
starfish, Ophiocoma scolopendrina ma'ama'atai
starch, (also:) **paste with starch,** (also:) **beer** pia The notice has been pasted up. 'Ua piahia te parau.
starch (for clothing) pia (nō te) 'a'ahu
starch *v*, **size** tāpia
starch pudding (in Tahiti usually having a banana or plantain or breadfruit base) po'e
stare, (also:) **open the eyes wide** 'ara'ara, fa'a'ara'ara
stare at, gaze at, look at steadily tūtonu, hi'o tūtonu She (literally: her eyes) ~d at me. 'Ua tūtonu mai tōna mata i ni'a iā'u.
start, beginning ha'amatara'a
for a **start, to start with** nō te ha'amatara'a
start, begin ha'amata, māta ~ your work! 'A ha'amata na i tā 'oe 'ohipa! At what time (When) does the movie ~? Eaha te hora (Āfea) te teatara'a e ha'amata ai?
start, come undone, become loosened or **untied** matara The ship's hawsers were cast off. 'Ua matara te taura pahī.
start, undo (a knot), **untie** ha'amatara The ship's hawsers were cast off. 'Ua ha'amatarahia te taura pahī.
start, be startled, flinch with surprise hitimahuta, hitirere (less often used)
start to ripen tōfe'a, tōhe'a

start up *vi*, **startle** hitimahuta, hitima'ue, hihiti'a
start up *vt*, **surprise** fa'ahitimahuta
start up (birds), **cause to fly off** ha'amahuta
starting, beginning ha'amatara'a
starting with ..., from ..., since ... i te taera'a i te ...
startle *vt* fa'ahitima'ue
startle, make ... jump, (also:) **set off an explosive** fa'a'ōu'a
startle *vt*, **surprise** fa'ahitimahuta
startle (birds), **cause to fly off** ha'amahuta
startled hitima'ue, hihiti'a
startled, surprised hitimahuta I was ~ to hear my name called. 'Ua hitimahuta vau i te fa'aro'ora'a i tō'u i'oa i te pi'ira'ahia.
starve *vt*, **cause to be starved** or **hungry** ha'apo'ia
starved, extremely hungry pohe i te po'ia I am ~! 'Ua pohe au i te po'ia!
state, condition huru normal ~ (condition) huru mau
state, nation, country fenua Among all the nations I went to, I liked Finland best. I roto i te mau fenua ato'a tā'u i haere, 'ua fa'ahiahia roa vau i te fenua Finirani.
state, government, administration hau, fa'aterera'a hau ~ employee ta'ata rave 'ohipa nā te hau The ~ has been revolted against. 'Ua 'ōrure te hau. They were loyal to the ~. E mea mahorahora maita'i tō rātou 'ā'au i te hau.
state, national government hau metua After the September 1958 referendum the French held Pouvāna'a a O'opa in a ~ prison for 12 years. I muri a'e i te uiuira'a mana'o nō tetepa i te matahiti hō'ē-tautini-'ē-ivahānere-'ē-pae-'ahuru-māva'u 'ua ha'amau o farāni iā Pouvāna'a a O'opa i te 'āuri i te hau metua nō hō'ē-'ahuru-mā-piti matahiti te maoro.
state, province, district tufa'a fenua

normal **state of being, nature** nāturara'a
state, declare, affirm pūhara
state, mention, announce, (also:) **pronounce** fa'ahiti
state, speak parau
statement fa'ahitira'a parau according to the ~s of the policemen 'ia au mai te mau fa'ahitira'a parau a te mau mūto'i (bank) **statement of account** tāpura moni
station, place selected for a specific purpose teihana meteorological ~ teihana mēteō
station, appoint someone **to a station, post** or **send** someone to ..., **delegate** tono, fa'atono, tonotono That teacher was ~ed on Hikueru. 'Ua tonohia terā metua ha'api'i i Hikueru.
stative (pertaining to grammar) huru ~ verb ihoparau huru
statue, sculpture, idol ti'i
stave in, pierce ha'aputa
staved in, pierced puta
stay (on a sailing vessel), **shroud, standing rigging** rītini bowsprit ~ rītini fē'ao
stay, visit, sojourn fa'aeara'a, fa'afa'aeara'a
stay, dwell, remain, (also:) **stop, visit sojourn** fa'aea Tomorrow I will ~ at home. Ānānahi e fa'aea vau iō'u (or: i te fare). I ~ed a few weeks in Rarotonga before I returned (here) to Tahiti. 'Ua fa'aea vau i Raroto'a i te tahi tau hepetoma, 'a ho'i mai ai i Tahiti nei.
stay, dwell, reside, live noho, nonoho, nohonoho Eno and his family reside in Pāpara. Tei Pāpara tō Eno-mā nohora'a.
stay, dwell, live, inhabit pārahi, pārahirahi ... and I will dwell in the house of the Lord forever. ... 'ē pārahi ā vau i roto i te fare o Iehova e maoro noa'tu tō'u pu'e mahana.
stay for some expected event to happen, **hope, wait for, expect** tīa'i ... hope to the end for the grace that is to be brought unto you at the revelation of Jesus Christ. ...'a tī'ai hua'tu ai i te maita'i e hōpoihia mai nō 'outou i te fāra'a mai o Iesu Mesia [pronounced Ietu Metia].
stay away ma'iri atu
stay or **stop over, stay over at** tāpae, tīpae
stay(ing) up late ara maoro
steady, set, maintained mau
steal, rob 'eiā, 'īā He stole my watch. 'Ua 'eiā 'ōna i tā'u uati. They stole beer from the store. 'Ua 'eiā rātou i te pia i te fare toa. The police investigated to find out who stole the money. 'Ua tītorotoro te mau mūto'i nō te 'ite ē nā vai te moni i 'eiā. Thou shalt not ~. 'Eiaha roa 'oe e 'eiā!
steal food 'aihārūmā'a
steam, vapor hou, hou pape, ata pape, tima (note that tīmā means cement) cook with ~ tunu hou
steam, smoke, vapor auauahi, au
steam, (also:) **cause to sweat** or **perspire** fa'ahou (fa'ahou also means to do again)
steamed (in cooking) tunu hou
steamer, steamship tima, pahī tima, pahī auahi And this was the day of the ~ [literally: when the steamer will come in]; he could see her smoke off Kalaupapa; and she must soon arrive with a month's goods. Te mahana mau ho'i teie e tapae mai ai te tima; tē 'ite ra 'oia i te auauahi o te pahī i tua mai i Kala'upapa; e'ita e maoro roa te pahī e tāpiri ai i te uāhu nō te huri mai i te mau tauiha'a nō te hō'ē 'āva'e te maoro. (From R. L. Stevenson's <u>The Isle of Voices</u>, freely translated by John [Tihoni] Martin).
steel faira, 'āuri
steel pipe tuiō
steep, (also:) **rocky** matomato
steep, dangerous to climb ta'uma ataata
steep, straight up and down ti'a
steer (general) fa'atere
steer (at sea) **by oar** or **rudder** or **wheel, con** tāpe'a i te hōe
stem of plants tie

stem, bow (of canoe) ihu va'a, mua
stem, bow (of ship) ihu pahī, mua, rei mua, 'oti tai
stem, trunk of a tree tumu
stemlet tumutumu
stench, bad smell (general:) hau'a 'ino
  (**acrid**, as of body odor or urine or goats:) veoveo, 'ōveoveo (usually of urine)
  (**filthy** or stale:) veruveru
  (of **fish** or blood, persistent and unpleasant:) hau'uri, 'uri'uri
  (**foul** or rotten:) ne'one'o
  (**garlic**-like:) piropiro
Stenobomium stans (plant used as support for vanilla) pīti
step *n*, **stride** ta'ahira'a 'āvae
step of a ladder or stairs ta'ahira'a 'āvae
step or **stamp on, crush underfoot** ta'ahi, ta'ahi'ahi
Stephen, Steven, Sven Tīvini
stern, serious mana'o pa'ari
  appear **stern** or **serious** or **thoughtful**, (also:) **be morose** or **silent** fa'atūruma
stern, strict, rigid 'eta'eta ~ tone of voice reo 'eta'eta ~ sentence (judgment) ha'avāra'a 'eta'eta
stern muri, te murira'a o te pahī, 'ōhure pahī
stern counter, fantail stern, transom marama (note that mārama means light or intelligence)
Sterna alba, (small, white) **tern** 'ītāta'e, 'īta'ita'e
Sterna solida, noddy o'a
Steven, Stephen, Sven Tīvini
steward, waiter, waitress tuati
stick (general), **piece of wood** rā'au
stick, branch 'āma'a rā'au I'll go and hit that dog with a ~. E haere au e tā'iri i terā 'urī i te 'āma'a rā'au.
stick, cane, (also:) **crutch** turu to'oto'o
  carrying **stick** or **pole** mauha'a
  measuring **stick** mētera folding measuring ~ mētera 'ōfati
  sharpened **stick** or **rod** for removing coconut husk, (also:) **digging stick** 'ō
stick, stick to, be sticky, (also:) **stingy, niggardly** pipiri, piripiri
stick, sting, inject, prick, stab, plunge into, perforate pātia
stick together, cement, join ha'apiri
stick together, cement, join, (also:) **approach close to ...** tāpiri
sticking (to), stuck piri, piripiri
stick-weed (plant which sticks to clothes), **Cenchrus echinatus** pipiri, piripiri
sticky piripiri, pipiri
sticky, viscous hāvarevare
stiff, rigid, hard, firm, solid 'eta'eta
"stiff," drunkard ta'ata inu (noa i te) 'ava, ta'ata ta'ero (noa i te) 'ava
stiffen, strengthen, tighten, harden, rigidify fa'a'eta'eta
stifle *vi*, **suffocate** pau i te aho
stifle *vt*, **eliminate, put out, get rid of, extinguish** tīnai
stifling, stuffy, oppressive poihu, pōihuihu
still, motionless, not budging 'āhīhī 'ore
still, motionless, unshakable 'āueue 'ore
still or **stagnant** (fresh water) tōnino
still, again fa'ahou
still, until now, yet ā, noa ā Timi is ~ a child. E tamari'i noa ā o Timi. She ~ keeps on chatting. Tē paraparau noa nei ā 'ōna.
still (expressing persistence), **keep(ing) on** noa She is ~ asleep.) Tē ta'oto noa ra 'ōna. There is ~ a lighthouse there. Tē vai noa ra hō'ē fare mōrī i reira.
still not, not yet 'aita e ā (usually pronounced 'aiteā), 'aita ā, 'aore ā I have studied Tahitian for two years, but I have ~ learned to understand it. 'Ua tāmau vau i te reo tahiti nō te iva matahiti te maoro, terā rā, 'aita ā i pāpū maita'i iā'u. The ship has ~ arrived. 'Aiteā ('Aita e ā) te pahī i tae mai. We still don't have electricity connected, [although] those [indicated]) already have it. 'Aita ā tō

471

mātou uira i tāmauhia, 'ua oti tō verā. She has not seen snow yet. 'Aore ā 'ōna i 'ite i te hiona.

stilt(s) rore

stimulant (medication), **pep pill, "upper"** rā'au ha'apūai, fa'a'aeto'erau

sting, stick, inject, prick, stab, plunge into, perforate pātia

stinger, spine, thorn, (also:) **horn** tara

stingfish, (see:) **stone-fish, Synanceja verucosa** nohu pu'a

stinging, tingling, smarting vinivini

sting-ray fai, fai i'u

stingy, avaricious, greedy, covetous nounou tao'a

stingy, miserly, "tight" pa'ari i te moni, piri tao'a

stingy, niggardly, (also:) **stick, stick to, be sticky** 'ōpipiri, pipiri, piripiri

stingy, ungenerous, ungiving hōro'a 'ino

stink(ing), have a smell of **body odor** or **urine** or **goats** veoveo, 'ōveoveo (usually of urine)

stink(ing), smell(ing) **filthy** or **stale** veruveru, ve'uve'u

stink(ing), have a persistent and unpleasant smell of **fish** or **blood** ha'uri, 'uri'uri

stink(ing), smell(ing) **foul** or **rotten** ne'one'o

stink(ing), have a **garlic-like** smell piropiro

stir (cooking), **mix, beat** fa'arapu, ha'arapu, tārapu, tārapurapu

stir up (anger or commotion) fa'arepu, fa'arepurepu

stitch, (also:) **sew** nira

stocking(s) tōtini

stomach 'ōpū, vaira'a māa ~ pain māuiui (te) 'ōpū My (literally: The) stomach is ~ (turning over and over). 'Ua tāviriviri te 'ōpū.

stomach, guts 'ā'au

(have an) **upset stomach** ta'aminomino te 'ōpū, tāviriviri te 'ōpū

stone 'ōfa'i, 'ōfāfa'i, 'ōfa'ifa'i

stone (of fruit), **pit** huero, huoro

stone (of mango), **core, pit, seed** tu'e

stone, cast a stone tāora i te 'ōfa'i, pehi, hāmū He that is without sin among you, let him first cast a ~ at her! Nā te ta'ata hara 'ore i roto iā 'outou na e tāora'tu na i te 'ōfa'i mātāmua iāna!

mill**stone** 'ōfa'i oro It were better for him if a ~ were hanged about his neck, and he cast into the sea, than that he should offend one of these little ones. Huru maita'i a'e 'oia 'ia ta'amuhia te hō'ē 'ōfai oro i ni'a i tāna 'a'ī, 'ē 'ia tāorahia 'oia i raro i te tai, 'ia fa'ahapa 'oia i te hō'ē i teie nei mau ta'ata ri'i.

whet-**stone** pu'a tāpape

stone or **stone wall** or **fence** patu

stonefish, stingfish, toadfish, Synanceja verucosa, (also:) **Antennarius coccineus** nohu A highly poisonous fish which lies buried on the bottom of the lagoon with its spikes turned upward; if you step on it (which could easily happen to you, because even the Polynesians sometimes fall offer to this beast), it could ruin your visit to the islands; so always wear plastic swimming sandals when you go into the water.

stonefish, Scorpaenopsis cirrhosus nohu pua

stonefish, Scorpaenopsis gibbosus nohu tarao

stone-fishing tautai tāora

stone (or concrete) **foundation** of wall or building niu

stone rubble 'ōfāfa'i

stone stratum, bedrock papa

stony, gravelly, gritty 'iri'iri

stop, stop doing, cease, (also:) **stay, visit sojourn** fa'aea The work ~ped at six o'clock in the evening. 'Ua fa'aea te 'ohipa i te hora ono i te 'ahi'ahi. I ~ped a few weeks in Rarotonga before I returned (here) to Tahiti. 'Ua fa'aea vau i Raroto'a i te tahi tau hepetoma, 'a ho'i mai ai i Tahiti nei.

stop, finish, end, terminate fa'aoti
stop, hold, hold back tāpe'a
stop, end, disappear, no longer exist 'ore The noise ~ped. 'Ua 'ore te māniania.
stop, put an end to fa'a'ore ~ behaving that way! 'A fa'a'ore i te reira 'ohipa!
stop breathing mure te aho
stop crying or **complaining** (of children) nā
cause to **stop crying** or **complaining** fa'anā
stop existing (a hereditary line, for example), **become extinct, vanish** mou
stop flowing, dry up mahu (note that the noun māhū means transvestite) The blood has ~ped flowing. 'Ua mahu te toto.
stop or **stay over at, put in at** tāpae, tīpae
stop a quarrel fa'ahau i te pe'ape'a
stop raining, clear up rauma'i It stopped raining early this afternoon. 'Ua rauma'i i teie avatea.
stop up *vi*, **clog, block** mau The toilet is ~ped up. 'Ua mau te pape iroto i te fare iti, e'ita e tahe fa'ahou. Our faucet is ~ped up. 'Ua mau tā māua tāvirivirira'a pape.
stop up *vt*, **clog, prevent free flow** 'ōpani
stopped, clogged, blocked mau
stopper, cork, plug, bottle capsule 'ōroi
without **stopping** mā te fa'aea 'ore
store, shop fare toa, toa, fare ho'ora'a Is the ~ open? 'Ua matara ānei te fare toa? At what time will that ~ open? Eaha te hora e matara (or: mahuti) ai terā fare toa?
store, put into storage, (also:) **amass, collect** ha'aputu, ha'aputuputu
store, pile up ha'apu'e
store, put aside, save fa'aherehere
storey, floor tahua (note that tahu'a means native doctor or healer)
storm, tempest vero
storm, full storm, hurricane cyclone vero, vero pūai (roa) News has arrived of that ~ that just recently devastated Futuna. 'Ua 'atutu te parau 'āpī nō terā vero i te fa'a'ino a'e nei iā Futuna.
storm, hurricane, cyclone, gusting wind with rain mata'i rofa'i, mata'i rorofa'i
storm, hurricane, cyclone, whirlwind, "whistling wind" puahiohio
sudden wind**storm, squall, sudden blow** (mata'i) to'a huri A sailor of this ship had fallen down from the bowsprit in a ~. Hō'ē mātaro nō teie pahī tei marua i roto i te miti nā ni'a mai i te tira fe'ao, nō te mata'i to'a huri.
storm lantern mōrī mata'i
story, tale, legend 'a'amu, (more seldom:) 'a'ai short ~ 'a'amu ri'i the ~ about this ship te 'a'amu nō teie pahī this ~ by Robert Louis Stevenson teie 'a'amu a Tēri'itera (the name given to R.L.S. in Tahiti) a ~ without end e 'a'amu hōpe'a 'ore
story, word parau What's the ~? (What's the news?) Eaha te parau 'āpī?
stout, corpulent, fat, adipose poria
stout, hard, firm pa'ari
stout, strong, robust, forceful pūai
stout-hearted, courageous, energetic, hardworking itoito
stove, oven (above ground), **burner** umu
straight, (also:) **sincere** 'āfaro, 'āfarofaro, tītī'aifaro Will you come ~ home? E ho'i-'āfaro-mai ānei 'oe i te fare?
straight, stiff, rigid 'eta'eta
straight up and down, erect ti'a
straighten (out) (general) fa'a'āfaro
straighten out, make straight, (also:) **arrange, work out, settle** fa'atītī'aifaro, ha'atītī'aifaro Prepare ye the way of the Lord, make his paths straight. E ha'amaita'i 'outou i te 'ē'a o Iehova, e fa'atiti'aifaro i tōna haere'a.
straighten out, legalize fa'ati'amā
straighten or **stand up** *vi* ti'a
straighten or **stand up** *vt* fa'ati'a
straightened out, arranged, worked out tītī'aifaro

strain, (also:) **sprain** 'o'i
strain (through sieve), **sift, drain** tūtū
strait, channel ārea
strand (of cordage or hair) 'ave
strand, beach tahatai, tātahi
strange, amazing māere "This is a ~ thing," said Keawe [then]. Nā 'ō atura 'o Ke'aue: "Eaha ra te māere 'ē!" (from R. L. Stevenson's The Bottle Imp, freely translated by John [Tihoni] Martin)
strange, different, changed (from before or from the usual or expected) huru 'ē I had a ~ feeling 'Ua huru 'ē o vau. You are ~ (you have changed). 'Ua huru 'ē 'oe.
strange, different, odd, eccentric 'ē, 'e'ē, 'ē'ē ~ goings on 'ohipa huru 'ē He is a very ~ person. E ta'ata 'ē roa 'ōna.
strange, extraordinary, (also:) **different, separate from something else** ta'a 'ē That's ~. E mea ta'a 'ē te reira. They have very ~ customs. E mau peu ta'a 'ē roa tā rātou.
stranger, foreigner ta'ata 'ē, ta'ata 'ē'ē
strangers, foreigners feiā 'ē'ē
strangle, choke 'u'umi i te 'arapo'a, tā'piri i te 'arapo'a
straw papa'a iti
straw (to drink from) 'ote'otera'a
stray off, go astray, lose one's way ihu He strayed off. 'Ua ihu 'ōna.
stray to the side, (also:) **zigzag** 'ōpaepae Pull in your kite, it is ~ing to the side. 'A huti i tā 'oe pāuma, tē 'ōpaepae ra.
streak(ed), (also:) **spotted, speckled, mottled** purepure, pupure
streak, stripe tore
streaked, striped toretore
streaky toretore
stream of water, (also:) **bed of a river** tahera'a pape
stream, river 'ānāvai pape, 'ānāvai
confluent **stream, tributary** ma'ara'a pape, ma'ara'a vai
stream or **current of air** pūmata'i
street, road, highway purōmu, porōmu, purūmu ~ crossing ma'ara'a purōmu (porōmu, purūmu) a turn in the ~ tīpu'ura'a purōmu (porōmu, purūmu) Observe the (speed) limits for travel on the ~s. Ei (or: Ei 'a) fa'aturahia te tā'ōti'ara'a o te tere nā ni'a i te mau purōmu. Keep strictly to the right side of the ~. 'A tāpe'a māite (i) te pae 'atau o te purōmu. Observe the ~ (driving) regulations (shown on the) signs. Ei (or: Ei'a) te mau tāpura o te ture purōmu. Do not under any circumstances leave after a ~ accident! 'Eiaha roa'tu e horo i muri a'e i te hō'ē 'ati purōmu! Don't sleep on the side of the ~ lest you be urinated on by the dogs! 'Eiaha e ta'oto i te hiti porōmu 'a 'omahahia e te 'urī!
street, road, avenue, route aroā
street or **road sign, traffic sign** tāpura o te ture purōmu (porōmu, purūmu)
pave a **street** tā i te purōmu (or 'e'a)
paved **street** purōmu (or 'e'a) tei tāhia
street-smart, savvy akamai (Hawai'ian loan word)
strength, energy itoito
strength, force, power pūai
strengthen, make strong, reinforce, (also:) **exert strength** ha'apūai
strengthen, stiffen, tighten, harden, rigidify fa'a'eta'eta
stretch(ed), be out of shape, (also:) **get bigger** (clothes) tō
stretch(ed) out, (also:) **stretch out** or **lie on one's back** tīraha, tīraharaha And when I turned around [looked behind my back], my dear home island Huahine ~ed out [behind me]. 'Ē 'ia neva a'e au i muri i tā'u tua, tē tīraha noa mai ra tā'u 'āi'a iti 'o Huahine.
stretch(ed) out on one's side (in bed), (also:) **turn about** (in bed) 'o'opa
stretch(ed) out on one's stomach tīpapa
stretch (out) (of food) nanea Rice can (be used to) ~ other food. E mea nanea te raiti.

stretch out, fill out, render sufficient, (also:) provide faʻanavaʻi
stretch out, (also:) put off, delay faʻaroa
stretch out and away, extend in front of one (like an expanse of land, for example) tārava
stretched tō
strewn, sown, scattered parare
strict, firm, stern, hard, rigid ʻetaʻeta
strictness, firmness, hardness (e mea) ʻetaʻeta
stride *n*, **step** taʻahiraʻa ʻāvae
stride *v*, **step,** (also:) **stamp on** taʻahi, taʻataʻahi
strike (labor) faʻaearaʻa ʻohipa
strike, hit, give a blow to, beat tūpaʻi beat a (skin) drum tūpaʻi i te pahu break a coconut tūpaʻi i te haʻari
strike (hard), beat, kill, murder taparahi, (explicitly to kill:) taparahi pohe roa
strike *vi*, **bump, jostle** tōtē, tōtētē My elbow struck against a pole. ʻUa tōtē tōʻu poro rima i niʻa i te pou.
strike (fish) *vi*, **bite** ʻamu
strike, bump against pātē The ship struck a coral boulder. ʻUa pātē te pahī i niʻa i te puʻa.
strike, smite, slap, box moto Whosoever shall smite thee on thy right cheek, turn to him the other also. ʻO te moto mai i tō pāpāriʻa ʻatau na, e fāriu atoʻaʻtu i te tahi.
strike, snap, flick pata
strike or beat a drum, (also:) **strike or beat a person** or **an animal, flog, thrash** rutu, rurutu, ruturutu
strike a match ʻui (ʻuʻui, ʻuiʻui) i te māti
strike (to break), **punch, hammer** tūpaʻi
string, thread, (also:) **rope, cord** taura
string, twine tuaina
multiple-strand string used as a fishing line or to make nets ʻānave
string (to thread flowers or fish) tui ~ of fish tui iʻa

string *v*, **thread** tui ~ flowers to make a necklace or garland tui i te hei
stringy, fibrous aʻaaʻa, aʻāʻa
strip (bark or skin, for example) hohore
stripe, streak tore
striped, streaked, checkered (of cloth) toretore
striped hand-fish, Cirrhitus pinnulatus patuʻi
striped jack pahuru
striped marlin haʻurā
striped rabbit-fish paʻaʻura
striped toby, globe-fish huehue
military stripes tore
stroke, apoplexy maʻi pātia
stroke (writing), line rēni
stroke, caress, run hands over mirimiri
stroll *n*, **walk, promenade** ori-haere-raʻa
stroll *v*, **walk, promenade, wander about** ori haere, ori (note that ʻori means to dance)
stroller (with the purpose of looking around), **wanderer** taʻata mātaʻitaʻi noa
strong, energetic, hard-working itoito
strong, firm, solid, rigid, stiff ʻetaʻeta
strong, forceful, powerful pūai very ~ wind mataʻi pūai roa That kind of liquor is very ~. E mea pūai roa terā huru ʻava (ʻava taʻero).
strong, hard, stout paʻari
strong, loud, noisy māniania
strong (of wind or sea), **violent** ʻuʻana
strong drink, hard alcohol ʻava taʻero Woe unto them that rise up early in the morning, that they may follow ~; that continue until night, till wine inflame them! E pohe te feiā e ara i te poʻipoʻi ra, i te tītauraʻa i te ʻava taʻero; ʻo tei haʻamaoro i te parahiraʻa i te pō, ʻia taʻero rātou i te uaina.
strongbox, safe ʻāfata moni
stronghold vāhi paʻari
make stronger, strengthen haʻapūai
strongly mā te pūai
struck (by), overtaken (by) roʻohia He

struck by fear   **stutter**

was ~ by illness. 'Ua ro'ohia 'ōna i te ma'i. They were overtaken by difficulties. 'Ua ro'ohia rātou i te fifi.
struck by fear, frightened mehameha
struggle, argument, debate mārōra'a
struggle *n*, **attempt, endeavor** tāmatara'a
struggle, exertion, effort, industrious work itoito
struggle, fight, heated argument tama'i
struggle *n*, **fight, combat** 'arora'a
struggle, increase of effort ha'apūaira'a
struggle, wrestling taputōra'a
struggle, argue, debate mārō
struggle *v*, **attempt, endeavor** tāmata
struggle, fight, argue heatedly tama'i
struggle *v*, **fight, combat** 'aro
struggle, increase one's efforts ha'apūai
struggle, strive, work industriously fa'aitoito
struggle, wrestle taputō
stub, strike, bump tōtē, tōtētē I ~bed my foot on the tree stump. 'Ua tōtē tō'u 'āvae i ni'a i te tumu.
stubborn, firm, persistent fa'a'eta'eta
stubborn, hardheaded upo'o pa'ari
stubborn, obstinate, argumentative mārō
stubborn, recalcitrant, unwilling 'atā
stubborn, rigid, inflexible mana'o 'eta'eta
stuck, caught mau, maumau His lure got ~ in the bottom of the lagoon. 'Ua mau tāna 'apa i raro i te miti. My car got ~ in the mud. 'Ua mau tō'u pereo'o i roto i te vari.
stuck, sticking or **adhering to** piri, piripiri
"stuck-up," arrogant, haughty te'ote'o
"stuck-up," conceited, cocky fa'a'oru
studding sail 'ie pāruru
student, pupil pipi divinity ~ pipi 'orometua
students, pupils tamari'i ha'api'i
studio (radio or television) piha ha'apūrorora'a
movie studio piha tāvirira'a hoho'a
sound studio piha haruharura'a
study, den, library piha tai'ora'a puta, piha pāpa'ira'a parau
study, research, investigation mā'imi'imira'a, mā'imira'a, 'imira'a
study (especially of history), **research** tuatāpapara'a
study, learn ha'api'i
study, learn, memorize tāmau
study *v*, **research, investigate, search** mā'imi'imi, mā'imi
study (especially history) *v*, **research** tuatāpapa
studying, learning ha'api'ira'a
stuffiness, snobbishness, an inflated sense of importance, self-importance, pomposity 'oru'oru
stuffy, snobbish, with an inflated sense of importance, self-important, pompous 'oru'oru
stuffy, snobbish, stuck-up te'ote'o
stuffy, snobbish, vain fata
stuffy, snobbish, vain, "on high horses" teitei (when said in a critical or deprecating voice; otherwise teitei can mean high-placed or of high standing)
stuffy, stifling, oppressive poihu, pōihuihu
stuffy, suffocating ihuihu
stumble, fall down, be tripped up hi'a
stumble, fall head first tītāpou, tītāpoupou
stumble, (also:) **stagger, totter** peretete
stump of tree tumu I stubbed my foot on the tree ~. 'Ua tōtē tō'u 'āvae i ni'a i te tumu.
stung, pierced, (also:) **wounded** puta
stunted, dwarfed, short-legged ha'a
stupefied, amazed mā te māere rahi
stupid, idiotic, foolish, crazy ma'au
stupid, ignorant pōiri, pōuri (less used)
stupid, senseless, crazy ma'ama'a
stutter 'ū'ū

stutter, stammer 'ōtu'itu'i He ~ed. (literally: his voice ~ed). 'Ua 'ōtu'itu'i tōna reo.
stutterer (ta'ata) 'ū'ū
style (of communicating, general) haere'a literary ~ haere'a parau vāna'a popular ~ haere'a parau manahune vulgar ~ (street talk) haere'a parau purūmu
subject, citizen mero hui ra'atira
subject, task 'ohipa
subject, theme, motif tumu ~ of speech tumu parau
subject (grammar) tumuha'a
subjugate, domineer, tame, (also:) **discipline** ha'avī
submarine pahī hopu moana
submerge, appear to disappear ha'amo'e The turtle has ~d. 'Ua ha'amo'e te honu.
submerge, immerse fa'ahopu
submerge *vi*, **sink** tomo
submerge *vt*, **sink** fa'atomo
submissive, obedient auraro
submit (oneself), **obey, yield** auraro
submit (something), **offer** pūpū
subscription to a publication ve'a (aufau) tāmatahiti
subscription, collection of money huihuira'a moni
subscription, payment 'aufaura'a
subsidy moni tauturu
substitute, replacement, successor, (also:) **spare** mono 'Anania is the replacement for the minister of this church. 'O 'Anania te mono o te 'orometua nō teie fare pure.
substitute for, replace mono, monomono
subtract, remove, take off 'iriti
subtraction (arithmetic) nūmera 'iriti
subtraction, removal 'iritira'a
subway 'ē'a nā raro i te fenua
succeed, come after, replace mono, monomono
succeed (usually with effort), **be successful, turn out well, be realized** manuia He ~ed. 'Ua manuia 'ōna. Thanks to his great patience for my unending requests for information I ~ed in my pursuit (also: research). 'Aua maoti tāna fa'a'oroma'ira'a rahi i tā'u mau uiuira'a tu'utu'u- 'ore i manuia ai tā'u mau mā'imira'a. His plans were realized. 'Ua manuia tāna mau 'ōpuara'a.
succeed (by chance, or without - or with little - effort), **have luck** fāna'o
succeed, obtain (with effort), **get** roa'a I ~ed in getting my driver's licence. 'Ua roa'a tā'u parau fa'ati'a nō te fa'ahoro i te pereo'o. Maybe we will ~ in getting the bread we are looking for (literally: our bread) in that Chinese store. Pēneia'e e roa'a tā tātou faraoa i terā fare toa tinitō.
succeed, obtain (by chance, or without - or with little - effort), **get** (actually: having **obtained**) noa'a I ~ed in getting two tickets for the movie tonight. 'Ua noa'a iā'u e piti tīteti nō te teatara'a i teie pō.
success, luck manuia
success (by chance), **good fortune, serendipity** fāna'o, fāna'ora'a
Here's to **success! Good luck! Cheers!** Manuia!
successful manuia He is a very ~ person (he always comes out ahead). (E) Ta'ata manuia roa 'ōna. His trip was ~. 'Ua manuia tōna tere.
successful, lucky, fortunate fāna'o
successor, replacement, substitute, (also:) **spare** mono
such-and-such mea
suck, draw out (as in milking) fa'atē
suck, suckle 'ote, 'ote'ote
cause to **suck, apply suction cup**(s) fa'a'ote
sucker, dupe, gullible person ta'ata fa'aro'o 'ohie noa
sucker, dupe, patsy ta'ata hema (noa)
sucker, sprout, shoot, bud ohi
sucking, suction 'ōtera'a
suckle, suck 'ote, 'ote'ote The twins were suckling. 'Ua 'ote'ote nā maeha'a.

suckled

suckled 'ote
suckling, infant of suckling age, baby 'aiū
suckling pig pua'a fānua
suction, sucking 'ōtera'a
sudden(ly), all of a sudden, abruptly tā'ue Ke'aue's uncle had suddenly got rich. 'Ua 'ona tāue noa o te pā'ino tāne o Ke'aue (from R. L. Stevenson's The Bottle Imp, freely translated by John [Tihoni] Martin).
suds, froth, foam hu'a (note that hua means vulva)
sue, file a complaint, take to court horo
suffer (physically or emotionally), **hurt, be in pain, ache** māuiui, mamae (seldom used)
suffer, endure, bare with patience or **fortitude** fa'aoromai
suffer, permit, allow, release tu'u (let go, set free) ~ the little children to come unto me, and forbid them not; for such is the kingdom of God. 'A tu'u mai i te tamari'i ri'i 'ia haere noa mai iā'u nei, 'ē 'eiaha e tāpe'ahia'tu; mai iā rātou ho'i tō te pātireia o te Atua ra.
suffer illness pohe i te ma'i
suffer from lack of food or water o'e
suffer from oxygen deprivation in diving topatari, tapatari
suffice rava'i, nava'i
sufficient rava'i, nava'i   It is ~. E rava'i. It is not ~. E'ita e rava'i. Do you have ~ funds to go to America? 'Ua nava'i ānei 'oe i te moni nō te haere i te fenua marite?
Sufficient! Enough! 'Ātīrā!
render **sufficient, stretch out, fill out,** (also:) **provide** fa'anava'i
That will be **sufficient! That's all!** Tīrārā! That's all I have to say (often written at the end of a letter). Tīrārā parau.
suffix 'atiparau 'ōmuri   ~ indicating the passive (in Tahitian hia) 'atiparau ha'ahia ~ indicating substantivation (in Tahitian ra'a) 'atiparau fa'ai'oa
suffocate(d), smother(ed), choke(d) ihuihu   He choked from the smoke. 'Ua ihuihu 'ōna i te auauahi.
suffocate or **choke** while eating or drinking pu'unena
suffocating, stuffy ihuihu
sugar tihota   ~ bowl fāri'i tihota
sugar or **sweeten something** tātihota
sugarcane tō   ~ plantation fa'a'apura'a tō
suggest, propose, offer an opinion tu'u atu i te mana'o (e), fa'atupu i te mana'o, hōro'a i te mana'o
suggest, recommend (construction with:) E mea maita'i 'ia ... (It would be nice if ...)   I ~ that (It would be nice if) you go and enjoy Disneyland when you travel to Los Angeles. E mea maita'i 'ia haere 'oe e māta'ita'i 'ia Disneyland 'ia tere 'oe i Los Angeles.
I **suggest this: This is my thought:** Teie tō'u mana'o (mana'ora'a): (or:) Teie tō'u feruri (ferurira'a):
suggestion, thought mana'o, mana'ora'a, ferurira'a   Do you have a ~? E mana'o ānei tō 'oe? It's just a ~. E mana'o noa.
example of a firm, but very polite, **suggestion** ("You really should ..."): May I suggest that you (say that you should) rent a car when you arrive? E nehenehe ānei iā'u 'ia parau atu iā 'oe nō te tārahu i te pereo'o 'ia tae mai 'oe?
example of a mild **suggestion** ("It would be nice if ..."): May I suggest that you visit Disneyland when you go to Los Angeles? E mea maita'i 'ia haere 'oe e māta'ita'i iā Disneyland 'ia tere 'oe i Los Angeles.
suit, complaint at law horora'a   Teiho won his ~ as plaintiff. 'Ua manuia te horora'a a Teiho.
suit, fit, agree au
suitable, fitting, agreeable au
suitable, proper, just, fair ti'a

suitable, (just) right, the way it should be tano, tanotano

suitcase, (travel) bag 'āfata 'ahu ('a'ahu), pūte tere, pūte vaira'a 'ahu Can you carry this ~ into the car? E ti'a ānei iā 'oe 'ia 'āfa'i i teie 'āfata 'ahu i ni'a i te pereo'o? I took out my clothes from the ~. 'Ua tātara vau i tō'u mau 'ahu i rapae i te 'āfata 'ahu. Is it possible to leave this ~ with (the two of) you when we leave for the cruise? E nehenehe ānei 'ia vaiiho mai i teie 'āfata 'ahu iā 'ōrua na 'ia reva māua nā ni'a i te pahī?

suitcase, baggage, trunk 'āfata taiha'a, 'āfata tauiha'a, pūte tere Can you carry (literally: lift) that heavy ~? E mara'a ānei terā 'āfata taiha'a toiaha iā 'oe? I can carry this ~ (That suitcase is liftable). E mara'a teie 'āfata taiha'a iā'u.

suit-diver ta'ata hopu (or: hapu) 'ōpūpū
sulk, grimace in a sour manner fa'a'utu
sulk, (also:) make someone angry fa'ariri Enough ~ing, come and have some drinks! 'Ātīrā i te fa'ariri, 'a haere mai 'a inuinu!
sulk, (more often:) be silent and/or **downcast** fa'aturuma
sulky, (more often:) silent and/or **downcast** turuma
sullen, somber, gloomy rumaruma
sum (total after addition), **whole amount, entirety, totality** tā'āto'ara'a
sum (of money) tino moni
summary (of a text), **résumé** ha'apotora'a parau
summer, warm season tau māhanahana
summon, send for, (also:) **order** (commercially) tītau
sun, sunshine, sunlight, (also:) **day, daylight** mahana ~ glasses titi'a mata mahana ~'s rays hihi mahana Don't go out in the ~! 'Eiaha e haere nā ni'a i te mahana. The ~ is setting. Tē topa nei te mahana.
sun (celestial body) rā *(archaic)*
sun oneself, take sun tāra'i mahana

sun flower pua mahana
sunburn, tan, (also:) **sunstroke** pa'apa'a mahana
slightly **sunburned** or **tanned** 'ama'ama i te mahana
Sunday tāpati
spend a **Sunday** tāpati They spent a ~ in Taravao. 'Ua tāpati rāua i Taravao.
Sunday school ha'api'ira'a 'evaneria, ha'api'ira'a tāpati ~ teacher 'orometua ha'api'i nō te 'evaneria
sun-dried bananas pīere
sunk(en) into, be sunk (into), sink (into) mure The car sunk into (got stuck in) the mud. 'Ua mure te pereo'o i roto i te vari.
be **sunk** in the sea, **sink** in the sea tomo
sunlight mahana
sunny mahana
sunrise hiti o te mahana, hitira'a mahana, hiti'a o te rā (which also means East)
toward the **sunrise** (navigation) i ni'a
sunset tapera'a mahana, to'o'a o te rā (which also means West)
toward the **sunset** (navigation) i raro
sunshine mahana
sunstroke, (also:) **sunburn, tan** pa'apa'a mahana
"super," first class nūmera hō'ē
superb, excellent, remarkable fa'ahiahia
supercargo (ta'ata) ho'o tao'a, ta'ata ha'apa'o tao'a (i ni'a i te pahī)
supercise (circumcise in the Polynesian style, see **supercision** below) tehe
supercised tehe
un**supercised** tehe-'ore-hia
un**supercised** (an insult) taioro, taiero
wooden wedge used in **supercising** 'autā
supercision (Polynesian-style circumcision, meaning that the foreskin is merely cut on top and not removed) tehera'a, tehe
superficial (a wound, for example) aro 'iri
superficial, shallow pāpa'u
superficial look(s), outward appearance,

facade te huru i rāpae au a'e Judge not according to the appearance, but judge with right judgment. 'Eiaha e ha'apa'o i te huru i rāpae au a'e, e ha'apa'o rā i te parau-ti'a.
superintendent of police tōmitēra (mūto'i)
superior, exceeding, surpassing hau
superior, uppermost i ni'a
superior, very good maita'i roa
the **superior** part, **the top** ni'a
mother **superior** tāvana vahine paretēnia
superior, boss paoti (note that pā'oti means scissors)
superior, "higher-up" ta'ata i ni'a a'e
superior officer, commander tōmāna
superiority haura'a
superlative fa'afāito hau   absolute ~ fa'afāito hau roa   relative ~ (comparative) fa'afāito hau a'e
supernatural ni'a nātura
supernatural power mana
supper tāmā'ara'a pō, mā'a pō
supple, elastic uaua (note that u'au'ua means hard or tough)
supple, flexible, easily bent fa'afefe 'ohie
supple, (too) **flexible, limp** paruparu
supply, provisions ha'aputura'a
supply, reserve fa'ahereherera'a
create a **supply** (of food), **amass provisions** ha'aputu i te mā'a
being in short **supply, sparse(ly), scanty, scantily** iti, iti roa   the sparsely populated country te fenua tei iti roa te ta'ata
support, backing, prop turu
support (for a structure) pa'e
support, back someone up, be on someone's side turu, tuturu, turuturu
increase **support** pāturu
support, hold up something fa'aturu
suppose, think mana'o noa ē
suppress, eliminate, do away with fa'a'ore

be **suppressed, vanish, cease to exist** 'ore
supreme hau a'e, hau roa
the **supreme God** (of ancient times), **Creator of the Universe** Ta'aroa   Ta'aroa is the ancestor (precursor) of all gods, it was (also) He who created all things. 'O Ta'aroa te tupuna o te mau atua ato'a, nāna ato'a te mau mea ato'a i hāmani.
sure, certain (e mea) pāpū   I am ~. E mea pāpū iā'u.   I am not ~. 'Aita e pāpū iā'u.
make **sure, set** tāma
surely, actually, as a matter of fact pa'i (abbreviation of paha ho'i)
sureness, certainty pāpūra'a, pāpū
surf, surge, wave 'aru, 'are rahi   Those are big waves that break against the sea shore. E 'are rahi terā e (fa)fati mai nei i tātahi.
surf, ride the surf hōrue, fa'ahe'e (miti), he'e
sail-**surf, wind-surf** hōrue tā'ie
surf board 'iri hōrue, 'iri fa'ahe'e
surface (area) rahira'a
surface, skin, bark 'iri
surface of the ocean, (also:) **horizon** 'iriātai   The sun is setting. Tei te 'iriātai te mahana (literally: The sun is at the horizon.).
surface, top, superior part, above ni'a
surfing hōruera'a
surge, surf, wave 'aru
surge, swell vāve'a
surgeon taote tāpū
surgeon sailfish, Zebrasoma veliferum 'iriā'eo
surgeonfish, Acanthurus bleekeri para'i
surgeonfish, Acanthurus nigricans 'ōturi
surgeonfish, tang fish, Acanthurus nigroris maito
surgeonfish, tang fish, Acanthurus triostegus manini
surgeonfish, Naso unicornia ume
bleeker's **surgeonfish** ti'amū

zebra surgeonfish, Acanthurus lineatus maro'a
surmullet, goatfish, Mullus capracaroli faia
surname, first name, (also:) nickname i'oa pi'i
surpass, exceed, be greater than hau, hau a'e, fa'ahemo Pouvāna'a a 'O'opa's intelligence ~ed that of the French politicians. 'Ua hau a'e te māramārama o Pouvāna'a a 'O'opa i tō te feiā poritita (or: feiā tōro'a) farāni.
surpass, win over someone else, come out ahead in an argument upo'oti'a (i ni'a i te ...)
surpassed hemo
surprise, startle hitima'ue
surprise, wonder māere with~ mā te māere
flinch with or be taken by surprise, be startled or surprised hitimahuta The question took me by ~. E hitimahuta atura vau i te reira uira'a. I was ~d to hear my name called. 'Ua hitimahuta vau i te fa'aro'ora'a i tō'u i'oa i te pi'ira'ahia.
sneak up (on animals, for example) to catch by surprise totoro
surprise or astonish someone ha'amāere
surprise or startle someone fa'ahitima'ue, fa'ahitimahuta
surprised, overtaken ro'ohia I was ~ by the rain. 'Ua ro'ohia vau i te ua.
be surprised or astonished, marvel at māere
be surprised or startled hitima'ue
be suddenly surprised, shocked, startled hitimahuta, hitima'ue
surprising, astonishing, marvelous māere
surround fa'a'ati, ha'a'ati, hā'ati
be surrounded 'ati
be surrounded by 'ōhu
surrounding 'ati noa'e, e 'ati noa a'e i ...
surtax tute hau
survey *n*, (also:) telephone call tāniuniura'a
survey, inspect, oversee hi'opo'a
survey *v*, (also:) to telephone tāniuniu
surveyor ta'ata fa'atītī'aifaro
suspend, hang fa'atautau
suspend, hang (up) fa'auta I hanged that picture on the nail. 'Ua fa'auta vau i terā hoho'a i ni'a i te naero.
suspended tautau
suspenders (for trousers) pā'ave piripou, pā'ave
sustain *vt*, feed fa'a'amu
sustain *vt*, support turu
sustenance, livelihood orara'a
pursuit of (specifically financial) sustenance livelihood imira'a moni
Sven, Steven, Stephen Tīvini
swaddling clothes pāhi'i
swallow (bird) 'ōpe'a
swallow *v* (also figuratively) horomi'i, momi
swallow down gluttonously ha'apu'upu'u
swallow unchewed tāhoro
swallow-tail (fish) pāpio
swarm of insects, bank (of fish), herd, flock 'aere
swarm, multiply, proliferate 'aere
sway, totter, be unsteady tā'ue'ue
swear, curse tuhi
swear at, curse, blaspheme 'aituhituhi
swear to, take an oath, give one's word hōreo
swearword tuhi
sweat, perspiration hou
sweat, perspire hou I was ~ing. 'Ua tahe tō'u hou. You are ~ing. (You are wet with perspiration.) 'Ua rari 'oe i te hou.
sweat (metal) tahetahe
sweater pāreu māhanahana
Swede (ta'ata) tuete
Sweden (fenua) Tuete
Swedish *adj* tuete
Swedish *n* reo tuete
sweep porōmu, purūmu
sweep down upon (as a wind), blow

farara   When the wind sweeps down. 'Ia farara mai te mata'i).
sweeper (fish)   mata 'ana'ana, pura
sweet, tasty, savory   monamona, momona
sweet (as opposed to bitter or sour)   mā'aro   ~-tasting (or soft or fresh water)   pape mā'aro
not **sweet, bitter, sour**   'ava'ava
over-**sweet, too sweet**   tuhituhi
sweet potato, Batatas edulis   'umara   ~ plantation   fa'a'apu 'umara
sweet water   pape, vai
sweet-meats, (also:) **cake**   faraoa monamona
sweet-mouthed, sweet-talking, silver-tongued (person)   (ta'ata) vaha monamona
sweet-smelling, fragrant   no'ano'a
sweeten   ha'amonamona, ha'amā'aro
sweeten with (emphasis on the) **sugar**   tātihota
sweetheart, loved one   here iti, here
sweets, candy, confectionary   monamona
swell, (also:) **become swollen**   'oru, 'o'oru, 'oru'oru
swell (of the sea), **surf, surge**   vāve'a
swell(s), big wave(s), surf, (also:) **surge**   'aru (rahi), vāve'a   He is stronger than the thunder of the sea and the ~s of the ocean. E pūai rahi tōna i tō te haruru o te miti ra, 'ē te mau 'aru rahi o te moana. There are big ~s from the south. E vāve'a nō te pae apato'a.
swell or **spread** or **billow out, fill**   'ōpū   The sail(s) ~ed (billowed) out. 'Ua 'ōpū te 'ie pahī.
swell up, produce swellings or **bumps** or **pimples**   ha'apu'u
swell or **puff up, put on airs**   fa'a'oru
swelling   'orura'a, 'oru
swelling, protuberence, hump   pu'u   ~ due to an abscess   ma'i pu'u
swift(ly), rapid(ly), quick(ly)   'oi'oi   He is ~ in climbing after coconuts. E ta'ata 'oi'oi 'ōna i te ta'uma ha'ari.
swift, clever, quick at learning   i'ei'e   He is ~ when it comes to dancing, but not in school work. E mea i'ei'e 'ōna i te 'ohipa 'ori, 'āre'a rā i te 'ohipa ha'api'ira'a 'aita ia.
swift, intelligent, bright, clear of mind, smart, (also:) **judicious, prudent**   māramarama, (e) mea māramarama
swift, savvy, street-smart, clever, quick   akamai (slang, from Hawai'ian)
swim (general, can refer to just bathing)   hopu (or hapu) i te miti
swim (specific, not referring to bathing in the water)   'au   He swam from Uturoa to Taha'a. 'Ua 'au 'ōna mai Uturoa e tae atu i Taha'a.
swim, jump into (river) **water** in a sitting position   nāue
swim (fish)   tere, teretere
swim on one's back   'autua
swimming pool   'āpo'o pape hopu, vai 'aura'a   olympic ~   vai 'aura'a nui
swing *n & v*, **seesaw, teeter-totter**   tā, tirare
swing at the end of a rope   tārere
swing over, roll, list   'opa
swirl, whirl   'ohu
Swiss   tuite, herevetia   ~ language (Schwizerdytsch)   reo tuite
switch, button   pitopito   Press on this ~ (button)! Tāumi i teie pitopito!
switch, key on a keyboard   patara'a, pata
switch, barter   tapiho'o
switch, change, exchange   taui
switch back, send back   fa'aho'i
Switzerland   (fenua) Tuite, (fenua) Herevetia
swollen, puffed up   'oru, 'o'oru, 'oru'oru
swollen (of veins)   totoroma'a, toroma'a
sword   'o'e   Put up again thy ~: for all they that take the ~ shall perish with the ~. 'A 'o'omo i tō 'o'e roto i te vehi; 'o te rave ho'i i te 'o'e ra, e pohe ia i te 'o'e.

swordfish, shortbill spearfish, Makaira alleida or **audax** or **nigricans** ha'urā
a kind of **swordfish, Tylosuerus crocodilus** 'ā'āvere
violet **swordfish, Myripristis kuntee** 'i'ihi nato
sycophant, moocher, sponge, gate-crasher (ta'ata) tārere (literally: hanger-on)
Sydney Panipe
symbol, sign, mark tāpa'o
sympathize with arofa, aroha, ārofarofa
sympathy arofa, aroha, ārofarofa, āroharoha
sympathy, condolence(s) 'oto, 'oto rahi, 'otoha'a, ta'iha'a Both of us offer you our deepest ~. Both of us send you our deepest condolences. Tē fa'atae atu nei māua iā 'oe i te tāpa'o nō tō māua 'oto rahi.
token or sign or mark of **sympathy** or **condolence** tāpa'o aroha
Synanceja verucosa, stone fish, stingfish nohu pu'a
synchronization (of sound and image in film) rōtahira'a
synchronize (sound and image in film) fa'arōtahi
syndicate pāruru ti'ara'a, tā'atira'a pāruru ti'ara'a
synonym parau huriaro
syntax pu'era'a ture tarame
syphilis, chancre, (also:) **wart** tona congenital ~ tona metua, tona tupuna Because of his nightly debauchery that fellow contracted ~. Nō te 'ohipa ori pō i tupuhia ai taua ta'ata ra i te tona.
syringe pāmu
system, nature, character huru
system, procedure, process rāve'a
nervous **system** 'ōperera'a uauauira, a'auirara'a

tab (statement of debt), **bill, invoice** parau tāpaʻo-hoʻo, parau tītauraʻa moni
table (furniture) ʻamuraʻamāʻa, ʻairaʻamāʻa, ʻiri ʻamuraʻamāʻa, ʻiri ʻairaʻamāʻa, ʻiri tāmāʻaraʻa I would like to have a ~ reserved for this coming Saturday night, please; there will be four of us. ʻAhani na, hinaʻaro vau ʻia tāpaʻohia te hōʻē ʻamuraʻamāʻa nō teie pō tāpati i mua nei; e maha mātou. Thou preparest a ~ before me in the presence of my enemies. ʻUa faʻanahonaho ʻoe i te tahi ʻamuraʻamāʻa nāʻu i mua i te aro o tāʻu mau ʻenemi.
pedestal **table** tīpera
table, list, (also:) **calendar** tāpura
table mat vauvau ʻiri ʻamuraʻamāʻa, vauvau ʻiri ʻairaʻamāʻa
table tennis, ping pong tāʻiriraʻa pōpō tīpera, tāʻiriraʻa pōpō i niʻa i te ʻiri
tablecloth vauvau ʻamuraʻamāʻa, vauvau ʻairaʻamāʻa, tīvau She spread out the ~ on the table. ʻUa hōhora ʻōna i te tīvau i niʻa i te ʻamuraʻamāʻa.
tablespoon punu tāipu rahi
taboo tapu
tack (the heading of a close-hauled sailing vessel with respect to wind direction) pae
port **tack** (wind from the port side) mataʻi ʻaui
starboard **tack** (wind from starboard) mataʻi ʻatau
tackle (fishing) (te mau ʻohipa) tautai I got my fishing ~ ready. ʻUa faʻaineine au i tāʻu mau ʻohipa tautai.

tackle, catch, seize haru, haruharu
Tahaʻa Tahaʻa (a comparatively "untouched" island in the Leeward islands, situated within the same reef as Raʻiatea)
Tahiti, Great Tahiti of the Golden Haze (the full name of ancient Tahiti) Tahiti Nui Māreʻareʻa
Tahitian *adj* tahiti ~ gardenia tiare tahiti ~ gardenia bud ʻōmou tiare tahiti
Tahitian (language) reo tahiti, parau tahiti
Tahitian (person) taʻata tahiti
Tahitian chestnut, Inocarpus fagiferus māpē (refers to both the nut and the tree)
Tahiti Parakeet, Vini Peruviana vini
tail (of bird only) hope
tail (of comet) ave
tail (of fish) hiʻu, ʻitere
tail (of quadruped, bird, stingray) ʻaero The cat swished its ~. ʻUa tāʻiriʻiri te mīmī i te ʻaero.
tailor taʻata nira ʻaʻahu
take (general) rave, rarave, raverave He took all the books. ʻUa rave pauroa ʻōna i te puta. He does marine diving for fish. ʻUa rave ʻōna i te tautai hopu. What are you doing? Eaha tā ʻoe ʻohipa i rave? Put up again thy sword: for all they that ~ the sword shall perish with the sword. ʻA ʻoʻomo i tō ʻoʻe roto i te vehi; ʻo te rave hoʻi i te ʻoʻe ra, e pohe ia i te ʻoʻe.
take, transport uta The copra bags were ~n by ship here to Tahiti. ʻUa utahia mai te mau pūtē pūhā i Tahiti nei nā niʻa i te pahī.
take or **carry away** ʻāfaʻi atu
take or **carry** (something heavy) **away, remove** hōpoi ʻē
take or **carry** (hither), **bring** ʻāfaʻi mai
take or **transport** litttle by little (making several trips) tie
take or **send back, return** something or someone faʻahoʻi
take (an opponent's card or piece in a game) ʻamu, ʻai

take care of, watch over ha'apa'o
take good or **compassionate care of** aupuru (maita'i) The chief took good care of the shipwrecked people. 'Ua aupuru maita'i te tāvana i te feiā pāinu.
take good care of, maintain 'atu'atu (maita'i) Rōpati takes good care of his sailing canoe. 'Ua 'atu'atu maita'i o Rōpati i tōna va'a tā'ie. We (both) will be sure to take good care of your house while you (all) are away. Tē ha'apāpū atu nei māua e 'atu'atu maita'i māua i tō 'outou fare i tō 'outou haere-ē-ra'a atu.
take a cut, rake off koti
take by force, seize haru
take in water, leak (in), (also:) **drop** (as in the case of a leaking thatch roof) mama, riu This ship is ~ing in water. 'Ua mama teie pahī.
take a look at (put one's head out to look), **look out** fā'ao
take a rest (especially after work) tāmarū
take off or **out, pull out, remove** 'iriti
take off, leave, depart reva, rereva, revareva Did the plane ~? 'Ua reva ānei te manureva? The plane took off at 5:00 p.m. Tē reva'tu ra te manureva i te hora pae i te ahiahi. As for the tourists, they want to ~ on the scheduled day. 'Āre'a te mau rātere, te hina'aro ra ia rātou e reva i te mahana i parauhia.
take off (bird), **fly up** or **off** ma'ue, ma'urere
take off (or **out**) **one's clothes, undress** tātara, tātara i tōna 'a'ahu, heuheu *(archaic)* I took out my clothes from the suitcase. 'Ua tātara vau i tō'u mau 'ahu i rapae i te 'āfata 'ahu.
take or **lift off, remove, pull out** or **down** 'īriti ~ (lift) off the lid of the (cooking) pot! 'A 'īriti i te tāpo'i pāni.
take a picture/photo pata i te hoho'a Is it O.K. with you if I ~ of your sailing canoe? Yes, it's O.K. with me. E ti'a ānei iā 'oe 'ia pata vau i te hoho'a nō tō 'oe fare? 'Ē,

'ua ti'a iā'u.
take place, happen, occur tupu What is really taking place here? Eaha ho'i teie e tupu nei? A troublesome thing happened. 'Ua tupu te hō'ē pe'ape'a. Riots took place in France. 'Ua tupu te 'ārepurepura'a i te fenua Farani.
take someone's place, replace, substitute mono, monomono You shall take my place. E mono 'oe iā'u.
take refuge, group together ha'apū
"take for a ride," trick, con, hoodwink fa'arapu (roa) Watch out, that guy is a con man. Ha'apa'o maita'i, e ta'ata fa'arapu roa terā.
"take for a ride," trick, fool, bamboozle tāviri I was taken for a ride (tricked). 'Ua tāvirihia vau.
take shelter pāruru She took shelter against the rain. 'Ua pāruru 'ōna iāna i te ua.
take a walk, wander about, stroll ori, ori haere (note that 'ori means to dance)
take to court, sue, file a complaint horo
take it easy, relax bit by bit tu'utu'u
Take it easy! Don't hurry! Wait! Hērū! 'Eiaha e rū!
Take it easy! Easy does it. Go slowly! Haere marū!
take-off fa'arevara'a
taken (general) ravehia
talcum powder ueue
tale, story 'a'amu, (more seldom:) 'a'ai
talebearer, telltale ta'ata 'āfa'i parau
talk parau, pararau
talk (two together), **converse** paraparau Please correct my mistakes (literally: It is proper that my mistakes be corrected) when I ~. E mea ti'a 'ia fa'a'āfarohia tā'u mau hape 'ia paraparau ('o) vau.
talk (three or more together), **talk a lot** parauparau We (all) often ~ about you. E mea pinepine tā mātou parauparaura'a nō 'oe.
talk, talk about, mention, announce,

talk ill about someone

talk ill about someone, **pronounce** fa'ahiti   I don't know whom you are ~ing about. 'Aita vau i 'ite e o vai tā 'oe e fa'ahiti na.
talk ill about someone behind his/her back 'ōhumu, 'ōhimu
talk aimlessly tāu'aparau
talk lightly (about), chat (about) 'āparau (nō ni'a)
tall (person), **long** roa, roroa   a ~ man e ta'ata roa
tall (building, mountain, etc.), **high,** (also:) **high-placed, exalted,** (also:) **snobbish** or **vain** (depending on the tone of voice of the speaker) teitei
talkative 'āparau
tame, constrain, subjugate, enslave, (also:) **discipline** ha'avī
tame, make docile, train, accustom a person or animal to something fa'arata
tame(d), docile, (also:) **accustomed, trained** rata, rarata, ratarata
tan, sunburn, (also:) **sunstroke** pa'apa'a mahana
tanned, sunburned, (also:) **suffering from sunstroke** pa'apa'a mahana
slightly **tanned** or **sunburned** 'ama'ama i te mahana
tang fish, Naso unicornis ume
tang fish, surgeonfish, Acanthurus nigroris maito
tang fish, surgeon fish, Acanthurus triostegus manini
tangle *n* & v tāfifi
tangled tāfifi, tāfifififi
to **tango, to pitch about and down** tītāpoupou
tank (water) tura pape, tura
tank (military vehicle) ti'ane'e
tanker pahī fa'auta mōrī   What is that ship? That is a ~. Eaha terā pahī? E pahī fa'auta mōrī terā.
tantalize, lure, bait, tease fa'atīaniani
tap (with hand on shoulder or back), **slap** pā'i
tap, slap pō'ara

taste by taking a little bite

tap, slap, hit with the flat of one's hand papa'i (note that pāpa'i means to write or to draw)
tapa brassiere papatītī
tape ripene, ripine   recording ~ ripene haruharura'a reo
tape recorder fa'aharura'a reo, haruharura'a reo
(coal) **tar, asphalt** tā
tar, cover with tar or **asphalt** tā   road paved with ~ purōmu (or: 'e'a) tei tāhia
target (for javelin) fā
tarnished, faded, pale, (also:) **worn out** (clothing) marau   This photograph has really faded out; it is very old, you see. 'Ua marau roa teie hoho'a; e mea tahito roa pa'i.
taro plant, Colocasia esculenta taro
large-leafed **taro-like plant** the roots of which are most used for making po'e, **Colocasia macrorrhisa** 'ape
species of **taro** the leaves of which are most used for making fāfā 'āpura
copper-colored variety of **taro** veo
highland **taro,** (a kind of) **turnip, Xanthosoma sagittafolium** taruā
young shoots of **taro** pōhiri, pōhuri
taro-like leaves pota
tropical **tarpon** (a large game fish), **Megalops cyprinoides** rōpā
tart, bitter, sour maramara, mamara
tart, bitter, sour, acrid, saltish 'ava'ava
tart, pie pai
tassel (for skirt of pūrau fiber called more) 'i'i
taste taotara'a
taste, discernment 'ite pāpū
taste, elegance mana'o ti'a
taste or **liking for** hina'aro, aura'a i te
lacking in **taste and firmness of flesh** (vegetables, fruit), **insipid** māi
taste something tāota, tāotaota
taste, try by tasting tāmata
taste by taking a little bite (food:) 'amu ri'i, (liquid:) inu ri'i

tasteful, elegant manaʻo tiʻa
tasteless, insipid, flat taitai
hot-**tasting, peppery, spicy** tehutehu
tasty, savorous, savory monamona, momona
tasty, sweet-tasting māʻaro
tattered, tattering, ravel-edged pūveuveu
tattle, slander, malign, speak ill of tihotiho
tattler (bird), **plover, Pluvialis dominca fulva** tōrea
tattler, informer, spy, sneak tiatia uri
tattler, tattletale taʻata ʻāfaʻi parau
tattoo *n & v* nanaʻo, tātau (the older word, still used, from which the English word stems)
tattooed parrotfish (male) uhu atoa
tattooing nanaʻo, tātau
taut, fast, steady mau
taut, tight, firm, rigid, stiff ʻetaʻeta
tauten, tighten faʻaʻetaʻeta
tax, duty tute, ʻaufauraʻa Here in California there is a ~ on all boats. I Tarafonia nei e tute tō te mau poti atoʻa.
tea tī
teach, instruct haʻapiʻi (atu) (when used alone, haʻapiʻi can also mean learn, depending on the context) She will ~ you the Tahitian language. Nāna e haʻapiʻi mai i te reo tahiti iā ʻoe.
teacher ʻorometua haʻapiʻi(raʻa) Sunday school ~. ʻorometua haʻapiʻi nō te ʻevaneria public school ~ ʻorometua haʻapiʻi nā te hau
teaching haʻapiʻiraʻa
teakettle tītata
teapot tīpaoti, tīpaoti tī, paoti tī
teaspoon punu tī, punu tāipu naʻinaʻi
tear (in eye), **tears** roimata, pape mata
tears, weeping, sorrow, grief ʻoto
tear, rip, cause to rend mahae He tore his raincoat on a nail. ʻUa mahae tōna faʻarari iāna i niʻa i te naero.
tear down, raze, demolish vāvāhi

tear forcefully, rip pāhae, pīhae, pāhaehae, pīhaehae
tear or **rip** or **rend in two pieces** hahae
tear up (roughly), **tear to pieces** haehae
tear up, cut up, sever, rip tūmutu
tear up into many pieces tūmutumutu She tore your letter into pieces. ʻUa tūmutumutu ʻōna i tā ʻoe rata.
tear up, rip or **tear to pieces** tūmahae, tūmāhaehae That piece of writing was torn up by him. ʻUa tūmahae e ana terā parau.
tease hāhara maʻau
tease, provoke, insult, jeer, taunt ʻaʻa
tease, kid, try to get one's goat faʻahara maʻau
tease (without negative implications), **kid, banter** haʻuti ~ girls haʻuti i te tamāhine
tease, make fun of, provoke faʻaoʻōʻo
tease, nag, ask for endlessly tīani, faʻatīani
tease, tantalize, bait faʻatīaniani
teasing, (also:) **pugnacious** ʻaʻa
teat, nipple ʻoata
teat(s), breast(s) tītī, ū
technical mataʻī (note that mataʻi means wind)
technician taʻata ʻaravihi, taʻata mataʻī
technique ʻaravihi, mataʻī (note that mataʻi means wind)
teenager, youth, youngster taureʻareʻa tāne (male), taureʻareʻa vahine (female)
teeter-totter, seesaw, swing tā, pāmu
teeth, tooth (te) mau niho, niho my ~ tōʻu mau niho
false **teeth** or **tooth, denture** niho haʻavare, niho hāmani
telegraph niuniu uira
telegraph, wireless niuniu nā te reva
telegraph, send a telegram by wire faʻaʻite i te parau nā roto i te niuniu uira
telegraph, send a telegram by wireless faʻaʻite i te parau nā roto i te niuniu nā

te reva
telephone (set) niuniu paraparau, niuniu ~ booth piha niuniu paraparau ~ directory puta nūmera niuniu The ~ is ringing. Tē ta'i mai ra te niuniu. It is very difficult for me to speak Tahitian on the ~ and understanding it is even harder. E mea fifi roa i'āu i te parau tahiti nā roto i te niuniu 'ē te 'ite pāpūra'a i te aura'a e mea fifi roa atu ā.
telephone call niuniura'a
telephone, phone, call, give a ring tāniuniu
telephone number nūmera niuniu Here is her ~: 29 13 05. Teie tāna nūmera niuniu: (e) piti-'ahuru-mā-iva, 'ahurumā-toru, aore, pae.
telescope, (also:) binoculars hi'o fenua
television rātio teata ~ set 'āfata rātio teata
telex niuniu patapata
tell, inform, explain fa'a'ite ~ me frankly what you think! 'A fa'a'ite hua mai 'oe i tō 'oe mana'o. Who told you that? Nā vai i fa'a'ite iā 'oe i tenā parau?
tell, say (to) parau (mai/atu) She told me that this is a very good dictionary. 'Ua parau mai 'ōna iā'u ~ e puta fa'atoro parau maita'i roa teie.
tell (a tale), **relate** (a story) fa'ati'a, fa'ati'ati'a
telltale, talebearer ta'ata 'āfa'i parau
temperament, nature huru nātura
temperance, self-control, moderation hitahita 'ore And beside this, giving all diligence, add to you faith virtue; and to virtue knowledge; and to knowledge ~; and to ~ patience; and to patience godliness. E 'ia tupu te reira, e fa'aitoito hua i te 'āpiti ato'a tō 'outou fa'aro'o i te mata'u 'ore; te mata'u 'ore ho'i i te 'ite; te 'ite ho'i i te hitahita 'ore; te hitahita 'ore ho'i i te fa'a'oromai; te fa'a'oromai ho'i i te paieti.
temperate, self-controlled, moderate hitahita 'ore
temperature anuvera
tempest, storm vero, vero huri
temple, church fare pure, fare purera'a Polynesian (outdoor) **temple** marae The Polynesian ~ (marae) was the place of worship of the ancients. 'O te marae te vāhi ha'amorira'a a tō tahito.
temple (in poetic or oratorical connections) hiero Even while I prayed in the ~, I was in a trance [had a vision]; And saw him saying unto me ... Iā'u rā ho'i i pure i roto i te hiero, tārehua maira vau; 'ite atura vau iā Iesu [pronounced Ietu] i te paraura'a mai iā'u ē ...
temple (anat.) taraupo'o
temporary, provisional auta'a ~ shelter (or tent) fare auta'a
temporary, for a short time taupoto ~ disability roha taupoto
tempt fa'ahema
tempt, (also:) set a trap, trick, fool, deceive, mislead rāmā The Pharisees also came unto him, ~ing him [setting a trap for him], and saying unto him, Is it lawful for a man to put away his wife for every cause? 'Ua haere maira te mau phārisea iāna ra, 'ua nā'ō maira i te rāmāra'a mai iāna, E au ānei i te ture 'ia ha'a pae noa te tāne i tāna vahine i te mau hapa ri'i ato'a nei?
tempt, try tāmata The devil ~ed him. 'Ua tāmata te ti'aporo iāna.
tempted ro'ohia e te 'ati (literally: be caught up with the dangers [of the flesh].
temptation (construction with ro'ohia e te 'ati, see **tempted**) Watch and pray that ye enter not into ~, the spirit indeed is willing, but the flesh is weak. E ara 'ē e pure ho'i, 'ia 'ore 'outou 'ia ro'ohia e te 'ati; 'ua ti'a ho'i i te varua, e paruparu rā tō te tino.
tempter fa'ahema And when the ~ came to him, he said, If thou be the Son of God, command that these stones be made bread. 'Ua haere maira taua fa'ahema ra, nā'ō

maira iāna, E Tamaiti 'oe nā te Atua ra, 'a parau i teie nei mau 'ōfa'i 'ia riro ei mā'a.
ten hō'ē 'ahuru, 'ahuru
ten fathoms (sixty feet) 'umi
ten score (two hundred, one hundred pair) ti'aope, tīope two hundred coconuts hō'ē ti'aope ha'ari
ten sous (fifty centimes; the word stems from the Spanish coin real) raera
tend, pay attention to, take care ha'apao
tender, mild, kind, gentle, soft, meek, (also:) **calm, polite** marū Blessed are the meek: for they shall inherit the earth. E ao tō tei marū, e riro ho'i iā rātou te fenua.
tender, little iti, ri'i
tender (poetic, suggesting a nuance of tenderness) ma'a Give me your little hand. Hōro'a mai tō 'oe ma'a rima.
tender, attendant ta'ata ha'apa'o
tender (auxiliary vessel) (small:) poti ha'apa'o, (larger:) pahī ha'apa'o
take **tender** care of, **pamper, coddle, spoil** poihere
tenderize tāmarū, ha'amarū
tendon, (also:) **muscle, nerve, vein, artery** uaua
tennis tā'irira'a pōpō table ~, ping pong tā'irira'a pōpō tīpera, tā'irira'a pōpō i ni'a i te 'iri
tense, anxious, worried māna'ona'o, 'ā'au taiā
tense, on one's guard ha'apa'o maita'i
tense, taut, tight 'eta'eta
tense *n* (grammatical term) tau present ~ tau nei past ~ tau āhemo narrative past ~ tau āhemo fa'ati'a imperfect past ~ tau āhemo mute definitive past ~ tau āhemo tū indefinite past ~ tau āhemo tū'ore future ~ tau āmuri
tension, (also:) **pressure** nē'ira'a electric ~ nē'ira'a uira blood pressure nē'ira'a toto
tent fare 'ie, tāmaru 'ie

tent, shelter ti'ahapa
tentacle (of octopus or squid) 'avei
tenterhooks, anxiety, nervous tension, worry 'āhuehue
tenth (in order) 'a 'ahuru, te 'ahuru
Tephrosia purpurea (plant used to poison fish) hora
tepid, warmish, lukewarm pūmāhana, pūmāhanahana
terminate *vi*, **be finished** or **done** oti
terminate *vt*, **finish,** (also:) **achieve** fa'aoti
terminated, ended, concluded hope
terminated, finished, done oti
termination, end, (also:) **result** hōpe'a
termination (of a contract, for example), **cancellation** ha'apararīra'a
terminology pu'e parau
tern (white), **Cygisalba candida** 'ītāta'e, 'īta'eta'e
tern (small, white), **Sterna alba** 'ītāta'e, 'īta'eta'e
tufted **tern, Thalasseus Bergi cristalus** tarapapa
terrain fenua uneven ~ (e) fenua pu'upu'u
terrible, horrible, frightening, scary ri'ari'a
terrible, dangerous, shocking ataata
terrible, very bad 'ino roa
terribly (as a boosting qualifier) 'ino I was ~ happy to ... 'Ua 'oa'oa roa 'ino vau i te ...
terrified, frightened, afraid mehameha That old woman is ~ of ghosts. E mehameha terā māmā rū'au i te tūpāpa'u.
terrified, very frightened, very afraid huehue We were ~ yesterday when our son became unconscious. 'Ua huehue māua i tā māua tamaiti inānahi ra i te murera'a tōna aho.
terrify, frighten, induce fear fa'amata'u
territorial, (also:) **rural** fenua ~ authority mana fenua

490

Territorial Assembly ʻāpoʻoraʻa (rahi o te) fenua
territory fenua
dependent territory ʻaihuʻarāʻau
terror, cruelty riʻariʻa
terror, fear mataʻu
testament, will parau tutuʻu
testicles ʻātoatoa
testicles (human or animal) ʻātoatoa, hua (can also mean vulva), tari hua
testicles (usually referring to animals, but sometimes to humans) hua Don't let the crippled approach me, nor one who is castrated (literally: whose ~ have been damaged). ʻEiaha te maʻau e faʻafātata mai ... ʻē tei pararī te hua.
testimony parau faʻaʻiteraʻa
tetanus maʻi ʻīriti
Tetrapturus vevirostris, swordfish haʻurā
Teuthis rostratus, trigger-fish mārava
Teuthis spinus, striped rabbit-fish paʻaʻura
text parau pāpaʻi
textbook, manual puta haʻapiʻiraʻa
Thalasseus Bergi cristalus, tufted tern tarapapa
thank, satisfy, please haʻamāuruuru, maurūru
thank you (used as a noun), **thanks** haʻamāuruururaʻa A great big affectionate ~ to my wife, Éva. E haʻamāuruururaʻa rahi poupou tāʻu i tāʻu iho vahine iā Éva.
Thank you! Māuruuru iā ʻoe!
thankful, grateful, satisfied, pleased, content māuruuru, (carelessly:) mārūru
Thanks! Māuruuru! ~ very much! Māuruuru roa!
thanks to (the fact that), **fortunately** (followed by a substantive) ʻauaʻa, ʻauaʻa maoti, ʻauaʻa aʻe, au aʻe, maoti, maori ~ his great patience for my unending questions I succeeded in my pursuit (also: research). ʻAuaʻa maoti tāna faʻaʻoromaʻiraʻa rahi i tāʻu mau uiuiraʻa tuʻutuʻu-ʻore i manuia ai tāʻu mau māʻimiraʻa. It is ~ you that I was warned. ʻAuaʻa aʻe ʻoe i faʻaarahia ai au.

that *conjunction* (connects main clause with dependent clause) ē She told me ~ this is a very good dictionary. ʻUa parau mai ʻōna iāʻu ē e puta faʻatoro parau maitaʻi roa teie. I know ~ she left yesterday. ʻUa ʻite au ē ʻua reva atu ʻōna inānahi ra. I know ~ that man is sick. ʻUa ʻite au ē e maʻi tō terā taʻata.

that *nominative relative pronoun* (before a verbal sequence), **which** tei, ʻo tei There were three big ships ~ arrived here yesterday. E toru pahī rahi tei tae mai nei inānahi ra.

that *pronominal adjective*, **this** ia ~ work is finished. ʻUa oti ia ʻohipa. And Saul knew David's voice, and said, Is this thy voice, my son David? Tē ʻite ra Saula i tō Davida reo, ʻē ʻua nā ʻō atura, Nō ʻoe ānei ia reo, e tāʻu tamaiti, e Davida?

that (mentioned before), **those** taua ... ra in those days (mentioned before) i taua mau mahana ra I have read ~ book (mentioned before). ʻUa taiʻo vau i taua puta ra. Now the serpent was more subtle than any beast of the field ... And the woman said unto the [~] serpent ... E paʻari rahi tō te ʻōfī i tō te mau manu ʻāvae maha atoʻa o te fenua ... ʻUa parau atura te vahine i taua ʻōfī ra ...

that (near you), **those** (near you) tēnā, tēnā na, te ... nā How much does ~ shirt cost? Ehia moni tēnā iʻa? Those bottles are mine. Nāʻu tēnā na mau mōhina. I have not read ~ book (near to the other person). ʻAita vau i taiʻo i te puta nā.

that (over there), **those** (over there), **yon** terā, terā ra, te ... rā, terā ... ra Look at ~ beautiful house on the mountain! ʻA hiʻo na i terā fare nehenehe i niʻa i te mouʻa! To whom do those sailing canoes belong? Nō vai terā ra mau vaʻa tāʻie? What is

that

the name of ~ ship? 'O vai te i'oa o te pahī rā? I will buy ~ tiki. E ho'o mai au i terā ti'i ra. I know that ~ man is sick. 'Ua 'ite au ē e ma'i tō terā ta'ata.

that ... there, over there a'era ~ guy there is a little tipsy. E āniania ri'i tō te ta'ata a'era.

that (thing, place, time), **that kind of** (te) reira, te reira (huru) at ~ time i te reira taime for ~ nō te reira ~ is a very difficult job. E 'ohipa fifi roa te reira. In ~ very place. I te reira iho vāhi. ~ (kind of) canoe is very good. E mea maita'i roa te reira (huru) va'a. I went to Papeete for the grand ball and after ~ I did not return. 'Ua haere au i Pape'ete nō te 'orira'a rahi popa'ā 'ē mai reira mai ā, 'aita vau i ho'i fa'ahou. Don't go ~ way, go this way! 'Eiaha e nā reira, nā ō nei ra! ~'s what I am doing. Tē nā reira nei au.

that place, (also:) **this place** 'ō Go there (to ~)! 'A haere i'ō! Over there (at ~). I 'ō a'e. (or:) I 'ō atu. From there (from ~). Mai 'ō mai.

that there terā ia

that way, in that manner, in such a way, thus, (**speak** or **say**) **thus** (before a quotation) nā'ō, nā 'ō Thus spoke the minister ... Nā 'ō te 'orometua a'o ē ... He then said to them: Nā 'o atura 'ōna iā ratou:

That's all. Ti'a atu ai.

That's all. That's enough. That's the end. Tīrārā. ~ I have to say, I am finishing this letter. Tīrārā parau, te fa'aoti nei au i teie rata nei.

That's it! It is that! Yes, indeed! 'Oia!

that is to say, namely, in other words, to wit 'oia ho'i, maori rā I am profoundly grateful to my (recently deceased) very dear friend in Puna'auia, namely Ralph Gardner White. E 'ā'au mēhara hau roa atu ihoā ra tō'u i tō'u hoa here iti nō Puna'auia, 'oia ho'i iā Ralph Gardner White (tei pohe iho nei). Three persons left, ~: Eno, Manava, and Ape. 'Ua reva atu e toru ta'ata, maori rā: 'o Eno, 'o Manava, 'ē 'o Ape.

That's true. Parau mau.

That's true! Absolutely! Indeed! Yes, indeed! 'Oia mau!

That's the way! There we go! Terā ia!

after that, then atura, ihora, iho ra (iho nei, iho na) After ~, he said to them: Nā 'ō atura 'ōna iā ratou: ~, she went and watered the flowers. 'Ua haere ihora 'ōna e pīpī i te tiare. The captain and the first mate then looked at the island through the binoculars. Hi'o atura te ra'atira 'ē te ra'atira piti i te motu ra nā roto i te hi'o fenua.

(just) **after that, then, and then, afterwards,** (also:) **since** i muri iho Just after ~ he went home. I muri iho, 'ua haere 'ōna i te fare. The day when I return will arrive, and then we'll all sing: I am delighted and grateful. E tae noa'tu ai te mahana e ho'i ā 'o vau, ei reira tātou e hīmene fa'ahou: E māuruuru ā vau.

(just a little) **after that, just a little bit later on, immediately thereupon,** a'e ra, maoro iti a'e ra Just a little after ~ he went to sleep. 'Ua haere a'e ra 'ōna e tā'oto.

at that time or moment, then i reira, i te reira taime It was at ~ time that I met him. I reira tō'u fārereira'a iāna. It was at ~ moment that she came. I reira tōna haerera'a mai.

(just) **like that** mai terā te huru, mai terā I want something like ~. Hina'aro vau i te hō'ē (or: tahi) mea mai terā te huru.

so that 'ia + verb I explained it carefully to him, so ~ he would understand fully. 'Ua ha'amāramarama maita'i au i terā mea iāna 'ia pāpū maita'i 'ōna.

so that, for fear that 'a Roll up your dress so ~ it does not get wet. 'A pepe i tō 'ahu 'a rari i te vai.

thatch, cover a house with pandanus or

492

thatch(ed) house   **therefore**

coconut fronds ato, atoato
thatch(ed) house fare nī'au, fare rauoro
thatcher ta'ata ato
thatching ato
the *singular* te ~ ship te pahī
the *dual, also limited plural (up to and including nine)* nā ~ two ships nā pahī e piti ~ nine ships nā pahī e iva
the *plural* te mau ~ ships that sail on the ocean te mau pahī e tere nā te moana
theater teata, fare teata What film is playing at that movie ~ tonight? Eaha te hoho'a e ha'utihia i terā fare teata i teie pō?
theater performance, (also:) **stageplay** teatara'a ta'ata ora
theft 'eiā anti-~ device rāve'a 'aipa 'eiā For from within, out of the heart of men, proceed evil thoughts, ... fornications, murders, ~s, ... Nō roto mai ho'i i te 'ā'au ta'ata te mana'o 'ino, te poreneia, te taparahi ta'ata, te 'eiā, ...
them *dual,* **the two of them, they** rāua
them *plural,* **they** rātou
them *dual or plural (implying specific others, certain known ones),* **they** verā
theme or **interpretation** (in speech or writing) parau huri i roto i te reo
then, after that atura, ihora, iho ra (iho nei, iho na) He ~ said to them: Nā 'o atura 'ōna iā ratou: The captain and the first mate ~ looked at the island through the binoculars. Hi'o atura te ra'atira 'ē te ra'atira piti i te motu ra nā roto i te hi'o fenua. ~ she went and watered the flowers. 'Ua haere ihora 'ōna e pīpī i te tiare.
then, (just) after that, and then, afterwards, (also:) **since** i muri iho, ei reira ~ he went home. I muri iho, 'ua haere 'ōna i te fare. The day when I return will arrive, and ~ we'll all sing: I am delighted and grateful. E tae noa'tu ai te mahana e ho'i ā 'o vau, ei reira tātou e hīmene fa'ahou: E māuruuru ā vau.

then, at that time or **moment** i reira, i te reira taime It was ~ that I met him. I reira tō'u fārereira'a iāna. It was ~ at that moment that she came. I reira tōna haerera'a mai.
then, just a little bit later on, immediately thereupon a'e ra, maoro iti a'e ra ~ he went to sleep. 'Ua haere a'e ra 'ōna e tā'oto.
then, but then, in that case ho'i Who, ~, is this? 'O vai ho'i teie? But ~, he knew that ... 'Ua 'ite ho'i 'ōna ē ... Then, you haven't gone! 'Aita ia ho'i o'e i haere!
then, hence, therefore (construction with:) ia In my youth, ~, I had no money at all. I tō'u 'āpīra'a 'aita roa ia tā'u i te moni.
but **then, after all,** (also:) **so be it, it doesn't matter so much** 'ātīrā noa'tu (noa atu)
therapy rapa'aura'a
(look,) **there** (... **is,** ... **are**) erā (Look,) There is Tahi waving to us. Erā 'o Tahi e tārape mai ra iā tāua.
there (near you) i ō na, na
there (place of action) ai Come to the house and sleep ~. 'A haere mai i te fare tā'oto ai.
there, at that place, (also:) **at that time** i reira You will eat well ~. E tāmā'a maita'i 'ōrua i reira.
there, over there, yonder i ō ra, ra
there, yon, yonder terā The water is muddied, it is raining ~ in the mountains (literally: inland). 'Ua reru te pape, e ua terā i uta.
There we go! That's the way! Terā ia!
over **there** (but still close by) i ō mai
over **there** (farther away) i ō ra
that **there** Terā ia!
that ... **there, over there** a'era That guy ~ is a little tipsy. E āniania ri'i tō te ta'ata a'era.
thereafter maira
therefore, hence, so nō reira She had a

therefore   **think of**

very bad headache, ~ she did not come. 'Ua māuiui 'ino roa tōna upo'o, nō reira 'aita 'ōna i haere mai.

therefore, hence, then (construction with:) ia ~, in my youth, I had no money at all. I tō'u 'āpīra'a 'aita roa ia tā'u i te moni.

thermometer teremometa

fever **thermometer** fāito fīva

these teie mau   I am hard up (for money) ~ days 'Ua fifi ri'i au i teie mau mahana

Thespesia populnea, rosewood miro, 'āmae

they *dual*, **the two of them, them** rāua

they *plural*, **them** rātou

they *dual or plural* (implying specific others, certain known ones), **them, those** verā We don't have electricity connected yet, ~ (those [indicated]) already have it. 'Aita ā tō mātou uira i tāmauhia, 'ua oti tō verā.

thick (referring to liquids), **viscous** pupuru

thick (referring to solids) me'ume'u (opposite of rairai = thin) ~ socks tōtini me'ume'u   This is a ~ cloth, it is very (or: too) warm. E 'ahu me'ume'u teie, e mea ve'ave'a roa.

thicken (referring to liquids) ha'apupuru

thicken (referring to solids) ha'ame'ume'u

thicket, forest uru, ururā'au

thicket, patch of brush pū'aihere

thief (ta'ata) 'eiā   band of thieves nana 'eiā

thievery 'ohipa 'eiā

thieving 'eiā

thigh, loin hūhā, hūhā 'āvae, hūfā, hūmaha

thimble pōnau

thin, bony ivi

thin, diluted tarapape   Your paint is too ~. 'Ua tarapape roa tā 'oe pēni.

thin, fine, worn out, worn down rairai (opposite of me'ume'u = thick)

thin, lean, emaciated, spindly pī'ao'ao, pī'ao

thin, lean, wasted away pārarai

thin, narrow oaoa (note that 'oa'oa means joy or eagerness)   narrow road purōmu oaoa

thin, puny, stunted, sickly 'a'ao

thin(ly), scattered, scarce, sparse varavara

thin, watery, non-viscous pape

somewhat **thin, thinnish** 'ōrairai

thin down, make thin or **slender** fa'arairai

thin down, water down ha'apape, tāpape

thin out (as plants, for example), **space out** ha'avaravara   Plant the coffee trees ~ned (or spaced) out. E ha'avaravara i te tumu taofe.

thing (general) mea   It is a good (pleasant) ~. (or:) It is good (pleasant). E mea au. (or:) Mea au.

thing, action, matter 'ohipa   What did that person do? (What action was that person engaged in?) Eaha tā terā ta'ata 'ohipa i rave?   I thought about that ~ (matter) for a long time. 'Ua feruri maoro vau i terā 'ohipa.

thing (specific), **object, goods** (of any kind), (also:) **property** tao'a   What is that ~? Eaha terā tao'a?

thing (construction with: te reira or nā reira)   I did the same ~, 'Ua nā reira ato'a vau.

things (necessary for a job), **gear, equipment, tools** te mau 'ohipa   I got my fishing ~ (tackle) ready. 'Ua fa'aineine au i tā'u mau 'ohipa tautai.

think, muse, meditate mana'o   What do you ~? Eaha tō 'oe mana'o?

think (about), ponder, reflect, use one's mind feruri   I thought about that matter for a long time. 'Ua feruri maoro vau i terā 'ohipa.

think deeply, evaluate carefully, weigh pros and cons, reflect profoundly mānavanava

think of, remember, recollect, recall, bring to mind ha'amana'o

think of (with permanence and/or depth implied), **remember, recollect, recall** mēhara I think with gratitude of my very dear friend in Puna'auia. E 'ā'au mēhara tō'u i tō'u hoa here iti nō Puna'auia. Don't you **think**? No? E 'ere ānei? I don't **think** so. **Perhaps (Maybe) not.** E'ita paha.

thinnish, somewhat thin 'ōrairai

third (in order) a toru, te toru This is our ~ trip here to Tahiti. Teie te torura'a o tō māua tere i Tahiti nei.

a **third** (of ...) te hō'ē o te toru tuha'a (o ...)

thirst po'ihā relieve the ~ ha'amāha i te po'ihā

thirsty po'ihā, po'ihā (i te) pape, hia inu I am ~. 'Ua po'ihā vau. I was ~ and you gave me drink. I po'ihā na vau, 'ē 'ua fa'ainu mai 'outou iā'u.

very **thirsty, parched with thirst** pūhā, pūhā (i te) pape I am very ~. 'Ua pūhā roa vau i te pape. (or:) 'Ua pūhā pape roa vau.

cause to be **thirsty** ha'apo'ihā

thirty toru 'ahuru

this teie, teie nei, te ... nei from ~ day on mai teie atu mahana She told me that ~ is a very good dictionary. 'Ua parau mai 'ōna iā'u ē e puta fa'atoro parau maita'i roa teie.

this (already referred to or in question) ia ~ job (referred to) is finished. 'Ua oti ia 'ohipa.

This is my thought: I suggest this: Teie tō'u mana'o (mana'ora'a): (or:) Teie tō'u feruri (ferurira'a):

this place, (also:) **that place** 'ō I am here (in ~). Tei 'ō nei au.

thither, farther, yonder atu

thole (serves as a substitute for a rowlock), **thole-pin** pine hoe

thorn, stinger, (also:) **point, spine** tara

thorny taratara

thoroughly, meticulously, carefully māite

those terā mau, te reira mau

thou, you *(singular)* 'oe

though *conjunction,* **although, despite, even if** 'ātīrā noa'tu, 'ātīrā noa atu Despite what he says, I will do it. 'Ātīrā noa atu tāna parau, e rave au.

thought, idea, opinion mana'o For from within, out of the heart of men, proceed evil ~s. Nō roto mai ho'i i te 'ā'au ta'ata te mana'o 'ino.

thought, reflection, contemplation ferurira'a

thought of, remembrance, recollection, recall (construction with:) mēhara I thank my God upon every ~ you. Tē ha'amaita'i au i tā'u Atua 'ia mēhara'tu iā 'outou 'aita e fa'aea.

thoughtful, considerate, helpful, kind hāmani maita'i

thoughtful, pensive, worried about, anxious about māna'ona'o What are you always worrying about?/Why are you always so worried? Eaha 'oe e māna'ona'o noa ai?

thoughtful, pondering, serious, (also:) **downcast** fa'aturuma

thoughtful, (also:) **downcast, glowering, scowling** ha'aturuma

thoughtless, inattentive, fickle, scatterbrained, silly neneva

thoughtless, stupid, silly, foolish, crazy, mad mana'o 'ore

thousand tauatini, tautini, tautani (uncommon), mano (archaic) There were ~s and ~s of people. 'Ua tauatini 'ē 'ua tauatini te ta'ata.

ten **thousand** hō'ē 'ahuru tauatini, manotini (archaic)

one hundred **thousand** hō'ē hānere tauatini

thrash, flog, beat rutu, rurutu, ruturutu

thread, string, twine, cord, rope taura sewing ~ taura au 'ahu

thread (a needle) tui (i te nira)

threadfin, salt-water **catfish, Polydactylus sexfilis** moi

threadfish, Caranx melanpygus pa'aihere auaveru

three toru

three-masted ship pahī tira toru ... the ~ Naomi which came very close to drifting onto the reef. ... te pahī tira toru ra 'o Naomi 'o tei fātata roa i te 'ōpa'ihia i ni'a i te to'a.

three-saddled goatfish, Parupeneusx trifasciatus 'āti'ati'a

throat, (also:) **neck** 'arapo'a ~ **disease, tonsillitis** ma'i 'arapo'a

throb artery or vein), **beat** (heart), **palpitate** hu'i, hu'ihu'i

throb, function by fits and starts (like a motor needing repair), (also:) **stutter, stammer** 'ōtu'itu'i

throne terōno (biblical)

through nā roto, nā He won ~ his energetic spirit (or courage or strength). 'Ua roa'a iāna te rē nā roto i tōna itoito. It is easier for a camel to go ~ the eye of a needle, than for a rich man to enter into the kingdom of God. E fa'aō 'ohie a'e te kamela nā roto i te 'āpo'o au, i te ta'ata tao'a 'ia fa'aō i roto i te basileia [pronounced pātireia] o te Atua ra.

go **through, pierce** pipiha

throw (one thing), **throw away** or **out** tāora, tāoraora ~ in the towel (in boxing)! Tāora i te tauera!

throw, get rid of tā'ue, tī'ūe He threw all of his worthless things away. 'Ua tā'ue pauroa ('ōna) i tāna mau tauiha'a faufa'a 'ore.

throw or **cast** or **fling off something** tītiri It is not meet [fitting] to take the children's bread, and to cast it to dogs. E mea au 'ore 'ia rave i te mā'a a te tamari'i, 'a tītiri atu ai nā te 'ūrī.

throw or **leave aside**, (also:) **give up, abstain from** ha'apae

throw away or **out, forsake, abandon** fa'aru'e

throw away, scatter (around), (also:) **throw into confusion** hue scatter rice for the chickens hue i te raiti nā te moa

throw food to animals pāparu Taurua and I threw food to the dogs this morning. 'Ua pāparu māua 'o Taurua i te mau 'ūrī i teie po'ipo'i.

throw a javelin or **spear** or **lance** vero Utua threw his javelin. 'Ua vero Utua i tāna 'ōmore.

throw a spear (intended for war) vero i te tao

throw or **cast a stone** hāmū

throw up, vomit, retch piha'e

cause to **throw up** or **vomit** ha'apiha'e

thrown into the air pe'e

thrown up on the beach or **reef** iri The ship was ~ up onto the reef. 'Ua iri te pahī i ni'a i te a'au.

thrust or **enter into, penetrate** ha'amure

thud, boom, resound taparuru, tapataparuru

thumb rima rahi

thunder *n* pātiri ~ **clap** (or) **roll of** ~ haruru(ra'a) pātiri distant ~ pātiri tui i raro

thunder *v*, **resound** pātiri

Thunnus alalunga, tuna, tunny 'ā'ahi ('a'ahi) tari'a

Thunnus albacarea, tuna, albacore 'ā'ahi, 'a'ahi

Thursday mahana maha

thus, that way nā reira

thus, therefore nō reira

thus (before a quotation), **thus saying, (speak** or **say) thus** or **that way**, (also:) **in such a way** nā 'ō, nā'ō Thus spoke the minister ... Nā 'ō te 'orometua a'o ē ... He then said to them: Nā 'ō atura 'ōna iā rātou: "This is a strange thing," said Keawe [then]. Nā 'ō atura 'o Ke'aue: "Eaha ra te māere 'ē!" (from R. L. Stevenson's The Bottle Imp, freely translated by John [Tihoni] Martin) An

thwart

angel of the Lord appeareth in a dream to him [Joseph] in Egypt, [~] saying, ... 'Ua fā maira te hō'ē melahi [pronounced merahi] a te Fatu, fa'aheita'oto maira iāna ['ā Iotepa], nā'ō maira: ...

thwart (of a canoe) huhu'i

thy, your tō, tā

ti plant, Cordyline fruticosa 'autī (note that 'aute means hibiscus and aute refers to the paper mulberry tree), tī

root of the **ti plant** tī This is the root from which the Bounty mutineers on Pitcairn made the strong liquor (brandy) which contributed to the unrest and conflicts which came to dominate their settlement. In Hawai'i ti root brandy is called Okolehau.

ticket tīteti

ticket, fine, penalty parau fa'autu'a

tickle *vi*, (also:) **tickling** and **tickled** māineine, kirikiri (slang)

tickle *vt* ha'amaineine

tidal wave miti rahi, pau miti rahi

tide (high) nanura'a (o te) miti, fa'ananura'a miti, pānanura'a (o te) miti

tide (low) pāhe'era'a (o te) miti

tidy up, arrange in proper order fa'anahonaho

tie, tie up, bind together tā'amu, tā'ai (archaic) The rope has been well ~d. 'Ua mau maita'i te taura i te tā'amu.

tie, tie up, tie together, bind up nati, nanati, natinati

tie into a knot tāpona, tāponapona

tiger mīmī taehae (literally: ferocious cat)

tiger shark ma'o toretore

tiger shell, porcelaine shell, cowry shell pōreho; reho (when cut off and used as scraper or peeler)

tight, close together, constricted, stuck, sticking piri

tight, firm, hard, rigid, stiff 'eta'eta

tight, stingy, averse to lending 'ōpipiri, piri tao'a, hōro'a 'ino, piripiri (The Tahitians with good reason called Captain Bligh piripiri.) He doesn't want to lend his tools. 'Ua 'ōpipiri 'ōna i tāna taiha'a tāmuta.

tight (with money), **stingy** pa'ari moni, pa'ari moni atihuta, pa'ari

tight (clothes, shoes) vī My shoes are very (too) ~. E tia'a vī roa tō'u.

tighten, constrain ha'avī

tighten, fasten, fix firmly ha'amau

tighten, fasten tightly tāmau

tighten, tauten, harden, (also:) **trim, haul in on** fa'a'eta'eta ~ (trim, haul in on) the jib, the sail is flapping. 'A fa'a'eta'eta i te fē'ao, te tārepa nei te 'ie.

Tim, Timothy Timi

time taime At what ~? Eaha te taime? Your ~ was wasted. 'Ua māu'a tō 'oe taime. all the ~ pauroa te taime another ~ i te tahi atu ā taime exactly at that ~ i taua taime mau ra from ~ to ~ i te tahi mau taime one more ~ hō'ē taime toe ~ being short nō te poto o te taime

time, epoch, (also:) **generation** u'i In his ~ there were no electric lights. I tōna u'i, 'aita e mōrī uira. the young generation te u'i 'āpī

time, era, age, season tau in earlier ~s i te tau mātāmua the ~s that are gone te tau i ma'iri

time, hour hora What ~ is it now? Eaha te hora i teie nei? At what ~ does the movie start? Eaha te hora (or: Āfea) te teatara'a e ha'amata ai? ~ goes fast. E mea tere vitiviti roa te hora (hour), mahana (day), hepetoma (week), 'āva'e (month), matahiti (year).

time, season, period 'anotau rainy ~ 'anotau ua (or:) te mau mahana ua olden ~s te 'anotau tahito

at that **time** or **moment, then** i reira, i te reira taime It was at that ~ that I met him. I reira tō'u fārereira'a iāna. It was at that ~ that she came. I reira tōna haerera'a mai.

timepiece   **tired**

behind **time, late, slow, long in time** tāere

for a long **time** maoro You were there for a long ~. 'Ua maoro 'oe i reira.

next **time** i te mea i mua nei

timepiece, clock hora

times (multiplying) tai two ~ tai piti four ~ that which you paid him tā tai maha i ni'a a'e i muri a'e i tō 'aufaura'a'tu iāna ra

many **times, often** (e) mea pinepine

timid, (also:) **gentle** māmahu

timid, shy, (also:) **unsociable,** (also:) **wild** hāhape

timidity, (also:) **be** or **act timid** or **ashamed** ha'aha'amā

Timothy, Tim Timi

tin, tin can, metal container punu ~ of beef punu pua'atoro ~ of butter punu pata "~" house (with corrugated metal roof) fare punu metal roofing sheets punu fare

tinned/canned punu, tāpunu ~ butter pata tāpunu

tin (put in tin or can), **can** tāpunu

tingle (as when a body part has "gone asleep"), **pins-and-needles** hōpi'ipi'i My right leg ~s (or: has gone to sleep). 'Ua hōpi'ipi'i tō'u 'āvae 'atau.

tingling, biting, stinging, smarting vinivini (often pronounced vinivinni)

tinkle, clink, clatter, (also:) **chatter** (of teeth) 'atete (note that 'ātete means August)

tinny (sounding) 'atete

tiny, very small na'ina'i roa, iti na'ina'i

tiny, weeny, diminutive kone, kokone, konekone

tiny (metaphorically) fanau'a

-tion -ra'a

tip, bribe, baksheesh moni tāhinu

tip, gratuity moni ha'amāuruuru Tipping is totally contrary to Polynesian hospitality and can be seen as an insult. A small, useful, or decorative gift is a much nicer way to show appreciation.

tip, slant 'opa If you don't sit in the middle, the canoe will ~. 'Ia 'ore 'oe e pārahi i rōpū, e 'opa ia te va'a.

tip over, capsize, keel over, overturn tahuri, huri, hurihuri If you don't sit in the middle, the canoe will ~. 'Ia 'ore 'oe e pārahi i rōpū, e tahuri ia te va'a. If the ship had capsized, we would all have died. 'Ahiri te pahī i tahuri, 'ua pohe pauroa ia tātou.

tip over, capsize, overturn completely, be turned upside down ta'ahuri The car overturned (ending upside down). 'Ua ta'ahuri te pereo'o.

cause to **tip over, cause to capsize, cause to overturn** fa'atahuri

cause to **tip over, cause to capsize, cause to overturn completely** fa'ata'ahuri

tipsy, dizzy from being lightly intoxicated, feeling one's head spinning āniania That guy there is a little ~. E āniania ri'i tō te ta'ata a'era.

tipsy, mellow, slightly inebriated ta'ero ri'i

tire (for vehicle), **tyre** uaua, uaua huira, uaua pereo'o The car's ~ blew (was punctured). 'Ua puta te uaua (pereo'o). The car's ~ was replaced. 'Ua monohia te uaua o te pereo'o.

tire, become tired rohirohi

tire, get tired, exhaust one's strength fa'arohirohi

tired rohirohi I am very ~. 'Ua rohirohi roa vau.

tired or **weary of, bored** or **fed up with, have (had) more than enough of, find something boring** fiu Are you ~ (of what is going on?) 'Ua fiu ānei 'oe? (a common, well-meant, and considerate question in the islands, especially during a prolonged proceeding or entertainment) One does not get ~ when looking at people with happy and smiling faces. 'Eita e fiu i te māta'ita'ira'a i te mau ta'ata mata

498

'oa'oa e te 'ata'ata. I am ~ of French food. 'Ua fiu vau i te mā'a farāni. He got very ~ of fixing his lawnmower. 'Ua fiu roa 'ōna i te tātā'i i tāna tāpū matie. I am ~ of having nothing to do. 'Ua fiu vau i te fa'aea noa. I am very ~ of that moocher. 'Ua fiu roa vau i terā ta'ata tīpe'e.

tired of or **fed up** (especially) **with a person** ihuihu   I am really ~ Jean-Claude, that cocky snob. 'Ua ihuihu roa vau iā Jean-Claude, terā ta'ata 'oru'oru.

tiredness, fatigue rohirohi   That's when I noticed my (literally: the) ~. I reira vau i te 'itera'a i te rohirohi. (or:) I reira tō'u 'itera'a i te rohirohi.

tiring rohirohi, fa'arohirohi, manunu   That work is very ~. E mea rohirohi roa terā 'ohipa.

titillating vanavana (often pronounced vanavanna)

title, position, standing ti'ara'a

title (of a chapter) upo'o parau

to i, e tae atu i   This is the first time I have come (here) ~ Tahiti. 'A tahi nei au 'a tae mai ai i Tahiti nei. They went ~ Bora Bora. 'Ua haere (atu) rātou i Porapora. He swam from Uturoa ~ Taha'a. 'Ua 'au 'ōna mai Uturoa e tae atu i Taha'a.

to (a person) iā   I am talking ~ Tim. Tē paraparau atu nei au iā Timi.

to (minutes remaining to stated time) tōe e tae ai i   (It is) Five minutes ~ six. E pae miniti tōe e tae ai i te hora ono.

to (all the way to, lasting to) e tae noa'tu i   From one (o'clock) to nine (o'clock). Mai te (hora) hō'ē e tae noa'tu i te (hora) iva (vernacular:) Mai te hō'ē haere i te iva.

to (in the sense of **for**) nō, nā   This letter is ~ you. Nā 'oe teie rata. They have waited two weeks for a ship ~ (for) Tubuai. 'A piti hepetoma i teie nei tē tī'ai ra rātou (i te) hō'ē pahī nō Tupuai.

turn to, turn toward(s), (also:) **draw aside** 'ōpa'i   And the angel of the Lord went further, and stood in a narrow place, where [there] was no way to turn either ~ the right hand or ~ the left. Haere atura te melahi (pronounced mērahi) a Iehova i piha'i atu, ti'a ihora i te [hō'ē] vāhi piri, 'aita e 'ōpa'ira'a tō te pae 'atau 'ē tō te pae 'aui.

toadfish, stone-fish, stingfish, Synanceja verucosa, (also:) **Antennarius coccineus** nohu   A highly poisonous fish which lies buried on the bottom of the lagoon with its spikes turned upward; if you step on it (which could easily happen to you, because even the Polynesians sometimes fall offer to this beast), it could ruin your visit to the islands; so always wear plastic swimming sandals when you go into the water.

toast (bread) faraoa tunu pa'a, faraoa tunu toast

toast (drinking), **skål** inura'a ha'amaita'i

to **toast** or **grill** tunu pa'a

tobacco 'ava'ava

today i teie mahana

today (with reference to the past) nauanei   For unto you is born this day in the city of David a Savior, which is Christ the Lord. I nauanei ho'i i fānau ai te Ora nō 'outou i te 'oire o Davida [pronounced Tavita], 'oia ho'i te Metia ra 'o te Fatu.

toe(s) manimani 'āvae

together, all together āna'e   Let's all ~ go to the feast. E haere āna'u tātou i te tāmā'ara'a.

(both) **together, united with each other** 'āpiti, 'āpipiti   He and his friend were ~ (united) in their opinion. 'Ua 'āpiti tōna mana'o 'ē tōna hoa. They were joined ~ by the minister. 'Ua 'āpitihia rāua e te 'oromeua (a'o).

get **together** tāhō'ē

two **together** (construction by partial reduplication of verb; examples:) go ~ hahaere,   leave ~ rereva   run ~ hohoro   sleep ~ tā'ō'oto

toilet (bathroom or **lavatory** only) fare pape, piha pape

toilet, restroom, latrine, outhouse fare iti (literally: little house), **fare haumiti** (seldom heard today; literally: house for defecation) ~ bowl or seat pārahira'a fare iti ~ paper pāpie nō te fare iti Could you (please) show me (where) the ~ (is)? E nehenehe ānei tā 'oe e fa'a'ite mai i te fare iti? (or simply: Where is the ~?) Teihea te fare iti? The ~ is clogged. 'Ua mau te pape (i roto i te fare iti), e'ita e tahe fa'ahou.
token, mark, sign tāpa'o
toll, tax, duty tute
toll (as a hammer striking a bell), **knell, ring** pātē
tomato tōmātī
tomb, (also:), **cemetery** mēnema
tomb, vault vaira'a ta'ata pohe
family **tomb** or **vault** mēnema fēti'i
tombola, lottery tāvirira'a
tomorrow ānānahi, ā nānahi ~ morning ānānahi 'ia po'ipo'i (or: ānānahi i te po'ipo'i) ~ night ānānahi 'ia pō (or:) ānānahi i te pō the day after ~ ānānahi atu If you can come ~, we will be very happy. Mai te mea ē, e haere 'oe ānānahi, e 'oa'oa ia mātou. There is a festival ~. E ta'urua tō ānānahi. Let us eat and drink, for ~ we die. E 'amu tātou 'ē e inu ho'i, ānānahi ho'i tātou e pohe ai.
ton (1,000 kilograms) tane
tone (of an instrument or bell, for example), **ring, sound** ta'i, 'oto the ~ of the bell te ta'i oe
tone (of voice), **sound** huru reo, reo humble ~ reo ha'eha'a nasal ~ reo fa'o
tongs, nail puller 'iriti naero
tongs, pliers, pincers fa'ahohoni, tāhohoni, hohoni
tongue arero
tongue-and-groove tītoe ~d plank (or board) 'iri tītoe
tonight (appr. 6-8 p.m.), **this evening** i teie ahiahi
tonight (appr. 8 p.m. - 3 a.m.) i teie pō, i teie rui (ancient)
tonight (appr. 3-5 a.m.) i teie 'a'ahiata
tonsillitis, throat disease ma'i 'arapo'a
too, also ho'i, ato'a, 'oia ato'a ...and his parcel, ~. ...'e tā'na ato'a 'āfata tauiha'a There are many good things here, ~. E rave rahi ho'i te mau 'ohipa maita'i iō nei. That, ~. 'Oia ato'a. Papeete used to be the residence of the Pomare dynasty; it was a port for whalers, ~. I te taime mātāmua tei Pape'ete te nohora'a o te 'ōpū ari'i Pomare; tei reira ato'a te tāpaera'a o te mau pahī pātia tohorā.
too + quantity or **characteristic** (In Tahitian there is no direct expression for excess or deficiency such as conveyed through the word "too." Accordingly, the concept must be expressed in other terms, such as "not sufficient" for "too little":)
too little, not sufficient e'ita e rava'i
too much, very much rahi roa, rahi roa 'ino That's ~. (or:) That's very much. 'Ua rahi roa terā. He drank ~ much. (or:) He drank very much. 'Ua inu rahi roa 'ōna.
tool taiha'a tāmuta
handle of a **tool** mauha'a
tools, gear, equipment, things necessary for a job te mau 'ohipa — I got my fishing tackle ready. 'Ua fa'aineine au i tā'u mau 'ohipa tautai.
tooth niho my teeth tō'u mau niho ~brush poromu niho ~paste horoi niho
false **tooth** or **teeth, denture** niho ha'avare, niho hāmani
top, the upper part, the surface ni'a on **top** of i ni'a iho i on ~ of the table i ni'a iho i te 'amura'amā'a
top of a plant 'ōmou
topple, fall (from vertical to horizontal) farara That big tree ~d last year. 'Ua farara terā tumu rā'au rahi i te matahiti i ma'iri a'e nei.
topple, cause to fall, fell fa'afarara, fa'ata'a

topple, **tumble** or **roll down** (an incline) ta'a, tata'a
topsail 'ie fanā rahi
torch (made of coconut fronds and used by fishermen), (also:) **fish with a torch** rama fishing with a ~ tautai rama
torch, (guiding) **light, lamp, beacon, guide,** (also:) **illuminate with a torch** ti'arama, tūrama And God made two great lights; the greater light to rule the day, and the lesser light to rule the night. Hāmani ihora te Atua i nā ti'arama rarahi e piti ra, 'o te ti'arama rahi ra, ei ha'apa'ora'a ia nō te ao, 'ē te ti'arama iti, ei ha'apa'ora'a ia nō te rui. Thy word is a lamp unto my feet, and a light unto my path. E lamepa (pronounced rāmepa) tā 'oe parau i tō'u nei 'āvae, e ti'arama nō tō'u nei mau 'e'a.
torchlight procession tūramara'a
torchlight tattoo or **parade** 'ōuau'ara'a mā te rama 'ē te 'upa'upa
torment, make one grieve, cause to cry fa'ata'i
tormented, vexed by cares and anxieties, bothered pahipahi
torn, ripped mahae My shirt was ~ on a nail. 'Ua mahae tō'u 'a'ahu 'o'omo i ni'a i te naero.
torn, torn up, cut mutu, mutumutu, motu
torpedo *n & v* tōpita, tūpita
tortoise honu 'ōfa'i, honu
toss *vi*, **roll**, **rock, pitch, lurch** 'opa'opa, tī'opa'opa, hurihuri, tāhurihuri When we climbed on board we noticed that the ship ~ed a lot, even though it was moored at the pier. I tō maua pa'umara'a i ni'aiho, e i tō maua hi'ora'a te 'opa'opa ra te pahī, noa'tu e 'ua tā'amuhia i te uahu.
toss (or **roll** or **rock** or **pitch** or **lurch**) **dangerously** ta'ahurihuri And we being exceedingly ~ed with a tempest, the next day [as day(light) came] they lightened the ship. E ao a'era, huri atura rātou i te tao'a i raro i te tai, nō te mea 'ua rahi tō mātou ta'ahurihuri i taua vero ra.

the **total, the totality** (te) tā'ātoara'a, (te) rahira'a
total, add up the total 'āmui tā'āto'a
totality, entirety, whole tā'āto'ara'a
totally, in its entirety, all hope all powerful mana hope (or:) pūai hope
totter, stagger peretete
totter, stagger, (also:) **be drunk** pa'a'ina
totter, sway, be unsteady tā'ue'ue
tottering, swaying, being unsteady tā'ue'ue
touch, act of **feeling, testing with fingers** fāfāra'a
touch, feel, test with fingers, palpate fāfā
touch and examine (an object), (also:) **caress** mirimiri
touch, hold, grasp tāpe'a
touch, join, be joined together tū'ati
touch something ti'a'ia, fa'ati'a'ia Or if a soul [person] ~ any unclean thing ... he also shall be unclean, and guilty. 'Ē 'ua ti'a'ia ana'e te ta'ata i te mea vi'ivi'i ra ... 'ua vi'ivi'i ia 'oia, 'ua hara.
touch the heart of someone ha'aputapū i te 'ā'au
touched (emotionally), **moved** putapu I was (literally: My heart was) deeply ~ upon hearing the very good news. 'Ua putapū tō'u 'ā'au (or: māfatu) i te fa'arorora'a i te parau 'āpī maita'i roa.
tough, bearing with fortitude and patience fa'a'oroma'i
tough, brave, courageous, energetic, active, hard-working itoito
tough, firm, resistant (to breakage or deformation), **solid, rigid, stiff** 'eta'eta
tough (physically or mentally), **hard, resistant** pa'ari
tough (especially referring to taro), **hard** u'au'a
tough, recalcitrant, unwilling 'atā (used

after a verb) ~ **to control** (disobedient) fa'aro'o 'atā   ~ **(hard) to take or do** rave 'atā
tough, strong, robust pūai
tour, go on a tour of, go around, make the rounds of fa'a'ati, fā'ati, hā'ati   We ~ed (drove our car around) Tahiti Nui. 'Ua fa'ahoro māua i tō māua pereo'o e fā'ati i Tahiti Nui.
tour, inspect, oversee hi'opo'a
tour, travel for pleasure ori haere
tour, travel with a purpose tere, teretere
tour, visit, sightsee māta'ita'i, māta'ita'i haere
tourist, traveller, visitor rātere, ta'ata māta'ita'i
tow, tug tāvere
toward(s), to i, iā   She is going ~ her house. Tē haere nei 'ōna i tōna fare. He ran ~ you. Tē horo ra 'ōna iā 'oe ra.
toward(s) the interior of the island   i uta
toward(s) the sea   i tai
turn **toward(s), change direction** tīoi, nīoi   Turn ~ the right! 'A tīoi i te pae 'atau
turn **toward(s), change direction, veer** oi, tīpu'u   The airplane turned ~ the left. 'Ua oi te manureva i te pae 'aui.
turn **toward(s), turn to,** (also:) **draw aside** 'ōpa'i   And the angel of the Lord went further, and stood in a narrow place, where [there] was no way to turn either to[ward] the right hand or to the left. Haere atura te melahi (pronounced mērahi) a Iehova i piha'i atu, ti'a ihora i te [hō'ē] vāhi piri, 'aita e 'ōpa'ira'a tō te pae 'atau 'ē tō te pae 'aui.
towel, bath towel tauera   dish ~ tauera (tāmarō) merēti   face ~ tauera horoi mata, horoi mata   Throw in the ~ (in boxing)! Tāora i te tauera!
town 'oire   (the) main ~ (te) 'oire pū
town hall (French: mairie), **city hall** fare hau tivira (literally: house for civic government), fare ha'aipoipora'a (literally: house for weddings)
toxic fa'ata'ero, ta'ero   ~ drug rā'au fa'ata'ero
toxoplasmosis toto ta'ero
toy tauiha'a (taiha'a) ha'uti
trace, footprint ta'ahira'a 'āvae
trace, copy, write pāpa'i
trace, mark, inscribe tāpa'o
trace, regain, recover noa'a fa'ahou
trace (back), trace the history of, (also:) **recount events** tuatāpapa
tractor mātini 'ārotera'a rahi
trade, commerce 'ohipa ho'o tao'a
trade, exchange, change taui   He ~d the tractor for a new car. 'Ua taui 'ōna i te mātini 'ārotera'a rahi i te pereo'o 'āpī.
trade mark tāpa'o
trade wind, wind from the South-East mara'amu, mara'ai
trader, salesman ta'ata ho'o tao'a, ta'ata ho'o
trading post (fare) ho'ora'a tao'a
traffic terera'a
traffic sign, road sign tāpura o te ture porōmu
trafficker (ta'ata) ho'o huna
trail, drag behind one, lead (also:) **be possessed** 'aratō   He led the horse to the (fenced) enclosure. 'Ua 'aratō 'ōna i te pua'ahorofenua (usually pronounced: pū'ārehenua) i te 'āua.
train pereo'o auahi
train of a dress   hope o te 'ahu
train, accustom a person or animal to something, (also:) **tame, make docile** fa'arata
trained, accustomed, (also:) **tame, docile,** rata
tramp, vagabond, vagrant tamahaea, (ta'ata) iheihere
tramp (derogatory), **vagabond, vagrant** tohe pa'o
trample, peddle, trod on, stamp upon tāta'ahi, ta'ata'ahi
tranquilizer rā'au ha'amarū

transfer of credit (from an account) huriraʻa automatic or permanent ~ huriraʻa tāmau
transfer from one position to another faʻahaere
transfer, carry (from one place to another) hōpoi
transfer, transport faʻauta
transfer to ʻiriti ei
transform, change, (also:) **transfigure** faʻahuru ʻē
transform, become, (also:) **convert** faʻariro
transformation faʻahuru-ʻē-raʻa
transitive verb ihoparau pono
translate (verbally or in writing) ʻīriti, huri ~ into Tahitian ʻīriti (or: huri) nā roto i te reo tahiti (or:) ... ei reo tahiti She ~d the speech into (British) English. ʼUa ʻīriti ʻōna i te ʻōrerora ʻa parau nā roto i te reo Peretāne. ~ from (American) English ʻīriti (or: huri) nō roto mai i te reo marite (or:) ... mai roto mai i te reo marite
translate, explain, explicate tātara She explained the meaning of that word to me. ʼUa tātara mai ʻōna i te auraʻa o terā parau.
translate (verbally), **interpret** ʻau(v)aha She ~d from (American) English to Tahitian. ʼUa ʻauvaha ʻōna i te reo Marite nā roto i te reo Tahiti.
translated ʻīritihia, ʻīriti This (British) English book has been ~ into Tahitian. ʼUa ʻīritihia teie puta peretāne ei reo tahiti.
translation ʻīritiraʻa, huriraʻa, tātararaʻa
translation into the mother tongue parau huri
translator, interpreter, dolmetscher ʻau(v)aha
transmission faʻataeraʻa, haʻapuroraraʻa
transmit (on radio or television) haʻapuroro
transmit, send, broadcast, (also:) **cause to arrive** faʻatae Radio Tahiti is ~ting its greetings (love) to the (people of the) outlying islands which (who) are listening to its voice, and to those who are ill (in pain) and confined in hospitals, to (the people of) ʻOrofara (the leper colony in Tahiti), to the ships that sail on the ocean, and to all of Oceania: we wish you well! Te faʻatae atu nei o Rātio Tahiti i tōna arofa i tō te mau motu ātea e faʻaroʻo mai i tōna reo, ʻē te feiā māuiui i tāpeʻahia i roto i te mau fare utuuturaʻa, i tō Orofara, i tō te mau pahī e tere nā te moana, ʻē tō ʻOteania paʻatoʻa: ʼIa ora na!
transom, stern, stern counter, fantail stern marama (note that mārama means light or intelligence)
transparent, clear (sky or water), **light** (color) teatea
transpierce, pierce through, penetrate, pass or **go through** mapiha, pipiha, māiha The spear went through it. ʼUa mapiha te pātia.
transport (by some conveyance) uta, faʻauta The dictionaries were ~ed here to Tahiti by ship. ʼUa utahia mai te mau puta faʻatoro parau i Tahiti nei nā niʻa i te pahī.
transport (objects), **carry, bear** tari The books are to be ~ed to this location. ʼIa tarihia mai te mau puta iʻō nei (i teie vāhi).
transport (persons or objects), **bring, take, bear** ʻāfaʻi
transportation, carrying ʻāfaʻiraʻa
means of **transportation, conveyance, vehicle** fauraʻo
transvestite, cross-dresser māhū (only when said about or to someone who is not a transvestite, is māhū an abusive epithet)
transvestite (pejorative), **female impersonator, homosexual man** pētea
trap, noose, snare, (also:) **lasso** mārei
fish **trap, live fish storage basket** made of bamboo or wicker haʻapeʻe
fish **trap, cage with a tapered bottle neck entrance, weir** faʻa

trap

lobster **trap** puoʻōura
slip knot **trap, noose, snare** here (note that here also means love or loved one)
spring **trap** here pata
trap, set a trap, tempt, (also:) **trick, fool, deceive, mislead** rāmā The Pharisees also came unto him, tempting him [setting a ~ for him], and saying unto him, Is it lawful for a man to put away his wife for every cause? ʻUa haere maira te mau phārisea iāna ra, ʻua nāʻō maira i te rāmāraʻa mai iāna, E au ānei i te ture ʻia haʻa pae noa te tāne i tāna vahine i te mau hapa riʻi atoʻa nei?
trash, garbage pehu
trash (especially spoiled fruit), **garbage** ohi pehu
trauma, injury, damage ʻino
trauma, injury, wound, bruise pēpē
travel (with a purpose), **trip, voyage,** (also:) **purpose of a trip, mission** tere ~ agent taʻata haʻapaʻo i te mau tere ~ bag pūtē tere What is the purpose of your trip? Eaha tō ʻoe tere?
travel (with no specific purpose), **trip, voyage** haereʻa
travel (with a purpose), **take a trip, embark on a voyage** tere I suggest that (It would be nice if) you go and enjoy Disneyland when you ~ to Los Angeles. E mea maitaʻi ʻia haere ʻoe e mātaʻitaʻi ʻia Disneyland ʻia tere ʻoe i Los Angeles.
travel (here and there, as a tourist) rātere, rātere haere
travel around teretere noa
travel by sea, sail fano We saw a ship which was sailing for Papeete; we went on board and left (sailed). ʻUa ʻite māua i te hōʻē pahī tei fano atu i Papeʻete ra; paʻuma atura i niʻa iho ʻē fano atura māua.
traveler, tourist, visitor (taʻata) rātere
travelers, tourists, visitors te feiā rātere
trawl pūtō, tautai pūtō He went ~ing (for fish). ʻUa haere ʻōna i te tautai pūtō.

tremble

trawl, tow, tug tāvere tugboat poti tāvere (if small), pahī tāvere (if big)
trawler poti pūtō (if small), pahī pūtō (if big)
tread, step, stamp on, crush underfoot taʻahi
treasure, wealth, possessions faufaʻa
treasurer (taʻata) haʻapaʻo faufaʻa, (taʻata) putu faufaʻa
treat, delight, enjoyment nave
treat, fun ʻārearea
treat, pleasure (e) mea ʻanaʻanatae
treat, sensual pleasure or **delight** (e) mea navenave
treat, windfall, godsend faufaʻa rahi
treat, cure, give medicine to rapaʻau
treat, care for, tend, administer treatment to utuutu, utūtu
treat, care for, look after, take good care of aupuru
treat, take care, pay careful attention to haʻapaʻo
treat, take tender care of, (also:) **spoil, pamper, coddle** poihere
treat alike, consider equal faʻatū
treat as a friend faʻariro ei hoa
treat or **receive someone well** fāriʻi maitaʻi
treat someone like a pig haʻapuaʻa
treaty, agreement parau faʻaau
tree tumu rāʻau, rāʻau (examples:)
coconut **tree, Cocos nucifera** tumu haʻari, niu (See article under **coconut palm**.)
lilac **tree, Melia azedarach** tīra, (on Rapa Nui [Easter Island] referred to as:) miro tahiti
a deciduous **tree** bearing scarlet flowers, **Erythrina indica** ʻatae
a large timber **tree, Calophyllum inophyllum** tāmanu, ʻati
tremble, shiver rūrū I shivered with cold. ʻUa rūrū vau i te toʻetoʻe.
tremble (lips) ʻamiʻami Her lips were trembling with cold. ʻUa ʻamiʻami tōna

504

'utu i te to'eto'e.
trial, inquest, court proceeding ha'avāra'a
tribe(s), descendants 'āti the ~s of Juda. te 'āti Iuda (pronounced Iuta). And they warred against the Midianites, as the Lord commanded Moses; and they slew all the males. Tama'i atura rātou i te 'āti Midiana [pronounced Mitiana], i tā Iehova i fa'aue mai iā Mōse [pronounced Mōte] ra; hope roa a'era te mau tāne i te pohe ia rātou.
tribunal, court tiripuna
tributary, confluent stream ma'ara'a pape, ma'ara'a vai
trick (in a game), **match** perēra'a
trick, trap, tempt rāmā
trick, trickery, deception 'ohipa ha'avare
trick, trickery, means of deception, ruse, guile rāve'a ha'avare
trick, con, hoodwink, "take for a ride" fa'arapu (roa)
trick, deceive, lie ha'avare
trick, fool, bamboozle tāviri I was ~ed. 'Ua tāvirihia vau.
trick, trap, set a trap, tempt, (also:) **fool, deceive, mislead** rāmā The Pharisees also came unto him, tempting [trying to ~] him, and saying unto him, Is it lawful for a man to put away his wife for every cause? 'Ua haere maira te mau phārisea iāna ra, 'ua nā'ō maira i te rāmāra'a mai iāna, E au ānei i te ture 'ia ha'a pae noa te tāne i tāna vahine i te mau hapa ri'i ato'a nei?
trickster, con man ta'ata fa'arapu (roa) Watch out, that guy is a ~. Ha'apa'o maita'i, e ta'ata fa'arapu roa terā.
tricky, deceptive, false ha'avare
tricolored fusilier (fish), **Pterocaesio tile** 'urio, 'urie
tridacna, shellfish, Tridacna elonga pāhua This particular shellfish can, especially in the Tuamotus, become very large and constitute a danger to you when diving to the bottom of the lagoon, if your feet or hands get caught in its grip.
trigger, switch, release mechanism patara'a, pata
trigger, pull a trigger, release, (also:) **set going, turn on** pata
trigger-fish, file-fish 'ō'iri maimai
trigger-fish, garfish 'ō'iri
trigger-fish, spotted rabbitfish, Siganus rivulatus mārava
trilobed Maori wrasse, Cheilinus trilobatus papae mara
trim, cut 'oti'oti
trim, prune tope, topetope
trim, tighten, haul in on fa'a'eta'eta ~ (tighten, haul in on) the jib, the sail is flapping. 'A fa'a'eta'eta i te fē'ao, te tārepa nei te 'ie.
trip (with no specific purpose), **voyage** haere'a
trip (with a purpose), **voyage,** (also:) **purpose of a trip, mission** tere What is the purpose of your ~? Eaha tō 'oe tere?
trip, fall head first tītāpou
trip or **fall backward(s)** tītāpou 'ōfera
trip or **fall** after losing one's balance hi'a
triplets pūtoru
triumph, coming out ahead or **on top, vindication** upo'oti'ara'a
triumph, glory, splendor hanahana
triumph, success, luck manuia, manuiara'a
triumph or **win** or **over someone or something** (also in an argument), **conquer, be victorious, overcome,** (also:) **come out ahead** or **on top** upo'oti'a He ~ed over his enemies. 'Ua upo'oti'a 'oia i tōna mau 'enemī.
triumph, gloat, boast (by aggrandizing oneself) fa'ateitei iāna iho
triumph, win, get the prize noa'a te rē He ~ed (won). 'Ua noa'a te rē iāna.
triumph, succeed, be lucky manuia
triumphal hanahana
triumpher, triumphator ta'ata i

troca   **troubled**

upo'oti'a

troca (a shellfish), **Trocus nitoticus** mā'oa taratoni

troll (fishing), **trawl** tautai pūtō, pūtō He went ~ing (for fish). 'Ua haere 'ōna i te tautai pūtō.

trombone pū fa'anu'unu'u

troop, unit of soldiers pupu fa'ehau

troop(s), army nu'u

tropic bird (a species of parakeet), **sea bird, Phaeton aethereus** tava'e

tropical cyclone (extremely strong gusts of wind accompanied by rain), **typhoon** mata'i rorofa'i

tropical porgy (a sparid fish sometimes referred to as **snapper**), **tropical gilt-head, Monotaxis grandoculis** mū

tropical tarpon (a large game fish), **Megalops cyprinoides** rōpā

troposphere reva piri fenua upper limit of the ~ 'ōti'a reva piri fenua

trot horo 'urī

trouble, bother, annoyance, worry, (also:) **quarrel(ing), squabble** pe'ape'a No ~! Don't worry! It doesn't matter. (also:) You are welcome! (in response to Thank you!) 'Aita (e) pe'ape'a. You were (or are constantly) asking for ~. Tē onoono ra 'oe i te pe'ape'a. some drunks who are looking for ~ te tahi mau (ta'ata) ta'ero 'ava tei 'imi i te pe'ape'a Their ~ (quarreling) is unending. E pe'ape'a hau 'ore tō rāua.

trouble, care, concern, worry tapitapira'a They have no care for the morrow (literally: their survival). 'Aita tā rātou e tapitapira'a nō tō rātou orara'a.

trouble, difficulty, entanglement, (also:) **be in trouble** or **have difficulties** fifi He is in ~. (or:) He has difficulties. Tei roto 'ōna i te fifi.

trouble, distress, anxiety ahoaho He is (or was) in ~. (or:) He is (or was) beset by anxiety. 'Ua ro'ohia 'ōna i te ahoaho.

trouble, disturbance, riot, agitation 'ārepurepura'a Riots took place in France. 'Ua tupu te 'ārepurepura'a i te fenua Farani.

trouble, instability, agitation, disorder, (also:) **shaking** 'āueue

trouble, misfortune, accident, (also:) **have trouble with** 'ati I was very disturbed to hear about that ~. 'Ua horuhoru tō'u 'ā'au i te fa'aro'ora'a i terā 'ati. He has had ~ with the French police. 'Ua 'ati 'ōna i te mūto'i farāni.

trouble, (too) much work (te mea) 'ohipa rahi

trouble (someone) fa'ahoruhoru It is that piece of news that has ~d the politicians. Nā terā te parau 'āpī i fa'ahoruhoru i te 'ā'au o te feiā poritita.

trouble (someone), **bother, cause to worry** ha'ape'ape'a Don't ~ your mind [with that]! (Don't worry!) Eiaha e ha'ape'ape'a i tō 'oe mana'o!

trouble, disturb, make noise fa'a'āhoahoa Teiho arrived drunk and disturbed our conversation. 'Ua tae mai Teiho e tōna ta'ero 'ē 'ua fa'a'āhoahoa i tā māua paraparaura'a.

trouble or **disturb** the water 'ārepu (also used in politics), fa'a'ehu, tūreru

troubled (politically), **disturbed** 'ārepurepu

troubled (of water), **muddied, muddy** reru The water is muddied, it is raining (there) in the mountains (literally: inland). 'Ua reru te pape, e ua terā i uta.

troubled, worried pe'ape'a Don't be ~! (or:) Don't worry! 'Aita (e) pe'ape'a! I am very ~, my wife has not returned yet. 'Ua pe'ape'a roa vau, 'aita ā tā'u vahine i ho'i mai.

troubled, mentally disturbed, agitated 'āehuehu

troubled, perplexed, (sometimes also:) **embarrassed** tapitapi You are really too ~(worried). (or:) You really worry too much. 'Ua tapitapi roa iho nei 'outou.

troubled (of mind or heart) horuhoru I was greatly ~ in hearing those news. 'Ua horuhoru tō'u 'ā'au i te fa'aro'ora'a i terā parau 'āpī.
trouble-free 'aita (e) pe'ape'a
troubles pohe
have **troubles** (be on bad terms) with somebody pe'ape'a They have ~ (with each other). 'Ua pe'ape'a rāua.
troublesome, (also:) **troublesome thing** or **matter** (mea) pe'ape'a A ~ thing happened. 'Ua tupu te hō'ē pe'ape'a.
troublesome, difficult, entangled fifi
troublesome, obnoxious, obstinate, aggressive huehue He is obnoxious when drunk. E ta'ata huehue 'ōna 'ia ta'ero.
trough (large wooden plate or bowl used as a mortar for preparing food or medicine) 'umete
troup, (also:) **band, gang,** (also:) **flock, herd** nana The band of thieves was arrested.
trousers, pants, slacks, breeches piripou 'āvae roa, piripou
"trout" (a kind of small fresh-water fish), **perch, Kuhlia rupestris** nato
trowel ha'amānina tīmā, tipi parai tīmā
truant, playing hooky tāiva child who is ~ (plays hooky) tamari'i tāiva i te haere ha'api'ira'a (or:) tamari'i fa'atau ha'api'ira'a
truck pereo'o rahi uta tao'a
"truck," (passengers and cargo), **district bus** pereo'o mata'eina'a, "truck" (colloquial loan word) Is there a ~ that goes around the island? E pereo'o mata'eina'a ānei te haere e fa'a'ati i te fenua ta'ato'a?
true, real, exact mau It's ~. Parau mau. (or:) 'Oia mau. It's very true. 'Oia mau roa.
truly 'oia mau
trumpet pū The ~ sounded. 'Ua 'oto te pū. Sound the ~! 'A fa'a'oto i te pū!
trumpetfish, Aulostomus valentini 'aupāpā tohe tūpou
trunk, box, case, chest 'āfata
trunk of a tree tumu
trust, confidence in, faith in, belief, hope ti'aturira'a
trust, have confidence in, have faith in, believe in, hope ti'aturi I ~ you. Tē ti'aturi nei au iā 'oe.
trusting ti'aturi
truth, sincerity parau mau, parau ti'a You speak the ~. E parau mau tā 'oe. I am the way, the ~, and the life. 'O vau te 'ē'a, 'ē te parau mau, 'ē te ora.
try, attempt, try out, (also:) **taste** tāmata, tāmatamata
try hard, exert oneself tapi I really tried hard to go to Funafuti. 'Ua tapi au, nō te haere i Funafuti.
try hard, make an effort rohi I tried hard to repair the engine. 'Ua rohi au i te hāmanira'a i te mātini.
try hard, try one's best, work hard at, make an extreme effort tūtava I am ~ing hard to make that project succeed. Tē tūtava nei au i terā 'ōpuara'a 'ia manuia. We try our best. Tē tūtava nei mātou.
T-shirt, undershirt, (also:) **slip, skirt** piriaro
the **Tuamotus** Tuamotu-mā
tube (general), (also:) **vial** 'ō'ohe vial of medicine 'ō'ohe rā'au
tube, funnel tītō
tube or **pipe** (of steel or lead), **conduit** tuiō
copper **tube** or **pipe** tuiō veo
Fallopian **tube** tiupi, 'ōvītute
fluorescent **tube** mōrī tū'ana
neon **tube** mōrī neō
plastic **tube** or **pipe** tuiō 'ūraina
tuberculosis ma'i tūto'o, tūto'o
tuck or **pull up** (a dress) tūfera
tuck or **roll** or **hitch** or **turn up** (shirt sleeves, for example) pepe ~ up your dress so that it does not get wet. 'A pepe i tō 'ahu 'a rari i te vai.
Tuesday mahana piti

tufted tern, Thalasseus Bergi cristalus tarapapa, taraoha

tug, tugboat poti tāvere (if small), pahī tāvere (if big)

tug, pull, drag, draw along huti

tug, tow tāvere

tumble, overturn, turn upside down, (also:) **capsize** ta'ahuri

tumble or **roll down, roll over and over** (down an incline) ta'a

tumbler, (drinking) **glass** hapaina

tumbling ta'ara'a

tumor, fibroma, (also:) **abscess** pu'aroto The physician performed the extirpation of the ~. 'Ua rave te taote i te tāpū-'ē-ra'a o te pu'aroto.

tumult, uproar, racket 'aue

tuna, tunny, albacore, Thunnus albacarea 'ā'ahi

tuna, tunny, Thunnus alalunga 'a'ahi tari'a, 'ā'ahi,

white **tuna, Gymnosarda unicolor** va'u

tunic, coat, jacket, cloak, mantle pereue

tunny (see **tuna**)

turbot (shellfish), **Turbo setosus** mā'oa

turbulence, agitation, disturbance, riot 'ārepurepura'a

turbulence (atmospheric) 'āoira'a

turd pona

turkey moa ra'oro, ra'oro

turn or **bend in the road** tīpu'ura'a

turn of phrase, form tu'ura'a parau

turn, change direction, veer tīoi, fa'atīoi, tīpu'u, nīoi, oi ~ to the right tīoi i te pae 'atau The airplane ~ed left. 'Ua oi te manureva i te pae 'aui.

turn, rotate, revolve, whirl, swirl 'ohu

turn about in bed, be stretched out on one's side 'o'opa

turn about in bed, sprawl ta'aviri

turn around (a wheel, for example), **make a turn** tāviri

turn around repeatedly fāriuriu

turn on one's back huri tua He ~ed on his back. 'Ua huri tua 'ōna.

turn down, refuse pāto'i, pāto'ito'i

turn or **put in at, stay over at, stop over** tāpae, tīpae

turn one's head neva And when I ~ed my head around [looked behind my back], my dear home island Huahine stretched out [behind me]. 'Ē 'ia neva a'e au i muri i tā'u tua, tē tīraha noa mai ra tā'u 'āi'a iti 'o Huahine.

turn inside out, (also:) **(be) upside down** 'ōfera

turn many times, (also:) **zigzag** tīoioi Don't turn your head constantly in church (note that head is the subject in the Tahitian sentence)! 'Eiaha e tīoioi noa te upo'o i roto i te fare purera'a!

turn off, put out, extinguish tūpohe ~ a/the light tūpohe i te mōrī

turn on, release, (pull a) trigger, set going, (also:) **press a button** pata ~ the (electric) lamp! 'A pata i te mōrī!

turn on (a light), (also:) **kindle** (a fire), **burn** (something) tū'ama, tūtu'i Turn on the (kerosene) lamp! 'A tū'ama i te mōrī! And the priest shall burn them in the fire upon the altar. 'Ē nā te tahu'a e tūtu'i i te reira i te auahi i ni'a iho i te fata.

turn over, (also:) **lift up** pana Turn the fish over in the frying pan! 'A pana i te i'a i roto i te faraipāni.

turn over with a snap of one's wrist (for example, an omelette) pai

turn a/the page(s) huri i te 'api parau

turn part-way over tī'opa

turn to(wards), turn (around) to fāriu When he heard my voice, he ~ed towards me. I tōna fa'aro'ora'a mai i tā'u reo, fāriu maira 'ōna. Whosoever shall smite thee on thy right cheek, ~ to him the other also. 'O te moto mai i tō pāpāri'a 'atau na, e fāriu ato'a'tu i te tahi.

turn towards, (also:) **draw aside** 'ōpa'i And the angel of the Lord went further, and stood in a narrow place, where [there] was no way to ~ either to the right hand or to the left. Haere atura te melahi (pronounced mērahi) a Iehova i piha'i atu, ti'a ihora i te [hō'ē] vāhi piri, 'aita e 'ōpa'ira'a tō te pae 'atau 'ē tō te pae 'aui.

turn or **roll** or **hitch** or **tuck up** *vt* (shirt sleeves, for example) pepe Roll up your dress so that it does not get wet. 'A pepe i tō 'ahu 'a rari i te vai.

turn up one's eyelids ferafera

turn (upside down), turn over, overturn huri, huhuri, hurihuri, fa'ahuri, fa'atītāpou We'll ~ the glasses upside down. E huri (or: fa'atītāpou) tātou i te (mau) hāpaina.

turn-signal lights (on automobiles) mōrī 'amo'amo

be turned upside down, capsize tahuri The canoe capsized. 'Ua tahuri te va'a.

turnip (a kind of), **highland taro, Xanthosoma sagittafolium** taruā

turnover (type of pastry), **pie, tart** pai, faraoa pai

turnover, rotation 'ohura'a

take **turns** (construction with:) nā ...e It is Chuck's turn to speak now. Nā Tāro e parau i teie nei.

land **turtle** honu 'ōfa'i

sea **turtle, Chelonia myrdas** honu

turtledove, green dove, green pigeon, pigeon parrot, Ptilinopus purpuratus 'ū'upa And to offer a sacrifice according to that which is said in the law of the Lord, A pair of ~s, or two young pigeons. 'Ē e hōpoi atu ho'i i te tusia (pronounced: tūtia) mai tei parauhia i te ture a te Fatu ra, E piti 'ū'upa 'ē 'aore ra e piti 'ū'ū'aira'o fanau'a.

tutor metua tīa'i

twenty piti 'ahuru

twice, two times, double tāpiti

twice, two by two ta'i piti

twice, by twos tā ta'i piti

do something **twice** or **again** or **once more, repeat, do an encore** tāpiti Play (or sing, etc.) it ~! Encore! Tāpiti! She sang her song ~. 'Ua tāpiti 'ōna i tāna hīmene.

twilight, dusk 'ārehurehu, mārehurehu, rehurehu

twilight time, the beginning of twilight te 'ārehurehura'a

twilit, dusky 'ārehurehu-

twin(s) maeha'a They are ~s. E maeha'a rāua.

twine (loosely twisted) tuaina

twine (multiple-strand, tightly twisted) 'ānave

twine, string, thread, (also:) **rope, cord** taura

twinge, have spasms or **convulsions** 'iriti

twist(ed), wind (cables), **wound** 'ōfiri, 'ōfirifiri

twist *n*, **turn** tāvirira'a

twist, braid firi

twist, roll (like a cigarette), **wrap** 'ōviri

twist, turn around, make a turn tāviri

twisted, curved, bent fefe

twisted, sprained, strained 'o'i

twisted, tangled, entangled, (also:) **mixed up, confused** tāfifi

twisted (like a road), **having many turns** tī'pu'upu'u

twisted (like a rope) 'ōviriviri

doughnut **twisted** into a figure eight firifiri

twitter, chirp, squeak māuriuri

two piti, rua (archaic)

break in **two, break off, snap** 'ōfati He broke the stick. 'Ua 'ōfati 'ōna i te rā'au.

two together (construction by partial reduplication of verb; examples:) go ~ hahaere, leave ~ rereva run ~ hohoro sleep ~ tā'ō'oto

two-by-two, by twos, both (together) 'āpipiti

two-colored parrotfish, Bolbometopus bicolor uhu tōtoke

two-master, brig or **brigantine** or **schooner** pahī tira piti

two-saddled goatfish (a small black and spotted lagoon-fish), **Parupeneus**

bifasciatus 'āti'ati'a upo'o rahi
Tylosuerus crocodilus, (a kind of) swordfish 'ā'āvere
type, kind, sort, variety, species, nature huru   There are many ~s of cars in America. E mea rahi te huru o te mau pereo'o i te fenua marite. There are many kinds of birds on that island. E raverahi te huru o te manu nō terā fenua ra. There are many species of flowers. 'Ua rau te huru o te mau tiare.   And God created great whales (whale [tohorā] does not appear in the Tahitian translation) and every living creature that moveth, which the waters brought forth abundantly, after their kind. Hāmani ihora te Atua i te mau mea rarahi o te tai 'ē te mau mea ora hā'uti'uti ato'a o te moana e rave rahi mā tō rātou huru.
type, typewrite   patapata
typewriter   (mātini) patapata(ra'a) parau, patapatara'a ve'a
typhoid fever   fīva 'ā'au
typhoon (extremely strong gusts of wind accompanied by rain), **tropical cyclone** mata'i rorofa'i
typist   (ta'ata) patapataparau
tyrannize, domineer, exert authority or **power**   fa'ahepo
tyranny (as a type of governing)   hau fa'ateiaha (heavy[handed] government)

ugly, not pretty e 'ere te mea nehenehe
ugly, repugnant faufau
ugly, unsightly, disgusting, filthy hā'iri'iri
ukulele uturere Who has the best ~? O tā vai te uturere maita'i a'e?
ulcer, cancerous sore pū'ō
spreading **ulcer**, (also:) **cancerous illness** pūfao
ulcerate (sore) fao
ulceration 'a'aira'a
umbrella 'āmarara, fare 'āmarara close an ~ huhu i te fare 'amarara
U. N. (Te) Hau 'Āmui Rarotonga is in (is a member of) the ~. Tei roto Raroto'a i te Hau 'Āmui.
un- (in the sense of **without**), **in-, im-** 'ore ~equalled fāito 'ore ~intelligent māramarama 'ore
unable (making it impossible to ...) o te 'ore e ti'a 'ia ...
unable, not having the means to, finding no way to 'aita e rāve'a The president is ~ to meet them. 'Aita tā te Peretiteni e rāve'a nō te fārerei atu iā rātou ra.
unable to make up one's mind, indecisive, hesitant fē'ā'a
unable to make up one's mind (between two ideas), **indecisive, hesitant** fē'ā'a piti I was ~ to make up my mind (had two minds) about going to Mopelia. 'Ua fē'ā'a piti tō'u mana'o nō te haere i Maupiha'a.
unafraid taiā 'ore
unbelievable, incredible au 'ore 'ia fa'aro'ohia

unbelieving, without a faith mā te fa'aro'o 'ore
unbounded, (also:) **excessive** tāhiti My anger towards that crook (con man) is ~. 'Ua tāhiti tō'u riri i terā ta'ata 'ōpape.
uncertain, indefinite, unclear pāpū 'ore
uncircumcized peritome-'ore-hia
uncircumcized (an insult), **unsupercized** taiero, taioro
uncivilised, boorish, (also:) **heathen, pagan** 'etene
uncivilised, rude, crude, rough, coarse, crass, vulgar peu 'ore, ha'apeu 'ore
uncivilised, rude, impolite, behaving like a savage taevao, taetaevao
uncivilised, rude, impolite, uncultivated 'ite 'ore i te peu maita'i
uncivilised, undomesticated, wild 'ōviri
uncle, often referred to as **father** pā'ino, metua tāne fēti'i
unclean (literally or morally), **dirtied** vi'ivi'i Or if a soul [person] touch any ~ thing ... he also shall be ~, and guilty. 'Ē 'ua ti'a'ia ana'e te ta'ata i te mea vi'ivi'i ra ... 'ua vi'ivi'i ia 'oia, 'ua hara.
unclear (water or wine), **murky, cloudy** reru
unclear, uncertain, indefinite pāpū 'ore
unclothe, undress tātara (or: 'īriti) i te 'ahu, heuheu (archaic)
uncluttered, unencumbered, free of obstacles, unobstructed, (also:) **clear** āteatea The road is free of obstacles. (E) Mea āteatea te porōmu. The sky is clear. (E) Mea āteatea te ra'i.
unconcerned, unscrupulous māna'ona'o 'ore
unconscious (construction with mure) We were very frightened yesterday when our son became ~. 'Ua huehue māua i tā māua tamaiti inānahi ra i te murera'a tōna aho.
uncooked, raw ota The food is ~. E mea ota te mā'a.
uncover the earth oven, (also:) **reveal**

hua'i I will ~ (reveal) his story. E hua'i atu vau i tōna parau.

uncover, reveal, explain the meaning of something heheu The old man explained the meaning of the old legend of Tangaroa. 'Ua heheu mai te ta'ata rū'au i te 'a'amu tahito nō Ta'aroa.

unctuous, phony, glib, smooth ha'avarevare

undecided, hesitant fē'ā'a

undecided between two ideas, having a doubt concerning alternatives fē'ā'a piti I was ~ as to whether to travel by plane to Raiatea or by ship. 'Ua fē'ā'a piti tō'u mana'o nō te tere nā ni'a i te manureva i Ra'iātea, e 'aore ra, nā ni'a i te pahī.

under, underneath i raro a'e The cat is ~ the bed. Tei raro a'e te mīmī i te ro'i.

right under (or) **below** (or) **beneath** i raro iho

under curve of a breast tape ū

under the influence, intoxicated, drunk ta'ero a man ~ of marijuana e ta'ata ta'ero i te pa'aroro (usually pronounced pakalolo, as in Hawai'i).

undercut, hollowed out underneath, overhung tāfare, tāfarefare The waves are arched when they break. E mea tāfarefare te 'aremiti 'ia fati mai.

underneath i raro a'e

undershirt, T-shirt piriaro

understand, know 'ite If you will think about it a little, you will ~ the meaning. Mai te mea ē, e feruri ri'i 'oe, e 'ite 'oe i te aura'a.

understand, be certain pāpū I don't ~ (or:) I am not certain 'Aita e pāpū iā'u. It is very difficult for me to speak Tahitian on the telephone and ~ing it is even harder. E mea fifi roa iā'u i te parau tahiti nā roto i te niuniu 'ē te pāpūra'a i te aura'a e mea fifi roa atu a'e.

understand, be clear about ta'a, ta'a pāpū Did you ~ what he said? 'Ua ta'a ānei iā 'oe tāna parau? I understood well what he said. 'Ua ta'a maita'i (or: 'Ua ta'a pāpū) iā'u tāna parau. I don't ~. 'Aita i ta'a maita'i iā'u. (or:) 'Aita i pāpū iā'u. You do ~. Tē ta'a ra (iā) 'oe.

understand, (also:) **hear it said that, catch rumors that** hāro'aro'a So I ~. (I have heard that said.) 'Ua hāro'aro'a vau i terā parau.

easy to understand, clear ta'ata'a (maita'i) Your speech is easy to ~. 'Ua ta'ata'a maita'i tā 'oe parau.

understood, having become certain pāpū

understood, having been clarified ta'a

understood, known 'itehia

undo (knot, cord, bolt, nut), **loose** matara The ship's hawsers were cast off. 'Ua matara (or: ha'amatarahia) te taura pahī.

undo (knots), **untie** ha'amatara

undo, untie, unscrew, remove bolt or **nut, remove** tātara

undomesticated, untamed, wild 'ōviri

(come) **undone** or **loose** or **untied** matara

undress, unclothe tātara (or: 'īriti) i te 'ahu, heuheu (archaic) The woman ~ed. 'Ua tātara te vahine i tōna 'ahu.

unencumbered, cleared, (also:) **clean, pure** mā

unencumbered, uncluttered, free of obstacles, (also:) **clear** āteatea The road is free of obstacles. (E) Mea āteatea te porōmu. The sky is clear. (E) Mea āteatea te ra'i.

unending, incessant tu'utu'u-ore Thanks to his great patience for my ~ questions I succeeded in my pursuit (also: research). 'Aua maoti tāna fa'a'oroma'ira'a rahi i tā'u mau uiuira'a tu'utu'u-'ore i manuia ai tā'u mau mā'imira'a.

unequal(led), (also:) **uneven** 'aifāito 'ore, fāito 'ore

uneven, (also:) **warped** pu'upu'u ~ ground (e) fenua pu'upu'u

uneven or **varying in diameter** 'ari'ari

unfasten, untie, unscrew, remove bolt or **nut,** (also:) **undress** tātara

unfastened, untied, unscrewed, opened, detached tātarahia

unfold (clothing), **rid clothing of folds** or **pleats** ferafera

unforced, voluntary fa'ahepo 'ore

unforgiving, holding on to grudges, vindictive tāmau i te 'ino'ino

unintelligent māramarama 'ore

unintelligible, (also:) **mute, dumb** vāvā

union (between people), **bond** tāhō'ēra'a

union (church), **binding together** tā'amura'a

in **unison** (construction with:) verb + 'āmuihia The national anthem was sung in ~. 'Ua hīmene-'āmui-hia te hīmene 'āi'a.

unit tahira'a, hō'ēra'a

unit of soldiers, troop pupu fa'ehau

unite, join (together), connect tū'ati Nowadays Greater Huahine and Smaller Huahine are joined by a bridge. I teie nei, 'ua tū'atihia Huahine Nui 'ē Huahine Iti i te hō'ē 'ē'a turu.

unite, join, become associated with a group, mingle (with) 'āmui

unite, join, bind or **fasten together,** (also:) **attach** tā'amu

unite, join, get together tāhō'ē, autāhō'ē

unite, join (together), form a unit 'ati, 'a'ati, 'ati'ati, tā'ati Eno and Fīfī were ~d in marriage last year. 'Ua 'atihia (or: tā'atihia) Eno rāua o Fīfī e te ha'aipoipora'a i te matahiti i ma'iri a'e nei.

(cause to) **unite** or **join together** tā'ati, fa'atū'ati Eno and Fīfī were joined together by the Protestant minister. 'Ua tā'atihia Eno rāua o Fīfī e te 'orometua Porotetani.

united, tied together tā'amura'ahia

United Nations (Te) Hau 'Āmui Rarotonga is in (a member of) the ~. Tei roto Raroto'a i te Hau 'Āmui.

United States of America (Te Hau 'Āmui) Marite

university (fare) ha'api'ira'a tuatoru

unkind, bad, wicked, evil 'ino

unleavened bread pane fa'ahōpue-'orehia, (sometimes:) faraoa 'īpō Seven days [nights] shall ye eat ~. 'Ia ru'i hitu 'outou i te 'amura'a i te pane fa'ahōpue-'ore-hia.

unless, except that, save for maori rā You cannot learn the Tahitian language well ~ you speak it continually. 'Aita e nehenehe iā 'oe 'ia ha'api'i maita'i i te reo tahiti, maori rā 'ia paraparau noa 'oe. I don't like to cook ~ my wife will help me. E 'ere i te mea au roa nā'u 'ia tunu i te mā'a, maori rā 'ia tauturu mai tā'u vahine iā'u.

unload, discharge (cargo) huri i raro, huri, hurihuri And this was the day of the steamer [literally: when the steamer will come in]; he could see her smoke off Kalaupapa; and she must soon arrive with [literally: ~] a month's goods. Te mahana mau ho'i teie e tapae mai ai te tima; tē 'ite ra 'oia i te auauahi o te pahī i tua mai i Kala'upapa; e'ita e maoro roa te pahī e tāpiri ai i te uāhu nō te huri mai i te mau tauiha'a nō te hō'ē 'āva'e te maoro. (From R. L. Stevenson's The Isle of Voices, freely translated by John [Tihoni] Martin).

unlucky pāoa He was ~ in the lottery. 'Ua pāoa 'ōna i te tāvirira'a.

unmarried, single ha'aipoipo-'ore

unobstructed, unencumbered, free of obstacles, uncluttered, (also:) **clear** āteatea The road is ~. (E) Mea āteatea te purōmu. (or:) 'Ua vata te purōmu. The sky is clear. (E) Mea āteatea te ra'i.

unoccupied, vacant, free, empty, unobstructed vata, vatavata

unopened 'aita i 'īritihia

unopened blossom, bud 'umoa, 'imoa

unpleat

unpleat (clothing), **rid clothing of folds** ferafera

unremittingly tu'u 'ore

unrenowned, of little renown, ordinary, humble ri'iri'i the ~ people te feiā ri'iri'i

unripe (said of all fruit except coconuts for which see the entry), **green** (in that sense) pu'u

unripe (said of fruits and vegetables [except coconuts and tubercles] not yet fully filled out), **young** (in that sense) pī

unroll, (also:) **roll up,** (also:) **roll** *vi* tāviri

unroll and examine clothing vevete, vetevete

unsafe, precarious, dangerous, (also:) **difficult** fifi, fifififi ~ (difficult) curve tīpu'ura'a fifi

unsafe, dangerous, frightening ataata, atāta (be careful about the pronunciation, since 'ata'ata means "funny" or "smiling"), temutemu A storm is ~ on the high seas. Mea ataata te vero i tua. It is ~ to climb that mountain. E mea ataata 'ia ta'uma i ni'a i terā mou'a.

unsafe in the sense of **uncertain** or **unclear** pāpū 'ore

unscrew, remove bolt or **nut, untie, free from entanglement** tātara

unscrupulous, debased, vile faufau

unscrupulous, dishonest, lying ha'avare

unscrupulous, evil-doing peu 'ino

unscrupulous, pitiless, ruthless arofa (aroha) 'ore

unscrupulous, thieving 'eiā

unscrupulous, unconcerned māna'ona'o 'ore

unsettled, unstable, having "lost one's head" 'ua huru nevaneva

unshakable (literal and figurative) 'āueue'ore

unsightly, disgusting, filthy hā'ir'iri

ugly, repugnant faufau

unsightly, ugly, not pretty e 'ere te mea nehenehe

until

unskilful, maladroit, awkward, incapable, ignorant ma'ua

unstable, changeable, changing, fickle 'ōfirifiri The wind is ~. Tē 'ōfirifiri noa ra te matai.

unstable, rolling from side to side, lurching, cranky 'opa'opa When we climbed on board we noticed that the ship was ~ (rolling a lot), even though it was moored at the pier. I tō maua pa'umara'a i ni'aiho, e i tō maua hi'ora'a te 'opa'opa ra te pahī, noa'tu e 'ua tā'amuhia i te uahu.

unstable, unsettled, having "lost one's head" ('ua) huru nevaneva, nevaneva

unstained (in both a literal and moral sense), **pure** vi'ivi'i 'ore ~ woman (virgin) vahine vi'ivi'i 'ore The coconut water is pure (a pure juice). E pape vi'ivi'i 'ore te pape ha'ari.

be **unsteady, sway, totter** tā'ue'ue

unsupercized (an insult), **uncircumcized** taiero, taioro

untamed, undomesticated, wild 'ōviri

untangle, comb out, undo (knots), **untie,** (also:) **open** ha'amatara Your hair is tangled (up), I'll ~ it (comb it out). 'Ua tāfifi tō 'oe rouru, nā'u e ha'amatara.

untie, loosen, make something **come loose** tāhemo, tāhemohemo

untie, unscrew, loosen, undress, open (up) in the sense of **disentangle,** (also:) **explain,** (also:) **free (from), liberate** tātara ~ the rope! 'A tātara i te taura! The woman undressed. 'Ua tātara te vahine i tōna 'ahu.

become **untied** or **undone** or **loose** matara The ship's hawsers were cast off. 'Ua matara te taura pahī.

until ... e tae noa'tu (noa atu) i ... From two ~ nine o'clock. Mai (te) hora piti e tae noa'tu i (te) hora iva. (vernacular:) Mai hora piti haere i iva. You should take that medicine from this day on ~ you get well. 'Ia rave 'oe i terā rā'au mai teie atu mahana e tae noa atu i tō 'oe maita'ira'a. We (the two of us) talked ~ the middle of the night. 'Ua paraparau māua e tae noa'tu i te tu'ira'a pō.

unusual, strange, different, changed (from before or from the usual or expected) huru 'ē   I had an ~ feeling   'Ua huru 'ē o vau.   You seem different from before.   'Ua huru 'ē 'oe.

unusual, strange, different, odd, eccentric 'ē, (plural:) 'e'ē, 'ē'ē   ~ goings on   'ohipa huru 'ē   He is a very ~ person.   E ta'ata 'ē roa 'ōna.

unusual, strange, extraordinary, (also:) **different, separate from something else** ta'a 'ē   That's ~.   E mea ta'a 'ē te reira. They have very ~ customs.   E mau peu ta'a 'ē roa tā rātou.

unwilling (also: **unwillingly** after a verb), **recalcitrant** 'atā   ~ to obey fa'aro'o 'ore   ~ to learn   ha'api'i 'atā

unwilling to forgive and forget, vindictive, holding on to grudges tāmau i te 'ino'ino

up, (up) above, on, top, over i ni'a, i ni'a a'e, i ni'a iho   ~ in the sky   i ni'a i te ra'i   ~ above (or) on   i ni'a iho   He climbed ~ the tree.   'Ua pa'uma 'ōna i ni'a iho i te tumu rā'au.   on the table   i ni'a iho i te 'amura'amā'a   The airplane is over the ocean.   Tei ni'a a'e te manureva i te moana (or:) miti.

upbringing, breeding fa'a'amura'a
Upeneus vittatus, a kind of **goatfish** fa'ia
upon, on i ni'a (iho)   And the priest shall burn them in the fire ~ the altar.   'Ē nā te tahu'a e tūtu'i i te reira i te auahi i ni'a iho i te fata.

upper arm huha rima
upper eyelid tāpo'i mata
uproar, tumult, racket 'aue
uproot tāa'a
upset, disgruntled, disappointed fa'ati'ihia
upset, disgruntled, resentful, vexed, chagrined, upset, hurt 'ino'ino

upset (nervously), **irritated** o'ō'o   He is ~ about his girlfriend.   'Ua o'ō'o 'ona i tāna hoa here.

upset, troubled of mind or heart horuhoru   I was really ~ (troubled at heart) on hearing that news.   'Ua horuhoru tō'u 'ā'au i te fa'aro'ora'a i terā parau 'āpī.

upset (of stomach) tāviriviri   My (literally: The) stomach is ~ (turning over and over).   'Ua tāviriviri te 'ōpū.

upset, vex, hurt, sadden ha'apahi   Wherein have I wearied (~) thee?   Eaha te mea i ha'apahihia ai 'oe e au?

upsetness, disgruntlement, disappointment fa'ati'ira'a

upsetness, disgruntlement, resentment, vexation, chagrin 'ino'ino

turn **upside down, turn over, overturn** huri, huhuri, hurihuri, fa'ahuri, fa'atītāpou   We'll turn the glasses ~.   E huri (or: fa'atītāpou) tātou i te (mau) hāpaina.

(be) **upside down,** (also:) **turn inside out** 'ōfera   He fell ~.   'Ua topa 'ōfera 'ōna.

upstanding, worthy, righteous ti'a
upward, rising, ascendant, (also:) **climb, mount, ascend** ta'uma, haere i ni'a, pai'uma (ancient)

drift or be lifted **upwards** or **aloft, be liftable, rise, ascend** mara'a   The price of goods will drift ~.   E mara'a te moni tauiha'a.   The sea rose.   'Ua mara'a te miti.   Can you carry that heavy suitcase? (literally: Is that heavy suitcase liftable to you?) E mara'a ānei terā 'āfata taiha'a toiaha iā 'oe?   I can carry this suitcase. (That suitcase is liftable to me.) E mara'a teie 'āfata taiha'a iā'u.

urban, metropolitan nō te 'oire
urban or **metropolitan authority** mana hau metua
urgency, rush, haste, hurry, (also:) **impatience,** (also:) **be in a rush** or **hurry**

urgent   **utensils**

rū Don't be in a ~! (or:) There is no urgency! (or:) Wait a moment! (or:) Hold it! (or:) Don't be impatient. 'Eiaha e rū! (vernacularly almost always shortened to:) Hērū!

urgent rū

urgent, insistent onoono She insists on the doctor's coming to see her. Tē onoono nei 'ōna 'ia haere mai te taote iāna ra.

urinary bladder 'ōpūpū 'ōmaha, tōāmimi

urinate 'ōmaha, mimi (seldom heard) Don't sleep on the side of the road lest you be ~d on by the dogs! 'Eiaha e ta'oto i te hiti porōmu 'a 'ōmahahia e te 'ūrī!

urine 'ōmaha, mimi (seldom heard) smelling like **urine** veoveo, 'ōveoveo

Urostigma prolixum, banyan (tree) 'ōrā

U. S. A. (Te Hau 'Āmui) Marite

usage (referring to language and grammar) vaifau established or accepted by ~ vaifauhia

use *n* fa'a'ohipara'a

be made **use** of 'ohipa(hia) That car has been made ~ of by Bill. 'Ua 'ohipahia terā pereo'o e Viriamu.

use *vt* fa'a'ohipa, fa'arave i te 'ohipa, often also conveyed by placing the prefix tā- before the word

use bamboo joints as containers tā'ofe (note that taofe means coffee), tā'ohe

use or **put on one's belt** tāhātua

use feet to hold something tā'āvae

use fire tāhauahi

use guttural r's in speech (like the French) parare The French cannot pronounce the Tahitian letter r. E reo parare tō te farāni.

use a knife tātipi

use pincers or **pliers** or **tongs**, (also:) **nip** tāhohoni

use rope or **cord** tātaura

use sail, to sail tā'ie

use a spoon tāpunu

use torchlight tūrama, tūramarama

use up, consume, spend completely,

exhaust ha'apau

use up, spend or **expend** excessively, (also:) **waste** ha'amā'ua (note that ha'ama'ua means "act ignorant" or "treat as ignorant") How much money did you ~ for (spend or waste on) hard booze? Ehia moni tā 'oe i ha'amā'ua nō te 'ava ta'ero?

used or **accustomed to, be experienced** or **knowledgeable** mātau (note that mata'u means to fear), mātaro, mātauhia, mātarohia, ha'amātarohia I am ~ to working. 'Ua mātau vau i te rave i te 'ohipa. I am ~ to handling (know how to handle) sail boats. 'Ua mātaro vau i te fa'atere poti tāi'e.

used to, experienced, (also:) **hardened to** tau He has become quite skillful with his hands (literally: His hands have become experienced.) 'Ua tau tōna rima i teienei.

get someone **used to, accustom** ha'amātau, ha'amātaro

get a person or animal **used to** something, (also:) **tame, make docile, train** fa'arata

used up, consumed, expended, spent, having ceased to exist pau The wine is ~. 'Ua pau te uaina.

useful, important, valuable faufa'a

useless, unimportant, worthless faufa'a 'ore He threw all of his ~ things away. 'Ua tā'ue pauroa ('ōna) i tāna mau tauiha'a faufa'a 'ore.

usual, customary mātau, mātaro, mātarohia At the ~ time which is two o'clock. 'O te hora mātarohia, 'oia ho'i, hora piti.

usual(ly), often (occurring), frequent(ly) pinepine, (e) mea pinepine Do you ~ eat Tahitian food? E 'amu pinepine ānei 'oe i te mā'a tahiti?

usually (when it carries the idea of persistence:) **ever, still, on** noa My wife is ~ (or: keeps) telling me that ... Parau noa mai tā'u vahine ē ...

utensils, appliances, furniture, ordinary

possessions, baggage, artifacts, objects (artificial)   taiha'a, tauiha'a, tauha'a
uterine contraction   ha'apa'ararira'a vaira'a tamari'i, tū'i
extra-**uterine pregnancy**   hapūra'a rāpae i te vaira'a tamari'i
uterus   vaira'a tamari'i
utility, worth, importance   faufa'a
utterance   parau

vacant — vanity

vacant, unoccupied, free, empty, unobstructed vata, vatavata
vacation (from school) fa'a'orera'a ha'api'ira'a
vacation (from work) fa'afa'aeara'a, tau fa'aeara'a 'ohipa
vaccination pātia ārai ~ against measles pātia ārai ma'i pu'upu'u
vacuum, empty space, void, nothingness, (also:) **sky** (higher than indicated by the Tahitian word ra'i), **canopy of heaven** aore
vagabond, beachcomber 'ōtu'u (actually the name of a grey heron that used to wander the island beaches), ta'ata 'ōtu'u
vagabond, tramp, vagrant tamahaea, (ta'ata) iheihere
vagabond, wanderer (ta'ata) 'āvaetere
vagabond (derogatory) tohe pa'o
vagina raho, mero vahine, anahua, pāhua (slang), 'auaha (vulgar)
vain, conceited, self-aggrandizing fa'ateitei For whosoever exalteth himself shall be abased. 'O tei fa'ateitei ho'i iāna iho ra, e fa'aha'eha'ahia ia.
vain, (also:) **elegant, graceful** i'ei'e
vain, pretentious, putting on airs ha'apeu
vain, snobbish fata ~ person ta'ata fata
vain, snobbish, self-important, pompous, stuffy, snotty 'oru'oru
vain, snobbish, snotty, "on high horses" teitei (when said in a critical or deprecating voice or context; otherwise teitei can mean high-placed or of high standing)
vain, snobbish, stuck-up te'ote'o
vain, useless faufa'a 'ore
in **vain** ma te 'ere
validation ha'amanara'a
stamp of **validation, visa** tītiromana
validify, notarize, (also:) **empower, authorize** ha'amana
valley fa'a The property is located inland in the ~ of Hopa. Tei uta te fenua, i roto i te fa'a i Hopa.
upper part of a **valley,** (also:) (planted) foodgrowing **valley** peho Yea, though I walk through the ~ of the shadow of death, I will fear no evil. 'Ē 'ia haere noa'tu vau nā te peho ra, o te maru pohe, e 'ore ā vau e mata'u i te 'ino.
valuable, useful, important, (also:) **rich, wealthy** faufa'a
value, price ho'o
value, usefulness, importance, (also:) **wealth, means** faufa'a
decrease in **value, depreciation of capital** moni iti
increase in **value, appreciation of capital** moni hau
valueless (mā te) faufa'a 'ore
valve, gate, faucet, spigot, tap, cock harera'a — water ~ haerera'a pape air ~ haerera'a mata'i smoke or vapor ~ haerera'a auauahi
valve (of shellfish) 'api
Vandellia crustacea (a medicinal plant) ha'eha'a
vanilla vānira raise ~ fa'a'apu i te vānira
plant used as support for **vanilla, Stenobomium stans** pīti
vanish, become nonexistent, disappear 'ore
vanity, conceit, being stuck-up te'ote'o
vanity, snobbishness, self-importance, pomposity, stuffiness 'oru'oru
vanity, uselessness faufa'a 'ore the ~ of worldly things te taufa'a 'ore o te mau mea o te ao nei

519

vanquished, conquered, destroyed pau
vapor, smoke auauahi, au auahi He choked from the poisonous ~. 'Ua ihuihu 'ōna i te auauahi ta'ero.
vapor, steam hou water ~ hou pape cook with steam tunu hou
vaporize, use a vaporizer pāmu
vaporizer pāmu
varicella, chicken-pox 'ōniho
varicose, swollen (of veins), protruding (to)toroma'a I have ~ veins in my legs. E 'āvae uaua totoroma'a tō'u.
variety, kind, sort, type, species, nature huru There is a great ~ of cars in America. E mea rahi te huru o te mau pereo'o i te fenua marite. There is a great ~ of birds on that island. E raverahi te huru o te manu nō terā fenua ra. There are many species of flowers. 'Ua rau te huru o te mau tiare. And God created great whales (whale [torohā] does not appear in the Tahitian translation) and every living creature that moveth, which the waters brought forth abundantly, after their kind. Hāmani ihora te Atua i te mau mea rarahi o te tai 'ē te mau mea ora hā'uti'uti ato'a o te moana e rave rahi mā tō rātou huru.
Variola louti (a red-colored **fish** of the Serranidae family) ho'a
various, varied, all sorts of rau There are ~ flowers in that place. E rau te tiare i terā vāhi.
varnish vāniti
vase fāri'i tiare
vase, bowl for flowers 'āu'a vaira'a tiare, 'āu'a tiare (note that 'āua tiare means garden)
vast, extensive āteatea
vault, tomb vaira'a ta'ata pohe family **vault** or **tomb** mēnema fēti'i
vault, jump, leap, bound 'ōu'a
vaulted, arched tāfarefare
veau a la broche pua'atoro tunu pa'a
veer, turn, change direction tīoi, fa'atīoi, tīpu'u, oi, nīoi ~ to the right tīoi i te pae 'atau The airplane ~ed left. 'Ua oi te manureva i te pae 'aui.
vegetable pota (actually: cabbage), mā'a tupu, mā'a tanu ~ garden fa'a'apu pota (or:) 'āua pota
vehicle, car pereo'o
vehicle, conveyance faura'o
interplanetary **vehicle, spaceship** pahī reva teitei
veil, (also:) wear or **put on a veil** pūrou put on a **veil** (for a wedding) ha'apūrou She had a ~ on at her wedding. 'Ua ha'apūrouhia tōna fa'aipoipora'a.
vein vena (to be preferred to the vernacular uaua which can also mean artery)
vein, artery, (also:) elastic, rubber uaua I have varicose ~s in my legs. E 'āvae uaua totoroma'a tō'u.
velvet terevete
vendor, salesman, trader ta'ata ho'o tao'a, ta'ata ho'o
vendor, saleswoman vahine ho'o tao'a, vahine ho'o
venerial disease ma'i purūmu
Venetian blinds pāruru varavara
vengeance, (also): avenge (oneself), "pay back," (also:) vengeful tāho'o (This word can be both negative and positive, depending on the context, the basic meaning being to give someone his just rewards, so it can also mean **reward, recompense, remuneration**.)
vengeful, revengeful, vindictive, harboring thoughts of vengeance tāpa'opa'o Watch out: he is a very ~ person. E ara, e ta'ata tāpa'opa'o roa.
vengeful, vindictive, holding on to grudges, unwilling to forgive and forget tāmau i te 'ino'ino
ventilated, breezy, (also:) refreshed by wind pūva'iva'i
Venus, the Morning Star ta'urua, (te) feti'a po'ipo'i, (te) feti'a tātaiao
veranda, balcony, porch taupe'e

veranda

open to a **veranda** or **balcony** or **porch** fa'ataupe'e (As for) the house, it was three stories high, with great chambers and broad balconies on each. E toru tahua tō te fare, e mea piha āteatea maita'i tō roto e mea fa'ataupe'ehia nā rapae. (From Robert Louis Stevenson's The Bottle Imp, translated freely by John [Tihoni] Martin.)

veranda, lean-to, sloping roof (for shade) tāmaru

verb ihoparau   active ~ ihoparau ha'a   auxiliary ~ ihoparau turu   auxiliary ~ of negation ihoparau turu'aipa   causative ~ ihoparau fa'a'ohipa   intransitive ~ ihoparau pono'ore   irregular ~ ihoparau ture 'ore   passive ~ ihoparau ha'ahia   stative ~ ihoparau huru   transitive ~ ihoparau pono

verdant, green (meaning fresh, not dried) ota

verify, inspect, oversee, check into, check over hi'opo'a

vernacular manahune   ~ style of speech haere'a parau manahune

verse, stanza, sentence 'īrava   See John, chapter thirteen, ~ thirty-four. 'A hi'o na i te Ioane, pene hō'ē-'ahuru-mā-toru, 'īrava toru-'ahuru-mā-maha.

vertebral column pou tino

vertigo, dizziness, giddyness hihipo

vertigo, dizziness from **being tipsy, feeling one's head spinning** āniania

very roa (placed after the word it determines)   ~ big rahi roa   ~ strong wind mata'i pūai roa   She is a ~ beautiful woman. E vahine nehenehe roa 'ōna. That is a ~ hard job. E 'ohipa fifi roa te reira.

the **very** iho   the ~ spot (or) place te vāhi iho

very blond (like the skin of a white person), **fair,** (also:) **albino** pupure

"very, very," extremely iti (placed before the word it determines)   ~ (extremely) big iti rahi   He has an enormous (~ big)

view

fishing net. E 'ūpe'a iti rahi tāna.

vessel, container, receptacle fāri'i

vessel, ship pahī   A sailor of that ~ had fallen down from the bowsprit in a squall. Hō'ē mātaro nō terā pahī tei marua i roto i te miti nā ni'a mai i te tira fe'ao, nō te mata'i to'a huri.

vest, waistcoat uaitete, uētete, (sometimes:) perēue

life **vest** 'ahu pōito

veteran, old soldier fa'ehau tahito

veteran (in sports, someone 40 years or older) mātuatua

vex, hurt, upset, sadden ha'apahi   Wherein have I wearied (~ed) thee? Eaha te mea i ha'apahihia ai 'oe e au?

vexation, resentment, chagrin 'ino'ino

vexed, irritated, bothered, exasperated, preoccupied with problems pahipahi

vexed, resentful 'ino'ino

(be) **vexed, resentful, chagrined** 'ino'ino   Manava was very ~ by Rōpati's words. 'Ua 'ino'ino roa Manava i te parau a Rōpati.

vial (of serum or medicine), **phial** 'ōpūpū, 'ō'ohe   ~ of medicine 'ō'ohe rā'au

vice- — mono   ~-president peretiteni mono (or:) mono peretiteni

vice hara, peu 'ino

victor, conqueror, winner (in sports) (ta'ata) upo'oti'a

be **victorious, conquer, overcome,** (also:) **come out ahead** or **on top, win over someone or something** (as in an argument) upo'oti'a

be **victorious, win** (construction with:) riro te rē (or:) noa'a te rē   He was ~. (literally:) He won the prize. 'Ua riro te rē iāna. (or) 'Ua noa'a iāna te rē.

victory, winning upo'oti'ara'a

victrola, phonograph 'upa'upa tari'a, 'upa'upa fa'ata'i

Vienna Viena

view hi'ora'a, 'itera'a   a ~ of Huahine e hoho'a nō Huahine

come into **view** or **sight, appear** fāura,

vigilant

fāura mai, fā (archaic, biblical), fā mai The angel appeared. 'Ua fā mai ra te mērahi.
in view of that, considering that nō reira
in (full) view of, in the presence of, before (a person), **in front of** i mua i te aro o, i mua i te aro nō   in the governor's presence i mua i te aro o te tāvana rahi
vigilant, wary, on one's guard ara
Vigna marina, a kind of **vine** or **creeper** pipi tahatai
vigorous, energetic, active, industrious, hard-working itoito, mā te itoito   He is truly working ~ly. Tē rave nei 'ōna i te 'ohipa mā te itoito mau.
vigorous, strong pūai, mā te pūai
vile, disgusting, despicable, base, debased, immoral faufau
vile, disgusting, foul, evil-smelling ne'one'o
village 'oire iti, 'oire na'ina'i
villain ta'ata hara
villainous, bad, evil 'ino, *(dual & plural:)* 'i'ino
villainous, dishonest, debased, vile faufau
villainous, dishonest, lying ha'avare
villainous, dishonest, thieving 'eiā
vindicate oneself, come out ahead or **on top, triumph** upo'oti'a
vindication, coming out ahead or **on top, triumph** upo'oti'ara'a
vindictive, vengeful, revengeful, harboring thoughts of vengeance tāpa'opa'o   Watch out: he is a very ~ person. E ara, e ta'ata tāpa'opa'o roa.
vindictive, holding on to grudges, unwilling to forgive and forget tāmau i te 'ino'ino
vine (stock) tumu vine
vinegar vinita
vineyard 'ō vine
vines, creepers, "running plants" tāfifi
Vini peruviana, Tahiti parakeet vini

virgin country

violate, rape, sexually abuse, take sexual advantage of māfera, rave 'ino   He ~d a woman. 'Ua rave 'ino 'ōna i te hō'ē vahine.
violate, seize by force, (also:) **rape** haru, haruharu
violence, mistreatment hāmani-'ino-ra'a
violence (of wind or sea), **severity, strength,** (also:) **harshness** 'ū'ana   In fact, he has given a judgment with the full harshness of the French law. E ha'avāhia ho'i 'ōna mā te 'ū'ana-ato'a-ra'a o te ture farāni.
violence, subjugation, enslavement, domination ha'avīra'a
violent, hot-tempered, quick-tempered, excitable, easily angered 'iriā
violent, ferocious, savage taehae   a ~ man e ta'ata taehae
violent (of wind or sea), **strong, severe,** (also:) **harsh** 'ū'ana   ~ wind mata'i 'ū'ana
violet (color), (also:) **mauve** vare'au
violet (flower) tiare vare'au
violet swordfish, Myripristis kuntee 'i'ihi nato
violin, fiddle fira
viral 'ōtiro   ~ hepatitis ma'i 'ūpa'a 'ōtiro
virgin (religious), nun, sister ("religious") paretēnia   ... to a ~ espoused [betrothed] to a man whose name was Joseph, of the house of David; and the ~'s name was Mary. ... i te hō'ē paretēnia i momo'ahia i te hō'ē ta'ata nō te fēti'i o Davida [Tavita], 'o Iosepha [Iotefa] te i'oa; ' Maria ho'i te i'oa o taua paretēnia ra.
virgin (religious), saint paretēnia mo'a rahi
virgin, unstained woman vahine vi'ivi'i 'ore
virgin, woman who has not "known" a man vahine 'ite 'ore i te tāne
virgin, young woman free of sin pōti'i hara 'ore
virgin country fenua fa'a'apu-'ore-hia

virtue peu maita'i, viretu
of easy **virtue** pe'epe'e woman of easy ~ vahine pe'epe'e
virtuous peu maita'i
virus tirotiro
visa, stamp of validation tītiromana
viscera, intestines, entrails, bowels 'ā'au
viscous, sticky hāvarevare
viscous, thick, curdled pupuru
non-**viscous, thin, watery** pape
visible 'itea 'ia hi'o
visible with the naked eye, macroscopic 'itehia e te mata ta'ata, matarotōpi
visibility 'iteātea
visibly marked, (also:) **wounded** puta
vision (religious or imaginary), **apparition, revelation** 'ōrama Your old men shall dream dreams, your young men shall see ~s. E tā'oto'otoāhia mai tō 'outou mau ta'ata pa'ari, e 'ite tō 'outou mau ta'ata 'āpī i te 'ōrama.
vision, foresight ara māitera'a
vision, plan, intention, proposal 'ōpuara'a I am trying hard to make that ~ come true (succeed). Tē tūtava nei au i terā 'ōpuara'a 'ia manuia. His plans were realized (successful). 'Ua manuia tāna mau 'ōpuara'a.
vision (sense), **sight,** (also:) **view** hi'ora'a, hi'o-mata-ra'a good ~ mata maita'i
have a **vision** tārehua Even while I prayed in the temple, I was in a trance [had a vision]; And saw him saying unto me ... Iā'u rā ho'i i pure i roto i te hiero, tārehua maira vau; 'ite atura vau iā Iesu [pronounced Ietu] i te paraura'a mai iā'u ē ...
have a **vision** in a dream fa'aheita'oto(hia) An angel of the Lord appeareth in a dream to him [Joseph], saying, ... 'Ua fā maira te hō'ē melahi [pronounced merahi] a te Fatu, fa'aheita'oto maira iāna [iā Iotepa], nā'ō maira: ...
visionary, seer ta'ata moerurua
visit, meeting fārereira'a

visit to a place for the purpose of **sightseeing, enjoyment of the sights** māta'ita'ira'a
visit *n*, **stop, stay, sojourn** fa'aeara'a, fa'afa'aeara'a
visit, meet fārerei
visit, go sightseeing, enjoy the sights of māta'ita'i I suggest that (It would be nice if) you ~ Disneyland when you go to Los Angeles. E mea maita'i 'ia haere 'oe e māta'ita'i 'ia Disneyland 'ia tere 'oe i Los Angeles.
visit *v*, **stay, stop, sojourn** fa'aea I ~ed a few weeks in Rarotonga before I returned (here) to Tahiti. 'Ua fa'aea vau i Raroto'a i te tahi tau hepetoma, 'a ho'i mai ai i Tahiti nei.
visit, tour, make the round(s) of fa'a'ati, fā'ati, hā'ati We toured (drove our car around) Tahiti Nui. 'Ua fa'ahoro māua i tō māua pereo'o e fā'ati i Tahiti Nui.
visitor, guest manihini
visitor, tourist, traveler rātere
vitamin vītāmī
vocabulary pu'e parau
vodka 'ava rutia
voice, language reo tone or sound of ~ huru reo And Saul knew David's ~, and said, Is this thy ~, my son David? Tē 'ite ra Saula i tō Davida (pronounced Tavita) reo, 'ē 'ua nā' ō atura, Nō 'oe ānei ïa ia reo, e tā'u tamaiti, e Davida?
void, nothingness, vacuum, empty space, (also:) **sky** (higher than indicated by the Tahitian word ra'i), **canopy of heaven** aore
volcanic earth repo māmū
volley ball pā'ira'a pōpō
voltage nē'ira'a uira
voluntary, of one's own accord, by choice, unforced fa'ahepo 'ore
voluptuousness, sensual pleasure, enchantment navenave
vomit, "pukes" rū'aira'a ... as a drunken man staggereth in his ~ ... mai te ta'ero

vomit

'ava e tūrori i te rūa'ira'a ra
vomit, throw up, retch piha'e
cause to **vomit** or **retch** ha'apiha'e
vomiting piha'e, rūa'i
voodoo To my knowledge there is no Tahitian word that comes close enough, but a close Tuamotuan word (sometimes heard on Tahiti) is mukimuki and in the Marquesas the word nanikaha also comes close.
vote *n* reo advisory ~ reo hōmana'o decisive ~ reo fa'aoti 'ohipa indecisive ~ reo rava'i 'ore
vote (in), choose, elect, select mā'iti They ~d him in as mayor. 'Ua mā'iti rātou iāna ei tāvana 'oire. You may become president of our club if enough members will ~ for you. E riro paha 'oe ei peretiteni nō tā tātou pupu, mai te mea e rava'i te mero nō te mā'iti iā 'oe.
voting, election mā'itira'a ~ by proxy mā'itira'a tāhōmana (or:) mā'itira'a hōmana
vow (sacred), oath, (also:) **take a vow, give an oath** 'euhe, parau tapu And Jacob took a ~, saying, ... 'Ua 'euhe ihora Iakoba (pronounced Iatopa), nā'ō atura, ...
vow (solemn), oath, (also:) **swear to, take an oath** hōreo
vowel vauera long ~ vauera roa short ~ vauera poto
voyage, journey haere'a
voyage or **journey** or **trip** with a purpose, (also:) **purpose of a voyage, mission** tere What is the purpose of your ~? Eaha tō 'oe tere?
vulgar, obscene. lascivious, lustful, shameless ti'a'ā
vulgar style of speech haere'a parau purūmu
vulgarity, lasciviousness, lustfulness, obscenity, shamelessness ti'a'ā For from within, out of the heart of men, proceed evil thoughts, ... wickedness, deceit, lasciviousness [~], ... Nō roto mai

vulva

ho'i i te 'ā'au ta'ata te mana'o 'ino, ... te fe'i'i, te ha'avare, te ti'a'ā, ...
vulva tātā (vernacular)

wafer, (also:) **wax, sealing wax, paraffine wax** uēfa
wag (a tail) tāhiri, tāhirihiri, tā'iri, tā'iri'iri
wage, wages moni 'ohipa
wage battle, fight 'aro ~ against an illness e 'aro i te ma'i
wage war, fight, (also:) **squabble** tama'i Hiro fought with his wife. 'Ua tāma'i Hiro ('o) tāna vahine.
wahoo (a large, swift game fish of the high seas), **Acanthocybium solandri** pāere
wail, cry, weep auē Oh, how I hurt! Auē au ē i te māuiui!
wait *n* tīa'ira'a
wait, (also:) **guard** tīa'i I have ~ed three months now for a ship to Pitcairn. 'A toru 'āva'e i teienei te tīa'i au i te hō'ē pahī nō Pētānia. Will the captain ~ for the wind to calm down? E tīa'i ānei te ra'atira 'ia marū te mata'i? I ~ed for you all evening yesterday. 'Ua tīa'i noa vau iā 'oe inānahi i te ahiahi. without ~ing for anyone to speak mā te tīa'i 'ore 'ia parau noa mai te hō'ē ta'ata i te parau mai
Wait! Hērū! 'Eiaha e rū!
waiter tuati, tāne tuati
waitress tuati, vahine tuati
wake up, awake(n) ara, araara
wake (someone) **up, awaken** (someone) fa'aara I became sick and it is important that I sleep today. Don't wake me up! 'Ua ma'ihia vau 'ē e mea ti'a ia ta'oto vau i teie mahana. 'Eiaha e fa'aara iā'u!
walk *n*, **stroll** orira'a (note that 'orira'a means dancing)
go for a **walk** ori haere (note that 'ori haere means go dancing)
walk, go for a walk, stroll, take a walk, wander about ori (note that 'ori means to dance) I am going for a ~ with my dog. E haere au e ori haere 'ē tā'u 'ūrī.
walk, go or **come** (depending on whether it is followed by atu or mai - not necessarily on foot) haere, hahaere, haerehaere
walk (with the stress on being on foot, vernacular) haere nā raro Hiro took the bicycle. Never mind, I'll ~. 'Ua rave Hiro i te pereo'o ta'ata'ahi. 'Ātīrā noa'tu, e nā raro noa vau i te haere.
walk, take for a walk fa'aori, fa'aorihaere ~ the dog fa'aori i te 'ūrī
walk arm in arm tī'au
walking stick, cane, (also:) **crutch** turu to'oto'o
walkingstick, praying mantis, Graeffa coccophaga vāvā
walk with a cane or **crutch** tāturuto'oto'o
walk in procession, parade porotē The soldiers paraded. 'Ua porotē te mau fa'ehau.
walking in procession, parade porotēra'a
fire-**walking** haerera'a nā ni'a i te 'ōfa'i auahi
fire-**walking ceremony** umu tī
wall, partition papa'i, papa'i o te fare
wall, screen pāruru
wall of standing bamboo or **reeds** pāti'a (note that pātia means fork or spear)
base or foundation of a (stone) **wall**, (also:) **concrete foundation of a building** niu
stone or brick **wall** patu
wallet pūtē moni Whose ~ is this? That ~ belongs to an American tourist. Nā vai teie pūtē moni? Nā te hō'ē rātere marite terā pūtē moni.
wallow, (also:) **scrawl, turn about in bed** ta'aviri
wander ori (note that 'ori means to dance), ori haere, hahaere noa

wander (referring to attention) nevaneva His mind ~ed. 'Ua nevaneva tōna mana'o.
wanderer (ta'ata) 'āvaetere
wanderer, footloose person (ta'ata) 'āvae mau 'ore
want, wish, desire, covet hina'aro What do you ~ (at present)? Eaha tā 'oe e hina'aro? What do you ~ (deep down)? Eaha tō 'oe hina'aro? I ~ a physician. Tē hina'aro nei au i te taote. If any man serve me [~s to be a servant to me], let him follow me. 'O te ta'ata i hina'aro ei tāvini nōu ra, 'a pe'e mai ia iā'u.
want (in certain combinations) hia- ~ to eat hia'ai (or:) hia'amu ~ to drink hiainu ~ to cry hia'oto ~ to scream hiata'i
want, lust for, crave nounou The lust for money is the root of all evil. 'O te nounou moni ho'i te tumu o te mau 'ino ato'a nei.
want to eat or **drink what someone else has** 'āminamina
wanton, promiscuous, lascivious, debauched, lustful, vulgar tai'ata, taute'a, fa'aturi a ~ woman (prostitute) vahine tai'ata (or:) vahine fa'aturi Ye have lived in pleasure on the earth, and been ~. 'Ua pārahi 'outou i te ao nei mā te navenave 'ē te tai'ata.
war, battle tama'i ~ plane manureva tama'i
war, combat 'arora'a
war, wage war tama'i And they ~red against the Midianites, as the Lord commanded Moses; and they slew all the males. Tama'i atura rātou i te 'āti Midiana [pronounced Mitiana], i tā Iehova i fa'aue mai iā Mōse [pronounced Mōte] ra; hope roa a'era te mau tāne i te pohe ia rātou.
war, engage in combat 'aro
war club rā'au poro rahi
warehouse fare vaira'a tao'a

warm māhanahana
luke-warm pūmāhanahana
warm, console ha'amāhanahana
warm, make warm, (also:) **console** tāmāhanahana
feel **warm** at heart, **be comforted** māhanahana I felt ~ at heart thanks to your words. 'Ua māhanahana tō'u 'ā'au i tā 'oe parau.
warm over food that was cooked previously 'eu'eu
warm over (as 'eu'eu, but also figuratively:), **say (repeat) the same thing over and over again** tāhana, tāhanahana He always says the same thing (or: repeats himself). E tāhana noa 'ōna i tāna parau.
warmish, tepid pūmahana
warn, advise, admonish, (also:) **preach** a'o
warn, alert, awaken, put someone on his guard fa'aara You asked me to ~ Utua, but I have not seen him as yet. 'Ua parau mai 'oe iā'u e fa'aara iā Utua, teienei rā 'aita vau i fārerei iāna. It is thanks to you that I was ~ed. 'Aua'a a'e 'oe i fa'aarahia ai au.
warning, advice, admonishment, (also:) **sermon** a'ora'a, a'o
warning, alert, being on guard fa'aarara'a ~ sign tāpa'o fa'aarara'a
warped (like a door, for example) 'ōrapa, 'ōraparapa
warped, bent pipi'i
warped, shriveled up ma'e'e
warranty, guarantee, assurance, insurance ha'apāpūra'a
warrior, hero (also:) **champion** 'aito, toa (archaic) In memory of the heroes of Fa'a'a who died in 1844 during the battles against the French soldiers (while) defending their land and their independence. Nō te ha'amana'ora'a i te mau 'aito nō Fa'a'a, o tei mate i te matahiti hō'ē-tautini-'ēva'uhānere-'ē-maha-'ahuru-mā-maha nā roto i tō rātou arora'a i te mau

526

warship

fa'ehau farāni nō te pāruru i tō rātou fenua e i tō rātou ti'amāra'a. (From a memorial plaque placed in Fa'a'a.)

warship, man-o'-war manuā, pahī tama'i, pahī nu'u   A British ~ has arrived. 'Ua tāpae mai te hō'ē manuā peretāne.   The ~ has entered the pass. 'Ua fa'aō te manuā i roto i te ava.

wart, (also:) **chancre, syphilis** tona

warty tonatona

warty-nosed mullet, Crenimugil crenilabis tehu, pārehe

wary, vigilant, on one's guard ara

wash, clean, rinse, soak, (also:) **wipe (off)** horoi, horohoroi   ~ your hands! 'A horoi i tō 'oe rima!   Wipe off the table! 'A horoi i te 'amura'amā'a!

wash (with emphasis on **to soap**) tāpu'a, pu'a   ~ clothes pu'a i te 'ahu

wash, clean, (also:) **rinse** 'opu   ~ your dress, it is stained! 'A 'opu na i tō 'oe 'au, 'ūa tāfetafeta!   ~ the baby's diaper(s)! 'A 'opu mai i te pāhi'i 'ōmaha o 'Aiu!

wash, clean (up), clear, (also:) **dust off**, (also:) **purify** tāmā   Let's clean up the house since guests are arriving tomorrow.

wash bowl, wash basin horira'a mata

washboard 'iri pu'ara'a 'ahu

washing machine mātini pu'ara'a 'ahu

washroom, lavatory piha horohoroira'a, fare pape

wasp, hornet manu pātia

waste *n* māu'a

waste, spoil, (also:) **spend** or **expend excessively, use up** ha'amā'ua (note that ha'ama'ua means "act ignorant" or "treat as ignorant")   How much money did you ~: spend) on hard booze? Ehia moni tā 'oe i ha'amā'ua nō te 'ava ta'ero?   Why this ~? Eaha teie i ha'amāu'ahia'i?

(be) **wasted, be a waste** māu'a   Your time will be ~. E māu'a tā 'oe taime.   It is a waste of time. 'Ua māu'a noa te taime.

wasted away, thin, lean pārarai

wasteland, desert, wilderness

water

medebara (pronounced: metepara)   ... and he led the flock to the backside of the desert   ... 'ē 'ua arata'i atura 'oia i taua nana ra i 'te 'ōti'a o te medebara

watch (timepiece) uāti   My ~ is slow. E mea tāere tā'u uāti.   Is this not your ~? E 'ere ānei nā 'oe teie uāti?

watch (on a ship, generally four hours) uāti

watch, look (at), observe hi'o, hihi'o, hi'ohi'o   ~, what do you see there? 'A hi'o na, eaha tā 'oe i 'ite ra?   The captain and the first mate then ~ed the island through the binoculars. Hi'o atura te ra'atira 'ē te ra'atira piti i te motu ra nā roto i te hi'o fenua.

watch, look (on) at, look at (or **visit**) **with enjoyment** māta'ita'i   I went to ~ the canoe race. 'Ua haere au e māta'ita'i i te fa'atiti'āu'ara'a va'a.

watch, oversee, inspect, examine hi'opo'a

watch out, take care, beware, be vigilant, be on one's guard ara   ~! E ara!   ~ for the dog! E ara i te 'ūri!

watch out, pay attention ha'apa'o maita'i   ~, that guy is a trickster. Ha'apa'o maita'i, e ta'ata fa'arapu roa terā.

watch out for, take care of, care for, attend to ha'apa'o   Do you know a woman (babysitter) who could ~ (take care of) the children regularly in the evenings? 'Ua 'ite ānei 'oe i te hō'ē vahine ha'apa'o tamari'i nō te mau pō ato'a?

watch out of the corner of one's eye matamata'iore

watch over, look after tīa'i   I will ~ the children. E tīa'i au i te tamari'i.

watchman, guard (ta'ata) tīa'i

water (fresh, sweet) pape, vai (nowadays mostly in connection with another word) brackish ~ pape taitai   coconut ~ pape ha'ari   cold ~ (also: ice cream) pape to'eto'e   drinkable ~ pape inu (or:) pape maita'i   muddy ~ pape reru   ordinary ~

water heater

(as opposed to coconut ~) pape mā'ohi
spring ~ (also: boiling or boiled ~) pape piha'a   sweet ~ (to taste) pape mā'aro
undrinkable ~ pape 'ino
bilge **water** riu bilge ~ pump pāmu riu pahī You two paddle (or: row, I will bail out the bilge ~. Nā 'ōrua e hoe, nā'u e tatā i te riu.
salt **water** miti
take in **water, leak (in),** (also:) **drop** (as in the case of a leaking thatch roof) mama, riu This ship is taking in ~. 'Ua mama teie pahī.
flood-**water(s)** pape pu'e
water heater (mātini) ha'ave'ave'a pape, (mātini) tāmāhanahana pape, (mātini) ha'ave'a vai, ha'averavai solar ~ ha'ave'a-pape-ito-rā, ha'ave'a-vai-ito-rā, ha'averavai itorā
water lily riri pape
water pipe 'āuri pape
water down, add water, dilute tāpape ~ the wine tāpape i te uaina
water *v,* **sprinkle, spatter** pīpī Did you ~ the garden? 'Ua pīpī ānei 'oe i te 'āua tiare?
watercourse tahera'a pape
waterfall topara'a pape
waterless (coconut) (ha'ari) vavao
watermelon merēni
waterspout ureureti'a moana, ureure tūmoana
waterspout, cyclone, hurricane, whirlwind, "whistling wind" puahiohio News has arrived of that cyclone that just recently devastated Futuna. 'Ua 'atutu te parau 'āpī nō terā puahiohio i te fa'a'ino a'e nei iā Futuna.
watery, thin, non-viscous pape
(sea)wave(s), seas 'aremiti, 'are The ~ broke. 'Ua fafati te 'aremiti. The seas (~s) are arched when they break. E mea tāfarefare te 'aremiti 'ia fati mai. Big ~s are breaking onto the shore. E 'are rahi teie e fati mai nei i tātahi. And in the fourth watch of the night Jesus went unto them, walking on the sea [~s]. E tae a'era i te maha o te arara'a o te ru'i ra, haere atura Iesu [pronounced: Ietu] iā rātou ra nā ni'a i te 'are.
wave(s), (also:) **wavelet(s), ripple** (of sea or lake), (also:) **rough** or **agitated** (when referring to the sea) mātā'are His boat was capsized by a ~. 'Ua ta'ahuri tōna poti i te mātā'are. The sea is rough at the present. E mea mātā'are te miti i teie nei.
big **wave(s), swell(s), surf,** (also:) **surge** 'aru (rahi), vāve'a He is stronger than the thunder of the sea and the ~s of the ocean. E pūai rahi tōna i tō te haruru o te miti ra, 'ē te mau 'aru rahi o te moana. There are big ~s (swells) from the south. E vāve'a nō te pae apato'a.
tidal **wave** miti rahi, pau miti rahi
wave (colloquial) nānā
wave, greet or **welcome by waving** tārape (Look,) There is Tahi waving to us. Erā 'o Tahi e tārape mai ra iā tāua.
wax, beeswax, honeycomb pāia monamona, pāia meri, pāia (note that pā'i'a means homosexual or sodomy and pa'ia means to be full or sated)
wax, grease, fat, oil hinu
wax, sealing wax, paraffin wax, (also:) **wafer** uēfa
ear-**wax** tāturi
wax, polish, brighten fa'a'ana'ana
way, path, road, (also:) **ladder** 'ē'a I am the ~, the truth, and the life. 'O vau te 'ē'a, 'ē te parau mau, 'ē te ora.
way (also figuratively), **road, path,** (also:) **"the wide world"** ara the right ~ (the righteous path) te ara ti'a This is the news from around the world: Teie te mau parau 'āpī nō te ara mai:
high**way, road, street** purōmu (rahi), porōmu (rahi), purūmu (rahi), ara (literary) ~ crossing tīpu'ura'a purōmu (porōmu, purūmu) ~ turn tīpu'ura'a purōmu (porōmu, purūmu) (Observe

the (speed) limits for travel on the ~. Ei (or: Ei 'a) fa'aturahia te tā'ōti'ara'a o te tere nā ni'a i te purōmu.   Keep strictly to the right side of the ~.   'A tāpe'a māite (i) te pae 'atau o te purōmu.   It is necessary to respect (obey) the signs indicating the ~ regulations. Ei (or: Ei 'a) fa'aturahia te mau tāpura o te ture purōmu.   Do not under any circumstances leave after a ~ accident! 'Eiaha roa'tu e horo i muri a'e i te hō'ē 'ati purōmu!   Don't sleep on the side of the ~ lest you be urinated on by the dogs! 'Eiaha e ta'oto i te hiti porōmu 'a 'ōmahahia e te 'urī!   along the ~s of the sea   nā te ara o te moana

the **way** down, **slope, descent**   ha'apoura'a

way, means, procedure   rāve'a   This is the only prudent ~.   Teie ana'e te rāve'a māramarama.   There is no ~.   'Aita e rāve'a.   There is just no other ~, except to do your best and keep going.   'Aita e rāve'a, maori rā 'ia fa'aitoito noa.

way, manner, mode   huru   his ~ of looking at life   tāna huru hi'ora'a i te orara'a.

way of talking, voice, (also:) **language, speech**   reo   soft ~   reo marū   stammering ~   reo maumau   unintelligible ~   reo vāvā   "broken" (inadequately articulated) ~   reo parare

by **way** of   nā ni'a i, nā

in a **way, relatively, it depends, to a degree**   tei te huru

to do or say (in) that **way** or **in that manner,** (also:) **by way of there**   nā'ō

Not (Don't do it) that **way**!   'Eiaha e nā reira!

Stop behaving that **way**!   'A fa'a'ore i te reira 'ohipa!

That's the **way**!   Nā 'ō ra!

make **way under sail**   tā'ie

waylay, lie in wait, stalk, (also:) **keep an eye out for**   moemoe   And when Paul's sister's son heard of their lying in wait, he went and entered into the castle, and told Paul. 'Ite a'era rā te tamaiti a te tuahine o Paulo [pronounced Pauro] i taua moemoe ra, haere atura, tomo atura i roto i te pare, fa'a'ite atura iā Paulo.   I am keeping an eye out for the district bus ("truck") to go by. Tē moemoe nei au i te pereo'o mata'eina'a.

we (the two uf us, exclusive)   māua   ~ (he or she and I) talked until the middle of the night. 'Ua paraparau māua e tae noa'tu i te tu'ira'a pō.

we (the two of us, inclusive)   tāua   Let's dance (you and I).   E haere tāua e 'ori.

we (three or more, exclusive)   mātou   ~ all danced until midnight. 'Ua 'ori'ori mātou pā'āto'a e tae noa'tu i te tuira'a pō.

we (three or more, inclusive)   Let's all go to the feast.   E haere tātou pa'ato'a i te tāmā'ara'a.

weak(ened), feeble, (also:) **paralyzed**   paruparu   the ~ or feeble people   te feiā paruparu   his paralyzed hand   tōna rima paruparu   The spirit indeed is willing, but the flesh is ~. 'Ua ti'a ho'i i te vārua, e paruparu rā tō te tino.

weaken, (also:) **paralyze**   ha'aparuparu

wealth, goods, property   tao'a

wealth, means, possessions   faufa'a

wealthy, rich, well-off   moni, 'ona, tao'a, faufa'a   ~ person   ta'ata moni (or:) ta'ata 'ona (or:) ta'ata tao'a (or:) ta'ata faufa'a   ~ people   feiā moni (or:) feiā 'ona   There is that maketh himself rich, yet hath nothing. Tē ha'avare nei vetahi mai te mea e ta'ata tao'a, 'ē 'aita āna.   It is easier for a camel to go through the eye of a needle, than for a rich man to enter into the kingdom of God. E fa'aō 'ohie a'e te kamela nā roto i te 'āpo'o au, i te ta'ata tao'a 'ia fa'aō i roto i te basileia [pronounced pātireia] o te Atua ra.

wealthy, rich, (also:) **valuable, useful, important**   faufa'a   ~ person   ta'ata faufa'a

wean ha'ama'iri i te ū, ha'ama'iri
weaning ha'ama'irira'a
weapon mauha'a tama'i, moiha'a tama'i, ha'a nā tama'i They came there with lanterns and torches and ~s. 'Ua haere maira rātou ma te mōrī 'ē te rama 'ē te mauha'a [mauha'a tama'i] ato'a ho'i.
wear, put on clothing, get into clothes 'ō'omo, 'ōmono (in common use, especially by Chinese apeakers)
wear, be dressed in (usually circumscribed by using a construction with:) tō ("has," "have," "had") This woman is ~ing a very thin dress. E 'ahu rairai roa tō teie vahine.
wear or **put on a veil** pūro'u
a person who **wears** two jackets (meaning: belongs to two parties) (E) Ta'ata perēue piti.
weariness, boredom ha'umani
weariness, fatigue, tiredness rohirohi
weariness, weakness paruparu
weariness (after an exhausting undertaking), **fatigue, tiredness** manunu
weary, fatigued, bored, (also:) **boring** ha'umani I was very ~ by the flight. 'Ua ha'umani roa vau i te tere manureva.
weary, fatigued, tired rohirohi I want to go to bed, because I am very ~. Tē hina'aro nei au e haere e taoto, nō te mea 'ua rohirohi roa vau.
weary, fatigued, weakened paruparu I am very ~, because of the length of my illness. 'Ua paruparu roa vau nō te maorora'a o tō'u ma'i.
weary, fatigued (after an exhausting undertaking) manunu
weary or **tired of, bored** or **fed up with, have had (more than) enough of, find something boring** fiu Are you ~ (of what is going on?) 'Ua fiu ānei 'oe? (a common, well-meant, and considerate question in the islands, especially during a prolonged proceeding or entertainment) One does not get ~ when looking at people with happy and smiling faces. 'Eita e fiu i te māta'ita'ira'a i te mau ta'ata mata 'oa'oa e te 'ata'ata. I am ~ of French food. 'Ua fiu vau i te mā'a farāni. He got very ~ of fixing his lawnmower. 'Ua fiu roa 'ōna i te tātā'i i tāna tāpū matie. I am ~ of having nothing to do. 'Ua fiu vau i te fa'aea noa. I am very ~ of that moocher. 'Ua fiu roa vau i terā ta'ata tīpe'e.
weather mahana (literally: day) overcast or cloudy ~ mahana rumaruma If the ~ is fine tomorrow, the two of us will go sailing. Mai te peu ē e maita'i te mahana ānānahi, e haere māua e tā'ie. The ~ is very good. (or:) This day is beautiful. (E) Mea maita'i roa te (or: teie) mahana.
weather report (literally: the condition of wind and sea) te huru o te mata'i 'ē te miti
weave, plait rara'a, ha'une
weaver ta'ata rara'a
web, canvas, (also:) **sail** 'ie
web, cloth, fabric 'ahu
spider-**web** pū'āverevere, huhu
wedding fa'aipoipora'a, ha'aipoipora'a ~ ceremony 'ōro'a fa'aipoipora'a ~ ring tāpe'a fa'aipoipora'a She had a veil on at her ~. 'Ua ha'apūrouhia tōna fa'aipoipora'a.
wedge used for holding something steady (under a wheel, for example) rā'au turu
wooden **wedge** used in supercising or circumcising 'autā
Wednesday mahana toru
a **wee** bit ma'a vāhi iti Do you know Tahitian? Just a ~ bit. 'Ua 'ite ānei 'oe i te parau Tahiti? (E) Ma'a vāhi iti noa.
weed(s), brush, shrub 'aihere
weed, clear marae
weed (especially by cutting with machete) vaere
weed (by digging or spading up) 'ūtaru, 'ūtarutaru I ~ed behind her house. 'Ua

weeded

'ūtaru vau nā muri mai i tōna fare.

weeded, cleared marae

week hepetoma, hopetoma We will both leave next ~. Ei te hepetoma i mua e reva ai māua. And upon the first day of the ~, when the disciples came together to break bread, Paul preached unto them. E tae a'era i te mahana mātāmua o te hebedoma (pronounced; hepetoma) ra, 'ia ha'aputuputu mai te mau pipi e vāvāhi i te pane ra, 'ua a'o Paulo (pronounced: Pauro) iā rātou.

weekly, by the week tāhepetoma

weeny, tiny, diminutive kone, kokone, konekone

weep, grieve (deeply) 'oto Both of us offer you our deepest sympathy. Both of us send you our deepest condolences. Tē fa'atae atu nei māua iā 'oe i te tāpe'a nō tō māua 'oto I reach out to you my condolences. [And] Jesus wept. 'Oto ihora Iesu [pronounced Ietu].

weep, grieve, lament, (also:) **miss someone, feel the loss of** mihi, mihimihi I wept over the death of my close friend. 'Ua mihi au i te pohera'a tō'u hoa rahi.

weep, wail, cry auē Oh, how I hurt! Auē au ē i te māuiui!

weep, sob, bawl, cry, (also:) **whimper, yelp** ta'i What's that? Children ~ing? Eaha terā? E ta'i tamari'i (ānei)?

weeping, grieving deeply 'oto

weeping, sobbing, crying ta'i

weigh vi fāito Thou art ~ed in the balances, and art found wanting. 'Ua fāitohia 'oe i te fāito, 'ē 'aita i ti'a.

weigh vt, (also:) **make equal** fa'afāito

weigh down, apply weight to, (also:) **make heavy** fa'ateiaha

weigh down, press down on, (also:) **serve as ballast** tāumi Press on this button (switch)! Tāumi i teie pitopito!

weigh pros and cons, evaluate carefully, think deeply, reflect profoundly

well-marked

mānavanava

weight, heaviness teiahara'a

weight (measure), **balance, scales** fāito Ye shall have just balances. Ei fāito au tā 'outou fāito.

weight, (also:) **ballast** tāumi

weight, burden, load, (also:) **responsibility** hōpoi'a

of light **weight,** (also:) **inexpensive** māmā

loose **weight** ivi

weir, trap, cage with a tapered bottle neck entrance for fish fa'a

weir, trap for shrimp or crayfish tāvae

welcome, receive, greet, accept fa'ari'i, fāri'i The people from Mangareva heartily ~d the Pitcairners. 'Ua fa'ari'i maita'i tō Ma'areva i te feiā Pētānia.

welcome, receive (well), recognize or **accept** someone 'ite I was a stranger and you ~d me. E ta'ata 'ē au 'ē 'ua 'ite mai 'outou iā'u.

Welcome! Mānava! (Manava is also used as a male first name.) Be ~ on your arrival here in Tahiti! Mānava i tō 'ōrua taera'a mai i Tahiti nei.

Welcome! (a more formal salutation, as to a king or head of state) Maeva! (Maeva is also used as a female first name.) Be welcome! You are welcome! Maeva 'oe!

You are **welcome!** (in response to Thank you!), **Don't mention it! No problem!** 'Aita (e) pe'ape'a.

well, (also:) **good** maita'i, maitata'i treat ~ hāmani maita'i You cannot learn the Tahitian language ~ unless you speak it continually. 'Aita e nehenehe iā 'oe 'ia ha'api'i maita'i i te reo tahiti, maori rā 'ia paraparau noa 'oe. The children play ~ with each other. E ha'uti maita'i te (mau) tamari'i i rātou rātou iho.

well, in good health huru maita'i, ora

well-adjusted, well put together tuitā

well-arranged, orderly nahonaho

well-marked or **printed** uri

as **well, also** 'āna'e

well

get **well, recover, get better** ora
well (water) 'āpo'o pape
Well ...! (accepting) pa'i, paha ho'i ~, go then! Haere pa'i 'oe!
Well! How come! Could it be possible? What do we have here? What do you know! 'Āria! ~! How come you are late? 'Āria, eaha 'oe i maoro ai? ~! Could it be possible? This house also belongs to you? 'Āria, nō 'oe ato'a teie fare? ~, what do you know, the food is already prepared! 'Āria, 'ua ineine a'ena te mā'a!
Well then! (usually said to a person about to speak) **Go on! Speak out! Repeat!** 'Āhiri!
well-off, wealthy, rich moni, 'ona, tao'a, faufa'a ~ person ta'ata moni (or:) ta'ata 'ona (or:) ta'ata tao'a (or:) ta'ata faufa'a ~ people feiā moni (or:) feiā 'ona
west (i) raro (referring to down-wind), to'o'a o te rā (literally: sunset)
wind from the south-south-**west** 'ārueroa
wind from the south-**west** urupā, anahoa
wind from the west-**south-west** uru
wind from the **west** 'aine
wind from the **west-north-west** pārapu
wind from the north-**west** pāfa'ite (Davies' dictionary says pāfa'ite means north-northeast)
wind from the north-north-**west** pāto'erau
wet rari, rarirari, rari i te vai Roll up your dress so that it does not get ~. 'A pepe i tō 'ahu 'a rari i te vai.
wet, humid, moist, damp haumi The ground is ~. 'Ua haumi te fenua.
wet, make wet fa'arari
whale tohorā
whale boat, longboat poti 'ōroe, 'ōroe
"whale spade" (to chisel meticulously and carefully) tohitohi
wharf, dock, quai uāhu
what?, what is (it)? eaha? e aha? aha? eaha ra te mea? teaha (when preceded by e, i, or 'o)? tēaha (when something is

wheel

going on right now)? ~ is the news? Eaha te parau 'āpī? ~ else? Eaha atu ā? ~ is that ship? That is a tanker. Eaha terā pahī? E pahī fa'auta mōrī terā. ~ time (o'clock)? Eight o'clock. Hora aha? Hora va'u. ~ kind of dog is this? E 'urī aha teie? ~ is it that brought you here? Eaha ra te mea i haere mai 'oe? ~ brought you back so soon? Eaha ra te mea i ho'i oioi mai 'oe? ~ are you looking at? Tē hi'o nei 'oe i teaha? What is he doing? Teaha ra 'ōna?
what eaha, e aha He knew ~ the news was. 'Ua 'ite 'ōna ē, eaha te parau 'āpī.
what ...! how ...! eaha ...! ~ beauty (referring to a woman)! How beautiful she is! Eaha ra 'ōna i te nehenehe!
what ... for? why? eaha? ~ did you come for? (Why did you come?) Eaha 'oe i haere mai ai? ~ did he act like that for? (Why did he act like that?) Eaha 'ōna i nā reira ai?
What (when asking for someone's name) 'O vai (actually Who)? ~ is your name? 'O vai tō 'oe i'oa? ~ is your last name? 'O vai tō 'oe pa'era'a?
What do you know! What do we have here? Well! How come? Could it be possible? 'Āria! Well, ~, the food is already prepared! 'Āria, 'ua ineine a'ena te mā'a! ~! Well! How come you are late? 'Āria, eaha 'oe i maoro ai? ~! This house also belongs to you? 'Āria, nō 'oe ato'a teie fare?
What's that? Eaha terā? ~? Children crying? Eaha terā? E ta'i tamari'i (ānei)?
So what? It doesn't matter. So be it. 'Ātīrā no'atu (noa atu)!
wheat, corn tītona
wheedle, coax, cajole tāparuparu We ~d (coaxed) him to go home. 'Ua tāparuparu mātou iāna 'ia ho'i i te fare.
wheel huira The ~ is loose. 'Ua ta'ata'a te huira.
wheel, rudder hoe

532

wheelbarrow pereoʻo huira hōʻē, pereoʻo iti

wheelchair parahiraʻa huira, parahiraʻa hapepa

when (for an event which has not yet occurred or been completed), **if** ʻia ~ the Bastille Day festival arrives, the bay is full of yachts. ʻIa tae i te Tiurai, e api te ʻōʻoʻa i te iāti. ~ the consul arrives here in Papeʻete. ʻIa tae mai te tōnitera i Papeʻete nei. ~ you get home, then we will eat. ʻIa tae mai ʻoe i te fare, ei reira tātou e tāmāʻaʻi. He will never get better, except ~ (if) he stops smoking cigarettes. E ʻita roa ʻōna e ora, maori rā ʻia faʻaea ʻōna i te pupuhi i te ʻavaʻava. He is obnoxious ~ (if) he is drunk. E taʻata huehue ʻōna ʻia taʻero.

when (situational) i te ... We were very happy ~ we arrived here in Tahiti. ʻUa ʻoaʻoa roa māua i tō māua taeraʻa mai i Tahiti nei. We were eating ~ he arrived. Tē tāmāʻa ra mātou i tōna taeraʻa mai. ~ he arrived at work, the boss arrived also. I te taeraʻa atu ʻōna i te ʻohipa, ʻua tae atoʻa mai te paoti. (or:) I tōna taeraʻa atu i te ʻohipa, ʻua tae atoʻa mai te paoti.

when (immediate) ..., at the very moment **when** ... (construction with:) **tei te** ... When the ship approaches the pass and at the very moment ~ the pilot flag is hoisted ... ʻIa fātata mai te pahī i te ava, ʻē tei te hutiraʻa i te reva pairati ... And straightway coming up out of the water, he saw the heavens opened, and the Spirit like a dove descending upon him. ʻĒ tei te haereʻa mai ʻoia i niʻa, mai te pape maira, ʻit aʻera ʻoia i te raʻi i te haearaʻa, ʻē te Varua i te pouraʻa mai i niʻa iāna, mai i te ʻūʻupa ra.

when (expressing a persisting condition) ā I (still) get somewhat embarrassed ~ I try to speak Tahitian. ʻUa haʻamā riʻi au i te tahi mau taime ā tāmata vau i te paraparau nā roto i te parau tahiti.

when (introducing a subordinate clause showing a relationship to a specific action or event), (also:) **while** ʻa ... ai ... at the time ~ the ship left ... i te taime ʻa reva ai te pahī Be very careful ~ you climb down! ʻA haʻapaʻo maitaʻi roa ʻoe ʻa pou ai ʻoe i raro! My wife was reading a book while (~) the children were sleeping. Tē taiʻo tāʻu vahine i te puta ʻa taʻoto noa ai te mau tamariʻi. I was outside my car ~ the rain started to fall. Tei rapae au i tōu pereoʻo ʻa topa ai te ua. I get somewhat embarrassed ~ I talk with women. ʻUa haʻamā riʻi au ʻa paraparau noa ai au i te mau vahine.

That's **when** ... i reira ... That's ~ I noticed my (literally: the) fatigue. I reira vau i te ʻiteraʻa i te rohirohi. (or:) I reira tōʻu ʻiteraʻa i te rohirohi.

when? (in the past) inafea ... ai? inafea? nō nafea ... ai? nō nafea? ~ did he come here? Last month. Inafea ʻōna i haere mai ai? (or:) Inafea tōna haereraʻa mai? I te ʻavaʻe i maʻiri aʻe nei. ~ was he taken to the hospital? Last Monday. Nō nafea ʻōna i hōpoihia mai ai i te fare maʻi? (or:) Nō nafea tōna hōpoiraʻa i te fare maʻi? Nō te monirē i maʻiri aʻe nei.

when? (in the future) afea ... ai? afea? ahea? anafea ... ai? anafea? ~ are you leaving? Next Sunday. Afea ʻoe e reva ai? I te tāpati i mua nei. (or:) A tāpati. ~ will the ship come in? Afea te pahī e tae mai ai? ~ will the guests arrive? Afea te (mau) manihini e tae mai ai?

when?, at what time/hour? eaha te taime/hora ... ai? ~ (At what hour) will you arrive? Eaha te hora ʻoe e tae mai ai? ~ (at what time) did you arrive? Eaha te taime ʻoe i tae mai ai? ~ (At what hour) does the movie start? Eaha te hora te teataraʻa e haʻamata ai?

whence (just now)? (see:) from **where** (just now)?

whence (originally)? (see:) from **where**

where? (originally)
where? teihea (now), ihea (or sometimes:) teihea (past), eihea (future) (After a verb you always use ihea) ~ is your car? My car is at the airport right now. Teihea tō 'oe pereo'o (uira)? Tei te tahua manureva tō'u pereo'o (uira) i teie nei. ~ did you sleep last night? I slept at the hotel? Ihea 'oe i te ta'otora'a ināpō (ra)? I te hōtēra vau i te ta'otora'a. ~ are you two going to be tomorrow morning? We'll be in Paofa'i. Eihea 'ōrua ānānahi i te po'ipo'i? Ei Paofa'i māua ānānahi i te po'ipo'i. ~ will you meet her? Eihea 'oe e fārerei ai iāna? ~ shall we go and eat? E haere tātou ihea e tāmā'a'i? ~ are you going? I am going home. E haere 'oe ihea? E haere au i te fare. ~ do you live? I live on Huahine. Tē noho nei 'oe ihea? Tē noho nei au i Huahine.
from **where** (just now)?, **whence** (just now)? mai hea mai? From ~ are you coming? From Huahine just now. Mai hea mai 'oe? Mai Huahine mai au.
from **where** (originally)?, **whence** (originally) nō hea (mai)?, nō fea (mai)? From ~ are you? I am from Finland. Nō hea mai 'oe? Nō te fenua Finirani (mai) au.
whetstone ('ōfa'i) tāpape, (pu'a) tāpape
which *nominative relative pronoun, perfective aspect* (before a verbal sequence), **that** tei, 'o tei There were three big ships ~ arrived here yesterday. E toru pahī rahi tei tae mai nei inānahi ra.
which *nominative relative pronoun, imperfective aspect,* **that** tē, 'o tē the substances ~ give their fragrance to vanilla te mau mea 'o tē hōro'a i tō rātou hau'a i te vānira
which? tēhea?, tēhia? ~ house? Tēhea fare?
which (person, subject)? 'o vai ~ woman prepared the raw fish? 'O vai te vahine tei hāmani i te i'a ota?

which (person, nonsubject)? **whom?** 'o vai + tā, i tēhia ta'ata ~ person (whom) do you see there? 'O vai te ta'ata tā 'oe e 'ite ra? To ~ person (whom) did you give the money? 'Ua hōro'a 'oe i te moni i tēhia ta'ata?
which (thing, subject)? **what?** eaha ~ (What) is that flower? Eaha terā tiare?
which (thing, nonsubject)? tēhia ~ (one) do you want? Tēhia tā 'oe e hina'aro?
while (introducing a subordinate clause showing a relationship to a specific action or event), (also:) **when** 'a ... ai ... at the time ~ the ship was leaving ... i te taime 'a reva ai te pahī Take care ~ climbing down! 'A ha'apa'o maita'i 'oe 'a pou ai 'oe i raro! My wife was reading a book ~ the children were sleeping. Tē tai'o tā'u vahine i te puta 'a ta'oto noa ai te mau tamari'i. I was in the restaurant ~ the rain started to fall. Tei roto vau i te fare tāmā'ara'a 'a topa ai te ua. I get somewhat embarrassed ~ talking with women. 'Ua ha'amā ri'i au 'a paraparau noa ai au i te mau vahine.
in a little **while, any time now, later on, presently, by and by** 'ā'uanei (commonly pronounced 'ā'unei) Watch out, you'll fall any time now. 'A ha'apa'o maita'i, 'ā'unei 'oe e topa ai.
whimper, yelp, (also:) **weep, sob, bawl, cry** ta'i What's that? Children ~ing? Eaha terā? E ta'i tamari'i (ānei)?
whine (said of children and old people), **fret** ha'apahi Why is he whining all the time? He ~s for (because he wants to have) sweets. Eaha 'ōna e ta'i noa ai? E ha'apahi monamona 'ōna.
whining, cranky, crying without reason ta'i mā te tumu 'ore, ta'i haere noa
whinny, (also:) **bay, howl, grunt** 'ū'ā
whip *n*, **lash** tā'iri, hui
whip, flog, (also:) **knock hard, slam** hui
whip, lash, spank, hit with a rod or a stick, beat tā'iri, ta'iri'iri

whiplashings, wounds or **scratches on the skin** 'āravarava
whirl, swirl 'ohu
whirlwind, cyclone, hurricane puāhiohio
whiskers huruhuru
whiskers of a cat
whisky 'ava ta'ero
whisper parauri'iri'i
whisper (behind someone's back), **murmur** 'ōmuhumuhu
whisper a reply natu
whistle *n* hio
whistle *v* hio, hihio, hiohio (note that hi'o and hi'ohi'o mean to look)
white 'uo'uo I would like a bottle of ~ wine. Tē hina'aro nei au i te mōhina uaina 'uo'uo.
white, clear (sky or water), **light** (color) teatea
white (hair, from age), **light grey** hinahina His hair is ~ now. 'Ua hinahina tōna rouru i teienei.
white discharge (as a symptom of an illness, especially of the skin) he'a
white man, European, person of Caucasian race popa'ā, papa'ā (more common in Rarotonga), 'europa (when specifically from Europe)
white tern, seagull, gull, ghost tern, Cygisalba candida 'ītāta'e, 'ītāta'eta'e
white-hair(ed) hinahina
whiten fa'a'uo'uo
whiteness 'uo'uo
white-tail lancet (a kind of surgeonfish), **Acanthurus nigricans** para'i 'ōturi
white-tail surgeonfish 'ōturi
white-tailed squirrelfish tiere
white tuna, Gymnosarda unicolor va'u
whitish mā'uo'uo
whittle or **sculpture, carve,** (also:) **hew** tarai
whiz past, go or **flit quickly by** mareva, mārevareva The car ~zed past in front of the policeman. 'Ua mareva te pereo'o nā mua i te mūto'i.
who? 'o vai? ~, then, is this? 'O vai ho'i teie?
who? (plural) 'o vai mā? ~ are those people? 'O vai mā taua feiā ra?
who (agent of action) + transitive verb, **by whom** nā vai ~ opened the gate to the yard? Nā vai i ha'amatara i te 'ōpani 'āua?
whole, entire, all pā'āto'a the ~ world te ao pā'āto'a all of Polynesia Pōrinetia pā'āto'a
whole, entirety, totality tā'āto'ara'a
whole, the whole amount (te) rahira'a
wholesale buyer (of copra, vanilla, etc.) 'ona
by **whom?** nā vai? By ~ was the gate to the yard opened? Nā vai i ha'amatara i te 'ōpani 'āua?
to **whom?** iā vai? To ~ did you give the very beautiful black pearl? 'Ua hōro'a 'oe i te poe rava nehenehe roa iā vai ra?
whooping cough hota huti
whore, prostitute vahine tai'ata, vahine taute'a
whose (before nouns, weak possession) nā vai, nā tēhia ta'ata, (o) tā vai ~ wallet is this? That wallet belongs to an American tourist. Nā vai teie pūtē moni? Nā te hō'ē rātere marite terā pūtē moni. ~ is this camera? (To what person does this camera belong?) That camera belongs to Stephen. Nā tēhia ta'ata teie pata hoho'a? Nā Tīvini terā pata hoho'a. ~ book is this. That is Tahi's book. Tā vai teie puta? Tā Tahi terā puta. (or:) Te puta a Tahi. ~ is (Who has) the best ukulele? O tā vai te uturere maita'i a'e?
whose (before nouns, strong possession) nō vai, nō tehia ta'ata, (o) tō vai ~ sailing outrigger is this? That outrigger belongs to Hiro. Nō vai teie va'a tā'ie? Nō Hiro terā va'a. ~ is this shirt? (To what person does this shirt belong?) Nō tēhia ta'ata teie 'a'ahu 'o'omo nei? ~ hat is this? That is

why?

Moari'i's hat. Tō vai teie tāupo'o? Tō Moari'i terā taupo'o. (or:) Te tāupo'o o Moari'i. ~ is (Who has) the fastest sailing canoe? O tō vai te va'a tā'ie ha'avitiviti a'e?

at / to **whose** place iō vai   To ~ place shall we go? E hare tātou iō vai mā.

why? (general) nō teaha? nō teaha ... ai? ~ were you late for work this morning? Nō teaha 'oe i maoro ai i tā 'oe 'ohipa i teie po'ipo'i? ~ did you do it? You should not do such things. Nō teaha 'oe i nā reira ai? E'ita e ti'a (iā 'oe) 'ia rave i terā mau huru 'ohipa.

why? (more colloquial)? **what ... for?** eaha? eaha ... ai? ~ did you come? (What did you come for?) Eaha 'oe i haere mai ai? ~ did he act like that? (What did he act like that for?) Eaha 'ōna i nā reira ai? ~ all this waste? Eaha teie i ha'amā'uahia'i?

why? for what reason? eaha te tumu, eaha te tumu ... ai? ~ did Moari'i leave for Rarotonga? Eaha te tumu Moari'i i reva ai i Raroto'a?

Why ... (confrontative)! (construction with:) 'aita ho'i ~, you haven't finished the work! 'Aita ho'i 'oe i fa'aoti i te 'ohipa?

why not (construction with:) 'ore... ai ~ don't you dance? Nō teaha 'oe e 'ore ai e 'ori'ori? ~ didn't you fix the car? Nō teaha 'oe i 'ore ai i hāmani i te pereo'o?

Why not? Eaha e 'ore ai?

wick 'uiti

wick adjuster (on an oil lamp) tāvirivirira'a

wick holder (the supporting structure for wick and chimney in an oil/kerosene lamp) moiho

wicked, bad, evil 'ino

wicked, maliciously harmful, injurious tōtōā

wicked, nasty, ugly, distasteful, disgusting, filthy hā'iri'iri

behave **wickedly, inflict damage, harm**

wife

maliciously, injure, sabotage tōtōā My new canoe has been damaged [by someone]. 'Ua tōtōāhia tō'u va'a 'āpī.

wickedness, badness, evil 'ino, *(dual & plural:)* 'i'ino   He was punished for his ~. 'Ua fa'autu'ahia 'ōna nō tōna 'ino.

wickedness, rancor, grudge, (also:) **envy, jealousy** fe'i'i   For from within, out of the heart of men, proceed evil thoughts, ... thefts, covetousness, ~, ... Nō roto mai ho'i i te 'ā'au ta'ata te mana'o 'ino, ... te 'eiā, te nounou tao'a, te fe'i'i, ...

wicker (roots used in basket work; also the plant itself:), **Freycinetia demissa** 'ie'ie

wide, broad (also:) **extended,** (also:) **extensive** 'a'ano   This road is ~ now, not like it was in the past. 'Ua 'a'ano teie purōmu i teienei, e 'ere mai tei te mātāmua ra.

wide, flat pārahurahu   He has a ~ (flat) forehead. E rae pārahurahu tōna.

widely spaced, spread, (also:) **gaping, ajar** fatafata

widely spaced, (also:) **sparce, scarce, rare** The coconut trees were planted ~. 'Ua tanu varavarahia te mau tumu ha'ari.

widen fa'a'a'ano, ha'a'a'ano

widen an opening (manually finish opening a coconut split in half by an axe) tūfera

widow vahine 'ivi

widower ta'ata 'ivi, 'ivi, tāne 'ivi

width, extent 'a'ano, 'a'anora'a

wife vahine (fa'aipoipo), hoa (fa'aipoipo)   your ~ tō vahine   I don't like to cook unless my ~ will help me. E 'ere i te mea au roa nā'u 'ia tunu i te mā'a, maori rā 'ia tauturu mai tā'u vahine iā'u. I succeeded with the help of my ~. 'Ua manuia vau mai te tauturuhia e tā'u vahine. A great big affectionate Thank You to my ~, Éva. E ha'amāuruurura'a rahi poupou tā'u i tā'u iho vahine iā Éva. Thou shalt not covet thy neighbor's (literally: someone else's) ~. 'Eiaha roa 'oe e nounou i tā

vetahi 'ē vahine.
wild, (also:) **shy, timid,** (also:) **unsociable** hāhape
wild, untamed, undomesticated, uncivilised 'ōviri
wild boar pāha
wilderness, desert, wasteland medebara (pronounced: metepara) ... and he led the flock to the backside of the desert ... 'ē 'ua arata'i atura 'oia i taua nana ra i 'te 'ōti'a o te medebara   And immediately the Spirit sendeth him into the ~. I reira te Vārua i te tonora'a iāna i te mēdēbara.
will, testament parau tutu'u
will *(aux. v)*, **shall** e
will be at/in ei
will not, shall not e'ita
will to, bequeath to tutu'u
William, Bill Viriamu   That car has been used by ~. 'Ua 'ohipahia terā pereo'o e Viriamu.
win or **triumph over someone** or **something** (also in an argument), **conquer, be victorious, overcome,** (also:) **come out ahead** or **on top** upo'oti'a   He triumphed over his enemies. 'Ua upo'oti'a 'oia i tōna mau 'enemī.
win, overcome (construction with:) riro ... iā   But be of good cheer; I have overcome the world. E fa'aitoito rā, 'ua riro 'o teie nei ao iā'u.
win (in a competition), **be victorious** (construction with:) riro te rē (or:) noa'a te rē   He won the prize. 'Ua riro te rē iāna. (or) 'Ua noa'a iāna te rē. He won through his energy/ persistance/ courage. 'Ua roa'a iāna te rē nā roto i tōna itoito.
win, succeed manuia   Teiho won his suit as plaintiff. 'Ua manuia te horora'a a Teiho.
wince, (also:) **start, give a start, jump** hitirere
winch, twinge, (also:) **have spasms** 'īriti
winch, crane, hoist hīvi
winch, hoist, (also:) **pulley** porotata

wind mata'i   ~ **direction** 'avei'a mata'i   ~ **on the beam** mata'i tārava   **light** ~ mata'i puihau   **soft or gentle** ~ mata'i marū   **moderately fresh or pleasant** ~ mata'i au noa   **fairly strong** ~ mata'i huru pūai   **gust of** ~ mata'i rōfa'i, rōfa'i   **strong** ~ mata'i pūai   **very strong** ~ mata'i pūai roa   **violent** ~ mata'i 'ū'ana   **extremely strong gusts of** ~ **accompanied by rain (cyclone)** mata'i rorofa'i no ~ 'aore mata'i   The ~ is blowing this way. Farara mai te mata'i. The ~ is blowing very gently. Puihauhau te mata'i. The ~ is unstable. Tē 'ōfirifiri noa ra te matai. The ~ is very strong today. Will the captain wait for the ~ to calm down? (E) Mea pūai roa te mata'i i teie mahana. E tia'i ānei te ra'atira 'ia marū te mata'i?
wind current, (also:) **wind quarter** pūmata'i
mountain wind (in the evening) hupe   Its fragrance is carried here by the mountain ~. Nā te hupe e ta'ita'i mai tōna no'ano'a.
quarter from which the wind blows, (also:) **wind current** pūmata'i
wind from the north to'erau
wind from the north-north-east pāha'apiti
wind from the north-east ha'apiti, fa'arua
wind from the east-north-east niuhiti, niufiti
wind from the east maoa'e
wind from the east-south-east pāmaoa'e, maoa'e tārava, tārava
wind from the south-east, trade wind mara'amu, mara'ai
wind from the south-south-east mara'ai'aru
wind from the south to'a
wind from the south-south-west 'ārueroa
wind from the south-west urupā, 'anahoa
wind from the west-south-west uru
wind from the west 'aine
wind from the west-north-west pārapu

wind from the north-west pāfā'ite
(Davies' dictionary says pāfā'ite means wind from the north-north-east)
wind from the north-north-west pāto'erau
wind from the port side mata'i 'aui
wind from starboard mata'i 'atau
away from the **wind, leeward,** (also:) **towards the west** i raro (mata'i)
towards the **wind** or the East, **windward** i ni'a (mata'i)
bear up to the **wind** fa'atīara
sail with the **wind** from abaft (with a following wind, before the wind) fa'ahe'e
sail with a quarterly **wind, run** fa'atere
sail with the **wind** abeam, **reach** tā'ao'ao
sail close to the **wind** (closehauled, full and by) fa'atīara (noa), tāpiri
sailup into the **wind** (usually in order to tack) fa'atīara
whirl**wind, cyclone, hurricane** puāhiohio
"**wind**" from the rectum, **fart** hū
wind-breaker pāruru mata'i
wind-refreshed, refreshed by the wind pūva'iva'i, pūa'ia'i
wind-surf hōrue tā'ie
wind *v* (cables, for example), **twist** 'ōfiri, 'ōfirifiri He wound the rope around the pole. 'Ua 'ōfiri 'ōna i te taura i ni'a i te pou.
wind or **roll up** 'ōtaro, pōtaro
wind up a timepiece tāviri, tāviriviri
windlass, capstan hutira'a tūtau
window ha'amāramarama
window glass hi'o māramarama
windowpane te hi'o nō te ha'amāramarama
windshield hi'o (nō te pereo'o) ~ wiper horoi hi'o
wind-surf, sail-surf hōrue tā'ie
windward, towards the wind or **the East** i ni'a (mata'i)
the **Windward Islands** te fenua ni'a mata'i, te fenua ni'a mata'i mā The Windward Islands comprise Tahiti, Mo'orea, Maiao, Tetiaroa, and Mehetia.
wine uaina, vine (biblical) I would like a bottle of white ~. Tē hina'aro nei au i te mōhina uaina 'uo'uo. ... and ~ that maketh glad the heart of man. ... 'ē te uaina e 'oa'oa ai te 'ā'au ta'ata nei. A feast is made for laughter, and ~ maketh merry. I ha'apa'ohia te 'amura'a mā'a ei fa'atupu i te 'oa'oa, e rearea te 'ā'au o te feiā e ora nei i te uaina. Woe unto them that rise up early in the morning, that they may follow strong drink; that continue until night, till ~ inflame them! E pohe te feiā e ara i te po'ipo'i ra, i te tītaura'a i te 'ava ta'ero; 'o tei ha'amaoro i te parahira'a i te pō, 'ia ta'ero rātou i te uaina.
sediment or dregs of **wine** rito uaina Throw away the rest of the ~, it has (~) sediments. Fa'aru'e i te toe'a uaina, e rito uaina.
wine spot (on the skin, a kind of **birthmark**) ira
wing pererau
wink (of the eye, also:) **a sign made by a wink of the eye, glance** 'amo, 'amo'amo
wink (with the eye, also:) **make a sign with a wink of the eye, blink** 'amo, 'amo'amo
winner (especially in sports), **victor** (ta'ata) upo'oti'a
winning, victory upo'oti'ara'a, upo'oti'a
winter (literally: the cold season) te tau to'eto'e
wipe (with a piece of cloth) tā'ahu
wipe (off), (also:) **wash, clean, rinse, soak** horoi, horohoroi ~ the table! 'A horoi i te 'amura'amā'a! Wash your hands! 'A horoi i tō 'oe rima!
wipe off, dust off tatahi
wipe out, annihilate, destroy ha'amou
wipe out, rub 'ui, 'u'ui, 'ui'ui
wiped out, annihilated, destroyed mou
wipe (up), wipe dry ha'amarō, tāmarō
wire niuniu barbed ~ niuniu taratara

make use of **wire, telephone** tāniuniu
wireless telegraph niuniu nā te reva
wisdom, intelligence, clearness of mind māramarama
wisdom, knowledge te 'ite rahi
wisdom, maturity pa'ari
wise, intelligent māramarama
wise, learned, knowledgeable 'ite
wise, mature, reasonable pa'ari ~ man ta'ata pa'ari
render **wise** ha'apa'ari
wish *n*, **desire** hina'aro What is your ~? Eaha tō 'oe hina'aro?
wish *v*, **desire, want, covet** hina'aro What do you want? Eaha tā 'oe e hina'aro? as they ~ed mai te au i tō rātou ra hina'aro
wish or **want to eat** or **drink, be hungry** or **thirsty** hia'ai I ~ to drink a cold beer. Tē hia'ai nei au i te pia to'eto'e. Happy are those who have hungered for justice. E ao tō tei hia'ai i te maita'i.
wit, intelligence māramarama
to **wit, that is to say, namely** maori rā, 'oia ho'i
witchdoctor, healer tahu'a
with, along or **together with, attended by** They came there ~ lanterns and torches and weapons. 'Ua haere maira rātou ma te mōrī 'ē te rama 'ē te mauha'a [mauha'a tama'i] ato'a ho'i. And Jesus left that place and went back to his own country ~ all his disciples. Fa'aru'e ihora Iesu (pronounced Ietu) i taua vāhi ra, haere atura i tōna iho fenua ma tāna mau pipi ato'a.
with, by means of mai ~ the kindly help of the minister (of the church) mai te tauturu-maita'i-hia e te 'orometua a'o I succeeded ~ the help of my wife. 'Ua manuia vau mai te tauturuhia e tā'u vahine.
with (accompaniment) (construction with:) 'ē (and) I am going for a walk ~ my dog. E haere au e ori haere 'ē tā'u 'ūrī. I left

~ Hina. 'Ua reva vau 'ē 'o Hina.
with (accompaniment, dual) (construction with:) dual pronoun + 'o I left ~ Hina. 'Ua reva māua 'o Hina. Hina left ~ Tīvini. 'Ua reva Hina rāua 'o Tīvini.
with (accompaniment, vernacular) (construction with:) nā muri iho I went for a walk ~ her. 'Ua ori haere au nā muri iho iāna.
with (specific manner) mā They returned ~ joy. 'Ua ho'i mai rātou mā te 'oa'oa.
with difficulty (with or without motivation to do something) Maeva is a girl who learns only ~. E tamāhine ha'api'i 'atā o Maeva. The tiare 'apetahi is a flower that can be found only ~. E tiare 'imi 'atā te tiare 'apetahi. I don't like children who don't want to obey. E'ita vau e hina'aro i te tamari'i fa'aro'o 'atā.
with sail tā'ie
withdraw, go far away fa'aātea
wither, (also:) **fade,** (also:) **soften** maemae
withered, (also:) **faded,** (also) **softened** maemae
from **within** nō roto mai For from ~, out of the heart of men, proceed evil thoughts. Nō roto mai ho'i i te 'ā'au ta'ata te mana'o 'ino.
without 'ore, mā ... 'ore, mai ... 'ore ~ money (broke) moni 'ore ~ being paid tāmoni-'ore-hia ~ value (or interest) faufa'a 'ore I cannot live ~ love. E'ita e nehenehe tā'u e ora mā te here 'ore. ~ remuneration, pro bono mā te taime 'ore They will dance ~ stopping. E 'ori rātou mai te fa'aea 'ore.
be or do or go **without, lack, lose out on** 'ere I am ~ (have not found) work. 'Ua 'ere au i te 'ohipa. We went ~ beer yesterday. 'Ua 'ere mātou i te pia inānahi ra. He lost (was beaten) in the election. 'Ua 'ere 'ōna i te ma'itira'a.
witness *n* (ta'ata) 'ite
witness, see, perceive 'ite

witness

witness, tell, inform fa'a'ite
woe unto ... (biblical) e pohe i ... ~ them that rise up early in the morning, that they may follow strong drink; that continue until night, till wine inflame them! E pohe te feiā e ara i te po'ipo'i ra, i te tītaura'a i te 'ava ta'ero; 'o tei ha'amaoro i te parahira'a i te pō, 'ia ta'ero rātou i te uaina.
wolf ruto
wolf-dog 'ūri ruto
woman vahine cleaning ~ vahine tāmā legitimately married ~ vahine ti'amā ~ of the street vahine purōmu
woman (poetic or derisive appellation), **creature** manu Your wife is very beautiful (literally: a very beautiful creature). E manu nehenehe roa tā 'oe vahine.
refined or well-bred **woman, lady** vahine peu maita'i
woman of easy virtue vahine ha'apa'o 'ore
woman of the street, prostitute vahine purōmu
old **woman**, (also:) **grandmother** māmā rū'au
womb vaira'a tamari'i
wonder, marvel, astonishment māere
wonder, marvel, be astonished māere
wonder, think, reflect, meditate mana'o
wonderful, astonishing, marvelous maere
wonderful, admirable, excellent fa'ahiahia
woo fa'ahina'aro, ha'ahina'aro
woo a woman, court ha'ahina'aro vahine
wood(en) rā'au
wood planings, (also:) **sawdust** hu'a rā'au (note that hua means vulva)
wooden Tahitian barrel drum (a length of wood hollowed out, with a slit) tō'ere
woodworker tāmuta rā'au
fire**wood** vahie

world

word, (also:) **speech,** (also:) **language** parau, parau reo (note that pārau means mother of pearl shell) my ~s tā'u mau parau bad or dirty ~ parau 'ino magic ~ parau manamana
word, (also:) **saying,** (also:) **speech** ta'o
Word (biblical, devine) Logo (from the Greek) In the beginning was the ~, and the ~ was with God, and the ~ was God. I vai na te Logo (pronounced Roto) i te mātāmua ra, i te Atua ra ho'i te Logo, 'ē o te Atua ho'i te Logo.
give one's **word, swear to, take an oath** hōreo
in other **words, that is to say, namely** maori rā
work, job, (also:) **occupation,** (also:) **business, affair(s)** 'ohipa, ravera'a 'ohipa intellectual ~ 'ohipa upo'o ~ for pay 'ohipa tāmoni ~ paid by the day 'ohipa tāmahana piece or bonus ~ 'ohipa tā-rē
work, do a job rave i te 'ohipa Do your ~! 'A rave i tā 'oe 'ohipa! What kind of ~ did Jimmy do? Eaha tā Timi 'ohipa i rave?
work hard at, make an extreme effort, try one's best tūtava I am ~ing hard at making that project succeed. Tē tūtava nei au i terā 'ōpuara'a 'ia manuia. We try our best. Tē tūtava nei mātou.
worked or **straightened out, arranged** tītī'aifaro
worker ta'ata rave 'ohipa
working, in good order or **running condition** 'atu'atu (maita'i), napenape He keeps his car in good ~ order. 'Ua 'atu'atu maita'i 'ōna i tōna pereo'o (uira). He keeps his motor boat in good ~ order. Tē napenape nei 'ōna i tōna poti mātini.
workshop fare ravera'a 'ohipa
world ao, te ao nei (te ao ra means the heavens) the whole ~ te ao pā'āto'a ~ Health Organization Tā'atira'a Ea o te

worldly

Ao nei But be of good cheer; I have overcome the ~. E fa'aitoito rā, 'ua riro 'o teie nei ao iā'u.

worldly o te ao the vanity of ~ things te taufa'a 'ore o te mau mea o te ao nei

worm, earthworm, (also:) **intestinal worm** to'e

worn (down or **out),** (also:) **thin** rairai (opposite of me'ume'u = thick) This woman is wearing a very ~ dress. E 'ahu rairai roa tō teie vahine.

worn out (clothing), **faded, pale, tarnished** marau ... they shall all wax old as doth a garment. ... e marau ana'e rātou, mai te 'ahu nei. This photograph has really faded; it is very old, you see. 'Ua marau roa teie hoho'a; e mea tahito roa pa'i.

worried (about), anxious or **concerned (about)** māna'ona'o Why are you always so ~? Eaha 'oe e māna'ona'o noa ai?

worried (about something that has or has not happened), **troubled, bothered, concerned,** (also:) **annoyed** pe'ape'a She is very ~, the children have not come back yet. 'Ua pe'ape'a roa 'ōna, 'aita ā te tamari'i i ho'i mai.

worry (about consequences), **care, concern, rumination** tapitapira'a They have no ~ for the morrow (literally: their survival). 'Aita tā rātou e tapitapira'a nō tō rātou orara'a. ... but he had no ~ about it ... e 'ere ra te reira tāna e tapitapi ra

worry (often resulting from a surprise), **confusion, alarm, anxiety** 'āhuehue

worry (about something that has or has not happened), **trouble, bother,** (also:) **annoyance** pe'ape'a, mana'o pe'ape'a

worry, trouble, distress, (also:) **perplexity** ahoaho She was overcome by ~. 'Ua ro'ohia 'ōna i te ahoaho.

worry (about), be anxious or **concerned (about)** māna'ona'o Why do you always ~ so? Eaha 'oe e māna'ona'o noa ai?

worry (about consequences), **care, concern, ruminate** tapitapi Don't ~ (about what may happen)! 'Eiaha e tapitapi! They do not ~ about the morrow (literally: their survival). 'Aita tā rātou e tapitapira'a nō tō rātou orara'a.

worry (about something that has or has not happened), **be troubled** or **bothered** or **concerned,** (also:) **be annoyed** pe'ape'a Don't ~! It's all right! No problem! 'Aita e pe'ape'a! I am really ~ing about the children not having come back yet. 'Ua pe'ape'a roa vau, 'aita ā te tamari'i i ho'i mai.

worsen, aggravate fa'arahi i te 'ino

worship, (church) service purera'a

worship, adoration ha'amorira'a The marae was the place of ~ of the ancients. 'O te marae te vāhi ha'amorira'a a tō tahito.

worship, adore ha'amori God is a Spirit: and they that ~ him must ~ him in spirit and in truth. E Vārua te Atua, 'ē te feiā e ha'amori iāna ra, e ha'amori ia ma te vārua 'ē te parau mau e ti'a ai.

worth, importance, (also:) **wealth, means,** (also:) **yield** faufa'a

worthless, useless faufa'a 'ore He threw all of his ~ things away. 'Ua tā'ue pauroa ('ōna) i tāna mau tauiha'a faufa'a 'ore.

worthless, lazy hupehupe He is ~ (lazy), his favorite pastime is to sleep. E ta'ata hupehupe ('ōna), e ta'oto te heiva.

worthy, upstanding, righteous ti'a

worthy of respect tura

wound, puncture puta (note that puta also means book) Where is the ~? Teihea te puta? When he came back from the war, he had many ~s. I tōna ho'ira'a mai mai te tama'i mai, e mea rahi tōna puta.

perforating or ulcerating **wound** or **sore** fao The ~ in his foot keeps getting deeper. Tē hohonu noa atu ra ā te fao i tō 'āvae.

wound, pierce, prick ha'aputa Take the balloon, but don't (be careful not to) prick it.

wounded pēpē, pāparu Many have been ~. E rave rahi tei pēpē. The ~ soldiers were decorated (with medals). 'Ua fa'afeti'ahia te mau fa'ehau pāparu.
wounded, punctured, pierced puta That man was ~ by a knife. 'Ua puta terā ta'ata i te tipi.
wounds or **scratches on the skin, wounds from being lashed by a whip** 'āravarava
wrap, shawl tāhei
wrap, wrapping, (also:) **package** pū'ohu package for mailing pū'ohu hāpono
wrap, cover pū'ohu fish ~ped in leaves for baking in the earth oven i'a pū'ohu
wrap (especially in paper), **roll** (a cigarette, for example), **twist** 'ōviri
wrapper, envelopment, envelope vihi
wrasse, Napoleon fish, Cheilinus undulatus Rüppell papae (when small), pārahirahi (when medium-sized), mara (when fullgrown)
wrasse of the Labridae family, **Coris angulata** pātaitai
trilobed Maori **wrasse, Cheilinus trilobatus** papae mara
wreath (around the neck), **garland, lei,** (also:) **necklace** hei flower ~ hei tiare shell ~ hei pūpū
wreath (on the head), (also:) **crown** hei upo'o
wreck (a ship), **run** (a ship) **aground** fa'airi The ship was ~ed on a sandbank. 'Ua fa'airihia te pahī i ni'a i te pu'u one.
wrestle, (also:) **struggle, fight** taputō
wrestle (for sport) perē taputō They ~ed (for sport, had a wrestling match) yesterday. 'Ua perē taputō rāua inānahi ra.
wrestler, athlete mā'ona
wrinkle one's eyebrows, frown, grimace tu'atu'a (i te mata), fa'atu'atu'a (i te mata)
wrinkled, mussed or **rumpled up** mi'omi'o, mimi'o, 'ōmi'omi'o
wrist tū'atira'a rima
write pāpa'i I will ~ you a letter. E pāpa'i au i te rata iā 'oe.
write, author, (also:) **compose** fatu (haererera'a popa'ā)
writer ta'ata pāpa'i 'a'amu, ta'ata pāpa'i puta
writer, author, (also:) **composer** (ta'ata) fatu (haerera'a pōpa'a)
wrong, bad, evil 'ino
wrong, improper ti'a 'ore
wrong, inaccurate e'ere te mea tano, hape
wrong, in error, mistaken hape You are ~, I did not say any such thing (literally: that kind of talk does not belong to me). 'Ua hape 'oe, e 'ere nā'u te reira parau.
wrong, prohibited 'ōpanihia How much is the fine if the car is parked in the ~ (prohibited) place? Ehia moni te utu'a 'ia vaihohia te pereo'o i te vāhi 'ōpanihia?
wrong, error, mistake hape
wrongdoing 'ohipa hape The ~s committed against the Melanesians on New Caledonia are increasing. Tē haere rahi nei te mau 'ohipa hape o te ravehia ra i ni'a i te feiā meranitia o te fenua Taratoni.
wrongful, incorrect, unsuitable tano 'ore

Xanthosoma sagittafolium, highland taro
 (a kind of turnip) taruā
X-mas, Christmas Noera, Noere, 'ōro'a fānaura'a Merry ~! 'Iaorana 'oe ('ōrua, 'outou) i te Noera (Noere)! (or:) 'Ia 'oa'oa 'oe ('ōrua, 'outou) i teie Noera!
 ~ tree tumura'a o Noera (Noere)
X-ray hoho'a rātio
Xylosma lepinei, a kind of tree-like **bush** pīne
Xyphias gladius, spearfish, swordfish, marlin ha'urā

yacht | yet

yacht (general) pahī, iāti When the Bastille festival arrives, the bay is full of ~s. 'Ia tae i te Tiurai, e api te 'ō'o'a i te iāti.
yacht (large sailboat with or without an auxiliary engine) pahī tā'ie
yacht (large motorboat) pahī mātini
yam, Dioscorea alata ufi, uhi
yard, crossbeam of an outrigger fanā
yard, enclosure, land enclosed by a fence, (also:) **fence** 'āua Who opened the gate to the ~? Nā vai i ha'amatara i te 'ōpani 'āua?
yard, lawn, (also:) **court, square, public place** māhora
yard (measure) iāti
yard (spar attached to the mast on a square-rigged sailing ship and to which a squaresail is bent) tāfa
yawn, (also:) **gape** hāmama te vaha, hāmama
year matahiti New ~ Matahiti 'Apī Happy New ~! 'Iaorana i te matahiti 'āpī. leap ~ matahiti 'ōu'a How old are you? (literally: How many ~s do you have?) Efea (Ehia) tō 'oe matahiti? I am thirty-five ~s old. E toru-'ahuru-mā-pae matahiti tō'u.
yearly tāmatahiti
yeast, (also:) **baking powder** hōpue
yell, call out, hail tuō
yell, scream tuō roa
yellow (color) re'are'a She has a ~ dress on. 'Ua 'ahu 'ōna i te 'a'ahu re'are'a.
yellow (stage of maturity of fruit or leaves), **ripe** para
yellow-colored cock/rooster moa tīpape

yellowish, yellowed, (also:) appearing as **golden,** (also:) **jaundiced** māre'are'a, 'ōre'are'a (usually applied to shallow water among coral) Great Tahiti of the Golden Haze (the full name of ancient Tahiti) Tahiti Nui Māre'are'a
yellow-dotted Maori wrasse, Cheilinus trilobatus papae mara
yellow-fin surgeonfish, Acanthurus bleekeri para'i
yellow-fin tuna 'a'ahi
yellow-finned Caranx 'autea
yellow-finned tunny, albacore, Scomber guildi papahi
yellow margined sea perch, sea snapper, Lutjanus vaigiensis to'au
yellow parrotfish uhu rōtea
yellow-spotted surgeonfish maito 'aero 'uo'uo
yelp, whimper, (also:) **weep, sob, bawl, cry** ta'i
yes 'ē He said yes. 'Ua 'ē 'ōna.
yes (with the implication of "I agree") 'ae
yes (after a negative question) 'oia Is she not here? E 'ere anei 'ōna iō nei? Yes (she is). 'Oia.
yes (referring to something already said), **all right, O.K.** (e) pa'i Yes (All right, O.K.), go! Haere pa'i 'oe!
Yes! (in a roll call, for example), **Present!** 'Ou! 'Ō! Ō!
Yes indeed! Of course! 'Oia mau!
yesterday inānahi, inānahi ra There were three big ships that arrived here ~. E toru pahī rahi tei tae mai nei inānahi ra. We went without beer ~. 'Ua 'ere mātou i te pia inānahi ra.
yesterday night inapō, inapō ra
the day before **yesterday** inānahi atu ra
yet (expressing persistence), **still** ā ~ he keeps on talking. Tē parau noa nei ā 'ōna.
not **yet, still not** 'aita e ā (usually pronounced 'aiteā), 'aita ā, 'aore ā I have studied Tahitian for two years, but I have not ~ learned to understand it. 'Ua

545

yield　　　　　　　　　　　　　　　　　　　　　　　　　　**youth**

tāmau vau i te reo tahiti nō te iva matahiti te maoro, terā rā, 'aita ā i pāpū maita'i iā'u.　I am very worried, my wife has not ~ returned.　'Ua pe'ape'a roa vau, 'aita ā tā'u vahine i ho'i mai.　The ship has not arrived ~.　'Aiteā ('Aita e ā) te pahī i tae mai.　We don't have electricity connected ~, they (those [indicated]) already have it.　'Aita ā tō mātou uira i tāmauhia, 'ua oti tō verā.　She has not seen snow ~.　'Aore ā 'ōna i 'ite i te hiona.

yield, interest　moni taime
yield, output, productivity　hotu
yield, profitability, (also:) **reimbursement**　ho'ona
yield, worth　faufa'a
yield, bring into being, cause to grow, create　fa'atupu
yield, cause to bear fruit, be fruitful　fa'ahotu
yield, give　hōro'a
yield, permit, allow, set free, let go, release, suffer (in that sense)　tu'u　Suffer the little children to come unto me, and forbid them not; for such is the kingdom of God.　'A tu'u mai i te tamari'i ri'i 'ia haere noa mai iā'u nei, 'ē 'eiaha e tāpe'ahia'tu; mai iā rātou ho'i tō te pātireia o te Atua ra.
yield to, heed, observe, comply with, obey, respect　fa'atura　~ (observe) the (speed) limits for travel on the road.　Ei (or: Ei 'a) fa'aturahia te tā'ōti'ara'a o te tere nā ni'a i te puromu.
yield to, submit to, obey, respect, (also:) **be submissive** or **obedient**　auraro
ylang-ylang (a kind of bush), **Cananga odorata**　moto'i
yolk　re'a
yon, yonder　... ra
yon, yonder, away　atu　Look ~!　'A hi'o atu!　(or:) 'A hi'o'tu.
yonder, there　terā　The water is muddied, it is raining there (~) in the mountains (literally: inland).　'Ua reru te pape, e ua terā i uta.
yore, beginning　mātāmua　in days of yore, in the earliest days　i te tau mātāmua
you (one)　'oe
you (two)　'ōrua
you all (three or more)　'outou
young　'āpī　the ~ people　te feiā 'āpī
young (of animals)　fanau'a, pīnia
young (said of fruits and vegetables [except coconuts and tubercles] not yet fully filled out), **unripe**　pī
young man, (also:) **son**　tamaiti
young man (in sports, 17 to 20 years old), **junior**　taure'a
young people, youth　taure'are'a
young-bait goatfish, barbelled mullet, Mulloidichtys samoensis　'ōuma, (when it reaches large size:) vete
younger sibling of the same sex　teina　Maeva is always jealous of her younger sister.　E fe'i'i noa Maeva i tōna teina.
youngster, little fellow　ta'ata hu'a (be careful in pronunciation, since hua means testicles or vulva)
youngster, teenager, youth　taure'are'a (general), taure'are'a tāne (male), taure'are'a vahine (female)
your (second person singular possessive)　tō, tō 'oe　Put out (Reach out with) ~ hand.　'A toro tō rima.　Where is ~ car?　Teihea tō 'oe pereo'o?
your (second person dual possessive)　tō 'ōrua, tā 'ōrua　(to two siblings:) Where is ~ mother?　Teihe tō 'ōrua metua vahine (or) Teihea tō 'ōrua māmā?　(to husband and wife:) Where is ~ marriage certificate?　Teihea tā 'ōrua parau fa'aipoipora'a?
your (second person plural possessive)　tō 'outou, tā 'outou　Where is ~mother?　Teihea tō 'outou matua vahine? (or) Teihea tō 'outou māmā?　(to club members:) Where is ~ meeting tonight?　Teihea tā 'outou 'āmuira'a i teie pō?
youth (period of life)　'āpīra'a, vai 'āpīra'a　So in my ~ I had no money at all.　I tō'u

'āpīra'a 'aita roa ia tā'u i te moni.
youth, young man, (also:) **son**   tamaiti
youth, young person   taure'are'a, ta'ata 'āpī
youth, young people   (te) feiā 'āpī
youth, the younger generation   (te) u'i 'āpī
yowl, howl, bay, grunt, whinny   'ū'ā

Zea mays, maize, corn tō popa'ā
zebra pua'ahorofenua (vernacularly pronounced pū'ārehenua) toretore
zebra surgeonfish, Acanthurus lineatus maro'a
zebra unicornfish karaua
zebrafish, Pterois antennata tataraihau
Zebrasoma veliferum, surgeon sailfish 'iriā'eo
(at) **zenith** 'ōti'ati'a
zero, naught (British) aore   Here is her telephone number: 29 13 05. Teie tāna nūmera niuniu: (e) piti-'ahuru-mā-iva, 'ahuru-mā-toru, aore, pae.
zestful, enthusiastic, eager, (also:) **pleasing** 'ana'anatae
zigzag, (also:) **stray to the side** 'ōpaepae   Pull in your kite, it is straying to the side. 'A huti i tā 'oe pāuma, tē 'ōpaepae ra.
zigzag, (also:) **turn many times** tīoioi
zipper hutira'a 'a'ahu
Zodiac, rubber boat poti uaua
zone, area, space ārea   ~ of turbulence ārea 'āoira'a

TAHITIAN - ENGLISH
DICTIONARY
(FINDER LIST)
FA'ATORO PARAU
TAHITI - MARITE/PERETANE

a before a substantive indicates chosen or temporary possession
-a attached after a verb indicates a passive mode
'a before a numeral indicates how many (persons, objects, times, etc.) there are now
'a before verbs indicates imperative, (also:) for fear that, lest
... **'a ... ai ...** ... at or in ... when or while ... At the hour when the ship left. I te hora 'a reva ai te pahī.
ā after a verb more, further, again
ā after verbal expressions still, even now
'ā fully cooked
'Ā! Ah, yes!
a'a refreshed (through sleep)
a'a root
'a'a tease, (also:) teasing
'ā'ā Tahitian green parrot
a'aa'a a small root, (also:) fibrous
'a'ahi tuna
'a'ahi 'ahu rag
'a'ahiata very early morning (stars visible)
'a'ahu cloth, clothing
'a'ai fictitious tale or story, legend
'a'ai gnawing, eating, (also:) ulcerating
'a'aira'a ulceration
'a'aiā unripe breadfruit
'a'amu tale, story, legend
'a'ana, 'ā'ana aggravated, accumulated (in that sense)
'a'ano width, extent; wide, extensive
'a'aoa crow (speaking of rooster), crowing
'a'apo play catch, (also:) catching on quickly, intelligent

'ā'aravī long-nosed emperor fish (when young)
'a'ari of irregular diameter
'a'aro scoop out, detach, extract
'a'ata stalk of yam or sweet potato or vanilla or manioc
'a'ati have a stomach ache
'a'ati, 'ati join, unite, (also:) encompass
a'au coral reef, barrier reef
'ā'au (1) intestine(s), entrails, (also:) "heart," soul
'ā'au (2) tool handle
'ā'au rahi large intestine, (also:) colon
a'auira'a nerve
a'auirara'a system
'aeto'erau euphoria
'ā'āvere swordfish
a'e a particle indicating something a little farther in direction (**i mua ~** a little bit in front of) or in time (**nā mua ~** a little bit before); also comparative (**rahi ~** smaller)
'a'e climb, ascend
'ae yes (indicating an accompanying feeling to be derived from intonation)
āē Alas! What a pity!
'ā'eho reed
'āehuehu mental disorder, agitation, disturbed, agitated, troubled
a'ena, a'e na, ēna already, some time ago, earlier
a'enei, a'e nei just, (also:) (a certain) time ago
a'era, a'e ra then, a little afterwards, after which, (also:) over there
'aere herd, bank (of fish), swarm (of insects), (also:) to swarm, proliferate, superabound
'aero tail
'aeto eagle
'aeto'erau 'aeto'erau
'afā crack, split, fissure
'āfa half, (also:) be at half-mast
te **'āfa rahi** the majority (literally: the big half)
'āfa'āfa half-and-half, fifty-fifty, demi

'āfāfā split up, cracked up
'āfa'i bring, take, carry, transport, bear
'āfa'i rata mail carrier
āfa'ifa'i weigh out portions, bring or take piecemeal
'āfara a small type of mountain banana
'āfaro (1) straight
'āfaro (2) honest, sincere, just
'āfaro (3) correct, proper, normal
'āfaro (4) accurate, exact
'Āfaro! Straight ahead! (command on a ship)
'āfata (1) box, crate, case, chest
'āfata (2) chest, cabinet
'āfata (3) trunk
'āfata (4) fund for aid
'āfata (5) form (for building things, pouring cement, for example)
'āfata (6) cashier (desk or booth)
'āfata (7) rectangular parallelepiped
'āfata 'ahu, 'āfata ta'ita'i 'ahu suitcase, trunk
'āfata 'apoparau (radio or television) receiver
'āfata 'apopuroro (radio or television) transmitter-receiver
'āfata 'āuri safe
'āfata fa'ato'eto'e refrigerator, icebox
'āfata hi'o glass cabinet
'āfata 'iri pua'a leather case, suitcase
'āfata mā'a pantry, food safe
'āfata ma'i coffin
'āfata manu meri bee hive
'āfata māti matchbox
'āfata moa chicken coop
'āfata moni moneybox; piggy bank
'āfata 'opa non-rectangular parallelepiped
'āfata pāpa'ira'a parau (writing) desk
'āfata paraparau (radio or television) transmitter-receiver
'āfata pehu trash can, garbage can, dustbin
'āfata puroro parau (radio or television) transmitter

'āfata rata mailbox
'āfata rata tī'ai poste restante
'āfata rātio radio set
'āfata rātio teata, 'āfata teata television set
'āfata rāve'a utuutura'a first-aid kit
'āfata ta'ita'i 'ahu, 'āfata 'ahu suitcase, bag (in that sense)
'āfata tauiha'a tool box
'āfata teata, 'āfata rātio teata television set
'āfata tohe 'ore bottomless box (refers to a person who spends without counting the money)
'āfata tūpapa'u coffin (antiquated; the current expression is 'āfata ma'i)
'āfata 'ume drawer chest, drawer, dresser-drawer, dresser
'āfata veve paupers' aid fund
afea?, ahea? when?
'Āferita, 'Āfirita Africa
'Āferita 'Apato'a South Africa
'afifa "fire" coral (so called, because it causes a burning sensation on the skin when touched)
'āfifi (1) a banana tree variant
'āfifi (2) a bag of coconuts or breadfruit
'āfi'i the head and neck (considered together) of an animal
'āfi'i 'ore acephalia (congenital absence of the head; applies only to the animal fetus, in the case of humans upo'o 'ore is used)
'Āfirita, 'Āferita Africa
'Āfirita 'Apato'a South Africa
E aha? what?
ahaaha bragging, boasting, boastful
'ahani, 'ahani na "listen, ..." let's see, ..." (roughly corresponds to:) "Could I please have your attention for a moment?"
ahea? afea? when?
'āhe'ehe'e, pāhe'ehe'e slippery
'āhehe, 'āhehehehe rustle, rustling
ahi sandalwood
ahi mātini spark plug
'ahi clam

'ahi'a Tahitian apple, rose apple, jambo
ahiahi (early) evening (4-5 pm to nightfall)
'āhīhī unmovable, not budging, impassible
ahimā'a (abbreviation of **ahi mā'a**), **hīmā'a** Polynesian earth oven
'ahiri if (unfulfilled possibility)
'ahiti reflex
'ahiti ha'amātauhia conditioned reflex
'ahiti tumu basic reflex
ahitiri, hītiri fireworks, firecrackers
aho breath, breathing, respiration
'aho (building) rafter
'aho horahora interior planking on board a ship
ahoaho (1), **paruparu** worn out, exhausted
ahoaho (2) trouble, distress, worry, anxiety
'āhoahoa migraine (especially when brought on by loud noises or arguments)
ahomaoro long-lived, (also:) long-winded
ahomure short of breath, (also refers to:) asthmatic wheezing
ahopau asthma, difficulty breathing
ahu platform on a marae (open-air temple)
ahu, ahuahu (1) radiant heat, radiate heat, (also:) hot, spicy
ahu, ahuahu (2) fever, feverish, have a fever
'ahu cloth, clothing
'ahu huru 'ē outfit, getup, rig
'ahu 'o'omo shirt
'ahu pōito, hātua pōito life vest, life belt
'ahu taura "grass skirt," a skirt or loin cloth of pūrau bark fiber used in dancing
ahu varavara loosely woven fabric (that can be seen through)
āhua a place in the lagoon so filled with coral that a canoe cannot pass over it
'ahuāra'i climate
'āhuehue anxiety, nervousness, worry
'āhure turned inside out (like a pocket)
ahuru goatfish, barbel
'ahuru ten

ai (after a verb) has no English equivalent; it indicates that a preceding circumstance caused the action and it is often connected with a question What was the reason that that man died? Eaha te tumu i pohe ai terā ta'ata? A heart disease was the reason he died. O te ma'i māfatu te tumu i pohe ai 'ōna.
ai copulate
'ai (1) eat
'ai (2) (in card games:) take a trick
'a'ī the whole (human) neck
'āi'a homeland
'ai'ai have frequent snacks, eat a little bit often, (also:) eat a lot, be gluttonous
'aiārū ghost who comes back from the dead to haunt the living, specter
'ā'ie a hardwood tree that grows on some atolls
'aifāito equal, be equal to
'aifaro affirmative(ly)
'Aifiti, 'Eifiti Egypt
āiha rubbish or debris brought down to the sea(shore) by a river
'aihamu eat leftovers
'aihārūmā'a pilfer food (like cats and dogs)
'aihere weeds, brush, bush(es)
'aihu'arā'au dependency (territory with no - or very limited - autonomy)
'aimata'i aerophagia
'Aimeo the ancient name of Mo'orea
'aine westwind
'āinu bait, lure (in the sense of bait)
'aipa negative(ly)
'ā'ira fishing pole, fishing rod
aira'a copulation
'airara tārahu debt
'aitau prescribe (in a juridical sense)
'aira'amā'a table
'aita no, not
'Aita e pe'ape'a! Don't worry! That's all right! No problem!
'aita e rāve'a there is no way, there is nothing that can be done
'aita roa not at all

'aitārahu debtor, (also:) owe or borrow money
'aitārahu-'āmui co-debtor
'aitau prescription, get by prescription
'aito (1) hero, warrior, champion, (also:) brave, courageous, noble
'aito (2) ironwood tree
'aitoa (disparagingly:) You got what you asked for! Serves you right! You had it coming! You deserved it!
'aituhituhi swear at someone, curse, be disgusted with someone
'aiū baby, (unweaned) infant
'ai'u'u fingernail(s), toenail(s), claw(s)
'aivāna'a, 'eivāna'a learned or well-skilled (especially in language), scholarly; scholar, scientist
'āivi low hills stretching to the mountains
akamai (Hawai'ian loan word) savvy, streetsmart
ama outrigger of a canoe (in Eastern Polynesia always on the port sideof the hull)
ama tā'ie Hoby-cat
'ama, 'ama'ama (1) fully cooked, well-done, ('ama'ama also:) sunburned
'ama, 'ama'ama (2) be lit or on fire, hot or heated
'āma'a branch (of a plant), (also:) branch (of a company or an organization)
'āma'a reo dialect
'āma'ama'a shoot, sprout, bough
'āmae rosewood tree
'amāfatu (seldom heard nowadays) clever, skillful, ingenious; cleverness, skill, ingenuity
'amaha (1) crack, split, fissure, cracked
'amaha, 'āmahamaha (2) be in disagreement or discord, develop a schism
'āmarara umbrella; parachute
'āmarara, fare 'āmarara umbrella
'āmene amen
'ami'ami move lips quickly (as in apprehending danger or trembling from cold)

'āmi'imi'i curly, curled
'āminamina appetizing, (also:) wishing one could eat or or imbibe what another one is having, (also:) embroidering when bragging or being captivating when telling a story
amo, amoamo carry on back or shoulder
'amo blink, wink, cast a glance
'āmo'a a medicinal fern used to put on the wound when the infant's navel string is cut
'amo'amo flitter one's eyelids
'amora'a mata blink of an eye, instant, flash
'amu (1) eat, (also, in fishing:) bite (on a bait)
'amu (2) use, consume, spend, gobble
'amu (3) (in games:) take the opponent's cards or pieces
amuamu grumble, gripe, complain
'amu'amu eat often or little or much depending on context, (also:) chew
'amufaufa'a usufructuary
'āmui, 'āmuimui (1) gather together, assemble, (also:) be gathered or joined together, be assembled
'āmui (2) add (in arithmetic)
'āmui (3) cluster of fruit tied together by their stalks
'āmuihoara'a association (of people having the same interest)
'āmuira'a (1) gathering, meeting, (also:) political party
'āmuira'a (2) addition (in arithmetic)
'āmuitahira'a federation
'amura'a fāitoau balanced meal
'amura'amā'a (1) table
'amura'amā'a (2) meal, repast, cuisine
āmuri atu from now on, from then on
āmurinoa'tu, āmuri noa atu for ever
ana (1) third person singular when preceded by the passive particle e [in which case ana is written as a separate word] (This house was built by him. 'Ua hāmanihia teie fare e ~.) or by i, nā, etc. [in which case ana is usually connected to the preceding particle]

(I gave the book to him. 'Ua hōro'a vau i te puta iāna [a fusion of ia ana].)
ana (2) cave, cavern
te **ana vaha rau (anavaharau)** name of the center of humanistic sciences/studies in Puna'auia
'ana coconut grater; to grate coconut meat
'ana'ana bright, shining, brilliant; shine, glare, be very bright
'ana'anatae (1) pleasing, interesting, likable
'ana'anatae (2) in good mental and physical condition, in good form
anae (1) only, just (in that sense), alone
anae (2) all, all together, all at once
anae (3) if ever ..., in case ..., once that ...
anahua vagina
'āna'i, pāna'i row, line, file; align
ānānahi tomorrow
ānānahi atu the day after tomorrow
'ānani orange
'ānani popa'ā grapefruit
'anapa, 'ānapanapa flash(ing), spark, (also:) flash, sparkle
anapero crippled, maimed, disabled; cripple, maimed or disabled person
'anapō, (more often:) **i teie pō** tonight
'ānatomia anatomy
'ānavai river, stream, (also:) river bed
'ānave fishing line, also used for nets
ānei after the predicate corresponds to a verbal question mark   Did the plane leave? 'Ua reva ānei te manurēva?
'ānemia anemia
'ānemometa anemometer
ani ask (for), request, beg
ani onoono implore or fervently beg or adjure someone to do something
aniani ask repeatedly or often
anianira'a interrogation
āniania, āninia (1) dizzy or giddy, feeling one's head spinning, close to fainting
āniania, āninia (2) beginning to get drunk or loaded

'animara animal
anira'a request, petition
anira'a titorotoro mana'o opinion poll
ano desolate, empty of people, abandoned
'āno'i, 'āno'ino'i mixed, mixture, mix different ingredients together
anoparau expert
'anotau season, period, time
'anotau 'auhune time of abundance, harvest season
anuanua rainbow
anuhe a common mountain fern
anuvera temperature
ao (1) day (with the emphasis on daylight as opposed to night), daytime
ao (2), **te ao ra** Heaven, the Heavens
ao (3), **te ao nei** the world here below
ao (4) blessed
a'o (1) counsel n, advice; counsel v, advise
a'o (2) admonition, reproof, warning; admonish, reprove, warn
a'o (3) preach
'ao (1), **moa 'ao** goose
'ao (2) heart of a banana stalk or trunk
'a'o the fat (also roe or eggs) of turtles, fowl, or fish or oysters)
'aoa barking, howling; bark n, howl; to bark or howl,
āoa a type of fern
'āoa a species of coral
'ao'ao the side of somebody or something
'āoaoa (1) rambling, incoherent, raving, unintelligible
'āoaoa (2) indistinct or confused noise
'āoira'a turbulence (in meteorology)
a'ora'a (1) advice, counsel
a'ora'a (2) admonition, warning
a'ora'a (3) sermon
Aora'i the next highest mountain in Tahiti
aora'i palace (formerly only royal palace)
aore sky, space, void, heaven (not in a religious sense)

'aore (1) no or not *past & present* (seldom heard today, having been replaced by 'aita)
'aore (2) there is no(ne)
'aore (3) zero, naught
'aore mata'i no wind
'aore ra or, or else
aore reva noa variable sky
Aotearoa the ancient Polynesian name for what is today New Zealand
'apa (1) illustrate or mimic or mime with the hands
'apa (2) artificial fishing lure
'apa (3) lining of a garment, (also:) patch
'āpā kiss
'apa'apa a part or portion or side of something
'āpae (1) roost, perch, to roost, to perch
'āpae (2) built-up poop or prow of a canoe
'apa'i a species of redfish
'āpa'i (1) slap, hit, to slap, to hit
'āpa'i (2) to break the shell of a dehusked coconut
'āpapa pile up, put or arrange in layers
'āpāpā kiss each other
'āpapara'a parau (1) lexicography
'āpapara'a parau (2) sentence construction
'āpara apple
'āparau talkative, chatty, to chat
'aparima (literally: to illustrate or mimic with the hands) original and beautiful dances which often recount the life and legends of old Tahiti or current themes by hand movements and song (**'aparima hīmene**) or hand movements only (**'aparima vāvā**), traditionally and usually performed by women in a sitting position
'apato'a South, southern
'apato'erau North, northern
'ape (1) parry, dodge, avoid or flinch from a danger
'ape (2) large-leafed taro plant
'ape'ape parry or dodge repeatedly
'āpe'e (1) follow

'āpe'e (2) go along with, accompany
mā te **'āpe'ehia e** ... followed by ..., accompanied by ...
'āpeni gender, sex
'āpenira'a sexual characteristic or nature
Aperahama Abraham, Abe
'apetahi look aside at, glance sideways at
tiare **'apetahi** rare flower which grows only on Mount Temehani in Ra'iatea
api, apiapi (1) full, occupied, crowded
api (2) saw-fish
'api sheet of cloth or paper, leaf of a book
'api parau sheet of paper; leaf of a book or a newspaper
'api pārau bi-valves of mother-of-pearl shell
'āpī (1) new, recent, fresh
'āpī (2) young, (in the vernacular also:) virgin *(used as adj)* **pōti'i 'āpi** young virgin
'āpī (3) profit, gain, earnings, make a profit
(parau) **'āpī** news
(parau) **'āpī** nō te ara mai news from abroad
'āpiha slot, gap, slit
'apinui confederation
'āpipiti two/both together, by twos
'āpīra'a youth
'apitati absinth
'āpiti (1) companion
'āpiti (2), **'āpitipiti, tāta'i piti** join or unite with one another, join two elements together, make something double, couple (up), hitch (up), connect (up)
'āpiti (3) agree with, accept
'āpiti (4) accompany (on an instrument)
mai te **'āpitihia** mai e ... accompanied (on an instrument) by ...
'āpiu the layer of leaves put on the food in the ground oven before covering it up
'āpitira'a sexual relations
'apo to catch in midair
'apo'apo catch repeatedly, juggle
'āpo-'ite-hō-parau computer science, data

processing
'āpo'o (1) hole, pit, aperture, (also:) grave
'āpo'o (2) meet or assemble to consult with one another
'āpo'o hohonu deep hole
'āpo'o mata'i air vent (from which air blows)
'āpo'opo'o riddled with holes
'āpo'ora'a (1) board, council, assembly
'āpo'ora'a (2) meeting, session
'āpo'ora'a 'imi rāve'a ways and means committee
'āpo'ora'a mero hope general assembly
'āpo'ora'a ta'a 'ē extraordinary or special assembly
'āpo'ora'a tauti'a ordinary assembly
'apovai'ite reflector
apu, apuapu pounce on a prey or on each other (as dogs or hogs when eating or fish when biting)
'apu (1) shell
'apu (2) cavity, socket
'āpura a species of taro
'apurua bivalve
aputa (1) appear through openings or through clouds
aputa (2) enter one's mind, come to mind
'āputo abyss, chasm, gulf
ara (1) road (also figuratively), path, way
ara (2) the wide world, the land(s) way beyond the horizon, abroad
ara (3) (be) awake, waking up, (be) watchful or vigilant
nō te **ara** mai from abroad
ara nui big road (ancient); "grand tour"
'ārā the skin on the back of the shark
'ārā volcanic rock(s)
araara waking up repeatedly
'ara'ara open one's eyes
'āra'ara'a launching (of a ship)
'araea red earth, (also:) clay
'ārahu coal, charcoal
'ārai mediate, intervene, prevent trouble
'araia liver (obsolete)
'arainu (fish)bait

āraira'a prevention
'ara'iri a type of plaited coconut-frond basket
aramo'e, aramoi'a forgotten (seldom heard)
'araoe squirrel-fish
'arapo'a (1) throat, front of neck
'arapo'a (2) gluttonous, voracious, glutton
arapōfa'i, arapōfa'ifa'i pilfering, petty theft
'arapumina albumen
arara'a o te māramarama awakening or dawning of the intelligence (of an infant)
arata'i guide (person and book); to guide, accompany in order to guide
(te) **arata'i Pīpīria** concordance, Bible guide
(ta'ata) **arata'i parau** discussion leader, mediator of debate
aratere artery
arati'a (1) road (seldom heard), pathway
arati'a (2) the pillar or post of a house
ara ti'a the righteous path, the moral way
aratō to pull or drag behind one, to trail
'aratona Adam's apple
āraua'e (a little) later, soon, in a little while
Āraua'e! See you later (or:) soon!, So long! Good bye for now!
'āravarava scratches or welts on the skin
'ārāvei a species of large breadfruit
'aravihi (1) skillful, ingenious, clever, adroit, experienced (in a skill); skill, ingenuity, cleverness, adroitness, experience (in a skill)
'aravihi (2) technique, "knack"
'are wave
'are miti, 'aremiti (sea)wave
ārea the space between two objects, interval, area (also:) spacious
i te **ārea** nō ... about ..., approximately ...
ārea 'āoira'a zone of turbulence
ārea mata'i teiaha center of high

ārea reva māmā atmospheric pressure, anticyclone
ārea reva māmā area of low atmospheric pressure
ārea reva teiaha area of high atmospheric pressure
'āre'a rā, 'āre'a but, (but) as for
'are'are small wave, ripple, wavelet
ārearea spaces between knots on bamboo, sugar cane, etc.
'ārearea fun, entertaining, amusing, (also:) to have fun, to whoop it up
'ārehurehu dusk, twilight
'ārenio lamb (biblical)
'ārepu disturb the water (like fish swimming) *(archaic)*
'ārepurepu to disturb repeatedly, to be disturbed or troubled (by bad news, for example)
'ārepurepura'a disturbance, trouble, riot, (also:) atmospheric disturbance
arero tongue *(anat.)*
'āretu a species of grass
ārevareva a large spotted bird, a migratory cuckoo
'aria an expression of surprise (Well, well! Can you imagine that!)
'ari'ari thin or small in some places
'ai'arira'a fenua isthmus
ari'i principal chief, king
ari'i vahine queen
'ārio silver (now Biblical)
aro (1) front or face or presence of a person
aro (2) front as a meteorological term
aro ua rain front
'aro to fight, to combat
aroā road, route, passage
aroaro ceiling, (also:) lining
aroaro ata cloud ceiling, cloud cover
arofa, ārofarofa, aroha, āroharoha:
(1) loving, compassionate, affectionate
(2) love (in the sense of agape; no romantic or sexual implication)
(3) compassion, affection
(4) pity

'Ārohi!, 'Ārohi! (approximately:) Have courage, (but at the same time) be vigilant!
'arora'a fight, combat, war
'ārote plough *(n & v)*
'aru wave, undulation
'aru herēti Hertzian (radio)
'aru poto short wave
'aru roa long wave
'aru ta'i sound wave
'aru ti'arōpū medium (middle) wave
aruaru coral deposit used for road surfaces
'aru'aru new-born (infant)
'ārue, 'āruerue praise *(n & v)*, honor commend(ation), show appreciation, say good things about
'ārueroa, te mata'i 'ārueroa wind from the south-south-west
ārui night (counting time, not as opposite of day; now seldom heard except by older people)
'āruru seasickness, be seasick
ata cloud, (cast a) shadow, (also:) reflection in a mirror
ata mou'a orographic cloud (caused by the flow of air over and around mountains; used by the old Polynesians to aid in navigation)
'ata (1) laughter, broad smile, laugh, smile broadly
'ata (2) stim of small fish used for bait
'ata (3) stalk of fruits or vegetables
'ata pahō burst of laughter
'atā (1) reluctant, disinclined, recalcitrant, unwilling, unwillingly (after verb)
'atā (2) with difficulty (after verb)
ataata (1) danger, peril; dangerous, perilous, terrible
ataata (2) fear/fright, be afraid/frightened
'ata'ata frequently laughing or smiling, (also:) funny, humorous
'atae a deciduous tree with scarlet flowers
Atamu Adam
'atau right (opposite to left)

ate (1) the liver of animals, especially fish, but sometimes referring to the human liver or spleen
ate (2) **ate 'āvae** the calf of the leg
ate (3) **ate rima** the fleshy part of the underarm or hand
ātea distant, far off, remote
āteatea (1) vast, extensive, large
āteatea (2) clear(ed), unobstructed, (also:) sparsely covered with growth
'āteni, 'ātini donkey
'āteriputi attribute (in grammar)
'atete rattling or tinkling noise, clatter, (also:) chatter (of teeth from cold)
'ātete August
'ātetona acetone
'atevenite, pētānia Seventh Day Adventist
'ati (1) accident, disaster
'ati (2) misfortune, trouble; have trouble
'ati (3) encircled, enclosed, surrounded
'ati (4) join, adhere to or stick with a person
'ati (5), **tāmanu** a large timber tree which used to be planted on the principal maraes
'ati manureva airplane accident or disaster
'ati niuniu (referring to establishing a connection between telephone users) (connecting) switch, commutator
'ati purōmu road accident
'āti descendants, progeny, (also:) tribe
'Ātia Asia
'āti'a, 'āti'a tītiro seal
'āti'a 'āi'a the seal (mark, symbol, crest) of the homeland
'āti'ipā coil, loop, intra-uterine device, I.U.D.
'ātī'ā enough, that's enough, that suffices
'āti'ati'a a fish of the Mullidae family
ati'i a white-colored eel that hides in the sand
'atimarara admiral
'ātini, 'ateni donkey
'atiparau (*grammar*) affix (prefix, suffix, etc.)
'atiparau fa'ai'oa suffix (used to form a noun)
'atiparau fa'a'ohipa causative suffix
'atiparau ha'ahia suffix (used to form the passive mode)
'atiparau 'ōmua prefix
'atiparau 'ōmuri suffix (general)
'ātīrā enough, that's enough, that suffices
'ātīrā noa'tu, 'ātīrā noa atu, noa atu it doesn't matter, no matter
'atira'a (1) sexual relations
'atira'a (2) perimeter
'atira'a niuniu (referring to establishing a connection between telephone users) switching for the purpose of connecting, commutation
'atira'a parau clause, sentence, phrase
'atira'a parau tū'ati relative clause
'ātīrē enough, that's enough, that suffices
ato, atoato to thatch a house with palm fronds
ato'a (after substantive) also, too, likewise
ato'a (after verb) all, all together
'ātoatoa testicles
'ātopa October
'ātore disembowel, eviscerate, gut
'ātote, 'ereora nitrogen
'atoti a species of small black fish
atu (1) a particle indicating a direction away from the speaker
atu (2) more, still more, yet another
(te) **Atua** God
atua god
'atu'atu neat, in good order, well taken care of, (also:) active in getting things done, (also:) take care of
'atu'atura'a (1) maintenance (of an apparatus or machine, for example)
'atu'atura'a (2) hygiene
ature (1) the season when fish is abundant
ature (2) a fish of the Carangidae family (when small)
'atutu (1) noise, stir, commotion

'atutu (2)   noise or commotion or agitation caused by disturbing or emotionally charged reports
au (1)   I (after a word ending with e or i)
au (2)   agreeable, pleasing, likeable, good
au (3)   fitting, suitable, adapted
au (4), **tū**   fit, be of the right size, agree, be equal (in comparing two characteristics), be in agreement
au (5)   sew, sewing
au (6)   vapor (especially from evaporation), (also:) smoke
au (7)   gall or spleen
au (8)   (a prefix to some nouns:) autaea'e (brotherhood) from taea'e (brother)
au maita'i   well fitting or suited or adapted
au noa   moderate (when speaking of wind)
e **au 'ia fāri'ihia**   admissible, acceptable or good enough or O.K. to receive
'ia **au** i te ..., mai te **au** i te ...   according to (the) ...
a'u (1), **a'ua'u, a'uo'u**   drive out, expel, chase, pursue
a'u (2)   a dangerous fish with a long snout, like the swordfish
'au (1)   to swim (the word **tere** is used when referring to fish), (also:) swimming
'au (2)   a type of sea snail
'au honu   (to swim by) breaststroke (literally: swim like a turtle)
'au mā'ohi   crawl (swimming style; literally: swim like a Polynesian)
'au 'ōtua   backstroke (swimming style)
'au 'ōu'a   butterfly-stroke (swimming style, literally: swim like a crab)
aua   a kind of mullet (when medium-sized)
'āua (1)   fence, guardrail
'āua (2)   enclosure, yard, field
'āua (3)   fence in , enclose
'āua fa'ehau   soldiers' barracks
'āua i'a   fish pen
'āua moa   chicken run
'āua pota   vegetable garden
'āua tiare   flower garden

'āu'a   cup, bowl, dinner-ware, dishes
'aua'a, 'aua'e   thanks to
'auaha (1), **'auvaha**   interpreter, speaker
'auaha (2), **'auvaha**   mouth or neck of a container, (also:) opening in a net or a dress
'auaha (3)   vagina (vulgar)
auahi   fire
ā'uanei   presently, shortly, by and by
auau   sew frequently
a'ua'u, a'uo'u, va'uva'u   pursue, chase, chase away
'au'au (1)   chew
'au'au (2)   to gnash or grind one's teeth
'au'au (3)   to stammer
auauahi   smoke, vapor
auē   cry, weep
auē!   an exclamation of intense emotion, usually grief, sorrow, distress, or pain, but it can also express pleasure, wonder or surprise
'aue   noise, racket, uproar, tumult
auēra'a   an expression of intense emotion, usually crying, weeping, or lamentation
'āueue   shaking, unstable, (also:) agitation, disturbance, trouble, disorder, (also:) shake, be shaken or agitated
'aufau (1)   to pay
'aufau (2)   tax, duty, (also:) contribution
'aufau (3)   handle of tool or container
'aufau 'ia tae i te tau   re-embursement
'aufau pe'e   release from a debt or monetary obligation
'aufau ri'iri'i   pay little by little
'aufaura'a   payment
'aufaura'a ri'i   deposit, down payment
'aufaura'a tuha'a   partial payment
'auhopu   young bonito
'auhune (1), **(e) mea 'auhune**   abundant (referring to food); abound, be abundant
'auhune (2)   season of abundance (of fruits, vegetables, fish, etc.)
'auhunera'a   abundance
'aui, pae 'aui   left (as opposed to right)
aui'oa   figurehead

aumaita'ira'a o te tino wellbeing
'aumea gills of fish
ā'unei after a while, later on
aunahi to scale fish
au'ore unpleasant, disagreeable, (also:) to dislike
'aupāpā flute-mouth (a small fish)
'aupara unripe fruit fallen from a tree
'aupo'i handrail
aupuru treat with kindness and love, feed or nourish, take good care of, look after
aura'a (1) meaning or interpretation or purport of a word or thing, significance
aura'a (2) agreement, accord
aura'a (3) fit *n*, fitness, "fittingness"; fit *v*, conform
aura'a (4) (good) taste
aura'a (5) sewing
'aura'a swimming
aura'a nō te mau parau semantic(s)
auraro yielding, submissive, obedient, respectful; yield, submit, obey, respect
a'urepe sail-fish, a type of swordfish
'āuri (1) iron, steel
'āuri (2) length of piping, (metal) pipe
'āuri metua main pipeline
'āuri pātia spear, harpoon
'āuri pererau propeller shaft
'āuri piura, tuiō piura galvanized pipe or piping
'āuri tīmā asbestos piping
'āuri veo galvanized pipe or piping
'auro gold (biblical)
autā sigh or groan through pain or grief
'autā a wooden wedge used in supercision, (also:) the operation of supercision
'āutāhō'ē union, (also:) unite (together)
'autara'a, 'autera'a nut or acorn -tree
'autarāria Australian
'Autarāria, fenua 'Autarāria Australia
'aute hibiscus
aute the paper-mulberry tree from which brown tapa was made

'autea a species of the cavally fish with yellow fins
'autī the ti plant
'autī para yellowed leaves of the tī plant
auto'o bacillus
'autua swim on one's back
'auvaha (1), **'auaha** interpreter, speaker
'auvaha (2), **'auaha** act as a spokesman or a master of ceremonies
'auvaha (3), **'auaha** mouth or neck of a container, (also:) opening in a net or a dress
'auvaha pāruru defense attorney
'auvaha vaira'a tamari'i cervix, neck of the womb
ava (1) pass through the reef into the lagoon
ava (2) milkfish (when adult)
'ava liquor, strong drink, alcohol
avaava a small opening in the coral reef
'ava'ava (1) acidy, bitter, sour, salty, brackish, vinegary ('ava'ava refers to a stronger taste than tā'ava'ava)
'ava'ava (2) cigarette
'ava'ava (3) tobacco (plant); tobacco (substance)
'ava'ava remu packaged tobacco
'ava'avara'a acidity, bitter taste
'āvae foot, leg, paw
'āva'e month, moon
'āvaetere wandering, footloose
(ta'ata) **'āvaetere** wanderer, footloose person
'avaota advocate, defense attorney, lawyer
'āvari inaugurate, open
avatau amateur
avatea midday, noontime (10 am - 3 pm)
'avau reprimand *n*, reproach, scolding; person who reprimands or reproaches or scolds; reprimand *vt*, reproach, scold
'avauera elision
ave train or tail of a comet or meteor
'ave strand of a rope or of a braided hair
'avei orient, orientate, indicate the direction to take, direct towards ...

'avei tentacle of an octopus or squid
'avei'a (1) (biblical) a guide to go by, an example to follow
'avei'a (2) a marine compass, (also:) a mark to steer by when at sea
'avei'a hirohirouri gyroscopic compass
'avei'a hirohirouri 'ore magnetic compass
'avei'a mata'i wind direction, (also:) wind speed
'avei'a rātio radio compass
'aveira'a orientation
'aveira'a i roto i te hō'ē ha'api'ira'a tōro'a professional orientation
'aveu coconut crab
'avī grating or grinding noise, (also:) grate, grind
'āvīvī repeated grating or grinding noise
'āvōta avocado

e (1) (before nouns) a, it is a, there is a
e (2) (before numbers) *a plural article*
e (3) (before tens and hundreds) -and-
e (4) (before verbs) *indicates future tense and sometimes a temporally nonspecific present*
e (5) (before subordinated verbs or when starting a subordinated clause) for example "in order to ..."
e (6) can also refer to the subject of an as yet uncompleted action who will
e (7) (the agent of the passive form) by
e (7) also very often (and without actual meaning) is used at the end of lines in verses of songs
e ... ē in calling or exclaiming (approximately:) "Oh ..."
ē (joins main to dependent clause) that, what
'ē (1) yes, (also:)
'ē (2) (coordinating conjunction) and
'ē (3), (plural:) **'e'ē** strange, odd, different, foreign
'ē (4) astray, (also:) go astray
ea cured, healed, mended, made better, saved, freed from; health, safety, relief; savior, liberator; be in or enjoy good health, have recovered one's health or one's freedom
'ē'a road, path, (also:) ladder
'ē'a turu bridge
eaha?, e aha? (1) what?
eaha?, e aha? (2) why?
eaha!, e aha ra! (exclamation of appreciation or wonder followed by an adjective or a noun) What .....! How .....!
'e'e saw *(n & v)*
'ē'ē armpit; orderly (military)
e'ere, e 'ere, e'ene, e 'ene not to be
efea, e fea, ehia, e hia how many
'ehā antenna
ehu troubled (referring to water)
'ehu red (referring to hair)
ei (1) (indicates a change or transformation) became, has become, becomes, will become
ei (2) (before a substantive, indicates the place where something will occur in the future) it will be (or take place) at ...
ei (3) (indicates that something is a necessity) it is necessary (or required) that ...
eie, e'ie here is
'eiā thief, (also:) steal or rob
'eiaha, 'īaha (introduces a prohibition) do not ..., must not ..., ... is forbidden, ... is not allowed, ... is not a good thing
'Eiaha e rū! Don't be impatient! Don't be in a rush!
'Eifiti, 'Aifiti Egypt
'eivāna'a, 'aivāna'a learned or well-skilled (especially in language) scholarly; scholar, scientist
e'ita (negation of a future occurrence) will not, (am, is, are) not going to
ekalesia, 'etaretia church, denomination, synod
enā it is there (near the other person)
ene repair nets
'ene, 'ere not, it is not; not have, not get, lack, lose out on
'enemi enemy
'eperēra April
'epikopo, 'epitopo bishop
'epitetore epistle (Protestant)
'epitopo bishop
'epitore epistle (Catholic)
erā it is there
'ere, 'ene, not, it is not; not have, not get, lack, lose out on

'ere'ere   black, dark, dark-blue (like deep sea); blackness; become black
'ereora, 'ātote   nitrogen
eretorōni, tāireuira   electronic(s)
'eru   dig (in the ground)
'eta   the diacritic for the glottal stop or hamzah
'eta'eta (1)   firm, hard, resistant, solid, rigid
'eta'eta (2)   strict, absolute; strictly, absolutely
'eta'eta (3)   firm of body, athletic
'eta'eta (4)   fathom (six feet)
'etaretia   church, denomination, synod
'ete   baskets of pandanus or bamboo
'etene   heathen, pagan, uncivilized, boorish
'eterōte   estrogen
'etu   to root in the ground
Etuati   Edward
'eu   bake, cook in the earth oven; baked
'eu'eu   warm up already baked or cooked food
euhari, 'euhari   Eucharist
'Europa   Europe
Eva, Eve   Eva
'evaneria   Evangel, Gospel

fā

fā (1) target for a spear or javelin
fā (2) stalk of some large leaves, like coconut, taro, plantain, or banana
fā (3) appear (archaic, biblical)
fā (4), **hā** four (ancient)
fa'a (1) valley
fa'a (2) (a kind of) fish-trap
fa'a- (1) *a productive or causative prefix turning adjectives, nouns, and verbs into active verbs*
fa'a- (2) act as if ..., behave as if ...
fa'aa'a to put a branch into the earth in order to develop roots
fa'a'a'ano widen, make broad
fa'a'eto'erau, fa'aaumaita'i pep pill, stimulant
fa'aahaaha boast, brag
fa'a'ahehe make a rustling noise
fa'a'āhoahoa annoy or trouble someone by making noise
fa'aahu heat (up)
fa'a'amu, fa'amu adopt (a minor as one's feeding child), act as feeding parent to, foster
fa'a'amura'a (1) adoption (of a minor as one's feeding child)
fa'a'amura'a (2) rearing, breeding, upbringing
fa'a'ana'ana brighten, make something shine, polish
fa'aa'o advise, counsel
fa'a'ao look around with expectation (especially from an opening or hole)
fa'aapi encumber by crowding, overcrowd

fa'aaura'a

fa'a'āpī renew, renovate, make like new
fa'a'apu plantation; plant, cultivate, farm
fa'a'apu pota vegetable garden
fa'a'apura'a (hotu) fenua agriculture
fa'a'apura'a hotu moana aquaculture
fa'a'apura'a 'īna'i 'apu oyster-farming
fa'a'apura'a pārau pearl shell farming
fa'aara (1) awaken
fa'aara (2) warn
fa'aarara'a mēteō meteorological warning
fa'a'ara'ara (1) stare, open one's eyes wide
fa'a'ara'ara (2) strike up (or give the tone for) a song, lead in singing
fa'aarara'a advice, warning, notice
fa'aarata'i guide, conduct
fa'a'ārearea cause to have have fun, amuse
fa'a'ārepurepu make trouble, agitate, disturb, disrupt
fa'aari'i invest with royal authority
fa'a'ārorirori oscillator
fa'a'ata make laugh
fa'aataata, fa'aatāta shun because of fear, not dare, be afraid of doing or saying something
fa'aātea withdraw, go (or cause to be) far away
fa'a'ati, fā'ati encircle, make the rounds of, tou; surround
fa'aau (1) make something pleasing
fa'aau (2) make (or come to) an agreement, settle an affair
fa'aau (3) try something on for fit
fa'aau (4) adjust, make something fit, accommodate
fa'aau i te hi'o fenua e tano i te mata focus the binoculars (to correct for the eye)
fa'a'au assist (or cause) someone to swim
fa'aaumaita'i, fa'a'aeto'erau pep-pill, stimulant
fa'aaura'a (1) adaptation, accomodation
fa'aaura'a (2) adjustment, fit

fa'aaura'a mana'o agreement
fa'a'ava'ava make something bitter or sour
fa'aea (1) stop, cease
fa'aea (2) stay, live at, dwell, remain
fa'aeara'a residence
fa'aeara'a ri'i (1) a short stop or pause
fa'aeara'a ri'i (2) (short-term) abeyance
fa'a'ehu stir up (water)
fa'a'ere defeat the expectation of inheritance, disinherit, deprive of
fa'a'erera'a deprivation, disallowance
fa'a'ere'ere blacken
fa'aero rotten or spoiled (speaking of eggs)
fa'a'eta'eta (1) make firm or strong, harden
fa'a'eta'eta (2) be obstinate or stubborn, persist, be resolute
fa'afa'aea (1) stop, cease
fa'afa'aea (2) rest for a while, take a rest
fa'afa'aeara'a temporary ceasing of an activity, rest, pause, intermission
fa'afa'aro'o cause someone to believe, induce faith or obedience
fa'afāito equalize, balance; weigh, measure
fa'afāito (grammar) *comparative*
fa'afāito hau (grammar) *superlative*
fa'afāito hau a'e (grammar) *relative superlative*
fa'afāito iti iho (grammar) *inferior comparative*
fa'afāito rahi a'e (grammar) *superior comparative*
fa'afāito tū (grammar) *comparative of equality*
fa'afānau deliver (a woman of her baby)
fa'afarara cause to fall, fell, topple
fa'afārerei cause to meet, introduce
fa'afāriu cause a change in direction; convert
fa'afatafata open (especially one's ears), open wide; partially open
fa'afātata cause to approach or draw near; approach, get closer to
fa'afati (1) break, cause a break (by bending)
fa'afati (2) make someone change by discouraging some characteristic
fa'afatura'a (grammar) *possessive*
fa'afaufa'a (1) make something valuable or profitable or useful
fa'afaufa'a (2) take advantage of (not necessarily in a negative sense), exploit
fa'afaufau show disgust or abhorrence towards, detest
fa'afāura cause to appear
fa'afefe bend, make something curved
fa'afifi make difficult, complicate
fa'afēti'i claim to be a relative of someone
fa'aha'amā make ashamed; act ashamed
fa'ahae provoke or exasperate or anger someone
fa'ahaeha'a humiliate or "put down" someone; hurt someone's pride
fa'ahaehae provoke or exasperate or anger someone; act angry
fa'ahaere (make) run, play (a tape or film, etc.)
fa'ahaere i mua promote, make someone progress
fa'ahaerera'a i mua promotion
fa'ahāmama cause to open (especially, but not exclusively, the mouth)
fa'ahanahana admire, glorify
fa'ahapa (1) condemn, reproach
fa'ahapa (2) blame, accuse, reproach, condemn, find fault (with)
fa'ahapa (3) contradict
fa'ahara (1) commit sin
fa'ahara (2) deflower, deflorate
fa'aharama'au tease, kid
fa'ahau (1) make peace
fa'ahau (2) cause something to be greater, surpass, exceed
fa'aha'uti (1) play around, be playful
fa'aha'uti (2) nudge, cause to move
fa'ahe'e (1) sail with a following wind

fa'ahe'e (2) ride the surf, surf, swim on a board
fa'ahe'e (3) glide
fa'ahe'e (4) make something slip or slide
fa'ahe'e (5) use a laxative or purgative
fa'ahehē cause alienation, enrage, madden
fa'ahei put a garland (lei) around someone's neck or on someone's head
fa'ahema tempt
fa'ahemo out-do, excel, surpass, exceed
fa'ahepo order, command, constrain, (also:) tyrannize
fa'ahepo 'ore voluntary, of one's own accord, by choice, unforced
fa'ahepohepo complain, grumble
fa'ahepora'a uitiē command of a bailiff
fa'aherehere save, put aside (some Tahitians use this word in the meaning of make love)
fa'ahī pump, make water gush, spray
fa'ahiahia admirable, stunning, very fine; to admire, hold in high esteem
fa'ahia'amu make someone want to eat
fa'ahina'aro (vahine) desire a woman, flirt, woo
fa'ahipa cause to slant or bend over
fa'ahiti (1) pronounce, announce
fa'ahiti (2) mention, name
fa'ahiti (3) talk about (specifically)
fa'ahitimau'e startle, make someone wince
fa'ahitira'a pronouncement, mention, announcement
fa'ahoa befriend
fa'ahoara'a establishment of (inseparable) friendship
fa'ahoho'a liken to, compare, portray a likeness of a person or thing
fa'ahohoni (1) pliers, tongs, pincers, vise
fa'ahohoni (2) cause to bite
fa'ahohonu deepen (literally and figuratively), cause to be deep or profound
fa'ahohoro cause to run

fa'aho'i (1) send back, give back, return
fa'aho'i (2) cause to smell or sniff (or "kiss" with the nose)
fa'aho'i i te tōro'a abdicate
fa'aho'ira'a (moni) repayment, reimbursement, settlement
fa'aho'ona indemnify, compensate for, reimburse for
fa'ahope (1) finish, make an end of, terminate
fa'ahope (2) make or sew a train on a dress
fa'ahopu give a bath to; bathe
fa'ahōpue cause to ferment, leaven; ferment
fa'ahoro drive, make run, pilot
fa'ahorora'a, horora'a competition (in running or driving), race
fa'ahorora'a pape, fa'atahera'a pape, tuiō water pipe
fa'ahorora'a pereo'o tāta'ahi uira (or:) **mōto** motorcycle racing
fa'ahoruhoru trouble someone
fa'ahotu cause to bear fruit, fertilize
fa'ahotura'a fertilization, impregnation, insemination
fa'ahou (1) again, anew, once more; do or perform over again
fa'ahou (2) cause to sweat or perspire; (cause to) steam
fa'ahū, fa'ahū i te pu'u lance (remove pus from) an abscess
fa'ahua pretend, feign, fake
fa'ahu'a, fa'ahu'ahu'a beat something to smithereens, pulverize; crumble; make suds, lather
fa'ahuehue create trouble, engage in aggressive behavior, incite a riot
fa'ahuehuera'a riot, aggression, trouble
fa'ahupehupe act in a lazy manner
fa'ahuri (1) turn upside down, turn over
fa'ahuri (2) turn into another direction
fa'ahuru'ē modify (also grammatically), transform, make into another likeness
fa'ahuru'ē-ra'a modification,

transformation
fa'a'ī fill (up) something
fa'a'ie hoist a sail, provide with a sail
fa'a'ine'ine make or get ready, prepare
fa'a'ino (1) defame, insult
fa'a'ino (2) damage, devastate, spoil
fa'aipoipo married; bride or bridegroom; marry, get married
fa'aipoipora'a marriage, wedding
fa'airi run a ship aground, wreck a ship
fa'a'ite (1) show
fa'a'ite (2) express, tell, indicate, say
fa'a'ite (3) inform, let (someone) know, make known, announce
fa'a'ite (4) testify to, bear witness to, attest to
fa'a'itera'a pāpū attestation, certification, declaration
fa'a'itera'a tapu declaration on one's honor or under oath
fa'a'ite ti'ara'a locative (grammar)
fa'aiti reduce or diminish in size, lessen, weaken; belittle
fa'aitoito encourage
Fa'aitoito! Carry on!
fa'amāmā (1) make less expensive
fa'amāmā (2) lighten (weight)
fa'amata'u frighten, produce fear, terrify
fa'amau make permanent, establish
fa'ama'ue cause flight, let fly; fly, take off
fa'amu, fa'a'amu adopt (a minor as one's feeding child), act as a feeding parent to, foster
fa'anā pacify or appease or calm a child, cause a child to stop crying
fa'anahonaho set or arrange in correct order (especially used in setting a table) fa'anahonaho
fa'anahora'a program, schedule, organisation
fa'ananea (1) augment, add on to, increase
fa'ananea (2) elaborate (on what one has said)
fa'ananeara'a parau circumlocution,
elaboration
fa'ana'ona'o (1) scribble or scrawl or doodle in or on
fa'ana'ona'o (2) decorate, adorn, embellish
fa'anava'i make up for what is deficient, fill out, provide sufficiently, render adequate
fa'anavenave cause (especially sensual) delight or pleasure, charm, enchant
fa'anehenehe make something pretty, beautify, adorn, decorate
fa'ane'one'o react to a bad odor, hold one's nose in disgust
fa'anīnamu make or cause to be blue
fa'ano'ano'a (1) put on perfume, cause to be perfumed
fa'ano'ano'a (2) add spice or flavor, season
fa'anu'u slide or move to another place, push something along
Fa'anu'u mai! Push over this way!
fa'aō (1) cause to enter
fa'aō (2) introduce into
fa'aō (3) insert
fa'ao, fā'ao'ao look out from an opening (by sticking one's head out)
fa'aoaoa narrow something down
fa'a'oa'oa make (someone) happy, give joy to; rejoice
fa'a'oe'oe sharpen to a point, make pointed
fa'aōfa'a, 'ōfa'a sit (set or brood) on egg(s); lay egg(s)
fa'aoha bend over, incline
fa'a'ohipara'a service
fa'a'ohipara'a ea health service
fa'a'ohu cause something to turn (as a wheel) or revolve
fa'a'ohura'a rotation (of the head)
fa'a'oi sharpen, bring something to a sharp point or edge
fa'a'oi'oi (1) hurry, hasten
fa'a'oi'oi (2) speed up, accelerate
fa'ao'ō'o provoke, tease, make fun of

fa'a'o'opa, fa'a'opa turn something over or causing it to lean, lay on a (or lie on) side

fa'a'opa'opa cause to roll or to rock from one side to another, cause to oscillate

fa'aora savior, healer, deliverer, redeemer; save, heal, deliver, free from (in that sense)

fa'aōra'a (1) causing to enter, entering

fa'aōra'a (2) introducing into

fa'aōra'a (3) inserting, insertion

fa'a'ōrapa make square

fa'a'ore (1) cancel, annul

fa'a'ore (2) eliminate, abolish, do away with

fa'a'ore (3) forgive

fa'a'orera'a (1) cancellation, abrogation

fa'a'orera'a (2) abolition

fa'a'orera'a ha'api'ira'a vacation from school

fa'a'orera'a hape, fa'a'orera'a i te hape pardon or forgiveness for a mistake

fa'a'orera'a hara, fa'a'orera'a i te hara absolution for a sin or sins

fa'a'orera'a i te horora'a extinguishment of a (legal) procedure

fa'aori take someone for a walk

fa'a'ori make (someone) dance

fa'a'orihaere go dancing

fa'a'oroma'i patient, forbearing; patience, forebearance; be patient, bear with patience

fa'a'oru (1) arrogant, "stuck up"

fa'a'oru (2) fill with air, cause to inflate, swell up

fa'a'oru (3) put on airs, act arrogantly

fa'a'ōrure i te hau bring on a revolution

fa'a'ote suckle, give a baby the breast

fa'a'otera'a sucking

fa'a'otera'a ū suckling, nursing

fa'a'otera'a ū tauiui mixed feeding

fa'aoti (1), *vt* finish, finalize, complete, terminate, accomplish (a task)

fa'aoti (2), *vi* stop working (because it is closing time or the task is completed)

fa'aoti (3) decide or resolve

fa'aotira'a (1) finish *n*, completion, termination, accomplishment (of a task)

fa'aotira'a (2) decision, resolution

fa'a'oto (1) make someone cry, sadden

fa'a'oto (2) sound or play any kind of wind instrument (with other instruments you use the verb fa'ata'i)

fa'a'ōu'a startle, make someone jump

fa'arahi (1) enlarge, magnify, increase, augment

fa'arahi (2) multiply (in arithmetic)

fa'arairai make thin or slender, thin down

fa'arapu stir, mix, beat

fa'arara coconut milk heated by hot stone

fa'arata (1) accustom a person or animal to something

fa'arata (2) tame *vt*, make docile, train

fa'arata (3) inform by letter

fa'arava'i make sufficient or adequate, make up for a deficiency, complete; make something last, ration

fa'arava'ira'a faufa'a economy

fa'arava'ira'a faufa'a o te fenua economy of a country

fa'ari'ari'a disgust or shock (someone); be disgusted or shocked; frighten (someone); be frightened

fa'ari'i, fāri'i receive, accept; greet

fa'ariri provoke to anger; sulk

fa'ariro (1) cause to become, affect a change, transform

fa'ariro (2) consider (someone) as suitable (for being elected, for example), accept (someone) in that sense

fa'ariro (3) convert *v*

fa'aroa lengthen, stretch out; prolong, put off, delay

fa'arohirohi wear out one's strength, get tired; tiring

fa'aro'o (1) hear, hearing, listen to, listening to

fa'aro'o (2) believe, have faith, belief,

faith, believing, faithful, believer
fa'aro'o (3) obey, obedient, obedience
fa'aro'o tari'a earphones, headphones
fa'arorirori scull (propel a small craft forward by one oar at the stern)
fa'arōtahi synchronize
fa'arua, ha'apiti wind from the north-east
fa'aru'e (1) leave behind, leave off
fa'aru'e (2) forsake, desert
fa'aru'e (3) renounce, recant, abjure
fa'aru'e i tōna 'āi'a leave one's native land, go abroad
fa'aru'e i tōna fenua leave one's island
fa'aru'e hōno'a forfeit, penalty
fa'aru'e roa pass away (euphemism for die)
fa'aru'ehia abandoned, deserted
fa'aru'era'a desertion, abandonment; renunciation
fa'aru'era'a iāna iho self-denial, abnegation
fa'aru'era'a miti scupper
fa'arumaruma darken, get dark; austere, forbidding
fa'aruperupe (1) make luxuriant or flourishing, decorate with foliage
fa'aruperupe (2) maintain a plantation
fa'aruru confront or brave or face (especially danger or difficulties)
fa'ata'a (1) qualifier (grammar)
fa'ata'a (2) separate; divorce
fa'ata'a (3) explain, account for
fa'ata'a (4) specify, determine, set; decide
fa'ata'a (5) make something topple or roll
fa'ata'a 'ē i te mau parau divide into words (grammar)
fa'ata'a i'oa, parau fa'ata'a, parau fa'ata'a i'oa article (grammar)
fa'ata'a i'oa pāpū definite article
fa'ata'a i'oa pāpū 'ore indefinite article
fa'ata'a i'oa pēha'a partitive article
fa'ata'a parau qualifier
fa'ata'ahuri capsize, overturn, tip over
fa'ata'ara'a (1) commentary (on a film, for example), explanation, analysis
fa'ata'ara'a (2), **parau fa'a'ite** advertisement
fa'atae send, transmit, cause to arrive
fa'ataea'e fraternize, consider one another as brothers
fa'ataera'a mana'o transmission of information
fa'ata'ero make someone drunk, intoxicate; to poison
fa'atahe cause to run or flow, dissolve, liquefy, melt
fa'atahera'a dissolution, liquefaction
fa'atahera'a pape, fa'ahorora'a pape, tuiō water pipe
fa'atāhinu anoint, concecrate
fa'ata'i (1) play (an instrument), use a radio or recorder or other sound equipment
fa'ata'i (2) cause to weep or cry; torment
fa'ataime take a break, (take a) pause, put off till later, postpone, defer
fa'ataime i te fa'aotira'a defer for judgment
fa'ataime i te ha'avāra'a defer to the court
fa'ataimera'a break, pause, rest-period, intermission; armistice
fa'atano (1) aim at (a mark or target)
fa'atano (2) adapt *vt*, accommodate
fa'atano (3) adjust or set correctly (as a timepiece, for example)
fa'atano i te piāna tune a piano
fa'atanora'a accommodation, adjustment, correction
fa'ata'oto (1) induce sleep, anesthetize, hypnotize
fa'ata'oto (2) incubate, brood
fa'atāpa'o use accents or diacritics (on the letters of words)
fa'atāpiri glue or paste or cement together, cause to adhere, join together
fa'atāpirihia pasted or glued or cemented together
fa'atāpuni hide something or someone

fa'atārava lay something horizontally
fa'atātauro crucify
fa'atau (1) lazy; laziness; be lazy
fa'atau (2) be absent (from school or work) out of laziness, be truant, fail to appear
fa'atau i te 'ohipa, ma'iri i te 'ohipa miss or be absent from work, fail to appear at work
fa'atau'ara'a alliance, agreement, harmony
fa'atāupuupu bother, interfere with
fa'atautau suspend, hang, hang up
fa'atāvai anoint
fa'atē (1) squeeze out (as in milking or making juice)
fa'atē (2) blow one's nose
fa'ateiaha (1) make heavy, apply weight to, weigh down
fa'ateiaha (2) accentuate, emphasize, stress
fa'ateiahara'a numbness, sleepiness, drowsiness
fa'ateitei (1) raise, lift, elevate
fa'ateitei (2) exalt, praise, eulogize
fa'ateni (1) beseech, implore, entreat
fa'ateni (2) appeal for help
fa'ateni (3), **fa'ateniteni** praise, boast admiringly, eulogize
fa'ate'ote'o act with arrogance
fa'atere (1) cockswain
fa'atere (2) steer
fa'atere (3) direct, govern, administer, manage, conduct
fa'atere hau nui prime minister
fa'atere mātini (chief) engineer (on a ship)
fa'aterera'a administration
fa'aterera'a fare rata postal service administration
fa'aterera'a hau government, administration
fa'aterera'a mā'a dieting, diet
fa'atete a round, flat Tahitian drum, similar to a snare drum - the fa'atete has a somewhat metallic sound and is used as a contra-tempo to the pahu

fā'ati go around, encircle, make the rounds
fa'aterehau minister (of state)
fa'aterehau nui prime minister
fa'ati'a (1) raise, cause to stand, support
fa'ati'a (2) agree (to something), accept, acknowledge, approve
fa'ati'a (3) authorize
fa'ati'a (4), **fa'ati'ati'a** relate a story, recite a tale
fa'ati'amā (1) make free, liberate, release from bondage
fa'ati'amā (2) acquit; legalize
fa'atīaniani tantalize, defeat an expectation
fa'ati'a'o'e, ti'a'o'e fence (fight with a sword)
fa'atīara bear up to the wind
fa'ati'ara'a, patura'a construction
fa'atiatia, fa'atietie boast
fa'atīhae, fa'atīhaehae provoke or excite an animal
fa'atina challenge someone to eat or drink more
fa'atīoi turn, change direction
fa'atī'opa turn something on its side, overturn
fa'atītāpou turn something upside down
fa'atītī imprison for labor, enslave
fa'atitiahemo race, run a race
fa'atītī'aifaro straighten out, rectify; settle or resolve a problem
fa'atītī'aifaro mero orthopedic(s), orthopedist
fa'atiti'āua to race, run a race
fa'atītī'āuara'a competition (especially boating, canoeing and bicycling), race
fa'atito (1) cause cocks or dogs or other animals to fight
fa'atito (2) pollinate (especially vanilla)
fa'atītohi deliver a woman of a child, act as midwife
fa'atitora'a pollination or fertilization of plants
fa'atoe save or put aside a remainder of

fa'ato'eto'e   **fa'ifa'i**

something
fa'ato'eto'e cool, chill, refrigerate
fa'atoma punctuate
fa'atomo (1) load a vessel
fa'atomo (2) overload, cause a vessel to sink
fa'atomo (3) bring in, cause to enter
fa'atopa cause to fall
fa'atoro extend or stick out (a hand or a tongue, for example); lengthen; search out something (as in using a dictionary) (puta) **fa'atoro parau, titionare** dictionary
fa'atōro'a (1) invest with an office, give a position to
fa'atōro'a (2) promote
fa'atū equalise, make or consider equal
fa'atū'ati join, unite
fa'atu'atu'a frown
fa'atumu establish, found
fa'atūmū, ha'atūmū make something blunt or dull
fa'atupu (1) cause to happen, create
fa'atupu (2) cause something to grow
fa'atupu i te mana'o suggest, propose, recommend, advise
fa'atupu i te rahi, fa'atupu 'ia rahi develop, augment
fa'atura show respect, honor, exalt
fa'atūrama illuminate, light with a torch
fa'aturi (1) commit adultery or engage in fornication, prostitute oneself (Protestant use of the word fa'aturi)
fa'aturi (2) live with a concubine or mistress (Catholic use of the word fa'aturi)
fa'aturi (3) pretend to be deaf
fa'aturira'a adultery
fa'aturituri i te tari'a turn a deaf ear (to)
fa'aturuhehia anesthesia
fa'aturuma, ha'aturuma be silent, appear to be thoughtful or serious; be downcast
fa'a'ū cause something to bump into something else
fa'aue to order or command
fa'aui put into an interrogative form

fa'a'una'una decoration, ornament; decorate, adorn, bedeck with flowers and/or leaves
fa'a'una'unahia decorated, adorned, bedecked with flowers and/or leaves
fa'a'uo'uo blanch, whiten
fa'aūra'a i te 'ati adventure, risky undertaking
fa'auru ma'ama'a dementia, attack (or bout or fit) of insanity
fa'auta (1) convey something from one place to another, transport
fa'auta (2) hang up, suspend
fa'a'ute'ute encrimson, redden
fa'autu'a condemn; fine, impose a penalty
fa'ehau soldier
fa'ehau tīa'i guard, sentry
faere obesity
fāfā (1) a spinach-like dish made by cooking taro and/or taruā leaves
fāfā (2) feel or touch with the hand or the fingers
fāfā (3) test the disposition of a person, sound out someone's intentions
fāfā piti manta ray
fāfaru a dish consisting of fermented fish (Tahitians either love it or hate it and often joke about it with popa'ās.)
fafati, fatifati (1) broken into many pieces
fafati, fatifati (2) often broken
fafau make a firm agreement; a promise; to promise
fai stingray
fā'i confess
fā'ira'a confession, admission (of wrongdoing)
fā'ira'a hara confession or admission of sinning
faifai a large tree growing in valleys (in olden times its wood was often used for oceangoing canoes, because of its lightness and durability)
faifai popa'ā, faifai papa'ā acacia
fa'ifa'i gather or pluck (fruit, for example)

574

faira (1) file (tool), to file
faira (2) steel
fāito (1) equal (in any sense), be equal
fāito (2) measure, weigh; a measure
fāito (3) balance scales
fāito fīva fever thermometer
fāito ha'a'atira'a area (medical), perimeter
fāito hōhonu sounder (of depth)
fāito i ni'a i te hānere, Fāito taime interest rate(s)
fāito mā'a food ration
fāito maire log (nautical)
fāito māmā lightweight (in boxing)
fāito taui moni exchange rate
fāito teiaha heavyweight (in boxing)
fāito toto'ava alcohol test (of the amount of alcohol in the blood), breathalyser
fāito ua rain gauge, pluviometer
fanā crossbeam of an outrigger, yard
fāna'o luck; be lucky
fānau give birth to, bear; be born (Biblical)
fānau mātāmua primipara (referring to a woman who is giving birth for the first time)
fānau tama child birth; bear a child
fanau'a the young of any animal
fānauhia born
fānaura'a birth, childbirth, delivery
fānautama multiparous (producing or having produced, many, or more than one, at birth)
fāniu the thick part of the central rib of a coconut frond
fano travel by sea, sail
fao (1) point of scissors
fao (2) make a hole or holes, pierce
fao (3) wound caused by piercing
fao (4) ulcerate (wound)
fa'o a person who speaks nasally
faoa, haoa stone adze
fara pandanus, palmetto; pandanus fruit
faraipāni frying pan; to fry
farairē (used mostly in religious contexts; otherwise:) **mahana pae**

farāni French
faraoa bread
faraoa farāni French bread
faraoa 'ipo unleavened bread
faraoa pa'apa'a cabin bread or biscuit (unsweetened)
faraoa pata bread and butter
farapata, ta'ata 'ite roa expert
farapati apprentice, novice, beginner; be an apprentice or novice or beginner
farapatira'a, ha'api'ira'a tōro'a apprenticeship
farara (1) blow (referring to wind)
farara (2) fall from vertical to horizontal
fare house, building
fare ahimā'a "kitchen house" a house (separated from the main dwelling and often consisting of just a roof) where the traditional island food, prepared in the earth oven, is prepared
fare 'ahu sacristy, vestry
fare 'ai'āmui, fare 'aiāpupu canteen, cafeteria
fare 'āmarara umbrella
fare 'āmuira'a meeting hall (especially in a parish)
(Fare) 'Apo'ora'a nō Porinetia the Polynesian Assembly
fare 'āreareara'a night club
fare ari'i royal palace
fare atua ark (a place where a god image was situated)
fare 'āuri prison
fare auta'a temporary shed or hut; tent
fare 'ava, fare inuinura'a, fare inura'a bar, pub, saloon, "watering hole"
fare fa'aeara'a dwelling (as opposed to other structures on a property)
fare ha'a work shelter (for example, for women making tapa cloth)
fare ha'aipoipora'a town hall
fare ha'amanara'a office of registration
fare ha'amāramarama office of information
fare ha'api'ira'a school (building)

fare ha'api'ira'a 'orometua ha'api'i
normal school
fare ha'api'ira'a tamahou nursery school
fare ha'apī'ira'a teitei high school
fare ha'api'ira'a tōro'a 'ihitai naval academy
fare ha'api'ira'a tōro'a tuarua technical college
fare ha'api'ira'a tuarua college
fare ha'apī'ira'a tuarua tōro'a fa'a'apu college of agriculture
fare ha'api'ira'a tuarua tōro'a technical college
fare ha'api'ira'a tuatahi elementary school
fare ha'api'ira'a tuatoru university
fare ha'avāra'a court house, court of justice
fare hāmuti, fare haumiti, fare iti restroom, toilet
fare hau administrative building
fare hīmene, fare hīmenera'a meeting house primarily used for singing
fare ho'ora'a house or establishment selling specified merchandise
fare ho'ora'a rā'au lumber merchant's, establishment selling lumber
fare 'ie tent
fare (or vāhi) inuinura'a, fare inura'a, fare 'ava bar, pub, saloon, "watering hole"
fare (or vāhi) inuinura'a ro'o 'ino disreputable bar or pub, dump, dive, hole, joint
fare (or vāhi) inuinura'a ro'o maita'i reputable bar or pub
fare inura'a taofe café, cafeteria
fare iti outhouse, toilet
fare mā'a rū fast-food establishment, snack-bar
fare ma'ama'a mental hospital, insane asylum
fare maeha'a hangar, shed, barn
fare ma'i hospital, clinic
fare mā'imira'a ma'i institute of medical research

fare manaha museum
fare manihini tourist office
fare moni bank
fare mōrī lighthouse
fare mūto'i police station
fare nene'ira'a parau print shop
fare nī'au house thatched with plaited coconut fronds
fare 'orira'a dance hall
fare pape bathroom
fare pōte'e, fare pōta'a oval house
fare punu house with corrugated iron roof
fare pure, fare purera'a church, temple
fare putuputura'a (usually religious) meeting house
fare rā'au (1), fare ho'ora'a rā'au pharmacy, drugstore
fare rā'au (2) wooden house
fare rata post office
fare rauoro house thatched with pandanus
fare tahua house with a floor
fare tahua piti two-story house
fare tahua rau building with more than two floors; apartment building, high-rise
fare tāmā'ara'a restaurant
fare taparahira'a slaughter house
fare tāpe'ara'a jail, jailhouse, lockup
fare tārahu house for rent
fare taupe'e house with veranda or porch
fare teata, teata theater, movie theater
fare toa store
fare tūpa'ira'a 'āuri smithy
fare tūtu kitchen, cook-house
fare umu house where the oven is located
fare utuutu nursing home
fare utuutu ma'i infirmary
fare utuutura'a ma'i dispensary
fare vaira'a tao'a warehouse
Fare Vāna'a the Tahitian (Language) Academy
fārerei meet, visit

farero (1) branching coral
farero (2) any kind of screw or bolt or nut
fāri'i (1) contain
fāri'i (2) admit, accept
fāri'i (3) receive, welcome, greet, take in
fāri'i (4) entertain (guests)
fāri'i (5), **fāri'ira'a** receptacle, container
fāri'i maita'i receiving or greeting in a friendly manner, approachable
fāri'i ta'ata to host
fāri'i taofe, tīpaoti taofe, paoti taofe coffee pot
fāri'ira'a reception (of guests, for example), acceptance, admission (in that sense)
fāriu (1) turn(ed) towards, turn(ed) facing
fāriu (2) be or become converted
fata (1) altar
fata (2) pile up firewood and/or stones in the hīmā'a
fata (3), **ha'apeu, 'oru'oru** stuck up, snobbish, vain
fata (4) put up one's guard when boxing
fatafata open, ajar, widely spaced; not filled up (obsolete in this sense)
fātata near, not far off; nearly, bearly, almost; soon
'ua fātata i ao, tātaiao it is almost dawn, dawn
fati broken, breach, break *(vi)*, rupture
fati 'ore unassailable, undeniable, incontestable, absolute
fatifati broken in several places or into several pieces, break repeatedly
fatira'a miti breaker, breaking surf
fatu (1) Lord (biblical)
fatu (2) owner, master
fatu (3) the core of an abscess or boil
fatu faufa'a owner, proprietor
faufa'a (1) valuable, important; value, importance
faufa'a (2) wealth, fortune, possessions
faufa'a (3) value, gain, profit, advantage
faufa'a (4) usefulness, utility, useful
faufa'a 'āmui joint possession or ownership
faufa'a fa'a'itea declared value
faufa'a mara'a movable possession or property
faufa'a mara'a 'ore immovables, real estate
faufa'a ta'a 'ē special privilege
faufa'a tupuna inheritance, patrimony
faufau (1) disgusting, revolting, repugnant, despicable, abominable
faufau (2) base, debased, vile; (moral) baseness
faufau (3) obscene, lewd, nasty
faufau (4) filth
fāura appear (speaking of a person), come in sight or view
faura'o (1) vehicle, conveyance, vessel (boat or ship), means of transportation,
faura'o (2) a floating object to which one can cling
fea'apiti, fea'a piti hesitate when choosing between two ideas, have two conflicting ideas about something
fē'ao, 'ie fē'ao jib, foresail
fē'au (seldom heard today, has mostly been replaced by **vāhi**) place, location
fe'e octopus, squid, cuttlefish
fe'efe'e elephantiasis, filariasis
fefe crooked, bent, twisted, curved
fēfē boil, abscess
fefetu fold up, roll (cloth, for example)
fē'ī plantain, mountain banana
feiā (1) people
feiā (2) people belonging in a certain category
e feiā rahi a lot of people
te feiā i tae mai the people who arrived
te feiā 'eiā the thieves
te feiā fa'aro'o the faithful
te feiā horo manureva the crew of an airplane
te feiā horo pahī the crew of a ship
te feiā mana, te feiā tōro'a the authorities, officialdom
te feiā moni, te feiā 'ona the rich

te **feiā Pētānia** the Pitcairners (or: the Adventists, depending on the context)
te **feiā puhipuhi 'ava'ava** the smokers
te **feiā rave hara** the sinners
te **feiā tāi'a, te feiā tautai** the fishermen
te **feiā tu'e pōpō** the "footballers"
fe'i'i (1) envy, jealousy; be envious or jealous
fe'i'i (2) grudge, spite, rancor; hold a grudge against, feud
fenua (1) high island
fenua (2) land, country
fenua (3) land (as opposed to sea or space), earth (in that sense)
fenua (4) ground, soil, terrain
feo dead coral (sharp, found on the reef or on the shore)
fepuare February
fera indistinct, blurry (as the vision of an intoxicated or sleepy person)
mata **fera** cross-eyed (leading to blurry vision)
ferafera (1) remove wrinkles from cloth; unfold clothing
ferafera (2) leaf through (a book or a magazine)
ferafera (3) show the whites of one's eyes
feretau (1) handle (of a bag or basket or suitcase)
feretau (2) a species of fern
feruri ponder, reflect, muse, reason with oneself
ferurira'a reflection, musing
feti'a (1) star
feti'a (2) medal, decoration (in that sense)
feti'a 'ave comet
feti'a po'ipo'i, feti'a tataiao Venus (morning star)
feti'a tātauro Southern Cross
feti'a 'ura Mars (literally: red star)
fēti'i extended family, relative(s)
fetō fetus
fetū, i'a feti'a starfish
fetu'e starfish, "pencil" sea urchin

fe'u, fe'ufe'u sobs, to sob
fifi, fifififi (1) difficult, intricate, complicated, hard; difficulty, intricacy, complication
fifi (2) chain
finirani Finnish
Finirani, fenua Finirani Finland
fīra violin, fiddle
firi plait, braid
fītī Fiji, Fijian
fitiorotia physiology
fiu bored or fed up with, weary or tired of, have (had) more than enough of, find something boring
'Ua **fiu ānei 'oe**? Are you bored (with what is going on)? (a common, well-meant, and very considerate question in the islands, especially during a prolonged proceeding or entertainment)
fīva fever
(e) **fīva** (an) attack of fever
fīva 'ā'au typhoid fever
fīva pūai, fīva rahi hyperthermia
fotetara fore(topmast) staysail

hā, fā four (ancient)
Hā mai! Haere mai! Come!
ha'a- (1) *a productive or causative prefix, transforming adjectives, nouns, or verbs into active verbs*
ha'a- (2) act as if ..., pretend to ...
ha'a (1) dwarfed, shortlegged
ha'a (2) activities; practice (an activity), do
ha'a rima'ī arts and crafts, cottage industry
ha'a tā'aro sport activities
ha'a'ati go around, tour, make the rounds; encircle
ha'a'āua fence in
hā'ae spittle, saliva; salivate, drool
ha'afāito compare on an equal basis, evaluate as equal
ha'afārerei bring about a meeting between, introduce
ha'afāriu (1) cause to turn in another direction
ha'afāriu (2) convert
ha'afatafata open *vt*; come ajar, spread apart
ha'afātata cause to approach, get near, place in close proximity
ha'afati break (by bending)
ha'afaufau (1) detest, be abhorred by, find something disgusting
ha'afaufau (2) act disgusted with ...
ha'afefe (cause to) bend
ha'afetei burst a blister
ha'afifi complicate, make difficult
ha'afiu bore, cause to be bored; act bored

ha'aha'a low, humble
ha'aha'amā timifity; be timid, act timid or ashamed
ha'ahae, ha'ahaehae anger *v*, provoke anger or rage
ha'ahapa condemn, blame
ha'ahape contradict, accuse of being wrong
ha'ahara (1) sin *v*
ha'ahara (2) deflower
ha'ahina'aro (vahine) court or woo a woman
ha'a'ī fill, fulfill
ha'aipoipo married; bride, bridegroom; get married, marry
ha'amā (1) shame; be ashamed
ha'amā (2) be confused
ha'ama'ama'a clown, act the fool; drive crazy
ha'amā'aro de-acidify, remove a bitter ingredient from a fruit or vegetable to make it edible
ha'ama'au act the fool; turn into a fool *vt*
ha'amae, 'ānemia anemia
ha'ama'ero cause to itch, itch
ha'amaere astonish
ha'amāha quench thirst or hunger, satisfy, relieve
ha'amāhanahana warm *v*, console
ha'amahora (1) spread out, display
ha'amahora (2) develop an idea
ha'amahuta cause to fly off or start up, startle
ha'amaineine tickle
ha'ama'iri cause to be late; cause to fall
ha'ama'iri (i te ū) wean
ha'ama'irira'a weaning
ha'amaita'i bless glorify; improve
ha'amāmā lighten (weight)
ha'amamae, ha'amāuiui (more often used) hurt, cause pain
ha'amāmū silence *vt*
ha'amana empower, validify, authorize, notarize, record (official documents)
ha'amanahia accredited, substantiated,

ha'amanara'a   **ha'apae**

validified, authorized, notarized
ha'amanara'a sanction, ratification, approval
ha'amanara'a hope transcription
ha'amanara'a parau registration
ha'amana'o remember, think of, bring to mind
ha'amani'i pour out, spill
ha'amānina smoothe (out), level
ha'amānina tīmā, tipi parai tīmā trowel
ha'amanino calm (waves, sea) *vi & vt*
ha'amaoro delay, prolong, take a long while
ha'amāramarama (1) window
ha'amāramarama (2) light (up) *vt*
ha'amāramarama (3) inform, enlighten
ha'amāramaramara'a information
ha'amarari clear (of brush, weeds, etc.)
ha'amarirau dawdling, indolent; dawdle, hold back, go slowly
ha'amarō dry *vt*
ha'amarua (1) (let) drop
ha'amarua (2) abort
ha'amarū soften
ha'amarua abortifacient
ha'amāruhi moult, molt
ha'amarumaru shade *vt*
ha'amata begin
ha'amatapō blind *vt*, make blind
ha'amatara untie, undo (knots)
ha'amātaro, ha'amātau accustom *vt*; acquaint *vt*; become accustomed, get used to
ha'amata'u frighten
ha'amātau (1) get used to
ha'amātau (2) acclimatize, acclimate
ha'amātau (3) develop tolerance (to a drug or medicine)
ha'amātau iā ... i te mā'a tahiti get someone used to Tahitian food
ha'amātauhia acclimatized
ha'amātaura'a (1) accommodation, adjustment (to), getting used to
ha'amātaura'a (2) acclimatization, acclimation

ha'amātaura'a (3) tolerance (to a drug or medicine)
ha'amau (1) fasten, fix firmly; establish
ha'amau (2) affirm, make certain; establish
ha'ama'ua act ignorant, treat as ignorant, make ignorant
ha'amāu'a (1) waste *vt*
ha'amāu'a (2) spend
ha'amā'ua (3) spoil *vt*
ha'amāu'ara'a expenses
ha'amāuiui hurt *vt*, cause to suffer (mentally or physically)
ha'amaura'a anchoring (of a cable to a pole, for example)
ha'amāuruuru (1) satisfy
ha'amāuruuru (2) thank, show appreciation
ha'amāuruuru (3) thanks, show of appreciation, acknowledgment(s)
ha'amehameha frighten, terrify
ha'amenemene make something round
ha'amenemene i te rima close one's fist
ha'ame'ume'u thicken
ha'amo'a consecrate, render sacred
ha'amo'e (1) forget
ha'amo'e (2) leave behind
ha'amo'e (3) cause to disappear
ha'amohimohi, tāmohi dim *vt*, obfuscate
ha'amonamona sweeten
ha'amori adore, worship
ha'amorira'a adoration, worship
ha'amou annihilate, wipe out
ha'amure sink into, thrust into
ha'apa'apa'a (1) grill until crusty or burnt
ha'apa'apa'a burn up, burn down, set fire to
ha'apa'ari (1) render hard
ha'apa'ari (2) render wise
ha'apa'arira'a vaira'a tamari'i, tū'i uterine contraction
ha'apae (1) abandon, turn down, reject, renounce, recant, abjure
ha'apae (2) leave aside or give up something, abstain from alcohol or

certain foods
ha'apae i te mā'a go without food, fast
ha'apae i te vahine repudiate or renounce one's wife
ha'apaehia abandoned, thrown aside
ha'apaera'a (1) abstinence (from alcohol or food)
ha'apaera'a (2) abandonment, turning someone down, rejection
ha'apaera'a pua'a abstention from meat
ha'apahi whine, fret (said about children or old people)
ha'apahu dam a flow of water
ha'apahura'a pape water storage reservoir
ha'apa'ia eat to filling point, cause to eat to filling point
ha'apāinu set adrift
ha'apa'o (1) attentive, careful; attention, care; pay attention, take care
ha'apa'o (2) observe (rules), apply (one's faith)
ha'apa'o (3) behave (oneself), pay attention to one's conduct
ha'apa'o (4) obey
ha'apa'o 'atā, ha'apa'o tai'atā disobedient, reluctant to obey
Ha'apa'o maita'i! Watch out! Pay (special) attention!
ha'apa'o 'ōhie (readily) obedient
ha'apa'ora'a (1) religion, religious affiliation, denomination
ha'apa'ora'a (2) faith (religious)
ha'apa'ora'a (3) obedience
Ha'apape, (ancient name:) **Uporu** district in Tahiti which in ancient times was the site of a famous school
ha'apāpū (1), **ha'apāpū i te reo** accentuate, make sure (that something is understood)
ha'apāpū (2), **ha'apāpū i te reo** confirm (what has been stated)
ha'apāpū (3) smoothe or level off
ha'apāpū (4) apply oneself to a job, make it one's vocation

ha'apāpū i'oa adjective
ha'apāpūra'a (1) assurance, insurance, guarantee, warranty
ha'apāpūra'a (2) certification, proof, evidence
ha'apara ripen *vt*
ha'apārahi seat *vt*, retain (cause to stay), lodge *vt*
ha'apārahurahu flatten
ha'aparare disperse, propagate (news, material), broadcast (a program)
ha'aparare reo loudspeaker
ha'apararī break (otherwise than by bending), smash
ha'apararīra'a (1) dissolution (of an assembly, for example), breaking-up, splitting-up
ha'apararīra'a (2) termination (of a contract, for example), cancellation
ha'aparuparu (1) (cause to) weaken, paralyze; get weak
ha'aparuparu (2) wear out or exhaust someone
ha'aparuparu (3) (cause to) soften
ha'apau consume completely, use up, spend completely
ha'apē (1) (be) infected
ha'apē (2) (cause to) ripen or spoil (of fruit)
ha'apēra'a infection (of a wound or organ)
ha'ape'ape'a bother or trouble someone
ha'ape'e (1) floating live-fish storage container of bamboo or wicker
ha'ape'e (2) big, long basket made of coconut fronds
ha'ape'e (3) launch into air, fly (a kite)
ha'ape'e (4) pay off a debt
ha'ape'epe'e hasten
ha'ape'era'a paying off a debt
ha'apeu affected, putting on airs; put on airs, be pretentious or vain
ha'apia paste, glue onto, affix
ha'apiha'a (cause to) boil
ha'apiha'e cause to vomit or retch
ha'api'i (atu) teach, instruct

ha'api'i (mai)   learn, absorb
ha'api'i 'atā (1)   finding it difficult to learn
ha'api'i 'atā (2)   being unwilling to learn
ha'api'ira'a   education
ha'api'ira'a aupuruora   health education
ha'api'ira'a 'ori   dancing lesson or class
ha'api'ira'a tamahou   maternity education
ha'api'ira'a tōro'a   technical education
ha'api'ira'a tōro'a 'ihitai   maritime education
ha'api'ira'a tuatahi   primary education
ha'api'ira'a tuarua   secondary education
ha'api'ira'a tuatoru   higher education
ha'apinepine   do often, make a habit of
ha'apiri   stick together *vt*, cement, join
ha'apiti (1), fa'arua   wind from the northeast
ha'apiti (2)   double *vt*
ha'apohe (1)   kill, extinguish
ha'apohe (2)   act as though dead, play possum
ha'apo'i   cover (the earth oven); fill in (a hole in the ground)
ha'apo'ia   cause to starve, (cause to) be hungry
ha'apo'ihā   cause to be thirsty
ha'apōiri   darken; become dark
ha'apo'ohotu   dive in a sitting position
ha'apo'opo'o   make hollow, concave
ha'apōpō   applaud, acclaim
ha'apōpōra'a   applause, acclamation
ha'apōpou (1), ha'apoupou   admire, applaud
ha'apōpou (2), ha'apoupou   congratulate
ha'apōpoura'a   congratulation, the act of congratulating
ha'aporia   fatten, put out to fatten
ha'apoto   shorten, abridge, abbreviate
ha'apotohia   shortened, abridged, abbreviated
ha'apotora'a   abbreviation, abridgment
ha'apotora'a parau   résumé, summary
ha'apou (1)   condescending, putting (someone) down
ha'apou (2)   cause to or make descend
ha'apou (3)   put up posts or poles
ha'apoupou (1), ha'apōpou   admire, applaud
ha'apoupou (2), ha'apōpou   congratulate
ha'apū   take refuge; group together
ha'apua'a   treat someone like a pig
ha'apūai (1)   reinforce, strengthen
ha'apūai (2)   make an effort
ha'apūai (3)   accelerate
ha'apūai (4)   abuse, indulge (heavily) in
ha'apūai i te inu 'ava   abuse alcohol
ha'apūaira'a (1)   abuse (of a substance), indulge (to an excess)
ha'apūaira'a (2)   accelerator; (rate of) acceleration (of a vehicle)
ha'apūaira'a i te inu 'ava   alcohol abuse
ha'apūaira'a reo   amplifier
ha'apu'e   pile up, accumulate
ha'apu'era'a one   sand pile, pile of sand
ha'apuehu   disperse, scatter; cause fruit to fall
ha'apupura'a   grouping
ha'apūpūra'a auahi, ha'apūpūra'a   chimney
ha'apura   make sparks, spark off
ha'apura i te hoho'a, teata i te hoho'a   project a film
ha'apurara   disperse
ha'apurara'a hoho'a   (film) projector
ha'apurepure   mottled; mottle, cover with smudges; be of various colors
ha'apuroro   transmit (on radio or television)
ha'apūrou   put on a marriage veil
ha'aputa   pierce
ha'aputapū   arouse emotion
ha'aputu   amass, accumulate, gather together
ha'aputuhia   amassed, accumulated, gathered together
ha'aputuputura'a   gathering
ha'apu'u   cause bumps or swellings or pimples
ha'apu'upu'u   swallow gluttonously
ha'arapu   mix, stir
ha'ari   coconut; coconut "milk"

ha'ari 'ōviri a dark-green species of coconut
ha'ari vavao coconut having no water
hā'aro scoop out, extract contents from a cavity
hā'ati go around, make the rounds, tour around; surround
ha'atiti'aifaro arrange, straighten out, settle, solve
ha'ato'eto'e chill *vt*
ha'atopa fall, cause to fall
ha'atumu found; render basic; make habitual or regular
ha'atūmū dull *vt*, remove edge
ha'atupu (1) make grow
ha'atupu (2) create, bring into being
ha'atūrama illuminate with torches or searchlights
ha'atūruma scowl, glower, be downcast; appear thoughtful
ha'aupo'omi'i dive head first
ha'avā (1) judge *n*
ha'avā (2) judge *v*, administer justice
ha'avahavaha (1) despise, scorn, treat with scorn
ha'avahavaha (2) act scornfully
ha'avaravara thin out
ha'avare lie *n & v*, gull, fool, lying, lier; false
ha'avari soil with mud or slime
ha'avaro loop, loose knot, slip knot
ha'ave'ave'a heat up
ha'averavai water heater
ha'averavai itorā solar water heater
ha'aveve impoverish
ha'avī (1) constrain, subjugate, tame, enslave, domineer; discipline *vt*
ha'avī (2) to fell or floor or knock down someone
ha'avi'ivi'i soil, defile
ha'aviti, ha'avitiviti hurry *vi*, hasten, make haste
ha'avīvī boastful; braggart; boast, brag
hae anger, rage; be enraged, rage
ha'eha'a (1) humble, modest; humility, modesty
ha'eha'a (2) low, squat, low-toned; be low (set)
ha'eha'a (3) a medicinal plant, Vandellia crustacea
haehae tear up, tear to pieces, slash up
haere (1) movement, step, journey
haere (2) become, develop into, come or get to be
haere (atu) go
haere (mai) come
haere i mua advance *v*, progress
haere i te marūra'a abate, become less forceful (of a storm, for example)
haere nā muri (vernacular) come along, accompany
haere nā raro, tā'āvae walk
haere ti'a go directly (straight) from one place to another
haere e tomo fetch fruit in a valley or in the mountains
haere i uta go landwards, go inland
('A) Haere ('oe)! Good-bye! (said to the person who leaves; when it is said to a person who stays, it is usually ['A] Parahi ['oe])
Haere mai tā'mā'a! Come and eat! (a friendly greeting stemming from the "good old times," not to be taken literally nowadays)
('A) Haere ana'e mai e tāmā'a (i tō mātou fare nei)! Please come and eat (here in our house)! (an actual invitation)
haere'a (1) way, path, road, route
haere'a (2) behavior, conduct, deportment
haere'a (3) style, expression
haere'a parau style of speech
haere'a parau manahune vernacular style of speech
haere'a parau purūmu vulgar style of speech, street talk
haere'a parau vāna'a literary style of speech
haere-'ē-ra'a atu absence
haere-'ē-ra'a te mana'o (temporary)

mental aberration
haerera'a mā'a alimentary canal
haerera'a i mua advance, progression
haerera'a parau the way the conversation is going
hahae tear in two
hahaere reduplication of **haere**
haha'i (seldom used today) afflicted, diseased
hahape wild, be wild (of animals)
hāhara ma'au tease
hahau fall obliquely or askew (said of gusting rain pushed by wind into a shelter)
hahu razor, plane; shave, plane
hahu tītoe grooving plane
hā'iri'iri nasty, disgusting, filthy
hāma'a spread the legs
hāmama having one's mouth open, yawn; be open (door, pit, etc.); dilate
hāmamara'a dilation
hāmamara'a hope complete dilation
hāmani make, construct, manufacture; repair
hāmanira'a construction
hāmara hammer
hāmara mata'i, hāmara pātia jackhammer, pneumatic drill, compressed-air drill
hāmata, ro'i tā'ue'ue hammock
Hāmoa Samoa
hāmuti, haumiti, titi'o defecate
hanahana glorious (especially of God or some exalted person), splendid, glory, splendor
hanamā'ona athletics
hānere hundred
... **hānoa** easily... **riri hānoa** easily angered **mehameha hānoa** easily frightened
hani beloved, darling, dear(est)
haoa, faoa stone adze
hapa (1), **hara** (moral) fault, infraction of a rule, sin, crime; break a law
hapa (2) (a little) extra or more or over, besides

hapaina (drinking) glass, tumbler
hapanui quorum
hape (1) false; error, mistake, fault; make a mistake, err, be at fault
hape (2) crooked, bent, twisted
hape (3) aberration
hape (4) miss- (**'āvae hape** misshapen leg or foot, club-foot)
hape (5) caterpillar
hapepa paralytic, paralysis
hāpono send (something)
hāpono-fa'ahou-ra'a sending anew, forwarding or returning something
hāpono 'aufau 'ia tae mai remittance
hapu, hopu (1) dive
hapu, hopu (2) bathe, take a bath
hapu, hopu (3) take a shower
hapura'a pape shower
hapū be pregnant
hāpu influenza
hapūra'a, hapū pregnancy
hapūra'a rāpae i te vaira'a tamari'i extrauterine pregnancy
hāpu'u, hāpu'u reru giant jewfish
hara, hapa sin *n*, fault, transgression, culpability, crime; sin *v*, transgress, commit a crime
hara 'ā'ana, hara 'a'ana aggravated crime
hara 'ō'ona aggravated sin
harahara cut up an anima; remove scales from a fish
haratu'e have sexual relations
hāri'a halyard
hāro'aro'a understand (a text); hear it said that, catch rumors that
haru (1), **haruharu** grab, catch, arrest
haru (2), **haruharu** seize by force, violate, rape
haru nōna iho grab or claim for oneself, monopolize
haruharu, haruharu reo to record (sound), put on tape
harura'a (... tāo'a, ... fenua, ... fare) seizure (of property, land, house), confiscation

harura‘a parau, harura‘a reo tape recorder
harura‘a rē, tata‘ura‘a rē competition for a prize
haruru fracas, uproar, roar (of sea or wind or guns), blast (of gun); make such a noise
haruru(ra‘a) pātiri thunderclap or roll of thunder
harurura‘a reo loud (or resonating) voice
hāti hatch, hold of a ship
hātua belt, seat belt; put on a belt; go around
hātua pāruru safety belt
hātua pōito, ‘ahu pōito life belt, life vest
hau (1) peaceful, calm, serene; peace, calmness, serenity
hau (2) above, additional
hau (3), i ni‘a superior, advanced
hau (4) exceed, surpass
hau (5) administration, government
hau (6) nation, country, fatherland
hau (7), fau, (more commonly today:) pūrau hibiscus tree
hau a‘e greater, over-and-above
e tei hau roa‘tu ra above all, particularly
Hau ‘Āmui United Nations; Allies
Te Hau ‘Āmui Marite the United States of America
hau huira‘atira, hau manahune democracy
hau metua motherland
hau tāmaru protectorate
ha‘u inhale, breathe in
(ta‘ata) hā‘ū person with bass voice who leads the hīmene tārava choir
hau‘a odor, smell *n & v*
hau‘a ne‘one‘o stench
hau‘a no‘ano‘a pleasant or agreeable odor
hau‘a veruveru smell or stench of filth
ha‘umani boredom, be bored
haumārū refreshing, fresh
haumi humid, moist; humidity
haumiti, hāmuti, titi‘o defecate
ha‘une plait (baskets or mats or hats)

ha‘urā swordfish, shortbill spearfish, Makaira alleida
ha‘uri impregnated with the odor of fish or blood or milk
hauriri‘a be afraid, shiver or shudder in fear or dread
ha‘uti (1) play, have fun
ha‘uti (2) play in a film or stage performance
ha‘uti (3), fa‘ata‘i play a musical instrument, play a piece of music
ha‘uti (4) tease, play tricks on
ha‘uti (5) manipulate, monkey around with, budge, disarrange, disturb
hauti‘amā independence, independent state
ha‘uti‘uti be in continual movement, be agitated, move without cease
hāva‘e brown sea-urchin
havahava soiled, slimy, be soiled (with excrement or like)
Havai‘i (1) the Polynesian paradise
Havai‘i (2) the ancient name of Ra‘iatea
hāvarevare viscous, sticky
hāvari (1) menstrual blood
hāvari (2) blood-pudding with pork tripe
hāviti fancy, smart, elegant
hē caterpillar
hea *locative or temporal interrogative word*
teihea? where? nō hea mai? whence? ihea? where to? ahea? when? nā hea? how?
he‘a a category of illnesses, including symptoms like skin problems and white discharge
he‘atauate icterus, jaundice
he‘e (1) slip, slide
he‘e (2) evacuate, purge
he‘e (3) go out or down (of tides)
he‘erū! (abbreviation of ‘eiaha e rū!), hērū! wait!
he‘etumu settle an affair, agree on something
he‘ēuri (archaic, biblical) abundant, plentiful, multiple

hehē shy, be shy
heheu (1) open *v*, take the cover off of
heheu (2) reveal; discover
heheu moana sonar, ASDIC
heheura'a revelation, discovery
hei lei, neck garland, necklace
hei pārau mother-of-pearl necklace
hei pūpū shell lei
hei taupo'o hat-band wreath
hei tiare flower lei
hei upo'o wreath
heiva (1) a general word for Tahitian dancing events, dancing entertainment, or dance assemblies
heiva (2) a Tahitian dance festival and/or entertainment
heiva (3) a Tahitian dancing assembly
heiva (4) pastime, entertainment, physical exercise
heiva peu tumu folkloric event
Heiva tā'aro nō Pātitifa (the) Pacific Games
hemo (1) slip or escape from one's hands
hemo (2) be outstripped or exceeded or surpassed by
Henere Henry
hepetoma week
hepohepo perplexed, be perplexed, not be able to do anything about something
here (1) dear
here (2) loving affectionate
here (3) love, cherish; loved one
here (4) slip knot, slip knot trap, snare, catch in a snare
here rahi great love, attachment, affection
herehere (1) darling, dearly loved one
herehere (2), **herehere i te 'ōpa'a** scrape off the fibers on a coconut shell
heremani, purutia German
herevetia, tuite Swiss
Herevetia, fenua Herevetia, Tuite, fenua Tuite Switzerland
heru, heruheru root or poke (in the ground), dig

Hērū! (abbreviation of **'Eiaha e rū!**), **He'erū!** Wait! Just a moment!
hete grammatical mode
hete 'āhiri conditional mode
hete 'āpiti participal mode
hete auraro subjunctive mode
hete fa'aue imperative mode
hete pāpū indicative mode
hete tumu infinitive mode
heuheu (archaic) remove clothes
heva mourning clothes; be in mourning
hī (1), **'ōhīhī, 'ōhī** diarrhea, dysentery (more specifically: **hī toto** [diarrhea with blood])
hī (2), **'ōhīhī, 'ōhī** squirt or spurt out (or gush forth) repeatedly
hī (3) fish with line and rod
hī toto dysentery
hīra'a toto hemorrhage
hia *interrogative word of quantity* **ahia?** how much? or how many? (in the present) **ehia?** how much? or how many? (in the non-present) **to'ohia?** how many? (speaking of a limited number of persons)
-hia or **hia** *suffix indicating the passive*
hi'a fall down (said of something that had been standing up)
hia'ai be hungry or thirsty (also metaphorically)
hia'amu be hungry or thirsty (in practical terms, not metaphorically)
hia inu be thirsty, have a desire to drink
hī'ata peticle
hihi (1) ray(s) (especially of the sun), radiation, radiate
hihi (2) eyelashes, antennae; whiskers (of a cat)
hīhī (1) gush forth; ejaculate
hīhī (2) fish repeatedly
hihipo (1) about to faint, dizziness, vertigo
hihipo (2) giddiness
hihipo (3) discomfort
hihiti'a start up, be startled
hi'i take an infant in one's arms, rock or

hīmā'a

lull to sleep, dandle
hīmā'a (abbreviation of **ahi mā'a**), **ahīmā'a** Polynesian earth oven
hīmene song; sing
hīmene rū'au a kind of hymn (Protestant) in six different voices
hīmene tārava chant in traditonal style
The hīmene tārava is a complex and rapid polyphonic chant, sometimes led by several conductors. If you are not enchanted by it - or eventually come to love it - you will, in my opinion, never develop a real understanding of Polynesia.
hīmene tārava raromata'i chant in nine different voices, from the Leeward Islands
hīmene tārava rū'au chant in six different voices
hīmene tārava tahiti chant in eight different voices, from Tahiti
hīmene tārava tuha'a pa'e nine different voices, from the Austral Islands
hina (1) great grandchild
hina (2) small spider
Hina the first woman of the world, goddess of the moon, Ti'i's wife (Ti'i was the first man on earth)
hina'aro wish *n & vt*, want *vt*, desire, covet
hinahina white or grey hair, have white or grey hair
hīnano pandanus flower
hinarere great great grandchild
hinatini great great great grandchild
hīnere hinge
hinu oil, fat; fuel oil (Diesel)
hinu pa'ari grease
hinuhinu (1) smooth, shiny
hinuhinu (2) oily
hinuhinu (3) glorious, glory
hio whistle *n & v*
hio, hihio, hiohio whistle *v*
hi'o (1) glass (drinking); mirror; windowpane
hi'o (2), **hihi'o** look at, observe
hi'o fenua binoculars, field glasses, telescope

hivavaevae

hi'o mahana sextant
hi'o mōrī lamo chimney
hi'o ha'amāramarama window glass
hi'o varavara louvers, French blinds
hi'ohi'o (1) look around, look again and again
hi'ohi'o (2) observe with curiosity
hiona snow
hi'opo'a look at, examine, inspect, oversee; make submit to an examination
hi'opo'ara'a inspection, examination
hi'opo'ara'a mēteō meteorological observation(s)
hi'opo'ara'a 'ōmaha cytobacteriology
hipa (1) oblique, aslant, bent over at an angle
hipa (2), **hipahipa** admire oneself, gaze at oneself in a mirror
hipofite hypophysis
hipotarāmu hypothalamus
hirahira respectful; respect, scruple
hiri reddish-brown-purple vegetable coloring
hīro'a, hīro'a mata facial features which make a person recognizable
hīro'a 'āpiti adjunctive *(grammar)*
hiti (1) border, edge, end, extremity; side
hiti (2) rise (celestial bodies)
hiti'a o te rā (1) sunrise
hiti'a o te rā (2), **ni'a** East
hitihiti lace
hitimahuta, hitima'ue start up, be startled
hitirere start, give a start, jump; wince
hītiri (abbreviation of **ahitiri**) fireworks, firecrackers
hītoatoa bruised (said of breadfruit or mango)
hitorometa hygrometer
hitorotene, hōvai hydrogen
hitu seven
hi'u tail of a fish
hiva corporation, company
hiva tahu'a academy (letters and sciences)
hivavaevae parade (not military), procession

hīvi hoist, crane; raise with a hoist or crane or with block and tackle or winch
hīvi poti, teve davit, cathead
hivinau one of the oldest of the traditional Tahitian dances and therefore tending to evoke the Polynesian past, performed in two concentric circles of men and women (sometimes around the orchestra) pursuing and teasing each other in an exciting and erotic interaction; when the movement of the circles stop, the dancers form couples and dance by pairs
hō atu give (to him or her or them - in another direction)
hō mai give (to me or us - in this direction)
hoa (1) friend, be friends
hoa (2) persistant headache (as from sinus problems)
ho'a loach (a fish of the Serranidae family)
hō'ata amusing; to kid or joke
hoe paddle, oar, scull
hoe, hoehoe to paddle or row
hoefa'atere, hoe rudder
hō'ē one
hō'ē taime once
hō'eā the same
hō'eā huru (it is) the same thing
hoho'a (1) picture, image, portrait, features (of the face), appearance, aspect
hoho'a (2), **hōho'a** photograph, likeness, image, picture, appearance, portrait
hoho'a (3), **teatara'a, teata tāviri** movie(s), film
hoho'a (4) copy of a document ~ reel pehe hoho'a silent ~ hoho'a vāvā sound ~ hoho'a paraparau
hoho'a fenua map
hoho'a ihota'ata photo(graphic) identification (card)
hoho'a nene'ia photocopy
hoho'a paraparau sound movie
hoho'a pāturu film documenting or recording an event
hoho'a pōtiti microfilm
hoho'a rātio X-ray

hoho'a vāvā silent movie
hohoni (1) pincers, pliers, tongs
hohoni (2) bite
hohonu deep
hōhora (1), **hohora, horahora** spread out (flat); unfold
hōhora (2) open (a book)
hōhora (3), **hōhora i te rima** open one's hand with the palm upward
hōhora (4) disclose, divulge
hōhora (5), **hōhora i te aura'a** explain, make clear or known
hōhorara'a explication, accounting for
hohore (1), **horehore** skin *vt*, peel, pare, strip (of bark or skin, etc.)
hohore (2) denude
hoi a creeper plant
ho'i (1) also, too
ho'i (2) indeed, really
ho'i (3), **hoho'i, hoiho'i** return, come or go back
ho'i (4), **ho'iho'i** smell *v*, sniff at
ho'i (5) "kiss" by pressing or rubbing noses (in the old Polynesian manner)
ho'iho'i "kiss" each other by pressing or rubbing noses (in the old Polynesian manner)
hōmā (abbreviation of **hoa mā**) (the or my) friends E hōmā ē! Friends! (greeting)
hōmana'o advisory, consultative
... **hōnei** (abbreviation of **iho nei**, indicating a recent past) just ... (a moment earlier, a little while ago)
honoretia Hungarian
Honoretia Hungary
honihoni nibble at, gnaw at
hono'a agreement; plot, conspiracy
honu sea turtle
ho'o (1) price, (monetary) value
ho'o (2) buy or sell
ho'o atu sell
ho'o fafau commitment to sell
ho'o ha'apau liquidation
ho'o huna illegal commerce
(ta'ata) **ho'o huna** trafficker

ho'o mai buy, acquire by purchase
ho'o pātē sell at auction, auction off; bid
ho'o pātēra'a selling at auction; bidding
(ta'ata) ho'o tao'a (1) merchant
(ta'ata) ho'o tao'a (2) supercargo
ho'o tārahu buy on credit
ho'ona give satisfaction, yield (interest)
ho'ora'a (1) sale
ho'ora'a (2) commercial exchange
ho'ora'a mai acquisition
ho'ovai in-law metua ho'ovai parent-inlaw
hope (1) totally, in its entirety
hope (2) be terminated or finished or done
hōpe'a (1) end *n*
hōpe'a (2) result, accomplishment
hōpe'a 'ore without end, endlessly
hōpi'i epilepsy
hōpi'ipi'i to have gone to "sleep" (of a part of the body), tingle, crawling sensation on skin
hōpiri, hōpipiri, hōpiripiri be cluttered up, be filled up (a place)
hōpoi carry a weighty object, lift up
hōpoi'a burden, responsibility
hopu, hapu (1) dive
hopu, hapu (2) bathe, take a bath
hopu, hapu (3) take a shower
hopura'a pape shower
hōpue baking powder, yeast; ferment, rise (as dough)
hōpuna form a pool or puddle or pond
hora (1) hour, o'clock
hora (2) clock, timepiece
hora (3), hora pāpua a plant (Perris trifoliata) the poisonous root of which (more toxic than that of the hutu fruit) is used to catch fish through its toxic action
horahora spread out (flat); unfold
horehore skin *vt*, peel, pare, strip (of bark or skin, etc.)
hōreo (1), tapu (less common in this sense) oath
hōreo (2) swear to, take an oath, vow
hōreo (3) swear, curse
horo (1) run *vi*
horo (2) leave, run away, abscond
horo (3), horo i te ha'avāra'a take to court, sue, lodge a complaint
horo (4) landslide; for land to slide
horo mai run or rush up (to me or us)
horo-fa'ahou-ra'a legal appeal
horo tāo'a, tāo'a to gallop
horo 'urī trot
hōro'a (1) generous; to give
hōro'a (2), tao'a hōro'a, tao'a arofa gift
hōro'a (3), hōro'a tārahu lend
hōro'a 'ino stingy
hōro'a i te mana'o, tu'u atu i te mana'o suggest, propose, recommend, advise
horoi (1) handkerchief
horoi (2), horohoroi wash, clean
horoi mata face towel
horoira'a washing, cleaning, ablution(s)
horomata'i wind mill
horomi'i (1) swallow; gobble up
horomi'i (2) absorb
horomi'ira'a absorption
horomiri fondle, run hands over
horomona hormone
horopātete passenger
horora'a (1), fa'ahorora'a race
horora'a (2) complaint at law, suit
horora'a-fa'ahou-ra'a appeal (legal)
horora'a fifi (1) hawse-hole
horora'a fifi (2) gearwheel on bicycle
horora'a 'ōu'a pā hurdles (sport)
horora'a, fa'ahorora'a competition (in running or driving), race
horora'a (or fa'ahorora'a) pereo'o tāta'ahi bicycle race
horotāpuni running away, fleeing, escaping
horo'urī to trot
hōrue, fa'ahe'e (miti), he'e surf, ride the surf
hōrue tā'ie sail-surf, windsurf
horuhoru be troubled of mind or
hota cough *n*

hota, **hotahota** cough *v*
hota huti whooping cough
hōtaratara have "goose flesh"
hōtērā hotel
hotu (1) fruit; bear fruit
hotu (2) output, yield, productivity
hotu (3) be full (of moon)
hotu (4) a tree (see **hutu**)
hotu 'auhune abundance (of fruits and vegetables)
hou (1) before
hou (2) sweat *n & v*, perspiration, perspire
hou (3) drill *n & v*, borer, hammer-drill, auge; drill, bore, pierce
houhou skin eruption
hō'ū parrot-fish
hōvai, **hitorotene** hydrogen
hū, **hūhū** fart *n & v*
hua (1) frankly, squarely
hua (2), **meroha'amā** genitals, sex organs, testicles (especially of animals), vulva (sometimes)
hua 'ā'au hernia
hu'a (1) particle, crumb, grain; bit; be powdered or pulverized
hu'a (2) froth, foam, suds
hu'a miti seafoam
hu'a pu'a soap suds
hu'a rā'au sawdaust, wood planing
hu'a ri'i nō te tiare pollen
huā'ai descendant, progeny, offspring
hua'ai fatu faufa'a direct descendancy
huahua (1) acne; pimples on the skin
huahua (2) (an obscene expletive)
hu'ahu'a small pieces, crumbs
hu'ahu'a 'aihere blade of grass or weed
hu'ahu'a faraoa bread crumbs
hu'ahu'a rā'au sawdust
huahuamātoa hermaphrodite
hua'i (1) uncover the earth oven
hua'i (2) reveal
huanane mix up, disarrange
huare saliva
hue (1) calabash, gourd

hue (2) colocynth, bitter apple
hue (3) throw away or out, throw into confusion
huehue (1) troublesome, obstinate, obnoxious, aggressive
huehue (2) globe-fish, striped toby
huehue (3) be greatly frightened or distressed
huero (1), **huoro** seed, egg
huero (2), **huero rā'au** pill, capsule, lozenge
huero (3) pit, stone (of fruit)
huero 'ōvahine, **huero 'ōvari** ovum
hūhā thigh
huhu (1) spider web
huhu (2) bumble-bee, carpenter-bee
huhu (3) gather or pucker cloth
huhu (4), **huhu i te fare 'amarara** close an umbrella
huhuti pull out (weeds or feathers repeatedly, by hand)
hui (1) an honorific term for people making up a certain category **hui ari'i** the kings **hui 'imi roa** grand jury **hui ra'atira** the citizens **hui tā'aro** athletes **hui tupuna** the ancestors
hui (2), **huhui** coaming around the edge of a canoe or outrigger; to put on such coaming
hui (3), **huihui** knock hard, slam; whip
hui metua all brothers and sisters of father and mother are together, as a body, called hui metua
hu'i, **hu'ihu'i** palpitate, beat (of heart), throb
huihui put aside, collect; assess (money)
huihui moni collection of money
huipū telephone receiver
huira wheel
huira'a pōpō golf
huma handicapped
huma roro mentally handicapped
huma mero motorically handicapped
huma pāpārua sensorially handicapped
hūmī seal (animal)

huna (1) secret, in secret
huna (2), hunahuna hide, dissimulate; dissemble
huna (3) bury (a euphemism considered more proper than **tanu** in the case of human beings)
hunara'a ma'i, tanura'a ma'i (euphemism for:) burial
hunō'a tāne son-in-law
hunō'a vahine daughter-in-law
hune inedible core of breadfruit
huoro (see:) **huero**
hupe (1) dew
hupe (2) night breeze that comes down from the mountain
hūpē rhinitis; snotty; snot, mucus
hupehupe lazy, worthless
hurahura a name describing a variety of ancient Tahitian dances
huri (1) turn upside down *vt & vi*, overturn
huri (2), 'īriti translate
huri (3), huri i te 'api parau turn pages
huri (4), huri (hurihuri) i raro (or: **i uta**) disembark (goods), unload, put on shore, discharge
huri (5), huri (hurihuri) i ni'a i te pahī embark, load, put on board
huri (6) change direction (of wind), veer
hurihuri roll(ing) (of the sea or a ship); turn(ing) over and over
hūrō hurrah, to hurrah or cheer
hūrōra'a cries of hurrah, cheer, acclamation
huru (1) state, condition
huru (2) character, personality, characteristics (of mind or body) **huru o te manava** psychological characteristics **huru o te tino** physical characteristics
huru (3) kind, sort
huru (4) somewhat, to a certain extent, rather, almost, just about, -ish
huru (5) velocity of wind **huru pūai** strong (of wind)
huru (6) grammatical gender **huru 'ōtāne** masculine **huru 'ōvahine** feminine
huru (7) grammatical mode **huru 'aifaro** affirmative mode **huru 'aipa** negative mode **huru ha'a** active mode **huru ha'ahia** passive mode
huru mau true, real, actual
huruhuru feather; fur
huruhuru māmoe wool
huruhuru ta'a beard
huruhuru upo'o hair
huruhuru 'utu mustache
huti (1), hutihuti pull, drag, draw along
huti (2), hutihuti pull out, pluck (feathers, hairs, weeds)
huti (3), huti i te aho breathe, draw breath
huti i te 'aihere pull weeds, weed
huti i te huruhuru depilate, remove the hair from hides or skin
huti (i) te reva hoist the flag
hutira'a aho breathing, respiration; diving tube
hutira'a tūtau capstan, windlass
hutu, hotu a tree (Barringtonia asiatica) the poisonous fruit [somewhat resembling a coconut] of which is used to catch fish through its toxic action (but less toxic than the hora pāpua root)

i (1) before substantives: indicates the object (I am drinking (the) wine. Tē inu nei au i te uaina.)

i (2) to (I am going ~ the hotel. E haere au i te hōtēra.)

i (3) because of (He ran away ~ of [his] fear. 'Ua horo 'ōna i tōna ri'ari'a.)

i (4) before the complement of a stative verb: by (I was deeply touched ~ the church service. 'Ua putapū tō'u 'ā'au i te purera'a.

i (5) occurs immediately before the locatives (**i ni'a** on **i raro** under **i piha'i iho** beside)

i (6) sign of the predicate in past time: "it was at" (The festival was at Raiatea. I Ra'iātea te 'ōro'a.)

i (7) indicates perfective aspect in subordinate clauses (the fish that I ate te i'a 'o tā'u i 'amu)

i (8) can indicate that a condition is satisfied or fulfilled (As you love me, you are to obey my commandments. I here mai 'outou iā'u, 'a ha'apa'o ia 'outou i tā'u mau fa'auera'a.)

i ... na means that an action has occurred but is no longer taking place, or that a certain state was reached but no longer obtains (He died and rose again. I pohe na 'ōna 'ē 'ua ti'a fa'ahou.)

i iho nei immediate past (I have just eaten. I 'amu iho nei au.)

i ma'iri a'e nei last last month te 'āva'e i ma'iri a'e nei

i mua noa a'e just in front of

i muri mai at or on the back (Read on the back [of the page]! See overleaf! 'A tai'o i muri mai!)

i ni'a, i ni'a iho up above, on

i ni'a a'e over

i te mea, nō te mea since, as, because

'ī full, filled

ia before substantives: this, that (already referred to or in question), aforementioned (That person has returned. 'Ua ho'i mai ia ta'ata.)

ia after nouns or verbs: specifies the predicate; especially if the subject is before the predicate, ia refers to what preceeds and may sometimes be translated by: "then," "while," "of which it was a question" (In my youth, then, I had no work. I tō'u 'āpīra'a, 'aita ia tā'u e 'ohipa.)

i'a (1) fish (also includes dolphins, whales, turtles, and squids)

i'a (2) aquatic creature as opposed to terrestrial animal (manu), plant (rā'au), and mineral ('ōfa'i)

i'a farai, i'a farai pāni fried fish

i'a miti, i'a rapa'au salt or cured fish

i'a ota raw (marinated) fish

i'a pa'a crustacean

i'a punu canned or tinned fish

i'a pū'ohu fish wrapped in leaves for cooking in the earth oven

i'a rapa'au salt fish, fish cured in salt

i'a ta'ero poisonous fish

i'a tāra'i dried fish

i'a tunu pa'a grilled fish

i'a tunu pape, i'a tunu pāni boiled fish

i'a tunu pū'ohu fish wrapped in leaves and baked in oven

iā (1) before pronouns and proper names: specifies the object complement He admires Miriama. 'Ua fa'ahiahia 'ōna iā Miriama. Give our love to John! 'A hōro'a atu i tō māua arofa iā Tihoni!

iā (2) specifies a nominal predicate (It is to Tahi that I am addressing myself. Iā Tahi, tā'u paraura'a.)

iā (3) for an accomplished event: when (When they arrived. Iā rātou i tae mai.)

'ia (1) before verbs: expresses a wish or desire (Have a good trip! [May your trip be good!] 'Ia maita'i te tere!)

'ia (2) for an event not yet having occurred or not having been completed at the time of reference: when, if (When my wife arrives here in Tahiti. 'Ia tae mai tā'u vahine i Tahiti nei.)

'ia au i (te) ..., mai te au i (te) ... according to (the) ...

'ia ora na, 'iaorana hello (literally: may you live)

'Ia ora na 'oe! Hello to you! (said to one person)

'Ia ora na 'ōrua! Hello to you (two)!

'Ia ora na 'outou! Hello to you! (said to three or more persons)

'i'a coat or smear a surface with

'īaha, 'eiaha (introduces a prohibition) do not ..., must not ..., ... is forbidden, ... is not allowed

'ī (1), **'eiā** thief, robber

'ī (2), **'eiā** steal, rob

'ī'ā (for a river to) overflow and burst its banks

iaia a piece of coral with which to rasp wood

iāna (third person singular object personal pronoun) him, her, it

'iaorana, 'ia ora na hello (literally: may you live)

'Iaorana 'oe! Hello to you! (said to one person)

'Iaorana 'ōrua! Hello to you (two)!

'Iaorana 'outou! Hello to you! (said to three or more persons)

'Iaorana can also mean: Good morning! (You could say: 'Iaorana 'oe ['ōrua, 'outou] i teie po'ipo'i!, but only pōpa'ās would do it.)

'Iaorana! can also mean: Good evening! (Here again, you could also say: 'Iaorana 'oe ['ōrua, 'outou] i teie pō!, although only pōpa'ās would do so.)

iāti (1) yard (measure)

iāti (2) yacht

'iato cross-bars or struts of wood attaching outrigging to the canoe

'iato'ai (1), **ta'ata 'iato'ai** assessor

'iato'ai (2) (in the old times:) the second class of the inferior chiefs

iā'u (first person singular object personal pronoun) me, to me

'ie (1) sail of sailing vessel

'ie (2) canvas

'ie (3) set sail, leave by sail

'ie fe'ao jib or foresail

'ie 'ōmou marconi sail (triangular mainsail)

'ie rahi mainsail

'ie rōpu mizzen sail

'ie'ie wicker roots used in basketwork, or the plants themselves

i'ei'e (1) elegant, graceful

i'ei'e (2) vain, haughty

i'ei'e (3) clever, quick, skilled at doing something

Ietu Mesia (pronounced **Metia**) Jesus Christ (Protestant)

Ietu Kirito (pronounced **Tirito**) Jesus Christ (Catholic)

'īhata (1), **'āfata** box, crate

'īhata (2) chest, cabinet, (tall) cupboard

ihe (1) half-beak (fish of the Hemiramphidae family)

ihe (2) arrow (archaic; current word: **te'a**)

'ihi (1) able, clever, experienced, skilled; know-how; (also:) manners

'ihi (2) sciences

'ihi-'ahuāra'i climatology

'ihiha'api'i pedagogics

'ihiora biology

'ihipapa archeology

'ihiparau lexicology

'ihitai sailor, navigator

'ihi'ihi (o te fenua) economy (of a country)

iho (1) postpositive particle expressing identity or coincidence in time or space; after nouns iho may occur alone (the very ship te pahī iho she herself 'ōna iho close to i piha'i iho my own car tō'u iho pereo'o)

iho (2) after verbs iho is usually accompanied by another postpositive particle (I just finished the work. I fa'aoti iho nei au i te 'ohipa.)

iho nei, iho na, iho ra narrative discourse particles (Then she went home. Haere iho ra 'ōna i te fare.)

ihoā, iho ā really

ihoparau verb

ihoparau fa'a'ohipa causative verb

ihoparau ha'a active verb

ihoparau ha'ahia passive verb

ihoparau huru stative verb

ihoparau pono transitive verb

ihoparau pono'ore intransitive verb

ihoparau turu auxiliary verb

ihoparau turu'aipa auxiliary verb of negation

ihoparau ture'ore irregular verb

ihu (1) nose, muzzle, beak, bill, snout

ihu (2) go astray, stray off

ihu va'a bow of canoe, bowsprit, stem

ihuihu (1) lack of air

ihuihu (2) suffocate

ihuihu (3) be smothered by, be tired of (someone)

'i'i sensual pleasure, feel sensual pleasure

'ī'ī be full

'ī'īra'a, pa'arira'a o te mero erection (of the penis or clitoris)

'i'ihi, 'i'ihi nato violet swordfish

'i'imi reduplication of **'imi**

'i'ino reduplication of **'ino**

'ī'ītā papaya, pawpaw

'i'ite (1) reduplication of **'ite**

'ī'ite engineer

'i'iti pinch vt

'imi, 'i'imi search for, seek

'imiroa, ta'ata 'imiroa juror

'imoa, 'umoa bud, unopened flower

'ina white-and-black sea urchin

'īna'a, 'ō'opu minnow(s), small fish

'īnaha (1), **'īna'a** there is, here is

'īnaha (2) as a matter of fact; behold

'īna'i (food of animal origin:) meat (also of fish) (high-protein foods like beans or fāfā are also usually considered to be 'īna'i)

inaina remove hair from a pig by pouring boiling water over it and scrubbing it

inānahi, inānahi ra yesterday

inānahi atu the day before yesterday

ināpō, ināpō ra yesterday evening, last night

inauanei a while ago

ready, prepared

'inita ink

'initi inch

'Inītia, fenua 'Inītia India

'Inītia Taina, fenua 'Inītia Taina Indochina

'ino (1), **'i'ino** bad, evil, wicked, despicable; evil, wickedness

'ino (2) of bad quality, spoiled

'ino (3) injury, damage

'ino (4) crude

'ino (5) (can show intensity:) very, extremely, enormously (My very dear friends! E hoa 'ino mā!)

'ino'ino resentment, rancor, chagrin, vexation, disgruntlemen; resent, be chagrined, vexed, disgruntled, upset

'ino-roa-hia (very) badly affected

inu drink *n & v*; drinkable, good to drink

inura'a taofe, taofe po'ipo'i light breakfast, coffee with buttered bread or another light meal

io rouru a (single strand of) hair

'i'o flesh, meat

'i'o pua'atoro pork

i'ō, i 'ō there

i'ō a'e, i 'ō a'e over there

i'ō atu, i 'ō atu a little farther away

i'ō nei, i 'ō nei here

i'oa (1), **i'oa topa** name (of persons), given name

i'oa (2) name, title (of a book or a film)

i'oa (3) name of a species (of animals or vegetables or places)
i'oa fa'aipoipo married name
i'oa noa common noun
i'oa papetito baptismal name
i'oa pi'i nickname, name by which one is called
i'oa topa first name, given name, baptismal name
Ioane (mostly biblical, today less commonly used as a first name than **Tihoni**) John
'io'io (1) mullet-like fish, bonefish
'io'io (2) chirp (birds), cheep (chicks)
iōna at his/her place
iō'u at my place
'iore rat, mouse
'iore pererau bat
Iotepa, Iosefa Joseph
'īpa'i (1) crush between fingernails
'īpa'i (2), **'īpa'ipa'i** slap *v*
'īpō boiled bread (dough cooked in coconut water or "milk")
ira (1) wine-spot on skin, a kind of birthmark
ira (2) a category of illness including headaches and convulsions or seizures
ira 'īriti convulsion
ira tuiroro meningitis
'irava verse, sentence, paragraph
'iravarava phrase, small group of words
ireire particle (grammar)
iri (1) run aground, be thrown up on the beach
iri (2) lodge or be stuck in a thing or place *(archaic)*
'iri (1) skin
'iri (2) plank, board
'iri 'amura'a mā'a table (nowadays simply: **'amura'amā'a**)
'iri fa'ahe'e, 'iri hōrue surf board
'iri mata eyelid
'iri pāpa'i planking
'iri pāpa'ira'a blackboard
'iri pua'a leather, pigskin
'iri tītoe tongue-and-grooved plank or board
'iriā excitable, quick to become excited or irritated, cantankerous; nervous
'iriātai (1), **paera'i** horizon
'iriātai (2) surface of the sea
'iri'iri gravelly, stony, gritty; gravel
'iri'iri tāviri crushed gravel
'īriti (1) remove, take or lift off, pull out or down
'īriti (2) open (except for the mouth)
'īriti (3), **tātara, huri** translated, translate
'īriti (4) draft, draw up (laws)
'īriti (5), **ma'i 'īriti** have spasms or convulsions
'īriti mohina corkscrew, bottle-opener
'īriti naero nail tongs, nail puller
'iritira'a translation
'ita, 'aita negation (past or perfective) no, not
'Itāria Italy
'itāria Italian *(adj & noun)*
'ītātae, 'ītaetae white tern, seagull
'ite (1) see, perceive; witness
'ite (2) knowledge, experience; science; know, understand
'ite (3) recognize, know by sight
'ite (4) receive (a person, people), entertain
'ite (5) legally recognize
'ite e nō ni'a i ... know about ...
'iteātea visibility
'itore fish-tail
iti (1) little, small, oversmall
iti (2) diminish, become insufficient or inadequate
iti (3) (expresses tenderness, especially in songs or in salutations in the beginning of a letter) dear, little
iti (4) very (emphatic)
iti na'ina'i very small, tiny
iti rahi very big, enormous
itiiti little by little
'ītiotima idiom, idiomatic phrase
itoito (1) energetic, active, industrious, hard-working; energy, activeness, "drive"

itoito (2) brave, courageous; bravery, courage
iʻu file, grater; rub, scrape, grate
iva nine, ninth
ivi bone
ivi tua backbone
ʻivi widow(er)

kārī curry
kava kava (the Tahitian word **'ava** nowadays refers to liquor)
kau scow (flat-bottomed, rectangular vessel)
kirikiri (1) tickling, be tickled
kirikiri (2) dice; throw or play dice
Kirito, Tirito (Catholic word for:) Christ
kokore, korekore have an excessive appetite, be gluttonous
kokoro (slang word for:) penis
kone, kokone, konekone small, diminutive, tiny, wee

mā (1) clean, pure; cleared, unencumbered

mā (2) muddle through, suffice unto oneself

mā (3) before a noun or noun sequence: specifies manner   with   with joy mā te 'oa'oa   with (great) surprise mā te māere (rahi)

mā (4) precedes numerical units above ten (optionally also ten)   twenty-one piti'ahuru-mā-pae

mā (5) **-mā** after a noun sequence, specifies a whole set ("and family," "and company," "and the others," "and one's own")   Tīvini and his family (or: Tīvini and the people who live or associate with him) Tīvini-mā   the Leeward Islands te Fenua-raro-mata'i mā

mā- prefix denoting attenuation before certain words describing a color   -ish   yellowish māre'are'a   reddish mā'ute'ute

mā ... 'ore without   without teeth mā te niho 'ore

ma'a (1), **ma'a vāhi iti** a bit of, a little bit, a few

ma'a (2) forked (of roads)

ma'a (3) pace *v*, **take a big step**

ma'a (4) sling-shot

mā'a (1) food, meal, nourishment (**mā'a** is sometimes used to specify food of vegetable origin, as opposed to 'īna'i which means meat)

mā'a (2) vegetable, fruit, flesh of vegetables or fruits

mā'a (3) stakes (when playing marbles), bet

mā'a ahiahi dinner

mā'a avatea lunch

mā'a hotu fruit

mā'a pō, tāmā'ara'a pō supper

ma'a po'ipo'i breakfast

mā'a tahiti Tahitian cooking or food

mā'a tinitō Chinese cooking or food

mā'a tupu vegetables

ma'ama'a (1) crazy (also: crazy about), insane; craziness, insanity

ma'ama'a (2) stupid, senseless; stupidity, senselessness, nonsense

ma'ama'atai starfish

ma'ara'a (1) pace *n*, step

ma'ara'a (2) branching; tributary

ma'ara'a purōmu fork of a road; crossroads

Ma'areva Mangareva

mā'aro sweet (to taste), smooth, soft

ma'au idiot, moron, simpleton; nonsense

mae, ma'e disconcerted, abashed (by some accusation or unpleasant occurrence, for example), perplexed, confounded

mā'e liftable

mā'e 'ē portable (not attached)

ma'e'e (1) referring to food (especially fish) that "curls up" when being cooked

ma'e'e (2) flinch *v* (little used today)

maeha'a twin(s)

maemae (1) withered, faded, softened; fade, wither, soften

maemae (2) spoiled (referring to fish)

māene golden-lined sea perch

maera mynah bird

māere (1) astonishing, surprising; astonished, surprised; marvel at

mā'ere'ere blackish

ma'ero itching; itch

Maeva! (more formal than **Mānava!**) Welcome!

māfa'i (1), **māfa'ifa'i, pāfa'i, pōfa'i** gather, pick

601

māfa'i

māfa'i (2), māfa'ifa'i lose petals
māfatu (1) heart (circulatory organ)
māfatu (2), '**ā'au** heart (modern meaning: seat of emotions)
māfatu maita'i kind-hearted
māfera rape (or otherwise take sexual advantage of) a woman
maha (**fā** and **hā** are archaic) four
maha having had enough to eat or drink; fullfilled, assuaged or relieved or recovered
mahae torn; be torn; tear
māhāhā lung(s)
mahana (1) sunny; sun, sunshine
mahana (2) day, daytime
mahana (3) the current weather
mahana mā'a Saturday
mahana maha Thursday
mahana pae, **Fairairē** (mostly in religious contexts) Friday
mahana piti Tuesday
mahana toru Wednesday
māhanahana warm
mahemo slide through one's hands, slip through one's fingers; move out of reach
mahere change hands (owners), go over into the hands of
māhere lasso *v*
mahi fermented breadfruit preserved in a trench; Hawai'ian poi
māhie, **tupu** develop *vi*, grow
māhiera'a development, growth
māhīhī abort (referring to animals)
mahimahi dorado (of coryphene)
mahiti synonym of **mahuti** (see below)
māhitihiti reduplication of mahiti
mahora be opened or spread out
māhora yard, court, public place/square
mahore, **māhorehore** peel, be peeled, scale off, be skinned
mahu stop flowing, dry up
māhu gas
māhu ahi natural or domestic gas (as for cooking)

ma'i 'a'ana

māhura'a evaporation
māhū (1) male transvestite or crossdresser
māhū (2) abusive epithet for homosexual
mahuta fly off
mahuti (1) pulled out, be pulled out
mahuti (2) open, be opened
mahuti (3) be definitely out of or disengaged or discharged from
mahuti (4) be issued or produced, come out
mahutira'a delivery, childbirth, confinement (for that reason)
mai (1) before noun sequences: in the same way as, like As you like. Mai tā 'oe e hina'aro.
mai (2) before verb sequences: almost (a state or action has not yet fully come about) He almost died. Mai pohe 'ōna.
mai (3) in verb or noun sequences: specifies that the action is directed towards the speaker He showed me his new car. 'Ua fa'a'ite mai 'ōna i tōna pereo'o 'āpī.
mai (4), **mai ... mai** specifies point of departure Where have you just come from? Mai hea mai 'oe?
mai 'ō mai from there, from over there
mai tahito mai since ancient times
mai te peu ē, mai te mea ē, mai te huru rā ē if (pertaining to a future eventuality) If you [can] come here tomorrow, we will be very happy. Mai te mea ē, e haere mai 'oe ānānahi, e 'oa'oa ia mātou.
Mai! Come here! Come on! This way!
Mai haere! Let's go!
mai te au i (te) ..., 'ia au i (te) ... according to (the)
mai te peu ē, mai te mea ē, mai te huru rā ē if (real) in the face of a future evantuality
ma'i (1) disease, illness, sickness, malady, disorder, abnormality
ma'i (2), **ta'ata ma'i** an ill person
ma'i (3), **tino ma'i, tino pohe** human corpse
ma'i 'a'ana illness with successive

relapses
ma'i Addison, ma'i ha'aparuparu nō te māpē Addison's disease
ma'i Alport Alport's syndrome
ma'i 'arapo'a tonsillitis
ma'i 'auru rarahi acromegaly
ma'i ate liver disease
ma'i 'āva'e menstruation, menses
ma'i ha'aparuparu paralysis
ma'i 'īriti tetanus
ma'i ma'ama'a mental disease
ma'i māfatu heart (coronary) disease
ma'i ma'ue epidemic disease
ma'i moa dengue fever
ma'i oreore infectious disease (caused by microbes)
ma'i parare epidemic disease
ma'i pē infection (general)
ma'i pe'e, ma'i rere contagious disease
ma'i pohe fatal disease
ma'i puna congenital disease
ma'i purūmu venereal disease
ma'i pu'u swelling due to an abscess
ma'i pu'upu'u measles
ma'i pu'upu'u hu'a rubella, German measles
ma'i tāpiri illness caused by a tūpāpa'u
ma'i tōro'a, ma'i ro'ohia i ni'a i te 'ohipa occupational disease
ma'i tōtiare social disease
ma'i tupuna hereditary disease
ma'i 'ūpa'a 'ōtiro viral hepatitis
māi insipid; spongy (applied to taro and manioc)
mā'i leak, have a leak, leak out; filter through a hole
mai'a banana
maia'a female that has young
māiha (1) across, through
māiha (2) go all the way through; pierce through
ma'ihia (having become) ill, diseased, afflicted
mā'imi look around for, hunt for, search
māineine tickling; to tickle

maiore an old name for the breadfruit
maire (1) a fragrant fern used for decoration, also used in mono'i
maire (2) mile (distance)
ma'iri (1) absent
ma'iri (2) miss (work, church service, etc.), be absent, fail to appear
ma'iri (3) remain behind, be passed
ma'iri (4), **topa** name, dubb
ma'iri (5) fall, collapse, crumble down
i ma'iri a'e nei last last month te 'āva'e i ma'iri a'e nei
ma'iri i te 'ohipa, fa'atau i te 'ohipa miss or be absent from work, fail to appear at work
ma'irira'a absence, failing to appear
maita'i (1) good, well, agreeable, of quality; become good
maita'i (2) kind, good, nice; kindness, goodness; become kind or nice
maita'i (3) amiable, affable
maita'i (4) beautiful (of weather)
maita'i ta'a 'ē special privilege
maitata'i reduplication of
māite (1) carefully, meticulously
māite (2) slowly
mā'iti choose, elect
mā'itira'a election, vote
mā'itira'a hōmana, tāhōmana, mā'itira'a tāti'a voting by proxy
ma'itihe sneeze, sneezing
maito tang fish, surgeonfish
mai'u'u nail (anat.), **claw**
mama (1) chew food slightly to make it tender before giving it to a baby
mama (2) take in water (referring to a vessel), leak, spring a leak
māmā (1), **ho'o māmā** cheap, inexpensive
māmā (2), **metua vahine** mom, momma, mother
māmā fa'a'amu, metua vahine fa'a'amu feeding mother, adoptive mother, foster mother
māmā rahi respectful term of address to a lady

māmā rū'au (informal), **tupuna vahine** (formal)   grandmother
mamae (seldom heard nowadays), **māuiui** (much more frequent)   painful; physical or moral pain, anguish; suffer pain, hurt, ache
mamahu, mamahu po'e   sugared loaf wrapped in banana leaf
māmahu (1)   affable, obliging
māmahu (2)   timid
māmahu (3)   unassuming, unobtrusive
māmahu (4)   gentle
mamara   bitter; acidy, soured (said of oranges and raw fish when the taste is altered or spoiled by beginning fermentation)
mama'ue   reduplication of **ma'ue**
māmoe   sheep, mutton
māmū (1)   be or become silent
māmū (2)   volcanic earth or soft rock making a soil unsuitable for cultivation
Māmū!   Silence! Be quiet! Shut up!
mana   spiritual or supernatural power or authority; material power or authority; endowed with such power or authority; have power or authority over
mana fenua   territorial or rural authority
mana hau metua   urban or metropolitan authority
mana hope   all-powerful
mana tahi   monopoly
manahune (1)   member of the lowest class in ancient Polynesian society)
manahune (2)   plebeian *adj & n*
manamana   reduplication of mana
mana'o (1)   thought, idea; think, meditate
mana'o (2)   opinion, advice (in that sense)
māna'ona'o   be worried or anxious about
mana'ora'a   thought, advice, suggestion
manava   psychological, pertaining to the "interior man" (situated in the 'ā'au), the seat of feelings, sentiments, and certain characteristics and virtues, the psychological state or functioning of a person
manava ha'avā   conscience, judgment

manava hirahira   respect; fear
Mānava! (less formal than **Maeva!**)   Welcome!
mānavanava   think deeply, evaluate carefully, weigh pros and cons, reflect profoundly
mania (1)   calm, be calm (of the sea)
mania (2)   dull, be or become dull
mania (3)   be (set) on edge (teeth) as by eating sour fruit
māniania (1)   noisy; noise, noisy hubbub, din; be noisy
māniania (2)   be bothered by noise
māniania (3)   used in describing the act of someone chewing you out or scolding you or yelling at you
Māniania!   What a noise! How noisy! Stop that noise!
manihini   guest
mani'i (1)   overflow
mani'i (2)   be overturned or spilled
māni'i   pour
manimani 'āvae   toes
manimani rima, rimarima   fingers
mānina (1)   smooth, polished; unwrinkled
mānina (2)   flat, level, horizontal
manini   tang or surgeonfish
manino   calm (of sea), flat
māniota   manioc
manu (1)   (the usual - restricted - meaning:) bird or winged insect
manu (2), **'animara**   (general - and today not usual - meaning:) terrestrial animal
manu (3)   woman (poetic or derisive appellation), creature
manu 'ai moa   hawk
manu meri, manu hāmani meri   bee
manu pātia   wasp or bee or hornet
manu taehae   bird of prey
manuā   warship, man-o'-war
manuia (1)   successful; succeed, win out, accomplish
manuia (2)   lucky; luck, be lucky, have luck

Manuia! Good luck! Success! (as a toast:) Cheers!
manuia 'ore (1) unsuccessful
manuia 'ore (2) unlucky
manumanu insect; microbe
manumanu e ora i te mata'i ora aerobe, bacterium dependent on air to keep alive
manumanu e ora i te mata'i 'ore anaerobe, bacterium independent of air to keep alive
manumanu ha'ari insect(s) parasitic to the coconut tree
manumanu tāne, manumanu tātea sperm, spermatozoon
manunu tiring, tired; fatigue
manurere bird (poetic), (sometimes:) airplane
manureva airplane
manureva miti flying boat
manureva tautau, manureva tautau nā te reva helicopter
manureva tūtuha auahi jet airplane
ma'o shark, dogfish
ma'o raira gray shark
ma'o taumata hammer shark
ma'o toretore tiger shark
maoa ripe (of breadfruit)
māo'a launch into the air
mā'oa, pā'oa turbot (shellfish)
maoa'e wind from the east
maoa'e tārava, pāmaoa'e, tārava wind from the east-south-east
mā'ohi (1) Polynesian
mā'ohi (2) indigenous, native, of the country
mā'o'i sprained (referring to ligaments of a joint)
mā'ona athlete, (especially:) wrestler
maori, maoti thanks to (the fact that)
maori rā (1), **maoti rā** except, excepting, save for
maori rā (2), **maoti rā** namely, that is to say, to wit
maoro long (of time)

maorora'a duration
maoti, maori thanks to (the fact that)
māpō (1) Tahitian chestnut (tree)
māpō (2) kidney(s)
mapiha go through, pierce, go in on one side and out the other
mapu exhale during a pause or on coming to the surface (like divers) and exhaling loudly
māpuhi regain breath
mapumapu be out of breath, pant, gasp for breath
mara (1) Napoleon fish, wrasse
mara (2) a very hard-wooded tree, Nauclea forsteri
mara'a (1) rise, ascend
mara'a (2) be portable or liftable or lifted; be carried; be born
mara'ai'aru wind from the south-southeast
mara'amu, mara'ai wind from the southeast, tradewind
marae (1) outdoor Polynesian temple of the past
marae (2) weeded, cleared; weed clear
marainu bait, lure
marama (1) moon, lunar month
marama (2) transom, stern, stern counter, fantail stern
mārama (1) light, be lit up or clear
mārama (2), (more usually:) **māramarama** intelligence
maramara soured, sour, curdled (of fallen oranges or raw fish), the taste being altered by beginning fermentation
māramarama (1) be lighted or lit; light, clarity
māramarama (2) intelligent; intelligence, clearness of mind
māramarama varavara porthole
mārara flying fish
marari cleared, prepared for planting (earth)
marau faded, pale, tarnished; worn out (clothing)

mārava trigger-fish
māreʻareʻa (1) yellowish, yellowed
māreʻareʻa (2) pale, sickly, jaundiced
mārehurehu twilight
mārei noose, snare, lasso; to snare or lasso
maremare, purapura phosphorescent
marere flutter, hover, fly about
mareva, mārevareva go quickly by, flit by
Māria Mary
māriri (1) cold, chilly; coldness, chill
māriri (2) a term referring to several diseases accompanied by fever and/or chills
māriri ʻai taʻata cancer
māriri mata tāhuna internal infection or abscess
māriri ʻōpūpū shingles, herpes zoster
māriri pūfeʻefeʻe filariasis-induced fever
marite American
Marite, fenua Marite America
maro loin cloth, olden form of male pāreu
maro ʻura red belt (in olden times a symbol of prestige)
marō dry
marō obstinate, stubborn, persevering; argue, insist
marō argument, heated discussion
maroʻa zebra surgeonfish
maru shady, shaded; be in shade
marū (1) soft, tender
marū (2) kind, gentle, polite
marū (3) slow, slowly
marū (4) soft (of sound)
marū (5) soft (to touch)
marū (6), **aunoa** soft (of wind), moderate
marū (7) fragile, easily crumbled
marū (8) fender (for ships or boats)
marū roʻi mattress
marua (1) fall down from
marua (2) crumble down
marua (3) abortive (of fetus); abort
māruhi (1) molt, moult (of crustaceans)
māruhi (2) soft (of earth), easily crumbled; fragile

marumaru (1) shady, shaded
marumaru (2) hidden behind the clouds
marumaru (3) low (of setting sun)
mata (1) eye
mata (2) face, appearance, look
mata ʻamoʻamo blinking or winking of eyes
mata ʻaraʻara staring eyes
mata ʻataʻata laughing-eyed; laughing eyes
mata ʻereʻere black- or brown-eyed; blackeyed (from a blow)
mata fera squint-eyed, cross-eyed
mata huti, mata piri slant-eyed (Mongolian fold)
mata mīmī blue- or green-eyed (literally: cat-eyed)
mata pō, matapō blind
mata titiʻa, titiʻamata (more common) (eye)glasses
mata tuʻatuʻa frowning face
mataʻē reject (someone), look askance at, disavow
matāʻare rough (of the sea); wave, wavelet, ripple (of sea or lake);
mataʻeinaʻa district, country (as distinguished from city)
matahataha gape open, be partially open
matahiapo first-born or oldest child of a family
matahiti (1) year
matahiti (2) age
matahōʻē one-eyed
mataʻi (1) wind (for the Tahitian words for wind directions, please see the entry **wind** in the English-Tahitian part of the dictionary)
mataʻi (2) air
mataʻi (3) tack (in sailing)
mataʻī (4) technical; technique
mataʻī (5), **taʻata mataʻī, taʻata ʻaravihi** technician
mataʻi ʻatau starboard tack
mataʻi au noa moderately fresh or pleasant wind
mataʻi ʻaui port tack

mata'i huru pūai fairly strong wind
mata'i marū soft or gentle wind
mata'i ora, 'ōtitene air to breathe, oxygen
mata'i pūai strong wind
mata'i pūai roa very strong wind
mata'i puihau light wind
mata'i rōfa'i, rōfa'i gust of wind
mata'i rorofa'i extremely strong gusts of wind accompanied by rain (tropical cyclone, typhoon)
mata'i tā'iri sudden and powerful blast or gust of wind, sudden and powerful squall
mata'i tā'iri 'ū'ana sudden violent gust
mata'i tārava wind on the beam, crosswind
mata'i 'ū'ana violent wind
Mataio Matthew
māta'ita'i (1) look at (with curiosity and/or pleasure), see (with interest)
māta'ita'i (2) visit, be a spectator at or of
matamata'iore watch out of the corner of one's eye, glance at
matāmua (1) first
matāmua (2) beginning; in the earliest days, in the days of yore
matapō, mata pō blind
matara (1) open, be opened
matara (2) come undone or loose (knot, cord, bolt, nut)
matara (3) be forgiven (of a sin or an error)
matarara'a (1) pardon, acquittal
matarara'a (2), matarara'a hara absolution, forgiveness of sins
Matari'i Pleiades
mātaro (1), mātau used or accustomed to, habituated; habitual; be used or accustomed to
mātaro (2) know how to, be familiar or acquainted with with
mātaro (3), mātau be experienced or knowledgeable
mātaro (4), matarō sailor
mātaro (5), mātaro pereo'o mata'eina'a worker/driver's helper on a district bus
matarotōpī, (tao'a) 'itehia e te mata ta'ata macroscopic, (object) visible with the naked eye
matau fish-hook
mata'u fear, be afraid of
mātau (1), mātaro used or accustomed to, habituated; habitual; be used or accustomed to
mātau (2), mātaro be acquainted with, know
mātauhia accustomed, habitual, familiar
mātaura'a habituation; addiction
mātaura'a i te rave i te rā'au fa'ata'ero drug addiction
mate dead, be dead
māteria material *adj*
mātete market, market-place
mātete tāhō'ē common market (economic association)
mati a tree with berries from which a dye can be made, Ficus tinctoria
māti (1) match
māti (2) March
māti 'uira cigarette lighter
matie (1) grass, lawn
matie (2) green (color)
mātini machine, motor; equipped with machine or motor
mātini fa'ato'eto'e air-conditioner
mātini haruru internal combustion engine
mātini mōrīuira generator
mātini nene'i hoho'a photo-copier
mātini niuniu tāhoho'a FAX machine
mātini patapata, mātini patapatara'a parau typewriter
mātini pu'ara'a 'ahu washing machine
mātini roro uira computer
mātini tāpiri outboard motor
Matinita Martinique
mato cliff
mato tāfare overhanging cliff with a cavelike hollow underneath
mato tārere overhanging or projecting cliff
matomato rocky, steep; steep place

mātou

mātou first person plural exclusive pronoun (excluding the person spoken to) we, all of us
mātuatua senior, old hand, experienced elderly person, elder
matuita, nu'uhiva Marquesan
mātutura'a evening of prayer and discussion (Catholic)
mau (1) true, real, actual
mau (2) accurate, exact
mau (3) be fast or fastened, set, steady; maintained; stopped or clogged, held up
mau (4) seize, hold
mau (5) practice (a profession)
mau (6) be finished, cease
mau (7) prepositive particle indicating plural
te mau mero all the members
te mau ta'ata all the people
mā'ū ha'ari, mō'ū ha'ari a fibrous variety of sedge-grass used to express coconut "milk" from the grated meat by twisting
mau'a (outdated), mou'a being the commonly used word for: mountain
ma'ua ignorant, awkward, incapable
māua first person dual exclusive pronoun (excluding the person spoken to) we, both of us, the two of us
māu'a wasted, spoiled; be wasted or spoiled
ma'ue fly, fly up or off, take off (plane)
ma'uera'a Ascension of Jesus Christ
mā'ue'ue be content(ed), satisfied, joyous, merry
mauha'a (1) handle of a tool
mauha'a (2) carrying a stick or a pole
māuiui painful; physical or moral pain; be in pain, hurt
māuiui 'ōpū stomach ache
maumau (1) act or behave or talk in a jerky manner
maumau (2) proceed or perform with fits and starts, be jerky
mā'uo'uo whitish
Maupiha'a Mopelia Island

merēti po'opo'o

ma'urere fly, fly off, take off (plane)
māuriuri (1) chirp, twitter, squak like an insect
māuriuri (2) a grasshopper with a strident song
ma'urura'a huruhuru alopecia, baldness, hair loss
māuruuru (1) thank you, thank, be grateful or appreciative
māuruuru (2) be satisfied or content, glad (in that sense)
mauteni, mautini pumpkin, squash
mā'ute'ute reddish
ma'u'u grate or grind teeth
mē (1) May
mē (2) the May collection for the Protestant church
mea (1) thing, object
mea (2) (a word that can substitute in a sentence for a common noun, a proper noun, a verb, a particle, etc.) it
mea (3) before an active verb, specifies that an action has not been accomplished and should have been I should indeed have received that person well. E mea fāri'i maita'i au i terā ta'ata.
e mea mau, e parau mau it's true
e mea tāmoni payment is required, it is not gratis
mehameha frightening; be frightened or struck by fear
meho a small oceanic rail (bird)
mei'a banana
melahi (pronounced mērahi) angel
mēnema tomb, cemetery
menemene round, spherical
mērahi angel
mērēni melon, watermelon
merēti plate, dish
merēti fāri'i mā'a platter, large plate
merēti menemene round dish
merēte na'ina'i saucer
merēti pārahurahu flat dish or plate, platter
merēti po'opo'o soup dish

608

merēti punu dish made of tin or other metal
merēti pūroroa oval dish
meri honey
mero (1) member of a club or association or party
mero (2) member (of body)
mero (nō te) Fare Vāna'a member of the Tahitian (language) Academy
mero ha'amā sexual organ, genitals
mero (nō te) hiva tahu'a academician (letters and sciences)
mero taiete member of a society
mero tāne, merotāne, ure penis
mero tōmite hi'opo'a member of a jury
mero vahine, merovahine clitoris; vagina
mētara metal
mēteō meterology
mētera meter
mētera 'āfata cubic meter
mētera huti chain measure
mētera 'ōfati folding measure (meter) stick
mētera tuea square meter
metia Messiah, Christ
metua (1) parents
metua (2) uncle, aunt (all brothers and sisters of father and mother are together called hui metua)
metua fa'a'amu feeding or adoptive or foster parent(s)
metua ho'ovai parent-in-law, father-in-law, mother-in-law
metua tāne, pāpā father
metua tāne fa'a'amu, pāpā fa'a'amu adoptive (feeding or foster) father
metua tīa'i tutor; guardian
metua vahine, māmā mother
mētua dual of metua both parents
metuapua'a a medicinal fern
me'ume'u (1) thick (of solids)
me'ume'u (2) numb, benumbed
miāu (of cats) mew, meeow
mihi (1) moral pain, sorrow; grieve, miss (someone)
mihi (2) weep
mi'i fat or grease of pigs and other quadrupeds
mimi (outdated), **'ōmaha** being the commonly used word for: urinate
mīmī (1) (the modern word for:) cat
mīmī (2) red-pincered crab
mi'omi'o, mimi'o wrinkled, mussed up
miri (1) mint, basil
miri (2) massage or rub with oil (refers mostly to babies)
miri (3) embalm a corpse in the old Polynesian manner
mirimiri (1) caress *v*
mirimiri (2) touch and examine an object
miro rosewood
miro tahiti, tīra a tree the wood of which is used in vessel construction on Tahiti (where it is called **tīra**) and on Rapa Nui (where it is called **miro tahiti**:) for carvings
miti (1) sea, saltwater
miti (2) salt *v*
miti (3) saline sauce
miti (4), **mitimiti** lick *v*
miti fa'a'ī high tide
miti ha'ari coconut "milk" sauce with water and salt added
miti hue sauce prepared from chunks of coconut put out to ferment in water with juice from shrimp or crayfish in a gourd called hue
miti popa'ā salt
miti rahi tidal wave
miti roto inland saltwater lake, seawater from the lagoon
mitionare missionary
mito forecast (in meteorology) *v*
mitora'a mēteō meteorological forecast
mitorotōpī microscopic
moa (1) chicken, hen or rooster
moa (2) (vulgar word for:) penis
moa 'ao goose
moa fa'atito fighting cock
moa fanau'a chick
moa oni rooster, cock

moa 'ōviri wild chicken
moa ra'oro turkey
moa ufa hen
mo'a sacred, holy
moana (1) ocean, sea
moana (2) blue (a place where the sea appears blue because of its depth or reflection from the sky, also: celestial space)
te **moana Pātitifa** the Pacific ocean
mo'e (1) forgotten, overlooked
mo'e (2) lost; be lost (a thing)
mo'e 'ē absent oneself
mo'e-'ē-ra'a absence
moemoe ambush *n & v*; waylay; stalk; keep an eye out for
mo'emo'e solitary, isolated, lonely
moemoeā, tā'oto'otoā dream *n & v*
mo'emo'era'a absence
mo'era'a mana'o absence of mind (sudden and temporary), distraction
mohimohi (1) dim, dimly lit
mohimohi (2) have troubled or dim sight, be blinded (also temporarily)
mōhina bottle
mōhina 'ī full bottle
mōhina pau empty bottle
mōhina pia bottle of beer, beer bottle
mōhina uaina bottle of wine, wine bottle
mōhina tītī baby bottle
moi a catfish that lives in the sea
moi'a forgotten
moiho the supporting structure for wick and chimney in a kerosene lamp
momi swallow *v*
momimomi swallow repeatedly
momoa box fish, multi-spotted trunkfish
momo'a engaged, betrothed; fiancé(e)
momona (see: **monamona**)
mōmona candy
mōmona tōtōrā chocolate candy
momoni, moromoni mormon, member of the Church of Jesus Christ of Latter Day Saints
momono reduplication of **mono**
monamona (1), **momona** sweet-tasting; sweets, candy, confectionary
monamona (2), **momona** tasty (especially of fish and crabs), savory, savorous
moni (1) money, cash
moni (2) salary, wages
moni (3) expensive, costly
moni (4) rich, affluent, prosperous, well-to-do
moni (5) silver (metal)
moni 'āva'e monthly salary or rent or regular anount to be paid or received
moni hau increase in value, appreciation of capital
moni hepetoma weekly profit
moni ho'ona indemnity
moni iti depreciation of capital, decrease in value
moni mahana daily pay
moni 'ohipa salary
moni parau paper money, bank notes
moni piri financial commitment or security or pledge
moni tāhinu bribe, graft, baksheesh
moni tahua the minimum amount of money, the minimum salary guaranteed
moni taime interest, yield
moni tāpa'o deposit, advance payment
moni tauturu subsidy
moni vaira'a, moni vata current account
monire, monirē Monday
mono (1) successor, replacement; succeed (someone), replace
mono (2) representative, substitute; represent, substitute for
mono (3) assistant (who temporarily substitutes for someone)
mono i'oa pronoun
mono i'oa fa'ahiti
mono i'oa tūiho personal pronoun
mono i'oa tūiho mātāmua first person personal pronoun
mono i'oa tūiho mātāmua fa'aō first person personal pronoun inclusive
mono i'oa tūiho mātāmua ha'apae first person personal pronoun exclusive

mono i'oa tūiho mātāmua 'ōpiti ha'apae
first person dual personal pronoun exclusive

mono i'oa tūiho mātāmua 'ōtini fa'aō first person plural personal pronoun inclusive

mono i'oa tūiho mātāmua 'ōtini ha'apae first person plural personal pronoun exclusive

mono i'oa tūiho rua second person personal pronoun

mono i'oa tūiho toru third person personal pronoun

mono mero prosthesis

mono peretiteni, peretiteni mono vice president

mono tari'a hearing aid

mono'i perfumed oil, perfume

mono'i pīpī perfume, eau de Cologne

mon'i pītate oil perfumed with jasmine

mono'i tāvai rubbing oil

mono'i tiare tahiti oil perfumed with the Tahitian gardenia

monomono reduplication of **mono**

mo'o (1) lizard, gecko

mo'o (2) a fish that remains crouching on sandy bottoms

mo'o taehae alligator, crocodile

mo'orā duck

mo'orā perehū Barbary duck

mo'orā māniania, mo'orā 'ao goose

mo'otua grandchild; grand-nephew, grand-niece

more (1) bark of young pūrau

more (2) skirt of pūrau fiber used in traditional dances

moremore (1) closely shaved off or shorn, smooth

mōrī (1) lamp

mōrī (2) kerosene, gasoline, petrol

mōrī 'amo'amo turn-signal lights (on automobiles)

mōrī 'aratini Alladin lamp

mōrī gaz pump lamp or lantern

mōrī mata'i storm lantern

mōrī neō neon lamp (tube)

mōrī pahī navigational lights

mōrī pata flashlight

mōrī teitei, mōrī fare kerosene or oil lamp

mōrī tū'ana fluorescent lamp or tube

mōrī uira electric lamp, electric light

mōrī tūrama ava lighthouse (to indicate a pass in the reef)

moromoni, momoni mormon, member of the Church of Jesus Christ of Latter Day Saints

moto (1) blow from fist, fisticuff

moto (2) box *v*

moto'i ylang-ylang (a bush)

mōtoro enter clandestinely into a house at night to seduce a young girl or woman

motu (1), **mutu** reef island, low island, islet

motu (2), **mutu** atoll

motu (3), **mutu** cut *adj*, severed, severing, torn, ripped; cut *n*, tear, clipping; cut *v*, tear, rip

Motu Tapu a formerly sacred islet in the pass to Vaitape in Bora Bora (a world-famous movie by the same name was filmed on this island in the 1930's)

mōtu'utu'u (1) crawling sensation on skin

mōtu'utu'u (2) cramp; have a cramp

mou perish, become extinguished (of a hereditary line), become extinct or annihilated

mō'ū sedge, sedge-grass

mō'ū ha'ari, mā'ū ha'ari a fibrous variety of sedge used to express coconut "milk" from the grated meat by twisting

mou'a mountain

moura'a extinction, annihilation

mū tropical gilthead (a sparid fish sometimes referred to as snapper), tropical porgy

mua (1) in front of (in time or space), before

mua (2) bow (of ship or boat)

nā **mua** roa   above all, first of all
muara'a   forepart; foreword
mui   bundle together fruit or vegetables
mumutu   reduplication **mutu**
mure (1)   end, come to an end
mure (2)   sink into, be sunk
mure (3)   be or get hurt; hurt
muri (1)   behind, after
muri (2)   stern (of ship or boat)
murihere (seldom used today)   great love, attachment, affection
muta'a *(locative)*   formerly, in other times
   i muta'a a'e nei   formerly, at first, in the beginning   **i muta'a iho**
mutamuta   grumble, mutter
mute   lose at a game (slang)
mūto'i   policeman, police
mūto'i farāni   gendarme, French policeman
mūto'i huna   secret service (man)
mūto'i purōmu   traffic cop
mūto'i tahiti   Tahitian police(man)
mutu (1), **motu**   reef island, low island, islet
mutu (2), **motu**   atoll
mutu (3), **motu, mutumutu**   cut *adj*, severed, severing, torn, ripped; cut *n*, tear, clipping; cut *v*, tear, rip
mutu ta'a'ē   (be) cut off, severed

na (1) after verb or noun sequences, with lengthening of last vowel of preceding word: specifies the area in which the person spoken to is located, or a time less distant from the moment of reference than would be specified by ra, or both these references at once I was then learning Tahitian. I ha'api'i mai na vau i te parau tahiti.

na (2) then, therefore (specifying insistence or attenuation) Well then (you there), come here! Haere mai na!

na (3) third person singular personal pronoun occurring as **ana** (him/her) in compounds or before a or o tāna (from: tā ana), iāna (from: iā ana), etc.

nā (1) definite dual article the two, both the two women nā vahine Both parents were sleeping. Tē ta'oto noa ra iho ā nā metua.

nā (2) definite prenumeral article The expected four members arrived. 'Ua tae mai nā mero e maha tei ti'aihia.

nā (3) before noun sequences: specifies weak possession in the predicate Whose book is this? (or:) For whom is this book? Nā vai teie puta?

nā (4) specifies a stop-over place or place of destination (but not the point of origin which is specified by **nō**) The ship will leave for Ra'iatea and Huahine. E reva te pahī nā Ra'iatea, 'ō, nā Huahine.

nā (5) precedes the subject when at the beginning of the sentence Who brought on the trouble? Nā vai te pe'ape'a i fa'atupu? The drunk tourists are the ones who brought on the trouble. Nā te rātere ta'ero te pe'ape'a i fa'atupu.

nā (6) stop crying

nā mua (1) forward, ahead

nā mua (2) first, at first, in the first place

nā mua roa above all, first of all

nā muri (1) backward, abaft

nā muri (2) afterwards

nā muri mai in back of, behind

nā ni'a by, by way of, in, on (ship, car, airplane, train)

nā ni'a a'e i ... on top of ...

('ē) **nā ni'a a'e i te reira** (and) in addition to that, (and) additionally, (and) moreover

nā 'ō, nā'ō thus saying (acting, doing); that way

nā raro under, beneath, below; on foot

nā reira like that

nā rōpū across the middle

nā ta'u rima by my hand

nā roto through, by

nā ta'ata both persons

nāe'a be attained or reached

naero nail

nāfea, nā fea how, in what way, whence

nāfea, i nāfea, nā fea, i nā fea when (perfective or sometimes imperfective)

nahe a kind of fern used for decoration

nāhea, nā hea (see **nāfea**)

naho'a, ti'a'a rahi assembly, large gathering; crowd

nahonaho (1) well-arranged, orderly, ready for use; good order; be in good order, be ready

nahonaho (2) be well-off, not lack for anything

na'ina'i small, little

nāmuai'oa preposition

nana troup, band, flock, herd

nana 'ānimara livestock

nana 'eiā band of thieves or robbers

nāna (from nā ana) for or to or by him/her

nānā (1) wave (usually when someone is

613

leaving)
nānā (2) look at (seldom heard in this sense)
nānahi preceding or following day, depending on the preceding article)
nāna'i arranged in order
nanao try to reach an object with one's hand
nana'o (1) tattoo *n & v*
nana'o (2) sculpture; sculpt
nana'o (3) scrawl or scribble or doodle
nana'o (4) decorate, adorn
nanati tie up, tie or bind together
nane (1) mixed up, confused, in disorder
nane (2) mingle, mix in together
nane (3) kneed
nane (4) (archaic:) accuse without knowing
nanea (1) multiple, abundant, plentiful
nanea (2) multiply, abound, stretch (when speaking of food)
nanu (1) rise (of sea, tide)
nanu (2) mucous preventing new-born babies from breathing
nanura'a miti high tide, spring tide
nā'ō, nā'o (1) thus, in such a way, in that way
nā'ō, nā'o (2) speak thus (before a quotation)
naonao mosquito
na'ona'o (1) ornate, embellished, decorated with designs or drawings or engravings; make something ornate (etc.)
na'ona'o (2) scrawl or scribble or doodle
nape cord braided from coconut fiber
napenape (1) keeping order, active (in that sense)
napenape (2) put in order, keep in good running condition (**'atu'atu** is more usual)
nāpō, i nāpō, i nāpō ra yesterday evening
napu not knowing what to do, perplexed, abashed, confounded
nati, natinati bind or tie up
nāti clan, class
nato perch (a river fish)

natu (1) make a sign to someone by touching him slightly or by a movement of the head
matu (2) whisper a reply to a question
nātura nature (what a person or thing is)
nāturara'a character (psychological)
nā'u to or for or by me
nava'i sufficient, enough, adequate; have enough of, be adequately supplied with
nava'i 'ore insufficient, not enough, inadequate (in that sense); be indigent, be poor
nave agreeable, delicious; pleasure; be charmed, enjoy oneself, delight in
navenave sensual enchantment or pleasure; be charmed, take delight in, enjoy
ne'e, ne'ene'e crawl *v*
nehenehe (1) beautiful, pretty
nehenehe (2) be able or capable
nehenehe (3) have the right or permission to do something
nehenehe roa very beautiful, adorable
nei after an article or noun or verb sequence: specifies a place near the speaker, or a time close to the time of reference, or both this ship here te pahī nei now i teie nei
ne'i press *v*, push against
ne'ine'i press or push repeatedly
nē'ira'a tension
nē'ira'a toto arterial tension
nē'ira'a uira voltage
nena chain measure (of a surveyor); use a chain measure
nēnati negative (electricity)
nene'e reduplication of **ne'e**
nene'i (1) press (hard) against, put (considerable) weight on
nene'i (2) print *v*
nene'i (3), **nene'i i te hoho'a, pata i te hoho'a** to photograph, take a picture
nene'i (4) develop (a photograph)
nene'i (5), **nene'i i te 'ata** keep from laughing
nene'i hoho'a, pata hoho'a, tamera

camera
nene'ira'a hoho'a photocopying
nene'ira'a hoho'a, hoho'a nene'ia photocopy
neneva giddy, heedless, silly; giddyness, heedlessness, silliness
neō neon
ne'one'o stinking, foul; stench; smell rotten or foul
nete seed oyster, spat
neva turn the head
nevaneva unstable, fickle, inattentive; wander (of attention)
nia be cooked on one side
ni'a (1) local noun (see i ni'a, nā ni'a, nō ni'a mai): above, top, over
ni'a (2) East
i **ni'a, hau** superior, advanced
i **ni'a** i te pahī on board
('ē) nā **ni'a** a'e i te reira (and) in addition to that, (and) additionally, (and) moreover
nō **ni'a** mai from above
nīā coconut whose meat is still very soft; such coconut meat
nī'au coconut frond
niho tooth
niho 'afā cracked tooth
niho 'āpo'o tooth with a cavity
niho ha'avare denture
niho hāmani false tooth or teeth
niho 'iore milk (or: baby) tooth or teeth
niho ma'a molar (tooth; with two roots)
niho mata canine (tooth)
niho varavara widely spread teeth
niho piru gold tooth
niho po'a molar (tooth)
niho puta decayed tooth
nīnaemoa mould, mildew
nīnamu (1), **nīnamu moana** blue (like the color of the deep sea)
nīnamu (2) green (like the color of shallower sea, as in a lagoon)
nīnamu matie green or blue-green
nināra'a flooding, inundation
nini fontanel

nini'i pour
nīnī-ture action committed in bad faith, fraud
nino spin (cordage)
nīoi (1) change direction, turn
nīoi (2) turn half way around, facing in the opposite direction
nira (1) needle
nira (2) sew
niu (1) (ancient name for:) coconut
niu (2) foundation (of a wall), base of a stone wall
niu (3) a medicinal plant
niuhiti, niufiti wind from the east-northeast
niuniu (1) wire, cable
niuniu (2), **niuniu paraparau** telephone
niuniu (3) telegram
niuniu 'ao coaxial cable
niuniu 'aufaua e tei anihia collect call
niuniu nā te reva wireless telegraph
niuniu pereo'o tāta'ahi bicycle spokes
niuniu tāhoho'a facsimile transmission, FAX
niuniu taratara barbed wire
niuniu viri twisted cable
niuru mule
Niutirani, te fenua Niutirani New Zealand
niutirani, ta'ata niutirani New Zealander
nō (1) before nouns: specifies strong possession in the predicate This canoe belongs to Moari'i. Nō Moar'i teie va'a.
nō (2) before nouns: specifies the origin Those people are from Rarotonga. Nō Raroto'a mai terā mau ta'ata.
nō (3) because of, on account of, due to Because of your kindness. Nō tō 'oe maita'i.
nō hea? where from (originally)
nō ni'a mai from above
nō te really She is a really intelligent woman. E vahine nō te māramarama roa 'ōna.
nō ... mai from from abroad nō te ara mai

nō vai? whose?
noa (1) after nominal sequences, expresses the idea of restriction alone, only, just Many tried, only one succeeded. E rave rahi tei tāmata, hōʻē noa i manuia.
noa (2) after verb sequences: spontaneously, for no reason, of someone's or some thing's own accord This beautiful flower grew of its own accord (without having been planted). Mea tupu noa mai teie tiare nehenehe.
noa (3) expresses an idea of persistence ever, still, on My wife keeps telling me that ... Parau noa mai tāʻu vahine ē ...
noa atu (1) before nouns: In spite of the storm, the ship arrived at the right time. Noa atu te vero, ʻua tae mai te pahī i te taime tiʻa.
noa atu (2), **ʻātīrā noa atu** it doesn't matter
noaʻa having "gotten" (without or with little effort involved), (be) fortuitously obtained (compare with roaʻa [effort involved])
noaʻa mai acquire by inheritance
noʻanoʻa fragrant, sweet-smelling, sweet-flavored; pleasant or agreeable odor
noema (seldom heard), **novema** November
Noera (Protestant usage), **Noere** (Catholic usage), **ʻŌroʻa fānauraʻa** Christmas
noha Tahitian petrel
noho dwell, stay
nohoraʻa (1) dwelling, residence, abode
nohoraʻa (2) address
nohu stone-fish
nono (1) gnats with a painful sting
nono (2) small tree with an ill-smelling fruit
nota note (in music)
nota hiʻopoʻa evaluation (of work performance), rating
notaraʻa notation
nōtēra notary
nōʻu (1) belonging to me
nōʻu (2) because of me
nounou envious; desire, covetousness, lust; desire, covet
novema, noema (seldom heard) November
nui big (*archaic*, having been replaced by **rahi**, but still exists as part of place names and personal names and certain other combinations) Greater Tahiti **Tahiti Nui** Director of the Tahitian Academy **Vānaʻa Nui** olympic swimming pool **vai ʻauraʻa nui**
nūmera (1) number, figure
nūmera (2) enumerate, count
nūmera faʻarahi coefficient
nūmera fare (postal) address
nūmera hōʻē number one, first class; first prize
nūmera ma te tuhaʻa (numerical) fraction
nūmera nānaʻi ordinal number
nūmera pea even number
nūmera peaʻore odd number
nūmera toma decimal number
nūmera tumu cardinal number
nunaʻa nation, people
nuʻu (1) army
nuʻu (2) slide over, push over (of persons)
nuʻu fenua infantry
nuʻu moana navy
nuʻu nō te reva air force
Nuʻuhiva, Matuita Nukuhiva

o   'ohe'ohe

'oa'oa   happy, joyful; happiness, joy, eagerness; be happy, rejoice
'ō'aha (1)   a kind of fern
'ō'aha (2), pa'atoa, pa'ahonu   maroon maroon (color)
'ōata (1), 'ōata tītī, 'ōata ū   nipple, teat
'ōata (2)   neck or mouth (of a bottle)
'ōata (3)   main "eye" of a coconut through which germ grows
'ō'ava   acid (as opposed to base)
ōē, oe   bell
o'e   famine, dearth; suffer from dearth of food or water
'oe   personal pronoun, second person singular you (thou)
'o'e   sword, bayonet
'oeha   rectangle
'oe'oe   pointed, sharp-pointed
'oe'oera'a   point
'ōfa'a   lay (eggs), set (on eggs)
'ōfa'ara'a manu   bird's nest
'ōfāfa'i, 'ōfa'ifa'i   reduplication of 'ōfa'i
'ōfa'i   stone
'ōfa'i hi'o   quartz
'ōfa'i mōrī pata   electric battery, dry cell
'ōfa'i pāpa'ira'a   slate
'ōfa'i pupuhi   bullet, round
'ōfa'i pupuhi fenua   cannon ball
'ōfa'i pupuhi manu   shot, lead pellets
'ōfati (1)   break a long object by bending it
'ōfati (2)   pick or pluck by breaking off a stem with flower or fruit
'ofe, 'ohe   bamboo
'ōfera   turn inside out
'ōfī   snake, serpent
'ōfiri (1)   twisted; to wind (cables, for example)
'ōfiri (2)   twist, wind
'ōfirifiri, 'ōmi'imi'i   curly (hair), curled, frizzy
oha   bent over; bend over (away from vertical)
'ohe, 'ofe   bamboo
'ohe'ohe   a herbaceous plant

o (1)   *possessive, before nominal attribute, expresses strong possession*   That is the name of my sailboat. Terā te i'oa o tō'u poti tā'ie.
o (2)   *personal article before a proper noun as subject*   Moea then said ... Parau atura o Moea ...
'o   mark of noun predicate, expresses equivalence of two ideas, equational structure   it is, they are   Who is the owner? 'O vai te fatu?   The owner is Teiho.   'O Teiho te fatu.
ō (1)   *interjection* (the sound is intended:) to calm an infant
ō (2)   *interjection* the sound used to stop a horse
ō (3)   gift, present
ō (4)   enter, be able to enter
ō (5)   penetrate
'ō (1), 'u   local noun (as in i 'ō na meaning there or i 'ō nei meaning here)
'ō (2)   a crowbar-like stake used to remove the husk from a coconut; to remove husk with such a stake
'ō (3)   garden (biblical)
'ō (4), pao   to make holes in the ground, to dig vertically down into the ground, to spade
'ō (5), 'ou   reply to being called: I hear you! Present! It's me! What?
oa   sides (of a canoe or boat), edges, gunwale, gunnel
o'a   frame (of a boat or ship), ribs
'ō'aha   bird's-nest fern
oaoa   narrow

617

ohi sprout, shoot; bud; sucker
'ohi pick up, glean, (sometimes:) gather
'ōhī (see:) **'ōhīhī, hī**
'ōhie, 'ohie easy, easily
'ōhīhī (1), **'ōhī, hī** diarrhea, dysentery
'ōhīhī (2) spurt out or gush forth repeatedly
'ōhimu, 'ōhumu slandering, talking evil about, talking about someone behind his/her back; slander, talk evil about; talk about someone behind his/her back
'ohipa (1) work, job, occupation; to work
'ohipa (2) affair, business, commission
'ohipa (3) action, the act of ...
'ohipa (4) action, deed, measure (undertaken)
'ohipa (5) tools, gear, things
'ohipa 'ē turn away, go off the right path, veer off course, deviate
'ohipa fa'aotihia finished work, accomplishment
'ohipa fa'atūreirei adventure, risky undertaking
'ohipa fa'auehia (ordered) mission
'ohipa ho'ora'a tao'a mercantile business
'ohipa māere adventure, marvelous or amazing happening
'ohipa maita'i good deed(s)
'ohipa rātere tourism
'ohipa i roto i te horora'a legal proceeding
'ohipa tai'ata debauchery, sexual licence
'ohipa tāmoni work *(n)* for payment
'ohipa tārē piece-work, job-work
'ohipa taure'are'a work of a person who has not yet achieved adulthood
'ohipa tupu noa adventure, unpredictable event, happenstance
'ohipa uāhu handling of the affairs involved with port maintenace, shipping traffic, loading and unloading, etc.
te **'Ohipa a te mau aposetolo** (pronounced apotetoro) Acts (of the Apostles)
'ohiti small-sized crab seen on sandy beaches
'ōhiti, 'ōhitihiti pluck, gather by plucking
'ohu (1) rotate
'ohu (2) whirl, swirl
'ohu (3) roll, roll about on the ground
'ohu (4) be surrounded by
'ōhumu, 'ōhimu slandering, talking evil about, talking about someone behind his/her back; slander, talk evil about; talk about someone behind his/her back
'ohura'a (1) obstetrical instrument
'ohura'a (2) cycle (of time)
'ohura'a 'āva'e monthly/menstrual cycle
'ohura'a tau ha'api'ira'a, tau ha'api'ira'a semester, term
'ōhure (1) rear-end, behind, arse
'ōhure (2) bottom, back of certain things, rear
'ōhure pahī stern, rear part of a ship
'ōhure piripou bottom of pants or trousers
'ōhure tō hemorrhoids
oi (1) change direction (especially of a conveyance), turn, veer
oi (2) knead, mix batter or dough
'oi (1) sharp, cutting
'oi (2) before noun sequences: specifies that an action has not actually taken place almost I almost fell. 'Oi topa vau.
'oi (3) during, as long as
'oi (4) for fear of (archaic)
'oira'a tipi cutting edge of a knife
'o'i sprained, strained, twisted, out-of-joint; sprain, strain
'oia (1) third person singular subject personal pronoun (more formal or literary than **'ōna**) he, she
'oia (2) yes, that's it
'oia ato'a that too, that also
'oia ho'i that is to say, namely
'Oia mau! That's true! Absolutely! Yes, indeed!
'ōihuihu, tītapoupou pitching (and tossing), reeling
'ōineine (more or less) ready, (just about)

prepared
'ō'ini round coconut frond basket that is thrown away after being used
'oio a seashore bird
'oi'oi rapid, quick, swift; nimble; rapidly, quickly, fast; soon
'oira'a tipi the sharpened edge of a knife
'oire town, city; village
'oire pū capital
'ō'iri trigger-fish
'oiro conger eel
'oma, pā'aro va'a adze for hewing out canoes
'ōmaha urine; urinate
'ōmaha 'ātetona acetonuria
'ōmaha miti albuminuria
'ōmaha tihota glycosuria
'ōmaha topa incontinence
'ōmaha toto hematuria
'ōmata'i jet stream
'ōmenemene rounded, round, chubby
'ōmi'i head of animals, especially of fish
'ōmi'imi'i, 'ōfirifiri curly, curled, frizzy
'ōmi'omi'o rumpled up, wrinkled, mussed up
'ōmo'i firebrand, glowing coal
'ōmo'i 'ava'ava, 'ōmou 'ava'ava cigarette butt
'ōmono, 'o'omo (better Tahitian) put on clothing; put something into a container
'ōmore lance, spear, javelin
'ōmoto coconut with solid meat that is not yet really hard; this meat
'ōmou top or crown of plant or tree
'ōmou 'ava'ava, 'ōmo'i 'ava'ava cigarette butt
'ōmou tiare tahiti Tahitian gardenia bud
'ōmua tauāmuri future perfect
'ōmuara'a introduction (to a book, for example)
'ōmuhu, 'ōmuhumuhu murmur (of water); to whisper
'ōmuri scad, cavally
'ona (1) rich, affluent, prosperous, well-to-do; a rich person

'ona (2) a head of an enterprise, boss
'ona (3) wholesale buyer(s) of copra, vanilla, mother-of-pearl shell, coffee, etc.
'ōna (less formal than **'oia**) third person singular personal pronoun he, she, it
one sand
'ōne'ene'e crawl, creep along the ground (said of someone who is seated and pushes himself along)
oneone sandy
'ōnevaneva (1) inattentive, heedless
'ōnevaneva (2) flighty, fickle; dizzy
oni male (of certain animals whose size is not greater than that of pigs); a male
'oniāni onion
'oniāni piropiro garlic (literally: foul-smelling onion)
'ōniho chicken pox, varicella
ono (1) six
ono (2) barracuda
ōno faufa'a heir, heiress
ōno faufa'a tutu'u testamentary heir
onoono insistent, obstinate, pressuring; (vehemently) insist (up)on, (desperately or fervently) urge upon, pressure (someone)
o'ō'o irritated, nervously upset
'ō'ō big hole in the ground
'o'o'a bay, creek
'ō'ohe tube
'o'omo get into clothes; put into a container
'o'opa turn about in bed; be stretched out on one's side
'o'opi, 'opi, 'opi'opi hem v, fold over into a hem, pleat
'o'opu a small river fish
'o'ori reduplication of **'ori**
'o'oro (1) snore
'o'oro (2) rumble (stomach)
'o'oro (3) effervesce; boil up, boil londly
'o'oru swollen up, inflated
'o'ote dual of **'ote**
'o'oti prune, cut to shape (hedges, hair, etc.)
'ō'ōvea migratory cuckoo

'ō'ovi, 'o'ovi, rēpera leper
'opa bent over (away from horizontal position); listing, heeling; swing (over), list (ships)
'ōpa'a dry coconut with hard, thick meat; such meat
'ōpaero bull-rushes
'ōpahi axe (formerly adze and literally: ship scooper-out) (**'ōpahi** is used mostly in the Leeward Islands; in the Windward Islands **to'i** is preferred)
'ōpani (1) door (of house or garden)
'ōpani (2) close *v*, (a door or window or trunk)
'ōpani (3) prevent (someone from having) access to, close, forbid
'ōpani (4) terminate, finish off a job or a speech
'opa'opa unstable, leaning one way and another; rolling (of a ship, for example), roll, lurching; roll from side to side; stagger
'ōpape current (sea or river)
'ōpatapata spotted
ope shovel, spade; to shovel or spade
'ōpē rotten (fruit and vegetables), beginning to rot
'ōpe'a swallow (bird)
'ōpenu sphere
'ōpere distribute, pass around, give each his share
'ōpere-'ore-hia, vāvāhi-'ore-hia undivided
'ōperera'a, vāvāhira'a distribution; division
'ōperera'a uauauira nervous system
'ōperu mackerel, scad
'opi, 'o'opi, 'opi'opi hem *v*, fold over into a hem, pleat
'ōpī gonorrhea
'ōpiha alveolar; alveolus
'ōpi'o re-cook a food in the earth oven; prolong cooking
'ōpipiri stingy, tight, averse to lending; keep for oneself, not want to give or lend
'ōpiti dual (grammatical term)
'ōporo red pepper, pimento
'opu invocation (ancient)
'opu, 'opu'opu wash or clean or rinse with water
'ōpū (1) stomach, belly, abdomen
'ōpū (2) a kinship term: the progeny of a single couple
'ōpū (3) billow, spread or swell out
'ōpū fētētē obese; obesity
'opua plan (on), propose, decide
'opu'opu reduplication of **'opu**
'ōpūpū (1) blister
'ōpūpū (2), **'ōpūpū 'ōmaha, tōāmimi** (urinary) bladder
'ōpūpū (3) balloon made from part(s) of animal entrails, windbag (as the bag of a bagpipe)
'ōpūpū (4) diving suit
'ōpūpū (5) alcohol testing device, breathalyser
'ōpūpū rātio radio sond
ora (1) living; life; live, be alive
ora (2) in good health; health; become cured
ora (3) saved; safety, salvation
ora (4) escape, get away
'ōrā banyan, banyan tree
oraora be fully conscious, be sensitive to stimuli
'ōrairai rather thin, on the thin side
'ōrama vision, religious revelation
'ōrapa (1) squared; square
'ōrapa (2), **'ōraparapa** warped (door)
'ōrapa (3) side(s) of a polyhedron
'ōrapa maha tetrahedron
'ōrapa ono hexahedron
orara'a (1) life, way of living
orara'a (2) state of health
orara'a (3) livelihood, personal sustenance
'ōrare a fish resembling a herring
'ore (1) negation after stative verbs: without value, valueless faufa'a 'ore

without moni, broke moni 'ore
'ore (2) verb of negation: it is not I will not leave this island. E 'ore au e fa'arue i teie fenua.
'ore (3) cease to exist, disappear, be suppressed I have given up smoking. 'Ua 'ore iā'u te 'ohipa puhipuhi 'ava'ava.
oreore microbe
'orera'a virtual absence, dearth, scarcity
'ōrero orate, make a speech
'ōrerora'a parau oration, speech
ori take a walk, wander about
ori haere go for a walk, go walking about; travel for pleasure
'ori dance *n & v*
'ori popa'ā (European) dance, ball
'ori tahiti (or:) **tāmūrē** a Tahitian dance popular with Tahitians and foreigners alike; it takes the form of male-female duos who improvise their dancing according to the inspiration of the moment with the orchestra keeping up a continually accelerated tempo
'orira'a dance (event), dancing
'orira'a mā'ohi Polynesian dancing
'orira'a tahiti Tahitian dancing
'oro'ori dance *v*
'orie a (delicious) fry of tiny mullets
'ōri'o pupil (of the eye); knot(s) in wood
'ōri'o mata 'ere'ere iris
'ōri'o mata 'uo'uo white of eye
oro (1) grater (making ribbons or filaments, rather than granules [made by an **'ana**])
oro (2), **orooro** grate or rasp food (like taro and manioc, but not coconut)
'Oro the Tahitian god of war
'ōro'a religious festival or event
'ōro'a fānaura'a, **Noera** (Protestant), **Noere** (Catholic) Christmas
'ōro'a mo'a sacrament, communion, eucharist
'ōroa pāta, **Pāta** (Protestant, usually written Pasa), **Pakate** (Catholic) Easter
'ōroe spathe, pointed sheath of coconut flowers
'ōroi cork, stopper, bottle capsule; to stopper up a receptacle
'orometua teacher, preacher
'orometua ha'api'i teacher, school master
'orometua a'o preacher, pastor
'orometua nui professor
'oromona hormone
'oromona tāpo'i māpē adrenalin
orooro to grate or rasp
'oro'oro (1) hiccups; to hiccup
'oro'oro (2) (synonym of:) **'o'oro**
'ōrotoroto occupant
'oru (1) swelling; to swell or become swollen
'oru (2), **'oro'oru**, **'o'oru** snobbish, pompous, stuffy; snobbishness, pomposity, affectation; put on airs, be puffed up or cocky or arrogant
'ōrua second person dual personal pronoun both of you
'oro'oru reduplication of **'oru** (2)
'ōrure to revolt, to mutiny
'ōrure i te hau bring on a revolution or mutiny
'ōrurehau revolutionary, rebel, mutineer
'ōrurera'a mutiny, uprising
'ōrurera'a hau revolution, rebellion, mutiny
ota (1) raw (uncooked)
ota (2) green (meaning fresh, not dried), verdant
ota (3) residue, rubbish, chaff, husk
ota 'ava'ava tobacco quid
ota ha'ari grated coconut after the "milk" has been removed or pressed out
ota maniota grated manioc residue after extracting starch
ota taofe used coffee grounds
'ōta'a (1) bundle, bale, pack; to bundle
'ōta'a (2) drag out (in time, as a job or transaction or deal), be protracted
'ōta'a 'ahu bundle of laundry, clothing
'ōtaha frigate bird
'ōtahi singular (grammatical term)
'otamu caulk, stop up seams
'ōtāna male of plants and insects and

crustaceans
otaota insufficiently cooked, undercooked, not well-done
'ōtare orphan
'ōtaro roll of cloth; ball of twine; roll up (a mat), wind up (of thread or twine or string, as on a bobbin)
'ōtātare long-billed warbler
'otate sickly (of mangoes and oranges)
'ōtava bonito
'ote, 'o'ote, 'ote'ote suck, suckle, be suckled
'ōte'a (1) traditional and spectacular - originally ceremonial - Tahitian group dances of a given theme or of mixed themes, often performed at official occasions with an important purpose being the welcoming and the honoring of the spectators; with strictly ordered formations and (sometimes spontaneously) choreographed movements performed by men or women, usually by both
'ōte'a (2) to dance the 'ōte'a
'ōteo sprout, bud; to sprout, to bud
'ote'ote reduplication of **'ote**
'otera'a, 'ōtera'a suction
oti be finished or terminated or done; to finish
'oti (1), **moa 'oti** cock with speckled plumage
'oti (2) cut with scissors
'ua **oti roa** (literally: very finished), **pa'a'ina, ta'ero 'ava** very drunk, really loaded, smashed, six sheets in the wind, staggering; reeling; be very drunk, stagger, reel
'ōti'a limit(s), boundary, boundary mark
'ōti'a 'aufaura'a date of payment, settlement date
'ōti'a reva piri fenua upper limit of the troposphere
'ōti'ati'a (1) remain standing
'ōti'ati'a (2) get up constantly
'ōti'ati'a (3) be at zenith
'ōtime false mint

'ōtini plural
'oti tai, rei mua bow (of a ship or boat), prow
'ōtitotito badly cut or trimmed (of hair), ragged
'oto (1) tears, weeping; weep
'oto (2) sorrow, grief; to sorrow, to grieve
'oto (3), **'otoha'a, tāpa'o aroha, ta'iha'a** condolence(s), sympathy
'oto (4) song (of birds); sing (of birds)
'oto (5) sound (of instrument); to sound (of instrument)
'otoha'a condolence(s)
'ōtonomī autonomy
'ōtu'e, 'ōutu promontory, peninsula, point or head of land, cape, spit
'ōtu'etu'e (1) covered with bumps
'ōtu'etu'e (2) scalloped
'ōtu'etu'e (3) sinuous
'ōtuhi dip (something into a liquid)
'ōtu'i (1) bump against or into; cause to bump against or into
'ōtu'i (2) have a jolt or shock
'ōtu'itu'i (1) throb
'ōtu'itu'i (2) function by fits and starts (as of a motor), proceed by fits and starts
'ōtu'itu'i (3) stutter, stammer
'ōtu'itu'ira'a aho agony
'ōturi surgeonfish
'ōtu'u (1) a kind of reef heron or egret
'ōtu'u (2) beachcomber
'ou, 'ō reply to being called: I hear you! Present! It's me! What?
'ōu'a (1) porpoise
'ōu'a (2), (in:) **matahiti 'ōu'a** leap year
'ōu'a (3) leap *n*, jump; leap *v*, jump, bound
'ōu'a (4) couple with, mate
'ōu'a 'āmarara parachute jump
'ōu'a taura skip rope, jump rope
'ōu'a to'o pole vault(ing)
'ōuma (1) chest, breast (biblical)
'ōuma (2) barbelled mullet
'ōuo coconut with not yet fully formed meat

'ōura, 'ōura pape fresh-water shrimp or crayfish
'ōura miti reef lobster
'ō'ute'ute, mā'ute'ute reddish
'outou second person plural personal pronoun you (more than two)
'ōutu, 'ōtu'e promontory, peninsula, point or head of land, cape, spit
'ōvāhine female of plants and insects and crustaceans
'ōvari ovary
'ōveoveo smelling like urine
'ōviri (1) wild, undomesticated
'ōviri (2) misanthropic
'ōviri (3) to roll (a cigarette, for example), wrap in paper
'ōvītute, tiupi fallopian tube

pā (1) sterile (of a woman who cannot have children)
pā (2) fortification, rampart
pā (3) term of respect for elders or chiefs, corresponding roughly to: Sir
pā (4), **pā pu'a** bar (of soap)
pa'a (1) bark (of tree), peel, rind (of fruits or vegetables); crust (of bread, also of a sore); shell (of turtles, eggs, nuts); outer skin (that is shed)
pa'a (2) (in:) **tunu pa'a** to grill, roast over open fire, barbecue
pa'ahonu, pa'atoa, 'ōaha maroon
pa'a'ina (1) sharp cracking sound; click *n*; to crack; to click
pa'a'ina (2) blow strongly (of wind)
pa'a'ina (3), **ta'ero 'ava, 'ua oti roa** very drunk, really loaded, smashed, six sheets in the wind, staggering; reeling; be very drunk, stagger, reel
pa'apa'a (1), **pāpa'a** burnt (of house, food, etc.)
pa'apa'a (2), **pāpa'a** dried, dried out
pa'apa'a (3) sea or river crab
pa'apa'a (4) be high and dry, project above the surface of the water (of reef), noticeable (of reef)
pa'apa'a mahana sunburn
pa'apa'a'ina, pāpā'ina repeated sharp sound
pa'ari (1) wise, reasonable; wisdom, reasonableness
pa'ari (2) adult, grown-up, thinking like an adult
pa'ari (3) ripe, mature; ripeness, maturity
pa'ari (4) avaricious, stingy; avarice, stinginess
pa'ari (5) hard, durable, resistant (mentally and physically), stubborn, hard-headed; inflated (of tires); solidity, durability
pa'ari (6) blazing (of fire), white-hot
pa'ari i te moni stingy with money
pa'arira'a (1) adulthood, maturity
pa'arira'a (2) puberty
pāaro (1) empty something of its contents; scoop out the meat of a coconut (or the edible part of shell-fish) from the shell.
pāaro (2) the instrument for doing (1): a bent knife or a scoop
pāaro va'a, 'oma a large-bladed adze for shaping a canoe
pa'aroro, (Hawai'ian:) pakalolo marijuana
pāato, pāato'ato gather certain fruits or flowers or leaves together
pa'atoa, pa'ahonu, 'ōaha maroon
pāato'a all, together, fully
pa'a'u rake *n*; rake up; dust off; remove cobwebs; skim off froth
pa'avaru freckle(s)
pāave piripou suspenders (for trousers); braces
pae (1) five
pae (2) side
pae (3) direction
pae (4) tack (when sailing)
pae (5) party (political)
pa'e (1) piece of wood or stone intended to serve as a support for a floor, platform of a bridge, or canoe
pa'e (2) breeder (bull, stallion, boar), procreator, progenitor
pa'e (3) tack (when sailing)
pa'e ni'a tack into the wind
pa'e i raro jibe, gybe
pae'a a variety of breadfruit
pae'au side; direction; party; region
pā'e'e shave; scrape off the skin of a pig

625

pae hō'e   **pa'i**

pae hō'e, pū pae hō'ē   seven-finger shell fish
pae'ore   a kind of pandanus without prickles used for mats and bags
paepae   foundation (of a house)
'pa'epa'e   platform; dryer for copra, vanilla or coffee; raft, pontoon
pa'era'a   family name; masculine lineage
paera'i, 'iriātai   horizon
pāere (1)   barley
pāere (2)   wahoo (a large, swift game-fish of the high seas)
paero   barrel, cask, drum, keg
paetahi   partial
pāfa'i, pōfa'i, māfa'i   gather, pick
pāfā'ite   wind from the north-west (Davies' dictionary says pāfā'ite means wind from the north-north-east)
pāfao   barb of fishhook or arrow
paha   perhaps, maybe; please
paha ho'i   really, well, actually, as a matter of fact
pāhā   wild boar
pāha'apiti   wind from the north-north-east
pāhae, pāhaehae   rip or tear forcefully
pahe'e, pāhe'ehe'e   slide, slip
pāhe'ehe'e   slippery
pāhe'era'a miti   low or ebbing tide
pahemo   slide from one's hands
pāhere   comb *n & v*
pāheru   scratch about, root (in the ground), dig about in searching, make a thorough search
pahī (1)   ship, (in olden times:) double-hulled ocean-going sailing canoe
pahī (2), **pahū**   splash *n & v*
pahi 'ape'e   (naval) escort ship
pahī auahi, pahī tima, tima   steamship
pahī fa'auta mōrī   oil tanker
pahī ho'o tao'a   merchant ship, cargo ship
pahī hopu moana   submarine
pahī manuā, pahī nu'u   warship, man-o'war
pahī mātini   motor ship

pahī nana'i (pupuhi) hō'ē   corvette
pahī nana'i (pupuhi) piti   frigate
pahī pao   rocket ship
pahī rā'au   wooden ship
pahī rere, manureva miti   seaplane, hydroplane
pahī reva, pahī reva teitei   space ship
pahī tā'ie   sailing ship
pahī tira hō'ē   cutter
pahī tira piti   schooner or brig or brigantine, two-master
pahī tira toru   three-master
pāhi'i, pāhi'i 'ōmaha   diaper(s), swaddling cloth(es)
pahipahi   embarrassed, vexed, bothered; tormented
pahō   burst out (laughing)
pahō 'ata   burst of laughter
pāhono   answer *v*, reply
pāhono 'aifaro   respond affirmatively
pāhono 'aufaua   answer paid (in advance)
pāhonora'a   answer *n*, reply
pahore   be skinned; peel
pahoro   parrot fish
pahu (1)   skin drum
pahu (2)   dammed up, held back (river water)
pahū, pahī   splash *n & v*; besmear (mud)
pāhua (1)   shellfish, tridacna
pāhua (2)   vagina (slang)
pāhua vaipā   tridacna prepared by scalding in boiling water
pahure (1)   bald
pahure (2)   skinned
pahure (3)   abrasion, excoriation
pahure iti   scratch, superficial cut or abration
pai (1)   pie, tart
pai (2)   turnover
pai (3)   turn over a fish or an egg in the frying pan with a snap of the wrist
pa'i (1) (abbreviation of **paha ho'i**)   really, well, actually, as a matter of fact
pa'i (2), **pa'i niho**   gum(s)
pa'i (3), **pa'i taro**   taro patch

pā'i slap *v*
pa'ia be full (with food), be sated
pa'i'a very slippery
pāia (1) trumpet-shaped kind of coral
pāia (2), **pāia monamona, pāia meri** honeycomb, beeswax
pā'i'a homosexual; sodomy
paieti piety (Catholic)
pā'imi hunt or search all over for, look high and low for
painapo pineapple, ananas
pā'ino (a tender term for:) father or uncle
pāinu floating, adrift; float, drift, (be or go) adrift
paiō arrange (a matter or an affair), look into, accommodate
pa'ipa'i (1) jelly-fish, medusa
pa'ipa'i (2) beat or hit several times with one's hands, spank; applaud
pa'ipa'i mato rocky wall or cliff
paipu pipe (smoking), driver's breathing tube
pāira scar
pā'ira'a pōpō volley-ball
pairati (1) pilot
pairati (2) pirate
pairati manureva airplane pilot
pāitoito (1) adroit, skillful, dexterous
pāitoito (2) active, vigorous
pāitoito (3) robust (seldom heard in this sense)
pakalolo (Hawai'ian), **pa'aroro** marijuana
Pakate Catholic term for Easter
pāmu (1) pump *n & v*
pāmu (2) syringe
pāmu (3) inject (medical), make an injection
pāmu (4) vaporizer; vaporize, use a vaporizer (perfume, insecticide)
pāmu (5) swing *v*
pāmu hinu grease gun
pāmu pereo'o tāta'ahi bicycle pump
pāmu riu pahī bilge pump
pāmupehe (1) teeter-totter, see-saw
pāmupehe (2) song accompanied by swinging children
pana (1) a children's game
pana (2) use a stick or a utensile to hunt for, lift up, or turn over something
pana ha'ari bent-bladed knife or lever to separate meat from a coconut shell
pana pāhua metal or wooden lever to detach tridacna shells from the coral
pāna'i, 'āna'i row, line, file; align
pānaho put in order, set (a table), arrange properly
pane bread (biblical), Eucharist (bread)
pāni pan, pot, kettle
pāniē any kind of basket
paniora Spanish; Spaniard
Panipe Sydney
pao (1), **feti'a pao** shooting star
pao (2) hollow out (wood or stone)
pao (3) excavate ground horizontally, make a terrace
pao (4), **'ō** to make holes in the ground, to dig vertically down into the ground, to spade
pa'o, 'ere'ere black
pāoa unlucky; have bad luck
pā'oa, mā'oa turbot (shellfish)
pā'ō'ā traditional (but still relatively modern) Tahitian dances (sometimes performed, at least partially, in a sitting position) involving singing and portraying themes such as fishing, hunting, cock-fighting, or tapa-making, in which the chief (ra'atira) often calls on individual performers (usually a woman dancing in a circle of men) to exhibit their skills as they dance around the drum; the pā'ō'ā is often accompanied by singing and thigh-slapping
pā'omu fāito test tube
paopao badly cut (of hair)
pa'opa'o very dirty, grimy
pāotaota partly cooked, rare (meat)
paoti (1) boss, manager
paoti (2) **paoti taofe** coffee pot, **paoti tī** tea pot
pā'oti (1) scissors, clippers, shears,

pruning shears; cut with such instruments, shear, clip
pā'oti (2) a certain way of dancing involving scissor-like movements of the legs, traditionally performed by men; the **pā'oti taō'ere** is very fast whereas the **pā'oti pahu** is slower.
papa (1) shoulder blade
papa (2) pelvis, hip
papa (3) bed rock, rock bottom
papa tītī breast support
pāpa pope (Catholic vocabulary; otherwise: **pōpe**)
pāpā dad, father
pāpā fa'a'amu, metua tane fa'a'amu adoptive or foster father
pāpā rahi respectful term of address to a man
pāpā rū'au (informal), **tupuna tāne** (formal) grandfather
papa'ā, popa'ā person of white race, Caucasian
pāpa'a (1), **pa'apa'a** burnt (of house, food, etc.)
pāpa'a (2), **pa'apa'a** dried, dried out
papae a kind of wrasse fish
pāpāhia (1) crush, mash
pāpāhia (2) use a penu
papa'i (1) wall, partition, side (of a ship); to partition, put on siding
papa'i (2) hit with the flat of one's hand; slap, tap
papa'i mato rock wall, wall of a cliff
pāpa'i (1) write, draw
pāpa'i (2), **nana'o** tattoo
pāpa'i (3) make a net
pāpa'i parau, putu parau secretary, scribe
pāpa'i i te rata write a letter
pāpā'ina, pa'apa'a'ina repeated sharp sound
pāpa'ira'a parau writing desk
pāpāmarō half-dry, almost dry, more or less dry to the touch
pāpape cloudburst, short and sudden downpour, heavy shower, squall, gust

pāpāri'a cheek
papatītī brassiere, bodice
pāpa'u shallow; shallow place, shallows; be shallow
pape (1) sweet water, fresh water
pape (2) (with qualifier:) juice
pape (3) juicy
pape (4) diluted, thinned out with water
pape (4), **'ānāvai** river
pape ha'ari coconut water; drinking coconut
pape hōpuna pond, puddle
pape mā'aro sweet water
pape mā'ohi natural water (as opposed to coconut water)
pape mata tears
pape mato waterfall, cascade
pape o te tāne, piapia tāne semen
pape pa'ari ice
pape piha'a spring water; boiling or boiled water
pape pu'e flood waters, swollen waters
pape reru muddy water
pape taitai brackish water
pape tāporo lime juice
pape to'eto'e (1) cold water
pape to'eto'e (2), **pape pa'ari** ice
Pape Vaihiria Lake Vaihiria
papepape juicy
pāpie, pāpie 'ōviri 'ava'ava cigarette paper
pāpie pāpa'i rata stationary
pāpie, pēpa writing paper
pāpio merry-go-round at the Tiurai festival
pāpū (1) certain, sure, clear; certainty, assurance, sureness
pāpū (2) clearly, firmly, solidly
pāpū (3) horizontal, flat, even, level
pāpū roa very sure, very clear, well understood
Pāpū roa! Absolutely! Certainly!
pāpua Papuan
Pāpua, fenua Pāpua Papua; New Guinea
pāpu'a, pā pu'a bar of soap

para (1) ripe
para (2) yellow (state of maturity of leaves), yellowed
para (3) dung, manure
para (4) sebum or secretion on new-born babies
para (5) film or coat or residue that sticks on badly brushed teeth
paraha carapace, shell of turtle or crab
pāraharaha butterfly fish, flat-fish
pārahi (1) be seated; sit down
pārahi (2) live, reside, dwell, inhabit (**'A**) **Pārahi** (**'oe**)**!** Good-bye! (said to the person who stays; when it is said to a person who leaves, it is usually ['A] Haere ['oe])
pārahi tūte'ite'i, tūte'i squat, crouch, sit in an unstable position
pārahira'a (1) chair, seat
pārahira'a (2) dwelling
parahira'a huira, parahira'a hapepa wheelchair
pārahira'a pua'ahorofenua saddle
pārahira'a tūra'ira'i rocking chair
pārahirahi reduplication of **pārahi**
pārahurahu wide, flat
parai spread or smear on
para'i surgeonfish
paraitete blanket
paraiti splice
Paraleipomeno the Chronicles (in the Old Testament)
pārama plasma
Paranapi Barnaby
parapara thin film left when a receptacle is "completely" empty
paraparau converse, chat, speak at length
paraparaura'a (1) conversation, chat
paraparaura'a (2) microphone
pārapu wind from the west-north-west
pārara (1) to flame a foul or a pig
pārara (2) to flame a pūrau pole to make it more resistant
pārara (3) to flame a banana leaf for po'e

pārarai thin (of body)
parare (1) not pronouncing words correctly
parare (2) using a guttural, fricative ("Parisian") r (the French find it extremely difficult to pronounce the Tahitian r in the few cases where they attempt to speak Tahitian)
parare (3) (be) scattered, sown, strewn; scatter, sow
parare (4) be broadcast
parare (5) the part of a barrier reef which descends into the ocean (as opposed to the lagoon side)
parare (6) gentle mountain slope
pararī (1) broken, shattered, demolished by another cause than bending; collapse, fall to pieces
pararī (2) burst (a tire), blow out
pararī (3) overflow (banks of a river)
parata (1) (blue) denim cloth
parata (2), **ma'o parata** a kind of shark
paratāne, peretāne English
Paratāne, Peretāne, fenua Paratāne, fenua Peretāne England
paratarāfa paragraph
Paratita (the) Baltic
parau (1) speech, talk, statement; speak, talk, state
parau (2) word
parau (3), **reo** language
parau (4) paper
parau (5) written document, certificate or attestation of ..., record of ...
parau (6) subject or theme of a discourse
parau 'āfata veve certificate of indigence
parau 'ai'ihi tuatoru master's (degree) diploma
parau 'āpī news
parau 'āpī nō te ara mai news from abroad
parau 'aravihi tuatoru university diploma
parau fa'aara advance notice
parau fa'a'ārearea, parau hō'ata joke

parau fa'aau contract, accord, treaty
parau fa'aau tapurua contract between two parties
parau fa'aau taputini contract between several or many parties
parau fa'ahitihia antecedent (grammar), a word represented by a pronoun
parau fa'ahuru 'ē modifier (grammar)
parau fa'aipopora'a marriage certificate
parau fa'a'ite notice, advertisement
parau fa'a'ite-ho'o price tag
parau fa'a'itera'a information
parau fa'ata'a (1) report (on something)
parau fa'ata'a (2) (explanatory) commentary (especially in a documentary film)
parau fa'ateniteni eulogy
parau fa'ati'a authorization
parau fa'ati'a ho'o inu, pātana 'ava liquor licence
parau fa'ati'a tere, puta rātere, parau tere passport, pass
parau fānaura'a, parau pōpoa birth certificate
parau fāri'i acknowledgment of receipt
parau fatura'a pereo'o automobile registration card
parau ha'amāramarama, ha'amāramaramara'a (sheet of) information; enlightenment
parau ha'apāpū (1) certificate
parau ha'apāpū (2) determinant (in grammar), a word clarifying another word
parau ha'apāpūra'a attestation
parau ha'apāpūra'a pārurura'a insurance policy
parau ha'avare lie, falsehood
parau hīro'a ta'ata identification sheet (used by police)
parau hō'ata, parau fa'a'ārearea joke
parau hōmana proxy
parau hōro'ara'a (document of) donation
parau huna secret
parau huri translation

parau huri i roto i te reo tahiti text translated into Tahitian
parau huriaro synonym
parau huritua antonym
parau ihota'ata identification card
parau 'ino bad language; swear word
parau ma'au idiotic statement or talk, absurdity
parau maioi acknowledgment of receipt
parau manamana magic word(s)
parau marite, parau peretāne (the) English language
parau mau truth
(e) **parau mau,** (e) **mea mau** it's true
parau moni check, money order
parau moni fare rata (postal) money order
parau moni rātere traveler's check
parau niuniu fenua, parau tā'oti'a fenua boundary marking, demarcation
parau nōtēra deed executed by notary
parau 'ōviri 'ava'ava, pāpie cigarette paper
parau pa'ari adage
parau pāpa'i text
parau pāpa'i-noa-hia e nā fatu 'ohipa private (written) agreement (not legally certified)
parau pāpa'i rima handwritten manuscript (or other handwritten document in general)
parau pāpa'i tumu manuscript
parau pāruru insurance policy
parau pe'era'a receipt or acknowledgment of a deposit or payment
parau pe'e roa receipt
parau peretāne, parau marite the English language
parau pia poster, placard, pasted notice, affiche
te **parau pī'āpā,** te **parau Pī 'ā Pā** alphabet primer, ABC book
parau pia poster, placard, notice, announcement

parau pohera'a death certificate
parau pōpoa, parau fānaura'a birth certificate
parau ri'i fa'a'ite advertisement (small, in a newspaper or magazine)
parau tahiti (the) Tahitian language
parau tahu'a tuatoru doctorate (diploma)
parau tā'oti'a fenua, parau niuniu fenua boundary marking, demarcation
parau tāpa'o-ho'o bill, invoice
parau tapu vow, oath
parau tārahu lease
parau taratara sandpaper
parau teiaha caustic, acerbic, acrimonious; such a statement or talk
parau tere, parau fa'ati'a tere, puta rātere passport, pass
parau tihotiho calumny
parau tinitō (the) Chinese language or pidgin Tahitian
parau tohu prophesy
parau tufa'a title, claim
parau tū'ite, tū'ite diploma, academic degree
parau tū'ite tōro'a tuarua mātāmua professional diploma or certificate
parau tū'ite tōro'a tuatahi certificate of professional competence
parau tutu'u will, testament
parau tu'utārahu letter of credit
parau uira'a interrogative word
parau uitiē writ (judicial)
pārau mother-of-pearl shell; pearl oyster
pāra'u rake *n*; rake *v*, scratch, claw
pārava put out a net
pare, pare tāupo'o brim or border of a hat; fortified retreat *(archaic)*
pārehe, tehu mullet
paremo drown or sink under water
paretēnia nun, sister (religious term), virgin
pāreu loincloth (original meaning, still applicable today)
pāreu, 'ahu pāreu light material/fabric with colorful Polynesian designs, used primarily to make sarongs, dresses, and shirts, but also used as bedcovers or sheets, table cloths, curtains, etc.
pari (1) cliff overhanging (or dropping straight down to) the sea
pari (2) accuse, blame, incriminate
pari ha'avare false accusation, libel; accuse falsely, calumnate
pari rū noa rash accusation; accuse rashly
paripari fenua traditional chants or orations attributing a mythical origin to certain places
parira'a accusation or attribution of blame
parira'a ha'avare false accusation
pārometa barometer
pārorarora, taime tu'ua time allotted (for doing something), time limit
paru (1) bait thrown into the water in little pieces to attract fish; to bait or lure
paru (2) feed (animals, livestock)
paruai calico, thin white cotton cloth
paruparu (1) weak, weakened, feeble, overcome by tiredness; weakness, enfeeblement
paruparu (2) infirm, disabled
paruparu (3) slack, too flexible
paruparu (4) soft, limp, flabby
paruparu (5) lethargic, languid
pāruru (1) protection; protect, harbor, take shelter
pāruru (2) curtain, screen, wind-break
pāruru (3), **pāruru naonao, pāruru ro'i** mosquito net
pāruru (4), **'auvaha pāruru, ta'ata pāruru** defense attorney, defense lawyer
pāruru (5), **pārurura'a, ha'apāpūra'a pārurura'a** insurance
pāruru mōrī lampshade
pāruru ti'ara'a union
pāruru fa'ahepo 'ore voluntary insurance
pāruru varavara Venetian blinds
pārurura'a (1) preservation (of the language)

pārurura'a

pārurura'a (2) prevention (against an illness)
pārurura'a (3), pāruru ha'apāpūra'a, pāruru insurance
pata (1) buttered; butter
pata (2) trigger *v*, release, set going, pull the trigger
pata (3) snap (with finger and thumb), flick
pata (4) stone-thrower
pata (5) bird-trap
pata (6) hatch (eggs)
pata (7) spring-beetle
pata hoho'a, nene'i hoho'a, tamera camera
pata i te hoho'a, nene'i i te hoho'a, nene'i photograph, take a picture
pata i te mōrī turn on (press the button of) an electric lamp
pata pa'ari cheese
pata pātia scorpion
pata pōro play marbles or pool or billiards
pata punu canned butter
pāta (1) Easter among Protestants (usually written **pasa**)
pāta (2) Passover (biblical), Easter of Jews, pascal festival/celebration
pātaitai wrasse
pātana patent
pātana 'ava, parau fa'ati'a ho'o 'ava (or: ho'o inu) liquor licence
patapata (1) speckled, mottled, spotted
patapata (2) type *v*
patapata i te mōrī make a light blink on and off
patapataparau typist
patapatara'a ve'a typewriter
patara'a trigger, switch, button, release mechanism, key on a keyboard
pāta'uta'u (1) rhythmic recital of traditional texts; recite or chant in keeping with a rhythm
pāta'uta'u (2) savage and erotic Tahitian dances which involve rhythmic recital of traditional texts and feature an individual

pātiri tu'i i raro

performer, the rhythm is accentuated by beating the ground with the open hand
pate putty; to putty
pātē (1) ring *v*, toll, knell, cause a hammer to strike against a bell
pātē (2) pull the life-line (in diving)
pātē (3) bump against, strike (in that sense)
pātē (4) paté
pātehe castrate
pāhetera'a castration
pātere mā'a, vaira'a mā'a pantry, food-safe
patereia (from the Latin patria) native or adoptive land
pāteria bacterium
pātete bucket, pail
pātētē din, clamor; make a din
patī leap (as fish just caught), move through the water with bounds; bounce back
pātia (1) fork
pātia (2) javelin, spear
pātia (3) injection; inject
pātia (4) prick, perforate
pātia (5) stab, plunge into
pātia ārai vaccination
pātia ārai ma'i pu'upu'u vaccination against measles
pātia fā competition in javelin throwing
pātia i'a fishing spear
pātia pua'a hunting spear
pātia punu can-opener
pāti'a wall of bamboo or rods aligned up and down
pātiafā the game or sport of javelin throwing
pātiatia prick or stab repeatedly
pāti'i, pāti'i tere fenua flat-fish
pātireia (usually written **basileia**, the Greek word for kingdom) kingdom (in the religious sense)
pātireia o te Atua the kingdom of God
pātiri thunder *n*; thunder *v*, resound
pātiri tu'i i raro distant thunder

632

pātiti nail *v*, hammer; hit repeated blows
pātītī spatter, splatter; ricochet; bounce back (as rain falling on stone)
Pātitifa (seldom: **Pātifita**), **te moana Pātitifa** the Pacific ocean
pātō hatch (eggs)
pātoa a term for three medicinal plants in the island pharmacopeia
pātoʻerau wind from the north-north-west
pātoʻi, pātoʻitoʻi rejection, turning down, refusal, protest, rebuttal; reject, turn down, refuse, protest, rebut
pātōtō knock (at a door)
patu (1) stone wall; build a stone wall; make a dam
patu (2) kick
patu (3) push back or away with a blow from the elbow or the back of one's hand
patu (4) reject, send back or away, fire
patu (5) class (of peers in function or rank), group, party
patu tiʻarōpū common wall
pātua (powerful) squall before rain
paturaʻa, faʻatiʻaraʻa construction
pāturu increase support, bolster, bring aid to bear; add a supporting structure
pau consumed, used up, spent, empty, destroyed; for there to be no more, run out
pau miti destructive tidal wave
pau roa entirely, completely, all
paʻū (1) "kerplunk," the sound of something falling into the water, (sometimes:) the sound of a report or detonation
paʻū (2) to play at splashing, as children do when bathing
pāua mat plaited from coconut frond
pāuaua athletic
paʻufifi shoulder-blade, scapula
pā-uira ground (electric)
paʻuma climb *v*, mount
pāuma, ʻuo kite
paupau reduplication of **pau**

paupau te aho be out of breath
paura (gun)powder
paʻurā dryness, drought
pāvai, pāpape, ʻāuai heavy shower, squall
pē (1) ripe, soft
pē (2) rotten
pea (1) pair
pea (2) bear (animal)
pea (3) pear (fruit)
peʻapeʻa troubled, bothered, worried, annoyed; trouble, bother, worry, annoyance; have problems
peʻe (1) contagious (illness); spread (of a contagious disease)
peʻe (2), **peʻe haere** follow along after, accompany, escort
peʻe (3) be thrown into the air, fly fast or far (like an arrow or a kite), rise quickly or high (like smoke)
peʻe (4) decrease or go away (like rain or smoke or fever)
peʻe (5) be paid off
peʻe o te maʻi contagion
peʻepeʻe (1) vivacious, lively, agile, nimble, quick, swift
peʻepeʻe (2) of easy virtue
peʻetā (1) cluster of fruit
peʻetā (2) bunch, packet
peʻetā haʻari cluster of coconuts
peʻetā ʻuru breadfruits tied together by their stems
peʻeutari māoʻa a te mēteo meteorological satellite
pēhaʻa half of a breadfruit or coconut
pehe (1) chant *n*, song; chant *v*
pehe (2) melody
pehe (3), **pehe ʻupaʻupa** (phonograph) record
pehepehe (1) reduplication of **pehe** (1)
pehepehe (2) poem, poetry
peho (1) planted (food-growing) valley
peho (2) corner
peho rimaʻī arts and crafts center
pehotētoni frequence
pehu garbage, trash

pei to juggle
pene (1) chapter
pene (2) penny, 5 centimes
pene pūhā price of copra
pēneia'e perhaps, maybe
Penetito Bengt
pēni (1) paint *n & v*
pēni (2) color
pēni (3) pen, writing utensil
pēni 'ōfai, tara fetu'e slate pencil
pēni tara pencil
pēni tuira fountain pen
Peniamina Benjamin, Ben
penu, tu'i pestle (of stone), pounder
pēpa (1) pepper
pēpa (2) writing paper
pepe (1) butterfly
pepe (2) turn up, curl up
pēpe, 'aiū baby
pēpē (1) wounded
pēpē (2) food made from very ripe breadfruit cooked in oven with coconut milk
pēpere, perepere, ta'ata pēpere, ta'ata perepere falsetto singer who leads or accompanies in hīmene tārava style music
peperu, peru roll of cloth or clothing
pera corpse, mortal remains
perē (1) play a social game
perē (2) card, piece, man, etc. used in (1)
perē fa'anu'u, perē fānu'u checkers, draughts
perē i te pōpō play ball
perē paira'a pōpō volley ball
perē pōro play marbles or pool or billiards
perē tāpō blind man's bluff, hide and seek
perē taputō wrestling
perē tō poker
perehū (1) crushed, bruised, burst open (of too ripe fruit)
perehū (2) soft, limp, flabby, nonchalant, pusillanimous (of persons)
pereo'o car, conveyance, vehicle

pereo'o aratō handcart
pereo'o fa'arapu tīmā cement truck
pereo'o ha'amānina steam-roller
pereo'o heru digging machine
pereo'o huira hō'ē, pereo'o iti wheelbarrow, one-wheeled cart
pereo'o huira piti cart (two-wheeled)
pereo'o ma'i (1) ambulance
pereo'o ma'i (2) hearse
pereo'o ope earth mover
pereo'o pāni dump truck
pereo'o pātia forklift
pereo'o pua'ahorofenua horse-drawn vehicle, buggy
pereo'o ta'ata'ahi, pereo'o tāta'ahi bicycle
pereo'o tārahu tāmahana car rented/hired by the day
pereo'o tura tank truck
pereo'o tura hinu oil truck
pereo'o tura māhu gas truck
pereo'o tūra'i cart, pushing cart
pereo'o tūra'i repo, pereo'o tūra'i pūru, pūru bulldozer
pereo'o tūra'ira'i baby-buggy
pereo'o uira motor vehicle, automobile, car
pereota clause, phrase
pereota tau pāpū temporal clause
perepere, pēpere, ta'ata pepere, ta'ata perepere falsetto singer who leads or accompanies in hīmene tārava style music
perepitero priest
pererau (1) wing
pererau (2) propeller
pererina pilgrim
pererinara'a pilgrimage
pereta'i, perete'i cricket (insect)
peretāne, paratāne English
Peretāne, Paratāne, fenua Peretāne, fenua Paratāne England
peretete totter, stagger
peretita Belgian
Peretita, te fenua Peretita Belgium
peretiteni president
peretiteni mono, mono peretiteni vice

president
perēue coat, jacket, vest, cloak
perēue faʻarari raincoat
perēue māhanahana sweater, pull-over
periota period
peritome circumcision (biblical and medical); circumsize
peritomeraʻa circumcision
perofeta prophet
Perorine Berlin
peru, peperu roll of cloth or clothing
peta bribe *v*, graft, offer graft
pētea (1) long-tailed parakeet
pētea (2) homosexual man (pejorative), transvestite, female impersonator
Pētānia (1), **Hiti-au-revareva** (ancient name) Pitcairn
pētānia (2), **ʻatevenite** Seventh Day Adventist
peu (1) manner, way(s), style
peu (2) custom, habit, manner, way, style
peu (3) (seldom, but sometimes, heard in a negative sense without a qualifier:) affected, having mannerisms, eccentric, odd
peu maʻau foolish manner
peu māʻohi folkloric
peʻue (pandanus) mat
pī (1) young (of fruits and vegetables that have not fully filled out yet - not used for coconuts or tubercles)
pī (2), **pīpī** sprinkle *v*
pia (1) Tahitian arrowroot plant
pia (2) starch; paste (with starch)
pia (3) beer
piahia inserted (like an announcement or advertisement in a newspaper)
piāna piano
pīʻao dragon-fly
pīʻaoʻao thin, lean, emaciated, spindly (of persons)
pīʻāpā, Pī ʻā Pā ABC, alphabet
piapia tāne, pape o te tāne sperm
piaraʻa insertion (of an announcement or advertisement in a newspaper)

piʻavere mouldy, mildewed
pīʻehi spread out evenly the hot stones of a Polynesian oven
pīere bananas preserved by drying in the sun
pīfao spell *n*, hex, curse; cast a spell or curse, hex
piha (1) room (of a house or building)
piha (2) bureau
piha (3) service
piha (4), **ʻāfata maʻi** (the current use; piha is seldom used in this sense) coffin
piha faʻaʻapu bureau of agriculture
piha faʻaherehereraʻa parau tahito archival service
piha faʻanehenehe living room, parlor
piha faʻatere uʻi ʻāpī ʻē te tāʻaro youth and sports service
piha faʻatereraʻa ʻohipa ʻoire service of urban affairs
piha haruharuraʻa (sound) recording studio
piha meteō meteorological service
piha niuniu paraparau telephone booth
piha ʻohipa service (in general)
piha ʻohipa faʻaravaʻiraʻa faufaʻa service of economic affairs
piha ʻohipa pahī service of maritime affairs
piha ʻohipa pūea, piha ʻohipa utuuturaʻa maʻi (public) health service
piha ʻohipa turuutaʻa service of social affairs
piha ʻohipa utuuturaʻa maʻi, piha ʻohipa pūea (public) health service
piha rāveʻa haʻapiʻiraʻa bureau of pedagogy
piha tāniuniuraʻa fenua office of registration of real-estate ownership
piha tāmāʻaraʻa dining room
piha taʻoto(raʻa) bedroom
piha tapihoʻoraʻa i te fenua ʻēʻē service of foreign commerce
piha taureʻa ʻimirāveʻa junior chamber of commerce

piha tāvirira'a film studio
piha vaira'a ture rau service of administrative affairs
piha'a boil, fizz, bubble up (as the water of a spring)
piha'a pape spring (water)
piha'e vomit *v*; vomiting
pīhae, pīhaehae tear up, tear to pieces, rip
pihai local noun which must be followed by one of the qualifiers **iho, a'e, mai,** or **atu**
pihai a'e near, alongside
i pihai atu on the other side of, just beyond
i pihai iho next to, right beside, adjacent
pihai mai on this side of
pihi badge
pihi 'āi'a national emblem
pi'i call *v*
pi'ifare, pi'iāfare (older word for:) cat
pi'ira'a parau dictation
pine (1) accustomed to, used to, having done something often
pine (2) pin, safety pin, brooch, badge; to pin or nail something temporarily
pine (3) blue-cross (antialcoholic league)
pine (4), **pine hoe** thole (serving as a substitute for a rowlock), thole-pin; pintle, gudgeon
pinepine often, frequently
pīnia young (of animal)
pi'o bend the head down, bend over
pio'oti biopsy
pipi (1) pupil
pipi (2) disciple, follower
pipi (3) bean, pea
pipi roroa green bean(s)
pipi tahatai a kind of vine or creeper
pīpī sprinkle, spatter
pipiha in one side and out the other; pierce, go through
pipi'i (1) bent, warped
pipi'i (2) have cramps
pipiri (1) stingy; reserve (something) for one's exclusive use

pipiri (2) sticky, adhering; be sticky, stick to, adhere
pipiri (3), **piripiri** burdock, a kind of weed that sticks to clothing
pipiri-mā the Gemini constellation
pīpīria (bibilia) Bible
pipiti'ō, pitipiti'ō red-seeded creeper used to make necklaces
pirau pus
piri (1) riddle, puzzle, enigma
piri (2) close together, adjoining, stuck, sticking; be close together or adjoining or stuck or sticking
piri (3) pressed together, constrained, constricted, caught (stuck between)
piri (4), **piri fafau, piri hipotate** mortgage; to mortgage
piri (5), **piri firia** pledge, security, guarantee of payment
piri (6) (of cars) strike, hit, collide with, run into something
piri maita'i sticking well together
piri vauera consonant
piri'a senior (age category in sports)
piriaro undershirt, T-shirt
piriha'o narrow, constricted, close
pirihou category in juvenile sports: 8-13 years of age
piri-ihoparau adverb
piri-ihoparau tau temporal adverb
piri-ihoparau turu auxiliary adverb
piri-ihoparau vāhi local adverb
piri'o'i lame, limping, crippled
piripiri (1) sticky
piripiri (2), **pipiri** burdock, a kind of weed that sticks to clothing
piripou pants, trousers, slacks
piripou 'āvae poto (or: **popoto**) shorts
piripou 'āvae roa (or: **roroa**) long pants
piripou vahine panties
piriteina minor (category in sports: 13-15 years of age)
piriti brick
piritoti slip, underskirt, petticoat
piro dirty, bad-smelling; dirtiness, rank

odor
piropiro bad-smelling, foul-smelling
pirū golden; gold
pita pitcher
pita pape pitcher of water, water pitcher
Pīta Peter, Pete
pīta'a be split in half (of coconuts)
pīta'ata'a be split up or splintered (as wood left too long in the sun)
pītara (belt) buckle
pītate jasmine
piti two
pīti (1) peach
pīti (2) a kind of plant used as a support for vanilla
pitipiti'ō, pipiti'ō red-seeded creeper used to make necklaces
pito (1) navel, belly-button
pito (2) umbilical cord
pitopito (1) button (clothing, switch)
pitopito (2) button, switch, key (on a keyboard)
pitopito (3) spots of the human body sensitive to blows (temples, solar plexus, etc.)
piu haul in (fish)
piura galvanized
pī'u'u a kind of shellfish (mollusc)
pō (1) night
pō (2) be blinded or blind
pō 'orira'a popa'ā ball (literally: dancing night)
pō teatara'a movie night
poa (1) (fish)scales
poa (2) warty; wart; varicose; varicosity
po'a mark of a blow (on an object)
poai draught
pō'ai spool, bobbin, reel (for thread or string)
po'ara slap *v*
poe pearl, bead
poe rava black pearl
po'e starch pudding made with bananas or other fruits
pōfa'i gather, pick

pohe (1) dead; death; to die
pohe (2) suffer from illness, hunger, lack of sleep, fright, etc.
pohe (3) have troubles or worries
pohe (4) be beaten (in boxing or wrestling)
pohehae jealous; jealousy
pohera'a death (of a person)
pōhiri a variety of taro
pōhue (1) generic name of convolvulaceae (creepers)
pōhue (2) jumping or skipping rope; a vine used for it
po'i to be covered (of the earth oven), to be filled in or covered over (of a hole in the ground)
po'ia hungry; hunger *n*; hunger *v*
po'ihā, pūhā pape thirsty; thirst *n*; thirst *v*
poihere darling; take tender care of, coddle, pamper, spoil
poihu (1), **poihuihu** stuffy, oppressive, stifling
poihu (2), **poihuihu** obtrusive, bothersome
po'ipo'i morning
pōiri, pōuri (1) dark, obscure; darkness, obscurity
pōiri, pōuri (2) ignorant; ignorance
pōito, poito buoy, float for fishnet
pona (1) knot, binding, ligature
pona (2) joint (anat.)
pona (3) knots or joints between sections of bamboo, joint
pona (4) knot in wood
pona (5) turd
pōnao (1) thimble
pōnao (2) padlock
pōnao (3) lock up, lock with a padlock
pōnao farero nut (techn.)
pōnao māti box of matches, match-box
pōnao rima handcuffs
ponapona knotty (of wood, bamboo)
pōniu coconut that has hardly started to form
po'opo'o, popo'o hollow, hollowed out,

637

concave
po'opo'ora'a (or: **popo'ora'a**) **tari'a** the hollow of the ear
po'ou name of many species of fish of the Labridae family (wrasses, perch)
popa'ā, papa'ā person of white race, Caucasian
pōpe pope (in Catholic vocabulary: **pāpa**)
pōpō (1) ball (for games)
pōpō (2) bubble
pōpō (3) applaud, clap (hands)
pōpō pu'a soap bubble
popo'a dented, battered, banged up
popo'i make a rapid movement to catch an insect or fish
pōpoi paste, batter; soft pudding with banana or breadfruit or taro base
popo'o, po'opo'o hollow, hollowed out, concave
popo'ora'a (or: **po'opo'ora'a**) **tari'a** the hollow of the ear
popore covetous, greedy; covet
popoti (1) roach, cockroach
popoti (2) small crustacean that looks like a roach
popoto, potopoto reduplication of **poto**
pōpou, poupou (1) joyful and affectionate
pōpou, poupou (2) joy
pōpou, poupou (3) rejoice
pōpō'uru catkin or "cattail" of male breadfruit flower, young branches of the breadfruit tree when stripped of the bark
Porapora Bora Bora
pōreho tiger shell, porcelain-shell, cowry
poria fat, corpulent; corpulence, obesity; grow fat or corpulent
poria ma'i adipose, (pathologically) obese; adiposity, (pathological) obesity
Pōrīnetia, te mau fenua mā'ohi Polynesia
poritita political; politics; play politics, engage in political activities
poro (1) publish, announce, broadcast
poro (2) proclaim
poro (3) corner, angle

poro (4), **poro rima** elbow (anat.)
poro (5), **poro 'āvae** ankle, heel
poro (6) (knife)handle
poro 'amura'amā'a corner of a table
poro piha corner of a room
pōro marble, billiard ball, bowling ball
porofanu polygon
pōro mata iris or pupil
porohiti red-fruited plant
poro'i (1) message
poro'i (2) inform
poro'i (3) order, make an order
poro'i (4) ask for, have someone come
poro'i niuniu, poro'i tāniuniu telephone message
poromaha quadrilateral
poromaha 'ōpare trapezoid
poromaha tūruarua parallelogram
porōmu (1), **purōmu, purūmu** street, road, way
porōmu (2) broom, brush; sweep, brush
porōmu pēni paint brush
poroono hexogram
poropae pentagon
porota'a circle
porotata (1) hoist, winch; to hoist, hoist up
porotata (2) pulley
porotē'īna protein
porotēra'a parade
porotetā progesterone
porotoru triangle
pota (1) cabbage
pota (2) young leaves of taro and taruā which, cooked like spinach, yield the **fāfā**
pōta'a big spot or blot; polka-dot
pōta'ata'a spotted, dotted; covered with polka-dots
pōtaro roll, ball (of cord), coil, bolt (of textiles); roll up, coil
pōtarora'a rouru pig-tail; hair twisted behind the neck
pōtarotaro reduplication of **pōtaro**
pōtātiūmu potassium
pōtehetehe (vulgar term for:) to have

sexual relations
poti boat (all boats and crafts except for canoes and ships)
poti hoe rowboat
poti mātini motorboat
poti mātini tāpiri boat with outboard motor
poti 'ōroe, 'ōroe long and narrow boat, longboat, whale boat
poti tā'ie sailboat
poti tāvere, poti tāvere pahī tugboat
poti tira hō'ē cutter
pōti'i young woman, grown girl
pōti'i hui ari'i princess
pōtini (1) davit, cathead
pōtini (2) helmsman
pōtītī (1) kinky
pōtītī (2) Portuguese
poto (1) short
poto (2) small stature or size
poto (3) diacritic indicating a short vowel
potopoto, popoto reduplication of **poto**
pou (1) pole, post, column
pou (2) descend, climb down
pou 'āua fence post
pou reva flag-pole
pou tāviri post supporting a handrail (on a ship)
pou tino vertebral column
poupou, pōpou, (1) joyful and affectionate
poupou, pōpou, (2) joy
poupou, pōpou, (3) rejoice
pōuri, pōiri (1) dark, obscure; darkness, obscurity
pōuri, pōiri (2) ignorant; ignorance
pū (1) conch shell, big seashell
pū (2) conch, trumpet, wind instruments in general
pū (3) center, headquarters, base
pū (4) (geometric) center
pū (5), **pū 'u'uru** siren, foghorn
pū fa'afaufa'ara'a i te moana pātitifa the oceanological center of the Pacific
pū fa'anu'unu'u trombone
pū fa'atahe, puna gland

pū fe'e head of a squid or an octopus
pū fefe saxophone (literally: bent horn)
pū mā'imira'a research center, scientific institution
pū manureva air base
pū mitora'a mēteō center for meteorological forecasts
pū nui fa'afaufa'ara'a moana center for oceanic development
pū pereo'o horn (automobile)
pū 'u'uru siren, foghorn
pua (1), **'ua'a** to open (of a flower), to bloom or blossom
pua (2) a tree with fragrant flowers
pu'a (1) block of coral, cluster or clump of coral
pu'a (2) soap; to wash, to soap
pu'a (3) lime (caustic lime)
pu'a one sand-soap
pu'a pāpa'i chalk
pua'a pig, pork
pua'a fanau'a piglet, young pig
pua'a maia'a sow (that has had young)
pua'a miti salt pork
pua'a niho, pua'aniho goat
pua'a pa'e boar
pua'a rapa'au salt pork, pork cured in salt
pua'a tāviri ground pork, sausage meat
pua'a tāviriviri spitted or barbecued pork
pua'ahorofenua (usual pronunciation: pū'ārehenua) horse
pua'ahorofenua fanau'a colt
pua'ahorofenua maia'a brood mare
pua'ahorofenua pa'e stallion
pua'ahorofenua ufa mare
pua'aniho, pua'a niho goat
pua'atoro bovine
pua'atoro fa'atē milk cow
pua'atoro fanau'a calf
pua'atoro hapū pregnant cow
pua'atoro maia'a cow (with calf)
pua'atoro nūmera hō'ē first class prime beef
pua'atoro pa'e bull

pua'atoro punu canned beef, bully beef, corned beef
pua'atoro tūpa'i fresh beef
pua'atoro ufa cow
pua'atoro ufa 'āpī heifer
pūāhiohio whirlwind, cyclone, hurricane
pūai strong; strength, force
pūa'ia'i, pūva'iva'i breezy; refreshed by wind; ventilated; pleasant freshness of wind
pū'aihere patch of brush, thicket
pūaira'a attack or onset of a pathological condition
pūaira'a fiva attack of fever
puamahana sun flower
pū'are'are nauseated, be nauseated
pu'aroto abscess, tumor
pu'atea a large tree growing on atolls, the tufts or clumps of which are called puka, from which word stem many romantic island names, like Pukapuka (there is one in the Tuamotus and another in the Northern Cooks), Pukarua, and Pukamaru.
pū'āverevere spider web
pu'e (1) accumulated or piled up
pu'e (2), **pu'era'a** collection (of objects), pile
pu'e (3), **pu'era'a** gathering, meeting
pu'e faufa'a estate
pu'eparau vocabulary, terminology
pu'eparau mā'iti anthology
pu'e reva hanahana flagging
pu'e'a (1) pile, heap, pot (in a card game)
pu'e'a (2) pack of cards
pu'e'a (3) drawing (in a lottery), lottery
puehu, purehu dispersed, scattered about; fall to pieces
pu'era'a (see **pu'e** 2 and 3)
pu'era'a ture tarame syntax
puero a variety of breadfruit
pūeueu, pūveuveu fringed; fringe
pūfā, pūhā copra
pūfao a cancerous ulcer
pūfara an improvised camp; to camp in a makeshift way

pūfarefare, tāfarefare the hollow of a wave which is about to break
pūfatafata badly or loosely joined
pūfenua, pūfanua placenta
puhā get back one's breath after diving
pūhā (1), **pūfā** copra
pūhā (2), **pūhā pape, po'ihā** be thirsty
pūhapa camping place, hostel, temporary lodging, bivouac; to camp
pūhara declare, state, affirm, make clear, make known
puhi (1) a general name for morays and eels
puhi (2) blow (except for wind)
puhi pape eel
puhi popo'uru, puhi hou one eels that hide in the sand
puhipuhi (1) blow (except for wind)
puhipuhi (2), **puhipuhi i te 'ava'ava** smoke (tobacco)
puihau light (of wind)
pūmāhanahana lukewarm
pūmata'i (1) current of air, wind currents
pūmata'i (2) quarter from which the wind blows
pūmu boom (on a sailing vessel)
puna, pū fa'atahe gland
punare'a, 'ōvari ovary
punu (1) can, tin, tin can, metal container
punu (2) spoon
punu (3), **punu fare** sheet metal
punu 'ahu (metal) clothes tub, (metal) hamper
punu fare roofing sheets of sheet metal
punu pata can of butter, butter can
punu pua'atoro can of bully beef
punu tāipu serving spoon, ladling spoon
punu taofe coffee spoon
punu tī teaspoon
puo marrow, pith of trees or plants
puo faraoa the soft center of bread
puo ha'ari heart of palm
puo ivi bone marrow
puo 'uru core of breadfruit
pū'ohu (1) package

pūʻohu (2) wrap, wrapper; to wrap
pūʻohu ʻavaʻava pack of cigarettes
pūʻohu-faʻahou-raʻa rewrapping
pūʻohu hāpono (1) package mail (or:) package for mailing
pūʻohu hāpono (2) mail-wrapper
pūʻohuraʻa packaging
pūʻoi joint, link; join together *vt*, make a joint
pūʻoiraʻa joining, junction
pūʻoiraʻa ivi joint in limbs, between bones
pūoro, pūorooro rinse out (a bottle); to gargle
pupa (1) shiver from cold at the beginning of a fever
pupa (2) copulate (animals; vulgar when referring to human beings)
pūpā cluster or bunch of fruit, bouquet, bunch (of flowers)
pūpā vine bunch of grapes
pupu group, team, crew, staff, party
pupu faʻehau tō te reva air force
pupu faʻatere board of directors
te **pupu hīmene nō ...** the group of singers from ...
pupu parau group of words, word group
pūpū (1) various kinds of small shells used to make necklaces or garlands
pūpū (2) offer, make an offering to
pupuhi (1) gun; fire (a gun)
pupuhi (2) blow
pupuhi ʻauaha piti double-barrelled gun
pupuhi fenua cannon
pupuhi i te mōrī blow out the lamp
pupuhi ʻōfaʻi pūrara shot gun
pupuhi pohe roa shoot dead
pupuhi tiri ʻumu pistol
pupure albino
pūpure (1) pray as a twosome
pūpure (2) pray frequently
pupuru (1) thick (of liquid), viscous
pupuru (2) with dense foliage (of plants)
pupuru (3) dirty, slovenly, sloppy
puputu, putuputu be gathered together; gather together

pūpūvaha gargle
pura (1) flash of sparks, sparks; phosphorescence; to spark, light up; phosphoresce
pura (2) be dazzled
pura (3) a kind of phosphorescent mushroom
pura (4) the oil in the rind of citrus fruits
purapura flickering, flashing, blinking, sparkling; flicker, flash, blink, sparkle
purara dispersion; be dispersed or scattered about
pūrau hibiscus tree
pure prayer; pray
pureraʻa church service, prayer meeting, praying
purehu, puehu dispersed, scattered about; fall to pieces
pūrehua a big moth
purepure spotted, mottled, streaked, having light-colored streaks here and there
pūrōroa oval
purotu beautiful (especially of women)
pūroʻu veil; wear a veil, put on a veil
puru (1) coconut husk
puru (2) soaked or saturated with water
pūru, pereoʻo tūraʻi repo, pereoʻo tūraʻi pūru bulldozer
purūmu (1), **purōmu, porōmu** street, road, highway
purūmu (2) broom, brush; sweep, brush
purūmu pēni paint brush
purupiti pulpit
purutia, heremani German
Purutia, fenua Purutia, Heremani, fenua Heremani Germany
puta (1) (in the Bible spelled **buka**) book
puta (2) opening, a hole going through something;
puta (3) wounded, pricked, punctured, stung, pierced; wound, prick
puta (4) write *vi*, make a visible mark
puta tātararaʻa parau concordance

(scriptural dictionary)
(puta) fa'atoro parau dictionary
puta fenua map
puta ha'api'ira'a textbook
puta 'ohipa manual
puta pāpa'ira'a notebook
puta parau moni checkbook
puta tai'o mahana calendar, appointment book
puta rātere, parau fa'ati'a tere, parau tere passport, pass
pūta'i, pūtō push or pull something, lead an animal
putapū deeply moved (emotionally - the literal meaning is: pierced to the core), profoundly touched
putaputa full of holes
pūtara, pūtaratara a kind of sea snail, murex
pūtaratara spiny
pūtari'a ear-lobe
pūtē (1) pocket
pūtē (2) sack, bag
pūtē 'ina'ina, pūtē pape tamari'i amniotic sack
pūtē moni wallet, purse, money-bag
pūtērata manureva air mail
pūtērata pahī surface mail (mail by ship)
pūtete, 'umara pūtete potato
pūtō (1), **pūta'i** drag or push something, lead an animal
pūtō (2) trawl
pūto'eto'e cool, fresh, refreshing
pūtoru triplets
pūtoto bloodshot, bloody, bleeding
putu (1) be assembled; assemble
putu (2) perfume maker
putu (3) make perfume, gather fragrant plants together to use for mono'i
putu faufa'a treasurer
putu parau, pāpa'i parau secretary
putu uira electric battery, storage battery, accumulator
putua coagulate
putuara'a coagulation
putuputu, puputu be gathered together; gather together
putuputura'a prayer meeting (usually with Bible quotations, songs and chants, and testimonials)
pu'u (1) green - not ripe (said of fruits except coconuts)
pu'u (2), **pu'u ma'i** abscess, accumulation of pus, swelling due to an abscess
pu'u (3) hump, swelling, protuberance
pu'unena choke while eating or drinking
pu'upu'u (1) pimply; pimple, pustule; pustulate
pu'upu'u (2) warped
pūva'ava'a (1) lace-collar, small collar
pūva'ava'a (2) be half-way open or opened (like a flower)
pūva'iva'i, pūa'ia'i breezy; refreshed by wind; ventilated; pleasant freshness of wind
pūvatavata badly or loosely joined
pūveuveu, pūeueu fringed, ravel-edged, tattered; fringe, tattering

ra after a verb or noun sequence, with lengthening of the last vowel of the preceding word: specifies distance in space or time, or both   yesterday inānahi ra
rā (1)   but, although   but as for us mātou rā
rā (2)   sun (archaic)
-ra'a   -ing, -tion   a suffix turning a word into a noun
ra'atira   captain (especially of a ship), officer, chief, head of staff, director, manager
ra'atira fa'ehau   army officer
ra'atira nō te fare moni   bank manager
ra'atira mūto'i   police officer
ra'atira pahī   ship's captain
ra'atira pairati pahī   harbor captain
ra'atira piti   "second captain," first mate
ra'atira paraparau (1)   boatswain
ra'atira paraparau (2)   foreman
ra'atira tauturu   warrant officer
rā'au (1)   plant or tree
rā'au (2)   wooden, wood
rā'au (3)   (medicinal) herb
rā'au (4), **rā'au rapa'au ma'i**   medicine, medication, drug
rā'au (5)   treat with medicine
rā'au fa'ahe'e, rā'au tāhe'e   purgative, laxative
rā'au fa'aitoito   tonic, stimulant
rā'au fa'ata'ero   intoxicant, toxic drug
rā'au fa'ata'oto   soporific, hypnotic; anesthetic
rā'au fa'aturuhe   anesthetic
rā'au ha'amarū   tranquilizer
rā'au ha'apihae   emetic
rā'au hinu   castor oil
rā'au huero, huero rā'au   pill(s), capsule(s)
rā'au inu   potion
rā'au noanoa   sweet-smelling wood (like sandalwood)
rā'au ta'ero   poison
rā'au tahiti   traditional Tahitian medicine
rā'au tanu   cultivated plant
rā'au taratara   lantana plant
rā'au torotoro, rā'au tāfifi   climbing or creeping plant
rā'au tūmou   medicine against diarrhea, anti-diarrhetic
rā'au turu   prop, supporting pole or stick
rae   forehead
raera   (from the Spanish real) fifty centimes, ten sous
raerae   homosexual (a neologism)
raha   dandruff
rahi (1)   big; become big, grow larger
rahi (2)   numerous, abundant, many, a lot of
rahira'a (1)   quantity, amount
rahira'a (2)   abundance
rahira'a (3)   bigness; most, greatest, majority
rahira'a o te faufa'a   wealth, prosperity, affluence
rahira'a i ni'a i te hānere   percentage
te **rahira'a o te ta'ata**   most of the people
raho   vagina
ra'i (1)   sky (in the sense of celestial vault), firmament
ra'i (2)   sky (in the sense of atmosphere)
ra'i (3)   heaven, paradise
ra'i pō'ia   a sky clouded over or overcast
ra'i tāpo'ipo'i   cloudy sky
ra'i tāpo'ipo'i ri'i   a slightly overcast sky
ra'i tāpo'ipo'i roa   a very overcast sky
rairai   thin, fine, worn down or out
ra'ita   a kind of coconut
raiti   rice
rama (1)   torch; to fish using a torch

rama (2) pancreas
rāmā ruse; use a ruse, tempt, deceive
rāmepa lamp (biblical)
ra'o (1) fly (insect)
ra'o (2) rollers used to transport ships or large canoes into the water
ra'o (3) beam, girder
rao'ere (1), **rau'ere** leaf (of a plant)
rao'ere (2) fishing net made from coconut fronds
ra'ora'o fly-infested
ra'oro, moa ra'oro turkey
rapa flat piece of wood, blade of a paddle; rudder
rapa hoe paddle blade
Rapa Nui Easter Island
rapa tipi the flat side of a knife blade
rapa'au (1) cured in salt; cure or preserve in salt or other curing substance
rapa'au (2) treat, look after, heal, give medicine to
rapa'au (3) develop a film
rapa'aura'a therapy
rāpae local noun outside
rāpae'au just outside
rapahu'a disabled; disabled person; disability
Ra-Parata (stems from La Plata) Argentina
rāpiti rabbit
rapu mixed, diluted, thinned down
rara (1) leaning over, be bent over
rara (2) scorch lightly over a fire
rara (3) heat pitch or tar to make it stick to the bottom of a ship or boat
rara'a to plait or weave
rarahi reduplication of **rahi**
rarata tamed
rarave reduplication of **rave**
rare, 'uru rare a variety of breadfruit
rarerare (1) soft, flabby, rotten, spoiled
rarerare (2) indolent
rari, rarirari wet; to be wet
raro (1) local noun: underneath, below
i raro down, beneath
i raro i te ... at the base of ..., just underneath ...
i raro i te tai at the bottom of the sea
raroto'a, ta'ata raroto'a Rarotongan, Cook Islander
Raroto'a, te fenua Raroto'a Rarotonga
rata (1), **rarata, ratarata** tame, tamed, docile
rata (2) letter (mail), epistle
rata ha'a'ati circular letter
rata hoho'a postcard
rata manureva airletter, aerogram
rata moni money order
rata moni niuniureva wired money order
rātere tourist, traveller, visitor; to travel
rātio radio
rātio anitauturu radio telegram
rātio hi'ohi'o radar
rātio teeta television
rātitu, rēni tārava latitude
rātou third person plural personal pronoun: they, them
rau (1) many and various, varied, of all sorts
rau (2) leaf (used only for certain large-leaved plants)
rau 'a'ai leaf-mat used to cover the earth oven
rau 'ape (large-leaved) taro leaf
rau fau leaf of the hibiscus tree
rau mai'a banana leaf
rau nī'au coconut frond
rau tī, rautī tī leaf (use to wrap food and for decoration)
rau 'uru breadfruit leaf (used for mats to maintain the heat in the earth oven)
rāua third person dual personal pronoun: both of them, the two of them
rauai pieces of banana stalks placed between foods and stones in the earth oven; to put these pieces of banana stalks in place
rau'ere, rao'ere leaves of plants
rauhuru, rauhuru mai'a, rauhuru fē'ī dry banana leaf
rauma'i clear *vi* (the sky after rain), stop

raining
raumāi'a banana leaf (used to wrap food, or as protection against rain)
rauoro pandanus leaf
raupe'a guarantor
raupohe said of the earth oven when it stops smoking and the stones are hot enough
raupo'i covered with leaves (said of the earth oven)
ra'ura'u scratch, scratch oneself
rava brown (color of skin)
rava'ai fisherman; to fish professionally
rava'i (1) sufficient, enough, adequate; suffice, be enough
rava'i (2) be reasonably well-off
rava'i (3) be well-stocked (store, shop)
rava'i 'ore insufficiency
ravarava brown, brunette; brown color; become brown
rave (1) take *v*
rave (2) do (in a limited context)
rave (3) (when accompanied by a qualifier:) behave (in a certain manner), conduct or deport oneself
rave (4) "take" someone, have sexual relations with someone
rave 'atā difficult to do (or: take)
rave fa'aoti accomplish, fulfill, carry out, achieve, complete, finish
rave 'ino (1) mistreat, violate, molest, abuse physically (also sexually)
rave 'ino (2) damage *v*, spoil
rave 'ino (3) fail to comply with instructions
rave 'ohipa, rave i te 'ohipa work, do a job
rave 'ohipa, ta'ata rave 'ohipa worker
rave rahi, raverahi many
rāve'a (1) means (of doing something), procedure, process
rāve'a (2) project, plan
ravera'a (1) taking
ravera'a (2) doing (in a limited context), manner of doing
ravera'a (3) (when accompanied by a qualifier:) behavior, conduct, deportment
ravera'a 'ino bad behavior, mistreatment, abuse
ravera'a tārahu debit
raverahi, rave rahi many
raverave (1), **rima raverave** loose-fingered, unable to keep one's hands off; snatch, pinch, pilfer
raverave (2), **ta'ata rima raverave** petty thief
raverave (3), **ta'ata raverave** healer's helper; second for boxers or other sportsmen; servant (biblical)
raverave (4) serve, treat, look after, nurse
rē (1) prize (gained by competition), stakes
rē (2) victory
re'a (1), **'aita re'a, 'aore re'a** very little
re'a (2) fathom, six feet
re'a (3) yolk
re'a (4), **re'a mā'ohi** saffron (used as spice)
re'a (5) ginger
re'a (6) pollen of flowers
re'are'a yellow; yellow color; become yellow
reho cowry, porcelain shell, tiger shell (used as a scraper or peeler for breadfruit, taro, etc.)
rehu (1) ashes
rehu (2) gray; gray color; become gray
Rehua Sirius
rehuauahi ashes of a hearth or oven
rehurehu twilight
rei the nape of the neck
rei mua, 'oti tai bow (of ship or boat), prow
rei muri stern, poop
reira there, at that place, at that (very) time
nā **reira** like that
te **reira** that, that thing
remu (1) moss
remu (2) algae, lichen
remuna pomegranate
rēni line, stroke (in writing)
rēni fa'atētoni frequency band (on the radio)

rēni miti waterline
rēni 'ōperea equator
rēni tārava, rātitu latitude
rēni ti'a, rōnitu longitude
reo (1) voice
reo (2) speech, way of talking
reo (3) language
reo (4) vote
reo 'āi'a national language
reo hiti rere exclamation, interjection
reo hōmana'o advisory vote
reo ihotupu common (vernacular) language
reo manahune common (colloquial) language
reo marū soft voice
reo maumau stammering voice
reo nuna'a rau international language
reo parare (1) broken, inadequately articulated voice
reo parare (2) speech using the guttural, fricative ("Parisian") r (the French find it extremely difficult to pronounce the Tahitian r in the few cases where they attempt to speak Tahitian)
reo tā'ati common language, lingua franca
reo tararā scratchy or hoarse or raucous voice
reo tau'āpī modern language
reo vāna'a literary language
repe (1) the comb of a rooster
repe (2) webbed swimming shoes, flippers
rēpera, 'o'ovi leprosy, Hansen's disease
repo (1), repo fenua ground, earth
repo (2), reporepo dirty; dirt
repoa dirtied, soiled
rērā railing, handrail
rere, rererere fly, fly off, be airborn
rereva reduplication of reva
reru muddy, roiled (of water in rivers or the sea after a heavy rain)
reta (1), tipi reta razor blade
reta (2), ti'ara'a reta letter (of the alphabet)

rētito lexicon
reva (1) (celestial) space (above ra'i = celestial vault), cosmos
reva (2) flag
reva (3), rereva, revareva leave, depart
reva 'ē leave for another place, go away
reva mata'i atmosphere
reva pirifenua troposphere
reva roa to die, to leave on the last journey
te reva tahiti the Tahitian flag
ria deer
ri'ari'a (1) frightening; fright, fear; be frightened, be afraid
ri'ari'a (2) be disgusted with (some food, for example), find something not very appetizing
rifi reef (in a sail) n & v
riha nit (of louse)
ri'i a bit, a little
ri'iri'i little by little
(te) feiā ri'iri'i (the) ordinary people, people of little renown, humble people
rima (1) hand
rima (2) arm
rima (3), rimarima finger
rima (4) signature
rima 'atau right hand
rima 'aui left hand
rima na'ina'i little finger
rima rahi thumb
rima'ī, rima 'ihi craftsman, artisan
rimarima (1), manimani rima finger(s)
rimarima (2), manimani glove(s)
rimarima mai'a, rimarima vahine variety of banana
rimarima ri'i fingers
riona lion
rīpene, ripene (1) (magnetic) tape, ribbon
rīpene, ripene (2) (photographic, celluloid) film, filmstrip
rīpene (or: ripene) ta'i sound tape
rīpita lipid
riri (1) (observably) angry, discontent, offended; (observable) anger, discontent;

be (observably) angry
riri (2) lilly
riri hānoa anger easily and frequently without significant provocation
riri pape, riri vai water lilly
(e) **riri tupu tā'ue** (a) fit of anger
ririri, ririri reduplication of **riri** (1)
riro (1) become
riro (2) specifies imperfective aspect: It may happen that you come to me tonight. E riro paha 'oe i te haere mai i teie pō.
riro (3) change hands, change ownership
riroriro reduplication of **riro**
Rītā Richard, Dick
ritera liter
rītini stay (on a sailing vessel), shroud, standing rigging
rītini fē'ao bowsprit stay
rito (1) concentrate of a liquid
rito (2) powdered starch
rito (3) sediment (of wine, for example), dregs
riu (1) bilge water
riu (2) leak *n & v*, take in water
rō ant
roa (1) very, well, completely
roa (2) long (time or space)
roa (3) tall, high
roa (4), **roara'a** height, tallness
ro'a wood hardened by aging; heart of a tree
rō'ā bush (in olden times used to make fishing line)
roa'a having obtained or "gotten" (through one's effort), have succeeded in trying to get or obtain (compare with noa'a [little or no effort involved])
roeroe spathe, pointed sheath of coconut flowers
roha disability, incapacity
roha tāmau permanent disability (or incapacity)
roha taupoto temporary disability (or incapacity)
Rohi! (1), **'A rohi!** Come on! Courage!

rohi (2) make an effort to
rohipehe poet
rohira'a creation, creative endeavor
rohirohi tired, tiring; tiredness, fatigue
roi a kind of black-bass
ro'i bed
ro'i tā'ue'ue, hāmata hammock
roimata tear (from the eye)
Ronetona London
rōnitu, rēni ti'a longitude
ro'o reputation, fame, renown
ro'ohia be caught up with, be overtaken, be reached
ro'ohiara'a attack (of an illness, for example)
ro'ohiara'a fīva attack of fever
ropa taken unawares, abashed
rōpā crowbar
Rōpati Robert, Bob
rōpīnē, fa'atahera'a pape faucet, tap
rōpū local noun: middle   in the middle i rōpu
nā **rōpū** across the middle
te **rōpu, te rōpūra'a** the middle
rore stilts
rori sea slug
roro brain, cerebrum
roro uira (literally: electric brain) computer
roroiti cerebellum
roroa reduplication of **roa**
rota lock
rōtahira'a synchronization
rōtea parrot fish
rōti rose (plant)
rōtī roasted; roast
roto (1), **i roto** inside
roto (2), **tairoto** lagoon
roto (3) lake, pond, pool
rotopū, i rotopū among, in the middle of, amidst
rou a pole with a hook at the end, used to pull in fruit
rouru hair
rouru 'ehu red hair

rouru 'ōfirifiri curly or frizzy hair
rouru 'ūti'i tied hair, hair rolled into a bun
rū impatience, haste; be in a rush
rua hole
rua 'ōhure rectum
rū'ai, piha'e vomit *n* & *v*, vomiting
rū'au old; old person
rū'au tāne "old man," (humoristically for:) husband
rū'au vahine "old lady," (humoristically for:) wife
ruhi (1) black Caranx fish
ruhi (2) sleepy; want to sleep
ru'i (old word for:) night (seldom used today)
rūmati rheumatism
rūmati pu'oira'a ivi rheumatoid arthritis
rumaruma somber, sullen, dark and threatening (of the sky), overcast
rupe blackish pigeon
rūpehu fog, haze, mist
ruperupe flourishing, luxuriant (vegetation), prosperous
rupo, tārepa flap (like a loose sail in the wind), shake
ruro (1) kingfisher
ruro (2), **rūrō** roller (to harden and smooth down the surface of the ground), steamroller; rotary press
ruru (1) sheltered from
ruru (2) gather together, assemble together
ruru vahie fagot
rūrū tremble *v*, shiver
rurura'a session (of parliament, for example)
rurura'a noa ordinary session
rurura'a ta'a'ē extraordinary session
rūrūtaina shiver or tremble in fear, be afraid (biblical)
rurura'a ta'ata assemblage of people, gathering
rurutu reduplication of **rutu**
ruru'u bind up

Ruta (spelled **Luka** in the Bible) Lucas, Luke
rūtia Russian
Rūtia, fenua Rūtia Russia
ruto wolf
rutu (1), **ruturutu** beat (a drum)
rutu (2), **ruturutu** beat (an animal or a person), strike, thrash, flog
ru'uru'u bind up, tie up

tā (1) possessive: Tihoni's book tā Tihoni puta (= te puta a Tihoni)

tā (2) introduces relative clauses, relative "that": the book that Tihoni read te puta tā Tihoni i tai'o

tā (3) asphalt, coal-tar; to tar, cover with asphalt

tā (4) swing, seesaw, teeter-totter; to swing or seesaw or teeter

tā (5), **mata'i 'ore** becalmed

tā (6) hectare (2.471 acres)

tā- productive prefix often meaning "make use of" or "add to, provide with" or "do on a certain basis" use a knife tātipi put in a box tā'āfata provide with a handle tā'ā'au (or:) tā'aufau a monthly journal ve'a tā 'āva'e

ta'a (1) clear, understood; perceived, visible

ta'a (2) separated, detached from, put to one side

ta'a (3) set, determined, decided upon

ta'a (4) out of joint

ta'a (5) chin, jaw

ta'a (6) be clear about a perception, understand, recognize

ta'a (7) tumble or roll down, roll over and over (down an incline)

ta'a ni'a upper jaw

ta'a 'ore not understanding, not clear about, confused about

ta'a raro lower jaw

tāa'a uproot

tā'ā'au provide with a handle

ta'a'ē (1) strange

ta'a'ē (2) separated

ta'a'ē (3) special, exclusive

tā'āfata put in a box or case

ta'ahi to step, stamp or press down on; crush underfoot

ta'ahi i te ha'apūaira'a press down on the accelerator

ta'ahira'a 'āvae footprint; step (in walking); step-ladder, stairs

ta'ahoa (1), **tāhoa** boring, tedious, wearisome; bothersome, annoying; unpleasant, headache-producing

ta'ahoa (2), **tāhoa** be affected by migraine

tā'ahu wipe (with a cloth)

ta'ahuri overturned; overturn, capsize, turn upside down

ta'amino, ta'aminomino turn or pace round and round (like a caged animal)

ta'aminomino te 'ōpū, tāviriviri te 'ōpū stomach upset

tā'amu (1) knot; make a knot

tā'amu (2) bond, link, tie, connection

tā'amu (3) bunch (of vegetables tied together); tie up, bind together

tā'amu (4) voyage, tour; to voyage, tour, visit

tā'amu (5) lay up (nautical term: lay up an old ship, for example)

tā'amu ma'i bandage, dressing, plaster

tā'amu pipi a bunch of green beans

tā'amu honu a package of turtle meat

tā'amu tāhemo slip knot

ta'anini become suddenly giddy, stagger, reel

tā'ao'ao sail with the wind on the beam

ta'ape a little yellow fish of the Lutjanidae family

ta'ara'a (1) (the action of) separation

ta'ara'a (2) tumbling

tā'aro sport

ta'ata (1) person, human being (in the singular referring to a man)

ta'ata (2), **tāne** man, male

ta'ata 'ā'au 'ino an evil-hearted person

ta'ata 'ā'au maita'i a kind-hearted person
ta'ata 'āfa half-caste
ta'ata 'āfa'i parau tattle-tale, tale-bearer
ta'ata 'āfa'i rata, ta'ata 'ōpere i te rata mail carrier
ta'ata ahaaha braggart
ta'ata 'āi'a (1) native-born person
ta'ata 'āi'a (2) heir
ta'ata 'aita'ere cultivated person
ta'ata 'āpī youngster, adolescent
ta'ata 'apotā stenographer
ta'ata 'arapo'a glutton
ta'ata arata'i parau discussion leader, mediator of debate
ta'ata ato thatcher
ta'ata au i te 'ati adventurer, person who enjoys taking risks
ta'ata 'aufau payer
ta'ata auhia popular person, well-liked person
ta'ata 'āvae hape person with club-foot
ta'ata 'āvaetere, 'āvaetere footloose person, wanderer
ta'ata 'ē strange (or foreign) person
ta'ata 'ē'ē stranger, foreigner
ta'ata 'eiā thief
ta'ata fa'a'apu planter, farmer
ta'ata fa'afānau obstetrician, midwife
ta'ata fa'atere (1) administrator, director, leader
ta'ata fa'atere (2) cockswain
ta'ata fa'atere (3) helmsman
ta'ata fa'atere pereo'o, ta'ata fa'ahoro pereo'o driver, chauffeur
ta'ata fa'aturi lover, adulterer
ta'ata fa'aū i te 'ati adventurer, person who challenges or dares fate
ta'ata fa'aue 'ohie person easy to order or direct
ta'ata fata snob
ta'ata faufa'a rich or wealthy person
ta'ata ha'aputu an economical person
ta'ata ha'avare liar
ta'ata haere traveler, person traveling
ta'ata hara culprit

ta'ata hopu, ta'ata hapu diver
ta'ata hopu (or: hapu) 'ōpūpu diver with diving suit and helmet
ta'ata hara sinner
ta'ata hā'ū person with a bass voice who leads the <u>hīmene tārava</u> style of singing
ta'ata ha'uti playful fellow
ta'ata hio referee, umpire
ta'ata hi'ohi'o "peeping Tom," voyeur, secret onlooker
ta'ata hi'opo'a inspector
ta'ata hōani client
ta'ata ho'o seller or buyer, depending on the context
ta'ata (e, i) ho'o atu seller
ta'ata (e, i) ho'o mai buyer
ta'ata ho'o tao'a (1) merchant
ta'ata ho'o tao'a (2) supercargo
ta'ata e ho'o atu seller
ta'ata ho'ohuna trafficker
ta'ata hopu, ta'ata hapu diver
ta'ata hopu (or: hapu) 'ōpūpū diver with diving suit and helmet
ta'ata 'imi haere explorer, seeker
ta'ata 'ino bad person
ta'ata inu 'ava drinker (of alcohol)
ta'ata inu noa i te 'ava, ta'ata ta'ero noa i te 'ava alcoholic, drunkard, "stiff"
ta'ata 'ite (1) man of experience
ta'ata 'ite (2) witness
ta'ata 'ite roa, farapata expert, knowledgeable person
ta'ata iti a humble or unassuming person; an unimportant person (depending on the context)
ta'ata mā'ohi Polynesian, indigenous or native-born person
ta'ata marū (1) kind or gentle person
ta'ata marū (2) bass singer (in a choir)
ta'ata mata huna spy
ta'ata mata'ī technician
ta'ata mehameha hānoa easily frightened person
ta'ata nana'o, ta'ata tarai ti'i carver, sculptor

(e) **ta'ata nō te rahi** (he is a) really big person
ta'ata 'ōhimu person who talks badly about someone behind his or her back
ta'ata onoono person who keeps insisting on something
ta'ata 'ōpape cunning person
ta'ata 'ōpere i te rata, ta'ata 'āfa'i rata mail carrier
ta'ata 'ōu'a to'o pole vaulter
ta'ata pa'ari (1) adult (person), grown-up
ta'ata pa'ari (2) miserly person, miser
ta'ata marite American
ta'ata 'ori dancer (general)
ta'ata pā'imi i te fenua 'āpī explorer
ta'ata pā'imi i te 'ohipa e tupu noa adventurer, person who seeks new and unpredictable experiences
ta'ata pāruru, 'auvaha pāruru defense attorney, defense lawyer
ta'ata pēpere, ta'ata perepere falsetto singer who leads or accompanies in hīmene tārava style music
ta'ata peretāne Englishman
ta'ata pīfao sorcerer
ta'ata pohe dead person
ta'ata poto person of short stature, short person
ta'ata pūai vaha noa big talker, person only good at talking
ta'ata pupure person with freckles
ta'ata rahi big person
ta'ata rava'ai fisherman
ta'ata o te rave tāmau i te rā'au fa'ata'ero drug addict
ta'ata raverave (1), **ta'ata rima raverave** petty thief
ta'ata raverave (2) second for boxers or other sportsmen
ta'ata raverave (3) healer's helper
ta'ata roa tall man
ta'ata tahiti Tahitian
ta'ata raupe'a guarantor
ta'ata 'o te rave tāmau i te rā'au ta'ero drug addict

ta'ata riri hānoa easily angered person
ta'ata rimarima thief, kleptomaniac
ta'ata rū'au old man
ta'ata tā'aro sportsman
ta'ata ta'ero 'ava drunk *n*, intoxicated person
ta'ata ta'ero noa i te 'ava, ta'ata inu noa i te 'ava alcoholic, drunkard, "stiff"
ta'ata tāmaumau 'āuri pape plumber
ta'ata tāmaumau uira electrician
ta'ata tāniuniu fenua surveyor
ta'ata taparahi ta'ata murderer
ta'ata tāparu beggar
ta'ata tārahu tenant, lodger
ta'ata tārahu 'āva'e person with a monthly salary
ta'ata tarai ti'i, ta'ata nana'o sculptor, carver
ta'ata tārere moocher, gate-crasher, sponge (person)
ta'ata tari'a turi deaf person
ta'ata tauere parau contradictor, opposer, disputer
ta'ata taupupū dawdler, procrastinator
ta'ata taurumi masseur
ta'ata tauturu helper, assistant
ta'ata ti'a'au manager, caretaker
ta'ata tihotiho parau tattler, slanderer
ta'ata tino robust person
ta'ata tīpe'e freeloader, moocher
ta'ata tīputaputa parau person who interrupts another's story with digressions
ta'ata tuapu'u, ta'ata ti'apu'u hunchback(ed person)
ta'ata tu'epōpō football player
ta'ata tunu mā'a cook (nonprofessional)
ta'ata tūpa'i pua'a butcher (of pork)
ta'ata tūpa'i pua'atoro butcher (of beef)
ta'ata tūpa'i'āuri, tūpa'i'āuri blacksmith
ta'ata tupu neighbor, fellow man; acquaintance
ta'ata tura person worthy of respect
ta'ata tūtu mā'a, tūtu mā'a professional cook, chef

ta'ata upo'o 'ino peron of unsound mind
ta'ata upo'o maita'i person of sound mind
ta'ata vaha 'ino, ta'ata vaha repo foul-mouthed person
ta'ata vaha mana person who speaks with authority
ta'ata vaha māniania loud-mouthed person
ta'ata vaha monamona sweet-talker (not necessarily in a negative sense), swaying speaker, a "silver-tongued" talker
ta'ata vaha 'oi'oi fast (quick) talker
ta'ata vaha pātētē person with a highpitched or shrill voice
ta'ata vaha piropiro person with bad breath
ta'ata vaha repo, ta'ata vaha 'ino foulmouthed person
ta'ata vaha utuutu person who talks energetically
ta'ata vaha vai bold speaker
ta'ata vāvā deaf or mute person; deafmute person
ta'ata vero ta'o javelin thrower
ta'ata vitiviti dynamic person
ta'ata'a badly fastened or attached or tied to, undone, loose (tooth, mechanical part)
ta'ata'ahi, tāta'ahi peddle, trod or tread on several times
ta'ata'ahiara a medicinal plant
ta'atahia peopled; well-attended
tā'ati unite, join together (also in marriage)
tā'atiparau conjunction
tā'atira'a association, organisation
tā'atira'a ea o te ao nei WHO, World Health Organisation
tā'atira'a mēteō o te ao nei World Meteorological Association
tā'atira'a pāruru ti'ara'a syndicate
tā'āto'a all; entirely; total, totality
tā'āto'ara'a totality, entirety, whole amount, aggregate, sum total
ta'au score (ten pair)

tāauahi make use of fire
tā'aufau, tā'ā'au provide with a handle
tā'auri (1) to iron (clothes)
tā'auri (2) to shoe (a horse)
tā'āvae (1) provide (a piece of furniture) with legs
tā'āvae (2), haere nā raro walk
tā'āva'e monthly, by the month
tā'ave provide with a strap or sling
ta'aviri wallow, sprawl; turn about (like a person in bed)
tae arrive, reach, attain
e tae atu, e tae noa atu, e tae roa until (in the future)
e tae roa mai i teie mahana and until the present day
tae i te hope'a end (up) in or at
tāea red-colored fish of the Lutjanidae family
tāe'a be reached or attained
tāe'a 'ōhie (easily) accessible
taea'e (1) male cousin or brother of a male person
taea'e (2) female cousin or sister of a female person
taea'e (3) brother (brethren) in a religious sense
taehae (1) violent, ferocious, savage; violent or ferocious or savage person
taehae (2) ogre
ta'ere (1) keel; bottom of a canoe
ta'ere (2) culture
tāere (1) late; slow, long (in time), dragging along
tāere (2) slow (of a timepiece)
'ohipa tāere a work that drags out
ta'ero (1) drunk, intoxicated, loaded
ta'ero (2) poisoned, poisonous, toxic
ta'ero 'ātetona acidocetosis
ta'ero ri'i a little drunk, tipsy, slightly intoxicated, mellow, "feeling a glow"
ta'ero roa, ta'ero 'ava, pa'a'ina, 'ua oti roa very drunk, really loaded, smashed, six sheets in the wind, staggering; reeling; be very drunk, stagger, reel

taetae (a vulgar term for:) vulva
taetaevao savage (man or beast that lives in the wilds)
taetino direct(ly) (radio or television program)
tāfa (1) yard (spar attached to the mast on a square-rigged sailing ship and to which a squaresail is bent)
tāfa (2) veal
tāfa muri yard on a brigantine
tāfai patch, darn
tāfare overhang, be hollowed out underneath, undercut
tāfare pereʻo roof of a vehicle
tāfarefare, pūfarefare the hollow of a wave which is about to break
tāfati, tipi tāfati jack-knife, folding knife
tafeta stain
tāfetafeta stained, covered with stains
tāfifi (1) tangled, entangled
tāfifi (2) mixed up, confused
tāfifi (3) creeping (of plants)
tāfifi (4) vines, creepers
tāfifififi reduplication of **tāfifi**
taha (1) side, flank
taha (2) to set or have set (of heavenly bodies)
taha ʻaoʻao the side of a person from the armpit to the hip
taha mouʻa slope of a mountain
tahaʻa naked, nude, bare
Tahaʻa Tahaʻa (a comparatively "untouched" island in the Leeward islands, situated within the same reef as Raʻiatea)
tāhahu (1) scoop *v*, skim off; scoop *n*, skimmer
tāhahu landing net; to fish with a landing net
tāhana, tāhanahana warm up (food), cook over
tāhanahana review *n & v* (of a lesson, for example)
tahatai, tātahi seashore, seaside, beach
tāhātua using a belt; put on one's belt
tahe, tahetahe flow *v*; melt; dissolve

tāheʻe take a laxative, purge
tāhei shawl
tāhemo, tāhemohemo loosen, make something come loose, untie
tāhepetoma, weekly, by the week
taheraʻa flow *n*
taheraʻa pape water course
taheraʻa toto hemorrhage, flow of blood
tahetahe ooze; sweat (metal, glass, etc.)
tahi (1) one
tahi (2) other
tahi (3) at this instance, just now; at that instant, just then
tahi (4) the first time
tahi (5) unanimously, as of one mind, all, all of
tahi ā the same
te **tahi** the other
te **tahi atu** the other, and yet another
te **tahi nau** a few
te **tahi taʻata** one person, or the other person, depending on the context
tahi vahi iti a little bit of
tāhinu (1) oil *v*, apply grease; anoint
tāhinu (2), **peta** bribe *v*, offer baksheesh
tāhinu mātini motor oil, lubricator
tāhiri, tāhirihiri fan *v*; dust off
tahitahi dust *v*, wipe off
tāhiti (1) excessive, unbounded
tāhiti (2) go over or beyond
tahito old, ancient
tō **tahito** the ancients, the people of ancient times
tāhitohito despising; despise
tāhōʻē unite, join together
tāhōʻeraʻa union
tāhohoni tongs, pincers, pliers; use tongs or pincers or pliers
tāhōmana by proxy
tāhoʻo (1) reward *v*, recompense, pay back
tāhoʻo (2) vengeance; avenge (oneself), "pay back" (in that sense)
tāhopu fall on one's knees in supplication
tahora a river, a length of water

tāhoro gulp down, swallow without chewing
tahu kindle
tahua (1) bottom *adj*, minimum *adj*
tahua (2) field
tahua (3) floor
tahua (4), **tahua fare** floor; story (of a building), storey
tahua (5) public square
tahua (6), **tahua pahī** the commando bridge of a ship
tahua 'arora'a field of battle
tahua heiva nui olympic stadium
tahua manureva, tahua taura'a manureva airfield, airport
tahua motora'a boxing ring
tahua 'orira'a dance floor
tahua tu'era'a pōpō football field
tahu'a (1) native healer
tahu'a (2) specialist, expert
tahu'a ha'api'i educator
tahu'a 'ihipapa archeologist
tahu'a manava psychologist
tahu'a manava ha'api'ira'a school psychologist
tahu'a pure priest
tahu'a rā'au herbal healer
tahu'a tahutahu conjurer, magician; sorcerer
tahu'a taurumi masseur, masseuse
tahu'a va'a (expert) canoe builder
tāhuhu crest or ridgepole of a house
tāhuna hide *vt*
tāhupe bleach laundry under dew
tahuri, tāhurihuri be turned upside down, capsize
tāhurihuri rolling; to roll (of ships)
tahutahu magician, sleight of hand artist; cast spells; exhibit sleight of hand
tai (1) local noun
tai (2) sea or seawater (but seldom used nowadays)
i tai towards the sea (in the lagoon, if on land; on the high sea, if on the reef)
ta'i (1), **'oto** crying, weeping; cry, weep

ta'i (2) yelp *v*, whimper
ta'i (3) sound; to sound, ring
ta'i (4) chant n, song
ta'i (5) sing (of birds)
ta'i (6) **ta'i tahi, ta'ihō'ē** one by one; **ta'i piti** two by two
ta'i (7) **tā ta'i tahi, tā ta'ihō'ē** by ones; **tā ta'i piti** by twos
taiā fearful, apprehensive; fear, phobia; be fearful or apprehensive, hesitate (for that reason)
taiā horora'a mata'i aerophobia
tai'a to fish
taiamani, taimana diamond
ta'i'āmui diphthong
tai'ata debauched, engaged in prostitution
tā'ie with sail, using sail
tā'ie'ie demijohn (provided with a wicker-net container), carboy
taiero (1), **taioro** sauce of fermented, grated coconut, saltwater, and juice from crawfish or shrimp
taiero (2), **taioro** unsupercised or uncircumcised (an insult)
taiero (3), **taioro** smegma
taiete (abbreviation of **tōtaiete**) company (commercial), society (club), organisation
taiha'a, tauiha'a, tauha'a utensils, appliances, furniture, ordinary possessions, material, objects
taiha'a fare movable property; furniture
ta'iha'a tears; condolences
tā'ihiha'api'i pedagogue, (professional or expert) teacher
ta'ihō'ē, ta'itahi one by one; **ta'ipiti** two by two
tā ta'ihō'ē, tā ta'itahi by ones; **tā ta'ipiti** by twos
taimaha, teimaha heavy (also metaphorically)
taimana, taiamani diamond
taime (1) time, moment
taime (2) times How many times has he come here? Five times. Efea taime tōna

haerera'a mai? E pae taime.
taime (3)   salary, remuneration
taime (4)   interest (financial)
taime 'aitārahu   interest (to pay, debit)
taime 'āpī   interest (to receive, credit)
taime tu'ua, pārorarora   time allotted (for doing something), time limit
taina   gardenia
taino'a   a creeping plant
tai'o (1)   read
tai'o (2)   count, calculate
tai'o mahana (1)   date, calendar
tai'o mahana (2), **tārena**   calendar
tai'ora'a   reading
tai'ora'a muhu'ore   silent reading
tai'ora'a pūvaha   oral reading, reading out loud
taioro (1), **taiero**   sauce of fermented, grated coconut, saltwater, and juice from crawfish or shrimp
taioro (2), **taiero**   unsupercised or uncircumcised (an insult)
taioro (3), **taiero**   smegma
tāipu   scoop *v*, ladle, dip out
tāipu mā'a   ladle *n*
ta'ira'a   (in grammar:) the sound of a word or syllable
tā'ireuira, 'eretorōni   electronic(s)
tā'iri   spank, whip, give a blow, hit with rod or stick, beat (a drum or a person)
tā'iri pōhue   jump or skip rope (or vine)
tā'iri pua'ahorofenua   horse whip
tā'iri'iri (1)   nod one's head
tā'iri'iri (2)   cast (in fishing)
tā'iri'iri (3)   wag a tail
Ta'i-rio-aitu   Aldebaran
tā'iripa'a   do something any old way
tā'irira'a pōpō   tennis, ping-pong, volleyball
tā'irira'a pōpō tīpera   table tennis, pingpong
tairoto   lagoon
tairuru   gather together
tairurura'a   gathering
ta'itahi, ta'ihō'ē   one by one; **ta'ipiti**   two by two
tā ta'itahi, tā ta'ihō'ē   by ones; **tā ta'ipiti**   by twos
taitai (1)   tasteless, insipid, flat(-tasting)
taitai (2)   (formerly:) salty, brackish
ta'ita'i (1)   chirp *vi*, warble
ta'ita'i (2)   gurgle *vi*, blabber, cry (like a baby)
ta'ita'i (3)   go to bring something or to look for something
ta'itū   homophone (in phonetics: a word pronounced the same as - but differing in meaning from - another)
tāiva (1)   unfaithful, disloyal, unreliable, fickle, inconsistent
tāiva (2)   desert, forsake, abandon, quit, give up on, neglect
tāivaiva   a perch of the Lutjanidae family
tama   child (seldom used)
tāmā   clean, wash, rinse; dust off
tāmā i te tua pahī   careen a ship in order to clean its bottom
tama'a   footwear (sandals, shoes; biblical)
tāmā'a   have a meal, dine
tāmā'ara'a   feast, dinner, repast
tāmā'ara'a pō, mā'a pō   supper
tamahaea, (ta'ata) iheihere   vagabond, tramp, vagrant
tāmahana (1)   by the day
tāmahana (2), **tāmāhanahana**   to warm
tāmāhanahana (1)   to warm
tāmāhanahana (2)   to console
tamāhine (1)   daughter, niece
tamāhine (2)   girl, young woman
tamāhine (or: **vahine**) **tuati i ni'a i te manureva**   airline stewardess
tama'i (1), **tāmama'i**   war *n*, battle; fight *v*, make war, battle
tama'i (2), **tāmama'i**   dispute *n*; squabble *v*, scold
tāma'i   find the answer to a riddle
tamaiti   son, nephew; lad, young man
tamaiti hui ari'i   prince
tamaiti iti   young/little son
tāmama'i   reduplication of **tama'i**

tāmānina   to iron lightly; to press lightly
tāmanu, 'ati   a large timber tree which used to be planted on the principal maraes
tāmāra'a   cleaning, washing, rinsing, ablution(s)
tāmarēni, tāmerēni   tamarind
tamari'i   children
tamari'i fa'a'amu   unofficially adopted (feeding) child
tamari'i fa'aturi   child of adultery
tamari'i iti   little or small child
tamari'i marua   aborted fetus
tamari'i ri'i   little children
tamari'i tamāhine   girl
tamari'i tamāroa   boy
tamari'i ti'amā   legitimate child
tamari'i tuputupuā   "little devil," unruly child
tamari'i turituri   disobedient child
tamāroa   boy
tāmaru (1), taupe'e   veranda
tāmaru (2)   shelter
tāmaru (3)   to shade
tāmaru 'ie   tent, canvas shelter
tāmarū (1)   chew the cud, ruminate (cow)
tāmarū (2)   tenderize (meat)
tāmarū (3)   coax, wheedle
tāmarū (4)   rest after work or exertion
tāmata (1)   try v, try out, attempt; taste v
tāmata (2)   tempt
tāmatahiti   yearly, by the year
tāmau (1)   permanent
tāmau (2)   consistently, constantly
tāmau (3)   fasten, tighten, set
tāmau (4)   install
tāmau (5)   close (door, faucet, etc.)
tāmau (6)   persevere
tāmau (7)   memorize, learn for keeps, absorb permanently, master (in that sense)
tāmau (8)   professional (in sports)
tāmau 'ā'au   learn by heart/rote
tāmau i te rā'au fa'ata'ero   addicted to a drug or drugs
tāmaumau   put back together, reassemble (a dismantled machine, for example), assemble
tāmaura'a   lock, gate (to control the flow of water)
tamauta'a   a child in the charge of an adult, dependent child
tāmera   camel
tamera, pata hoho'a, nene'i hoho'a   camera
tāmerēni, tāmarēni   tamarind
tāmoni   payment; to pay
tāmoemoe   spy on
tāmohi, ha'amohimohi   dim vt, obfuscate
tamore   a medicinal plant, a sort of wild mint
tāmūrē (or:) 'ori tahiti   a Tahitian dance popular with Tahitians and foreigners alike; it takes the form of male-female duos who improvise their dancing according to the inspiration of the moment with the orchestra keeping up a continually accelerated tempo
tāmuta   carpenter, artisan; to do such work
tāmuta rā'au   carpenter, wood-worker, cabinet maker
tāmuta tīmā   mason
tana   third person singular possessive: his, her (without indication of weak or strong possession)
tāna   third person singular possessive: his, her (weak possession)
tānaho   put in order; set the table
tānao   insert one's hand in a hole (to catch an eel, for example)
Tanata, fenua Tanata   Canada
tane (1)   mycosis or fungus that causes white spots on the skin
tane (2)   ton (1,000 kilograms)
tāne (1)   man (in contrast to vahine [woman])
tāne (2)   husband, lover, male cohabitant
tāne (3)   Mr. Mr. Faua Faua tāne
Tāne   the Tahitian god of the forests
tāne 'ori   male dancer
tāne rū'au   old ma

Taniera Damiel, Dan
tānina (1), **tānina i te auahi** set fire to, burn up
tānina (2), **tānina i te repo** cover over with dirt
tānīnītō be giddy, feel one's head turning
tānītō, sanito member of the reformed Church of Jesus Christ of Latter Day Saints
tāniuniu (1) to telephone
tāniuniu (2), **ta'ata tāniuniu** radiotelegrapher
tāniuniu (3) to make use of metal wire
tāniuniu (4) to survey
tano (1) right, proper, fitting, correct, exact; be right, come up with the right answer, be suitable
tano (2) be aimed at
tano (3) be hit (a target) or struck
tano maita'i just right, well done, very suitable
tano i te tāvirira'a get the right number in a lottery
tanotano reduplication of **tano**
tanu (1) to plant, to sow
tanu (2) to bury (for human beings the euphemism **huna** is considered more proper)
tanura'a ma'i, hunara'a ma'i (euphemism for:) burial
tanutanu reduplication of **tanu**
tao (1) lance used in war
tao (2) fissure or cleft in a rock or a tree
ta'o (1) word, speech
ta'o (2) a saying
ta'o (3) a pole
tao'a (1) object, thing (similar in meaning to **mea**)
tao'a (2) rich; goods, property, wealth; be rich
tao'a (3), **tao'a hōro'a, tao'a arofa** gift
tao'a fa'atati allergen
tao'a hāpono package for mailing
tao'a pe'eutari satellite
tāo'a, horo tāo'a to gallop

tao'ete sibling-in-law
taofe coffee
taofe 'ama roasted coffee
taofe marō dried coffee
taofe ota unroasted coffee
taofe po'ipo'i, inura'a taofe light breakfast, coffee with buttered bread or another light meal
tā'ofe, tā'ohe use bamboo (joints) as containers (for taioro sauce, for example)
tāoha bend over towards the ground (speaking of a branch loaded with fruit)
tāohi to layer (horticulture), to cover a sprout or new branch with earth to encourage rooting
tā'ō'oto (1) dual of **ta'oto**
tā'ō'oto (2) sleep repeatedly or excessively
tāora throw, launch, throw away or out
tāora i te tauere throw in the towel (in boxing)
tāorara'a throwing, launching
tāorara'a hāmara tāpau hammerthrow(ing) (sport)
tāorara'a merēti tāpau discus-throw(ing)
tāorara'a tāpau shot-put
tā'oro'oro (1) gargling; gargle
tā'oro'oro (2) make gargling noises
tā'oro'oro (3) rumble (intestines)
tāota grated coconut cooked with manioc or manioc starch wrapped in leaf
tā'ōtahira'a (1) league, association, federation
tā'ōtahira'a (2) adduction (the action of an adducent muscle)
taote (1) doctor of any discipline
taote (2) physician
ta'ote manava, tahu'a manava psychologist
taote mata ophthalmologist, optometrist, optician
taote niho dentist
taote pātia uira acupuncturist
taote rā'au pharmacist
taote rā'au pape homeopath

taote tāpū surgeon
tā'ōti'a'orehia infinite, boundless, limitless
tā'ōti'ara'a boundary marking, demarcation
ta'oto (1) sleep *n*; sleep *v*
ta'oto (2) lie down, be recumbent
ta'oto (3) sleep with someone
tā'oto'oto (1), **tā'oto'oto ri'i** sleep a little
tā'oto'oto (2) set an ambush for
tā'oto'otoā dream *n*; to dream
tapa (1) felted fibers of tree bark used as cloth
tapa (2) groin, inner thigh
tapa (3), **topa** to name
tāpae (1) reach land, land, dock, come in (of a vessel), touch at a port, arrive
tāpae (2), **tīpae** disembark, stop over, call at, put in at, stay over at
tāpae i te uāhu, tāpiri i te fenua to berth, to come or draw alongside a quai or boatlanding
tāpaera'a manureva airport
tāpaera'a pahī (sea) port, landing stage
tapahi (1) stone or wooden knife used to split breadfruit in half; split in half, cut into pieces
tapahi (2), **toto mahu'ore** hemorrhage, flow of blood; menstruation
tapahia, topahia to be dubbed
tāpa'o (1) mark, sign, insignia, trade mark; mark, inscribe
tāpa'o (2) goal, target
tāpa'o (3) signal
tāpa'o (4) accent (in typography), diacritic
tāpa'o (5) reserve (a seat or table, for example), choose or select (in that sense)
tāpa'o (6) accentuate
tāpa'o (7) to mark, to notice
tāpa'o aroha (sign of) condolence(s)
tāpa'o ha'amaoro vauera, tāpa'o nō te tāerera'a circumflex accent (l'accent circonflexe)
tāpa'o 'itea visual signal
tāpa'o po'o'a visual and/or auditory signal

tāpa'o ta'i auditory signal
tāpa'o tāpū ti'a i mua grave accent (l'accent grave)
tāpa'o tāpū ti'a i muri acute accent (l'accent aigu)
tāpa'o tomara'a punctuation mark
tāpa'opa'o (1) vindictive; hold a grudge, harbor thoughts of vengeance
tāpa'opa'o (2) mark repeatedly
tāpapa hunt for (someone), pursue or go after (someone), run after, follow
tāpape (1) water down, adulterate with water, add water to
tāpape (2) whetstone, hone
tāpara ripen, cause to become ripe
taparahi (1) strike, beat
taparahi (2), **taparahi pohe roa** kill, murder, assassinate
(ta'ata) **taparahi ta'ata** murderer
(ta'ata) **tāparau** writer, author
tāparu begging; beggar; beg
ta'ata **tāparu** beggar
taparuru (1) thud; boom, resound
taparuru (2) spasm or convulsive movement of a dying animal; have such a spasm or convulsive movement (animal)
tapataparuru reduplication of **taparuru**
tāpati Sunday; to spend Sunday
tāpau (1) sap
tāpau (2) lead (metal)
tape go down (of sun), lower
tāpē cause to ripen, cause to ferment (as in fermented sauces)
tape ū the lower curve of a breast
tāpe'a (1) stop *v*
tāpe'a (2) grasp, hold, keep ahold of
tāpe'a (3) arrest, imprison
tāpe'a rima ring (jewelry)
tāpe'a tari'a ear-ring
tāpe'a tītī brassiere, bra
tāpena (ship's) captain (seldom used)
tāpena Parai Captain Bligh
tāpena Tūte Captain Cook
tapera'a mahana late afternoon

tapi try hard, exert oneself
tāpia starch *v*, size with starch
tapiha'a industry (business)
tapihoa (friendly, noncommercial) exchange (swap) of objects
tapiho'o barter
tapiho'ora'a (commercial) exchange of objects, barter
tāpi'i, tāpi'ipi'i cling (to), hold (on) tight
tapipi serve oneself first
tāpiri (1) glue, cement, adhesive; to glue or cement, join, press close together
tāpiri (2) approach close to, come closer
tāpiri (3) place side by side
tāpiri (4) to berth; to come alongside
tāpiri i te 'arapo'a strangle
tāpiri i te fenua, tāpae i te uāhu to berth, to come or draw alongside a quai or boatlanding
tāpiri i te mata close one's eyes tight
tāpiri i te 'ōpani close the door tight
tāpiri i te puta close a book
tāpiri i te rima join hands together
tāpiri i te uāhu berth at or come alongside a dock
Tāpiri mai! Come close! Approach closer!
tapitapi (1) perplexed, confused
tapitapi (2) to worry, be troubled
tāpiti (1) to double (something)
tāpiti (2) begin over again, recommence
('A) Tāpiti! Once more! Da capo! Sing (or Play) it again!
tāpitopito button (up); provide with buttons
tāpō close (eyes)
tāpo'i to cover, put on a cover or lid
tāpo'i fare roof or crest of a house
tāpo'i hāti hatch cover, cover for a ship's hold
tāpo'i mata upper eyelid
tāpo'i ro'i bedspread, covering bedsheet, top of bed
tāpo'ipo'i (1) overcast (sky)
tāpo'ipo'i (2) reduplication of **tāpo'i**
tāpona, tāponapona knot; tie (into) a knot

tāpōnē Japanese
Tāpōnē, fenua Tāpōnē Japan
tāponi (1), **tāpuni** hide, go into hiding
tāponi (2), **tāpuni** flee, escape
tāponihia abandoned, shunned
tapono shoulder
tāporo lime
tapotapo custard apple, "cinnamon apple"
tapotapo popa'ā bullocks-heart, Annona reticulata
tapu (1) taboo, restricted, forbidden
tapu (2) sacred, consecrated
tapu (3), **hōreo** (more common) oath
tapu (4) (in olden times:) a human sacrifice to the god 'Oro
tāpū (1) slice, piece obtained by cutting; to cut; to operate (surgery)
tāpū (2) cross or strike out (a letter or a name on a list, for example)
tāpū fa'ahipa cut on the bias
tāpū faraoa slice of bread
tāpū i te parau cut somebody (the speaker) short; render somebody speechless
tāpū poto take a short-cut
tāpū repo pick (used in digging)
tāpū ta'a'ē sever
tāpu'a to soap, use soap on
tāpū-'ē-ra'a surgical removal, extirpation, ablation
tāpuni (1), **horotāpuni** running away, fleeing, escaping
tāpuni (2), **tāponi** hide, go into hiding
tāpuni (3), **tāponi** flee, escape
tāpunu (1) to can, to tin
tāpunu (2) use a spoon
tāpunu (3) to cover with corrugated metal-sheet roofing
tāpupu to group, form into groups
tāpūpū cut up into little pieces, mince, grind up
tāpura (1) list
tāpura (2) blackboard
tāpura (3) program

tāpura ha'amāu'ara'a expense account; budget
tāpura horopātete list of passengers
(te) **tāpura mā'a o te tāmā'ara'a** menu
tāpura moni (bank) statement of an account
tāpura 'ohipa ha'api'ira'a scholastic program
tāpura tai'o mahana calendar
tāpura tīhēpura'a ship's roll, list of the crew
tāpūra'a (1) cutting
tāpūra'a (2) surgery
tāpuru soak, put out to soak
tāpūtē put in sacks or bags
taputō wrestle, fight
tara horn, point, spine, thorn, stinger, spurs (of a rooster); pricking
tara fetu'e, pēni 'ōfa'i slate pencil
tārā five francs, dollar
tāra'ehara atone, expiate, beg forgiveness of sins
Tarafōnia California
tārahu (1) borrowing, debt; borrow, owe
tārahu (2) loan; lend
tārahu (3) rent, hire; rent out, hire out
tārahu (4) hire, employ
tārahu ho'ora'a, tārahu fa'ariro rent with option to buy
tārahura'a renting, hiring
tarai whittle, sculpt, carve, hew
tarai i te pēni tara sharpen a pencil
tarai i te va'a hew out a canoe
tāra'i, taura'i, taua'i expose to sun or wind or sky
tāra'i mahana sunbathe
tarame grammatical; grammar
taramea crown of thorns (a kind of poisonous starfish)
tārani gallon
tarani'a dorsal fin
tarao sea bass
tarao a'au reef sea bass
tāra'o use rollers for transporting (especially in launching or beaching a vessel)
taraofa fall down to the ground (tree branches)
tarapapa tufted tern
tarapape diluted; dilute
tārape make a friendly sign with one's hand, wave (as a greeting or a farewell)
tarapu clubs (in a card-game)
tārapu, tārapurapu stir (coffee, dough, concrete, etc.), mix
tararā to rattle, to beat a tattoo, to "ratatat"
tāraro go-between; act as a go-between
tārata inform by letter
taratara spiny, thorny, rough; stand on end (hair)
taratara hāmoa Samoan lantana plant
taratiūmu calcium
Taratoni New Caledonia
tārau gaff (hook at the end of a pole)
tārava (1), **hīmene tārava** one of the traditional styles of chanting or singing The tārava is a complex and rapid polyphonic chant, sometimes led by several conductors. If you are not enchanted by it - or eventually come to love it - you will, in my opinion, never develop a real understanding of Polynesia.
hīmene **tārava raromata'i** chant in nine different voices, from the Leeward Islands
hīmene **tārava rū'au** chant in six different voices
hīmene **tārava tahiti** chant in eight different voices, from Tahiti
hīmene **tārava tuha'a pa'e** nine different voices, from the Austral Islands
tārava (2) macron (sign which indicates that a vowel is long, as in ā, ē, ī, ō, ū)
tārava (3) lie flat on one's back or stomach
tārava (4) lie or extend crossways in front of one
taravana (1) kind of "nuts," not quite all there, punch-drunk
taravana (2) a condition caused by

anoxia or oxygen deficiency in divers
tare   phlegm, spittle, mucus in the respiratory system
tārē, 'ohipa tārē   piece-work, job-work
tārena, tai'o mahana   calendar
tārena tahito   the ancient lunar calendar of the Tahitians
Tarepa   Caleb
tārepa, rupo   flap (like a sail), shake
tārepa te 'ie, tāta'i te 'ie   furl a sail
tārere (1)   overhanging
tārere (2)   to sponge or mooch on people
tārere (3)   to swing at the end of a rope, to balance on a see-saw
tāreta   card
tari (1)   bunch of bananas (**tari mai'a**) or plantains (**tari fē'ī**)
tari (2)   carry, bear, transport
tari uira   conductor of electric current
tārī   hang oneself; hang someone
tari'a   ear
tari'a turi   deaf
tari'a va'ava'a   ears that stick out, "flapping" ears
tari'a 'iore   a kind of edible mushroom
tari'apu'u   hobby; one's favorite (object or food or person), fad
tarihua   testicles
tariparau   European-type drum (percussion)
taro   taro plant
Tāro   Charles, Chuck
tāroa   suspend or postpone or put off until a later date
tāroara'a   suspension, postponement, putting off until later
tāroara'a tau   extension of a time limit
tārona (1)   pink
tārona (2)   rose laurel
tārou   hook at the end of a long pole; to use such a hook to gather or pick fruit
taruā   a kind of turnip or highland taro
tata   drop-net (fishing instrument)
tatā   scoop *n*; to scoop or bale
tatā   (a vulgar word for:) vulva
tata'a   reduplication of **ta'a**
tāta'ahi, ta'ata'ahi   peddle, trod or tread on several times

tatahi   dust or wipe off
tātahi, tahatai   seashore, seaside, beach
tāta'ihō'ē, tāta'itahi   one by one
tāta'i piti (1)   two by two
tāta'i piti (2), **'āpiti, 'āpitipiti**   to couple (up), hitch (up), connect (up), join two elements together, make something double
tāta'i toru   three by three
tāta'i te 'ie, tārepa te 'ie   furl a sail
tātā'i   to repair, to mend (net)
tātaiao, 'ua fātata i ao   dawn, it is almost dawn
tātāio   person of small stature
tatama'i   reduplication of **tama'i**
tātane, tātani   Satan, the devil
tatanu   reduplication of **tanu**
tātara (1)   untie, unscrew
tātara (2)   remove (the wrapping of a package, for example), undress
tātara (3)   explain the meaning of, explicate
tātara (4)   to free or liberate or deliver from
tātarahapa   to blame oneself for a mistake, be repentant, repent
tātarahara   to blame oneself for sinning, be repentant, repent
tātarāmoa   a thorny shrub
tātarara'a   explanation, accounting for, explication
tātaratara (1)   reduplication of **tātara**
tātaratara (2)   dismantle (a machine or a mechanism)
tatau   say the same thing over and over again
tātau (1)   tattoo, tattooing
tātau (2)   subscribe
tātau (3), **ta'ata tātau**   subscriber
tata'u (1)   numeration, enumeration; count, enumerate
tata'u (2)   compete, meet in competition
tātaura   tie or bind with rope or cord
tātaura'a   subscription
tata'ura'a   competition (especially in dancing and singing, but also in some sporting events)
tata'ura'a hīmene   singing competition
tata'ura'a rē, harura'a rē   competition for

a prize
tata'ura'a va'a   canoe race
tātauro   cross
tātea   sperm of animals, (in vulgar speech, also of human beings)
tati   resistance (electrical)
tāti'a, tāti'a rauoro   a tied pack of twenty-five panadanus roofing units, ready for use
tāti'a ve'a   mailing wrapper around a newspaper or a journal
tātini   a dozen, by the dozen
tātipi   use a knife
tatira'a   allergy
tātītiro   affix a stamp, stamp, frank
tātītirora'a   stamping (of mail)
tatorita   Catholic
tātou   inclusive we (including the person spoken to) when there are three or more persons
tātu'e   copulation movements; to make such movements
tātuha'a   partial
tātuha'ara'a fenua   subdivision of land
tātuha'ara'a pereota   logical analysis
tātuha'ara'a tarame   grammatical analysis
tāturi   ear wax
tāturuto'oto'o   use a cane to help in walking
tau (1)   some, several
tau (2)   time (as opposed to space)
tau (3)   time(s), era, age
tau (4)   season
tau (5)   tense (grammar)
tau (6)   to perch or alight, to land (a plane)
tau fa'aara   advance notice, advance notification
te **tau i ma'iri**   the time now (long) past
i te **tau mātāmua**   in early times, formerly
te **tau tahito**   olden times, antiquity
ta'u   first person singular possessive: my or mine (with no specification of weak or strong possession)
ta'ū   detonation, blast
tā'u   first person singular weak possessive my or mine
taua, taua ... ra   that or those (previously referred to or already in evidence)
tau'a   (fishing) companion

tāua   we (including only the person spoken to), both of us, you (thou) and I
tāu'a   pay (serious) attention to, care about, believe in or give weight to (what is said)
tauāhemo   passed tense
tauahi, tauvahi   to place one's arms across someone's shoulders
taua'i   expose something to sun or wind; to put out laundry
tauana   hollowed-out rock, shallow cave
tāu'aparau   tell stories, chat, engage in small talk, converse aimlessly, gossip
tauatini, tautini   thousand
tā'ue (1)   suddenly, all of a sudden, with one fell blow
tā'ue (2)   to throw
tauera   towel
tauera tāmarō merēti   dish towel
tauera horoi mata   hand towel
tauera tāmā'ara'a   napkin
tauere, tauvere   contradict
tā'ue'ue (1)   staggering, tottering; be on edge or staggered or shaken; stagger, totter
tā'ue'ue (2)   reduplication of **tā'ue**
tauha'a, tauiha'a, taiha'a   utensils, appliances, furniture, ordinary possessions
tauha'a fare, taiha'a fare   movable property; furniture
tauhani, tauhanihani   caress (erotically), fondle
tauhōani (1)   the meeting of different winds
tauhōani (2)   entice or seduce by soft words
tauhōani (3)   have a longing desire or wish for a person or object
tauhorahora   spread out (like the copra for drying)
taui   change v, exchange, trade
tauiha'a, taiha'a, tauha'a   utensils, appliances, furniture, ordinary possessions
tauiha'a 'āuri   hardware
tauiha'a punu   (sheet-) metalware, tinware
tauira'a   changing, exchange
tauira'a anuvera   change in temperature

tauira'a pehotētoni change in frequency
ta'uma climb, mount, ascend
ta'uma 'atā steep, difficult to climb
tāumi (1) breastplate, gorget, pectoral
tāumi (2) ballast, weight; serve as ballast; weigh down, press down upon
tāumi i te pitopito press a button
tāumi tītiro cancel a postage stamp
tāumira'a ti'tiro cancellation of postage stamp(s)
taupe'e, tāmaru veranda
taupō anthrax
tāupo'o hat
taupoto temporary
taupupū bother, obstacle, hindrance; hinder, bother, drag out
taura (1) rope, cord, twine, string, thread
taura (2) pack, herd, horde
taura au 'ahu sewing thread
taura manira Manila rope
taura more rope of pūrau bark fiber
taura mua mooring line in the stem of a ship
taura muri mooring line in the stern of a ship
taura niuniu steel wire, cable
taura pāpiti double line or cable
taura pito umbilical cord
taura pūmu mainsail sheet
taura rōpiani rope of Manila hemp or nylon
taura tāpe'a mooring line or cable
taura uaua nylon rope
taura 'ūri pack of dogs
taura'a perch roost; landing (place)
taura'i, tāra'i, taua'i expose to sun or wind or sky
taurami, taurumi to massage or caress or rub
taure'a (1) junior (in sports: 17-20 years old)
taure'a (2), **taure'are'a** teenager, adolescent, youngster
taure'are'a (1) (a word which refers to the period of instability and heedlessness which precedes adulthood)
taure'are'a (2) teenager, adolescent, youngster
taure'are'a youth, young people
ta'urua secular festival, merry-making
ta'urua tiurai the July (Bastille Day) festival
Ta'urua, te feti'a Ta'urua, feti'a po'ipo'i, Ta'urua horo po'ipo'i the planet Venus, the morning star (Ta'urua can sometimes also refer to Mars [feti'a 'ura], depending on the speaker - and the island)
taurumi, taurami to massage or caress or rub
tautai fishing (method of fishing, kind of tackle)
tautai hī line-and-rod fishing
tautai hopu underwater hunting
tautai rama fishing by torch light
tautai tāoraora trawling
tautai 'upe'a fishing by net
tautai 'upe'a tāora fishing with a casting net
tautani (biblical), **tautini, tauatini** thousand
tautau (1) be suspended, hover, hang down
tautau (2) scoop up, fish with a fine landing net of a pāreu
taute'a, vahine taute'a prostitute, whore
tautini, tauatini thousand
tauto'o make an effort, apply oneself
tauturu aid *n*, help, backing; aid *v*, help give a helping hand to, back up
tauturu, ta'ata tauture helper, assistant
tauturu fa'atere mātini second engineer (on a ship)
tauvahi, tauahi to place one's arms across someone's shoulders
tauvere, tauere contradict
tava'e tropical sea bird
tāvae a kind of basket for catching freshwater shrimp or crayfish
tāvaha bit and bridle; to curb, direct with a bit
tavai adoptive; adoption (formal or legal); adopt (formally or legally)
tavaihia adopted (formally or legally)
tavaira'a adoption
tāvai anoint
tāvana chief

tāvana hau (1) administrator of the territory
tāvana hau (2) head of the government
tāvana mata'eina'a chief of a district
tāvana 'oire mayor
tāvana rahi governor
tāvere tug; to tow
tavevo make an echo, resound, to echo
tāvini servant, domestic help; to serve, act as a servant for
tāviri (1) key; lock (with a key)
tāviri (2) to turn around, make a turn, pivot; to grind
tāviri (3) to twist
tāviri (4) to wind up (a timepiece)
tāviri (5) to roll *vi*, roll up, unroll
tāviri (6) to play at a lottery
tāviri (7) to trick, to fool
tāviri (8), **tāviri i te hoho'a** to film, shoot a film
tāviri i te pae 'atau turn to the right
tāviri farero screw-driver
tāviri hoho'a movie camera
tāviri taofe coffee grinder
tāvirira'a (1) lottery
tāvirira'a (2), **tāvirira'a pahī** dry-dock
tāvirira'a (3), **tāvirira'a hoho'a** filming, shooting a film
tāviriviri (1) reduplication of **tāviri**
tāviriviri (2) turn over and over
tāviriviri (3) turn a dial or knob (as on a radio), adjust, tune
tāviriviri te 'ōpū, tāminomino te 'ōpū stomach upset
tāvirivirira'a (1) dial *n* (on a radio, for example)
tāvirivirira'a (2) wick adjuster (on an oil lamp)
tāvirivirira'a (3) adjustment (the process or result of turning a dial or a knob), tuning
tāvirivirira'a pape pape
Tavita David
te definite article (more or less only, since it does not always correspond exactly to the English "the") the, (sometimes:) a, (sometimes:) some
tē, 'o tē, e nominative relative pronoun, imperfective aspect The things that give the real value to this project. Te mau mea 'o tē hōro'a i te faufa'a mau i teie nei 'ohipa.
tē ... nei, tē ... ra verbal particles specifying that an action is in the process of accomplishment at the time of reference, often equivalent to the present (progressive) tense I am (now) going home. Tē haere nei au i te fare.
te ana vaha rau (anavaharau) name of the center of humanistic sciences/studies in Puna'auia
te'a arrow, dart; shoot with bow and arrow
teata (1), **fare teata** theater (building)
teata (2), **teatatara'a, teata tāviri, hoho'a** movie(s), cinema, film
teata (3), **teata i te hoho'a** project a movie or an image
teatara'a ta'ata ora theater performance, stageplay
teatea clear (sky, water), light (color)
tehe supercize, circumcize
tēhea? tēhia? which?
Tēhea fare? Which house?
tehera'a supercision, circumcision
tehu, pārehe a mullet of the Mugilidae family
tehutehu spicey, peppery, "hot" (in that sense)
tei (1) before a noun sequence, specifies the predicate, present location: it is at Tei Huahine te tata'ura'a va'a tāie i teie 'āva'e. The sailing canoe race is at Huahine this month.
tei (2), **'o tei, i** before a verbal sequence, nominative relative pronoun, perfective aspect There were four Rarotongans who went back to their homeland. E maha ta'ata Raroto'a tei ho'i atu i tō rātou 'āi'a.
te'i hobble, limp, drag one leg
teiaha (1), **toiaha, teimaha, taimaha** heavy
teiaha (2), (etc.) heavily loaded
teiaha (3), **teiahara'a** weight
teiaha (4), **toiaha** pregnant, heavy with child
teiaha (5), **parau teiaha** caustic, acerbic, acrimonious; such a statement or talk

teiahara‘a heaviness, weight
teiahara‘a mata‘i atmospheric pressure
teiahara‘a reo emphasis (accentuation) on a syllable
teie (sometimes pronounced **te‘ie**) this (near speaker in space or time)
teie nei ..., i teie nei ... this ... (here)
teienei (1) current, present, happening at the present time
teienei (2), **i teienei** now, at present, at the moment
teienei rā but, but as of now, but as yet
teihana station, post
teihana mēteō meteorological station
teihea? (1) where is ...?
teihea? (2), **tēhea? tēhia?** which?
Teihea te pereo‘o? Where is the car?
Which car? Teihea pereo‘o?
teimaha, taimaha heavy (also metaphorically)
teina (1) younger brother of a person of masculine gender
teina (2) younger sister of a person of feminine gender
teina (3) youngster, young player (in sports: 15-17 years old)
teitei (1) high, tall; height
teitei (2) high-placed (standing)
teitei (3) high-pitched (sound)
teitei (4) (only when clear from the context or tone of voice:) snobbish, vain
te‘ite‘i reduplication of **te‘i**
temeio miracle (biblical)
Temiromiro Bellingshausen Island
temitoro semicolon
tēmoni demon
temu (1) contract or press the buttocks together
temu (2) pucker (up)
temu (3) move like an eel retreating into its hole
tēnā that (near the person spoken to)
tenerara general (army officer)
tenetere century
tenuare January
teo clitoris
te‘ote‘o arrogant, stuck up; arrogance
terā that (over there), **yon** (away from both the speaker and the person spoken to, in space and/or time)
terā rā however, but on the other hand
tere (1) voyage, trip with a purpose
tere (2) errand, mission, purpose of a trip
tere (3) to travel
tere (4) to navigate (a ship)
tere (5) to run (car, motor, apparatus), function, operate
tere (6) to swim (of fish)
tere (7) speedy; speed; to speed
tere (8) be or go fast (of a timepiece)
tere o te mata‘i windspeed
tere pūai high speed
Te Tere o Pererina Pilgrim's Progress
tereatinina creatinine
teremōmeta thermometer
teretere reduplication of **tere**
teretetiāno Christian
terevete (1) velvet
terevete (2) Chrysanthemum
terōno throne (biblical)
terumu serum
tētē a pole provided with a small net bag at the end (used to pick fruit)
tetepa September
tēteri degree
teve, hīvi poti davit; cathead
tī (1) root of the **'autī** (Cordyline fructicosa)
tī (2) tea
tia (1) lower belly (below the navel)
tia (2) gum (part of the mouth)
ti‘a (1) right, straight, just, fair, righteous; exact; be right, just, fair, or righteous; be exact
ti‘a (2) permissible, approved
ti‘a (3) doable, possible
ti‘a (4) standing up, erect, straight up and down; stand up, be standing, be erect, be or get on one's feet
ti‘a (5) back (seldom used, **tua** being the common word for back)
ti‘a (6) delegate, representative; to represent
ti‘a (7) agent, dealer, franchise holder, concessionary
ti‘a (8) defender, advocate for the defense
ti‘a (9) be able to, be capable of

ti'a (10) accept, approve, give permission, consent to
ti'a (11) resemble, look very much like
ti'a (12) live or stay at or in
ti'a tāpa'o pereo'o car dealer
'A **ti'a** i ni'a! Stand up!
E **ti'a** iā'u. It meets with my approval.
E mea **ti'a**. It is right (proper, just).
'ua **ti'a** O.K., all right, agreed
'ia + verb + e **ti'a ai** (a way of expressing necessity:) must You must give my book back to me. 'Ia fa'aho'i mai 'oe i tā'u puta e ti'a ai.
ti'a 'ore (1) unjust
ti'a 'ore (2), **rava'i 'ore** insufficient, not enough
tia'a shoe, sandal, footwear
tia'a 'apu ha'ari half-coconuts tied to the feet like stilts
ti'a'a crowd, herd
ti'a'a rahi, naho'a assembly, large gathering
ti'a'au manager, caretaker
ti'afā, tūfā, ti'amaha be exposed (of a reef when the tide is low)
ti'afa'ahoura'a resurrection
ti'ahapa (1), **e ti'ahapa** ... and a little more, a little more than ..., ... and some over one hundred and a little more e hō'e hānere e ti'ahapa
ti'ahapa (2) tent, shelter
tīahi, tīehi expel, chase or drive away
tīai nymphomaniac, promiscuous (married) woman; (for a married woman to:) commit adultery with several men
tīa'i (1) guard *n*, guardian, watchman; guard *v*, protect
tīa'i (2), **tīa'ira'a, tīa'ituru** hope, expectation, anticipation
tīa'i (3) to wait
tīa'i tāpa'o goal keeper (goal guard)
ti'aiho direct (transmission of a program)
ti'a'iri candlenut
ti'amā (1) free, liberated
ti'amā (2) free of sin, innocent
ti'amā (3) be a virgin or be legitimately married
ti'amā (4) be on the right side of the law; be acquitted

ti'amaha (1), **ti'afā** be exposed (of a reef when the tide is low)
ti'amaha (2), **ti'amahā** indecent posture or exposure; to expose oneself in an indecent manner
ti'ane'e sand lobster
tianiho gums (of the mouth)
ti'a'o'e, fa'ati'a'o'e fence (fight with a sword)
ti'aoro call v, invoke, appeal to
ti'apana, tūpana (less common) span (measure, about 23 centimeters); measure by the span
ti'apito adder's tongue fern
ti'aporo devil
tiapu'u, tuapu'u hunchback
ti'ara'a situation, position, standing
ti'ara'a hau a'e (1) priority
ti'ara'a hau a'e (2) pre-emption
ti'ara'a patireia nationality, citizenship
tiare (1) flower (in general)
tiare (2), **tiare tahiti, tiare mā'ohi** gardenia
tī'aro clean out (eyes, nose, wound) with one's fingers
ti'arōpūra'a common ownership
tiatia, tietie spars that connect the crossbeam ('iato) of the canoe to the outrigger (ama)
ti'ati'a (1) reduplication of **ti'a**
ti'ati'a (2) get up a little or for a short while (like a person who is ill)
ti'ati'a mou'a, titi a medicinal fern
tiatiauri (1) remora (a fish with a sucking disk on its head by which it can attach itself to sharks, turtles, ships, etc.)
tiatiauri (2) tattle-tale, informer; sneak *n*, spy
ti'atono deacon
ti'aturi have confidence in, have faith in, hope
ti'aturira'a trust, confidence, belief, faith
tī'au walk arm in arm, pass your hand under someone's arm or around his/her waist
ti'avaru banish, excommunicate; chase away
tie (1) stem of plants
tie (2), **tietie** carry or transport by

tīehi   tīputa

making several trips (little by little)
tīehi, tīahi expel, chase or drive away
tieniho gums (in the mouth)
tietie (1) reduplication of **tie**
tietie 2), **tiatia** spars that connect the cross-beam ('iato) of the canoe to the outrigger (ama)
tīfai to patch, to darn (in sewing)
tīfaifai patch-work quilt (commonly used as a bedcover), appliqué bedspread
tihāti "sack," fire (an employee or a crew member), discharge, dismiss
tihepu to hire (an employee or a crew member), recruit
tīhere loin-cloth
tiho anus
Tihoni John, Johnny (more commonly used than Ioane, as John is rendered in the Bible)
tihopu (1) soup
tihopu (2) fail, go awry
tihopu (3) be tricked, be "in the soup"
tihota sugar
tihota 'ute'ute brown sugar
tihotiho tattle, slander, malign, speak ill of
ti'i (1) a representation of an ancient god
ti'i (2) traditional style statue(tte), sculpture, idol
ti'i (3) statue (modern)
ti'i (4) fetch, go and get, get, hunt for (a person or a thing)
Ti'i Ti'i was the first man on earth, his wife was Hina, the goddess of the moon
tima, pahī tima, pahī auahi steamer, (lately also:) ship with an engine, motor vessel
tīmā cement, concrete, plaster
tīmau carry something balaced on one's shoulders
tīmau rā'au, tīrā'au carrying pole
Timi Jim, Jimmy, James
tīnai extinguish (fire, disaster, epidemic), put out, eliminate, get rid of
tīnao put one's hand into a cavity
tīnao i te tupa scoop crabs out of their holes in the ground
tinitō Chinese
te fenua **Tinitō, Taina** China
tino (1) body (human or animal)

tino (2) main part (of a house, canoe, car, etc.)
tino (3) robust
tino (4) the (specific) person
tino (5), **tino roa** in person
tino (6), **tino moni** sum of money, cash
ta'u **tino** I (in songs)
tō **tino** you (thou) (in songs)
tino huira'atira citizen
tino pahī hull of a ship
tino pohe, tino ma'i corpse, remains of a deceased
tino ravarava brown-skinned
tino roa in person
tino tītau candidate
tinoparau clause (grammar)
tio oyster
tīoi, tīpu'u turn (change direction), veer
tīoioi turn many times, to zigzag
tī'opa overturn, turn part-way over
tī'opa'opa (1) reduplication of **tī'opa**
tī'opa'opa (2) rolling (of ships), to roll
tioro rub
tīpae, tāpae disembark, stop over, call at, put in at, stay over at
tipairua ancient word for a double-hulled, ocean-going sailing canoe
tīpaniē jasmine, plumeria
tīpaoti taofe, fāri'i taofe, paoti taofe coffee pot
tīpaoti tī tea pot
tīpapa lie on one's stomach, be stretched out on one's stomach, prostrate oneself
tīpape, moa tīpape yellow-colored rooster
tīpe'e (1) quotation mark
tīpe'e (2) loan, mortgage
tīpe'e (3) "borrow" (often without any intention to pay back), mooch, freeload, sponge on people
tipi (1) knife
tipi (2) to peel
tipi fefe scythe, sickle
tipi parai tīmā, ha'amānina tīmā trowel
tipi tāfati, tāfati jack-knife, folding knife
tipitipi to peel; cut into pieces
tīpou show one's arse by bending over as a mark of disrespect
tīputa to pierce a hole, to awl (said of

coconuts when piercing the "eye holes")
tīputaputa pierce many holes, riddle with holes
tīpu'u, tīoi to turn (change direction), veer
tīpu'ura'a turn (of a road)
tira (1) mast of a vessel
tira (2) mast or pole in general, flagpole
tira fē'ao bowsprit
tira i mua foremast
tira i muri mizzen mast
tira rahi, tira rōpū mainmast
tīra a tree the wood of which is used in vessel construction and (on Rapa Nui where it is called **miro tahiti:**) for carvings
tīrā'au, tīmau rā'au carrying pole
tīraha be stretched out on one's back, lie on one's back
tīrārā that's all, that's enough
tīrārā parau that's all I have to say
tirare swing or see-saw
tiri-pōpō handball
tiripuna tribune, court
tiri'umu pistol, revolver
tiro kilo(gram)
tiroherēti kilohertz
tirotiro virus
tīrueta weather-vane
tīruvi, tīrui deluge, flood (biblical)
tītā (1) guitar
tītā (2), **'ava'ava tītā** cigar
tītāpou (1) pitch and toss; reel
tītāpou (2) descend, go down a slope
tītāpou (3) fall head first
tītāpoupou (1) reduplication of **tītāpou**
tītāpoupou (2), **'ōihuihu** pitching or tossing (of a ship, for example); pitch or toss about and down
tītāpoupou (3) (humorously:) to tango
tītāpu Jew's harp (musical instrument)
tītata tea kettle
tītau (1) to request
tītau (2) to demand, require
tītau (3), **ani** invite
tītau (4) convoke, convene
tītea mata, tite'a mata, tīti'a mata (more common) (eye)glasses
titema December
tīteti (1) ticket
tīteti (2) token

tīteti (3) voucher
tīteti (4) ballot
tīteti tomora'a boarding card
titi (1) adaptor (electric)
titi (2), **titi 'ōvāhine** socket (electric)
titi (3), **titi 'ōtāne** plug (electric)
titi (4) jib sheet
titi (5), **ti'ati'a mou'a** a medicinal fern
tītī (1) breast(s), teat(s)
tītī (2) slave, labor gang prisoner
tītī māmā breast-feeding
titi'a filter n & v
tītī'aifaro straightened out, arranged, worked out
titi'a mata, tītea mata, tite'a mata (eye)glasses
titi'amata hopu diver's goggles
titi'amata mahana sunglasses
titi'o defecate
titionare, (puta) fa'atoro parau dictionary
tītiro (1) postage stamp; stamp (a letter),
tītiro (2) stamp-pad stamp, rubber stamp; apply a rubber stamp
tītiro (3), **'āti'a** seal
tītiro mana visa
tito fight with each other (like cocks); peck at
titora'a moa cock-fight
tītō (1) funnel n
tītō (2) fill, pour from one container into another
titoe tongue-and-groove
tītohi cry out because of birth pains
tītoi (1) to pull back the foreskin of the penis
tītoi (2), **tītoi te ure** swear-word
tītoi (3) copulate
tītoitoi masturbate
tito'o (1) a prop to hold open upperhinged window shutters (seen in almost all Tahitian houses.
tito'o (2) a pole with which to maneuver an outrigger canoe; to maneuver a canoe with such a pole
tītoro inquiry, investigation; inquire, investigate
tītorotoro reduplication of **tītoro**
titotito nibble, nibble at (of fish that nibble without biting)

tī'ūe throw, cast
tiunu June
tiupa cube
tiupi, 'ōvītute fallopian tube
tiurai (1) July
tiurai (2), **te ta'urua tiurai** Bastille day festival
tīvau tablecloth
Tīvini Steven, Stephen, Sven
tivira (1) civil, civil law
tivira (2) return to civilian life
tō (1) second person singular possessive, neither weak, nor strong your, thy
tō (2) (refers to:) "people of" people of ancient times tō tahito people of the outlying islands tō te mau motu ātea the people of Orofara tō Orofara
tō (2) sugar cane
tō (3) stake (in poker), pot
tō (4) to draw (a canoe into water or up on the beach)
tō (5) be pregnant, conceive
tō (6) stretch, be stretched, be out of shape
tō (7) be limp
tō (8) get bigger (clothes)
tō 'ā'eho wild sugar cane
tō popa'ā, tō papa'ā maize, corn
tō rima your (thy) hand
tō vahine your wife
toa (1) courageous, brave
toa (2) warrior, champion (archaic in both senses)
toa (3) a species of iron wood
toa (4), **fare toa** store
toa ho'o māmā discount store, thrift shop
to'a (1) coral, block of coral, coral boulder
to'a (2) **to'a a'au** barrier reef
to'a (3) wind from the south
tōāmimi, 'ōpupu 'ōmaha urinary bladder
tō'āhua the fat lining the ribs of animals, especially pigs
tō'are'are (1) rough (of the sea)
tō'are'are (2) be nauseated
toata (1) franc (unit of money)
toata (2) quarter
to'ato'a (1) stale
to'ato'a (2) odor of fish, odor of coral out of water, odor of hands when thay touch fish or meat, odor of blood
to'au sea snapper
tō'ava'ava (1) acidy, bitter, salty (refers to a milder taste than 'ava'ava)
tō'ava'ava (2) to sour
toe remaining; remainder, rest; remain, be left, be left over
to'e earthworm, intestinal worm
toe'a remaining, being left over; remainder, left-over
to'erau wind from the north
tō'ere drum in the form of a hollowed length of wood with a length-wise slit, used for rhythmical accompaniment to dance and song; a metal can or tank used for the same purpose
to'eto'e cold
tōfe'a, tōhe'a begin to ripen
tōferi sulphur
tōfeto negligent, dirty, slovenly
tohe rear-end, behind, bottom, posterior, arse, buttock
tohe mōhina bottom of a bottle
tohe pa'o vagabond (derogatory), tramp, vagrant
tohe piripou rear part of pants or trousers
tohe tāupo'o hat form
tōhe'a, tōfe'a begin to ripen
toheveri bonito
tohi wood chisel, gouge; use a chisel, chisel out
tohitohi to chisel meticulously, slowly and carefully
tohorā whale
tohu (1) predict, forecast
tohu (2) to point out with one's finger or with a nod of the head, designate
tohu (3) demonstrative (grammar)
tōhu'a, tōhu'ahu'a drizzle, fall in fine drops or spray
tohutohu reduplication of **tohu**
to'i axe, hatchet; (formerly:) adze
toiaha (1), **teiaha, teimaha, taimaha** heavy; weight
toiaha (2), **teiaha** pregnant, heavy with child
toma comma
tōmānā commander

tōmātī tomato
tomara'a parau punctuation mark, accent mark, diacritical sign
tomara'a reo pause in intonation
tōmea ptomaine poisoning, poisoning from fish that has stood too long
tōmite (1) committee, commission (to study something)
tōmite (2) property title
tōmite hi'opo'a jury
tōmite 'imiroa, hui 'imi roa grand jury
tōmitēra, tōmitēra mūto'i superintendent of police, police commissioner
tōmitera'a registry of property titles
tomo (1) enter
tomo (2) inaugurate
tomo (3) sink (in the sea), founder, be sunk
tomo (4) be fully loaded
tomora'a (1) entering, entry
tomora'a (2) inauguration
tomora'a (3) sinking
tona (1) wart
tona (2) syphilis, chancre
tona ha'ari, tona nīā wart resulting from prolonged contact with soft coconut flesh
tona metua, tona tupuna congenital syphilis
tōna third person singular possessive, strong possession his, her, hers
tonatona (1) reduplication of tona
tonatona (2) warty
tōnino (1) smooth, flat, still (of the sea surface)
tōnino (2) stagnant (of fresh water)
tono (1) send (someone)
tono (2) post, appoint to a place or station
tonotono, tōtono reduplication of tono
tonu loach, rock cod, Plectropomus leopardus, a ferocious, reddish fish, often poisonous, of the Serranidae family
to'o (1) pole used to maneuver a canoe; maneuver a canoe with a pole
to'o (2) to belch or heave
to'o (3) quantifying prefix to numbers modifying persons (seldom used today) how many people? to'ohia ta'ata? (answer:) four to'omaha

tō'o'a o te rā (literally: sunset), (i) raro (referring to down-wind) west
to'ofā chancelor
to'oto'o (1) pole for maneuvering canoes; maneuver a canoe with a pole
to'oto'o (2) to burp or belch
topa (1) to fall
topa (2) be launched (and usually christened), be put afloat
topa (3) to set (sun and stars)
topa (4) give a name to a person
topa (5) to lower (tone)
topa (6) lag behind
topa (7) be born prematurely
topa (8) gather in shoals (fish)
topa (9) abundant (of root-crops and melon), productive, yielding well; be abundant, produce in abundance
topa i raro (1) fall or go down
topa i raro (2) decline, abate (like a storm)
topa tua fall on one's back
topa turi fall on one's knees
topara'a pape waterfall
topara'a reo lowering of the voice
tōpa'apa'a be rather burned (burnt, of food)
tōpata, tōpatapata to drop, to let fall or flow drop by drop
topatari (1) suffer from oxygen deficiency caused by diving
topatari (2) (go through) bankruptcy
topatō (1), vāhi topatō drop-off (reef, pass, rocks), a deep place between two shallow places
topatō (2) fall headlong, fall with one's head first
topatopa reduplication of topa
tope, topetope to prune or trim
tōpita, tūpita (1) torpedo, bomb; to torpedo, to bomb
tōpita, tūpita (2) dynamite n & v
tōra'a conception (of a child)
tore (1) streaked; streak
tore (2), pūtē tore large jute bag
tore (3) military stripes
tore (4) big bonito
tore (5) cigarette holder; pipe stem
tōrea plover; tattler
tōri'iri'i, (see tōrīrī)

tōrīrī, tōri'iri'i sprinkle, fall in fine drops
toretore streaky
toro (1) extend (a hand or a foot), stretch out, put forth
toro (2) climbing (plants), crawling, clinging, creeping; climb, crawl, cling, creep
toro colon (punctuation)
toro 'a'ī dieresis (grammar: two points above a vowel)
tōro'a profession, employee status
toro'e'a a small tree with leaves resembling those of a coffee tree
toroma'a, totoroma'a protruding (of veins)
toromōtoma chromosome
toropuru corpuscle, globule
toropuru tea white corpuscle
toropuru 'ura red corpuscle
torofōme chloroform
tororō chlorine
torotoro reduplication of **toro**
toru three
tōtaiete (1) society
tōtaiete (2) company, business
tōtaiete 'ohipa 'āmui co-operative n, "coop"
tōtara (1) porcupine fish
tōtara (2) to crow (of rooster)
tōtara moa cock's crow
tōtē (1), **tōtētē** strike, bump, jostle
tōtē (2), **tōtētē** (vernacularly:) hit, deal a blow
totere'ō cockadoodle-do, coccorioo; to crow (of rooster)
tōtini socks, stockings
toto blood
toto 'ātetona acetonemia
toto 'ava alcohol poisoning
toto mahu'ore, tapahi hemorrhage, flow of blood
toto me'i cholesterol
toto pa'ari, toto putua blood clot(s)
toto ta'ero toxoplasmosis
toto tihota diabetes; glycemia
tōtō cackle
tōtō (1) net bag
tōtō (2) to knock (on a door), to drum (with the fingers)
tōtō 'ānani net bag for oranges
tōtōā wantonly or maliciously harmful, injurious; harm (maliciously), sabotage, spoil, play tricks on
tōtoma cucumber
tōtono, tonotono reduplication of **tono**
tōtōrā chocolate
tōtōrā inu chocolate (drink)
tōtōrā puehu chocolate powder
totoro sneak up on (an animal), catch by surprise
totoroma'a, toroma'a, protruding (of veins), swollen
tōtōvā harmful; to harm
tou the cordia tree Because of the vast shade cast by the ~, it is very much appreciated on the atolls; its wood is not attacked by insects and, because of its beautiful grain, it is sought after by carvers, especially in the Marquesas.
tō'u strong first person singular possessive: my, mine
tōura Job's tear (a plant)
tū, tuea, au (3) congruent; be equal to, be on the same level with, match, be matched, be alike
tua (1) back (human or animal)
tua (2) local noun: the high seas, the open sea, beyond the reef
tua (3), **tua mou'a** crest (of a mountain)
tua 'āivi crest of the foothills
tua fefe, tua fati bent back, hunchback
tua mure lumbago
tu'a maggot
tua'ana (1) older brother of a male
tua'ana (2) older sister of a female
tuahine sister or female cousin of a male
tūaina twine
tū'ama to light, to turn on a light (electric)
tuamo'o spine, backbone
tū'ana fluorescent
tu'āne brother or male cousin of a female
tuapahī careen a ship
tuapu'u, tiapu'u hunchbacked; hunchback
tuāro'i evening prayer-meeting program, exegesis (Protestant)
tuatāpapa relate, recount (events), trace

back the history of, bring out
tuati steward, waiter, waitress, airline hostess
tuati ma'i nurse
tū'ati (1) join something together
tū'ati (2) hyphen
tū'ati au film editing
tū'ati i te reo make a liaison (phonetics: link the last letter of a word to the first letter of the next word)
tū'atira'a ivi joint
tū'atira'a reo liaison (phonetics: linking the last letter of a word to the first letter of the next word)
tu'atu'a to frown, grimace, wrinkle one's eyebrows
tūava, tūvava guava
tu'e (1) (mango) pit or seed
tu'e (2), **tu'etu'e** to kick (forward)
tuea (1), **tū, au** (3) congruent; be equal to, be on the same level with, match, be matched, be alike
tuea (2) square, level (carpentry); fit together, conform
tu'emata eyebrow
tu'era'a pōpō football, soccer
tuete Swedish
Tuete, fenua Tuete Sweden
tu'etu'e reduplication of **tu'e**
tūfā, tūhā, ti'afā be exposed (of a reef when the tide is low)
tufa'a, tuha'a part, portion, share
tūfera (1) pull or tuck up (a dress)
tūfera (2) to by hand finish opening a coconut which has been split by an axe
tuferu, tuheru to scratch (the ground)
tūfetu to fold
tūfetufetu to fold repeatedly
tuha (1) to divide into shares, share
tuha (2) to spit
tūhā, tūfā, tiafā be exposed (of a reef when the tide is low)
tuha'a (1) partial
tuha'a (2), **vaeha'a** part, portion, share
tuha'a (3) fraction (mathematics)
tuha'a (4) element
tuha'a fenua, vaeha'a fenua plot or parcel of land
tuha'a hi'opo'a examination, test

tuha'a hoho'a film sequence
tuha'a moni fānaura'a childbirth subsidy
tuha'a moni hapūra'a prenatal (care) subsidy
tuha'a moni tamari'i child subsidy
tuha'a 'oire city block
tuha'a pereota part of a clause or phrase
te **tuha'a rahi** most, the majority
tuha'a taiete share of stock
tuha'ara'a mana fa'atere decentralization
tuhatuha redulication of **tuha**
tuheru, tuferu to scratch (the ground)
tuhi oath, swearword; swear, curse
tuhituhi too sweet, over-sweet, cloying, sweetish
tui (1) to string or thread
tui (2) to butt, strike with the head or horns
tui (3) earache, ear infection, otitis
tui i te hei string flowers to make a necklace (lei) or garland
tui i'a string of fish
tui i te nira i te taura thread a needle
tu'i (1) hiccups; to hickup
tu'i (2) (nowadays usually pronounced **tui**) become spread or broadcast far and wide (news, for example), resound
tu'i (3) (nowadays usually pronounced **tui**) be late, near midnight
tu'i (4), **penu** pestle (of stone), pounder
tū'i, ha'apa'arira'a vaira'a tamari'i uterine contraction
tuiō pipe (whether of metal or not), tube
tuiō, fa'ahorora'a pape, fa'atahera'a pape (water) pipe
tuiō 'āuri metal pipe
tuiō metua main conduit
tuiō piura galvanized pipe
tuiō tīmā asbestos cement pipe
tuiō 'uraina plastic pipe
tuiō veo copper pipe
tuira pen, pen holder
tu'ira'a (now pronounced **tuira'a**) **pō** midnight
tu'iri pebble, gravel, shingle
tu'iro'o (now pronounced **tuiro'o**) famous, celebrated
tuitā well joined together, well adapted,

well adjusted
tuite, herevetia Swiss
Tuite, fenua Tuite, Herevetia, fenua Herevetia Switzerland
tū'ite, parau tū'ite diploma
tūmā erase, efface
tūmahae to tear or rip
tūmau constipation
tūmou constipated
tumu (1) base or trunk of a tree or plant (below the first leaves), stump
tumu ... (2) (followed by specification to distinguish a tree or plant from its fruit:) **tumu ha'ari** coconut tree   **tumu tiare tahiti** Tahitian gardenia plant
tumu (3) base, foundation
tumu (4) basis, cause, reason, origin, root, underlying principle
tumu (5) essential, main, principal
tumu ha'a subject, subject matter
tumu ha'ari coconut tree
tumu parau (main) matter under discussion, basic question
tumu rā'au tree
tumu tāporo lime tree
tumu 'uru breadfruit tree
tumu vī mango tree
tūmu dull, blunt; for a sharp edge to have been blunted or removed
tumuha'a the subject in a sentence or clause
tūmutu to rip or tear up
tūnoa mole, beauty spot
tunu (1) cook *vt*
tunu (2) cooked (method of preparation)
tunu hou steamed, cooked in double boiler
tunu pape, tunu pāni boiled
tunu pū'ohu cooked wrapped in leaves
tunutunu reduplication of **tunu**
tuō call out, hail
tūoro call, invoke, appeal to
tū'ou nod, make a sign with one's head
tū'ou'ou reduplication of **tū'ou**
tupa (1) land crab
tupa (2) (humoristically:) infantry soldier
tūpā (1) hew out (a canoe)
tūpā (2) hatchet with a curved blade for shaping the inside of canoes

tūpā'ata bursts of laughter; burst out laughing, guffaw
tūpa'i (1) fist, hammer; hit with a closed fist, punch, pound, beat
tūpa'i (2) to butcher
tūpa'i i te ha'ari break a coconut
tūpa'i i te pahu beat a skin drum
tūpa'i'āuri, ta'ata tūpa'i'āuri blacksmith
tūpa'imahana kill time
tūpa'ira'a māfatu heart palpitation or murmur
tūpana, ti'apana (more common) span (measure, about 23 centimeters); measure by the span
tūpāpa'u (1) ghost, spirit, phantom
tūpāpa'u (2) corpse (seldom used)
tūpararī smash, crush, break into fragments, break (by other means than bending)
tūparu to put out "free" bait to attract fish
tūpita, tōpita (1) torpedo, bomb; to torpedo, to bomb
tūpita, tōpita (2) dynamite, *n & v*
tūpohe extinguish, put out (fire, light)
tūpohe auahi fire extinguisher
tupu (1), **māhie** grow, germinate
tupu (2) develop *vi*, evolve
tupu (3) happen, occur, take place
tupu-'ino-ra'a abnormality, deformity, aberration
tupu i te rahi grow bigger
tupuna grandparent; ancestor
tupuna tāne (formal), **pāpā rū'au** (informal) grandfather
tupuna vahine (formal), **māmā rū'au** (informal) grandmother
tupura'a (1) growth, germination
tupura'a (2) development, evolvement
tupura'a (3) happening, occurrence
tupura'a here emotional development
tupura'a niho teething
tuputupu reduplication of **tupu**
tuputupuā (1) wicked, mean, savage
tuputupuā (2) demon, ghost
tura (1) respected, honored, dignified; respect, honor, dignity
tura (2) metal drum, cistern, tank
tura pape water cistern or tank
tura hopu, tura mata'i autonomous

(self-contained) diving gear
tura tunura'a 'ahu tank for laundering clothes by cooking in hot water
tūra'i, tūra'ira'i push, shove
tūrama, tūramarama to guide with a torch or a lamp, to light or illuminate
ture law, code
ture purōmu, ture porōmu road laws, driving regulations
ture tarame grammatical rule
tureana liability, responsibility
tūreru to trouble or disturb (of water)
turi (1) knee
turi (2) deaf; deafness; be deaf
turi pahī knee of timber used for the bow of a wooden boat or ship
turituri (1) deafening
turituri (2) disobedient
turori (1) stumble against or over
turori (2) totter, wobble
tūrorirori (1) stumble or totter or wobble repeatedly
tūrorirori (2) lose one's conviction and become undecided or indecisive, hesitate
turorira'a (1) stumbling against or over
turorira'a (2) tottering, wobbling
turu (1) support (for something), backing; support (something), hold up
turu (2) supporter, backer, partisan, "patron;" support (someone), be on someone's side, be a partisan of, back up (a team)
turu ha'amāramarama prop for upperhinged window shutter
turu to'oto'o cane, walking stick
turu'a pillow, cushion
turu'a roa bolster
turu'a ma'o "shark's cushion," Culeita grex, a species of Echinodermata
turuhe (1) drowsy, numb, lethargic, somnolent; drowsiness, numbness, lethargy, somnolence
turuhe (2), **vai turuhe** be under anesthesia
turuhe (3) sad, doleful, glum, gloomy, depressed
turu'i lean against or on

turumono relay (race)
turuto glucose
turuturu reduplication of **turu**
turuuta'a social assistance
tūtā carry piggyback or pickaback
tūtae excrement
tūtae 'āuri (1) rust
tūtae 'āuri (2), **tūmau** constipation
tūtae fētō the first stools of the newborn
tūtae pua'a a creeping plant (in the Leeward Islands called **tūtū faraoa**)
tūtāperepere lose one's sense of balance, stagger, reel
tūtau (1) anchor *n* & *v*; be anchored
tūtau (2) soak *vt*, put under water
tūtau pahī anchorage
tūtava make an extreme effort, work hard at
tute tax, duty
tute hau surtax
tute 'itea direct tax
tute 'ōmo'e indirect tax
(Tāpena) Tūte (Captain) Cook
tūte'i (1), **tūte'ite'i** to limp or hobble, walk with a limp, wobble
tūte'i (2), **pārahi tūte'ite'i** squat, crouch, sit in an unstable position
tūtia (religious) sacrifice
tūtia pure mass, eucharist
tūtonu gaze or stare at
tūto'o (1), **ma'i tūto'o** tuberculosis
tūto'o (2) to pole (a canoe)
tutu cook by putting a heated stone in a liquid or an animal
tūtu cook *n*, cook *vi*, do the cooking
tūtu mā'a, ta'ata tūtu mā'a professional cook, chef
tūtū (1) shake off (the dirt from one's shoes before entering) shake out
tūtū (2) shake out (crumbs from a table cloth or dust from rugs)
tūtū (3) drain (a sieve), sift, strain
tūtū (4) extract the starch from manioc by filtering
tūtū (5) knock hard (on a door)
tūtū faraoa a creeping plant (in the Windward Islands called **tūtae pua'a**)
tutu'a (1), **'utu** (vernacular) full of lice, flea-infected; flea, body louse

tutu'a (2) sore or excoriation due to insect bite or scratching
tūtū a'au reef crab
tūtuha to spit
tūtu'i (1) candlenut; candlenut tree (archaic)
tūtu'i (2) to light (a fire or an oil lamp, for example), set fire to
tūtūrahonui a kind of large spider
tūturi to kneel
tuturu (1) support *n*, backing, help; support *v*, back, hold up
tuturu (2) back up, take the side of
tutu'u inheritance, legacy, bequest; will to, leave to
tu'u (1) put, place, set
tu'u (2) set free, free, liberate
tu'u (3) let, permit, give leave to
tu'u atu i te mana'o suggest, propose, recommend, advise
tu'u 'ore unremittingly
tu'u ... i raro to lower ..., put ... on the ground
tu'u ... i roto i te fare put something into a house (to shelter it from the elements, for example)
tu'u i te 'upe'a set or put out a net
tu'upiri, tu'utu'upiri ask riddles
tu'ura'a 'api ta'a'ē, tu'ura'a 'api pa'ari insertion (of a page or flyer in a brochure)
tu'ura'a 'āvae footprint(s); step
tu'ura'a parau turn of phrase, expression
tu'ura'a reo diction, elocution
tu'ura'a tārahu credit
tu'urima sign
tu'utārahu in credit; creditor
tu'utu'u (1) reduplication of **tu'u**
tu'utu'u (2), **tu'utu'u i te** release bit by bit, relax slowly, unwind
tu'utu'upiri reduplication of **tu'upiri**
tūvava, tūava guava

ū (1) milk
ū (2) breast, teat
ū (3) bump into, collide with
ū (4) "bump into," run into, come across, meet (face to face), cross paths with, encounter
ū (5) confront, face up to
ū ha'ari coconut "milk"
ū māmā mother's milk
'u, 'ō local noun (as in i'u na meaning there or i 'u nei meaning here)
'ū (1) dye; to dye
'ū (2) color
ua rain; to rain
ua pa'ari hail
ua topa tā'ue sudden (rain) shower
ua tōrīrī fine rain, drizzle
'ua verbal particle, perfect aspect (specifies that an action has occurred at the time of reference; 'ua is often indicative of the past, but by no means always, since it also can be indicative of a present or still obtaining condition) I read a book. 'Ua tai'o vau i te puta.
'ua oti roa very drunk (literally: very finished)
'ua ti'a O.K., all right, agreed
u'a hermit-crab
u'a fenua terrestrial hermit-crab, cenobite
u'a vāhi ha'ari coconut crab
'ū'ā howl, bay, grunt, whinney
'ua'a, pua to open (of a flower), to bloom or blossom
uāhu dock, quay, wharf
uaina wine
uaina pūai strong wine
uaina 'uo'uo white wine
uaina 'ute'ute red wine
'ū'ana strong, violent (of wind or sea)
u'a'ō mollusk living in calcareous tubes on the reef
uāti (1) watch (timepiece)
uāti (2) watch on a ship (generally four hours)
uāti (3) meter (water, gas, electricity, etc.)
uāti moana chronometer (nautical)
uaua (1) vein, artery, blood vessel
uaua (2) tendon, muscle
uaua (3) nerve
uaua (4) rubber, elastic
uaua (5) hose, nonmetallic pipe
uaua pape water hose
uaua pereo'o car tire
uaua hī nylon or catgut fishing line or leader
uaua pu'u adenoma
u'au'a hard or tough (of taro)
uaua'i'o muscle
uauauira nerve
uēfa (1) wafer
uēfa (2) wax, sealing wax, paraffin wax
ueue (1) to shake
ueue (2) sew, scatter (grain or fish eggs)
ueue (3) talcum powder
ufa, uha female (of animals, except for insects and crustaceans)
'ūfao (1) hollow out with cutting instruments
'ūfao (2) sharpen
'ūfao i te 'āuri pupuhi sharpen an undersea harpoon
'ūfao i te va'a hollow out a canoe
ufi, uhi yam
ufiufi coconut "milk" (served at table) in which one dips pieces of breadfruit; to dip in such sauce
uha, ufa female (of animals, except for insects and crustaceans)
uhi, ufi yam
'uhi, 'uhi ... i te pape rinse (in water)

uhu parrot fish
ui, uiui ask, question, request information
te **ui tatorita** the Catholic catechism
u'i (1) epoch, age, period of time
u'i (2) generation
te **u'i 'āpī** the young generation
u'i 'āpī 'arapōfa'ifa'i delinquent youth
'ui to rub, wipe out
'ui i te māti strike a match
uira (1) electric; electricity
uira (2) lightning
uira (3) motor (as an adjective only)
uira'a question, questioning
'uiti wick, mantle (pump lamp)
uitiē bailiff
uiui reduplication of **ui**
'ui'ui i te faira to file down something
uiuira'a interview
'umae, 'umaemae to bleat or low
'umara sweet-potato
'umara pūtete potato
ume a tang-like fish called leather jacket
'ume (1) to draw or drag or pull
'ume (2) attract, entice, lure
'umere praise *n*, admiration; praise *v*, admire
'umete big wooden plate or flat bowl (used as a mortar to prepare medicine and/or food)
'ume'ume reduplication of **'ume**
ume'umera'a pehotētoni frequency modulation
'umi'umi (1) squeeze, press the arm or neck of someone as a sign of affection
'umi'umi (2) goat's beard, goatee
'umi'umi ta'a beard
'umoa, 'imoa bud, unopened flower
'ūmō to moo, low
umu burner, stove, oven (above the ground, except for the umu tī)
umu faraoa bread oven
umu mōrī kerosene stove
umu pa'epa'e big Tahitian oven (above the ground)

umu pūhā coconut or copra drier with hearth
umu tī (1) big oven for cooking 'autī roots
umu tī (2) fire-walking ceremony; a trench filled with red-hot stones for this ceremony
'umu, 'umu'umu to press, press dry, extract (juice) by pressing
'umunaro, 'umunarora'a mortal agony
'ūnā scurf; dry flaking or scaling of skin
ūnahi to scale (clean off scales of fish)
'una'una (1) lovely, gorgeous
'una'una (2) decorated, ornate; ornament, adornment, decoration
'una'una (3) be bedecked by flowers or vegetation
'una'una (4) splendor, glory, beauty
unuhi (1) faint; to have fainted
unuhi (2) deeply asleep
unuhi (3) dead drunk (close to stupor), severely intoxicated or inebriated, completely loaded
'uo, pāuma kite
'uo'uo white; whiteness; become white
'upa (originally:) to dance (but seldom used in that sense today)
'upa'a liver (of land animals; sometimes of human beings)
'upa'upa (1) the word 'upa'upa today refers primarily to music, but it used to denote an improvised, fast-moving dance in which a man and a woman would mime voluptuous erotic scenes, accompanied by handclapping from the spectators
'upa'upa (2) amusement, dance
'upa'upa (3) orchestra
'upa'upa (4) musical instrument
'upa'upa (5) entertain by music or dance
'upa'upa tari'a record player, phonograph
'upa'upa 'ume'ume accordion
'upa'upa vaha mouth harmonica
'upe'a fish net
'upe'a tāora casting net

'upe'a pārava seine, a fishing net that hangs vertically in the water
upo'o (1) head (human)
upo'o (2) head or chief of a group or party
upo'o fa'atere (hau) head of government
upo'o 'ore acephalia (congenital absence of the head; applies only to the human fetus, in the case of animals **'āfi'i 'ore** is used)
upo'o pa'ari (1) hard-headed, stubborn, obstinate
upo'o pa'ari (2), **piripiri** stingy
upo'o pa'ari (3) economical
upo'o pae'a, upo'o tarapana acrocephaly (elongation of the cranium due to premature closure of the skull sutures)
upo'o parau heading of a chapter
upo'o 'utu flea-infected head
upo'oti'a winning; be a winner, come out ahead in an argument
'ūporo porthole
'ūputa entrance, doorway
'ūputa iti box office window
ura flame; burn with a flame
'ura red (archaic)
'uraina plastic (material)
'ura'ura reddish
ure, merotāne penis (human or animal)
ureureti'amoana, ureuretūmoana waterspout
uri (1) blackish, black-and-blue (from injury)
uri (2) well printed; clearly marked; mark clearly
uri (3) pilot fish
'urī, 'ūrī (1) dog
'urī, 'ūrī (2) swear-word
'urī 'iore ratter
'urī pāni'a attack dog
('urī) pi'ifare, mīmī, pi'iāfare cat
'urī ruto wolf-dog
'urī ta'ata monkey, ape
uriri sandpiper
uriuri reduplication of **uri**
'uri'uri persistent and unpleasant odor of fish or blood or milk

uru (1) wind from the west-south-west
uru (2) be possessed (by devil or spirit), have a fit of insanity
uru- prefix specifying a zone or area where plants or coral grow: **uru'aihere** brush area, expanse of brushwood **uruha'ari** coconut grove **urumāpē** māpē grove **urupu'a** lagoon area with many coral boulders **ururā'au** forest **uru tiare** flower patch **urutaofe** coffee-tree grove, coffee plantation
'uru, maiore (seldom used today) breadfruit
'uru (other varieties of breadfruit:) pae'a, puero, 'uru rare, 'ā'aiā (falls before maturing or ripening to an edible stage)
'uru (stages of breadfruit:) pī (young), maoa (ready to cook), pē (ripe)
young branches of the **breadfruit tree** when stripped of the bark, **catkin, cattail** of breadfruit pōpō'uru
'uru tānina roasted breadfruit (cooked directly over a flame)
'uru tunutunu breadfruit cooked by putting it directly in fire
uru'ati, urupiti a fish of the Carangidae family which reaches a great size
Urumeremere Orion
urupā, 'anahoa (strong) wind from the south-west
'uru'uru (1) groan n & v
'uru'uru (2) growling, grunting; to grunt (like a pig) or growl (like a dog)
'uru'uru a te manu meri hum of bees
'uru'uru mātini hum or rumbling or roar of a motor
uta (1), i **uta** local noun: inland, hinterland; towards land (when near the coast)
uta (2) make use of a conveyance (ship, vehicle, animal) to transport something
uta'a (1) child (or any person) in one's charge
uta'a (2) burden, responsibility
'ūtaru, 'ūtarutaru to dig, spade up

'utē (1) a traditional style of singing (chanting in five different voices)
'utē (2) ditty
'utere, 'utere i te 'ōpa'a scrape off fibers that remain on a coconut shell
'ūteretere reduplication of **'utere**
'ute'ute red, scarlet
uto (1) germinated coconut
uto (2) a spongy, oily substance which replaces water in germinated coconuts; it is rich in food value and used to nourish infants or convalescents
'utu (1) lip(s)
'utu (2) beak or bill (of bird)
'utu (3) snout (of mammals and certain fish)
'utu (4) louse
'utu (5), **tutu'a** full of lice, flea-infected; flea, body louse
'utu ni'a upper lip
'utu raro lower lip
utu'a "just deserts," what one deserves or merits, good or bad
utu'a moni fine (penalty)
'utuāfare (1) family or household of a person
'utuāfare (2) home, dwelling
utuutu care for, tend, administer treatment to
utuutu ma'i nurse
ūū reduplication of **ū**
'u'u mussel, mollusc
'ū'ū (1) stutterer, stammerer; to stutter, stammer
'ū'ū (2) a red fish
'u'u'aira'o a species of pigeon
'u'ui strike, rub, draw across producing friction
'u'umi (1) hold tight or firmly, weigh down on
'u'umi (2) choke, strangle
'u'umi i te 'arapo'a to strangle
'u'umi i te pu'upu'u pinch or press together a pimple
'u'umi i te rima take ahold of or clasp an arm
'u'umi i te vī to put finger or hand pressure on mango (to see if it is ripe)
'u'umu reduplication of **'umu**
'u'upu pigeon parrot
'ū'uru (1) groan(ing), moan(ing), whine, whining, complain(ing)
'ū'uru (2) roar(ing)

va'a (outrigger) canoe
va'a hoe paddling canoe
va'a mātini motorized canoe
va'a tā'ie sailing canoe
va'a tau'ati double canoe
va'a 'upe'a canoe for net fishing
va'ata'ata citizens as a whole or a body, community
vaeha'a (1) place, spot
vaeha'a (2), **tuha'a** part, portion
vaeha'a fenua, tuha'a fenua parcel or plot of land
vaere to clear or weed, cut (grass and little branches) with a machete, clear out underbrush
vaha mouth
vaha 'ino, vaha repo foul-mouthed
vaha māniania loud-mouthed
vaha monamona sweet-mouthed, sweettalking (not necessarily in a negative sense), swaying, "silver-tongued"
vaha 'oi'oi fast-speaking
vaha pāpani professional secret or secrecy, privileged information
vaha pātētē with a high-pitched or shrill voice
vaha piropiro with bad breath
vaha repo, vaha 'ino foul-mouthed
(ta'ata) **vaha utuutu** person who speaks energetically
(ta'ata) **ta'ata vaha vai** bold speaker
vahavaha contemptuous, scornful, disrespectful, disdainful; contempt, scorn, disrespect, disdain
vāhi (1) place, spot, location

vāhi (2) to split or open (a coconut, for example)
vāhi (3) part, portion, share, piece; to share, partake, divide up
vāhi 'āpī improvement, progress
vāhi fa'ainura'a animara watering place, drinking trough
(te) **vāhi huru 'ē** (the) difference
vāhi (or **fare**) **inuinura'a, fare inura'a, fare 'ava** bar, pub, saloon, "watering hole"
vāhi (or **fare**) **inuinura'a ro'o 'ino** disreputable bar or pub, dump, dive, hole, joint
vāhi (or **fare**) **inuinura'a ro'o maita'i** reputable bar or pub
vāhi mo'a apse (in church; literally: sacred place)
vāhi nohora'a (1) abode, dwelling, residence
vāhi nohora'a (2) address
vāhi 'ohipara'a sphere of activity
vāhi 'orira'a dancing establishment, night club (with dancing)
(te) **vāhi ta'a'ē** (the) distinguishing difference
vāhi tūpa'ira'a pua'a slaughterhouse, abattoir
vahie firewood
vahine (1) woman
vahine (2) wife, mistress, concubine
vahine (3) Mrs., madam   Mrs. (or) Madam Faua   Faua vahine
nā **vāhine** women (dual; when preceded by nā, the a is elongated)   Those two women are going to come here.   E tae mai nei taua nā vāhine ra.
vahine fa'afānau, vahine fa'atītohi midwife
vahine fa'aipoipo married woman, wife, bride
vahine fa'atītohi, vahine fa'afānau midwife
vahine fa'aturi (1) adulteress
vahine fa'aturi (2) prostitute
vahine fānau 'āpī (new) mother, a woman

who is going to deliver a child
vahine fāri'i ta'ata hostess
vahine 'ivi widow
vahine 'ori female dancer
vahine pe'epe'e woman of easy virtue
vahine ravarava (1) brunette
vahine ravarava (2) a pretty and slender woman (seldom used in this sense nowadays)
vahine rū'au old woman
vahine ta'a noa bachelorette, spinster
vahine tai'ata debauched or licentious woman, prostitute
vahine tāmā, vahine tāmā fare cleaning lady
vahine ta'oto mistress
vahine tiai licentious woman
vahine (or: **tamāhine**) **tuati i ni'a i te manureva** airline stewardess
vahine turuuta'a social worker
(e) **vahine vitiviti** (an) alert and active woman
vaho local noun: outside (little used)
vai (1) before verbal sequences: almost
vai (2) interrogative word replacing a proper noun: who? Who is it? 'O vai? By whom? Nā vai?
vai (3), **pape** water, river (in modern Tahitian **vai** has largely been replaced with **pape**)
vai (4) to exist, to be (in that sense)
vai (5) to remain (in a certain place or state)
vai 'aura'a swimming pool
vai 'aura'a nui olympic swimming pool
vai pu'e accumulated water, pond, pool
vai taha'a be (or remain) naked or nude or bare
vaifau (grammatical) usage
vaifauhia accepted or established by usage (referring to language and grammar)
vaiharo juice (of fruit or vegetables - colloquially more often: **pape** followed by a qualifier) fruit juice vaiharo mā'a hotu vegetable juice vaiharo mā'a tupu grape

juice pape vine lemon or lime juice pape tāporo orange juice pape 'ānani
Vaihī Hawai'i, the Hawai'ian islands
vaihō'ē remain alone or single
vaiiho, vaiho to leave; to abandon
vaiiho (or **vaiho**) **'atā** durable, (long)lasting
vaiiho (or **vaiho**) **tāmau** perpetual, everlasting
vaiihora'a (or **vaihora'a**) abeyance (longterm)
vaiihora'a (or **vaihora'a**) **moni** (money) deposit
vaiihora'a (or **vaihora'a**) **tao'a** deposit (of an object)
vaimana'o abstract (as opposed to concrete)
vaipāpū concrete (as opposed to abstract)
vaipā to scald
vaipu'e river flood, swollen river
vaira'a (1) location of something
vaira'a (2) container, receptacle
vaira'a mā'a, pātere, mā'a pantry, food safe
vaira'a moni account (in a bank)
vaira'a moni vata current account
vaira'a pape water basin or reservoir
vaira'a tamari'i uterus, womb
vaira'a pereo'o parking lot
vana black sea urchin with long spines
vāna'a (1) orator
vāna'a (2) speech, discourse
vāna'a (3) advice, counsel, opinion
vāna'a (4) invocation
Vāna'a Nui Director of the Tahitian (Language) Academy
vanavana (1) to feel pins and needles (in the body, in arms or legs) from a touch (for example, an insect crawling on the skin)
vanavana (2) tickle *n*, tickling, prickling
vānira vanilla
vānira marō dry vanilla
vānira ota green vanilla
vāniti varnish
varavara (1) rare, scarce, sparse
varavara (2) widely spaced

vare (1) be fooled, be taken in by, accept mistakenly, believe a lie
vare (2) rheuminess in the eyes
vareʻa fall asleep
vareʻau violet, mauve; violet color; become violet
vari (1) muddy; mud, loose soil, mire
vari (2), **maʻi ʻāvaʻe** menstruation
vari (3) menstrual blood
vari paruparu thin mud
varihia muddied, covered with mud
varo (1) striped lobster, "centipede of the ocean," (a species of lobster, perceived by most visitors as extremely ugly, but in fact a rare and therefore expensive delicacy)
varo (2) splice
varovaro sensation of an echoing or buzzing or confusing confusing noise; such a noise
varu (archaic), **vaʻu** eight
vārua spirit, soul
vārua ʻino evil spirit
Vārua maitaʻi Holy Ghost
vata, vatavata vacant, free, empty; unobstructed
vau first person singular personal pronoun (occurring after words ending in a, o, or u) I, me
vaʻu (1), **varu** (archaic) eight
vaʻu (2) white tuna
vaʻu (3) to grate
vauera vowel
vauera poto short vowel
vauera roa long vowel
vauvau (1) tablecloth
vauvau (2), **vauvau roʻi** bedspread
vauvau (3), **vauvau tahua** mat
vauvau (4) to spread out (grass or leaves) (on the ground or on the floor of a fare nīʻau)
vauvau (5) to spread or smooth out on a table (a tablecloth, for example)
vauvau (6) propound a question, develop a subject
vauvau ʻamuraʻamāʻa tablecloth

vauvau roʻi bed-spread, sheet
vauvau tahua rug, carpet, mat
vaʻuvaʻu, aʻuaʻu, aʻuoʻu, pursue, chase, chase away
vavā, vovā the noise of wind, rain, water, sea; to make such noise
vāvā (1) deaf, therefore unable to speak plainly
vāvā (2) mute; mutism
vāvā (3) deaf-mute
vāvā (4) ladybird (bug)
vāvā (5) praying mantis, "walking stick," phasma
vāvā (6) a kind of shellfish
vāvā (7) toy or plaything made from coconut fronds
vāvāhi (1) to split, divide into shares
vāvāhi (2) to break up, demolish, tear or cut down, raze
vāvāhi-ʻore-hia indivisible, undivided
vāvāhiraʻa division, dividing up
vavai, vovai (1) cotton
vavai, vovai (2), **vavai** (or **vovai**) **popaʻā** kapok
vavao (1) having no water (said of certain coconuts only)
vavao (2) referee
Vavaʻu the ancient name for Bora Bora
vave soon, quickly (only used in negations:) Don't leave soon! ʻEiaha e haere vave atu.
vāveʻa swell, surge, a high-towering wave
ve- prefix implying specific others, certain known ones (dual or plural) they, them, those they **verā** some **vetahi** some people **vetahi mau taʻata** some, a few (before a noun referring to persons, but seldom used) **vetoʻofanu**
veʻa (1) newspaper, journal, periodical
veʻa (2) messenger
veʻa (3), **vera** (archaic:) conflagration; burning; to burn, to heat up
Veʻa Porotetani the Protestant newspaper in Tahiti

ve'ave'a hot; heat
vehe to separate (seldom used)
vehe te rouru to part one's hair
vehera'a pape place where a river branches
vehera'a rouru hair part
vehi, vihi envelope, sheath, case; to stuff an envelop, to sheath
vehi turu'a pillow case
veni vein
veo (1) copper, copper alloy
veo (2) a variety of taro
veo re'are'a brass
veo 'ute'ute red copper
veoveo acrid body odor (of he-goats, for example), especially of urine
vera, ve'a (archaic:) conflagration; burning; to burn, to heat up
verā certain ones, others, they or them (in that sense)
veri centipede
veri tinitō galley worm
vero (1), **vero huri** storm, tempest, hurricane, cyclone, typhoon
vero (2), **vero i te ta'o** throw a spear or javelin
verora'a ta'o javelin throwing (sport)
vero uira thunderstorm
veruveru stinking, smelling filthy; filthy odor
vetahi some, certain ones, others
vete mullet, barbel
veto'ofanu some, several, a few (before a noun designating persons; seldom used)
veuveu fringe, ravel edge of cloth
ve'uve'u disgusting, repugnant, dirty (of humans or animals)
veve poor, deprived, indigent
vevete (1), **vetevete** unroll clothing and examine it, pick up cloth to see what is underneath it
vevete (2), **vetevete** push aside grass or leaves to hunt for something
vevo (1) echo; to echo
vevo (2) to clamor

vevovevo reduplication of **vevo**
vī (1) mango
vī (2) subjugated
vī (3) (too) tight, dense, straitened, (too) close (together)
vī popa'ā introduced mango
vī tahiti cytherian apple
vī topatopa windfall mangoes
Viena Vienna
vihi, vehi envelope; stuff an envelope
vihi rata envelope (for a letter)
vihi turu'a pillow case
vi'ivi'i smudged, dirtied (both in a literal and a moral sense); smudge, stain
vine grape
vine tahatai seaside grape (a plant)
vini (1) Tahiti parakeet
vini (2) small birds of various species, imported to Tahiti
vinita vinegar
vinivini (1) tingling, tickling, stinging, itching; feel or experience tingling, tickling, stinging, itching
vinivini (2) eat noisily
vita used sometimes for **viti**
vītāmi vitamine
viti fast, rapid, quick, alert, lively
vitiviti (1) fast, rapid, quick, lively (**vitiviti** is much more common than **viti** and should be preferred to **viti**, so that the shorter form is not confused with the French word which has approximately the same meaning)
vitiviti (2) alert and active
vitiviti (3) soon, early
vitiviti (4) be or run fast (of a timepiece)
vīvī (1) grasshopper
vīvī (2) spray *n*
vīvī miti sea spray
vīvī pape fresh-water spray
vivo flute, (formerly:) nose flute
vovā, vavā the noise of wind, rain, water, sea; to make such noise
vovai, vavai (1) cotton
vovai, vavai (2), **vovai** (or **vavai**) **popa'ā** kapok